KB143870

아동·청소년 제9판
이상심리학

제9판

아동·청소년 이상심리학

Allen C. Israel, Jennifer Weil Malatras, Rita Wicks-Nelson 지음
정명숙, 정현희, 이승연 옮김

Σ 시그마프레스

아동 · 청소년 이상심리학, 제9판

발행일 | 2022년 2월 25일 1쇄 발행
2023년 7월 5일 2쇄 발행

지은이 | Allen C. Israel, Jennifer Weil Malatras, Rita Wicks-Nelson
옮긴이 | 정명숙, 정현희, 이승연
발행인 | 강학경
발행처 | ㈜시그마프레스
디자인 | 고유진, 이상화, 우주연, 김은경
편 집 | 류미숙, 김은실, 이호선, 윤원진
마케팅 | 문정현, 송치헌, 김인수, 김미래, 김성옥

등록번호 | 제10-2642호
주소 | 서울특별시 영등포구 양평로 22길 21 선유도코오롱디지털타워 A401~402호
전자우편 | sigma@spress.co.kr
홈페이지 | http://www.sigmapress.co.kr
전화 | (02)323-4845, (02)2062-5184~8
팩스 | (02)323-4197

ISBN | 979-11-6226-376-1

Abnormal Child and Adolescent Psychology, 9th Edition

Authorised translation from the English language edition published by Routledge, a member of the Taylor & Francis Group, LLC

Copyright © 2021 Taylor & Francis

All rights reserved.

Korean language edition © 2022 by Sigma Press, Inc., published by arrangement with Taylor & Francis Group, LLC

이 책은 Taylor & Francis Group, LLC와 ㈜시그마프레스 간에 한국어판 출판 · 판매권 독점 계약에 의해 발행되었으므로 본사의 허락 없이 어떠한 형태로든 일부 또는 전부를 무단 복제 및 무단전사할 수 없습니다.

* 책값은 뒤표지에 있습니다.

발달심리학자들은 전통적으로 정상적인 발달과정에 관심을 기울여 왔다. 그러나 최근 들어서는 이러한 정상적인 발달과정에서 이탈된 아동들이 보이는 이상행동에도 관심을 기울이기 시작했으며, 그에 따라 이 분야의 연구는 지난 수십 년에 걸쳐 상당한 진척을 보이고 있다. 사실 정상행동과 이상행동의 발달은 동시에 진행되며, 어느 한 가지를 이해하기 위해서는 다른 한 가지도 반드시 연구할 필요가 있다. 따라서 정상발달과 이상발달에 관한 연구는 상호보완적인 방식으로 진행되는 것이 바람직하다.

아동기에 발병하는 장애에 대한 연구가 활발하게 이루어지고 있는 이유는 아동기의 장애가 성인장애의 시초가 될 뿐만 아니라, 아동기에 장애가 발병할 경우 그 손상의 정도가 특히 심각하며, 아동기의 기능장애와 부적응은 사회와 가정에 장기적으로 큰 부담을 줄 수 있기 때문이다. 현대사회는 가정 붕괴, 빈곤과 실직, 10대 미혼모, 가정폭력과 학교폭력 등 아동과 청소년의 정신건강에 부정적인 영향을 미칠 수 있는 요인들을 많이 안고 있다. 따라서 초기 개입의 필요성에 대한 인식도 급증하고 있다. 최근 들어 우리나라에서도 아동기 장애의 이해와 예방, 치료에 대한 요구가 폭넓게 확산되면서 임상심리학, 발달심리학, 교육학, 특수교육학, 아동학, 정신의학, 인류학, 사회복지학 등 여러 학문분야에서 연구가 급성장하고 있다.

이 책은 Allen C. Israel, Rita Wicks-Nelson과 Jennifer Weil Malatras가 공동으로 저술한 『Abnormal Child and Adolescent Psychology, 제9판』(2021, Routledge)을 번역한 것이다. 8판 이후에 크게 성장한 이 분야의 연구 성과를 추가하여 수정·보완되었다. 그러나 종전 판들과 마찬가지로 발달정신병리학의 관점을 확고히 견지하고 있다는 데에는 변함이 없다.

이 책은 아동과 청소년에게 흔히 나타나는 장애들의 이론적·방법론적 기초, 발달과정과 그 결과, 병인, 평가, 치료 등을 폭넓게 다루고 있다. 아동기와 청소년기에 발병하는 장애를 제대로 이해하고 이를 효과적으로 치료할 수 있기 위해서는 심리학자, 정신과 의사, 사회복지사, 특수교육교사 등 여러 전문가들이 참여하는 가운데 다양한 학문분야의 지식을 활용하는 것이 필요하다. 이러한 이유로 인해 아동과 청소년의 이상심리를 다루고 있는 책은 방대하고 난해하여 쉽게 접근하기 어려운 경우가 많다. 그러나 이 책은 저자들이 핵심적인 내용을 신중하게 선별해서 이해하기 쉽게 설명하고 있다. 또한 각 장애의 특성을 손쉽게 이해할 수 있도록 실제 사례들을 많이 수록하고 있다. 따라서 대학원은 물론 학부수준에서도 교재로 쓰기에 무리가 없을 것으로 판단된다.

용어는 장애아동과 청소년을 위해 일하는 전문가들이 학술 및 실천현장에서 많이 사용하는 용어를 최대한 그대로 가져오고자 노력하였다. 이번 개정판에서 제1, 2, 8, 11, 12장은 정명숙, 제3, 5, 6, 7, 9장은 정현희, 제4, 10, 13, 14, 15장은 이승연이 각각 맡아서 번역하였다. 각자 최선을 다하였으나, 번역이 잘못되었거나 매끄럽지 못한 부분이 있다면 앞으로 계속 보완해 나가기로 하겠다. 독자 여러분의 많은 관심과 조언을 부탁드린다.

이 책의 번역이 우리나라 아동기 장애 분야의 발전에 조금이라도 도움이 되었으면 한다. 또한 장애로 인해 어려움을 겪고 있는 많은 아동과 청소년들이 조금이라도 더 행복하게 살아가는 데 보탬이 될 수 있기를 소망한다. 이 책의 출판을 기꺼이 맡아주신 (주)시그마프레스의 강학경 사장님과 책이 만들어지기까지 수고를 아끼지 않으신 편집부 여러분께 진심으로 감사드린다.

2022년 2월
역자 일동

저자 서문

오랜 시간 동안 일반적으로는 인간발달, 더 구체적으로는 장애행동에 관한 지식이 크게 증가하였다. 특히 지난 수십 년간 아동과 청소년이 보이는 문제가 무엇이며 그들과 그들의 가족을 어떻게 도울 수 있을 것인지에 대한 이해가 상당한 진전을 이루었다. 물론 앞으로 밝혀내야 할 내용이 많고 아동과 청소년이 요구하는 바도 많기에 이들을 대상으로 하는 연구는 특히 가치 있는 일이다. 그러한 노력이 어떤 문제를 지니고 있고 얼마나 흥분을 불러일으키는지를 이 책이 분명하게 보여주게 되기를 희망한다.

이번에 개정된『아동·청소년 이상심리학, 제9판』은 엄청난 성공을 거두었다. 우리 저자들은 이 책이 이 분야에서 지속적으로 괄목할 만한 기여를 하고 있다는 데 감사한다. (책 제목이 "아동기 행동장애"였던) 이 책이 처음 출간될 당시에는 이 분야를 다루는 포괄적인 개론서를 찾아보기 어려웠다. 그런 만큼 아동기 장애의 연구에 우리가 중요하다고 판단한 몇 가지 주제들을 분명하게 강조하는 교재의 발간이 중요하였다. 이 주제들은 세월의 시험을 견뎌냈고, 진화하였으며, 이 분야에서 꼭 다뤄져야 할 내용인 것으로 그 중요성을 더욱 광범위하고 세밀하게 인정받았다. 사실 초창기에 이 주제들을 통합적으로 다루었던 것이 이 책이 성공을 거듭할 수 있었던 원천이 되어준 것이 분명하다.

주제 1 : 발달정신병리학

이 책은 발달정신병리학 관점과 더 전통적(통상적)인 임상/장애 접근이 동반자 역할을 하는 관계임을 강조한다. 후자의 접근은 아동과 청소년이 겪는 장애의 증상, 원인, 치료방법을 기술하는 데 초점을 맞춘다. 발달정신병리학 관점은 아동과 청소년의 장애를 발달적 맥락에서 바라보아야 한다고 가정한다. 발달정신병리학 관점은 이 책 전반부의 여러 장에서 설명되고 있으며, 이후의 장들에서 특정 장애들에 대한 논의를 이끌어나가는 안내자 역할을 한다.

발달정신병리학은 정상행동과 이상행동이 상호 관련되어 있고, 과거 및 미래와 연결된 상태로 성장과 경험의 역동적 경로를 따라 발생한다고 보는 것이 최선이라는 믿음을 기본 가정으로 한다. 이러한 생각은 책의 본문에 여러 가지 방식으로 반영되어 있다. 이 책에서는 정상발달의 시점과 과정을 알아보고 아동과 청소년이 이 과정에서 어떻게 정신병리로 이탈하게 되는지를 살펴보고 있다. 또한 행동 발달을 연령에 의해 분석하기는 쉽지 않다는 가정을 중요하게 생각하기에 아동과 청소년의 심리적 문제들을 논의하는 시간 틀을 비교적 폭넓게 채택하고 있다. 아동기 장애에 대한 이해는 그러한 장애가 생애 초기에 어떻게 시작되었으며 성인기의 결과와 어떻게 연결되는지를 밝힘으로써 더욱 촉진된다.

주제 2 : 다중교류요인의 영향

이 책 전반에 걸쳐 나타나는 두 번째 주제는 행동 문제들이 여러 변인이 상호작용하여 나타난 결과라는 관점이다. 행동은 거의 예외 없이 다양한 요인들과 이들 간의 끊임없는 상호작용에서 비롯된다. 생물학적 구조와 기능, 유전적 계승, 인지, 정서, 사회적 상호작용, 즉각적 환경과 더 넓은 환경의 수많은 측면이 복합적인 영향력을 발휘하여 심리적 기능과 행동적 기능을 생성하고 유지한다는 것이다. 발달정신병리학자들은 이같이 다양한 요인들을 이해하고 통합하는 힘든 과업을 수행하고 있으며 이러한 노력이 이 책 전반에서 다루어지고 있다.

주제 3 : 맥락이 개인에게 미치는 영향

이와 관련된 세 번째 주제는 아동과 청소년이 갖는 문제가 그들이 생활하는 사회적 및 문화적 맥락과 밀접한 관련이 있다는 점을 강조한다. 아동과 청소년들은 가족, 또래, 학교, 이웃, 사회적 및 문화적 상황을 포함하는 환경적 영향력의 틀 안에서 생활한다. 이들은 각자 개인적 속성들을 지닌 채 이러한 상황들을 맞이하고, 그 상황들로부터 영향을 받으며, 또한 자기 자신도 다른 사람들과 상황들에 영향을 미친다. 따라서 심리문제들을 의미 있게 분석하기 위해서는 개인을 발달 맥락 안에서 살펴볼 필요가 있다. 가족 상호작용, 우정, 성별, 교육 기회, 빈곤, 인종과 민족, 문화적 가치 등의 요인들이 모두 중요한 역할을 담당한다.

주제 4 : 경험적 접근

네 번째로 중요한 주제는 경험적 접근에 치우친 편향이다. 행동 문제의 수수께끼를 이해하고 습득된 지식을 응용하기 위해서는 신중하고 통찰력 있는 사고가 필요하다. 우리는 과학적 방법에 기댄 경험적 접근과 이론적 틀이 인간 행동의 복잡성을 이해하는 최선의 방안이라고 생각한다. 따라서 연구의 결과는 이 책의 주요 요소일 뿐 아니라 젊은이들이 어떤 문제를 겪고 있고 이들의 삶을 증진하는 방안이 무엇인지를 알아낼 수 있게 해준다.

주제 5 : 인간중심 접근

이 책 전반에 걸쳐 아동과 청소년이 최적의 발달을 할 수 있도록 돕는 것이 중요하다는 점이 강조되고 있다. 경험적 연구가 발달에 대한 이해의 지평을 넓혀준다는 데에는 의심의 여지가 없지만, 심리문제들을 좀 더 개인적인 관점에서 살펴보는 것이 도움이 된다. 따라서 학생들은 장애를 겪고 있는 아동과 그 가족의 관점에서 문제를 바라봄으로써 정신병리가 어떻게 발현되고, 해당 아동이 무엇을 필요로 하며, 개입이 아동에게 어떤 도움을 줄 수 있는지 등 수많은 요인을 더욱 더 잘 이해할 수 있게 될 것이다. 본문에 제시되어있는 많은 사례는 아동 개개인의 고유한 느낌을 살리는 데 필수적인 역할을 한다. 그 밖의 여러 개인적 설명, 인용, 사진들도 마찬가지이다. 사람들이 자신을 "나쁜 아이"라고 여긴다는 것을 눈치채고 있는 과잉행동장애 아동, 지적 장애가 있는 동생을 보살피다가 자신이 더 나은 사람이 되었다고 생각하는 누나, 진단받지 않은 자신의 자녀와 유사한 문제를 가지고 있는 아동이 TV에서 소개되는 것을 보고 충격을 받았다고 말하는 부모들은 각 사례의 현실성을 독특하게 포착하고 있다.

이 책의 구성

이 책은 비교적 포괄적인 개론서로서 이 분야에 대한 이론적 · 방법론적 토대를 마련해 준다. 또한 아동기 정신병리의 특징, 역학, 발달과정, 병인, 평가, 치료 및 예방에 대한 논의에 많은 지면을 할애하고 있다. 이 책의 장들을 공식적으로는 더 큰 단위로 나누어놓지 않았지만, 크게 두 개 단위로 나누어 생각해 볼 수 있다.

제1장에서 제5장까지로 구성되는 첫 번째 단위는 이후 논의의 토대를 제공해 준다. 기본개념, 역사적 맥락, 발달적 영향력, 이론적 관점, 연구방법, 분류와 진단, 평가, 예방 및 치료 접근 등을 포함하여 이 분야에 대한 폭넓은 개관을 제시하고 있다. 이 장들은 주로 심리학 문헌을 바탕으로 하고 있으나 아동과 청소년의 문제를 다루는 연구와 처치가 갖는 학제간적인 성격도 인정하고 있다. 우리는 독자들이 심리학을 학문적 배경으로 가지고 있다고 가정하지만, 그렇지 않은 사람들에게도 이 책이 도움이 될 수 있도록 노력을 기울였다.

두 번째 단위는 제6장부터 제14장까지로 구성되며 주요 장애들을 다루고 있다. 이 장들은 구조에 상당한 일관성이 있다. 장애 대부분이 분류, 임상적 기술, 역학,

발달과정, 병인, 평가, 치료와 예방의 순으로 논의되고 있다. 이와 동시에 구조에 어느 정도 융통성을 두어서 각 장에서 다루고 있는 주제들이 갖는 고유의 복잡성이 가려지지 않도록 신경을 썼다.

- 제6장(불안장애와 강박장애), 제7장(외상장애와 스트레스관련 장애), 그리고 제8장(기분장애)에서는 내재화 장애에 초점을 두었다.
- 제9장(품행장애)과 제10장(주의력결핍 과잉행동장애)에서는 흔히 외현화 장애로 언급되는 장애들을 논의하고 있다.
- 제11장(의사소통 및 학습 장애), 제12장(지적 장애)과 제13장(자폐스펙트럼장애와 조현병)에서는 특정 발달장애와 전반적인 발달상의 문제들을 다루고 있다.
- 제14장(기초 신체기능)과 제15장(의학적 상태)에서는 건강 및 의학 관련 문제에 초점을 두고 있다.

내용 : 강조점 및 갱신사항

아동과 청소년의 정신병리에 관한 저서는 최근 연구와 논점들에 대한 신중한 논의를 반드시 포함해야 한다는 점을 언급하지 않을 수 없다. 이 점을 반영하기 위하여 교재 전반에 걸쳐서 새로운 정보를 제공하였다. 이번 개정판에서는 새로운 연구 결과와 논점들을 다루고 있을 뿐 아니라 종전 결과들을 다양한 방식으로 입증하거나 확장하고 있기도 하다. 또한 새로운 정보들을 고찰하면서 최근 들어 많은 관심을 끌고 있는 주제들을 빠뜨리지 않도록 각별히 신경을 썼다. 개정판에서 강조하고 있는 최신의 주제들을 예로 들면 다음과 같다.

- 이번 개정판에서는 심리문제들을 분류하고 진단하는 최선의 방안이 무엇인가에 대한 관심이 증가하고 있음을 보여주고 있다. DSM의 최신 개정판(DSM-5)에 따른 진단기준과 정보를 제시하였으며, 차원 접근이 아동과 청소년의 정신병리 분류체계의 발달에 어떤 역할을 해왔고 또 앞으로 하게 될 것인지를 충분히 다루었다. 또한 미국 국립정

신건강연구소를 통해 개발되고 있는 '연구영역 기준'(Research Domain Criteria, RDoC)에 대해서도 논의하고 있다.
- 정신병리의 원인에 대한 이해가 상당히 진전되었음을 책 전반에 걸쳐서 보여주고 있다. 특히 아동과 청소년의 적응에 영향을 미치는 많은 요인 간의 복잡한 상호작용에 각별한 관심을 기울이고 있다.
- 이와 유사하게, 기술의 진보가 유전학과 초기 뇌 발달이 다양한 장애의 병인에 어떤 역할을 하는지 더 깊이 이해할 수 있게 해줌에 따라 특히 신경생물학적 연구 결과에 대한 관심이 지속되고 있다.
- 이 분야의 성장에 발맞추어, 유전적 과정 그리고 유전자의 영향 및 유전과 환경의 상호작용을 보여주는 새로운 연구 결과들에 더 많은 주의를 기울이고 있다.
- 아동과 청소년이 지닌 문제의 발달에 영향을 미치는 다양한 요인 중에서 가족과 또래의 복합적 역할에 특별히 중점을 두고 있다.
- 주요 장애의 발달과정과 그 결과를 종전 판에서와 다름없이 중요하게 다루고 있다.
- 정신병리에서 성별의 역할 — 성별에 따른 유병률, 증상 및 결과의 차이뿐 아니라 기저에 있는 요인들 — 에 주의를 기울이고 있다.
- 정신병리에서 문화, 인종, 민족의 다양한 역할에 더 많은 관심을 지속적으로 기울이고 있다. 예를 들어 문화에 대한 고려가 평가와 치료에 어떤 영향을 미치는지를 다루고 있다.
- 장애 예방의 진전을 보여주는 새로운 연구 결과들을 제시하고 논의를 확장하였다. 조기개입 노력 — 예를 들어 특정 학습장애와 자폐스펙트럼장애에 대한 조기개입 — 은 예방과 치료의 통합이라는 관점에서 볼 수 있다.
- 개인치료와 가족치료의 예들을 책 전반에 걸쳐 풍부하게 제시하고 있으며 증거에 기반을 둔 개입을 강조하고 있다.
- 또한 증거기반 치료의 접근성을 높이는 노력, 그런

치료방법이 연구로부터 '실생활' 장면으로 전달될 수 있는 방안, 그리고 테크놀로지가 그러한 노력에 어떤 역할을 할 수 있는가에 대해서도 많은 관심을 기울이고 있다.

- 빈곤, 아동학대, 약물사용, 집단 괴롭힘, 테러와 전쟁 같이 높은 사회적 관심을 끌고 있는 문제들에 관심을 기울이고 있다.
- 또한 종전에 논란의 중심에 있었거나 여전히 논란이 되고 있는 쟁점들에 대한 논의를 갱신하거나 더욱 확장하였다. 그러한 논란의 예로는 아동을 대상으로 한 부적절하거나 과도한 약물사용, 백신과 자폐스펙트럼장애의 관계에 대한 신빙성 없는 주장, 더 일반적으로는 분류와 진단에 대한 접근의 발전에 주어지는 관심을 들 수 있다.

특징 : 기존 특징과 신규 특징

문헌이 증가함에 따라 별도의 두 장(불안장애와 강박장애)을 추가하였다. 그러나 종전 판의 독자들은 확실히 알게 되겠지만, 장들의 기본 구조는 효과적인 것으로 보이기에 이번 판에서도 변경하지 않았다. 이와 마찬가지로 이번 판에서도 인간 지향적이고 응용적인 관점을 강조하는 책의 특징을 그대로 살렸다. 본문에 사례 기술을 많이 제시하였고 평가 및 치료에 관한 설명도 풍부하게 제시하고 있다. 이 책의 또 한 가지 특징인 '생각상자'는 유아정신건강, 백신과 자폐증에 관한 과학적 증거, 성소수자 청소년의 자살경향성, 낙인의 영향 등 여러 관심 주제들을 상세히 논의할 수 있게 해 준다. 또한 종전 판에서와 같이 도표, 사진, 그림들을 풍성하게 제시하였다.

이 책의 또 다른 특징은 특히 학생의 학습을 촉진하는 데 목표를 두고 있다. 이번 판에서도 각 장의 서두에 '학습목표'를 제시하여 학생들이 각 장에서 다루게 될 주요 주제들이 무엇인지 미리 파악할 수 있게 하였다. 또한 각 장마다 중요한 용어나 새로운 용어들을 진한 글씨로 표기하였으며 각 장의 말미에 '핵심용어'로 정리하여 제시하였다.

요약 차례

차례

제 **9** 장　**품행문제**

CHAPTER 1

개관

학습목표

- 정신장애의 정의와 확인
- 정신장애의 유병률
- 발달수준과 정신장애의 관계
- 성별과 정신장애의 관계
- 정신장애의 이해에 역사가 미친 영향력
- 아동 및 청소년 이상심리학에서 최근의 연구와 실천

젊다는 것은 공이 저 높이 하늘에 닿도록 튀어 오르게 하는 것, 동화에 빠져드는 것, 떨어지지 않고 줄타기 곡예를 하는 것, 친구를 기쁨으로 사랑하는 것, 경이로운 미래를 바라보는 것

젊다는 것은 자신이 무지하고 쓸모없다고 느끼는 것, 사랑받지 못한 채 홀로 있는 것, 끝없는 불안정과 인생 고락의 파도를 타는 것

인생의 초반부는 극단적인 행동과 정서가 나타나는 시기로 오랫동안 묘사되어 왔다. 사실 사람들은 누구나 자신의 젊은 시절을 되돌아보면 온건한 경험도 많았지만 일부 극단적인 부분도 있었음을 시인하게 된다. 사람들은 또 자신의 젊은 시절이 성장을 이루고 기회를 부여받은 특별한 시기였다고 생각한다. 이 책에서는 이러한 생각을 배경으로 아동기와 청소년기의 심리적 문제들을 다룬 연구들을 살펴보고자 한다.

이 책은 최적의 발달을 이루지 못한 아동과 청소년들에 대해 질문을 제기하고 관심을 갖는 사람들을 위해 저술되었다. 이 책에서는 기능장애의 정의, 특성, 기원, 발달, 진단, 예방 및 치료와 관련한 내용을 다루고 있다. 우리는 이 연구 분야가 여러분에게도 우리에게만큼 만족스러울 것이라고 예상하고 또 그렇게 되기를 희망한다. 이 분야는 아동과 청소년에 대한 인본주의적 관심과 과학적 호기심을 둘 다 아우르고 있다.

지난 수십 년은 행동 및 심리 장애를 연구하기에 특히 유망한 시기였다. 최근에는 장애에 대한 이해와 예방, 그리고 치료에 대한 요구가 증가하고 있을 뿐 아니라 세계 각국에서 이 요구가 인식되고 있다. 이와 동시에 여러 학문분야의 공헌에 힘입어, 청소년기를 포함하여 여러 연령에서 나타나는 심리장애와 인간발달에 관한 연구가 급속도로 성장하고 있다. 과학에서 흔히 그러하듯이 지식이 증가하고 방법론이 개선되면서 새로운 물음과 역설이 생겨났다. 이렇듯 새로운 이해, 새로운 문제, 그리고 새로운 탐구 수단이 결합하면서 아동과 청소년 문제의 연구에 희망과 열정을 동시에 불러일으키고 있다.

이상의 정의와 확인

행동의 레퍼토리는 수없이 많다. 이 책에서는 많은 종류의 장애를 논의할 것이다(생각상자 '문제행동의 여러 얼굴' 참조). 그러한 문제에는 이상행동, 행동장애, 정서장애, 심리적 결핍, 정신질환, 정신병리, 부적응행동, 발달장애 등 다양한 명칭이 부여되고 있다. 나아가 문제를 범주화하고 전문가들이 이상을 확인할 지침을 제공하기 위해 분류체계들이 개발되었다. 이러한 노력의 이면에는 정신병리의 정의 및 구분과 관련한 복잡한 쟁점들이 있다.

이상의 기준은 기본적으로 어떤 사람이 무슨 행동을 하고 무슨 말을 하는지에 근거를 두고 있으며, 특정한 지표를 기준으로 삼는 경우는 드물다. 물론 대부분의 사람들은 누군가가 언어를 습득하지 못하거나, 스스로 밥을 먹지 못하거나, 다른 사람이 보지 못하고 듣지 못하는 것을 보거나 듣는다면 명백히 문제가 있다는 데 동의할 것이다. 하지만 극단적인 사례를 제외하고는 이상행동을 판단하기 쉽지 않으며, 장애와 정상의 구분이 분명치 않을 수 있다. 특정 연령의 젊은이들은 부모가 정한 규칙에 대한 불복종, 사회적 위축, 과다활동 수준, 공포, 슬픔, 읽기 기술 지연과 같이 장애의 신호로 간주할 수도 있고 그렇지 않을 수도 있는 행동들을 한다. 따라서 우리는 다음과 같은 질문을 할 필요가 있다. 우리는 언제 어떤 행동을 이상으로 보는가? 일상적 문제와 심각한 정신병리의 징후를 어떻게 구별할 수 있는가? 이것은 간단하게 답변할 수 있는 문제가 아니다. 그러나 심리장애 또는 행동장애에 관한 판단을 할 때 몇 가지 요인들을 고려하는 것이 도움이 될 것이다.

생각상자 | 문제행동의 여러 얼굴

네 살 된 조이는 유치원에서 퇴학당했다. 마룻바닥에 앉아 다른 사람을 노려보고, 말하기를 거부하고, 자신을 건드리는 아이는 누구든 때렸다. 교사가 조이를 활동에 참여시키려 하면 비명을 지르고, 울고, 팔다리로 마룻바닥을 두드려 댔다. 집에서도 비슷한 행동을 했다. 조이는 말을 하거나 감정을 나타내는 일이 거의 없었으며, 불규칙하게 잠을 자고, 머리로 벽을 찧고, 몸을 앞뒤로 흔들어 댔다(Morgan, 1999, pp. 3~4에서 수정 인용).

라케시아는 언제나 학습 속도가 느렸지만 이런 문제들은 교사들의 '레이더 스크린'에 포착되지 않는 경우가 많았다. 아마도 그녀가 조용하고 조신하게 행동하기 때문일 것이다. 2학년 때 유급을 하고 가정교사를 두었으나, 5학년 때는 전 과목을 낙제하였다. 평가결과 지능이 평균 이하에서 경계선까지의 범위에 해당하였고 주의와 학습문제도 임상적 경계선 범위에 해당하였다(Hathaway, Dooling-Litfin & Edwards, 2006, pp. 402~405에서 수정 인용).

아홉 살 된 마테오의 어머니는 마테오가 가끔씩 흥분하곤 하는 밝고 활동적인 아이라고 말했다. 학교에서 주의가 산만하고 잠시도 가만있지를 못하며 교사가 계속 방향을 잡아주어야 했다. 평균적인 학업기술을 가지고 있었으나 지시를 따르기 힘들었고, 과제를 마치지 못하는 경우가 많았으며, 금방 싫증을 내고, 문제에 대한 답을 시간을 들여 생각하기보다는 추측으로 답을 맞히려 하는 경우가 많아 보였다. 다른 아이들과 같이 있을 때 사회적으로 미숙해 보였고 친구를 잘 사귀지 못했다. 학급 친구들은 게임을 하고 있을 때 마테오가 방해하거나 끼어드는 것 때문에 화를 내곤 하였다.

앤은 사탄에게 예배를 드리기 시작했고, 사탄에게 기도하면 고통에서 벗어날 수 있다고 하였다. 앤은 머리를 검게 염색하고 얼굴에는 흰 파우더를 뿌려서, 14세 아동이 아니라 마치 흡혈귀 이야기에 등장하는 인물처럼 보였다. 앤은 학교 성적과 부모의 이혼에 대한 걱정으로 밤에 잠을 잘 자지 못한다고 토로하였다. 앤은 자신이 부모의 이혼에 부분적으로 책임이 있다고 믿고 있었다. 학교에서 집중하기 힘들어하고 쉽게 짜증을 냈으며, 몸무게가 줄었다. 기운이 없고, 친구들과 함께 활동하고 싶어 하지도 않고, 거의 항상 방에서 혼자 시간을 보냈다. 앤은 자신이 자살할 의도나 계획이 없고, 사이비 종교에 빠져들지도 않았으며, 약물을 복용하지도 않는다고 하였다(Morgan, 1999, pp. 35~37에서 수정 인용).

아동에게 기대되거나 적절하다고 간주되는 행동은 문화에 따라 다르다.

비전형적이고 해로운 행동

심리의 문제는 흔히 평균에서 이탈했다는 의미에서 비전형적 또는 비정상적이라고 간주된다. 사실 '정상(normal)'은 평균 또는 표준을 가리키는 데 반해 '이상(abnormal)'은 이로부터 벗어난다는 뜻이다. 그러나 비전형적인 것 자체를 정신병리라 할 수는 없다. 지능, 사회적 능력, 또는 운동기술이 예외적으로 뛰어난 사람들은 일반적으로 운이 좋은 것으로 여겨지며, 우리는 그들의 '특이성'을 긍정적인 눈으로 바라본다. 이 책에서 다루고 있는 이탈은 개인에게 어떤 식으로든 해로운 것으로 가정된다. 예를 들어 미국정신의학협회(2013)는 장애란 정신과정의 역기능을 반영하며, 주요 기능영역의 이상과 관련이 있는 임상적으로 의미 있는 행동적·인지적 또는 정서적 이상의 증후군으로 정의한다.

이상 또는 정신병리는 해당 개인이 생활환경과 조화를 이루지 못하게 하는, 즉 적응을 방해하는 것이라 볼 수 있다. 정신병리는 젊은이들이 언어습득, 정서조절, 또는 원만한 사회적 관계 등의 발달과업을 순조롭게 완수하지 못하게 만든다. 장애는 개인의 내적 상황이라고 볼 수도 있지만 개인이 (다른 사람이나 환경조건과 상호작용하며) 상황에 대해 보이는 반응이라고 볼 수도 있다. 장애에 대한 관점은 후자가 더 적절한 것으로서 행동은 그 행동이 발생하는 더 큰 세상과 긴밀하게 얽혀 있다는 점을 강조한다.

발달기준

연령은 발달수준을 나타내는 지표로서 행동을 판단하는 데 언제나 중요하지만 급속히 변화하는 아동과 청소년의 경우에는 특히 중요하다. 행동에 대한 판단은 전형적인 성장속도, 성장순서 및 운동기술, 언어, 인지, 정서와 사회적 행동의 형태를 기술하는 **발달규준**(developmental norms)에 의존한다. 이 규준들은 '무엇인가가 잘못되었을' 가능성을 평가하는 발달기준의 역할을 한다.

〈표 1.1〉에서 볼 수 있듯이 행동은 이러한 규준과 관련해서 여러 면에서 비정상인 것으로 간주될 수 있다. 발달이 지연되거나 혹은 전형적인 발달적 변화를 이뤄내지 못하는 것은 무엇인가가 잘못되었다는 징후이다. 아동들은 때로 발달규준에 맞는 행동을 하다가도 더 어린 아동들이 전형적으로 보이는 행동으로 퇴행하기도 한다.

다른 여러 징후에도 주목할 필요가 있다. 행동의 빈도, 강도, 지속시간이 비전형적이거나 부적절한 상황에서 행동이 표출되는 것도 모두 그런 징후들이다. 예를 들어 아이가 공포를 나타내는 것은 특이한 일이 아니지만 공포를 지나치게 빈번하고 매우 강하게 나타내거나, 시간이 지나도 나아지지 않거나, 전혀 위험하지 않은 상황에서 나타낸다면 문제라 할 수 있다. 활발하던 청소년이 갑자기 외톨이가 되어 버리는 경우처럼 아이의 행동이 갑자기 변화하는 것도 우려할 만한 일이다. 이러한

▌표 1.1   장애의 행동지표

발달지연
발달적 퇴행
행동의 빈도가 극단적으로 높거나 낮음
행동의 강도가 극단적으로 높거나 낮음
행동상의 문제가 일정시간 지속됨
상황에 부적절한 행동
행동의 갑작스러운 변화
여러 문제행동
정상과는 질적으로 차이가 있는 행동

장애 징후들은 모두 발달규준과 양적인 차이가 있다.

그 밖에도 아이가 도움이 필요하다는 것을 알려주는 징후로는 규준과는 질적으로 차이가 있는 행동이 있다. 즉 정상발달에서는 나타나지 않는 행동 혹은 행동의 발달순서를 보이는 것이다. 예를 들어 아이들 대부분은 출생 직후부터 자신을 돌보아 주는 사람에게 사회적 반응을 보이지만 자폐로 진단된 아이들은 정상적인 눈맞춤을 하지 않는 것과 같이 정상발달에서는 볼 수 없는 무반응 행동을 보인다. 질적 차이가 있는 행동들은 대개의 경우 발달에 광범위한 문제가 있다는 것을 보여준다.

문화와 민족

문화(culture)라는 용어는 여러 집단의 사람들이 특정한 방식으로 조직되고, 특정한 환경 적소에서 생활하며, 특정한 태도, 신념, 가치, 실천 및 행동기준을 공유한다는 생각을 포괄한다. 문화는 세대에서 세대로 전수되는 생활방식이다. 따라서 많은 장애가 세계 각국의 문화에서 보편적으로 발견되지만 문화 간에 일정한 차이를 보인다는 것이 놀라운 일은 아니다. 문화에 따라 장애의 유병률(prevalence)에 차이가 있고 표출방식에도 미세한 차이가 있을 수 있다(Canino & Alegria, 2008; Rutter, 2011). 후자의 예로 불안장애를 들 수 있다. 불안장애는

여러 문화에서 보편적으로 나타나는 것으로 보이지만 아시아와 라틴계 미국인이 유럽계 미국인보다 더 완전한 신체증상으로 표출한다(Serafica & Vargas, 2006).

문화 분석은 문화가 정상발달과 비정상발달을 조형할 뿐만 아니라 정신병리의 개념을 수립하고 설명하고 취급하는 다양한 방식을 기술한다(Chen & Liu, 2016). **문화규준**(cultural norms)은 아동과 청소년의 행동에 대한 기대, 판단 및 신념에 폭넓게 영향을 미친다. 예를 들어 미국 아동들은 다른 나라 아동들에 비해 자기통제를 덜 하고 어른에게 복종을 덜 할 것으로 기대된다(Weisz et al., 1995). Weisz와 동료들은 태국 교사들이 미국 교사들보다 학생들의 품행문제를 더 많이 보고한다는 것을 발견하였다. 그러나 훈련받은 관찰자는 두 집단의 학생들에 대해 정반대의 결과를 보고하였다. 연구자들은 태국 교사들이 더 엄격한 행동기준을 가지고 있으며, 따라서 문제를 더 많이 찾아내고 그 문제들에 명칭을 더 쉽게 갖다 붙인다고 보았다.

문화의 영향은 기대만이 아니라 부모의 태도와 행동의 관점에서도 볼 수 있다. 예를 들어 Majdandzic와 동료들(2018)은 학령 전 자녀를 둔 네덜란드와 호주 부모들의 도전적 양육행동(challenging parenting behavior, CPB) 수준을 비교하였다. CPB는 아이들이 적정수준까지 위험을 감수하고, 적정수준으로 자기주장을 하며, 낯선 상황을 자신 있게 탐색하는 등 자신의 한계에 도전하도록 장려하는 양육방식을 가리킨다. 지금까지의 연구 결과들은 CPB 수준이 높을수록 아동기에 불안문제가 나타날 위험이 낮아진다는 것을 보여주었다. 이 결과는 문화에 따른 차이를 보여주기도 하지만 문화의 영향력이 복합적일 수 있다는 점을 일깨워주기도 한다(표 1.2 참조). 호주 어머니들은 호주 아버지, 그리고 네덜란드 어머니와 아버지보다 낮은 수준의 CPB를 보이는 경향이 있었다. 기존 연구와 마찬가지로 이 연구에서도 CPB 수준이 높을수록 연구에 참여한 모든 집단이 불안증상과 불안장애를 적게 보이는 것으로 나타났다.

비정상성과 관련한 문화적 쟁점에 대한 논의는 흔히 민족 또는 인종 관점에서 이루어진다. **민족**(ethnicity)은

표 1.2 도전적 양육행동의 평균

부모	문화	
	호주	네덜란드
어머니	3.11	3.28
아버지	3.20	3.47

주 : Challenging Parenting Behavior Questionnaire(CPBQ4-6)로 측정
출처 : Majdandzic et al.(2018)에서 수정 인용

국가의 기원이나 지리적 위치와 관련되어 있는 보편적 관습, 가치, 언어, 혹은 특질을 의미한다. 신체특성에 기초한 구분인 **인종**(race) 또한 공유하는 관습, 가치 등과 관련될 수 있다. 이질적 사회를 구성하는 여러 민족 혹은 인종집단은 정신병리의 유병률과 표출방식에서 차이를 보일 수 있으며, 지배적 문화집단과는 다른 신념이나 기준을 가지고 있을 수 있다(Anderson & Mayes, 2010). 여러 인종집단의 양육행동이 유사한 경우라 할지라도 이 집단들이 지니고 있는 가치관에 따라 그러한 양육행동이 자녀에게 미치는 영향은 다르게 나타날 수 있다 (Eichelsheim et al., 2010).

자녀의 성취행동과 관련하여 유럽계 미국인과 아시아계 미국인 부모들을 비교한 연구는 인종 차이의 예를 보여주고 있다(Ly, 2008). 일반적으로 아시아계 미국인 부모들은 유럽계 미국인 부모들에 비해 자녀의 노력(예 : 학문적 성공)을 능력보다 더 중요하게 여긴다. 그러나 장애아동을 둔 가정들의 문화 간 차이를 비교한 연구들은 많지 않다. 그런 연구 중 하나에서 부모들은 지적장애가 있는 자녀들이 어떤 과제에서 얼마나 성공적으로 수행하였는지 평가하였고 그 수행이 어느 정도 능력과 노력에 의한 것인지도 평가하였다. 아시아계 미국인 부모들은 자녀의 수행 정도를 더 낮게 평가하였고(실제 차이는 없었다), 미래의 성공에 대한 기대가 더 낮았으며, 낮은 수행의 원인을 노력 부족보다는 능력 부족에서 찾았다. 또한 부모들이 자녀의 수행에 대해 보이는 정서적 반응에서도 차이가 있었다. 비록 한계가 있기는 하지만 (예 : 연구에 참여한 대상 가정은 자원가정이었음), 이

연구는 아동과 청소년의 정신병리를 연구할 때 인종·민족에 따른 차이가 있을 수 있다는 사실을 염두에 둘 필요가 있음을 보여준다.

기타 기준 : 성별과 상황

성별에 따른 기대 또한 문제행동을 규정하는 데 일익을 담당한다. **성별규준**(gender norms)은 발달에 강력한 영향을 미치는데 정서, 행동, 기회 및 선택에 영향을 미친다. 대부분의 사회에서 남성은 상대적으로 더 공격적이고 지배적이고 활동적이고 모험적일 것으로 기대되는 데 반해, 여성은 더 수동적이고 의존적이고 조용하고 민감하고 정서적일 것으로 기대된다. 이런 성 고정관념은 정상성의 판단에 지침 역할을 한다. 지나치게 예민하고 수줍음을 잘 타는 소녀와 지나치게 지배적인 소년이 있을 때 사람들은 이들의 성이 거꾸로 된 경우에 비해 걱정을 덜 하는 경향이 있다.

행동의 일탈 또는 정상 여부에 관한 판단은 또한 특정한 사회적 상황에서 무엇이 기대되는가 하는 **상황규준** (situational norms)도 고려한다. 힘차게 달리는 것은 놀이터에서는 받아들여질 수 있겠지만 도서관에서는 결코 용납되지 않는다. 사회적 상호작용의 규준은 상당히 미묘할 수도 있다. 예를 들어 어떤 말을 어떻게 하느냐에 따라 그것은 칭찬이 될 수도 있고 모욕이 될 수도 있다. 사람들은 어떤 문화에서나 연령과 성별에 따라 어떤 행동이 받아들여지는지를 학습하고 특정한 상황에서 특정한 방식의 행동을 하도록 기대된다. 그렇게 하지 못할 때는 그들의 유능성 또는 사회에 대한 적응력에 의문이 제기될 수 있다.

다른 사람들의 역할

아동과 청소년, 특히 어린 아동들이 스스로 임상평가에 의뢰하고 자신에게 문제가 있다고 선언하는 법은 없다. 문제를 파악하고 명명하는 것은 아동에게 관심을 갖는 주변 사람들인 경우가 대부분이다. 가령 부모가 자녀의 사회적 고립에 대해 걱정하거나 교사가 학생의 학습장애를 염려할 때 문제가 드러나게 되기 쉽다.

따라서 아동을 정신건강 전문가에게 의뢰하는 일은 아동 자신과도 관련이 있지만 부모나 교사, 또는 가족주치의의 특징과도 그만큼 또는 그보다 더 크게 관련이 있을 수 있다(Briggs-Gowan et al., 2000; Verhulst & van der Ende, 1997). 사실 아동이 '문제를 가지고 있는지' 여부에 대해 성인들 사이에 의견이 일치하지 않는 경우가 많다. 이것은 성인마다 아동의 각기 다른 행동에 노출되기 때문이기도 하지만 성인의 태도, 민감성, 참을성과 대처능력 등이 모두 아동의 장애를 확인하는 데 중요한 역할을 한다.

장애에 대한 관점의 변화

끝으로 비정상에 관한 판단은 변경할 수 없는 확고한 것이 아니다. 예는 수도 없이 많다. 1800년대에는 자위를 장애의 징후로 보거나 또는 정신이상을 일으킬 수 있는 행동이라고 보았다(Rie, 1971). 손톱을 물어뜯는 행동은 한때 퇴행의 징후로 여겨졌다(Anthony, 1970). 젊은 여성의 과도한 지적 활동이 정신장애를 일으킬 수 있다고 믿는 사람들도 있었다(Silk et al., 2000). 요즘에는 이 관점들이 받아들여지지 않는다.

많은 요인이 비정상에 관한 판단의 변화에 영향을 미쳤다(그림 1.1 참조). 지식의 증가와 이론의 변화가 일익을 담당하였다. 문화적 신념과 가치의 변화도 일정한 역할을 하였다. 예를 들어 섭식장애는 한때 서구사회에서만 발견되었으나 지난 수십 년간 전 세계에서 증가했는데, 아마도 현대 서구사회의 날씬한 몸매 선호가 세계적으로 받아들여졌기 때문일 것이다(Pike & Dunne, 2015).

요약하면 정신병리는 한 개인이 지닌 어떤 실체로 규정될 수 없다. 개인의 행동, 정서, 혹은 사고가 어떤 식으로든 비전형적이고 역기능적이고 유해하다는 판단, 즉 발달에 관한 지식, 문화적 · 민족적 영향, 사회적 규준, 그리고 그러한 판단을 하는 사람들의 특성을 포괄하는 판단이라고 보는 것이 가장 적절하다.

심리문제는 얼마나 흔한가

행동장애 혹은 심리장애를 경험하는 사람들의 유병률(prevalence)은 예방, 치료 및 연구가 어느 정도 필요한지를 알려준다. 그러나 유병률은 여러 요인에 따라 달라지

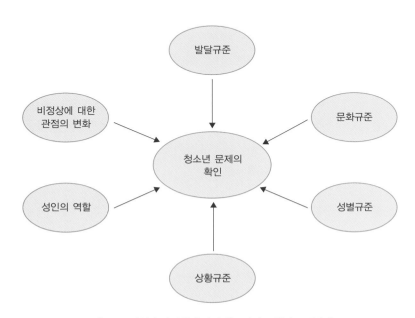

그림 1.1   정상과 비정상의 판단에는 여러 요인이 고려된다.

는데, 가장 중요한 요인은 장애의 정의와 진단기준이다. 장애의 비율은 어떤 척도를 사용하느냐, 그리고 부모, 교사 혹은 아동 자신 중 누가 정보의 출처이냐에 따라 달라질 수 있다. 모집단의 성격(연령, 성별, 클리닉 대 지역사회 모집단 등)도 유병률에 차이를 가져올 수 있다 (Merikangas & Hommer, 2019).

이 모든 요인으로 인해 문제의 비율은 상당한 편차를 보인다. 1985년에서 2012년까지 세계 각국에서 수행된 많은 연구를 체계적으로 정리한 보고서는 아동과 청소년의 정신장애 유병률이 장애의 종류와 관계없이 13.4%로 추정된다는 것을 보여준다(Polanczyk et al., 2015). 아동과 청소년의 주요 정서장애에 관한 미국의 조사보고서는 유병률이 4.8%에서 8.9% 사이에 걸쳐 있다는 것을 보여준다(Merikangas & Hommer, 2019). 미국심리학회(2007)는 아동과 청소년의 10%가 심각한 정신건강 문제가 있고, 또 다른 10%는 가볍거나 중간 정도의 문제가 있다고 인용하고 있다. 문제가 있는 것으로 보고된 많은 아동이 하나 이상 장애의 증상을 보이는 것으로 확인되고 있다. 더욱이 성인기에 이르기까지 상당수가 어느 시점에서는 정신적 문제를 겪는다는 증거가 있다(Copeland et al., 2011).

유병률 연구는 아동기에서 청소년기까지의 연령범위에 초점을 두고 있지만 학령 전기 아동들의 문제에 관심을 두는 경우는 많지 않다. 최근 수십 년간 영아 정신건강 분야에서는 매우 어린 아동의 발달을 더 잘 이해하고 증진하기 위한 다학제적인 노력이 이루어졌다(Zeanah & Zeanah, 2019)(생각상자 '영아의 정신건강' 참조).

지난 수십 년 동안의 사회적 변화가 아동과 청소년의 장애 위험을 높이는 결과를 초래했다는 우려가 표출되고 있다. 어떤 변화와 그 변화를 초래한 원인은 분명하다. 예를 들어 의학적 진보는 미숙아로 태어나거나 신체 문제가 있는 영아들의 생존율을 높였으며, 이런 영아들은 행동이나 학습에서 상당히 높은 비율로 문제를 나타낸다. 그러나 연구들 간의 차이와 방법론적인 쟁점들로 인해 그와 같은 **추세 변동**(secular trends)에 관해 전반적 결론을 이끌어내기는 어렵다.

추세 변동에 관한 연구의 한 예로 Sawyer와 동료들(2018)의 연구가 있다. 이 연구자들은 호주에서 1998년과 2013~2014년에 수행된 전국적 조사에서 수집한 자료를 사용하여 주요우울장애, 주의력결핍 과잉행동장애 및 품행장애 유병률의 추세를 알아보았다. 두 조사 모두에서 호주의 6~17세 대상자들을 무작위로 선정하였으며, 부모를 대상으로 구조화된 진단면접을 사용하여 장애를 평가하였다. 전체 유병률은 1998년(12.5%)과 2013~2014년(11.1%) 사이에 변화가 없었다. 일부 장애의 경우에는 유병률에 변화가 있었으나 대부분이 큰 변화는 보이지 않았다. 유병률의 변화 양상은 성별, 연령, 인구사회학적 요인에 따라서도 차이가 있었다. 〈그림 1.2〉는 장애유형, 성별과 연령에 따른 유병률 변화의 차이를 보여준다. 연구자들은 한부모 및 저소득 가정의 아이들이 일관성 있게 높은 유병률을 보인다고 보고하였다.

전반적으로 아동과 청소년의 유병률 추세에 관한 연구의 결과는 혼재되어 있다. 일부 연구들에서는 증가하는 것으로 나타나지만 또 다른 연구들에서는 감소하는 것으로 나타난다(Collishaw et al., 2004; Polanczyk et al., 2015; Sawyer et al., 2018; Tick, van der Ende, & Verhurst, 2008; Twenge et al., 2010). 더욱이 연구방법론이 서로 다르고 연구결과가 문제유형, 성별, 사회계층, 가족 등과 관련하여 상당히 복잡하다(Merikangas, 2018; Sellers et al., 2019). 유병률의 추세 변동과 그러한 변동의 원인을 이해하는 것이 예방과 개입에 중요할 것이므로 이 문제에 관한 관심은 지속될 필요가 있다.

문제의 증가 여부와 관계없이 아동과 청소년에게 많은 도움이 필요하다는 데는 의문의 여지가 없다. 그러나 이들의 정신건강 문제는 학교나 일차 보건시설, 또는 그 밖의 기관에서 주목받지 못하고 넘어가는 경우가 많다(Hoagwood, 2005). 또한 진단받을 만한 장애가 있는 젊은이 중 상당수가 적절한 치료를 받지 못하고 있다(Federal Interagency Forum on Child and Family Statistics, 2011; Ghandour et al., 2019). 앞으로 보게 되겠지만 효과적인 개입방법이 개발되고 있기는 하지만

생각상자   영아의 정신건강

생후 아주 초기에 발생하는 문제들에 대한 오랜 관심에도 불구하고 어린아이들이 정신건강에 문제가 있을 수 있다는 생각은 어떤 사람들에게는 혼란스러운 것이었고, 그들은 그런 생각을 거부하기까지 하였다. 아마도 아기들이 순진무구하다는 생각이 부적응, 낙인 및 질환과는 어울리지 않아 보였을 것이다. 또는 어린아이들은 오랫동안 정서 및 인지능력이 제한되어 있다고 간주해 왔으므로 이들에게 정신건강 문제가 있다는 것이 불가능하게 여겨졌을지도 모른다(Tronick & Beeghly, 2011).

매우 어린 아동들에 대한 이해가 증가하면서 영아 정신건강이라는 개념이 관심을 불러일으키고 받아들여지게 되었다. 최근 들어서는 영아 정신건강을 다루는 연구들이 고려하는 연령범위가 확장되었다(Egger & Emde, 2011; Zeanah & Zeanah, 2019). 소아과에서 '영아'는 보통 생후 첫해를 가리킨다. 정신건강 분야에서는 처음에는 출생에서 생후 3년까지의 기간에 관심을 가졌으나 이 연령범위는 생후 5년 정도까지로 확장되었다. 매우 어린 아동과 더 나이 든 아동의 정신건강 간에는 여러 면에서 연속성이 있을 것으로 예상할 수 있다. 그러나 영아 정신건강의 어떤 측면은 독특하지는 않을지라도 더 나이 든 아동과는 상당한 차이가 있어 특별히 언급할 필요가 있다. 여기서는 다음과 같은 네 가지 차이점을 언급하고자 한다.

첫째, 역사적으로 영아에 관한 관심은 아기와 양육자의 관계, 그리고 매우 어린 아동의 발달이 양육맥락으로부터 받는 영향의 중요성을 강조하였다(Rosenblum, Dayton, & Muzik, 2019; Zeanah & Zeanah, 2019). 영아 정신건강에 관한 기술은 고아원에서의 정서적 박탈, 아기와 양육자 간 애착의 문제, 심리사회적 장애가 있는 부모의 양육이 초래하는 증상들에 관한 사례 보고서에 처음으로 등장하였다(Egger & Emde, 2011; Humphreys, King, & Gotlib, 2019). 이 분야에서 아동과 양육자의 관계는 늘 중요하다.

둘째, 매우 어린 아동의 정신건강 문제를 확인하고 범주화할 수 있는 신뢰할 만한 타당한 기준을 마련하는 것이 필요하다(Egger & Emde, 2011). 더 나이 든 아동들에게 사용되는 진단 방법과 체계는 발달적 차이에 충분히 민감하지 않은 것으로 간주되고 있으며, 현재 어린 아동들에게 사용되고 있는 방법들은 개선될 필요가 있다.

셋째, 일차적 건강관리 실무자의 역할이 중요하다. 어린아이들은 대부분이 일반의사, 소아과의사, 그 밖의 다양한 의료서비스 종사자들로부터 돌봄을 받는다(Gleason, 2019). 대개는 이들이 아이의 섭식 및 수면문제, 운동이나 언어발달의 지연, 행동문제 등에 관해 처음으로 듣게 되는 전문가들이다. 따라서 이들은 증상의 선별, 정신건강 전문가와 가족 간 좋은 관계 맺기 등 영아 정신건강의 원리와 실천에 관한 지식을 가지고 있을 필요가 있다.

넷째, 영아 정신건강의 본질은 장애의 예방이다. 증상의 완화도 물론 중요하지만, 아기들은 매우 빨리 변화하므로 미래의 발달에 우선순위를 두어야 한다. 아울러 연구들은 조기개입이 특히 효과적이라는 결과를 내놓고 있다. 따라서 치료는 미래에 발생할 수도 있는 문제에 대한 예방을 염두에 두고 이루어져야 하며, 어린 아동들의 건강을 증진하는 정책과 프로그램들을 지원하는 노력도 계속되어야 한다(Nagle, 2019; Nelson & Mann, 2010).

이러한 개입에 대한 접근과 실제 적용까지 아직은 어려움이 남아 있다. 지역사회에 효과적인 치료를 제공하고, 치료과정에 참여하기를 꺼리는 아동과 가족을 찾아내어 설득하고, 개입을 건강관리체계로 통합하며, 다양한 방식으로 서비스 전달체계를 향상시키려는 노력이 계속되고 있다(Chorpita, Becker, & Higa-McMillan, 2019; Cuijpers et al., 2017; Hoagwood et al., 2017).

이런 상황에 대해 우려를 표명하는 데에는 몇 가지 이유가 있다. 아무도 젊은이들이 정신병리로 고통을 받거나 삶의 질이 낮아지기를 원치 않는다. 더욱이 생애 초기의 장애는 이후의 발달과정을 방해함으로써 문제를 누적시켜 나갈 수 있다. 정신장애가 있는 성인의 절반가량은 14세에 이미 증상이 나타났다고 보고하고 있으므로 젊은이의 정신병리 연구는 전 생애에 걸쳐 중요한 의미를 갖는다(From Discovery to Cure, 2010). 또한 젊은이의 정신건강 문제는 건강보험 지출 및 다른 경제적 · 사회적 비용에서 볼 수 있듯이 가족과 더 넓게는 사회에 악영향을 미친다(Lynch & Dickerson, 2019).

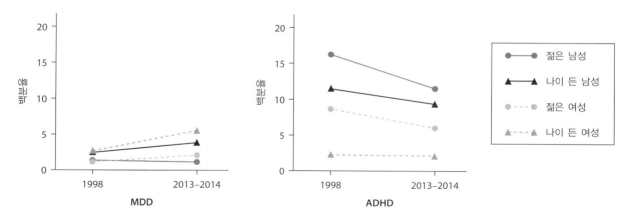

그림 1.2 장애 유형, 성별, 연령에 따른 유병률의 변화. MDD=주요우울장애, ADHD=주의력결핍 과잉행동장애[Sawyer et al.(2018)에서 수정 인용]

사실 세계보건기구에 따르면 선진국에서 성인의 사망과 불구를 가장 많이 초래하는 장애는 정신건강과 관련이 있으며, 청소년기에 처음으로 관찰되는 경우가 많다(Merikangas, Nakamura, & Kessler, 2009).

발달수준과 장애는 어떤 관련이 있는가

전문가와 부모가 모두 관심을 갖는 의문은 심리장애가 발달수준과 관련이 있느냐, 그리고 어떤 관련이 있느냐 하는 것이다. 특정한 문제와 그 문제가 처음 나타나거나 확인되는 연령 간에 관계가 있는 경우들이 있다. 〈그림 1.3〉은 몇 가지 장애와 연령의 관계를 보여주고 있다. 때로는 관계의 이유가 명백하다. 생물학적 연령은 발달수준과 상관이 있는데 발달수준은 어떤 장애가 다른 장애보다 특히 더 일어나기 쉽게 만든다. 예를 들어 발달적 언어문제는 아동이 언어기술을 처음 습득할 때 나타난다. 그러나 장애 발생의 다른 측면들은 그다지 분명하지 않다. 실제 장애의 발생은 시간이 지나면서 증상이 악화하고 사회적 손상을 겪으면서 점진적으로 이루어질 수 있다. 어떤 장애의 경우에는 성별에 따라 발병시점이 다르다. 더구나 장애가 발생한다고 간주되는 시점은 장애와는 무관한 외부상황에 따라 달라지기도 한다. 예를

들어 심각한 지적장애 사례는 생후 초기에 확인되지만 지적장애는 대부분이 학교의 요구로 인해 아동의 학습능력이 주목을 받는 학령기에 확인된다.

이러한 구분을 염두에 둔다면 발달수준과 장애에 관한 정보는 여러 면에서 유익하다. 일반적인 발병연령에 대한 지식은 병인을 알려줄 수 있다. 생후 초기의 발병은 유전적 원인 또는 태아기의 원인임을 암시하는 반면에 후기의 발병은 발달과정에서 발생하는 영향에 관심을 기울이게 한다. 전형적인 발병연령은 또 장애의 심각성이나 결과에 대해 말해주기도 한다. 생후 초기에 발생하는 사례일수록 정도가 심각할 가능성이 크다. 예를 들어 약물사용은 흔히 청소년기에 시작되는데, 이보다 더 일찍 시작되는 경우 성인기에 약물사용장애 및 다른 사회적·정신적 문제를 일으킬 가능성이 특히 크다(SAMHSA, 2013; Wills & Dishion, 2004). 그뿐만 아니라 부모, 교사와 그 밖의 성인들이 장애가 일반적으로 언제 시작되는지를 알고 있다면 아동과 청소년이 보이는 특정 문제들의 징후에 더 민감하게 반응할 수 있다. 그럴 경우 장애를 예방하거나 조기치료를 할 수 있게 되고, 이는 장애의 심각성이나 지속성을 줄일 뿐 아니라 심리문제들과 흔히 연관되어 있는 이차적 문제들을 줄이는 데에도 도움이 될 수 있다(McGorry et al., 2010).

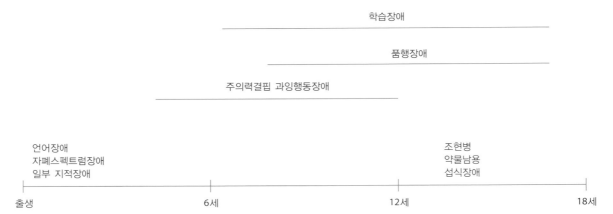

그림 1.3　특정 장애들이 전형적으로 처음 발생하거나, 확인되거나, 또는 관찰될 가능성이 큰 연령 범위

성별과 장애는 어떤 관련이 있는가

수십 년 동안 아동과 청소년의 정신병리에서 성별의 역할이 간과되어 왔다(Crick & Zahn-Waxler, 2003). 최근 들어 여러 흥미로운 결과가 보고되고 있다. 오랫동안 일관성 있게 나타나는 결과는 많은 장애의 전체 유병률에 성차가 있으며 남성이 여성보다 장애를 겪을 확률이 더 높다는 것이다(Rutter & Sroufe, 2000). 여러 국가에서 여러 시대에 걸쳐 성차가 발견되었다(Merikangas & Hommer, 2019; Seedat et al., 2009). 〈표 1.3〉은 특정한 몇 가지 장애에 대한 연구결과를 보여주고 있다. 그러나 실제 결과는 훨씬 더 복잡하다.

　어떤 성차는 연령과 관련이 있다. 예를 들어 남성은 생후 초기에 발생하는 신경발달학적 장애에 특히 취약한 데 반해, 여성은 청소년기에 흔히 나타나는 섭식장애와 정서장애에 더 취약하다(Rutter, Caspi, & Moffitt, 2003). 〈그림 1.4〉에 제시된 대로 성차는 장애의 비율뿐만 아니라 외현화 장애(예 : 공격성, 비행)와 내재화 장애(예 : 불안, 우울)의 발달적 변화에도 나타날 수 있다. 또한 장애는 성별에 따라 달리 표출되기도 한다. 예를 들어 남성은 외현적이고 신체적인 공격성을 보이는 경향이 있지만, 여성은 험담이나 소문 퍼뜨리기 같은 관계적 공격성을 드러내기 쉽다(Bjorkqvist, 2018; Zalecki &

Hinshaw, 2004). 성별에 따라 심한 정도, 원인 및 결과까지 달라지는 장애들도 있다. 하지만 성차에 대해서는 아직 더 많은 연구가 필요하며 방법론적 쟁점들도 염두에 두어야 한다.

방법론적 쟁점, 진정한 차이

지금까지 보고된 성차는 어느 정도는 방법론에서 유래했을 가능성이 크다. 과거에는 남성을 더 많이 연구하는 쪽으로 편향이 있었는데, 한쪽 성에 대한 강조는 성차에 관해 잘못된 추론을 이끌어 낼 수 있다. 성차에 관한 잘못된 보고는 여성 혹은 남성이 특정한 문제들을 더 기꺼이 보고하려고 하는 데서 비롯될 수도 있다. 예를 들어

표 1.3　**아동기 장애의 성별 유병률**

남성의 유병률이 더 높은 장애		
자폐스펙트럼장애	주의력결핍 과잉행동장애	
적대적 반항장애	품행장애	
약물남용	언어장애	
지적장애	읽기장애	
여성의 유병률이 더 높은 장애		
불안과 공포	우울증	섭식장애

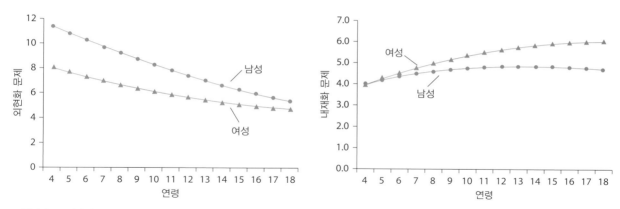

그림 1.4 4세에서 18세까지 아동과 청소년이 보이는 외현화 문제와 내재화 문제의 발달적 변화. 외현화 문제는 남녀 모두 연령에 따라 감소하는 반면, 내재화 문제는 여성의 경우 증가한다. [Bobgers, Koot, van der Ende, & Verhulst(2003)에서 인용]

소녀는 정서문제에 대한 얘기를 더 쉽게 꺼낸다.

장애의 유병률이 어느 한쪽 성에 더 높게 나타나는 것은 임상표본이 연구될 때 의뢰편향이 빚어낸 인위적 결과일 수 있다. 임상표본은 소년의 수가 훨씬 더 많다. 흔히 파괴적 행동을 할 때 도움을 받고자 하는데, 소년이 소녀보다 파괴적 행동을 더 많이 하기 때문이다. 가령 읽기문제가 있는 소년은 파괴적 행동을 더 많이 하기 때문에 읽기문제가 있는 소녀보다 임상에 더 많이 의뢰될 수 있다(Shaywitz, Fletcher, & Shaywitz, 1996). 읽기문제가 소년에게 실제로 더 많을 수도 있지만 의뢰 편향이 높은 장애 비율이라는 잘못된 결과를 초래할 수 있다.

이와는 달리 임상표본의 편향은 더 간접적인 방식으로 성별에 따른 유병률에 영향을 미칠 수도 있다(Hartung & Widiger, 1998). 정신건강 시설에 소년이 더 많이 있다면 소년을 대상으로 한 연구가 더 많아질 수밖에 없다. 그 결과로 장애는 소년이 보이는 증상에 따라 기술되며, 이 증상은 소녀의 증상과 일치하지 않을 수 있다. 이러한 기술(기준)이 장애의 확인에 사용된다면 그러한 증상에 부합하여 장애가 있는 것으로 확인되는 소녀의 수는 많지 않을 것이다. 예를 들어 소녀의 주의력결핍 과잉행동장애가 이러한 가능성에 해당하는 것으로 생각된다(Greven et al., 2018; Waschbusch & King, 2006).

방법론적 쟁점들은 연구결과를 신중하게 살펴볼 필요가 있음을 일깨워주지만 성차가 실제로 존재한다는 증거에 무게가 더 많이 실리고 있다. 그 원인은 무엇인가? 태아기 이후로 관찰되는 생물학적 영향과 심리사회적 영향이 모두 성에 특정한 정신병리를 초래할 수 있다(Rutter et al., 2003; Zahn-Waxler et al., 2006). 생물학적 취약성과 강점이 성별에 따라 차이가 있을 수도 있다. 성염색체, 성호르몬, 뇌의 구조와 기능 등 남녀 간의 생물학적 차이는 성 발달과 성에 따른 차이에 중요한 역할을 한다. 소년이 생물학적 성숙이 더 느리게 이루어지며, X염색체와 Y염색체는 특정한 장애와 복잡한 방식으로 관련될 가능성이 크다. 또한 스트레스에 대한 반응과 정서에도 생물학적 성차가 존재할 수 있는데, 이것도 심리장애와 관련이 있을 것으로 예측된다.

이와 동시에 소년과 소녀는 위험요인과 보호요인에 노출되는 정도가 각기 다르다. 다음의 예를 생각해 보자. 영아기 이후로 소년은 외상적 뇌 손상을 겪는 비율이 더 높은데 이는 지적 손상의 위험을 증가시킨다(Anderson et al., 2001). 소년은 친구들로부터 신체적 공격을 더 많이 받으며, 이는 다양한 행동문제 및 정서문제와 관련이 있다(Hanish & Guerra, 2002). 소녀들은 부적절한 성적 만남을 가질 가능성이 더 크다. 더 일반적으로 사회성, 우정 및 부모와 교사와의 상호작용에 성차가 있다(Auyeung et al., 2009; Rutter et al., 2003). 소년과 소녀는 또 어떻게 정서를 표현하고 행동을 통제하는지 등에 관해 서로 다른 성 역할 기대를 경험한다. 성별이 무질서한 환경과 가족문제 등의 상황에 대한 심리적 반응에 영향을 미칠 수 있다는 데에도 주목할 필요가 있다(Cicchetti & Sroufe, 2000; Leinonen, Solantaus, & Punamaki, 2003). 성에 따른 이와 같은 경험의 차이가 정신병리의 성차를 가져올 것으로 예측할 수 있다.

성차에 관한 연구는 이상행동의 원인과 예방, 그리고 치료에 관해 우리에게 많은 것을 알려줄 수 있다. 더 일반적으로 우리는 아동과 청소년의 정신병리와 관련한 문제들이 간단해 보이지만 실제로는 복잡다기하다는 것을 살펴보았다. 그러나 이런 복잡성에도 불구하고 아동과 청소년의 요구를 이해하려는 노력은 진전을 거듭하고 있다. 비교적 최근의 상황을 다음 절에서 살펴보기로 한다.

역사적 영향

인간은 오랫동안 행동의 역기능에 대해 고찰해 왔으나 초창기에는 주로 성인에 관심을 집중하였다. 이는 아동이 성인과 크게 차이가 없다고 보았을 뿐 아니라 사망률이 높은 탓에 부모가 아동에게 애착과 관심을 기울이기가 어려웠기 때문이라고 분석하는 학자도 있다(Aries, 1962). 그러나 적어도 17세기에는 아동이 신체적, 심리적, 교육적 요구를 가지고 있으며 따라서 양육과 지도가 필요한 존재라고 여겼다(Pollock, 2001). 18세기 초엽에는 아동이 원죄에 물들어 있다거나, 생득적으로 순수하고 보호를 필요로 한다거나, 혹은 경험으로 채울 빈 석판이라는 등 아동을 바라보는 다양한 관점이 대두하였다. 19세기 말에야 비로소 청년기가 아동기와 성인기 사이의 과도기로서 나름의 독특한 변화, 도전, 기회가 주어지는 시기라는 인식이 생겨났다(Demos & Demos, 1972). 아동기와 청년기에 관해 각기 다르고 때로는 모순되기도 하는 여러 견해가 오늘날까지도 지속되고 있으며, 이런 견해들은 문제행동을 바라보는 시각과 비정

상을 치료하는 방법에 확고한 영향을 미치고 있다.

19세기의 진전

19세기에는 아동과 청소년이 어떻게 발달하고 어떠한 능력을 가지고 있는지를 밝히려는 노력이 활발하였으며, 장애발달과 장애행동에 대한 이해에도 상당한 진전이 있었다. 이때까지 성인의 정신질환은 오랫동안 귀신학과 신체발생학이라는 두 가지 관점에서 설명되었다. **귀신학**(demonology)은 이상행동을 하는 사람이 마귀에 씌었거나 악마의 영향을 받았다는 믿음이다. 성인과 아동 모두 특이하거나 괴상하거나 문제가 있는 방식으로 행동하면 악마의 영혼에 사로잡힌 것으로 생각되었다. 귀신학은 종교와 밀접한 관련이 있으며, 정신질환자를 사악한 사람 또는 악마 그 자체로 보는 경향이 있었다. 일부 문화에서는 이런 귀신학이 아직도 신봉되고 있지만 과학이 발달한 사회에서는 받아들여지지 않고 있다.

신체발생학(somatogenesis)은 정신장애가 신체의 역기능 또는 불균형 때문에 일어난다는 믿음이다. 인간 신체의 기능에 대한 지식이 보잘것없었던 시기에 의학의 아버지라 불리는 히포크라테스는 일찍이 이 견해를 지지하였다. 신체발생학은 그 영향력에 부침이 있기는 했지만 오늘날 탄탄한 가설로 자리 잡았다. 정신병리에 관해 19세기 말에 유력했던 가정은 유전과 아동기에 시작된 퇴행이 돌이킬 수 없는 질병을 가져오며 이것은 다음 세대로 전이될 수도 있다는 것이었다(Costello & Angold, 2001). 오늘날 신체발생학은 생물과학의 진보에 힘입어 많은 관심을 불러일으키고 있는 지배적 견해로 자리매김하였다.

정신질환을 확인하고 분류하려는 노력은 19세기 말까지 진보를 거듭하였다. 1883년에 에밀 크레펠린(Emil Kraepelin)은 분류체계를 출간하면서 정신장애의 생물학적 기초를 수립하고자 하였다. 크레펠린은 정신질환 증상들이 **증후군**(syndromes)의 형태로 함께 나타나는 경향이 있기 때문에 공통의 신체적 원인이 있을 수 있다고 인정하였다. 그는 각각의 장애가 기원, 증상, 경과, 결과에 있어서 서로 분리되어 있다고 보았다(Widiger &

Clark, 2000). 결국 그의 연구는 현대 정신장애 분류체계의 기초가 되었다.

아동과 청소년의 연구는 일반적으로 성인 연구에 비해 뒤처져 있지만 19세기 초엽에 아동기 장애에 대한 기록이 처음으로 나타났다(Rie, 1971). 19세기 말에는 아동기 장애를 분류하려는 노력이 진행되었고 여러 가지 원인이 제안되었다. 청소년의 공격성, 정신병, 과잉행동, '자위에 의한 정신이상'이 모두 주목을 받았지만 지금까지 정신지체가 가장 크게 관심을 끌었다(Bernstein, 1996). 정신지체를 치료할 수 있다는 낙관적 관점은 유럽에서 시작되어 미국으로 전파되었으나, 정신지체인의 보호 및 시설수용에 길을 터주는 데 그쳤고 이 같은 상황은 수십 년간 바뀌지 않았다.

한편 20세기 초반에 이루어진 몇 가지 발달은 아동과 청소년을 어떤 관점에서 바라볼 것인지, 그들의 발달이 어떻게 해서 잘못될 수 있는지, 또 치료를 어떻게 할 것인지에 대한 생각을 근본적으로 바꿔 놓기 시작했다(표 1.4 참조). 아동과 청소년, 여성, 그리고 사회의 병들고 약한 사람들을 도우려는 노력에 전문적이고 과학적인 활동이 접목되었다(Silk et al., 2000).

지그문트 프로이트와 정신분석이론

이런 발달 중의 한 가지는 **정신분석이론**(psychoanalytic theory) 및 이 이론과 관련된 치료법인 정신분석의 대두이다. 지그문트 프로이트(Sigmund Freud)의 정신분석이론은 정신장애를 심리학적 용어로 이해하고자 하는 최초의 체계적인 시도였다. 사실 이 이론은 **정신발생학**(psychogenesis), 즉 정신장애가 심리적 변인들이 원인이

▎**표 1.4 심리학 초창기의 역사적 사건들**

1896	라이트너 위트머가 펜실베이니아대학교에 미국 최초의 아동클리닉을 설립함.
1905	알프레드 비네와 테오필 시몬이 특수교육에서 혜택을 받을 수 있는 아동을 알아내기 위한 최초의 지능검사를 제작함.
1905	지그문트 프로이트가 성 이론에 관한 세 편의 논문에서 아동기 발달에 관해 전혀 새로운 견해를 피력함.
1908	클리포드 비어스는 스스로를 발견한 마음이라는 저서에서 자신의 정신장애 경험을 설명하고 정신장애를 새로운 각도에서 바라보게 함으로써 정신건강운동과 아동생활지도운동에 불을 붙임.
1909	G. 스탠리 홀이 프로이트를 매사추세츠주 클라크대학교로 초빙해 정신분석 강의를 하게 함.
1909	윌리엄 힐리와 그레이스 퍼널드가 시카고에 청소년 정신병 연구소를 설립하였으며, 이는 후에 아동생활지도 클리닉의 전형이 됨.
1911	아널드 게젤의 지도 아래 아동발달 연구를 위한 예일 아동발달 클리닉이 설립됨.
1913	존 B. 왓슨이 '행동주의자가 보는 심리학'이라는 논문에서 행동주의를 도입함.
1917	윌리엄 힐리와 아우구스타 브로너가 보스턴에 저지 베이커 생활지도센터를 설립함.
1922	국립정신건강위원회와 연방기금이 아동생활지도 클리닉의 시범 프로그램을 시작함.
1924	미국교정정신의학협회가 설립됨.
1928~1929	버클리와 펠스연구소에서 아동발달 종단연구가 시작됨.
1935	레오 캐너가 미국에서 출간된 최초의 아동정신의학 교과서인 아동정신의학을 저술함.

되어 생겨날 수 있다는 믿음에 결정적이었다. 젊은 신경학자였던 프로이트는 성인에 대한 연구결과를 바탕으로 아동기의 무의식적 갈등과 위기가 행동을 이해하는 열쇠라고 굳게 믿었다.

프로이트는 마음이 원초아(id), 자아(ego), 초자아(superego)라는 세 구조로 이루어져 있으며, 이 구조들은 상반되는 목적과 과제로 인해 갈등을 일으키지 않을 수 없다고 제안하였다. 따라서 초자아에 의해 수용될 수 없는 원초아의 충동이 의식으로 나오려 할 때에는 자아(마음에서 문제를 해결하는 부분)에 위험을 알리는 신호로서 불안이 생성될 수 있다. 프로이트는 자아가 수용될 수 없는 충동을 의식하지 않기 위해 그러한 충동을 왜곡하거나 부인하는 방어기제들을 만들어낸다고 제안하였다. 방어기제들은 적응에 도움을 줄 수 있지만 여러 심리 증상들을 일으킬 수도 있다.

정신분석적 관점은 발달의 심리성적 단계 이론에 근거하고 있다. 아이가 성장함에 따라 정신에너지가 신체의 한 부위에서 다른 부위로 옮아가면서 아이는 구순기, 항문기, 남근기, 잠복기, 생식기라고 하는 다섯 개의 고정된 단계를 거치게 된다. 처음의 세 단계는 각각 이후의 발달에 반드시 필요한 위기를 내포하고 있다. 구순기에는 이유(離乳)를 해야 하고, 항문기에는 배변훈련을 받아야 하며, 남근기에는 이성 부모를 소유하려는 욕망으로 인해 생겨나는 위기(소년의 경우 오이디푸스 갈등,

소녀의 경우에는 엘렉트라 갈등)를 극복해야 한다. 프로이트에 의하면 이 세 단계(6~7세까지)를 거치는 동안 기본적 성격이 형성되며, 각 단계에서 위기가 해결되지 못하면 건강한 발달을 이룰 수 없게 된다(생각상자 '어린 한스 : 고전적 정신분석 사례' 참조).

프로이트는 1905년에 출간된 성 이론에 관한 세 편의 논문(*Three Essays on the Theory of Sexuality*)이라는 저서와 1909년에 매사추세츠의 클라크대학교에서 행한 연설에서 성인발달에 아동기가 중요하다고 하는 급진적인 견해를 피력하였다(Evans & Koelsch, 1985; Rie, 1971). 그의 견해는 처음부터 많은 논란을 불러일으켰으며 여러 면에서 비판을 받았다. 예컨대 주로 사례연구를 바탕으로 하고 있으며, 관찰로부터 해석에 이르기까지 추론적 비약이 심하며, 검증하기가 어렵다는 것이다. 그럼에도 불구하고 프로이트의 견해는 엄청난 영향력을 발휘하였다(Eisenberg, 2001).

고전적 정신분석 이론은 여러 연구자에 의해 수정되었다. 어떤 연구자들은 성적인 힘의 중요성을 최소화하고 사회적 영향력을 강조하였는데, 그중에서 에릭 에릭슨(Erik Erikson)은 심리사회적 발달에 관한 영향력 있는 이론을 제안하였다. 프로이트의 딸 안나는 아버지의 이론을 정교하게 다듬고 이를 아동들에게 적용하였다(Fonagy & Target, 2003). 1930년대까지 프로이트의 이론은 아동, 청소년, 성인의 행동을 개념화하는 틀을 마련해 주었다. 그의 이론은 정신의학이 아동기 장애의 연구와 치료에 주요 분야로 자리매김하는 데 도움을 주었다. 1935년 레오 캐너(Leo Kanner)는 미국에서 출간된 최초의 아동정신의학 교과서를 집필하였다.

전통적 정신분석 이론은 계속 수정되고 있다(Fonagy & Target, 2003; Gabbard, 2000). 몇몇 기본 개념들이 변경되었고, 새로운 치료 방식이 개발되었으며, 영아와 아동의 발달에 관한 연구가 이루어졌다. 최근의 정신분석 심리치료는 정신역량과 자원을 증진하는 데 목적을 두고 내담자의 기능에서 감정, 대인관계, 과거경험, 그리고 반복적으로 나타나는 주제들을 강조한다(Shedler, 2010). 정신분석이론은 전반적으로 영향력이 퇴조하고

Chronicle/Alamy Stock Photo

지그문트 프로이트와 딸 안나 프로이트는 아동기 장애에 관한 정신역동이론의 발달에 중요한 역할을 하였다.

생각상자 ## 어린 한스 : 고전적 정신분석 사례

프로이트의 유명한 사례인 '어린 한스'는 방어기제로 인해 나타나는 증상의 개념과 프로이트의 남근기 발달을 잘 보여주고 있다. 프로이트의 분석은 오늘날 전혀 받아들여지지 않고 있지만, 이 사례는 아동기 공포증에 대한 정신분석학적 해석의 모델 역할을 하였다(Freud, 1953/1909).

한스는 어머니에게 대단한 애정을 가지고 있었으며 어머니와 '포옹'하는 것을 좋아하였다. 한스가 거의 다섯 살이 되었을 때 하루는 유모와 함께 산책을 나갔다 돌아왔는데 겁에 질린 채 울면서 어머니에게 안기고 싶어 했다. 다음 날 어머니가 한스를 산책에 데리고 갔을 때 한스는 말에 물리는 데 대한 공포를 나타냈으며, 그날 저녁 어머니에게 안겨 있겠다고 고집했다. 다음 날 산책을 나갈 때가 되자 한스는 울음을 터뜨렸으며, 말에 대해 상당한 두려움을 나타냈다.

프로이트는 이렇게 증상이 악화되는 것이 아이가 어머니에 대해 갖는 성적 충동으로 인한 갈등과 아버지가 자신을 거세할지도 모른다는 공포를 나타내는 것이라고 해석하였다. 한스의 자아는 수용될 수 없는 충동을 무의식에 잡아 두거나 왜곡하기 위해 세 가지 방어기제를 사용하였다. 첫째, 어머니의 애정의 경쟁자인 아버지를 공격하고픈 소망이 기억에 억압되었다. 다음 단계는 수용될 수 없는 충동을 아버지에게 투사하는 것이었다. 즉 한스는 자신이 아버지를 공격하려 하는 것이 아니라 아버지가 자신을 공격하려 한다고 믿었다. 마지막 단계는 전위로서 아버지의 위협을 말에다 옮겨 놓는 것이다. 프로이트에 의하면 한스가 말을 아버지의 상징으로 선택한 것은 말과 아버지 간의 수많은 연합 때문이다. 예를 들어 검은 말 재갈과 눈가리개는 아버지의 턱수염과 안경을 상징하는 것이었다. 한스는 말에 두려움을 전위시킴으로써 아버지에 대한 양가적 감정을 해소할 수 있었다. 그는 이제 아버지를 사랑할 수 있었다. 또한 말 때문에 불안해진다고 생각함으로써 말을 피하기만 하면 불안을 회피할 수 있었다(Kessler, 1988).

있지만, 많은 공헌 중에서도 심리적 원인, 정신과정, 무의식적 동기, 불안과 그 밖의 여러 정서, 유아기 및 아동기의 경험, 그리고 부모-자녀 관계의 중요성에 대한 강조 등을 특히 중요한 공헌으로 꼽을 수 있다.

행동주의와 사회학습이론

1913년 존 왓슨(John B. Watson)이 저술한 '행동주의자가 보는 심리학'이라는 논문은 미국에 **행동주의**(behaviorism)를 도입하였다. 왓슨은 프로이트와는 달리 발달단계의 기술이나 어린 시절의 심리적 갈등에 전혀 가치를 두지 않았다. 그 대신 학습이론에 의거해서 적응적인 행동이든 부적응적인 행동이든 간에 대부분의 행동은 학습경험에 의해 설명될 수 있다고 강조하였다. 다음은 가장 널리 인용되는 글로서 경험이 아동발달을 이루어내는 데 크나큰 역할을 한다는 그의 신념을 분명하게 보여주고 있다.

나에게 12명의 건강한 아이와 그들을 키울 수 있도록 특별히 마련된 나만의 공간을 주시오. 그러면 그중에

Photo by George Rinhart/Corbis via Getty Images

존 왓슨은 행동주의 관점의 적용에 큰 영향을 끼친 인물이다.

서 아무나 무작위로 선정하여 훈련해서 그 아이를 재능, 기호, 성향, 능력, 직업, 선조들의 인종과 관계없이 의사, 변호사, 상인, 우두머리, 심지어 거지나 도둑 등 어떤 유형의 전문가로도 만들어 낼 수 있다는 것을 보장합니다.

왓슨, 1930, p. 104

왓슨이 의지한 모델 중 하나는 동물 연구를 통해 새로운 자극과 기존의 자극을 연합하면 학습이 일어난다는 것을 입증하였던 파블로프의 고전적 조건형성(classical conditioning)이었다. 왓슨은 학습과 환경을 크게 강조하는 것 외에도 다른 행동주의자들과 마찬가지로 실험을 통해 자기 생각을 검증하는 데 심혈을 기울였다(Horowitz, 1992).

손다이크(E. L. Thorndike, 1905)는 '효과의 법칙(Law of Effect)'을 수립함으로써 초창기 행동주의에 공헌하였다. 이 법칙은 간단히 말해서 행동은 그 결과에 의해 만들어진다는 것이다. 결과가 만족스러우면 그 행동은 앞으로 강화될 것이지만 결과가 만족스럽지 못하면 그 행동은 약화될 것이다. 손다이크는 효과의 법칙이 학습과 교수의 근본 원리라고 보았다. 이후의 연구자들은 이런 주장을 지지하는 결과를 내놓았다. 그중에서도 스키너(B. F. Skinner)는 '조작적 학습(operant learning)'에 관한 연구, 즉 행동의 결과를 그 행동의 조형에 적용하는 연구와 저술로 널리 알려져 있다(Skinner, 1948; 1953; 1968). 스키너는 학습, 환경, 실험방법을 강조한다는 점에서 왓슨의 후예로 볼 수 있다(Horowitz, 1992).

행동주의는 정신분석이론과 마찬가지로 20세기 초반에 미국에서 성행하였다. 행동주의는 학습의 원리들을 행동에 적용하면서 행동장애에 미치는 영향력이 서서히 증대되었다. 앨버트 반두라(Albert Bandura, 1977)는 사람들이 어떻게 다른 사람으로부터 학습하는가에 관한 연구를 통해 학습 접근법을 확장하였다. 사회적 맥락과 인지를 강조하였던 반두라의 관찰학습(observational learning) 연구는 상당한 영향력을 얻었다(Grusec, 1992).

학습은 물론 인간의 기능에 근본적인 것이며, 문제행

동의 여러 측면에 널리 적용되고 있다(Jacob & Pelham, 2000). 학습 접근법은 정서적, 인지적, 사회적 장애를 겪는 아동과 청소년들의 삶을 향상시킬 수 있다. 학습 원리를 행동문제의 평가와 치료에 적용할 때 행동수정 (behavior modification) 또는 행동치료(behavior therapy)라 부른다. 학습원리를 사회적 맥락이나 인지와 결합할 것을 강조하는 접근법을 **사회학습**(social learning) 또는 **인지행동 관점**(cognitive-behavioral perspectives)이라 부른다.

정신건강운동과 아동생활지도운동

20세기 또 하나의 중요한 역사가 다른 장면에서 이루어지고 있었다. 성인 정신병리에 대한 초기의 관심에도 불구하고 연구과제는 아직 많이 남아 있었으며 치료는 보호관리(custodial care)가 대부분이었다. **정신건강운동** (mental hygiene movement)은 장애에 대한 이해를 증진하고 치료법을 향상시키며, 장애가 발생하지 않도록 예방하는 데 목표를 두었다.

1908년 클리포드 비어스(Clifford Beers)는 '스스로를 발견한 마음'이라는 보고서에서 자신이 정신과 환자로서 받았던 무신경하고 비효율적인 치료에 대해 쓰고 있다. 비어스는 개혁의 필요성을 역설했고 아돌프 마이어 (Adolf Meyer) 같은 명망 높은 전문가들의 지지를 받았다. 마이어는 환자 개개인을 사고, 정서, 생물학적 기능이 통합된 존재로 보았으며, 환자의 환경을 연구하고 상담하는 '상식적'인 접근법을 제안하였다(Cicchetti, 2006). 그는 또 정신과 사회복지사라고 하는 새로운 전문가의 역할을 지지하였다(Achenbach, 1982). 비어스의 노력은 정신기능장애를 연구하고 치료를 지원하며 예방을 독려하는 국립정신건강위원회(National Committee for Mental Hygiene)의 설립이라는 결실을 보았다. 아동기 경험이 성인의 정신건강에 영향을 끼치는 것으로 보았기 때문에 아동이 **아동생활지도운동**(child guidance movement)의 초점이 되었다(Rie, 1971).

1896년에 라이트너 위트머(Lightner Witmer)는 펜실베이니아대학교에 미국 최초의 아동심리 클리닉을 개설하였다(McReynolds, 1987; Ross, 1972). 이 클리닉은 주로 학습장애가 있는 아동을 평가하고 치료하였다. 위트머는 또 *Psychological Clinic*이라는 학술지를 창간했고, 아동을 장기적으로 관찰할 수 있는 병원학교의 문을 열었다. 그는 심리학을 교육학, 사회학, 그 밖의 여러 학문 분야와 연결하였다.

1909년에 시카고의 정신과 의사 윌리엄 힐리(William Healy)와 심리학자 그레이스 퍼날드(Grace Fernald)는 청소년 정신병 연구소를 창립하면서 학제간적 접근법을 취하였다. 이 연구소는 비행 아동에 초점을 두었는데, 이 연구소가 취한 접근법은 아동생활지도의 모델이 되었다(Santostefano, 1978). 아동생활지도 클리닉들은 프로이트 학파 이론을 교육적, 의학적, 종교적 접근법들과 통합하였다(Costello & Angold, 2001). 힐리와 심리학자인 그의 부인 아우구스타 브루너(Augusta Bronner)는 1917년 보스턴에 저지 베이커 생활지도센터를 열었으며, 다른 여러 아동 클리닉도 그 뒤를 이었다. 이 클리닉들은 성격문제와 정서문제를 가진 사례들을 다루기 시작했으며, 1920년대와 30년대에 크게 번창하였다. 이 클리닉들은 지금도 젊은이들에게 서비스를 제공하고 있다. 1924년에는 미국 교정정신의학협회(American Orthopsychiatric Association)가 새로 설립되면서 아동생활지도운동을 공식적으로 대표하였다. 오늘날 이 학회에서는 아동과 청소년에 관심을 가진 다양한 전문가들이 활동하고 있다.

과학적 아동 연구

아동과 청소년에 대한 체계적 연구가 왕성하게 이루어진 것도 역시 20세기 초반의 일이다. 1918년에는 아동기를 전문적으로 연구하는 심리학자와 정신과 의사가 몇명 없었으나 1930년에는 아동기 전문가가 자그마치 600명을 넘어섰다(Smuts, 2006). 아마도 가장 영향력 있는 인물은 G. 스탠리 홀(G. Stanley Hall)일 것이다(Cravens, 1992). 그는 무엇보다도 아동과 청소년의 정신장애, 범죄, 사회적 장애 등을 이해하기 위해 이들이 보이는 여러 문제에 관한 자료를 수집하였다(White, 1992). 홀은

아동과 청소년에 대한 광범위한 주제로 저술 활동을 하였고, 나중에 이 분야에서 지도적 역할을 하게 되는 제자들을 길러냈으며, 1909년에는 클라크대학교의 총장으로서 프로이트를 강사로 초빙하였다. 그는 또 미국심리학회 창립을 지원했으며 초대 회장을 역임하였다.

거의 같은 시기에 유럽에는 중요한 사건이 있었다. 알프레드 비네(Alfred Binet)와 테오필 시몬(Theophil Simon)이 특수교육이 필요한 아동을 확인할 수 있는 검사를 제작해 달라는 요청을 받은 것이다(Siegler, 1992). 이들이 1905년에 발간한 '비네-시몬 검사'는 지능검사 발달의 초석이 되었으며, 다른 여러 심리적 속성을 측정하는 방법을 찾기 위한 노력의 선봉 역할을 하였다.

또 한 명의 탁월한 인물은 예일대학교 실험실에서 어린아이들의 신체, 운동 및 사회행동을 면밀히 기록한 아널드 게젤(Arnold Gesell)이다(Thelen & Adolph, 1992).

G. 스탠리 홀은 청소년기에 관한 초창기의 과학적 연구에 공헌하였으며, 미국심리학회의 초대 회장을 역임하였다.

생각상자 **힐리스 부인 : 아이오와의 옥수수와 돼지, 그리고 아동을 개량하기**

아이오와 아동복지연구소 설립은 코라 버시 힐리스 부인이 그 불씨를 당겼다. 힐리스 부인은 아동 후원이 과학에 대한 후원과 길을 함께할 수 있다는 것을 증명하였다(Cravens, 1993; Sears, 1975). 힐리스 부인은 변호사와 결혼한 사교계 여성으로서 상당한 사회적 · 정치적 영향력을 가지고 있었다. 다섯 자녀 중 셋을 잃은 비극이 그녀에게 아동복지에 열렬한 관심을 갖게 만들었다.

힐리스 부인은 아이오와주 에임스에 있는 대학부설 농업시험장의 명성을 익히 알고 있었다. 부인은 이와 비슷하게 연구, 교육 및 지식보급에 전념할 아동복지연구소를 마음속에 그렸다. 이 연구소는 아동의 발달과 건강문제에 초점을 두어 연구하였다. 연구원들은 아동과 부모를 직접 상대하여 일할 수 있도록 훈련받는다. 지식체계를 구축하고 가능하면 신속하게 대중에게

보급할 것이다. 힐리스 부인은 연구가 '옥수수와 돼지를 개량할 수 있다면 아동도 개량할 수 있을 것(Sears, 1975, p. 17)'이라는 신념을 가지고 있었다.

힐리스 부인과 함께 이 프로젝트를 위해 일했던 심리학자 칼 에밀 시쇼레는 스탠리 홀의 추종자였고 아이오와주립대학교의 대학원장 직을 맡고 있었다. 지배적이고 완고한 이 두 사람은 연구소의 목적에 대해 언제나 의견일치를 보지는 못하였으며, 법률적 지지를 얻는 것과 관련한 어려움 등 많은 난관에 봉착하였다(Cravens, 1993). 힐리스 부인은 수년간 여성단체, 교육기관, 정치인들의 지지를 얻어 1917년에 연구소의 문을 열면서 마침내 자신의 꿈을 이루었다. 이 연구소는 거의 60여 년 동안 아동의 신체, 정신, 사회성 발달에 관한 연구를 주도하였다.

그는 발달규준을 작성하였고, 아동의 행동에 관한 방대한 영상자료를 제작하여 남겨 놓았으며, 아동이 최적의 환경에서 양육되어야 한다는 것을 강력히 주창하였다.

1920년경 아동 연구는 아동과 청소년의 발달양상을 여러 해에 걸쳐 평가한 몇몇 종단연구 프로젝트에 힘입어 발전하기 시작하였다. 캘리포니아대학교, 콜로라도대학교, 미시간대학교, 미네소타대학교, 오하이오대학교, 워싱턴대학교, 펠스연구소, 컬럼비아 사범대학, 존스홉킨스대학교, 그리고 아이오와 아동복지관에 연구소가 가동되고 있었다. 정상발달에 대한 지식이 축적되기 시작하면서 이 지식은 궁극적으로 아동과 청소년 장애의 연구에 응용되었다(생각상자 '힐리스 부인 : 아이오와의 옥수수와 돼지, 그리고 아동을 개량하기' 참조). 이들 연구소 중 일부는 형태를 달리하여 여전히 운영되고 있지만 나머지는 수십 년 후 문을 닫았다. 이들 전부가 과학적 아동 연구에 지대한 영향을 끼쳤다(Smuts, 2006).

최근 연구와 실천

오늘날 아동과 청소년의 이상심리에 관한 연구와 실천

은 20세기 초반에 본격화된 다양한 역사적 이론, 운동, 사건들을 반영한다. 초기 접근법과 사건들 가운데 일부가 나머지보다 현 시점에서 더 중요한 역할을 담당하고 있으며, 영향력 있는 새로운 이론과 접근법들도 많이 나타나고 있다. 따라서 오래된 가정, 개념 및 지식이 새로운 가정, 개념 및 지식과 함께 역동적이고 다학제적인 분야를 형성해 나가고 있다.

이 분야의 기본 목표는 정신장애를 확인하고 기술하고 분류하는 것이다. 즉 장애의 원인을 밝혀내고 치료와 예방을 하는 것이다. 이러한 목표를 달성하는 데 가장 가치 있다고 생각되는 접근법(발달정신병리학 관점)에 대해서는 이 책의 제2장에서 논의할 것이다. 여기서는 아동과 청소년, 그리고 그들의 가족을 대상으로 하는 활동과 관련된 여러 쟁점과 함께, 이 분야에서 중요하다고 생각되는 몇 가지 전제를 간략히 살펴보기로 하겠다.

- 심리학적 문제들은 거의 예외 없이 여러 가지 원인으로부터 생겨나며, 진정으로 그러한 문제들을 이해하고 예방하고 완화하고자 한다면 이 원인들을 반드시 고려해야 한다.
- 정상행동과 이상행동은 함께 나타나며, 어느 하나

를 이해하기 위해서는 반드시 다른 하나를 연구해야 한다.

- 인간행동의 복잡성은 체계적 개념수립, 관찰, 자료수집 및 가설검증을 필요로 한다.
- 치료 및 예방 프로그램을 제작하고 검증하기 위한 연구 노력이 꾸준히 계속될 필요가 있다.
- 아동과 청소년은 치료, 예방, 혹은 연구 장면 그 어디에 있든지 자신의 발달수준, 가족의 역할, 사회적 상황을 고려하는 질 높은 보호를 받을 권리가 있다.
- 아동과 청소년은 스스로 옹호할 수 있을 만큼 성숙하지도 못했고 사회적 영향력을 갖추지도 못했기 때문에 우리는 아동의 복지와 행복을 위해 노력할 필요가 있다.

아동 · 청소년과 가족 대상의 치료

전문가들은 연구, 의학, 교육, 법 등과 관련한 다양한 상황에서 아동과 청소년 그리고 그들의 가족과 상호작용하게 된다. 현재의 논의는 임상장면에서의 상호작용에 초점을 두고 있다.

학제간적 노력

흔히 아동과 청소년을 대상으로 하는 임상 활동에는 한 사람 이상의 전문가가 개입한다. 이 중에는 심리학자, 정신과 의사, 사회복지사, 특수교육 교사 등이 있다.

아동과 청소년의 문제를 다루는 심리학자들은 대부분 임상심리학을 전공으로 하고 있다. 그 밖에 학교심리학, 발달심리학, 교육심리학을 전공한 사람들도 있다. 대개가 박사학위(Ph.D. 또는 Psy.D.)를 소지하고 있다. 심리학은 강력한 실험실 연구의 전통을 가지고 있으며, 정상행동과 이상행동 둘 다에 관심이 있다. 따라서 심리학자들은 연구를 수행하기 위한 훈련을 받으며, 평가와 치료를 하면서 개인을 직접적으로 접촉한다. 반면에 정신과 의사들은 의학박사학위(M.D.)를 소지하고 있다. 즉 정신장애 치료를 전문으로 하는 의사이다. 정신과 의사들은 심리학자와 비슷한 기능을 하지만 정신장애를 의

학적 기능장애로 보는 경향이 있으며 의학적 치료, 특히 약물치료를 하는 경향이 더 강하다.

사회복지사는 일반적으로 사회복지학 석사학위(M.A.)를 소지하고 있다. 사회복지사들도 심리학자나 정신과 의사와 마찬가지로 상담을 하고 치료를 하기도 하지만, 아동이 속해 있는 가족과 여러 사회체계를 대상으로 더 폭넓은 활동을 하는 데 초점을 둔다.

특수교육 교사는 보통 석사학위를 가지고 있는데, 최적의 교육 경험을 제공하는 것이 중요하다는 점을 강조한다. 이들은 개별화된 교육프로그램을 계획하고 시행할 수 있으며, 이를 통해 많은 장애의 예방에 기여한다.

문제를 겪고 있는 청소년들은 또한 간호사, 일반의사, 일반학급 교사, 법체계 종사자의 눈에 띌 수도 있다. 사실 문제를 처음으로 파악하는 것은 이런 전문가들인 경우가 많다. 따라서 이런 전문가들과 기관들 간에 상당한 조정이 필요하다.

부모와 가족의 역할

전문가로서 아동 및 청소년과 접촉을 할 때에는 가족, 대개는 한쪽 부모나 양쪽 부모 모두와 긴밀한 의사소통을 하게 된다. 가족들은 지원을 받고자 하는 욕구, 정신병리에 대한 기본지식과 활용 가능한 서비스에 관한 정보를 얻고자 하는 욕구 등에서 차이가 있다. 부모와 가족은 현재 문제, 아동의 발달수준, 임상장면의 여러 측면에 따라 다양한 역할을 수행할 수 있다(Forgath & Gewirtz, 2017; Kendall et al., 2017; Shirk, Stiles, & Leonard, 2018). 그들은 아동에 대해 다른 누구도 가지고 있지 못한 정보를 가지고 있으며 그 상황에 대해 가치 있는 관점을 제공할 수 있다. 부모는 자녀의 치료에서 정신건강 전문가의 협력자(실제로는 공동치료자)의 역할을 할 수도 있다. 부모가 자녀의 문제에 직접 연루되어 있을 때에는 아동 또는 청소년 자녀와 함께 내담자로 참여할 수도 있다.

부모들은 정신건강에 대해 가지고 있는 지식, 그리고 참여하고자 하는 동기와 능력에서 차이가 있다. 부모들은 아들과 딸이 걱정되어서 자신의 걱정을 덜기 위해 또

는 학교나 법원의 의뢰를 받는 등 여러 가지 이유로 자문을 구한다. 어떤 부모는 부적절한 목표를 가지고 있거나 치료의 결과가 오로지 정신건강 전문가에게 달려 있다고 믿기도 한다. 그러나 이런 문제들이나 그 밖의 여러 문제에도 불구하고, 많은 부모가 정신건강 전문가와 협력적이고 건설적인 동맹관계를 형성한다. 이러한 차이는 개입의 성과에 영향을 미칠 수 있다(Hughes et al., 2018; Weisz & Kazdin, 2017).

부모의 개입은 어떤 상황에서든지 권장되지만, 가족에게 제공되는 서비스의 유형은 가족의 욕구가 교육, 지지, 기술훈련, 심리치료 등에 의해 최대한 충족될 수 있는지 여부에 달려 있다(Hoagwood, 2005). 아동중심 치료에 부모가 어느 정도로 개입하는 것이 적절한지도 평가되어야 한다. 예를 들어 부모 자신이 불안한 부모들은 아동의 대처를 증진하고 자기도 모르게 아동의 불안을 지속시키지 않도록 하기 위해 추가로 또는 다른 방식의 개입을 받는 것이 필요할 수 있다(Kendall et al., 2017).

아동 내담자 치료

아동과 청소년은 상대적으로 미숙하고 경험이 부족하며 취약하므로 각별히 주의를 기울일 필요가 있다. 정신건강에 대한 이들의 지식과 태도는 상당히 다양할 수 있고, 성차가 나타나기도 한다. Williams와 Pow(2007)는 스코틀랜드 청소년 표본에서 소년들에게 부정적 태도가 더 흔하게 나타난다는 것을 발견하였는데, 소년들은 정신건강에 대한 지식이 더 적었을 뿐 아니라 그러한 정보를 얻고자 하는 욕구도 더 적었다.

어린 아동들은 스스로 문제를 파악할 능력이 없으며, 부모가 권해서 또는 부모의 강압에 의해 치료를 받으러 오는 경우가 대부분이다. 청소년들은 임상서비스를 받기로 하는 결정에 좀 더 많이 참여하지만, 이들 대부분은 자율성에 민감하게 반응하므로 이 문제에 특별히 주의를 기울일 필요가 있다(Cicchetti & Rogosch, 2002). 정신건강 전문가가 내담자와 치료동맹(therapeutic alliance) ─ 치료와 관련하여 인간적으로 신뢰하고 협력하는 관계 ─ 을 형성하고자 노력한다면 좋은 결과를 가져

올 확률이 높아질 것이다(Green, 2006; Weisz & Kazdin, 2010).

젊은이들을 대상으로 문제를 평가하고 개입계획을 수립하기 위해서는 정상발달 및 발달 쟁점들에 대해 잘 알고 있을 필요가 있다(Cicchetti & Toth, 2017; De Los Reyes, Augenstein, & Lipton, 2019; Shirk et al., 2018). 앞서 보았듯이 어떤 행동이 문제가 되는지를 판단하는 데에는 발달규준이 지침 역할을 한다. 더욱이 청소년들이 최적의 성장을 이루기 위해서는 발달과업(학업성취, 우정관계 형성 등)을 숙달해야 하는데, 심리장애는 흔히 이러한 성장을 방해하곤 한다. 예를 들어 인지기술이 뛰어나지만 불안한 아동은 학업활동에 대한 공포와 위축으로 인해 학업문제를 보일 수 있다. 이런 경우 치료계획은 아동의 불안뿐 아니라 학업문제도 다룰 필요가 있을 것이다. 또한 치료기법의 선택은 발달수준에 민감해야 한다(Holmbeck, Devine, & Bruno, 2010). 어린 아동의 경우 놀이나 모델링 기법이 언어적 상호작용과 인지적 기술을 활용하는 방법보다 더 적절할 것이다. 반면에 더 복잡한 사고가 발달하는 청소년기에는 인지적 접근이 성공할 가능성이 더 커진다.

끝으로 아동과 청소년은 인정받고 보호받아야 할 기본적인 권리를 가지고 있다. 이 과제는 복잡하고 다루기 어려운 경우가 많다(Belitz, 2018; Fried & Fisher, 2019). 미국심리학회(2017)가 설정한 윤리기준은 임상 및 연구 활동 모두와 관련한 의제를 다룬다. 개입과 관련한 지침에는 치료받기로 동의할 권리, 치료목표에 관한 결정에 참여할 권리, 비밀을 보장받을 권리 등이 포함되어 있다. 내담자의 나이가 어리다면 이런 사항들을 구체적으로 어떻게 실현할지를 결정할 때 발달수준을 염두에 두게 된다. 예를 들어 자발적인 참가동의(고지에 의한 동의) 원리에 따르면 내담자는 치료의 이유, 치료가 진행되는 방식, 잠재적 혜택과 위험을 충분히 이해하고 치료에 참여하기로 동의해야 한다. 발달적 고려사항 외에도 동의에 관한 법적 쟁점이 있다. 아동은 법적으로 동의를 할 수 없으므로 부모나 후견인의 동의가 필요하다. 이러한 요건은 예컨대 부모와 떨어져서 살고 있는 청소년이

치료를 받기로 동의하는 경우 면제받을 수도 있다.

정신건강 전문가들은 아동과 청소년을 치료할 때 독특한 윤리적·법적 문제에 봉착하게 되는 경우가 많다. 여섯 살 된 아동 아론에게 치료를 제공하는 사례에 대해 생각해 보자.

내담자가 비밀보장을 받을 권리도 정신건강 전문가들에게 문제가 될 수 있다. 예를 들어 내담자가 다른 사람이나 자기 자신에게 해를 끼칠 수도 있는 상황에서는 비밀보장 권리를 지켜주지 않거나 추가적인 행동을 해야 할 수도 있다. 비밀보장은 아동학대가 의심되는 상황에서도 중요한 쟁점이다. 정신건강 전문가들은 치료관계에 위협이 된다고 할지라도 이런 상황을 보고해야 한다. 그런 상황에서 전문가들은 법적 요구사항을 이해하고 준수해야 하며, 어떤 사항들이 보고되어야 하는지 가족에게 알려주어야 한다. 심리장애와 관련한 윤리적·법적 딜레마는 드물지 않게 일어나지만, 자기 자신을 옹호할 능력이 제한된 아동 및 청소년과 관련된 경우라면 특히 더 주의를 기울일 필요가 있다.

아론 : 임상적, 법적, 윤리적 고려사항

최근에 이혼한 슐츠 부인은 여섯 살 된 아들 아론이 치료를 받게 하려고 한다. 아론의 아버지는 공동양육권을 가지고 있으며 치료비를 부담할 책임이 있다. 그러나 그는 아론이 문제가 없으며 치료를 받지 않아도 된다고 주장한다. 슐츠 씨는 문제의 원인이 전처라고 얘기한다. 아론이 치료를 받아야 한다고 믿고 있는 치료자는 곤란한 상황에 처하게 되었다. 아이를 보는 데 부모의 동의를 받아야 한다는 법적 문제와는 별개로 아버지의 동의 없이 일을 진행하게 되면 아버지가 치료에 방해가 될 가능성이 있을 것으로 생각된다. 치료자는 무엇이 아이에게 장기적으로 가장 도움이 될 것인지를 결정해야 한다. 그녀는 아론의 아버지가 처음부터 치료에 개입하기를 바란다.

– Schetky(2000, p. 2944)에서 수정 인용

핵심용어

귀신학	상황규준	정신건강운동
문화	성별규준	정신발생학
문화규준	신체발생학	정신분석이론
민족	아동생활지도운동	증후군
발달규준	인종	추세 변동
사회학습	인지행동 관점	행동주의

발달정신병리학 관점

발달과 행동의 여러 측면에 대해 단 하루라도 의문을 품지 않고 지내기는 어렵다. 우리는 아버지가 어떻게 항상 변함없이 우리에게 도움을 줄 수 있는지, 친구들이 왜 저마다 그렇게 성격이 다른지, 학급 친구가 무엇 때문에 갑자기 자퇴하는지, 재능이 뛰어난 배우가 약물남용을 중단할 수 있을 것인지 알고 싶어 한다. 일반적으로 행동이나 상황이 흔한 것일수록 의문이 적게 제기되며 의문에 대한 해답도 쉽게 찾을 수 있는 것으로 보인다. 우리를 난감하게 만드는 것은 예상치 못한 행동, 특히 어떤 식으로든 문제가 되거나 해로운 행동이 발생하는 경우이다.

장애를 설명하는 것은 정신병리 연구자들과 치료자들에게 대단히 중요한 관심사이다. 장애에 대해 완벽하게 알지 못한다 해도 치료와 예방을 할 수 있지만, 장애를 더 잘 이해할수록 그러한 노력이 더욱 효율적인 것이 된다. 또한 행동과학자들은 인간의 기능에 관한 근본적인 문제들을 더 일반적으로 탐구하는 데도 깊이 관심을 기울인다. 이 장에서는 아동과 청소년이 보이는 심리장애의 여러 측면을 개념화하는 틀을 제시하기로 한다.

관점, 이론, 모델

정상행동과 이상행동에 대한 최근의 이해는 대부분이 과학적 가정과 방법론의 적용에서 유래한다. Thomas Kuhn(1962)과 여타 학자들의 저술은 과학이 완전히 객관적인 노력의 결과만은 아니라는 것을 알게 해주었다. 과학자들도 우리와 마찬가지로 복잡한 삼라만상에 대해 생각하고 이를 다루어야 한다. 과학자들은 각종 현상을 연구하고 이해하기 위해 하나의 관점 다시 말해 견해, 접근, 또는 인지적 경향을 채택한다. 어떤 관점을 여러 연구자가 공유할 때 이를 **패러다임**(paradigm)이라 부른다. 패러다임은 대개 여러 가정과 개념을 포함하며,

엘리자베스 : 명확한 원인의 부재

엘리자베스 펠로우즈는 주치의에 의해 심리치료사에게 의뢰되었다. 주치의는 섭식장애 가능성을 우려하였다. 엘리자베스를 의사에게 데려간 것은 어머니였는데, 어머니는 딸에 대해 걱정을 많이 하고 있었다. 펠로우즈 부인은 딸이 목욕탕에서 토하는 소리를 세 번이나 들었다. 그뿐만 아니라 엘리자베스는 친구도 만나지 않고 늘 자기 방에만 틀어박혀 있었다. 펠로우즈 부인은 딸이 6개월 전까지만 해도 지극히 정상이었다고 보고하였다. 그 이후로 혼자 보내는 시간이 점점 많아졌는데, 유치원 때부터 친하게 지내던 케이티라는 친구마저 만나지 않게 되었다. 엘리자베스는 전 과목 A학점을 받는 학생이었으나 지금은 B나 C를 받고 있다. 펠로우즈 부인은 고등학교 공부가 어렵다는 것을 인정했으나, 엘리자베스가 성격이 변하고 있는 것 같다는 느낌을 받았다. 어머니는 지난 6개월 동안 일어났던 일 가운데 딸의 행동을 설명해줄 만한 일을 전혀 기억해 낼 수 없었다.

– Morgan(1999, p. 46)에서 수정 인용

이러한 가정과 개념을 평가하는 방법도 포함하고 있다.

특정한 관점을 채택하는 데에는 몇 가지 이득이 따른다. 관점은 혼란스럽고 복잡한 삼라만상을 이해하도록 도와준다. 어떤 종류의 의문을 제기해야 할지, 어떤 연구주제를 선정해야 할지, 무엇을 관찰하고 그것을 어떻게 관찰해야 할지, 수집한 정보를 어떻게 해석하고 이해할 것인지에 대한 지침을 제시해 준다. 관점은 우리가 문제를 어떤 방식으로 접근하고 연구하고 해석할 것인지에 영향을 미친다.

관점을 채택하는 데에는 불이익도 따르는데, 이러한 불이익은 대부분이 특정한 관점의 채택이 한계를 설정한다는 사실과 관련되어 있다. 우리가 어떤 질문을 할 때는 다른 질문은 배제하고 있을 수 있다. 어떤 사물을 관찰할 때는 그 이외의 사물은 살펴보지 않는다. 어떤 현상을 연구하기 위해 특정한 방법과 도구를 사용하는 경우 다른 현상은 놓치게 될 것이 분명하다. 관점은 새로운 정보를 해석하고 이 정보에 대해 생각하는 방식에 제한을 가한다. 그럼에도 불구하고 관점을 채택한다는 것은 평균적으로 손실보다는 이득이 더 많은 거래이다.

이론

이론을 구성하는 과정은 관점을 채택하고 그에 따른 이득과 손실을 공유하는 과정과 밀접한 관련이 있다. 간단히 말해 **이론**(theory)은 현상을 설명해주는 원리나 제안들의 통합체이다. '이론'은 경험에서 우러난 추측이나 예측을 뜻하는 용어로 일상생활에서 편하게 쓰일 수도 있으나, 과학적 이론은 흔히 점진적으로 축적된 증거의 뒷받침을 받는다. 더구나 이론들은 검증될 수 있는 공식적 명제들을 제공해줌으로써 지식의 발전을 가져온다. 이론은 검증가능한 개념과 명제들을 제공해주므로 연구자들과 임상가들은 이러한 이론에 크게 가치를 부여한다.

제1장에서 보았듯이 정신병리에 대한 생물학적, 정신분석적, 행동적 · 사회학습론적 설명들은 20세기 초반에 이뤄졌던 여러 개념의 발달에 뿌리를 두고 있다. 근래에는 수많은 이론이 아동과 청소년이 겪는 문제들에 대한 설명을 내놓고 있는데 정서, 자기조절, 뇌기능, 고등인지, 가족 상호작용, 그 밖의 여러 기능 영역들에 초점을 두고 있다.

모델

정신병리 연구를 이끌어 가는 이론을 갖는 것과 더불어 연구하는 현상에 대한 모델(표상 또는 기술)을 이용하는 것이 유익한 경우도 있다. 요즘 특히 관심을 끌고 있는 것은 정신병리에 관여하는 것으로 생각되는 수많은 요인을 동시에 고려하게 해주는 모델들이다.

상호작용 모델(interactional models)의 핵심은 변인들이 독립적으로 작용하기보다는 상호작용하여 결과를 산출해 낸다는 가정이다. 한 예로 **취약성 스트레스 모델**(vulnerability-stress models)을 들 수 있는데, 이 모델은 정신병리의 다중원인이 취약성 요인(들)과 스트레스 요인(들)이 함께 작용하는 것이라고 개념화한다. 이 모델에서는 취약성(질병소질)과 스트레스 둘 다 필요하다. 이 요인들은 생물학적일 수도 있고, 심리학적일 수도 있으며, 혹은 사회적일 수도 있다. 하지만 취약성은 때로 생물학적 요인과 스트레스를 주는 환경적 요인 둘 다에서 유래한다고 생각된다. 예를 들어 어떤 아동이 불안을 일으키는 생물학적 취약성을 가지고 있다면 이 취약성은 부모의 이혼이라는 스트레스와 상호작용함으로써 아동에게 문제를 일으킬 수 있다. 상호작용 모델은 정신병리에 대한 이해를 증진하는 데 크게 기여하였다. 변인들 간의 관계는 일방향이 아닌 경우가 많은 것으로 밝혀졌다.

교류모델(transactional models)은 영향요인들 간의 이러한 상호적 관계를 기술한다. 예를 들어 스트레스를 많이 받고 있는 어머니가 어린 아들에게 슈퍼마켓 진열대에서 쿠키를 가져오면 안 된다고 엄하게 말하고, 반항적인 어린 아들은 비명을 지르고 성질을 부린다. 그러자 어머니는 화가 나고 기분이 나빠져서 아이에게 체벌을 하겠다고 위협한다. 교류모델은 정상발달과 이상발달 둘 다를 연구하는 데 널리 사용되고 있다. 기본가정은 발달이란 개인과 환경맥락 간에 진행되고 있는 상호교류의 결과라는 것이다. 이 모델에서 개인은 과거경험을 바탕으로 현재기능을 조성해 온 능동적 행위자이다.

교류모델은 기능의 여러 수준 또는 체계를 통합한다는 점에서 **체계모델**(systems models)의 영역에 속한다. 이 모델에서는 여러 체계가 시간의 흐름에 따라 서로 간에 상호작용하거나 교류하는 과정에서 발달이 이루어지는 것으로 본다. 예를 들어 생물심리사회 모델(biopsychosocial model)은 뇌와 유전기능, 행동, 그리고 사회적 환경의 여러 측면을 통합할 수 있다. 그러한 모델에서는 기능의 한 수준/체계에서 일어나는 변화가 다른 수준/체계들에 영향을 미친다고 가정한다. 체계모델의 또 다른 예는 생태모델(ecological model)로서 개인이 환경적 영향력의 네트워크상에 위치한다고 생각하며, 환경의 여러 수준 간에는 물론이고 개인과 이러한 환경적 영향력 간에 교류가 이루어진다고 가정한다. 이 책 전편에서 다양한 모델들이 문제행동 연구를 어떻게 촉진하는지 살펴볼 수 있을 것이다.

발달정신병리학 관점 : 개관

발달정신병리학 관점(developmental psychopathology perspective)은 1970년대 이후로 아동과 청소년의 정신장애 연구에서 급속히 영향력을 확보하였다. 이 관점은 정상발달 과정에 대한 이해 및 연구를 아동과 청소년의 정신병리에 관한 이해 및 연구와 통합한다(Hayden & Durbin, 2019; Hinshaw, 2017). 장애행동의 기원과 발달경로뿐만 아니라 개인의 적응과 능력에도 관심이 있다. 이 관점의 핵심은 발달심리학, 아동 · 청소년 임상심리학 그리고 정신의학의 결합이다(Cicchetti, 1984, 1989). 발달심리학은 전통적으로 정상발달을 주제로 삼는다. 즉 사람이 일생에 걸쳐 어떤 보편적 원리에 따라 성장하고 변화하는지를 이해하는 데 특히 초점을 둔다. 임상심리학과 정신의학은 심리장애의 증상을 알아내고, 장애의 원인을 이해하며, 문제를 완화하는 데 주된 관심이 있다. 이 분야들 외에도 생물과학, 사회학, 철학 등 다양한 학문분야가 발달정신병리학에 기여하였다(Hinshaw, 2017).

발달정신병리학은 장애행동을 정상발달과 관련해서 이해하는 체계 틀이라 할 수 있다. 특정한 이론적 설명을 강제하기보다는 발달적 지식, 논점, 의문들을 핵으로 하여 주변에 다양한 이론이나 접근을 통합하는 방식이다(Achenbach, 1990). 발달정신병리학의 틀 안에서 일하는 개인들은 인지, 행동, 정신역동, 가족, 유전, 또는 다른 여러 이론을 활용할 수 있다. 그러나 어떤 경우에도 발달정신병리학 관점에 중요한 여러 가정이 있다. 먼저 발달의 개념을 살펴본 후 이 가정들을 살펴보기로 하겠다.

발달의 개념

발달(development)이라는 개념은 언뜻 보기에 간단한 것으로 여겨질 수 있다. 사람들은 대부분이 더 커지는 것뿐 아니라 더 나아지는 것을 의미하는 성장을 발달의 동의어로 꼽을 것이다. 많은 사람은 또 발달이 시간이 걸린다고 생각할 것이다. 그러나 정의가 여기서 끝난다면 발달을 완전하게 기술하고 있다고 할 수 없다.

발달에 대해 많은 서술과 설명이 있었지만 이론가들은 발달의 핵심이 무엇인지에 대해 일정한 합의를 이루었다(예 : Cicchetti & Toth, 2009; Cummings, Davies, & Campbell, 2000; Sroufe, 2009).

- 발달은 평생에 걸쳐 일어나는 변화를 가리키는데, 이 변화는 그 자체로 변화하고 있는 생물학적 · 심리학적 · 사회문화적 변인들과 개인이 끊임없이 교류함으로써 일어난다.
- 발달에서는 아동의 사회적 상호작용 횟수의 증가와 같은 양적 변화도 중요하지만, 사회적 상호작용의 특징이나 질의 변화와 같은 질적 변화가 더 눈에 띈다.
- 생후 초기에 일어나는 생물, 운동, 신체, 인지, 정서 및 사회체계의 발달은 보편적인 경로를 거친다. 각 체계 내에서 초기의 전반적 구조와 기능은 점차 세밀하게 분화되고 또 통합된다. 통합은 체계 간에도 일어나는데, 발달이 진행됨에 따라 체계들이 더 조직화되고 복잡해진다.
- 발달은 일관성 있는 패턴을 따라 진행되므로 각 개인이 보이는 현재의 기능은 미래의 기능뿐 아니라 과거의 기능과도 연결되어 있다. 이렇듯 발달은 다소 복잡한 경로를 따라 진행되어 나가는 것으로 생각할 수 있다. 아동기와 청소년기의 발달경로는 비교적 개방적이고 유연하지만, 시간이 지나면서 가능성이 점차 줄어들게 된다.
- 발달에 따른 변화는 평생에 걸쳐 더 높은 차원의 기능과 목표를 달성하게 해줄 수 있지만, 변화가 반드시 긍정적인 것은 아니다. 성인기의 신체 노화는 기능감퇴를 가져오며, 살아가는 과정에서 언제라도 부적응행동이 나타날 수 있다.

지금부터는 발달의 개념을 배경으로 삼아 발달정신병리학적 접근에 중요한 네 가지 중첩되는 논점들을 살펴보기로 한다. 이 논점들은 인과적 요인과 과정의 탐구, 발달경로, 위험과 적응유연성, 그리고 시간 경과에 따른 문제의 연속성이다.

인과적 요인과 과정의 탐구

오래전부터 비정상적인 발달의 병인을 비교적 단순하게 설명하기 위한 노력이 이루어졌다. 한 예로 기본적인 **의학모델**(medical model)을 들 수 있다. 이 모델은 장애가 개인이 지니고 있는 특수하고 제한된 생물학적 원인에서 비롯되는 개별적 실체라고 보며, 맥락을 무시하는 경향이 있다. 이런 설명을 하는 접근법은 1900년대 초기에 매독의 원인이 되는 미생물이 때로 뇌에 영향을 미치고 그로 인해 정신장애가 발생한다는 사실이 밝혀짐으로써 강화되었다. 요즘에는 대부분의 심리장애 또는 행동장애를 단일한 원인으로는 설명하기 어렵다고 보고 있다 (사실 많은 신체질환의 경우에도 마찬가지이다. 이를테면 생물적 · 심리적 · 사회적 요인들이 모두 심장질환을 일으키는 것으로 보인다). 따라서 널리 알려진 대로 결과에 대한 이해는 발달하는 개인과 맥락 요인 모두와 관련된 다양한 변인들을 확인하는 데 기초를 두고 있다.

그러나 인과관계를 충분히 설명하기 위해서는 결과에 기여하는 요인들을 밝혀내는 것 이상의 일을 해야 한다. 발달정신병리학은 인과적 요인들이 어떻게 함께 작용하는지, 또한 기저의 과정이나 기제들이 무엇인지 알아내고자 한다.

인과관계의 개념을 수립하기 위해서는 직접적 원인과 간접적 원인을 구분하는 것이 유용하다. **직접효과**(direct effect)가 작용할 때에는 변인 X가 곧바로 결과를 초래한다. **간접효과**(indirect effect)는 X가 한 가지 또는 그 이상의 변인에 영향을 미치고 이 변인들이 결과를 초래할 때 작용한다. 대개는 간접효과를 파악하기가 더 어려운데, 그 이유는 영향의 경로가 상당히 복잡할 수 있기 때문이다. 예를 들어 부모의 알코올 문제와 아동의 적응 문제 간에 보고된 관계를 생각해보자. 이 관계의 이면에 하나 또는 그 이상의 변인이 있을 수 있는가? Keller, Cummings와 Davies(2005)는 결혼 불화와 비효율적 양육의 역할에 관심을 가졌다. 이들 연구의 결과는 음주문제는 결혼생활에 갈등을 일으키고 이러한 갈등이 양육에 어려움을 초래하여 자녀문제를 야기한다는 것을 보여주었다. 이 결과는 부모에게 알코올문제가 있을 경우 결혼 불화와 비효율적 양육이 자녀에게 장애를 일으키는 매개요인 역할을 한다는 가설을 지지한다. **매개요인**(mediator)이라는 용어는 어떤 결과를 간접적 수단에 의해 설명하거나 초래하는 요인이나 변인을 가리킨다. 매개요인을 확인하는 것은 인과과정을 이해하는 데 필수적이다.

조절요인을 확인하는 것 또한 마찬가지로 중요하다. **조절요인**(moderator)은 독립변인(예측변인)과 종속변인(준거변인) 간 관계의 방향 또는 강도에 영향을 미치는 변인이다. 예를 들어 소년과 소녀가 동일한 치료를 받지만 소년이 소녀보다 결과가 더 긍정적이라고 가정해 보자. 여기서는 성별이 결과를 조절하는 것으로 보인다. 또 다른 예로 만약 문화적 맥락이 경험의 영향을 조절한다면 문화적 배경이 다른 아동들의 경우 경험의 결과가 어떤 식으로든 달리 나타날 것이다(생각상자 '문화의 조절효과' 참조).

인과관계를 연구할 때 필요원인, 충분원인 그리고 기여원인을 구분하는 것이 유익한 경우가 많다. **필요원인**(necessary cause)은 어떤 장애가 발생하기 위해서는 반드시 있어야 하는 원인이고, **충분원인**(sufficient cause)은 그 자체만으로 그 장애가 발생하게 만들 수 있는 원인이다. 지적장애가 특징인 다운증후군의 경우 지금까지 밝혀져 있는 유전적 이상들은 필요원인(반드시 있어야 하는 요인)인 동시에 충분원인(다른 요인들은 없어도 되는 요인)이다. 반면에 뇌 이상은 조현병의 발병에 필요한 원인이기는 하지만 충분한 원인은 아닌 것으로 생각되고 있다. 즉 뇌의 이상은 조현병의 원인으로 작용하지만 이 장애가 발생하려면 뇌 이상 이외의 다른 요인들도 있어야 한다. **기여원인**(contributing cause)이 작용할 수 있다는 점도 인식할 필요가 있다. 이 요인들은 필요하지도 않고 충분하지도 않다. 어떤 장애의 경우에는 여러 요인의 효과가 더해지거나 배가 되어서 역치에 도달함으로

생각상자   문화의 조절효과

많은 국가의 부모들은 체벌을 사용하거나 수용하는 정도에 차이가 있기는 하지만, 어떤 상황에서는 가벼운 체벌을 한 적이 있다고 보고하거나 체벌을 하는 데 찬성한다(Deater-Deckard, Dodge, & Sorbring, 2005; Lansford et al., 2004, 2005). 일반적으로 체벌은 아동기와 청소년 후기의 공격성이나 과시행동과 상관이 있다. 그러나 체벌과 과시행동의 관계는 문화적 맥락에 의해 조절될 수 있다는 증거가 나오고 있다.

Lansford와 동료들(2005)은 체벌을 더 규준적인 것으로 여기는 문화에서는 과시행동이 더 적을 것이라는 가설을 수립하였다. 이 연구자들은 체벌에 대한 부모와 아동의 지각에 의해 문화적 규준을 측정하였다. 이들의 가설은 6개국(태국, 중국, 필리핀, 인도, 케냐, 이탈리아)에서 수행된 연구에서 지지를 받았다. 이와 비슷하게 미국에서 수행된 연구도 체벌은 유럽계 미국인 가정보다 아프리카계 미국인 가정에서 더 규준적이며, 체벌과 아동의 공격성/과시행동 간의 관계가 아프리카계 미국인 가정에서 더 약하다는 것을 보여주었다.

이러한 조절효과는 여러 가지로 해석될 수 있다. 예를 들어 처벌받은 아동은 부모의 행동이 규준적이라고 생각한다면 자신이 거부당했다는 느낌을 받지 않을 가능성이 크고, 이는 대개 아동의 적응이라는 결과로 연결된다. 또는 아동이 체벌을 자신에 대한 부모의 우려를 나타내는 것이라 지각할 수도 있다. 실제로 아프리카계 미국인 가정에서는 엄격한 양육을 그다지 침투적이라고 여기지 않는다는 증거가 있다(Anderson & Mayes, 2010). 조절효과가 무엇 때문이든지 간에 Lansford와 동료들은 자신들의 연구결과가 아동의 공격성 및 여타 부적응행동과 관련이 있는 체벌을 장려하는 것으로 받아들여져서는 안 된다고 경고하였다. 그러나 이 결과는 문화적 맥락이 조절 역할을 하는지 알아보는 것이 필요한 일임을 보여준다.

써 문제를 일으킬 수 있다.

제4장에서 보게 되겠지만 인과관계를 탐구하기 위해 다양한 연구전략과 설계를 적용할 수 있다. 접근법이 무엇이든지 간에 발달정신병리학 관점은 여러 인과 과정을 이해하는 데 초점을 둔다는 것이 강점이다. 이러한 탐구에 기여하는 개념들과 가정들을 더 자세히 살펴보기로 하겠다.

발달경로

발달정신병리학 관점은 비정상적인 행동이 어느 순간 갑작스레 나타나는 것은 아니라고 가정한다. 아동과 환경적 영향이 교류하는 과정에서 점진적으로 생겨난다고 본다(Cummings, Davies, & Campbell, 2000; Hayden & Durbin, 2019). 발달은 변화하는 환경에 대한 점진적 적응 또는 부적응이라고 할 수 있다. 시간의 흐름에 따라 끊임없이 변화하는 환경과 반응의 연쇄가 만들어내는 경로라고 볼 수 있다. 따라서 발달은 영구불변인 것이

아니라 개방적 또는 확률적인 것이다. 새로운 상황 또는 진행되고 있는 상황에 대한 새로운 반응은 방향의 전환을 가져올 수 있다.

발달정신병리학을 더 잘 이해하는 한 가지 방법은 적응과 부적응의 경로를 기술하고 이해하는 것이다. 예를 들어 청소년기 동안의 일반적 발달경로에 초점을 둔 연구를 살펴볼 수 있다(Compas, Hinden, & Gerhardt, 1995). 〈그림 2.1〉은 다섯 가지 발달궤도를 제시하고 각 궤도를 간략히 기술하고 있다. 경로 1은 지속적으로 우수한 적응의 특징을 보인다. 이 경로를 따르는 청소년은 부정적 상황에 비교적 적게 노출되고, 자신을 긍정적으로 바라보며, 문제를 갖고 있지 않다. 경로 2는 지속적 부적응을 나타낸다. 이 경로를 따르는 청소년들은 이미 문제를 가지고 있고 역경을 겪고 있으며, 그러한 역경을 완화해 줄 만한 자원을 가지고 있지 못하다. 경로 3은 최소한 일부 경우에는 환경적으로 주어진 기회로 인해 부적응이 긍정적 결과로 변모하는 것을 보여준다. 경로 4는 청소년 초기의 적응이 역경으로 인해 퇴조하게 되는

Mick Stevens/Cartoon Collections

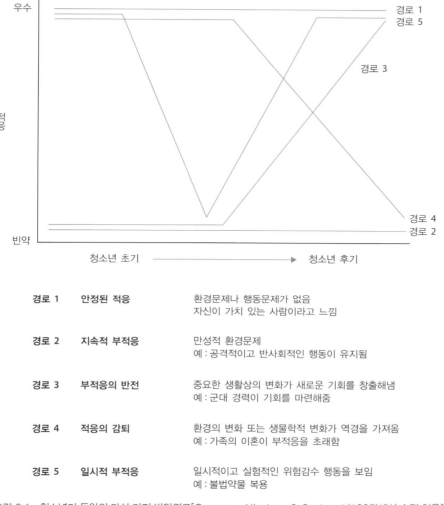

경로 1	**안정된 적응**	환경문제나 행동문제가 없음 자신이 가치 있는 사람이라고 느낌
경로 2	**지속적 부적응**	만성적 환경문제 예 : 공격적이고 반사회적인 행동이 유지됨
경로 3	**부적응의 반전**	중요한 생활상의 변화가 새로운 기회를 창출해냄 예 : 군대 경력이 기회를 마련해줌
경로 4	**적응의 감퇴**	환경의 변화 또는 생물학적 변화가 역경을 가져옴 예 : 가족의 이혼이 부적응을 초래함
경로 5	**일시적 부적응**	일시적이고 실험적인 위험감수 행동을 보임 예 : 불법약물 복용

그림 2.1   청소년기 동안의 다섯 가지 발달경로[Compas, Hinden, & Gerhardt(1995)에서 수정 인용]

것을 보여준다. 경로 5는 가령 실험적으로 단기간 약물 복용을 하는 경우와 같이 일시적 퇴조가 적응행동으로 복원되는 것을 보여준다. 이러한 경로들이 분명하게 보여주는 것은 어느 한 시점의 적응수준이 이후의 적응수준을 반드시 예측해 주지는 않는다는 것이다.

다음 장들에서 보게 되겠지만, 여러 장애가 어떤 발달 궤도를 따라 진행되는지가 점차 더 상세히 밝혀지고 있다. 단일한 문제에 대해서조차 지속적인 경로와 변화하는 경로가 둘 다 흔히 관찰되고 있다. 예를 들어, 아동기의 공격성은 어떤 아동들에게는 성인기까지 지속되지만

다른 아동들에게는 청소년기에 접어들면서 중단되는 것으로 보인다(Hinshaw, 2017).

동일결과론과 다중결과론

발달의 교류적이고 확률적인 성격은 동일결과론과 다중 결과론의 원리에서 찾아볼 수 있다. 〈그림 2.2〉는 이 개념을 단순화하여 보여주고 있다. **동일결과론**(equifinality)은 다양한 요인들이 동일한 결과를 가져올 수 있다는 사실을 가리킨다. 예를 들어 어떤 아동들은 자신을 위험에 빠뜨리는 특성을 타고나고, 다른 아동들은 가혹하고

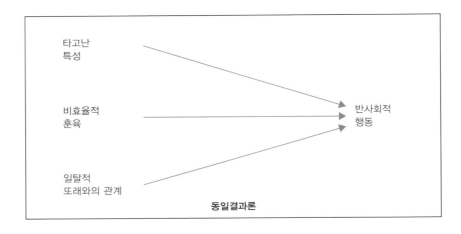

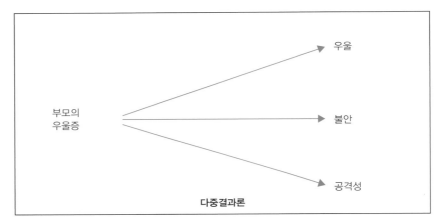

그림 2.2   동일결과론과 다중결과론이 발달에 어떻게 작용하는지 보여주는 실례

비효율적인 훈육을 받으며, 또 다른 아동들은 일탈적 또래집단과 엮일 수 있다. 이 요인들 각각이 모두 아동이 반사회적 행동을 발달시키는 경로로 나아가게 한다. 다른 말로 하면 아동들은 서로 다른 경험을 하거나 서로 다른 경로를 따르면서도 동일한 문제를 일으킬 수 있다.

두 번째 원리인 **다중결과론**(multifinality)은 하나의 경험이 수많은 다른 요인에 따라 다르게 기능함으로써 상이한 결과에 이르게 될 수 있다는 사실을 가리킨다. 예를 들어 아동들은 우울한 부모가 있는 가정에서 성장할 수 있다. 이 중 일부 아동들은 이후에 우울장애의 진단기준을 충족하겠지만 다른 아동들은 불안장애를 일으킬 수 있고, 또 다른 아동들은 공격적이고 반사회적인 행동을 나타낼 수 있다. 간단히 말해 아동들은 동일한 종류

의 경험을 하고서도 각기 다른 문제를 일으키거나 전혀 문제를 일으키지 않을 수도 있다.

〈그림 2.2〉에 예시된 동일결과론의 묘사는 영향요인들을 따로따로 하나씩 제시하고 있다는 점에서 단순화된 것인 데 반해, 더 정확한 묘사는 각기 다른 조합의 여러 영향요인이 다양한 방식으로 상호작용하면서 각기 다른 발달경로를 거쳐 유사한 결과에 도달하는 것이다. 다중결과론의 경우도 마찬가지이다. 특정한 부정적 영향요인을 경험한 젊은이들은 하나의 문제를 갖기보다는 서로 다른 영역의 여러 문제를 나타내거나 다양한 장애의 진단기준을 충족할 가능성이 크다.

동일결과론과 다중결과론의 원리는 행동발달의 보편적 주제를 보여준다. 즉 대개의 경우 삶의 경로에서 어

떤 일이 일어날지를 알아낸다는 것은 엄청나게 복잡한 일이라는 것이다. 이런 점에서 위험과 적응유연성의 개념은 심리문제의 발달을 더 잘 이해하는 데 도움이 된다.

위험, 취약성과 적응유연성

위험과 취약성

위험(risks)은 심리적 손상에 선행하거나 그러한 손상의 발생확률을 높이는 변인들이다. 많은 연구들은 위험의 몇 가지 중요한 특징을 다음과 같이 지적하고 있다(Compas, Fruhn, & Bettis, 2017; Liaw & Brooks-Gunn, 1994; Pungello et al., 2010; Shanahan et al., 2008).

- 단일 위험요인도 영향을 미칠 수 있지만 위험요인이 여럿 있으면 특히 해로운 영향을 미친다.
- 위험요인은 무리를 지어 나타나는 경향이 있다. 예를 들어 부모의 낮은 교육수준으로 인해 위험에 처한 아동은 불리한 지역사회에 거주할 가능성이 더 크다.
- 많은 위험요인의 효과는 불특정적인 것으로 보이며, 이 결과는 다중결과론의 원리에 반영되어 있

다. 그러나 항상 그런 것은 아니므로 더 많은 연구가 필요하다.
- 위험요인들은 장애의 지속성보다는 발병 시점에 따라 다를 수 있다.
- 위험요인은 문제에 대한 아동의 민감성을 높이거나 환경맥락에 부정적 영향을 미침으로써 미래에 위험이 발생할 가능성을 높일 수 있다.
- 위험요인의 강도, 지속시간, 발생 시점에 따라 결과에 차이가 있을 수 있다.

위험연구의 주요 목표는 위험이 어떻게 정신병리로 이어지는지를 이해하는 것이다(Price & Zwolinski, 2010; Schroeder, Slopen, & Mittal, 2020). 처음에는 위험요인을 확인해내는 것이 필요한데, 여러 문화에서 수많은 위험요인이 작용하는 것으로 밝혀졌다. 이 요인들은 생물적, 인지적, 심리사회적 및 기타 영역들과 관련되어 있다(표 2.1 참조). 이들 요인 중 일부는 아동이 생활 상황에 부적응적으로 반응하는 경향성에 내재해 있는 것으로 보이는데, **취약성**(vulnerability)이라는 용어는 흔히 이러한 위험요인들에 적용된다. 취약성은 타고난 것일 수도 있고(예 : 유전적 상태) 후천적으로 습득될 수

▌표 2.1 발달 위험요인의 예

유전적 영향, 유전자 이상
태아기와 출산 시의 합병증
평균 이하의 지능 또는 학습장애
심리적/사회적 위험요인 : 까다로운 기질, 정서 및 행동조절 문제, 사회적 무능, 또래 거부
양육미숙과 가족학대, 유기, 와해, 갈등, 정신병리, 스트레스
빈곤
이웃의 무질서
인종 또는 성별 불평등
한쪽 부모의 이른 사망, 자연재해, 전쟁 등과 같은 비규준적 스트레스 사건들

출처 : Coie et al.(1993)에서 일부 인용

생각상자 **위험한 경험의 발생 시점**

발달정신병리학에서 중요한 이론적 · 실제적 관심사는 아동의 연령이나 발달수준에 따라 경험이 언제, 그리고 어떻게 서로 다른 영향을 미치는지를 이해하는 것이다.

　사건의 발생 시점은 여러 가지 이유로 차이를 가져올 수 있다(Rutter, 1989, 2006). 그중에서도 경험이 신경계에 미치는 영향은 신경계의 발달 정도에 따라 달라질 수 있다. 이와 유사하게 경험의 영향은 연령과 관련한 심리기능, 예컨대 아동이 부정적 사건에 대해 적응적으로 사고하는 능력에 따라 달라진다. 경험이 규준적인지 비규준적인지 여부도 중요한 변수가 될 수 있다. 규준적 사건은 사람들 대부분에게 어느 정도 예측 가능한 시기(예 : 사춘기는 11~14세 사이)에 일어나는 반면에, 비규준적 사건은 비전형적인 시기에 특정한 사람에게만 일어난다(예 : 사춘기가 매우 일찍 또는 매우 늦게 시작됨). 비규준적인 사건은 개인이 사회적 기대나 지원과 어긋나게 만들기 때문에 문제가 될 수 있다.

　역사적으로 생후 초기의 영향이 특히 강력할 것이라는 제안이 큰 관심을 끌어왔다. O'Connor와 Parfitt(2009)는 생후 초기의 불운한 경험을 어떻게 파악할 것인지를 보여주는 세 가지 발달모델을 기술하고 있다. **민감한 시기**(sensitive period) 모델은 어떤 위험에 특정 시간대에 노출되면 그 효과가 영구적일 수 있지만 동일한 경험을 다른 시간대에 하면 아무런 영향이 없다고 예측한다. 연구들은 민감한 시기가 동물들의 정상발달 과정에 작용한다는 것을 보여주었다. 그러나 인간의 발달에 이 모델, 특히 영구적 효과의 개념을 적용하기에는 한계가 있다. **발달 프로그래밍**(developmental programming) 모델은 개인의 어떤 특징들은 생후 초기 환경에서 발생하는 일들에 의해 설정되며 이 특징들은 이후로도 지속된다고 제안한다. 예를 들어 어린 시절에 외상경험을 하면 그에 따라 스트레스에 대한 아동의 생물학적 반응성이 설정되고 이는 시간이 지나도 바뀌지 않는다는 것이다. **생애 경로**(life-course) 모델은 어린 시절의 경험이 유지되거나 강화되거나 어떤 식으로든 부각될 때에만 장기적인 결과를 초래한다고 제안한다. 어린 시절의 위험은 적응력을 떨어뜨릴 수 있고 그렇게 되면 이후에 부적응을 겪게 될 확률이 높아진다는 것이 이 모델의 핵심이다.

도 있다(예 : 학습된 사고방식).

　발달의 복잡성으로 볼 때 위험은 환경과 개인 둘 다를 포함하는 교류모델의 관점에서 보는 것이 적절하다. 〈그림 2.3〉에 이 접근의 예가 제시되어 있다. 이 모델은 위험한 생활 경험(스트레스원)이 정신병리와 관련이 있다고 본다(Grant et al., 2003). 위험한 경험은 갑작스럽게 아마도 재앙적으로 일어나는 사건(예 : 유해한 사고)일 수도 있고, 만성적으로 오랜 시간 지속될 수도 있다(예 : 빈곤). 이 모델은 이러한 경험이 개인에게 다양한(생물적 · 심리적 · 사회적) 과정을 일으킴으로써 정신병리를 매개하거나 초래한다고 제안한다. 이와 더불어 스트레스원과 아동 매개요인 간의 관계는 아동 또는 환경의 속성에 의해 조절될 수 있다. 예를 들어 아동의 연령, 성별, 또는 환경에 대한 민감성은 이 관계의 강도에 영향을 미칠 수 있다. 끝으로 이 모델은 구성요소 간의 양방향적 영향력을 인정함으로써 발달의 역동적 과정을 보여준다.

적응유연성

적응유연성이라는 주제는 처음부터 발달정신병리학 관점의 주요 구성요소였다. 적응유연성 연구는 시간이 흐르면서 변화를 거듭했고 적응유연성의 정의는 더 복합적이고 역동적인 성격을 지니게 되었다(Masten & Cicchetti, 2016). 넓은 의미에서 **적응유연성**(resilience)은 매우 부정적이거나 외상적인 경험에도 불구하고 얻어낸 비교적 긍정적인 결과로 정의된다. 사람들이 위험에 대한 반응, 삶의 불운에 저항하거나 이를 극복하는 능력에 차이가 있음을 보여준다(Masten & Cicchetti, 2016; Werner, 1995).

　적응유연성은 정신병리의 부재, 낮은 수준의 증상으로 나타날 수 있다. 불리한 생활환경에도 불구하고 보편적 발달과업(developmental tasks)이나 각 문화에서 연령에 적합한 기대를 충족시키는 역량으로 드러날 수도 있다. 〈표 2.2〉는 이와 같은 보편적 발달과업들을 제시하

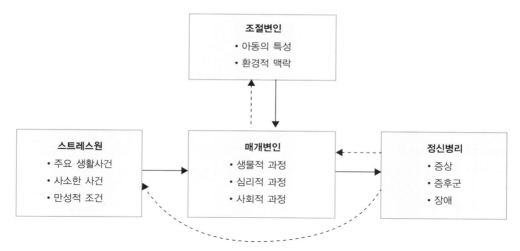

그림 2.3   역경(스트레스원)과 정신병리의 관계에 대한 모델[Grant et al.(2003)에서 수정 인용]

고 있다.

위험연구와 마찬가지로 적응유연성 연구도 시간에 따라 진화해 왔다(Masten & Cicchetti, 2016). 적응유연성에 대한 최초의 관심은 왜 어떤 사람들은 역경에 굴복하는 반면에 다른 사람들은 위협을 떨치고 일어나는가에

대한 기술로 이어졌다. 연구가 진행되면서 적응유연성의 개념은 개인이 지닌 고정된 특질에서 다차원적인 발달 과정으로 전환되었다. 초기의 획기적 연구는 하와이의 카우아이라는 섬에서 1955년에 태어난 아동들을 대상으로 수행되었다(Werner & Smith, 1982; 2001). 고위

┃ 표 2.2   발달과업의 예

발달시기	과업
유아기	양육자에 대한 애착 형성 몸짓과 언어에 의한 의사소통 학습
걸음마기/학령 전기	가족의 언어 학습 자기통제와 순종 다른 아동들과 놀기
학령 초기	학교 적응 읽기와 쓰기 학습 학업성취 또래들과 어울리기
청년기	신체적 성숙에 적응 일관성 있는 자기개념 형성 친밀한 우정/관계 형성 규칙과 법칙 준수

출처 : Masten(2015)의 표 1.1에서 수정 인용

앤과 에이미 : 적응유연성이라는 '평범한 마술'

앤과 에이미는 각기 다른 가정환경에서 자랐으며, 여섯 살 때 이들의 기능은 분명한 차이가 있었다. 앤은 유복한 가정환경에서 자랐는데, 부모는 온전한 결혼생활을 하며 최적의 양육을 했고 정서적으로도 앤과 좋은 관계를 맺고 있었다. 이와는 반대로 에이미는 가정형편이 어려웠고, 대단히 힘들게 이혼한 아버지 밑에서 자랐다. 여섯 살 때의 평가에서 앤은 적응을 잘하고 있었으나 에이미는 임상 수준의 문제를 드러냈다. 그러나 그 후 몇 년 동안 에이미는 자신의 사회적·운동적 기술을 발휘하여 학급 친구들과 좋은 사회적 관계를 맺었고, 부모는 양육권과 관련한 결정 및 문제에 직면하게 되면서 훨씬 더 우호적으로 상호작용하는 법을 배웠다. 예를 들어 에이미의 어머니는 재혼하여 또 아이를 낳았음에도 불구하고 점차 에이미를 돌보는 데 마음을 쏟게 되었다. 두 아이가 열 살이 되었을 때 실시한 검사를 보면 가정환경이 계속 안정적이고 지지적이고 긍정적이었던 앤은 여전히 적응을 잘하고 있었으며, 에이미 또한 이제는 적응을 잘하고 있었고 사회적 능력도 평균 수준을 넘어섰다.

— Cummings 등(2000, p. 40)에서 수정 인용

표 2.3 아동과 청소년의 적응유연성에 영향을 미치는 요인의 예

문제해결기술
자기조절기술
자신에 대한 긍정적 전망
성취동기
자기효능감 및 통제의 지각
능동적 대처전략
친밀하고 배려심 많은 가족관계
지역사회 성인들과의 지지관계
동성 또는 이성 친구
영성, 삶의 의미 발견

출처 : Cicchetti(2010b), Sapienza & Masten(2011)에서 수정 인용

험 집단은 생후 초기에 최소한 네 가지 위험요인에 노출되었는지 여부로 확인하였다. 대부분의 고위험집단 아동들은 청소년 후기에 행동문제와 학습문제 중 어느 한 가지 또는 두 가지 모두를 보였으나 3분의 1가량은 자신의 삶을 성공적으로 이끌었다. 이 아동들의 적응유연성은 개인적 속성, 가족의 특성, 그리고 가족 외부로부터의 지원이라는 세 가지 범주에서 유래하였다. 이 세 범주는 많은 연구에서 발견되었으며, 아동이 처한 상황에서 작용하는 위험요인들을 상쇄해주는 보호요인들의 출처로 생각할 수 있다. 적응유연성의 출처는 아동 대부분에게 이로운 요인들로서 Masten(2015)은 이를 '평범한 마술(ordinary magic)'이라 지칭하였다.

적응유연성은 역경에 노출된 아동들 간에 결과의 차

이를 가져오는 다양한 영향요인들이 원인임을 보여주었다. 이들을 **촉진요인**(promotive factors) 또는 **보호요인**(protective factors)이라 한다. 〈표 2.3〉은 적응유연성의 발달에 기여하는 요인들의 예를 제시하고 있다. 이들 중 일부는 문제해결기술과 자기조절능력 같은 개인적 속성들이다. 이런 속성들은 개인 내에 존재하는 것으로 보이는 적응유연성에 초점을 맞추는 데 반해 다른 요인들은 가족, 지역사회 또는 더 큰 사회적 요인들로부터 도출될 수 있다.

적응유연성은 취약성과는 정반대되는 것으로 볼 수 있다(Ingram & Price, 2010). 〈그림 2.4〉는 취약성 연속선의 양쪽 끝에 있는 적응유연성과 취약성이 여러 수준의 (환경)스트레스와 상호작용한다는 것을 보여주고 있다. 연속선에서 적응유연성이 위치한 끝부분에서는 스트레스가 더 많아야만 장애가 발생한다. 그러나 취약성이 위치한 쪽에서는 스트레스가 조금만 주어져도 가벼운 장애가 발생할 수 있고, 스트레스 수준이 높아지면 장애의 심각성도 점차 증가한다.

적응유연성 연구는 상관요인이나 보호요인을 확인하는 수준을 넘어서 기저의 과정을 찾아내는 방향으로 나

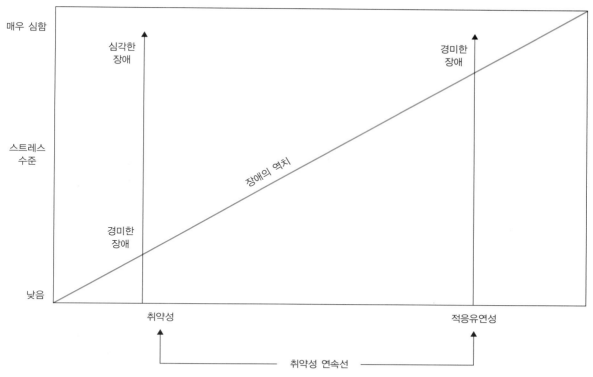

그림 2.4   연속선상에서 취약성과 적응유연성의 관계. 적응유연성은 장애에 대한 저항력을 의미한다. [Ingram & Price(2010)에서 수정 인용. Copyright 2010 by Guilford Press. 출판사의 허락하에 사용함]

아가고 있다. 최근에는 생물학적 과정에 많은 관심이 모이고 있다. 이 방면 연구의 중심에 스트레스 대처 연구가 있다(Feder, Nestler, & Charney, 2009; Perry, 2017). 각 개인의 유전적 구성이 스트레스에 대한 반응에 중요한 역할을 하며, 유전자와 스트레스 노출 간의 복잡한 상호작용이 적응유연성과 연관이 있는 것으로 생각되는 생물학적 과정과 뇌의 발달에 도움을 준다(Elbau, Cruceanu, & Binder, 2019).

　적응유연성은 연속적이고 복합적인 과정이다(Masten & Cicchetti, 2016). 어떤 특정한 변인이 위험에 처한 아동을 보호할 수 있는지 여부는 그 상황에 달려 있다. 또는 적응유연성이 어떤 위험상황(예: 가족갈등)에서는 나타나지만 다른 상황(예: 또래압력)에서는 나타나지 않을 수도 있다. 게다가 위험에 처한 아동과 청소년은 어떤 기능 영역(예: 정서)에서는 긍정적 결과를 나타내지만 다른 영역에서는 그러지 않을 수도 있다(Luthar,

2006). 그뿐만 아니라 누구든지 시간이 지나고 상황이 바뀌면서 강점과 취약성이 변화함에 따라 적응유연성이 수정될 수 있다. 사실 긍정적 기능이 어떻게 해서 시간이 지나도 유지되는지에 대한 관심이 증가하고 있다. 하나의 기능영역에서 다른 영역으로(예: 초기의 학업적 역량이 후기의 사회적 역량으로) 전파되는가, 아니면 한 수준에서 다른 수준(예: 생물적 수준에서 심리사회적 수준으로 또는 그 반대 방향으로)으로 퍼져나가는가? 적응유연성에 대한 이해의 증진은 아동과 청소년의 정신병리를 예방하고 이들의 발달을 최적화하는 데 매우 중요하다.

장애의 연속성

발달정신병리학 관점은 본질적으로 시간에 따른 변화와 연속성을 이해하는 데 관심이 있다. 발달은 변화에 의해 정의되며, 인간은 분명히 융통성이 있다. 하지만 융통성에도 한계가 있으며, 한 개인에게 변화와 연속성이 모두 일어날 것으로 예상할 수 있다. 잘 생긴 젊은이는 노년이 되었어도 또래들에 비해 여전히 매력적일지 모르지만, 그의 얼굴은 젊었을 때와는 다른 점도 있고 비슷한 점도 있을 것이다. 일반적으로 심리적 기능의 경우에도 변화와 연속성이 모두 일어날 것이라고 예상할 수 있다.

변화나 연속성이라는 쟁점을 심리장애의 연구에 적용할 때 기본적으로 제기되는 의문은 어린 시절의 장애가 이후에 동일한 장애로 이어지는가 하는 것이다. 이 의문은 장애의 발달을 이해하는 데 중요할 뿐 아니라 치료와 예방에도 시사하는 바가 적지 않다. 고통과 부적응을 초래하는 장애를 치료하는 것은 어떤 경우에나 바람직하지만, 오랜 기간 지속되는 문제는 더욱 치료에 관심을 기울일 필요가 있다. 더욱이 어린 시절의 문제는 이후의 장애를 예측하는 만큼 그 과정에 조기개입을 하려는 노력에 무엇보다도 우선순위를 두어야 할 것이다.

장애의 연속성에 대해 무엇이 밝혀져 있는가? 발달의 교류적 특성을 생각할 때 이것은 답변하기 쉬운 문제가 아니며 여전히 연구 중이다. 많은 문제에서 연속성과 비연속성이 모두 관찰되었으며, 아동이 성장한다고 해서 정신병리에서 벗어날 것이라고 가정할 수는 없다. 아주 어린 아동의 수면문제나 섭식문제와 같은 장애들은 사라질 가능성이 크다. 유전적 이상과 관련된 지적 결함, 자폐증, 조현병과 같은 장애들은 지속되는 경향이 있다. 다른 문제의 경우에는 상황이 더욱 복잡하다. 반사회적 행동은 흔히 다음 단계로 넘어간다. 예를 들어 또래와 비교해 공격성 순위가 높았던 아동들은 청소년기에도 이 순위를 유지한다(Hinshaw, 2017). 그러나 모든 아동이 다 그런 것은 아니며 일부 아동은 더 이상 공격성을 보이지 않기도 한다.

시간에 따른 연속성 쟁점을 고려할 때 이형연속성과 동형연속성의 개념이 중요하다. 연구자들은 발달과 더불어 문제가 표출되는 방식이 달라질 수 있다는 점을 지적한다. 즉 **이형연속성**(heterotypic continuity)이 나타날 수 있다. 예를 들어 잠시도 가만히 있지 못하고 자꾸만 들썩이는 8세 아동의 과잉행동은 10대 청소년기와 성인기에 긴장을 풀지 못하는 행동으로 나타날 수 있다. 이와 마찬가지로 아동 초기의 우울증은 청년기나 성인기의 우울증과는 좀 다른 방식으로 표출될 것을 예상할 수 있다. 그러나 **동형연속성**(homotypic continuity)도 나타날 수 있다. 즉 문제가 표출되는 방식이 시간이 지나도 별다른 변화 없이 비교적 안정적일 수 있다.

일반적으로 장애의 연속성은 조사기간의 길이, 정신병리나 증상의 종류 및 기타 변인들에 따라 달라질 것으로 예측할 수 있다. 어떤 변인들이 문제의 연속성을 예측하는가에 관해 수많은 질문이 제기될 수 있다. 가벼운 증상보다는 심한 증상이 연속성을 예측하는가? 아동이 한 가지 이상의 장애를 동시에 나타낼 때 연속성이 나타날 가능성이 더 큰가? 성별은 연속성과 관련이 있는가? 만약 관련이 있다면 모든 장애의 경우에 다 그러한가, 아니면 일부 장애에 국한해서 그러한가? 이러한 질문들에 관한 연구가 진행되고 있으며, 이 내용은 책의 후반부에서 논의할 것이다.

정신병리를 지속시키는 과정에 대해서도 연구가 진행되고 있다. 지금까지 입증되거나 제안된 몇 가지 과정을 아래에 간략히 기술하였다. 그러나 개별 과정이 단독으로 작용하는 것이 아니라 발달과정이 진행되는 동안 복잡한 방식으로 상호작용한다는 것을 기억하는 것이 중요하다(Hinshaw, 2017; Rutter, 2006; Sroufe, Coffino, & Carlson, 2010). 연속성은 부실한 양육이나 부실한 학교교육이 지속되고 발달에 계속해서 부정적인 영향을 미칠 때와 같이 환경의 항상성에 의해 유지될 수 있다. 유전적 성향이 개입될 수도 있으며, 생후 초기의 문제나 경험이 뇌와 다른 신체 부위의 발달에 영향을 미침으로써 연속성이 나타나게 만들 수도 있다. 또 다른 과정은 사회적 환경에 대한 정신표상 또는 견해를 수립하는 것이다. 사람들은 경험에 기초해서 기대를 설정하고 그러한 표상에 맞춰 행동함으로써 행동에 연속성을 보이는 경향이 있다.

이뿐만 아니라 연속성은 부정적 상황의 연쇄나 상호작용적 행동 패턴으로부터 비롯될 수도 있다. 예를 들어

성질이 고약한 소년이 학교를 중퇴함으로써 기회를 제한하고 그렇게 하여 좌절을 일으키는 상황을 만들어내며 이러한 상황에 더 심한 과민성과 통제결핍 등으로 반응하는 것과 같이 연속성은 아동이 부적응적인 행동을 계속하게 만드는 환경을 전전하게 되는 데서 유래될 수 있다(Caspi, Elder, & Bem, 1987).

연속성과 변화에 대한 우리의 현재 논의는 어렸을 때의 장애 또는 장애 증상이 나중에 그 사람의 삶에서 관찰되는지 여부에 초점을 맞추고 있다는 점에 유의해야 한다. 관련된 질문은 초기 장애가 나중에 다른 종류의 문제를 예측하는지 여부이다(Copeland et al., 2009). 이 중요한 문제는 특정 장애를 조사하는 다음 장에서 다룰 것이다.

정상발달, 문제결과

지금까지 발달정신병리학 관점의 핵심적인 측면들을 논의하였다. 이 절에서는 정상발달 과정과 최적 수준에 못미치는 결과가 어떻게 나란히 함께 갈 수 있는지를 보여주기 위해 선정된 몇몇 발달영역을 간략하게 살펴보기로 하겠다. 이들 영역은 생후 초기 애착, 기질, 정서, 사회인지적 정보처리이다. 이 예들은 또 발달이 생물적, 사회적, 정서적, 인지적 기능영역들의 중첩과 상호의존성을 포함한다는 것을 보여준다.

애착

모든 아이와 그 부모는 자신들의 관계를 촉진하는 방식으로 상호작용하게끔 생물학적으로 준비되어 있는 것처럼 보인다. 부모들은 대부분이 아기의 신호와 요구를 매우 민감하게 이해하고 반응한다. 아기 역시 부모의 정서적·사회적 신호에 민감하게 반응한다. 이러한 동시 발생적인 상호작용은 생후 초기 **애착**(attachment)이라 불리는 특별한 사회적·정서적 유대의 기초가 된다. 애착은 점진적으로 발달해서 아이가 7~9개월경이 되면 뚜렷하게 드러난다.

볼비(Bowlby, 1969)는 프로이트 학파의 이론이 어머

아기와 보호자는 애착을 촉진하는 방식으로 상호작용하는 타고난 경향이 있다.

니와 아동의 관계에 중요성을 부여한다는 데 주목하고, 인간이라는 종은 아기들이 양육자의 보호를 받을 수 있도록 애착을 촉진하는 행동, 즉 미소 짓기, 울기, 눈맞춤, 보호자에게 다가가기 등을 생물학적으로 '내장'하고 있다고 강조하였다. 이러한 행동들은 애착체계를 구성하는 요소로서 스트레스를 주는 상황에서 높은 수준의 위험이나 공포로부터 아기를 보호해줄 뿐 아니라 아기가 새롭고 도전적인 상황들을 탐색할 수 있게 해준다(Fearon et al., 2016).

볼비는 애착을 아동과 주요 양육자 간에 진행되는 거래로 보았는데, 이 거래는 적응적이거나 적응적이지 못한 결과에 이르는 발달경로를 조성하는 데 도움을 준다. 볼비와 후속 연구자들은 아동이 양육자와 함께하는 애착 경험이 양육자의 가용성과 반응성에 대한 내적 표상 또는 기대로 귀착된다고 제안하였다. 양육자의 신뢰성에 대한 기대는 아동의 정서조절 능력과 스트레스 대처 능력에 영향을 미칠 뿐 아니라 자신감 및 자기가치감 습득과도 결부되어 있는데, 이 모든 것이 미래의 관계와 행동으로 연결된다.

애착은 전 생애에 걸쳐서 연구되었으나 특히 생후 초기 발달과정에서 형성되는 애착이 많이 연구되고 있다. 생후 초기 애착은 대개 에인스워스(Ainsworth)가 개발한 낯선 상황(strange situation)이라는 절차에 의해 연구된다. 이 절차에서는 양육자(보통은 어머니)와 아기, 그

리고 낯선 사람이 편안한 방에서 상호작용한다. 어머니는 미리 정해진 계획대로 여러 차례 방에서 나갔다가 되돌아오며 이같이 잠재적으로 위협적인 상황에서 아기가 어떻게 행동하는지 관찰한다. 초창기 연구는 많은 아기가 **안정애착**(secure attachment) 또는 **불안정애착**(insecure attachment)의 두 가지 유형 중 하나를 보인다고 분류할 수 있다는 것을 보여주었다(Fearon et al., 2016). 안정애착 아기들은 양육자와 분리되어 스트레스를 받았을 때 양육자가 돌아오면 양육자에게 접촉하고 긍정적으로 반응하며 양육자를 안전기지로 삼아 환경을 탐색하러 나아간다. 불안정애착 아기들은 양육자를 스트레스 대처 자원으로 활용하지 못한다. 그들은 스트레스를 받는다는 징후를 거의 보이지 않고 양육자를 무시하거나(회피형), 또는 스트레스를 잔뜩 받고 양육자와 접촉하기 위해 비효율적인 시도를 하는 경향(저항형)이 있다. 이 중 어느 유형의 애착이 발달하는가 하는 것은 아동의 특성, 아기의 요구에 대한 양육자의 민감성, 그리고 더 넓은 사회적 맥락에 좌우된다(Meins et al., 2001).

최근 연구는 **혼란애착**(disorganized attachment)이라는 패턴을 발견하였다(Fearon et al., 2016; Green & Goldwyn, 2002). 이 패턴을 보이는 아기들은 스트레스가 많은 상황에서 일관성 있는 행동조직 전략을 사용하지 못하는 것으로 보인다. 이 아기들은 불안해 보이며 비전형적이고 모순되는 행동들을 한다(표 2.4 참조). 이 패턴은 아동학대 및 양육부실과 관련이 있으며(Shumaker, Deutsch, & Brenninkmeyer, 2009), 위험요인이 적은 가정보다는 많은 가정에서 훨씬 더 자주 발견된다(Juffer, Bakersmans-Kranenburg & van IJzendoorn, 2005). 아동이 부모가 두렵거나, 필요할 때 없거나, 위협적인 존재로 경험하게 되는 상황에서 행동이 혼란을 보이게 되는 것으로 가정된다.

일부 연구는 애착에 대한 대안적 관점을 제안하였다. 애착의 개인차는 애착관련 회피와 애착관련 저항(저항과 혼란 지표의 조합)이라는 두 차원상에 존재한다고 볼 수 있다는 것이다. 따라서 아동의 애착은 두 차원에서의 위치 다시 말해 두 차원 모두에서 높은(또는 낮은) 점수이거나 한 차원에서는 높고 다른 차원에서는 낮은 점수에 의해 기술할 수 있다(Fearon et al., 2016; Fraley & Spieker, 2003).

아동 후기와 청소년기의 애착체계에는 또래관계와 이성관계가 포함되며 측정도구도 아동-부모 관계에 관한 자기보고와 면담으로 전환된다. 생후 초기 애착경험이 이후의 관계에 영향을 미치는 것으로 생각되며 부모가 여전히 중요한 역할을 담당한다. 안정애착과 불안정애착이라는 개념은 여전히 유효하며, 시간에 따른 애착의 변화라는 쟁점에 관한 연구가 꾸준히 진행되고 있다(Fearon et al., 2016).

애착 패턴과 다른 행동들의 관계를 다루는 많은 연구가 수행되었다. 안정애착은 유능성이나 또래친구와의 긍정적 상호작용과 같은 아동기와 청소년기의 적응행동과 관련이 있다(Groh et al., 2014). 반면에 불안정애착 특히 혼란애착은 공격성, 불안, 약물사용, 비행, 학

표 2.4 혼란애착의 몇 가지 징후

아기는 양육자와 접촉하려 하면서 회피하는 것과 같이 모순되는 행동을 한다.
움직임과 감정표현이 방향이 없거나, 잘못되거나, 불완전하거나, 중간에 끊긴다.
움직임과 감정표현을 전혀 하지 않거나 아주 느리게 한다.
아기가 양육자를 두려워하는 것처럼 보인다.
혼란과 해체가 방향감각 없는 배회, 혼란스럽거나 멍한 표정, 또는 감정의 급격한 변화에 분명하게 드러난다.

출처 : Lyons-Ruth, Zeanah, & Benoit(2003)에서 수정 인용. Copyright 2003 by Guilford Press. 출판사의 허락하에 사용함

업문제, 낮은 자아존중감, 부실한 또래상호작용, 학급에서 보이는 괴상하거나 기이한 행동, 분열적 행동 등 여러 부적응행동과 관련이 있다(Brumariu & Kerns, 2010; Fearon et al., 2010; Groh et al., 2012; Madigan et al., 2013).

초기 애착유형과 이후 행동 간 관계의 강도는 중간 정도이며 항상 발견되는 것도 아니다. 그러나 애착이론은 초기의 밀접한 관계가 현재 또는 앞으로의 심리적 기능에 미치는 영향을 이해하는 데 중요한 접근이다. 이런 점에서 애착은 위험 또는 보호요인으로 작용할 수 있으며 정신병리의 발달모델 역할을 할 수 있다(Fearon et al., 2016; Rutter, Kreppner, & Sonuga-Barke, 2009; Sroufe et al., 2010).

기질

기질(temperament)은 일반적으로 생후 초기에 나타나는 기본적 성향을 가리키는 것으로 생물학적 요인과 환경요인 간의 시간에 따른 복잡한 상호작용의 결과물이다. 기질은 고대 그리스 시대까지 거슬러 올라가는 오래된 개념이다. 기질에 대한 최근의 관심은 체스(Chess)와 토머스(Thomas)의 뉴욕아동연구가 발단이 되었다(1972; 1977). 이 연구자들은 환경이 행동발달에 영향을 미친다는 것을 인정했으나 출생 후 며칠 안 된 아이들의 행동에 개인차가 있다는 데서 영감을 받았다. 체스와 토머스는 부모 면담과 실제 관찰 자료를 토대로 어린 아기들이 기질에서 독특한 개인차가 있고, 이러한 차이는 시간이 지나도 거의 변함이 없다는 것을 입증할 수 있었다.

체스와 토머스는 기질을 자극에 대한 반응성, 신체기능의 조절, 기분, 변화에 대한 적응성 등 아홉 개 차원의 행동양식으로 정의하였다. 또한 순한 아이, 느린 아이, 까다로운 아이라는 세 가지 기본적인 기질 양식을 확인해내었다. 격렬한 반응성과 부정적 기분 등이 특징인 까다로운 기질은 특히 사회적·심리적 장애와 관련이 있는 것으로 밝혀졌다(Nigg, 2006; Stifter & Dollar, 2016).

체스와 토머스는 기질과 발달에 대해 단순한 관점을

칼 : 합치도를 보여주는 사례

어릴 때 칼은 대단히 까다로운 기질의 아이였다. 새로운 상황이 주어지면 그때마다 격앙되고 부정적인 반응을 보였으며, 그 상황을 여러 번 경험하고서야 겨우 적응하곤 하였다. 처음으로 목욕을 할 때나 처음으로 고형식을 먹을 때, 유아원과 초등학교에 입학할 때, 첫 생일파티 때, 또는 처음 쇼핑을 갔을 때 등 어느 때고 처음이면 늘 그런 식이었다. 매번 큰 소리로 울고 도망치려고 버둥거리는 등 폭발적인 반응을 보였다. 그러나 그의 부모는 칼의 반응을 예측하는 것을 배웠다. 또 자신들이 인내심을 갖고, 한 번에 한 가지 또는 몇 가지 새로운 상황만을 제시하며, 새로운 상황을 여러 차례 경험할 기회를 준다면 칼은 결국 잘 적응하게 될 것이라는 것을 알게 되었다. 부모는 칼을 키우기가 어려운 것은 그의 기질 때문이지 자신들이 '나쁜 부모'이기 때문이 아니라는 것을 알고 있었다. 아버지는 아들이 비명을 지르고 난리를 피우는 것을 '열망'의 징후로 보기까지 했다. '까다로운' 아이들은 발달장애를 일으킬 위험성이 현저하게 높지만, 칼은 부모와 이런 긍정적인 상호작용을 한 결과 행동문제를 일으키지 않았다.

— Chess & Thomas(1977, p. 220~221)

취하지 않았다. 이 연구자들은 생물학에 기초한 생후 초기 기질의 차이가 부모들이 자녀에게 반응하고 자녀를 다루는 방법에서 차이가 있기에 생겨난다고 주장하였다. 부모의 반응이 아이의 반응에 영향을 미치고 아이의 반응이 다시 부모의 반응에 영향을 미치는 식으로 계속되는데, 이 모든 것이 변화하는 환경이라는 더 넓은 맥락 안에서 일어난다. 체스와 토머스는 기질이 변화할 수 있으며 최종결과는 **합치도**(goodness-of-fit), 즉 아이의 행동경향성이 부모의 특성 및 다른 환경요인들과 얼마나 합치하는가에 달려 있다고 제안하였다. 글상자 '칼 : 합치도를 보여주는 사례'는 높은 합치도가 적응을 촉진할 수 있다는 것을 보여준다.

기질에 관한 체스와 토머스의 기본적 통찰은 지금껏

받아들여지고 있다. 기질은 차원접근과 범주접근 둘 다에서 꾸준히 개념보완 및 연구가 이루어지고 있다. 기질은 또한 생물학적 요인과 환경요인 간의 상호작용을 통해 심리적 결과물로 발달하는 행동양식의 개인차로 볼수 있다. 생후 초기의 기질은 비교적 안정적이며 이후의 기질과 심리적 결과를 예측할 수 있다. 생물학이 기질의 차이에 어떤 역할을 하는지는 심장박동, 신경활동 및 뇌의 구조와 기능 등을 측정하는 연구를 통해 검토되고 있다(Hardee et al., 2013; Stifter & Dollar, 2016). 양육 방식 및 부모의 감정과 스트레스가 기질의 변화와 관련이 있다는 결과는 환경의 역할을 보여준다(Aktar et al., 2018; Planalp & Goldsmith, 2020; van den Akker et al., 2010).

기질에 관한 연구가 진전됨에 따라 기질의 다른 차원 또는 범주가 제안되었다. 최근 연구는 대부분 기질의 구조가 차원적이라고 본다. Stifter와 Dollar(2016)는 여러 기질 모델들을 검토해보고 이 접근들이 정서성향, 활동 수준, 주의/조절행동이라는 세 가지 일반적 차원을 중심으로 통합될 수 있다고 지적하였다(표 2.5 참조). 연구들은 기질과 정신병리의 발달 간에 관련성이 있다는 결과를 내놓고 있는데, 이후의 장들에서 특정 장애들을 논의할 때 이 결과들을 살펴보기로 하겠다.

Nigg(2006)는 기질과 정신병리에 관해 두 가지 관점을 제안하였다. 한 관점은 문제행동이 정상적 기질의 극단이라고 본다. 예를 들어 ADHD는 충동적이고 부주의한 기질적 경향성의 극단을 보여주는 것일지도 모른다. 두 번째 관점은 기질이 특정한 기질적 경향성과 상황에 따라 위험요인 또는 보호요인의 기능을 한다고 본다.

기질은 환경에 대한 아동의 민감성과 유연성이라는 넓은 관점에서 살펴볼 필요가 있다. 특히 까다로운 기질은 환경의 질과 관계없이 환경에 대한 민감성이 높은 것과 관련이 있다고 제안되었다(생각상자 '맥락에 대한 민감성 : 좋을 때나 궂을 때나 한결같이' 참조).

정서와 정서조절

정서성향은 기질을 구성하는 요소이지만 정서는 기질과 동일한 것이 아니며 더 논의해볼 필요가 있다. 인간의 정서는 생후 초기에 분명하게 드러나며 사회성 발달과 급속히 뒤얽히게 된다. 아기들은 처음부터 기쁨, 슬픔, 혐오, 공포와 같은 기본정서를 표현한다. 생후 2년째에는 수치심과 죄책감 같은 더 복잡한 정서가 나타난다(Rosenblum, Dayton, & Muzik, 2009). 아기들은 또 일찍부터 다른 사람들에게 적절한 정서반응을 보이기도 한다. 예를 들어 사회적 미소는 생후 2개월이면 나타난다. 12~18개월 된 아기들은 다른 사람의 정서표현을 보고 자신이 어떤 반응을 할지(가령 어떤 물체에 다가갈지 피해 갈지) 결정하는 사회적 참조를 한다. 2~3세 아동들은 기본정서들을 명명하고 그러한 정서에 관해 얘기할 수 있을 뿐 아니라 정서표현을 일정하게 통제하기도 한다. 2~5세는 정서와 인지의 연계가 발달하는 데 특히 중요한 시기이다(Izard et al., 2002). 정서발달은 아동 중기와 청소년기 동안 지속적으로 이루어지며 급속히 발달하는 인지능력 및 사회적 세계의 확장과 상호작용한다(Dollar & Calkins, 2019).

▌표 2.5 **기질의 세 가지 일반적 차원**

정서성향	기분의 질(긍정적/부정적 정서성향, 분노, 슬픔), 정서의 강도, 정서표현의 일시적 변화와 같은 정서의 여러 측면을 가리킨다.
활동수준	운동 활동의 수준과 강도를 반영한다.
주의/조절행동	조절은 정서적·행동적 반응성을 증가시키거나 감소시키거나 유지하는 과정을 기술하며, 주의는 이 능력의 발달에 필수적인 것으로 본다. 주의는 주의폭과 주의력 같은 측면들을 포함한다.

출처 : Stifter & Dollar(2016)에서 수정 인용

생각상자 **맥락에 대한 민감성 : 좋을 때나 궂을 때나 한결같이**

이미 언급한 대로 까다로운 기질의 아동은 불운한 환경에 처했을 때 특히 부정적인 결말을 맞는 것으로 보고되고 있다. 이런 아동들은 반응을 매우 강하게 한다고 생각되며 고위험 집단으로 간주된다. 하지만 어떤 연구자들은 좀 다른 견해를 피력한다. 반응성은 환경의 좋고 나쁨보다는 환경에 대한 일반적인 민감성과 더 관련이 깊다는 것이다. 다시 말해 강한 반응을 보이는 아동들은 다양한 경험으로부터 더 크게 영향을 받는다는 것이다(Belsky, Bakermans-Kranenburg, & Van Ijzendoorn, 2007; Ehrlich, Miller, & Chen, 2016; Ellis et al., 2011). 이 제안은 때로 **민감성 차이 가설**(differential susceptibility hypothesis)이라고도 불리는데, 특정한 특성(유전적 소인, 기질)을 지닌 아동들은 역경에 처했을 때 불운한 환경만이 아니라 유리한 환경에 대해서도 다른 아동들에 비해 더 강하게 반응한다는 것이다.

Bradley와 Corwyn(2008)은 이 가설을 검증하기 위하여 아동 기질과 부모 양육의 상호작용이 어린 아동들의 외현화 문제와 관련이 있는지 살펴보았다. 연구에 참여한 아동들은 영아기의 측정치를 바탕으로 순한 기질, 평균 기질, 까다로운 기질을 보이는 것으로 분류되었다. 부모의 양육행동은 어머니와 아동의 상호작용을 여러 차례 관찰하여 측정하였다. 문제행동은 아동이 1학년일 때 교사의 평가를 기초로 측정하였다. 전반적으로 가설이 지지되었다. 〈그림 2.5〉는 아동의 세 가지 기질과 어머니의 민감성과 관련한 결과를 보여준다. 까다로운 기질을 가진 아동들은 어머니의 민감성이 낮을 때(부실한 양육) 문제점수가 가장 높았으나 어머니의 민감성이 높을 때(훌륭한 양육)는 문제점수가 가장 낮았다. 다른 두 가지 양육 측정치에서도 동일한 패턴이 나타났다. 따라서 까다로운 기질의 아동들은 자신들이 받는 양육이 훌륭하거나 부실하거나 간에 다른 아동들보다 더 민감하게 반응하는 것으로 보였다.

다양한 측정치를 사용한 다른 여러 연구도 환경에 대한 민감성 차이 가설을 지지하는 결과를 내놓았다(Bakermans-Kraneburg & van IJzendoorn, 2015; Boyce, 2016; Ellis et al., 2011; Essex et al., 2011; Obradovic et al., 2010). 유전 연구들은 상당히 놀라운 결과를 보고하고 있다. 특정한 유전자를 가

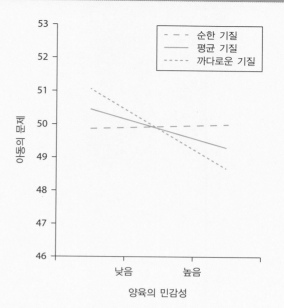

그림 2.5 아동의 기질과 양육방식 간의 상호작용. 연구결과는 까다로운 기질의 아동들이 민감성이 높은 양육과 낮은 양육 둘 다로부터 영향을 더 많이 받는다는 것을 보여준다. [Bradley & Corwyn(2008)에서 수정 인용. Copyright 2008 by John Wiley & Sons. 출판사의 허락하에 사용함]

진 사람들은 다른 사람들에 비해 나쁜 환경에서 부정적인 영향을 더 많이 받고 좋은 환경에서는 긍정적인 영향을 더 많이 받는다는 것이다. 이러한 유전연구의 결과는 민감성 차이가 생물학적 기초가 있다는 것을 보여주지만, 유전자와 환경의 상호작용도 중요한 역할을 한다는 것을 보여준다(van IJzendoorn & Bakermans-Kraneburg, 2015).

민감성 차이 가설의 후속 검증은 아동발달에 시사점을 던진다(Belsky & Pluess, 2009). 예를 들어 까다로운 기질의 아동들이 부실한 양육/아동 돌봄뿐 아니라 훌륭한 양육에 대해서도 더 민감하게 반응한다면 지지적 환경은 그들에게 특히 이로울 것이다(Belsky & van IJzendoorn, 2017).

복잡한 생물학적 과정이 정서발달에 중요한 역할을 한다. 그러나 아동기의 정서발달은 생물학적 영향력과 사회적 맥락의 상호작용에도 뿌리를 두고 있다(Cole, 2016; Dollar & Clakins, 2019; Norona et al., 2018). 아기를 돌보는 맥락이 생후 첫해에 중요한 역할을 한다. 아기의 정서는 보호자에게 요구를 전달하고, 아기의

얼굴표정을 보면 아주 어린 아동들도 행복이나 불행 같은 기본정서를 경험하는 것으로 보인다. 정서의 통제는 점진적으로 이루어지며 어떤 아이들은 다른 아이들에 비해 정서를 훨씬 더 쉽게 통제한다.

사회적 미소와 옹알이는 성인이 아이와 상호작용을 하도록 촉진한다. 발달이 진행되는 과정에서 다른 가족 및 사회적 영향력과 더 넓은 문화적 맥락이 사회적 맥락에 포함되게 된다.

정서(emotion)의 개념을 이해하는 여러 가지 방식이 있다. 정서는 흔히 다음의 세 가지 체계에 의해 측정된다. (1) 자기보고 : 슬픔, 기쁨, 분노, 혐오 등의 사적인 '느낌', (2) 생리학 : 자율신경계의 각성과 빠른 심장박동 같은 신체반응, (3) 행동 : 미소, 찌푸림, 축 처진 어깨와 같은 외현적 행동표현이다. 정서는 비교적 짧은 혹은 좀 더 일반적인 기분 상태로 볼 수 있는데, 이 기분 상태는 강도에 차이가 있으며 긍정적이거나 부정적인 것으로 경험된다.

정서의 개념은 정서 역량의 발달에 의해 살펴볼 수도 있다. 정서 역량은 대개 정서표현, 정서이해, 정서조절이라는 세 가지 영역으로 구분된다(Cole, 2016).

정서 표현

정서 표현(emotion expressiveness)은 어떤 상황에서 효율적이고(목표 달성) 유연하고(상황에 적절) 적절하게(사회적 규준) 소통하게 해주는 정서를 보이는 능력으로 정의할 수 있다. 정서 역량을 드러내기 위해서는 정서 표현을 조절하는 능력이 있어야 한다. 정서 표현은 일찍부터 시작된다. 아기는 생후 첫해에 비언어적 수단(예 : 얼굴표정과 몸 전체의 움직임)을 통해, 첫해 후반에는 몸짓을 사용하기 시작하면서 정서를 표현한다. 생후 2년 초반에는 정서를 표현하기 위해 간단한 단어들을 사용하기 시작하며, 이러한 언어적 소통방식은 발달과정에서 계속 향상된다(Cole, 2016). 효율적인 정서 표현은 정서 역량의 다른 영역들이 발달하는 데 중요한 역할을 한다.

정서 이해

정서 이해(emotion understanding)는 자신의 정서와 다른 사람의 정서에 대한 지식과 관련된 여러 기술을 가리킨다(Cole, 2016). 여기에는 의식(자신의 정서에 대한 명확한 인식), 정서지각(다른 사람들이 얼굴표정 및 목소리로 표현하는 정서의 정확한 해석), 규칙에 대한 지식

(정서를 표현하거나 표현하지 않는 방식에 대한 문화적 규칙의 인식), 다른 사람이 자신과는 다른 정서 반응을 할지도 모른다는 이해, 그리고 공감(다른 사람의 정서를 이해하고 그 사람의 입장에서 반응)이 포함된다.

정서 이해는 아동의 유능성과 적응에 매우 중요하다 (Cole, 2016; Eisenberg, Spinard, & Eggum, 2010a). 예를 들어 한 연구에서는 5~7세 아동들의 정서 지식과 사회적 문제를 연구하였다(Schultz et al., 2001). 정서 지식은 아동이 (1) 다른 사람의 얼굴에 나타난 정서 표현을 알아보는 능력과 (2) 어떤 사람이 특정한 상황에서 경험하게 될 정서가 무엇인지를 알아내는 능력이 있는지에 의해 정의되었다. 예측한 대로 정서 지식의 수준이 낮은 아동들은 2년 후에 사회적 문제와 위축을 보이는 경향이 있었다. 다른 연구는 정서 이해의 어려움이 이후의 학업문제 또는 심리문제와 관계가 있음을 입증하였다(Fine et al., 2003; Trentacosta & Fine, 2010). 정서 이해의 영향력은 단독으로 작용하지 않고 정서조절과 같은 정서역량의 다른 측면들과 상호작용할 가능성이 크다는 점을 기억해둘 필요가 있다(Di Maggio, Zappulla, & Pace, 2016).

정서조절

많은 연구가 정서조절이 적응의 다양한 측면과 관련이 있다는 것을 보여주었다(Cole, 2016). 이론적·경험적 문헌 둘 다에서 정서조절의 개념에 대해 수없이 많은 정의가 제시되었다. 이런 노력을 토대로 정서조절의 일반적 개념을 정리해보면 **정서조절**(emotion regulation)은 정서 경험과 표현을 조정하거나 억제하거나 증진하는 행동, 기술 또는 전략이라고 정의할 수 있다(Cole, Hall, & Hajal, 2017; Dollar & Calkins, 2019). 아주 어린 아동은 자기 손을 빠는 것과 같은 자기위안 행동을 하거나 고통을 일으키는 원천으로부터 고개를 돌려 시선을 피하고 보호자의 지원을 유발하는 행동을 함으로써 고통에 반응하는 법을 배울 수 있다. 아동은 인지적·사회적 능력이 증가하면서 이와 같은 반응을 시작하고 지속하

는 데 더 능숙해지게 된다. 아이들은 점점 더 많은 정서조절 전략(예 : 주의 전환하기, 이미지 생성하기 또는 기억 떠올리기, 상황 재평가하기, 행동하기)을 개발해내며 정서조절 전략들을 더 자율적으로 실행하게 된다.

정서조절장애

정신병리 맥락에서 정서조절을 본다면 정서조절장애로 초점이 바뀌게 된다. **정서조절장애**(emotion dysregulation)는 정서조절의 역기능적 양상을 가리킨다(Cole et al., 2017). 정서조절장애는 정서조절의 부재가 아니라 개인이 사용하는 정서조절 전략이 즉각적 목표나 행복감을 성취하는 데에는 도움이 될 수 있으나 장기적 기능과 목표에는 방해가 되는 경우를 말한다. 예를 들어 어떤 아동이 낯설거나 대처하기 어려운 상황에 처했을 때 정서를 조절하고 그 상황을 회피할 수 있다. 결과적으로 이 아동은 즉각적 불안 감소와 안도감을 느끼게 될 것이다. 그러나 장기적 관점에서 사회적 기능과 긍정적 대처 전략의 발달이 손상되었다고 볼 수 있다. Cole과 동료들(2017)은 정서조절장애와 유능한 조절을 다음과 같이 구분할 수 있다고 지적하였다.

- 정서가 지속되고 조절이 비효율적이다.
- 정서가 적절한 행동을 방해한다.
- 정서가 맥락에 부적절하다.
- 정서가 너무 빨리 또는 너무 느리게 변화한다.

정서조절장애는 많은 장애의 개념을 규정하는 데 핵심적인 측면이고, 주요 진단체계에 속하는 여러 장애에 대한 묘사의 일부이며, 정신병리를 분류하고 연구하는 새로운 접근들의 두드러진 특징이다(제5장 참조). 많은 연구가 정서조절 곤란이 불안장애, 기분장애, 품행장애, ADHD, 섭식장애, PTSD 등 여러 형태의 적응 문제와 관련이 있음을 확인해왔다는 논의를 이후의 장들에서 이어갈 것이다(Beauchaine & Cicchetti, 2019). 글상자 '자레드 : 극단적 정서조절장애'는 그와 같은 하나의 예를 제시한다.

자레드 : 극단적 정서조절장애

여덟 살이 된 자레드는 반복적으로 정신적 혼란 상태에 빠지면서 입원 치료를 받도록 의뢰되었다. 이와 같은 극단적 감정폭발은 자신이 좋아하지 않는 수업을 받고 있을 때 발생하였다. 자레드는 교사들을 공격하고 물건을 집어 던졌으며, 그를 달래고 진정시키고자 하는 어떤 시도도 거부하였다. 입원하고 처음에는 '허니문' 시기가 있었다. 그러나 저녁 시간에 하는 활동에 참여하고 싶지 않았기에 그는 곧 점점 더 공격적으로 바뀌어 갔다. 그의 행동치료계획의 일부는 타임아웃 절차를 사용해야 했으나 그는 통상적 절차를 거부하였다. 타임아웃은 특별히 '조용한 방'에서 시행되었는데 자레드는 그 방에서 거의 한 시간이나 비명을 질러댔고 저주를 퍼부었다. 며칠 후 비슷한 상황에서는 좀 더 짧은 감정폭발을 보였다. 세 번째로 10분간 타임아웃을 했을 때 자레드는 자신의 과민성과 정서적 고통을 다스릴 수 있었다. 퇴원 후 자레드는 집에서 교육을 받도록 배치되었고 그가 입원해 있을 때 시작되었던 부모교육은 지역사회에서 지내는 동안에도 계속되었다.

— Carlson(2020, p. 16)에서 수정 인용

사회인지 정보처리

행동을 일으키고 이끌어 가는 감정 상태와 달리 인지적 기능영역은 고차적 사고 과정을 통한 지식이나 이해와 관련이 있다. 주의, 기억, 설명양식, 해석편향, 인지유연성 등 인지는 여러 측면으로 이루어져 있다. 여기서는 **사회인지 정보처리**(social cognitive processing)라는 인지의 한 가지 측면만을 다루기로 한다.

사회인지 정보처리는 사회적 세계에 대한 사고와 관련이 있다. 개인이 사회적 상황을 어떻게 받아들이고 이해하고 해석하는지, 또 행동이 그로부터 어떤 영향을 받는지에 초점을 맞춘다(Lemerise & Arsenio, 2000). 현재의 논의와 직접적으로 관련되는 부분은 사회적 상황에 대한 해석이 부적응행동에 어떤 역할을 하는가 하

는 것이다. 한 예로 수많은 연구는 평균 수준 이상의 공격성을 보이거나 또래로부터 거부당한 아동과 청소년들이 다른 사람들의 행동을 적대적인 것으로 해석하는 경향이 있다는 것을 보여준다(Dodge et al., 2015b; Martinelli et al., 2018). 즉 이런 아동과 청소년들은, 특히 도발되었을 때 다른 사람들에게 적대성을 부여하는 편향이 있는 것으로 보인다.

사회적 정보처리가 인지를 강조하긴 하지만 정서가 통합적 역할을 담당하는 것으로 본다는 데 주목할 필요가 있다(Arsenio & Lemerise, 2004; Dodge & Rabiner, 2004). 인지와 정서는 발달과정에서 다양하게, 그리고 점점 더 복잡한 방식으로 상호작용할 수 있다(Cole, 2016; Lemerise & Arsenio, 2000). 예를 들어 정서를 제대로 이해하지 못하는 아동은 사회적 단서를 잘못 지각하기 쉽다(Denham et al., 2002). 또한 이미 정서적 흥분 상태에 있는 청소년은 잘못된 지각을 할 가능성이 매우 크다. 예컨대 매우 공격적인 소년이 부정적 정서 수준이 높아지면 다른 사람들이 적대적 의도가 있다는 판단을 더 많이 할 수 있다(de Castro et al., 2003). 또는 다른 사람들이 적대적이라고 지각하면 부정적 감정이 솟구칠 수 있다. 이러한 예들이 보여주는 바와 같이 사회인지 정보처리에 관한 연구는 개인과 환경이 상호작용할 때 사고와 정서가 어떻게 통합되는지를 이해하게 해준다(Cole, 2016; Rutter & Sroufe, 2000).

사회적 맥락에 대한 인지적 정보처리는 인간의 기능에 크게 영향을 미친다. 일상생활의 예를 들어보면 아동이 부모와 자신의 상호작용 또는 부모 간의 상호작용을 어떻게 지각하는가가 부모가 아동의 적응에 미치는 영향력과 관련이 있다(Berzenski & Yates, 2013; Fosco & Grych, 2007; Gomez et al., 2001). 아동이 자신과 세상에 대해 갖는 특정한 신념과 귀인은 여러 심리문제 중에서도 특히 우울, 불안, 부정적 또래관계에 영향을 미치는 것으로 보인다.

지금까지 살펴본 주제 애착, 기질, 정서, 사회인지 정보처리는 전부 발달이 생물학적 요인과 경험적 요인 및 이들 요인과 아동의 상호작용에 뿌리를 두고 있다는 가

정을 하고 있다. 정신병리의 발달에 영향을 미치는 요인   들은 제3장에서 더 자세히 살펴보기로 한다.

핵심용어

간접효과

교류모델

기여원인

기질

다중결과론

동일결과론

동형연속성

매개요인

발달

발달정신병리학 관점

보호요인

불안정애착

사회인지 정보처리

상호작용 모델

안정애착

애착

위험

의학모델

이론

이형연속성

적응유연성

정서 이해

정서조절

정서조절장애

정서 표현

조절요인

직접효과

체계모델

촉진요인

충분원인

취약성

취약성 스트레스 모델

패러다임

필요원인

합치도

혼란애착

CHAPTER 3

정신병리학의
생물학적 · 환경적 맥락

학습목표

- 뇌와 신경계의 발달, 구조와 기능
- 신경계에 대한 태아기, 주산기 및 출산 후의 위험
- 발달의 유전적 맥락과 유전연구
- 학습 · 인지 과정의 기초 및 발달에서의 역할

- 발달에 미치는 사회문화적 영향의 생태학적 모델
- 발달의 가족적 맥락
- 발달에 미치는 또래의 영향
- 발달의 지역사회 및 사회적 맥락

이 장의 목적은 심리적 문제의 발달과 관련된 생물학적 및 환경적 맥락을 살펴보는 것이다. 이 장에서 우리는 신경계와 뇌, 유전학, 학습과 인지, 그리고 발달의 사회적 · 문화적 맥락에 대해 논의할 것이다. 각 영역이 행동 및 심리 장애에 미치는 영향에 주안점을 두고 기본정보를 제공할 것이다.

뇌와 신경계

뇌발달 : 생물학과 경험

논쟁의 소지는 있겠으나 뇌와 신경계의 발달은 아마도 모든 발달과정 중에서 가장 흥미로운 부분일 것이다. 생애 초기에는 생물학이 성장을 이끌어 나가지만 경험의 영향도 중요하다.

신경계는 수정 직후부터 발달하기 시작한다. 이때 신경관이라 불리는 일군의 세포들이 두꺼워지면서 안쪽으로 접혀 들어가서 신경관을 형성한다. 빠르게 발달하는 세포들은 고정된 위치로 이주한다. 뇌에는 수백만 개의 지지세포와 교세포, **신경세포**(neuron)가 있어서 신경계 안에서 신경 충동의 화학물질을 전달하며, 다른 신체영역으로 신호를 보내고 또 신호를 받는다. 이런 세포들은 계속 자라면서 점점 더 많은 세포와 연결되며 기능적이게 된다. 뇌 안에서의 효율적 소통을 증가시키는 흰색 물질인 **미엘린초**(myelin)가 신경섬유를 감싸고 있다. 출생 전후에 과다한 신경세포와 신경세포 간의 연결이 만들어지는데, 그렇게 함으로써 뇌는 유연성을 확보하게 된다(Rapoport & Gogtay, 2008). 뇌의 영역 가운데 어떤 것은 다른 것보다 더욱 급속하게 발달한다. 이를테면 시각 및 청각과 관련된 신경세포들의 연결은 출생 직후 몇 개월간 급속히 성장하는 반면, 복잡하고 유연한 사고와 관련된 뇌의 전두엽 부분에서는 훨씬 서서히 발달한다(Thompson-Schill, Ramscar, & Chryskou, 2009).

청소년기는 주목할 만한 뇌 성숙이 일어나는 시기이

Barbara Smaller/The New Yorker Collection/Cartoon Bank/

"젊은이, 자네 방으로 가서 대뇌피질이
성숙할 때까지 기다리게나."

다(Luciana, 2013; Powers & Casey, 2015). 변화는 뇌 화학(brain chemistry)에서 일어나며, 뇌 영역들의 연결이 증폭된다. 그리고 전두엽 부분에서 회색물질(세포체)의 양은 감소하는 반면, 지속적인 수초 형성을 나타내는 백색물질은 증가한다. 더 이른 시기의 뇌발달과 마찬가지로 이러한 변화는 심리적 및 행동적 기능에 대해 시사점을 갖는다.

　뇌발달은 생물학적 프로그램과 활동–의존적 과정인 경험에서 비롯된다. 출생 전후의 뇌 형성은 불필요한 세포와 연결들을 제거하는 **가지치기**(pruning) 기제에 의해 일어난다. 예컨대 동물의 시각계에 중요한 뇌 영역은 가지치기 과정에 의해 형성되는데, 이 과정은 무늬가 있는 시각적 입력에 대한 경험을 요구한다(Grossman et al., 2003). 인간의 경우 가지치기는 청소년기에 일어나는 회색물질 감소의 기저를 이루는 것으로 생각된다. 생

물학적·환경적 영향을 포함하여 뇌의 구조와 기능에서 일어나는 발달적 변화에 대한 이해가 진보하고 있다(Beauchaine, Zinsner, & Hayden, 2019).

구조

뇌와 척수를 합해서 **중추신경계**(central nervous system)라고 한다. 중추신경계 밖에 있으면서 중추신경계로 신호를 전달하거나 중추신경계로부터 신호를 전달받는 신경은 **말초신경계**(peripheral nervous system)이다. 말초신경계는 두 개의 하위체계를 포함하고 있다. 하나는 체성신경계로 감각기관과 근육이 여기에 해당하며 감각 및 수의적 운동을 관장한다. 다른 하나는 자율신경계로 각성과 정서조절을 돕는다. 이 불수의적 신경계는 다시 두 개의 가지로 나뉜다. 하나는 각성을 증가시키고 신체의 운동 반응을 준비시키는 교감신경계이고, 다른 하나는

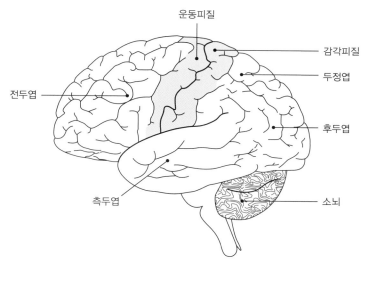

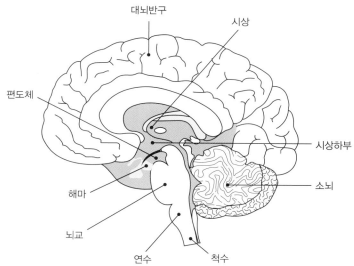

그림 3.1　인간 뇌의 표면(위) 및 횡단면(아래)

각성을 감소시키고 신체기능을 보전하고자 하는 부교감신경계이다. 신경계는 그 내부에서 의사소통이 이루어지며, 호르몬 방출을 통해 신체기능과 복잡하게 얽혀 있는 내분비선의 집합체인 **내분비계**(endocrine system)와도 긴밀하게 연결되어 있다.

척수 위에 얹혀 있는 주름진 덩어리처럼 보이는 뇌는 서로 연결된 세 부분으로 이루어져 있다. **후뇌**(hindbrain)는 소뇌, 뇌교, 연수로 이루어져 있다. 뇌교는 정보를 중계하며, 연수는 심장 기능과 호흡조절을 돕는다. 소뇌는 운동과 인지처리에 관여한다. **중뇌**(midbrain)로 불리는 작은 영역에는 상위에 있는 뇌 영역과 후뇌를 연결해주는 신경섬유가 포함되어 있다. 후뇌에 있는 그물모양의 신경회로인 망상활성계는 중뇌까지 이어져 있으며, 각성과 수면 같은 각성상태에 영향을 미친다. 때로는 중뇌와 후뇌를 합쳐 뇌간(brainstem)이라 부르기도 한다(그림 3.1 참조).

뇌의 세 번째 구조인 **전뇌**(forebrain)는 두 개의 대뇌반구로 이루어져 있으며, 그 표면을 피질이라고 부른다. 두 반구는 뇌량으로 연결되어 있고, 각 반구는 네 개의 엽 혹은 영역으로 이루어져 있다. 대뇌반구는 여러 가지 활동에 관여하는데 감각처리, 운동통제, 그 밖에 정보처리와 학습, 기억 등을 포함하는 고등정신기능이 그 예이다.

대뇌반구 아래로 안쪽 깊은 곳에는 시상과 시상하부가 있다. 시상은 대뇌반구와 중추신경계 내 다른 영역들의 정보를 연결하고 처리한다. 시상하부는 배고픔, 목마름, 성행위 같은 기본욕구를 조절한다. 여러 구조로 이루어진 변연계는 해마, 편도체, 대뇌피질의 일부, 시상, 시상하부 등을 포함하는데 기억과 정서에서 중요한 역할을 한다.

신경전달

신경세포는 크기와 모양, 화학물질 면에서는 다양하지만 기본적으로 **세포체**(cell body), **수상돌기**(dendrites), **축색**(axon)으로 구성되어 있다. 신경세포들 사이의 의사소통은 신경세포들 사이의 작은 틈(시냅스 틈)에 해당하는 시냅스에서 이루어진다. 신경세포의 수상돌기는 다른 신경세포가 보내는 신호를 받고, 그 결과로 일어난 전기충격은 축색으로 보내진다. 이 전기충격이 축색 끝에 도달하면 신경전달물질이라 불리는 화학물질이 방출된다. 이 화학물질은 시냅스 틈을 건너 신호를 받는 신경세포의 수상돌기에 있는 수용기와 결합한다. 신호를 받는 신경세포는 다시 새로운 전기충격을 일으킨다(그림 3.2 참조). 주요 신경전달물질로는 도파민, 세로토닌, 노르에피네프린, 글루타메이트, GABA 등이 있으며, 뇌의 기능에서 이들이 하는 역할에 관한 많은 연구가 이루어지고 있다.

신경세포들 사이에서 일어나는 의사소통의 복잡성은 상상하기조차 어렵다. 신경세포는 수천 개의 다른 신경세포와 연결되어 있으며, 신경전달물질은 수많은 경로를 통해 수용기에 도달한다. 신경전달물질은 신경세포들을 흥분시킬 수도 있고 억제할 수도 있다. 즉 충동의

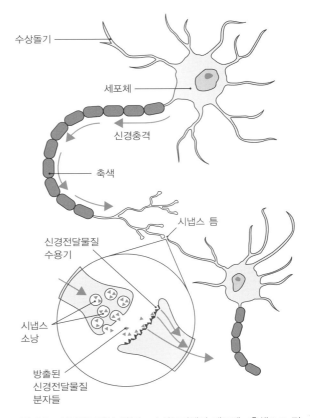

그림 3.2   신경세포에서 신호는 수상돌기에서 세포체, 축색으로 전해지며 축색 끝에서 신경전달물질을 방출하여 시냅스 틈을 건너 다른 신경세포로 전달된다.

발포를 증가 혹은 감소시킬 수 있다. 그러나 신경세포들 사이의 의사소통은 전혀 무질서하지 않다. 뇌의 영역들은 함께 작용하며, 다른 신경전달물질이나 기능과 연결된 경로 또는 회로를 형성한다.

신경계와 기능장애의 위험

신경계는 심리적 기능과 행동에 영향을 미치는 기질적 요인의 주된 부분을 차지한다. 기능의 손상은 유전 혹은 신경계 발달을 이끄는 유전자 과정의 초기 이상에서 비롯된다. 따라서 기능의 문제는 태어날 때부터 이미 '예정되어' 있는 셈이다. 그러나 임신 중(태아기)에 일어난 일이나 출산 무렵(주산기), 혹은 그 후의 발달 동안(출생

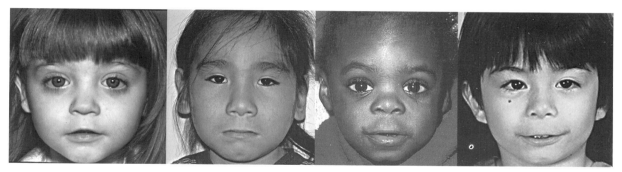

네 얼굴에 나타난 FAS 얼굴표현형(작은 눈, 매끄러운 인중, 얇은 윗입술)의 예 : (A) 백인, (B) 북미 원주민, (C) 아프리카계 미국인, (D) 아시아계 미국인.(Copyright 2012, Susan Astley PhD, University of Washington)

후) 일어난 일들도 신경계에 손상을 가져올 수도 있다.

태아기의 영향

태아기에 산모의 불충분한 영양섭취와 건강을 비롯해 수많은 영향이 발달하는 태아를 위험에 처하게 할 수 있다. 연구에 의하면 산모의 스트레스는 뇌를 포함해 태아의 생물적 시스템을 변화시키고, 이는 나중의 심리적 문제에 대한 취약성에 영향을 미친다(Doyle et al., 2017; O'Conner, Monk, & Fitelson, 2014; Slade & Sadler, 2019).

　과거에는 태아가 모체로 들어온 모든 위험물질, 혹은 **기형유발물질**(teratogens)로부터 보호를 받는다고 생각했던 적이 있었다. 그러나 이제는 다양한 물질이 태아에게 해로울 수 있다는 것을 알고 있다. 해로울 가능성이 있는 약물로는 알코올, 담배, 탈리도마이드, 코카인, 헤로인, 메타돈 등이 있다. 납, 수은, 폴리염화비페닐(PCBs) 같은 환경오염물질이나 방사선, 그리고 산모의 질병(예 : 홍역, 매독, 임질, AIDS)도 태아에게 해로울 수 있다. 기형유발물질은 기형, 저체중, 태아 사망, 그리고 기능적 및 행동적 손상과 관련된다(Boris et al., 2019; Doyle & Mattson, 2019; Perera et al., 2011).

　기형유발물질은 뇌세포의 형성과 이동을 방해하며 다른 발달과정도 방해하는 것으로 보인다(Doyle et al., 2017; Lebel, Roussotte, & Sowell, 2011). 기형유발물질에 노출된 양이 그로 인한 결과에 영향을 미친다는 것은 놀라운 일이 아니다. 임신 기간 중의 노출 시점이 영향을 미친다는 것도 놀랍지 않다. 일반적으로 특정 구조나 시스템은 그것이 급속하게 발달할 때 위험에 가장 민감하다(Talge et al., 2007). 발달하는 유기체의 유전적 소인은 기형유발물질이나 산모 스트레스의 영향에 대해 위험요인으로 작용할 수 있고, 혹은 보호요인으로 작용할 수도 있는 것으로 보인다.

　태아기 알코올 증후군(Fetal Alcohol Syndrome, FAS)은 태아기 노출로 인한 부정적 결과의 전형적인 예라 할 수 있다. 이것은 산모의 알코올 섭취와 관련된 장애 가운데 가장 극단적인 심각한 문제이다. 오래전부터 FAS는 비정상적인 뇌발달, 성장 지연, 선천적 기형, 운동기능의 손상 및 비정상적 걸음걸이 같은 신경학적 특징을 갖는 것으로 알려져 있다(American Academy of Pediatrics, 2000; Doyle et al., 2017). 작은 눈, 얇은 윗입술, 매끄러운 인중(코 밑의 인중 표시가 평평하거나 없음)과 같은 안면 기형도 관찰된다(Astley et al., 2009). MRI 영상은 뇌의 여러 부위에 미친 영향을 보여주는데 축소된 뇌 부피와 뇌들보(뇌량)의 기형이 가장 일반적인 결과이다(Lebel et al., 2011). 지능 저하, 특정한 인지 손상, 학습장애, 상동적 행동, 수면문제, 과잉행동, 파괴적 행동, 우울증 등과 같은 다양한 형태의 심리적 문제도 나타날 수 있다. 산모의 음주가 미치는 영향은 알코올 노출의 양과 노출 시점, 산모의 연령과 건강, 태아의 민감성 같은 요소에 따라 달라진다. 사회경제적 지위,

가정배치, 부모의 정신병리 등과 같은 환경적 위험요인도 영향을 미친다. FAS 증상은 전반적이고 지속적이며 일부 증상만을 보이는 아동은 알코올 관련 증상으로 인한 손상이 더 적다(Chasnoff et al., 2010; Doyle et al., 2017).

태아기 알코올 및 다른 기형유발물질이 미치는 부정적 영향은 의심의 여지가 없지만 연구결과를 해석할 때는 신중해야 한다. 물론 임신한 여성을 해로운 물질에 노출시키는 실험을 수행하는 것은 용인할 수 없는 일이며, 사용 가능한 연구전략으로는 인과관계를 수립하기가 어렵다. 기형유발물질들은 군집을 이루는 경향이 있어서 서로 다른 기형전달물질의 영향을 구분하는 것은 어려운 일이다. 예컨대 태아기의 불법약물사용은 종종 알코올이나 담배의 사용과 연관된다. 태아기 때의 약물사용은 빈곤과도 연관되는데, 빈곤은 태아기 발달과 그 이후의 발달에도 영향을 미칠 수 있어 정확히 언제 영향을 미치는지를 밝히기는 어렵다(Brown et al., 2004).

이러한 어려움은 신중하게 설계된 연구를 요구한다. 예를 들어 Lavigne와 동료들(2010)은 위험요인으로 알려진 산모의 흡연이 태아에 미치는 영향을 연구하였다. 여성 흡연자는 양육 행동과 정신병리 등을 포함해 여러 면에서 비흡연자와 다르다는 것이 알려져 있다. 따라서 연구자들은 그러한 변인들의 가능한 영향을 통제하였다. 그 결과 흡연은 아동의 행동문제와 관련이 없는 것으로 나타났다. 태아기의 영향에 관한 연구는 인간을 대상으로 신중하게 설계된 연구뿐만 아니라 동물을 의도적으로 기형유발물질에 노출시킨 후에 인과관계를 검증하는 연구로부터도 도움을 받을 수 있다.

주산기 및 그 이후의 영향

발달의 위험은 출산 도중에도 존재한다. 산모에게 주어진 과도한 약물이나 비정상적인 분만, 산소결핍증 등은 신생아에게 신경학적 문제를 가져다줄 수 있다.

조산(37주 미만의 임신 기간)과 출생 시의 저체중(2.5 킬로그램 미만)은 사망뿐만 아니라 행동 및 학업 곤란과 같은 다양한 발달문제와도 관련이 있다(Johnson et al., 2011; Shah, Browne, & Poelmann-Tynan, 2019). 미국에서는 인종과 민족집단에 따라 차이가 있으나 신생아의 10%가 조숙아 상태로 태어난다(Martin et al., 2018). 태아가 일찍 태어날수록 출생 시의 체중이 더 적으며 위험도 더 커진다. 저체중과 구조적 뇌 기형은 유아기부터 청소년기까지 관련성이 있는 것으로 보고되고 있다(Nagy, Lagercrantz, & Hutton, 2011; Shah et al., 2019). 발달의 결과는 생물적 요인과 심리적 요인의 상호작용에 기인한다.

신경계에 미치는 출생 이후의 영향은 영양결핍, 사고, 질병, 혹은 독극물에 대한 노출 등에 의해 일어난다. 예컨대 공기 오염은 인지에 영향을 미친다(Suades-Gonzalez et al., 2015). 아동이 납에 노출되면 비록 소량이더라도 주의력과 인지, 행동에 관여하는 뇌 과정에 부정적인 영향을 미치는 것으로 보인다(Doyle et al., 2017; Marcus, Fulton, & Clarke, 2010; Winter & Sampson, 2017).

아동에게 뇌 손상이 일어날 때 주요 관심사는 뇌 손상으로 인한 문제가 어느 정도로 치료 가능한지에 집중된다. **뇌 가소성**(plasticity) 혹은 유연성은 논란의 여지가 있는 문제이다. 어리고 미성숙한 신경계는 어느 정도 스스로 회복할 수 있으며, 또는 손상되지 않은 뇌 영역으로 기능을 양도할 수 있다는 증거가 있다. 가소성은 특히 시각, 청각, 운동 및 언어기능에서 확인되어 왔다(Rapoport & Gogtay, 2008). 예를 들어 뇌의 언어영역에 대한 손상은 아동기에는 성인기보다 덜 심각한 어려움을 초래한다. 반면 미성숙한 뇌의 손상은 미래의 뇌발달을 방해하는 일련의 반응을 일으키며 시간 경과에 따라 결함이 더욱 두드러질 수 있다(P. Arnett et al., 2017). 손상의 시기와 정도, 심각성, 손상된 영역, 그리고 환경적 지원과 제공된 치료의 종류와 양 등은 회복에 영향을 미치는 요인들이다.

유전적 맥락

유전의 영향에 관한 연구는 유전이 행동특성에 미치는

영향의 정도를 파악하고, 관련된 유전자를 발견하고자 한다. 그리고 유전자가 어떻게 작용하는지 이해하고, 유전자가 어떤 경로를 통해 행동특성에 이르게 되는지를 밝히고자 한다(Plomin & Davis, 2009). 유전의 영향에 대한 증거는 여러 행동특성과 심리적 장애에서 발견되었으며, 이면의 유전과정을 밝히는 노력도 진전이 있다. 여러 장애에 관한 이후의 내용에서 살펴보겠지만 다양한 유전자들이 환경과 상호작용하면서 복잡한 인간의 특성(예 : 지능)과 심리적 장애에 관여한다는 것을 인식하는 것은 매우 중요하다.

기본적인 유전물질은 모든 체세포 안에 들어 있다. 유전물질은 **염색체**(chromosomes)로 이루어져 있으며, 염색체는 DNA(디옥시리보핵산, deoxyribonucleic acid)를 포함하고 있다. **유전자**(genes)란 이런 DNA의 기능적 단위를 일컫는다. 수정이 이루어지는 순간 개인에게 가능한 염색체 쌍의 조합은 수십억 가지이며 다른 유전적 기제는 그보다 더 큰 변이 가능성을 초래한다. 염색체는 유전자를 교환할 수도 있고, 각각 분해되었다가 다시 결합할 수도 있으며, 돌연변이에 의해 달라지기도 한다. 돌연변이는 DNA 분자가 저절로 변화하는 것을 말한다.

어떤 경우에는 초기의 유전과정이 염색체의 구조에 명백한 결함을 일으키거나 정상에 해당하는 23쌍보다 더 많거나 적은 염색체가 만들어지기도 한다. 이러한 '오류'는 부모로부터 대물림될 수도 있지만 많은 경우 새로 발생한다. 오류가 유전되건 그렇지 않건 간에 그 결과는 엄청나서 많은 이상이 발생하여 발달 초기의 유기체를 사망하게 할 수도 있다. 그보다 심각성이 덜한 결과로 신체적 · 지적 · 심리적 이상을 포함해 다양한 의학적 증상이 나타나기도 한다. 이런 예들은 분명 정신건강 전문가들에게 관심의 대상이다. 정신병리와 관련된 개인차는 대부분 미묘한 유전과정을 포함하는데, 이는 유전성을 시사하는 것이다.

유전자는 간접적이고 복잡한 방식으로 세포들의 생화학 작용을 이끈다(Beauchaine, Gatzke-Kopp, & Gizer, 2017). 모든 유전자는 여러 신체과정에 영향을 미치며, 다른 유전자 및 환경요인과 상호작용한다. 개인에게 적용할 때 **유전부호**(genetic code)란 DNA의 등 쪽에 있는 네 개의 뉴클레오티드(아데닌, 티민, 구아닌, 시토신)가 유전자의 특정 영역에 나타나는 순서를 의미한다. 이 순서는 정보를 세포의 다른 부분으로 전달하고 그곳에서 부호를 단백질 합성으로 **해독**(translation)하는 역할을 하는 전령 RNA의 **전사**(transcription) 또는 합성의 기초가 된다(그림 3.3 참조).

유전부호는 단백질 합성을 결정할 때 중요하며 부호를 조절하는 과정 역시 중요하다(Plomin & Davis, 2009). 조절은 복잡한 과정이다. 실제로 단백질을 위해서는 유전부호(축색)의 일부만이 관여하며 더 큰 부분은 조절 기제에 관여한다. 더욱이 전사된 RNA의 절반은

그림 3.3 세포핵 속에 있는 DNA의 뉴클레오티드(T, A, C, G) 순서가 전령 RNA로 전사되며, 그 후 정보 해독을 거쳐 단백질 합성이 이루어진다.

전령 RNA가 아니며, 대신 단백질-부호 DNA의 활성화 또는 억제에 관여한다. 내적 및 외적 환경이 전사, 해독 및 유전자 발현에 영향을 미친다는 증거가 늘어나고 있다. 우리의 짧은 논의에서도 분명하게 드러났듯이 개인의 유전적 소인인 **유전형**(genotype)으로부터 관찰 가능한 특징인 **표현형**(phenotype)으로 가는 경로는 간접적이며 놀라울 정도로 복잡하다. 지금부터 우리는 정신병리학에 초점을 두고 유전학 연구의 주요 개념과 전략, 결과를 논의하고자 한다.

후성유전학과 유전자 발현

유전적 영향의 복잡성을 보여주는 또 다른 증거는 후성유전학 연구에서 찾을 수 있다. **후성유전학**(epigenetics)이란 환경에 의해 매개되는(조절되는, 활성화되는, 억제되는 등) 유전자 발현에서의 변화를 말한다(Beauchaine et al., 2017a). 유전자 발현에서의 이러한 변화는 실제의 유전자 부호를 바꾸지 않고도 유전자의 기능을 조절하는 것을 돕는 게놈의 가역적 변형을 통해 일어난다. 몇몇 후생유전학적 과정에 관한 연구가 진행되고 있다. 널리 알려진 연구로 DNA 분자에서 일어나는 특수한 화학적 변화(메틸화)에 관한 연구, 그리고 세포핵 내의 DNA를 감싸고 있는 히스톤 단백질에서의 화학적 변화에 관한 연구가 있다. 이러한 DNA 변화는 유전자가 발현되거나 억제되도록 만들 가능성이 있다. 이러한 변형은 일반적인 세포 복제(유사분열)가 일어나는 동안에, 그리고 난자와 정자의 형성(감수분열)이 일어나는 동안에 전달된다. 이는 이러한 변형이 유전적으로 전이될 수 있음을 의미한다(Hill & Roth, 2016).

최근 들어 후생유전학적 변화가 환경에 대한 반응으로 일어날 수 있다는 인식이 증가하고 있다. 인간을 대상으로 한 상관연구와 동물을 대상으로 한 대조군연구는 섭식과 영양, 환경 내 독성에 대한 노출, 자궁 내 스트레스, 부정적 양육에 대한 노출 및 기타 경험들이 후생유전학적 변화를 가져올 수 있음을 보여준다(Beauchaine et al., 2017; Roth & Sweatt, 2011; Scorza et al., 2019).

후생유전학적 과정은 유전-환경의 상호작용, 발달과 관련된 현상, 정신장애를 설명하는 데 많은 도움을 줄 수 있을 것이다. 태내 및 신생아 초기의 삶은 특히 후생학적 영향에 취약한 시기인 것으로 보인다(Roth, 2013). 예를 들어 동물을 대상으로 한 연구들은 출생 직후 돌봄의 질이 DNA의 메틸화를 유발할 수 있음을 보여주고 있다. 후생유전학적 기제가 FAS, 자폐증, 우울증, 공격성, 품행문제, ADHD 등과 같은 다양한 장애에 미치는 영향에 관한 연구가 진행되고 있다(Barker, Walton, & Cecil, 2018; Hill & Roth, 2016; Ramsey, 2010; Shulha et al., 2012).

단일 유전자 전이

19세기 중엽 모라비아의 한 수도원 정원에서 식물 실험을 했던 수도사 그레고르 멘델은 근대 유전학에서 매우 중요한 발견을 하였다. 멘델의 공헌 중 하나로 그는 하나의 유전자에 의해 어떤 특성이 유전되는지를 기술하였다. 그는 부모가 각각 두 개의 유전요소(나중에 유전자로 불리며, 각각은 대립유전자로 불림)를 제공하지만, 그 두 요소 가운데 하나만이 실제로 자식에게 전달된다고 가정하였다. 유전자는 우성일 수도 있고 또는 열성일 수도 있다. 우성은 부모 중 어느 한쪽에서만 받아도 관련된 특성이 나타나게 되지만 열성의 경우는 부모 양쪽에서 물려받아야만 관련된 특성이 나타난다. **우성 유전**(dominant)과 **열성 유전**(recessive)은 나중에 살펴볼 반성(sex-linked) 유전과 더불어 인간의 여러 특성과 장애의 유전에 관여한다.

일반적으로 이러한 단일 유전자의 효과는 예측될 수 있으며, 개인에게 비정상적인 표현형을 가져올 수도 있고 그렇지 않을 수도 있다. 단일 유전자가 특정 장애에 미치는 영향을 알아보는 한 가지 방법은 그 장애를 지닌 사람인 **지표사례**(index case) 또는 가계도의 출발점이 되는 사람인 **발단자**(proband)를 확인하고, 단일 유전자 전이의 양상이 가계를 따라 유전되는지 알아보는 것이다.

양적 연구방법 : 행동유전학

단일 유전자의 영향도 중요하지만 지능이나 심리적 장애 같은 인간의 복잡한 특성은 다중 유전자와 관련이 있는 경우가 많다. 이들 유전자는 일반적인 패턴에 따라 전이되며 그 각각이 갖는 영향력은 크지 않으나 함께 모여서 큰 효과를 미친다(Plomin, 2005 ; Plomin & Crabbe, 2000). 이들 유전자가 갖는 영향의 크기는 다르며, 상호작용하고 어떤 경우에는 서로를 대신할 수 있다. 따라서 하나의 유전자로는 장애를 유발하기에 충분하지 않으며, 장애는 없지만 그 유전자를 갖고 있을 수 있다. 함께 작용하는 다중 유전자들은 일정한 범위의 표현형을 만들어내면서 어떤 특성이 더 나타나거나 덜 나타나게 한다. 단일 유전자 전이보다는 다중 유전자의 영향력을 예측하기가 더 어려우며, 그 영향력은 확률에 의해 더 많이 좌우된다.

다중 유전자의 영향에 관한 연구는 다양한 **양적 유전학 연구방법**(quantitative genetic methods)을 사용하여 얻은 증거를 종합적으로 고려함으로써 이루어진다. 이러한 연구 접근을 **행동유전학**(behavioral genetics)이라고 부른다. 가족, 쌍생아, 입양아연구는 특정 속성에 대한 유전의 영향력을 확인할 때 중요하다(표 3.1 참조).

양적 유전학 연구방법은 **유전성**(heritability), 즉 연구대상 모집단의 개인들이 나타내는 행동변량을 유전요인이 어느 정도나 설명할 수 있는지를 평가하게 해준다. 연구에서 얻은 결과를 전반적으로 살펴보면 심리적 장애의 유전력이 50%를 넘는 일은 매우 드문 것으로 나타났다(Plomin & Davis, 2009). 이는 심리적 특성의 실제 변량이 생물적 및 환경적 영향 같은 비유전적 요인에 근거한다는 것을 의미한다.

양적 유전학 연구는 또한 환경요인의 영향이 어느 정도인지 그리고 유전자들이 어떻게 함께 작용하는지에 대해 정보를 제공해준다. 이때 공유된 환경과 비공유된 환경의 영향 둘 다 중요하다. **공유된 환경의 영향**(shared environmental influences)이란 한 가정의 구성원들이 서로 유사한 방식으로 발달하도록 영향을 미치는 가정의 영향력을 말한다. 예를 들면 가정 안에서 제공되는 지적인 자극, 환경 독소, 이혼 등은 형제자매에게 비슷하게 영향을 미친다. **비공유된 환경의 영향**(nonshared environmental influences)이란 동일 가정에서 자라더라도 형제자매가 서로 차이를 보이는 결과를 가져오게 만드는 영향요인을 말한다. 예를 들면 같은 형제자매라고 해도 부모가 이들을 다르게 대하는 경우, 또는 형제자매가 서로 다른 친구나 교사와 관계를 맺는 경우 같은 것

▎**표 3.1 행동유전학 연구방법 : 가족, 쌍생아 및 입양아연구**

가족연구	가족연구에서는 지표사례를 통해 가족구성원들이 동일하거나 유사한 속성을 나타낼 가능성을 평가한다. 만약 유전요인이 작용한다면 유전적으로 지표사례에 더 가까운 가족구성원이 덜 가까운 사람에 비해 그 속성을 나타낼 가능성이 더 클 것이다. 그러나 이러한 패턴은 심리사회적인 영향과도 일치한다.
쌍생아연구	쌍생아연구에서는 유전자를 100% 공유하는 일란성 쌍생아와 평균적으로 50%만을 공유하는 이란성 쌍생아를 비교한다. 일란성 쌍생아의 일치율이 이란성 쌍생아에 비해 더 높으면 유전적 영향이 있다고 본다.
입양아연구	입양아연구에서는 입양된 자녀와 그렇지 않은 자녀 및 그들의 가족을 다양한 방식으로 비교한다. 장애를 지닌 입양아의 경우 생물적 가족과 입양가족 내의 장애 발생률을 살펴본다. 생물적 가족에서 발생률이 더 높다면 이는 유전적 영향의 증거가 된다. 또 다른 전략은 자녀를 입양 보낸 친부모 가운데 특정 장애를 보이는 사례를 찾은 후 이들의 자녀(어릴 때 친척이 아닌 다른 가정에 입양되어 자람)가 같은 장애를 보이는 비율을 조사하는 것이다. 이들 아동의 장애 발생률을 입양부모의 생물적 자녀들의 발생률과 비교해본다. 입양아동의 발생률이 더 높다면 이는 유전적 영향의 증거가 된다.

이다.

양적 연구방법은 단일 속성을 살펴볼 수 있으나 다중 설계는 두 가지 이상의 속성에 초점을 맞춘다. 이런 설계는 유전과 환경요인이 한 속성에 영향을 미치면서 다른 속성에도 영향을 미치는 정도를 추정할 수 있도록 해준다. 예컨대 우울과 반사회적 증상 간에는 어느 정도 유전적 중첩이 있는 것으로 밝혀졌다(Caspi et al., 2014; Plomin, Kovacs, & Haworth, 2007). 이 경우 두 장애는 소위 '만능' 유전자 또는 전반적인 취약성을 가져다주는 정신병리를 공유하는 것이다. 그러나 비공유 유전자와 환경의 영향은 두 장애가 서로 차이를 갖게 만든다(Lahey et al., 2011). 종합하면 다중변인 연구, 그리고 다른 정교한 양적 분석은 유전과 환경요인의 상호작용 모형이나 유전적 전이에 대한 가설적 모형에 대한 평가를 가능하게 한다(Beauchaine et al., 2017a).

분자유전학 방법

분자유전학(molecular genetics)은 매우 빠르게 확장하고 있는 연구 분야이다. 분자유전학에서는 장애와 관련된 특정 유전자를 발견하고, 그 유전자상에 나타난 DNA 염기순서의 차이를 찾아내며, 그 유전자가 부호화한 생화학물질을 찾아내고, 이 물질이 장애에 어떻게 관여하는지를 연구한다. 인간을 대상으로 하는 연구에서는 연관분석과 연합분석이 중심을 이룬다(Beauchaine et al., 2017a; Komilov & Grigorenko, 2016).

연관분석(linkage analysis)의 목적은 결함이 있는 유전자의 위치를 찾아내는 것이다. 즉 특정 염색체를 발견하고 그 염색체에서의 유전자 위치를 밝히는 것이다. 이 전략은 하나의 염색체 안에 들어 있는 유전자들이 서로 가까울 경우 자녀에게 함께 유전된다는 사실을 이용한다. 그리고 유전자 표식(염색체의 위치가 알려진 DNA 조각)을 활용하기도 한다. 유전자 정보는 가족으로부터 수집되며 염색체의 위치가 알려진 유전자 표식을 찾기 위한 노력이 이루어진다. 연관분석을 통해 특정 장애가 유전자 표식으로서 가족 구성원들 간에 같은 유형으로 나타나는지를 알 수 있다. 만약 그러한 공통유전이 발견

된다면 그 장애에 영향을 미치는 유전자가 동일 염색체 상에 표식으로서 존재하며, 표식에 가깝다고 생각할 수 있다. 따라서 그 장애와 관련이 있는 대략적인 유전자 주소가 밝혀지는 셈이다. 장애에 대한 취약성은 대부분 다중 유전자와 관련된다. 따라서 다중 염색체 위치와도 관련될 가능성이 있다(Beauchaine et al., 2017a).

연합분석(association analysis)은 유전자의 위치를 찾아낼 때 사용하는 또 다른 방법이다. 이 방법은 특정 형태의 유전자가 모집단의 특성 또는 장애와 관련되어 있는지를 검사한다. 연구를 위해 특정 장애를 지닌 사람들의 유전물질을 통제집단의 유전물질과 비교한다. 이론이나 선행연구에 근거할 때 의심이 되는 특정 유전자(즉 후보 유전자)에 초점이 맞추어진다. 예를 들어 DRD4와 DAT1 후보 유전자는 충동성 및 ADHD와 관련이 있는 것으로 나타났다(Neuhaus & Beauchaine, 2017). 장애나 특성에 미치는 영향력이 상대적으로 적은 다중 유전자를 찾아낼 때는 연합분석이 연관분석보다 더 적합하다(Beauchaine et al., 2017; Plomin & Davis, 2009). 어떤 장애의 경우에는 매우 다양한 유전자들이 관여하는 것으로 보이는데, 이것은 유전자에 관한 탐구에서 꽤 큰 과제임을 시사한다.

유전공학의 진보는 유전자를 찾는 노력을 증가시켜 왔다. **전장 유전체 연관분석**(genome-wide linkage analysis)과 **전장 유전체 연합분석**(genome-wide association analysis)은 개인의 유전체(genome) 전체 또는 유전체의 큰 부분들을 훑어볼 수 있게 한다. 대단위 표본이 필요한 이런 분석은 수백만 가지의 DNA 염기순서를 검토할 수 있도록 해준다. DNA 분자의 뉴클레오티드에서 발견되는 작은 변이는 특히 흥미롭다. 이런 분석은 복사되거나 삭제된 DNA 일부에서 나타나는 변이(유전자 복제 수 변이)를 살펴볼 수 있게 해준다. 장애가 있는 사람들에게서 발견되는 뉴클레오티드의 변이나 유전자 복제 수의 변이는 가능성이 있는 인과적 역할임을 시사한다.

유전자-환경 상호작용

지금까지 유전요인과 환경요인이 서로 영향을 미치면서

행동과 특성을 만들어낸다는 것을 살펴보았다. 그러나 이러한 상호작용을 좀 더 상세히 알아두는 것이 중요하다. 실제로 중요한 것은 유전자-환경 상호작용과 유전자-환경 상관관계이다. 이에 대한 발견은 발달과정 분야에서 점점 더 주목을 받고 있다.

유전자-환경 상호작용(gene-environment interaction, G×E)은 어떤 특성의 표현에 영향을 미치는 유전요인과 환경요인의 상호의존성을 의미한다. 유전자-환경 상호작용은 환경의 영향이 게놈에 따라 달라지며, 역으로 게놈의 영향이 환경에 따라 달라질 때 고려된다. 따라서 유전학적 관점에서 볼 때 유전자-환경 상호작용은 유전형의 차이로 인해 경험에 대한 민감성에서 차이를 보이는 것을 말한다.

대표적인 예로 5-HTTLPR 유전자가 스트레스 사건에 대한 반응에 영향을 미친다는 연구결과가 있다. Caspi와 동료들(2003)은 특정 형태의 유전자를 지닌 아동 · 청소년은 부정적인 생활사건에 유난히 민감하게 반응하기 쉽고, 그로 인해 나중에 우울증상으로 고통을 받게 될 가능성이 크다는 것을 발견했다. 이런 5-HTTLPR 유전자의 변이와 이것이 나중의 우울증에 미치는 부정적 영향의 관계는 다수의 후속연구에서 확인되었다(Starr et al., 2014). 또 다른 유전자-환경 상호작용의 예로는 DRD4 유전자와 양육의 상호작용에 관한 연구이다. 이 연구에서 특정 유전자 변이를 지닌 자녀가 10개월이 되었을 때 민감하지 않은 양육을 경험한 경우 2년 후에 DRD4 유전자를 지니지 않은 자녀보다 외현화 문제행동(예 : 불순종, 공격성)을 더 많이 보이는 것으로 확인되었다. 그리고 이런 변이를 지닌 자녀가 민감하지 않은 양육을 경험했을 때는 가장 많은 외현화 문제행동을 보였으나 민감한 양육을 경험했을 때는 가장 적은 외현화 문제행동을 보였다(Bakermans-Kranenburg & van IJzendoorn, 2006, 2011). 이러한 설득력 있는 예들은 유전자-환경 상호작용이 정신병리 발달에 미치는 영향에 관한 관심을 촉구한다. 현재 이 과정에 대해 많은 관심이 기울여지고 있다(Beauchaine et al., 2017; Belsky & Pluess, 2016; Golds, deKruiff, & MacBeth, 2020).

유전자-환경 상관관계(gene-environment correlation, GE)는 환경에 대한 노출에 있어서 유전적 차이가 있음을 일컫는다. 수동적 · 반응적 · 능동적의 세 가지 유전자-환경 상관관계가 밝혀졌다(표 3.2 참조). 수동적 GE 상관관계는 부모가 아동에게 유전자와 유전자 관련 양육환경을 모두 전달하는 것에 기인한다. 반응적 GE 상관관계는 아동의 유전적 소인이나 유전 관련 특징에 대한

┃표 3.2 **유전적 소인과 환경의 측면이 어떻게 관련되는지를 나타내는 유전자-환경 상관관계의 유형**

수동적	한 가정의 환경은 부모의 유전적 소인에 의해 영향을 받는다. 아동은 그 환경을 경험하며 또한 부모의 유전적 소인도 공유한다. 이러한 기제는 출생 시부터 존재하며 아동 스스로의 능동적인 역할이 상대적으로 거의 없다는 의미에서 '수동적'이다. 예 : 활동성 수준이 높은 유전적 소인을 가진 아동이 활동성이 높은 가정환경을 경험한다.
반응적	아동은 자신의 유전적 소인에 의해 다른 사람들로부터 특정 반응을 일으키므로 아동의 유전적 소인은 이들의 환경 경험과 연결되어 있다. 예 : 주변 사람들이 아동의 높은 활동성 수준에 반응한다.
능동적	아동들은 커가면서 자신의 유전적 소인에 따라 환경을 선택하거나 조성한다. 예 : 활동성 수준이 높은 유전적 소인을 가진 아동은 독서처럼 차분하고 조용한 활동보다는 높은 활동성이 요구되는 활동을 더 많이 한다.

출처 : Plomin(1994). Copyright 1994 by Sage. 출판사의 허락하에 사용함

다른 사람들의 반응에서 초래된다. 능동적 GE 상관관계는 아동의 유전적 소인과 유전자 관련 경험의 능동적 선택에 기초한다. GE 상관관계의 중요성은 아동의 경험이 유전적 영향으로부터 독립적이지 않다는 것을 알려주는 데 있다. 실제로 유전의 영향은 개인이 앞으로 하게 될 경험(즉 앞으로 당면하게 될 위험요인과 보호요인)을 결정하는 데 중요한 역할을 한다는 충분한 증거가 있다(Beauchaine et al., 2017a ; Jaffee, 2016).

학습과 인지

학습과 인지는 발달과 매우 복잡하게 얽혀 있다. 학습하고 사고하는 능력은 시간이 지나면서 그것만 향상하는 것이 아니라 아동이 환경과 교류함에 따라 다른 영역의 발달도 촉진한다. 여기에서 이 주제에 관한 논의는 개관 수준에 머무를 것이며 정신병리학에서 학습과 인지가 차지하는 중요한 역할은 앞으로 책 전체를 통해 언급될 것이다.

고전적 조건형성

파블로프는 평상시에 음식이 있어야 침을 흘리는 개가 음식이 제공되기 직전에 제시된 중성자극에 대해서도 학습을 통해 침을 흘리는 반응을 보인다는 사실을 밝힘으로써 **고전적 조건형성**(classical conditioning) 과정에 관심을 집중시켰다. 고전적 조건형성에서 개인은 과거에는 반응을 유발하지 않던 자극에 대해 반응하는 것을 학습하게 된다. 이런 종류의 학습이 갖는 다양한 측면들이 기술되었다. 예를 들어 일단 새로운 반응(조건 반응)이 획득되면 이 반응은 유사한 다른 상황으로 일반화되어 정서와 행동에 광범위하게 영향을 미친다.

역사적으로 볼 때 고전적 조건형성에 기초한 초기의 두 연구가 학습을 문제행동에 적용하는 데 영향을 미쳤다(생각상자 '앨버트와 피터 : 역사적인 두 사례' 참조). 유명한 어린 앨버트 사례는 공포의 조건형성을 최초로

생각상자   앨버트와 피터 : 역사적인 두 사례

왓슨과 레이너(1920)의 보고에 의하면 11개월 된 앨버트가 처음에는 흰쥐를 포함한 여러 대상에 대해 아무런 공포반응을 보이지 않았었다고 한다. 그러나 쇠막대기를 두드릴 때 생기는 큰 소리에 대해서는 공포를 나타냈다. 왓슨과 레이너는 앨버트가 흰쥐를 만지려고 할 때마다 쇠막대기로 큰 소리를 내서 흰쥐에 대한 공포를 조건형성시키고자 하였다. 큰 소리와 흰쥐를 몇 번 짝지어 제시하고 나자 앨버트는 큰 소리 없이 흰쥐만 제시했을 때에도 울면서 도망가려 하였다. 따라서 공포는 고전적 조건형성을 통해 학습될 수 있는 것으로 생각되었다. 흥미롭게도 이 연구가 이루어진 후 앨버트의 행방은 묘연했다. 그러다가 Beck, Levinson과 Irons(2009)가 오랜 노력 끝에 연구가 이루어졌고 앨버트의 어머니가 근무했던 존스홉킨스대학을 근거로 앨버트가 오래 살지 못했다는 증거를 제시하였다. 앨버트는 6세까지만 생존하였으며 수막염이란 질병으로 생을 마감하였다고 한다. 앨버트의 전설은 심리학의 초기 발달을 형성하는 데 도움을 준 논증에서 중요한 역할을 하였으며, 조건형성을 통해 아동에게 불안을 일으키는 것에 대한 윤리적 문제를 제기하였다.

메리 커버 존스(1924)의 기념비적 연구는 털이 있는 대상을 무서워하는 세 살짜리 피터의 치료에 관한 것이었다. 존스는 피터를 토끼 가까이에 있게 함으로써 치료하고자 했는데, 이를 위해 토끼 곁에 토끼를 좋아하고 토끼를 쓰다듬는 다른 아동들이 함께 있게 하였다. 치료는 효과가 있는 듯 보였지만 피터가 거의 두 달 동안 아팠기 때문에 중단되었다. 피터는 병이 나아서 치료에 복귀하기 직전에 또다시 큰 개를 보고 놀라는 일을 겪었다. 피터의 공포감이 다시 원래 수준으로 돌아갔기 때문에 존스는 역조건형성 절차를 적용하기로 하였다. 이 절차는 피터가 좋아하는 음식을 먹는 동안 털이 있는 동물이 조금씩 피터 가까이 가게 하는 것이었다. 이 훈련을 통해 무서운 자극이 기분 좋은 상태와 연합되었다. 이 방법은 피터의 두려움을 감소시키는 데 매우 효과가 있었으며, 피터는 마침내 동물을 직접 안을 수 있게 되었다. 이 연구는 방법론상의 약점을 갖고 있긴 했지만, 고전적 조건형성의 원리에 근거하여 심리적 문제를 치료하는 방법의 발전을 촉진하였다.

보여주었고, 반면 피터의 사례는 고전적 조건형성의 원리를 적용하여 공포반응을 제거할 수 있다는 것을 보여주었다.

조작적 학습

두 번째 기본적 유형의 학습은 **조작적 학습**(operant learning)이다. 이것은 행동의 긍정적인 결과는 행동을 강화하고 부정적인 결과는 행동을 감소시킨다는 손다이크의 효과의 법칙에서 시작되었다. B. F. 스키너의 연구는 특히 큰 영향을 미쳤다. 조작적 또는 도구적 조건형성은 행동에 따르는 결과를 강조한다. 행동은 강화와 처벌, 그리고 기타의 학습 과정을 통해 어떤 상황에서는 획득되거나 강화, 감소, 유지, 또는 소거된다. 그러나 어떤 상황에서는 이런 변화가 발생하지 않는다(표 3.3 참조). 조작적 학습은 어디에서나 일어나며 이를 통해 지식이 습득되고 적응적·부적응적 행동이 형성된다.

조작적 조건형성의 원리는 병인, 유지, 특히 치료와 관련하여 행동문제에 광범위하게 적용되어 왔다. 조작적 조건형성의 구체적인 적용은 이 책의 뒷부분에서 논의될 것이다. 문제행동은 학습 과정에 의해 변화될 수 있으며, 치료의 핵심은 행동에 따르는 결과에 있다는 가정에 근거한다(De Meyer et al., 2019).

관찰학습

관찰학습(observational learning)은 개인이 경험에 근거하여 변화해 가는 또 다른 필수적인 방법이다. 줄넘기, 협동, 공격, 사회기술 등 매우 다양한 행동은 다른 사람의 행동을 관찰함으로써 획득될 수 있다. 다른 형태의 학습과 마찬가지로 관찰학습도 문제행동의 획득과 소거를 가져올 수 있다. Bandura(1997)와 동료들의 초기 연

▍표 3.3 **조작적 조건형성의 기본 절차**

용어	정의	예
정적 강화	특정 반응 후에 (반응에 수반하여) 자극을 제공하면 그 반응의 발생 빈도가 증가한다.	바람직한 행동을 칭찬하면 그 행동이 증가한다.
부적 강화	반응 후에 자극을 철회하면 그 반응의 발생 빈도가 증가한다.	아동이 떼를 쓸 때 어머니의 요구가 철회되면 아동의 떼쓰는 행동이 증가한다.
소멸	반응 뒤에 제공되던 강화가 더 이상 주어지지 않으면 학습된 반응이 약화된다.	좋지 않은 행동을 부모가 무시하면 그 행동이 감소한다.
처벌	반응 뒤에 불쾌한 자극이 제공되거나 좋아하는 자극이 제거되면 그 반응이 감소한다.	다른 아동을 때릴 때 부모가 꾸중하면 때리는 행동이 감소한다. 음식을 내뱉을 때 음식을 빼앗아 버리면 뱉는 행동을 멈춘다.
일반화	학습하는 동안 제시되었던 자극과 다르지만 비슷한 자극에 대해서도 반응을 보인다.	무서운 삼촌이 턱수염을 기르고 있으면 턱수염이 있는 모든 남자를 무서워하게 된다.
변별	어떤 자극은 특정 반응 후에 특정 결과가 뒤따른다는 것을 신호해준다.	어른의 미소는 아동의 요청이 받아들여질 가능성이 있음을 의미한다.
조성	아동의 행동 목록에 없었던 바람직한 행동을 학습시키기 위해 그 행동과 유사한 행동에 대해 점진적으로 강화를 제공한다(점진적 접근법).	말을 하지 못하는 아동에게 처음에는 아무 소리나 내면 강화를 주다가 그다음에는 단어에 가까운 소리를 내야 강화를 준다.

구는 이후의 연구들과 더불어 모델의 행동을 관찰함으로써 문제행동이 학습될 수 있다는 것을 보여주었다.

관찰학습은 간단해 보이지만 사실은 매우 복잡하다. 아동은 모델을 보고 새로운 반응을 학습할 수 있다. 그러나 모델이 그 행동으로 인해 강화를 받는 것을 보아야만 그 행동을 따라 할 가능성이 커진다. 만약 모델이 처벌을 받는 것을 보면 그 행동을 따라 할 가능성이 줄어든다. 다른 유형의 학습 과정과 마찬가지로 관찰학습도 일반화가 가능하다. 다른 아동이 소리를 지르다 야단맞는 것을 관찰한 아동은 반대로 조용히 할 것이다(억제). TV에서 총을 쏘고 싸우는 것을 관찰한 아동은 언어적 공격이나 거친 행동 같은 다른 형태의 공격성을 나타낼 것이다(탈억제). 이 중 어떤 경우에서도 아동은 모델의 행동을 단순히 모방하기만 하는 것이 아니며 모델을 관찰함으로써 그와 유사한 행동이 더 일어나거나 덜 일어나게 되는 것이다.

모방이 특수한 것이든 일반화된 것이든 관계없이 관찰학습이 일어나려면 복잡한 인지 과정이 필요하다(Bandura, 1977). 아동은 모델이 보이는 행동의 특징에 주의집중하고, 정보를 조직화하고 부호화하며, 그 정보를 기억에 저장해야 한다. 아동이 가까운 또는 먼 장래에 모델의 행동을 모방할 것인지 그 여부는 정보의 재생, 그리고 그 행동이 바람직한 결과를 가져올 것인지에 대한 기대 같은 요소들과 관련이 있다. 관찰학습은 아동이 관찰하는 것이 자신의 행동과 세상을 이해하는 데 영향을 미친다고 보는 사회적 학습 관점에서 매우 중요한 역할을 한다.

인지 과정

인지에 대한 다양한 접근들은 사람들이 어떻게 정보를 처리하는지, 그리고 세상에 대해 어떻게 생각하는지에 초점을 맞추고 있다. 간단히 말해서 사람들은 자신의 경험을 지각하고, 그 경험을 반영하는 개념이나 도식을 구성하며, 정보를 기억에 저장하고, 자신이 이해한 것을 적용하여 세상에 대해 생각하고 행동한다. 여기에 포함된 고차적인 정신작용 중에는 지각, 주의력, 그리고 정보의 정신적 조작 등이 있다. 정신지체, 특정학습장애, 공격성, 불안, 주의력결핍 등 문제의 종류에 따라 관련되는 인지의 측면도 다르다. 지금부터 우리는 한 가지 인지적 관점, 즉 인지행동적 관점을 살펴보고자 한다. 이 관점은 아동 · 청소년의 문제를 이해하고 치료하는 데 큰 영향을 미치고 있다.

인지행동적 관점

인지행동적 관점(cognitive-behavioral perspective)은 인지와 행동, 정서, 그리고 사회적 요인들을 통합적으로 고려한다. 이 관점에서는 내부의 인지 및 정서와 외부의 환경적 사건과의 상호작용을 통해 행동이 학습되고 유지되는 것으로 가정한다. 인지 요인은 개인이 환경적 사건들에 주의를 기울일 것인지, 그 사건들을 어떻게 지각할 것인지, 그리고 그 사건들이 행동에 영향을 미칠 것인지에 관여한다. 기본 가설은 부적응적 인지는 부적응적인 행동과 관련이 있다는 것이다. 이러한 가정을 지지하는 한 예로서 부적응적 사고와 신념이 공포 및 불안을 보이는 아동에게서 발견되었다. 예컨대 시험불안이 있는 아동은 시험 상황에서 시험과 관련 없는 생각과 부정적인 자기평가를 더 많이 하고, 긍정적인 자기평가는 더 적게 하는 것으로 나타났다(Ollendick & King, 1998).

Kendall과 동료들은 정신병리의 발달과 유지, 치료에 영향을 미치는 복잡한 인지기능을 구분하는 한 방법을 제안하였다(Kendall, 2006; Kendall et al., 1997b). 인지구조란 기억에 저장된 정보를 대표하는 도식을 말한다. 경험으로부터 시간의 경과에 따라 구성되는 도식은 새로운 경험을 심사하며 다른 인지적 조작을 촉발한다. 인지내용은 기억에 저장된 인지구조의 실제 내용을 말한다. 인지과정이란 사람들이 경험을 어떻게 지각하고 해석하는지를 말한다. 인지구조와 내용, 과정의 조합은 실제 사건과의 상호작용을 통해 인지산물을 낳는다(생각상자 '실수에 대해 생각해보기' 참조).

Kendall(2006)은 또한 인지적 결함과 인지적 왜곡 사이의 중요한 차이점에 주목하였다. 인지결함이란 생각의 부재를 의미한다. 충동적인 아동이 나타내는 사전숙

| 생각상자 | 실수에 대해 생각해보기 |

Kendall(2006)은 인지의 작용에 관하여 흥미롭지만 그리 유쾌하지 않은 예를 제시하였다. 그는 만약 당신이 잔디밭에서 강아지의 배설물을 밟았다면 자기 자신에게 무슨 말을 할 것인지 생각해보라고 제안한다. 대부분 이러한 사건을 나타내는 인지구조는 자동적으로 당황함과 관련된 자기 진술(예 : '제기랄')을 촉발한다. 이런 진술은 인지내용을 반영한다. 이후 사람들은 인지과정으로 나아가는데, 그 방식은 다양하다. 어떤 사람은 사회적 난처함에 관해 생각하며(예 : 누가 나를 봤을까?), 또는 다른 사람이 자기를 비하한다는 생각(예 : 난 걷지도 못해!)을 하는 사람도 있다. 또 어떤 사람은 이런 경험에 거의 관심을 보이지 않으며 아랑곳하지 않고 그냥 걸어간다. 정보처리를 한 후 사람들은 사건에 대해 결론을 내리는데, 인과적 귀인이 한 예이다. 이것은 인지산물이다. 어떤 사람은 문제를 자신의 탓으로 귀인하며(예 : 나는 제대로 하는 게 하나도 없어), 또 어떤 사람은 강아지가 잔디밭에 들어오게 한 사람을 비난할 것이다(예 : 그 사람은 누군가가 그걸 밟을 거란 걸 알고 있었을 거야). Kendall은 개인이 자신의 경험을 이해하고자 할 때 이 모든 과정을 거친다고 하였다. 개인의 정서적·행동적 결과에 영향을 미치는 것은 사건 자체가 아니라 그 사건에 대한 생각이며, 이것이 정서적 및 행동적 결과에 영향을 미치는 것이다.

고(forethought)와 계획성 부족은 인지결함의 한 예이다. 인지왜곡은 정확하지 않은 부적응적 사고과정을 말한다. 다른 사람들이 자신을 또래보다 능력이 부족하다고 생각하지 않는데도 자신을 그렇게 보는 우울한 아동의 경우에는 인지왜곡의 한 예라 할 수 있다.

인지행동치료는 행동주의에 기반을 둔 절차와 구조화된 회기를 통해, 부적응적 인지구조와 인지결함, 인지왜곡을 수정하는 데 목표를 둔다. 이 책 전체를 통해 우리는 인지행동적 접근이 아동·청소년의 특정 장애를 개념화하고 치료하는 방식을 제시할 것이다.

사회문화적 맥락 : 개관

발달은 적응적이든 부적응적이든 모두 복잡한 사회문화적 맥락 안에서 일어나며 영향을 받는다(Kearney & Haskins, 2020). 사회적 맥락을 개념화하는 방식은 다양한데 생태학적 모형이 지난 수십 년 동안 중요한 모형으로 성장하였다(생태학이란 유기체와 환경 간의 상호관계를 의미한다).

〈그림 3.4〉는 상호작용하며 겹치는 여러 영역으로 이루어진 환경적 영향 또는 시스템에 속해 있는 아동·청소년을 바라보는 방식을 보여준다. 아동·청소년은 가정과 지역사회, 사회·문화의 세 가지 맥락으로 둘러싸여 있다. 각각의 맥락은 구조, 기관, 가치, 규칙, 관계, 발달에 영향을 미치는 많은 측면으로 이루어져 있다. 그림에서 화살표는 시스템 간의 잠재적 상호작용을 강조한다. 예를 들어 아동은 또래로부터 영향을 받기도 하고, 또 또래에게 영향을 미치기도 한다. 이 또래들은 또한 부모와 학교로부터 영향을 받고, 마찬가지로 부모와 학교에 영향을 미친다. 우리는 보통 중앙의 맥락들, 즉 내부에 있는 원들이 바깥쪽에 있는 맥락들보다 상대적으로 아동에게 좀 더 직접적인 영향을 미칠 것으로 기대한다. 그리고 한 영역의 중요성과 특성은 개인의 발달수준에 따라 달라질 수 있다고 기대한다. 이것의 분명한 예는 유아기에서 청소년기로 발달하면서 또래의 영향이 증가하는 것이다. 이 모델은 발달에 미치는 사회문화적 영향의 엄선된 측면들에 대한 앞으로의 논의에서 토대가 될 것이다.

가정 맥락

가정은 여러 가지 이유로 아동·청소년의 발달에서 핵심적인 요인으로 생각되어 왔다. 가족관계와 경험은 생의 초기부터 지배적이며 전 생애에 걸쳐 계속된다. 가정은 아동이 문화에서 수용되는 방식으로 행동하게 하는 사회화 과정에서 중요한 역할을 한다. 그리고 문화적 가

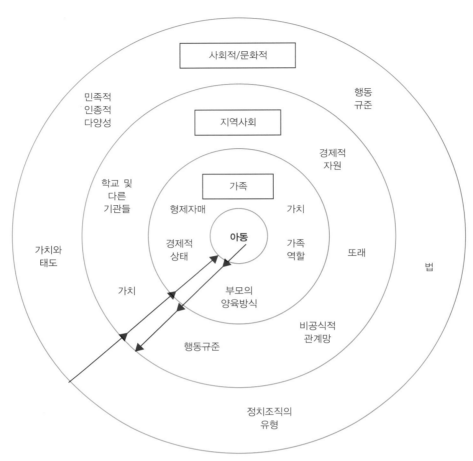

그림 3.4 아동과 청소년은 서로 상호작용하며 영향을 주고받는 많은 맥락에 속해 있다.[Belsky(1980), Bronfenbrenner(1977), Lynch & Cicchetti(1998)에서 수정 인용]

치와 전통을 물려주는 과정에서도 중요한 역할을 한다. 가정은 또한 음식과 집, 이웃, 교육, 그리고 그 밖에 세상을 경험하는 기회를 제공하는 배관 역할을 한다. 가정은 발달에서 매개요인으로 기능하기도 하고, 조절요인으로 기능하기도 한다. 그리고 위험요인을 제공할 수도 있고 보호요인을 제공할 수도 있다.

발달에 영향을 미치는 가족관계는 형제관계, 조부모와의 관계를 포함해 여러 종류가 있지만, 아동·청소년에게는 부모-아동 관계가 가장 중요하다. 가족을 복잡하고 상호작용하는 하나의 체계로 보는 것이 중요하다는 데 주목할 필요가 있다. 부모만 아동에게 영향을 미치고, 부모 서로 간에만 영향을 주고받는 것이 아니다.

아동도 드러나거나 드러나지 않게 부모에게 영향을 미친다.

양육

다양한 성인들이 부모의 역할을 대신할 수 있다(예 : 부모, 조부모 각각 또는 함께). 역사적으로 아버지의 영향보다는 어머니의 영향이 더 많은 관심을 받아왔다(Cassano et al., 2006; Fabiano & Caserta, 2018). 어머니는 일상의 보살핌, 관리 및 아동발달의 다양한 측면에 대해 일차적 역할을 하며, 자녀의 장애와도 더 많이 관련되며 때로는 이에 대해 비난을 받기도 한다. 그러나 최근 수십 년간 가정 내의 아버지 역할을 포함하여 아

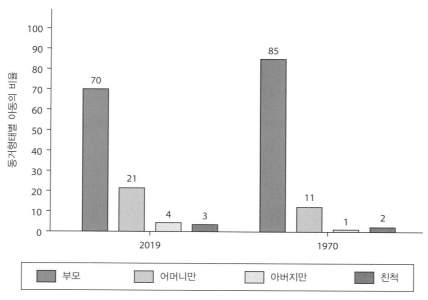

그림 3.5 18세 이하 아동의 동거 형태[미국통계국(2019a)에서 인용]

버지에 관한 관심이 증가하였다(Brouillard et al, 2018; Hughes et al., 2018; Tichovolsky et al., 2018). 미국에서 아버지를 생계부양자로 보는 관점은 산업혁명 시대로 거슬러 올라간다(Lamb, 2010). 1930년대 대공황 무렵에는 아버지의 역할이 아들의 성역할 발달에서 중요한 남성성의 모델로서 강조되었다. 1970년대에는 양육과 자녀의 정서발달에 관여하는 사람으로서 아버지의 역할이 강조되었다. 오늘날에는 아버지가 여러 가지 역할(생계부양자, 역할모델, 동반자, 보호자, 교사 등)을 해야 하는 것으로 인식되고 있다. 이러한 역할들의 중요성은 아버지 개인들과 사회적 · 문화적 집단에 따라 다양하다(Waller, 2010). 그러나 오늘날 아버지의 정서적 관여와 지도는 매우 중요하게 생각되는 것으로 보인다.

아버지와 어머니는 서로 다른 역할로 인해 자녀와도 다소 다른 방식으로 상호작용한다. 그러나 민감한 아버지 역할은 민감한 어머니 역할만큼 자녀의 긍정적인 발달을 예측한다. 부모가 자녀에게 미치는 영향은 직접적일 수도 있고, 또는 아버지와 어머니의 상호작용을 통해 영향을 미치는 것처럼 간접적일 수도 있다. 양육자로서 아버지의 관여에 대한 최근의 연구결과에 따르면 2016

년에 가정에서 자녀를 돌보는 아버지의 비율이 7%(1989년에는 4%)였다. 부모가 모두 가정에서 자녀를 돌보는 비율은 2016년에 17%(1989년에는 10%)였다. 그리고 아버지의 57%(어머니의 58%)는 "양육이 자신의 정체성에 있어서 매우 중요하다."고 생각하는 것으로 나타났다(Livingston & Parker, 2019).

부모의 역할과 영향을 이해할 때 비록 오늘날의 아버지들이 과거보다 양육에 더 많이 참여하는 것은 사실이나 자녀와 떨어져 사는 아버지들도 많다는 점을 고려해야 한다. 많은 수의 자녀들이 이혼/관계 단절, 투옥 및 다른 상황으로 인해 부모(특히 아버지)와 떨어져 살고 있다(Azar, Goslin, & Patallo, 2019; Humphreys, 2019; Poehlmann-Tynan et al., 2019). 〈그림 3.5〉에는 2019년과 1970년에 18세 이하의 자녀들 가운데 부모와 함께, 어머니와만, 아버지와만, 또는 다른 친척(주로 조부모)과 거주하는 자녀의 비율이 제시되어 있다. 그림에서 볼 수 있듯이 부모와 함께 사는 자녀의 수는 눈에 띄게 감소했다(1990년대 중반을 거치면서 서서히 감소했으며 그 시점과 2019년 사이에 안정세를 보였다). 부모가 모두 있는 가정에서 자라는 아동의 비율에서 인종/민족에

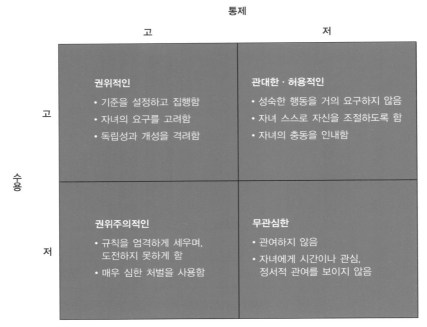

그림 3.6　양육행동의 유형[Maccoby & Martin(1983)에서 수정 인용. Copyright 1993 by John Wiley & Sons. 허락하에 사용함]

따른 차이는 없었다. 2019년에는 백인 아동의 75%, 흑인 아동의 42%, 스페인계 아동의 68%가 부모와 함께 사는 것으로 나타났다(U. S. Census Bureau, 2019).

양육행동과 양육방식

양육에 관한 연구는 다면적이며 복잡한 작업이다(Bornstein, 2016; Lee, 2018). 양육이란 주제에 접근할 수 있는 방식은 다양하다. 앞으로 다양한 장애에 관해 설명할 때 양육행동이 자주 언급될 것이다. **양육행동**(parenting behaviors)이란 적응적인 발달을 촉진할 수도 혹은 방해할 수도 있는 부모의 특정 행동을 말한다. 이런 행동의 긍정적인 예로는 적절한 행동을 본보기로 보여주기, 명확하게 지시하기, 자녀의 행동에 적절한 결과 제공하기, 자녀의 행동 모니터하기, 강압적인 상호작용 피하기 등이 있다.

초기 애착으로 시작되는 부모-자녀 관계의 질은 발달과 적응에 절대적이다. 부모가 자녀의 발달과 적응에 미치는 영향 중 하나는 자녀를 다루고 관리하는 특징적

방식이다(Maccoby, 1992; Wood et al., 2003). 이러한 **양육방식**(parenting style)은 태도와 목표, 양육행동 패턴의 집합이라 할 수 있으며 아동과 청소년의 발달성과에 영향을 미친다(Pinquart, 2017a; 2017b).

전통적으로 두 가지 차원이 부모-자녀 관계의 중심을 이룬다. 한 차원은 통제 또는 훈육의 정도이고 다른 한 차원은 온정 또는 수용의 정도이다. 〈그림 3.6〉은 부모의 양육방식이 이 두 차원에 따라 네 가지로 분류될 수 있음을 보여준다. 일반적으로 권위적 양육은 자녀의 가장 바람직한 특성과 관련된다. 권위적인 부모는 자녀를 통제하고 규칙을 세우며, 자녀가 규칙을 따를 것을 기대하고 자녀의 행동에 분명한 결과를 제시한다. 동시에 따뜻하고 수용적이며, 자녀의 요구를 배려한다. 이들의 자녀는 독립적이고 사회적으로 책임감이 있으며, 친사회적이고 자신감이 있다. 반대로 권위주의적, 관대한·허용적인, 무관심한 부모는 자녀의 행동이 최적 수준에 미치지 못하게 할 위험이 있다. 이러한 자녀의 행동으로는 공격성, 철회, 의존성, 낮은 자존감, 무책임, 반사회적

행동, 불안, 학교문제 등이 있다(Steinberg et al., 1994; Wood et al., 2003).

통제와 수용의 차원은 양육방식에 관한 연구에서 중요하며 지금까지 부모의 민감성, 엄격함, 모니터링에 관해 많은 것이 밝혀졌다(Warren et al., 2010). 양육방식을 고려할 때 다음의 쟁점들을 기억할 필요가 있다(Eisenberg et al., 2010; Eiser et al., 2005; O'Connor et al., 2006). 첫째, 효과적인 양육방식은 아동의 요구와 발달수준을 고려한다. 7세 아동에게는 적절한 통제가 15세에게는 맞지 않을 수도 있다. 둘째, 부모의 양육방식은 부분적으로 아동의 특성과 가족 내의 다른 관계 및 가정이 처한 상황에 대한 반응일 수 있다. 셋째, 부모의 양육행동 분석이 어느 정도로 문화와 상황에 걸쳐 적용되는지 고려해야 한다. 예를 들어 권위적인 양육방식은 문화적 가치가 미국의 주류문화와 다른 경우에는 적절하지 않으며 권위주의적인 양육방식은 미국의 경우 열악한 환경에서 자라는 자녀를 보호해줄 수도 있다.

부모의 정신병리

부모의 정신병리와 자녀의 적응 간의 관계는 많은 관심을 받아왔다. 부모의 장애가 위험요인이란 사실은 놀랍지 않다. 어머니의 우울과 불안, 약물사용은 자녀의 문제와 몇 가지 관련되어 있다(Boris et al., 2019; Lawrence, Murayama, & Creswell, 2019; Murray, Halligan, & Weissman et al., 2016). 아버지와 자녀의 정신병리 간의 관계에 관한 연구는 최근까지 뒤떨어졌으나 아버지의 문제 또한 아동 · 청소년에게 위험을 가져다준다는 것은 분명하다(Brouillard et al., 2018; Flouri, 2010; Tichovolsky et al., 2018). 아버지의 반사회적 행동, 약물사용, ADHD, 우울은 자녀의 적응과 관련된 문제들이다.

일반적으로 유전자 전달과 환경요인은 부모의 정신병리와 자녀의 정신병리 간의 관계를 뒷받침해준다. 자녀들은 위험을 증가시키는 유전적 소인을 물려받을 수 있고, 혹은 위험한 가정환경의 영향을 받을 수도 있다. 유전-환경의 상관관계에 관한 앞의 논의에서 살펴보았듯

이 부모로부터 자녀에게 전달된 유전적 영향은 부모에 의해 구성된 가정환경의 종류와 관련이 있다. 그러나 자녀가 취약성 유전인자를 물려받지 않았을 때조차도 부모의 정신병리는 양육방식에 부정적으로 영향을 미치고 가족들에게 스트레스를 일으키며 최선과 거리가 먼 양육환경을 만들 수 있다.

가족구조의 변화

가정에 관한 연구에서 가정은 종종 부모와 자녀로 이루어져 있는 것으로 가정된다. 그러나 실제로 가정은 점점 다양해지고 있다. 미국과 그와 유사한 다른 국가들은 지난 몇십 년간 가족구조의 극적인 변화를 겪어 왔다. 아동들은 다양한 유형의 가정에서 살고 있는데, 결혼한 부모, 결혼하지 않은 부모, 동성 부모, 한부모, 입양, 혼합, 확대가정 등이 여기에 포함된다(Azar et al., 2019).

이혼과 관계 단절

잘 알려져 있듯이 많은 결혼이 이혼으로 끝난다. 미국의 이혼율은 1960년대와 1970년대에 급격히 증가하여 1980년대에 정점을 이루었다. 이러한 추세는 안정세를 나타내고 있는데, 최근 몇 년간은 감소해 왔다. 그러나 미국의 경우 8백만이 넘는 아동들이 이혼한 부모와 사는 것으로 추정된다(U. S. Cesus Bureau, 2018a). 이 통계수치가 설득력은 있지만 이것만으로는 문제의 본질을 전체적으로 파악하기는 어렵다. 많은 아동들이 이혼 전에 상당한 스트레스를 경험한다. 어떤 아동은 이혼소송을 했다가 취하하는 가정에 살면서 주기적인 별거와 불화를 겪는다. 다른 아동은 한 번 이상의 이혼을 경험한다. 게다가 이혼과 그 후의 가족구조 변화는 정지된 사건이 아니라 아동의 생활에 변화를 가져오는 일련의 '가족 이행과정'이다(Amato, 2010; Azar et al., 2019; Hetherington & Stanley-Hagan, 1999).

이혼 및 재혼가정의 아동 · 청소년은 적응문제를 발달시킬 위험이 높다(Amato, 2010; Hetherington & Kelly, 2002; Schroeder & Smith-Boydston, 2017). 그러나 이혼의 영향으로 인한 결과에는 상당한 개인차가 있다. 실

제로 이혼가정 혹은 재혼가정의 아동·청소년 중 대부분은 정상범위의 발달과 기능을 나타내며, 또한 일부 아동은 긍정적인 결과를 보인다. 이혼을 통해 어떤 아동·청소년은 심각한 갈등과 폭력 상황에서 벗어나게 된다. 일부 아동·청소년은 스트레스도 적고 보다 지지적인 환경으로 옮겨 간다. 이들은 실제로 뛰어난 능력을 발달시킬 기회를 얻게 된다(Amato & Keith, 1991; Hetherington & Kelly, 2002; Hetherington & Stanley-Hagan, 1999). 그러나 이러한 결과를 보고 일부 아동·청소년이 경험하는 적응문제의 임상적 심각성을 무시해서는 안 된다. 따라서 중요한 질문은 무엇이 아동·청소년을 위험에 놓이게 만들고 적응문제를 발달시키며, 무엇이 아동·청소년의 적응유연성에 영향을 미치는가이다(Azar et al., 2019).

가족 구성 또는 부모 부재로 인한 영향은 그렇게 단순하지 않으며 부모의 적응과 가족관계의 질, 아동의 성별, 아동에 대한 양쪽 부모의 가용성 같은 요인들에 의해 달라진다(Braver, Ellman, & Fabricius, 2003; Jaffee et al., 2003; Schroeder & Smith-Boydston, 2017). 나아가 가족을 어떻게 정의하는지는 문화와 인종에 따라 차이가 있다. 확대가족은 미국의 유럽계 백인 가족보다 흑인

가족에서 더 많으며, 부모의 역할을 대신할 수 있는 친척이나 친구 같은 비공식적 관계망도 흑인 가족에서 더 많다(Emery & Kitzmann, 1995).

Hetherington과 동료들(Hetherington, Bridges, & Insabella, 1998)은 서로 관련된 일련의 위험요인들에 근거하여 이혼·재혼과 아동발달 간의 관계를 설명하는 모형을 제시하였다. 〈그림 3.7〉에 제시된 바와 같이 이혼·재혼의 이행과정에서 영향요인들 사이에 복잡한 상호작용이 일어난다. 이러한 복잡성과 더불어 가정의 이행과정이 일어나는 동안 아동도 변하고 그가 직면하고 있는 발달과업 또한 변화한다(O'Connor, 2003). 이런 복잡성에 더하여 인종과 문화의 영향 역시 이 과정에서 두드러진 요인이다. 이러한 복잡성을 염두에 두고 지금부터 이혼·재혼의 이행과정에서 아동·청소년의 적응에 영향을 미치는 요인들을 살펴보기로 하자.

이혼과정의 중심적 측면은 가족들 간의 상호작용, 특히 부모 간의 관계이다. 실제로 가족 갈등의 정도는 아동의 적응에 영향을 미치는 일차적 요인으로 생각된다(Cummings & Davies, 2010; Kelly, 2000, Schroeder & Smith-Boydston, 2017; Xerxa et al., 2020). 그리고 이혼 후 양육 책임을 지닌 부모와 그렇지 않은 부모 간의

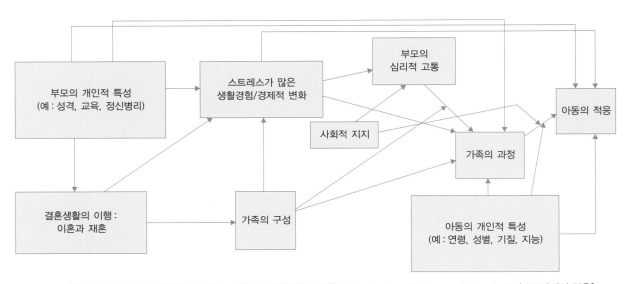

그림 3.7 이혼과 재혼 후 아동의 적응을 예측하는 요인들의 상호작용 모델[Hetherington, Bridges, & Insabella(1998)에서 인용]

지속적인 관계, 각 부모와 아동의 관계 그리고 각 부모와 미래의 계부모 혹은 다른 가족들과의 관계 등은 아동에게 영향을 미치는 복잡한 가족 이행과정에 영향을 미친다(Hakvoort et al., 2011; Hetherington et al., 1998; O'Hara et al., 2019; van der Wal, Finkenauer, & Visser, 2019).

이혼 전의 개인적 특성도 아동의 적응에 영향을 미친다. 성인의 개인적 특성(예 : 반사회적 특성, 우울)은 일부 부모를 부부불화와 여러 차례의 이혼 · 재혼 이행을 경험할 위험에 놓이게 만든다. 이것은 결과적으로 자녀에게 여러 이행과정을 겪게 만들 위험을 증가시킨다. 이러한 특성과 유사한 다른 특성은 자녀를 효과적으로 양육하는 성인의 능력에도 영향을 미친다. 아동 · 청소년의 개인적 특성도 적응에 영향을 미친다. 순한 기질의 아동은 이혼 · 재혼으로 인한 혼란에 더 잘 대처할 수 있다. 까다로운 기질의 아동은 스트레스로 지친 부모로부터 부정적인 반응을 끌어낼 가능성이 있으며, 부모의 부정적인 태도와 이혼 · 재혼에 적응하는 데도 더 많은 어려움을 보이기 쉽다. 이런 아동은 다른 사람들로부터 사회적 지지를 끌어내는 능력도 부족해지기 쉽다(Hetherington et al., 1998).

부모의 특성, 자녀의 특성, 계속되는 이혼과정 간의 관계는 복잡하다. 예를 들어 자녀의 이전 적응수준은 부분적으로 이혼에 영향을 미친 부부갈등에서 비롯된 것이다. 반대로 까다로운 자녀를 양육하는 어려움이 부부갈등과 이혼에 영향을 미칠 수도 있다. 게다가 이혼과정에 영향을 미친 부모의 특성과 자녀의 행동문제는 유전적 영향에 의한 것일 수도 있다(Amato, 2010; Musci et al., 2016; Salvatore et al., 2017). 예컨대 공유된 유전자가 부모의 반사회적 행동(이혼의 위험요인)과 아동 · 청소년의 행동문제에 영향을 미칠 수 있다.

자녀의 성별, 양육권 조정, 이혼 후의 부모 접촉, 시기/발달단계, 이혼에 따른 경제적 결과 등도 이 복잡한 과정에 영향을 미친다. 게다가 이혼은 잦은 이사 및 전학과 같은 스트레스 생활사건의 변화를 가져온다. 이혼과 관련된 상황이 아동의 기능에 미치는 영향은 그것

이 전반적인 가족과정, 특히 가정환경의 안정성에 미치는 영향에 의해 매개된다(Sun & Li, 2011; Them, Israel, Ivanova, & Chalmers, 2003). (생각상자 '가정 안정성' 참조) 이러한 스트레스와 다른 변화는 역기능적인 가족관계(즉 갈등)에 영향을 미치며 효과적인 양육을 방해한다(Beck et al., 2010; Hetherington, et al., 1998). 그러나 이러한 상황에서도 양호한 부모-자녀 의사소통, 다른 성인들과의 지지적인 관계 같은 긍정적인 경험은 이혼 관련 사건들을 겪고 있는 아동 · 청소년에게 보호요인으로 작용할 수 있음을 기억할 필요가 있다(Doyle et al., 2003; Menning, 2002; Velez et al., 2011).

부모의 투옥

불행히도 상당수의 아동이 부모의 투옥으로 인해 가족구조, 가족 활동, 양육의 혼란을 겪는다(Poehlmann-Tynan et al., 2019). 2017~2018년 동안 미국 아동의 약 7.4%가 수감자 부모 또는 보호자를 둔 것으로 나타났다(National Survey of Children's Health, 2019).

아동이 겪는 변화는 체포, 선고, 구금, 출옥의 결과로서 일어난다. 즉 부모의 투옥을 독립된 법적 사건으로서만 볼 것이 아니라 가족들에게 영향을 미치는 체포 전의 잠재적 스트레스, 체포 과정, 반복되는 잠재적 헤어짐, 그리고 가정으로의 복귀 등의 과정으로 이해해야 한다.

투옥된 부모의 자녀들은 일반적으로 빈곤, 부모의 실직, 이웃의 폭력, 노숙, 가정폭력, 부모의 정신병리 같은 다양한 위험요인과 스트레스에 노출될 가능성이 있다. 이러한 다양한 위험요인들은 투옥되기 이전에 발생할 수도 있다. 다양한 위험요인들과 부모의 투옥 간의 관련성을 고려할 때 부모의 투옥이 아동에게 미치는 영향은 복잡하다. 연구에 따르면 투옥된 부모의 자녀들은 다양한 부정적 발달성과를 경험한다. 부모의 투옥은 다양한 심리적 문제와 관련이 있는데, 특히 공격성, 적대적 반항행동, 반사회적 행동 같은 문제와 관련이 있는 것으로 밝혀졌다. 아울러 아동의 인지적 및 학업적 기능에도 부정적인 영향을 미치는 것으로 확인되었다(Poehlmann-Tynan et al., 2019; Turney, 2017).

생각상자　　**가정 안정성**

가정 안정성은 아동의 발달과 적응을 논의할 때 종종 등장하는 가정환경의 한 측면이다. 더 높은 안정성은 더 나은 성과와 관련이 있다. '가정 안정성'의 의미는 무엇일까? 가정 안정성은 흔히 가족구조의 안정성(예 : 핵가족 구조 vs. 별거나 이혼)으로 개념화된다. 이 관점은 타당하지만 가정 안정성을 좀 더 폭넓은 개념으로 생각해볼 수도 있다.

Israel과 동료들(Israel, Malatras, & Israel, 2002; Ivanova & Israel, 2006; Sheppard, Malatras, & Israel, 2010)은 좀 더 폭넓은 개념화를 제공하기 위한 노력으로 두 가지 요소를 포함하는 가정 안정성 모델을 제안했다. 첫 번째 요소는 **전반적 가정 안정성**이다. 이것은 이혼과 같은 가족구조의 변화, 그리고 이혼이나 부모의 죽음 같은 사건에 수반되는 가정생활의 변화에 관한 것이다(Hetherington & Stanley-Hagan, 1999; Tremblay & Israel, 1998). 가정생활의 변화란 거주지, 학교, 가구 구성(아동의 가정에서 사는 사람)의 변화를 말한다. 이러한 구조적 변화와 가정생활의 변화는 자녀의 일상적 경험과 거리가 있으며 자녀나 부모가 쉽게 통제할 수 없다. 따라서 전반적이란 용어를 사용한다.

두 번째 요소인 **분자적 가정 안정성**은 가족 활동과 일상이 예측 가능한지, 일관성이 있는지를 의미한다. 여기에는 취침이나 식사시간에 이루어지는 일상, 자녀와 가족이 함께하는 정기적인 활동(주말 활동이나 종교의식), 가족이 참여하지는 않으나 자녀를 위해 마련하고 지원하는 활동(방과 후 활동, 친구와 함께하는 시간) 등이 포함된다. 가족들이 안정성을 어떻게 달성하는지에는 차이가 있다. 즉 어떤 가정은 규칙적인 식사시간과 일상을 유지한다. 반면 어떤 가정은 합동 여행과 활동에 정기적으로 참여한다. 가정은 또한 아동의 발달수준에 적응해 가면서 시간 경과에 따라 안정성을 다른 방식으로 달성하게 된다. 더욱이 분자적 가정 안정성은 양육기술로 개념화되며 자녀의 일상

적 경험에 근접하며 개입에도 더 접근하기 쉬운 안정성의 요소로도 개념화된다. 따라서 전문가는 가정이 가정환경의 맥락에서 안정성을 구축하는 데 도움이 되는 예측 가능하고 규칙적인 가족 활동과 일상을 개발하도록 할 수 있다. 분자적 가정 안정성은 실제로 적응과 관련이 있는 것으로 밝혀졌다(Israel et al., 2002; Ivanova & Israel, 2006; Sokolowski & Israel, 2008).

안정적인 가정환경 조성은 모든 자녀와 가족에게 중요하며, 특히 복합적인 이행과정을 겪고 있는 사람들에게는 더욱 중요하다. 그러한 이행과정은 별거, 이혼, 재혼을 겪고 있는 가족들에게 흔히 발생한다. 다른 생활 여건도 어려움을 제공한다. 한 가지 예로 미군 가족들이 당면한 이행과정과 어려움을 들 수 있다. Israel과 동료들이 제안한 가정 안정성 모델은 군인 가족과 자녀에게 미치는 잠재적 영향을 이해하는 데 도움을 준다(Sheppard, Malatras, & Israel, 2010). 예를 들어 군 배치는 전반적 가정 안정성 개념의 일부인 가정생활의 변화와 관련된다(예 : 거주지 또는 가구 거주자의 변화). 반면 어떤 가정의 경우에는 부대 생활의 측면들이 그러한 불안정성으로부터 보호해준다(예 : 관사에서 다른 군인 가족들과 함께 사는 것).

군대의 배치 과정은 가족들에게 배치 준비, 배치, 부모와 떨어져 있는 동안의 가족 유지, 배치전환 가정을 위한 준비, 집으로 돌아온 이후의 기간 같은 이행과정을 겪게 할 수 있다. 군요원이 집을 떠나 여러 번 배치를 받게 될 때는 이러한 이행과정이 반복될 수 있다. 배치 주기의 단계들은 전형적인 가족 활동과 일상(분자적 가정 안정성)을 유지하는 데 어려움을 가져온다. 이것은 실제로 배치 기간 도중에 일어나는 어려움뿐만 아니라 군요원이 가정으로 돌아온 후에 군요원/부모와 가족들이 겪을 수 있는 어려움과 관련될 수도 있다. 부모가 가정환경 내에서 안정성을 조성하는 능력은 군배치와 관련된 어려움에 당면한 자녀들의 적응에 영향을 미치는 한 요인이다.

위탁보호

적응적인 양육과 가정환경을 유지하려는 노력의 하나로서 때로는 원래 살고 있던 가정에서 아동을 분리하여 **위탁보호**(foster care) 환경으로 배치할 필요가 있다. 아동은 친족 또는 비친족 위탁가정, 그룹홈, 위기 쉼터, 거주형 시설, 예비입양가정 등 다양한 형태의 위탁양육 환경

에 배치될 수 있다(Child Welfare Information Gateway, 2019a). 2017년의 위탁양육 환경 유형에 따른 배치 비율은 〈그림 3.8〉에 제시되어 있다.

아동 · 청소년이 친부모 및 가족들과 살기를 원하는 것은 당연하지만 대리보호를 항상 피할 수 있는 것은 아니다. 자녀를 가정에서 양육하고 보호할 수 없을 때는

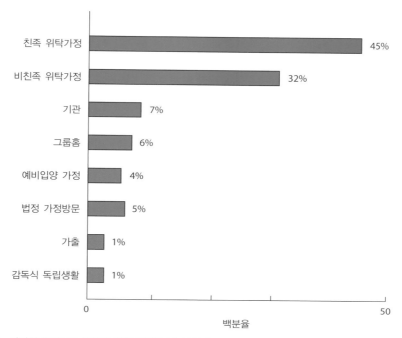

그림 3.8 다양한 위탁보호 유형별 배치 비율[Child Welfare Information Gateway(2019a)에서 수정 인용]

대리보호 배치가 자발적 또는 비자발적으로 일어난다. 오래전 미국이나 다른 국가에서 이런 아동 · 청소년은 가정과의 연결성이 거의 없는 기관에 배치되었었다. 이러한 기관배치의 부정적 영향에 대한 우려가 가정위탁에 관한 관심을 가져왔다(Fisher et al., 2016). 목표는 아동을 친부모 가정으로 복귀시키는 데 있지만 장기간 위탁보호에 머무는 아동 · 청소년도 많다.

어떤 아동 · 청소년은 법적으로 독립할 나이가 될 때까지 위탁보호에 머물기도 한다. 위탁보호 배치가 분명 긍정적인 영향을 미치기도 하지만, 아동을 이곳저곳으로 옮기며 배치하는 것은 부적절하며 큰 혼란을 일으킬 수 있다. 이러한 상황을 개선하기 위한 노력으로 미국의 연방정부에서는 1999년 '입양 및 가족 안전에 관한 법(ASFA)'을 제정하였다. 이 법은 위탁보호 분야에 큰 변화를 가져왔다. 지금부터 우리는 위탁보호 시스템을 개선하기 위한 노력의 두 가지 측면에 대해 논의하고자 한다.

첫 번째, 위탁보호에 배치된 아동 · 청소년은 심리적

문제를 겪을 위험에 놓여 있다. 이에 따라 **치료적 위탁보호**(treatment foster care) 프로그램이 개발되었다(Buchanan, Chamberlain, & Smith, 2017; Dore & Mullin, 2006; Fisher et al., 2016). 위탁보호 배치에 앞서 위탁부모는 아동에게 정신건강 서비스가 필요할 수도 있으며, 그것이 변화의 매개 역할을 할 수 있음을 이해해야 한다. 치료적 위탁보호의 예는 제9장에 기술되어 있는데, 특별히 비행 청소년을 위해 설계된 다차원적인 치료적 위탁보호의 예를 보여주고 있다(Buchanan et al., 2017). 이 프로그램은 위탁부모에게 특수한 훈련과 도움을 제공하며 지역사회 정신건강 서비스와의 긴밀한 연결을 구축한다. 그리고 위탁부모는 원가족과 함께 아동이 원가족과 재결합할 수 있도록 돕는다.

Linares와 동료들(2006)은 위탁보호에 배치된 고위험 아동의 부모들을 위한 특별 훈련의 잠재적 효과를 보여주었다. 연구진은 학대(일차적으로 방임)로 인해 위탁보호를 받게 된 3~10세 아동의 친부모와 위탁부모 쌍에게 부모훈련 개입을 제공하였다. 부모 쌍을 훈련시킴으로써 친부모 및 위탁부모 간의 협력과 의사소통을 촉진하고 서비스 분열을 막을 수 있을 것으로 추측되었기 때문이다. 연구진은 양육기술 교육과 아동의 문제 감소에 효과가 있는 것으로 검증된 '멋진 시절(Incredible Years, IY)'이라는 부모훈련 프로그램(제9장 참조)을 적용하였다. 이 프로그램에 포함된 공동양육 요소는 의사소통, 갈등 해결, 협력적 양육이었다. 치료 직후 및 3개월 추수검사에서 개입가족과 통제가족 간에 유의한 차이가 있는 것으로 나타났다. 친부모 및 위탁부모 모두 추수검사에서 유의한 향상을 보였으며, 자녀의 문제도 감소한 것으로 나타났다.

위탁보호 시스템의 두 번째 도전은 위탁보호의 종결이다. ASFA법에서 일차적으로 고려하는 것은 위탁보호에 배치된 모든 아동·청소년에게 영구적인 가정을 제공하는 것이다. 각 아동은 주어진 시간 내에 친부모에게 돌아가거나 입양되거나 또는 친족이나 법정 대리인이 있는 위탁가정에 영구적으로 배치되어야 한다. ASFA법은 일시적 위탁가정에 있는 아동에게 영구적인 배치/입양을 제공하면 주정부에 재정적 인센티브를 제공한다. 그러나 이러한 목표를 성취하기 어려운 상황도 있다. 아동복지 기관이나 변호사, 법원 등은 지나치게 많은 행정업무로 인해 아동에게 안전하고 안정된 영구적 가정을 제때에 찾아 제공하기 어려운 도전에 직면해 있는데(Child Welfare Information Gateway, 2019b), 2017년에는 약 443,000명의 아동이 위탁보호를 받았다(Child Welfare Information Gateway, 2019a). 이에 따라 많은 아동·청소년이 특별한 행동적, 교육적 또는 의학적 보살핌을 필요로 하는 혼란스러운 또는 정신적 외상을 초래할 수 있는 생활을 겪고 있다(Fisher et al., 2016).

그럼에도 불구하고 위탁보호에 배치된 아동·청소년에게 영구적인 가정을 찾아주는 목표는 어느 정도 성공을 거두어 왔다. 2017년 한 해 동안 위탁보호를 떠난 아동·청소년 중에서 49%는 부모 또는 일차적 보호자에게로 돌아갔으며 24%는 입양되었다. 그리고 7%는 다른 친척에게, 10%는 법정 보호자에게 맡겨졌으며, 8%는 위탁보호에서 해방되었다(Child Welfare Information Gateway, 2019a).

그러나 나이가 든 아동에게 가정을 찾아주는 일은 매우 어렵다는 점에 주목할 필요가 있다. 2017년에 위탁보호를 떠난 아동의 연령 중앙치는 7.8세였으며, 2007~2017년 동안 위탁보호를 떠나는 연령이 감소한 것으로 나타났다(Child Welfare Information Gateway, 2019a). 게다가 법정 위탁보호 기간의 만료로 인해 위탁보호를 떠나는 아동·청소년은 종종 충분한 사회적, 교육적, 재정적 지원을 받지 못하는 상황에 놓인다(Child Welfare Information Gateway, 2019b; Howard & Berzin, 2011).

또래의 영향

유아기부터 아동들은 서로 사회적 관계를 맺기 시작하며 발달이 진행됨에 따라 또래관계의 영향은 증가하는 경향을 보인다. 또래집단은 장기적으로 사회적·인지적 성장에 영향을 미치는 고유한 발달적 맥락을 제공한다(Bukowski, Laurson, % Rubin, 2018; Schroder & Smith-Boydston, 2017). 또래와의 상호작용은 사회성과 친밀성 발달, 협동심과 상호성 발달, 갈등협상과 경쟁, 공격성의 통제, 성정체감과 성역할의 사회화, 도덕성 발달, 그리고 공감발달 같은 영역에서 독특하고 중요한 역할을 한다. 또래관계는 역경 속에서도 사회적 유능감이

또래와의 상호작용은 특정 기술을 발달시켜 주는 독특하고도 중요한 기회를 제공한다.

발달하도록 도우며, 그렇게 함으로써 장애의 발생 가능성을 감소시켜 준다(Arbel, Perrone, & Margolin, 2018; Chen & Liu, 2016; Masten & Cicchetti, 2016). 또래관계는 또한 장애의 존재 여부와도 관련될 수 있다.

아동의 개인적 특성(정서적 · 인지적 · 사회적)은 또래관계의 발달에 영향을 미친다(Hay, Payne, & Chadwick, 2004). 이런 특성은 다른 사회적 관계에도 영향을 미친다. 가정에서의 초기 애착경험은 또래관계와 사회적 유능감과 관련이 있는 것으로 보인다(Booth-Laforce & Groh, 2018). 부모의 적대감과 강압, 관여의 부족, 권위주의적/제한적 양육방식은 아동의 공격성과 또래거부와 관련이 있다(Dekovic & Janssens, 1992; Dishion & Patterson, 2016). 교사 또한 또래에 대한 아동의 태도 형성에 중요한 역할을 한다(Ryan & Shin 2018; Vollet, Kindermann, & Skinner, 2017). 그리고 이웃의 특성도 또래관계의 성격에 영향을 미칠 수 있다(Brody et al., 2001; Deutsch et al., 2012; Smith, Faulk, & Sizer, 2016).

또래관계의 다면적 성격에 관한 관심이 증가하고 있다(Bukowski & Adams, 2005). 초기의 연구는 주로 또래 지위, 즉 특정 아동이 또래집단에서 수용되는지, 거부되는지, 또는 소외되는지의 여부에 초점을 맞추었었다. 최근에는 괴롭힘의 가해자와 피해자 간의 관계 같은 특수한 관계에 관심이 기울여지고 있다(Espelage & Hong, 2019). 우정의 성격과 역할에 관한 관심도 증가해 왔다(Bukowski, Laurson, % Rubin, 2018; Markovic & Bowker, 2017; Prinstein & Giletta, 2016). 친밀한 또래관계는 긍정적인 측면이 많은데, 그중의 하나는 급우들로부터 배제되거나 거부당하거나 소외되는 등의 위험요인에 대해 보호요인으로 작용할 수 있는 호혜적 상호관계로 볼 수 있다는 점이다. 아동이 비슷한 흥미를 갖고 있거나 적응수준이 비슷한 친구를 선택하는 경향이 있다는 것은 놀랍지 않다. 또래관계는 긍정적인 태도와 행동을 강화하기도 하지만 동시에 심리적 어려움과 일탈행동을 조장하고 확대할 수도 있다.

그러한 부정적인 결과의 극단적인 한 예가 콜럼바인 고등학교에서 살해 난동에 가담했던 두 학생의 관계에 대한 분석에 기술되어 있다(Cullen, 2009; Larkin, 2007). 물론 복합적인 상황이 그 사건으로 이끌었지만 두 청소년은 서로를 절실하게 필요로 했으며 서로를 강화해주었고, 혼자서는 그러한 폭력을 수행할 수 없었을 것으로 분석되었다.

아동의 또래관계에 관심을 기울이는 가장 일반적인 이유는 이후의 적응과 관련이 있기 때문이다. 또래 거부를 경험한 아동, 위축되거나 사회적으로 고립된 아동, 또는 비행친구와 어울리는 아동은 이후의 적응에서 어려움을 겪을 수 있다(Prinstein & Giletta, 2016; van Lier & Koot, 2010). 실제로 아동의 또래관계 어려움은 정신건강센터 의뢰의 기저를 이루고 있으며, 다양한 장애를 지닌 아동들이 또래관계 문제를 보고하고 있다. 또래관계 어려움과 적응문제의 관계는 양방향적이다. 즉 또래관계 문제가 행동장애 발달에 영향을 미칠 뿐만 아니라 행동장애 또한 또래관계에 부정적으로 영향을 미칠 수 있다(Achenbach & Rescorla, 2001).

초기의 또래문제가 나중의 심리적 장애와 관련이 있다는 것을 어떻게 이해할 것인가? 어떤 경우에는 이러한 관계가 인과적이지 않으며, 기저에 깔린 확인되지 않은 일반적 경향성이 또래문제와 심리적 문제를 일으킬 수도 있다. 인과관계가 의심될 때 한 가지 가설은 아동의 초기 성향과 사회적 경험이 또래와의 부정적인 교류에 영향을 미치며, 이러한 부정적 교류로 인해 아동이 또래 거부와 다른 또래문제를 지속시키는 방식으로 행동하게 된다는 것이다.

지역사회와 사회적 맥락

학교의 영향

학교는 아동의 생활에서 가장 중요한 맥락 중의 하나이다. 학교의 일차적 기능은 아동에게 지적 기술과 지식을 가르치는 것이지만 종종 정신건강 서비스도 제공한다. 그리고 학교는 발달의 또 다른 측면을 지도해야 할 책임을 갖는다(Holt, Green, & Guzman, 2019; Pianta,

2016). 학교는 아동·청소년이 사회의 규범과 가치에 따라 행동하도록 돕고, 성취동기를 형성하며, 사회·정서적 성장과 정신건강에도 영향을 미친다. 학교의 영향은 교육구의 자원과 교육정책 같은 원격(distal) 요인과 학급풍토, 수업, 사회적 관계 같은 근접(proximal) 요인을 통해 작용한다.

학교의 구조와 조직은 정도 차이는 있지만 건강한 발달에 영향을 미친다. 예컨대 오늘날의 교육체계는 청소년 초기 학생들이 중학교로 이행할 것을 요구한다. 따라서 현저한 생물학적·사회적 변화의 시기에 아동은 새로운 학교의 요구에 적응해야 한다. 이러한 요구에는 자율시간의 증가, 부모-교사 의사소통의 감소, 더욱 다양해진 또래 등이 포함된다(Stormshak et al., 2011). 중학교로의 이행은 위험한 시기가 될 수 있다.

사회적 관계는 학교생활의 중요한 요소이다. 학교는 지지적인 우정, 거부나 괴롭힘, 사회적 군집, 패거리 같은 중요한 또래 상호작용이 이루어지는 곳이다. 또래관계에 영향을 미치는 많은 요인 중에는 학교와 관련된 변인들도 포함된다(Pianta, 2016). 예를 들어 학교의 크기, 학급 편성, 비공식적인 사회적 접촉의 기회 등이 영향을 미친다.

학생-교사 관계는 아동·청소년에게 절대적이다. 사람들은 대부분 성인기까지 가장 좋았던 교사와 가장 싫었던 교사를 기억한다. 학생-교사 관계는 정상발달에서 중요한 역할을 하며, 위험요인으로 작용하기도 하고, 혹은 위험요인에 대한 보호요인으로 작용하기도 한다(O'Connor, Dearing, & Collins, 2011; Pianta, 2016; Sointu et al., 2017). 친밀한 학생-교사 관계는 아동이 나타내는 긍정적 결과와 관련이 있으며, 교사와의 갈등 관계는 바람직하지 않은 행동적·학업적 결과와 관련이 있다는 연구결과는 놀랍지 않다(Archambault, Vanderbossche-Makombo, & Fraser, 2017; Cronsnoe et al., 2010).

학교를 끝까지 마치는 것은 긍정적인 발달에 영향을 미치는 요인으로 보인다. 그러나 이러한 성공을 이루지 못하는 아동·청소년이 많다. 낮은 사회경제적 지위와 학업 실패, 행동문제, 가족 지지의 부족은 학교를 중퇴하거나 유급하는 문제와 관련된다(Mattison, 2000). 불행히도 상류층 배경의 학생들이 다니는 학교와 사회적으로 낮은 계층이나 소수집단 배경의 학생들이 다니는 학교 간에는 커다란 불평등이 존재한다. 수월성을 강조하며 학생들에게 지나친 압력을 가하는 것에 대한 우려가 대두되고 있지만, 이는 대체로 부유한 환경에서 일어나는 일이다. 이러한 압력은 빈곤, 심리적 외상, 차별과 더불어 청소년기 적응의 네 가지 위험요인으로 꼽힌다(Luthar, Kumar, & Zillmer, 2020).

물론 학교가 학생의 성공을 결정하는 모든 요인을 통제할 수는 없지만 아동의 인지발달과 사회적·정서적 성장에 어느 정도 책임이 있다는 데 의견이 모아지고 있다. 어떤 학교에서는 학업 실패나 약물사용 같은 문제를 예방하고 사회적 유능감을 증진하며, 학생들이 사회환경에 영향을 미치는 기회를 제공하기 위해 사회적·정서적 학습 프로그램을 제공하고 있다(Durlak et al., 2011; Holt et al., 2019).

사회경제적 지위와 빈곤

사회경제적 지위(socioeconomic status, SES) 혹은 사회계층은 수입과 교육성취, 직업 수준 같은 요인들에 의해 결정되며, 이런 요인들은 상관관계를 갖는다. 사실상 모든 사회는 사회계층에 따라 여러 층으로 나뉘어 있으며, 사회계층은 환경조건, 사회적 관계, 가치, 태도, 기대, 기회 같은 생활의 여러 측면에서 차이가 있다.

적응이나 심리적 문제는 모든 사회계층에서 발생하지만, 낮은 계층이 상대적으로 더 높은 위험에 놓여 있다는 점은 빈곤의 영향에 관심을 기울이게 한다. 낮은 SES의 가정에 사는 아동·청소년은 발달지연, 학습장애, 학업 실패, 행동 및 심리적 문제 등과 같은 부정적 결과를 경험할 위험에 놓여 있다(van Ort et al., 2011; Piccolo & Noble, 2019; Wadsworth et al., 2016). 불행하게도 미국에서 오랫동안 드러난 패턴은 아동·청소년의 빈곤율이 다른 연령 집단보다 높다는 것이다. 2018년 미국의 18세 이하 아동·청소년 가운데 18%가 빈곤선(poverty-

▌표 3.4 빈곤 가정의 비율(2018년)

모든 가정	7.3
백인, 비히스패닉계	5.9
아시아계	7.5
히스패닉 또는 라틴계	16.5
흑인 또는 아프리카계 미국인	18.5
미국 인디언 및 알래스카 원주민	19.6
두 가지 이상의 인종	12.5

출처 : 미국통계국(2018c)에서 인용

line) 이하의 가정에서 사는 것으로 보고되었다(U.S. Bureau of the Census, 2018b). 비율은 인종 및 히스패닉계 출신에 따라 현저한 차이를 보였다. 2018년에 빈곤가정에서 사는 아동과 청소년의 인종/민족에 따른 비율은 〈표 3.4〉에 제시되어 있다.

Duncan과 Brooks-Gunn(2000)은 가정의 수입이 아동의 성취와 언어능력에 미치는 영향에 대하여 논의하면서 빈곤의 지속성과 정도, 그리고 시기의 중요성을 강조

했다. 빈곤이 오랫동안 계속되고 심각하며 아동의 생애 초기에 발생할 때 그 영향이 가장 부정적이다.

오랜 시간에 걸쳐 누적된 여러 가지 위험요인에 노출되는 것도 부정적인 발달결과와 관련이 있다(Evans, 2004). 〈그림 3.9〉는 3~6학년 빈곤계층 아동과 중산층 아동이 경험하는 누적된 위험요인 수의 놀라운 차이를 보여주고 있다. 빈곤층의 아동들은 안전수준을 넘는 납과 살충제, 공기 오염, 부적절한 물 공급, 불결한 위생 등에 노출되기 쉽다. 이들은 혼잡하고 건축구조에 결함이 있고 쥐가 들끓으며, 안전을 위협하는 요소들을 지닌 집에서 살고 있을 가능성이 크다.

가족 과정(family process)은 의심의 여지 없이 빈곤의 영향을 매개하는 중요한 역할을 한다. 가족의 유전도 어느 정도 역할을 하지만 다른 요인들도 영향을 미친다(Evans, 2004; Pungello et al., 2010; Wadsworth et al., 2016). 빈곤가정에서 성장하는 아동은 종종 책이나 적절한 장난감, 컴퓨터 같은 학습 자원의 결핍을 경험한다. 사회경제적 수준이 낮은 부모는 더 엄격하고 더 많이 처벌하며 자녀의 요구에 덜 반응하는 경향이 있다. 이에 반해 중산층 부모는 상대적으로 자녀와 더 많은 시

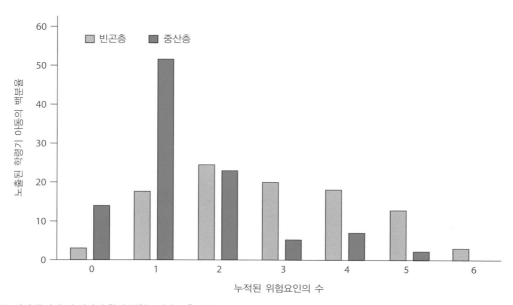

그림 3.9 누적된 물리적 및 심리적 환경 위험요인에 노출된 빈곤 및 비빈곤 집단 학령기 아동의 백분율[Evans(2004)에서 인용]

간을 보내려고 노력하며, 자녀에게 관심을 언어로 표현한다. 빈곤으로 인한 스트레스는 부모-자녀 갈등의 가능성을 증가시키며, 가족 분리와 낮은 수준의 부부관계도 빈곤과 관련이 있는 것으로 보인다.

　빈곤의 다면적인 결과는 다양한 경로를 통해 발달에 영향을 미친다(A. B. Miller et al., 2018; Wadsworth et al., 2016). 빈곤이 두뇌발달에 미치는 영향은 그러한 경로의 하나이다(Piccolo & Noble, 2019). 예를 들어 Hair와 동료들(2015)은 빈곤한 생활이 뇌신경의 기능에 영향을 미칠 수 있는 스트레스 증가 및 환경 자극 감소와 관련이 있을 것으로 추론하였다. 4~18세 아동과 청소년의 데이터에 근거하여 연구자들은 전두엽, 측두엽, 해마의 회백질 부피와 빈곤 간에 직접적인 관련성이 있음을 보여주었다. 이러한 관련성은 부모의 건강과 교육 같은 다른 요인들을 통제했을 때도 확인되었다. 이 연구가 인과적 경로를 분명하게 밝혀준 것은 아니지만 수많은 부정적인 발달결과에 대해 환경이 가난한 아동과 청소년을 위험에 놓이게 만들 수 있다는 것을 시사한다.

이웃

지역사회가 아동 · 청소년의 발달에 미치는 영향은 주목할만한 관심 사항이다(Jennings & Perez, 2017; Leventhal & Brooks-Gunn, 2000; Warner & Settersten, 2017). 지역사회가 발달에 미치는 영향에 관한 관심은 빈곤이 발달에 미치는 영향에 대한 생각과 크게 다르지 않다. 이웃의 영향에 관한 연구들은 대부분 저소득층 지역의 이웃에 초점을 맞추어 왔다. 이러한 이웃들은 부적절한 주택공급과 밀집, 높은 수준의 폭력과 범죄를 포함하는 다양한 도전에 직면해 있다. 이러한 이웃들이 모두 동일하다고 가정하는 것은 착오이지만 종종 최적 수준과는 거리가 먼 발달적 환경을 제공한다.

　지역사회의 영향과 관련된 다양한 발달결과들이 주목을 받아 왔는데 여기에는 스트레스와 불안, 우울, 건강위험 행동, 성적 위험 행동 등이 포함된다(Barker et al., 2019; Cambron et al., 2018; James et al., 2018; Snedker & Herting, 2016). 그러나 이 중 반사회적 행동

및 비행에 미치는 지역사회의 영향이 가장 큰 관심을 받고 있다(Criss et al., 2017; Jennings & Perez, 2017; Li et al., 2017).

　Leventhal과 Brooks-Gunn은 연구결과와 이론적 설명에 근거하여 지역사회 영향의 기제 혹은 경로를 다음과 같이 개념화하였다(그림 3.10 참조).

- 첫 번째 경로는 **지역사회 자원**으로 여기에는 학교에서 제공하는 학습, 도서관, 박물관, 주간보육시설의 질, 의료서비스, 고용 등이 포함된다.
- 두 번째 경로는 **대인관계**, 특히 가족관계에 초점을 맞추고 있다. 여기에는 부모의 개인적 특성, 양육방식, 자녀 감독, 부모의 지지망, 가정의 물리적 및 조직적 특성(청결, 안전, 규칙적인 일정 및 일과) 등이 포함된다.
- 세 번째 경로는 **지역사회 규범/집단적 효능감**으로 지역사회가 행동규범과 질서를 유지하도록 조직된 정도를 말한다. 공식적 기관이나 비공식적 사회망은 다양한 정도로 개인의 행동을 모니터하거나 감독하며, 존재할 수 있는 위험을 감시한다. 이웃은 아동 · 청소년의 행동과 불법 약물의 가용성, 폭력, 범죄, 기타 유사한 활동을 면밀하게 살펴본다.

　Leventhal과 Brooks-Gunn의 개념화가 시사하고 있듯이 아동 · 청소년의 발달결과는 단일 영향의 산물이 아니다. 연구결과는 지역사회, 가족요인, 또래의 영향, 그리고 개인변인 등 다양한 측면들이 상호작용하여 적응에 영향을 미친다는 것을 보여준다. 예컨대 Jennings와 동료들(2011)은 5,000명이 넘는 6~8학년 아동 · 청소년을 대상으로 자료를 수집하여 분석하였다. 연구결과 이웃의 문제(예 : 약물 및 알코올의 접근성 및 사용, 부족한 감독, 부적절한 경찰)와 개인변인(예 : 알코올 사용, 또래의 알코올 사용, 우울), 인구학적 변인(예 : 연령, 성별, 인종, 가구 구성)이 모두 청소년의 신체적 공격성과 관련이 있는 것으로 나타났다. 이 중 이웃의 문제는 개인변인과 인구학적 변인의 영향을 통제한 후에도 유의하게 신체적 공격성을 예측한 것으로 나타났다. 이와 유

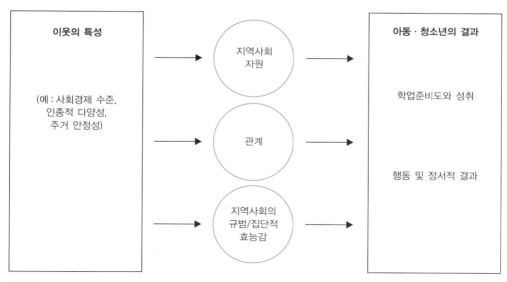

그림 3.10 지역사회의 특성과 아동 · 청소년이 보이는 결과를 연결하는 세 가지 기제 혹은 발달경로[Leventhal & Brooks-Gunn(2000)에 기초함]

사하게 Criss와 동료들(2017)은 저소득층 가정에서 사는 206명의 청소년 표본을 대상으로 연구를 수행하였다. 그 결과 높은 수준의 이웃 폭력은 높은 수준의 고위험 반사회적 행동과 관련이 있었다. 흥미로운 것은 영향들의 상호작용을 나타내는 지표라 할 수 있는 긍정적이고 따뜻한, 그리고 지지적인 부모-청소년 관계의 질과 또래의 높은 친사회적 행동이 청소년의 반사회적 행동에 대한 이웃 문제의 영향을 감소시키는 것으로 나타났다. 지역사회의 특성 또한 보호요인으로 작용할 수 있다. Donnelly와 동료들(2016)은 이웃의 집단적 효능감(사회적 응집력 및 사회적 통제를 위한 공유된 기대)이 청소년의 적응에 미치는 영향을 알아보기 위해 2,000여 명의 청소년 데이터를 분석하였다. 분석결과 집단적 효능감이 높은 이웃에서 자란 청소년은 집단적 효능감이 낮은 이웃에서 자란 청소년보다 청소년기에 불안과 우울 증상을 더 적게 경험하는 것으로 나타났다. 따라서 이웃의 특성은 긍정적인 발달을 촉진할 수도 있고 또는 위험에 놓이게 할 수도 있다(생각상자 '변화하는 이웃' 참조).

문화, 인종/민족, 소수민족의 지위

지금까지 논의해 온 맥락들은 더 넓은 문화적 맥락 안에서 작용한다. 문화적 맥락은 사회의 신념과 가치, 구조, 역할과 규범, 그리고 '일을 처리하는' 방식으로 이루어진다.

문화적 요인에 기인한 영향은 광범위한 긍정적 또는 부정적 효과를 미친다. 예를 들어 미국에서 어떤 방식은 의도하지 않게 아동 · 청소년의 품행문제를 촉진할 수 있다. 적절한 사례로 아동 · 청소년이 대중매체의 공격적이고 폭력적인 내용에 노출되어 있다는 것을 들 수 있다. 수십 년에 걸친 연구결과는 TV 프로그램이나 영화, 비디오 게임과 인터넷이 아동의 공격적 행동 증가와 친사회적 행동 감소에 영향을 미칠 수 있다는 것을 보여주고 있다(Anderson et al., 2017; Bushman & Anderson, 2015; Krahe, 2012).

문화적 맥락에 기인한 위험은 특히 주류가 아닌 민족 · 인종 배경의 사람들에게 더 클 수 있다. 원주민 집단은 독특한 역사적 이슈뿐만 아니라 서로 다른 문화들과의 접촉을 통해 문화가 수정되는 **문화변용**(acculturation)의 문제를 겪어야 한다. 많은 국가에서 원주민 집단은 더 높은 비율의 정신병리, 건강문제, 교육적 불이익 등을 보인다(Juster et al., 2016). 미국의 경우에는 아메리카 원주민 집단의 빈곤율이 높다(U.S. Census Bureau,

생각상자   변화하는 이웃

빈곤과 범죄, 폭력으로 특징되는 지역에서 사는 것이 위험과 관련이 있다는 것을 보여주는 다양한 증거가 있다. 위험 수준이 높은 이웃에 사는 사람들이 더 안전하고 부유한 이웃으로 이사하지 않는 데는 많은 이유가 있다. 이들은 가족과 친구, 문화적 요인, 직장에 대한 근접성 등과 같은 이유로 현재의 이웃에 살기를 원한다. 그러나 경제적인 장애나 다른 장애도 이사할 것인가 말 것인가를 결정하는 데 영향을 미칠 수 있다.

기회로의 이주(Moving to Opportunity, MTO) 프로젝트의 하나로 수행된 연구(Bergman et al., 2019; Chetty, Hendren, & Katz, 2016)에서는 고빈곤 지역의 주택에 거주하고 있는 가정을 무선적으로 선정하여 저빈곤 이웃으로 이사하도록 지원을 제공하였다. 이들에게 제공된 지원에는 주택 바우처의 형태로 제공된 재정적 지원과 이사를 방해하는 요인을 줄이기 위한 임대계약 지원이 포함되었다.

이러한 지원을 받은 가정 중 54%는 저빈곤 및 고기회 이웃으로 이주하였으며, 반면 통제집단에서는 14%만이 이주하였다. 이주한 가정들은 높은 수준의 이웃 만족도를 보였으며, 개별 가정에 맞추어진 구체적인 서비스와 정서적 지원이 이주를 촉진한 것으로 확인되었다.

고기회 지역으로의 이주가 자녀들에게 미친 장기적 영향에 관한 연구결과는 특히 흥미롭다. 13세 이전에 저빈곤 이웃으로 이주한 경우 대학진학률과 수입이 더 높았으며 한부모 가정의 비율도 감소하였다. 청소년기에 이주한 경우 약간의 부정적 영향이 있는 것으로 나타났다. 이것은 청소년이 생활의 중요한 측면에서 방해를 받은 것에 기인할 수 있다. 또는 새로운 이웃 환경에 대한 노출 기간이 장기적 성과의 주요 요인일 수 있다는 것을 시사한다.

2018a). 그리고 이 지역에 사는 청소년들은 다양한 위험요인을 경험하며, 우울증상과 PTSD, 자살 시도, 물질사용, 파괴적 행동, 청소년 비행 같은 문제를 보이는 청소년의 비율도 높다(Brockie et al., 2015; Hawkins, Cummins, & Marlatt, 2004; Hautala & Sittner, 2019; Stiffman et al., 2007; Storck et al., 2009).

미국에서 민족·인종의 다양성은 지난 수십 년간 대단히 증가하였다. 히스패닉계 아동이 2018년 전체 아동 인구의 25%를 차지하고 있다(Federal Interagency Forum on Child and Family Statistics, 2019). 미국에서 이민자의 자녀로 태어난 아동은 특별한 관심을 요구한다. 2019년 미국에서 18세 이하 아동과 청소년의 약 26%가 이민자 부모와 사는 것으로 보고되었다(U.S. Census Bureau, 2019a). 이민자 부모는 영어 유창성이 부족하며 경제적으로도 제약을 받는다. 더욱이 부모가 밀입국자일 때는 문화적 통합과 기회를 위협하는 상황을 겪게 된다. 국가적 배경에 따라 차이가 크지만 이민가정의 자녀들은 일반적으로 빈곤과 낮은 교육적 성취, 행동문제 등에서 위험에 놓여 있다.

이민자의 자녀들은 부족한 영어 능력을 포함하여 다양한 스트레스 요인을 겪으며 문화변용과도 싸워야 한다. 소수자 및 이민자 집단은 또한 편견과 차별에 직면해 있으며, 인생의 초기부터 다른 사람들의 평가절하를 지각하기 시작한다. 평가절하, 편견과 차별은 기회를 감소시킬 뿐만 아니라 다른 영향을 미치기도 한다. 예를 들어 아프리카계 미국인 및 라틴계 학생들에 대한 부정적 편견과 고정관념은 그들의 학업 수행에 부정적인 영향을 미쳤다(Brown & Chu, 2012; Cohen et al., 2009; Englishm Lambert, & Ialongo, 2016). 차별과 지각된 인종차별은 아프리카계 미국인 아동·청소년과 다른 소수집단 아동·청소년의 공격성, 반사회적 행동, 불안, 우울과 관련이 있는 것으로 보고되었다(Huatala & Sitner, 2019; Nyborg & Curry, 2003). 부정적인 발달결과로부터 이런 아동·청소년을 보호하는 변인들 가운데 인종적 정체성(자신의 민족/인종 집단과 동일시하는 정도)과 인종적 사회화(자신의 인종/민족집단 구성원이 갖는 의미와 자신의 문화적 유산을 자각하도록 양육되는 것)가 포함되어 있다는 것은 놀랍지 않다(Anderson &

Andrew Burton/Getty Images

매우 빈곤한 이웃은 일반적으로 아동과 청소년의 발달을 위해 최적 수준에 미치지 못하는 맥락을 제공한다.

Mayes, 2010; Jones & Neblett, 2017; Rucker, Neblett, & Anyiwo, 2014; Yasui et al., 2015; Wang & Huguley, 2012).

연구자들은 소수민족/인종 아동 · 청소년의 독특한 경험이 발달에 미치는 영향을 고려할 필요성을 강조한다(Anderson & Mayes, 2010; Masten & Cicchetti, 2016; Wadsworth et al., 2016). 그들은 비주류 아동 · 청소년을 위한 발달 모형에 편견과 차별, 문화변용, 인종적 사회화와 정체성, 문화적 가치 등이 포함되어야 한다고 주장한다(우리는 여기에다가 장애 혹은 성적 지향으로 인해 일반적인 평가절하나 편견보다 더한 것을 경험하는 아동 · 청소년들도 고려할 필요가 있음을 덧붙이고자 한다).

마지막으로 소수집단 아동 · 청소년이 정신건강 서비스나 다른 건강 서비스를 찾거나 받을 때 종종 불이익을 경험할 수 있음에 주목해야 한다(Cummings et al., 2017; Pina, Polo, & Huey, 2019). 빈곤한 지역사회에서는 서비스가 부적절하며 접근하기도 어려울 뿐만 아니라 다문화 기관에서 일하는 전문가들이 소수집단 아동 · 청소년을 돕는 데 필요한 인식과 기술, 개방성을 갖고 있지 않을 수 있다. 미국심리학회(Clauss-Ehlers et al., 2019)는 문화적 유능성을 촉진하기 위해 다문화 지역사회를 돕는 것과 관련된 훈련과 실무 및 다른 측면에 관한 지침을 출판했는데, 이러한 요구가 중요하다는 것은 의심의 여지가 없다.

핵심용어

가지치기	양육행동	조작적 학습
고전적 조건형성	양적 유전학 연구방법	전장 유전체 연관분석
공유된 환경의 영향	연관분석	전장 유전체 연합분석
관찰학습	연합분석	중뇌
기형유발물질	열성 유전	중추신경계
내분비계	염색체	지표사례
뇌 가소성	우성 유전	축색
말초신경계	위탁보호	치료적 위탁보호
문화변용	유전성	태아기 알코올 증후군
미엘린초	유전자	표현형
발단자	유전자-환경 상관관계	해독
비공유된 환경의 영향	유전자-환경 상호작용	행동유전학
세포체	유전형	후뇌
수상돌기	인지행동적 관점	후성유전학
신경세포	전뇌	DNA
양육방식	전사	

연구의 역할과 방법

하나의 학문으로서 심리학은 과학이 인간의 기능, 행동, 발달에 대해 가장 완전하고 타당한 정보를 제공할 수 있다는 입장을 견지하고 있다. 상식을 통해서도 행동에 대해 많은 것을 알 수 있지만 과학은 상식을 넘어 체계적이며 신뢰할 수 있는 정확한 지식을 만들어 내고자 한다. 과학의 일반적인 목적은 현상을 기술하고 설명하는 것이다.

과학(science)이라는 단어는 '지식' 또는 '알다'를 의미하는 라틴어에서 비롯되었지만, 구체적으로 특정한 탐구방법을 통해서 얻은 지식을 뜻한다. 우리는 책을 읽거나 음악을 들음으로써 세상을 알게 되지만 이런 방식으로 얻은 지식을 과학적 지식이라고 말하지는 않는다. 과학적인 이해는 체계적인 문제설정, 관찰 및 자료수집, 그리고 인정받을 만한 절차에 따라 이루어진 결과 해석을 통해 도출된다. 인간에 대한 과학적 연구와 관련한 일말의 불안감(심지어는 그 위험에 대한 경고)에도 불구하고 우리는 과학이 우리에 대해 말해주는 것들의 가치를 인정하게 되었다.

연구의 기초

발달정신병리와 관련된 많은 주요 질문이 점차적으로 과학적 연구를 통해 다루어지고 있다(그림 4.1 참조). 물론 이러한 일반적인 질문들은 수없이 많은 구체적 질문으로 바뀐다. 이에 답하기 위해서는 때로는 현상을 기술할 필요가 있는데, 즉 특정 장애의 사례 수를 세고 장애의 증상을 기술할 수 있다. 경우에 따라서는 어떤 현상이 나타나는 조건을 밝혀내고 다른 변인들과의 관계를 찾아봐야 할 수도 있다. 많은 경우 인과관계를 밝히는 것이 목표가 된다.

연구자들이 아무런 정보도 없는 지적인 진공상태에서 그저 질문을 제기하고 답을 구하는 일은 거의 없다. 대개는 이전에 형성된 정보, 개념, 관점이나 이론 및 그들 자신이 선호하는 방향에 따라 연구를 이끌어 간다. 이론적 개념과 가정은 연구의 목적, 변인의 선택, 절차, 분석, 그리고 결과를 인도한다. 그러나 연구문제를 제기하고 그 답을 찾기 위한 최적의 방법을 결정하는 데는

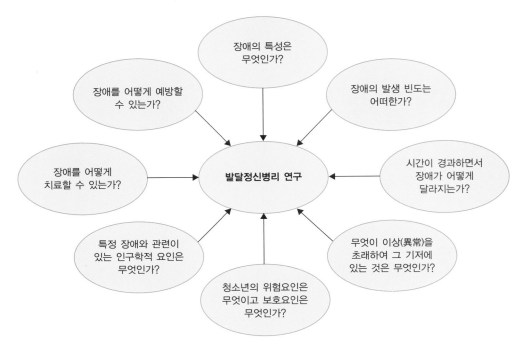

그림 4.1 발달정신병리 연구를 위한 주요 질문

항상 약간의 주관성과 창의성이 포함되기 마련이다.

이론적 개념에서 도출된 구체적 가설을 검증하려는 것은 흔한 일이다. **가설검증**(hypothesis testing)은 지식을 되는 대로가 아니라 체계적으로 쌓아 올리려고 하기 때문에 가치가 있는 것이다. 어떤 경우에도 하나의 연구로 그 가설이 옳은지 그른지를 판단할 수는 없다. 하나의 연구는 다만 그 가설을 지지하거나 반박하는 증거를 내놓을 뿐이다. 연구를 통해 지지를 받은 가설은 다시 그 가설의 기초가 된 이론의 정확성과 설명력에 대한 증거가 된다. 반면에 지지받지 못한 가설은 이론을 반증하고 제한하거나 방향을 돌리게 만드는 역할을 한다. 종합하면 관찰과 이론이 과학적 이해를 발전시킨다고 할 수 있다.

연구자들은 그들이 던지는 질문과 가설만큼이나 다양한 환경에서 연구를 수행하는데 가정이나 지역사회의 자연스러운 환경에서부터 통제된 실험실에 이르기까지 여러 상황이 있을 수 있다. 연구 목적과 윤리성, 현실성 등에 따라 여러 가지 다른 방법과 설계가 사용된다. 그러나 그 어떤 경우이건 실험 참가자 선정, 관찰과 측정, 신뢰도, 타당도에 각별히 신경을 써야만 한다.

참가자 선정

연구 보고서에 실험 참가자와 그들을 선정한 방법을 기술하도록 요구하는 데는 이유가 있다. 이 정보들은 연구가 적절한지 판단하고 그 결과를 해석하는 데 중요하다.

발달 및 이상심리 연구들은 그 연구가 관심이 있는 대상 집단에 대해 일반적인 결론을 도출하고자 한다. 전체 집단을 모두 조사하는 것은 거의 불가능하기 때문에 차선책은 대표성이 있는 표본을 조사하는 것이다. 대표성은 전집으로부터 무선적으로 참가자를 선발하는 방법을 통해, 즉 각각의 참가자가 모두 우연적인 확률에 의해 선택될 때 가장 잘 확보된다. 그러나 이 방법조차 여의치 않을 때도 있다. 예를 들어 모든 유치원생이나 모든 지적장애 아동 가운데서 **무선표집**(random selection)을 하는 것은 현실적으로 불가능하다. 그러나 최대한 대표성을 확보하기 위해 노력해야 하며 어느 정도의 대표

성을 확보했는지에 따라 연구결과의 해석이 영향을 받게 된다.

심리장애 연구에서 연구 참가자는 종종 치료센터, 병원, 문제를 지닌 청소년을 지원해주는 기관 등으로부터 모집된다. 그러한 임상 집단이 장애가 있는 청소년 전체를 대표할 것 같지는 않다. 그러한 임상표본에는 치료를 감당할 경제력이 없는 가정의 아동이나 장애에 대한 부인, 수치심, 두려움 또는 주변 어른들의 매우 높은 참을성으로 인해 전문적인 도움을 구하지 않는 가정의 아동들이 제외되어 있을 가능성이 있다. 또한 임상집단은 더 심각한 증상을 경험하거나 행동문제를 표출하거나 어떤 식으로든 다른 사람들을 불편하게 만드는 아동들을 더 많이 포함하고 있을 수 있다. 그러한 **선택편향**(selection bias)은 중요한 시사점을 갖는다. 예를 들어 일반 집단이 아니라 임상 집단, 또는 여아가 아니라 남아를 대상으로 연구하는 것이 장애를 정의하는 방식에 영향을 미칠 수 있다. 연구 참가자의 특성과 그들을 선정한 방법은 연구를 계획하고 결론을 도출하는 데 매우 중요하다.

관찰과 측정

관찰과 측정은 과학적 연구의 핵심이며, 행동과학자들에게는 그 두 가지가 다 힘든 일이 될 수 있다. 겉으로 드러나는 행동을 관찰하고 측정하는 것은 비교적 간단하지만 생각과 정서는 알기가 더욱 어렵다. 어떤 경우이건 과학자들은 연구하고자 하는 행동이나 개념에 대한 **조작적 정의**(operational definition)를 제시해야 한다. 즉 행동이나 개념을 정의하기 위해서는 관찰가능하고 측정가능한 조작을 먼저 선택해야만 한다. 공격성은 어떤 아동이 친구를 밀치거나 위협하는 횟수라고 조작적으로 정의할 수 있다. 우울증은 청소년이 보고한 슬픔과 절망감을 측정하는 척도상 점수로 조작적으로 정의할 수 있다.

구할 수 있는 모든 정보를 얻기 위해 행동과학자들은 많은 종류의 관찰과 측정을 하게 된다. 자연 상황이나 실험실 장면에서 외적 행동을 직접 관찰하기도 하고, 표준화된 검사를 사용하기도 하며, 뇌와 감각기관, 심장의

Jennifer Weil Malatras

직접관찰은 어떤 행동이 일어날 때 그것을 체계적으로 측정할 수 있게 해준다.

생리적 기능을 기록하기도 하고, 사람들에게 자신의 행동, 기분, 생각을 평가하고 보고하도록 요청하거나 연구 주제에 대한 다른 사람들의 보고를 수집하기도 한다. 염색체를 연구하기 위한 고도의 기술적인 유전적 방법과 뇌의 영상을 그리기 위한 신경과학적 절차들이 점점 더 많이 사용되고 있어서 또 다른 정보를 제공하고 있다.

어떤 측정이든 타당해야만 하는데, 다시 말해 연구하고자 하는 속성에 대한 정확한 지표여야 한다. **타당도**(validity)에는 몇 가지 종류가 있다(표 4.1 참조). 예컨대 불안에 관한 질문지가 불안의 의미나 그 기저의 개념으로 인정할 만한 것을 담고 있다면 구성 타당도(construct validity)가 있다고 할 수 있다. 관찰은 또한 **신뢰도**(reliability)가 있어야 하는데, 비슷한 조건 아래서 반복 측정이 이루어졌을 때 그 결과가 유사하거나 일관성이 있어야 한다는 뜻이다. 관찰과 측정이 객관적이고 정확하기 위해서는 여러 가지가 고려되고 지켜져야 한다.

일례로 아동기 우울증을 연구하기 위해 자연관찰을

표 4.1   여러 가지 측정의 타당도

내용 타당도	측정된 내용이 관심 특성과 일치하는지 여부
구성 타당도	측정된 내용이 관심 특성의 기저가 되는 구성개념(개념)과 일치하는지 여부
안면 타당도	측정된 내용이 보기에 관심 특성을 적절하게 나타내는지 여부
공인 타당도	측정한 점수가 관심 특성을 측정하는 다른 도구와 관련이 있는지 여부
예측 타당도	측정한 점수가 다른 도구가 나중에 측정한 점수를 예측하는지 여부

사용한 연구에 대해 생각해보자(Dadds et al., 1992). **자연관찰**(naturalistic observation)에서는 때로는 자연스럽게 일어나는 행동을 기술하기 위해서, 때로는 구체적인 질문에 대해 답을 하거나 가설을 검증하기 위해서 '실제 세상'에서 개인을 직접적으로 관찰한다. 이 연구에서는 우울증, 품행장애 또는 우울증과 품행장애로 치료센터에 오게 된 아동의 가정 내 부모–자녀 상호작용을 비교하였다. 저녁 식사시간에 이 가족들과 비임상적 가정을 비디오로 촬영하였다. 이 비디오를 가족 관찰 스케줄이라는 주의 깊게 고안된 관찰체계를 사용하도록 훈련을 받은 관찰자들이 독립적으로 코딩하였다. 이 도구는 부모와 아동의 행동에 대한 20개 범주를 제공하는데 이 가운데에는 미소짓기, 찡그리기, 칭찬하기, 불평하기 등이 포함된다. 그다음에는 독립적 코더들이 녹화된 행동을 일관성 있게 코딩했는지를 결정하기 위해 측정의 신뢰도를 산출하였다. 이와 같은 **관찰자 간 신뢰도**(interobserver reliability)는 관찰도구가 구체적이고 명확할 때 일반적으로 더 높게 나타난다. 이 연구에서는 관찰자 간 신뢰도를 구하기 위해 전체 녹화의 3분의 1을 다른 관찰자가 코딩하였다. 이때 관찰자들이 각 가족의 임상적 상태, 즉 아동이 보이는 문제에 대해 모르는 것이 좋다. 관찰자들은 연구의 가설도 모르는 것이 좋다. 이와 같은 **관찰자 '무지'**(observer 'blindness')는 관찰자가 그런 정보에 의해 편향될 가능성을 줄여준다. 이런 모든 특징, 즉 잘 만들어진 관찰도구, 관찰자 훈련, 코딩의 신뢰도에 대한 점검, 블라인드 관찰(blind observation)이 연구에서 측정의 중요한 기준들이다.

연구결과의 신뢰도

신뢰도와 타당도 개념은 연구결과에도 적용된다. 연구결과는 세상에 대한 '진실'을 말해주는 것으로 받아들여진다. 과학적인 방법론에서는 동일하거나 비슷한 조건 하에서는 그 진실이 반복된다고 가정한다. 따라서 진실은 다른 사람들에 의해 다시 관찰될 수 있다. 따라서 연구결과의 반복검증은 과학적 연구의 중요한 요소이다. 만일 비슷한 조건에서 동일한 진실이 발견되지 않는다면 애초에 보고된 결과가 신뢰성이 없거나 일관성이 없는 것으로 간주하며 의문의 여지가 남게 된다. 연구결과의 신뢰도 혹은 반복가능성에 대한 요구는 연구자에게 명확하고 간결하게 연구를 개념화하여 수행해야 하며, 다른 사람들이 그들의 연구를 반복검증하고 판단할 수 있는 방식으로 연구결과를 전달해야 한다는 부담을 주게 된다.

연구결과의 타당도

신뢰도가 연구결과의 일관성 또는 반복가능성을 말하는 것이라면 타당도는 과학적 발견의 정확성, 합당함, 적절성을 의미한다. 타당도는 매우 복잡한 문제이다. 일반적으로 타당도는 연구의 목적과 그 결과를 활용하는 방식에 근거하여 판단한다. 많은 연구에서 내적 타당도와 외적 타당도가 중요하다.

연구의 목적은 어떤 현상에 대한 설명을 제공하는 것이다. **내적 타당도**(internal validity)는 그 설명이 올바르거나 합당한 정도를 나타낸다. 연구에 사용된 방법과 설계에 따라 여러 요인이 내적 타당도를 위협할 수 있다

미스 로저스, 샐리 그린입니다. 우리 아들 연구 프로젝트가 텔레비전 과잉 시청이
10세 아동에게 미치는 영향이 맞나요?

(Shadish, Cook, & Campbell, 2002). 실제적이고 윤리적인 고려 사항뿐 아니라 연구의 목적에 따라 연구자들은 내적 타당도를 극대화할 수 있는 연구방법을 선택하여 연구를 수행한다. 일반적으로 다른 설명가능성을 얼마나 배제할 수 있는지에 따라서 제공된 설명의 타당성 정도가 결정된다.

외적 타당도(external validity)는 일반화에 대해 묻는 것이다. 즉 연구결과가 다른 집단과 상황에 적용될 수 있는 정도를 말한다. 연구자들이 거의 항상 이 문제에 관심이 있기는 하지만 일반화를 그냥 가정해 버릴 수는 없다. 예를 들어 미국에 있는 유럽계 아동에게 얻은 결과는 멕시코계의 미국 아동에게 적용될 수도 있고, 안 될 수도 있다. 동물실험의 결과는 인간에게 적용될 수도 있고, 안 될 수도 있다. 고도로 통제된 상황에서 수행된 실험의 결과가 실제 세계에 적용될 수도 있고, 안 될 수도 있다. 일반화 문제에 대해 완벽하게 답하기는 어렵지만 다양한 집단, 장면, 방법을 사용하여 연구가 이루어질수록 외적 타당도의 증거는 늘어나게 된다.

기본적인 연구방법

연구에 접근하고 수행하는 방법은 여러 가지이다. 한 사람에게 집중할 수도 있고, 한 집단 혹은 여러 집단의 사람들을 대상으로 연구할 수도 있다. 연구자는 연구 절차와 환경에 대해 상대적으로 더 크거나 작은 통제력을 행사할 수 있다. 연구 일정은 비교적 짧을 수도 있고 몇 년이 걸릴 수도 있다. 그럼에도 불구하고 모든 연구방법에는 장단점이 있으며 어떤 방법을 선택하는지는 연구의 목적과 기타 특성에 달려 있다. 게다가 서로 다른 방법을 사용한 연구들에서 얻은 결과의 수렴성은 특히 강력한 결론을 만들어낸다.

연구방법을 개념화하거나 범주화하는 데 한 가지 방법만 있는 것은 아니다. 한 가지 유용한 구분은 **기술(비실험)연구법**[descriptive(nonexperimental) method]과 **실험연구법**(experimental method) 간의 구분이다. 기술연구법의 일반적인 목적은 관심이 있는 현상에 대한 그림을 그리는 것이다. 관찰은 다양한 방식으로 이루어지고 분석된다. 아동 한 명의 특성과 생활이 기술되기도 하고 서로 다른 여러 집단 청소년들의 행동을 비교하기

David Sipress/The New Yorker Collection/Cartoon Bank

도 한다. 연구자가 흥미를 느끼는 둘 또는 그 이상의 변인들 간의 관계가 기술되는 일도 빈번하다. 비실험연구법은 광범위하게 사용되고 있으며 복잡한 관계를 알아내기 위해 정교한 상관관계와 다변량 통계분석이 포함되기도 한다.

실험연구는 무선화된 실험연구와 유사실험 연구로 구분할 수 있다(Shadish, Cook, & Campbell, 2002). **무선화된 실험**(randomized experiment)은 인과관계를 알 수 있게 해주므로 매우 좋은 방법이다. 무선화된 연구에서는 실험적 조작(A)이 이루어진 후에 그 효과(B)를 검사한다. A를 변화시켰을 때 B도 변화할 경우 인과관계가 존재하는 것이며 그 둘 간의 관계에 대한 다른 식의 설명은 가능하지 않다. 다른 식의 설명을 배제하는 데 중요한 것이 바로 조작 조건에 실험 참가자를 무선적으로 할당하는 것과 실험절차 및 가외요인들에 대한 실험자의 통제이다.

유사실험 연구(quasi-experimental study)는 조작과 다양한 통제를 포함한다는 점에서 무선화된 연구와 유사하다. 그러나 실험 참가자를 조작 조건에 무선적으로 할당하지는 않는다. 이 차이로 인해 인과관계 설명의 확실성이 줄어든다. 예를 들어 유사한 장애 아동의 가족들 중에서 부모훈련에 자발적으로 참여한 가족과 그렇지 않은 가족을 비교하는 연구를 가상적으로 생각해볼 수 있다. 교육을 받은 집단이 더 잘했다면 부모훈련의 효과가 있었다고 결론 내릴 수 있는가? 어쩌면 부모훈련을 받겠다고 자원한 사람들이 처음부터 더 나은 기술을 가지고 있었거나 잘하고자 하는 동기가 더 강했을지도 모른다. 사실 우리는 실험 조건 이외의 무엇인가가 효과를 초래했을 가능성을 배제할 수 없다. 하지만 인과관계 주장을 강화시켜 줄 방법들이 있다. 각 집단을 교육 이전과 이후에 평가했을 때 부모훈련을 받은 집단에서 그렇지 않은 집단보다 이전–이후의 차이가 더 크게 나타났

커티스의 적대적 반항장애 : 행동적 부모훈련 사례

커티스는 8세의 백인 남아로 치료를 받고 있음에도 가정과 학교에서 반항적 행동이 계속되어서 이전 치료사에 의해 클리닉에 의뢰되었다. 커티스는 63kg으로 체질량지수로는 '과체중' 구간에 있었다. 부모는 커티스가 하루에 두세 번씩 '화를 내며(예 : 소리를 지르고, 상대방의 말을 듣지 않거나 논쟁을 함)' 그렇게 폭발한 후에는 몇 시간씩 반항적이고 불순종적으로 행동한다고 말하였다. 커티스의 부모는 또한 그가 지시를 따르지 않으며, 부모에게 말대꾸를 하고, 어린 여동생들(3세, 9세)을 해치기라도 할 것처럼 행동하여 이들을 위협한다고 보고하였다.

커티스는 학교에 친한 친구들도 없었고, 과거에 교사들이 그의 학업성취에 대해 걱정한 적이 없었음에도 최근에는 나쁜 성적을 받았다. 의학적, 발달적 과거력은 주목할 만한 것이 없으며, 가족에 따르면 외상 경험도 없었다. 커티스에게 처방된 약물도 없었다. 그러나 직계 가족의 우울 및 불안력이 존재하였다. 내원 당시 커티스의 부모는 별거 중이었는데 행동문제는 이들의 별거보다 먼저 발생하였다. 커티스는 본

인 및 부모와의 면접, 부모 및 교사 보고 질문지, 객관적 심리검사, 불안에 대한 구조화된 면접, 교실에서의 행동관찰을 포함하는 심리평가를 받았다.

심리검사 결과 주의력결핍이나 충동성 문제는 없었다. 커티스는 특히 어머니와의 분리 시에 분리불안 증세를 보이긴 했지만 분리불안장애의 기준은 만족시키지 못했다. 커티스는 평균 지능을 보였는데, 언어적 지능과 구두 언어력은 99%ile로 평균보다 훨씬 높았다. 게다가 학업문제는 기저의 학습 어려움 때문이 아니라 학업에 대한 불순종 때문이었다. 요약하면 평가결과 적대적 반항장애(중간 수준)와 불안장애(비구체화된) 진단이 내려졌다.

심리평가결과에 따라 평가자는 커티스와 그의 부모가 행동적 부모훈련에 참여하여 부모가 그의 반항적이고 적대적인 행동을 효과적으로 다룰 수 있도록 도움을 받는 것이 좋겠다고 제안하였다.

– Stokes 등(2017)에서 수정 인용

다면 교육의 효과에 대한 증거가 되는 것이다.

기술연구와 실험연구의 차이를 염두에 두고 이제부터 발달정신병리 연구에서 흔히 사용되는 네 가지 연구방법에 대해 살펴보기로 하자.

사례연구

사례연구(case study)는 심리장애에 대한 연구를 할 때 널리 사용되는 기술적인 비실험법이다. 사례연구법에서는 한 개인에게 초점을 맞추어서 그 사람의 배경 및 현재와 과거의 생활상황, 기능, 성격 특성 등을 기술한다. 사례연구를 통해 우리는 심리적인 문제의 성격과 발달과정, 관련 요인, 결과, 그리고 가능한 원인을 알 수 있다. 그뿐만 아니라 임상 실무와 연구 사이에 흔히 존재하는 차이를 메워 줄 수도 있다(Kazdin, 1998).

커티스의 사례는 적대적 반항행동을 치료하기 위해 의뢰된 소년에 대한 사례연구를 요약한 것이다. 커티스와 그의 부모님은 행동관리 및 적절한 행동에 대한 보상을 다루는 부모훈련을 활용한 치료에 참여하였다. 치료가 끝날 무렵 커티스의 행동은 향상되었다. 그의 부모는 그가 집에서나 학교에서 반항적 행동을 거의 보이지 않으며, 순종 행동도 향상되고, 불안도 감소했다고 보고하였다. 커티스는 더 이상 적대적 반항장애의 진단기준을 만족시키지 않았다.

이러한 사례 보고의 일차적 목표는 심각한 문제를 지닌 아동에 대한 치료 접근을 예시하고 치료는 각 아동의 필요에 맞추어 행해져야 한다는 점을 강조하는 데 있다(Stokes et al., 2017). 사례연구의 강점 중 하나는 예시 기능으로 사례연구는 그러한 목표에 적합하다(Kazdin, 2016). 사례연구는 현상에 대한 풍부한 기술을 제공해주며 심지어 매우 드물어서 다른 방법으로는 연구할 도리가 없는 현상에 대해서도 기술해준다. 사례연구는 다른 연구방법을 통해 검증해 보아야 할 가설을 제공해주기도 하고 그럴듯한 생각들과 어긋나는 예들을 제공하기도 한다. 사례연구의 약점은 신뢰도와 타당도이다. 일상생활에서 발생한 사건에 대한 기술은 종종 시간을 거슬러 올라가기 때문에 자료의 정확성과 신뢰도에 대한

의문이 제기될 수 있다. 사례연구가 기술을 넘어 해석의 단계로 가게 될 때 그 해석의 타당도를 판단할 수 있는 기준도 거의 없다. 단 한 명만 관찰한 것이기에 그 결과를 다른 사람들에게 확신을 갖고 일반화할 수도 없다. 이러한 약점에도 불구하고 기술적인 사례연구는 정신병리 연구에 오랫동안 사용되어 왔고 계속적으로 기여하고 있다.

상관연구

상관연구(correlational study)는 연구 참가자들에 대한 실험조건의 조작 없이 둘 또는 그 이상의 요인들 간의 관련성을 기술하는 비실험적인 연구를 말한다. 상관연구는 자연적인 상황에서 혹은 실험실에서 다양한 방식으로 이루어질 수 있으며 복잡한 연구설계의 경우 많은 변인을 포함할 수 있다. 상관관계의 특성과 강도를 결정하기 위해서는 통계적인 절차를 이용한다.

여기에서는 상관관계 연구법의 기본적인 내용들만 살펴보기로 하겠다. 가장 단순한 형태로 질문을 기술해본다면 요인 X와 요인 Y가 서로 관계가 있는가, 만일 있다면 어느 방향으로 관계를 보이며, 그 정도는 얼마나 되는가이다. 연구자는 적절한 표본을 선정한 다음에 각각의 연구 참가자로부터 변인 X와 변인 Y에 대한 측정값을 구한다. 이들 두 세트의 점수에 대한 통계분석이 이루어지는데 이 경우 피어슨 적률상관계수(Pearson product-moment coefficient) r을 계산할 수 있다.

항상 +1에서 −1 사이의 값을 갖는 피어슨 r은 관계의 방향과 강도를 나타낸다[1]. 방향은 계수의 부호를 통해 알 수 있는데 양수 부호(+)는 변인 X의 점수가 높을 때 변인 Y의 점수도 높고, X의 점수가 낮을 때 Y의 점수도 낮다는 것을 의미한다. 이러한 관계를 **정적 상관**(positive correlation)(또는 직접 상관)이라고 한다. 음수 부호(−)는 X의 점수가 높을 때 Y의 점수가 낮고, X의

---

1. Pearson r은 연구의 특성과 복잡성에 따라 계산될 수 있는 여러 상관계수 중 하나이다. 여기 설명된 일반적 절차와 해석은 다른 종류의 상관계수에도 적용된다.

점수가 낮을 때 Y의 점수가 높다는 것을 의미한다. 이것을 **부적 상관**(negative correlation 또는 간접 상관, 역상관)이라고 한다.

상관의 강도나 크기는 계수의 절댓값에 나타나 있다. 가장 강력한 관련성은 $+1.00$ 또는 -1.00의 r값으로 표기되며 계수의 절댓값이 감소할수록 관련성이 약해진다. 상관계수가 0.00이라면 두 변인이 전혀 관련이 없다는 의미이며 한 변인의 점수가 다른 변인의 점수에 관해 아무것도 말해주지 못한다.

어떤 연구자가 영아기의 안정애착과 아동기 적응 간의 관련성을 연구한다고 가정해보자. 연구자는 각각의 참가자로부터 영아기 안정애착에 대한 측정값과 아동기 적응의 측정값을 구한다. 가상적인 자료를 〈표 4.2〉에 제시하였다. 피어슨 r을 산출했더니 그 값이 $+.82$가 나왔다. 이 결과를 어떻게 해석할 것인가? 양수 부호는 안정애착 점수가 높은 아동이 나중의 적응 점수도 더 높은 경향이 있음을 말해준다. 계수의 크기는 그 관련성이 강함을 시사하는데, 1.00이 완벽한 정적 상관이기 때문이다.

상관관계가 존재할 때 한 변인의 점수를 알면 그 사람의 다른 변인 점수가 얼마일지를 예측할 수 있다. 하지만 상관관계가 인과관계에 대한 결론을 자동적으로 도출해주지는 않는다. 한 가지 문제는 상관관계의 방향성이다. 양육행동과 자녀의 적응 간에 정적 상관이 발견되었다고 가정할 때 양육행동이 자녀의 부적응을 초래했을 수 있지만 반대로 자녀의 부적응으로 인해 부모가 특정 방식의 양육행동을 하게 되었을 수도 있다. 인과관계의 방향이 분명하지 않은 것이다. 때로는 변인들의 특성을 검토함으로써 그 문제를 해결할 수도 있다. 예를 들어 불안정한 초기 애착과 이후 아동기의 문제 사이에 상관관계가 존재한다면 나중의 적응이 초기의 불안정 애착을 초래하는 것은 근본적으로 불가능하다.

그러나 방향성이 문제가 되지 않는다고 해도 상관관계가 하나 혹은 그 이상의 알 수 없는 변인들에 의해 초래되었을 가능성은 여전히 남아 있다. 어쩌면 아동의 사회적 역량이 초기 애착의 질과 이후의 사회적 적응 양쪽 모두에 영향을 미친 것일 수 있다. 이 가능성을 확인하기 위해서는 사회적 역량을 측정한 다음 그 효과를 제거하거나 일정하게 유지시킬 수 있는 통계기법을 사용할 수 있다. 그렇게 했을 때도 여전히 상관관계가 나타난다면 그 관계를 사회적 역량에 의한 것으로 설명할 수 없다. 가능한 다른 원인요소들의 효과를 배제하는 데 이 같은 부분상관법이 도움이 되기는 해도, 어떤 연구자도 가능한 모든 인과적 변인이 평가되었는지를 결코 확신할 수 없다.

앞서 언급된 약점에도 불구하고 상관분석을 사용한 연구설계는 이상심리학 분야에서 상당히 가치가 있다. 이 방법은 연구자가 구체적인 가설을 세우기 전에 변인들 사이에 어떤 관계가 있는지를 먼저 살펴보고자 할 때 유용하다. 윤리적인 문제로 인해 학대, 사회계층, 약물 사용이나 유전적 차이와 같이 연구자가 관심을 둔 변인들을 조작할 수 없을 때 상관분석은 특히 가치를 발한다.

이 밖에도 여기에서 논의하기에는 너무 복잡한 구조모형분석(structural modeling) 같은 기법들은 연구자들이 복잡한 관련성을 탐색하고 인과관계에 대한 그들의 가설을 확신할 수 있게 해준다. 연구자는 연구하고 있는

▮ 표 4.2　영아의 안정애착과 아동기 적응에 대한 가상적 연구자료

아동	변인 X 애착 점수	변인 Y 아동기 적응 점수
다니엘	2	5
니키	3	4
사라	4	12
베스	7	16
제시카	9	10
알리아	11	22
브렌트	13	18

피어슨 적률상관계수는 $+.82$인데 두 변인 사이에 강력한 정적 상관을 나타낸다.

생각상자 **자연적 실험**

이름과 달리 **자연적 실험**(experiments of nature)은 실험이 아니고 조작이 이루어지지 않는다. 실험자가 관심 현상을 조작하지 못한다. 이 연구에서는 자연스럽게 일어나는 사건을 살펴보고 비교집단과 비교한다(Kim & Steiner, 2016). 상관분석과 다른 통계적 분석방법이 관계를 평가하는 데 사용될 수 있다.

주목할 만한 예는 보호시설에서의 생활이 아동발달에 미치는 영향에 대한 연구이다. 역사적으로 오랜 기간 고아원에서 성장한 아동들, 고아원에서 입양된 아동들 또는 보호시설에 간 적이 없는 아동들을 비교해왔다. 이런 연구들은 보호시설에서의 생활이 지적발달, 신체적 건강, 사회정서적 기능에 부정적 영향을 미친다는 사실을 보여주었다(Merz et al., 2016; Woodhouse,

Miah, & Rutter, 2018). 보호시설에서 더 오래 생활하고 고아원이 질적으로 더 열악할수록 발달적 결과는 더 나빴다(McCall & Groark, 2015).

모든 연구방법과 마찬가지로 자연적 실험은 강점과 약점이 있다(Thapar & Rutter, 2019). 보호시설생활의 효과와 관련된 가장 큰 약점은 집단 자체에 내재되어 있는 선택편향이다. 예를 들어 고아원에서 입양된 아동들은 고아원에 그대로 남아 있는 아동들보다 입양되기 전부터 문제가 더 적었을 수 있다. 이러한 선택편향으로 인해 결과의 해석이 어려워진다. 그러나 이러한 약점에도 불구하고 자연적 실험은 연구자들이 쉽게 조작할 수 없는 삶의 상황들에 대해 더 잘 이해하게 해준다.

변인들 사이의 특정한 관계에 대해 가설을 세운다. 그런 다음에는 수집된 자료가 연구자가 구체화한 모형에 얼마나 잘 맞는가를 통계기법을 활용해서 평가한다. 심리적 어려움에 대한 여러 문제에 답하기 위해 이러한 기법이나 상관에 기초한 다른 방식을 사용하는 예시들은 이 책 전반에 걸쳐 소개될 것이다(생각상자 '자연적 실험' 참조).

무선화 실험

무선화 실험(randomized experiment)은 변인 간 인과관계를 추론해내는 가장 강력한 방법이기 때문에 때때로 '참'실험으로 명명된다. 서로 다른 조건에 무선적으로 할당된 참가자들에게 통제된 조작[**독립변인**(independent variable)]이 주어진다. 조작의 결과가 측정되고 [**종속변인**(dependent variable)], 실험조건과 통제조건 간의 차이를 확인한다. 각 집단은 독립변인을 제외한 모든 면에서 가능한 한 유사하게 취급되므로 집단 간 차이는 처치로 인한 것으로 간주될 수 있다. 참가자를 각 집단에 무선 배정하는 것은 어떤 차이든지 애초의 집단 차이 때문이 아니라 조작 그 자체에 의한 것일 가능성을 크게 만든다.

실험의 예로서 Abecedarian 프로젝트를 살펴보기로

하자. 이 프로젝트는 위험요인을 갖고 있는 아동에게 보육서비스의 일환으로 제공되는 아동중심적이고 지적 자극이 풍부한 환경이 도움이 되는가를 알아보기 위한 최초의 시도였다(Campbell et al., 2001; Ramey & Campbell, 1984). 산전(prenatal) 클리닉과 지역의 사회복지 부서를 통해 가능한 참가자들을 찾아냈다. 참여할 가정은 설문조사에 기초하여 위험 여부를 확인하고 참여 아동의 출생 직전이나 직후에 선발하였다. 연구자들은 고위험 지표(High Risk Index)상의 유사 정도에 따라 각 가정을 짝짓고 각 쌍의 아동을 처치집단과 통제집단에 한 명씩 무선 배정하였다(Ramey & Campbell, 1984).

이 연구의 독립변인은 교육 프로그램의 제공이었다. 처치집단의 아동들은 생후 3개월이 되었을 때부터 보육 프로그램을 제공받았고 54개월이 될 때까지 발달상태에 대한 점검을 받았다. 교육 프로그램에는 언어, 운동, 사회성 및 인지적 구성요소가 포함되어 있었는데 아동의 연령에 따라 다소 달랐다. 통제집단 아동들은 보육센터에 다니지 않았고 교육 프로그램도 받지 않았다. 그 이외에는 처치집단 아동과 동일한 경험을 하도록 주의를 기울였는데 영양섭취, 건강관리, 사회복지서비스 지원 측면에서 두 집단이 유사하였다. 종속변인은 모든 아동에게 1년에 두 번씩 시행되었던 표준화된 발달검사 또는

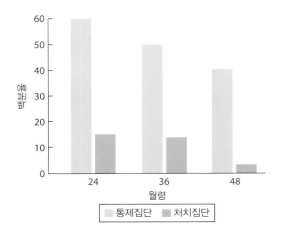

그림 4.2   처치집단과 통제집단에서 스탠퍼드 비네-IQ 점수가 85점 이하인 아동의 연령대별 비율[Ramey & Campbell(1984)에서 인용]

지능검사였다.

검사결과 18개월부터 처치집단 아동의 점수가 통제집단 아동의 점수를 앞지르기 시작하였으며, 이 차이는 **통계적 유의도**(statistically significant)를 보여주었다.[2] 〈그림 4.2〉에 이 결과가 제시되어 있다. 그래프를 보면 교육 프로그램을 받은 아동이 24, 36, 48개월 때 지능점수 85 또는 그 이하를 받은 비율이 통제집단 아동과 비교하여 훨씬 적다. 연구자들은 교육 프로그램이 처치를 받은 위험군 아동의 지적 발달에 도움을 주었다고 결론지었다.

이 결론은 정당한가? 즉 이 연구는 내적 타당도를 지니고 있는가? 참가자를 선정하고 각 조건에 배정한 방법을 보면 이 연구결과가 교육 프로그램과 상관없이 두 집단 간에 본래부터 존재하던 차이 때문이라고는 말하기 어렵다. 더구나 독립변인을 제외한 모든 면에서 처치집단과 통제집단이 유사하게 다루어지도록 주의를 기울였다. 이러한 것들이 제대로 이루어진 만큼 이 연구의

내적 타당도에 대해 확신을 가질 수 있으며, 연구결과가 실험처치 때문이라고 주장할 수 있다. 그러나 이 문제와 관련하여 주의할 점이 있다. 연구가 실험실에서 이루어질 때는 두 집단의 경험을 통제하는 것이 비교적 쉽지만 이 연구처럼 실제 생활 장면에서 이루어질 때는 통제 정도와 그에 따른 내적 타당도가 다소 불명확할 수 있다는 점이다.

또 다른 문제는 자료의 수집에 관한 것이다. 아동에게 표준화 검사를 실시한 사람들이 각 아동이 어느 집단에 배정되었는지를 알고 있을 수 있으므로 자료수집에 편견이 개입될 가능성이 있다. 그러나 검사자들을 각 검사 조건에 무선 배정하였다면 검사자의 편견 가능성은 배제될 수 있다.

그렇다면 이 연구의 외적 타당도 혹은 일반화 가능성은 어떠한가? 외적 타당도는 프로그램이 사용될 가능성이 있는 보육센터에서 개입이 실제 시행됨으로써 향상된다. 그러나 처치의 긍정적 효과는 애초에 그 효과가 입증된 조건과 다른 환경에서 처치가 이루어질 때는 나타나지 않을 수 있다(생각상자 '중개연구 : 실험실에서 실세계 상황으로' 참조).

Abecedarian 프로그램에 대해 논의한 목적은 무선화 실험의 예를 보여주기 위한 것이지만 이 프로젝트가 초기 교육적 개입에 대한 대표적 연구라는 점은 주목할 만하다(Pungello et al., 2010). 이 연구의 참가자들을 초기 성인기까지 추적하여 연구하였는데 장기적 효과도 나타났다(Campbell & Ramsey, 1994; Campbell et al., 2001, 2014). 이 프로젝트는 텔레비전 다큐멘터리 〈My Brilliant Brain〉에서 소개되었다(The Carolina Abecedarian Project-FPC Child Development, 2008).

단일사례 실험설계

단일사례 실험설계(single-case experimental design)에서는 한 명 혹은 소수의 참가자에 대한 실험 조작이 이루어진다. 이러한 연구에서는 종속변인이 시간 간격을 두고 반복적으로 측정되기도 하므로 '시계열 설계법(time-series designs)'이라고 부르기도 한다. 이 방법은 임상

---

2. 통계적 유의도는 연구결과가 단순히 우연에 의한 것이 아닐 가능성에 관한 것이다. 보통 통계적으로 유의한 결과는 연구가 100번 반복되었을 때 단지 5회 또는 그 이하로만 우연하게 발생한다고 간주된다. 통계적 유의도 검사는 많은 종류의 연구방법에 적용될 수 있다.

| 생각상자 | 중개연구 : 실험실에서 실세계 상황으로 |

치료의 일반화 문제는 연구와 지식의 적용 사이의 괴리에 대한 좀 더 일반적 우려의 일부이다(Palinkas, 2018). 다양한 전문가들과 정부집단들이 이 문제를 제기해 왔다. 국립보건원(National Institutes of Health, NIH)은 사람들의 건강을 개선하기 위해서 기초연구를 실생활에 적용시키는 데 앞장서서 많은 노력을 기울여 왔다(Guerra, Graham, & Tolan, 2011). NIH의 **중개연구**(translational research)에 대한 요청은 두 단계 모델 또는 두 유형의 연구로 개념화되어 왔다.

정신건강에 적용해볼 때 흔히 '의자에서 병상으로(bench to bedside)' 접근으로 명명되는 유형 1의 연구는 건강을 향상시키기 위해 문제, 병인, 개입의 설계와 검증에 관심을 둔다. 최근 들어 이러한 노력이 많은 진전을 보이고 있다. 여기에는 여러 가지 개입과 예방이 아동과 청소년들에게 미치는 긍정적 효과를 연구로 보여주는 것이 포함된다(Prinstein et al, 2019). 그러나 많은 연구가 이러한 긍정적 효과가 임상 실무에는 반영되지 않는다는 사실을 보여주었다. 아마도 실제 임상적 사례는 더 복잡하거나 또는 경험적으로 검증된 개입의 적용은 실제 상황에서 덜 조직화되거나 덜 구조화되는 탓에 상당히 다를 수 있다.

이런 상황을 개선하기 위해 연구자들에게 실제 상황의 특징을 개입의 설계와 평가에 포함시킬 것이 제안되고 있다(Kendall & Frank, 2018).

게다가 아동과 청소년들의 장애 유병률이 높아지고 치료를 받기는 어렵기 때문에 증거기반 정신건강관리를 보다 대규모로, 즉 '병상에서 지역사회로(bedside to community)' 성공적으로 중개하는 것이 요구되고 있다. 유형 2 연구에서는 건강관리를 실천하는 지역사회 기관들의 증거기반 개입의 더 폭넓은 채택, 시행과 지속성에 관심을 두고 있다(Guerra et al., 2011). 연구자들은 시행(implementation)의 과학을 개발하기 시작했다. 아직은 초기 단계에 있지만 시행에 중요한 요소들에 대한 연구가 이루어지고 있다(Hoagwood et al., 2017). 이런 요소들에는 서비스 기관이 증거기반 프로그램을 채택하는 결정과정, 임상 실무자에 대한 훈련과 평가, 프로그램에 대한 헌신과 현재 관행의 '해체' 등 요구되는 조직의 변화, 지역사회 내 새로운 프로그램에 대한 평가와 유지가 포함된다. 전문가들의 노력뿐 아니라 상당한 정부 및 민간자원이 시스템 수준의 시행에 투자되고 있다.

적 개입의 효과를 평가할 때 자주 사용된다(Nestor & Schutt, 2019). 단일 참가자로는 강력한 일반화가 불가능하기 때문에 외적 타당도는 높지 않다. 하지만 다른 참가자나 다른 상황에서 같은 연구를 반복함으로써 외적 타당도를 높일 수 있다. 내적 타당도의 문제는 대안적 설명의 가능성을 통제하는 특수한 연구설계를 사용함으로써 해결할 수 있다(Gast, Blair, & Ledford, 2018).

역전 설계

ABA 역전 설계(ABA reversal design)에서는 문제행동을 주의 깊게 기술한 다음 참가자가 여러 가지 상황에 노출되는 동안 시간 간격을 두고 반복하여 문제행동을 측정한다. 첫 번째 관찰기간(A)에는 어떠한 개입이나 치료를 받기 이전의 행동을 측정한다. 이 기저선 측정치는 변화를 평가하기 위한 기준으로 사용한다. 그다음 관찰기간(B)에는 개입이 이루어지면서 A 기간과 동일한 방법으로 행동을 측정한다. 그런 다음 개입을 중지하고 다시 처음의 기저선(A)과 동일한 조건으로 돌아간다.

〈그림 4.3〉은 ABA 설계의 가상적 사례를 보여준다. 적절한 놀이행동은 기저선 동안 매우 낮은 빈도로 일어났으나 개입이 진행되는 B 단계 동안 증가하고 개입이 중단된 두 번째 A 기간에 다시 감소한다. 개입이 제공되는 동안 개선된 행동이 나타나는 연구에서는 특히 임상적 치료가 그 연구의 목적일 경우 효과적인 개입을 다시 시도하는 네 번째 기간을 연구에 포함해야 한다. 그러면 대개는 행동이 다시 향상된다.

ABA 설계는 개입 후에 나타나는 바람직한 목표 행동을 예전으로 되돌리기 어렵다는 한계를 지니고 있다. 예를 들어 치료를 통해 학습기술이 향상되었다면 개입이 중단되어도 아동의 학습기술이 감소하지 않을 수 있다. 치료의 관점에서 본다면 이것은 긍정적인 결과이다. 그러나 연구의 관점에서 본다면 과연 치료 때문에 긍정적

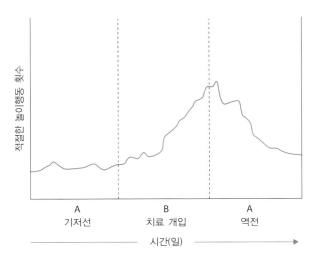

그림 4.3 ABA 설계의 가상적 예

그림 4.4 가상적인 다중 기저선 단일사례 실험에서 단계에 따라 나타난 성질 부리기와 물건 집어던지기 행동의 빈도

인 행동이 나타난 것인지 여부를 확인할 길이 없게 된다. 또한 치료적 개입이 일단 긍정적인 변화로 이어지면 연구자가 개입을 철회하기를 망설일 수 있으며 그렇게 되면 개입의 효과성에 대한 명백한 증거를 얻지 못하게 된다.

다중 기저선 설계

역전 설계가 적합하지 않을 때는 다중 기저선 설계(multiple baseline designs)가 적절할 수 있다. 한 참가자가 보여주는 여러 가지 행동, 한 참가자가 여러 상황에서 보여주는 동일한 행동, 소수의 서로 다른 참가자가 보여주는 동일한 행동 등을 나타내는 여러 개의 기저선을 기록한다. 여러 기저선 조건 가운데 한 조건에 대해서만 치료 개입이 이루어지고 그 효과를 관찰한다. 만일 치료 효과가 나타나면 그것은 다른 가외변인 때문이 아니라 개입 때문일 가능성이 크다. 다중 기저선 설계는 이런 방식으로 내적 타당도의 기초를 어느 정도 제공해준다(Gast et al., 2018).

예컨대 한 아동의 두 가지 행동을 오랜 시간에 걸쳐 기록하는 다중 기저선 설계법을 생각해보자. 두 행동에 대한 기저선이 확보된 후 그중 한 가지 행동에 대해서만 치료 개입이 이루어진다. 다음 단계에서는 나머지 행동

에 대한 치료도 이루어진다. 예를 들어 어떤 임상학자가 아동의 성질부리는 행동과 물건을 집어 던지는 행동이 그런 행동에 대한 어른들의 관심 때문에 지속된다는 가설을 세웠다고 하자. 이 경우 관심을 거두면 그러한 행동이 감소하리라는 예상이 가능하다. 두 행동의 발생 빈도가 시간 경과에 따라 어떻게 변화하는가를 가상적으로 나타낸 〈그림 4.4〉를 보면 이 가설이 지지되고 있음을 알 수 있다. 치료절차의 양상에 따라 행동의 변화가 나타나기 때문에 다른 요인이 아니라 바로 관심을 거두는 것이 그 같은 변화를 초래했다고 볼 수 있다.

흔히 사용되는 또 다른 다중 기저선 설계에서는 여러 참가자의 기저선을 기록하고 서로 다른 시간대에 치료를 제공한다(Tate & Perdices, 2019). 〈그림 4.5〉는 비언어적 발달이 지연된 아동의 발화를 증가시키기 위해 개입을 실시한 연구의 예를 보여준다. 여기에서는 아동 두 명의 기저선을 측정한 다음 아동 1에게 치료를 실시하였고, 그다음에 아동 2에게 치료를 실시하였다. 두 아동 모두 치료가 도입될 때 유사한 변화를 나타냈는데, 이는 치료가 실제로 변화를 일으켰다는 확신을 증가시켜준다.

다른 종류의 단일사례 실험설계도 많이 있다(Kazdin,

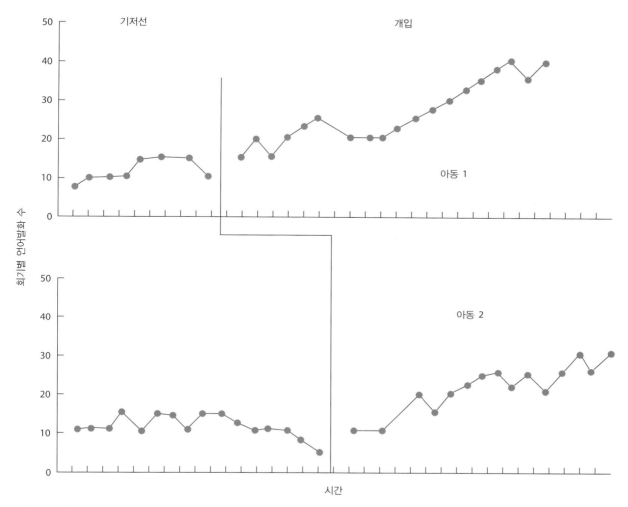

그림 4.5 가상적 다중 기저선 실험의 단계별 두 아동의 언어발화 수

2016). 이러한 방법들은 모두 한 명 또는 소수의 참가자와 일을 하면서 연구자-임상가들이 가설을 검증할 수 있게 해주며, 특히 치료의 경우에는 당장 신경을 써야 하는 대상에게 집중하도록 해준다. 가외변인의 통제는 실험실에서 더 효과적이겠지만 자연 환경에서 수행하기에는 단일사례연구가 상대적으로 더 용이하다(Morgan & Morgan, 2001). 그러므로 단일사례연구는 실제 임상 실무를 포착할 수 있는 잠재력이 있다.

요약하면 우리가 지금까지 살펴본 연구방법들은 몇 가지 측면에서 차이가 있지만 각각 장단점이 있다. 비실험법은 현상을 기술할 때 적합하고 조작이 여의치 않을 때 특히 유용하다. 실험법은 내적 타당도의 기준을 가장 잘 충족시키고 인과적인 추론을 가장 잘 이끌어 낼 수 있다. 연구방법의 선택은 연구의 목적에 달려 있으며 실제적 · 윤리적 고려도 필요하다. 과학적인 시도는 정신병리를 이해하기 위해 다양한 접근에서 사용되는 여러 가지 방법 때문에 더 풍성해진다(생각상자 '역학 연구 : 단순히 머릿수 세기 이상의 것' 참조).

연구의 시간 틀

연구방법을 앞서 기술한 대로 구분하기도 하지만 시간

| 생각상자 | 역학 연구 : 단순히 머릿수 세기 이상의 것 |

역학(epidemiology)은 전집에서 나타나는 장애의 분포와 원인에 대한 양적 연구이다(Scott et al., 2018). 이 접근은 의학과 공중보건에 기초를 두고 있으며 처음에는 전염성 질병을 연구하는 데 초점을 두었다. 전집이나 대표적 표본에서 장애의 사례들을 확인하고 장애에 대한 여러 가지 종류의 자료들이 수집되고 분석된다.

역학의 한 가지 목표는 빈도가 시간에 따라 어떻게 변하는지를 포함하여 전집에서 장애의 빈도를 모니터링하는 것이다. 빈도는 여러 가지 방식으로 측정될 수 있다. 장애의 발생은 특정기간, 대개의 경우 1년 동안 새롭게 발생한 사례의 수를 말한다. 유병률(prevalence)은 특정 시기에 모집단에서 나타난 장애를 말한다. 예를 들어 사례의 수나 모집단의 비율로 결정할 수 있다. 평생 유병률(lifetime prevalence)은 전집에서 평생 한 번이라도 장애를 보였던 사람들의 수나 비율을 말한다. 임상표본에는 선택편향이 내재되어 있기 때문에 이를 감소시키기 위해서 임상표본이 아니라 일반전집에 집중하는 것이 더 유용하다. '사람의 수를 세는 것'도 장애가 증가하든지 감소하든지 간에 치료의 필요성 등에 대한 정보를 주기 때문에 도움이 된다. 그렇지만 역학은 단순히 사례 수를 세는 것 이상의 일을 한다(Costello, Egger, & Angold, 2005a).

장애의 빈도를 전집의 특별한 특징과 관련지음으로써(즉 전집에서 장애 사례들이 어떻게 분포하는지를 결정함으로써) 역학은 위험과 인과성에 대한 정보를 제공한다. 예를 들어 전집에서 섭식장애 유병률이 청소년기에 특히 여자에게서 증가한다는 사실은 시기와 성별에 관한 인과적 질문을 중요하게 만든다. 즉 개인이 섭식장애에 걸릴 가능성을 증가시키는 데 있어서 사춘기와 여자라는 사실이 어떤 영향을 미치는가?

역학은 어떤 집단의 사람들이 고위험군이고, 어떤 요인이나 역기능이 이 장애와 관련이 있는지, 장애의 원인과 전달 방식은 무엇인지, 장애를 어떻게 예방하거나 감소시킬 수 있는지를 알아내려고 노력한다. 아동과 청소년에 관심이 있는 역학자들은 예를 들어 위험이 나타날 때부터 발병과 결말에 이르기까지 장애를 종단적으로 연구함으로써 발달적 관점을 적용하고 있다(Costello & Angold, 2016). 역학적 접근은 유전의 효과와 유전-환경 상호작용에 대한 이해를 넓히는 데 중요한데 이 분야의 연구는 대표적 표본이 크거나 매우 클 필요가 있다(Lahey, D'Onofrio, & Waldman, 2009). 이처럼 이 접근은 아동과 청소년들의 심리적 문제의 이해, 예방과 치료에 폭넓게 기여하고 있다.

측면에 따라 구분할 수 있다.

횡단연구

횡단연구(cross-sectional research)는 마치 스냅사진을 찍듯이 어떤 한 시점에서 참가자들을 관찰한다. 나이 또는 발달 정도가 서로 다른 집단 간의 비교도 많이 이루어진다. 예를 들면 6세, 10세, 14세 아동이 나타내는 공격성을 비교해볼 수 있다. 횡단연구는 상대적으로 비용이 적게 들고 효율적이며 발달 및 심리문제의 이해에 지대한 공헌을 해왔다.

그렇지만 횡단연구를 통해 발달상의 변화를 추적하는 것은 문제가 있으며 오해의 소지도 있다. 만일 나이가 많은 아동이 더 공격적인 모습을 보인다면 아동이 발달하면서 공격성이 '자연적으로' 증가한다는 결론을 내

리게 될 것이다. 그러나 이 결론은 잘못되었을 수 있다. 우리가 관찰한 것은 연령에 따른 차이이고, 연령 차이가 반드시 발달적인 변화는 아니다. 어쩌면 그 연령집단의 특별한 경험 때문일 수 있다. 14세 아동들은 폭력과 공격성이 더 많았던 시대에 성장하면서 공격성을 드러내는 것에 대해 더 많은 강화를 받았을 수 있다.

역행적 종단연구

역행적이라는 단어가 말해주듯이 **역행적 종단연구**(retrospective longitudinal research)에서는 시간을 거슬러 올라간다. 특정 장애 같은 연구자의 관심변인에 따라 청소년들을 선발한 후 그들의 어린 시절 특성과 경험에 대한 정보를 수집한다. 흔히 역행적으로 이루어지는 연구의 예가 바로 **사례통제연구**(case-control study)인데, 어떤

장애로 진단을 받은 사람들을 장애가 없는 집단과 비교하는 것이다. 이러한 역추적의 목적은 관찰된 장애의 원인이나 예측변인과 관련된 가설을 찾아내는 데 있다. 과거의 오래된 기록과 기억들은 상세하지 않거나 편향 또는 왜곡될 수 있기 때문에 역행적 연구에서는 자료가 신뢰받지 못할 가능성을 경계해야 한다. 그럼에도 불구하고 앞서 일어났던 변인들과 장애 간의 관계를 발견하면 위험요인이나 인과요인을 짐작할 수 있게 된다.

순행적 종단연구

순행적 종단연구(prospective longitudinal research)에서는 개개인을 관찰한 다음 시간이 흘러감에 따라 같은 사람들을 반복해서 관찰하면서 평가한다. 발달이 일어나는 과정을 '볼 수 있다'는 점에서 이 방법은 발달의 특성과 과정에 대해 고유한 해답을 줄 수 있다. 예를 들어 언어장애가 있는 아동에게 일정한 시간 간격을 두고 검사를 실시해서 아동이 발달함에 따라 장애가 어떻게 변화하는지를 파악할 수 있다. 언어문제가 없는 집단과 비교하는 것이 유익할 것이다. 순행적 종단연구는 많은 질문에 대해 정보를 제공할 수 있다. 태어날 때 문제가 있었거나, 어릴 때 외상적인 사건을 경험하였거나, 빈곤 관련 위험요인을 안고 있는 청소년을 장기간에 걸쳐 평가해서 그들의 발달과 관련된 요인들을 알아낼 수 있다. ADHD 진단을 받은 소년과 소녀들을 성인기까지 추적해서 그 결말에 성차가 있는지, 어떤 변인들이 관련되어 있는지를 확인할 수도 있다.

이 방법은 매우 가치 있는 것으로 평가받지만 몇 가지 단점도 있다. 연구하는 데 비용이 많이 들고 연구자들이 여러 해 동안 그 과제에 매달려야 한다. 같은 참가자를 장기간 연구에 참여시키는 것도 어렵고 참가자들의 중도 포기로 인해 연구 표본이 편향될 수도 있다. 중도 포기자가 지속적인 참가자에 비해 꾸준하지 못하고 심리적인 관심이 부족하거나 덜 건강할 수 있기 때문이다. 또 다른 문제는 참가자에 대한 반복검사와 관련되는데, 시간이 지날수록 참가자들이 검사에 대한 요령을 터득하게 되기 때문이다. 그렇다고 검사도구를 바꾼다면

이전 또는 이후의 결과들을 서로 비교할 수 없는 문제가 발생한다. 그뿐만 아니라 장기간에 걸친 연구를 계획할 때 연구자는 지식에 근거한 추측을 통해 그 기간에 어떤 변인들을 관찰해야 할지 결정해야 하는데 이때 중요한 변인을 빠뜨릴 수 있다. 한 예로 Sroufe와 동료들(2005)은 자신들이 수행했던 30년에 걸친 종단연구에 대해 언급하면서 돌이켜 보니 신경생리적인 기능에 대한 측정치를 포함했더라면 아주 중요한 정보가 되었을 것이라고 말하였다.

마지막으로 종단연구의 결과를 해석할 때는 사회 변화의 가능성을 고려하는 것이 중요하다. 만일 2000년에 출생한 사람들을 2020년까지 추적하여 관찰한다면 그들의 발달은 역사적 요인으로 인해 2020년에 태어나 2040년까지 관찰된 사람들의 발달과는 다를 수 있다. 이 집단들은 사회적 환경이나 교육적 기회 등에서 경험이 다를 수 있다. 종단연구를 해석할 때는 이와 같은 잠재적인 세대별 효과(generational effects) 또는 동시대 출생집단 효과(cohort effects)를 고려해야 한다.

가속적 종단연구

발달에 따른 변화에 관심을 갖고 있는 연구자들은 횡단연구와 순행적 종단연구의 일부 약점을 극복하기 위해 그 두 방법을 다양한 방식으로 조합한 **가속적 종단연구**(accelerated longitudinal research)를 사용할 수 있다. 예를 들어 서로 다른 연령 집단의 아동들을 상대적으로 짧은 기간 동안 연구한다고 가정해보자. 시기 I에 3, 6, 9세 아동들을 횡단적으로 연구한다. 3년 뒤인 시기 II, 또다시 3년 뒤인 시기 III에 동일한 아동들을 대상으로 비슷한 연구를 실시한다. 〈그림 4.6〉에 이 연구를 그림으로 나타내 보았다. 그림의 세로줄을 보면 각기 다른 시기에 세 번에 걸쳐 횡단 비교를 실시할 수 있음을 알 수 있다. 그뿐만 아니라 그림의 좌측에서 우측으로 비교할 경우 A, B, C 아동들에 대해 6년(2014~2020년)에 걸친 종단연구가 가능해진다. 따라서 실제 연구는 6년 만에 끝낼 수 있지만 이 연구에 포함된 연령 범위는 3세부터 15세까지 총 12년이 된다.

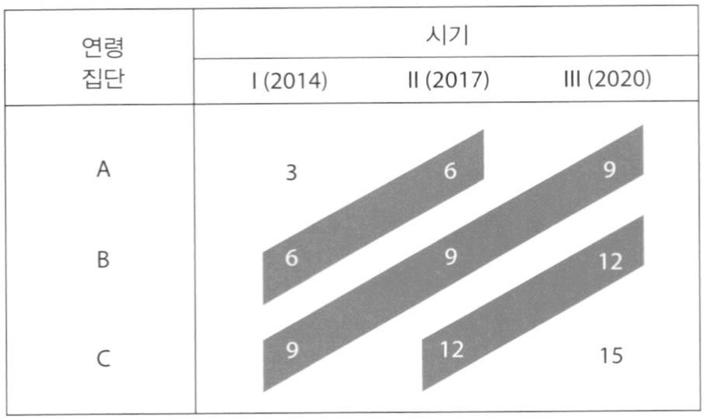

연령 집단	시기		
	I (2014)	II (2017)	III (2020)
A	3	6	9
B	6	9	12
C	9	12	15

그림 4.6 연령이 다른 아동들을 횡단적 및 종단적으로 연구하는 가속적 종단연구 설계

이러한 설계를 이용하면 다양한 비교를 통해 매우 풍부한 정보를 얻을 수 있다. 예를 들어 시기 I, II, III에서 불안이 연령과 함께 증가하는 현상이 발견되고(횡단적 분석) 또한 각 연령 집단 내에서도 시간에 걸쳐 불안이 증가하는 것으로 나타났다면(종단적 분석), 전체 연령범위에서 발달적 변화에 대한 증거는 매우 강력해지는 셈이다. 더욱이 〈그림 4.6〉에서 색으로 칠해진 부분인 6세, 혹은 9세, 12세 때의 불안을 비교함으로써 사회적 조건의 영향도 검증할 수 있다. 예컨대 9세 때의 불안이 2014년, 2017년, 2020년에 걸쳐 계속 증가하였음이 발견되었다고 하자. 이 아동들의 나이는 9세로 동일하였으므로 이는 발달에 의한 변화가 아니라 연구기간에 일어난 사회적 조건의 변화로 인한 것임을 짐작할 수 있다. 가속적 종단연구법은 이처럼 연령 간의 차이와 발달에 의한 변화를 구분할 수 있게 해주며, 동시에 세대별 효과도 고려할 수 있게 해준다.

질적 연구

청소년 정신병리 연구에 사용된 대부분의 연구법은 양적인 것이다. 즉 다양한 연구법이 세상의 어떤 측면을 나타내는 양적 자료를 수집하여 분석한다(Yoshikawa et al., 2013). 양적 연구(quantitative research)는 근대에 이루어진 많은 과학적 진보의 기저를 이루는 경험적 · 실증적 패러다임의 핵심 요소이다(Eisner, 2003). 이러한 입장은 통제된 상황에서 객관적인 연구자에 의해 이루어지는 이론 주도적인 객관적 측정을 선호한다.

이와는 대조적으로 **질적 연구**(qualitative research)에서는 통제된 실험실과 실험적 조작보다는 심층면접, 집중적인 사례연구, 생활사와 같은 방법을 선호하며, 양적이지 않은 자료를 수집한다(Flick, 2018). 자연관찰도 중요한데 관찰은 범주들에 제한적으로 코딩되기보다는 이야기 형태로 기록된다. 관찰자가 상황에 참여하여 그 일부가 되는 참여관찰도 신뢰성이 있는 자료를 수집하고 이해를 최적화할 수 있는 중요한 방법이다. 이런 모든 방법은 질적 연구의 가정이나 가치와 일치하는데, 질적 연구에서는 실세계의 맥락을 강조하며, 개인의 신념과 태도, 경험에 대해 스스로 피력할 때 나타나는 개인적 준거 틀을 통해 인간의 행동과 발달이 가장 잘 이해된다는 신념을 강조한다(Levitt et al., 2018).

방대한 양의 서술 자료(written data)를 수집하는 것은 질적 연구에서 드문 일이 아니다. 서술 자료는 일단 수집된 후 개념화, 분석, 해석된다. 이 과정에서 진술이나 문장으로 기술된 관찰을 코딩하거나 범주화할 수 있다. 이때의 범주들은 사전에 결정된 기준이나 구조화된 코딩 체계에 기초하는 것이 아니라 자료에서 자연스럽게 드러나는 것이다. 무엇이 코딩되고, 어떻게 코딩되며, 자료를 어떻게 해석하는지는 연구의 목적과 접근방법에 따라 달라진다. 자료의 정량화는 최소화되고, 만일 통계분석이 이루어진다 해도 그 역할은 미미하다.

다른 전략과 마찬가지로 질적 연구에도 장단점이 있다. 표본 크기가 작은 경우가 많고, 방대한 양의 자료 때문에 분석이 힘들고 경비가 많이 들며, 신뢰도와 타당도, 일반화에 대한 우려가 제기된다. 동시에 맥락 내에 있는 개인에게 집중하기 때문에 질적 연구는 기본 지식을 증가시킬 수 있고, 미래에 검증할 만한 가설을 제시할 수 있고, 양적 연구결과를 설명하거나 풍부하게 만들 수 있다.

질적 연구 사례

질적 연구방법을 통해 연구된 주제들을 보면 어릴 때 학습장애 진단을 받은 사람들의 생애 경험, 가족 중에 장애를 가진 사람이 있을 때 그 부모나 형제자매의 적응 문제, 자녀가 목숨이 위태로울 정도의 중병에 걸렸을 때 부모가 겪는 경험, 가족유대에 대한 저소득 계층 부모의 태도, 청소년들의 사회에 대한 태도 등이 있다(Fiese & Bickman, 1998; Flaton, 2006; Krahn, Hohn, & Kime, 1995; McNulty, 2003; Torney-Purta, 2009; Waller, 2010).

한 예로 '부모가 부모에게'라는 지원 프로그램에 참여했던 부모의 경험에 대한 연구를 살펴보자(Ainbinder et al., 1998). 이 프로그램의 목적은 지적장애나 만성질환 같은 장애가 있는 아동의 부모들을 지원하는 것이었다. 각 부모는 비슷한 장애 자녀를 둔 다른 부모와 짝을 이루게 되는데, 지원자 역할에 대한 훈련을 받은 부모가 자신과 짝이 된 다른 부모에게 주로 전화로 정보나 정서적 지원을 제공하였다. 이 프로그램을 평가하는 방법 가운데 하나는 프로그램에 참여한 부모들을 대상으로 질적인, 반구조화된 면접을 실시하여 지원을 제공하는 부모와 짝지어지는 영향과 의미를 분석하는 것이었다. 녹음된 전화 면담 내용을 그대로 옮겨 쓴 후 전화통화에 나타난 주제에 따라 그 내용을 코딩하고 범주화하였다. 나타난 주제들 중에는 프로그램이 어떻게 도움을 주었는지, 프로그램이 실패한 원인은 무엇인지, 부모들이 학습한 기술과 정보는 어떤 것이었는지, 부모의 개인적인 성장이 이루어졌는지 등이 포함되었다. 부모 면접에서 가져온 다음 내용은 부모가 무엇을 배웠는지 보여주고 있다.

> 나는 다른 아이들이 누리는 것을 우리 딸아이도 누릴 수 있다는 것을 확인하고 싶었어요. 예를 들면 학교에 가서 친구를 사귀고, 친구와 나가 놀고 하는 것들이지요. 우리 집과 짝이 된 지원 부모의 딸은 정말 여러 가지 활동을 하고 있었어요. 그 아이는 잘 지내고 있었어요. 그걸 보면서 우리도 딸아이의 미래에 대해 큰 희망을 갖게 되었지요. 우리 아이도 잘 지낼 수 있겠구나

하고요(p. 104).

전체적으로 이 자료들은 서로 비슷하다고 여겨지는 사람들끼리 이야기하고, 경험을 나누고, 비교하고, 배우는 것이 상황에 대처하고 또 적응하는 능력을 어떻게 향상시킬 수 있는가를 보여준다. '부모가 부모에게' 프로그램에 대한 질적 분석은 양적 연구를 통해서는 얻을 수 없는 프로그램의 장점과 약점에 대한 정보를 제공해주었다.

질적 연구법과 양적 연구법의 결합

질적 전략과 양적 전략은 때로 상충되는 것으로 여겨져 왔다(Schiff, 2019). 하지만 이 두 가지 방법이 서로 맞지 않는 것만은 아니며 함께 사용될 수도 있다. 이 두 연구법을 결합하면 여러 가지 질문과 이슈에 대해 해답을 제공할 수 있다(Yoshikawa et al., 2013). 예를 들어 문화와 아동양육에 대한 연구를 하려면 아동양육과 관련된 행동과 활동을 관찰해야 할 뿐 아니라 이런 활동 기저의 목적과 신념도 알아야 한다. 양적 방법은 어떤 양육방법이 얼마나 사용되는지를 밝히는 데 유용하고, 질적 방법은 특정 문화에서 사용되는 아동양육의 목표를 드러내는 데 특히 유용할 수 있다. 또 다른 예를 들자면 우정에 대한 어떤 연구는 양적 자료를 사용하여 후기 청소년기에 소년과 소녀가 친구들로부터 비슷한 지지를 받는다는 사실을 보여주었다. 그러나 질적 연구결과는 친구 지지의 의미와 기능이 소년, 소녀 간에 다르다는 사실을 보여주었다. 일반적으로 양적 절차는 좀 더 전통적인 자료수집과 가설검증을 가능하게 하지만, 질적 절차는 유연하고 더 폭넓은 탐구를 가능하게 해준다.

윤리적인 문제

과학적인 연구는 매우 유용하지만 연구 참가자의 복지와 권리에 대해 염려스러운 부분이 있는 것도 사실이다. 그러한 염려의 이면에는 개인의 법적 · 윤리적 권리와 과거에 있었던 연구 참가자의 인권침해에 대한 민감성이

자리하고 있다. 잘 알려진 인권침해 문제의 한 예는 간염의 자연적인 발병과정에 대한 연구에서 찾아볼 수 있다. 이 병을 연구하기 위해 1950년대부터 1970년대까지 뉴욕 주의 윌로우브룩초등학교에 있는 지적장애 아동들을 고의로 간염에 감염시킨 적이 있었다(Glantz, 1996). 과거 생의학 연구 분야에서 발생했던 이와 같은 인권침해의 구체적인 사례들은 유독 심해 보이기는 하지만 모든 연구 분야에서 윤리적인 문제에 대한 지속적인 관심이 필요하다.

여러 해 동안 정부기관과 전문가 조직에서는 연구자를 위한 윤리지침서를 발간해 왔다. **벨몬트 보고서 : 윤리원칙과 연구 참가자 보호를 위한 지침**이라는 책에 철학적인 바탕이 제시되어 있으며, 이 보고서는 연구에 참여하는 사람들에 관한 미국 연방규정으로 이어졌다(National Commission, 1979). 미국심리학회가 만든 심리학자를 위한 윤리원칙과 행동강령에서는 연구자의 역할을 포함하여 심리학자의 다양한 역할에 대해 언급하고 있다(American Psychological Association, 2010, 2016). 아동발달학회(Society for Research in Child Development, SRCD)의 지침서는 특별히 아동 · 청소년 연구에 대해 말하고 있다. 〈표 4.3〉에 그 기준을 요약하여 제시하였다(두 가지 원칙이 더 있는데 연구자의 과학적인 비행과 개인적인 비행에 대한 것이다). 여러 기관과 학문 분야에서 채택한 지침서를 보면 내용이 많이 중복된다.

연구비와 연구장면에 따라 연구제안서는 연방정부가 지정하는 **윤리심의위원회**(Institutional Review Boards, IRB)나 지방의 심의위원회를 통해 심사를 받을 수 있다. 윤리심의위원회에서는 제안된 연구가 과학적으로 온당한지, 연구 참가자의 자발적 동의서가 있는지, 참가자에게 잠재적인 해로움이나 이득이 있는지 등을 심사한다(HHS, 2018). 아동 · 청소년, 지적장애가 있는 사람, 경제적 약자 같은 취약한 대상에게는 특별한 주의를 기울여야 하며, 정식 심사가 필요하든 안 하든 모든 연구자는 윤리적 기준을 따라야만 한다. 규정대로 따르는 것이 간단해 보일지 몰라도 윤리적인 고려는 때로 복잡해지기도 한다. 다음에 제시한 논의는 몇 가지 주요 문제를

보여준다.

자발적인 참가동의

대부분의 윤리지침은 연구에 참가하는 개인들이 연구를 제대로 이해했다는 전제하에서 이루어지는 자발적인 동의를 기본으로 한다. 모든 참가자가 존중되어야 한다는 의미로 간주되는 **자발적인 참가동의**(informed consent, 고지에 의한 동의)는 흔히 문서화된 동의서를 요구한다. 참가자들은 우선 연구 목적과 절차, 위험과 혜택, 그리고 언제든지 참가를 거부하거나 철회할 수 있다는 것을 알고 있어야 한다(Hoagwood & Cavaleri, 2010). 참가자들은 정보를 이해하고 위험과 혜택이 무엇인지 판단할 수 있는 능력을 보유하고 있어야 한다. 아동들은 미성숙하므로 이러한 문제들을 이해하고 결정을 내리는 능력이 충분하지 못하다고 가정한다. 따라서 아동들이 법정 연령인 18세에 도달할 때까지는 대개 아동을 대신해서 그 부모나 보호자에게 참가동의를 요청한다(Fried & Fisher, 2017).

다른 기준들과 마찬가지로 미국심리학회의 기준에서도 아무런 스트레스나 해로움을 주지 않을 것으로 보이는 교육과정 개발 같은 연구의 경우에는 참가동의를 면제해준다. 또한 법정 연령에 도달하지 않은 사람에게도 참가에 동의하는지를 묻도록 권고하고 있다. 청소년의 경우 동의는 보통 청소년의 구두동의(assent)와 부모의 서면동의(consent)로 이루어진다. 연구의 세부사항은 참가자의 발달수준에 맞추어 전달될 필요가 있다. 예를 들어 Miller(1998)는 어린 아동들의 경우에는 다음과 같은 정보들이 올바르게 전달되어야 한다고 제안하였다. 즉 어떤 일이 일어날 것인지(예 : 게임을 할 것이다), 어디서 할 것인지(예 : 스미스 씨의 연구실에서), 누구와 할 것인지(예 : 나와 너 둘이서), 시간이 얼마나 걸릴 것인지(예 : 20분가량), 다른 아동들도 하게 될 것인지(예 : 같은 반의 여러 아이들이 똑같은 것을 하게 될 것이다), 보상이 주어지는지(예 : 다 끝내면 작은 선물을 줄 것이다), 그리고 참가할 의사가 있는지(예 : 나와 함께 스미스 씨 연구실로 가겠니?)를 물어보아야 한다. 영유아의

▌표 4.3   아동 대상 연구의 윤리적 기준

원칙 1	**해롭지 않은 절차** 신체적으로나 심리적으로 아동들에게 해를 끼칠 수 있는 연구절차를 사용해서는 안 된다. 가장 고통이 작은 절차를 사용해야 한다. 해로울 수 있다고 의심이 될 때는 관계자와 의논해야 한다.
원칙 2	**고지에 의한 동의** 아동에게 고지에 의한 동의를 얻어야 한다. 아동들에게 연구의 특징을 말해주어서 아동들이 참여할지 여부를 결정하게 해야 한다. 참가자가 영아일 때에는 부모에게 말해주어야 한다. 동의 문제로 인해 연구를 수행할 수 없는 일부 특정 상황에서는 윤리적으로 연구를 수행할 수도 있다. 판단은 IRB에서 해야 한다.
원칙 3	**부모동의** 부모, 보호자와 부모 대신에 역할을 하는 사람(예 : 학교교장)으로부터 고지에 의한 동의를 가능하면서면으로 받아야 한다.
원칙 4	**부가적 동의** 아동과의 상호작용이 연구의 주제가 될 때 교사와 같은 사람으로부터도 고지된 동의를 받아야 한다.
원칙 5	**보상** 연구 참여에 대한 보상이 적절해야 하고 아동이 일반적으로 경험하지 않는 지나치게 과한 보상을 해서는 안 된다.
원칙 6	**속임수** 연구를 위해 참가자를 속이거나 정보를 주지 않는 것이 필요하다면 같이 일하는 연구자들이 이에 동의해야 한다. 참가자에게는 연구가 끝나고 난 다음 속인 이유를 설명해야 한다. 속일 때에는 부정적 영향이 없는 방법을 사용하도록 노력해야 한다.
원칙 7	**익명성** 기관기록을 보려고 할 때는 동의를 얻어야 하고 정보의 익명성이 보장되어야 한다.
원칙 8	**상호 책임감** 연구에 참여한 모든 사람의 책임에 대해 확실한 동의가 있어야 한다. 연구자는 약속을 존중하고 동의한 내용을 지켜야 한다.
원칙 9	**위험** 연구를 수행하는 동안 연구자가 아동의 안위를 위협할 수 있는 상황에 대한 정보를 얻게 되면 부모나 보호자와 아동에게 도움을 줄 수 있는 전문가에게 말해주어야 한다.
원칙 10	**예상하지 못한 결과** 연구절차로 인해 예상하지 못한 또는 바람직하지 못한 일들이 발생했을 때에는 그 일들을 바로잡아야 하고 절차를 재설계해야 한다.
원칙 11	**비밀 보장** 참가자의 신원과 그들에 대한 정보는 비밀에 부쳐야 한다. 비밀이 보장되지 않는다면 고지된 동의를 얻는 과정에서 그런 가능성과 그를 방지할 방법을 설명해야 한다.
원칙 12	**참가자에게 알려주기** 자료수집이 완료되고 나면 즉시 일어날 수 있는 오해를 풀어 주어야 한다. 참가자들에게 그들의 이해 수준에 맞게 전체 결과를 알려줘야 한다. 과학적, 인도적 이유로 정보를 제공하지 않는 경우 그로 인해 어떤 해로운 결과도 없다는 것을 확실히 해야만 한다.
원칙 13	**결과보고** 연구자들의 말은 의도하지 않는 영향력을 가질 수 있다. 따라서 결과를 보고하고, 조언을 하고, 평가적 진술을 할 때는 신중해야 한다.
원칙 14	**결과의 함의** 연구자들은 연구의 사회적 · 정치적 · 인간적 함의에 신경을 써야 하고, 특히 결과의 발표에 조심해야 한다.

출처 : Society for Research in Child Development(2007)에서 요약 인용. www.srcd.org/ethicalstandards.html

경우에는 자발적인 동의를 기대할 수 없으므로 대개 부모나 보호자의 동의서로 충분하다.

비밀 보장

참가자들은 설문지나 검사에 응하거나, 자신들의 기분을 기술하거나, 다른 사람이 자신을 관찰하도록 허락하거나 간에 연구를 위해 일종의 개인정보를 제공하게 된다. **비밀 보장**(confidentiality)의 원칙에 따르면 참가자들은 다른 사람에게 공개할 수 있는 정보의 범위를 결정할 권리를 가지고 있다. 특정 정보를 제공한 사람이 누구인가를 연구자가 알 필요가 있는 경우도 종종 발생한다. 그러나 개인정보는 번호를 매기거나 다른 방식으로 코딩하고, 자료를 안전하게 보관하고 자료에 대한 접근을 제한함으로써 비밀을 유지해야 한다(Hoagwood & Cavaleri, 2010).

참가자가 아동이나 청소년일 때는 몇 가지 문제가 제기된다(Fried & Fisher, 2017). 부모, 학교, 기타 관계기관에서 연구의 과정이나 결과를 알고 싶어 할 수 있다. 정보 공개로 인해 아동이 위험에 처하게 될 경우에 그러하듯이 연구자는 부모에게 제공하는 정보를 제한할 수 있다. 그런가 하면 청소년의 불법약물남용에 대한 연구처럼 경우에 따라서는 정보를 공유함으로써 청소년에게 도움을 줄 수도 있다. 참가자들이 자기 자신이나 다른 사람에게 해를 끼칠 가능성이 있을 때 연구자는 정보를 공개할 수 있다. 연구에 참가하는 청소년과 부모, 관계기관에서는 연구에 참가하기 전에 이러한 비밀 보장의 한계를 이해해야 한다.

균형 맞추기 : 해로움과 이로움

가장 중요한 윤리원칙은 참가자에게 신체적·심리적·법적·경제적으로 어떠한 피해도 주면 안 된다는 것이다. 예를 들면 아동에게 공격적인 행동을 하게 하거나 공격적인 모델을 보여주는 연구는 아동에게 해를 입힐 가능성이 있다. 약물효과를 연구하기 위해 아동을 참여시키는 것도 복잡한 윤리적 딜레마를 유발한다. 이것은

아동이 연구에 참가할 때는 부모나 보호자에게 충분한 정보를 제공한 뒤 참가 동의를 받아야 하며, 가능하다면 아동의 동의도 받아야 한다. 아동의 경우 '고지에 의한 동의'가 정확히 어떤 것이어야 하는가는 복잡한 문제일 수 있다.

가능한 해로움으로부터 당연히 아동을 보호해야 한다는 **무해성**(nonmaleficence)의 원칙이다.

그뿐만 아니라 각 개인에 대한 존중에 기초를 둔 **선행**(beneficience)의 윤리원칙에서는 이로움을 극대화하도록 요구한다. 자신이 참가한 연구를 통해 항상 개인적인 혜택을 볼 수 있는 것은 아니지만 위험과 혜택의 비율이 고려되어야 한다(Hoagwood & Cavalerie, 2010). 일반적으로 참가자에게 더 큰 혜택의 가능성이 있을수록 더 큰 위험부담이 수용될 수 있다. 그러나 심각한 피해의 위험은 결코 허용할 수 없으므로 이 지침에는 당연히 한계가 있다.

무엇이 윤리적인가에 대한 최종 판단은 여러 요인들 간의 균형을 맞추는 문제로 귀결된다. 실제로 윤리심의

위원회는 지식에 대한 사회의 요구와 연구 과정에서 보호받아야 하는 참가자들의 요구 간에 균형점을 찾도록 돕기 위해 만들어진 기관이다(Hayes, 2003). 개인의 이해능력과 자발적 동의, 피해 위험, 그리고 혜택의 가능성, 이 모든 것이 윤리기준을 정하는 데 중요한 역할을 한다. 다른 윤리적인 문제들과 마찬가지로 연구윤리도 완벽하게 해결될 수 없는 문제이며, 지속적인 논의와 긴장이 있는 것이 당연하다. 하지만 유익한 연구가 진행될 수 있도록 하려면 적당한 균형이 유지되어야만 할 것이다.

핵심용어

가설검증	비밀 보장	유사실험 연구
가속적 종단연구	사례연구	윤리심의위원회(IRB)
관찰자 무지	사례통제연구	자발적인 참가동의(고지에 의한 동의)
관찰자 간 신뢰도	상관연구	자연관찰
기술(비실험)연구법	선택편향	정적 상관
내적 타당도	선행	조작적 정의
단일사례 실험설계	순행적 종단연구	종속변인
독립변인	신뢰도	중개연구
무선표집	실험연구법	질적 연구
무선화된 실험	역학	타당도
무해성	역행적 종단연구	통계적 유의도
부적 상관	외적 타당도	횡단연구

CHAPTER 5

분류, 평가 및 개입

학습목표

- 분류와 진단의 과정
- 심리적 문제 분류에 대한 다양한 접근방법
- 평가에 대한 다양한 접근방법
- 예방에 대한 다양한 접근방법
- 다양한 치료양식 및 전략

구체적인 장애에 대한 논의를 시작하기에 앞서 아동·청소년의 장애를 어떻게 정의하고 분류하며 평가하고 치료할 것인지를 살펴볼 필요가 있다. 이 장에서 우리는 분류와 평가, 개입의 과정을 소개하고자 한다.

분류, 분류학, 진단은 기술(description)과 분류의 과정을 언급할 때 사용되는 용어들이다. **분류**(classification)와 **분류학**(taxonomy)은 장애를 주요 범주 또는 차원으로 기술하는 것을 말한다. **진단**(diagnosis)이란 일반적으로 개인을 분류체계의 한 범주에 배정하는 것을 의미한다. **평가**(assessment)는 한편으로는 분류와 진단의 과정을 보조하기 위해, 또 다른 한편으로는 개입의 지침을 마련하기 위해 아동·청소년을 평가하는 것을 말한다. 이 과정들은 서로 얽혀 있으며 아동·청소년 장애의 임상적 및 과학적 측면과 밀접한 관련성을 갖는다.

분류와 진단

분류체계는 현상을 체계적으로 기술하기 위한 하나의 방법이다. 생물학자는 살아 있는 유기체를 위계적으로 분류하며, 의사는 신체적 이상을 분류한다. 이와 마찬가지로 심리적 역기능을 분류하기 위한 체계도 있다. 이러한 분류체계는 범주 또는 차원으로 기술된다. **범주**(category)란 구분되는 하나의 집단으로 묶는 것을 의미한다. 예컨대 어떤 사람이 불안장애에 들어맞는지 그렇지 않은지를 판단하는 것이다. 반면에 **차원**(dimension)이란 어떤 속성이 연속적이며 다양한 정도로 일어날 수 있음을 의미한다. 따라서 아동이 높은 수준의, 중간 수준의, 또는 낮은 수준의 불안을 보일 수 있다.

모든 분류체계는 분명하게 정의된 범주와 차원들을 갖추어야 한다. 즉 범주나 차원들을 정의하기 위한 기준이 명확하게 진술되어 있어야 한다. 분명하고 명확한 정의는 전문가들 간의 효과적인 의사소통을 가능하게 한다. 진단을 위해 분류된 집단들은 또한 서로 분명하게 구분되어야 한다. 그리고 범주나 차원이 실제로 존재한다는 것을 보여줄 수 있어야 한다. 즉 어떤 범주나 차원을 기술하기 위해 사용된 특징들은 한 가지 이상의 상황에서 함께 규칙적으로 발생해야 하며, 한 가지 이상의 방법으로 측정될 수 있어야 한다.

분류체계는 신뢰할 만하고 타당해야 한다. 신뢰도와 타당도는 제4장의 연구방법에서도 적용되었다. 이 용어들이 분류와 진단에 적용될 때 일치성과 정확성이라는 일반적 의미가 유지되긴 하지만 조금 다른 방식으로 사용된다.

평정자 간 신뢰도(interrater reliability)란 서로 다른 전문가들이 개인의 행동을 기술하기 위해 동일한 범주를 사용하는지의 여부를 의미한다. 예컨대 평정자 간 신뢰도는 "마리아의 행동을 관찰한 두 명 이상의 전문가들이 분리불안으로 진단할 것인가?"와 같은 질문을 다룬다. **검사-재검사 신뢰도**(test-retest reliability)는 범주의 사용이 시간 경과에 따라 안정적인지에 관한 것이다. 예컨대 "적대적 반항장애로 진단받은 손의 문제가 두 번째 평가에서도 같은 문제로 진단될 것인가?"와 같은 질문을 다룬다. 신뢰도에 관한 이러한 정의는 차원적 접근에도 적용될 수 있다. 한 차원에서의 아동 점수의 위치가 두 전문가에 의해 또는 시간 경과 후에도 동일하게 평가될 것인가?

진단체계의 **타당도**(validity)도 중요한 문제이다. 진단이 타당하기 위해서는 그 진단범주나 차원을 처음 정의했을 때보다 더 많은 정보를 제공해주어야 한다. 따라서 진단은 장애의 병인과 발달과정, 치료에 대한 반응, 또는 임상적 특징에 관한 정보를 제공해주어야 한다. 예컨대 "품행장애 진단은 이 장애가 다른 장애들과 다른 특징을 갖고 있음을 알려주는가?", "이 진단은 문제의 원인이 무엇인지 알려주는가?", "이 진단은 특정 장애를 지닌 아동·청소년에게 앞으로 어떤 일이 일어날 것인지, 그리고 어떤 치료가 그들에게 도움이 될 것인지 알려주는가?", "이 진단은 특정 장애를 지닌 아동·청소년에 대해 그리고 그들의 배경에 대해 추가적인 사항들을 알려주는가?" 이처럼 타당도의 문제는 우리가 진단범주를 정의할 때는 알지 못했던 무엇인가를 알려줄 수 있는가에 관한 것이다. 타당도의 또 다른 중요한 측면은 특정 장애에 대한 기술이 얼마나 정확한가이다. "그 장애를 기술하고 분류하는 방식과 그 장애가 실제로 존재하는 방식이 일치하는가?" 이러한 질문에 답변하는 것은 종종 쉬운 문제가 아니다.

마지막으로 **임상적 효용성**(clinical utility)은 분류체계가 얼마나 완전하며 유용한지로 평가된다. 전문가의 관심 대상인 모든 장애를 유용하게 기술하고 있는 진단체계는 임상 현장에서 적용될 가능성이 크다.

DSM 접근

미국에서 가장 널리 사용되는 분류체계는 미국정신의학회가 발행한 **정신질환의 진단 및 통계 편람**(*Diagnostic and Statistical Manual of Mental Disorders*, DSM)이다. 국제보건기구(1992)가 개발한 **국제질병분류체계**(*International Classification of Diseases*, ICD)도 널리 사용되는 대안적 체계이다. ICD는 11번째 개정판의 출간을 앞두고 있다(World Health Organization, 2019). 하지만 DSM 장애들이 어린 아동들에게 충분히 관심을 기울이지 않는다는 점에 대한 우려가 있다(Bufford et al., 2016). 이러한 우려에 대한 반응으로 **유아기와 아동초기의 정신건강 및 발달장애 분류체계 개정판**(Diagnostic Classification of Mental Health and Developmental Disorders of Infancy and Early Childhood, Revised, DC: 0~5)이 영유아기의 정신장애를 분류하기 위해 개발되었다(Zero to Three, 2016). 미국에서는 DSM 체계가 가장 널리 사용되기 때문에 여기에서는 DSM에 초점을 맞추어 논의하고자 한다.

DSM은 종종 **임상적으로 도출된 분류**(clinically derived classifi cation)체계로 불린다. 임상적으로 도출된 체계는 어떤 특성들이 함께 발생하는지에 대한 전문가들의 합의에 기초한다. 이 접근은 '하향식(top down)' 접근으로 묘사된다(Achenbach, 2000). 전문가들로 구성된 위원회는 장애에 대한 개념을 제안한 다음 각 장애를 정의하기 위한 진단범주를 선택한다. 평가의 발전은 바로 이러한 범주로부터 시작된다.

DSM은 또한 **범주적 접근**(categorical approach)으로 불린다. 즉 개인은 특정 진단기준을 충족시킬 수도 있고 또는 충족시키지 않을 수도 있다. 범주적 접근에서 정상과 이상의 차이는 정도가 아니라 종류에 있다고 가정한다. 이 접근은 여러 유형의 장애들이 질적으로 구분되어야 한다고 주장한다.

DSM은 1883년 크래펄린(Kraepelin)이 개발한 정신의학적 분류학에 뿌리를 두고 있다. DSM은 그동안 수차례 개정되었다. 가장 최근의 개정판은 DSM-5이다. DSM-5는 다양한 장애에 관한 정보를 제공한다. DSM-5는 관련된 장애들의 집단(챕터)으로 조직되어 있다. 한 챕터 내의 장애 또는 부가적인 챕터의 장애는 증상에서 유사할 뿐만 아니라 유전적·신경학적·환경적 위험, 인지적 또는 정서적 과정, 치료에 대한 반응 등과 관련된 요인들에 있어서 유사점이 있다고 간주된다.

DSM-5는 각각의 장애에 대한 기술과 진단기준을 제공하고 있다. 그리고 부록에서는 장애와 관련된 특징(예 : 낮은 자존감)에 대한 정보와 문화, 연령, 성별 특징, 예상되는 장애의 과정, 유병률, 가족 양상 등에 관한 정보를 제공하고 있다(American Psychiatric Association, APA, 2013).

역사적으로 이상행동의 분류는 주로 성인기 장애에 초점이 맞추어져 왔으며, 아동기와 청소년기 장애에 대해서는 광범위한 분류체계가 존재하지 않았다(Silk et al., 2000). 1960년에 들어서면서 광범위한 체계의 필요성이 분명해졌다. DSM-II, III, III-R과 IV는 아동기와 청소년기에만 적용되는 진단범주의 수를 크게 확장하였고, '유아기와 아동기, 청소년기에 흔히 처음으로 진단되는 장애'에 관한 부분을 도입하였다. 그리고 성인을 위한 진단 가운데 일부(예 : 불안장애, 기분장애, 조현병, 수면장애)를 아동·청소년에게도 사용할 수 있게 되었다. 그러나 DSM-5는 '유아기와 아동기, 청소년기에 흔히 처음으로 진단되는 장애'라는 독립된 진단그룹을 갖고 있지 않다. 아동·청소년의 장애에 대한 관심은 여

전하지만 과거에 이 부분에 포함되었던 장애들은 다른 장애들과 마찬가지로 관련된 장애에 관한 챕터 안에 배치되어 있다. 예컨대 분리불안장애는 불안장애에 관한 챕터에, 주의력결핍 과잉행동장애(ADHD)는 신경발달장애에 관한 챕터에 포함되어 있다.

이처럼 DSM 접근은 특정 장애에 대한 진단기준과 정보를 제공한다. 임상가는 이로부터 특정 아동·청소년의 문제에 적합한 진단명을 도출한다(예 : 품행장애, 분리불안장애). DSM은 진단명을 제공할 뿐만 아니라 아동·청소년에 대해 임상가가 나타내고자 하는 다른 정보도 제시하고 있다. 여기에는 임상적 관심의 초점이 될 수 있는 다른 문제(예 : 학업문제)나 아동·청소년을 이해하고 치료하는 데 필요한 현재의 의학적 상태(예 : 관절염 또는 당뇨병)가 포함된다. 그리고 진단과 치료, 예후에 영향을 미칠 수 있는 심리적·사회적 또는 환경적 문제(예 : 가족의 사망 또는 주택 문제)도 언급된다. 임상가는 아동·청소년의 전반적 기능수준이나 장애에 관해 판단해 달라는 요청을 받을 수도 있다. 그러한 정보를 포함하는 것은 특정 아동·청소년의 문제를 더 크게 보는 데 도움을 준다. 이는 DSM 체계를 케빈에게 적용한 예에 잘 드러나 있다.

DSM 접근에 관한 고려사항

분류에 대한 DSM 접근의 발전은 여전히 계속되고 있는 과정이다(APA, 2013; Regier et al., 2009). 그동안 DSM 체계를 개선하기 위한 노력이 있었다(Widiger et al., 1991). 그러나 여전히 해결되지 않고 있는 많은 임상적, 과학적, 개념적 정치적 쟁점들이 있다(Angold & Costello, 2009; Beauchaine & Klein, 2017; Bufford et al., 2016; Egger & Eemde, 2011; Follette & Houts, 1996; Jensen & Mrazek, 2006; Lilienfeld & Treadway, 2016; Rutter, 2011; Silveman & Mayes, 2018; Sonuga-Barke, 2020). 현재로서는 DSM이 지배적인 분류체계이기 때문에 이 체계에 대해 지금까지 제기되어 온 고려사항에 대해 살펴볼 필요가 있다.

아동·청소년의 장애에 대한 더욱 커진 관심은 긍정

케빈 : 진단하기

케빈은 9세 남아로 3학년에 다니고 있다. 교사는 날로 심해지는 케빈의 행동 때문에 여러 차례 집으로 전화를 하였고, 그 결과로 케빈은 클리닉을 방문하게 되었다. 교사는 케빈을 사랑스럽고 친절한 아이로 묘사했다. 그러나 케빈은 익살스러운 행동으로 수업을 자주 방해하고, 노래를 흥얼거리거나 소음을 내고, 시키지 않았는데도 불쑥 답변하며, 제자리에 앉으라고 늘 상기시켜 주어야 했다. 케빈은 운동장에서는 기운이 넘쳤으나 같이 놀아주는 친구가 거의 없었고, 조를 구성할 때도 가장 나중에 선택되곤 했다. 소프트볼 게임을 할 때면 외야에서 하늘 위 무언가를 바라보거나 땅에 떨어져 있는 이상한 돌에 집중하곤 했다. 케빈은 머리는 좋은 것 같았으나 수업 중에 과제를 끝내지 못할 때가 많았다. 어머니는 케빈과 많은 시간을 보내면서 그가 숙제에 집중하여 끝낼 수 있도록 돕기 위해 노력한다고 했다. 그러나 집으로 오는 서류는 제출되지 않는 경우가 많았고, 숙제도 잊어버리거나 혹은 책가방 속에 구겨진 채로 놓여 있기 일쑤였다.

케빈은 집에서도 끊임없이 돌아다니고 시끄럽게 놀며, 그가 지나간 자리에는 늘 장난감들이 남겨져 있었다. 집안일을 시켜도 끝내지 못하거나 전혀 하지 않았다. 어머니는 케빈을 '세상에서 가장 사랑스러운' 아이지만 '정말 다루기 힘든' 아이라고 묘사했다. 의학적 검사결과 케빈은 건강하며 영양 상태도 좋은 것으로 나타났다. 신체 상태도 몇 개의 상처와 멍, 다 나은 상처 자국 외에는 양호하였다. 의학적 병력에서 유일하게 유의한 것은 세 살 때 높은 벽을 기어오르다 떨어져 팔목이 삐었던 점이다. 케빈의 분만과 초기 발달은 정상적이었으며, 초기의 발달지표 모두 정상적으로 달성하였다.

DSM 진단을 어떻게 내리고 다른 정보를 제공하는지 보여주기 위해 케빈의 사례에 적용할 수 있는 진단과 다른 정보를 제시하면 다음과 같다.

- 진단 : 주의력결핍 과잉행동장애, 복합 유형
- 다른 문제 : 학업문제
- 관련된 의학적 상태 : 해당 없음
- 심리적 · 사회적 또는 환경적 문제 : 곧 닥칠 퇴학
- 전반적 적응 : 학업에서의 심각한 손상, 사회적 관계에서의 중간 정도 손상

– Frances & Ross(2001, pp. 8~11)에서 수정 인용

적인 발전으로 평가될 수 있다. 그러나 DSM 체계의 하위범주들이 너무 증식되었으며, 지나치게 포괄적이라는 우려가 제기되었다(Houts, 2002; Rutter, 2011). 게다가 '장애'와 '정상' 간의 절단점(cutoff)을 지나치게 관대하게 설정하는 것에 대한 우려가 있다. 즉 정상범위 내에 있는 아동의 발달을 장애로 잘못 진단하는 허위양성(false positive)에 대한 우려이다(Wakefield, 2016). 이것은 우리가 병리적인 행동을 지나치게 정의해 온 것은 아닌지(Follete & Houts, 1996; Silk et al., 2000), 다시 말해 아동의 문제행동을 너무 포괄적으로 정의해 온 것은 아닌지(Richters & Cicchetti, 1993)에 대해 근본적인 문제를 제기한다.

신뢰도 문제도 또 다른 고려사항이다. 신뢰도는 DSM의 발전을 이끌어 온 주요 쟁점 중의 하나이다. 초기의 DSM에서 나타난 전문가들 간의 불일치는 진단에 사용된 기준들이 부적절함에서 비롯되었다. 이에 따라 DSM-III부터는 장애에 대한 전반적인 서술 대신 증상의 목록에 근거한 보다 명확하고 상세한 진단범주로 대치함으로써 평정자 간 신뢰도를 높이려고 노력하였다. 이러한 접근은 더욱 구조화된 진단규칙을 제공함으로써 임상가와 연구자들 간의 의사소통을 증진하고 임상가들 간의 진단 일치도를 높여주었다. 그러나 예상대로 신뢰도는 여전히 편차가 심하며, 특정 장애나 가용한 정보의 성격과 출처에 따라 달라진다(Leyfer & Brown, 2011). 신뢰도는 또한 성별이나 인종 같은 아동 · 청소년의 특성, 또는 임상가의 특성 등에 의해 영향을 받는다. 게다가 높은 신뢰도에 대한 증거는 진단자가 특수한 훈련을 받고 평범한 임상가들이 사용하는 정보수집 절차와 다른 방식을 적용하는 연구 조건에서만 얻을 수 있다(APA Working Group on Psychoactive

Medications for Children and Adolescents, 2006; Nathan & Langenbucher, 1999; Pottick et al., 2007; Valo & Tannock, 2010).

진단에 관한 연구가 지나치게 신뢰도와 의사소통의 명료성에만 초점을 맞추어 왔다는 지적이 있다. 이런 쟁점도 분명 중요하긴 하지만 DSM이 장애의 성격을 정확히 대표하는지 또한 중요하다. 어떤 체계가 임상가에게 유용하거나 도움이 되는지(즉 효용성)는 그 체계가 임상적으로 유의한 차이를 보이는 심리적 기능의 성격을 얼마나 잘 기술하고 있는가(즉 타당도)와는 다른 문제이다(Beauchaine & Klein, 2017; Knapp & Jensen, 2006).

실제로 앞으로의 분류체계 발전을 위해 제기된 문제 중 다수는 현재 사용되고 있는 체계의 타당도에 관한 것이다. 예를 들어 만약 어떤 연구가 특정 장애에 국한하는 병인이나 치료법을 발견한다면 그것은 타당도를 의미한다. 그러나 여러 가지 치료법들이 몇 가지 DSM 장애를 치료하는 데 효과적인 것으로 보고되어 왔다(Brown et al., 2009; Marchette & Weisz, 2017). 마찬가지로 연구자들은 각각의 장애가 기저에 고유의 유전적·신경생물학적 기초를 갖는다는 가정에 의문을 제기해 왔다(Beauchaine, Gatzke-Kopp, & Gizer, 2017; Franic et al., 2010; Hoppen & Chalder, 2018; Lilienfeld & Treadway, 2016; Mikami, Miller, & Lerner, 2019). 예컨대 불안과 우울, 그리고 우울과 품행장애는 유전적 및 신경생물학적 위험요인을 공유하는 것으로 밝혀졌다. **초진단적**(transdiagnostic)이란 용어는 치료법이 두 가지 이상의 장애에 효과적일 때, 또는 다양한 장애에 영향을 미치는 병인들을 기술할 때 사용된다.

현재의 DSM 체계에 관해 자주 거론되는 고려사항은 범주적 접근에 관한 것이다. 범주적(예 또는 아니요) 접근이 정확한가, 혹은 장애에 대한 차원적(연속적인) 관점이 임상적 현상의 본질을 더 잘 반영하는가? **차원**(dimension)이란 용어는 장애를 고려할 때 질적이기보다는 양적으로 접근하는 것을 말한다. 예를 들어 과거에 하위 유형(subtype)으로 불리던 ADHD의 세 가지 표현형(presentation)이 타당하다는 것을 지지하는 연구가 있다. Hudziak과 동료들(1998)은 여자 청소년 쌍둥이로 이루어진 대규모 지역사회 표본을 대상으로 구조화된 진단평가를 수행하였다. 연구결과는 역시 세 가지 표현형이 존재한다는 것을 지지하였다. 그러나 연구진은 세 가지 표현형을 서로 구분되는 범주로 보기보다는 임상 수준과 정상 수준 사이에서 연속적으로 분포하는 세 가지 차원으로 개념화하는 것이 적절하다고 주장하였다. 이 연구와 다른 연구들(Craske, 2012; Shaw et al., 2011)은 장애에 대한 차원적 개념화의 중요성을 보여준다.

연구자들은 또한 연속적인 증상을 장애범주로 이분화(장애 및 비장애)하는 것은 통계적 검증력을 낮춤으로써 연구결과를 오도할 수 있다고 지적한다. 한 예로 치료에 관한 연구에서 진단을 사용하는 것을 생각해볼 수 있다. 연구를 위해 섭식장애 환자들을 치료집단이나 자조 통제집단 중의 하나에 무선적으로 배정하였다. 치료 종결 시의 폭식증 진단 여부가 성과 측정치로 사용되었다. 성과를 측정하기 위해 범주적 접근을 사용했을 때 두 집단 간에 유의한 성과의 차이를 발견하지 못하였다. 그러나 차원적 접근(즉 폭식과 구토의 빈도)을 사용할 때는 유의한 집단 차이가 나타났다(APA, 2011).

DSM 접근의 타당성에 대한 논의에서 중요한 한 측면은 **공존장애**(comorbidity)의 개념에 관한 것이다. 이 용어는 아동·청소년이 한 가지 이상의 장애 기준을 충족시키는 상황을 기술하기 위하여 사용된다. 이 용어를 사용하는 것에 대해서는 논란이 많으며, 어떤 연구자는 **동시발생**(co-occurrence)이란 용어를 선호한다(Lilienfeld, Waldman & Israel, 1994; Widiger & Clark, 2000). 공존장애는 일반적으로 같은 사람에게 한 가지 이상의 장애가 동시에 존재하는 것을 의미한다. 이러한 동시발생은 자주 보고되고 있으며(생각상자 '동시발생 : 보편적 상황' 참조), DSM 분류체계에 대해 의문을 제기하도록 만들었다. 이런 아동·청소년은 분명히 구분되는 장애들을 함께 갖고 있는가? 혹은 이들이 겪고 있는 여러 가지 어려움을 이해할 수 있는 다른 방법이 있는가?

아동·청소년이 한 가지 이상의 장애 진단기준을 충족시킬 때 이를 해석하는 방법에는 여러 가지가 있

동시발생 : 보편적 상황

임상클리닉이나 학교장면에서 평가를 받는 아동 · 청소년은 종종 몇 가지 문제들을 함께 나타낸다. 이러한 문제들이 몇 가지 구분되는 장애의 범주를 만족시키는 것으로 보이기 때문에 임상가는 종종 한 가지 이상의 진단을 내리게 된다. 이와 같은 동시발생 혹은 공존장애를 어떻게 개념화할 것인가의 문제는 지속적인 관심의 대상이 되고 있다. 다음에 제시되는 사무엘 사례는 행동장애의 동시발생이라는 보편적 상황의 한 예이다.

사무엘 : 동시발생 사례

11세 아동 사무엘은 어머니에게 처방되었던 여러 가지 약물을 복용한 후에 자살 시도 문제로 클리닉에 의뢰되었다. 사무엘은 거의 이틀 동안 집에서 잠만 잤으며, 결국은 어머니가 깨워 병원으로 데려왔다.

사무엘은 도심의 거주지역에 살았으며, 초등학교 2학년 이후 줄곧 도벽문제로 말썽을 일으켜 왔다. 그는 학업에서도 어려움을 보여 국어 시간에는 특수반에서 수업을 받았으며, 자주 학교를 빠지기도 했다. 그의 어머니는 몇 차례에 걸쳐 우울증을 경험하였고, 때로는 심하게 음주를 하기도 하였으며, 생활비를 벌기 위해 성매매를 해왔다. 사무엘은 출생 후 한 번도 아버지를 만난 적이 없었다.

면접 시 사무엘은 슬픈 표정이었으며, 도중에 한 번은 울기도 하였다. 그는 우울한 기분이 드는 시기가 몇 차례 있었다고 보고하였으며, 가장 최근에는 한 달 내내 계속 우울한 기분을 느꼈다고 하였다. 이러한 우울한 시기에는 차라리 죽는 것이 낫다는 생각을 한다고 했다. 또 사무엘은 한밤중에 잠에서 깨곤 하였으며, 평소 어울리던 이웃 친구들을 피해 왔다고 보고하였다.

사무엘은 주요우울장애로 진단되었으며, 지속성 우울장애/기분부전장애(만성적 형태의 우울증)의 진단도 고려되었다. 이 외에도 품행장애(아동기 발병형)와 읽기의 어려움을 겪는 특정 학습장애의 진단을 받았다.

— Rapoport & Ismond(1996)에서 인용

다(Angold, Costello, & Erkanli, 1999; Beauchaine & Cicchetti, 2016; Carson & Rutter, 1991). 그중 하나는 혼합된 양상의 증상을 갖는 장애가 많다고 보는 것이다. 예컨대 기분장애는 우울과 불안의 혼합이라는 특징을 보일 수 있다. 또 다른 대안은 여러 장애에 걸쳐 나타나는 역기능에 영향을 미치는 초진단적 과정이 있다고 보는 것이다. 즉 동일한 위험요인 가운데 어떤 것들은 다양한 장애의 발달을 일으킨다는 것이다. 예를 들어 정서조절의 어려움은 불안과 품행문제 모두에 영향을 미친다. 또는 한 장애의 존재가 다른 장애의 발생 위험을 증가시킬 수도 있다. 즉 두 번째 문제는 처음의 문제가 유지되거나 사라지는 과정에서 일어난다고 보는 것이다. 예를 들어 어떤 아동 · 청소년은 적대적 반항장애 진단에 이어 품행장애 진단도 받는다. 이런 아동 · 청소년의 경우에는 진단들이 하나의 공통적인 조건을 갖는 발달양상을 대표한다고 볼 수 있다.

이러한 해석은 '공존장애'를 설명하기 위한 가설 가운데 몇 가지일 뿐이다. 장애의 동시발생을 이해하는데 포함된 쟁점들은 복잡하며 아직도 분명하게 해결되지 않고 있다. 그러나 동시발생의 빈도와 이에 대한 개념적 쟁점은 아동 · 청소년의 정신병리 및 현재의 DSM 접근에 대한 논의를 개념화할 때 핵심적인 사항이다(Beauchaine & Cicchetti, 2016; Lilienfeld & Treadway, 2016; Rutter, 2011).

마지막으로 현재의 DSM 접근에 관해 다른 고려사항도 제기되어 왔다. 이러한 고려사항 중의 하나는 DSM 접근이 생물학적 원인과 치료를 지나치게 강조하고, 장애가 아동과 환경 간의 상호작용에 기인하는 것으로 보기보다 아동의 내부요인에 기인하는 것으로 개념화하는 질병 · 의학 모형을 지지한다는 점이다(Carrey & Ungar, 2007; Cicchetti, 2010a; Silk et al., 2000; Sroufe, 1997).

또 다른 고려사항은 DSM이 발달수준이나 문화적 맥락, 성별 같은 쟁점에 제한된 관심을 기울여 왔다는 점이다(Achenbach, 2000; Beauchaine & Klein, 2017; Hudziak et al., 2007; Silk et al., 2000). DSM-5에서는

특정 장애에 대해 연령과 성별, 문화와 관련된 증상 표현을 추가하였다. 그리고 각 진단범주에 동반된 원문에다 발달과 문화, 성별 관련 특징을 다루는 부분을 추가하였다. 이러한 원문 자료는 임상가들이 발달수준이나 문화, 성별과 관련된 차이에 기울이도록 할 것이다. 그럼에도 불구하고 진단범주는 성별이나 연령, 문화와 무관하게 대체로 동일하다.

이와 같은 접근은 중요한 결과를 초래할 수 있다. 예컨대 고정된 절단점(진단에 필요한 증상의 수)을 진단범주에 적용하기 위해서는 장애가 연령 및 성별에 따라 유병률의 차이를 보여야 한다는 지적이 있다(Achenbach, 2000; Hudziak et al., 2007). 문화적 차이도 마찬가지다. 그러나 우리는 이것이 과연 유병률의 진정한 차이인지 의문을 갖게 된다. 예를 들어 DSM에 따르면 ADHD는 남아에게서 더 자주 발생한다. 이 같은 진단의 성차는 ADHD 연구를 대부분 남아 중심으로 이루어지게 하였다. 그러나 정상적인 남아조차도 여아보다 ADHD의 행동 특성을 더 많이 나타낸다. 따라서 ADHD의 성차는 이 행동이 남아에게 더 많이 발생하는 데 기초하여 인위적으로 만들어진 것일 수도 있다. 만약 진단을 위한 절단점을 수립할 때 모집단의 발생률에서 발견되는 이런 성차가 고려되었더라면(예 : 여아에게 요구되는 기준의 수를 약간 감소시킨다면), 과연 ADHD의 유병률에 있어서도 성차가 발견될 것인가? Hudziak과 동료들(2005)은 DSM의 ADHD 문항을 포함하는 코너스의 평정척도(Conners' Rating Scales, CRS)를 사용하여 성별 규준을 제공하였다. 연구자들은 CRS로 ADHD를 측정하고, 성별 규준을 사용하여 아동이 ADHD 척도상에서 통계적으로 벗어나 있는지를 결정하였다. 이 접근은 남아들만큼 여아들도 ADHD 기준을 충족시키는 결과, 즉 남아와 여아가 거의 동일한 유병률을 보이는 결과를 가져왔다. 반면 DSM 진단기준(진단의 역치가 성별에 따라 다르지 않음)을 사용했을 때는 문제를 지닌 여아들이 다수 진단기준을 충족시키지 못했다. 이와 마찬가지로 ADHD의 발생률이 연령에 따라 감소한다는 보고도 ADHD 행동의 기저 발생률이 연령에 따라 감소하는 것

에 기초하여 인위적으로 만들어진 것일 수도 있을 것이다.

고정 절단점이나 변동 절단점을 적용할 것인가, 혹은 성별이나 연령, 문화적 고려에 기초한 기준을 적용할 것인가의 쟁점은 유병률을 추정하는 데 영향을 미친다. 그리고 누가 서비스를 필요로 하는지를 파악하는 데도 시사점을 제공한다. 앞에서 제시한 예와 같이 어떤 경우에는 '고정' 절단점으로는 서비스가 필요한 사람들을 발견하지 못할 수 있다. 또 다른 경우에는 문제가 심각하지 않은 사람임에도 불구하고 장애가 있는 것으로 잘못 판단할 수 있다.

앞으로 정신병리의 발달을 탐색해 나가는 과정에서 문화와 맥락, 행동 간의 복잡한 상호작용에 관심을 기울여야 한다는 것을 보여주는 연구를 보게 될 것이다. 그리고 미래의 진단 및 분류체계는 문화적·발달적 맥락에 대한 쟁점에 더 많은 관심을 기울일 필요가 있음을 시사하는 연구도 만나게 될 것이다(Achenbach, 2017; Beauchaine & Klein, 2017; Lewis-Fernandez et al., 2010; Rescorla et al., 2007, 2011).

지금까지 살펴본 바와 같이 DSM 분류에 관한 주요한 고려사항 중의 하나는 DSM이 범주적 접근이라는 점이다. 그러나 아동·청소년의 문제를 차원적으로 고려하는 분류접근도 존재한다. 지금부터는 분류에 대한 경험적 기반 접근을 살펴보기로 하겠다.

분류에 대한 경험적 접근

분류에 대한 경험적 접근(empirical approach to classification)은 분류에 대한 대안적인 임상적 접근의 하나이다. 이 접근은 통계적 기법에 기초하여 상호 관련된 행동 패턴을 파악한다. 경험적 접근의 일반적 절차는 응답자에게 아동·청소년이 특정 행동을 보이는지 그렇지 않은지를 나타내게 하는 것이다. 이렇게 얻은 정보는 특정 방식으로 수량화된다. 예를 들어 만약 아동이 어떤 특성을 전혀 보이지 않는다면 '0', 중간 정도로 나타낸다면 '1', 그리고 그 특성이 명백하게 존재할 때는 '2'로 표시한다. 이와 같은 정보를 많은 수의 아동·청소년을

대상으로 수집한다. 그런 다음 요인분석 같은 통계기법을 사용해 함께 발생하는 문항들의 집단을 확인하는데 문항들의 이런 집단을 요인 혹은 군집이라고 한다. 이런 집단을 경험적인 절차로 확인하든 또는 임상적 판단으로 확인하든 함께 발생하는 경향이 있는 행동들을 기술하기 위해 **증후군**(syndrome)이라는 용어를 사용한다. 따라서 연구자는 어떤 행동들이 함께 발생하는지에 대해 임상가의 견해에 의존하기보다 분류방법을 개발하기 위한 근거로서 경험적 및 통계적 절차를 적용한다.

두 가지 **광대역 증후군**(broadband syndrome) 혹은 행동이나 특징의 일반적 군집이 존재한다는 충분한 증거가 있다(Achenbach, 2016). 이 중의 하나는 **내재화**(internalizing)라고 불리며, 이 군집과 관련된 특징은 불안, 수줍음, 위축, 우울 등으로 기술된다. 두 번째 군집은 **외현화**(externalizing)로 불리며, 이 유형과 주로 관련되는 특징들은 싸움, 떼쓰기, 반항, 파괴성 등이다. 이런 두 가지 광대역 군집을 도출하기 위해 사용되는 대표적인 측정 도구로 ASEBA(Achenbach System of Empirically Based Assessment)가 있다(Achenbach & Rescorla, 2001).

내재화와 외현화라는 광대역 증후군 외에도 연구자들은 이 도구를 사용해 덜 전반적인 **협대역 증후군**(narrowband syndrome)을 경험적으로 확인하였다. 학령기 아동 · 청소년을 위한 8가지 협대역 증후군은 〈표 5.1〉에 기술되어 있다. 이 8가지 증후군은 다양한 집단을 대상으로 이루어진 연구로부터 강한 지지를 받고 있다(Ivanova et al., 2019). 평가 대상 아동은 증후군별로 점수를 받으며 특정 아동을 위한 증후군 점수 프로파일이

▌표 5.1   ASEBA 학령기 척도의 대표적인 8가지 협대역 증후군과 견본 문항

내재화 증후군		
불안/우울	**위축/우울**	**신체화 증상**
잘 운다	혼자 있음	지나치게 피곤함
겁, 불안	수줍어하거나 소심함	통증
가치 없다고 느낌	위축됨	복통
혼합된 증후군		
사회적 문제	**사고의 문제**	**주의력 문제**
외로움	헛것을 들음	집중을 못함
놀림받음	헛것을 봄	안절부절못함
아이들이 싫어함	이상한 생각	충동적
외현화 증후군		
규칙위반 행동	**공격행동**	
가책 없음	잔인함, 괴롭힘	
나쁜 친구	남의 물건 파괴	
집 안 도벽	싸움	

출처 : Achenbach & Rescorla(2001)에서 수정 인용. Copyright 2001 by University of Vermont, Research Center for Children, Youth & Families. 허락하에 사용함

그려진다(그림 5.1 참조). 분류에 대한 이러한 접근은 아동·청소년을 몇 가지 차원에서 평가한다.

이처럼 분류에 대한 경험적 접근은 몇 가지 면에서 DSM의 임상적 접근과는 차이가 있다. 두 접근 간의 중요한 차이점 하나는 집단을 정의하고 형성하는 방식이다(경험적 대 임상적 합의). 두 번째 중요한 차이점은 분류에 대한 경험적 접근에서는 문제를 범주적으로 보지 않고 차원적으로 본다는 점이다. 이것은 개인 간의 차이가 질적이지 않고 양적이며, 정상과 비정상 간의 차이도 종류보다 정도의 차이에 있음을 의미한다(Achenbach, 2000). 그리고 모든 아동이 차원 및 증후군별로 점수를 받기 때문에 동시에 발생하는 문제들의 가능한 양상을 기대할 수 있다. 아동·청소년의 문제를 개념화하는 이런 접근은 DSM 접근에서 기술한 공존장애 관점과는 차이가 있다.

경험적 접근에 근거한 분류는 또한 개별 아동·청소년의 문제를 판단하기 위해 **규준 표본**(normative sample)으로부터 얻은 자료를 참조 틀로 활용한다. 예를 들어 ASEBA를 사용할 경우 개별 아동·청소년의 점수는 정신건강 서비스에 의뢰된 집단의 규준과 비교되거나 또는 서비스에 의뢰되지 않은 집단의 규준과 비교될 수 있다. 아울러 아동의 나이와 성별에 따라 마련된 규준과 비교하여 평가된다. 그리고 정보제공자의 유형(청소년, 부모, 교사), 다양한 문화집단에 따라서도 각각 규준이 마련되어 있다(Achenbach, 2017; Achenbach & Rescorla, 2001).

〈표 5.1〉에 제시된 차원/증후군에 덧붙여 ASEBA가 DSM의 일부 범주에 상응하는 척도 점수를 산출할 수 있다는 점은 주목할 만하다(Achenbach, Dumenci, & Rescorla, 2003; Achenbach & Rescorla, 2007). 이러한 DSM 지향 척도들은 범주적 접근과 경험적 접근을 비교해볼 수 있는 한 방법이다.

연구 영역 기준

미국의 국립정신건강연구소(National Institute of Mental Health, NIMH)에서는 최근 DSM 접근에 대해 새로운 대안을 제안했다. 이것은 **연구 영역 기준**(Research Domain Criteria, RDoC)으로 알려져 있다. 이 제안의 목표는 "전반적인 심리학적/생물학적 체계에서 나타나는 다양한 수준의 역기능 측면에서 정신건강과 질병의 본질을 이해하는 것"이다(NIMH, 2019). 직접적인 목표로 진술되어 있지는 않지만 RDoC 제안은 궁극적으로 현재의 DSM/ICD 분류체계를 대체하고 임상적 평가와 정확하고 효과적인 치료법을 개발하기 위한 틀로 사용할 수 있는 연구기반 시스템을 개발하기 위한 지속적인 노력을 지지한다고 볼 수 있다(Cuthbert, 2014; Insel et al., 2010; Sanislow et al., 2010).

연구에 대한 강조에 덧붙여 RDoC 개념화는 두 가지 면에서 현재의 분류체계들과 차이가 있다. 첫째, RDoC는 관찰 가능한 증상들을 나열하기보다는 기저 시스템 면에서 장애를 정의한다. RDoC는 매트릭스로 구성된다. 매트릭스의 한 차원은 기능 및 기저 시스템의 기능 영역들을 기술한다. 이 영역들은 전형적 및 비전형적 발달(정상 및 비정상 발달 성과)의 기저를 이루는 신경생물학적 및 심리적 시스템을 말한다. RDoC 매트릭스는 6가지 기능영역과 각 영역의 차별적 측면을 구성하는 몇 가지 구성개념들을 포함하고 있다. 6가지 기능영역과 관련되는 구성개념의 예는 〈표 5.2〉에 제시되어 있다.

매트릭스의 두 번째 차원은 시스템, 즉 영역과 구성개념을 어떻게 연구할 것인지에 대한 기술을 포함하고 있다. RDoC는 유전자, 분자, 세포, 회로, 생리, 행동에서

▌**표 5.2**　RDoC 기능영역 및 관련된 구성개념의 예

부정적인 원자가 시스템(예 : 잠재적 위협/불안, 상실)
긍정적 원자가 시스템(예 : 보상에 대한 반응성, 보상 학습)
인지적 시스템(예 : 주의력, 작업기억)
사회적 과정(예 : 소속 및 애착, 사회적 의사소통)
각성/조절 시스템(예 : 각성, 수면-각성)
감각운동 시스템(예 : 운동 행위, 습관-감각운동)

출처 : NIMH(2019)에서 수정 인용

부터 자기-보고에 이르기까지 다양한 분석 수준에 걸쳐 시스템들을 측정할 것을 제안한다. RDoC 공식화는 또한 연구문제를 검토하는 데 유용한 패러다임 또는 과제를 포함하고 있다(자세한 사항은 www.nimh.nih.gov/research-priorities/rdoc/units/index.shtml 참조).

이처럼 분류에 대한 RDoC와 DSM 간의 중요한 차이점은 RDoC가 관찰 가능한 증상들을 나열하기보다는(DSM 접근) 기저 시스템을 측정하는 데 초점을 두고 있다는 점이다. RDoC 접근이 DSM 같은 전통적 분류체계와 다른 또 하나의 차이점은 RDoC 개념화가 범주적이기보다 차원적이라는 점이다. 위에서 언급했듯이 RDoC는 인간의 행동 전반에 걸친 기초적 기능 차원들을 탐구한다. 따라서 정상과 비정상을 정도의 문제로 본다. RDoC는 또한 구성개념을 전통적인 진단적 경계를 가로지르는 차원으로 본다. 예컨대 부정적인 원자가(valence) 시스템 안의 특정 구성개념(예 : 잠재적 위협)이 불안과 품행문제 둘 다와 다른 장애들을 이해하는 데 적합하다고 기대할 수 있다. 따라서 RDoC 접근은 현재 지배적으로 사용되고 있는 진단적 접근에 대한 우려의 일부를 해결해준다고 할 수 있다. 그러나 RDoC가 다양한 영역들이 나타나는 사회적/환경적 맥락의 역할과 발달적 맥락(다양한 영역들이 시간에 따라 어떻게 발달하는지)에 대해서는 상대적으로 민감하지 않다는 지적이 있다(De Los Reyes et al., 2020; Hayden & Durbin, 2019; Lilienfeld & treadway, 2016). RDoC 접근을 특히 아동 · 청소년 문제에 적용하는 도전은 지속적인 노력에 포함되어야 할 것이다(Beaucane & Hinshaw, 2020; Garber & Brdshaw, 2020).

낙인과 명칭의 영향

앞에서도 언급했듯이 분류와 진단은 심리적 문제에 대한 이해와 치료를 촉진하기 위한 것이다. 분류는 과학적, 임상적 활동이지만 하나의 사회적 과정(social process)으로도 볼 수 있다. **진단명**(diagnostic label)은 아동 · 청소년을 어떤 하위 집단에 배정하는데, 이것은 그 아동 · 청소년을 어떻게 이해하고 취급해야 할지를 나타낸다. 만약 그 영향이 부정적이라면 부분적으로 정신질환과 관련된 낙인 때문일 것이다. **낙인**(stigmatization)이란 사회적으로 평가절하되는 집단에 소속되는 것과 관련된 고정관념, 편견, 차별 및 자기비하를 말한다(생각상자 '낙인의 영향' 참조).

진단명의 부정적인 영향은 아동 · 청소년을 돕기 위한 범주화의 원래 목적에서 벗어나게 한다(Hinshaw, 2005). 정신장애를 정의할 때(APA, 2013), 공식적 분류는 장애를 분류하는 것이지 사람을 분류하는 것이 아니라는 점을 기억해야 한다(Cantwell, 1980). 따라서 "빌리 그린은 자폐증이 있다."라고 말하는 것이 옳지, "빌리 그린은 자폐아이다."라고 말하는 것은 옳지 않다.

명칭을 붙이는 과정이 잠재적으로 부정적 영향을 미칠 수 있음을 인식하는 것은 중요하다. 명칭은 의도하지 않은 다양한 결과를 가져올 수 있다. 한 가지 우려는 과잉 일반화이다. 예를 들어 ADHD로 명명된 아동 · 청소년은 실제로는 그렇지 않은데도 모두 비슷하다고 가정된다. 이런 가정은 개별 아동 · 청소년을 쉽게 간과하게 만든다. 명칭은 또한 아동 · 청소년에 대한 부정적인 지각을 초래한다. 예를 들어 Walker와 동료들(2008)은 ADHD, 우울, 천식을 지닌 것으로 명명된 아동에 관한 짧은 글을 8~18세 아동 · 청소년들에게 제시하였다. 아동에 관한 묘사는 장애 명칭 말고는 모두 같게 구성되었다. 연구결과 피험자들은 ADHD나 우울로 명명된 아동이 천식으로 명명된 아동보다 반사회적 행동과 폭력을 행사할 가능성이 더 큰 것으로 지각하는 경향을 보였다.

명칭은 또한 아동 · 청소년에 대해 편향적으로 기대하게 할 수 있다. 사람들은 이런 기대가 유도하는 방식으로 행동하게 되는데, 이는 아동 · 청소년이 그러한 기대와 일치하는 방식으로 행동하도록 영향을 미친다. 명칭에 의해 전달되는 부정적 기대는 Briggs와 동료들(1994)의 연구결과에 잘 나타나 있다. 성인 피험자들에게 학교운동장에서 공격적 행동을 보이는 6세 남아의 일화를 들려주었는데, 아동의 가정배경을 다양하게 구성하였다(정상 가정, 어머니가 암으로 사망함, 성적 학대를 받음). 일화를 들려준 후 아동의 행동에 관한 기대를 묻는

생각상자	낙인의 영향

정신질환과 관련된 낙인은 아동·청소년과 그들 가족의 복지를 걱정하는 사람들에게 중요한 쟁점으로 인식되고 있다(Corrigan & Nieweglowski, 2019; Martinez & Hinshaw, 2016; Mukolo, Hefl inger, & Wallston, 2010). 낙인은 아동·청소년에게 여러 가지 방식으로 영향을 미친다. 이것은 장애를 지닌 아동·청소년 또는 부모가 정신장애를 가진 아동·청소년 모두에게 영향을 미친다.

낙인에는 고정관념이 내포되어 있다. 사람들은 장애 아동·청소년을 부정적인 특성이나 속성, 부정적인 선입견, 차별의 관점에서 바라본다. 이는 아동·청소년의 권리와 권한을 제한한다. 장애를 지닌 아동·청소년은 이러한 부정적 평가를 내재화시키며, 자신의 능력과 심지어는 자기 자신에 대해서도 부정적인 관점을 발달시킨다. 연구에 따르면 낙인이 아동·청소년에게 영향을 미치는 방식은 다양하다. 예를 들어 장애를 지닌 아동·청소년은 여러 가지 부정적인 사회적 경험과 모욕, 또래들의 거부를 경험할 수 있다. 이들은 성인들, 심지어는 전문가들과의 상호작용에서도 유사한 낙인의 영향을 경험할 수 있다. 장애가 있는 아동·청소년의 부모는 자녀의 문제에 대해 비난을 받을 수 있다. 이것은 아동과 청소년의 장애와 관련된 낙인과 함께 가족이 전문적 도움을 추구할 가능성을 감소시킬 수 있다(Pescosolido et al., 2008).

우리는 부모의 정신병리가 앞으로 일어날 아동 정신병리와 관련된 하나의 위험요인이라는 것을 잘 알고 있다. 정신장애와 관련된 낙인은 장애를 지닌 부모가 도움을 구하는 행동을 방해하며, 결과적으로 자녀의 위험을 증가시킨다. 부모의 장애와 관련된 낙인은 또한 가족들 간의 공개적인 논의를 억제할 수 있다. 이는 자녀에 대한 지지를 제한시키며, 자녀가 부모나 가족의 문제에 대해 자신을 비난하게 만듦으로써 결과적으로 위험을 증가시킨다. 그리고 만약 부모와 가족이 부모의 문제를 감추려 하면 그로 인해 사회적 지지에 대한 접근이 제한되며 결국 위험이 증가하게 된다.

낙인과 그 영향에 대한 이해는 확실히 복잡하고 어려운 문제이다. 아동 정신병리와 낙인의 문제에 대한 교육은 분명히 해결책의 한 부분이 될 수 있다. 그러나 낙인의 문제를 극복하기 위해서는 보다 광범위한 노력이 필요하다. 이에 대해 Hinshaw(2005)는 다음과 같이 진술하였다.

> 아동·청소년의 경우에는 낙인과정이 가정과 학교, 지역사회에서 일어난다. 아동과 환경의 '적합성'은 아동을 정신장애로 진단할 때 매우 핵심적인 요소이다. 따라서 발달장애에 대한 지역사회의 관용과 수용은 특수교육 요구를 지닌 아동·청소년을 위한 지역사회 시설 증진과 더불어 아동의 학업적·사회적 유능성, 그리고 생활의 유능성을 촉진하는 노력의 필수적인 요소이다(p. 726).

설문지를 작성하게 하였다. 그 결과 피험자들은 성적 학대를 받은 아동에 대해 다른 반응을 보이는 것으로 나타났다. 즉 성적 학대를 받은 아동이 다른 조건의 아동보다 행동문제도 많고 학업성취 수준도 낮다고 믿는 경향이 있었다.

그러나 명칭이 항상 부정적인 기대를 유발하는 것은 아니다. 어떤 연구자는 명칭이 아동의 문제행동에 대해 '설명'을 제공해준다고 주장한다. 아동이 왜 이런 식으로 행동하는지를 이해한다면 어른들이 아동에게 부정적인 반응을 보일 가능성이 줄고, 또 아동에 대해 좀 더 적절한 기대를 하게 될 것이다. Wood와 Valdez-Menchaca(1996)의 연구는 명칭이 항상 부정적인 기대를 유발하지 않는다는 것을 보여준다. 이 연구에서 성인 피험자들은 4명의 아동과 상호작용하였는데, 그중 한 명은 언어장애로 진단받은 아동이었다. 피험자들은 두 조건 중 하나에 할당되었다. 첫 번째 조건은 비명칭 조건으로 아동의 진단명을 밝히지 않은 조건이었다. 두 번째 조건은 아동의 진단명이 드러난 명칭 조건이었다. 실험결과 비명칭 집단의 피험자들은 언어장애 아동에 대해 유의하게 낮은 호감을 나타냈으며, 그 아동이 다른 아동들보다 덜 생산적이며 학업에서도 덜 유능한 것으로 평정하였다. 반면 명칭 집단의 피험자들은 그렇지 않았다. 그들은 비명칭 조건의 피험자들과 함께 같은 아동의 부적절한 행동을 관찰했음에도 불구하고 그러한 행동을 더 잘 수용하는 것으로 나타났다.

마지막으로 진단명의 사용은 아동의 행동이 발생하는 대인관계 및 사회적 맥락에 관한 관심을 감소시킨다는 우려가 제기되었다(Silk et al., 2000; Sroufe, 1997). 전통적인 진단범주들은 아동의 문제가 적어도 한 명 이상의 다른 사람, 즉 그 아동의 문제를 발견하거나 보고하는 사람에게 '달려 있다'는 사실을 간과한다(Algozzinne, 1977; Lilly, 1979). 이 책을 끝까지 읽으면 알게 되겠지만 아동을 어떻게 보고 기술하는지는 그 아동의 행동뿐만 아니라 누가 보고하고 기술하느냐에 따라 달라질 수 있다는 주장을 지지하는 많은 증거가 있다.

아동·청소년을 대상으로 연구와 치료에 종사하는 전문가들은 범주적 명칭이 가지고 있는 잠재적인 부정적 결과에 대해 우려하고 있다. 이들은 범주적 명칭이 미치는 영향을 최소화시키는 방안들을 지지한다. 그러나 범주화는 우리의 사고 속에 깊숙이 박혀 있으며 지식의 발전에 기여하기도 한다. 범주화를 완전히 버리는 것은 바람직하지 않으며 또한 가능하지도 않다. 따라서 분류체계를 향상시키기 위해 노력하는 것이 중요하다. 동시에 범주의 사용에 내재된 사회적 요인, 명칭에 의한 사회적 지위, 그리고 명칭이 아동과 주변 사람들에게 미치는 영향에 대해 민감해질 필요가 있다(Adelman, 1996; Hinshaw, 2010).

평가

아동·청소년의 문제에 대한 평가는 복잡한 과정이다. 반드시 그런 것은 아니지만 아동·청소년이 임상가의 관심을 받게 될 무렵이면 호소문제는 대개 다양한 면모를 갖게 된다. 그러나 평가는 임상가와 만나는 첫 접촉에서 이루어지기 때문에 전문가는 문제에 대해 제한된 지식을 갖게 된다. 이러한 요인들과 일반적 상식 및 경고에 근거할 때 아동·청소년에게 최선의 혜택을 제공하기 위해서는 아동·청소년, 그리고 그들의 환경이 가진 다양한 측면을 포괄적으로 평가해야 한다.

종합적인 평가 수행

이 책을 읽다 보면 알게 되겠지만 아동·청소년의 행동장애는 복합적이며, 종종 단일 문제행동보다는 다양한 요인들을 포함한다. 아울러 문제는 여러 가지 영향으로 인해 발생하며 유지되는 것으로 보인다. 이러한 영향에는 생물학적 요인, 아동·청소년의 행동적·인지적·사회적 기능의 측면, 그리고 가족과 또래, 학교와 같은 사회적 체계의 영향 등이 포함된다. 따라서 평가는 다양한 잠재적 호소문제를 평가하고, 아동·청소년 자신이 지닌 다양한 측면을 측정하며, 다양한 맥락과 주변 사람들을 평가하는 등 종합적으로 이루어져야 한다.

상황에 따라 혹은 대하는 사람에 따라 다르게 나타날 수 있는 문제를 평가하려면 다양한 정보제공자(예: 아동·청소년 자신, 부모, 교사)로부터 정보를 수집해야 한다(De Los Reyes et al., 2015). 아동은 가정이나 학교에서 또는 또래들과 놀 때 각각 다르게 행동할 수 있다. 그리고 관찰자에 따라 같은 행동도 다르게 보일 수 있다. 우울하며 여러 가지 생활 스트레스를 겪고 있는 어머니는 아동의 행동이 기대로부터 조금만 벗어나도 참기 어려울 수 있다. 이런 지각의 차이는 현재의 문제를 이해하고 개입을 계획할 때 중요하다. 따라서 평가는 복수의 다양한 방법을 요구하며, 다양한 나이의 개인에게 적용되는 평가도구에 익숙해지기를 요구한다.

평가는 잘 훈련된 임상가들이 팀을 이루어 특정 절차와 도구를 실시하고 해석할 때 가장 잘 완수될 수 있다. 임상가는 경험적인 증거와 이론을 기반으로 선택하며 그 타당성을 입증하는 **증거기반 평가**(evidence-based assessment)를 적용하는 것이 바람직하다(Achenbach, 2017; De Los Reyes, & Langer, 2018; McLeod et al., 2019; Youngstrom et al., 2017). 앞으로 경험적 지지를 받는 치료에 관한 논의에서도 증거기반 활동은 연구자와 임상가가 계속 추구해야 할 목표이다.

평가는 대개 아동이나 가족과 만나는 즉시 이루어지기 때문에 가족 및 문화적 가치뿐만 아니라 불안이나 두려움, 수줍음, 교묘한 조정 등과 같은 문제에 특별히 민감할 필요가 있다. 만약 치료가 뒤따르게 된다면 평가는 연속적 과정이 되어야 한다. 그러면 새로운 정보가 하나씩 수집됨에 따라 치료효과를 계속해서 확인할 수 있게 된다. 이렇게 하면 임상가가 섬세한 어감의 차이에도 귀를 기울이게 되고, 다면적이고 복합적인 현상에 대해 융통성 있게 판단할 수 있게 된다.

면접

일반적 임상면접

일반적 임상면접(general clinical interivew)은 가장 보편적으로 사용되는 평가방법이다. 아동·청소년과 그들이 속해 있는 사회적 환경 내의 다른 사람들을 면접함으로써 기능의 모든 영역에 대한 정보를 수집한다(Sattler & Garro, 2014b; Watkins et al., 1995).

아동·청소년을 따로 면접할 것인지는 연령에 따라 다르다. 높은 연령의 아동·청소년은 일반적으로 더 유능하며 중요한 정보를 제공할 가능성이 크다. 그러나 연령이 낮은 아동일지라도 임상가는 종종 면접을 통해 임상적 소견을 얻기도 한다. 아동의 발달수준을 고려하고 개별 아동에 맞추어 면접하면 유치원이나 초등학교 아동도 중요한 정보를 제공할 수 있다(Bierman & Schwartz, 1986; Kamphaus & Frick, 1996; Sattler & Garro, 2014). 예컨대 성인 대상 면접처럼 대면으로 이루어지는 면접은 어린 아동에게 위협적으로 느껴질 수 있다. 따라서 친숙한 놀이나 학교 숙제 같은 것을 하고 난 후 면접을 하게 되면 이러한 어려움이 줄어들 수 있다.

앨리샤 : 초기 평가

6세 여아 앨리샤의 부모는 앨리샤가 가지고 있는 가정과 학교, 또래관계의 적응문제를 이해하고 개선하는 방법을 알아보기 위해 도움을 청하였다. 부모는 앨리샤를 충동적이고 침울하며, 학교에서 문제를 보인다고 기술하였다. 부모가 제공한 초기 정보에서 어머니 쪽으로 지적장애를 보이는 남자 친척이 몇 명 있고, 이 중 한 명은 최근에 취약 X 염색체 장애(fragile X chromosomal disorder)로 진단된 것으로 드러났다. 임상가는 여성이 취약 X 증후군과 관련된 결함유전자를 보유하기 때문에 앨리샤가 취약 X 보유자일 수도 있다는 가설을 세웠다. 임상가는 또한 초기 정보에 근거하여 앨리샤가 ADHD와 학습장애가 있을 수도 있다는 가설을 세웠다.

앨리샤에 관한 정보는 몇몇 출처로부터 얻어졌다. 부모(면접, 평정척도, 일상적인 행동일지, 부모-자녀 상호작용의 관찰)와 교사(평정척도, 학업수행, 검사점수), 그리고 앨리샤 자신(면접, 직접관찰, 심리교육검사)이 포함되었다. 평가 중에 앨리샤는 취약 X 염색체를 보유하는 여성들이 나타내는 몇 가지 특성을 보인 것으로 나타났다. 이에 대해 임상가는 부모와 이야기를 나누었고, 유전적 평가에 의뢰하였다. 평가결과 앨리샤가 실제로 취약 X 염색체를 보유한 것으로 나타났다. 앨리샤는 또한 ADHD 진단기준을 만족시키며 학습문제

도 있는 것으로 나타났다.

한편 평가결과에서 부모가 앨리샤에게 구조화는 되어 있으나 자극적인 환경을 제공하고 있는 것으로 나타났다. 앨리샤는 친구도 있고 연령에 적합한 활동을 성공적으로 수행할 수 있었으며, 부모로부터 사랑을 받고 있다고 느끼는 것으로 확인되었다. 앨리샤는 자신의 충동적인 행동이 자신과 가족들에게 문제를 일으키고 있다는 것을 인식하고 있었다. 이 사례의 긍정적인 측면은 앨리샤가 명랑하고 양호한 사회기술을 갖고 있으며, 따뜻하고 애정 많은 부모를 두고 있으며, 지지적인 가정 및 학교환경에서 생활하고 있다는 점이다.

평가결과는 앨리샤의 학급배치, 학습지원, 가족지원, 취약 X 증후군 자녀의 부모를 위한 지지집단 의뢰, 그리고 앨리샤가 자신의 강점을 인식하고 어려움에 잘 대처하도록 돕기 위한 단기 개인상담을 포함한 개입전략으로 안내해주었다. 임상가는 앨리샤가 성공적으로 적응하고 발달할 것이며, 새로운 어려움에 직면할 때 추가의 평가와 개입이 필요할 것으로 보았다.

– Schroeder & Smith-Boydston
(2017, pp. 55~56)에서 수정 인용

임상가는 대부분 문제의 성격, 과거 및 최근 발달력, 현재 상태, 기분과 지각, 문제를 해결하려는 노력, 그리고 치료에 대한 기대 같은 정보를 수집한다. 일반적 임상면접은 문제의 성격을 결정하고 진단을 내리기 위해서 뿐만 아니라 사례를 개념화하고 적절한 치료적 개입을 계획하는 데 도움이 되는 정보를 수집하기 위해서도 사용된다.

일반적 임상면접은 보통 개방적 혹은 비구조화된 면접으로 묘사된다. 이런 면접은 대부분 치료적 상호작용의 맥락에서 이루어지고 다른 다양한 검사도구가 사용되기 때문에 신뢰도와 타당도를 평가하기가 어렵다.

구조화 및 반구조화 진단면접

구조화 및 반구조화 진단면접(structured and semi-structured diagnostic interview)은 좀 더 신뢰할 수 있는 면접을 수행하기 위해 만들어졌다. 이런 면접은 DSM과 같은 특정 분류체계에 근거하여 진단하거나 연구에 사용하며, 또는 장애의 유병률을 파악하기 위한 제한된 목적을 위해 개발되었다. 구조화 및 반구조화 진단면접은 아동 · 청소년 그리고/또는 부모를 대상으로 실시될 수 있다. 이런 면접을 개선하는 일은 계속 진행 중인 목표로 남아 있으며, 신뢰도는 장애에 따라, 그리고 정보의 원천(부모 또는 아동 · 청소년)에 따라 달라진다(Duncan et al., 2019).

비구조화된 일반적 면접에서는 임상가가 물어보아야 하는 특별한 질문이 없고, 지정된 양식도 없으며, 정보를 기록하는 방법도 정해진 것이 없다. 면접을 효과적으로 수행하기 위한 지침이나 절차 같은 것이 없음은 말할 것도 없다. 사실 효과적인 면접에 대한 문헌은 많다(McConaughy, 2005; Sattler, 1998). 그러나 비구조화된 진단면접은 임상가에게 더 많은 자유를 주고자 의도된 것이다. 이에 반해 구조화된 진단면접은 면접자가 아동 · 청소년에게 물어보아야 하는 질문으로 구성되어 있다. 그리고 면접이 어떻게 수행되어야 하는지에 관한 규칙을 제공하고 있으며, 아동 · 청소년의 응답이 어떻게 기록되고 채점되어야 하는지에 대해 명확한 지침

을 제공하고 있다(McClellan & Werry, 2000; Schroeder & Smith-Boydston, 2017). 이런 면접의 예로는 아동을 위한 불안장애 면접(Anxiety Disorders Interview for Children, ADIS C/P; Albano & Silverman, 2017), 아동과 청소년을 위한 진단면접(Diagnostic Interview for Children and Adolescents, DICA; Reich, 2000), 학령기 아동의 정서장애 및 조현병 면접지(Schedule for Affective Disorders and Schizophrenia for School-Age Children, K-SADS; Ambrosini, 2000) 등이 있다.

문제 체크리스트와 자기보고 측정도구

문제 체크리스트(problem checklists)와 평정척도는 분류에 대한 논의에서 기술되었다. 이런 척도는 종류가 매우 다양하다. 어떤 것은 일반적인 용도로 개발되었다. 아동행동평가척도(Child Behavior Checklist; Achenbach & Rescorla, 2001)와 아동행동 평가체계(Behavior Assessment System for Children; Reynolds & Kamphaus, 2015) 등이 그 예이다. 또 어떤 것은 특수한 모집단에 적용된다. 예컨대 코너스 부모평정척도(Conners Parent Rating Scale; Conners, 2008)는 ADHD 평가가 필요할 때 사용된다.

많은 경험적 연구는 이러한 도구들이 임상가와 연구자에게 유용함을 보여주고 있다(Achenbach, 2017; Schroeder & Smith-Boydston, 2017). 앞에서 언급한 ASEBA 도구(108~109쪽)는 문제 체크리스트의 예이다(Achenbach & Rescorla, 2001). 이 도구는 연구와 임상 장면에서 널리 사용되고 있다. 아동행동평가척도 부모용(Child Behavior Checklist, CBCL)은 6~18세 아동 · 청소년을 둔 부모가 작성하는 것이다. 아동행동평가척도 교사용(Teacher Report form, TRF)은 6~18세 아동 · 청소년을 대상으로 교사가 작성한다. 청소년 행동평가척도 자기보고형(Youth Self-Report, YSR)은 11~18세 청소년에 의해 작성된다. 1.5~5세의 어린 아동을 위한 CBCL도 있고, 교사용(Caregiver-Teacher Report Form, C-TRF)도 있다(Achenbach & Rescorla, 2000). 나아가 부모의 기능을 측정하기 위한 척도로 성인행동평가

척도 자기보고형(Adult Self-Report, ASR)이 있으며, 배우자를 평가할 수 있는 성인행동평가척도 타인보고용(Adult Behavior Checklist, ABCL)도 있다(Achenbach & Rescorla, 2015).

여러 정보제공자에 의해 작성된 평정척도는 임상적 문제와 환경적 측면을 폭넓게 이해할 수 있도록 해준다(Achenbach, 2017). 〈그림 5.1〉은 한 여아에 대한 부모 반응의 차이를 보여주고 있다. 두 정보제공자의 서로 다른 지각은 임상가에게 중요한 정보를 제공한다. 예를 들어 Achenbach가 개발한 CBCL과 TRF, YSR은 동일한 문항과 차원에 대해 다양한 정보제공자의 보고를 비교해 볼 수 있게 해준다. 이 도구를 이용해 두 사람 이상의 정보제공자에게 아동·청소년에 대해 기술하게 한 후 일치하는 정도를 나타내는 통계치를 계산할 수 있다. 그런 다음 특정 아동·청소년에 대한 이러한 일치도를 더 큰 대표 표본과 비교해볼 수 있다. 따라서 토미의 어머니와 교사 간의 일치도가 토미와 같은 연령의 남아들에 대한 어머니-교사 일치도 평균보다 작거나 같은지, 혹

은 큰지 알아볼 수 있다. 이런 정보는 임상가가 호소문제를 개념화할 때 매우 중요하다. 서로 다른 정보제공자로부터 얻은 정보는 또한 치료과정에서도 도움이 된다. 예컨대 부모는 다른 사람들이 자녀의 문제를 어떻게 다르게 지각하는지를 알게 된다.

앞서 분류에 대한 경험적 접근을 다루면서 언급했듯이 ASEBA와 같은 문제 체크리스트는 특정 아동·청소년의 문제를 판단하기 위한 참조 틀이라 할 수 있는 규준집단과의 비교를 가능하게 해준다. 예컨대 CBCL, TRF와 YSR의 경우에는 개별 아동·청소년의 점수를 비교하기 위해 두 세트의 규준이 마련되어 있다. 특정 아동·청소년의 점수는 의뢰되지 않은 아동·청소년 집단의 규준과 비교되거나 또는 전신건강 서비스에 의뢰된 아동·청소년 집단의 규준과 비교된다. 특정 연령 범위에 따라 정보제공자의 유형별로 성별 규준이 따로 마련되어 있다. 따라서 부모용 CBCL은 6~11세, 12~18세 남아를 위한 규준과 6~11세, 12~18세 여아를 위한 규준을 따로 갖고 있고, 마찬가지로 교사용 TRF와 청소

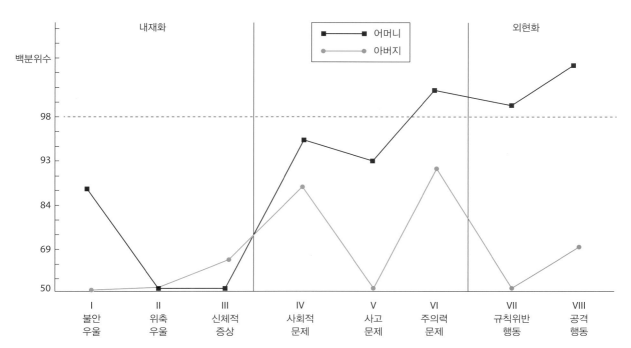

그림 5.1 어머니와 아버지가 작성한 11세 여아의 CBCL 프로파일

년용도 연령범위, 성별에 따라 별도의 규준을 갖고 있다 (Achenbach & Rescorla, 2001). 아동 · 청소년의 점수는 또한 다양한 문화 배경을 고려해 만들어진 규준과 비교 하여 평가된다(Achenbach, 2017).

예를 들어 11세 남아 제이슨의 행동문제를 평가하기 위해 두 가지 종류의 부모보고 규준(의뢰되지 않은 11세 남아용 규준과 의뢰된 11세 남아용 규준)에서 도출된 경 험적 기반의 증후군 점수를 비교해볼 수 있다. 마찬가지 로 제이슨의 교사용 TRF 점수도 11세 남아용 규준 세트 에 비교해 볼 수 있다. 그리고 제이슨의 YSR 점수 역시 동일 연령의 의뢰된 집단과 의뢰되지 않은 집단 규준에 비교해볼 수 있다.

일반적인 평정척도는 임상가가 아동의 적응 수준을 적절한 규준과 비교하여 판단할 수 있게 해준다. 이 절 차는 의뢰의 적절성을 평가할 때 도움이 된다. 만약 특 정 호소문제가 확인되면 임상가는 좀 더 특수한 문제 (예 : ADHD, 불안, 또는 우울)를 위해 만들어진 평정척 도를 사용한다.

임상가나 연구자는 이 밖에도 여러 가지 **자기보고 측 정도구**(self-report measures)를 사용하여 아동 · 청소년 을 평가한다. 여기에서도 일반적인 척도가 있는가 하면 불안과 우울 같은 특수한 문제를 평가하는 척도도 있다 (Kovacs, 2011; March, 2013). 그리고 자기통제와 자기 개념 같은 적응 관련 구성개념을 평가하는 척도도 있다 (Connell, 1985; Harter, 1985). 이러한 여러 도구에 대 해서는 아동 · 청소년의 구체적인 문제에 초점을 맞춘 이후의 장에서 설명할 것이다.

부모 및 기타 성인에게도 자신에 관한 자기보고 측 정도구를 작성하게 할 수 있다. ASR과 같은 도구는 성 인 기능의 다양한 측면을 평가해준다. 그리고 부모 자신 의 불안이나 우울 같은 구체적인 문제를 평가하기도 한 다. 성인 기능의 한 측면을 평가하거나 또는 여러 측면 을 폭넓게 평가하는 척도도 있다. 예컨대 아동 · 청소년 과 관련된 성인의 감정과 태도 및 신념을 평가할 수 있 으며(예 : 가정환경 내 활동 안정성, Israel, Roderick, & Ivanova, 2002; 양육 스트레스 척도, Abidin, 2012), 또

는 가정환경의 측면을 평가할 수도 있다(예 : 가정환경 척도, Moos & Moos, 1994; 부모–청소년 관계 질문지, Robin, Koepke, & Moye, 1990). 이러한 평가는 사회적 환경 및 문제행동에 영향을 미치는 요인들에 대해 중요 한 정보를 제공해준다. 이런 측정도구를 사용하는 것은 호소문제가 복잡하며 사회적 맥락 안에서 존재한다는 것을 받아들이는 것이다.

관찰에 의한 평가

초기에는 아동의 행동을 관찰하기 위해 일기나 연속적 관찰, 그리고 이야기(narrations)가 사용되었다(Wright, 1960). 이후 관찰자가 쉽게 부호화할 수 있고 보다 구 체적이며 정밀한 행동관찰법이 발전되었다(Bijou et al., 1969). 이러한 구조화된 관찰은 평가과정에서 여전 히 중요한 측면이다(Pelsch et al., 2017; Sattler & Pillai Riddlell, 2014a). 구조화된 관찰은 아동 · 청소년이나 부 모의 행동 또는 아동 · 청소년을 둘러싼 환경 측면을 살 펴보고 체계적으로 관찰하는 활동을 포함한다.

행동관찰(behavioral observations)은 흔히 아동이 속 해 있는 자연스러운 환경에서 이루어지지만, 때로는 자 연적으로 발생하는 상호작용에 근접한 클리닉이나 실 험실 안에서도 이루어진다. 관찰은 단순하고 쉽게 구분 되는 행동으로부터 아동과 또래의 관찰, 가족구성원 간 의 복잡한 상호작용에 이르기까지 그 범위가 다양하다 (Achenbach, 2013; Eyberg et al., 2013; Israel, Pravder, & Knights, 1980; Kaugars et al., 2011; Reid, 1978; Reynolds & Kamphaus, 2015). 여러 사람 사이에서 계속 해서 일어나는 상호작용은 한 사람의 단일 행동보다 확 실히 관찰하기 어렵고 부호화하기도 어렵다. 그러나 이 두 가지 관찰은 이론적으로나 임상적으로 모두 의미가 있다.

체계적인 행동관찰의 첫 단계는 행동을 명료화하고 정의하는 것이다. 훈련된 관찰자는 시스템을 사용하여 특정 행동 또는 행동들의 연쇄가 발생하는지를 기록한 다. 연구에 따르면 많은 요인이 관찰체계의 신뢰도와 타 당도, 임상적 유용성에 영향을 미친다(Sattler & Pillai

Riddell, 2014b). 관찰에 영향을 미치는 두 요인으로 관찰체계의 복잡성, 그리고 시간에 따른 관찰체계 사용의 변화[관찰자의 표류(observer drift)]가 있다. 반응성(reactivity)의 문제는 직접관찰의 유용성에 영향을 미치는 가장 큰 장애로 알려져 있다. 반응성이란 자신이 관찰되고 있음을 알 때 개인의 행동이 달라지는 것을 말한다. 직접관찰을 통해 얻은 정보의 왜곡을 감소시키는 방법으로는 세심한 훈련, 관찰체계 사용자에 대한 주기적 모니터링, 상황 속에 이미 존재하는 관찰자의 활용(예 : 교사) 등이 추천되고 있다.

행동관찰은 가장 직접적인 평가방법이기 때문에 최소한의 추론을 요구한다. 신뢰할 만한 관찰자의 훈련 및 유지와 관련된 어려움과 비용은 아마도 연구 상황이 아닌 맥락 속에서 관찰을 활용할 때 일차적 방해요인일 것이다. 직접관찰은 행동주의 관점에서 가장 좋은 평가방법으로 생각되기 때문에 이를 보다 광범위하게 사용할 수 있도록 만들기 위한 노력이 있다(Sargent et al., 2020). 그러나 직접관찰은 자기 모니터링과 면접, 평정 및 체크리스트, 그리고 자기보고 도구 등을 포함하는 행동평가에 대한 다중방법 접근(multimethod approach)의 한 측면일 뿐이다.

투사적 검사

투사적 검사(projective test)는 한때 아동평가에 사용되는 가장 보편적인 심리검사였다. 오늘날 이 검사는 덜 사용되고 있는데, 그 이유는 주로 경험적 규준과 신뢰도, 타당도 부족에 대한 지속적인 논란 때문이다(Anastasi & Urbina, 1997; Erickson, Lilienfeld, & Vitacco, 2007; Kleiger, 2001; Lilienfeld, Wood, & Garb, 2000; Sattler, 2014).

투사적 검사는 방어기제의 하나인 투사라는 정신분석 개념에서 파생되었다. 수용할 수 없는 충동을 자아가 다루는 한 방법은 그 충동을 외부 대상에 투사하는 것이다. 충동은 직접적으로 표현될 수 없는 것으로 가정된다. 따라서 모호한 자극의 제시는 아동에게 '수용할 수 없는' 생각과 충동뿐만 아니라 그러한 생각과 충동에 대한 다른 방어까지도 투사하도록 한다. 어떤 임상가는 정신역동적 추론을 사용하지 않는 방식으로 투사적 검사를 사용한다(Chan-dler, 2003; McGrath & Carroll, 2012). 예컨대 아동이 모호한 자극을 과거 경험 및 현재 욕구의 측면에서 볼 수 있으므로 이런 반응을 보고하게 하는 것이다. 그리고 분석할 때는 반응의 형식적인 측면(예 : 아동이 그린 인물들 간의 거리)을 검토한다. 따라서 해석은 반응의 내용보다 반응의 양식에 기초하여 이루어진다.

투사적 검사는 아동에게 마음속에 떠오르는 심상을 해석하게 하거나 또는 그림을 그리게 한다. 투사적 검사의 예로는 로르샤흐(Rorschach) 검사가 있는데, 이 검사에서는 아동·청소년에게 10개의 잉크 반점이 각각 어떻게 보이는지 물어본다. 채점과 해석에 가장 보편적으로 사용되는 방법은 반응을 보인 잉크 반점의 부위(영역), 색채나 음영 같은 요인(결정요인), 그리고 잉크 반점이 나타내는 특성(내용) 같은 반응의 특징에 근거한다(Exner & Weiner, 1995). 인물화 검사인 DAP(Draw-a-Person : Koppitz, 1984) 검사는 아동·청소년에게 먼저 한 명의 사람을 그리게 한 후 그 사람과 반대의 성을 가진 사람을 그리게 한다. 그런 다음 자신이 그린 사람에 관해 이야기하게 한다. 아동용 통각검사(Children's Apperception Test, CAT; Bellak & Bellak, 1982; Bellak & Abrams, 1997)와 로버츠 아동용 통각검사(Roberts Apperception Test for Children; Roberts, 2005)는 아동에게 그림을 보여준 후 이야기를 만들게 한다. 〈그림 5.2〉는 CAT에서 사용되는 도판과 유사한 그림을 보여주고 있다.

지적·교육적 평가

지적기능과 학업기능의 평가는 임상적 평가의 중요한 부분이다. 지적기능은 지적장애나 학습장애 같은 장애의 특징을 정의할 때 중심이 된다. 지적기능은 여러 가지 행동문제에 영향을 미칠 수 있고, 또한 그러한 문제로 인해 영향을 받을 수도 있다. 지적기능을 평가하는 검사는 대부분의 다른 평가도구보다 더 나은 규준 자료

그림 5.2   위의 그림과 유사한 그림이 CAT에서 사용된다.

와 신뢰도, 타당도를 갖고 있다. 지금부터 이러한 도구에 대해 간략하게 논의할 것이나 이어지는 장에서 추가 정보가 제공될 것이다.

지능검사

지금까지 지적기능을 평가하기 위한 도구로서 가장 일반적으로 사용되어 온 도구는 일반지능을 측정하는 검사이다. 실제로 지능검사는 면접을 제외하고 가장 자주 사용되는 도구이다. 스텐포드-비네(Stanford-Binet; Roid & Barram, 2004), 웩슬러 유아용 지능검사(Wechsler Preschool and Primary Scale of Intelligence; Wechsler, 2012), 웩슬러 아동용 지능검사(Wechsler Intelligence Scale for Children; Wechsler, 2014a), 카우프만 아동용 검사(Kaufman Assessment Battery for Children; Kaufman & Kaufman, 2004)는 임상 장면에서 가장 널리 사용되는 지능검사이다. 이 검사들은 모두 개별적으로 실시되며 **지능지수**[intelligence (IQ) score]를

산출한다. 평균점수는 100이고, 개인의 점수는 그 사람이 속한 연령집단의 평균보다 얼마나 높은지 혹은 낮은지로 평가된다.

지능검사는 오랫동안 논쟁의 대상이 되어 왔다. 지능의 속성과 지능을 평가하기 위해 개발된 검사에 관해 의문이 제기되었다. 그로 인해 지능을 어떻게 개념화하고 측정할 것인지는 계속 발전하고 있다(Flanagan & McDonough, 2018; Wasserman, 2018). 그리고 지능검사가 문화적으로 편향되어 있어서 교육적 · 사회적 불평등에 영향을 미칠 가능성이 있다는 점에 대한 우려가 있다. 지능검사는 대중적이며 다양한 결과를 예측하는 데 유용하게 사용되고 있다. 그러나 위에서 언급된 비판과 법률적 · 윤리적 · 실제적 문제와 관련된 우려는 지능검사를 조심스럽게 사용해야 하며, 또한 문화적 · 언어적 쟁점에 민감한 방식으로 평가를 수행하도록 노력할 것을 요구한다(Ortiz et al., 2018; Sattler, Dumont, & Coalson, 2016; Wasserman, 2018).

발달검사

아주 어린 아동, 특히 유아의 지능평가는 특별한 평가 도구를 요구한다. 자주 사용되는 도구 중의 하나는 베일리(2005)가 개발한 베일리 영유아 발달검사(Bayley Scales of Infant and Toddler Development)이다. 이 도구는 생후 1~42개월의 아동을 평가하는 데 사용되며, 발달의 다양한 측면을 평가하는 척도들로 이루어져 있다. 발달검사에서의 수행은 지능지수가 아니라 **발달지수**(developmental index)로 산출된다. 발달검사는 언어와 추론능력을 강조하는 지능검사와 달리 감각운동 기술과 단순한 사회기술을 강조한다. 예를 들어 베일리 검사는 앉기와 걷기, 물건 놓기, 시각 및 청각 자극에 주의 기울이기, 웃기, 어른 따라 하기 등과 같은 능력을 측정한다. 지능검사와 발달검사는 서로 다른 능력을 측정한다. 따라서 특히 일찍 발달검사를 한 후에 지능검사를 아동 후기에 적용할 경우 두 검사의 상관이 낮아질 가능성이 있다. 그러나 일찍 실시할 경우 발달검사 점수는 심각한 발달장애 아동의 지적기능을 예측해준다(Hodapp & Dykens, 2019).

능력 및 성취도 검사

아동 · 청소년의 전반적인 지적기능을 평가하는 것과 아울러 때로는 특정 영역의 기능을 평가할 필요가 있다. 이러한 목적으로 **능력 및 성취도 검사**(ability and achievement tests)가 개발되었다(Katz & Brown, 2019). Wilkinson과 Robertson(2017)의 광역 성취도 검사(Wide Range Achievement Test)와 Shrank, Mather와 McGraw(2014)의 우드콕–존슨 성취도 검사(Woodcock-Johnson Tests of Achievement), 그리고 Wechsler(2009)의 웩슬러 개인 성취도 검사(Wechsler Individual Achievement Test)는 학업성취도 검사의 예이다. 특수한 능력과 성취도를 측정하는 검사는 학습 및 학교생활과 관련된 문제의 아동을 평가할 때 특히 중요하다(Sattler et al., 2014).

신체기능의 평가

전반적 신체평가

신체기능의 평가는 행동장애를 이해하는 데 중요한 정보를 제공한다. 가족력과 아동의 발달력, 그리고 신체 검사는 환경을 조정함으로써 치료될 수 있는 유전적 문제를 밝혀 줄 수 있다. 예를 들어 페닐케톤뇨증(PKU)은 식이요법으로 치료할 수 있는 열성 유전질환이다. 아동이 먹는 음식에서 페닐알라닌을 제거하면 대개 이 질병과 관련된 인지적 결함을 예방할 수 있다. 그리고 아동의 주요 기능영역에 직접적으로(예 : 배변훈련의 문제를 일으키는 비뇨관의 감염), 또는 간접적으로(예 : 아픈 아동에 대한 과잉보호) 영향을 미치는 질병이나 문제도 진단할 수 있다. 비전형적인 혹은 지연된 신체발달은 결과적으로 행동의 여러 측면에 영향을 미치는 발달장애의 조기 신호일 수 있다.

생리심리학적 평가

생리 시스템의 변화는 다양한 범위의 문제들과 관련된다(Aldao & De Los Reyes, 2015). 생리심리학적 평가는 아동 · 청소년의 각성 수준에 문제가 있을 때 실시된다. 생리심리학적 평가는 장비를 필요로 하므로 임상 장면보다는 연구 장면에서 더 자주 사용된다. 심박수나 근육 긴장, 호흡 수는 생리심리학적 평가의 예이다. 자율신경계의 전기활동 혹은 뇌파기록장치(EEG) 같은 중추신경계의 전기활동 측정도 생리심리학적 평가의 예가 될 수 있다.

신경계 기능의 평가

신경계의 평가는 다양한 형태의 장애를 이해하는 데 중요하다(Ernst et al., 2015; Goldstein & Reynolds, 2011; Uddin & Karlsgodt, 2018). 이러한 평가기법은 장애의 병인에 관한 정보를 제공해주며, 치료 특히 약물의 효과 기제에 관한 정보를 제공함으로써 연구에 도움을 준다(Fleck et al., 2010; Pliszka, 2011). 신경계의 평가는 또한 뇌 손상을 겪은 아동 · 청소년을 위한 성과를 측정할

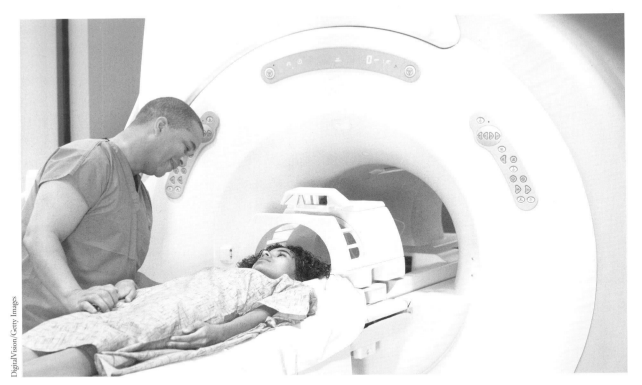

뇌영상 기술의 사용은 두뇌 구조와 기능을 평가하는 우리의 능력을 향상시켰다.

때 중요한 측면이다(Sattler & Mrazik, 2014). 뇌신경과 행동의 관계에 대한 평가는 신경학자와 심리학자, 그 밖에 다른 전문가들 간의 협력적 노력을 요구한다.

신경학적 평가 신경계에 이상이 없는지를 직접 평가하는 여러 가지 절차는 **신경학적 평가**(neurological assessment)라는 범주에 포함된다. EEG와 사건 관련 전위(ERP)를 기록하기 위해서는 아동 · 청소년의 두피에 전극을 꽂는다. 그런 다음 평상시 또는 정보처리 중의 뇌 피질 활동을 기록한다. EEG/ERP 활성화 양상은 불안과 기분장애 고위험 아동 · 청소년, 그리고 학습 및 언어장애, ADHD, 자폐증이 있는 아동 · 청소년 등 다양한 집단의 뇌기능을 이해하는 데 도움을 준다(Bress, Meyer, & Hajack, 2015; Faja & Dawson, 2017; Moser et al., 2015; Rothenberger, 2009).

뇌영상(brain imaging) 기법은 뇌의 구조와 기능을 평가하는 능력을 향상시켜 주었다. 예로 **자기공명 단층촬영**(magnetic resonance imaging, MRI)은 뇌 구조의 영상을 만들어내는 비침습적 절차이다. 구조 또는 볼륨 MRI로 불리는 일련의 방법은 자기장과 전파를 사용하여 뇌의 부위에 대한 3차원 컴퓨터 이미지를 생성한다. 계속 발전하고 있는 MRI 기술은 뇌의 구조와 기능을 평가하는 우리의 능력을 향상시키고 있다(Batalle, Edmunds, & O'Muircheartaigh, 2018).

기능적 자기공명 단층촬영(functional magnetic resonance imaging, fMRI)은 구조적 MRI와 같은 기법을 사용하여 뇌의 여러 영역에서 산소의 미묘한 변화를 추적하여 이미지를 생성한다. 특정 과제 수행 시 뇌의 특정 부위가 요구되는데 이 부위에 혈류가 증가하고 따라서 산소가 증가한다. MRI 스캐너는 이러한 변화를 발견하고 활성화된 뇌의 부위를 나타내는 뇌 사진을 생성해낸다.

다른 기법들도 뇌 활동을 보여주는 데 도움을 준다.

예컨대 **양전자 방사 단층촬영**[positron emission tomography (PET) scan]은 뇌 활동을 가능하게 하는 산소와 포도당의 사용량을 측정하여 뇌의 각 부위의 활동 정도를 보여준다. 뇌의 특정 부위의 활동이 많을수록 많은 산소와 포도당이 사용되는 점을 이용해 소량의 방사선 약물을 혈관에 주사한 후에 특정 과제를 수행하는 동안 뇌의 각 부분에서 나타나는 방사선의 양을 측정한다. 수많은 뇌영상이 만들어지고 컴퓨터로 생성된 색채 이미지는 뇌의 각 영역의 활동수준을 보여준다.

신경심리학적 평가 일반지능과 주의집중, 기억, 학습, 감각운동 기술, 언어기술 등의 특성을 평가하는 검사들은 **신경심리학적 평가**(neuropsychological evaluations) 과정에서 사용된다. 이런 평가 과제에서 개인이 나타낸 수행에 근거하여 뇌기능에 관한 추론이 이루어진다.

신경심리학적 평가는 여러 방식으로 사용된다. 예를 들어 중추신경계나 다른 장애 또는 조건의 변화로 인한 심리적 기능의 변화를 알아보기 위해 사용된다. 그리고 시간 경과에 따른 변화를 평가하고 예후를 알아보기 위해 사용되는데, 뇌 손상으로부터의 회복을 평가하는 것이 그 예이다. 신경심리학적 평가는 또한 치료계획을 위한 지침을 제공해준다(Flanagan & McDonough, 2018; McCaffrey, Lynch, & Westervelt, 2011).

신경심리학적 평가에 대한 현재의 관심은 적어도 부분적으로는 장애 아동에게 서비스를 제공할 필요성과 법적 요구에 대한 민감성 증가에 기인한 것으로 보인다. 장애 아동 가운데 일부는 신경학적 원인으로 인해 문제를 나타낸다. 그리고 의학의 발전은 신경학적 외상이 있거나 있을 것으로 추정되는 아동의 생존을 가능하게 만들었다. 미숙아로 태어난 유아의 생존율이 증가한 것이 그 예이다. 또 다른 예로 암환자 아동이 척추에 직접 물질을 주입하는 치료나 두부 방사선 치료를 받는 것이 있다.

신경심리학적 평가는 종합적인 평가를 요구한다. 신경심리학적 도구 가운데 다차원적 검사의 예로 홀스테드-라이탄 아동용 신경심리 종합검사(Halstead-Reitan

■ 표 5.3 신경심리학 평가를 통해 평가되는 영역

주의력
기억
새로운 학습
언어이해 및 표현
집행기능(예 : 계획, 억제, 추상적 추론)
시각적 · 공간적 기능
운동 및 시각 · 운동기능
일반지능
학업성취

Neuro-psychological Test Battery for Children : Reitan & Wolfson, 1993)와 네브라스카 신경심리 아동용 종합검사(Nebraska Neuropsychological Children's Battery ; Golden, 1997), NEPSY-II (Korkman, Kirk, & kemp, 2007) 등이 있다. 종합검사(battery)라는 용어가 의미하듯이 이 검사들은 여러 개의 하위 검사 혹은 척도로 이루어져 있으며, 각각의 하위검사는 한 가지 이상의 능력을 평가한다. 광범위한 영역의 검사들을 사용하는 것은 신경심리학적 접근의 일반적인 평가전략이다. 검사의 범위는 앞의 두 검사에서처럼 고정되어 있을 수도 있고, 다른 기존 검사들을 조합하여 한 벌로 사용할 수도 있다(Reynolds & Mayfield, 2011). 〈표 5.3〉은 다양한 검사들이 평가하는 영역을 보여주고 있다. 이러한 다양한 기능영역의 중요성은 특정 장애를 논의할 때 분명해질 것이다.

아동 대상의 신경심리학적 평가(소아신경심리학)는 여전히 새로운 분야이다. 이러한 지속적인 노력의 하나로 인지발달, 신경발달, 뇌-행동 관계연구에 근거한 도구, 그리고 아동발달에 관한 규준 자료를 포함하는 도구가 계속 개발되고 있다(Miller & Maricle, 2018; Pavuluri & Sweeney, 2008; Reynolds & Mayfield, 2011; Yeaters et al., 2007).

개입 : 예방과 치료

개입(intervention)은 심리적 문제의 체계적인 예방과 치료 모두에 적용되는 포괄적인 용어이다. **예방**(prevention)이란 임상적 장애를 아직 겪지 않은 사람(즉 모집단) 또는 장애의 위험에 놓여 있는 사람을 표적으로 하는 개입을 말한다. 예를 들어 섭식장애 예방 프로그램은 모든 중학교 학생에게 제공될 수도 있고, 또는 비정상적인 식사습관이나 체중 문제로 위험에 놓여 있는 학생에

게 제공될 수도 있다. 한편 **치료**(treatment)는 전통적으로 임상적 수준의 문제(또는 진단적 수준에 해당하는 증상)를 이미 겪고 있는 사람에게 제공되는 개입을 의미한다. 예를 들어 강박장애로 진단된 아동·청소년은 이 문제를 치료하기 위해 약물치료와 행동치료를 함께 받을 수 있다.

〈그림 5.3〉은 아동·청소년, 그리고 그들의 가족에게 적용되는 다양한 개입전략을 개념화하는 한 가지 방식을 보여준다. Weisz, Sandler, Durlak과 Anton(2005)

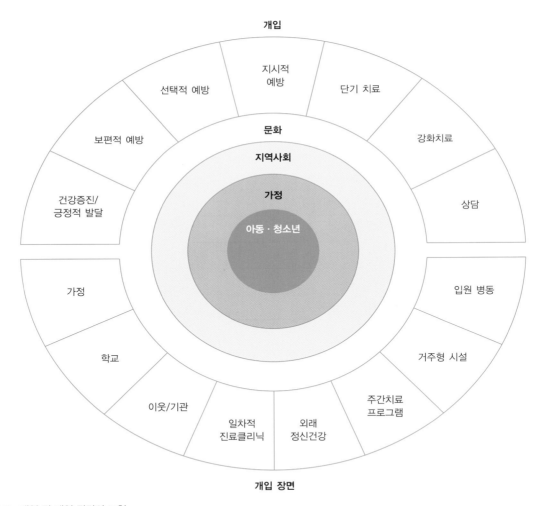

그림 5.3 개입 및 개입 장면의 모형

주 : 아동·청소년, 가정, 지역사회, 문화(중앙) 속에 존재하는 중요한 강점은 여러 생활 장면(아래쪽 반원) 속에서 전달되는 효과적인 개입에 의해 지원 및 보호(위쪽 반원)를 받는다. [Weisz, Sandler, Durlak, & Anton(2005)에서 수정 인용-]

이 제안한 이 모형에서 상단의 반원은 다양한 개입전략들을 포함하고 있다. 개입은 가장 보편적으로 적용될 수 있는 것은 왼쪽에 배열되어 있고, 오른쪽으로 갈수록 특수하게 초점이 맞추어진 개입이 배열되어 있다. 그리고 왼쪽으로 갈수록 예방적 전략이, 오른쪽으로 갈수록 치료적 전략이 배열되어 있다. 하단의 반원은 개입이 제공되는 다양한 잠재적 장면을 보여주고 있다. 개입 장면은 제약이 가장 덜한 곳이 왼쪽에, 제약이 가장 많은 곳은 오른쪽에 배열되어 있다.

그림의 중앙에 놓여 있는 원들은 아동의 강점이 가족과 지역사회 유대에 의해 지원되며, 가족과 지역사회는 다시 문화적 · 인종적 차이의 영향을 받는다는 것을 나타낸다. 그림에 포함된 다양한 개입전략은 서로 보완적이어서 다른 시점에서 특정 아동 · 청소년이나 집단에 함께 적용될 수 있다. 동일 장면에서 다중개입이 제공될 수도 있고 또는 여러 장면에서 개입이 제공될 수도 있다.

예방과 치료 프로그램은 모두 가정이나 학교, 혹은 지역사회의 기관에서 제공될 수 있다. 치료는 외래 정신건강클리닉 같은 전문기관에서 제공될 수 있다. 때로는 아동 · 청소년을 가정에서 분리해 거주형 장면(예 : 그룹홈, 치료적 캠프 프로그램, 소년법과 관련된 기관)이나 병원의 입원 병동에서 치료를 제공하기도 한다. 이런 장면들은 대개 행동문제가 심각할 때 고려된다. 만약 아동 · 청소년이 가정에서 계속 거주하고 성공적인 성과를 끌어내는 데 필요한 접촉이나 통제가 충분히 제공될 수 없을 때는 치료에 어려움이 있을 수도 있다. 아동 · 청소년은 자신이나 다른 사람에게 해를 입힐 수도 있는데, 이럴 때는 철저한 감독이 필요하다. 그리고 문제가 너무 심각하여 가정에서 성공적인 개입이 제공될 수 없을 때는 아동 · 청소년을 다른 곳에 배치할 수도 있다. 안타깝게도 가족에게 추가 지원을 제공하면 가정에서 성공적으로 개입할 수 있고, 또는 입양가정과 같이 제약이 덜한 환경에서 개입이 성공적으로 이루어질 수 있다. 그럼에도 불구하고 대안적 배치나 적절한 자금지원의 부족으로 인해 아동과 청소년을 시설에 배치하기도 한다. 일반적으로 전문가들은 아동 · 청소년을 가정에 머물게 하고 가족을 유지하도록 하는 개입방법을 사용하려고 노력한다. 반면 다른 양식의 개입이 성공적으로 이루어질 수 없을 때는 거주형 기관에서 치료를 제공한다.

제1장에서 논의되었듯이 20세기의 시작과 더불어 미국은 아동 · 청소년의 정신적 · 사회적 문제와 관련해 주목할 만한 발전을 이루었다. 현재도 아동 · 청소년의 심리적 문제 예방 및 치료뿐만 아니라 긍정적인 성장을 증진하기 위해 열의와 헌신을 다하고 있다. 아울러 문화적 이슈와 소수인종 아동 · 청소년의 요구에 관한 관심 증대의 필요성에 대한 인식도 증가하고 있다(Chu & Leino, 2017 ; Huey & Polo, 2017 ; Pina, Polo, & Huey, 2019). 이 주제에 대한 논의에서 우리는 개입과정에 관련된 것을 전반적으로 이해할 수 있도록 돕고자 한다. 이후의 장에서는 특정 장애와 관련된 개입의 다양한 요소에 대해 살펴볼 것이다.

예방

미국의 경우 예방에 관한 관심의 시작은 클리포드 비어스(Clifford Beers)의 저서, 정신건강 운동, 아동상담 클리닉 설립 등이 발생했던 20세기 초로 거슬러 올라간다(Coie, Miller-Johnson, & Bagwell, 2000 ; Heller, 1996). 그러나 진전은 그리 쉽게 이루어지지 않았다. 정신건강 전문가들은 치료에 대해서만 훈련을 받았을 뿐 예방에 대해서는 훈련을 받지 않았었다. 따라서 미래의 문제를 예방하기보다는 이미 정신건강 문제를 겪고 있는 사람들을 돌보는 활동을 지원하는 데 우선순위가 주어졌다. 심리적 장애의 병인은 다요인적이고 확인하기도 어려워서 어떤 전문가는 예방의 기초에 대하여 의구심을 표출했다. 또 성교육이나 약물 프로그램 같은 구체적인 예방적 노력도 그것이 부모의 특권이나 가치를 침해하는 것으로 여겨져 일반 대중의 저항에 부딪혔다(Enzer & Heard, 2000).

예방적 노력을 증가시켜야 한다는 것을 지지하는 몇 가지 주장이 있다. 인도주의적 관점에서 볼 때 예방은 불편과 고통을 방지하는 것이므로 확실히 바람직하다. 현실적이고 실제적인 측면에서도 예방은 지지를 받는다. 정신장애를 치료할 수 있는 전문가의 수가 충분하지 않고, 일부 집단은 개입의 혜택을 받을 수 없으며 치료에 큰 비용이 들기 때문이다. 그리고 정신병리의 위험요인과 보호요인에 대한 이해는 예방적 노력에 대한 탄탄한 근거를 제공하고 있다. 중요한 것은 예방 프로그램의 이로운 효과에 대한 증거가 계속 누적되어 왔다는 점이다(Durlak & Wells, 1997; Evans et al., 2005; Weisz et al., 2005).

예방의 개념화

Caplan은 정신건강 분야에서 예방적 접근의 촉매 역할을 한 사람으로 평가된다(Lorion, 2000). Caplan(1964)의 세 갈래 모형(three-prong model)은 주요 질병이 예방적 노력으로 통제될 수 있다는 공중보건 분야의 가정에 근거하고 있으며, 예방에 대한 일반적인 관점을 제공하였다. 이 모형에서 예방은 세 가지 유형으로 구분된다. 일차 예방(primary prevention)은 장애를 처음부터 방지하기 위한 노력으로 일반적인 건강증진과 특정 장애의 예방을 모두 포함한다. 이차 예방(secondary prevention)은 보통 조기의뢰와 진단 및 치료를 통해 이미 존재하는 문제의 지속기간을 줄이려는 노력으로 정의된다. 이것은 '싹을 잘라 버리는' 전략이다. 삼차 예방(tertiary prevention)은 장애의 잔여 문제를 감소시키기 위한 사후전략이다. 이것은 학습장애라는 진단명이 아동에게 미치는 부정적 효과를 감소시키고, 심각한 정신장애로 고통받고 있는 청소년의 사회복귀를 돕거나 또는 치료 후의 재발을 방지하는 등의 노력을 말한다.

Caplan의 모형과 용어는 지금도 사용되고 있다. 그러나 이 모형과는 다른 접근도 제안되었다. 예방의 개념화를 위해 힘써온 연구자들은 예방적 노력이 장애나 문제가 발생하기 전에 이루어져야 한다고 강조한다. 미국과학학술원 산하 미국의학연구소는 다음의 세 요소를 제안하였는데(Munoz, Mrazek, & Haggerty, 1996), 이 세 요소는 〈그림 5.3〉에 제시되어 있다.

1. **보편적 예방전략**(universal prevention strategy)은 평균 이상의 위험이 아직 확인되지 않은 전체 집단을 대상으로 한다. 가설적인 예로는 부모가 자녀에게 책을 읽어 줌으로써 학습문제를 방지하는 것, 그리고 운동과 적절한 식사를 통해 비만을 예방하는 것이 있다.

2. **선택적 예방전략**(selective prevention strategy) 또는 **고위험 예방전략**(high-risk prevention strategy)은 장애에 대한 위험이 평균 이상인 사람을 대상으로 한다. 개입은 생물학적 위험, 높은 스트레스, 가족 역기능, 또는 빈곤을 겪고 있는 개인이나 집단에 제공된다.

3. **지시적 예방전략**(indicated prevention strategy)은 최소한의 증상을 보이거나 장애의 전조 증상과 징후를 보이거나 또는 특정 장애에 대한 생물학적 표지자이지만 진단기준을 충족시키지 않는 고위험 개인을 대상으로 한다.

여기서 주목할 것은 미국의학연구소의 영향력 있는 모형이 건강증진이나 긍정적 발달과 같이 건강을 촉진하기 위한 노력을 포함하지 않고 있다는 점이다(Munoz et al., 1996). 〈그림 5.3〉에 제시된 것과 같이 다른 학자들은 건강관리를 예방에 포함하며 개인의 유능감과 자아존중감, 대인관계, 안전, 낙관주의 등이 장애나 질병으로부터 보호해줄 수 있다고 권고하고 있다(Albee, 1986, 1996; Costello, 2016; Cowen, 1994; Tolan, 2014). 이와 관련하여 정신장애가 빈곤, 성차별, 인종차별과 관련이 있으므로 이러한 사회적 문제에 맞서야 한다는 주장이 있다. 미국심리학회의 소위원회(예방 : 아동과 청소년의 강점, 적응유연성, 건강증진)는 보다 광범위한 건강관리 접근을 지지하고 있다(Weissberg et al., 2003).

예방 프로그램의 다양성

예방의 요소들을 고려할 때 개입의 목적과 초점, 장면이 매우 다양하다는 것은 놀랍지 않다. 긍정적 발달을 증진하는 프로그램은 인간발달, 정신건강, 지역사회 계획, 사회정책 등 여러 분야의 참여를 요구한다. 발달정신병리학적 접근은 최적의 성장과 적응유연성을 촉진하는 요인들을 강조하기 때문에 유용하다(Hinshaw, 2017). 아동을 위한 예방 프로그램의 경우에는 정신건강 전문가, 교사, 부모, 대학생 등을 변화의 주체로 참여한다(Durlak & Wells, 1997). 보편적 예방 프로그램이 존재하기는 하지만 대다수의 예방 프로그램은 이혼을 겪은 가정이나 빈곤 관련 스트레스에 노출된 아동·청소년과 같이 위험에 놓인 집단을 표적으로 한다(Sandler et al., 2020; Wadsworth et al., 2018).

잠재적인 부정적 결과를 예방하는 데 초점을 맞춘 프로그램과 장애의 구체적인 증상에 초점을 맞춘 프로그램에 대한 구분이 이루어질 수 있다. 전자의 예로는 경제적으로 열악한 환경에 놓인 아동을 대상으로 빈곤과 관련된 다양한 인지적·사회적·정서적 어려움을 예방하기 위해 개입하는 것이다(Wadsworth et al., 2018). 특정 정신병리에 초점을 둔 프로그램의 예로는 우울증이나 품행장애 행동의 발달을 예방하기 위한 개입이 있다(Forgatch & Gewirtz, 2017; Rohde, 2017; Webster-Stratton & Reid, 2017).

치료

임상가의 치료가 필요한 아동·청소년의 문제는 종종 다양한 측면을 갖는다. 예를 들어 어떤 아동·청소년은 불안과 우울, 또래들과의 사회적 문제, 그리고 학업의 어려움 같은 문제를 동시에 보일 수 있다. 실제로 여러 가지 호소문제 혹은 임상적 문제를 동시에 나타내는 아동·청소년이 많다. 게다가 호소문제는 상황에 따라 달라지며 다른 사람들을 포함하는 광범위한 문제로 정의되기도 한다. 따라서 아동·청소년뿐만 아니라 가족이나 학교 교직원, 또래들에게도 임상적인 관심을 기울여야 한다. 치료는 임상적 문제의 여러 측면과 관련된 다양한 요소들을 포함해야 한다.

치료의 접근은 여러 가지 방식으로 개념화된다. 호소문제와 변화과정에 대한 임상가의 이론적 개념화는 치료가 제공되는 방식에 영향을 미친다. 따라서 환경이 장애에 미치는 영향과 유관성을 강조하는 심리학자는 아동·청소년과 중요한 타인을 함께 치료에 참여시키고,

환경 내 자극과 행동의 결과를 수정하는 데 초점을 맞출 것이다. 반면 인지적 과정을 중시하는 심리학자는 인지를 수정하는 데 목표를 둔 개입을 고려할 것이다. 대인관계 과정 또는 가족 역동을 강조하는 심리학자는 문제의 이러한 측면에 초점을 둔 치료를 고려할 것이다. 그러나 많은 전문가는 심리적 문제가 다양한 요인의 영향을 받으며 치료에도 이러한 다양한 요소가 포함되어야 한다는 것을 인식하고 있다.

〈그림 5.3〉에서 볼 수 있듯이 치료는 요구되는 치료기간과 사용되는 전략의 수에 따라서도 개념화될 수 있다. 치료는 제한된 회기 수(예: 20회기)와 표준화된 치료 프로토콜을 포함하기도 하며, 추수회기와 보조전략이 적용될 수도 있고 기간을 연장하여 지속적인 방식으로 다양한 전략을 제공할 수도 있다.

심리치료 양식

치료가 전달되는 양식은 치료적 노력의 또 다른 측면이다. 치료는 다양한 양식(예: 개인치료, 가족치료)으로 제공될 수 있다. 실제로 임상가는 한 아동·청소년에게 몇 가지 양식을 함께 적용한다.

개인치료와 집단치료　치료자는 아동·청소년 내담자를 일대일로 만나 치료할 수 있다. 예컨대 불안장애 아동·청소년을 치료하는 임상가는 아동·청소년이 자신의 문제를 이해하도록 돕고, 불안에 직면하고 대처하는 방법을 가르쳐 줄 수 있다. 치료자가 아동·청소년을 만나는 회기(session)는 언어적 교환과 활동이 이루어지는 성인의 회기와 유사하다. 그러나 나이 어린 아동의 경우에는 치료자와 아동 간의 일차적 상호작용 양식으로 놀이를 적용할 수 있다. 또 개인에 초점을 맞춘 다양한 형태의 치료를 집단 형태로 제공할 수도 있다. 이때 개인치료에서 사용되는 유사한 가정과 방법이 적용된다. 집단치료는 많은 수의 아동·청소년에게 서비스를 제공하기 위한 목적으로 선택된다. 집단치료의 또 다른 장점은 개인치료 양식으로는 제공할 수 없는 사회화 경험의 기회를 제공한다는 것이다. 집단치료는 또한 덜 위협적이며

Phanie/Alamy Stock Photo

놀이는 나이가 어린 아동을 위한 치료양식으로 자주 사용된다. 놀이는 라포 형성에 도움을 줄 뿐만 아니라 언어적 형태의 치료보다 연령에 적합한 의사소통 수단을 제공해준다.

또래들도 어려움을 갖고 있다는 것을 알게 해주고, 성인 치료자와의 일대일 관계에서는 경험할 수 없는 활동의 기회를 포함하고 있어 아동·청소년에게 더욱 매력이 있다.

놀이치료 비언어적 양식의 아동치료는 어린 아동의 인지적·정서적 발달수준에 맞게 치료절차를 수정할 필요로 인해 탄생했다. 놀이를 치료적 도구로 사용하는 것은 어린 아동을 치료할 때 자주 사용되는 양식이다. 이것은 아동의 발달에서 놀이가 차지하는 중요성과 일치한다(Schaefer & Drewes, 2011). 치료자는 추상적인 언어적 상호작용에만 의존하는 대신 구체적인 의사소통을 촉진

하기 위해 놀이를 이용한다. 놀이는 아동이 성인과 상호작용할 때 친근하게 느껴지는 방법이며, 아동이 편안하게 느끼게 하는 데 도움을 준다. 치료자는 퍼펫과 인형을 사용하거나 아동에게 그림을 그리거나 색칠을 하게 하기도 하고, 또는 아동도서를 이용해 비슷한 어려움을 가지고 있는 아동에 관한 이야기를 들려준다. 이렇듯 임상가는 대부분 놀이를 치료의 한 부분으로 사용한다. 또다른 선택은 놀이 자체를 치료적 도구로 사용하며 **놀이치료**(play therapy)를 보다 구조화된 고유한 치료접근으로 사용하는 것이다. 놀이치료에 대한 접근으로 가장 잘 알려진 관점은 심리역동적 관점과 인간중심적 관점이다(Nash & Schaefer, 2011).

초기의 정신분석 치료자들은 아동 환자들이 성인 정신분석에서 사용되는 언어적 자유연상기법 외에 다른 양식을 필요로 한다는 데 의견을 모았다. 멜라니 클라인(Melanie Klein, 1932)은 치료과정에서 아동의 놀이에 두드러진 역할을 부여하였으며, 놀이를 정신분석적 해석의 기초로 사용하였다. 반면 안나 프로이트(Anna Freud)는 놀이를 표현의 한 양식으로만 보고 놀이에 대한 상징적 해석에는 별로 관심을 두지 않았다. 예를 들어 안나 프로이트는 아동이 여자 가방을 열어 보는 것을 어머니의 자궁에 대한 호기심을 표현한 것으로 해석한 클라인에 동의하지 않았다. 대신 그녀는 아동이 비슷한 용기에 들어 있는 선물을 받았던 이전의 경험에 반응하는 것이라고 보았다(프로이트, 1946). 오늘날에는 해석을 포함하고 외적 실재에 초점을 맞춘 안나 프로이트의 입장이 좀 더 지배적인 것으로 보인다(Levy, 2011).

놀이치료의 발전에 영향을 미친 또 다른 사람은 칼로저스(Carl Rogers)의 인간중심적 관점에서 접근했던 버지니아 엑슬린(Virginia Axline)이다. 엑슬린(Axline, 1947)이 제시한 기본원리는 오늘날에도 인간중심적 놀이치료의 지침으로 남아 있다(Sweeney & Landreth, 2011). 치료자는 수용적이고 허용적이며 비지시적인 치료환경을 만들기 위해 자신의 의사소통 양식을 조절한다. 어린 아동에게 놀이를 사용하는 것은 그러한 환경을 조성하는 데 도움이 된다.

아동과 청소년뿐만 아니라 부모와 다른 가족구성원도 치료에 참여할 수도 있다.

가족치료와 부모훈련   임상가는 아동 · 청소년의 부모나 가족에게도 도움을 줄 수 있다. 가족에게 도움을 줄 때 취할 수 있는 형태는 다양하다. 몇 가지 예를 살펴보도록 하자.

가족을 치료과정의 일부로 참여시키는 것은 임상적 문제가 사회적 맥락 안에 존재하며, 가족은 이러한 맥락의 매우 중요한 일부라는 이해에 따른 것이다. 예를 들어 섭식장애 청소년을 치료하는 임상가는 섭식장애의 발달과 유지에 영향을 미치는 부적응적 가족 상호작용 양상을 변화시키기 위해 전체 가족에게 도움을 준다(Le Grange & Eisler, 2017; Le Grange & Robin, 2017). 마찬가지로 비행이나 약물사용 같은 심각한 품행문제를 보이는 아동 · 청소년을 돕는 임상가도 아동 · 청소년의 유능감과 적응적 관계를 수립하기 위해 가족뿐만 아니라 다른 사회적 체계도 치료과정에 참여시킨

다(Henggeler & Schaeffer, 2017; Waldron, Brody, & Hops, 2017).

자주 사용되는 또 다른 치료적 도구로 **부모훈련**(parent training)이 있다. 전문가들은 부모의 양육방식을 변화시키는 것이야말로 아동 · 청소년의 행동 변화에 있어서 중요하다고 주장해 왔다. 이러한 관점은 아동 · 청소년이 치료에 의뢰되는 것이 그들의 실제 행동뿐만 아니라 부모의 지각에 달려 있다는 관찰과도 일치한다. 의뢰된 아동과 청소년의 형제도 비슷한 문제를 갖고 있을 수 있는데, 이것은 가족 전체를 돕거나 또는 부모에게 일반적인 양육기술을 제공하는 것이 도움이 되는 또 다른 이유이다.

부모훈련 절차는 다양한 아동기 문제에 적용되어 왔다. 수많은 접근방법이 등장하였으며, 어디를 가나 수많은 베스트셀러 책들이 눈에 띄게 되었다. 그러나 체계적

Photographee.eu/Shutterstock

인 적용과 연구가 이루어진 부모훈련은 대부분 사회적 학습/행동주의 접근으로부터 파생된 것이다.

행동주의 부모훈련은 임상과 연구 모두에서 많은 관심을 받아 왔으며 수많은 고찰과 논의를 촉진하였다. 부모가 자녀의 행동을 파악 및 모니터하고, 결과 또는 유관성(contingency)을 관리하는 방법을 가르치며, 이것을 자녀의 행동에 적용하도록 돕기 위한 노력이 이루어져 왔다. 부모훈련에는 또한 언어적 의사소통과 정서표현 같은 기술도 포함된다. 이 밖에도 부모훈련 프로그램은 사회경제적 불이익, 한부모 가정, 사회적 고립, 부모의 우울 등과 같은 스트레스 요인이 치료의 효과에 미치는 영향을 고려하고자 노력한다. 부모훈련은 치료에 대한 다면적 접근의 일부로 자주 적용되며, 특수한 문화에 맞추어 수정하여 적용된다(Huey & Polo, 2017; Martinez & Eddy, 2005; Sanders & Turner, 2017). 다면적 치료 접근의 다른 요소로는 부모를 대상으로 하는 치료, 아동 대상의 치료, 혹은 교사나 학교를 대상으로 하는 자문 등이 있다(Kazdin, 2017; Webster-Stratton & Reid, 2017).

치료전략

위에서 언급한 치료양식 중의 하나를 적용하는 치료자는 그 치료양식을 아동·청소년과 가족에게 전달할 때 다양한 치료전략을 사용한다. 서비스 전달을 위해 가장 자주 사용되는 전략은 아마도 치료자를 일주일에 한 번씩 방문하는 전통일 것이다. 그러나 〈표 5.4〉의 예와 같이 아동·청소년과 가족에게 만족스러운 치료를 제공하기 위해 다양한 치료전략이 개발되어 왔다. 전문가가 아동과 가족을 돕기 위해 효과적인 기법을 고려함에 따라 가용한 치료전략의 종류는 계속 진화하고 있다(Comer et al., 2017; Cuijpers et al., 2017).

약물치료

약물치료는 다양한 아동·청소년의 장애에 적용되는 또 하나의 개입양식이다. 기분과 사고과정 또는 외현적 행동에 영향을 미치는 약물을 **향정신성**(psychotropic) 또는 **정신활성**(psychoactive) 약물이라 하며 약물을 사용하는 치료를 **정신약물치료**(psychopharmacological treatment) 라고 한다.

정신약물치료를 적용할 것인지의 결정은 부분적으로 호소문제의 성격에 달려 있다. 그러나 부작용, 약물 사용에 대한 가족의 편안함 같은 다른 요인도 고려해야 한다. 인종·민족 차이와 경제 수준은 아동·청소년의 향정신성 약물사용률에 영향을 미친다. Leslie와 동료들(2003)은 미국에서 공적 자금의 지원 서비스를 받는 가족의 대규모 표본에서 아프리카계 및 라틴계 아동·청

▌**표 5.4** 아동·청소년과 가족에게 치료를 제공하기 위한 대안적 전략의 예

부모를 위한 비디오 예시에 핵심 원리와 기술의 예 첨가하기
아동·청소년을 위한 이야기에 개념과 교훈 첨가하기
실제 생활 속에서 자녀와 상호작용하는 부모를 위한 코치로서의 치료자
여름캠프 프로그램에 개입 포함하기
아동·청소년의 환경 속에서 역할을 하는 순회 치료자 고용하기
위탁보호 서비스 제공자에게 기술 가르치기
전자매체를 사용하여 쉽게 읽을 수 있는 책을 통해 부모에게 기술 가르치기
인터넷과 관련 테크놀로지를 통해 훈련과 개입 제공하기

출처 : Weisz & Kazdin(2017)에서 수정 인용

소년의 보호자들이 백인 아동·청소년의 보호자들보다 지난 1년 동안 향정신성 약물을 덜 사용한 것으로 보고하였다. 높은 임금과 개인보험도 향정신성 약물사용 가능성과 관련이 있는 것으로 나타났다.

아동·청소년을 위한 향정신성 약물치료가 증가해 왔다. 향정신성 약물의 사용이 치료에 도움이 되기는 하지만 이러한 추세에 대한 우려가 늘어나고 있다. 특히 학령 전 아동을 향정신성 약물로 치료하는 것에 관한 우려가 자주 표명되고 있다(Gleason & Humphreys, 2018; Luby & Whalen, 2019; Zito et al., 2000). 아동·청소년에게 향정신성 약물이 효과적이고 안전한지에 관한 연구는 실제 사용보다 매우 뒤처져 있다. 아동·청소년에게 '오프라벨(off-label)' 약물을 사용하는 것에 대해 논란이 존재한다. '오프라벨'이란 특정 문제나 연령집단, 용량 등의 면에서 공식적으로 승인되지 않은 약물을 사용하는 것을 말한다(Geller, 2019; Sharma et al., 2016). 연구에서 향정신성 약물의 안전성과 효과의 문제를 계속해서 다루고 있으므로 윤리적·실무적 우려는 여전히 남아 있다(Garcia, Logan, & Gonzalez-Heydrich, 2012; Ray et al., 2019; Scahill & Rojas, 2019). 향정신성 약물을 개입 계획의 일부로서 특히 심각한 장애를 갖고 있는 아동과 청소년에게 어떻게 적절하게 사용할 것인지를 안내하기 위한 연구가 필요하다.

증거기반 평가/개입

이 책의 남은 부분에서는 아동·청소년의 다양한 장애에 대한 논의의 일부로서 특정 장애에 대한 치료를 살펴볼 것이다. 경험적 지지를 받는 개입과 평가, 즉 과학적인 평가과정을 통해 훌륭한 것으로 여겨지는 평가, 예방 프로그램, 치료가 강조될 것이다. 증거기반 평가와 개입이란 용어는 증거가 존재하는 임상적 실무활동을 기술할 때 사용하는 용어이다. 증거기반 실무의 발달은 계속 진화하며 발달하고 있는 노력이다(Hunsley & Mash, 2018; Roberts et al., 2017; Southam-Gerow &

Prinstein, 2014). 경험적 접근과 과학적 방법을 지향하는 접근은 이 책이 추구하는 주제 중의 하나이다.

이러한 경험적 접근에 대한 강조는 전문가라면 자신이 제공하는 서비스에 책임을 져야 한다는 요구의 증가와 더불어 전문가 집단에게 검증된 개입을 파악하도록 이끌었다. 이러한 발전적 노력의 일부로서 증거기반 실무의 기준이 제정되었다. 예를 들어 Kazdin과 Weisz(2017)는 증거기반 개입의 기준을 다음과 같이 예시하여 기술하고 있다.

- 연구대상의 모집단을 주의 깊게 구체화한다.
- 참가자들을 처치조건에 무선적으로 배정한다.
- 개입절차를 기록한 치료 매뉴얼을 사용한다.
- 치료의 표적 대상인 문제를 측정할 때 다중의 성과측정치를 사용한다. 평정자를 사용할 경우에는 이들이 처치조건에 대해 알지 못하도록 한다.
- 치료집단과 비교집단은 치료 후에 통계적으로 유의한 차이를 보인다.
- 치료의 효과를 반복검증한다(이상적으로 두 번째/독립적 연구팀에 의해)

많은 수의 증거기반 개입과 평가가 확인되어 왔으며, 우리는 이 책의 남은 부분에서 경험적 증거가 가장 강한 개입의 필요성에 대해 민감하게 논의할 것이다. 그러나 제4장에서 살펴보았듯이 개입을 연구 장면에서 전형적인 임상 장면으로 이동하여 적용하는 문제에 관한 우려가 계속되고 있다. 연구 장면에서 아동과 가족을 대상으로 서비스를 제공함으로써 개발한 증거기반 실무를 확산하는 과제는 분명히 아동·청소년을 돕기 위한 노력에서 중요한 초점이라 할 수 있다(Atkins et al., 2016; Jensen-Doss, Walsh, & Ringle, 2018; Weisz & Kazdin, 2017; Williams & Beidas, 2019). 이러한 노력은 정신건강 서비스가 필요한 모든 아동과 가족을 지원할 때 어떻게 하는 것이 최선인지를 고민하는 것의 가장 큰 부분을 차지한다.

핵심용어

개입

검사-재검사 신뢰도

고위험 예방전략

공존장애

광대역 증후군

구조화 및 반구조화 진단면접

국제질병분류체계

규준 표본

기능적 자기공명 단층촬영

낙인

내재화

놀이치료

뇌영상

능력 및 성취도 검사

동시발생

문제 체크리스트

발달지수

범주

범주적 접근

보편적 예방전략

부모훈련

분류

분류에 대한 경험적 접근

분류학

선택적 예방전략

신경학적 평가

심경심리학적 평가

양전자 방사 단층촬영

연구 영역 기준

예방

유아기와 아동초기의 정신건강 및
  발달장애 분류체계 개정판

외현화

일반적 임상면접

임상적 효용성

임상적으로 도출된 분류

자기공명 단층촬영

자기보고 측정도구

정신약물치료

정신질환의 진단 및 통계 편람

정신활성

증거기반 평가

증후군

지능지수

진단

진단명

지시적 예방전략

차원

초진단적

치료

타당도

평가

평정자 간 신뢰도

행동관찰

향정신성

협대역 증후군

CHAPTER 6

불안 및 강박장애

학습목표

- 내재화 장애
- 불안, 공포, 두려움의 정의 및 경험, 불안장애의 분류
- 장애의 유형별 특징
- 장애의 유형별 역학 및 발달과정
- 불안 및 강박장애의 발달과 관련된 생물학적 · 심리사회적 영향
- 불안 및 강박장애 아동 · 청소년을 위한 평가전략
- 불안 및 강박장애의 예방과 심리치료 및 약물치료

이 장부터 우리는 구체적인 문제와 장애에 대해 살펴볼 것이다. 이 장과 다음의 두 장에서 논의될 아동 · 청소년은 불안하고 겁이 많으며, 위축되어 있고 소심하며 우울해 보이는 아이로 묘사된다. 이들은 불행해 보이며 자신감도 부족해 보인다. 이러한 아동 · 청소년은 자기 자신에게 화풀이를 하는 정서문제를 가진 것으로 기술된다. 따라서 이들의 문제를 흔히 **내재화 장애**(internalizing disorders)라 부른다.

내재화 장애에 대한 서론

아동 · 청소년의 장애를 분류하기 위한 경험적 노력은 다양한 내재화 문제들로 이루어진 광대역 증후군을 지지하는 결과를 가져왔다(제5장 참조). 어떤 학자들은 정서/내재화 장애들로 이루어진 그룹이 임상적 양상을 잘 설명해준다고 주장한다(Watson, O'Hara, & Stuart, 2008). 이러한 주장과는 달리 다양한 특정 장애에 초점

을 맞추어야 한다는 주장이 있다. DSM과 같은 임상적 분류체계 안에서는 공포증, 강박, 불안장애, 우울, 기분장애에 초점이 맞추어진다.

그러나 구체적인 임상적 진단범주들의 관계 또는 이러한 범주들의 변별력도 자주 논의된다. 아동 · 청소년의 경우 DSM에 기술되어 있는 다양한 불안 진단이 명백하게 구분되는 장애인지 의문이 제기된다. 왜 그럴까? 이것은 복잡한 문제지만 몇 가지 중요한 우려가 있다. 예컨대 위험요인이 다양한 장애에 영향을 미치는 것으로 밝혀졌다. 즉 특정 위험요인이 특정 장애에만 영향을 미치는 것이 아니라 다른 장애의 발달에도 영향을 미칠 수 있다는 것이다(Beauchaine, Gatzke-Kopp, & Gizer, 2017; Weems & Silverman, 2017).

이와 관련된 또 다른 관심 사항은 여러 내재화 장애들의 동시발생(co-occurence) 비율이다. 아동 · 청소년이 한 가지 이상의 장애 기준을 충족시키는 것을 보여주는 증거가 많다(Angold, Costello, & Erkanli, 1999;

Kessler et al., 2009; Klein, Goldstein, & Finsaas, 2017; Ricketts, Bose, & Piacentini, 2017; Weems & Silverman, 2017). 개인이 한 가지 이상의 장애 진단기준을 만족시키는 현상을 공존장애(comorbidity)라고 하는데, 이것은 이미 제5장에서 논의되었다. 이것은 주목할 만한 딜레마이다.

내재화 문제들을 독립된 장애로 보기보다는 하나의 또는 그 이상의 일반적 성향이 내재화 문제의 발달을 가져온다고 보는 것이 도움이 될 것이라는 주장이 있다(Vaidyanathan, Patrick, & Cuthbert, 2009). 특정 환경이나 경험은 이러한 성향을 특정 증상양상 또는 장애로 형성한다(Williamson et al., 2005). 문화적 차이도 이런 방식으로 작용한다. 예컨대 불안장애의 전반적 유병률이 문화집단 간에 차이가 있는지는 확실하지 않다. 그러나 특정 불안장애의 유병률과 증상 유형이 문화에 따라 차이가 있는 것으로 보고되고 있다(Anderson & Mayes, 2010; Austin & Chorpita, 2004; Pina & Silverman, 2004; Trosper et al., 2012). 예를 들어 분리불안장애와 신체화/생리적 증상의 유병률은 유럽계 미국 아동들보다 히스패닉계 미국 아동들에서 더 높은 것으로 보고되고 있다(Ginsburg & Silverman, 1996; Varela et al., 2004). 가족 간의 상호의존성(집단주의)을 중시하고 다른 사람에게 공감하며 상냥하게 대하는 것을 강조하는 히스패닉 문화의 가치가 이 문화집단의 구성원에게 특수한 불안 유형과 관련된 일반적인 불안 성향을 형성하는 데 영향을 미친 것으로 보인다.

불안장애의 정의와 분류

어떤 사람이 불안하다고 말할 때 이것은 무엇을 의미하는가? Barlow(2002)는 다음과 같이 설명하고 있다.

불안(anxiety)은 미래지향적인 정서로 특징된다. 그리고 잠재적으로 혐오적인 사건을 통제할 수 없고 예측할 수 없는 것으로 지각하는 특징을 갖고 있다. 불안은 또한 주의집중을 신속하게 전환하여 잠재적으로 위험한 사건에 초점을 맞추거나 또는 이러한 사건에 대한 자신의 정서 반응에 주의를 기울이는 특징을 갖는다(p. 104).

두려움과 불안은 공통점이 많으며 이 두 용어는 교체해서 사용된다. 그러나 두려움(fear)은 즉각적인 현재의 위협에 대한 경고반응이라는 특징을 가지며, 불안은 미래지향적이며 높은 수준의 걱정과 통제 결여라는 특징을 갖는다는 점에서 차이가 있다. 일반적으로 불안과 두려움은 지각된 위협에 대한 세 가지 형태의 복잡한 반응 양상으로 정의된다(Barrios & O'Dell, 1998; Lang, 1984). 이러한 3요소 모델은 행동적 반응(예 : 도주, 목소리를 떨거나 눈을 감는 행동), 인지적 반응(예 : 무섭다는 생각, 자신을 비난하는 생각, 신체적 위험에 대한 심상), 그리고 생리적 반응(예 : 심장박동 및 호흡의 변화, 근육 긴장, 복통)을 기술하고 있다.

두려움과 불안을 정의하는 세 요소의 복잡한 조합과는 대조적으로 걱정(worry)은 부정적인 결과에 대한 반복적이며 통제하기 어려운 생각을 의미하는 불안의 인지적 요소로 볼 수 있다(Barlow, 2002; Vasey & Daleiden, 1994).

임상가들이 직면하는 한 가지 도전은 아동 · 청소년이 보이는 불안이 정상적이고 일시적인 것인지, 또는 비정상적이고 지속적인 것인지를 결정하는 일이다(Albano, Chorpita, & Barlow, 2003; Bosquet & Egeland, 2006). 불안은 인간의 기본적인 정서이다. 이것은 아동 · 청소년에게 새롭거나 위협적인 상황을 경고해주는 적응적 기능을 갖는다. 따라서 불안은 정상적 발달과정의 일부라 할 수 있다. 이를 통해 아동 · 청소년은 각성을 확인하고 이에 대응하며, 유능감을 발달시키고, 보다 자율적으로 성장해 나가는 법을 배운다. 어린 아동은 어둠과 분리에 대처할 수 있게 되며, 청소년은 고등학교와 이성교제를 시작하는 불안을 다룰 수 있게 된다. 그렇다면 정상적인 두려움과 걱정, 불안에 대해 우리가 알고 있는 것은 무엇인가?

두려움과 불안은 아동기에 매우 보편적인 정서이다. 따라서 이런 정서가 오래 계속되거나 강렬할 때, 또는 기능을 방해하거나 발달상 부적절할 때에만 임상적 관심이 요구된다.

정상적인 두려움과 걱정, 불안

일반적 유병률

일반 모집단 대상의 몇몇 고전적 연구에 의하면 아동은 놀라울 정도로 많은 수의 두려움과 걱정, 불안을 나타낸다고 한다(Jersild & Holmes, 1935; Lapouse & Monk, 1959; MacFarlane, Allen, & Honzik, 1954). 부모는 자녀의 두려움 유병률을 실제보다 낮게 평가할 수 있는데, 자녀가 커가면서 자신의 정서를 숨길 수 있게 되면 더욱 그렇다(Gullone, 2000). 발달을 방해할 수 있는 불안을 더 잘 평가하고 진단하며 치료하기 위해서는 아동기 불안행동의 빈도와 강도를 이해하는 것이 중요하다(Bufferd, Dougherty, & Olino, 2019).

Megapress/Alamy Stock Photo

두려움은 아동기에 매우 흔하게 나타나는 현상이다. 아동의 두려움이 임상적 관심의 대상이 되는 것은 두려움이 오랫동안 지속되거나 너무 심해서 일상생활의 기능을 방해할 때 혹은 발달적으로 적절하지 못할 경우에 한해서이다.

성별과 연령, 문화에 따른 차이

대부분의 연구는 여아가 남아보다 두려움을 더 많이 나타내는 것으로 보고하고 있다. 이러한 차이는 나이가 많은 아동에게서 더 두드러지며, 유치원 아동이나 초등학교 학생의 경우에는 그렇게 크지 않다. 연구자들은 일반적으로 여아가 느끼는 두려움의 강도가 더 강하다고 주장한다(Gullone, 2000). 그러나 성별 차이에 관한 연구 결과는 조심스럽게 해석되어야 한다. 왜냐하면 두려움을 나타내고 수용하는 데 있어서 남아와 여아가 보이는 차이는 부분적으로 성 역할 기대와 관련이 있을 수 있기 때문이다(Ginsburg & Silverman, 2000).

아동이 경험하는 두려움의 수와 강도는 연령증가에 따라 감소하는 것으로 알려져 있다(Gullone, 2000). 걱정은 7세경에 가장 두드러지며, 아동이 발달함에 따라 그 양상은 더욱 복잡하고 다양해진다.

어떤 두려움은 특정 연령집단에서 더 빈번하게 나타나는 것으로 보인다. 즉 낯선 사람에 대한 두려움은 6~9개월에, 상상 속의 대상에 대한 두려움은 2세에, 어둠에 대한 두려움은 4세에 가장 많이 나타난다. 또한 사회불안이나 실패에 대한 두려움은 더 큰 아동에게 빈번하게 나타난다(Gullone, 2000; Miller, Barrett, & Hampe, 1974). 이와 유사하게 유아는 상상 속의 위협을 걱정하고, 어린 아동은 자신의 신체적 안전에 대해, 더 큰 아동·청소년은 사회적 상황과 자신의 유능감에 대해 걱정한다. 따라서 자신의 안녕에 대한 위협은 모든 연령집단에 걸쳐 가장 두드러진 걱정거리이다(Silverman, La Greca, & Wasserstein, 1995). 두려움과 걱정의 내용은 인지적·사회적·정서적 발달에 따라 변화한다.

공통적인 두려움에 관한 비교문화 연구는 문화집단 간의 유사성을 시사하고 있다. 아동용 두려움 검사지(Fear Survey Schedule for Children, FSSC-R : Ollendick, 1983)는 두려움을 일으키는 자극과 상황으로 이루어진 검사로 다양한 언어로 번역되었다. 가장 공통적인 두려움은 국가나 문화와 관계없이 유사한 것으로 나타났으며, 여아가 남아보다 더 높은 점수를 보였다

문화, 민족성 그리고 장애

문화와 민족성은 다양한 방식으로 아동 · 청소년의 정신병리에 영향을 미친다. 예를 들어 어떤 불안장애(예 : 사회불안)는 특정 문화 또는 민족 집단에서 더 많이 나타난다. 그렇다면 유병률에 관한 연구결과는 불안장애의 발달에 대해 무엇을 말해주는가?

유병률에 차이가 있든 없든 상관없이 불안의 표현은 문화/민족에 따라 다르다. 즉 어떤 증상(예 : 신체화 증상)은 특정 문화 혹은 민족 집단에서 더 빈번하게 나타난다. 증상이 표현되는 방식 또한 고려되어야 한다. 불안한 인지의 내용도 민족 집단에 따라 매우 다양하다.

문화와 민족성을 고려하는 것이 불안장애의 발달을 이해하는 데 어떻게 도움을 주는가? 예컨대 특정 위험요인이 특정 집단이나 그들이 거주하는 특정 지역사회에서 더 두드러지는가? 불안장애의 위험을 높이거나 불안장애의 발달을 보호하는 요인으로 작용하는 양육방식이 문화에 따라 차이가 있는가? 그리고 차별과 문화수용의 과정이 불안에 영향을 미치며, 대처기술 발달을 어렵게 할 수도 있다.

최근 들어 문화적으로 민감한 평가의 필요성에 관한 관심이 증가해 왔다. 한 문화에서 개발된 도구는 다른 문화적 맥락이나

민족 집단에서는 불안을 정확히 평가하지 못할 수도 있다. 그리고 다양한 증상들로 이루어진 요인도 모든 문화 또는 민족 집단에게 같은 방식으로 구성되지 않을 것이다. 이것은 앞에서도 보았듯이 부분적으로 불안이 표현되는 방식이 다른 데서 비롯된다. 또 서로 다른 문화집단의 구성원들이 불안에 대해 생각하고 이해하는 방식이 다른 데서 기인할 수도 있다. 언어도 평가를 수행할 때 중요한 고려사항이다. 면접이나 평가도구를 실시할 때 사용된 언어에 따라 평가결과가 달라질 수 있다.

최근 들어 치료 이슈에 대한 민감성도 높아졌다. 치료 프로그램을 특정 문화에 더 잘 맞도록 조정하면 치료효과를 증진할 수 있으며, 서로 다른 문화집단의 구성원들이 치료를 더 잘 수용할 수 있게 된다. 아동 · 청소년과 그의 가족이 치료를 받으려고 할 가능성도 민족/문화에 따라 유의한 차이가 있다. 효과적인 개입에 대한 접근성과 적용을 증가시키면 아동 · 청소년과 그의 가족을 돕고자 하는 목표도 잘 달성될 것이다. 분명한 것은 이러한 점들이 단지 불안장애에만 적용되는 것이 아니라 앞으로 살펴볼 여러 장애에도 적용된다는 것이다.

(Fonesca, Yule, & Erol, 1994).

불안장애의 분류

전문가들은 대개 나이에 적합한 두려움은 그 정도가 지나치거나 너무 오래 계속되지 않는다면 임상적 관심을 요구하지 않는다고 주장한다. 그러나 비록 일시적이기는 해도 두려움이 아동에게 큰 불편을 가져오고 일상생활의 기능을 방해할 때는 개입이 필요하다. 더욱이 불안장애를 치료하지 않으면 만성화되면서 추가적인 어려움이 생길 수 있다(Kendall et al., 2018; Kertz et al., 2019; Pliszka, 2011). 그렇다면 불안을 중요한 특징으로 갖는 아동 · 청소년기 장애들을 어떻게 정의하고 분류할 것인가?

DSM 접근

DSM에서는 몇 가지 불안 및 관련 장애들에 대하여 기

술하고 있다. DSM의 불안장애 챕터는 분리불안장애, 특정공포증, 사회불안장애(사회공포), 선택적 무언증, 공황장애, 광장공포증, 범불안장애를 포함하고 있다. 아동 · 청소년은 DSM에 포함된 한 가지 이상의 불안장애로 진단받을 수 있다. 지금부터 이러한 특정 장애들에 대해 각각 정의하고 논의할 것이다. 이러한 불안장애에 대한 정의에는 대부분 대상 혹은 상황에 대한 걱정, 그리고 회피 및 불안 감소 행동 같은 유사한 과정이 포함되어 있다.

경험적 접근

통계적 절차에 근거한 경험적 체계는 불안 관련 문제들을 비롯한 내재화 장애의 하위유형들을 제시하고 있다. 예컨대 Achenbach와 Rescorla(2001)는 내재화 장애라는 광대역 범주 안에서 불안/우울 증후군을 기술하고 있다 (표 6.1 참조). 그러나 여기에는 독립된 불안증후군이나

▌표 6.1   불안/우울 증후군에 포함된 행동문제

잦은 울음	두려움, 불안함
두려움	지나친 죄책감
학교를 두려워함	자의식
잘못된 행동에 대한 두려움	비판받았을 때 상처받음
완벽해야 함	자살에 대해 말하거나 생각함
사랑받지 못한다고 느낌	남을 기쁘게 하기 위해 걱정함
가치 없다고 느낌	실수를 두려워함
초조, 긴장	걱정

출처 : Achenbach & Rescorla(2001)에서 인용. Copyright 2001 by University of Vermont, Research Center for Children, Youth & Families. 허락하에 사용함

DSM의 특수한 불안장애에 해당하는 좁은 범위의 증후군이 포함되어 있지 않다. 이것은 아동·청소년의 경우 여러 가지 불안 및 우울증상이 함께 발생하는 경향이 있음을 시사한다. '신체화 호소(예 : 어지럽거나 복통을 느끼는 것)'나 '위축/우울(예 : 말하기를 거부하거나 위축감을 느끼는 것)' 같은 다른 내재화 증후군도 불안 및 관련 장애의 일부로 보이는 증상들을 포함하고 있다.

불안장애의 역학

불안장애는 아동·청소년이 경험하는 가장 흔한 장애 중의 하나이다. 유병률에 대한 추정치는 매우 다양한데, 2.5~12% 또는 그 이상의 높은 유병률이 종종 인용된다(Kessler et al., 2009; Merikangas & Hommer, 2019; Polanczyk et al., 2015; Rapee, Schniering, & Hudson, 2009). 아동·청소년은 한 가지 이상의 불안장애 진단기준을 충족시키는 경향이 있다. 그리고 상당수의 아동은 아동기로부터 청소년기, 성인기까지 한 가지 이상의 불안장애 진단기준을 계속해서 충족한다는 증거가 있다. 이러한 아동들은 다른 문제도 발달시킬 가능성이 있

다(Kendall et al., 2010; Rapee, Schniering, & Hudson, 2009).

연구에 따르면 여아는 남아보다 불안장애를 다소 더 많이 경험하는 경향이 있다(Collishaw et al., 2010; Costello, Egger, & Angold, 2005b). 불안장애의 유병률이 민족 집단에 따라 차이가 있는지는 분명하지 않다. 그러나 문헌은 문화와 민족에 따라 불안의 표현 방식에 차이가 있음을 보여준다. 따라서 특정 불안장애(예 : 분리불안, 사회불안)의 유병률은 민족 집단에 따라 차이가 있을 수도 있다(Anderson & Mayes, 2010; Austin & Chorpita, 2004; Roberts, Ramsay Roberts, & Xing, 2006; Weems & Silverman, 2017).

특정공포증

공포증(phobia)은 발달상 적절한 두려움과는 달리 강도가 지나치고 합리적이지 않으며 자발적으로 통제되지 않는다. 그리고 상황을 회피하게 하고 일상생활의 기능을 방해하므로 우려의 대상이 된다(Miller et al., 1974).

진단기준

특정공포증(specific phobia) 진단의 핵심적 특징은 특정 대상 또는 상황(예 : 동물, 높은 곳)에 대한 현저한 두려움 또는 불안이다. 진단 사항은 다음과 같다.

- 공포를 유발하는 자극에 노출될 때마다 즉각적인 불안 반응이 발생한다.
- 불안 상황을 회피하려 하거나 또는 불안이나 고통을 느끼면서 불안 노출을 참아낸다.
- 두려움이나 불안이 실제 위험보다 매우 지나치다.
- 두려움이나 불안이 지속적이다(6개월 이상).

이러한 주요 특징과 아울러 두려움은 현저한 심리적 고통을 유발해야 하며, 아동·청소년의 일상생활과 학업기능 또는 대인관계를 유의하게 방해해야 한다. DSM은 아동이 울거나 떼쓰기, 얼어붙기, 달라붙기 등의 행동으로 불안을 나타낼 수 있다는 것에 주목함으로써 발

달상의 차이를 인정한다.

기술

행동 면에서 특정공포증 아동 · 청소년은 두려운 상황이
나 대상을 회피하려고 한다. 예를 들어 개를 심하게 두
려워하는 아동은 밖에 나가 놀기를 거부한다. 큰 개와
맞닥뜨리면 그 자리에 '얼어붙거나' 또는 부모에게 달려
가 도움을 청한다. 아동 · 청소년은 또한 긴장이나 공황,
심한 혐오감을 보고할 수 있다. 이러한 반응의 인지적
측면에는 공포 상황에 노출되는 즉시 발생할 수 있는 파
국적 사건에 대한 생각이 포함된다. 메스꺼움, 심장박동
증진, 호흡곤란 같은 생리적 증상도 발생할 수 있다. 이
러한 반응들은 두려운 상황에 부딪힐 것을 예상하기만
해도 일어난다. 따라서 아동 · 청소년의 공포는 그들 자
신의 활동을 제한할 뿐만 아니라 가족 전체의 생활양식
과 활동을 변화시킨다.

역학

특정공포증은 아동 · 청소년기에 가장 자주 진단되는 불
안장애의 하나이다. 유병률 추정치는 연구에 따라 다르
지만 10%까지로 보고되고 있다. 특정공포증은 여아의
유병률이 남아보다 높지만, 이러한 성차는 특정 공포의
유형(예 : 동물공포증)에서 더 두드러진다. 민족집단, 연
령, 사회경제 수준에 따른 차이에 관한 정보는 부족하다
(Costello, Egger, & Angold, 2005a; Kim et al., 2010;
Silverman & Moreno, 2005).

  특정공포증을 지닌 아동 · 청소년은 보통 한 가지 이
상의 공포를 동반하며, 다른 장애의 진단기준도 만족시
키는 경향이 있다. 특정공포증과 함께 진단되는 장애는
다른 유형의 불안장애와 우울증, 기분장애, 그리고 반
항성장애 같은 외현화 장애이다. Essau와 동료들(2000)
은 지역사회 청소년 표본에서 특정공포증을 지닌 청소
년의 절반가량이 다른 불안장애 진단기준을 충족시켰으
며, 우울장애와 신체화 장애(신체적 병리가 없음에도 불
구하고 신체 증상을 경험하는 장애) 역시 함께 나타내는
것으로 보고하였다. Verduin과 Kendall(2003)도 다른 불

안장애로 일차적 진단을 받은 임상표본 아동 · 청소년의
절반가량이 특정공포증 진단기준을 충족시켰다고 보고
하였다.

발달과정

특정공포증은 대부분 아동 초기에서 중기에 시작되는
것으로 보인다. 이 시기의 공포증은 비교적 경미하여 시
간이 지나면 치료 없이 호전될 수 있는 것으로 기대된
다. 그러나 이러한 지각에 대해 의문을 갖고 시간에 따
른 연속성에 대해 생각해볼 필요가 있다(Silverman &
Moreno, 2005; Sterba, Prinstein, & Cox, 2007). 예컨대
독일 청소년 표본을 대상으로 한 Essau와 동료들(2000)
의 연구결과는 일부 청소년의 경우 공포증상이 오래 계
속되며 기능손상과도 관련이 있음을 보여주고 있다. 이
결과는 공포증을 지닌 성인들에 관한 보고와 일치한다.

카를로스 : 특정공포증

9세의 히스패닉계 남아 카를로스는 단추를 회피하는
행동으로 불안클리닉을 방문하였다. 이 문제는 카를
로스가 유치원에 다니던 다섯 살 때부터 시작되었다.
카를로스는 단추를 이용한 미술 활동을 하던 중에 단
추를 다 써 버리게 되었다. 그러자 교사는 카를로스
에게 교사의 책상 위에 놓여 있는 큰 사발에서 단추
를 가져오라고 했다. 카를로스가 단추를 집으려는 순
간 손이 미끄러지면서 단추가 모두 그에게 떨어졌다.
카를로스는 그 순간이 너무도 고통스러웠다고 보고
했고, 그 이후로 단추를 회피하는 행동이 증가하게 되
었다고 한다. 카를로스는 또한 단추에 몸이 닿는 것조
차도 혐오스럽다고(예 : "단추는 징그러워요.") 보고했
다. 이것은 카를로스와 가족들의 일상생활을 방해하
게 되었다. 예컨대 카를로스는 혼자서는 옷을 입을 수
없었으며, 학교에서도 교복 단추에 닿지 않으려고 집
착하느라 집중을 할 수 없었다.

— Silverman & Moreno
(2005, pp. 834~835)에서 수정 인용

즉 특정공포증이 아동기에 시작되며 성인기까지 계속되는 사람도 있음을 시사한다(Kendler et al., 1992b; Öst, 1987). 따라서 특정공포증은 아동기에 시작되며, 어떤 사람의 경우에는 오랫동안 계속된다고 보는 것이 적절할 것이다.

사회불안장애(사회공포증)

진단기준

사회불안장애(사회공포증)[social anxiety disorder(social phobia)]의 진단기준은 특정공포증 진단기준과 유사하다. 그러나 불안이 특정 대상이나 비사회적인 상황과 관련되기보다는 사회적 상황이나 평가가 이루어지는 상황과 관련된다. 따라서 사회불안장애(사회공포증)의 주요 특징은 사회적 상황이나 수행이 요구되는 상황에서 당황하거나 굴욕을 당하는 행동을 하는 것에 대해 현저하고도 지속적인 두려움을 느끼는 것이다.

사회불안장애의 진단범주는 특정공포증과 마찬가지로 아동이 불안을 표현하는 방식이 성인과 다르다는 점에 주목함으로써 발달상의 차이를 인정한다. 사회불안장애는 또한 사회적 발달의 다른 측면과도 차이가 있다. 사회불안장애 아동은 어른뿐만 아니라 또래와의 관계에서도 사회불안을 경험한다.

이러한 주요 특징과 아울러 사회불안은 아동·청소년의 정상적인 일상생활과 학업적 기능, 대인관계를 방해해야 하며, 또는 현저한 심리적 고통을 유발해야 한다. 그리고 불안/공포증이 적어도 6개월 이상 계속되어야 한다.

기술

사회불안장애 아동·청소년은 사회적 활동과 상황(예 : 다른 사람 앞에서 말하기, 책 읽기, 쓰기, 수행하기, 대화를 시작하고 유지하기, 윗사람에게 말하기, 비공식적인 상황에서 다른 사람들과 상호작용하기)을 두려워한다(Beidel, Turner, & Morris, 1999).

사회불안의 행동적 요소는 사회적 상호작용 또는 평가가 이루어지는 상황을 회피하는 행동으로 가장 빈번하게 드러난다. 이런 아동·청소년은 공공장소에서 밥을 먹는 것처럼 지극히 일상적이고 평범한 활동조차 회피하려고 한다. Albano, Chorpita와 Barlow(2003)는 학교식당을 회피하기 위해 점심시간마다 화장실에서 보냈던 한 10대 소녀에 대해 기술하고 있다. 인지적인 면에서 사회불안장애 아동·청소년은 당황하게 되거나 부정적인 평가를 받는 것에 대해 걱정을 많이 한다. 이들은 자신이 지닌 부정적 속성에 초점을 맞추며, 다른 사람의 반응을 사실과 다르게 비판적인 것으로 또는 자신을 인정하지 않는 것으로 해석하는 경향이 있다. 안절부절못하거나 얼굴을 붉히고, 땀을 흘리거나 질병이나 복통을 호소하는 등의 신체적 증상은 사회불안장애 아동·청소년이 자주 보고하는 생리적 증상이다(Ginsburg, Riddle, & Davies, 2006).

> ### 루이스 : 사회불안장애와 그 결과
>
> 루이스는 10세의 백인 남아이다. 그는 주기적인 등교거부와 사회적 위축, 그리고 위안을 받고자 하는 과도한 요구 때문에 학교의 상담교사에 의해 클리닉에 의뢰되었다. 루이스는 친구가 없었으며, 집단활동에도 거의 참여하지 않았다. 루이스는 친구들의 모임이나 다른 사람 앞에서 식사하는 것, 그리고 공중화장실에 가는 것을 두려워한다. 스페인어 시간은 루이스에게 특히 힘든 시간이었다. 책을 소리 내어 읽는다든지 교우들과 회화 연습을 해야 하는 과제 때문이었다. 루이스의 어머니는 그가 항상 지나치게 걱정이 많고 소심하며, 모든 것을 두려워하고 끊임없이 안심시켜 주어야 한다고 기술했다. 루이스의 어머니도 과거에 불안 문제를 갖고 있었다. 그녀는 새로운 사람 만나기를 두려워하며, "세상에는 나와 루이스밖에 없다."고 말할 정도로 사회적 관계가 매우 적었다. 루이스는 사회공포증과 범불안장애로 진단을 받았다.
>
> — Silverman & Ginsburg
> (1998, pp. 260~261)에서 수정 인용

사회불안장애 아동 · 청소년은 사회적 상황을 회피하기 위해 학교에 가지 않거나 여가활동에 참여하지 않기도 한다. 예를 들어 이들은 친구의 생일파티에 가지 않거나 보이스카웃/걸스카웃에도 참가하지 않는다. 청소년기가 되어도 동아리 활동과 댄스파티 같은 학교행사에 참여하지 않으며, 이성교제도 하지 않는다. 따라서 어떤 아동 · 청소년은 외로움을 느끼고 친구도 많지 않으며, 있다고 해도 질이 매우 낮다(Parker et al., 2006).

사회불안장애 아동 · 청소년은 종종 낮은 자존감과 슬픔, 외로움을 보고한다. 이들은 시간이 지나면서 낮은 학업성취를 경험하기도 한다(Ginsburg, LaGreca, & Silverman, 1998; Velting & Albano, 2001). 따라서 아동 · 청소년이 감당해야 할 결과는 꽤 광범위하다고 할 수 있다.

선택적 무언증과 사회불안

유치원에 다니는 여아 에이미는 유치원에서 또래들과 말을 하지 않는다. 에이미는 유아원에 다니기 시작할 무렵부터 항상 이런 모습이었다. 에이미와 같은 증상을 보이는 아동은 **선택적 무언증**(Selective Mutism, SM)으로 진단받을 수 있다.

선택적 무언증 아동 · 청소년은 특정의 사회적 상황에서만 말을 하지 않는다. 이러한 상황이란 학급이나 놀이 상황같이 또래들이 대부분 말을 하거나 말하기가 발달에 중요한 상황을 말한다. 선택적 무언증은 반드시 특정 상황에서만 나타나며 다른 상황에서는 말을 한다. 예를 들어 주위에 아무도 없을 때는 가족들과 말을 한다. 이 장애의 발병연령은 2.5~4세로 보고되고 있으나, 학교에 입학하는 5세까지는 발견되지 않을 수도 있다(Viana, Beidel, & Rabian, 2009). 선택적 무언증 아동 · 청소년은 보통 수줍음을 잘 타고 위축되어 있으며, 겁이 많고 다른 사람에게 매달리는 성향을 지닌 아동으로 묘사된다(American Psychiatric Association, 2013). 이들 중 일부는 언어문제를 갖고 있거나 고집이 세고 말을 듣지 않는 행동과 반항적 행동을 보인다(Cohan et al., 2008; Ford et al., 1998).

부르스 : 선택적 무언증

부모, 형제와 함께 사는 8세 남아 부르스가 치료에 의뢰되었다. 부르스의 어머니는 그가 가까운 가족들과만 말을 하고 친척이나 교사, 또래들과는 말을 하지 않는다고 하였다. 부르스는 정신과 의사로부터 프로작 처방을 받았고 3개월간 약물로 안정을 취했다. 부르스와 같은 경우 평가를 수행하고 아동이 주요 정보제공자 역할을 하도록 하는 것은 특히 어렵다. 따라서 여러 정보제공자로부터 정보를 수집하고 관찰하고, 부르스에게 비언어적 과제에 참여하도록 한 후에야 비로소 평가가 완료되었다. 평가결과 부르스는 선택적 무언증과 사회불안장애 진단기준을 충족시키는 것으로 확인되었다. 어머니는 부르스가 프로작을 먹기 시작한 직후 단 한 번 학교에서 말을 한 적이 있었다고 보고했다. 수업시간에 무엇인가 실패를 하자 짧게 한마디 말을 했다는 것이다. 어머니는 또한 부르스가 친구들로부터 놀림을 받지만, 그가 무엇인가를 필요로 할 때는 친구들이 알아채고 대신 말을 해주곤 한다고 하였다. 다른 상황에서는 가족들이 부르스를 대신해서 말을 해주는데, 공공장소에서는 부르스가 가족에게조차 말을 하지 않는다고 하였다. 클리닉에서 평가를 받는 동안 부르스는 치료자가 없을 때만 가족들과 말을 하였다.

부르스와 그의 가족에게 21회기로 구성된 인지행동치료 프로그램을 제공하였다. 치료가 끝날 무렵 부르스의 증상은 상당히 감소했으며, 더 이상 선택적 무언증 진단기준을 충족시키지 않게 되었다. 치료효과는 6개월 후의 추수 조사에서도 유지되었다.

　　　　　　　— Reuther, Davis, Moree, & Matson(2011)에서

수정 인용

선택적 무언증은 환경과 유전적 영향 간의 복잡한 상호작용으로 인해 발달하는 것으로 보인다(Viana et al., 2009). 선택적 무언증이 사회불안의 극단적 형태로 개념화될 수 있다는 증거가 있다(Chavira et al., 2007; Standart & Le Couteur, 2003). 예컨대 선택적 무언증 아동의 90~100%가 사회불안장애 진단기준을 충족시킨

다(Black & Uhde, 1995; Manassis et al., 2003). 선택적 무언증 아동은 또한 선택적 무언증을 보이지 않는 사회불안장애 아동보다 사회불안이 더 높다는 것을 지지하는 결과도 있다. 선택적 무언증과 사회불안장애의 관계는 아직 불확실하다(Viana et al., 2009; Yeganeh et al., 2003). 그러나 선택적 무언증 아동을 돕는 전문가는 치료를 계획할 때 아동이 심각한 수준의 사회불안과 반항적 행동을 나타낼 가능성이 있다는 점을 고려해야 한다.

역학

사회불안장애는 1~2%의 아동과 3~4%의 청소년에게 발생하며, 청소년의 평생 유병률은 약 9%로 추정된다(Costello et al., 2005a; Hirshfeld-Becker, 2010; Kessler et al., 2009). 사회불안장애는 임상 모집단에서도 자주 진단되는 장애이다. Last와 동료들(1992)은 불안장애 클리닉에 의뢰된 청소년의 14.9%가 일차적으로 사회공포증 진단을 받았으며, 32.4%는 과거에 한 번 이상 사회공포증을 경험한 적이 있다고 보고하였다. 클리닉에서 진단받은 아동의 보고와 성인의 회고에 의하면 청소년 중기와 후기가 가장 전형적인 발병연령인 것으로 보인다(Chavira & Stein, 2005; Strauss & Last, 1993). 이러한 결과는 앞으로 논의될 발달적 고려사항과 일치한다. 사회공포증이 청소년기에 가장 빈번하게 진단되지만 그보다 더 일찍 발생할 수도 있다(Bernstein et al., 2008; Costello et al., 2005b). 사회불안장애의 유병률은 연령에 따라 증가하며, 특히 청소년기에는 실제보다 과소평가되는 것으로 보인다(Chavira & Stein, 2005). 이 장애가 과소평가되는 한 가지 이유는 사회공포증 아동·청소년이 남들에게 정상으로 보이기 위해 자신의 문제를 축소하기 때문이다(DiBartolo et al., 1998). 이러한 경향성은 부정적 평가에 대한 걱정과 일치한다. 사회공포증은 여아들에서 더 자주 발견되나 사회공포증의 유병률이 성별에 따라 다른지는 아직 분명하지 않다(Chavira & Stein, 2005; Ford et al., 2003).

사회불안장애 아동·청소년은 대개 한 가지 이상의 다른 장애기준도 충족시킨다(Bernstein et al., 2008;

표 6.2 사회불안장애 아동의 공존장애 진단 비율

공존장애 진단	비율
범불안장애	73
분리불안장애	51
특정공포증	36
주의력결핍/과잉행동장애	9
품행장애	4
기분부전	4
주요우울장애	2
강박장애	2
적대적 반항장애	2
외상후 스트레스장애	2

출처 : Bernstein et al.(2008)에서 수정 인용

Chavira & Stein, 2005). 루이스의 경우처럼 추가적 진단 중에서 가장 보편적인 진단은 다른 유형의 불안장애이다. 예컨대 7~10세 아동 표본에서 사회불안장애로 진단받은 아동의 84%가 적어도 한 가지 이상의 다른 불안장애 진단기준을 충족시켰다(Bern-stein et al., 2008). 〈표 6.2〉는 이 표본의 다양한 공존장애 비율을 보여주고 있다. 특히 청소년은 주요우울장애의 진단기준도 충족시키곤 한다.

발달과정

사회불안장애는 발달적 요인들의 맥락에서 고려될 수 있다(Hayward et al., 2008; Velting & Albano, 2001). 6개월에서 3세 아동의 경우에는 흔히 낯선 사람에 대한 불안과 분리불안이 일어난다. 사회불안장애의 중요한 부분인 자의식(self-consciousness)은 훨씬 나중에 발달한다. 자기 자신을 사회적 대상으로 보고 수치감을 느끼는 능력은 4~5세경에 생긴다. 다른 사람의 관점에서 생각하고 부정적 평가를 걱정하는 경험은 8세가 되어야 가능하다. 아동기 후기나 청소년 초기가 되면 이러한 인지적

청소년기는 다양한 사회적 활동 참여가 요구되는 시기이다. 그러나 일부 청소년에게는 이러한 사회적 요구가 특히 어렵게 여겨진다.

엄마랑 아빠는 여전히 너를 사랑하지만 우리 잠시 30cm 떨어져 지내보자꾸나.

특징과 함께 다른 사람들이 자신의 외모와 행동을 토대로 평가한다는 것을 의식하기 시작한다. Westenberg와 동료들(2004)은 네덜란드의 8~18세 아동 · 청소년 표본을 대상으로 두려움을 평가하였다. 연구결과는 사회적 평가와 성취 평가에 관한 두려움이 연령에 따라 증가하며, 이러한 변화는 사회적 · 인지적 성숙 수준과 관련이 있음을 보여주었다.

아동기 후기 혹은 청소년 초기에는 사회적 · 평가적 요소를 가진 과제들을 정기적으로 수행해야 한다. 예컨대 수업시간에 발표해야 하며, 집단활동에 참여해야 하고, 체육이나 음악시간에 다른 사람들 앞에서 수행해야 한다. 사회적 활동을 시작하고 준비하는 책임감에도 변화가 생긴다. 부모는 이제 더 이상 자녀의 사회적 상호작용을 계획하고 준비하는 데 깊이 관여하지 않는다. 청소년은 또한 댄스파티나 이성교제 같은 사회적 활동에도 참여하게 된다. 이러한 사회적 요구와 자의식의 발달은 사회불안을 일으키는 토대가 된다. 사회불안장애는 이 시기의 발달단계에서 흔히 경험되는 불안과 관련이 있는 것으로 보인다. 그러나 개인차와 사회적 요구로 인해 어떤 청소년에게는 사회공포증이 더욱 심하게 나타날 수 있다(Gazelle, 2010; Neal & Edelmann, 2003; Parker et al., 2006).

청소년기는 사회불안이 흔히 나타나는 시기이기 때문에 정상적인 사회불안과 비정상적인 사회불안을 구분하기가 어렵다. 따라서 청소년 집단의 경우에는 DSM 진단기준에서 정의한 심각성(예 : 거의 항상, 현저한 심리적 불편, 극심한 불안, 유의미한 방해 등)에 대한 해석이 중요하다(Clark et al., 1994). 연구결과는 어느 정도의 사회불안은 청소년기에 흔히 나타나며, 소수의 청소년만이 임상적 수준을 보인다는 것을 지지한다(Velting & Albano, 2001). Essau, Conradt와 Peterman(1999)은 12~17세 청소년 지역사회 표본의 약 51%가 적어도 한 가지 이상의 특수한 사회적 두려움을 갖고 있다고 보고하였다. 그러나 이 중 극히 일부 청소년만이 좀 더 일반적이고 임상적인 수준의 문제를 발달시킨다(Chavira & Stein, 2005).

분리불안

우리는 등교거부를 논의하기에 앞서 먼저 분리불안부터 기술하고자 한다. 이는 등교거부 문제와 그 원인에 관한 연구가 분리불안의 관점에서 이루어져 왔기 때문이다. 게다가 의무교육법은 모든 아동이 학교에 출석할 것을 요구하기 때문에 분리불안 아동은 등교와 관련된 문제를 갖기 쉽다.

진단 및 분류

분리불안장애(Separation Anxiety Disorder, SAD)의 DSM 진단범주는 주요 애착대상 및 가정으로부터 분리되는 것을 과도하게 불안해하는 아동을 기술하기 위해 만들어졌다. 이들이 경험하는 불안은 발달수준에서 기대되는 것보다 과도하다. 진단기준에는 8가지 증상이 포함된다. 이 증상들은 주요 애착대상으로부터의 분리, 주요 애착대상 없이 혼자 있는 것, 혹은 주요 애착대상에게 일어날지 모를 상해에 대한 걱정과 관련된다. 8가지 증상 중의 하나는 등교에 대한 주저 또는 거부와 관련된다. 분리에 대한 이러한 걱정은 지속적이고 과도한 걱정과 심리적 불편, 그리고 이와 관련된 수면 및 신체적 문제(예 : 두통, 복통, 구역질, 구토)를 수반한다.

아동 · 청소년이 SAD로 진단을 받기 위해서는 다섯 가지 이상의 증상을 적어도 4주 동안 나타내야 한다. 그리고 이 문제가 심각한 심리적 고통과 사회적 · 학업적 및 다른 기능 영역에서의 손상을 일으켜야 한다.

기술

분리불안이 있는 어린 아동은 부모의 뒤를 따라다니며 매달리는 모습을 보인다. 이들은 일반적인 불안이나 걱정, 악몽, 또는 신체 증상(예 : 두통, 복통, 메스꺼움, 심장박동)을 호소하기도 한다. 좀 더 크면 몸이 아프다고 호소하거나 자신 또는 부모에게 질병이나 사고가 발생할 수 있다고 생각하고, 우울해하며 밖에 나가 친구들과 놀지 않으려 한다. 어떤 아동은 자신을 해칠 것이라고 위협하기도 한다. 이러한 위협은 대개 분리를 회피하기 위한 수단이며 심각한 자해행동은 드물게 나타난다.

역학

지역사회 표본에서 SAD 유병률 추정치는 보통 3~12% 범위에 있다. SAD는 12세 이하의 아동에게 나타나는 가장 흔한 불안장애의 하나이다. 아동기의 유병률이 청소년기보다 더 높으며 청소년 후기에는 드물게 나타난다(American Psychiatric Association, 2013). SAD 아동은 종종 다른 장애의 진단기준도 충족시킨다. 가장 빈번하게 진단되는 장애는 범불안장애다(Last, Strauss, & Francis, 1987; Verduin & Kendall, 2003). 성별과 민족의 차이에 따른 유병률은 아직 확실하지 않다(Ford et al., 2003; Suveg et al., 2005). 어떤 연구는 여아의 SAD 유병률이 남아보다 높다고 보고하지만, 성차가 없는 것으로 보고하는 연구도 있다. 임상표본에서는 민족에 따른 차이가 드러나지 않지만 지역사회 표본에서는 아프리카계 미국 아동 · 청소년의 유병률이 더 높은 것으로 보고되고 있다.

발달과정

유아가 일차적 양육자로부터 분리될 때 느끼는 불안은 정상적 발달과정의 일부이다. 생의 첫해부터 취학 전까지 아동은 부모나 다른 애착대상으로부터 분리될 때 주기적으로 고통을 느끼거나 걱정을 한다. 오히려 분리에

케니 : 분리불안

10세 남아 케니는 부모와 2명의 형제(어머니가 재혼하기 전에 낳은)와 함께 살고 있다. 케니는 부모와 함께 불안장애클리닉에 오게 되었는데, 이유는 지난 수개월 동안 극도로 불안해하며 학교 가기를 거부했기 때문이다. 케니는 또한 부모로부터 떨어져야 하는 상황(예 : 뒤뜰에서 놀거나, 야구연습을 하거나, 누나와 함께 있는 것 등)을 잘 참지 못했다. 케니는 부모와 떨어질 때마다 울면서 떼를 쓰거나, 혹은 자기를 해칠 거라고 위협(예 : 학교 창문에서 뛰어내리기)하곤 했다. 케니는 높은 수준의 불안과 특정 대상에 대한 공포, 그리고 심한 우울증상(예 : 슬픈 정서, 자신의 문제에 대한 죄책감, 가끔 죽었으면 좋겠다고 말을 한다든지, 너무 일찍 잠에서 깨어남)도 보였다. 케니의 분리불안 문제는 1년 전쯤부터 시작되었는데, 그 당시 케니의 아버지는 음주 문제를 보이며 오랫동안 집에 들어오지 않곤 했었다. 케니의 분리불안 문제는 시간이 지나면서 더욱 악화되어 갔다.

— Last(1988, pp. 12~13)에서 수정 인용

대해 아무런 심리적 불편을 느끼지 않는 것이 불안정한 애착의 표현일 수도 있다. 더 큰 아동도 기대와 신념, 그리고 이전의 분리경험에 따라 부모와 떨어져 있을 때 집을 그리워하기도 한다. 이러한 심리적 불편은 기대되는 나이를 지나 계속되거나 지나치게 심할 때만 문제가 된다.

분리불안 아동의 증상은 약한 상태에서 점차 심각한 상태로 발전한다. 예컨대 아동이 악몽을 호소하면 부모가 간헐적으로 아이를 부모 곁에서 재운다. 이것은 정기적으로 부모 중 한 사람과 함께 잠을 자는 것으로 급속히 발전한다(Albano et al., 2003). 아동은 대부분 SAD로부터 회복된다(Kearney et al., 2003). 그러나 커서 다른 장애를 나타내는 아동도 있는데, 우울증이 가장 빈번하게 일어난다(Last et al., 1996). 청소년에게 분리불안이 계속된다면 이는 좀 더 심각한 문제의 전조 증상일 가능성이 있다(Blagg & Yule, 1994; Tonge, 1994).

등교거부

정의

어떤 아동 · 청소년은 등교에 대해 지나친 불안을 보인다. 이런 아동 · 청소년이 학교에 출석하지 않을 때, 이들의 상태를 보통 **등교거부**(school refusal)라 부른다. 등교거부가 DSM 진단은 아니지만 학교 가기를 싫어하거나 거부하는 것은 DSM의 SAD 진단에 포함된 8가지 증상 중의 하나이다. 따라서 등교거부를 보이는 일부 아동 · 청소년은 SAD 진단을 받게 된다. 그러나 SAD 진단을 받기 위해서는 8가지 증상 중 세 가지만 나타내도 되기 때문에 모든 SAD 아동이 등교거부를 보이는 것은 아니다. 또 등교를 거부하는 모든 아동이 분리불안을 보이는 것도 아니다(Kearney, Eisen, & Silverman, 1995; Last & Strauss, 1990). 등교거부에 대한 가장 보편적인 개념화에서는 문제의 원인이 분리불안에 있다고 보지만 일부 아동 · 청소년은 학교 경험의 특정 측면을 두려워할 수도 있다. 이런 아동 · 청소년은 특정공포증이나 사회불안장애로 진단을 받을 수도 있다. 예컨대 어떤 아동 ·

청소년은 학업수행이나 평가, 발표, 또래들과의 갈등 혹은 새로운 사람을 만나는 것에 대한 불안 때문에 학교 가기를 두려워한다.

따라서 등교거부의 모든 사례를 유사하게 취급하거나 혹은 같은 원인에 기인하는 것으로 보는 것은 바람직하지 않다. 실제로 등교거부는 가장 이질적이며 다양한 원인에 의해 발생하는 것으로 보인다(Suveg, Aschenbrand, & Kendell, 2005). 등교거부의 경우에는 증상보다 그 행동이 어떤 기능을 하느냐에 따라 분류하는 것, 즉 기능적 분석(functional analysis)이 더 유용하다는 주장이 있다(Kearny, 2018). 어떤 아동 · 청소년은 불안이나 우울 같은 부정적 정서를 유발하는 학교 관련 자극(예 : 학교 버스 타기)을 회피하기 위해 학교 가기를 거부한다. 그리고 사회적 상호작용이 요구되거나 평가를 받아야 하는 활동이 학교 일과 중에 일어날 수 있는데, 등교거부의 또 다른 기능은 이러한 상황으로부터 벗어나는 것이다. 등교를 거부하는 아동 · 청소년은 또한 다른 사람들로부터 관심을 받을 수 있다. 이런 아동 · 청소년의 등교거부 행동(예 : 질병 호소)은 부모의 관심을 유발한다. 마지막으로 등교를 거부하는 아동 · 청소년은 집에 머묾으로써 실제적인 보상(예 : TV 보기, 비디오 게임하기 또는 특별한 대우를 받는 것)을 받을 수 있다. 기능적 분석 접근을 통해 특정 학생이 보이는 등교거부 행동의 기능을 다루는 치료 프로그램을 설계할 수 있다.

기술

학교에 대한 어느 정도의 불안과 두려움은 아동 · 청소년에게 흔한 일이다. 그러나 어떤 아동 · 청소년은 학교 출석에 대해 과도한 불안을 나타낸다. 분리불안의 행동적 · 인지적 · 생리적 특징은 종종 등교거부의 일부로 나타난다. 특히 청소년은 우울의 징후를 보일 수도 있다. 이들은 종종 정기적으로 학교에 가지 않으며, 학업에서도 뒤떨어지고, 때로는 유급을 하기도 한다. 그리고 사회적 경험의 기회를 놓치기 때문에 또래관계에서도 어려움을 경험할 수 있다. 등교거부는 아동 · 청소년 본인과 보호자에게 심리적 고통을 가져다주고, 아동 · 청소년의

Sean Locke Photography/Shutterstock

등교거부 및 부모와의 분리거부는 심리적 개입에 의뢰되는 흔한 이유이다.

발달을 방해하는 심각한 문제가 될 수 있다. 임상적 보고에 따르면 등교거부 문제는 죽음과 질병, 전학, 이사 등과 같은 생활 스트레스의 결과로 발생하는 경우가 많다. 학교 가기를 거부하거나 부모와 떨어지지 않으려 하는 것은 심리서비스에 의뢰되는 보편적인 사유이다.

등교거부는 **태만**(truancy)과 다르다. 태만한 학생은 보통 학교에 가는 것을 두려워하거나 불안해하는 학생으로 묘사되지 않는다. 이들은 간헐적으로 부모 몰래 결석한다. 반면 등교거부 학생은 대개 장기간 계속해서 결석하며, 부모도 자녀가 학교에 가지 않고 집에 있다는 것을 알고 있다. 태만한 학생은 또한 도벽이나 거짓말 같은 품행문제를 나타내는 문제 학생으로 묘사되기도 한다. 품행문제 및 반사회적 행동과 관련된 태만이나 학교 출석문제를 등교거부의 개념에 포함할 것인지는 학자들 간에 의견의 일치를 보지 못하고 있다(King & Bernstein, 2001).

역학 및 발달과정

등교거부는 보통 성별과 관계없이 일반 모집단의

1~2%, 클리닉에 의뢰된 사례의 5% 비율로 발생하는 것으로 추정된다(Suveg et al., 2005). 등교거부는 모든 연령의 아동·청소년에서 발견된다. 그러나 SAD와 마찬가지로 등교거부도 발달의 주요 전환기에 발생하는 경향이 있다. 연령이 낮은 아동의 등교거부 문제는 분리불안과 관련이 있을 가능성이 있다는 주장이 있다. 그러나 아동기 중기와 청소년기 초기의 등교거부는 불안과 우울이 혼재된 복잡한 양상을 보이는 경향이 있다. 예후는 10세 이하의 아동에게서 가장 좋으며, 특히 나이가 많거나 우울한 아동·청소년의 경우에는 치료가 어려운 것으로 보인다(Bernstein et al., 2001; Blagg & Yule, 1994). 치료하지 않고 그대로 두면 장기적으로 심각한 결과가 초래될 수도 있다(Elliott, 1999; Suveg et al., 2005).

대부분의 임상전문가들은 이론적 입장과 관계없이 우선 아동을 학교에 출석시키는 것이 중요하다고 강조한다(Blagg & Yule, 1994; King, Ollendick, & Gullone, 1990). 성공적인 전략은 문제에 적극적으로 접근하는 것이다. 비록 힘들고 때론 위협을 해야 할지라도 아동을 학교에 보낼 방법을 찾는 것이 급선무다. 불안한 상황에 대한 노출과 대처기술 지도, 그리고 부모와 교사를 위한 행동관리 훈련과 자문을 포함하는 인지행동 개입은 아동을 규칙적으로 학교에 출석하게 하고, 전반적인 적응 향상을 가져오는 데 효과가 있는 것으로 알려져 있다(King et al., 2000; Suveg et al., 2005).

범불안장애

공포와 사회불안, 분리불안 그리고 등교거부는 비교적 초점이 분명한 불안장애이다. 그러나 때로는 특별한 초점 없이 불안을 겪기도 한다.

진단기준

범불안장애(Generalized Anxiety Disorder, GAD)는 다양한 사건이나 활동에 대한 지나친 불안과 걱정으로 특징된다. 아동·청소년은 이런 불안이나 걱정을 통제하기 힘든 것으로 여긴다. 범불안장애 아동·청소년은 특정 유형의 상황에 국한되지 않은 불안과 걱정을 과도하게 경험한다. 사회적 상황이나 수행이 요구되는 상황에 초점이 맞추어진 사회불안, 또는 집이나 친숙한 사람으로부터의 분리에 초점이 맞추어진 분리불안과는 달리 범불안장애 아동·청소년이 느끼는 심리적 고통은 특정 유형의 상황에 한정되어 있지 않다.

GAD의 DSM 진단기준은 다음 여섯 가지 증상 중 한 가지 이상과 관련된다.

1. 안절부절못함 또는 긴장하거나 과민함
2. 쉽게 피로해짐
3. 주의집중의 곤란
4. 화를 잘 냄
5. 근육의 긴장
6. 수면장애

진단을 위해서는 이러한 증상 중 일부가 지난 6개월 동안 거의 매일 나타나야 하며, 증상이 중요한 기능 영역에서 심각한 심리적 고통과 손상을 유발해야 한다. DSM은 발달단계에 따른 차이를 인정하는데, 즉 아동은 위에 나열된 여섯 가지 증상 중에서 한 가지 이상(성인의 경우에는 세 가지)만 보여도 된다. GAD가 DSM 방식으로 정의되고 있지만, 아동·청소년의 범불안장애를 어떻게 이해하고 정의할 것인지(Ellis & Hudson, 2010), 또 이 장애의 증상이 우울을 진단할 때 사용되는 증상과 어떤 유사점이 있는지는 많은 의문점이 남아 있다(Costello et al., 2005b; Kendall, Hedtke, & Aschenbrand, 2006).

기술

임상전문가들은 지나치게 걱정하고 극심한 불안행동을 나타내는 아동·청소년에 대해 자주 기술하고 있다. 이들은 종종 '꼬마 걱정쟁이'로 묘사된다. 이들이 느끼는 극심한 걱정은 특정 대상이나 상황에 초점이 맞추어지기보다 여러 상황에 걸쳐 일어나며, 최근의 특정 스트레스에 기인하지도 않는다. 이런 아동·청소년은 학업과 또래관계, 스포츠 같은 영역에서 능력과 수행에 대해 과도하게 걱정하며 불안해하고, 완벽주의적이며 자신에 대해 비현실적으로 높은 기준을 설정한다. 이들은 가정의 재정문제와 자연재해에 대해서도 걱정한다. 이들은 끊임없이 확인하고 동의를 구하며 초조한 습관(예: 손톱 물어뜯기), 수면장애와 복통 같은 신체적 호소를 나타낸다(Albano et al., 2003; APA, 2013). 다음에 제시된 존의 사례는 범불안장애의 임상적 특징을 잘 보여준다.

역학

일반 표본을 대상으로 한 역학연구들은 GAD가 비교적 자주 발견되는 문제임을 보여준다. GAD의 추정치는 대략 2~14% 범위에 있는 것으로 보고된다(Benjamin et al., 2011; Canino et al., 2004; Cohen et al., 1993b; Lavigne et al., 2009).

GAD는 여아에게서 더 자주 발견된다고 보고되지만 성별에 따른 유병률의 차이가 없다는 보고도 있다. 발병 연령의 중앙치는 약 10세 정도로 추정된다. 증상의 수와 정도는 연령에 따라 증가하는 것으로 보인다(Ford et al., 2003; Keller et al., 1992; Kendall et al., 2006).

GAD 진단기준을 만족시키는 아동·청소년은 다른 장애의 진단기준을 충족시킬 가능성이 크다(Masi et al., 2004). GAD 아동·청소년의 공존장애 비율은 다른 진단을 받은 아동·청소년에 비해 훨씬 높다(Silverman & Ginsburg, 1998). 우울과 분리불안, 공포증은 대표적인 공존장애이다(Masi et al., 2004; Verduin & Kendall, 2003).

GAD는 과잉 진단될 수 있으며(APA, 2013), 이 진단이 다른 장애와 구분되는 독립된 장애인지에 대하여 의문을 제기한 학자도 있다. 지금은 GAD로 보이는 것이 사실은 불안이나 정서적 반응에 대한 타고난 취약성의 표현일 수도 있다(Flannery-Schroeder, 2004). 전문가의 도움을 받는 것은 아마도 아동·청소년이 이러한 취약성과 더불어 다른 유형의 불안이나 내재화 장애를 나타내기 때문일 수도 있다(Beidel, Silverman, & Hammond-Laurence, 1996).

존 : 범불안장애

존은 그의 어머니처럼 자기 자신과 자신의 능력을 매우 낮게 평가한다. (중략) 그리고 내면의 '무서운 것들'에 대처하는 데 어려움을 느낀다. 존의 문제는 여러 가지 불안과 때때로 그를 압도하는 공황발작이다. 그는 어둠, 귀신, 도깨비를 무서워하며, 버림받는 것, 홀로 있는 것, 낯선 사람, 전쟁, 총, 칼, 큰 소리, 그리고 뱀을 무서워한다. (중략) 또한 존은 그의 어머니처럼 여러 가지 신체적 불편을 호소한다. 신체적 호소에는 방광, 창자, 신장, 그리고 혈액 등에 대한 호소가 포함된다. (중략) 존은 또한 불면증에 시달리며, 어머니가 잠자리에 들기 전에는 잠자리에 들지 않으며 잠을 이룰 수도 없다. (중략) 그는 혼자 자는 것과 불을 끄고 자는 것을 두려워하며, 정기적으로 오줌을 싸거나 대변을 지리기도 한다. 존은 자주 두려움을 느끼지만 왜 그런지 말할 수 없으며, 다른 사람들과의 접촉도 두려워한다.

– Anthony(1981, pp. 163~164)

발달과정

GAD는 일시적인 것으로 보이지 않는다(Keller et al., 1992). 증상은 수년간 계속될 수 있다(Cohen, Cohen, & Brook, 1993a). 심각한 증상을 보이는 아동·청소년의 경우에는 특히 더 오래 계속되는 것으로 보인다. 이 장애를 지닌 청소년에게서 여러 심각한 과잉불안 증상과 손상 증가, 알코올 사용 위험의 증가가 보고되었다(Clark et al., 1994; Kendall et al., 2006; Strauss, 1994). 동시발생 장애에서 나타나는 발달적 차이에 대한 검토는 흥미로운 정보를 제공해준다(Masi et al., 2004; Strauss et al., 1988). 예컨대 동시발생은 모든 연령의 아동·청소년에게서 높게 나타난다. 그러나 나이가 어린 아동은 불안장애 진단을 함께 받을 가능성이 크지만, 청소년은 우울 또는 사회불안장애 진단을 함께 받을 가능성이 크다. 이러한 결과는 GAD가 경험되는 방식이 발달수준에 따라 차이가 있음을 의미한다. 그러나 다른 설

명도 가능하다. 분리불안장애는 어린 아동에게서 더 많이 나타나고 우울과 사회공포증은 청소년기에 흔한 장애이다. 따라서 공존장애와 관련된 연령 차이는 범불안장애가 뚜렷한 장애인지, 또는 고양된 전반적 취약성의 표현인지에 관한 의문과 일치한다.

공황발작 및 공황장애

공황발작이란 명백한 이유 없이 극단적인 불안이 격렬하게 그리고 종종 일어나는 것으로 아동·청소년이 경험하는 불안의 또 다른 형태이다.

진단기준

공황발작과 공황장애는 다음과 같이 구분된다.

공황발작

공황발작(panic attack)이란 갑작스럽게 시작되어 10분 이내에 급속하게 최고조에 달하는 극심한 불안과 공포를 의미한다. DSM에서는 다음의 13가지 신체적·인지적 증상을 기술하고 있는데, 이 중 네 가지 이상의 증상이 공황발작 동안 나타나야 한다.

1. 심장 반응(예 : 심장 박동 증가)
2. 땀 흘림
3. 떨림 또는 전율
4. 숨 가쁜 느낌 또는 숨 막히는 느낌
5. 질식감
6. 흉부 불편감 또는 통증
7. 복부 불편감 또는 토할 것 같은 느낌
8. 현기증 또는 어지럼증
9. 오한 또는 얼굴이 달아오름
10. 마비감 혹은 찌릿찌릿한 느낌(감각이상)
11. 비현실감 또는 자신으로부터 이탈되는 느낌(이인증)
12. 미쳐 버릴 것 같은 두려움 또는 자제력 상실에 대한 두려움
13. 죽음에 대한 두려움

프랭크 : 공황발작

프랭크는 잠이 들려고 하면 심장이 뛰고 숨이 가빠지며, 손이 찌릿찌릿하고 극도로 불안해지는 경험을 하였다. 이러한 경험은 15~20분 동안 지속되었다. 프랭크는 자기 방에서는 잠을 잘 수가 없어서 거실에 있는 소파에서 잠을 자기 시작했다. 그의 아버지는 프랭크가 잠이 든 후에 침대로 데리고 가 눕히곤 했다. 프랭크는 낮 동안 피곤해하였으며 학업에도 지장을 받아 성적이 떨어지기 시작하였다.

– Rapoport & Ismond
(1996, pp. 240~241)에서 수정 인용

공황발작은 보통 촉발요인이 존재하는지 그렇지 않은지에 따라 구분된다. 예기치 못한(단서가 없는) 공황발작은 자발적으로 혹은 '불시에' 아무런 상황적 촉발요인 없이 발생한다. 반면 예기된(단서가 있는) 공황발작은 분명한 촉발요인이나 단서를 갖는다. 예컨대 예기된 공황발작은 두려워하는 대상이나 상황(예 : 개)을 접하거나 예상하는 경우에, 또는 이전에 공황발작이 일어났던 상황에 직면했을 때 발생한다. 공황발작 자체는 DSM 체계 안에서 장애가 아니며, 다양한 불안장애 및 다른 장애의 맥락에서 일어날 수 있다. 예컨대 공황발작은 **광장공포증**(agoraphobia)(벗어나기 어려운 또는 당황스러운 상황에 대한 불안)과 함께 일어난다. 광장공포증이 심각한 경우에는 집안에 머무르려 하거나 집 밖으로 나가기를 두려워한다. 이러한 광장공포증은 통제할 수 없는 당황스러운 불안 또는 공황발작이 일어날 수 있는 특정 상황을 회피하려는 시도이다. 광장공포증을 지닌 아동 · 청소년은 그런 상황에서 탈출하지 못하거나 도움을 받을 수 없게 될 것을 두려워한다.

공황장애

공황발작은 다양한 장애의 맥락에서 일어날 수 있으며 **공황장애**(panic disorder)의 중요한 요소이다. 공황장애는 예기치 않은 공황발작이 반복적으로 일어나는 것을 말한다. 공황장애로 DSM 진단을 받기 위해서는 다음 중 한 가지 이상의 증상을 한 달 이상 경험해야 한다.

- 공황발작에 대한 지속적인 염려 또는 공황발작의 결과('정신이상', 심장발작)에 대한 걱정
- 공황발작과 관련된 현저하게 부적응적인 행동 변화(상황을 회피하는 행동)

성인기 공황발작과 공황장애에 대한 문헌은 잘 정리되어 있지만 아동 · 청소년에게 발생하는 공황은 최근에서야 관심을 받아왔다. 이러한 차이는 부분적으로 공황발작과 공황장애가 아동 · 청소년에게 실제로 일어나는가에 관한 논쟁 때문이다(Kearney & Silverman, 1992; Kearney et al., 1997; Klein et al., 1992; Suveg et al., 2005). 논쟁은 크게 두 가지 쟁점을 중심으로 이루어지고 있다.

첫 번째 쟁점은 아동이 과연 생리적 · 인지적 공황증상을 실제로 경험하는지에 관한 것이다. 공황발작을 경험하는 성인은 통제를 잃고, '정신이 이상해지는' 혹은 발작 중에 죽을지도 모른다는 불안을 보고한다. 그들은 또한 미래의 발작에 대해서도 걱정한다. 그러나 이와 같은 인지적 증상이 아동 · 청소년에게는 일어나지 않을 수 있다는 것이다.

두 번째 쟁점은 공황장애 진단이 예기치 않은(단서가 없는) 공황발작을 요구한다는 점이다. 아동 · 청소년이 경험하는 공황이 실제로 예기치 않은 것인지는 결정하기 어렵다. 아동 · 청소년은 발작이 '매우 갑작스럽게' 일어난다고 보고하는데, 이는 그들이 환경 속의 단서를 충분히 의식하지 못하거나 관찰하지 못하기 때문일 수도 있다. 촉발 단서를 밝히기 위해서는 신중하고 섬세한 질문이 필요하다. 이 문제는 특히 아동의 나이가 어릴 때 더욱 그렇다.

역학

공황을 진단하는 것은 어려운 일이지만 여러 문헌에서 청소년과 사춘기 아동에게도 공황발작과 공황장애가 일

어나는 것으로 보고되고 있다(Ollendick, Birmaher, & Mattis, 2004; Suveg et al., 2005). 예컨대 공황발작과 공황장애를 겪고 있는 성인 중 다수가 청소년기 혹은 그 이전에 장애가 시작되었다고 보고한다.

지역사회 표본연구와 임상연구 또한 공황발작이 청소년기에 일어나는 일이 드물지 않다는 것을 보여주고 있다. 예를 들면 호주의 지역사회 표본에 포함된 12~17세 청소년 가운데 16%는 적어도 1회 이상의 완전한 공황발작(13가지 증상 중에서 네 가지 이상을 보이는)을 경험한 것으로 나타났다(King et al., 1997). 그리고 독일의 청소년 표본에서도 이와 유사한 비율이 보고되었다(Essau, Conradt, & Petermann, 1999). 공황장애는 청소년 중기 또는 후기 이전에는 극히 드물게 진단된다(Suveg et al., 2005). Ford와 동료들(2003)은 영국의 아동을 대상으로 한 연구에서 나이가 어린 아동은 공황장애로 거의 진단되지 않았지만, 13~15세 사이의 청소년 가운데 0.5%가 공황장애 진단기준을 충족시킨 것으로 보고하였다. 이와 유사하거나 다소 더 높은 비율이 푸에르토리코와 독일, 미국의 지역사회 표본에서 확인되었다(Canino et al., 2004; Essau et al., 1999; Kessler et al., 2009). 청소년 임상표본의 경우에는 유병률이 10~15%가량 더 높았다(예: Biederman et al., 1997; Last & Strauss, 1989). 공황발작은 성별과 관계없이 비슷하게 일어나지만 공황장애는 여아가 더 빈번하게 경험하는 것으로 보고되고 있다. 민족집단 간의 차이에 관해서는 알려진 것이 거의 없다(Suveg et al., 2005).

기술 및 발달양상

공황발작을 겪는 청소년이 경험하는 심리적 불편은 매우 심각하다. 그러나 치료를 위해 전문가를 찾는 청소년은 거의 없다(Ollendick et al., 2004). 임상표본 청소년을 대상으로 한 연구에 의하면, 이런 청소년들은 생리적 증상과 인지적 증상을 둘 다 경험하는 것으로 나타났다. Kearney와 동료들(1997)은 공황발작의 생리적 증상이 가장 흔히 보고되는 증상이지만 50%의 청소년은 '정신이 이상해지는 것'에 대한 두려움과 죽는 것에 두려움 같은 인지적 증상을 보인다고 하였다.

공황발작이 단서에 의해 일어나는지 아니면 단서 없이 저절로 일어나는지는 명확하지 않다. 연구에 참여한 28명의 청소년 가운데 26명은 심리·사회적 스트레스 요인(예: 가족갈등, 또래문제)을 촉발요인으로 보고하였다. 그러나 단서 없이 불시에 공황발작을 경험하는 청소년도 있다고 보고한 연구가 있다. 앞에서도 언급했듯이 청소년에게 공황발작이 단서 없이 일어나는지를 판단하게 하는 데는 문제가 있다.

어린 아동의 공황발작에 대해서는 알려진 것이 많지 않다. 공황발작과 공황장애 모두 아동 임상표본에서도 발견되고 있지만, 아동의 증상 표현은 청소년이나 성인과 차이가 있다. 어린 아동은 손에 땀이 나거나 호흡곤란 같은 구체적인 생리적 증상을 보고하거나 죽는 것, 정신이 이상해지는 것, 자제력을 상실하는 것에 대한 불안을 언어로 표현하기보다는 병에 걸리는 데 대한 일반적인 두려움으로 보고한다(Albano et al., 2003).

임상 기관에 의뢰된 공황발작 또는 공황장애 아동·청소년은 공황발작이나 다른 심각한 불안증상의 가족력을 가지고 있는 경향이 있다. 이러한 아동·청소년은 또한 여러 다른 증상을 함께 보이며, 다른 장애 특히 다른 유형의 불안장애나 우울의 진단기준을 만족시키는 것으로 보고된다(Kearney et al., 1997; Masi et al., 2000). 임상 장면에 의뢰된 공황장애 청소년은 중 다수는 광장공포증을 보인다(Suveg et al., 2005). 과거에 분리불안을 경험했던 아동·청소년의 비율이 높은 것은 분리불안장애가 공황장애의 전구 장애라는 것을 시사한다. 공황장애를 겪고 있는 어머니의 유아들은 통제집단보다 높은 각성 수준 같은 신경생리적 징후를 보인다는 결과가 있다. 이것은 초기 취약성 개념과 일치한다(Warren et al., 2003). 그러나 분리불안장애는 공황장애 발달로 가는 다양한 발달경로 중의 하나일 수도 있다(Hayward et al., 2004; Ollendick et al., 2004a).

불안장애의 병인

불안장애의 발달은 시간이 흐름에 따라 복잡한 방식으로 상호작용하는 다양한 위험요인들의 영향을 받는다(Bosquet & Egeland, 2006; Kendall et al., 2018; Weems & Silverman, 2017). 발달적 관점에서는 이러한 요인들의 지속적 상호작용이 정상발달의 어려움과 만나면서 불안이 표현되는 방식에 영향을 미친다고 본다. 예컨대 어린 아동의 경우 다양한 불안 위험요인들이 분리 및 자율성 발달의 도전과 만나면서 분리불안으로 표출된다. 청소년의 경우에는 다양한 불안 위험요인들이 사회적 상황 및 평가에 대한 걱정과 만나면서 사회불안으로 표출된다. 위험요인과 인과적 기제에 대한 우리의 이해는 계속 발전하고 있으며, 진행 중인 연구로부터 정보를 얻고 있다.

생물학적 영향

유전이 불안 및 관련 장애에 영향을 미친다는 증거가 있다(Gregory & Eley, 2011; Smoller, Gardner-Schuster, & Misiaszek, 2008; Weems & Silverman, 2017). 가족 중에 불안장애를 겪는 사람이 있다는 것은 유전의 영향과 일치한다. 가족 대상 연구는 불안장애 부모의 자녀가 불안장애를 발달시킬 위험에 놓여 있으며, 불안장애 자녀를 둔 부모는 자신도 불안장애를 겪고 있을 가능성이 있음을 보여준다(Lawrence, Murayama, & Creswell, 2019). 유전의 영향에 대한 좀 더 구체적인 연구(예 : 쌍생아연구, 유전체 전장 연관성 분석)에서도 유전적 요소가 환경의 영향과 더불어 불안장애의 발달에 영향을 미치는 것으로 나타났다(Franic et al., 2010; Gregory & Eley, 2011).

불안장애의 유전력에 대한 추정치는 연구에 따라 다르다. 청소년 행동발달에 대한 버지니아 쌍생아연구에서는 다른 장애보다 불안장애의 유전력 추정치가 더 낮은 편이었다(Eaves et al., 1997). 그러나 다른 연구결과는 더 높은 유전력 추정치를 시사하고 있다(Bolton et al., 2006). 유전력 추정치는 불안의 성격에 따라 다르며

범불안장애와 OCD의 유전력이 가장 높은 것으로 보인다(Eley et al., 2003). 어떤 연구에서는 유전적 취약성이 변화하는 환경의 위험과 상호작용하기 때문에 유전력 또한 발달하면서 변화할 수 있음을 보여준다(Beauchaine et al., 2017a).

요약하면 연구결과는 유전적 요인이 불안장애의 발달에서 중요한 역할을 한다는 것을 보여준다. 불안장애의 유형에 따라 유전의 양상도 다를 수 있다. 유전되는 것은 특정 불안장애가 아니라 불안에 대한 일반적 경향성일 수 있다. 예컨대 연구에 따르면 불안장애 아동 · 청소년은 자극에 대한 자율신경계 반응(예 : 심장박동과 혈압)이 높다. 유전 연구는 환경이 불안장애에 상당 부분 영향을 미친다는 것을 시사한다. 따라서 일반적인 유전적 위험요인이 존재하며, 고유한 경험이 이러한 취약성의 구체적인 표현에 영향을 미치는 것으로 볼 수 있다(Boomsma, van Beijsterveldt, & Hudziak, 2005; Gregory & Eley, 2011; Lawrence et al., 2019; Lichtenstein & Annas, 2000; Weems & Silverman, 2017).

유전의 영향은 뇌회로와 신경전달체계의 차이를 통해 표출된다. 예컨대 세로토닌 같은 신경전달물질은 불안과 공황의 발달에서 중요한 역할을 하는 것으로 보인다. 신경전달물질인 감마아미노부티르산(GABA)도 관심을 받아왔다. GABA는 불안을 억제하는 것으로 알려져 있다. 불안한 사람은 뇌의 특정 부위에서 낮은 GABA 수준을 나타낸다. 코르티코트로핀을 분비하는 호르몬(CRH)도 관심을 받아왔다. 지각된 위협이나 스트레스에 대한 반응으로 CRH가 분비되는데, 이것이 코르티솔이나 다른 호르몬에 영향을 주고 불안과 관련된 뇌부위에 영향을 미친다. 그러나 아동 · 청소년 불안장애의 병인과 관련된 이러한 신경전달물질에 대한 연구결과는 일관되지 않다(Gregory & Eley, 2011; Pliszka, 2011).

다양한 뇌 구조가 불안의 표현과 관련된다. 변연계, 특히 편도체는 불안과 관련해 특별한 관심을 받아온 뇌부위이다. 신경과학 연구자들은 fMRI 같은 뇌영상 기법을 사용하여 주의집중과 공포의 조건형성 및 정서학습 같은 과정을 연구해 왔다. 연구결과는 편도체와 전두엽

피질의 부위들이 불안에서 중요한 역할을 한다는 것을 보여준다(Ollendick & Muris, 2015). 편도체의 활성화는 각성 증가와 관련이 있으며, 반면 전전두엽의 낮은 활동은 낮은 수준 정서조절 및 대처 활동과 관련이 있다. 위협적인 자극을 보여주었을 때 불안한 아동과 불안하지 않은 아동은 이러한 뇌부위에서 서로 다른 반응을 보이는 것으로 나타났다(Pine, Guyer, & Leibenluft, 2008).

기질

앞에서 논의된 불안에 대한 취약성, 그리고 불안장애의 시작과 지속은 아동의 기질과 관련이 있는 것으로 보인다. 이런 기질은 생물학적 기반으로 유전될 가능성이 있으며, 정서성과 주의집중, 행동 양식 등에서의 개인차와 관련된다(Bosquet & Egeland, 2006; Bufferd et al., 2018; Kagan, 2017; Kendall et al., 2018; Perez-Edgar & Fox, 2005).

Jerome Kagan과 동료들(Kagan, 1997, 2017)의 연구는 기질과 불안장애의 관계를 이해하는 데 의미 있는 영향을 미쳤다. 이들의 연구결과는 **행동억제**(behavioral inhibition, BI)로 알려진 기질 특성에 관한 종단연구에 기초하고 있다. BI를 보이는 아동은 새롭거나 낯선 상황에서 지나치게 경계하며, 낯선 사람이나 익숙하지 않은 사건에 대해 극도로 위축된 모습을 보이는 경향이 있다. 약 15~20%의 아동들이 높은 BI를 보이며, 이들 중 절반은 아동기 내내 이런 특성을 나타낸다(Degnan & Fox, 2007; Fox et al., 2005). 새로운 또는 위협적인 자극에 대한 반응으로 일어나는 특수한 자율신경계와 뇌 활동 패턴이 보고되었다. 여기에는 자율신경계 반응성 증진, 아침 시간의 코르티솔 수준 증가, 변연계의 활성화 등이 포함된다(Degnan, Almas, & Fox, 2010; Fox & Pine, 2012; Perez-Edgar et al., 2007).

이러한 억제된 아동에게서 내재화 문제가 발달한다는 것은 특히 흥미롭다. 한 연구에서 처음에 억제된 아동으로 분류되었던 아동은 5.5세가 되었을 때 억제되지 않은 아동보다 공포를 더 많이 나타냈다. 더욱이 억제되지 않은 아동의 공포는 이전의 외상과 관련이 있는 것과 달리

억제된 아동의 경우에는 그렇지 않았다(Kagan, Reznick, & Snidman, 1990). 다른 연구도 억제된 아동이 사회불안, 분리불안, 광장공포증 같은 불안장애를 발달시킬 위험에 놓여 있음을 보여주었다. 억제된 아동은 또한 그렇지 않은 아동보다 다양한 불안장애 진단기준을 만족시키는 경향이 있다. 기질과 불안의 관계에 대해서는 개념적, 방법론적 쟁점이 남아 있다. 그러나 연구결과는 양육방식이나 또래관계 같은 특정 환경적 영향의 맥락에서 행동억제 같은 기질적 차이가 아동기 후기, 청소년기, 성인기 초기의 불안을 유발하는 취약성 경로일 수 있음을 시사한다(Biederman et al., 1993; Chronis-Tuscano et al., 2009; Degnan et al., 2010; Hirshfeld-Becker et al., 2010; Nigg, 2006).

Gray(1987)는 행동억제 시스템(behavioral inhibition system, BIS)의 하나로 두뇌의 여러 부위가 관련된 기능적 두뇌 시스템(제9장에서 기술될 것임)에 관하여 기술하였다. BIS는 공포 및 불안 정서와 관련이 있으며, 새롭거나 무서운 상황에서 또는 처벌을 받거나 보상을 받지 못하는 상황에서 행동을 억제하는 경향이 있다. Gray의 억제 모형은 기질이 불안장애 발달에 영향을 미친다는 정보를 제공해준다(Chorpita, 2001; Lonigan et al., 2004).

기질이 불안장애에 영향을 미친다는 것을 보여주는 또 다른 접근은 Clark와 Watson(1991)의 정서 모형과 **부정적 정서성**(negative affectivity, NA) 개념에서 유래한다. NA는 기질의 한 차원으로서 지속적인 부정적 기분(예 : 긴장, 분노, 슬픔)으로 특징된다. 연구결과는 높은 수준의 NA가 불안과 우울의 발달에 영향을 미치며, 이것이 부분적으로 두 장애 간 높은 공존율의 원인일 수 있다는 가설을 지지한다. 긍정적 정서성(유쾌한 정서)이라는 독립적 기질 차원의 낮은 수준은 불안보다는 우울을 특징 짓는 것으로 보인다(Chorpita, 2002; Gaylord-Harden et al., 2011; Lonigan et al., 2004).

부정적 정서성은 또한 자기조절 과정을 활용하는 능력인 **의도적 통제**(effortful control, EC)라는 기질 요인의 낮은 수준과 결합할 수 있다(Lonigan et al., 2004). 불

안한 아동 · 청소년은 위협적인 자극에 주의를 기울이는 편향을 가진다. 높은 NA를 가진 불안한 아동 · 청소년은 좀 더 부정적인 자극에 주의를 기울이며, 그러한 자극에 더 강하게 반응한다. 따라서 이들에게는 더 높은 수준의 EC가 요구된다. 이처럼 낮은 EC와 높은 NA라는 기질적 특성의 조합은 불안 및 불안장애의 발달과 유지에 영향을 미친다 할 수 있다.

심리적 · 사회적 · 인지적 영향

심리적 · 사회적 · 인지적 영향은 불안장애의 발달을 가져오는 위험요인들의 복잡한 상호작용에 분명히 포함된다. 불안에 대한 일반적 취약성을 가진 아동 · 청소년은 불안장애의 위험을 변화시키는 다양한 경험에 노출될 수 있다.

심리적 · 사회적 영향을 개념화하는 한 가지 방식은 Rachman의 3경로 이론(three pathway theory)이다. Rachman(1977, 1991)은 두려움과 공포가 학습되는 세 가지 주요 방식을 제안하였다. 이 세 가지란 고전적 조건형성을 통한 학습, 모방(상황에 대한 다른 사람의 두려운 반응을 관찰하는 것)을 통한 학습, 그리고 언어적 위협 정보의 전달을 통한 학습을 말한다. 두려움의 발달에 대한 이러한 세 경로를 각각 지지하는 연구들이 있다(Askew & Field, 2008; Field, 2006; Mineka & Zinbarg, 2006; Muris & Field, 2010).

첫 번째 경로는 고전적 조건형성을 통한 학습이다. 이 경로의 예로는 왓슨과 레이너의 어린 앨버트 사례(58쪽 참조)를 들 수 있으며, 이 모형은 불안의 발달에 대한 잠재적 경로로서 지지를 받고 있다. 따라서 아동의 두려움이나 불안은 먼저 외상적 또는 위협적 사건에 노출된 후 그에 따르는 회피행동이 불안 감소로 강화를 받음으로써 발달한다.

두 번째 경로는 아동이 다른 사람의 불안 반응을 관찰함으로써 특정 대상이나 상황에 대한 두려움을 간접적으로 학습하는 경로이다. 부모는 아동에게 불안 행동을 상기시켜 주고, 본보기를 보여주며, 불안한 행동을 강화한다. 따라서 이 경로는 아동이 부모로부터 불안 반응을 학습할 수 있음을 시사한다. 불안한 부모는 특히 두려운 행동을 표현하며 본보기를 보인다(Degnan et al., 2010). 예컨대 불안한 어머니의 유아들은 이전에 어머니와 상호작용한 적이 있는 낯선 여성을 두려워하며 회피행동을 보였다. 유아들의 회피는 그들이 보았던 어머니의 반응과 격려수준과 관련이 있었다(Murray et al., 2008). 아동이 부모의 반응을 관찰함으로써 학습할 수 있다는 것의 예는 걸음마를 배우는 유아에게 고무로 만들어진 뱀이나 거미를 보여준 연구에 제시되어 있다(Gerull & Rapee, 2002). 연구진은 이런 장난감에 대한 유아의 접근 또는 회피행동을 측정하였다. 일차 시도에서 어머니가 장난감에 대해 부정적인 반응을 보였던 유아들은 장난감에 다가가지 않으려 하였으며, 장난감에 대해서도 부정적인 정서 반응을 보이는 경향을 보였다. 6~11세 아동을 대상으로 한 연구에서도 비슷한 결과가 나타났다(Askew et al., 2013). 아동에게 다양한 대상의 그림을 보여주었는데, 아동의 불안 신념과 회피 선호는 무서운 얼굴과 함께 제시되었던 그림에서 더욱 큰 것으로 나타났다.

Rachman의 세 번째 경로는 정보 전달을 통해 불안이 학습될 수 있음을 보여준다. 부모는 자녀에게 불안 행동의 모델을 보여주는 것과 아울러 상황이 위협적이라는 정보를 전달할 수 있다. Field와 Schora(2007)는 연구를 통해 정보가 전달되는 경로를 보여주었다. 6~9세 아동에게 이름을 알 수 없는 동물에 관해 정보(위협적 정보, 긍정적 정보 또는 무정보)를 제공하였다. 그런 다음 아동에게 동물이 담겨 있는 상자에 다가가서 상자 속에 손을 집어넣으라고 하였다. 아동의 심박수를 측정한 결과 동물이 들어 있는 상자에 관해 위협적인 정보를 받았던 아동의 경우에는 상자에 접근할 때 심박수가 현저하게 더 높았다. 부모가 불안을 증가시키는 정보를 전달한다는 것을 지지하는 연구결과는 더 큰 아동을 대상으로 이루어진 연구에서도 보고되었다(Muris et al., 2010, 2013).

이처럼 부모는 자녀에게 불안행동의 본보기를 보여주며, 두렵고 무서운 경험에 관한 이야기를 들려준다. 이

밖에도 부모는 양육방식을 통해 자녀의 불안발달에 영향을 미친다(Degnan et al., 2010; Emerson et al., 2019; Kendall et al., 2018). Dadds와 동료들(1996)의 연구에 따르면 불안한 아동과 부모는 위험을 더 크게 지각하며, 따라서 모호한 사회적 문제에 대해 회피적 해결방식을 선택하는 경향이 있는 것으로 나타났다. 7~14세 아동과 가족이 서로 이야기를 나누는 장면을 비디오로 녹화해 살펴본 결과 불안한 아동의 부모들은 자녀의 말에 귀를 덜 기울이고, 적응적인 행동의 긍정적 결과에도 덜 주목하며, 아동의 회피적 해결책에 더 많은 반응을 보이는 것으로 나타났다. 반면 정상 아동의 부모들은 자녀의 말에 더 귀를 기울이며, 공격적이거나 회피적이지 않은 자녀의 계획에 더 동의하는 경향을 보였다. 가족들과 이야기를 끝낸 후 두 집단의 아동들에게 어떤 계획을 세웠는지 물어본 결과, 불안한 아동들이 좀 더 회피적인 해결책을 제시하였다. 따라서 부모의 양육방식은 불안장애 아동들에게서 자주 발견되는 특정 인지양식 발달에 영향을 미칠 수 있다. 이러한 인지양식의 예로는 상황을 위협적인 것으로 지각하는 것, 부정적인 자기-말, 위협적 상황에 대한 낮은 수준의 통제감 등이 있다(Field & Lester, 2010; Kendall et al., 2018; Stuijfzand et al., 2018).

부모의 양육방식이 불안장애의 발달에 미치는 영향은 양육과정의 초기부터 시작된다(Main, 1996). 초기 양육의 질은 불안장애의 발달에 영향을 미치며, 특히 두려움이 많은 기질의 아동에게는 더욱 큰 영향을 미친다(Fox, Hane, & Pine, 2007). Hane과 Fox(2006)는 민감성과 침투성의 개념으로 정의되는 어머니 양육행동의 영향을 살펴보았다. 연구결과 낮은 질의 양육을 받은 유아가 높은 질의 양육을 받은 유아보다 불안행동을 포함하여 EEG와 행동 면에서 차이를 보였다.

불안의 발달에 영향을 미치는 심리적·사회적 영향은 통제에 관한 아동의 지각과 회피적 대처 양식과 관련이 있는 것으로 확인되었다(Chorpita, 2001; Chorpita & Barlow, 1998; Rapee et al., 2009). 출생 직후부터 유아의 요구에 민감한 양육은 각성이 강력해지기 전에 각성

을 감소/통제시킬 수 있도록 돕는다. 이런 양육과정을 통해 아동은 자신의 정서를 조절하는 법을 배운다. 아동이 발달하면서 민감한 양육의 내용도 아동의 요구 변화에 따라 그리고 자기조절 능력의 발달을 촉진하는 방식으로 변화한다.

불안한 아동의 부모는 종종 **과보호적**(overprotective)이거나 **침투적**(intrusive)이라고 묘사된다. 과보호적/침투적 양육은 위협을 예상하고 아동의 활동을 과도하게 제한하며, 아동에게 생각하고 느끼는 방식을 가르치는 부모-자녀 상호작용으로 정의된다(Rapee et al., 2009; Wood et al., 2003). 이러한 양육행동은 아동의 통제감과 적응적 문제해결 및 대처양식의 발달에 영향을 미친다. 불안한 아동의 어머니는 불안하지 않은 아동의 어머니와 달리 자녀에게 훨씬 더 침투적이며 비판적인 것으로 보고되었다(Hudson & Rapee, 2002; Hudson, Comer, & Kendall, 2008). 그러나 이러한 영향은 쌍방향적일 가능성이 있다(van der Bruggen, Stams, & Bogels, 2008). 따라서 불안한 아동이 과보호적이고 침투적인 부모의 반응을 일으킬 수도 있다(Hudson, Doyle, & Gar, 2009).

불안정한 부모-자녀 애착 또한 불안장애를 일으키는 위험요인으로 밝혀졌다(Bogels & Brechman-Toussaint, 2006; Brumariu, & Kerns, 2010; Colonnesi et al., 2011). 앞에서도 언급했듯이 애착관계는 정서조절과 사회적 관계의 성격 등과 같은 측면에서 아동발달에 의미 있는 영향을 미치는 것으로 보인다. 따라서 불안정한 애착이 불안장애의 발달에 영향을 미치는 요소의 하나라는 것은 놀라운 사실이 아니다.

지금까지 우리는 가정이 어떻게 아동기의 불안장애 발달에 영향을 미치는지 살펴보았다. 가정은 아동이 불안장애를 일으키지 않도록 보호해야 한다는 점을 기억할 필요가 있다. 예를 들어 가족의 지지는 외상 사건에 노출된 아동을 보호하는 것으로 밝혀졌다(Donovan & Spence, 2000). 그리고 가족은 긍정적인 반응과 접근 행동의 본보기를 보여줌으로써, 그리고 아동이 위험을 감수하며 친숙하지 않은 상황을 탐색하도록 격려함으로써

불안유발 상황에 대처하는 아동의 능력을 촉진할 수 있다(Majdanzic et al., 2018). Ollendick과 동료들(2012)의 연구결과는 이러한 긍정적인 영향의 가능성을 보여준다. 클리닉에 의뢰된 7~14세 특정공포증 아동·청소년에게 두려운 대상에 두 번(한 번은 혼자 있을 때, 두 번째는 부모가 있을 때) 접근하게 하였다. 그 결과 더 많이 관여하고 온정을 나타내는 부모의 자녀는 부모가 있을 때 회피행동을 덜 보이는 것으로 나타났다.

또래관계는 아동·청소년의 불안발달에 영향을 미칠 수 있는 사회화 과정의 또 다른 측면이다(Degnan et al., 2010; Kendall et al., 2018). 또래관계는 몇 가지 방식으로 불안발달에 영향을 미친다. 위축/억제된 아동은 또래로부터 인기 없는 아이로 평가받는다. 아동의 위축되고 억제된 행동은 아동기의 또래 상호작용 규준과 상반되기 때문에 또래 배척을 일으킬 수 있다(Rubin, Bukowski, & Parker, 2006). 위축된 행동을 보이고 또래로부터 거부 또는 배척을 받는 경험은 높은 불안 수준 같은 내재화 문제와 관련이 있는 것으로 밝혀졌다(Klima & Repetti, 2008). 위축된 아동은 또래에게 괴롭힘과 따돌림의 쉬운 표적으로 보일 수 있는데, 이것 또한 높은 불안 수준과 관련이 있는 것으로 보고되고 있다. 사회적 위축이 위험요인으로 작용하는 것과는 달리 또래집단에 참여하는 것은 불안발달과 관련하여 설사 '집단에 소속된' 것이 아닐지라도 보호요인으로 작용할 수 있다(La Greca & Harrison, 2005). 친밀한 친구는 또래집단의 거부로 인한 부정적 영향으로부터 아동을 보호해줄 수 있다. 그러나 위축된 아동과의 친밀한 또래관계는 위험요인으로 작용할 수도 있다. 이런 친구들은 그들 자신도 위축되어 있고 사회적 능력도 부족해서 이들과의 또래관계가 의사소통과 조언의 측면에서 볼 때 질적으로 낮은 수준일 가능성이 있다. 따라서 이런 또래관계는 아동의 억제된 행동을 유지하게 하고 덜 만족스러운 사회적 관계를 맺게 할 수 있다. 이처럼 또래관계는 문제 수준의 불안, 특히 사회불안의 발달에 영향을 미친다(La Greca & Harrison, 2005; Shanahan et al., 2008).

불안장애의 평가

불안한 아동·청소년에 대한 종합적인 평가는 다양한 평가 요구를 포함한다. 아동기 불안장애의 평가전략은 발달적으로 민감할 필요가 있다. 평가의 과정은 불안 및 불안장애를 어떻게 개념화할 것인지, 그리고 발달적으로 정상적인 걱정이나 두려움과 어떻게 구분되는지에 따라 안내되어야 한다. 평가는 진행 중인 발달적 변화를 다루어야 하며, 이해 및 표현능력에서 나타나는 발달관련 차이를 고려해야 한다(Byrne et al., 2018; Silverman & Ollendick, 2005).

평가는 또한 문화적, 인종적으로 다양한 집단의 요구에 민감해야 한다(Anderson & Mayes, 2010; Cooley & Boyce, 2004). 예를 들어 Wren과 동료들(2007)은 다중-민족집단에서 불안장애를 평가할 때 널리 사용되는 평정척도의 특성을 검토하였다. 연구진은 민족집단에 따라 요인구조에 차이가 있음을 발견했다. 즉 여러 불안요인(예: 신체화/공황, 범불안)을 구성하는 항목들이 민족집단에 따라 달랐다. 이러한 차이는 히스패닉계 아동과 그들 부모에게서 가장 컸다. 민족성은 또한 특정 불안 증상의 보고에도 영향을 미칠 수 있다. 예컨대 Pina와 Silverman(2004)은 민족성과 언어 선택(스페인어 또는 영어)이 신체화 증상 보고에 영향을 미친다고 보고하였다. 따라서 초기 평가와 그 후에 계속되는 평가는 매우 도전적인 일이다.

평가에서 아동·청소년의 불안만을 고려해야 하는 것은 아니며, 환경도 평가할 필요가 있다. 예를 들어 불안 증가와 관련된 특수한 환경적 사건, 가족 간의 상호작용과 의사소통 양상, 아동의 행동에 대한 또래 및 성인의 반응, 주변 가족이나 친척 가운데 문제가 있는지 등도 평가하는 것이 바람직하다. 문제의 다양한 측면을 평가하고, 아동·청소년 자신을 포함하여 다양한 정보제공자를 활용하면 중요한 정보를 얻게 될 가능성이 커진다.

불안장애의 평가는 종종 불안의 3요인 모형(tripartite model)에 따라 이루어진다. 따라서 평가방법은 세 가지 반응체계(행동, 생리적, 주관적) 중 적어도 한 가지를 고려하며 평가방법은 매우 다양하다(Byrne et al., 2018; Kendall et al., 2018; Silverman & Ollendick, 2005).

면접과 자기보고 측정도구

대개 그렇듯이 일반적 임상면접은 사례에 대한 이해를 공식화하고 치료를 계획하는 데 필요한 정보를 제공해 준다. 보통 아동·청소년과 적어도 부모 한 명이 면접을 받는다. 구조화된 진단 면접은 임상 진단을 도출하기 위해 사용된다. 아동용 불안장애 면접 검사지(Anxiety Disorders Interview Schedule for Children, ADIS/P)는 아동과 부모를 위한 반구조화 면접으로(Silverman & Albano, 1996), DSM의 불안장애 진단을 결정하기 위해 제작되었다.

아동·청소년의 불안을 평가하는 데 가장 널리 사용되는 방법은 자기보고 측정도구이다. 이러한 검사는 특히 불안의 행동적·인지적·생리적 측면에 대한 정보를 제공해준다. 아동·청소년의 관점에서 주관적 증상을 평가하는 것이 매우 중요한데, 그 이유는 성인이 이러한 불편의 존재를 파악하기 어렵기 때문이다. 그러나 어린 아동은 자신의 주관적 느낌을 언어로 표현하고 전달하는 데 어려움을 느낄 수 있으며, 이것은 평가를 매우 어렵게 만들 수 있다. 따라서 부모나 교사, 임상가가 아동·청소년의 불안을 기술하도록 하는 측정도구를 병행하여 사용할 수도 있다.

여러 가지 자기보고 측정도구들이 있다. 어떤 도구는 아동·청소년에게 특정 상황에서 얼마나 불안한지를 보고하도록 한다. 또한 전반적인(모든 상황에 걸쳐) 주관적 불안을 평가하는 자기보고 측정도구도 있다. Spielberger(1973)의 아동용 상태-특성 불안검사(State-Trait Anxiety Inventory for Children), 그리고 Reynolds와 Richmond(1985)의 아동용 발현불안검사 개정판(Revised Children's Manifest Anxiety Scale)이 그것이다. RCMAS는 '마음을 정하기가 어렵다', '나는 무서워하는 것이 많다' 등의 문항을 포함하고 있다. 그리고 March와 동료들(2013)이 개발한 아동용 다차원 불안척도(Multidimensional Anxiety Scale for Children, MASC)는 불안의 다차원적 특성에 초점을 맞춘 자기보고 측정도구이다.

그 밖에 불안의 인지적 측면을 다루기 위해 제작된 자기보고 측정도구도 있다. 불안장애 아동·청소년은 불안한/부정적인 생각과 자기-말을 자주 경험한다(표 6.3 참조). Ronan, Kendall과 Rowe(1994)의 부정적 정서 자기진술 질문지(Negative Affect Self-Statement Questionnaire)는 부정적 정서와 관련된 인지 내용을 평가하기 위해 사용된다. 불안한 자기-말(예 : "나는 자신을 웃음거리로 만들 것이다.")을 평가하는 하위 척도는 불안한 아동과 불안하지 않은 아동을 구별해준다. Kendall 등(1997a)의 아동용 대처 질문지(Coping Questionnaire-Child Version)는 도전적인 상황에서 불안에 대처하는 아동의 능력을 평가한다. Schniering과 Rapee(2002)의 아동용 자동적 사고검사(Children's Automatic Thoughts Scale)는 위협과 실패, 적대감에 관한 자동적 사고를 평가한다.

특정 불안장애나 상황을 구체적으로 측정하기 위한

▌표 6.3 **불안 인지 및 자기-말의 예**

저 개는 위험해 보여.
만일 부모님과 떨어져 있으면 부모님께 나쁜 일이 일어날 지도 몰라.
사람들은 내가 바보같이 말한다고 생각할 거야.
나는 다른 애들 앞에서 나 자신을 창피하게 만들 거라는 것을 알고 있어.
나는 보통 좋은 성적을 받지만, 이번 시험은 망칠 거야.
나는 다른 애들이 나에 대해 말한다는 걸 알고 있어.
나는 새로운 선생님이 출석부를 훑어보고 내 이름을 부를 거란 걸 알고 있어.
이 일은 잘못될 거야.
이 상황을 더 좋게 만들기 위해 내가 할 수 있는 일은 없어.

자기보고 측정도구도 있다(Rowa et al., 2018). 예를 들어 특정 불안을 평가하는 아동용 두려움 검사지 개정판(Revised Fear Survey Schedule for Children)(Ollendick, 1983; Muris et al., 2014), La Greca(1999)의 아동 · 청소년용 사회불안 척도(Social Anxiety Scales for Children and Adolescents)와 Ollendick 등(2019)의 사회불안 검사지(Social Anxiety Questionnaire for Children), Newman 등(2002)의 범불안장애 질문지(Generalized Anxiety Disorder Questionnaire) 등이 있다. 그리고 Birmaher 등(1997, 1999)의 아동기 불안 관련 정서장애 선별검사(Screen for Child Anxiety Related Emotional Disorders, SCARED)는 몇 가지 불안장애 증상들을 평가한다.

불안장애를 보이는 아동 · 청소년은 다양한 유형의 다른 문제도 갖고 있기 쉬우므로 평가과정에서 문제 영역을 포괄적으로 탐색해야 한다. Achenbach의 행동평가 척도 같은 측정도구는 행동문제를 폭넓게 살펴보는 데 도움이 될 수 있다. 이러한 도구는 또한 아동 · 청소년의 문제에 대한 다양한 관점(아동 · 청소년 자신, 부모, 교사)을 살펴보게 해준다.

직접적 행동관찰

두려움과 불안의 행동적 측면을 평가하기 위해서는 직접적 행동관찰 절차가 일차적으로 적용된다. 그러나 행동관찰 절차는 불안을 통제하는 환경의 영향을 평가하기 위해서도 사용된다(DByrne et al., 2018; Ollendick & Muris, 2015; Silverman & Ollendick, 2005). 행동적 접근의 검사는 아동에게 두려워하는 물건이나 상황이 포함된 일련의 과제를 수행하게 한다. 예를 들어 아동에게 무서워하는 개에게 점점 더 가까이 다가가도록 요구하여 점진적으로 개와 상호작용하도록 만드는 것이다. 행동적 접근의 검사는 또한 불안의 인지적 · 생리적 측면에 대한 정보를 제공해준다. 예를 들어 각 단계에서 아동에게 불안의 수준, 두려운 대상이나 상황에 대한 신념과 기대에 대해 보고하게 한다. 생리적 자료(예 : 심박수) 역시 수집된다.

관찰은 또한 두려움이나 불안이 발생하는 자연스러운 환경에서 이루어질 수 있다. 이와는 달리 자기-모니터링 절차는 아동 · 청소년에게 자신의 행동을 체계적으로 기록하게 한다. 매일 기록하는 관찰일기는 초기 평가를 위한 자료로 활용될 수 있고, 치료적 노력의 일부로 활용될 수도 있다.

생리적 기록

앞에서도 언급했듯이 불안의 생리적 측면은 자기보고 측정도구에도 포함되어 있다. 그러나 심박수, 혈압, 피부전도, 코르티솔 수준 등과 같은 요인들을 측정하면 불안의 요소를 좀 더 직접적으로 평가할 수 있다. 실시의 어려움으로 인해 임상가들은 종종 사용하기를 주저한다. 그러나 이러한 방법에 대한 접근성이 증가한다면 더 자주 사용될 수 있으며 그 가치도 커질 것이다.

불안장애에 대한 개입

심리치료

불안장애 아동 · 청소년의 치료에 관한 연구는 행동적 또는 인지행동적 개입의 사용을 지지해 왔다(Comer et al., 2019; Higa-McMillan et al., 2016; Kendall et al., 2017; van Schalkwyk & Silverman, 2019; Weisz et al., 2017). 인지행동적 개입은 다양한 치료요인을 포함하고 있다. 특정 인지행동치료 프로그램에 대한 논의로 나아가기에 앞서 우리는 먼저 전형적인 인지행동치료에 포함된 요소들에 대하여 설명할 것이다.

불안유발 상황에 대한 **노출**(exposure)은 성공적인 공포 감소 및 불안치료 프로그램의 중요한 요소이다(Chorpita & Southam-Gerow, 2006; Ollendick, Davis, & Muris, 2004; Silverman & Kurtines, 2005). 따라서 공포치료를 위한 많은 행동적 기법, 그 밖에 불안장애를 위한 인지행동치료의 요소는 관련된 대상 또는 상황에 대한 노출을 촉진하는 다양한 방법으로 개념화될 수 있다.

이완 및 둔감화

이완훈련(relaxation training)은 아동·청소년에게 불안에 대한 자신의 생리적 및 근육 반응을 의식하도록 해주며 이러한 반응을 통제하는 기술을 가르친다. 여러 가지 근육을 긴장시키고 이완시킴으로써 아동·청소년은 신체 긴장의 초기 신호를 느낄 수 있게 되며, 이러한 감각을 이완의 신호로 사용하게 된다. 연습을 통해 아동·청소년은 실제 상황에서도 긴장의 신호가 처음 느껴질 때 근육을 이완시킬 수 있게 된다. 단서에 의해 통제되는 이완법도 가르칠 수 있다. 근육 이완훈련을 하는 동안 '마음을 가라앉히자.'와 같은 단서단어를 마음속으로 말하도록 가르친다. 단서단어는 불안이 예상되거나 느껴지는 실제 상황에서 이완된 상태를 만드는 데 도움을 줄 수 있다. 이완훈련은 종종 심상(imagery)과 함께 사용된다. 이때 치료자는 이완을 유도하기 위해 내담자에게 생생한 긍정적 심상을 만들도록 격려한다.

이완훈련은 두려운 상황에 대한 노출과 함께 사용되기도 하는데, 이 절차를 **둔감화**(desensitization) 혹은 **체계적 둔감화**(systematic desensitization)라고 한다. 상상을 통한 둔감화(imaginal desensitization)를 실시할 때는 먼저 두려움을 일으키는 상황의 위계를 작성하게 한다. 그런 다음 아동에게 가장 낮은 수준부터 시작하여 점차 높아지는 순서로 두려움이 느껴지는 장면을 떠올리게 한다. 이러한 시각화는 반드시 아동이 이완되어 있을 때 하도록 한다. 아동이 불안을 일으키는 장면을 편안하게 시각화할 수 있을 때까지 이 과정을 반복한다. 실제 상황 둔감화(in vivo desensitization)에서는 상상 대신 불안을 일으키는 실제 대상이나 상황을 이용한다.

모델링

모델링(modeling)은 자주 활용되는 행동기법이다. Bandura와 동료들의 초기 연구(예 : Bandura & Menlove, 1968)는 후속연구를 촉진하였다. 모델링 치료에서 아동·청소년은 두려운 상황에 적응적으로 대처하는 사람을 관찰한다. 모델은 실제 인물일 수도 있고 혹은 상징적 인물(예 : 영화 속에 등장하는 인물)일 수도 있다. 참여 모델링(participant modeling)은 아동에게 모델의 행동을 관찰하도록 한 후에 모델과 함께 불안을 느끼는 대상에 점진적으로 접근하도록 하는 방법으로 가장 효과적인 치료방법 중 하나이다(Ollendick et al., 2004b).

유관성 관리

모델링과 체계적 둔감화는 아동의 두려움과 불안을 감소시키는 방법으로 개발되었다. 조작적 조건형성 원리에 근거한 **유관성 관리**(contingency management) 기법에서는 아동의 불안/회피행동과 관련된 유관성을 변경함으로써 그러한 문제행동을 직접적으로 다룬다. 즉 두려움을 유발하는 자극에 대한 노출은 정적 강화를 받을 수 있지만 회피하면 강화를 받을 수 없으며, 향상에 대해서만 보상을 받게 된다는 것을 확인시키는 것이다. 이러한 기법은 강화된 연습(reinforced practice)이라 불리기도 한다. 유관성 관리 혹은 강화된 연습을 독립된 치료방법으로 활용한 연구들은 이 방법이 아동의 두려움과 공포를 치료하는 데 효과적이라고 보고하였다(Kendall & Suveg, 2006 ; Ollendick et al., 2004). 유관성 관리는 종종 모델링, 이완, 또는 둔감화 절차와 함께 사용된다.

인지행동치료

인지행동치료 프로그램(CBT)은 아동·청소년의 불안장애에 효과적인 치료방법으로 많은 지지를 받고 있다(Comer et al., 2019 ; Higa-McMillan et al., 2016 ; Kendall et al., 2017 ; van Schalkwyk & Silverman, 2019 ; Weisz et al., 2017). CBT 프로그램은 여러 가지 행동적 및 인지행동적 전략들을 통합하고 있다. 인지행동 개입의 일반적인 목표는 아동·청소년에게 다음의 내용을 가르치는 것이다.

- 불안 각성의 신호를 인지한다.
- 불안 각성과 관련된 인지적 과정을 이해한다.
- 불안을 관리하는 전략과 기술을 적용한다.

CBT 프로그램은 위의 목표를 달성하기 위해 〈표 6.4〉에 제시된 다양한 치료전략을 사용한다.

표 6.4   아동 · 청소년의 불안장애에 대한 인지행동치료 전략

불안과 정서에 대해 교육하기
신체 반응 및 증상 지각 가르치기
불안인지(자기-말)를 인식하고 대처중심 사고로 수정하기
역할연습 및 유관성 보상 절차
문제해결 모델 가르치기
대처 모델 사용하기
불안을 일으키는 상황에 노출시키기
불안을 일으키는 상황에서 새로 습득한 기술을 사용하여 연습하기
숙제 내주기
치료효과를 일반화하고 재발 예방을 위한 방법 개발하기

출처 : Kendall & Suveg(2006), Kendall 등(2017)에서 수정 인용

불안장애 아동을 위한 CBT는 Kendall과 동료들 (Kendall, 2017)의 연구에 잘 나타나 있다. 그들은 다양한 행동기법과 인지행동기법을 활용한 16주 프로그램을 기술하고 있다(표 6.4 참조). 이 프로그램은 두 부분으로 나뉜다. 처음 8회 동안은 기본 개념을 소개하고 점진적으로 기술을 가르치는 데 주력한다. 나머지 8회 동안에는 노출 상황에서 불안의 수준을 높여가면서 앞에서 배운 기술을 연습하게 한다. 행동적 전략으로는 모델링, 실제 상황 노출, 역할연기, 이완훈련, 유관성 관리 등이 활용된다. 인지적 전략으로는 불안의 생리적 증상 인식하기, 불안한 자기-말에 도전하고 수정하기, 상황에 대처하기 위해 계획 세우기 그리고 대처 노력의 성공 여부 평가하기, 자기강화 활용하기 등이 사용된다. 치료 전반을 통해 치료자는 대처 모델의 역할을 하며, 새로운 상황에서 새로운 기술을 어떻게 사용하는지 시범을 보여준다. 다음은 실제 상황 노출(쇼핑몰 가기)에 대해 아동을 준비시키는 내용으로 Kendall의 CBT 프로그램에서 치료자와 아동 사이에 일어날 수 있는 대화를 보여준다.

치료자 : 어때, 지금 불안하다고 느끼니?

아동 : 모르겠어요. 별로 그렇지 않은데요.

치료자 : 네가 불안해지기 시작한다는 것을 어떻게 알 수 있지?

아동 : 심장이 막 빨리 뛰기 시작하면요.

치료자 : (아동에게 가장 흔히 나타나는 신체적 증상을 상기시키면서) 숨쉬기는 어때?

아동 : 숨이 가빠질 수도 있어요.

치료자 : 그때 무슨 생각이 들까?

아동 : 길을 잃게 되거나 내가 어디에 있는지 모르게 될 것 같다는 생각이요.

치료자 : 만일 불안해지기 시작한다면 무엇을 할 수 있을까?

아동 : 숨을 깊이 내쉬고 모든 것이 잘될 거라고 말해요.

치료자 : 좋아. 그런데 만약 네가 어디에 있는지 잘 모르거나 길을 잃게 되면 어쩌지?

아동 : 다른 사람에게 물어봐요.

치료자 : 그래. 다른 사람에게 물어보면 될 거야. 경비원이나 경찰관 아저씨에게 물어보는 것도 좋겠지? 지금 기분이 어때? 이제 나가서 부딪혀 볼 준비가 된 것 같니?

(Kendall & Suveg, 2006, p. 273)

이 프로그램은 7~13세 아동을 위해 개발된 대처하는 고양이 워크북(Coping Cat Workbook)을 사용한다 (Kendall, 1992; Kendall & Hedtke, 2006). FEAR(두려움)라는 약자는 프로그램에서 아동이 배우는 네 가지 기술을 강조하고 있다(Kendall et al., 2017).

- F(feeling) : 두려움을 느끼는가? (불안의 신체 증상 인식하기)
- E(expect) : 나쁜 일이 생길 거라 기대하는가? (불안 인지 인식하기, 그림 6.1 참조)
- A(action/attitude) : 도움이 되는 행동과 태도 (대처 전략 발달시키기)
- R(results/rewards) : 결과와 보상 (유관성 관리)

연구결과는 이 접근의 효과성을 지지하고 있다(Kendall et al., 2017). 예를 들어 실험집단에 무선 배치된 불안장애 아동은 치료가 끝날 무렵 통제집단 아동보다 다양한 불안 측정치에서 훨씬 호전을 보였다. 치료를 받은

그림 6.1 치료자는 불안과 관련된 인지나 자기-말을 유발하는 데 도움이 되는 만화를 사용할 수 있다.

아동은 평균적으로 이런 측정치에서 정상범위로 되돌아온 것으로 나타났다. 그리고 치료를 받은 아동의 64%는 더 이상 불안장애 진단기준을 충족시키지 않았다. 반면 통제집단의 경우에는 5%(한 사례)만이 충족시키는 것으로 밝혀졌다. 7~19세에 대한 추수평가결과에서도 치료에 참여한 아동 · 청소년의 치료효과가 그대로 유지되고 있음이 확인되었다(Benjamin et al., 2013; Kendall et al., 2004). 연구결과는 또한 CBT가 개인치료보다는 집단치료의 형태로 제공될 때 더 효과적임을 보여주었다(Liber et al., 2008; Villabø et al., 2018). Kendall의 프로그램은 아동 중심 프로그램이지만 불안에 미치는 환경의 영향을 인정한다. 따라서 부모가 중요한 역할을 하며, 자녀의 문제와 치료 프로그램에 대해 부모를 교육한다. 부모는 또한 자문가와 협력자로서 치료에 참여한다. 부모는 2회에 걸쳐 참여하며 지지자 역할로 적극적으로 참여한다. 10대 청소년을 위한 프로그램도 있다(Kendall et al., 2002).

아동 · 청소년 불안 다중양식 종단연구(Child-Adolescent Anxiety MultimodalLongitudinal Study)에서는 '대처하는 고양이' 프로그램(CBT), 약물치료(설트랄린; SRT), CBT와 SRT의 조합(COMB), 위약치료(PBO) 조건을 비교하였다. 치료 직후의 효과에 관한 연구에서는 COMB 조건이 CBT나 SRT 조건보다 더 효과적인 것으로 나타났다. 치료 후의 향상은 CBT와 SRT 조건이 PBO 조건보다 우수한 것으로 나타났다. 치료 후 약 6.5년이 지난 시점에서 이루어진 추수평가에서는 불안장애 진단기준을 더 이상 만족시키지 않는 관해(remission)의 측면에서 CBT, SRT, COMB 조건 간에 차이가 없는 것으로 나타났다. 그러나 CBT로 치료받은 아동 · 청소년은 생활만족도 증가, 전반적 손상 감소, 학업곤란 감소 등의 기능 측면에서 더 나은 성과를 보였다. 반면 SRT 집단 참가자의 종단적 적응발달은 PBO 집단과 차이를 보이지 않았다(Ginsburg et al., 2018; Swan et al., 2018; Walkup et al., 2008).

아동을 위한 컴퓨터 지원 프로그램도 개발되었다(Kendall et al., 2011; Storch et al., 2015). 프로그램의 전반부는 아동이 독립적으로 완료하며, 노출기법으로 이루어진 후반부는 치료자/코치의 도움으로 완료된다.

Kendall 프로그램의 호주 버전인 FRIENDS 프로그램은 가족 참여의 역할을 확장하였다(Barrett, Dadds, & Rapee, 1996; Pahl & Barrett, 2010). 이 프로그램은 Kendall의 '대처하는 고양이 워크북'과 프로그램을 각색한 '대처하는 코알라 집단 워크북(Coping Koala Group Workbook)'을 이용하는 아동 중심 요소를 갖고 있다. 그리고 가족 요소에서는 아동과 부모가 소규모 가족집단을 통해 치료를 받는다. 따라서 CBT로 아동을 치료하는 것과 더불어 부모에게 아동관리, 불안관리, 의사소통 및 문제해결기술 등을 훈련시킴으로써 지지적인 가정환경을 만든다.

프로그램의 효과에 관한 연구는 아동만 치료한 집단 또는 아동과 가족을 함께 치료했던 집단 모두 치료가 끝날 무렵 불안장애 진단기준을 더 이상 충족시키지 않았으며, 몇 년 후의 추수평가에서도 마찬가지였다고 보고했다. 일부 아동 · 청소년에게는 부모의 참여를 증가시키는 선택이 도움이 될 수 있다. 연구결과는 혼재되어 있으나, 이 연구와 다른 연구의 결과는 부모의 참여가 도움이 될 수 있으며 특히 아동이 어린 경우에는 더욱 도움이 될 수 있음을 시사한다(Comer et al., 2019; Kendall et al., 2008; Kreuze et al., 2018). Barrett과 동료들은 FRIENDS 프로그램을 4~7세 아동에게 확장하여 적용하는 데 성공하였다(Barrett, Fisak, & Cooper, 2015).

약물치료

향정신성 약물이 불안장애 아동 · 청소년 치료에 종종 적용된다. 이러한 목적으로 아직 미국 식품의약국(FDA)의 승인을 받지는 않았으나 SSRI로 불리는 선택적 세로토닌 재흡수 억제제(예 : 플루복사민, 플루옥세틴, 설트랄린)가 자주 사용된다. SSRI는 불안장애 아동 · 청소년을 위한 가장 광범위한 근거기반의 약물치료로 입증되어 왔다. SSRI의 부작용은 약하고 일시적이긴 하지만 FDA는 악화하는 우울증과 자살 가능성을 보이는 아동 · 청소년에게 SSRI를 사용할 때는 세심한 모니터링이 필요하다고 경고하고 있다. 장기 사용의 효과와 위험도 지속적인 연구를 요구한다. SSRI는 불안 각성을 감소시킬 수는 있지만 CBT로 다룰 수 있는 불안대처기술은 다루지는 못한다. 그러므로 아동 · 청소년의 불안에 대해 약물치료가 최초의 치료방법으로 선택되지 않을 수도 있다(Scahill & Rojas, 2019; Scharfstein et al., 2011; van Schalkwyk & Silverman, 2019). 임상가는 특정 상황에서, 예컨대 아동 · 청소년이 나타내는 불안증상이 심각할 때 약물사용을 선택할 가능성이 있다.

불안장애의 예방

조기개입의 타당성을 넘어 불안장애를 예방의 측면에서 생각해볼 이유는 다양하다(Weisberg, Kumpfer, & Seligman, 2003; Werner-Seidler et al., 2017). 불안장애는 아동기와 청소년기에 흔한 장애이다. 불안장애는 또한 다른 장애의 위험을 증가시키며 그 영향이 아동기와 청소년기와 성인기까지 이어진다.

불안 예방 프로그램의 내용은 불안장애를 위한 인지행동치료 프로그램에서 논의되었던 내용과 매우 유사하다(Pahl & Barrett, 2010). 지시적(indicated) 예방 프

로그램은 이미 증상을 보이지만 진단범주를 충족시키지 않는 사람들, 또는 경미한 형태의 표적문제를 보이는 사람들을 대상으로 한다. 예를 들어 앞서 기술했던 FRIENDS 프로그램에 근거한 개입을 7~14세 아동 · 청소년과 그들의 부모에게 제공하였다. 참여한 아동 · 청소년은 불안장애는 아니지만 경미한 불안증상을 보이는 경우에서부터 불안장애의 진단기준을 충족시키지만 그렇게 심각하지 않은 경우에 이르기까지 다양했다(Dadds et al., 1999). 개입을 받지 않은 통제집단과 비교한 2년 후의 추수평가에서 이 프로그램은 경증에서 중증 불안문제를 보이는 아동 · 청소년이 더욱 심각한 불안장애를 발달시키지 않도록 예방하는 데 유용한 것으로 나타났다.

Barrett과 동료들(2006)은 학교기반의 보편적(universal) 예방 프로그램을 몇몇 학교의 6학년(11~12세)과 9학년(13~14세) 아동 · 청소년에게 제공하였다. 개입은 역시 FRIENDS 프로그램이었다. 개입 직후와 36개월 후의 추수평가에서 참가자들은 유의하게 낮아진 불안점수를 보였으며, 개입을 받지 않은 통제조건의 학생들보다 고위험으로 분류되는 경우도 더 적은 것으로 나타났다. 6학년 학생은 9학년 학생보다 프로그램으로부터 더 큰 혜택을 받는 것으로 나타났는데, 이는 조기개입의 중요성을 시사해준다.

선택적(selected) 예방 프로그램은 나중에 불안장애를 보일 위험에 놓여 있는 아동 · 청소년을 대상으로 한다. Rapee와 동료들(2005, 2010)은 나중의 불안장애에 대한 위험요인인 높은 수준의 위축/억제행동을 보이는 유아의 부모를 대상으로 '쿨한 꼬마 어린이(Cool Little Kids)'라는 단기(90분짜리 6회기) 부모교육 프로그램을 제공하였다. 집단회기에서 불안의 성격과 발달에 관한 정보, 부모관리 기법(특히 불안의 유지에서 과잉보호가 갖는 역할), 불안유발 상황에 대한 점진적 노출의 원리, 부모 자신의 불안에 대한 인지적 재구성 등을 제공하였다. 12개월 후의 추수평가에서 프로그램에 참여한 부모의 자녀들은 개입을 받지 않은 부모의 자녀들보다 불안장애의 수준이 더 낮은 것으로 나타났다. 11년 후의 추수평가에서 여아의 경우 프로그램의 효과가 유지되는

것으로 확인되었다(Rapee, 2013). 이 프로그램의 온라인 버전 역시 효과가 있는 것으로 입증되었다(Morgan et al., 2017).

강박장애

진단기준

DSM의 이전 버전에서는 강박장애가 불안장애에 포함되었었다. DSM-5에서는 강박장애가 강박 및 관련 장애(Obsessive-Compulsive and Related Disorders, OCRD) 안에 포함되어 있다. 강박장애 외에도 DSM은 저장장애, 모발뽑기 장애, 피부 벗기기 장애 그리고 신체변형장애(다른 사람들은 관찰하지 못하거나 가볍게 여기는 자신의 지각된 외모 결함에 대한 집착)에 관해 기술하고 있다. 이 장애들은 공통의 현상학적(예 : 반복행동, 충동, 집착) 및 신경생물학적 기반에 근거하여 분류되었다(Ricketts et al., 2017). 여기에서는 OCD에 초점을 두고 논의할 것이다.

강박사고(obsessions)란 원치 않는 반복적이며, 침습적인(intrusive) 생각을 말한다. 이런 생각은 단지 실제 생활에 대한 과도한 염려가 아니며 개인에게 대부분 심한 고통 또는 불안을 유발한다. **강박행동**(compulsions)이란 아동 · 청소년이 해야만 한다고 느끼는 반복적이고 정형화된 행동을 말한다. 이런 행동은 불안을 감소시키거나 두려운 사건을 예방해줄 것이라 여겨진다. **강박장애**(Obsessive-Compulsive Disorder, OCD)는 강박사고나 강박행동 중의 하나를 포함하는데, 아동 · 청소년은 대부분 이 둘을 함께 나타낸다(American Psychiatric Association, 2013). 강박장애의 DSM 기준은 아동 자신이 왜 이런 강박행동을 하는지 설명할 수 없음을 보여준다. 아주 어린 아동에게도 특이한 반복행동은 이상하게 보일 수 있다. 그러나 스탠리의 경우와 같이 처음에는 자기 나름의 이유가 있거나 아동이 설명할 수도 있다. 아동은 시간이 지나면서 이런 생각이나 행동이 불합리하다는 것을 깨닫게 되지만 여전히 그 생각과 행동을 반복해야 한다고 느낀다.

강박장애 진단을 위한 또 다른 기준은 강박사고나 강박행동이 시간을 많이 소모하며 일상생활과 학업, 사회적 관계를 심각하게 방해하며, 다른 가족들과 가족 기능에도 상당한 영향을 미친다는 것이다(Piacentini et al., 2003; Stewart et al., 2017). 강박장애가 세르게이의 생활에 미치는 영향은 이 장애의 특징과 결과를 잘 보여주고 있다.

기술

Judith Rapoport와 동료들이 국립정신보건연구원에서 수행한 일련의 연구는 아동 · 청소년의 강박행동에 대한 관심을 증가시켰다. 〈표 6.5〉는 아동 · 청소년이 보고하는 가장 흔한 강박사고와 강박행동의 예를 보여주고 있다(Henin & Kendall, 1997; Leonard et al., 2005; Rapoport, 1989).

강박의식(rituals)은 강박사고보다 더 자주 보고되는데, 이는 성인의 보고와 다른 결과이다. 성인의 경우에는 강박사고와 강박행동이 거의 동일하게 보고된다. 과도한 걱정과 의식행동의 주요 주제는 크게 두 가지로 구분된다. 한 가지 주제는 청결과 몸치장, 위험 피하기에 집착하는 것이며, 다른 한 가지는 자신이 언제 '옳은지'

▎**표 6.5　흔한 강박사고와 강박행동**

강박사고
감염에 대한 우려(예 : 먼지, 병균, 환경독소)
자신이나 타인에게 일어날 상해(예 : 사망, 질병, 납치)
대칭, 순서, 정확성
옳은 일을 하는 것(예 : 세심함, 종교적 강박사고)
강박행동
씻기, 단장하기
반복하기(예 : 문 드나들기)
점검하기(예 : 문, 숙제)
정리하기 또는 배열하기

알지 못하는 전반적 의심이다.

아동기 강박장애는 종종 증상이 매우 심각할 때에만 확인된다. 아동이 도움을 구할 때는 이미 수년간 고통을 겪은 후일 것이다. 아동·청소년은 자신의 문제를 비밀로 간직해 왔음을 인정하기도 한다. 도움을 구하는 아동 가운데 다수는 부모가 자신의 문제를 알지 못한다고 보고한다. 예를 들어 9~17세 아동·청소년과 그들의 어머니로 구성된 지역사회 표본을 대상으로 진단면접을 실시한 결과 OCD로 확인된 35명의 사례 중에서 4명은 부모의 보고에 근거할 때도 OCD로 진단되었다. 그러나 나머지 32명은 아동과 청소년의 보고에 근거할 때만 OCD로 진단되었으며, 아동과 청소년과 부모가 일치한 사례는 단 한 사례뿐이었다(Rapoport et al., 2000).

역학

역학연구에 따르면 일반 아동·청소년의 유병률은 1~2.7%이며 평생 유병률은 1.8~5.5%로 보고된다. 대부분의 추정치는 나이가 어릴 때는 남아의 유병률이 여아보다 높지만 청소년기가 되면 남녀비율이 같아진다는 것을 보여준다(March et al., 2004; Rapoport et al., 2000). 연구결과에 따르면 남아의 발병연령(9~11세)이 여아의 발병연령(11~13세)보다 이르다(Flament et al.,

1988; Johnco & Storch, 2018; Rapoport et al., 2000; Ricketts et al., 2017). OCD는 발병연령, 성별분포 및 공존장애와 관련해 서구 및 다른 국가들에서 유사성을 보이는 것으로 보고되고 있다. 그러나 강박사고와 강박행동의 두드러진 유형에서는 문화 간에 차이가 있는 것으로 밝혀졌다(Austin & Chorpita, 2004; Ricketts et al., 2017).

OCD로 진단된 아동·청소년은 적어도 한 가지 이상의 다른 장애 기준을 만족시킨다. 다양한 유형의 불안장애와 ADHD, 품행장애, 적대적 반항장애, 약물사용, 우울증 등이 종종 보고된다(Geller, 2006; Leonard et al., 2005; Ricketts et al., 2017). OCD는 또한 **뚜렛장애**(Tourette's disorder)와 함께 발생하기도 한다. 뚜렛장애는 유전 및 신경해부학적 원인에 의해 발생하는 만성장애로 운동성 틱이나 언어성 틱, 기타 관련된 틱증상을 특징으로 한다(Scharf et al., 2012; Swain et al., 2007). **틱**(tic)은 갑작스럽고 빠르게, 반복적으로 일어나는 정형화된 움직임이나 발성을 말한다. 아직 명확하지는 않

스탠리 : 화성인의 의식

7세 남아 스탠리는 TV 프로그램에서 친절한 화성인들이 사람들에게 접촉하여 머릿속에 이상한 생각을 집어넣는 것을 보았다. 이 프로그램에 근거하여 스탠리는 항상 모든 것을 네 열로 배열하는 강박행동을 결정했다. 그는 이것이 화성인들이 지구의 '접촉자'로 자신을 선택했음을 알리기 위한 신호라고 설명했다. 2년 동안 이렇게 했음에도 아무런 접촉이 없자 스탠리는 더 이상 이 설명을 포기했다. 하지만 그의 강박행동은 사라지지 않았다.

– Rapoport(1989, p. 84)

세르게이 : 기능손상

17세 세르게이는 이전에는 고등학교에 다니는 학생이었다. 1년 전만 하더라도 세르게이는 재능 있고 다양한 관심을 가진 평범한 청소년으로 보였다. 그러던 어느 날 갑자기 그는 외로운 왕따가 되었으며, 심리적 문제로 인해 사회생활을 제대로 하지 못하게 되었다. 구체적으로 말하자면 그는 손을 계속해서 씻어야만 했다. 세르게이는 실제로는 깨끗한데도 자신이 더럽다는 생각에 사로잡혀 상상 속의 더러움을 씻어내기 위해 점점 더 많은 시간을 들여 씻기 시작했다. 처음에는 주말과 저녁 시간에만 씻는 행동을 했기 때문에 학교생활을 유지할 수 있었다. 그러나 세르게이는 모든 시간을 씻는 데 허비하게 되어 결국 학교를 그만두지 않을 수 없게 되었으며, 자신이 깨끗하다고 생각할 수 없게 되어 버렸다.

– Rapoport(1989, p. 83)

지만 틱을 보이는 아동·청소년이 증상과 발달과정, 가족 패턴, 치료에 대한 반응의 면에서 OCD의 한 하위유형을 대표한다는 주장이 있다(American Psychiatric Association, 2013; Storch et al., 2008; Swain et al., 2007).

발달과정 및 예후

강박장애의 성격을 띤 행동은 정상적 발달과정의 여러 단계에서 나타난다. 따라서 정상적인 행동과 임상적으로 부적응적인 행동을 구분하는 것이 중요하다(Evans & Leckman, 2006; Johnco & Storch, 2018). 예컨대 나이 어린 아동은 잠자리에 들거나 식사를 할 때마다 일정한 의식행동(rituals)을 수행하거나 혹은 어떤 것들이 '반드시 그래야만' 한다고 요구할 수도 있다. 이러한 반복적 의식행동을 방해하면 심리적 괴로움을 느끼게 된다. 어린 아동은 또한 반복적인 놀이를 하거나 같은 것을 지나치게 선호하는 특성을 보이기도 한다. 부모들에게 널리 읽히는 책의 저자인 벤저민 스포크 박사는 경미한 강박행동(예 : 길을 걸어가면서 보도블록의 금을 밟지 않으려고 한다거나, 울타리 철책을 세 칸씩 건너뛰면서 치면서 걸어가는 행동)은 8세, 9세, 10세 아동에게서 매우 흔하다고 하였다(Spock & Rothenberg, 1992). 이 교재를 읽는 독자들도 어린 시절에 그런 행동을 했던 것을 쉽게 기억할 것이다. 비슷한 또래 아동들이 이런 행동을 흔히 나타낸다면 일종의 게임으로 볼 수도 있을 것이다. 이러한 행동이 아동의 생활 전체를 지배하고 정상적인 기능을 방해할 때만 걱정을 일으킨다. OCD 아동이 보이는 의식행동의 내용은 정상적 발달과정에서 흔히 나타나는 의식행동과 다르며 OCD의 의식해동은 더 늦게 발병한다.

OCD의 발달과정은 사례에 따라 이질성을 보인다. 이 장애는 증상이 드러났다가 시간이 지나면서 사라지는 과정을 따른다. 대개 여러 가지 강박사고와 강박행동이 동시에 나타나며, 시간이 지나면서 증상의 내용과 정도에 변화가 온다. 연구결과는 또한 이 장애가 만성적인 경향이 있음을 보여주고 있다. 치료를 받는 아동·청소

흔히 물건들을 특정 장소에 특정 순서로 보관한다. 이런 종류의 행동이 임상가나 다른 성인들에게 우려를 일으키는 것은 이것이 아동·청소년의 정상적인 기능을 방해할 때이다.

Courtesy of Kevin Haworth

년의 대다수는 상당히 호전되나, 문제가 계속되는 경우도 많다(Johnco & Storch, 2018; Leonard et al., 2005; Rettew et al., 1992).

병인

OCD의 병인은 복잡하지만 연구자나 임상가는 대부분 유전적 및 생물학적 기반이 강하다고 믿는다(Johnco & Storch, 2018; Ricketts et al., 2017). 쌍생아연구 및 가족연구들은 OCD의 유전력이 크다는 것을 보여준다. 예컨대 OCD는 일반 아동·청소년에 비해 강박행동을 보이는 직계가족을 가진 아동·청소년에게서 더 많이 발생하는 것으로 보고되었다. 그리고 OCD를 보이는 아동·청소년의 부모 중에는 OCD 진단기준을 만족시키거나 강박증상을 보이는 경우가 많은 것으로 확인되었다. 그리고 일란성 쌍생아의 일치율이 이란성 쌍생아의 일치율보다 2배 높다는 보고도 있다(Monzani et al., 2014). 아울러 많은 연구에서 강박장애와 뚜렛장애(또는 정도가 덜한 틱장애)가 함께 발생하는 비율이 기대치보다 높

다고 보고하였으며, 이 두 장애 간에 가계의 관련성이 있음을 발견하였다. 따라서 OCD와 뚜렛장애는 어느 정도 유전적 기초를 공유하는 것으로 보인다(Matthews & Grados, 2011; Yu et al., 2015). OCD에 미치는 유전의 영향은 다양한 유전인자의 관여로 인해 복잡하다. 현재 OCD와 관련된 구체적인 유전인자를 찾기 위한 연구가 진행되고 있다(Grados, 2010; Ricketts et al., 2017).

뇌영상 연구는 OCD가 대뇌피질 아래쪽에 있는 기저 핵이라는 부위와 전두엽 피질에 있는 몇몇 부위의 이상과 관련이 있음을 보여주었다. fMRI를 사용한 연구도 이러한 두뇌 영역들 간의 의사소통에 문제가 있음을 발견하였다. 이러한 문제가 의식행동과 융통성 없는 행동의 기저를 이룬다고 가정된다(Abramovitch et al., 2012; Bernstein et al., 2016; Johnco & Storch, 2018).

OCD의 병인에서 환경적 영향의 역할을 지지하는 연구는 많지 않다. 스트레스를 일으키는 생활사건이나 외상으로 인한 OCD 사례가 임상 장면에서 종종 보고된다. 그러나 연구결과는 혼재되어 있으며 이러한 연구 중 다수는 방법론적 한계점을 갖고 있다(Ricketts et al., 2017). 감염원의 잠재적 역할에 관한 연구가 관심을 받아 왔다. **소아급성발병 신경정신증후군**(pediatric acute-onset neuropsychiatric syndrome, PANS)과 연쇄구균 감염과 관련된 **소아자기면역 신경정신장애**(pediatric autoimmune neuropsychiatric disorders associated with streptococcal infections, PANDAS)로 알려진 OCD 사례의 하위 유형이 주목을 받아 왔다(Johnco & Storch, 2018; Leckman et al., 2011; Ricketts et al., 2017). 이러한 OCD의 사례들은 감염 후에 갑작스럽게 발병하거나 증상 악화를 보이며 틱을 동반한다. 이러한 사례들에서 나타나는 OCD 증상은 감염된 세포에 대항하기 위해 만들어진 항체가 자가면역 반응을 일으키면서 기저핵 세포에 염증을 초래하기 때문으로 보인다. 그러나 감염원에 의해 유발된 OCD의 잠재적 하위유형에 관한 정보는 많지 않다.

환경의 영향이 OCD의 병인에 미치는 영향을 지지하는 연구는 많지 않다. 하지만 이것이 환경의 영향이 장애와 관련이 없음을 의미하는 것은 아니다. 실제로는 아동 · 청소년의 환경 내 가족이나 다른 측면이 OCD의 발달과정에 영향을 미칠 가능성이 있다(Johnco & Storch, 2018; Farrell, Mathieu, & Lavell, 2019).

강박장애의 평가

OCD가 의심되는 아동 · 청소년에 대한 평가는 종합적으로 이루어져야 한다. 그리고 평가를 위해 다양한 측정도구를 사용해야 하며, 아동 · 청소년과 그들의 환경을 폭넓게 검토해야 한다(Farrell et al., 2019; Johnco & Storch, 2018). 평가는 아동 · 청소년과 부모를 대상으로 하는 일반적 면접을 포함할 가능성이 있다. 이러한 면접은 호소문제, 아동 · 청소년, 가족에 대해 큰 그림을 갖게 해준다. 구조적 면접 또한 초기 평가에 포함될 수 있는데, 이는 특히 연구 장면에서는 OCD 진단과 다른 잠재적 공존장애에 대한 정보를 제공해준다. 아동용 예일-브라운 강박장애 척도(Children's Yale-Brown Obsessive, Compulsive Scale, CY-BOCS; Scahill et al., 1997; Storch et al., 2019)는 임상가가 실시하는 대표적인 반구조화 면접으로 임상 장면에서 쉽게 적용될 수 있다. 이 면접의 앞부분은 다양한 범위에 걸친 강박사고와 강박행동의 존재 여부를 평가하기 위한 체크리스트이다. 뒷부분에서는 아동 · 청소년이 보이는 강박사고와 강박행동의 심각성(빈도, 고통, 추론, 저항, 통제가능성)을 평가한다.

ASEBA 시스템의 검사들 같은 부모용 척도 및 청소년용 자기보고 척도는 다양한 정보제공자의 보고를 통해 잠재적 호소문제를 폭넓게 평가하는 데 도움이 된다. 강박사고 및 강박행동 증상에 구체적으로 초점을 맞춘 부모용 척도와 청소년용 자기보고 척도도 있다(Johnco & Storch, 2018). 이러한 검사로는 Foa 등(2010)의 강박검사-아동용(Obsessive Compulsive Inventory-Child Version), Uher 등(2008)의 아동용 강박검사-개정판(Children's Obsessional Compulsive Inventory-Revised), Storch 등(2009)의 아동용 플로리다 강박검사(Children's Florida Obsessive Compulsive Inventory) 등이 있다. OCD 증상에 대한 측정 도구 외에 아동과 가족 기능의 여러 측면을 평가하는 부모용 척도와 청소년용 자기보고 척도도 있다. 예를 들어 Piacentini 등(2007)의 아동용 강박 영향 검사–개정판(Child Obsessive Compulsive Impact Scale-Revised)은 아동의 OCD 증상과 관련된 아동 및 가족 기능의 손상 수준을 평가한다. Flessner 등(2011)의 가족적응척도–부모보고(Family Accommodation Scale-Parent Report)는 가족의 의식행동 참여(예 : 안심시키기, 의식행동에 필요한 물품 제공하기)와 아동의 OCD 증상으로 인한 가족 기능의 수정(예 : 가족 일상의 변화하기, 물품/장소의 회피 촉진하기)을 평가한다.

강박장애의 치료

두 종류의 개입(인지행동 개입과 약물치료)이 단독으로 혹은 함께 OCD 치료를 위해 자주 선택된다(Farrell et al., 2019; Freeman et al., 2018; Johnco & Storch, 2018; Uhre et al., 2020). 인지행동 개입은 치료를 위해 가장 우수한 선택이다(Kemp & Freeman, 2019).

CBT는 아동·청소년과 가족을 위한 OCD 교육, 강박사고와 강박행동에 저항하고 변화를 증진하기 위한 인지수정 훈련, 유관성 관리, 자기강화 등을 포함한다. 그러나 인지행동적 접근의 핵심요소는 **반응예방**(response prevention)과 노출이다(M. E. Franklin, 2017). 강박사고와 강박행동 유발을 유발하는 상황에 아동·청소년을 노출시키고, 강박의식을 수행하려는 충동에 저항하도록 도와준다.

상상 노출을 적용할 때 치료자는 아동에게 두려운 상황에 대해 몇 분 동안 상세하게 이야기함으로써 불안을 일으킨다. 이때 아동에게 불안 회피를 위한 생각이나 행동을 절대 하지 못하도록 한다. 아동의 불안이 미리 결정된 수준으로 감소할 때까지 이러한 몇 분간의 노출을 계속 반복한다. 다음의 예는 불안을 일으키는 병균에 대하여 상상적 노출을 어떻게 적용하는지를 보여주고 있다.

너는 학교 문까지 걸어가 손으로 문을 열어야 해. 너

는 깜빡 잊고 장갑을 가져오지 않았고, 병균으로부터 네 손을 보호할 것이 아무것도 없어. 손잡이를 만지는 순간, 끈적끈적하고 축축한 무엇인가가 손에 닿는 것이 느껴진다. 그리고 피부가 근질근질하게 느껴진다. 안 돼! 너는 방금 다른 사람이 남긴 병균을 만진 것이고, 그 병균들이 네 피부로 들어와 네게 병을 전염시키고 있어. 몸이 나른해지기 시작하고, 병균이 피부 속에 들어와 움직이는 것을 느낀다. 옷에 손을 닦으려고 노력해도 너무 늦었어. 병균은 이미 네 피 속으로 들어왔고 네 몸 안에서 돌아다니고 있어. 몸이 나른해지고 아프고 현기증을 느낀다. 문을 열 힘조차 없다. 토할 것만 같고, 목 안에서 무엇인가가 올라오고 있다….
(Albano & DiBartolo, 1997).

상상 노출에 덧붙여서 또는 대안으로서 불안을 유발하는 실제 상황에 아동을 노출시킬 수도 있다. 그리고 일반화를 증진하고 재발을 예방하기 위한 훈련도 포함할 수 있다. 가족의 참여는 CBT 프로그램의 주요 특징이다. 가족은 아동의 OCD에 영향을 주기도 하고 영향을 받기도 한다. 가족은 대개 아동의 OCD 증상에 적응해 나간다. 치료에 가족을 포함하는 것은 특히 나이가 어리거나 복잡한 가족역동을 가진 아동의 경우에 중요한 치료 요소가 될 수 있다(M. E. Franklin et al., 2017; Freman et al., 2018; Peris et al., 2017).

약물치료는 또 다른 치료적 선택이다(APA, 2006; Waslick, 2006). 다양한 SSRI(예 : 설트랄린, 플루옥세틴, 플루복사민)와 삼환계 클로미프라민이 종종 처방되는데, 이 중 SSRI가 좀 더 원만한 부작용으로 인해 선호된다. 최근 들어 특정 신경전달물질의 활동을 부분적으로 방해하며 공포의 소거를 촉진하는 것으로 보이는 DCS(D-Cycloserine)가 관심을 받고 있다(Hofmann, Wu, & Boettcher, 2013; Storch et al., 2016). CBT가 초기의 치료방법으로 선택되는 데는 몇 가지 이유가 있다(Freeman et al., 2018; Johnco & Storch, 2018). 약물치료 개입의 효과성은 그리 크지 않다. 예컨대 SSRI는 위약조건보다 우수하나 CBT만 제공할 때보다 더 효과적이지는 않다. OCD 아동·청소년의 경우에는 대부분 SSRI와 CBT의 결합이 CBT만 제공할 때보다 더 우수하지 않다. 아울러 SSRI의 안전성에 관한 면밀한 검토 결과는 조심스럽게 사용할 것을 시사한다. 심각한 사례와 같은 일부 상황에서는 CBT에 약물치료(예 : SSRI)를 추가하여 사용하도록 권고되고 있다. 어떤 상황에서 CBT와 약물을 함께 사용할 것인지는 계속 진행 중인 연구주제로 남아 있다(Freeman et al., 2018).

핵심용어

강박사고

강박장애

강박행동

걱정

공포증

공황발작

공황장애

과보호적

광장공포증

내재화 장애

노출

두려움

둔감화

등교거부

뚜렛장애

모델링

반응예방

범불안장애

부정적 정서성

분리불안장애

불안

사회불안장애(사회공포증)

선택적 무언증

소아급성발병 신경정신증후군

소아자기면역 신경정신장애

유관성 관리

의도적 통제

이완훈련

체계적 둔감화

침투적

태만

특정공포증

행동억제

CHAPTER 7

외상 및 스트레스 관련 장애

학습목표

- 외상 및 외상후 스트레스장애(PTSD)의 성격
- 반응성 애착장애와 탈억제성 사회적 유대감 장애
- 외상/PTSD에 대한 반응의 역학
- 외상/PTSD에 대한 반응의 발달과정
- PTSD의 치료

- 학대의 성격과 다양한 형태
- 학대에 영향을 미치는 다양한 요인들
- 학대의 결과
- 학대의 치료 및 예방 접근

DSM-5에서는 외상 및 스트레스 관련 장애를 별도의 장에서 소개하고 있다. 이번 장에서는 이 장애에 초점을 맞추어 논의할 것이다. 그러나 외상과 스트레스는 여기에서 다루는 장애뿐만 아니라 내재화, 외현화, 기타 장애(정신병, 물질남용) 등 다양한 장애의 발달에서 원인으로 작용한다는 데 주목할 필요가 있다. 실제로 생애 초기의 스트레스 경험은 전 생애에 걸쳐 정신 및 신체건강의 여러 측면에 큰 영향을 미친다는 증거가 있다(Ehrlich, Miller, & Chen, 2016; Hostinar, Nusslock, & Miller, 2018; McLaughlin, 2016). 외상 및 스트레스 관련 장애의 하나로 진단받은 사람은 종종 이 장애에 속하는 다른 장애의 진단기준도 만족시킨다.

외상 사건에 대한 반응

엄청난 자연재앙, 화재나 교통사고 같은 재난, 폭력이나 테러리즘, 또는 기타의 잠재적 외상 사건을 경험할 때 아동·청소년은 어떤 반응을 보이는가?

외상(trauma)은 일반적으로 모든 사람에게 심리적 고통을 줄 수 있는 뜻밖의 사건으로 정의된다. 과거에는 외상 노출에 대한 아동의 반응을 비교적 가볍고 일시적인 것으로 기술하였다. 따라서 아동의 외상 경험에 그다지 큰 관심을 기울이지 않았다. 그러나 최근 들어 보다 심각하고 장기적인 아동의 반응에 관한 보고가 등장하기 시작했다. 최근의 연구는 외상 사건에 대한 노출이 유의한 고통과 심리적 손상을 초래한다는 것을 보여준다(Bonanno et al., 2010; Carliner et al., 2017; Furr et al., 2010; Nader & Williams, 2018).

1976년 캘리포니아주의 차우칠라에서 학교버스를 타고 가다 유괴를 당했던 26명의 아동에 관한 연구는 외상을 겪은 후 아동들이 어떤 반응을 보이는지를 이해하는 데 도움을 주었다. 이 사건에서 아동들과 버스 기사는 27시간 억류되었었다. 처음에는 깜깜한 소형차에 실려 이리저리 끌려다녔으며, 나중에는 땅에 묻힌 큰 트럭으로 옮겨졌다. 이들은 땅을 파헤쳐 탈출할 때까지 트럭 속에 갇혀 있었다. 연구진은 사건 발생 후 5~13개월 동안 피해 아동들과 그들의 부모를 면접하였다. 아동들은 모두 증상을 나타냈으며, 그중 73%는 보통 수준 이상의 심각한 반응을 보였다. 유괴 사건이 일어난 지 2~5년이 지난 후에 다시 평가했을 때에도 불안을 포함한 많은 증상이 계속되고 있는 것으로 나타났다(Terr, 1979; 1983).

DSM 분류

외상에 대한 아동의 반응에 관한 체계적 연구는 DSM-III에 특수한 진단인 **외상후 스트레스장애**(Posttraumatic Stress Disorder, PTSD)가 소개됨으로써 시작되었다. DSM-III와 IV, IV-TR에서는 PTSD가 불안장애에 포함되었었다. DSM-5에서는 PTSD가 **급성 스트레스장애**(Acute Stress Disorder, ASD)와 더불어 외상 및 스트레스 관련 장애(Trauma-and Stressor-Related Disorder)라는 집단에 속해 있다. 그러나 이 장애들은 계속해서 불안장애와 관련이 있는 것으로 생각된다.

진단기준

PTSD라는 진단은 한 가지 이상의 외상 사건을 경험한 후에 일어나는 특징적인 증상들로 정의된다. 따라서 아동 · 청소년이 PTSD 진단을 받기 위해서는 심각한 외상 사건(들)에 노출되는 경험을 해야 한다. 외상 경험은 아동 · 청소년이 외상 사건을 직접 경험했을 경우만이 아니라 다른 사람에게 발생한 외상 사건을 목격하거나 혹은 가까운 친척이나 친구에게 외상 사건이 일어났음을 알게 되었을 때도 발생하는 것으로 보인다. 그리고 외상 사건에 관한 혐오적 정보를 반복적으로 혹은 심각하게 경험하는 것도 외상 경험으로 간주된다. 그러나 이런 노출이 단순히 전자매체나 TV 같은 양식을 통해서 경험되었을 때는 제외된다. PTSD 진단을 받기 위해서는 외상 사건을 경험한 후에 다음의 네 가지 군집에 속하는 증상

을 나타내야 한다.

- 재경험
- 회피
- 인지와 기분의 부정적 변화
- 각성과 반응성

재경험(reexperiencing) 군집은 외상 사건을 경험한 후에 시작되는 침습적 증상(intrusion symptoms)에 관한 것이다. 여기에는 외상 사건에 대한 고통스러운 기억, 외상과 관련된 고통스러운 꿈의 반복적 경험, 사건을 상기시키는 단서에 대한 강렬하고 지속적인 심리적 고통 또는 생리적 반응, 그리고 해리 반응 등의 증상이 포함된다. **해리**(dissociation)란 자각에 변화가 생기는 것을 의미한다. 해리 반응은 이인화(자신의 감정이나 환경과 단절된 느낌)와 현실감 상실(현저한 비현실감)을 포함한다. 따라서 해리 반응을 경험하는 사람은 외상 사건이 마치 다시 일어나고 있는 것처럼 느끼거나 행동할 수 있다(예 : 플래시백).

회피(avoidance) 증상은 외상 사건과 관련된 생각이나 감정을 회피하려는 지속적인 노력과 관련된다. 이 반응은 외상과 관련된 사람이나 상황 같은 외부 자극을 회피하는 것도 포함할 수 있다.

인지와 기분의 부정적 변화(negative alterations in cognitions and mood)는 외상 사건의 중요한 측면을 기억하지 못하는 어려움, 외상 사건의 원인이나 결과에 대한 왜곡된 생각, 또는 과도한 부정적 신념이나 기대 같은 인지적 증상을 포함한다. 기분의 변화는 지속적인 부정적 정서 상태(예 : 공포, 분노, 수치심), 긍정적 정서를 느낄 수 없는 상태의 지속, 의미 있는 활동에 대한 관심 감소, 또는 다른 사람들과의 거리감 등을 포함한다.

네 번째 증상 군집은 **각성 또는 반응성**(arousal or reactivity)의 현저한 변화와 관련되며, 이는 외상 사건의 발생 이후 시작되거나 악화된다. 대표적 증상으로는 안절부절못하는 행동, 분노 폭발, 무모한 행동, 과도한 경계, 지나친 놀람 반응, 주의집중 곤란, 수면장애 등이 있다.

DSM의 급성 스트레스장애(ASD) 진단기준은 PTSD

진단기준과 유사하다. 주된 차이점은 ASD 증상이 적어도 3일 이상 4주 이하 동안 계속되는 반면 PTSD는 외상 후 적어도 1개월 동안 계속되거나 발병이 지연되기도 한다.

DSM은 PTSD의 표현에 나타나는 잠재적인 발달상의 차이를 인정한다. 예컨대 재경험 증상의 경우 아동이 기억을 보고하기보다는 외상과 관련된 놀이를 반복할 수 있다고 기술한다. 또는 외상을 경험한 아동이 인지할 만한 외상 관련 내용 없이도 놀라는 꿈을 꿀 수 있다고 기술한다. 이러한 발달적 고려사항은 DSM의 이전 개정판에도 포함되어 있었다. 그러나 진단기준을 사용하면 어린 아동을 과소진단할 가능성이 있으므로 아동기의 PTSD를 정의할 때는 발달적 고려사항에 더욱 주의를 기울여야 한다. 실제로 유아나 아주 어린 아동에게는 현재의 진단기준이 적합하지 않다는 주장이 있으며, 아동을 위한 대안적 범주들을 제안한 사람도 있다(De Young, Kenardy, & Cobham, 2011; Scheeringa, Zeanah, & Cohen, 2011). 이러한 우려에 대한 반응으로 DSM-5는 6세 이하의 아동을 위한 진단기준을 별도로 포함하고 있다. 이 '유아용' 진단기준은 진단에 필요한 증상의 수를 줄이고, 다양한 PTSD 증상들이 이 연령집단에서 어떻게 나타나는지의 예를 제공하고 있다. 그리고 내재적이며 인지적인 상위 증상들을 덜 강조한다. '유아용' 진단기준의 증상들은 4개가 아닌 3개의 군집으로 나뉜다. 회피와 인지/기분 군집이 합쳐졌으며, 이 합쳐진 군집의 1개 증상만이 진단에 요구된다. PTSD가 6세 이하의 아동에게도 일어날 수 있기는 하지만 진단기준은 그보다 큰 아동들에게 적용되는 것이 적절하다는 주장이 있다(Danzi & La Greca, 2017).

PTSD의 '유아용' 진단기준과 아울러 DSM-5에서는 0~6세 아동이 보이는 두 가지 다른 반응에 관해서도 기술하고 있다. 이 두 가지 반응은 **반응성 애착장애**(Reactive Attachment Disorder, RAD)와 **탈억제성 사회적 유대감 장애**(Disinhibited Social Engagement Disorder, DSED)이다. RAD와 DSED는 모두 부분적으로는 아동기 동안의 적절한 양육 부재로 정의된다. 이 두 진단은 적절한 수준의 선택적 애착을 형성할 수 있는 준비가 되어 있는 아동에게만 적용하도록 만들어졌다(Zeanah & Gleason, 2015). 따라서 적어도 9개월 이상의 발달연령 아동에게 적용된다.

RAD와 DSED 진단을 내리기 위해서는 아동이 극심한 수준의 불충분한 양육을 경험했음을 확인해야 한다. 이런 수준의 사회적 방임을 증명하기 위해서는 다음 중 한 가지 이상이 요구된다.

- 양육자가 애정, 안락함, 자극 등과 같은 기본적인 욕구를 지속적으로 방치함
- 일차적 양육자의 반복적 교체로 인해 안정된 애착 형성의 기회를 제한함
- 특이한 상황에서의 양육(예 : 아동-직원 비율이 부족한 기관)으로 인해 애착 형성의 기회를 심각하게 제한함

이 두 장애는 병인이 유사하고 부적절한 양육이라는 공통점을 갖고 있으나 아동의 문제가 표현되는 방식에서는 차이가 있다.

RAD 진단에서는 아동이 성인 양육자에 대한 애착을 전혀 발달시키지 못한다고 기술한다. 이 진단과 함께 사회적으로 방임된 아동은 성인 양육자에 대해 지속적인 억제 및 위축 행동을 보인다. 이런 아동은 고통 속에서도 안락을 구하지 않으며, 안락이 제공되어도 거의 반응을 보이지 않는다. 그리고 최소한의 사회적 및 정서적 반응성, 제한된 긍정적 정서, 설명할 수 없는 무서움, 과민성, 슬픔 같은 증상으로 특징되는 사회적/정서적 장애를 지속적으로 나타낸다.

반면 DSED 진단을 받고 사회적으로 방임된 아동은 사회적 탈억제 행동을 보인다. 이런 아동은 낯선 사람에게 문화적으로 부적절한, 과도하게 친밀한 행동 양상을 보인다. 친숙하지 않은 성인에게 접근하고 상호작용하는 것을 조금도 주저하지 않으며, 낯선 성인에게 과도하게 친숙한(언어적으로나 신체적으로) 행동을 보인다. 그리고 모험을 할 때나 낯선 상황에서도 성인 양육자에게 다시 돌아오지 않으며, 주저 없이 낯선 사람을 따라가기

도 한다.

RAD와 DSED는 주로 기관에 수용되어 있거나 이전에 수용된 적이 있는 아동에게 진단되었었다. 그러나 기관에 수용된 적이 없는 아동에서도 발견되었다. 따라서 기관에 수용된 적이 있다고 해서 모든 아동이 RAD나 DSED를 보이는 것은 아니다. 기관으로부터 위탁보호로 일찍 배치하면 RAD 증상이 개선될 수 있다. DSED 아동의 경우에는 기관 수용의 다른 측면과 관계없이 양육자의 교체와 아동 1명당 너무 않은 양육자를 경험할 때 위험이 증가하는 것으로 보고되었다(Nader & Williams, 2019).

외상 사건에 대한 반응 기술

외상 사건에 대한 아동 · 청소년의 반응은 매우 다양하다(La Greca & Danzi, 2019). 다행히도 아동 · 청소년은 대부분 유연하게 적응한다. 외상 사건 이후에 많은 아동 · 청소년이 **외상후 스트레스증상**(posttraumatic stress symptoms, PTSS)을 경험한다. 이들 중 일부는 PTSD 진단기준을 만족시키지는 않지만 여전히 심각한 심리적 고통과 기능 저하를 경험한다. 연구에 따르면 이러한 준임상 수준의 PTSS를 겪는 아동 · 청소년은 대부분 회복한다. 그러나 이 중 20~30%는 지속적인 증상을 보이며, PTSD 진단기준을 충족시키게 된다.

이러한 아동 · 청소년의 경험과 관련하여 대부분은 외상을 상기시키는 자극만으로도 동요되며, 외상 사건에 관한 침습적 생각을 반복적으로 경험한다. 심지어 생명을 위협하는 재난에 가볍게 노출된 아동도 이러한 침습적 생각을 나타낸다. 유치원 아동과 학령기 아동은 보통 그림이나 이야기, 놀이로 재난의 어떤 면들을 재현한다. 처음에는 그러한 행동이 증상 재경험의 일부이지만 회복되는 과정에서 유용하게 활용될 수도 있다. 예컨대 Saylor, Powell과 Swenson(1992)은 사우스캐롤라이나주에서 태풍 휴고가 발생했을 때 아동들이 처음에는 집이 날아가는 놀이를 하다가 나중에는 목수 역할을 하며 집을 다시 짓는 놀이로 발전하는 모습을 보였다고 보고하였다.

아동 · 청소년은 또한 외상 경험과 직접 관련된 특정 공포를 자주 심각하게 나타내기도 한다. 수학여행 중에 여객선의 침몰을 경험했던 영국의 여자 청소년들은 수영과 어둠, 배 그리고 교통수단에 대해 공포를 느끼게 되었다. 그러나 외상 경험과 관련되지 않은 자극에 대해서는 수학여행에 동행하지 않았던 청소년 또는 다른 학교의 청소년보다 더 높은 수준의 공포를 보이지 않았다(Yule, Udwin, & Murdoch, 1990).

분리의 어려움과 매달리는 의존적 반응 또한 흔히 나타나는 반응이다. 이러한 행동은 학교에 가기를 꺼린다든지 또는 부모와 함께 자고 싶어 하는 형태로 나타난다. 그리고 악몽을 꾸거나 외상에 관한 꿈을 반복적으로 꾸는 등 수면문제도 자주 나타나는 반응이다. 자기 자신이 취약하다고 느끼는 것, 미래에 대한 신념을 상실하는 것도 보고되었다. 청소년의 경우 이러한 상실감은 미래의 교육과 진로를 준비하는 데 방해가 될 수 있으며, 학업 수행에도 지장을 초래할 수 있다. 이 밖에도 흔히 보고되는 증상으로 우울한 정서, 전에 즐기던 활동에 대한 흥미 상실, 민감성, 불안, 애도, 분노 혹은 공격성 폭발 등이 있다. 다른 사람이 사망했을 때는 자신의 생존에 대해 죄책감을 느낄 수도 있다. 실제로 PTSD 진단 외에 우울, 불안, 약물사용장애 등 다른 장애의 진단기준을 충족시키며 다중진단을 받는 아동 · 청소년이 많다(Bonanno et al., 2010; Kilpatrick et al., 2003; La Greca & Danzi, 2019).

역학

자연재해와 테러, 그리고 사고들은 성격상 예측할 수 없는 재앙적 사건이기 때문에 매년 외상 사건에 노출되는 아동 · 청소년의 수를 결정하기란 어려운 일이다(Fletcher, 2003). 추정치는 잠재적 외상 경험의 유형과 심각성, 지속기간 등에 따라 다양하다. 그리고 외상 사건에 직접 노출되지 않더라도 아동 · 청소년은 가족과 또래, TV, 인터넷, 소셜미디어를 통해 외상에 노출될 수 있다(Comer, DeSerisy, & Grief Green, 2016b). 상당수의 아동 · 청소년이 외상 사건을 경험하는 것으로 보인

VStock/Alamy Stock Photo

외상 사건에 대한 아동의 반응에는 다양한 요인들이 영향을 미친다. 이러한 요인에는 외상의 특성과 부모 및 다른 어른들의 반응이 포함된다.

다. 추정치는 아동·청소년의 약 1/4, 2/3가 아동기와 청소년기 외상에 노출된다는 것을 보여준다(Costello et al., 2002; Nader & Williams, 2019).

1990년대에 수행된 연구들에 대한 Fletcher(2003)의 고찰에 따르면 외상 사건을 경험한 아동·청소년 가운데 약 1/3이 PTSD 진단을 받은 것으로 나타났다. 이 비율은 외상을 겪은 성인보다 약간 높은 수치인데, 외상에 노출된 아동·청소년의 절반 이상이 PTSD를 경험한다고 보고한 연구도 있다(De Bellis & Dillen, 2005). 연구들은 대부분 여아의 PTSD 발병률이 더 높다고 보고하고 있다. 연령과 PTSD 발달 간의 관계는 분명하지 않다. 이는 부분적으로 어린 아동의 경우 자신의 감정과 생각을 표현하는 데 어려움이 있기 때문에 부모의 보

고에 의존하는 데 기인할 수 있다. 부모의 보고는 아동의 외상후 스트레스증상을 낮게 평가할 가능성이 있다(Alisic et al., 2014; La Greca & Danzi, 2019).

평균적으로 PTSD 특정 증상의 발생률은 20%가 넘는 것으로 보인다. PTSD 증상 군집(재경험, 회피, 인지/기분의 변화, 각성)은 다양한 문화적 배경의 아동·청소년 집단에서 보고되었다(Perrin, Smith, & Yule, 2000). 가장 빈번하게 발생하는 증상 범주는 아마도 재경험일 것이다(De Bellis & Van Dillen, 2005).

모든 아동·청소년이 같은 양상으로 또는 같은 정도로 증상을 경험하는 것은 아니다. 그리고 외상을 경험한 아동·청소년이 모두 PTSD 진단기준을 만족시키는 것도 아니다. 외상에 대한 반응은 증상이 얼마나 오랫동안 계속되는지에 따라 차이가 있으며, 시간 경과에 따라 달라지기도 한다. 외상에 대한 아동·청소년의 초기 반응과 증상의 지속기간 그리고 정도에 영향을 미치는 요인들은 다양하다(La Greca, Silverman, & Wasserstein, 1998; Udwin et al., 2000).

외상 사건의 성격도 반응에 영향을 미칠 수 있다. 스트레스 요인은 두 가지 범주로 구분된다. 하나는 급성의 비학대성 스트레스 사건으로 홍수나 사고처럼 일회적으로 발생하는 비학대적 외상 사건을 말한다. 다른 하나는 만성 또는 학대성 스트레스 사건으로 전쟁이나 신체적·성적 학대처럼 지속적으로 발생하는 스트레스 사건이다(Fletcher, 2003). 어떤 PTSD 증상은 외상 사건의 유형과 관계없이 발생하는 것으로 보인다(예 : 외상 관련 공포, 수면 곤란). 그러나 외상의 유형에 따라 다른 증상이 발생하기도 한다. 그리고 위의 두 유형과 관계없이 외상을 경험한 아동·청소년은 PTSD 진단을 받을 수도 있고, 다른 진단을 받게 될 가능성도 있다. 이러한 차이는 〈표 7.1〉에 잘 나타나 있다. 어떤 증상이나 문제는 '만성의 학대적 외상'에 노출된 아동·청소년보다 '급성의 비학대적 외상'에 노출된 아동·청소년에게서 더 자주 발견되는 것은 놀랍다. 가능한 한 가지 설명은 만성적 스트레스 사건에 노출된 아동·청소년은 시간이 지나면서 자신이 겪은 외상에 어느 정도 적응하게 된다

▌표 7.1   급성의 비학대성 스트레스와 만성의 학대성 스트레스에 대한 반응에서의 PTSD 증상 및 관련 증상/진단 비율

	스트레스의 유형	
	급성-비학대성	만성-학대성
DSM 증상 군집		
재경험	92%	86%
회피/인지-기분 변화	30%	54%
과잉각성	55%	71%
관련 증상/진단		
PTSD	36%	36%
범불안	55%	26%
분리불안	45%	35%
공황	35%	6%
우울	10%	28%
ADHD	22%	11%

출처 : Fletcher(2003)에서 수정 인용

는 것이다(Fletcher, 2003).

외상 사건에 대한 노출 정도 역시 반응에 영향을 미치는 주요 요인으로 보인다. Pynoos와 동료들(1987)은 캘리포니아 지역에 사는 159명의 학령기 아동을 대상으로 연구를 수행하였다. 아동들은 학교에서 아동 한 명과 행인 한 명이 사망하고 13명의 아동이 상해를 입은 저격 사건에 노출되었다. 학교 운동장에서 벌어진 사건 현장을 직접 목격했던 아동은 사건 직후 그 장면에서 벗어났던 아동이나 그날 학교에 나오지 않았던 아동보다 훨씬 더 큰 영향을 받은 것으로 나타났다. 14개월 후의 추수조사에서도 사건에 노출되었던 아동 가운데 74%가 여전히 중간 정도에서 심각한 정도의 PTSD 증상을 보인 반면, 노출되지 않았던 아동의 81%는 아무런 PTSD 증상을 보이지 않았다(Nader et al., 1991). 생명을 위협하는 외상의 노출 수준은 아동의 반응에 영향을 미치는 주요 요인이다. 그러나 노출 수준이 높지 않았던 아동들 가운데서도 외상에 대한 반응이 나타났다. 즉 노출 수준이 낮더라도 노출에 대한 주관적 경험과 사살된 아동을 알고 있는 아동은 PTSD 증상을 보일 가능성이 큰 것으로 보인다.

다른 많은 개인 및 맥락 요인들도 아동 · 청소년이 PTSD를 발달시킬 위험에 영향을 미친다(La Greca & Danzi, 2019). 외상 사건 이전부터 존재한 개인차(예 : 불안 수준, 민족성) 역시 아동 · 청소년의 반응에 영향을 미칠 수 있다. 예컨대 아동 · 청소년의 이전 불안 또는 우울 수준이 외상 사건에 대한 반응에 영향을 미칠 수 있다. 기존의 대처전략도 외상 사건에 대한 반응에 영향을 미친다. 특히 부정적 대처전략(예 : 낮은 정서조절 기술, 다른 사람 비난하기)은 외상에 대한 부적응적 반응에 영향을 미친다. 여러 유전인자와 그들 간의 상호작용도 외상 사건에 대한 반응에서 역할을 할 가능성이 있다. 외상에 대한 반응에 미치는 유전적 영향에 대한

이해는 주로 성인대상의 연구에 기초하고 있으므로 아동·청소년 표본을 대상으로 추가 연구가 요구된다. 마지막으로 외상후의 환경적 측면도 아동·청소년의 반응에 주목할 만한 영향을 미친다. 사회적 지지체계의 유용성과 질은 초기의 반응, 증상의 지속기간, 회복에 영향을 미친다. 이와 관련해 부모 및 가족의 기능은 아동·청소년의 외상후 반응에 있어서 중요한 요인이다. 외상 사건에 대한 부모 및 다른 가족의 반응도 아동·청소년의 반응에 영향을 미칠 수 있다. 부모의 우울, 가족 갈등, 낮은 수준의 가족 기능도 모두 외상에 대한 아동·청소년의 부정적 반응과 관련이 있는 것으로 밝혀졌다.

발달과정 및 예후

일반적으로 PTSD 증상은 시간이 지나면서 감소한다. 그러나 상당수의 아동·청소년은 계속해서 증상을 보고한다. La Greca와 동료들(1996)은 플로리다주에서 태풍 앤드류가 발생한 직후 3~5학년 아동들을 대상으로 연구를 수행하였다. 회피와 인지/기분 변화 증상의 경우 태풍 발생 후 3개월이 지났을 때는 49%의 아동이 나타냈으나 10개월 후에는 24%만이 나타내고 있었다. 마찬가지로 각성 증상을 보이는 아동의 수도 같은 기간 67%에서 49%로 감소하였다. 그러나 상당수의 아동·청소년이 지속적인 증상 재경험을 보고하였는데, 3개월 후에는 약 90%가 10개월 후에는 78%가 증상을 재경험하는 것으로 나타났다.

아동의 초기 대처 노력도 외상에 대한 반응과정에 영향을 미친다. 부정적인 대처전략(예 : 다른 사람 탓하기, 소리 지르기)을 사용하는 아동은 좀 더 지속적으로 증상을 경험할 수 있다(La Greca et al., 1996). 외상 사건에 대한 아동·청소년의 반응은 또한 환경 내 부모나 다른

학교 내 총기사건 및 다른 집단 폭력 사건에 대한 아동·청소년의 노출은 계속되는 관심 사안이다.

MediaNews Group/Los Angeles Daily News via Getty Images/Contributor/Getty Images

집단 폭력에 대한 반응

불행하게도 집단 폭력 사건은 너무 자주 일어난다. 이러한 사건이 아동·청소년에게 미치는 영향은 어떠한가?

집단 폭력에 대한 반응은 여러 면에서 다른 외상 사건에 대한 반응과 유사해 보이지만 고유한 측면도 있다(Fremont, 2004). 테러리즘은 예측하기 어려운 위협이며, 이에 대해 광범위한 언론매체의 보도가 이루어진다. 그리고 아동·청소년에게 지지를 제공하는 성인들과 지역사회에도 심각한 영향을 미친다. 이뿐만 아니라 아동·청소년의 발달(예 : 정서조절, 대처, 사회 및 정치에 대한 태도), 재난 후의 장기적인 삶의 변화(예 : 실업, 여행 제한), 그리고 경제적 어려움에도 영향을 미칠 수 있다(Comer et al., 2010; Eisenberg & Silver, 2011).

2001년 9월 11일, 테러분자들이 뉴욕시와 워싱턴시를 공격하며 미국을 충격에 몰아넣었다. 많은 사람이 공격을 당하고 구조하는 과정에서 사랑하는 사람을 잃었다. 거의 3,000명이나 되는 사람이 사망한 것으로 알려졌다. 생존자와 친지를 포함한 많은 사람이 아직도 비행기가 빌딩을 폭파하고, 빌딩이 불에 타다 무너지는 장면과 당시 사람들의 얼굴에서 볼 수 있었던 공포와 슬픔의 생생한 이미지를 간직하고 있다. 이와 같은 사건이 가족들에게 미치는 영향은 상당했다. 뉴욕시에 사는 많은 아동·청소년은 사망한 사람을 알고 있었고, 누군가를 잃은 교사나 코치를 알고 있었으며, 공격에 대해 반응을 보이는 부모와 살고 있었다. 공격 후에 부모와 자녀가 다시 만날 때까지 여러 시간이 흐른 경우도 있었다(Hoven et al., 2009; Stuber et al., 2002).

아동·청소년은 대부분 공격에 관해 간접적으로 알게 되었다. 그들은 교실에서 TV로 사건을 접했거나, 다른 사람으로부터 전해 듣거나, 또는 후속 언론 보도를 통해 알게 되었다. 실제로 광범위하고 빈번한 언론 보도는 외상을 전국의 가정 안으로 가져다주었다(Noppe, Noppe, & Bartell, 2006; Saylor et al., 2003). 심지어 공격 지점과 물리적으로 멀리 떨어진 곳에 사는 많은 아동·청소년도 스트레스 관련 증상을 겪었으며 안전에 대해 불안해하였다(Hoven et al., 2009; Schuster et al., 2001; Whalen et al., 2004). TV 시청시간과 보고된 증상 간에는 유의한 상관이 있었다(Otto et al., 2007; Saylor et al., 2003; Schuster et al., 2001).

심리적 증상 면에서 공격이 아동·청소년에게 미친 효과는 중간 정도의 크기였다는 증거가 있다. 유의한 PTSS를 경험할 가능성은 상실을 겪었거나, 공격에 노출되었으나 생존한 가족이 있는 가정의 아동·청소년, 또는 공격 후에 도시에서 여행 제한을 경험했던 아동·청소년에게서 더 큰 것으로 나타났다(Comer et al., 2010, 2016a; Eisenberg & Silver, 2011). 이들 중 어떤 아동·청소년은 적응 곤란의 위험을 수년간 계속해서 보이기도 하였다(Gargano, Welch, & Stillman, 2017; Gargano et al., 2018; Mullet et al., 2008).

부모의 외상 관련 경험은 자녀의 반응에서 중요한 역할을 한다. 사건에 대한 부모의 반응과 양육행동은 아동의 특성(예 : 기질)이나 환경(예 : 학교)과 상호작용하여 PTSS의 위험에 영향을 미친다(Mijanovich & Weitzman, 2010; Wilson et al., 2010). 부모의 삶에 일어난 혼란도 아동의 적응에 영향을 미친다. 예컨대 세계무역센터 공격으로 인해 실직한 가족의 아동은 직업에 아무런 영향을 받지 않는 가정의 아동들보다 PTSD 및 불안장애를 겪을 가능성이 2배 이상 높았다(Comer et al., 2010). 이에 덧붙여 공격 상황으로 인해 위험에 놓인 부모는 자녀의 위험에도 영향을 미칠 수 있다. 예를 들어 2013년 보스턴 마라톤 폭발사건이 일어난 후 법의 집행을 위해 폭파범 수색에 참여한 친척을 가진 아동·청소년들은 PTSD 및 다른 문제를 보일 가능성이 6배나 더 많았다. 이러한 결과는 폭발사건과 범인수색에 대한 아동·청소년 자신의 노출을 통제한 후에도 마찬가지로 나타났다(Comer et al., 2014, 2016b).

9·11 공격 후 뉴욕시에서 실시한 대규모 선별검사(CATS Consortium, 2007)에 따르면 75,000명의 아동·청소년이 PTSS를 경험하였으며 그밖에 다른 증상(예 : 우울 및 불안장애 증상)을 보인 아동·청소년도 많았다. 그러나 이들 중 1/3만이 도움을 구한 것으로 나타났다(Hoagwood et al., 2007). 이 사건과 다른 집단 폭력 사건 이후 이러한 외상의 영향을 탐구하고 이해하며, 성공적이고 접근 가능한 개입을 개발하는 연구에 관한 관심이 계속되고 있다(Dorsey et al., 2017; Eisenberg & Silver, 2011; La Greca & Danzi, 2019).

사람의 반응과도 관련이 있다. 부모 자신이 심각한 외상 후 스트레스를 경험하거나 혹은 가정에서 어떤 이유로 든지 지지와 의사소통의 분위기를 제공할 수 없을 때 아동의 반응은 더욱 심각해질 가능성이 있다.

외상이 아동·청소년에게 미치는 영향을 살펴볼 때 사회적 및 문화적 이슈도 고려할 필요가 있다. 예를 들어 Taylor와 동료들(2018)은 저소득층 지역사회에 거주하는 5~9학년 아동·청소년 표본을 대상으로 지역사회 폭력 노출의 영향을 살펴보았다. 아동·청소년은 3년에 걸쳐 추적되었으며, 아동·청소년과 부모의 보고를 통해 내재화 및 외현화 증상을 평가하였다. 〈그림 7.1〉에 제시되어 있듯이 지역사회 폭력에 대한 노출은 내재화 증상보다는 외현화 증상과 더 강한 관련성을 보였다. 아동·청소년의 내재화 및 외현화 문제는 모두 시간이 지나면서 감소하는 것으로 나타났다. 아동·청소년이 보고한 증상(특히 외현화 증상)의 감소는 폭력 노출의 수준이 더 높은 아동·청소년들에서 더 큰 것으로 나타났다. 연구자들은 시간이 지나면서 지역사회 폭력의 정서적 영향에 대한 둔감화(desensitization)가 일어날 수 있으며, 이것이 심리적 고통을 감소시켜줄 수 있다고 주장하였다. 그리고 도시 빈민의 맥락에서는 아동·청소년의 보고가 부모의 보고보다 더 타당할 수 있다고 하였다.

PTSD의 치료

PTSD 또는 준임상 수준의 PTSS를 보이는 아동·청소년을 돕기 위해 다양한 개입이 이루어져 왔다. 문헌에 대한 체계적 고찰은 최근 들어 심리·사회적 치료에 관한 상당한 증거가 축적되었음을 보여준다. 인지행동치료(CBT)의 효과에 대한 증거가 가장 강력한데, 특히 부모의 참여를 동반한 CBT가 더욱 그러하다(Dorsey et al., 2017; La Greca & Danzi, 2019; Mavranezouli et al., 2020). 이러한 치료접근의 한 예인 외상-초점 인지

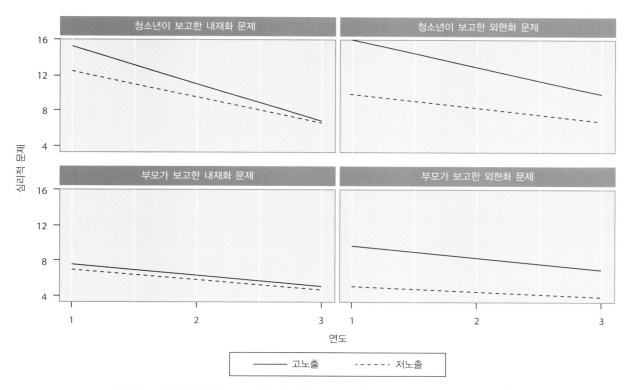

그림 7.1 지역사회 폭력 노출 수준별 심리적 문제의 발달궤적[Taylor et al.(2018)에서 인용]

행동치료(trauma-focused cognitive therapy, TF-CBT)는 연구자들의 많은 관심과 지지를 받아 왔다(Cohen, Mannarino & Deblinger, 2017a , 2017b). TF-CBT는 아동과 부모 각각을 위한 개인상담과 아동-부모 또는 가족상담을 병행하는 다중요소 치료프로그램이다. 이 프로그램은 3~18세 아동·청소년의 외상 관련 증상을 다루며, 아동의 발달수준에 따라 조정이 이루어진다. TF-CBT는 보통 8~20회에 걸쳐 진행되는데, 복합외상 사례의 경우에는 16~25회로 확대하여 진행된다. 머리글자로 만든 약어 'PRACTICE'는 TF-CBT 모델의 요소들을 나타낸다(J. A. Cohen et al., 2017a, 2017b).

심리교육은 아동과 부모에게 외상 경험의 성격과 일반적인 반응에 대한 정보를 제공한다. 이러한 정보는 아동과 부모가 자신의 경험을 정상화하고 안심할 수 있도록 해준다.

Parenting skills(양육기술)은 외상에 대한 아동의 반응과 회복에 있어서 부모가 중요한 역할을 한다는 점을 인식하는 것이다. 이 요소 자체는 다면적인 성격을 갖고 있으며 긍정적인 양육을 촉진한다. 그리고 치료시간에 아동에게 제공되는 개입과 유사한 개입을 부모가 가정에서도 적용할 수 있도록 돕는다.

Relaxation skills(이완기술)은 외상 후에 일어나는 외상 관련 생리적 조절문제를 감소시키기 위해 제공된다. 이 기술은 아동과 부모가 외상에 대한 고통스러운 생각이나 기억으로부터 주의를 돌리도록 해주며, 스스로 자신을 안정시키고 즐거운 활동에 몰두할 수 있도록 돕는다.

Affective modulation(정서조절)은 감정을 표현하고 관리하도록 격려하기 위해 다양한 대인관계 및 인지 기법을 다룬다. 아동은 자신의 감정을 표현하고 관리하는 능력을 배운다. 부모 역시 자신의 감정을 표현하고 관리하는 능력을 얻게 되며, 아동이 적절한 정서조절 기술을 배우도록 지원한다.

Cognitive coping(인지적 대처)는 아동과 부모가 생각과 감정, 행동 간의 연관성을 이해하도록 돕는다. 일상생활의 예들을 사용하여 치료자는 참가자들에게 부정적 사고의 패턴을 점검하고 역기능적인 사고를 변화시키도록 돕는다.

Trauma narration and cognitive processing(외상 내레이션 및 인지적 처리)는 아동이 자신의 외상 경험에 대해 상세한 내러티브(이야기)를 만들고 처리하도록 돕는 치료 경험을 제공한다. 이 단계에서 아동은 보통 구체적인 산출물(예 : 책)을 만드는데, 이것은 치료과정의 지속적인 부분이 된다.

In vivo mastery of trauma reminders(외상 상기물에 대한 실제 숙달)은 외상 경험을 상기시키는 고통스러운 상기물(reminders)에 대한 점진적 노출을 포함한다. 치료자와 아동, 부모는 아동이 실제 둔감화 과정에서 연속적인 단계를 참아내고 이전 단계들에서 습득한 기술을 사용하도록 협력한다. 이러한 둔감화 과정은 노출 상황이 안전할 때에만 적용된다.

Conjoint child-parent sessions(아동-부모 합동 회기)는 TF-CBT 프로그램의 핵심적인 부분으로 아동이 외상 내러티브와 인지적 처리를 완수한 후에 실시된다. 이 시점이 되면 아동과 부모 모두 외상에 대해 효과적으로 의사소통하는 준비가 이루어지며, 변화의 책임이 치료자로부터 부모에게로 옮겨지는 중요한 시기이다.

안전 및 미래 발달궤적 증진은 아동의 안전을 계획하고 미래의 외상 사건 예방을 논의하는 치료의 한 요소이다.

아동학대

아동학대(child maltreatment)는 PTSD의 틀 안에서 고려될 수 있는 외상의 한 형태이다. 실제로 많은 피학대 아동·청소년이 유의한 증상을 보이거나 또는 PTSD 진단기준을 충족시킨다(De Bellis & Van Dillen, 2005). 아동 혹사는 가족이나 더 큰 사회체계가 아동을 보호하고 적절한 양육 조건을 제공하지 못하는 것으로 간주된다. 이렇듯 아동을 보호하고 긍정적인 측면의 양육을 제공하지 못하는 것은 발달과정 전반에 걸쳐 부정적인 영향을 미치고, 여러 가지 문제들이 생길 위험을 증가시킨다.

아동학대는 아마도 인류문명이 시작된 이래 계속 존재해 왔을 것이다. 그러나 아동학대에 대한 최근의 관심은 1960년대로 거슬러 올라간다(Cicchetti & Olsen, 1990). 특히 소아과 의사인 C. 헨리 캠프(C. Henry Kempe)와 동료들이 쓴 논문이 영향을 미쳤는데, 이 논문에서 '피학대아 증후군(battered child syndrome)'이란 신조어가 만들어졌다(Kempe et al., 1962). 그들의 노력은 소아과 클리닉에서 사고로 인하지 않은 상해를 입은 많은 아동을 보고 놀란 것에 자극을 받아 이루어졌다. 1970년에 이르러서야 미국의 모든 50개 주에서 아동학대 신고에 관한 법령을 만들어 사용하게 되었다. 1974년 미국 의회가 아동학대 예방 및 치료법(공법 93-247)을 통과시킴으로써 이 문제에 대해 국가적 관심을 불러일으켰으며, 각 주정부에서 취해야 할 행동을 지시하게 되었다. 1970년대 후반 이후 아동학대 문제는 중요한 사회적 관심사가 되어 왔으며, 연구자와 전문가의 관심도 증가하였다(Cicchetti & Manly, 2001).

불행하게도 아동학대 문제의 규모는 엄청나다. 미국 보건복지부(2019)의 보고에 따르면 2017년 한 해 동안 학대나 방임의 피해를 겪은 아동의 수가 약 674,000명이었다. 그리고 학대나 방임으로 사망한 아동이 1,720명에 달하는 것으로 추산되었다.

학대의 정의

널리 사용되는 용어인 **아동학대**(child abuse)라는 말을 들을 때 사람들은 대부분 그것이 신체적 공격이나 심각한 상해를 의미한다고 생각한다. 그러나 지난 수십 년에 걸쳐 진화해 온 법적 정의는 아동에게 상해를 입히는 범법행위와 방임행위, 즉 양육과 보호의 실패를 모두 포함하고 있다(National Institute of Mental Health, 1977). 2003년의 아동가정안전법(Keeping Children and Families Safe Act)에서는 아동학대와 **방임**(neglect)을 다

방임은 아동의 기본 욕구를 충족시키지 못하는 것을 의미하며, 학대 중에서 가장 보편적인 형태이다.

Twin Design/Shutterstock.com

▌표 7.2   학대의 주요 형태에 따른 정의

신체적 학대 : 아동에게 신체적 힘을 의도적으로 사용하여 실제로 또는 잠재적으로 신체적 상해를 입히는 것. 예로는 치기, 발로 차기, 주먹으로 때리기, 두들겨 패기, 칼로 찌르기, 깨물기, 밀기, 떠밀기, 던지기, 끌어당기기, 질질 끌기, 떨어뜨리기, 흔들기, 목조르기, 질식시키기, 태우기, 불에 데게 하기, 독약 먹이기 등이 있다. 신체적 학대는 훈육과 체벌에 기인할 수도 있다.

성적 학대 : 양육자가 아동에게 가하는 모든 성적 행위의 완수 또는 시도, 성적 접촉, 성적 착취(예 : 비접촉 성관계). 성적 행위 는 양육자가 아동에게 수행할 수도 있고 또는 아동이 양육자에게 수행할 수도 있다. 양육자는 또한 아동이 다른 사람(아동 또 는 성인)에게 성적 행위를 수행하도록 강요할 수 있다. 비접촉 성적 학대에는 아동에게 성적 행위 노출시키기(예 : 음란물), 성 적인 방식의 촬영, 아동에 대한 성희롱, 아동을 이용한 성매매 및 불법거래 등이 포함된다.

심리적 학대 : 아동에게 자신이 무가치하며 결함이 있고, 사랑스럽지 않으며, 사람들이 원치 않고, 위험에 놓여 있으며, 다른 사 람의 요구를 충족시킬 때만 소중하다고 느끼게 만드는 양육자의 의도적인 행동(즉 메시지를 전달하는 행위). 심리적 학대 행 동에는 비난하기, 과소평가하기, 비하하기, 겁주기, 공포에 떨게 하기, 고립시키기, 억누르기, 제한하기, 부도덕한 행위시키기, 착취하기, 퇴짜 놓기 또는 기타의 행동 등이 포함된다. 이러한 행동은 실제로 해롭거나 잠재적으로 해로우며, 아동의 발달적 요구에 민감하지 않거나 또는 아동에게 심리적으로 또는 정서적으로 상처를 줄 수 있다.

방임 : 양육자가 아동의 신체적, 정서적, 의료적/치과적, 교육적 요구를 충족시키지 못하는 것. 신체적 방임 : 양육자가 적절한 영양, 위생 또는 주거를 제공하지 못하거나, 또는 적절하게 깨끗하고 크기도 적당하며 날씨에 맞는 의복을 제공하지 못하는 것. 정서적 방임 : 양육자가 아동을 무시하거나 정서적 반응성을 부인하며, 또는 정신건강 서비스를 제공하지 못하는 것(예 : 유 아의 울음에 양육자가 반응하지 않거나 자녀가 상호작용하려 시도할 때 반응하지 않는 것). 의료적/치과적 방임 : 양육자가 아동 을 위한 의료적, 안과적, 또는 치과적 서비스를 적절하게 제공하지 못하는 것. 교육적 방임 : 양육자가 적절한 교육을 제공하지 못하는 것.

출처 : Leeb et al.(2008)에서 수정 인용

음과 같이 정의하고 있다.

> 사망, 심각한 신체적 혹은 정서적 상해, 성적 학대나 착취를 초래하는 부모 또는 양육자의 최근 행위 혹은 행위 실패, 또는 심각한 상해의 즉각적 위험을 주는 행 위 또는 행위 실패(DHHS, 2010).

따라서 'maltreatment'라는 용어는 학대(abuse)와 방임 (neglect) 둘 다를 의미한다. 문헌에 따르면 학대는 보 통 신체적 학대, 성적 학대, 방임, 정서적(심리적) 학대 의 네 가지 유형으로 기술된다. 미국 질병통제예방센터 (CDC)가 제시한 정의는 〈표 7.2〉에 제시되어 있다(Leeb et al., 2008).

　신체적 학대(physical abuse)의 결과는 가시적이기 때 문에 아마도 다른 형태의 학대보다 발견하기가 쉬울 것 이다. 그러나 신체적 학대로 인한 상해의 성격과 심각성 은 매우 다양하다. 상해가 의도적인 경우도 있지만 심각

한 형태의 훈육과 처벌의 결과로 신체적 학대가 일어나 는 경우가 더 많다. 신체적 학대는 다른 형태의 학대와 다른 독립된 범주로 정의되지만 일반적으로 아동은 신 체적 학대와 함께 정서적 학대, 방임을 경험할 가능성이 크다.

　성적 학대(sexual abuse)란 일반적으로 성인과 아동 · 청소년 사이에 발생하는 성적 경험, 혹은 포르노 영화 와 같이 아동 · 청소년을 성적으로 착취하는 것을 의미 한다. 여자 아동 · 청소년의 성적 학대가 남자 아동 · 청 소년에 대한 학대보다 더 빈번하게 일어난다. 성적 학대 사례는 학대의 시작연령, 일차적 가해자의 신분, 가해자 의 수, 학대의 심각성, 그리고 학대가 신체적 폭력과 위 협을 수반했는지의 여부 등과 같은 요인에 따라 다양하 다(Finkelhor, 1994; Wolfe, 2006).

　심리적(또는 정서적) 학대[psychological(emotional)

maltreatment]의 정의는 가장 일치하기 어려우며 논란의 여지도 많다. 적절한 양육방식과 바람직한 결과에 대한 기준의 차이는 특히 심리적/정서적 학대를 고려할 때 쟁점이 된다(Azar, Ferraro, & Breton, 1998; McGee & Wolfe, 1991). 정서적 학대는 아동의 기본적인 정서적 요구를 방해함으로써 아동의 행동적 · 인지적 · 정서적 · 신체적 기능에 손상을 주는 지속적이고 극단적인 행위 또는 방임으로 정의된다(Brassard, Hart, & Hardy, 2000; Cicchetti & Lynch, 1995). 정서적 학대는 독립적으로 고려될 수도 있고 모든 학대와 방임의 부분으로 고려될 수도 있다(Binggeli, Hart, & Brassard, 2001).

방임(neglect)은 학대 중에서 가장 보편적인 형태로 아동의 기본 욕구를 충족시키지 못하는 것을 말한다. 부모–자녀 관계를 방임으로 정의할 경우, 특히 덜 극단적일 경우에는 가정 및 문화적 가치에 민감해야 하며 경제적 및 사회적 조건을 고려해야 한다. 방임은 의료 서비스 또는 주거의 요구 같은 신체적 요구를 충족시키지 못하는 것을 포함한다. 방임은 또한 학교를 반복적으로 빠지게 하거나 특수교육이 필요한 아동의 요구에 무관심하여 아동의 교육적 요구를 만족시키지 못하는 형태로도 나타날 수 있다. 그리고 아동의 정서적 요구도 방임될 수 있다. 그러나 정서적 방임은 정의하기가 어렵다. 정서적 방임에는 적절한 심리적 보살핌을 제공하지 못하거나 폭력이나 약물사용 같은 해로운 환경으로부터 아동을 보호하지 못하는 것도 포함될 수 있다.

유병률

방임은 학대 중에서 가장 보편적인 형태이다. 〈그림 7.2〉는 2017년 미국에서 일어난 학대의 유형별 백분율을 보여준다(DHHS, 2019). 그림에 제시된 '기타' 유형의 7.1%에는 위협적 학대 또는 방임, 약물/알코올 중독, 감독 부족과 같은 사건들이 포함된다.

2017년 한 해 동안 미국 학대 피해 아동의 14%는 여러 가지 형태의 학대를 함께 경험하였다. 가장 흔한 조합은 방임과 신체적 학대였다.

학대에 영향을 미치는 요인

학대의 개념은 복잡하고 다양하며 서로 관련된 위험요인들의 영향을 인정한다(Assink et al., 2019; Cicchetti & Toth, 2016; Doidge et al., 2017; Margolin et al., 2009; van IJzendoorn et al., 2020; Wolfe & Kelly, 2019). 다음의 일반적인 요인들이 학대에 영향을 미치는 것으로 알

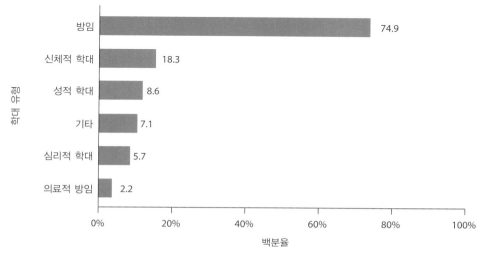

그림 7.2 2017년 아동학대의 유형별 사례. 아동당 한 유형 이상의 학대가 이루어짐에 주목해야 한다. 따라서 전체 백분율은 100% 이상이다.[U.S. Department of Health and Human Services, Child Maltreatment(2017) Washington, DC(2019). 허락하에 사용함]

려져 있다.

- 학대자의 특성
- 아동의 특성
- 부모의 양육방식
- 부모-자녀의 상호작용 과정
- 사회적 · 문화적 영향

마지막 범주는 가장 가까운 사회적 환경(예 : 가정, 직장, 확대가족, 사회적 관계망)과 더 넓은 사회적 · 문화적 맥락(예 : 빈곤, 폭력에 대한 사회의 포용력)을 모두 포함한다. 학대는 가정이나 사회, 지역사회의 결핍, 그리고 다양한 스트레스 요인에 대한 노출의 맥락에서 발생하는 것으로 보인다. 다양한 요인들이 학대에 영향을 미치는 것으로 밝혀졌다. 여기에서는 몇 가지 연구결과만을 살펴보고자 한다.

2017년도 정보에 근거하여 학대 가해자의 특징을 기술할 수 있다(DHHS, 2019). 아동은 한 명 이상의 가해자로부터 학대를 받았다. 81.6%의 사례에서 학대 가해자는 부모였다. 가해자의 69%는 어머니였는데, 어머니 혼자서(40.8%) 또는 아버지와 함께(28.2%) 학대하는 것으로 나타났다. 피해 아동의 13%는 부모가 아닌 사람으로부터 학대를 경험하였다. 부모가 아닌 가해자의 가장 큰 범주는 친척(4.7%), 부모의 파트너(2.9%)였다. 부모에 의한 학대는 적어도 부분적으로는 양육 행동의 맥락에서 이해될 수 있다(Alink, Cyr, & Madigan, 2019; Cicchetti & Toth, 2016; Savage et al., 2019). 학대 부모들은 양육 및 부모-자녀 상호작용과 관련해 다양한 문제를 보인다. 예컨대 이들은 자녀와의 긍정적 상호작용이 부족하며, 강압적이고 부정적인 훈육방식을 사용하는 경향이 있다. 이런 부모들은 또한 양육 자체에 대해 부정적 태도를 지니고 있으며, 양육에 대한 지식도 제한되어 있다. 그리고 발달상 적합한 자녀의 행동에 민감하지도 않을뿐더러 부적절한 기대를 나타내는 경향이 있다.

학대 부모의 또 다른 특성도 주목을 받아 왔다. 이러한 특성에는 스트레스 관리의 어려움, 충동 행동 억제의 어려움, 가족과 친구들로부터의 사회적 고립, 정서적 증

상과 기분 변화, 신체건강의 문제 등이 포함된다. 높은 비율의 약물남용과 가정 내 배우자 폭력도 보고되었다(DHHS, 2019; Wekerle et al., 2007).

연구에 따르면 학대 부모들은 그들 자신이 학대를 경험했을 가능성이 있다(Berlin, Appleyard, & Dodge, 2011; Kaufman & Zigler, 1987; Madigan et al., 2019; Widom, Czaja, & DuMont, 2015). 그러나 학대 아동이 자라서 모두 학대 부모가 되지 않는다는 점에 전반적으로 동의가 이루어지고 있다. 그렇다면 세대와 세대를 연결하는 것은 무엇일까? 이 경로는 개인과 가정, 사회환경의 특성을 포함한 위험요인과 보호요인의 복잡한 상호작용의 결과임이 분명하다. 예를 들어 Enlow, Englund와 Egeland(2018)는 아동기 초기에 학대를 받았던 어머니들은 자신의 자녀를 학대할 가능성이 크다고 보고했다. 따라서 잦고 심각한 스트레스, 질적으로 부족하고 낮은 수준의 사회적 지지가 세대 간의 학대 효과를 예측하는 요인일 수 있다. 아울러 이러한 학대 어머니의 자녀들은 7세가 되었을 때 유의한 정서적 · 행동적 문제를 보일 위험에 놓여 있는 것으로 나타났다. 아동기 초기의 학대 경험, 어머니의 스트레스 노출, 사회적 지지 결여는 어머니의 아동기 학대 경험과 자녀의 정서적 및 행동적 문제 간의 경로 안에 포함되는 것으로 보인다.

학대 부모의 특성을 살펴보는 것에 덧붙여 전문가들은 아동의 어떤 특성이 학대의 표적이 될 가능성을 증가시키는지 알아보았다. 학대의 피해자가 될 가능성은 남아나 여아나 비슷했다. 어린 자녀들이 가장 취약한데, 출생 후 1세까지가 학대의 고위험 시기인 것으로 나타났으며, 피해자의 3/4은 3세 이하의 어린 아동이었다(DHHS, 2019). 그리고 장애(예 : 신체장애, 시각 혹은 청각손상, 지적장애, 학습장애)가 있는 아동 · 청소년도 고위험에 놓여 있는 것으로 나타났다(Jones et al., 2012; Maclean et al., 2017; McDonnell et al., 2019; Ohlsson et al., 2018).

학대는 또한 더 큰 사회적 맥락의 영향을 받는다. English(1998)는 사회경제적 어려움과 학대(특히 방임) 간의 관련성에 관해 기술하였다. 그러나 사회경제적 어

려움을 겪고 있다 해도 모든 가정에서 자녀를 학대하는 것은 아니라는 점을 인식할 필요가 있다. 학대의 원인이 되는 구체적 요인들을 따로 떼어내는 것은 어렵지만 자원의 감소와 스트레스, 사회경제적 어려움과 관련된 문제들은 가족과 아동을 위험에 놓이게 만들 수 있다. 빈곤과 학대의 관계는 다른 요인들 때문일 수도 있다(Azar & Bober, 1999). 예를 들어 부모의 대인관계 및 문제해결기술 부족은 경제적 어려움과 학대를 포함한 양육문제를 함께 가져올 수 있다. 문화적 요인도 중요한 역할을 한다. Korbin과 동료들(1998)은 빈곤이 흑인 지역보다 백인 지역에서 학대에 더 큰 영향을 미친다고 보고하였다. 이러한 차이는 두 지역에서 발견된 사회적 관계의 질에 의해 매개되는 것으로 보인다. 지역사회에 대한 소속감과 자원, 확대가족은 학대의 위험에 보호요인으로 작용할 수 있다.

학대의 결과

학대 아동은 다양한 부정적 결과의 위험에 놓인다. 이들은 신체적 상해, 성병 등과 같은 건강 관련 문제를 겪을 수 있다. 사망 또한 학대의 끔찍한 결과로 일부 아동에게 일어날 수 있다. 2017년 한 해 동안 미국에서 약 1,720명의 아동이 학대와 방임으로 인해 사망했다. 이는 전체 인구 10,000명당 2.32명에 해당하는 비율로 2013년의 추정치보다 11%나 증가한 결과이다. 사망률이 비교적 높지는 않은 편이나 깊은 우려를 일으키는 문제이다. 학대와 방임에 기인한 아동 사망의 절반 정도가 1세 이하의 어린 유아에게 일어난다. 이는 전체 인구에서 1세 유아의 사망률보다 거의 4배 많은 수치이다(DHHS, 2019).

이른 시기의 학대 경험은 유전자 발현의 변이, 스트레스 조절 시스템(시상하부-뇌하수체-부신중추)의 조절장애, 신경전달 시스템의 이상, 면역기능의 조절장애, 그리고 뇌 구조와 기능이상 등과 같은 신경생물학적 결과와 관련이 있다는 증거가 있다(Gordis et al., 2010; Jaffee, 2017a; Margolin & Gordis, 2000; Wolfe & Kelly, 2019). 이러한 신경생물학적 결과가 일어나는 정도는

학대의 시작연령, 학대의 지속기간, 외상과 관련된 심리적 증상의 존재 여부 같은 요인들과 관련이 있는 것으로 보인다(De Bellis, 2001; McCrory, De Brito, & Viding, 2010). 불리한 두뇌발달은 또한 성별에 따라 차이가 있는 것으로 보이는데, 남아와 여아 모두 영향을 받지만 남아가 여아보다 더 취약한 것으로 보인다.

학대의 영향은 열악한 환경이 어떻게 기본적인 생물학적 기능을 변화시킬 수 있는지의 예를 잘 보여준다. 신경생물학적 결과는 다시 인지적, 심리·사회적 어려움에 영향을 미친다. De Bellis(2001)의 발달 외상학 모형(developmental traumatology model)은 신경생물학적 결과가 어떻게 학대 및 방임과 관련된 다양한 부정적 결과의 기저를 이루는지 기술하고 있다. 이 모형에서는 학대와 그것이 미치는 영향을 다양한 변인들의 영향을 인정하는 광범위한 생태학적 교류모형의 틀에서 바라본다(그림 7.3 참조). 예를 들어 학대로 인한 스트레스에 의해 유발된 신경생물학적 변화는 이후에 제공되는 지지적 양육환경에 의해 긍정적으로 수정될 수 있다는 것이다.

신경생물학적 결과와 양육실패를 고려할 때 학대가 여러 가지 바람직하지 않은 결과를 초래할 수 있다는 것은 놀랍지 않다. 학대의 결과는 학대의 유형 및 심각성, 발달 시기, 유전형의 측면, 아동·청소년의 가족, 또래, 이웃의 특징 등 다양한 요인들의 영향을 받을 수 있다(Haskett et al., 2006; Jaffee, 2017a; Jaffee et al., 2007; Manly et al., 2001). 이러한 다양한 요인들은 복잡한 방식으로 상호작용하며 학대의 결과에 영향을 미친다.

아동은 건강과 관련된 문제, 모든 초기 발달영역에서의 주목할 만한 손상, 그리고 다양한 심리적 장애의 심각한 증상을 보일 수 있다(English, 1998; Jaffee, 2017b; Kearney et al., 2010; Thornberry et al., 2010).

예를 들어 신체적 학대는 특히 외현화 문제 및 반사회적 문제를 발달시킬 위험에 놓이게 만든다는 연구결과가 있다(Carliner et al., 2017; Cullerton-Sen et al., 2008; Jaffee et al., 2004; Lansford et al., 2002; Lau & Weisz, 2003). 신체적 학대를 경험한 아동·청소년은 종종 높은 수준의 적대감과 공격성, 잦은 분노 폭발을 보

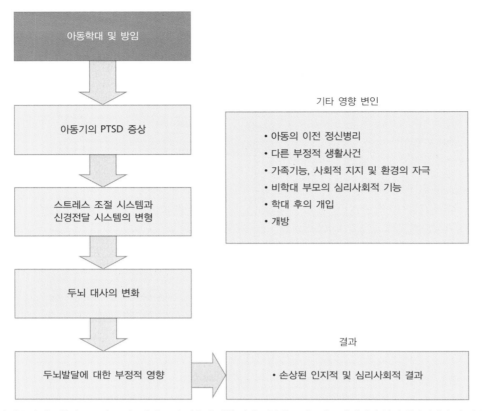

그림 7.3 학대 아동의 생물학적 스트레스 시스템과 두뇌 성숙에 대한 발달 외상학 모델. 이 모델에서 손상된 신경인지적 및 심리사회적 결과는 불리한 두뇌발달의 결과로 이해된다.[De Bellis(2001)에서 수정 인용. Copyright 2001 by Cambridge University Press. 허락하에 사용함]

인다. 이들이 품행장애와 적대적 반항장애를 보일 가능성은 기대 수준보다 더 높다. 다양한 기제가 학대와 품행장애 간의 관계를 설명할 수 있다. 예컨대 Bolger와 Patterson(2001)은 만성적 학대를 경험한 아동은 공격적이며 또래들로부터 거부를 경험하기 쉽다고 보고하였다. 이러한 학대–공격성–또래거부 패턴의 기제로 아동이 자신의 가정에서 학습해온 강압적 대인관계 양식이 제안되었다. 신체적 학대는 또한 문제가 되는 인지적 · 사회적 정보처리 패턴의 학습에 영향을 미칠 수 있다. 실제로 이전의 학대 경험과 이후의 공격행동 간의 관계는 부분적으로 모호한 사회적 단서를 위협적으로 해석하고 공격적으로 반응하는 편향된 사회적 정보처리 패턴에 의해 매개되는 것으로 나타났다(Cullerton-Sen et

al., 2008; Dodge, 2003). 따라서 신체적 학대는 부분적으로 문제가 되는 또래관계와 인지과정의 발달을 통해 품행문제에 영향을 미친다 할 수 있다.

그러나 학대를 경험한 아동 · 청소년이 모두 다 공격성과 품행문제를 보이는 것은 아니다. 학대와 그로 인한 결과의 관계에 영향을 미치는 요인들은 다양하며(Margolin & Gordis, 2004), 개인차에 따라 결과가 달라질 수 있다.

Gordis와 동료들(2010)은 아동기의 학대 경험과 청소년기 공격성 간의 관계를 조절하는 교감신경계(SNS)와 부교감신경계(PNS) 활동의 개인차를 살펴보았다. 그 결과 SNS와 PNS의 기능 모두 공격성과 관련이 있는 것으로 나타났다(제9장 참조). SNS와 PNS 활동과 공격성 간의 관련성에 대해 다양한 기제가 제안되었다 (Beauchaine, 2001; Raine, 2005). 이전에 학대를 경험한 집단과 학대를 경험하지 않은 집단의 청소년들을 대상으로 공격성 수준을 살펴본 결과 전반적으로 학대집단의 청소년에서 공격성 수준이 더 높게 나타났다. 그러나 이러한 관계는 개인차에 의해 조절되는 것으로 확인되었다. 〈그림 7.4a〉에 제시되어 있듯이 PNS 기능의 지표라 할 수 있는 호흡 동성 부정맥(respiratory sinus arrhythmia, RSA)을 측정한 결과, 기저선 측정치가 높은 남아들이 비교집단의 남아들과 비슷한 수준의 공격성을 나타냈다. 높은 RSA가 갖는 이러한 보호 효과는 비록 추가 검증이 필요하긴 하지만 학대를 경험한 여아들에서도 관찰되었다. 이러한 여아들의 보호 효과는 높은

RSA 수준 외에 SNS 기능의 지표인 피부 전도도(SCL) 반응성에서도 낮은 수준을 보이는 것으로 확인되었다 (그림 7.4b 및 c 참조). 이는 여아의 경우 PNS 차이에 의한 조절 효과가 다시 SNS 차이에 의해 조절됨을 시사한다. 많은 연구에서 이러한 학대–반사회적 행동 간의 관계가 특정 유전형에 의해 조절되는 것으로 나타났다. 예컨대 MAOA(monoamine oxidase A) 유전자는 세로토닌, 에피네프린, 노르에피네프린, 도파민 같은 신경전달물질의 이상과 관련이 있다. 학대를 경험하고 MAOA 유전자의 낮은 활동 변이를 보인 남아들의 경우에는 아동기 품행문제와 성인기 반사회적 문제의 위험 수준이 높은 것으로 나타났다. 반면 학대를 경험하지 않고 MAOA 유전자의 변이가 없는 남아들의 경우에는 이러한 외현

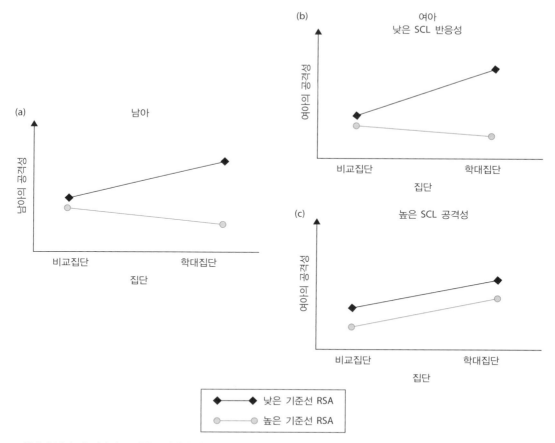

그림 7.4 학대가 남아 및 여아의 공격행동 발달에 미치는 영향에서 보호요인으로 작용하는 자율신경계 기능[Gordis et al.(2010)에서 수정 인용]

화 문제의 위험 수준이 높지 않았다(Byrd & Manuck, 2014; Jaffee, 2017a).

학대의 영향은 유아기에서 청소년기를 거쳐 성인기까지 여러 발달단계를 거쳐 확인된다(Shaffer, Yates, & Egeland, 2009; Springer et al., 2007; Wolfe & Kelly, 2019). 이것은 분명 마음 아픈 상황이다. 그러나 피학대 아동 가운데 일부는 유능한 성인으로 성장하기도 하며, 학대에도 불구하고 적응유연성(resilience)을 보이기도 한다(Cicchetti, 2010b; Haskett et al., 2006; Jaffee, 2017a).

따라서 종합적으로 볼 때 학대의 영향을 기초적인 발달과정을 방해하는 것으로 보는 것이 최선인 것으로 생각된다. 학대는 아동의 성공적인 적응에 필요한 사회적 · 정서적 지지를 감소시킨다. 그리고 애착과 인지기능, 자기개념, 대인관계, 정서조절 등의 발달영역에 영향을 미친다(Azar & Bober, 1999; Haskett et al., 2006; Wolfe & Kelly, 2019). 아울러 피학대 아동은 학대와 관련된 위험을 감소시킬 수 있는 긍정적 경험의 기회가 부족할 가능성이 크다(Azar & Wolfe, 2006; Haskett et al., 2006; Salzinger et al., 2001; Toth et al., 2011).

학대에 대한 개입

학대를 유발하는 다양한 요인들을 고려할 때 효과적인 예방과 개입을 위해서는 다양한 맥락(개인, 가정, 지역사회, 문화 및 사회)을 다루어야 하며, 따라서 다양한 요인들을 포함해야 한다. 학대를 경험한 아동 · 청소년을 돕기 위해 다양한 개입들이 제안되어 왔다. PTSD를 위한 개입에 관한 앞의 논의에서 기술된 연구에는 학대를 비롯해 다양한 유형의 외상을 경험한 아동 · 청소년을 포함하고 있다. 연구결과는 학대를 경험한 아동 · 청소년의 치료에 인지행동치료(CBT)가 가장 효과적이며, 특히 부모가 참여할 때 더욱 효과적임을 보여준다(Dorsey et al., 2017; La Greca & Danzi, 2019). 그리고 특히 외상초점 인지행동치료(TF-CBT)가 효과적이라는 증거가 있다(J. A. Cohen et al., 2017a, 2017b). TF-CBT 접근과 프로그램은 앞에서 기술되었다. TF-CBT 및 다른

CBT 개입을 적용할 때는 아동 · 청소년이 경험한 특정 외상(아동 · 청소년이 경험한 학대의 특수한 성격)에 맞춰 조정한다.

아동학대 분야의 전문가들은 예방에 초점을 맞출 것을 강조해 왔다. 앞에서 기술했듯이 다양한 위험요인들을 확인하기 위한 연구가 계속되고 있다. 따라서 학대는 다른 외상 경험과는 달리 잠재적으로 예방 가능한 경험으로 볼 수 있다. 효과적인 프로그램 확인에 있어서 진전이 있으며(Damashek et al., 2018), 촉망되는 프로그램들도 다수 있다. 지금부터 연구를 통해 효과가 검증된 몇몇 프로그램을 간략히 살펴보고자 한다.

간호사-가족 파트너십(Nurse-Family Partnership, NFP)과 모든 아동을 위한 안전한 환경(Safe Environment for Every Kid, SEEK)은 1차 의료기관의 전문가들이 참여하는 프로그램이다. NFP는 공인간호사가 가정을 방문하여 저소득층 어머니들에게 아동의 건강과 안전에 관한 교육을 제공한다(Olds et al., 2013). 어머니들은 임신 초기에 등록하여 자녀가 2세가 될 때까지 프로그램에 계속 참여한다. 가정방문은 개인적 요구에 맞추어지며 건강, 아동발달, 가용한 서비스, 가족과 친구들의 사회적 지지 등 다양한 영역들을 다룬다. SEEK 프로그램은 소아과의 1차 의료기관에서 이루어지며 0~5세 자녀를 둔 고위험 가정에 서비스를 제공한다(Dubowitz, 2014). 의료전문가들은 아동학대의 주요 위험요인을 보이는 가정을 발견하고 도울 수 있도록 훈련 받는다. 이들은 부모들에게 교육을 제공하고, 지역사회 자원으로 의뢰하여 서비스에 참여하도록 돕는다.

'멋진 시절(Incredible Years, IY)'은 원래 어린 아동의 행동문제를 감소시키기 위해 설계된 행동개입 프로그램이다(Webster-Stratton & Reid, 2017). 이 프로그램에 대해서는 품행문제를 다루는 장(제9장)에서 기술할 것이다. 집단으로 실시되는 IY 프로그램은 부모용, 교사용, 아동용 커리큘럼을 포함한다. 개입 시 아동관리 기술, 부모-자녀 관계, 정서조절, 사회적 지지 촉진 등의 영역을 다룬다. IY 개입은 아동학대의 위험과 관련된 문제 및 이를 다루는 기술에 있어서 효과적인 것으로

검증되었으며, 아동학대의 위험에 놓일 가능성이 있는 대상들에게 효과적인 것으로 확인되었다(Domashek et al., 2018). 학대에 대해 좀 더 정확히 이해하게 됨에 따라 우리는 가장 효과적이며 아동과 가족들의 특수한 요구에 적합한 예방적 개입을 구성할 수 있을 것이다(van IJzendoorn et al., 2020).

핵심용어

각성 또는 반응성

급성 스트레스장애

반응성 애착장애

방임

성적 학대

신체적 학대

심리적(또는 정서적) 학대

아동학대

외상

외상후 스트레스장애

외상후 스트레스증상

인지와 기분의 부정적 변화

재경험

탈억제성 사회적 유대감 장애

해리

회피

CHAPTER 8

기분장애

학습목표

- 우울증의 개념, 정의 및 분류
- 우울증의 역학과 발달과정
- 생물학적 요인과 심리사회적 요인이 우울증 발달에 미치는 영향
- 우울증의 평가

- 우울증의 치료와 예방
- 조증과 청소년 양극성 장애의 분류
- 양극성 장애의 역학, 발달과정 및 병인
- 양극성 장애의 치료
- 자살행동, 비자살적 자해, 자살위험 및 자살예방

기분 또는 감정의 문제는 내재화 장애의 주요 측면이다. 아동과 청소년들은 한편으로는 엄청나게 슬프면서도 다른 한편으로는 대단히 들뜬 기분을 경험할 수 있다. 이런 기분이 매우 극단적이거나 지속적일 때, 또는 개인의 기능을 훼손할 때 각각 '울증'과 '조증'이라 이름 붙일 수 있다.

아동과 청소년의 기분장애는 오랫동안 주목을 받지 못했다. 정서문제에 대한 관심이 증가한 데에는 여러 요인이 영향을 미쳤다. 성인기 기분장애의 확인 및 치료 분야가 괄목할 만한 발전을 보인 것이 한몫을 했다. 또한 많은 평가도구가 개발됨에 따라 연구자들은 임상집단과 정상집단의 청소년 모두를 대상으로 이 현상을 연구할 수 있게 되었다. 아울러 진단기술의 향상은 아동과 청소년의 기분장애 연구를 촉진하였다. 그러나 성인의 진단기준을 젊은이들에게 적용할 수 있다는 결과를 바탕으로 기분장애와 관련한 현상이 아동과 성인에게 동일하다는 결론을 섣불리 내려서는 안 된다.

기분장애를 별도의 범주들로 분류하고자 할 때 앞서 불안장애를 살펴보면서 발견했던 것과 똑같은 문제들에 부딪히게 된다. 예를 들어 우울증의 진단기준에 부합하는 아동과 청소년들은 다른 진단도 함께 받는 경우가 흔하다. 우리는 이 장애들을 독립된 별개의 문제로 생각해야 하는가, 아니면 예컨대 더 큰 내재화 장애의 일부분으로 보아야 하는가?(Trosper et al., 2012) 그럼에도 불구하고 울증과 조증을 따로 살펴보는 것은 연구 및 치료와 관련한 문헌들이 조직되어 있는 방식으로 볼 때 의미가 있는 일이다.

역사적 관점

역사를 간단히 살펴보는 것이 아동기 우울증에 대한 최근 관점들을 이해하는 데 도움이 될 것이다. 오랫동안

아동 임상연구에서 주도적인 견해는 정통 정신분석 관점이었다. 이 관점에서는 우울을 초자아와 성숙한 자아가 작용하여 나타나는 현상이라고 본다(Kessler, 1988). 예를 들어 초자아가 자아의 처벌자로 작용할 때 우울이 초래된다고 주장한다. 아동의 초자아는 이런 역할을 할 수 있을 만큼 충분히 발달하지 않았기 때문에 아동에게는 우울장애가 일어나는 것이 불가능하다고 믿었다. 따라서 아동의 우울증이 주목을 받지 못했던 것은 당연한 일이다.

두 번째 주요 관점은 아동기 우울증이 별도의 장애로 존재하는가에 관한 논쟁과 결부되어 있다. **가면우울증**(masked depression)이라는 개념은 아동기 우울증이라는 장애가 실제로 존재하기는 하지만, 우울증 진단에 필수적인 것으로 흔히 간주하는 슬픈 기분이나 그 밖의 특징들은 나타나지 않는다는 입장을 견지한다. 기저에 우울장애가 존재하긴 하지만 과잉행동이나 비행과 같은 (우울증에 상응하는) 다른 문제들에 의해 '가려진다'고 보는 것이다. '기저에 있는' 우울증은 직접 드러나지는 않지만 임상가에 의해 추론될 수 있다. 실제로 일부 전문가들은 가면우울증이 상당히 보편적으로 나타나는 현상이며, 아동기 우울증은 가려져 있기 때문에 진단 비율이 낮아지는 결과가 초래되었다고 주장하였다(Cytryn & McKnew, 1974; Malmquist, 1977).

가면우울증이라는 개념은 분명히 문제가 있다. 특정한 증상이 우울증의 징후인지 아닌지를 결정할 수 있는 조작적 방법이 없다. 예를 들어 어떤 아동의 분노발작(temper tantrum)은 공격적 스타일의 일부인가, 아니면 우울증의 징후인가? 사실 가면우울증이라고 주장되는 증상들은 아동과 청소년들이 보이는 온갖 종류의 문제행동들을 다 포함하고 있다. 그러므로 가면우울증이라는 개념은 논란의 여지가 상당히 많다.

그러나 가면우울증이라는 개념은 중요하다. 우울증이 아동기에 흔히 나타나는 중요한 문제임을 알 수 있게 해주기 때문이다. 또 가면우울증과 관련된 중요한 생각들, 즉 아동기에도 우울증이 발생하며 아동기의 우울증은 발생연령에 따라 성인기 우울증과는 다른 다양한 형태로 나타날 수 있다는 생각들은 여전히 널리 받아들여지고 있다. 우울증이 아동과 성인에게 각기 다른 형태로 나타난다는 생각은 발달정신병리학 관점이 진일보하는 데에도 일정한 기여를 했다.

발달정신병리학 관점이 형성되기 시작한 초창기에는 우울증 진단을 하게 만드는 행동들(예 : 식욕부진, 지나친 수줍음)이 특정 연령대의 아동들에게 흔히 나타나는 일시적인 발달현상일 뿐이라고 생각했다(Lefkowitz & Burton, 1978). 이러한 초기 입장은 아동들에게 흔히 나타나는 슬픔이나 부정적 감정의 일시적인 경험과 그러한 감정의 장기적이고 지속적인 표현을 구분해서 살펴볼 필요가 있다는 점을 일깨워 주었다. 또 증상(symptom)으로 나타나는 우울증과 증후군(syndrome)으로 나타나는 우울증을 구별하는 것도 중요하다. 한두 가지의 우울증적 행동은 그 발달단계에 전형적인 것으로 볼 수 있다. 그러나 그러한 행동들이 다른 여러 문제와 기능손상을 수반하면서 많은 아이에게 일어나는 경향이 있다고 한다면 얘기는 달라진다(Kovacs, 1997). 발달 관점은 기분장애 연구에서 빼놓을 수 없는 중요한 측면이 되었다(Cicchetti, 2010; Hinshaw, 2017; Luby & Whalen, 2019).

기분장애 분류에 대한 DSM 접근

기분장애는 때로 한 가지 기분, 대개는 울증을 경험하는 **단극성**(unipolar)이나 울증과 조증을 다 경험하는 **양극성**(bipolar)으로 기술된다. DSM은 단극성과 양극성의 기분장애들을 모두 기술하고 있다. DSM에서 울증과 조증은 '우울장애'와 '양극성 및 관련 장애'라는 제목을 붙인 두 개의 장에서 기술되고 있다. 그러나 이러한 구분에도 불구하고 이 두 유형의 기분장애는 여러 면에서 관련성이 있는 것으로 간주된다. 진단하는 사람이 우울장애와 양극성장애 둘 다에 울증과 조증의 증상들이 혼재되어 나타남을 보여주는 '명시자(specifier)'를 제공하는 것도 이에 해당된다.

먼저 우울문제가 있는 기분장애를 살펴보고 이어서

조증/양극성 장애를 알아본 다음, 자살에 대한 논의로 이 장을 마무리하기로 하겠다.

우울증의 정의와 분류

우울증의 정의

아동과 청소년의 우울증을 이해하는 것은 힘든 과제이다. 이 현상 자체가 워낙 여러 영향요인들의 복잡한 상호작용을 거치고 임상적으로 복잡하게 표출되기 때문이다. 게다가 아동의 우울증을 바라보는 다양한 관점이 있고 우울증을 정의하는 방식도 다양하다.

연구결과들은 우울증이 어떻게 정의되고 평가되느냐에 따라 아동이 우울증으로 진단될 수도 있고 그렇지 않을 수도 있다는 것을 보여준다(Carlson & Cantwell, 1980; Hammen & Rudolph, 2003; Kaslow & Racusin, 1990). 그러한 차이는 우울증의 원인 및 상관요인과 관련하여 각기 다른 결론을 도출하게 만들 수 있다.

Kazdin(1989)의 연구는 정보의 출처와 진단에 사용하는 방법이 우울증을 보는 방식에 영향을 미칠 수 있다는 것을 보여준다. 이 연구에서는 정신과에 입원한 아동 231명과 그 부모들을 직접 면담하고 이를 기초로 DSM 진단을 내렸다. 그리고 이 진단을 아동 우울증 검사(Children's Depression Inventory, CDI) 점수에 근거한 진단과 비교하였다. CDI는 아동들뿐 아니라 부모들에게도 실시되었다. 그 밖에도 아동과 부모에게 우울증과 관련이 있는 것으로 알려진 특성들을 평가하는 여러 가지 검사를 실시하였다. 진단에 사용한 방법이 무엇이냐에 따라 각기 다른 집단의 아동들이 우울증 진단을 받는 것으로 나타났다. 예를 들어 1/3 조금 못 되는 아동들이 우울증의 세 가지 진단기준(DSM, 아동 CDI, 부모 CDI) 가운데 두 가지를 충족시켰고, 4.8%가 세 가지 기준 모두를 충족시켰다. 또한 우울증과 관련이 있는 특성들도 진단에 사용한 방법에 따라 다양하게 나타났다. 〈표 8.1〉에 이러한 결과의 일부가 제시되어 있다. 우울증을 아동 CDI 점수가 높은 것으로 정의했을 때 우울과 관련된 특성들에서 우울한 아동들과 그렇지 않은 아동들 간에 차이가 있었다. 우울한 아동들은 더 절망적이었고, 자아존중감이 더 낮았으며, 부정적 사건이 발생했을 때 그 원인을 (외부가 아닌) 내부에서 찾는 경향이 있었다. 이 아동들은 또 통제의 소재와 관련해서 자기 자신보다는 외부 요인에 의해 통제가 이루어지고 있다고 생각하는 경향이 강했다. 우울증을 다른 두 가지 기준(부모 CDI와 DSM)에 의해 정의했을 때에는 우울한 아동과 그렇지 않은 아동 간에 이러한 '우울 관련' 특성들에서 차이가 없었다. 우울증을 부모 CDI 점수로 정의했을 때에는 우울점수가 높은 아동들이 매우 낮은 아동들

┃ 표 8.1 서로 다른 우울증 기준을 적용했을 때 우울한 아동과 그렇지 않은 아동의 평균 특성 점수

측정치	기준					
	CDI(아동)		CDI(부모)		DSM 진단	
	고	저	고	저	우울증	우울증 아님
절망감	7.3	3.3	5.3	5.0	5.4	4.8
자아존중감	22.7	38.9	28.2	30.8	29.2	30.9
귀인	5.4	6.5	5.8	5.8	6.0	6.0
통제의 소재	9.8	6.8	8.2	8.7	7.9	8.4
전체 행동문제(CBCL)	75.8	75.3	81.6	69.0	76.5	75.0

출처 : Kazdin(1989). Copyright 1989 by Springer. 허락하에 사용함

보다 (아동 행동 체크리스트 CBCL에 의해 측정된) 광범위한 증상들에서 문제가 더 많은 것으로 나타났다. 다른 두 가지 기준으로 정의된 우울증은 이와 같이 다양한 문제들과 관련이 없는 것으로 나타났다. 따라서 아동의 우울증 진단에 사용되는 방법과 정보제공자는 어떤 요인이 우울증과 관련이 있는지에 대한 결론에 영향을 미칠 수 있다.

지금으로서는 우울증을 어떻게 정의하는 것이 '옳은' 것인지 확실하게 말하기 어렵다. 그러나 아동기 우울증은 증후군 또는 장애이며 가장 많이 사용되는 정의는 DSM 정의라는 것이 주도적인 견해라고 보면 무리가 없을 것이다.

우울장애 : DSM 접근

DSM은 여러 유형의 우울장애를 기술하고 있다. 이 장애들은 모두 신체적·인지적 변화를 동반하는 슬픔, 공허감, 또는 과민한 기분이 공통되는 증상들이다.

주요우울장애(Major Depressive Disorder, MDD)는 우울증을 정의하는 기본적 DSM 범주이다. 이 장애는 하나 또는 그 이상의 주요우울증 에피소드가 나타나는 것으로 기술된다. 주요우울증 에피소드를 진단하는 데 필요한 증상이 아래에 수록되어 있는데 (한 가지만 제외하고) 아동, 청소년, 성인에게 모두 동일하다. 그 한 가지 예외는 아동과 청소년의 경우 과민한(irritable) 기분이 우울한 기분을 대체할 수 있다는 것이다. 이는 우울한 아동의 상당수가 과민한 기분을 보인다는 연구결과에 토대를 두고 있다.

1. 우울한 또는 과민한 기분
2. 흥미나 즐거움의 상실
3. 체중이나 식욕의 변화
4. 수면문제
5. 운동성 흥분 또는 지체
6. 피로감 또는 활력 상실
7. 무가치한 느낌 또는 죄책감
8. 생각을 하거나 정신을 집중하거나 결정을 내리기가

어려움
9. 죽음에 대한 생각 또는 자살생각/행동

DSM에서 주요우울장애 진단을 내리기 위해서는 위에 언급한 증상들 가운데 다섯 가지 또는 그 이상이 나타나야 한다. 이들 증상 중 하나는 우울한 (또는 과민한) 기분이거나 흥미 또는 즐거움의 상실이어야 한다. 또한 이 증상들은 2주 동안 지속되어야 하며, 임상적으로 의미 있는 고통을 일으키거나 해당 아동에게 중요한 기능(예 : 사회, 학업) 영역에 손상을 초래해야 한다.

MDD는 한 가지 또는 그 이상의 우울 에피소드들이 (에피소드들 사이에는 증상이 완화되면서) 나타난다는 특징이 있다. 이와는 대조적으로 **지속성 우울장애**(Persistent Depressive Disorder)는 더 만성적인 형태의 우울증을 말한다. DSM-5는 기분부전장애 대신에 지속성 우울장애라는 용어를 도입하였다. 지속성 우울장애(기분부전장애)의 경우 주요우울장애의 많은 증상이 덜 심각한 형태로 그러나 더 오랜 기간 만성적으로 나타나는 장애이다. 우울한 기분(또는 아동과 청소년들에게는 과민한 기분)이 다음에 수록된 증상들 중에서 두 가지 또는 그 이상과 함께 적어도 1년 동안 나타난다.

1. 우울한 또는 과민한 기분
2. 식욕부진 또는 과식
3. 수면장애
4. 활력 부족 또는 피로
5. 자아존중감 상실
6. 정신집중 또는 의사결정의 문제
7. 절망감

이 증상들은 임상적으로 의미 있는 고통이나 손상을 일으켜야 한다. 만성적이고 덜 심각한 우울증(기분부전증)과 주요우울증 에피소드가 동시에 나타나는 사례를 기술하기 위해 때로 **이중우울증**(double depression)이라는 용어를 사용한다. 기분부전증은 대체로 주요우울증 에피소드가 발생하기 이전에 나타나는 것으로 기술된다.

DSM-5에는 우울장애 챕터에 **파괴적 기분조절부전**

장애(Disruptive Mood Dysregulation Disorder, DMDD)라는 새로운 진단도 포함되었다. 이 진단은 아동이 양극성 장애로 인해 느낄 수 있는 혼란 및 그러한 장애의 과잉진단이라는 문제를 다루기 위해 추가되었는데, 이 문제는 이 장의 후반부에서 살펴보게 될 것이다. 파괴적 기분조절부전장애는 지속적 과민성과 빈번한 폭발(예 : 극단적 성질 폭발, 신체적 공격성) 증상을 보인다(글상자 '제니퍼 : 중증 기분조절부전장애' 참조). 아동이 느끼는 분노 또는 과민한 기분은 분노발작이 없을 때도 나타나고 거의 매일같이 거의 온종일 나타나는 것으로 기술된다. 이러한 증상들은 10세 이전에 나타나는데, 6세 이전이나 18세 이후에는 이 진단을 내리지 않도록 되어 있다. 이런 패턴의 증상들은 양극성 장애의 증상과 구분하기 어려울 수 있으나 파괴적 기분조절부전장애 증상을 보이는 아동들은 이후에 양극성 장애보다는 단극성 우울장애 또는 불안장애를 일으킬 가능성이 더 큰 것으로 생각된다(American Psychiatric Association, 2013).

우울증 : 경험적 접근

우울증상을 포함하는 증후군들은 Achenbach 도구들에

제니퍼 : 중증 기분조절부전장애

13세 백인소녀 제니퍼는 대학교육을 받은 부모와 16세 언니와 함께 중류계층 가정에서 살고 있다. 제니퍼의 부모는 제니퍼가 11세에 과민성을 보이기 전까지는 걱정이 없고 태평한 아이였다고 말한다. 제니퍼는 중학교에 올라가면서 학업부담이 증가하고 또래관계가 힘들어지면서 과민성이 악화되었고 공격성 폭발을 보이기 시작하였다.

제니퍼의 부모는 제니퍼가 12세 때 집에서 언어적 · 신체적 공격행동을 하는 것 때문에 처음으로 병원을 찾았다. 첫 평가에서 제니퍼는 매달 한두 번씩 부모에게 신체적 공격성 폭발을 보이고, 매주 평균 두 번씩 언어적 공격성 폭발을 보이며, 매일 여러 번씩 그보다 경미한 정도의 고함을 부모에게 질러대는 것으로 나타났다. 제니퍼의 언니는 제니퍼가 받는 관심에 분노를 느꼈고 제니퍼가 부모와 상호작용하는 방식을 비난하였다. 언니는 가끔씩 부모역할을 하려고 했는데 이게 둘 사이의 언쟁으로 번졌다. 집에서의 이러한 문제 외에도 또래관계나 학교에서도 상당한 문제가 있었다. 첫 평가에서 제니퍼는 또 파괴적 기분조절부전장애, ADHD, 범불안장애의 진단기준에 부합할 뿐만 아니라 과거에 주요우울장애 병력이 있던 것으로 나타났다. 아울러 신경심리검사는 제니퍼가 IQ는 평균 수준인데 시각-공간추리 능력이 좀 부족하고 주의력에 경미한 문제가 있다는 것을 보여주었다.

매주 행동관리와 정신약물사용에 초점을 두는 치료회기를 통해 치료를 시작하였다. 제니퍼의 부모는 통일된 접근을 유지하려고 노력했으나 제니퍼가 집에서 공격적 행동을 할 때 어떤 식으로 다루면 좋을지 몰라 힘들어했고 그 결과 외래치료를 받는 데 더해 위기 기관의 가정 방문, 응급실 방문, 입원을 하게 되었다. 외래치료를 받는 동안 제니퍼는 부모를 향한 신체적 공격성과 자살생각으로 인해 네 차례 입원하였다. 외래치료에서는 언어적 · 신체적 폭발과 파괴적 기분조절부전장애의 만성적 과민성을 다루기 위해 우울한 청소년을 위한 대인관계 심리치료(IPT-MBD)를 수정하여 사용하였다. 제니퍼는 선택적 세로토닌 재흡수 억제제와 비정형 항정신병제를 복용하면서 이 치료프로그램을 시작하였다. 이 약물요법은 20주 외래치료를 하는 동안 내내 유지되었다.

20주 치료프로그램을 하는 동안 제니퍼는 입원을 하거나 응급실 방문을 하지 않았다. 치료프로그램이 끝났을 때 증상이 많이 개선되었고, 긍정적 대인관계 상호작용이 증가하였으며, 더는 파괴적 기분조절부전장애의 진단기준에 부합하지 않았다. 증상이 많이 좋아지기는 했지만 제니퍼와 그의 부모, 그리고 치료자는 이런 혜택을 확고히 하고 다양한 영역에서 지속적 향상을 가져오기 위해 노력하는 것이 바람직하다는 데 의견을 모았다. 제니퍼는 대인관계에 초점을 두고 다른 문제영역들을 다루는 치료를 계속해서 받았으며, 항정신병제의 복용량도 줄여나갔다. 제니퍼는 IPT-MBD를 완료하고 6개월 이내에 신체적 공격성 폭발을 전혀 보이지 않았고, 폭발을 보이는 빈도가 계속 줄어들었으며, 별도의 조치 없이 공립학교에 진학하였다.

– Miller et al.(2016)에서 수정 인용

의해 확인되는 증후군들과 마찬가지로 분류에 대한 경험적 접근에 의해서도 확인될 수 있다(제5장 참조). 우울증상을 포함하는 증후군들은 불안과 위축행동에 특징적인 증상들도 포함하고 있다. 즉 이런 연구들은 우울증상만을 포함하는 증후군은 찾아내지 못하고 있다. 우울과 불안의 특징들이 혼재하여 표출되는 현상은 아동과 청소년을 대상으로 한 연구에서 꾸준히 발견되고 있다.

아동과 청소년의 우울증을 어떻게 정의하고 분류하는 것이 최선인지를 알아내는 데 초점을 맞춘 연구들이 진행되고 있다. 한 가지 쟁점은 발달수준에 민감한 기준을 결정하는 것이다. 아동과 청소년은 발달의 여러 시점에서 우울증을 각기 달리 경험할 수 있기 때문이다. 두 번째 쟁점은 아동과 청소년의 우울증을 범주보다는 차원의 개념으로 보는 것이 더 타당한가 하는 것이다(Hankin et al., 2005). 많은 연구자가 각종 우울증상을 보이는 아동과 청소년들이 DSM의 기분장애 기준에 부합하는지 여부에 관심을 기울인다. 이러한 접근은 진단기준이 설정한 절단점수가 과연 결정적인 것인지 여부를 확신할 수 없다는 점에서 의미가 있다. 많은 아동과 청소년들이 진단기준에는 못 미친다 해도 일상생활의 기능에서 손상을 보일 수 있으며 앞으로 문제를 일으킬 위험이 있다(Georgiades et al., 2006; Klein et al., 2009; Lewinsohn et al., 2000).

우울증의 기술

일상적인 의미에서 우울증이라는 용어는 불행한 기분이 만연하는 경험을 말한다. 이와 같이 주관적인 슬픔 경험 또는 불행감(dysphoria)은 우울증의 임상적 정의에서도 중요한 특징이다. 우울한 것으로 보이는 아동과 청소년에 대해 기술한 내용을 보면 이들이 다른 여러 문제도 겪고 있음을 보여준다. 이들의 과민성과 짜증(갑작스러운 폭발, 눈물, 고함치기, 물건 집어 던지기 등)에 대한 우려가 표명되기도 한다. 해당 아동을 알고 있는 성인들은 즐거운 경험의 상실, 사회적 위축, 자아존중감 저하, 집중력 결여, 학업 저조 등의 변화를 기술하기도 한다. 때로 생물적 기능(수면, 섭식, 배설)의 변화와 신체통증

닉 : 우울증의 문제

닉은 어머니와 함께 살고 있다. 아버지는 닉이 태어나기도 전에 집을 떠났다. 닉은 곱사등이로 태어났으며 그로 인해 걸음걸이가 이상하고 신체적 능력에도 한계가 있다. 닉이 병원에 오게 된 것은 절도죄로 체포된 사건이 발단이 되었다… (어머니는) 닉이 걸핏하면 짜증을 내고 거의 언제나 부루퉁해 있으며, 자신과 닉 사이에 싸움이 그칠 날이 없었다고 말한다. 최근 들어 닉은 감정폭발이 부쩍 심해져서 물건들을 집어던지고 벽과 문에다 구멍을 뚫기까지 했다.

닉은 자신이 아주 불행하고, 살면서 즐거운 일이 없으며, 앞으로 상황이 더 나아지리라는 희망도 없다고 털어놓았다. 그는 자신의 외모를 많이 의식하고 있었는데, 친구들이 자신을 놀리고 자신을 싫어한다고 느꼈으며 자신도 스스로를 싫어하고 있었다.

… 닉의 하루는 보통 다음과 같다. "텔레비전을 보느라 밤늦게까지 있다가 아침에 일찍 눈을 뜨긴 하지만 9시나 10시까지 침대에 그냥 누워 있다. 낮에는 대부분 집에서 혼자 비디오게임을 하거나 텔레비전을 보면서 시간을 보낸다." 닉은 체중이 많이 불었는데 식욕을 조절하기가 힘들다고 토로한다. … 닉의 어머니는 오후 늦게 집에 돌아온다. 닉과 어머니는 닉이 또 학교를 결석한 것 때문에 싸운다. 둘은 텔레비전을 보면서 아무 말 없이 저녁을 먹는다. 나머지 저녁시간 내내 이런저런 일들로 다툼이 이어진다.

－ Compas(1997, pp. 197~198)에서 수정 인용

이 나타나기도 한다. 아동이 죽고 싶다는 생각을 드러낼 수도 있다.

이 아동과 청소년들은 다른 여러 심리적 장애를 겪고 있는 경우가 많다. 분리불안장애와 같은 불안장애가 우울증과 함께 나타나는 장애 중에서도 가장 흔하게 나타나는 장애일 것이다. 품행장애와 적대적 반항장애도 우울한 아동과 청소년에게 많이 나타난다. 우울증이 있는 청소년들은 알코올남용 및 물질남용 문제도 함께 가지고 있는 경우가 많다.

슬픈 감정 또는 불행감은 우울증에 대한 대부분의 정의에서 가장 중요한 특징이다.

15세 소년 닉의 사례는 이런 여러 특징뿐 아니라 우울증의 발달과 진행 과정에 기여하는 몇 가지 요소를 보여 준다.

우울증의 역학

우울증은 아동과 청소년이 보이는 장애의 주요 원인으로 흔히 거론된다(World Health Organization, 2017). 주요우울장애는 아동과 청소년에게 가장 많이 진단되는 기분장애이다(Kessler et al., 2009; Lewinsohn, Rodhe & Seeley, 1998). 단극성 장애가 있는 청소년 중에서 80%가 주요우울장애를 경험하고, 10%는 주요우울장애가 없는 기분부전증을 경험하며, 나머지 10%는 '이중우울증'을 경험한다. 지역사회 조사연구에 따르면 주요우울장애의 전체 유병률은 12%가량인 것으로 추정되는데 아동의 유병률은 0.4~2.8%, 청소년의 유병률은 0.4~8.3%의 범위에 있다. 우울장애의 평생유병률은 2.6%가량인 것으로 보고되지만, 범위는 2.3%에서 51% 사이에 걸쳐 있는 것으로 추정된다. 주요우울장애의 평생유병률 추정치는 4~25%인데 청소년의 유병률은 11~20%이고 아동의 유병률은 1.5~2.5%이다(Avenevoli et al., 2015; Kessler et al., 2009; Lavigne et al., 2009; Merikanjas & Hommer, 2019; Polanczyk et al., 2015). 기분부전장애의 역학은 이만큼 연구되지 못했다. 아동의 기분부전장애 유병률은 0.5~1.5% 사이에 있고 청소년의 유병률은 1.5~8.0% 사이에 있는 것으로 보고되었다(Birmaher et al., 1996; Kessler et al., 2009; Lavigne et al., 2009).

보고된 유병률은 어쩌면 문제의 범위를 과소평가하는 것일 수도 있다. 예를 들어 어느 한 시점의 유병률이 아니라 평생의 유병률을 보면 임상적 우울증 에피소드가 특히 청소년들 사이에 상당히 흔하게 나타남을 알 수 있다. Lewinsohn과 동료들(1998)은 14~18세 지역사회 청소년들을 대상으로 실시한 대규모 역학연구인 오리건 청소년 우울증 프로젝트(Oregon Adolescent Depression Project, OADP)에서 청소년들은 19세가 되기까지 약 28%(여성은 35%, 남성은 19%)가 주요우울증 에피소드를 경험하게 될 것이라고 추정하였다. 또 다른 연구도 일반 모집단의 경우 진단 가능한 우울장애의 평생유병률이 20~30%에 이른다고 주장한다(Compas, Ey, & Grant, 1993; Lewinsohn et al., 1993). 이러한 결과는 일반 모집단의 아동과 청소년들이 4명 중에 1명꼴로 아동기나 청소년기에 우울장애를 경험한다는 것을 의미한다. 임상 수준에 해당하는 우울증의 정의를 달리 하면 더 높은 수치가 나올 수도 있다. 예를 들어 오리건 프로젝트에 참여한 아동의 40~50%가 자기보고 우울증 검사에서 우울증 '환자로 볼 수 있는(caseness)' 기준을 넘어서는 점수를 받았다. 성인의 경우 이에 상응하는 수치는 16~20%이다.

끝으로 우울증상을 나타내지만 진단기준에는 부합하지 않는 아동들까지 포함하면 문제의 정도는 더욱 분명해진다. 이 아동들은 방금 인용한 유병률 추정치에 포함되지 않았다. 그러나 그런 아동들은 학업적, 사회적, 인지적기능에 손상을 보이는 경우가 많으며, 우울증상을 보이지 않는 아동 및 청소년과 비교해 장차 장애를 나타낼 위험도 더 크다(Georgiades et al., 2006; Klein et al., 2009; Lewinsohn et al., 1998).

연령과 성별

연령과 성별은 아동과 청소년의 우울증 유병률의 추

정치와 분명히 관련이 있다(Salk, Hype, & Abramson, 2017; Zahn-Waxler, Shirtcliff, & Marceau, 2008). 어린 아동들이 청소년보다 우울증에 걸리는 비율이 더 낮다(Ford, Goodman, & Meltzer, 2003; Lavigne et al., 2009). 대개 12세 이하의 아동들은 성차를 나타내지 않는 것으로 보고된다(Angold & Rutter, 1992; Fleming, Offord, & Boyle, 1989; Lavigne et al., 2009). 이 연령대에서 성차가 보고되는 경우에는 소년이 소녀보다 우울증을 더 많이 나타낸다(Anderson et al., 1987; Twenge & Nolen-Hoeksema, 2002). 청소년기에는 소녀들이 우울증을 더 많이 나타내며, 남성 대비 여성의 비율이 성인과 비슷한 2 대 1에 근접하기 시작한다. 〈그림 8.1〉에 흔히 보고되는 연령-성별 패턴이 제시되어 있다. 오리건 프로젝트의 연구결과나 다른 연구(Hilt & Nolen-Hoeksema, 2014; Hyde, Mezulis, & Abramson, 2008)는 주요우울장애 유병률의 성차가 12~15세 사이에 나타날 것임을 시사한다. 최근의 개관연구는 우울증 유병률의 성차가 빠르면 12세에 나타나서 13~15세 사이에 정점에 도달하고 20대까지 점차 감소하며 이후로는 변화를 보이지 않는다는 것을 보여주었다(Salk et al., 2017). 남녀 모두 어린 아동보다는 청소년에게 우울증 유병률이 더 높다는 데 주목할 필요가 있다(Angold & Rutter, 1992; Cohen et al., 1993; Lewinsohn et al., 1993; Whitaker et al., 1990).

사회경제적·인종적·문화적 고려사항

사회경제적 지위(SES)가 낮을수록 우울증 비율이 높은 것으로 보고되고 있다. 이 관계는 아마도 소득, 부모의 낮은 교육수준, 만성적 스트레스, 가족 붕괴, 불우한 환경, 인종/민족차별 등의 영향을 받았을 것이다(Anderson & Mayes, 2010; Hammen & Rudolph, 2003; Wight, Sepulveda, & Aneshensel, 2004). 그러한 사회경제적 지위의 차이가 어떤 인종집단에는 유난히 크게 영향을 미칠 가능성도 있기는 하지만 우울증 유병률에서 인종과 민족의 차이에 관한 정보는 많지 않다. 다양한 인종집단에서 비슷한 수준의 유병률이 보고되고 있다(Canino et

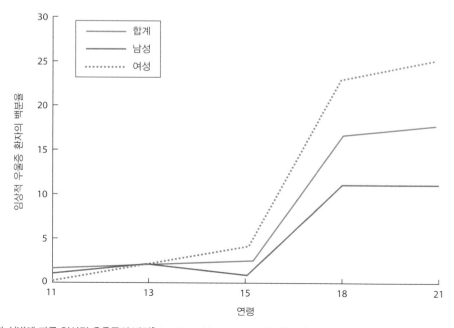

그림 8.1 연령과 성별에 따른 임상적 우울증의 발달[Hankin, Abramson, Moffitt, Silva, McGee, & Angell(1998)에서 인용]

▎표 8.2 일반적 갈등, 문화변용 갈등, 차별과 우울증상의 관계

	1	2	3	4
1. 일반적 갈등			–	
2. 문화변용 갈등	.19*		–	
3. 차별	.19*	.44**	–	
4. 우울증상	.28**	.25**	.24**	–

*p<.05 **p<.10

출처 : Huq, Stein, & Gonzalez(2016)에서 수정 인용

al., 2004; Gibbs, 2003; Hammen & Rudolph, 2003). 그러나 라틴계 청소년 모집단에서는 우울증 비율이 더 높은 것으로 보고되었다(Anderson & Mayes, 2010; Organista, 2003). 소수인종의 청소년은 우울증을 유발할 수 있는 많은 종류의 스트레스를 받기 쉽다. 인종에 따른 차별과 사회화 정책을 예로 들 수 있다(Park et al., 2020). Huq, Stein과 Gonzalez(2016)는 7~10학년 라틴계 청소년들을 대상으로 차별과 부모-자녀 문화변용 갈등이 우울증과 어떤 관계를 갖는지 연구하였다.〈표 8.2〉에서 볼 수 있듯이 차별과 청소년의 문화변용과 관련한 부모-자녀 갈등은 둘 다 높은 수준의 우울증과 상관이 있었다. 더욱이 추가분석 결과는 부모-자녀 문화변용 갈등이 일반적인 부모-자녀 갈등의 효과를 훨씬 뛰어넘는 수준으로 우울증을 예측한다는 것을 보여주었다.

동시에 발생하는 문제

끝으로 우울증을 겪는 아동과 청소년들은 대개 우울증 이외의 다른 문제들도 함께 경험한다(Avenevoli et al., 2015; Dietz, Silk, & Amole, 2019; Rawana et al., 2010). 실제로 주요우울장애 진단을 받은 아동과 청소년의 2/3가량은 적어도 한 가지 다른 장애의 기준에도 부합한다고 보고되고 있다. 추가로 나타나는 장애 중에서 가장 흔한 것은 불안장애, 파괴적 행동장애, 섭식장애, 물질남용장애와 주의력결핍 과잉행동장애이다.

우울증과 발달

우울증이 어떤 방식으로 표출되며 유병률이 발달 경로에서 어떻게 달라지는지를 조사하는 것은 흥미로운 일이다. DSM의 우울증 진단기준은 아동, 청소년, 그리고 성인의 경우에 큰 차이가 없지만 우울증의 표출방식은 이 집단들 간에 차이가 있을 수 있다.

여러 연구자가 우울증이 발달단계에 따라 어떤 형태로 나타나는지를 기술하고 있다(Dietz et al., 2019; Fristad & Black, 2018; Schwartz, Gladstone, & Kaslow, 1998). 유아기와 걸음마기의 아이들은 자기성찰을 하거나 우울한 생각과 문제를 보고하는 데 필요한 인지능력과 언어능력이 부족하다. 따라서 이 연령집단에서 성인의 우울증상과 대등한 것이 무엇인지 알아내기는 어렵다. 인지와 언어능력의 차이와 그 밖의 발달에 따른 차이로 볼 때 이 연령집단은 성인과는 상당히 다른 우울증 행동을 보일 가능성이 있다. 흥미롭게도 어머니로부터 분리된 유아들에 대한 기술을 보면 이들의 행동이 우울증과 매우 흡사함을 알 수 있다(Bowlby, 1960; Spitz, 1946). 이런 분리 및 다른 문제들을 가진 유아들과 우울한 어머니를 둔 유아들은 활동성이 떨어지고 위축되어 있으며, 섭식 및 수면문제, 과민성, 슬픈 표정, 과도한 울음, 반응 감소와 같이 우울증과 관련이 있는 행동들을 보이는 것으로 관찰되었다(Luby, 2009).

학령 전 아동의 우울증 역시 평가하기가 어렵다. 이 연령대의 아동들에게도 이후의 우울증과 관련이 있는 많은 증상(예 : 과민성, 슬픈 얼굴표정, 기분의 변화, 섭식 및 수면문제, 무기력, 과도한 울음)이 나타나지만 표출되는 방식에 차이가 있을 수 있다(글상자 '에이미 : 학령 전 아동의 우울증' 참조). 그러나 제한된 정보뿐 아니라 인지와 언어의 차이로 인해 이러한 행동들이 나이 든 사람들이 경험하는 우울증과 어떤 관련이 있는 것인지, 또 안정된 패턴을 나타내는 것인지 여부를 판단하기가 어렵다.

아동 중기(6~12세)에는 우울증상이 장기적인 패턴으로 나타난다는 것을 보여주는 증거가 더 많이 있다.

에이미 : 학령 전 아동의 우울증

생후 3년 6개월 된 에이미는 복통과 이와 관련된 주기적 구토, 그리고 동생이 태어난 이후로 시작된 배변훈련의 퇴행으로 인해 소아과에 왔다. 위장증상에 대한 의학적 검사를 실시한 결과 문제가 없는 것으로 나와서 에이미와 가족은 정신건강 클리닉에 의뢰되었다. 에이미의 부모는 아이가 음식에 점차 흥미를 잃었고 수면장애도 보인다고 보고하였다. 또한 에이미가 학교에서 사회적 위축을 보였으며, 집에서는 자신의 욕구가 즉각 충족되지 못할 때 오랜 시간 슬픔에 젖어 있고 과민성과 사회적 위축을 보인다고 보고하였다. 부모는 에이미가 어린 동생에게 관심을 보이고 긍정적인 상호작용을 하기는 하지만 동생이 태어나기 전에 상당한 불안증세를 보였다고 말하였다. 이뿐만 아니라 에이미가 언제나 수줍음이 많았으며, 아기였을 때 엄청 까다롭고 달래기 힘들었다고 보

고하였다. 가족력에 우울증이 있었는데 에이미를 임신하고 있을 때 어머니도 우울증을 앓았다.

클리닉에 왔을 때 에이미는 쉽게 마음을 열지 않았고 수줍음을 타는 것처럼 보였다. 계속 슬퍼하는 것처럼 보이지는 않았다. 사실 에이미는 놀이를 관찰하는 동안 때로는 표정이 밝았고 어머니와 함께 연령에 맞는 놀이를 하였는데, 괜찮아 보이기는 했으나 피곤해하고 열의가 없어 보였다. 에이미는 어머니와 잠시 떨어져 있는 동안 금세 위축되었고, 놀이를 중단했으며, 슬퍼 보였고, 어머니를 찾으려고 시도하지 않았다. 또한 자신이 잠깐 놀이방에서 나가 있는 동안 장난감들이 치워졌을 때 눈물이 그렁그렁해져서 마음이 아프고 '버려진' 것 같은 느낌이 든다고 얘기하였다.

– Luby(2009, pp. 417~418)에서 수정 인용

이 연령집단에서 더 어린 아동들은 대개 우울증과 관련된 절망감이나 자기비하를 말로 표현하지 않는다. 그러나 다른 우울증상들을 나타내는 9~12세 아동들은 절망감과 낮은 자아존중감을 말로 표현하기도 한다. 그러나 이 연령대의 아동들에게 우울증상은 확연히 구별되는 증후군이라기보다는 다른 장애들과 관련이 있는 여러 증상과 함께 나타나곤 한다. 따라서 예를 들어 앞서 언급했듯이 경험적 분류에서 우울 증후군은 별개로 나타나기보다는 우울/불안 증후군이 혼합되어 나타난다(Achenbach & Rescorla, 2001).

청소년 초기의 우울증은 여러 면에서 아동기와 비슷하게 표출된다. 그러나 시간이 지나면서 아마도 생물학적·사회적·인지적 발달로 인해 더 나이 든 청소년들의 우울증상은 성인의 증상에 더 가까워지기 시작한다. Lewinsohn과 동료들(1998)은 지역사회 청소년 표본을 대상으로 한 연구에서 주요우울장애가 발생하는 연령의 중앙값이 15.5세라고 보고하고 있다.

Harrington과 동료들(1997)은 우울증의 발병연령과 가족요인의 관계를 알아보기 위한 종단연구에서 사춘기

이전에 우울증이 시작된 청소년 집단과 사춘기 이후에 우울증이 시작된 청소년 집단을 비교하였다. 친척들의 우울증 비율에 있어서는 두 집단 간에 차이가 없었다. 그러나 두 집단의 가족들은 다른 점에서 차이가 있었다. 사춘기 이후에 발병한 집단의 친척들에게는 조증장애가 더 많이 나타나는 경향이 있었고, 사춘기 이전에 발병한 집단의 친척들은 범죄율과 가정불화 비율이 더 높았다. 이러한 결과는 사춘기 이전에 시작된 우울장애와 사춘기 이후에 시작된 우울증이 서로 다르다고 보는 관점과 일치한다. 또한 주요우울증이 성인기까지 지속되는 경향은 사춘기 이후에 우울증이 시작된 청소년들보다 사춘기 이전에 우울증이 시작된 청소년들이 더 낮았다. 이 결과 역시 청소년기에 시작된 우울증이 성인의 우울증과 더 비슷할 뿐 아니라 청소년기 이전에 시작된 우울증과는 다르다는 관점과도 일치한다(Klein, Goldstein, & Finsaas, 2017).

따라서 청소년기는 성인의 우울증에 가까운 우울 증후군이 시작되는 시기인 것으로 보인다. 그렇다면 우울증은 청소년기를 거쳐 성인기에 이르는 동안 어떤 임상

적 경로를 거치는가? 주요우울증 에피소드는 얼마나 오래 지속되는가? 앞으로 또 다른 에피소드를 겪게 될 것인가?

청소년기의 우울증 에피소드는 상당 기간 지속될 수 있으며, 일부 청소년에게는 재발이 문제가 될 수 있다(Rohde et al., 2013; Swearer et al., 2011). 에피소드가 지속되는 기간은 지역사회 표본의 경우 더 짧은 경향이 있다. 오리건 프로젝트의 지역사회 표본(Klein et al., 2001; Lewinsohn et al., 1998)에서 주요우울장애 에피소드의 지속시간 중앙값은 8주였으며, 범위는 2~520주 사이였다. 가장 긴 에피소드의 평균 지속시간은 6개월이었으며, 우울증이 일찍(15세 또는 그 이전에) 시작될수록 에피소드의 지속시간이 더 길었다. 이 청소년들 중 26%가 주요우울증 에피소드의 재발 경력이 있었다는 결과는 우울증이 재발하기가 쉽다는 것을 보여준다. Kovacs(1996)는 임상에 의뢰된 청소년들에 대한 연구를 개관하면서 주요우울장애 에피소드의 지속시간 중앙값이 7~9개월임을 발견하였다. 또 이 청소년 중 약 70%가 5년 또는 그 이상 추적연구를 했을 때 주요우울장애 에피소드가 재발한 것으로 나타났다. 따라서 임상 표본에서 에피소드의 지속시간은 지역사회 표본이 보이는 지속시간의 3배 이상이며, 주요우울장애 에피소드의 재발 가능성은 2배 이상이다.

오리건 프로젝트에 참여한 사람들은 24세 생일이 지난 후 면접에 응했다. 19세 이전에 주요우울장애나 우울한 기분이 있는 적응장애의 기준에 부합했던 사람들은 비정서적 장애가 있거나 아무런 장애도 겪지 않은 또래들보다 성인 초기에 주요우울장애의 기준에 부합할 가능성이 더 컸다(Lewinsohn et al., 1999). 이뿐만 아니라 추적연구들은 주요우울장애가 있는 일부 청소년이 이후에 양극성 장애를 일으킨다는 것을 보여준다. 하지만 어떤 사람들이 어떤 비율로 이런 패턴을 보이는 것인지는 아직 확실하지 않다(Blader et al., 2017; Diler, Birmaher, & Miklowitz, 2010; Kovacs, 1996; Lewinsohn et al., 1999).

우울증의 병인

우울증에 관한 최근 관점들은 생물학적 요인, 사회적·심리적 요인, 가족, 또래 및 다른 여러 환경요인을 포함하여 다양한 결정요인을 통합하는 모델을 제안한다.

생물학적 영향요인

우울증에 관한 생물학적 관점은 유전과 생화학적 역기능에 초점을 맞춘다. 또한 수면 패턴과 뇌의 구조 및 기능의 차이와 같은 분야가 연구자들의 관심을 끌고 있다. 성인과 청소년의 우울증은 생물학적으로 상당히 유사한 부분들이 있기는 하지만 발달적 차이도 존재한다(Klein et al., 2017).

유전적 영향

일반적으로 아동과 청소년의 우울증에는 유전적 영향이 일익을 담당하는 것으로 생각되고 있다(Franic et al., 2010; Klein et al., 2017; Rice, Harold, & Thapar, 2002). 많은 연구가 유전이 우울증에 영향을 미친다는 것을 지지하는 결과를 보고하였다. 예를 들어 성인을 대상으로 한 쌍생아연구, 가계연구, 입양연구의 결과는 우울장애에 유전적 요소가 작용한다는 것을 보여준다(Kendler et al., 1992a; Weissman, Kidd, & Prusoff, 1982; Wender et al., 1986). 아동과 청소년을 대상으로 한 쌍생아연구와 가계연구의 결과도 우울증후에 유전적 요소가 있음을 시사한다(Franic et al., 2010; Glowinski et al., 2003; Weissman et al., 2005). 유전요인은 사춘기 이전 아동보다는 청소년의 우울증에 더 크게 영향을 미칠 수 있다(Franic et al., 2010; Nivard et al., 2015; Scourfeld et al., 2003).

우울증에 유전적 요소가 있음을 보여주는 연구들은 환경의 중요성과 유전과 환경 간에 복잡한 상호작용이 있을 가능성도 보여준다(Klein et al., 2017). 예를 들어 Caspi와 동료들은 우울과 관련된 것으로 생각되는 운반체 유전자의 특정 변이(5-HTTLPR)를 가지고 있는 젊은 성인들이 스트레스를 많이 받는 경우에만 우울장애 비율이 더 높게 나타난다는 것을 발견하였다. 환경은 유전과 긍정적으로 상호작용할 수도 있고 부정적으로 상호작용할 수도 있다. Li, Berk와 Lee(2013)는 운반체 유전자의 변이(5-HTTLPR)를 가지고 있는 남자 청소년들이 우울증과 관련이 있는지 연구하였다. 연구자들은 청소년들이 가족지지를 적게 받을수록 우울증상을 더 많이 보이고 가족지지를 많이 받으면 우울증상을 적게 보인다는 결과를 얻었다.

무엇이 유전되는가 하는 것도 중요한 쟁점이다. Rende와 동료들(1993)은 가계 유전연구에서 전체 표본의 우울증상을 종합적으로 검토한 결과 유전이 중요한 역할을 한다는 것을 발견하였다. 그러나 놀랍게도 우울수준이 높은 청소년들만 살펴본 경우에는 유전의 영향이 발견되지 않았다. 이 연구자들과 다른 연구자들은 유전이 기질, 인지양식, 스트레스에 대한 반응성 같은 요인들을 통해 우울증상 전반에 영향을 미치는 방식으로 작용한다고 제안하였다(Compas, Connor-Smith, & Jaser, 2004; Klein et al., 2017; Sullivan, Neale, & Kendler, 2000). 그렇다면 중간 정도의 유전적 소인을 가지고 있으면서 스트레스를 많이 받는 환경에서 생활할 때 극심한 우울증상이 초래될 수도 있다.

우울증에 관여하는 특정 유전자를 찾아내기는 쉽지 않은데, 그러한 노력은 지금까지 주로 성인에 초점을 맞추었다. 각각 약간의 효과를 가진 여러 유전자가 우울증 발달에 관여하고 있을 가능성이 크다(Klein et al., 2017).

신경화학과 뇌 기능

신경화학 및 신경내분비계의 조절장애, 그리고 뇌 구조와 기능이상이 우울증의 병인에 어떤 역할을 하는지가 많은 관심을 끌고 있다. 우울증에 이런 과정들이 어떤 작용을 하는지를 연구하기는 복잡하고 어렵다. 발달적 측면에 점차 더 많은 관심을 기울이는 연구가 다방면에서 진척되고 있다(Colich et al., 2015; Klein et al., 2017; Zalsman et al., 2006).

우울증의 생화학에 관한 연구는 세로토닌, 노르에피네프린, 아세틸콜린 같은 신경전달물질이 어떤 역할을 하는지 알아보는 것이 중요하다(Thase, 2009). 성인에게 특정 항우울제를 투여했을 때의 효과성이 이러한 신경전달물질의 수준이나 그에 대한 수용성과 관련이 있다는 연구결과들이 이러한 전달물질들을 연구하는 추진력으로 작용했다. 예를 들어 신경전달물질을 뉴런이 너무 많이 재흡수하거나 효소가 너무 효율적으로 파괴하면 신경전달물질의 수준이 낮아질 수 있다. 이렇게 되면 시냅스에서 신경전달물질의 수준이 너무 낮아져서 다음 뉴런을 발화시키지 못하는 결과를 초래하는 것으로 생각된다. 신경전달물질의 역할을 알아보는 연구가 계속되고 있다. 그러나 신경전달물질의 활동 기제는 확보 가능한 신경전달물질의 양이 어느 정도인가 하는 것보다 훨씬 더 복잡한 것일 가능성이 크다.

신경내분비계(뇌, 호르몬 및 다양한 기관 간의 연계)에 관한 연구는 이 상황을 더욱 복잡하게 만든다. 시상하부, 뇌하수체, 부신, 갑상선을 포함하는 신경내분비계의 조절장애는 우울증을 규정하는 핵심 특징인 것으로 간주된다. 신경내분비계 역시 신경전달물질에 의해 조절된다. 따라서 우울증과 관련된 상황은 아무래도 복잡한 것일 가능성이 큰데, 아동기와 청소년기의 급격한 생물학적 변화가 상황을 더 어렵게 만든다.

아동과 청소년의 우울증에 관한 신경생물학적 이해는 상당히 제한되어 있다. 그러나 연구결과는 아동기와 청소년기 초기의 신경조절체계가 성인의 체계와 유사하지 않다는 것을 보여준다. 심한 우울증을 겪고 있거나 우울증 발병 위험이 높은 나이 든 청소년들의 생물학적 지표는 우울한 성인의 생물학적 지표에 더 근접한다(Rao, Hammen, & Poland, 2010; Yang et al., 2010; Zalsman et al., 2006). 따라서 많은 연구자가 아동기 우울증에서 생물학적 기능장애의 증거를 찾아내고 있기는 하지만 성인연구의 결과를 그대로 옮겨 놓는 것만으로는 충분치 못하다.

신경조절체계의 역할에 관한 연구의 예로 부신에서 생산되는 스트레스 호르몬인 **코르티솔**(cortisol)의 역할을 알아본 연구를 들 수 있다. 우울한 청소년들은 스트레스가 주어지면 코르티솔의 기저수준을 높이고 코르티솔을 지나치게 많이 생산하는 등 스트레스에 대한 반응 조절에 장애를 보이곤 한다(Lopez-Duran, Kovacs, & George, 2009). 그러나 아동과 청소년의 코르티솔 기능에 관한 연구에서 항상 이런 패턴이 나타나는 것은 아니다. 연령이 더 높고 우울증이 더 심한 청소년들과 위험 수준이 더 높은 청소년들이 우울한 성인과 유사한 코르티솔 반응을 보일 수도 있다(Mazurka, Wynne-Edwards, & Harkness, 2016; Rao et al., 2010; Zalsman et al., 2006).

구조적 · 기능적 MRI를 사용하는 뇌영상 연구들은 우울한 성인의 전전두피질, 편도체 및 기타 뇌 영역에 해부학적 · 기능적 이상이 있다는 증거를 발견하였다. 그러한 이상은 우울 에피소드가 재발한 사람과 우울증이 일찍(21세 이전에) 발병한 사람들에게 더 흔히 나타날 수 있다(Muller et al., 2017). 아동과 청소년을 대상으로 수행된 연구는 많지 않지만 우울한 청소년과 우울장애 가족력이 있는 청소년들이 편도체와 전전두피질에 구조적 · 기능적 이상을 가지고 있다는 증거가 있다(Chen, Hamilton, & Gotlib, 2010; Hulvershorn, Cullen, & Anand, 2011; Miller et al., 2015; Yang et al., 2010; Zalsman et al., 2006).

이처럼 다양한 연구결과를 어떻게 이해할 수 있는가? 일반적으로 우울증의 생물학적 지표에 차이가 있다는 것은 아동 · 청소년과 성인의 장애가 서로 다르다는 것을 말해준다. 그러한 생물학적 지표의 차이는 동일한 장애가 연령에 따라 달리 나타난다는 것을 보여주는 것일 수도 있다.

기질

흔히 기질은 유전적 또는 생물학적 기초가 있는 것으로 생각되지만 환경요인 또한 기질의 발달에 영향을 미치는 것으로 간주된다. 기질은 우울증 발달과 관련이 있는 것으로 생각된다. 기질의 두 가지 측면이 특히 많은 관심을 끌었는데, 이 두 측면을 기술하는 데 다양한 용어가 사용되었다. **부정적 정서**(negative affectivity, NA)

또는 **부정적 정서성향**(negative emotionality, NE)은 부정적 정서를 느끼기 쉽고 부정적 자극에 민감하며 경계심이 많고 긴장하는 등의 특성을 보이는 것으로 생각된다. **긍정적 정서**(positive affectivity, PA) 또는 **긍정적 정서성향**(positive emotionality, PE)은 접근, 에너지, 사교성, 보상단서에 대한 민감성 등의 특성을 갖는 것으로 생각된다. 부정적 정서성향이 높고 긍정적 정서성향이 낮으면 우울증이 나타나기 쉽다. 예를 들어 어릴 때 부정적 정서성향이 높고 긍정적 정서성향이 낮으면 이후에 우울증상을 보이게 된다는 종단연구결과가 보고되었다(Bould et al., 2014; Dougherty et al., 2010; Klein et al., 2012). 긍정적 · 부정적 정서성향의 특성은 우울증의 발달과정에서 노력 통제라는 기질 요인과 상호작용할 수도 있다(Van Beveren et al., 2019). **노력 통제**(effortful control)는 자기조절 과정을 사용하는 능력을 말한다.

그러나 기질적 특성은 스트레스 사건, 대인관계 및 인지과정과 같은 요인들과 상호작용하여 우울증 발달에 영향을 미치는 것이 분명해 보인다. 예를 들어 기질과 우울증의 관계는 따뜻한 양육을 하는 부모의 자녀들보다는 엄격하고 일관성 없는 훈육을 하는 부모의 자녀들에게서 더 크게 나타날 수 있다. 또한 긍정적 기질은 부모의 거부가 우울증에 미치는 영향을 상쇄해주는 완충 역할을 할 수 있다. 따라서 아동의 기질과 부모 양육, 또래 거부, 스트레스 사건 같은 사회적 · 심리적 영향요인 간의 관계는 쌍방향적일 가능성이 크다(Garber, 2010).

사회적 · 심리적 영향요인

사회적 · 심리적 영향요인들이 기질과 상호작용하여 우울증의 발달에 영향을 미친다는 점을 언급하였다. 아동과 청소년의 우울증과 관련하여 연구되고 있는 몇 가지 사회적 · 심리적 영향요인들을 살펴보기로 하겠다. 영향요인을 각각 따로 언급하기는 하지만 이들 요인이 상호 중복된다는 점을 염두에 둘 필요가 있다. 더욱이 이들 요인은 우울증의 발달과정에서 독립적으로 작용하는 것이 아니라 상호작용한다.

분리와 상실

연구자들은 분리, 상실 또는 거부가 우울증 및 다른 형태의 정신병리를 초래한다고 보고 있다(Garber, 2010; Humphreys, 2019). 예를 들어 앞서 언급했듯이 주요 양육자와 분리된 아기들은 우울증에서 볼 수 있는 것과 유사한 행동적 · 생물학적 증상을 보인다. 프로이트를 주축으로 하는 정신분석에서는 우울증을 설명할 때 대상상실이라는 개념을 강조한다. 상실은 실제적(부모의 사망, 이혼)일 수도 있고 상징적일 수도 있다. 상실한 사랑의 대상에 대한 동일시와 그 대상을 향한 양면적 감정은 그 대상에 대한 적대적 감정을 자기 자신에게로 향하게 하는 결과를 초래하는 것으로 생각된다. 일부 심리역동적 연구자들은 대상 상실에서 비롯되는 자아존중감 상실과 절망감을 강조하며, 자신의 내부를 향해 돌려지는 공격성은 그리 중요하게 여기지 않는다(Kessler, 1988).

행동주의에 입각한 설명들도 우울증의 발달에서 부적절한 정적 강화의 역할을 강조함으로써 분리와 상실을 말한다(Ferster, 1974; Lewinsohn, 1974). 사랑하는 사람의 상실이나 그로부터의 분리는 아동에게 정적 강화의 원천을 감소시키는 결과를 가져올 가능성이 크다. 그러나 부적절한 강화는 원하는 보상을 얻어내는 적절한 기술을 가지고 있지 못한 것과 같은 요인들에서 비롯될 수도 있다.

분리와 상실이라는 주제는 많은 우울증 이론에서 주요 개념이다. 상실은 실제일 수도 있고 상상일 수도 있다.

분리가 우울증의 발생에 일익을 담당한다는 이론은 많은 자료의 지지를 받았다. 예를 들어 연구자들은 어린아이가 부모로부터 장기적으로 분리되었을 때 보이는 전형적인 반응들을 기술했다(예 : Bowlby, 1960; Spitz, 1946). 이같이 소위 의존성 우울증을 보이는 아동은 처음에는 울고 부모에게 가려고 하고 안절부절못하는 등의 특징을 보이는 '항거' 기간을 거친다. 곧 우울하고 위축되는 기간이 뒤따른다. 아이들 대부분은 몇 주 후에 회복되기 시작한다.

상실과 우울증의 관계는 성인 우울증과 관련해서도 연구되었다. 어린 시절의 상실은 특히 여성의 경우 나중에 우울증에 걸릴 위험을 증가시킨다는 견해가 오랫동안 널리 받아들여졌다. 최근의 연구는 대부분의 연구가 방법론에 문제가 있었다는 점에서 이 견해에 의문을 제기하고 있다(Finkelstein, 1988; Tennant, 1988). 최근에는 어린 시절의 상실이 그 자체로 병인이 되는 것은 아니라고 본다. 어린 시절의 상실과 이후 우울증과의 관계는 직접적인 것이 아니다. 그러한 상실이 돌봄의 부족, 가족구조의 변화, 사회경제적 어려움 등 이후에 개인이 장애를 일으킬 위험에 처하게 하는 불행한 환경을 연쇄적으로 작동시킬 수 있다고 가정한다(Bifulco, Harris, & Brown, 1992; Saler & Sko-lnick, 1992).

상실과 우울증의 관계에 관한 연구는 대부분이 성인의 회고적 보고에 의존하였다. 그러나 상실이 아동에게 미치는 영향을 살펴보는 연구가 주목을 받고 있다(Dowdney, 2000; Tremblay & Israel, 1998). 예를 들어 Sandler와 동료들은 상실이 간접적 영향을 미친다는 모델을 지지하는 결과를 얻었다(West et al., 1991). 최근 2년 동안 한쪽 부모를 상실한 92개 가족으로 이루어진 표본에서 아동(8~15세)의 우울증은 상실과 직접적인 관련이 없었다. 그보다는 남은 부모의 타락 수준, 가족의 따뜻함, 상실 이후 긍정적 사건들의 지속성이 이 아동들의 우울증에 부모의 사망이 미치는 영향을 매개하는 역할을 하였다. 이러한 가족 변인들의 긍정적 측면을 경험한 아동들은 한쪽 부모를 상실한 후에 높은 적응유연성을 보이는 경향이 있었다(Lin et al., 2004). 가족과 아동이 가지고 있는 이러한 위험요인들을 표적으로 하는 가족사별 치료(Family Bereavement Treatment)에 참여한 아동들은 6년 동안 전반적으로 슬픔을 덜 보였고, 문제되는 슬픔반응도 더 적게 보였다(Sandler et al., 2010). 이들은 또 치료 받고 15년이 지난 후 정신건강 문제가 더 적었고 정신건강 서비스도 더 적게 사용하였다(Sandler et al., 2018).

인지행동/대인관계 관점

행동, 인지 및 인지행동 관점들은 상호 관련되고 중복되는 수많은 개념을 포괄한다. 이들 관점은 대인관계 기술, 인지적 왜곡, 자기개념, 통제에 대한 신념, 자기조절, 스트레스 등의 영향요인에 초점을 두고 있다. 우울증이 있는 사람들이 극심한 스트레스를 주는 사건들이 발생하고 만성적 스트레스가 주어지는 상황에서 다른 사람들과 어떤 관계를 맺고 다른 사람들로부터 어떻게 평가받는지, 또 자기 자신을 어떻게 바라보고 생각하는지가 우울증이 발달하고 유지되는 방식에 영향을 미치는 것으로 생각된다(Garber, 2010; Hammen, 2015; Michl et al., 2013).

Ferster(1974)와 Lewinsohn(1974) 같은 학자들은 낮은 활동 수준과 부적절한 대인관계 기술이 결합하여 우울증을 유발하고 유지하는 역할을 한다고 제안하였다. 우울증에 대한 대인관계 이론들은 교류관계(transactional relationship)를 강조한다. 우울한 청소년들은 문제가 있는 관계를 맺고 그러한 관계에 반응을 보인다. 우울한 사람들은 다른 사람들로부터 긍정적인 반응을 끌어내지 못하는 것으로 생각된다. 사실 우울한 청소년들은 사회적 기능에 결함이 있고, 대인관계에 대한 기대와 지각이 부정적이며, 다른 사람들로부터 호감을 얻지 못한다는 증거가 있다(Klein et al., 2008; Parker et al., 2006; Vujeva & Furman, 2011).

여러 유형의 인지가 우울증과 관련되어 있을 수 있다. 우울증을 **학습된 무력감**(learned helplessness)으로 설명하는 학자들(Seligman & Peterson, 1986)에 따르면 어떤 사람들은 학습경험을 통해 자신이 환경에 대한 통제력을 전혀 가지고 있지 못하다고 지각하게 된다. 이러한 학습된 무력감은 다시 우울증에 특징적인 기분을 느끼거나 행동을 하게 만든다. 분리는 학습된 무력감의 특별한 경우인지도 모른다. 부모를 되찾으려고 헛된 시도를 했던 아이는 자신의 행위가 긍정적인 결과와는 상관이 없는 것이라는 생각을 하게 될 수 있다.

무력감과 관련한 이론은 개인이 행동과 결과에 대해 생각하는 방식, 즉 **귀인양식**(attributional style) 또는 **설명양식**(explanatory style)을 강조한다. 우울한 사람들은 부정적인 사건에 대해 자신에게 책임을 돌리고(내적), 그 사건의 원인이 시간이 지나도 변함이 없으며(안정적), 여러 상황에 적용될 수 있다고 보는(전체적) 설명양식을 가지고 있다. 이와는 반대되는 설명양식, 즉 긍정적인 사건에 대해 그 원인이 외적이고 불안정하며 특정한 상황에만 해당한다고 귀인하는 것도 우울증적인 설명양식이라고 할 수 있다. 이런 관점은 최근 들어 스트레스를 일으키는 생활사건들과 인지양식의 상호작용을 더 크게 강조하는 쪽으로 수정되었다(Abramson, Metalsky, & Alloy, 1989). 수정된 이 관점은 우울증의 **절망감**(hopelessness) 이론이라고 불린다. 귀인양식(취약성 또는 소인)은 개인이 중요하게 여기는 부정적 생활사건들(스트레스)과 절망감을 중재하는 역할을 하며, 절망감은 다시 우울증을 초래한다. 〈그림 8.2〉는 절망감 이론이 우울증의 발달을 어떻게 보는지를 나타내고 있다. 이 이론은 부정적 귀인양식의 소인이 있는 아동들이 부정적 생활경험들로 인해 크게 스트레스를 받게 될 때 우울증을 일으킬 가능성이 크다고 예언한다.

많은 연구가 우울한 아동과 청소년은 부적응적 귀인양식을 가지고 있고 절망감을 느끼고 있다고 보고했으며(Kaslow et al., 2000; Schwartz et al., 2000), 절망감 이론이 말하는 취약성-스트레스 개념을 지지하는 연구들도 있다(Conley et al., 2001; Joiner, 2000). 그러나 연구결과의 비일관성, 발달패턴, 남녀 차이 가능성, 그리고 귀인양식과 생활사건의 관계를 더 분명하게 밝히는 연구가 진행되고 있다(Abela & Hankin, 2008; Garber, 2010; Kaslow et al., 2000; Rueger & Malecki, 2011).

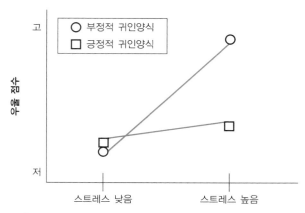

그림 8.2 우울증의 발달에서 귀인양식과 스트레스의 상호작용을 보여주는 도식

우울증에서 인지적 요인의 역할은 다른 이론가들도 크게 강조하는 부분이다. 가령 Beck(1967, 1976)은 우울증이 자신과 타인, 그리고 장래에 대한 부정적인 시각에서 비롯되는 것이라고 가정한다. Beck은 우울한 사람들은 사고에 오류를 일으키며 그 결과 별것 아닌 사소한 일조차도 왜곡시켜 자기비난과 실패의 기회로 삼는다고 가정한다. 연구결과가 혼합되어 있기는 하지만 일부 연구는 우울한 아동과 청소년들이 Beck 이론이 제시한 바와 같은 **인지적 왜곡**(cognitive distortions)을 일으킨다는 증거를 내놓았다(Gencoz et al., 2001; Stark, Schmidt, & Joiner, 1996). 우울한 청소년들은 파국을 예상하고, 과잉일반화하며, 부정적 사건들에 선택적으로 주의를 기울이는 경향이 있었다. 다른 연구들은 우울한 사람들이 그렇지 않은 사람들과 비교했을 때 부정적 정보처리양식을 보인다고 제안하였다(Gotlib & Joorman, 2010; Lau & Waters, 2017). 이러한 성향은 부정적 정보를 세밀하게 살펴보고, 부정적 자료에서 벗어나기가 어려우며, 부정적 정보를 처리할 때 인지적 통제를 하지 못하는 형태로 나타날 수 있다.

귀인양식, 절망감 또는 인지적 왜곡과 같은 인지적 요인들이 우울증과 관계가 있다는 것은 분명하다. 그러나 인지와 우울의 관계가 어떤 성격을 갖는지 더 명확하게 밝혀낼 필요가 있다(Garber & Sontag, 2009; Hammen,

2018; Kaslow et al., 2000; Platt et al., 2017; Rudolph et al., 2006). 이러한 인지들이 어느 정도로 우울증을 일으키는 기저의 취약성으로 작용하는 것인지, 또는 우울증과 다른 어떤 방식(우울증과 동시에 발생하거나, 우울증의 결과로 나타나거나, 우울증과 상호작용하는 방식)으로 관련이 있는 것인지는 분명하지 않다. 그럼에도 불구하고 인지의 문제가 우울증의 인지행동치료에서 주요 요소가 되고 있다. 이러한 절차를 흔히 **인지적 재구조화**(cognitive restructuring)라 부른다.

앞서 무력감 이론을 살펴보면서 통제의 차원을 논의하였다. 정서조절과 함께 통제와 대처의 역할이 연구의 초점이 되어왔다. 예를 들어 Weisz와 동료들은 낮은 수준의 지각된 유능성(적절한 행동을 수행하는 능력)과 지각된 비유관성(결과가 행동과 관계가 없음)이 둘 다 아동의 우울증과 관련이 있다는 결과를 얻었다(Weisz et al., 1993). 이와 유사하게 연구자들은 우울증을 초래하는 요소로서 스트레스 대처양식을 연구하였다. 예를 들어 아동과 청소년이 적극적 대처(예 : 문제해결)를 적게 하고 반추(어떤 것을 반복적으로 생각)와 이탈적 대처(예 : 회피)를 많이 하면 우울증이 생길 가능성이 크다. 스트레스와 대처/정서조절에 관한 모델들의 발전은 우울증 발병에 대한 이해를 촉진하게 될 것이다(Abela et al., 2012; Compas et al., 2004; Garnefski & Kraaij, 2018; Joorman & Stanton, 2016). 우울증이 있는 아동과 청소년들에게 이러한 문제가 있다는 점을 고려할 때 이들의 부모가 어떤 유형의 대처 및 자기통제 행동을 유발하거나 장려하는지 알아보는 것이 중요할 것이다(Goodman & Brand, 2009; Kaslow et al., 2000). 이런 관찰을 염두에 두고 부모의 우울증이 아동과 청소년에게 어떤 영향을 미치는지 살펴보기로 하겠다.

부모의 우울증이 자녀에게 미치는 영향

부모에게 우울증이 있는 자녀에 대한 연구는 아동기 우울증 연구의 주요 영역이다. 그러한 연구가 성행하는 데에는 여러 가지 이유가 있다. 기분장애가 있는 성인들의 경우 가족 중에 기분장애가 있는 사람이 많은 것으로 알려져 있기 때문에 기분장애가 있는 부모의 자녀들을 조사하면 아동기에 우울증을 경험할 가능성이 있는 집단을 밝혀낼 수 있을 것으로 생각된다. 이렇듯 무작위 표본보다는 장애를 일으킬 위험이 높은 사람들을 연구하는 전략이 이 문제를 연구하는 더 효과적인 수단이 될수 있다. 또 그러한 연구는 아동과 청소년에서 성인으로 이어지는 기분장애의 연속성에 대한 정보를 제공해줄 수 있다.

많은 연구가 우울한 부모의 자녀들이 심리적 장애를 일으킬 위험이 높다는 것을 발견하였다(Goodman et al., 2011; Murray, Halligan, & Cooper, 2019; Ticho-volsky et al., 2018; Weissman et al., 2016). 예를 들어 Hammen과 동료들(1990)은 어머니의 우울증과 만성적 신체질환의 장기적 효과를 비교하였다. 3년에 걸쳐서 6개월 간격으로 평가를 했는데, 우울한 어머니와 신체질환이 있는 어머니의 자녀들은 모두 건강한 어머니의 자녀들에 비해 심리적 장애를 겪는 비율이 더 높은 것으로 나타났다. 장애의 비율은 우울증이 있는 어머니의 자녀들이 신체질환이 있는 어머니의 자녀들보다 더 높았다.

Weissman과 동료들(1997)은 10년에 걸쳐서 두 개 부모집단의 자녀들을 대상으로 추적연구를 하였다. 추적연구를 할 때 자녀들은 청소년기 후반이거나 성인이었다. 부모와 자녀들은 구조화된 진단 면접을 통해 평가받았다. 양쪽 부모가 모두 정신장애가 없는(저위험) 자녀들과 한쪽 부모만 또는 양쪽 부모가 모두 주요우울장애 진단을 받은(고위험) 자녀들을 비교해 보았다. 우울한 부모의 자녀들이 특히 사춘기 이전에 주요우울장애를 보이는 비율이 더 높았다. 고위험 집단은 공포증이나 알코올 의존 등 우울증 이외의 다른 장애를 일으키는 비율도 더 높았다. 게다가 우울한 부모의 자녀들은 그렇지 않은 부모의 자녀들보다 더 심각한 우울증을 겪는 것으로 나타났다. 그러나 우울한 부모의 우울한 자녀들은 우울하지 않은 부모의 자녀들에 비해 우울증으로 인해 치료를 받는 비율이 더 낮았다. 사실 우울한 부모의 우울한 자녀 중 30% 이상은 전혀 치료를 받은 적이 없었다.

Beardslee와 동료들은 임상에 의뢰되지 않은 집단을 대상으로 부모의 우울증이 자녀에게 어떤 영향을 미치는지 연구하였다(Beardslee et al., 1996; Beardslee, Versage, & Gladstone, 1998). 대규모 건강증진기관을 통해 이 연구에 참여할 가족들을 모집하고, 이들에게 구조화된 진단 면접을 포함한 여러 평가도구를 처음에 한 번, 그리고 4년 후에 다시 한 번 실시하였다. 이 가족들을 부모가 아무 장애도 없는 경우, 비정서적 장애가 있는 경우, 한쪽 또는 양쪽 부모에게 정서장애가 있는 경우의 세 범주로 분류하였다. 부모의 비정서적 장애, 부모의 주요우울장애, 그리고 아동이 첫 번째 평가 이전에 진단받은 장애의 수는 아동이 두 번의 평가 사이에 심각한 정서장애를 경험했는지 여부를 예측하는 것으로 나타났다.

이상과 같은 결과는 부모의 우울증과 관련된 위험이 특정한 것이 아닐 수도 있음을 보여준다. 우울증이 있는 부모의 자녀들은 우울증만이 아니라 다른 여러 장애를 겪을 위험에 처해 있는 것으로 보인다. 다른 장애를 진단받거나 만성 신체질환이 있는 부모의 자녀들도 우울증에 빠질 위험이 있다. 아동이 경험하는 다양한 장애들은 공통의 위험요인을 가지고 있을 수도 있지만 어떤 위험요인은 우울증에 국한된 것일 수도 있다. 다양한 장애를 지닌 부모들에게 효율적 양육을 저해하는 요인들이 공통으로 작용할 수도 있지만, 어떤 요인들은 우울증과 같은 특정한 장애를 지닌 부모에게 발생할 가능성이 클 수도 있다.

다양한 기제가 부모의 우울한 기분 상태가 자녀들의 기능장애로 이어지게 만들 수 있다(Goodman & Brand, 2009; Hammen, 2018; Murray et al., 2018). 공유하는 유전요인이 부모와 아동의 우울증을 연결하는 역할을 할 수 있다. 부모의 우울증은 생물학적 경로가 아닌 다양한 경로를 통해 아동에게 영향을 미칠 수도 한다. 예를 들어 부모는 자녀와의 상호작용을 통해, 지도와 교육을 통해, 그리고 자녀의 사회환경 관리를 통해 자녀에게 영향을 미칠 수 있다. 이러한 기제들을 논의하기 전에 부모와 자녀 간의 영향이 쌍방향으로 작용하는 것임을 기억하는 것이 중요하다(Elgar et al., 2004). 예를 들어 우울한 청소년은 부모에게 추가적 스트레스를 유발함으로써 부모의 양육 능력을 실질적으로 감소시킬 수 있다.

부모 영향의 기제

앞에서 지적한 것처럼 성인의 우울증과 아동 및 청소년의 우울증은 둘 다 특징적인 사고방식이나 인지양식과 관련이 있다. 우울한 부모는 자녀에게 이러한 양식을 전수할 수 있다. 예를 들어 Garber와 Flynn(2001)은 자녀가 6학년일 때부터 시작하여 3년간 매년 부모와 자녀를 평가하였다. 어머니의 우울증 병력은 자녀의 낮은 자기가치감, 부정적 귀인양식, 절망감과 상관이 있었다. 부적응적 사고방식은 부모가 자녀에게 본보기가 되었을 수 있고, 우울한 부모의 부적응적 인지는 자녀 양육방식에 영향을 미칠 수도 있다(Callender et al., 2012).

예를 들어 우울한 부모는 분노나 적대감 같은 부정적 감정을 드러내고 가혹한 양육방식을 사용할 수 있다. 또 우울한 부모는 자신의 문제에 매몰된 나머지 스스로 위축되고, 자녀의 정서를 돌보지 않으며, 자녀에게 보상을 덜 주는 것으로 지각될 수 있다. 부모가 우울하면 자녀에게 주의를 기울이지 않고 자녀의 행동을 의식하지 못할 수도 있다. 아이의 행동을 주의 깊게 살펴보는 것은 효율적 양육의 핵심요소이다. 아울러 부주의하고 우울한 부모는 다른 부모들이 문제로 보지 않는 행동도 문제로 지각할 수 있다. 이러한 지각의 차이가 중요한 이유는 대수롭지 않은 문제행동을 묵과하거나 참아내는 능력이 가정의 분란을 줄이는 데 도움이 되기 때문이다. 우울한 부모 또는 우울한 아이가 있는 가족을 관찰한 연구들은 이 가족들의 상호작용 패턴이 부모나 아이의 우울증을 유지하는 데 한몫을 하고 있다고 밝혔다(Dadds et al., 1992; Ge et al., 1995; Hops et al., 1987; Koss et al., 2018; St. Clair et al., 2015). 한 가족구성원의 우울증행동이 유지되는 것은 그런 행동을 함으로써 그들 가족 내에 존재하고 있는 높은 수준의 공격성과 불화를 피하거나 줄일 수 있기 때문인지도 모른다.

우울한 부모가 있는 가족은 결혼불화 외에도 여러 모로 힘든 상황(예 : 사회적 불이익, 낮은 생활수준)에 처해 있을 수 있고, 스트레스를 주는 많은 생활사건(예 : 건강문제와 재정문제)을 겪고 있을 수 있다. 이러한 상황은 다시 한쪽 부모의 우울증 에피소드를 악화시키고 부모 노릇을 하기 어렵게 만들 수 있다. 예를 들어 부모가 스트레스를 많이 받을 경우 자녀의 외부활동에 참여하는 부모의 능력이 제한될 수 있으며 가족의 사회적 네트워크도 좁아질 수 있다. 그리하여 자녀가 가족 외부의 다른 성인들과 상호작용하거나 사회적 지지의 다른 원천에 접근할 기회가 줄어들 수 있다.

부모 우울증과 아동 우울증의 관계는 애착 및 부모-자녀 상호작용의 맥락에서도 검토되었다(Brumariu & Kerns, 2010; Cicchetti & Toth, 1998; Murray et al., 2019). 부모가 우울증으로 인해 아이에게 정서적 지지를 제대로 해주지 못하고 민감하게 반응하지 못할 때 이는 부모와 자녀 간 불안정 애착을 초래하는 강력한 예측요인으로 작용한다는 것이 밝혀졌다. 애착 이론은 생후 초기의 애착이 아동의 내적 작동 모델 또는 자신과 사회

메리 : 가족 상호작용과 우울증

메리는 불안과 우울문제가 심각한 청소년이다. 메리의 어머니는 주요우울증 진단을 받았다. 메리의 부모는 자주 싸웠는데, 대부분 돈 문제나 아버지의 직장과 관련된 문제였다. 메리의 어머니는 거기서 오는 스트레스와 갈등을 술을 마시는 것으로 대처했으며, 심각한 음주문제를 일으켰다. 메리의 어머니가 우울증 증상을 보이게 된 것은 갈등, 알코올남용, 그 밖의 스트레스 때문으로 보인다. 메리는 모든 가족구성원을 위해, 그리고 어머니에 대한 걱정 때문에 자신이 부모의 싸움을 중재해야 한다고 느꼈으며, 자신에게 어머니의 슬픔을 덜어 줄 책임이 있다고 느꼈다. 시간이 지나면서 이러한 가족 갈등과 문제가 메리 자신에게 심리적 문제를 일으키게 만들었다.

― Cummings, Davies, & Campbell
(2000, pp. 305~306)에서 인용

적 세계에 대한 표상에 중요한 영향을 미친다고 주장한다. 아동들은 생후 초기의 이러한 관계를 통해 강한 정서와 각성을 처음으로 경험하고 이를 조절하는 것을 배운다. 다시 말해 앞으로의 경험을 이끌어 나가는 작동모델은 이러한 생후 초기의 애착관계에서 처음으로 발달되는 것으로 생각된다. 불안정 애착을 형성한 아동의 작동모델은 그 인지적·정서적 내용이 우울증에 특징적으로 나타나는 인지적·정서적 패턴과 매우 유사한 것으로 알려지고 있다(Cummings et al., 2000). 불안정 애착은 아동이 감정과 흥분을 조절하는 능력을 방해할 수 있으며, 빈약한 자아개념 및 사회적 세계의 접근성과 반응성에 대한 불신과 관련이 있을 수 있다.

부모의 우울증이 자녀에게 미치는 영향은 아동의 연령과 성별에 따라 차이가 있을 수 있다(Goodman et al., 2011; Lovejoy et al., 2000). 더욱이 우울한 부모의 자녀들이 많은 장애를 겪을 위험이 더 높은 것이 확실하기는 하지만, 이들이 모두 다 불행한 결과를 경험하는 것은 아니다(글상자 '조와 프랭크 : 상이한 결과' 참조). 이 중 상당수가 부모와 안정애착 관계를 형성하고, 훌륭한 양육을 받을 뿐 아니라 장애를 일으킬 위험이 낮거나 장애를 일으키지도 않는다(Brennan, Le Brocque, & Hammen, 2003; Manczak, Donenberg, & Emerson, 2018; McMahon et al., 2006).

사실 가족의 영향은 다양한 방식으로 부모의 우울증이 초래할 수 있는 부정적 영향을 극복하게 해주는 보호요인으로 작용할 수 있다. 예를 들어 Ivanova와 Israel(2006)은 (가족 활동 및 일과의 예측 가능성과 일관성에 의해 정의되는) 가족 안정성이 임상 표본 아동들의 적응에 미치는 영향을 연구하였다. 가족환경에서 활동의 안정성(Stability of Activities in the Family Environment, SAFE) 척도를 실시한 결과(Israel, Roderick, & Ivanova, 2002), 가족 안정성은 부모의 우울증이 아동의 내재화 장애, 외현화 장애 및 전반적 문제에 미치는 영향을 크게 완화해주는 역할을 하는 것으로 나타났다. 즉 부모의 우울증은 가족 안정성이 낮을 때에는 아동의 적

조와 프랭크 : 상이한 결과

조의 아버지는 주요우울증 진단을 받았고 친할아버지도 우울증 에피소드를 겪었다. 아버지와 어머니는 둘 다 조에게 관심을 기울이고 자상하게 대했다. 아버지는 우울증상이 심할 때에도 조에게 관심을 기울였으며 정서적으로 따뜻하게 대했다. 어머니는 아버지를 잘 뒷바라지했으며, 두 사람은 원만한 결혼생활을 하고 있었다. 조는 두 여동생과도 가까운 관계를 맺고 있었다. 사람이 많을 때는 수줍음을 타기도 했지만 조는 학교에서 공부도 잘하고 인기도 있었다. 그는 명문대학에 진학하였고, 의학을 공부하여 소아과의사가 되었다. 결혼을 했고 행복한 결혼생활을 했으며, 아이들에게 관심이 많은 자상한 부모 노릇을 하였다. 조는 때로 가벼운 정도에서 중간 정도의 우울증상과 불안을 느끼곤 하였다. 그러나 증상이 하위 임상수준을 넘어서는 경우가 드물었고, 조는 치료를 받을 필요를 느낀 적이 없었다.

프랭크의 어머니는 주요우울장애 진단을 받았으며, 외할머니도 우울증이 있었다. 어머니와 아버지는 프랭크가 10세 때 이혼하였다. 몇 년간 격렬한 부부싸움을 하고 난 후였다. 어머니와 아버지는 둘 다 아이들에게 정서적인 반응을 보이지 않는 편이었다. 또 부부싸움에 프랭크와 여동생을 끌어들였다. 프랭크는 여동생과 곧잘 싸웠고 한 번도 가깝게 지내 본 적이 없었다. 프랭크는 유치원에서 아주 공격적이고 다루기 힘든 아이였다. 청소년기에는 상습적으로 비행을 저질렀고, 고등학교를 중퇴하였다. 성인이 되었을 때 우울장애로 진단받았으며, 대인관계는 혼란스러웠고 대부분 오래가지 못했다.

– Cummings, Davies, & Campbell
(2000, pp. 299~300)에서 수정 인용

응문제와 관련이 있으나 가족 안정성이 높을 때에는 관련이 없었다. 〈그림 8.3〉은 가족 안정성이 부모가 보고한 내재화 장애에 이러한 보호효과를 갖는다는 것을 보여준다.

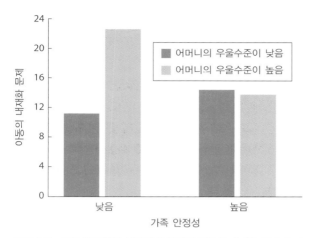

그림 8.3 가족 안정성은 부모의 우울증이 아동의 내재화 장애에 미치는 영향을 조절한다.[Ivanova & Israel(2006)에서 수정 인용]

또래관계와 우울증

또래관계의 문제는 일반 모집단에서 상당히 흔하게 나타나지만, 이러한 문제들은 심리서비스에 의뢰된 청소년들과 그렇지 않은 청소년들을 분명하게 구분해준다(Achenbach & Rescorla, 2001). 또래관계의 문제는 우울증을 일으키고 지속시키는 역할을 하는 것으로 보이는데(Boersma-van Dam et al., 2019; Epkins & Heckler, 2011; Stapinski et al., 2015), 이런 결과는 우울증이 대인관계에서 비롯된다는 점을 강조하는 견해와 부합한다.

예컨대 또래지위는 우울증을 포함한 적응문제와 관련이 있다는 것이 밝혀졌다. Kupersmidt와 Patterson(1991)의 연구는 또래지위와 적응의 관계를 보여준다. 2, 3, 4학년 아동들에게 가장 좋아하는 친구와 가장 싫어하는 친구를 지명하게 하여 이들의 사회측정적 지위를 측정하고 각 아동의 또래지위를 결정하였다. 2년 후 이 아동들이 4, 5, 6학년이 되었을 때 Achenbach 청소년 자기보고(YSR) 개정판을 포함해서 많은 평가도구를 실시하였다. 이 연구자들은 아동이 한 가지 또는 그 이상의 특정한 문제영역에서 임상적 범위에 해당하는 점수를 받는지 알아보고 이것을 부정적 결과의 지표로 삼았다. 거부당한 소년과 소녀들은 임상적 범위에 해당하는 문제들을 평균보다 더 높은 비율로 나타냈고, 무시당한 소녀들

위축되거나 사회적으로 고립된 아동은 적절한 사회적 기술을 습득하고 또래들과 상호작용을 더 많이 하도록 도움을 받을 필요가 있다.

은 임상적 수준의 문제들을 그보다 훨씬 더 많이 나타냈다.

연구자들은 또 또래지위와 다양한 행동문제 점수들로 정의되는 특정한 문제영역들의 관계를 검토하였다. 소년의 경우 또래지위와 특정 행동문제 간에 관계가 없었다. 그러나 소녀의 경우에는 매우 흥미로운 결과가 나타났는데, 거부당한 소녀들은 평범한 소녀, 인기 있는 소녀, 논란이 많은 소녀들보다 높은 수준의 우울증을 2배 이상 많이 보고하였다. 더욱이 무시당한 소녀들은 거부당한 소녀들보다 2배 이상, 그리고 다른 세 집단의 소녀들보다는 5배 이상 우울증 문제를 보고할 가능성이 더 높았다.

또래관계의 문제는 우울증을 일으키는 원인일 뿐 아니라 우울증의 결과일 수도 있다. 예를 들어 Witvliet과 동료들(2010)은 어린 시절의 또래관계가 이후의 우울증을 어떻게 예측해주는지를 보여준다. 이 연구자들은 11~14세 아동들을 대상으로 또래관계의 다양한 측면과 우울증상을 측정하였다. 11세에 또래거부와 우정관계 부재를 겪고 11~13세에 어떤 친구집단에도 속하지 못하는 경우 14세에 우울증상을 일으킬 수 있는 것으로 나타났다. 반면에 우울증이 또래관계의 문제를 초래할 수도 있다(Oppenheimer & Hankin, 2011). 사실 아동의 우울증은 또래관계와 우정에 중요한 수많은 대인관계 특성들과 관련이 있다는 것이 밝혀졌다. 예를 들어 우울

한 아동은 자신이 대인관계에서 그다지 유능하지 못하다고 지각하고, 또래에 대해 부정적 견해를 가지고 있으며, 사회적 문제해결 방식에 문제가 있고, 사회적 정보처리에서 왜곡을 보일 수 있다(Garber, 2010; Parker et al., 2006).

아동이 우울증과 함께 보이는 사회적 관계의 많은 문제는 우울한 아동이 다른 사람들이 자신을 거부하고 자신에게 비판적이라고 지각하는 데서 비롯된다. 이런 지각이 우울한 아동이 또래들을 화나게 하고 우정관계를 제한하여 결국 고립을 초래하는 행동을 하게 만든다. 따라서 또래관계 및 다른 사회적 관계가 우울증 발달에 미치는 영향은 상호적이고 교류적인 영향 모델에 의해 설명할 수 있다.

아동이 청소년기가 되면서 또래관계는 더 중요해지고 친밀한 관계가 형성될 가능성이 커진다. 관계문제는 우울증 발병 위험의 증가와 관련이 있는 것으로 밝혀졌다. 이러한 문제는 청소년기에 우울증이 증가하게 만드는 발달과정의 일부일 수 있다(Boersma-van Dam et al., 2019; Hammen, 2018).

우울증의 평가

우울증을 평가하기 위해서는 많은 전략을 사용하고, 다양한 속성들을 폭넓게 살펴보며, 다양한 출처로부터 정보를 수집할 필요가 있다(Dougherty, Klein & Olino, 2018). 앞서 살펴보았듯이 우울증은 발달과정에서 여러 가지 형태로 나타날 수 있으며, 우울증을 겪는 아동과 청소년은 다른 문제들도 나타내기 쉽다. 일반적 임상 면접과 아동 행동체크리스트(CBCL) 같은 평가도구가 많이 사용된다. 우울증의 발병에는 다양한 요인들이 영향을 미칠 수 있기 때문에 아동이나 청소년뿐 아니라 부모와 가족, 그리고 사회적 환경을 평가하는 것이 도움이 된다.

DSM 진단을 받기 위해서는 '아동용 진단면접 검사'(Diagnostic Interview Schedule for Children, DISC)와 같은 구조화된 면접 및 반구조화된 면접(Costello et al., 1984), 그리고 '학령기 아동용 정동장애 및 조현병 검사'(Schedule for Affective Disorders and Schizophrenia for School-Age Children, K-SADS)를 사용할 수 있다(Ambrosini, 2000).

평가과정의 여러 측면에서 사용할 수 있도록 우울증과 관련 개념들에 초점을 두는 다양한 평정척도와 검사도구들이 개발되었다(Dougherty et al., 2018; Reynolds, 1994). 이 중에서 자기보고식 도구들이 가장 널리 사용된다. 자기보고식 도구는 슬픔이나 무가치한 느낌과 같이 우울증의 특징이라 할 수 있는 핵심 문제들이 주관적이라는 점에서 특히 중요하다. '아동 우울증 검사'(Children's Depression Inventory, CDI; Kovacs, 2011)는 이런 유형의 도구들 중에서 가장 널리 사용되는 것으로, 성인들에게 많이 사용되는 도구인 '벡 우울증 검사'를 바탕으로 만들어졌다. CDI는 청소년들에게 3개의 선택 항목 중에서 지난 2주 동안의 자신을 가장 잘 나타내는 항목을 고르게 한다. CDI는 우울증의 정서적·행동적·인지적 측면을 측정하는 문항들로 이루어져 있다. CDI에 관한 연구는 CDI가 신뢰도와 타당도가 뛰어나고 임상적으로 의미 있는 절단점수를 가지고 있다는 것을 보여준다(Kovacs, 2011; Reynolds, 1994). '레이놀즈 아동 우울증 척도'(Reynolds, 2010)와 '레이놀즈 청소년 우울증 척도'(Reynolds, 2002)도 심리측정학적 속성이 우수한 것으로 평가받고 있다(Dougherty et al., 2018; Reynolds, 1994). 자기보고식 도구가 널리 사용되고 있기는 하지만 우울증 측정이 여러 인종/민족 집단에서 동등하게 이뤄진다고 가정한다는 점에서 신중을 기해야 한다는 주장도 제기되고 있다(Crockett et al., 2005; Dere et al., 2015).

많은 자기보고식 척도는 문장을 조금 바꾸어서 부모와 같이 아동에게 중요한 인물들이 작성하게 할 수도 있다. 부모와 자녀가 각기 작성했을 때 점수의 상관은 낮은 편인데, 이 둘의 일치도는 아동의 연령에 따라 달라질 수 있다(Dougherty et al., 2018; Renouf & Kovacs, 1994). 이러한 결과는 각기 다른 정보원이 제공한 정보는 아동이 직면한 문제의 서로 다른 면을 다루고 있다는 것을 보여준다. 교사, 임상전문가, 다른 성인들, 또는 또래가 작성한 평가는 각기 독특한 관점을 제공할 수 있다.

우울증과 관련이 있는 구성개념들을 측정하는 도구들도 개발되었다(Muris et al., 2016; Winters, Myers, & Proud, 2002). 예를 들어 자아존중감(예 : Harter, 1985)과 사건에 대한 통제의 지각(예 : Connell, 1985) 같은 속성들을 측정할 수 있다. 아울러 절망감(Kazdin, Rodgers, & Colbus, 1986), 귀인양식(Seligman & Peterson, 1986), 인지적 왜곡(예 : Leitenberg, Yost, & Carroll-Wilson, 1986)을 비롯한 다양한 인지과정들을 평가하는 것은 임상 목적뿐 아니라 연구 목적에도 도움이 된다.

우울한 청소년이 다른 사람들과 상호작용하는 모습을 직접 관찰하는 것은 임상가에게 도움이 되는 정보를 제공해줄 수 있다. 임상가는 관찰을 통해 부모-자녀 간 의사소통, 정서표현, 비판이나 칭찬의 수준과 같은 기능을 측정하고자 할 수 있다. 많은 관찰도구들이 아동과 청소년의 우울증 측정에 사용될 수 있다(Garber & Kaminski, 2000; Schroeder & Smith-Boydston, 2017). 우울한 청소년들이 통제된 실험실에서 다른 사람과 상호작용하는 모습을 부호화를 포함하여 체계적으로 관찰하는 것은 이 청소년들의 사회적 행동을 관찰하는 기회를 제공해줄 수 있다. 〈표 8.3〉은 우울증과 관련이 있는 사회적 상호작용을 부호화하는 기존 체계를 사용해서 관찰할 수 있는 행동범주들을 수록하고 있다. 체계적 관찰도구는 다른 평가도구들만큼 자주 사용되지는 않는데, 상당한 훈련이 필요할 뿐 아니라 부호화 작업 자체가 엄청난 노력이 드는 일이기 때문이다. 이러한 관찰의 생태학적 타당성, 즉 실험실에서의 짧은 상호작용이 실제 세계의 사회적 상호작용을 얼마나 잘 드러내 줄 수 있을 것인가에 대한 우려도 제기된다.

우울증의 치료

아동과 청소년에게 사용할 수 있는 효과적인 우울증 치료방법을 개발하기는 쉽지 않다. 젊은이들과 그 가족들

■ 표 8.3 **사회적 상호작용 과제에서 관찰할 수 있는 우울증 관련 행동의 범주와 실례**

정서 : 미소짓기, 찡그리기, 울기, 행복, 슬픔, 분노, 공포
감정조절 : 감정의 통제 또는 표현
문제해결 : 문제를 찾아내고 해결책을 제시하기
비언어적 행동 : 눈맞춤, 자세
갈등 : 불복종, 무시, 요구, 타협
인지적 내용 : 비판, 칭찬, 자기비하
말 : 속도, 크기, 목소리의 억양, 말의 개시
관여 또는 비관여 : 열정, 개입, 지속
과제와 관련된 또는 관련되지 않은 행동
물리적 접촉 : 위협, 때리기, 애정표현
증상 : 우울, 과민성, 정신운동성 흥분 또는 지연, 피로, 집중

출처 : Garber & Kaminski(2000)에서 수정 인용

은 치료받을 생각을 하지 않는 경우가 많고, 효과적인 심리치료를 받기가 쉽지 않은 지역사회도 많다. 치료에 대한 논의는 약물, 인지행동 및 대인관계 치료에 역점을 둘 것이다. 왜냐하면 이 치료들이 따로 그리고 함께 가장 많이 연구되었기 때문이다(Curry & Meyer, 2019; Eckshtain et al., 2020; Scahill & Rojas, 2019; Weersing et al., 2017).

약물치료

아동과 청소년들에게 항우울제가 널리 처방되고 있다(Olfson, Druss, & Marcus, 2015). 그러나 그러한 치료는 논란이 되고 있는데, 우울증이 있는 아동과 청소년들의 경우 약물치료의 효과와 안전성이 아직 확실하게 밝혀지지 않고 있기 때문이다(Bridge et al., 2007; Cipriani et al., 2016; Moreno, Roche, & Greenhill, 2006; Scahill & Rojas, 2019). 한때 아동과 청소년의 우울증 치료에 이미프라민 같은 삼환계 항우울제(TCA)가 광범위하게 사용되었다. 그러나 삼환계 항우울제는 우울한 청소년의 치

료에서 효과성이 입증되지 않았으며 부작용도 많다. 플루옥세틴, 에스시탈로프람 같은 **선택적 세로토닌 재흡수 억제제**(selective serotonin reuptake inhibitors, SSRI)도 우울한 아동과 청소년에게 사용되고 있다. SSRI는 세로토닌의 재흡수를 방해하며 따라서 더 많은 세로토닌이 뇌에 공급되게 한다. SSRI는 삼환계 항우울제보다 부작용이 더 적고 가장 많이 권장되는 약물이다.

그러나 대부분의 항우울제가 사춘기 이전의 아동이나 청소년들에게 효과가 있다는 것을 분명하게 지지하지 않고 있는 제한된 연구에 기초하여 사용되고 있다(Cipriani et al., 2016; Gleason et al., 2007; Reyes et al., 2011). 장기적 효과성에 대해서도 알려진 바가 없다. 플루옥세틴(8세 이상)과 에스시탈로프람(12세 이상)은 아동과 청소년에게 사용하도록 FDA가 인정한 유일한 약물들이다.

이 약물들은 언젠가는 청소년들에게 단독으로 또는 다른 약물들과 함께 사용했을 때 효과가 있다는 것이 입증될 수도 있다. 그러나 항우울제는 기본적으로 성인을 위주로 개발되고 시판되었기 때문에 잘 확립된 관리지침이 마련되어 있지 않으며, 안전성에 관한 체계적인 자료도 많지 않다. 안전성과 부작용은 우려할 만한 쟁점인데, 특히 어린 아동의 발달에 이 약물들이 미칠 장기적인 영향에 대해 알려진 바가 없기 때문이다. SSRI와 자살행동 증가 간에 관계가 있을 가능성에 대해 특히 우려가 표명되었다(Cipriani et al., 2016; Curry & Meyer, 2019; Emslie et al., 2006; Moreno et al., 2006; Scahill & Rojas, 2019). 불안장애 치료에서 SSRI 사용에 대한 논의에서 언급했듯이 그러한 우려로 인해 FDA는 아동과 청소년에게 이 약물을 사용하는 데 대해 경고를 발령하였다.

우울증은 그 자체로 자살과 관련이 있기 때문에 SSRI 사용의 위험과 혜택이라는 쟁점은 대단히 중요하다. 가족과 임상가들은 다음과 같은 의문을 가질 것이다. 자살할 위험이 있는 청소년의 우울증 치료에 SSRI를 사용하지 않을 때의 위험이 이 약물의 사용과 관련된 자살위험보다 더 큰 것인가? FDA는 항우울제가 치료에 사용될 경우 해당 청소년들이 특히 치료 초기나 복용량을 변경할 때 임상치료실을 더 자주 방문할 것을 권장한다. 또한 보호자와 임상가가 특이한 행동 변화에 각별히 주의를 기울일 것을 권장한다(FDA, 2007).

병합치료

청소년 우울증 치료연구(TADS Team, 2004)는 플루옥세틴(SSRI)과 인지행동치료법(CBT)을 함께 사용할 때의 효과를 연구하였다. 중등도에서 중증까지의 주요우울증을 앓는 청소년(12~17세)들을 플루옥세틴 단독집단, CBT 단독집단, 플루옥세틴과 CBT 병합집단, 또는 위약집단에 무작위로 배정하였다. TADS 연구팀은 치료가 끝났을 때 병합치료가 주요우울장애 증상을 가장 크게 호전시켰을 뿐 아니라 각각의 단독치료보다 효과가 더 우수했다고 보고하였다. 그러나 18주의 추적기간이 끝날 무렵(36주 차)에는 세 치료조건 간에 차이가 없었다. 전반적으로 치료의 혜택은 추적기간 1년 동안 유지되었다(TADS Team, 2009). 이 연구의 결과는 중요하지만 방법론과 결과 해석의 측면에서 문제가 제기되었다(TADS Team, 2007; Hollon, Garber, & Shelton, 2005; Rohde, 2017). 또한 진단기준에 더 이상 해당하지 않는 **회복**(remission) 비율이 낮았고, 많은 청소년이 계속해서 유의미한 증상을 보였으며, 차도를 보였던 일부 청소년들이 추적기간 동안 우울증이 악화되는 **재발**(relapse)을 경험하기도 하였다(Brent, 2006; Kennard et al., 2006; TADS Team, 2009).

그러나 병합치료의 잠재적 혜택은 SSRI와 자살위험에 대한 우려와 밀접한 관련이 있다. 치료기간에 플루옥세틴 단독치료 집단의 청소년들이 자살 관련 사건을 가장 많이 겪은 것으로 나타났는데(9.2%), 이는 다른 집단의 거의 2배에 달하는 수치이다(Emslie et al., 2006). 자살사건은 심한 우울증상을 보이는 청소년들이 가족구성원과의 갈등 같은 대인관계 스트레스를 받게 될 때 특히 발생하기 쉽다(Vitiello et al., 2009).

중등도에서 중증의 우울증을 보이는 청소년들을 대상으로 하는 병합치료 사용은 청소년의 저항성 우울증

치료(Treatment of Resistant Depression in Adolescence, TORDIA)에서도 연구되었다(Weersing & Brent, 2010). TORDIA 연구에 참여한 청소년들은 평균 2년간 우울증을 겪었고, 주요우울장애 진단을 받았으며, 상당한 자살 성향과 공존장애를 보였다. 이들은 또 종전에 SSRI 치료에 실패하였다. 이들은 약물 단독조건(종전의 SSRI와는 다른 약물로 전환) 또는 약물과 CBT 병합조건에 무작위로 배정되었다. 이 연구에서 사용한 CBT는 개별치료 프로토콜이었고, CBT에 기초한 가족문제해결 접근에서는 가족도 함께 참여하였다. 프로그램을 실시한 지 12주 후에 CBT-약물 병합조건의 참여자들은 55%, 약물 단독조건의 참여자들은 41%가 임상적으로 의미 있는 향상을 보였다. 심각한 우울증을 보이는 이 청소년들의 경우 CBT와 약물의 병합이 효과가 있는 것으로 나타났다. 아울러 병합치료의 우수성은 공존장애가 더 많이 있는 청소년들에게 더 뚜렷하게 나타났다(Asarnow et al., 2009).

Kennard와 동료들(2014)도 SSRI를 사용한 치료와 CBT의 병합이 재발을 방지하는 효과가 있다는 결과를 보고하였다. 주요우울장애로 진단받은 아동(8~17세)들을 6주간 플루옥세틴으로 치료한 후 약물치료만 계속하는 조건 또는 약물치료와 재발방지 CBT를 병합하는 조건에 배정하였다. 30주간의 치료가 이루어지는 동안 회복시간에서는 두 조건 간에 차이가 없었다. 그러나 재발비율은 약물과 CBT 병합조건에서 유의미하게 낮았다.

심리사회적 치료

아동과 청소년의 우울증을 치료하기 위한 대부분의 심리학적 개입은 인지행동 관점에서 유래한다. 인지행동치료는 아동과 청소년의 부적응적 인지(예 : 귀인오류, 지나치게 높은 기준, 부정적 자기감찰)를 찾아내고 수정하며, 즐거운 경험을 증가시키고 사회적 기술을 증진하며 의사소통, 갈등 해소, 사회적 문제해결 및 대처기술을 개선하는 등의 목표에 초점을 맞춘다. 여기 소개된 두 프로그램은 인지행동 관점에서 유래한 개입을 보여준다.

Stark와 동료들(1987, 1991)은 우울한 아동들을 대상으로 자기통제기술, 행동적 문제해결 및 다른 인지전략의 훈련을 통합하는 치료의 효과를 연구하였다. 이러한 인지행동치료는 통제집단에 비해 우울증상을 크게 감소시키는 것으로 나타났다. Stark와 동료들(2010)은 이러한 초기 연구를 바탕으로 9~13세 소녀들을 대상으로 ACTION 치료프로그램이라는 명칭을 가진 학교 기반 집단 CBT 프로그램을 개발하였다. 〈표 8.4〉에 20회기 프로그램의 내용과 우울증 치료에 사용되는 많은 CBT 우울증 개입 프로그램의 특징적 요소가 간략하게 제시되어 있다. 저자들은 ACTION 프로그램의 주요 목표와 주제가 소녀들에게 제공된 카드에 있는 세 가지 메시지에 잘 드러나 있다고 말한다(Stark et al., 2010, p. 94).

1. 기분이 나쁘고 그 이유를 알 수 없다면 대처기술을 사용하라.
2. 기분이 나쁘고 그 상황을 바꿀 수 있다면 문제해결을 사용하라.
3. 기분이 나쁘고 그것이 부정적 생각 때문이라면 그 생각을 바꿔라.

각 회기의 내용은 이 세 가지 핵심기술을 다루며 하위목표는 회기가 진행되는 동안 줄곧 **행동 활성화**(behavioral activation, 참여자가 적극적으로 즐거운 일을 하기를 권장하는 활동)를 지향하는 것이다. 부모훈련(parent training, PT) 요소는 부모가 치료기술을 사용하도록 돕고, 가족의 정서적 분위기와 의사소통 스타일을 바꾸며, 소녀들에게 긍정적인 메시지를 보내는 지지적 환경을 만들게 하는 것이었다.

참여자들은 CBT, CBT + PT, 또는 최소한의 접촉을 하는 통제조건에 무작위로 배정되었다. 치료가 끝난 후 두 치료조건에 배정되었던 소녀들은 통제조건의 소녀들보다 우울증상을 훨씬 더 적게 보고하였다. 또한 치료조건의 소녀들은 80%가 우울장애의 기준에 더 이상 해당하지 않게 되었으나 통제조건에서는 그런 소녀들이 45%에 불과하였다. 두 치료조건 간에 차이가 전혀 없는 것은 아니었지만 이와 같은 주요 측정치에서는 차이가 없

회기 번호	일차적 치료 요소
1	프로그램의 기본 요소들에 대한 소개와 논의
2	정의적 교육 및 대처의 도입
개별회기 1	개념복습 및 치료목표 수립
3	정의적 교육 및 대처기술
4	집단응집성의 확장, 목표 검토, 대처기술의 적용
5	대처기술 확장, 문제해결 도입
6	인지와 정서, 인지적 재구조화 개념의 도입
7~9	문제해결의 적용
개별회기 2	개념복습 및 치료활동 개별화
10	인지적 재구조화를 위한 준비 및 연습
11	인지적 재구조화 계속
12~19	인지적 재구조화 연습 및 자기지도 작성(개인의 강점 확인)
20	최종 복습 및 종결 활동

▌표 8.4   소녀들을 대상으로 하는 ACTION 치료프로그램의 일차적 요소

출처 : Stark et al.(2010)에서 수정 인용. Copyright 2010 by Guilford Press. 허락하에 사용함

었다. 치료받은 소녀들의 향상은 1년 후까지 지속되었다.

청소년 우울증 대처 프로그램으로 알려진 청소년용 인지행동 개입(기술을 훈련하는 다중요소 개입)은 오리건 청소년 우울증 프로젝트와 Lewinsohn, Clark와 동료들의 연구로부터 도출되었다(Rohde, 2017). 최초의 연구(Lewinsohn et al., 1990)에서는 우울증의 진단기준에 해당하는 14~18세까지의 청소년들을 청소년 단독 조건, 청소년과 부모가 함께하는 조건, 대기명단 통제조건이라는 세 가지 조건 중 하나에 무작위로 배정하였다. 청소년들은 집단 또는 교실과 유사한 장면에서 일주일에 두 번씩 진행되는 두 시간짜리 회기에 16회 참석하였다. 이 회기들에서는 기분을 조절하고, 즐거운 일을 늘리며, 비합리적이고 부정적인 생각을 찾아내고 통제하며, 긴장을 완화하는 방법을 가르치고, 사회적 기술을 향상시키며, 갈등해소(의사소통과 문제해결) 기술을 가

르치는 데 초점을 두었다. 부모가 참여하는 조건에서는 부모들이 매주 한 번씩 9주에 걸친 회기에 참석하였다. 부모들에게 10대 자녀가 배운 기술들에 관한 정보를 제공하였고 문제해결 및 갈등해소 기술을 가르쳐주었다.

치료집단 청소년들은 통제집단 청소년들에 비해 우울 측정치에서 향상을 보였다. 예를 들어 치료가 끝났을 때 치료받은 청소년들은 회복률이 46%였으나 통제집단은 5%만이 진단기준에 더 이상 부합하지 않았다. 이와 비슷한 두 번째 연구(Clarke et al., 1999)도 상응하는 결과를 내놓았다. 치료집단 청소년들은 치료가 끝나고 2년 후 추적연구를 했을 때 치료효과가 지속되고 있었다. 두 연구 모두에서 부모의 참여는 도움이 되지 않는 것으로 나타났다. 이는 부모의 참여율이 비교적 낮았고 부모참여 요소의 성격이 제한적이었기 때문이라고 생각된다(Rohde, 2017). 치료효과를 개선하는 한 가지 방

법은 부모 참여의 잠재적 역할에 대해 더 깊이 이해하는 것이다. 여기에는 부모 참여를 위한 최적의 수준과 메커니즘을 명확히 하고 부모 참여가 도움이 될 수도 있고 도움이 되지 않을 수도 있는 개인차를 이해하는 것이 포함될 수 있다.

청소년의 우울증을 치료하기 위한 두 번째 접근은 우울한 성인을 대상으로 한 대인관계 심리치료를 수정한 청소년용 대인관계 심리치료(interpersonal psychotherapy for adolescents, IPT-A)로서 이 역시 효과가 있는 것으로 입증되었다(Jacobson & Mufson, 20105). IPT-A는 우울증 원인이 무엇이든지 간에 그 발생과 진행과정은 개인에게 중요한 사람들과의 대인관계로부터 영향을 받는다는 전제를 바탕에 두고 있다. 치료자는 심리교육을 다루는 다양한 전략을 사용하여 청소년들이 대인관계 문제해결 및 의사소통 기술을 습득하게 한다. 청소년들이 부모와의 분리, 역할 전환, 낭만적 관계, 대인관계 결핍, 또래압력, 슬픔, 한부모 가족 상태 등 현재 당면하고 있는 대인관계의 문제들을 이해하도록 돕는다. Mufson과 동료들(1999)은 주요우울장애로 진단받고 IPT-A 치료를 받은 청소년들이 임상적 상태를 감독받은 통제집단 청소년들에 비해 우울증상, 사회적 기능, 문제해결기술이 더 크게 향상되었다는 것을 발견하였다. 학교 장면에서 수행된 Mufson과 동료들의 두 번째 연구도 IPT-A 치료를 받은 청소년들이 통제집단 청소년들에 비해 우울증상이 더 크게 감소했다고 보고하였다(Mufson et al., 2004). IPT-A는 더 심각한 수준의 우울증, 동시발생 불안, 높은 수준의 부모-자녀 갈등이 있는 청소년들에게 효과적이다(Jacobson et al., 2017).

Rosselló와 Bernal(1999)은 임상적 우울증이 있는 푸에르토리코 청소년들을 대상으로 IPT-A 집단을 인지행동치료 및 대기명단 통제집단과 비교하였다. 두 치료집단 모두 통제집단에 비해 우울증상(그림 8.4 참조)과 자기존중감이 유의미하게 향상되었다. 이 연구자들의 후속연구 또한 IPT-A와 CBT의 효과성을 보여주었다(Roselló et al., 2008).

Mufson과 동료들은 라틴계 청소년을 연구에 대거 포함시켰고 Rosselló와 Bernal은 라틴문화의 대인관계 측면인 대인접촉 선호(personalismo) 및 가족과의 강한 동일시와 애착(familismo)을 치료에 통합하고자 노력했다는 점이 흥미롭다. 즉 청소년이 속한 문화와 생활환경에서 예화, 속담, 이미지를 선정하고, 치료접근의 대인관계적 성격을 강조하고, 가족의존성과 상호의존성을 논의하는 등 기존의 치료를 다양하게 조정하였다(Rosselló & Bernal, 1999; 2005). Rosselló와 Bernal 연구에서 두 치료집단의 청소년들은 우울증의 개선 정도에서는 비슷하였으나 다른 측정치들에서는 IPT-A 집단이 더 우수하

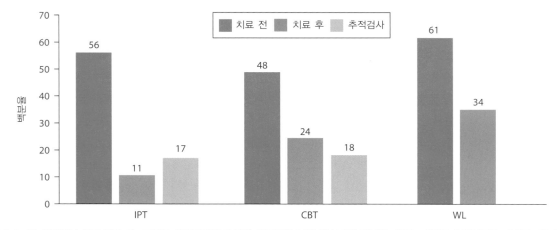

그림 8.4 각 조건에서 치료 전과 후, 그리고 추적검사에서 심한 우울증을 보인 청소년의 백분율. IPT=대인관계 심리치료, CBT=인지행동치료, WL=대기명단 통제집단.[Rosselló & Bernal(1999)에서 인용]

였다. 연구자들은 이러한 결과가 IPT-A가 푸에르토리코의 문화적 가치와 조화를 이룬 데서 비롯되었다고 제안하였다.

우울증이나 다른 장애가 있는 청소년의 치료와 관련하여 해결해야 할 문제가 남아 있다. 다양한 인종 및 문화의 청소년을 대상으로 효과를 평가하고 이들에게 사용하도록 조정된 증거기반 치료를 찾아내기 위한 노력이 계속되고 있다(Pina, Polo, & Huey, 2019).

인지행동 관점에 기초한 치료와 청소년 우울증의 대인관계 및 가족 측면을 다루는 치료는 잘 확립되어 있다. 그러나 우울한 아동을 대상으로 한 인지행동치료가 효과가 있다는 증거는 청소년에 비해서는 확실하지 않다. 더욱이 심한 우울증이 있거나 공존장애가 있는 청소년을 대상으로 한 연구나 장기적 효과성에 관한 연구결과는 많지 않다(Curry & Meyer, 2019; Dietz, Silk, & Amole, 2019; Exkshtain et al., 2020; Rohde,, 2017; Weersing et al., 2017). 핵심요소들을 알아내고, 치료를 개선하고, 최적의 치료기간을 결정하고, 지역사회/현실 세계 장면에서 치료효과를 증진하고, 전반적으로 치료효과성을 높이기 위한 노력이 진행되고 있다.

우울증의 예방

수많은 보편적 우울증 예방 프로그램들이 실행되고 평가되었다(Spence & Short, 2007). 이들 프로그램은 대부분이 학교를 기반으로 하고 있고 인지행동 절차를 강조하는데, 그중 일부는 대인관계 심리치료 관점의 요소들을 포함하고 있다. 이 프로그램들은 1개 또는 그 이상의 학교에서 특정 학년의 모든 아동에게 실시된다.

예를 들어 Spence와 동료들(Spence, Sheffield, & Donovan, 2003; 2005)은 오스트레일리아의 중학교 2학년 학생들을 대상으로 이들이 일상생활에서 겪게 되는 문제들을 처리하기 위한 다양한 문제해결기술 및 인지적 대처기술을 교사가 학급에서 가르치는 보편적 개입방법을 평가하였다. 16개 학교가 개입조건과 통제조건에 무작위로 배정되었다. 프로그램이 진행되는 동안 개입조건의 학생들이 통제조건의 학생들보다 수행이 더 높았다. 개입의 긍정적인 효과(문제해결기술의 증가와 우울증상의 감소)는 처음에 우울증상이 매우 심했던 학생들에게 가장 뚜렷하게 드러났다. 그러나 1, 2, 3, 4년 후의 추적검사에서는 두 조건의 학생 간에 우울증상(또는 문제해결기술)에 차이가 없었다. 중학교 3학년 학생들을 대상으로 하는 별도의 대규모 연구(Sheffield et al., 2006)는 심지어 프로그램이 끝난 시점에서도 개입조건과 통제조건 간에 아무런 차이도 발견하지 못하였다.

일반적으로 아동과 청소년의 우울증을 예방하기 위한 보편적 프로그램들은 효과가 그다지 크지 않으며, 장기 추적검사에서 그 효과가 지속되지 않는 것으로 나타난다. 그러나 노력을 계속할 필요가 있다는 것을 보여줄 정도로는 효과가 있다. Spence와 Short(2007)가 지적한 대로 개입을 더 오랜 기간 더 집중적으로 할 필요가 있을 것이며, 예방 프로그램들은 우울증의 병인에 관한 생태학적 모델에 입각하여 아동의 환경에서 위험요인을 줄이고 보호요인을 늘리는 데 더 역점을 둘 필요가 있을 것이다.

보편적 프로그램 중 몇 가지는 최초의 우울증상이 중간 수준에서 높은 수준까지인 아동들에게 더 큰 영향을 미치는 것으로 보고되었다. 이는 예방적 접근의 중요성을 보여준다. 그러한 프로그램들이 다수 시도되었는데, 그중 상당수는 인지행동 접근에 기초하고 있다(David-Ferdon & Kaslow, 2008; Evans & Commission on Adolescent Depression and Bipolar Disorder, 2005b; Rohde, 2017). 청소년 스트레스 대처(Adolescent Coping With Stress, CWS-A) 프로그램은 개입의 인지적 재구조화 요소를 강조하는 청소년 우울증 대처 프로그램을 확장한 것이다. 위험에 처한 청소년들이 미래에 우울증을 겪지 않도록 예방하기 위한 프로그램이다. 3개 학교에서 CESD(역학연구소 우울증 검사)에서 높은 점수를 받았으나 구조화된 진단면접에서는 우울증으로 진단되지 않은 중학교 3학년 학생들과 부모에게 우울증이 있는 학생들을 선정하여 방과 후에 15회기 동안 진행되는 인지행동 집단개입 조건 또는 평상시 수준의 보호를 하는 통제조건에 배정하였다(Clarke et al., 2001). 1년 후의 추적검사에서 CWS-A 개입을 받은 학생들의 주요우울장애 에피소드가 현저히 줄어든 것으로 나타났다(8% 대 25%). 이러한 차이는 2년 후 추적검사에서도 유지되었으나 그 크기는 줄어들었는데, 이는 예방 프로그램의 효과가 시간이 지나면서 서서히 사라진다는 것을 보여준다. 4개 학교를 대상으로 하는 대규모 연구(Beardslee et al., 2013)도 예방 프로그램의 효과성을 입증하였다. 33개월간의 추적과정에서 인지행동 예방 프로그램에 참여한 청소년들이 통제집단 청소년보다 우울증 에피소드의 발생률이 훨씬 더 낮았다(37% 대 48%). 그러나 우울한 부모를 둔 청소년들은 이에 상응하는 정도로 예방 프로그램의 효과를 보지 못했다.

IPT-A에 기초한 예방 프로그램들도 효과가 있다는 것이 입증되었다(Benas et al., 2019; Young, Mufson, & Davies, 2006; Young et al., 2016). 대인관계 심리치료 청소년 기술훈련(Interpersonal Psychotherapy-Adolescent Skills Training, IPT-AST)을 받은 청소년들은 상담 통제조건의 청소년들에 비해 우울증상을 현저하게 적게 보였고 전반적 기능이 확연하게 개선되었다.

이 프로그램들과 그 밖에 예방 프로그램들은 이와 같은 예방적 접근이 전도가 유망할 뿐 아니라 계속 관심을 기울일 만한 가치가 있다는 것을 보여준다.

양극성 장애

엄청난 '분노'를 내보이고, ADHD라는 분명한 증거가 있으며, 외가 쪽으로 우울증 가족력과 친가 쪽으로는 양극성 장애 가족력이 있는 7세 아동은 ADHD 치료법으로 각성제 치료를 받는 것이 안전한가? 만약 이 아이가 하루 종일 킥킥대고 잠도 거의 자지 않으며 평소보다 더 활동적이고 말이 많아 보인다면 어떨 것인가? 이 아이는 자연스러운 아동기의 모습을 보이는 것인가, 아니면 소아과 양극성 스펙트럼 장애의 초기 징후를 보이는 것인가? … 장차 물질사용을 하거나 법적 문제에 휘말리거나 투옥되거나 자살시도를 할 위험이 있는가?(Danner et al., 2009, p. 271)

임상적 및 개념적 쟁점들에 대한 Danner와 동료들의 기술은 많은 면에서 아동과 청소년에게 양극성 장애가 어떻게 발달하고 표출되는지를 고려할 때 직면하는 어려움들을 보여준다. 양극성 장애가 있는 청소년은 어떤 증상을 나타내는가? 성인에게 나타나는 양극성 장애와 유사한 소아과 양극성 장애가 있는가? 다른 장애와 어떻게 구별할 수 있는가? 전형적인 발달 패턴과는 어떤 차이가 있는가? 발달과정은 어떠할 것인가? 아동기 양극성 장애에 대한 관심이 증가하면서 이러한 의문들이 제기되고 있다.

양극성 장애의 DSM 분류

양극성 및 관련 장애(bipolar and related disorders)라는 DSM 범주는 우울증상뿐 아니라 조증도 포함하는 장애를 기술한다. **조증**(mania)은 대개 비정상적이고 지속적으로 들뜨거나 과민한 기분이 나타나고 에너지나 활동 증가도 지속적으로 나타나는 시기를 가리킨다. 조증일 때 경험하는 들뜬 기분을 **쾌감 기분**(euphoric mood)이라 하는데, 자기존중감이 폭등하고, 행동과 말과 사고를 많이 하며, 주의가 산만하고, 신체적 · 정신적 행복을 과장되게 느낀다는 특징이 있다. 아동들은 정도가 지나치거나 상황이나 발달수준에 맞지 않게 기분이 좋아 보일 수 있다. 아동의 과장된 자기존중감과 과대망상은 자신의 능력을 과대평가하거나("우리 학교에서 내가 제일 똑똑해.") 위험한 묘기를 시도하는 형태로 나타날 수 있다. 이와 같은 쾌감 기분은 아동기의 전형적 행동과는 분명한 차이가 있는 변화를 보여준다.

조증 에피소드의 기준에 부합하기 위해서는 (1주 이상 지속되는) 조증 외에 다음의 증상들 가운데 적어도 세 가지(기분이 과민한 증상뿐이라면 네 가지)가 나타나야 한다.

1. 과장된 자아존중감
2. 수면의 필요성 감소
3. 평소보다 말이 많아짐
4. 질주하는 사고

5. 주의산만

6. 목표지향적 행동이나 정신운동성 흥분의 증가

7. 부정적인 결과를 가져올 수 있는 과도한 활동(예 : 과도한 소비, 무분별한 성적 행동)

또 조증 에피소드가 사회적·학업적 기능에 분명한 손상을 초래하거나 아동이 자신이나 다른 사람들을 해치지 않도록 하기 위해 입원할 필요가 있을 때 양극성 장애 진단을 내린다.

DSM에는 아동과 청소년에게 내릴 수 있는 양극성 진단이 다수 포함되어 있다. 양극성 I 장애는 한 가지 또는 그 이상의 조증 에피소드가 있고 주요우울증 병력도 있을 때 진단한다. 양극성 II 장애는 주요우울증과 경조증의 병력이 있다. **경조증**(hypomania)은 조증 에피소드보다 지속기간이 짧고(4일 연속) 덜 심각한 쾌감 기분으로 정의된다. 순환성 장애는 주요우울증 또는 조증 에피소드의 진단기준에 부합하지 않는 경조증증상과 우울증상이 나타나는 시기들이 만성적으로 반복되는 경우를 가리킨다. DSM의 이전 판에서는 양극성 장애 NOS(not otherwise specified)라는 범주도 있었다. 이 진단은 양극성 장애에 특징적인 증상들을 보이지만 다른 양극성 장애들의 진단기준에는 완전히 부합하지 않는 사례들에 사용되었다. 양극성 증상이 있는 많은 청소년이 이 진단을 받았다(Birmaher & Axelson, 2005). DSM-5는 NOS라는 용어를 변경하였으나 명칭 사용의 일반적 목적에는 변함이 없다. 양극성 장애의 경우 NOS라는 용어를 '달리 명시된 양극성 및 관련 장애'와 '명시되지 않는 양극성 및 관련 장애'로 대체하였다. 이들 용어는 NOS와 마찬가지로 양극성 장애 증상이 나타나기는 하지만 다른 양극성 장애들의 진단기준을 충족시키지 못할 때 사용하기 위한 것이다. 임상가는 처음 진단할 때 다른 양극성 장애의 진단기준을 충족시키지 못하는 이유를 명시하는 선택을 한다. '명시되지 않는' 진단을 할 때는 진단기준을 충족하지 못하는 이유를 명기하지 않는 선택을 한다.

청소년의 양극성 장애 진단에 관한 논의에서 중요한 쟁점은 아동기 발병 양극성 장애와 성인기 발병 양극성 장애가 동일한 장애인가, 아니면 서로 다른 장애로 간주되어야 하는가 하는 문제이다. 양극성 장애는 한 집단(초기에서 중기까지의 성인)의 증상에 의해 규정된 장애를 다른 집단(아동)에 적용하는 데서 생겨나는 문제의 완벽한 보기라 할 수 있다(Blader et al., 2017).

역사적으로 DSM 진단기준은 성인, 아동, 청소년에게 기본적으로 동일하였다. 이 상황은 DSM-5에서도 크게 변함은 없지만 발달적 쟁점에 대한 민감성이 주요 의제로 다루어지기 시작하였다. 예를 들어 DSM-5는 진단기준에 이어지는 본문에서 과대망상이나 들뜬 기분 같은 증상들이 어떻게 아동에게 나타날 수 있는지 예시하고 있다. 또한 이 장의 앞에서 DSM-5가 파괴적 기분조절부전장애를 우울장애의 일종으로 진단한다고 기술하였다. 이러한 진단은 아동을 양극성 장애로 진단하는 것과 관련한 우려에서 도입되었다.

아동과 성인에게 양극성 장애를 진단할 때 동일한 기준을 사용하는 것에 대해 우려를 하게 만드는 사항들이 여럿 있다(Blader et al., 2017). 예를 들어 청소년의 조증은 흔히 증상의 표출과 양상이 성인의 양극성 장애에 대한 기술과는 다르다는 특징이 있다. 증상 표출에 중요한 발달적 차이가 있다는 사실은 임상전문가들이 기존의 기준을 적용할 때 발달적 차이에 민감해야 한다는 과제를 안겨 준다(American Academy of Child and Adolescent Psychiatry(AACAP), 2007c; Blader et al., 2017; Danner et al., 2009; Meyer & Carson, 2010). 예를 들어 성인의 경우 급성 조증이나 울증 에피소드들이 분명하게 나타나고 이 에피소드들 사이에 비교적 정상적으로 기능하는 시기가 있는 순환성 장애의 임상적 양상을 보인다. 반면에 젊은이들은 이와 같이 분명한 에피소드들을 보이지 않을 수 있다. 중간에 정상적 기능을 보이는 시기 없이 만성적으로 기분조절부전장애를 보일 수 있는 것이다. 더욱이 젊은이들은 기분 에피소드의 길이가 매우 짧고, 기분 변동이 매우 빈번하며, 울증이나 조증 기분을 보이는 시기가 구분되어 있기보다는 기분이 혼합되는 양상을 보이는 경향이 있다.

이는 조증 또는 울증 에피소드를 어떻게 정의하고 에피소드들이 어떻게 순환되는지 기술하는 것과 관련하여 일반적인 '성인' 양극성 장애의 구분에 문제를 제기한다(Geller, Tillman, & Bolhofner, 2007). 기분변동을 보이지 않거나 진단기준에 부합하지 않으면서 과장된 조증 증상을 보이는 아동들은 아동 양극성 장애 스펙트럼의 하위유형으로 보아야 하는가, 아니면 다른 어떤 방식으로 분류되어야 하는가(Brotman et al., 2006; Danner et al., 2009; Leibenluft & Rich, 2008)? 예를 들어 심한 기분조절부전장애(만성적 과민성과 과잉각성) — 에피소드들이 뚜렷이 구분되어 나타나기보다는 지속적으로 나타나는 — 양상을 보이는 아동들은 양극성 장애로 분류하는 것이 나은가, 아니면 파괴적 기분조절부전장애(우울장애)로 분류하는 것이 더 나은가(글상자 '스코트 : 기분 혼재와 공격성' 참조)?

또 쾌감 기분은 흔히 성인 조증/양극성 장애의 주요 지표로 간주된다. 그러나 아동의 경우에는 이에 상응하는 기분을 규정하기가 매우 어렵다. 한 예로 아동에게는 과민한 기분이 양극성 장애와 관련되어 있는 경우가 대부분이다. 따라서 무엇이 주된 기분인지에 대해 의문이 있다. 또한 조증은 특히 사춘기 청소년에게 나타나는 경우 그 양상이 성인집단과는 매우 달라 보일 수 있다.

아동의 양극성 장애를 진단할 때 조증증상과 전형적 행동을 구분하기가 어렵다는 점도 문제이다(Blader et al., 2017; Stringaris et al., 2011). 이는 매우 어려운 일일 수 있다. Kowatch와 동료들(2005)의 접근방식은 증상이 나타나는 빈도, 강도, 횟수 및 지속시간을 알아보는 FIND(frequency, intensity, number, duration) 전략과 각 지표의 역치를 기술한다. 이것은 임상전문가들이 특정 행동이 발달적으로 전형적인 행동의 표출이 아니라 양극성 장애의 증상인지 여부를 판단하는 데 도움을 주기 위한 것이다. 이와 유사하게 Geller와 동료들(2003)은 다양한 조증 기준이 아동에게 어떻게 나타날 수 있는지를 기술하고자 시도하였다. 〈표 8.5〉는 조증증상으로 볼 수 있는 아동행동과 전형적인 아동행동의 상반되는 예들을 제시하고 있다. 임상전문가들은 진단을 할 때 다양한 사항들을 고려하고 이를 기초로 아동의 행동을 판단해야 한다. 예를 들어 이 행동은 아동의 연령과 발달수준에 적합한가? 어떤 상황에서는 적절하다고 볼 수 있는 행동들이 명백히 부적절하거나 예상치 못한 상황에 나타났는가? 기대되는 기능이 어느 정도 손상되거나 훼손되었는가?

양극성 장애가 있는 젊은이들은 높은 비율로 동시발생 장애를 보이곤 한다. 예를 들어 ADHD와의 공존 비율은 아동의 경우 60%에서 95%에 이르기까지 매우 높은 것으로 보고되었다. 청소년의 공존장애 비율은 그보다 좀 낮다(Carlson & Klein, 2014; Geller et al., 2000). 또한 이러한 동시발생 양상이 성인과는 다르게 나타날 수 있다. 예컨대 나이 든 청소년의 조증 에피소드와 양극성 장애는 어느 면에서 성인과 표출 양상이 유사하다. 그러나 청소년의 조증 에피소드는 반사회적 행동, 학교 중퇴, 학업 실패와 함께 나타날 가능성이 크다. 청소년의 조증 에피소드는 정신병적 특징을 보이는 경향도 있다. 또한 양극성 장애는 처음에는 일정 시간이 지난 후에만 기분 변동이 일어나는 우울증으로 나타날 수 있다.

이와 같이 청소년의 양극성 장애는 정의와 관련한 혼란, 증상 표출 및 동시발생 장애로 인해 진단하기가 매

스코트 : 기분 혼재와 공격성

4세 남아 스코트는 공격성과 슬픔, 죄책감과 후회가 번갈아 나타나는 심한 과민성 문제 때문에 의뢰되었다. 스코트의 어머니는 아이가 심하게 성질을 부리면 감당하지를 못했다. 그런 행동은 하루에도 여러 차례 나타났는데 그런 행동을 일으킬 만한 꼬투리는 전혀 없어 보였다. 그러나 가장 큰 문제는 어린 동생에게 보이는 공격성이었다. 스코트는 어린 여동생을 계단 아래로 밀어뜨리고 나서 더할 수 없이 슬퍼하면서 몇 시간씩 눈물을 흘린 일이 있은 후 병원에 입원하였다.

– Luby, Belden, & Tandon
(2010, p. 116)에서 수정 인용

■ 표 8.5 아동 조증증상 발현과 전형적 아동행동의 예

증상	아동 조증	정상 아동
의기양양한 기분	• 9세 소녀가 "난 산꼭대기에 있어."라고 말하면서 온 집안을 춤추며 돌아다녔다. • 7세 소년이 수업시간에 까불고 낄낄대는 바람에 계속 교장선생님에게 불려갔다.	가족이 크리스마스 아침에 디즈니랜드에 갔을 때 아이는 무척 흥분하였다.
과장된 행동	• 8세 소녀가 교실에 종이 꽃집을 설치하고 교사가 수업을 들으라고 해도 화를 내고 거부하였다. • 7세 소년이 유모차를 훔쳤다. 그는 훔치는 것이 나쁘다는 것을 알고 있지만 그게 자신에게 나쁘다고는 생각하지 않았다. 그는 경찰이 와서 자기와 놀아줄 것으로 생각하였다.	7세 소년이 자신이 소방관이라고 가장하고 다른 사람들을 이끌고 사람들을 구출하는 시늉을 하였다. 그는 이 놀이를 할 때 소방서에 전화하지 않았다. 이 놀이는 연령에 적합하고 아무 피해도 없다.
성욕 과잉행동	• 8세 소년이 면담 때 힙을 돌리고 가랑이를 문지르며 록스타를 흉내 냈다. • 9세 소년이 사람들에게 벗은 여자 사진을 내보이면서 미래의 아내라고 말했다.	7세 소년이 또래친구와 의사놀이를 하였다.

출처 : Geller et al.(2003)에서 수정 인용. Copyright 2003 by Guilford Press. 허락하에 사용함

우 어렵다. 여러 가지 이유로 인해 현재의 DSM 양극성 장애 기준을 아동에게 적용해야 할지, 한다면 어떻게 해야 할지에 대한 논란이 진행되고 있으며, 이러한 논란은 앞으로의 진단 접근에 영향을 미치게 될 것이다(Black & Frietad, 2019; Blader et al., 2017; Jenkins & Youngstrom, 2016; Leibenluft & Rich, 2008). 이 논란 중 일부는 양극성 장애의 증상들을 뚜렷하게 구분되는 범주로 보기보다는 차원 또는 스펙트럼으로 보아야 할지 여부에 대한 것이다. 이와 같은 장애를 차원으로 보는 대안적 접근은 아동과 성인이 보이는 증상을 이해하는 데 유용하고, 전체 발달스펙트럼상에서 이 문제들을 개념화하는 데 도움이 될 수 있는 것으로 생각된다(Bebko et al., 2014; Black & Fristad, 2019; Cicchetti, 2010; Danner et al., 2009; Youngstrom, 2010).

양극성 장애의 기술

흔히 양극성 장애가 있는 아동과 청소년들을 기술할 때 다양한 특징들을 거론한다. Kowatch와 DelBello(2006)는 양극성 장애가 있는 아동과 청소년이 보일 수 있는

조증증상들을 기술하고 있다. 〈표 8.6〉에 이 증상들이 제시되어 있다. 조증이 있는 아동들은 그럴 이유가 전혀 없어 보이는 상황에서 극단적으로 행복해하거나 어리석게 굴어서 주변 사람들의 신경을 거스르곤 한다. 청소년들은 또 지극히 어리석거나 비현실적으로 낙관적일 수 있다. 과민한 기분도 흔히 나타난다. 아동은 강렬한 분노를 터뜨릴 수 있다. 청소년은 매우 반항적이거나 퉁명스럽거나 적대적일 수 있다. 부모들은 강렬한 기분의 전환이 하루에도 몇 차례씩 일어난다고 보고한다(불안정한 기분). 아동과 청소년은 또 잠을 평소처럼 많이 잘 필요가 없고 평소보다 힘이 넘친다고 보고한다. 조증일 때는 매우 조급하고 참을성이 없어 보일 수 있다. 짧은 기간에 많은 일을 하는데 처음에는 상당히 생산적이기도 하다. 그러나 조증이 진행되면서 점차 지리멸렬해지고 비생산적이 될 수 있다. 자신의 가치나 중요성을 과장해서 생각하는 **거대자신감**(grandiosity)을 보이기도 한다. 예를 들어 Blader와 동료들(2017)은 자신이 팝스타라고 생각하는 한 소녀를 기술한다. 이 소녀는 옷가게에서 몇 시간씩 옷을 고르고 나서는 매니저가 와서 돈을 지불할

▌표 8.6 양극성 장애를 지닌 청소년이 보일 수 있는 조증증상

들뜬 기분
과민한 기분
기분 변동
수면의 필요성 감소
유별난 에너지
과잉행동
목표지향적 활동의 증가
과대망상
말이 빨라지고 많아짐
사고의 질주
관념의 비행
산만성
판단력 저하
환각
망상

출처 : Kowatch & DelBello(2006)에서 수정 인용. Copyright 2006 by Elsevier. 허락하에 사용함

때까지 기다려야 한다며 다른 사람이 먼저 계산을 하도록 비켜선다. 젊은 사람들은 큰 소리로 말하고 남의 일에 간섭하며 도중에 저지하기가 힘들 수도 있다. 말이 빠르고 급하고 분명치 않거나 알아듣기 어려우며, 생각이 질주하고 있다고 보고하기도 한다. 이야기의 주제가 너무 빨리 바뀌어서 다른 사람들에게 혼란을 주는 **생각의 비행**(flight of ideas)이라 불리는 현상을 보이기도 한다. 아동을 잘 아는 성인들조차도 아동이 무슨 말을 하는지 알아듣기가 쉽지 않다. 조증일 때는 쉽게 산만해진다. 조증인 아동과 청소년은 판단력이 떨어져서 충동적이거나 위험한 행동(잦은 싸움, 알코올 또는 물질사용, 무모한 운전 등)에 빠져들기도 한다. 양극성 장애가 있는 청소년 중에는 환각과 망상을 경험하는 경우도 있다

(제13장 참조).

양극성 장애의 역학

정의와 방법론의 문제로 인해 조증증상과 양극성 장애의 유병률을 정확하게 추정하기는 어렵다. 양극성 장애는 아동기와 청소년기에 비교적 드문 것으로 생각되지만 진단이 점차 더 흔해지고 있는 것으로 보인다(Black & Fristad, 2019; Blader et al., 2017). Moreno와 동료들(2007)은 병원에서 외래진찰을 받은 아동과 청소년(0~19세)을 대상으로 한 전국적 조사연구의 결과를 보고하였다. 아동과 청소년이 정신장애 진단을 받은 진찰횟수를 조사한 결과 양극성 장애 진단을 받은 진찰횟수의 백분율이 1994~1995년에는 0.42%였던 것이 2002~2003년에는 6.67%로 증가하였다. 이 증가율은 성인의 증가율보다 더 높았다. 이와 비슷하게 Blader와 Carlson(2007)은 입원한 아동과 청소년의 양극성 장애 진단이 증가하였다고 보고하였다. 1996년과 2004년 사이에 양극성 장애 진단 비율은 아동 1만 명당 1.4명에서 7.3명으로 증가하였고 청소년 1만 명당 5.1명에서 20.4명으로 증가하였다.

아동과 청소년의 양극성 장애 유병률은 0~6.7% 사이에 있는 것으로 추정되며 평균 추정치는 1.8%이다. 일반적으로 여성과 남성의 유병률에 차이가 없으며, 사춘기 이후보다 그 이전에 유병률이 훨씬 더 낮은 것으로 보고되고 있다. 아동과 청소년의 양극성 장애 비율은 문화/국가 간에 유의미한 차이가 없는 것으로 보인다(Merikangas & Hommer, 2019; Van Meter, Moreira, & Youngstrom, 2011).

우울증에 관한 논의에서 지적한 바와 마찬가지로 지역사회 표본에서 양극성 장애 진단기준에 해당되지 않는 청소년들이 들뜨거나 과민한 기분과 같이 조증 비슷한 증상을 나타낸다. 이러한 하위역치 증상을 보이는 청소년들은 기능이 크게 손상된다(Vaudreuil et al., 2019). 사실 앞서 지적했듯이 일부 증거는 양극성 장애가 범주로 구분되기보다는 양극성 스펙트럼, 즉 정상적인 정서조절 문제에서 하위역치 증상을 거쳐 경미하거나 심각

한 형태의 장애에 이르는 연속선에 해당한다는 것을 시사한다(Alloy et al., 2010; Papolos, 2003; Youngstrom, 2010).

양극성 장애 진단을 받은 청소년에게는 다른 많은 장애가 동시에 나타나는 경우가 많다. ADHD, 품행장애, 적대적 반항장애, 물질남용 또는 물질의존 등이 흔히 보고되고 있다(Diler et al., 2010; Evans & Commission on Adolescent Depression and Bipolar Disorder, 2005a; Kowatch & DelBello, 2006; Papolos, 2003). 이 청소년들은 또 인지, 학업, 사회 및 가족기능에 상당한 손상을 겪는다(Alloy et al., 2010; Lewinsohn, Klein, & Seeley, 1995a; Lewinsohn, Seeley, & Klein, 2003; McClure-Tone, 2010; Pavuluri et al., 2009). 이들의 가족은 힘든 상황에 직면하고 있고 아동의 어려움과 가족의 요구에 민감한 지원을 받을 필요가 있다(Fristad & Goldberg-Arnold, 2003; Miklowitz & Goldstein, 2010). 온라인 지원단체를 통해 지원을 받은 한 어머니가 받은 느낌은 이러한 필요성을 보여준다(글상자 '양극성 장애 : 가족을 지원할 필요성' 참조).

발달과정과 예후

양극성 장애가 있는 아동들은 비교적 일찍부터 정서문제를 겪게 된다. 또한 그와 같은 어려움을 상당 기간 겪을 뿐 아니라 이 과정에서 상당히 높은 비율의 회복과 재발을 반복적으로 겪는다(Diler et al., 2010).

Lewinsohn, Klein과 Seeley(1995a)는 대규모 지역사회 청소년 표본(14~18세)을 대상으로 양극성 장애의 발달과정을 연구하였다. 이 청소년들이 가장 최근에 겪은 조증 에피소드의 지속기간 중앙값은 10.8개월이었다. 연구 참여자들 가운데 양극성 장애의 진단을 받은 청소년들(평균연령 11.75세)이 조증 기간 없이 주요우울증 병력이 있는 청소년(평균연령 14.95세)에 비해 첫 정서장애 에피소드를 더 일찍 경험하였다. 정서장애를 겪은 전체 시간도 양극성 장애가 있는 청소년들이 더 길었다. 양극성 장애가 있는 청소년들의 정서장애 평균 지속기간은 80.2개월이었으나, 오리건 프로젝트에서 주요우울장애가 있는 청소년 표본의 경우 이 기간이 15.7개월이었다. 이 결과와 그 밖의 결과들은 일부 청소년의 경우 주요우울장애가 양극성 장애의 초기 단계일 수도 있다는 것을 시사한다. 주요우울장애가 양극성 장애로 전이될 것을 예측하는 요인들이 많이 있다(Blader et al., 2017). 예를 들어 주요우울장애의 양극성 장애로의 전환은 우울증이 조기에 돌발적으로 발병한 청소년들과 양극성 장애의 가족력이 있는 우울한 아동들에게 일어날 가능성이 더 큰 경향이 있다(Luby et al., 2010).

오리건 프로젝트 표본 가운데 양극성 장애의 기준에 해당하는 일부 청소년들은 만성적·재발 경로를 밟았다. 12%는 24세까지 차도를 보이지 않았고(즉 진단기준에 계속 부합하였고) 18세에 차도를 보인 청소년 가운데 1/4가량은 19~24세 사이에 다른 에피소드를 겪었다(Lewinsohn et al., 2003). 청소년기에 양극성 장애가 있던 사람들은 하위역치 양극성 증상을 보인 청소년들보다 성인 초기에 양극성 장애의 기준에 부합할 가능성이

양극성 장애 : 가족을 지원할 필요성

가장 큰 스트레스 요인 중 하나는 완전한 고립과 지원의 결여이다. 나 자신을 위한 시간은 단 한순간도 없다. 나는 친구가 없고 삶도 없다. 나는 거의 매일같이 우리가 진단을 받고 안정을 찾기 이전의 공포상태로 되돌아갈 것이라는 엄청난 공포감에 휩싸여 지낸다. 그 어떤 부모나 아이도 내가 CABF(Child and Adolescent Bipolar Foundation)에서 만났던 다른 많은 부모와 우리가 겪어야만 했던 것을 겪어서는 안 된다. 나는 이런 생활에 지쳤다. 엄마가 된다는 것에 대해 내가 생각했던 바를 상실한 것이 마음 아프다. 도움이 없었다면 여러 밤들을 내가 어떻게 보냈을지 모르겠다. 힘든 하루를 보내고 온라인 접속을 하면 새로운 날을 미소로 시작할 힘과 지원을 얻게 되고 이로써 나는 내 아이들을 돌볼 수 있게 된다.

— Hellander, Sisson, & Fristad
(2003, p. 314)에서 수정 인용

요셉 : 양극성 장애의 초기 증상

병원에 처음 입원할 때 수집한 자료에 의하면 요셉은 8명의 형제에 비해 아동기 때 질병에 더 많이 걸렸다. 부모는 그가 학교에 입학한 6세 무렵부터 이미 한 번씩 피곤해했다고 말했다. 요셉은 보통 때는 '즐겁게 생활하는 명랑한 소년'이라고 생각되었지만, 때로 눈물을 흘리고 과민하게 반응하며 기분이 우울해지곤 했다. 학교에서는 어떤 때에는 '매우 훌륭한' 학생이었으나 다른 때에는 아무것에도 흥미를 보이지 않았다.

요셉이 13세가 되었을 때 가족은 "그게 오고 있다는 것을 알 수 있었다."고 했다. 그때부터 '조용함 대 과민함'을 보이는 시기가 번갈아 오기 시작했다. 어떤 순간에는 놀이터에서 다른 아이들에게 호령하며 마치 대장처럼 굴다가 다음 순간에는 위축되어 조용히 앉아서 성경을 읽었다. 요셉은 일주일 정도씩 피곤해하고 아무 말도 하지 않은 채 가끔씩 울면서 가만히 앉아 있었다. 이런 때에는 '겁에 질린' 것처럼 보였다.

요셉이 형제들이 가지고 노는 것은 무엇이든 부수려고 할 때 급격하고 극단적인 변화가 나타났다. 이 시기에는 행동이 부산하고 말이 많고 대담하고 시끄럽고 고집을 부리곤 했으며, 적대적인 행동을 하고 분노를 터뜨렸다. '조용함 대 과민함'이 번갈아 나타나는 일이 13~14세까지 이어졌다. 요셉의 증상과 그러한 주기적 순환이 15세에 크게 악화했을 때 양극성 장애의 기준에 해당하여 처음으로 병원에 입원하였다.

－ Egeland, Hostetter, Pauls, & Sussex
(2000, p. 1249)에서 수정 인용

훨씬 더 컸다. 그러나 하위역치 양극성 증상이 있던 청소년들은 성인 초기에 주요우울장애 발병률이 높았다.

Geller와 동료들(2003)은 양극성 장애가 있는 사춘기 이전 아동들과 초기 청소년들을 연구하였다. 이 아동과 청소년들은 연구소에서 평가를 받았으나 치료는 지역사회 실무자로부터 받았다. 2년 동안 이들 중 2/3가량이 회복되었다(회복은 적어도 8주 연속해서 DSM의 조증이나 경조증의 기준에 해당하지 않는 경우로 정의함).

절반을 조금 넘는 아동과 청소년이 회복 후 재발하였고, 상당수는 회복하는 동안에 다른 장애의 진단기준을 충족하였다.

미래를 예측하는 연구자료는 많지 않다. 그러나 현재 찾아볼 수 있는 회고적 및 전향적 자료는 양극성 장애나 증상이 있는 아동들이 계속해서 정동장애의 증상을 보이며 적어도 성인 초기까지 상당한 사회적·학업적 손상을 겪는다는 것을 보여준다(Birmaher et al., 2014; Blader et al., 2017; Danner et al., 2009). 동시발생 장애가 있는 청소년들은 더 불행한 발달과정을 경험하기 쉽다(Weintraub et al., 2019).

위험요인과 병인

양극성 장애의 병인에 관한 논의는 생물학적 요인의 영향력을 강조하는 경향이 있으며 실제로 유전적 및 신경생물학적 요인들이 이 장애를 이해하는 데 중요한 것으로 보인다. 그러나 양극성 장애는 유전적 소인이 있는 장애이자 생애 초기부터 환경 경험이 각각의 발달수준에서 생겨나는 문제들에 영향을 미치는 요인들 간의 복잡하고 역동적인 상호작용에 중요한 역할을 하는 장애라는 인식이 증가하고 있다(Cicchetti, 2010; Meyer & Carlson, 2010; Youngstrom, 2010).

양극성 장애의 가족력은 분명히 위험요인이다(Craddock & Sklar, 2013). 양극성 장애가 있는 아동의 생물학적 형제와 부모는 양극성 장애 유병률이 기대수준보다 훨씬 더 높다. 또한 양극성 장애가 있는 성인 환자의 자녀들은 양극성 장애 및 일반적인 기분장애를 겪을 위험이 높다. 그러나 양극성 장애가 있는 성인의 자녀 대부분은 진단 가능한 양극성 장애나 여타의 기분장애를 보이지 않는다는 점을 유념할 필요가 있다(Evans & Commission on Adolescent Depression and Bipolar Disorder, 2005a).

다른 연구들은 유전이 유의미한 영향력을 갖는다고 제안한다(Blader et al., 2017; Willcutt & McQueen, 2010). 성인 쌍생아 및 입양연구는 양극성 장애에 유전적 요소가 강하다는 것을 일관성 있게 보여주며, 아동 쌍생아연구가 내놓은 간접적 증거는 아동과 청소년의 양극성 장애가 유전성이 상당히 높다는 것을 보여준다. 성인 대상 연구에서 유전성 추정치는 60~90%가량인 것으로 보고되었다. 후보유전자를 사용하는 연구, 연관성 분석 및 전장 유전체 연관성 분석연구는 양극성 장애와 관련된 특정 유전자를 찾아내기 위해 노력하고 있다. 이와 같은 분자유전학 연구는 뇌영상 기법과 더불어 편도체 같은 뇌 영역 및 호르몬과 신경전달물질의 활성화에 영향을 미치는 다중유전자가 양극성 장애의 발달에 관여한다고 제안한다. 연구결과는 양극성 장애와 주요우울증이나 조현병 같은 장애들이 많은 유전적 위험을 공유한다고 제안한다(Arnold, Hanna, & Rosenberg, 2010; Blader et al., 2017; Liu et al., 2010).

쌍생아연구와 그 밖의 연구들은 환경요인도 양극성 장애의 발병에 중요한 역할을 한다고 제안한다(Black & Fristad, 2019; Blader et al., 2017; Willcutt & Mc-Queen, 2010). 스트레스를 초래하는 생활사건, 가족관계 및 양육방식이 많은 주목을 받았다. 사회적 지지 부족과 또래관계의 어려움도 발달과정에서 생물학적 취약성과 상호작용하여 양극성 증상 및 관련 문제를 일으킬 수 있는 잠재적 환경요인으로 지목되었다. 이런 환경요인들과 그 밖의 요인들이 양극성 장애의 발병, 유지 및 진행과정에서 언제 나타나며 어떤 역할을 하는지를 밝혀내는 연구가 필요하다.

양극성 장애의 평가

아동·청소년이 보이는 양극성 장애를 평가할 때도 정보를 폭넓게 얻는 것이 평가의 목표이다(Danner et al., 2009; Youngstrom, 2010). 임상가는 증상의 발달과정에 대한 정보 및 시간에 따른 치료, 가족, 환경의 변화에 대한 정보도 얻어야 한다(Black & Fristad, 2019; Johnson, Miller, & Eisner, 2018; Youngstrom, 2010).

구조화되지 않은 임상면접 외에도 K-SADS 같은 구조화된 진단면접이 진단결정을 내리고 추가 정보를 얻는 데 사용되어 왔다(Axelson et al., 2003; Black & Fristad, 2019; Geller et al., 2001). 그러나 그러한 면접들은 시간이 많이 걸리는 까닭에 대부분의 임상 장면에서 유용하게 사용되기 어렵다. 조증을 평정하는 많은 척도가 성인척도를 수정하여 임상전문가, 부모, 청소년 자신에게 사용할 목적으로 개발되었다. 예를 들어 영 조증 평정척도(Young Mania Rating Scale, YMRS; Young et al., 1978)는 아동과 청소년에게 사용할 수 있도록 수정되었다(PYMRS; Youngstrom, Findling, & Feeny, 2004). 일반행동검사는 우울증, 경조증, 조증의 증상 및 기분혼재 상태를 평가하고 진단에 도움을 주기 위해 제작되었는데, 아동과 청소년용으로 사용하고 부모보고 척도로 사용하기 위해 수정되었다(Danielson et al., 2003; Youngstrom et al., 2001, 2008). 정상발달에 관한 정보와 비교해보고 조증/양극성 장애의 증상들을 분명하게 파악하기 위해서는 대규모의 대표성 있는 아동 및 청소년 표본을 대상으로 이와 같은 평정척도들을 사용하여 정보를 수집할 필요가 있다(Johnson et al., 2018; Youngstrom, 2010).

양극성 장애의 치료

양극성 장애를 치료하기 위해서는 이 장애 자체만이 아니라 동시에 발생하기 쉬운 장애들과 가족의 관여에도 주의를 기울일 필요가 있다(AACAP, 2007; Fristad & Roley-Roberts, 2019; Miklowitz & Goldstein, 2010). 조증이 있는 아동들은 아동병원에 입원하게 하여 안전을 보장해주고 잘 통제된 환경에서 지내도록 해줄 필요가 있을 것이다. 아동이 보이는 장애의 수준, 상해나 자살의 위험, 가족이 제공해줄 수 있는 지원의 수준, 그리고 의학적 약물관리의 필요성에 따라 입원 여부를 선택하게 된다.

양극성 장애의 가장 흔한 치료는 약물치료인데, 흔히 약물치료는 이 장애의 일선 치료로 간주된다(AACAP, 2007; Black & Fristad, 2019). 조증의 약물치료에는 대개 리튬이나 발포레이트 같은 기분안정제와 비정형 항정신병제(예 : 리스페리돈, 아리미프라졸, 올란자핀)를 단독으로 또는 조합해서 사용한다(Black & Fristad, 2019; Findling et al., 2019; Kowatcj et al., 2005). 그러나 중대한 부작용에 대한 우려가 남아 있다(Cohen et al., 2012; Liu et al., 2011; Tsai et al., 2011; Yee et al., 2019). 부작용에 관한 우려를 감안하여 영양적 개입을 알아보기 위한 연구가 시작되었다. 그러나 이러한 연구는 상당히 제한적이어서 무선화 시행을 사용하는 대규모 연구가 수행될 필요가 있다(Black & Fristad, 2019). 양극성 장애의 우울증 측면을 치료하기 위해 SSRI 같은 약물을 사용하기도 한다. 그러나 항우울제는 환자의 기분을 불안정하게 만들거나 조증 에피소드를 일으킬 수 있으므로 신중을 기해야 한다(Kowatch, Strawn, & DelBello, 2010; Tondo, Vazquez, & Baldessarini, 2010).

양극성 장애의 주된 치료는 약물치료이지만 다른 치료 요소들을 포함할 필요가 있으며 가족을 참여하게 하는 것이 중요하다는 점도 인식되고 있다(표 8.7 참조). 아동과 가족을 대상으로 그러한 프로그램이 여럿 제작되었는데, 심리교육 심리치료(PEP; Fristad & MacPherson, 2014), 가족중심치료(FFT; Miklowitz et al., 2013), 아동 및 가족중심 치료(CFF-CBT; West et al., 2014)가 있다. 이들 프로그램의 효과성도 입증되었다. 환자와 가족에게 해당 장애와 그 장애의 가능한 경로 및 치료의 성격에 대해 교육하는 **심리교육**(psychoeducation)은 이러한 개입의 중요한 요소이다. 이런 치료

프로그램들은 심리교육적 요소만이 아니라 문제해결, 의사소통, 정서조절 전략 등 우울증의 인지행동치료에서 설명되었던 많은 기술습득 요소들도 포함하고 있다.

변증법적 행동치료(dialectical behavior therapy)를 사용하는 개입도 개발되었다(Goldstein et al., 2007). 원래는 경계선 성격장애가 있는 성인을 대상으로 개발되었는데 정서조절장애를 감소시키는 데 초점을 둔다. 변증법적 행동치료 개입은 심리교육 전략과 인지행동 전략을 포함한다. 가족구성원들이 의식에 집중하고 생각과 감정을 더 잘 통제할 수 있도록 돕는 마음챙김 기법도 포함한다. 앞서 언급된 다른 심리사회적 프로그램들에 비해 이 접근을 아동에게 사용하는 것을 지지하는 연구는 많지 않다.

다른 치료방법과 더불어 아동·청소년 양극성 장애 재단(Child and Adolescent Bipolar Foundation, CABF)의 웹사이트 같이 가족을 위한 지지집단 및 다른 여러 형태의 지원이 필요할 수 있다(Hellander et al., 2003; Kowatch & DelBello, 2006).

자살

자살은 기분장애를 논의할 때 자주 거론된다. 이런 연관성은 특히 우울증이 자살의 주요 위험요인일 뿐 아니라 이 두 문제가 병인과 역학 패턴이 동일하기 때문에 생겨난다. 그러나 이 두 문제는 중복되기는 하지만 분명한 차이가 있다. 자살에 대한 논의는 실제 자살뿐 아니라 자살시도와 자살생각까지 포함한다는 점에 주목할 필요가 있다. 자살행동을 이와 같이 다양한 측면에서 살펴보는 데에는 그만한 이유가 있다(Bridge, Gioldstein, & Brent, 2006; Hawton & Fortune, 2008).

자살의 유병률

아동과 청소년은 성인에 비해 자살률이 낮은 편이며, 사춘기 이전 아동은 청소년에 비해 자살률이 더욱 낮다. 그럼에도 불구하고 젊은이들의 자살은 우려의 대상이다. 젊은이들을 구분하는 데 사용되는 연령범위는 서로

┃ 표 8.7 가족이 치료에 참여하게 하는 이유

- 양극성 장애가 있는 것으로 진단받은 아동과 청소년들은 대개 가족과 함께 생활한다.
- 가족은 아동이 치료를 받게 하고 치료를 촉진하는 역할을 한다.
- 양극성 장애는 가족과 가족구성원들 간의 관계에 크게 영향을 미치며, 가족구성원들은 사회적 낙인을 겪는 경우가 많다.
- 가정환경의 정서적 분위기는 장애의 진행과정과 의학적 치료의 성공에 영향을 미칠 수 있다.
- 한 가정에서 여러 구성원이 양극성 장애를 보이는 경우가 많다.

출처 : Miklowitz & Goldstein(2010)에서 수정 인용

다르지만 많은 연구들이 한결같이 젊은이의 자살을 우려의 눈으로 바라보고 있다(Glenn et al., 2020).

　미국에서는 1975년에서 1990년대 초반에 이르기까지 10~19세 젊은이의 자살사망률이 급격히 증가하였다. 1990년대 초반에서 2007년까지는 자살사망률이 크게 감소하였으나 2007년에서 2016년 사이에 다시 급격히 증가하였다. 2016년의 자살사망률은 1990년대 초반에 보고된 수치와 유사하거나 그보다 더 높다(Ruch et al., 2019). 미국에서 2006~2016년 사이에 자살은 10~14세 아동의 첫 번째 주요 사망 원인이었다. 이 시기에 자살사망률은 매년 평균 9%씩 증가하여 2016년에는 10만 명당 0.8명에 이르렀다. 2016년에 5~14세 아동 443명이 자살로 사망하였다. 15~24세 젊은이의 경우 2006~2016년 사이에 자살은 두 번째 주요 사망원인으로서 살인을 대체하였다. 이 연령집단의 자살률은 2006~2014년 사이에 매년 평균 7%씩 증가하여 2016년에는 10만 명당 20.5명에 이르렀다. 2016년에 15~24세 젊은이 5,723명이 자살로 사망하였다.

　2016년에 남성 10만 명당 자살로 인한 사망률은 5~14세 집단과 15~19세 집단 모두 여성의 자살사망률을 넘어섰다. 모든 인종집단에서 남성의 자살사망률이 더 높게 나타난다. 2016년도에 15~24세 청소년들의 자살률은 백인(비라틴아메리카계) 청소년이 다른 인종집단의 청소년보다 더 높았다(Foster, Yeguez, & King, 2019; National Center for Health Statistics, 2018).

자살생각과 자살시도

자살행동의 전체 범위를 다 고려한다면 특히 청소년의 경우 유병률이 상당히 높아 보인다(Plemmons et al., 2018). 자살행동의 유병률을 정확하게 알아내기는 힘들다. 모든 사례가 다 치료를 받지는 않기 때문에 많은 자살시도가 눈에 띄지 않거나 보고되지 않고 넘어간다. 또 방법론과 정의의 문제로 인해 자살생각과 자살시도에 대한 자기보고를 해석하는 데 제한이 있을 수 있다. 심지어 실제 자살도 경우에 따라 사고로 잘못 처리될 수 있다. 젊은 남성이 자살로 사망하는 경우가 더 많지만 여성은 자살생각과 시도를 더 많이 보고한다.

　Lewinsohn과 동료들(1996)이 14세에서 18세 사이의

패티 : 자살시도

패티는 예쁘게 생긴 8세 아이인데, 잠들기 직전에 어머니의 이미프라민 두 알을 과다복용하였다. 다음 날 아침 패티가 학교 갈 시간이 되어도 일어나지 않아 어머니가 깨우러 갈 때까지는 아무도 이 사실을 몰랐다. 패티는 머리가 아프고 어지럽고 피곤하다고 했다. 눈물을 글썽이고 짜증을 내며 "날 내버려 둬. 죽고 싶어."라고 소리쳤다. 깜짝 놀란 패티의 어머니가 패티를 소아과의사에게 데리고 갔고, 의사는 패티를 병원에 입원시켜서 자살행동을 평가해보도록 권고하였다. 그는 패티가 집에 있으면 안전하지 않을지도 모른다고 생각했다. 패티는 "나한테 제일 좋은 일은 죽는 거예요."라고 주장했다.

　패티의 어머니는 지난 2개월 동안 가족에게 스트레스가 많았다고 의사에게 말했다. 그녀는 남편과 별거했고 이혼을 준비하고 있었다. 어머니는 작년에 아주 우울하고 불안했다고 털어놓았다. 남편은 술에 취해 들어오기 일쑤였으며, 그녀를 아주 적대적으로 대했고 위협적이었다.

　패티는 모범적인 학생이었고 친구도 많았다. 패티의 담임선생님은 어머니에게 지난 2개월 동안 패티의 행동이 어떠했는지 말해주었다. 패티는 학급에서 안절부절못했고 주의집중을 하지 못했으며 종종 멍하니 딴 생각을 하고 있었다. 숙제를 안 해오는 적이 많았고 성적도 떨어졌다. 지난달에는 예전과는 달리 혼자 있고 싶어 했으며, 친구들과 함께하는 방과 후 활동도 하지 않았다. 또 제일 친한 친구와 여러 차례 말다툼을 하였다.

－ Pfeffer(2000, p. 238)에서 수정 인용

청소년 약 1,500명을 대상으로 실시한 종단연구도 청소년의 자살행동 유병률에 관한 정보를 제공해준다. 이 청소년들 중에서 총 19.4%가 자살생각을 한 내력이 있었다. 자살생각은 남성(14.8%)보다 여성(23.7%)이 더 많이 하였다. 자살생각을 더 많이 할수록 장차 자살을 시도할 가능성이 크지만, 가볍게 가끔씩 하는 자살생각도 자살시도 위험을 증가시켰다.

이 지역사회 표본의 7.1%가 자살을 시도한 적이 있었고, 여성(10.1%)이 남성(3.8%)보다 자살시도를 더 많이 하였다. 자살시도는 사춘기 이전에는 그리 흔하지 않

다. 여성의 자살시도에는 대부분 유해물질을 섭취하거나(55%) 칼로 베는(31%) 방법이 사용되었다. 남성들은 유해물질 섭취(20%), 칼로 베기(25%), 총기 사용(15%), 목 매달기(11%), 정맥에 공기를 주입하거나 달리는 차에 뛰어드는(22%) 등 더 다양한 방법을 사용했다. 어떤 청소년들은 한 번 이상 자살을 시도했다. 자살시도 이후 3개월간은 자살시도가 재차 이루어질 위험이 특히 높은 시기이다. 이 시기 동안 소년은 약 27%, 소녀는 약 21%가 다시 자살을 시도했다. 이 청소년들이 자살을 시도할 가능성은 일반 모집단의 경우에 예상되는 비율보다 적

생각상자   비자살적 자해

비자살적 자해(nonsuicidal self-injury, NSSI)는 죽으려는 의도 없이 자신의 신체를 의도적으로 훼손하는 행동을 가리킨다. NSSI의 가장 흔한 형태는 베기이며 불태우기, 때리기, 물어뜯기 같은 행동도 흔하다.

NSSI를 어떻게 이해하면 되는가? 자살적 사고 및 행동과 비자살적 자해행동을 모두 포함하는 다양한 자해적 사고와 행동을 사용하여 개념화하는 것이 가치가 있다고 제안되었다. 반면에 NSSI와 자살행동이 각각 별도의 궤도를 따른다는 증거도 있다. 이런 행동들이 동일한 연속선상에 있는지 독립된 별개의 현상인지를 결정하는 것이 중요하다(Miller et al., 2019; Nock et al., 2019). 그럼에도 불구하고 NSSI는 자살시도 위험의 증가와 관련이 있다(Horwitz, Czyz, & King, 2015; Ribeiro et al., 2016). 게다가 NSSI와 자살행동의 구분이 반드시 쉬운 것은 아니다(Crowell, Beauchaine, & Lenzenweger, 2008; Goldston & Compton, 2007). NSSI와 자살시도를 구분하기 위해서는 의도를 구별해야 한다. 청소년이 자기훼손행동을 할 때 '신체의 어느 부위'가 죽고 싶어 하는지 청소년에게 조심스럽게 물어볼 수도 있다. 그러나 흔히 그 행동의 치사율(예 : 베기 또는 불태우기 대 목 매달기 또는 총기 사용)에 근거하여 구분을 한다.

NSSI의 유병률 추정치는 상당히 다양하다. NSSI는 어린 아동에게는 비교적 드물지만 청소년기 동안 증가한다. 일반적으로 NSSI의 발병연령은 12~14세인 것으로 보고된다. 청소년의 평생 유병률은 17%가량인 것으로 추정된다. 결과가 혼재되어 있기는 하지만 그런 행동은 남성보다는 여성에게서 더 많이 관찰된다(Miller et al., 2019; Swannell, 2014). 성적 소수자 청년은 NSSI 위

험이 더 큰 것으로 보인다(Batejan, Jarvi, & Swenson, 2015).

비자살적 자해는 자살의도가 없는 것으로 추정되는데 그렇다면 무엇이 그런 행동을 하게 만드는 것일까? 청소년들은 여러 가지 이유로 비자살적 자해행동을 한다고 제안되었다(Miller et al., 2019). 모든 이유에 심리적 고통이 포함되어 있다. 따라서 가령 자해를 하는 것은 부정적인 감정을 회피하거나 견디기 어려운 긴장을 완화하기 위해 택하는 방법일 수 있다. 신체적 고통을 통해 매우 부정적인 다른 감정들에 마음을 쓰지 않기 위한 방법이기도 하다. 자해는 대인관계에서 분노나 좌절을 표현하는 것과 같은 기능을 하거나 긍정적인 사회적 주의를 얻기 위한 방법일 수도 있다. NSSI는 혐오적 대인관계 상황을 회피하기 위한 방식으로 작용할 수도 있다. NSSI는 다양한 기능을 할 수 있는 것으로 보인다.

병인과 관련해서 NSSI는 생물학적으로 취약하거나 가족 및 친구관계에서 많은 갈등을 겪는 청소년들에게 나타나기 쉬운 것으로 가정된다. 이러한 사회적 환경은 청소년이 정서를 조절하려는 시도를 지지해주지 못하며, 시간이 갈수록 청소년이 NSSI의 위험에 처하게 한다(Adrian et al., 2011; Kaufman, Crowell, & Lenzenweger, 2017; Miller et al., 2019).

성인의 비자살적 자기훼손 행동은 경계선 성격장애를 진단하는 기준의 일부이다. 연구결과는 청소년의 비자살적 자해행동이 주요우울장애, 불안장애, 외현화 장애, 물질남용 등 다양한 장애들과 동시에 발생하며, 어떤 사람들에게는 발달 궤도의 초기에 경계선 성격장애가 발생할 위험을 증가시킬 수 있다고 제안한다(Jacobson et al., 2008; Kaufman et al., 2017).

어도 2년간 더 높게 유지되었다. 24개월째에는 39%의 소년과 33%의 소녀가 다시 자살을 시도했다.

아동과 청소년이 자살위험에 취약한 것으로 생각되는 이유는 문제해결 및 자기조절기술이 부족하고 스트레스를 주는 상황에 대처하는 능력이 아직 충분히 발달하지 못했기 때문이다. 어떤 청소년들은 자신이 통제할 수 없는 것으로 보이는 엄청난 스트레스를 일으키는 상황에 직면할 수 있다. 이들은 또 바람직하지 못한 상황이 바뀔 수 있고, 또 흔히 바뀌곤 한다는 것을 잘 모르고 있을 수 있다.

자살과 정신병리

자살은 흔히 우울증과 같은 장애의 증상으로 생각된다. 사실 우울증은 아동과 청소년의 자살과 관계가 있으며, 우울증과 관련이 있는 절망감 같은 구성개념들은 자살행동을 예측해주는 것으로 밝혀졌다(Cha et al., 2018; Kovacs, Goldston, & Gatsonis, 1993). 양극성 장애와 자살위험 간에도 유의미한 상관이 있다. 그러나 자살행동은 다양한 장애와 관련이 있으며, 진단받은 장애의 수가 많을수록 자살위험이 증가한다(Melhem et al., 2019).

자살한 사람들은 품행장애나 물질남용 진단을 받은 경우가 많다. 실제로 연구들은 자살한 청소년들이 받는 진단이 상당히 이질적이라는 것을 보여준다. 장애의 진단기준에 못 미치는 문제(예 : 우울증과 함께 또는 이와는 별개로 나타나는 공격성, 충동성, 약물남용)의 존재도 자살행동의 위험성을 증가시킨다는 점을 알아둘 필요가 있다. 그러나 우울증 내력이 있는 사람들에게도 자살행동을 하지 않게 해주는 보호요인들이 작용한다 (Zelazny et al., 2019). 따라서 우울증이 중요한 위험요인이기는 하지만 우울장애가 있다는 것이 자살행동 발생의 필요요인이거나 충분요인인 것은 아니다.

자살위험요인

연구가 점차 증가하고 있지만 최근의 개관논문들은 청소년 자살행동의 병인에 관해 놀라울 정도로 밝혀진 것이 없다는 것을 보여준다(J. C. Franklin et al., 2017;

Miller & Prinstein, 2019). 청소년 자신 및 사회적 환경의 여러 특성이 자살위험에 영향을 미치는 것으로 보인다(Foster et al., 2019; Glenn et al., 2018). 정신과 입원이나 응급실 방문 후 몇 주 동안이 청소년에게 가장 위험한 시기이다. 과거의 자살시도 전력도 자살의 강력한 예측요인이다. 자살생각이 그리 드문 것은 아니지만 빈번하고 심각하고 통제할 수 없는 자살생각은 미래의 자살시도를 예측한다(Horwitz et al., 2015).

자살행동의 가족력은 위험을 증가시킨다. 가족요인(학대, 부모의 감독 소홀, 의사소통 부족 등)과 가족붕괴도 위험요인으로 많이 언급된다. 자살시도를 하는 젊은 이들은 부정적 감정과 분란이 많은 가정에서 성장했을 가능성이 크다(Crowell et al., 2008; Wagner, Silverman, & Martin, 2003). 그러나 가족뿐 아니라 학교나 다른 기관들이 청소년에게 많은 관심을 갖고 지원을 한다면 보호요인으로 작용할 수 있다(Gould et al., 2003; King & Merchant, 2008).

연구는 괴롭힘과 자살의 관계를 강조하면서(Espelage & Hong, 2019; Koyanagi et al., 2019; Sigurdson et al., 2018) 특히 큰 위험에 처한 집단이 있을 수 있다고 지적한다(생각상자 '자살 경향성과 성소수자 청소년' 참조). 높은 수준의 스트레스, 가족관계와 또래관계, 사회문화적 요인들(예 : 총기 확보의 용이성)도 자살위험과 보호를 증가시키는 것으로 생각된다. 대중매체가 청소년의 자살 사례를 내보낸 후의 **전염**(contagion)('모방' 또는 자살행동 증가)에 관해서도 많은 논의가 있었다(Bridge et al., 2020; Niederkrotenthaler et al., 2019; Van Meter, Paksarian, & Merikangas, 2019).

앞서 지적했듯이 기분장애나 약물남용과 같은 심리장애는 자살위험과 관련이 있다. 우울, 절망감, 충동성, 공격성 같은 속성을 갖는 기능상의 문제도 자살위험을 높인다. 극심한 스트레스에 대한 비전형적 반응과 같은 생물학적 요인들이 자살위험에 영향을 미칠 수 있다는 연구결과도 있다(Kaufman et al, 2017; Miller & Prinstein, 2019). 우울이나 학대와 같은 위험요인들도 스트레스에 대한 이러한 비전형적인 생물학적 반응과 관련이 있다.

생각상자 **자살 경향성과 성소수자 청소년**

흔히 자살위험은 특히 성소수자 청소년이 일반 청소년 집단에 비해 높다는 주장이 제기되었다(Aitken et al., 2016; Silenzio et al., 2007). 이 관점은 자살생각 및 자살시도 위험이 뚜렷하게 증가하고 있다는 것을 보여주는 연구들로부터 뒷받침을 받고 있다. 성소수자 청소년들은 의학적 치료가 필요한 자살시도를 할 위험성도 더 높다(Marshal et al., 2011; Silenzio et al., 2007). 왜 그런가?

연구결과는 성소수자 청소년들이 중요한 자살위험요인으로 알려진 경험들을 했다는 보고를 하기 쉽다는 것을 보여준다. 예를 들어 이들은 학교에서 괴롭힘을 더 많이 당하는 경향이 있다. 많은 임상가들은 낙인과 대인관계 문제가 우울을 초래할 수 있다고 믿는다. 이 청소년들은 높은 수준의 우울증을 보고하고 있다.

미국 청소년들을 대상으로 하는 청소년 건강연구의 자료는 성적 지향이 자살생각과 자살시도의 위험요인이라는 관점을 지지한다(Russell & Joyner, 2001). 이 연구에서 청소년 12,000명이 자신의 집에서 설문을 완료하였다. 성적 지향이나 자살 쟁점과 관련된 정보를 사생활보호 및 비밀보장 쟁점을 최소화하는 방식으로 수집하였다. (동성 간에 낭만적 관계를 갖는) 동성애 지향 청소년은 자살생각을 더 많이 보고하는 경향이 있었으며 동성또래보다 자살시도를 2배 이상 더 많이 하였다. 그러나 동성애 지향 청소년의 대다수(소년은 85%, 소녀는 72%)는 자살생각이나 자살시도를 보고하지 않는다는 데 주목할 필요가 있다. 동성애 지향 청소년은 또 알코올남용, 가족구성원과 친구들의 자살시도, 괴롭힘 피해경험 등 몇 가지 중요한 자살위험 요인들에서 높은 점수를 받았다. 이런 연구결과와 다른 연구결과들은 성적 지향 그 자체가 자살시도의 위험요인은 아니지만 동성애 지향은 청소년 누구에게나 흔히 나타나는 위험요인들과 상호작용한다고 제안한다(Savin-Williams & Ream, 2003). 자살생각과 자살시도를 하게 만드는 사회적 환경과 기타 위험요인들이 성소수자 청소년에게 더 중요할 수도 있다는 데 특별한 관심을 기울일 필요가 있다(Silenzio et al., 2007). 또한 지지적 환경이 그러한 위험을 낮추어줄 것이라고 인식하고 그런 방향으로 노력해 나가야 할 것이다(Hatzenbuehler, 2011).

자살예방

청소년 자살예방 프로그램이 널리 사용되고 있지만 이 프로그램들이 효과가 있다는 증거는 많지 않다(Foster et al., 2019). 가장 많이 사용되는 프로그램들은 개인적 위험에 관계없이 학교와 같은 특정 장면에 있는 모든 청소년을 대상으로 하는 보편적 예방접근을 채택하였다. 자살인식 및 교육 프로그램들은 자살행동에 대한 학생들의 인식과 지식을 증가시키고 도움을 청하도록 권장하는 데 목표가 있다. 이 프로그램들은 또 교직원들과 지역사회의 다른 성인들의 인식을 향상시키고자 한다. 대부분의 인식 및 교육 프로그램들은 제한된 수의 짧은 회기들로 이루어져 있으며, 고위험 행동을 대상으로 하는 더 큰 커리큘럼의 일부인 경우가 많다. 보편적 예방 프로그램이 효과가 있다는 것을 지지하는 증거가 있지만 추가연구가 필요하다(Asarnow & Mehlum, 2019; Godoy Farraza et al., 2019). 보편적 자살예방은 치명적인 무기, 약물, 또는 환경에 접근하기 어렵게 함으로써 자살을 감소시키는 데 목표를 둔 정책과 법률을 포함하는 것으로 볼 수도 있다(Zalsman et al., 2016).

선택적 또는 특정 집단을 대상으로 하는 자살예방 프로그램들은 자살위험이 높은 청소년을 선별해내고 이들에게 추가로 지지를 제공할 수 있다. 일반적으로 선택적 예방 프로그램들은 아직 자살행동을 하지는 않았지만 자살에 특히 취약한 것으로 생각되는 청소년들이 그 대상이다. 예를 들어 그런 프로그램은 최근에 가족구성원이나 또래의 자살을 경험한 젊은이들을 대상으로 할 수 있다. 그런 프로그램들은 자살에 노출되었던 청소년들이 우울증에 빠지거나 외상후 스트레스를 겪거나 자살행동을 할 위험이 증가한다고 가정한다. 이들 프로그램은 흔히 학교를 통해 실시되는 경우가 많은데, 이 젊은이들을 접촉한 성인들(예 : 교직원)에게 훈련과 지지를 제공하고, 위험에 처한 청소년을 찾아내고 지지하며, 지역사회가 정상기능을 되찾도록 돕고자 한다. 이들 프로그램은 고위험 청소년들의 자살에 관한 종단자료를 수집하지 않는 경우가 많고, 수집된 자료는 제한적이며 결과가 혼재되어 있다(Given & Apter, 2016; Zalsman et al., 2016).

일반적으로 과학적 타당성이 있는 평가는 자살예방 프로그램의 발달과 실행에 비해 뒤처져 있다. 많은 개입이 전도가 유망해 보이지만 앞으로 아동과 청소년의 자살과 효율적 개입에 대한 연구가 많이 이루어질 필요가 있다(Foster et al., 2019; Given & Apter, 2016; Nock et al., 2019)

핵심용어

가면우울증

거대자신감

경조증

귀인양식

긍정적 정서

긍정적 정서성향

노력 통제

단극성

변증법적 행동치료

부정적 정서

부정적 정서성향

생각의 비행

선택적 세로토닌 재흡수 억제제

설명양식

심리교육

양극성

양극성 및 관련 장애

이중우울증

인지적 왜곡

인지적 재구조화

재발

전염

절망감

조증

주요우울장애

지속성 우울장애

코르티솔

쾌감 기분

파괴적 기분조절부전장애

학습된 무력감

행동 활성화

회복

품행문제

- 외현화 행동과 품행문제에 대한 기술 및 분류
- 적대적 반항장애와 품행장애의 특징
- 품행문제의 역학
- 품행문제의 발달과정 이해에 대한 접근

- 품행문제의 발달에 미치는 심리사회적 및 생물학적 영향
- 아동 · 청소년 물질사용의 역학, 위험요인 및 발달과정
- 품행문제 아동 · 청소년을 위한 평가전략
- 품행문제의 치료 및 예방 접근

외현화(externalizing)라는 용어는 아동 · 청소년을 다른 사람과 갈등상태에 놓이게 만드는 문제를 의미한다. 이런 행동은 표면상 앞의 두 장에서 살펴본 내면 지향적인 문제들과 대조를 이룬다. 이런 유형의 문제를 기술하기 위해 다른 용어가 사용되기도 한다. 파괴적, 충동적, 통제되지 않은, 반항적, 반사회적, 품행장애, 비행 등이 그 예이다.

파괴적 행동문제는 크게 두 가지로 구분된다. 한쪽에는 주의집중 곤란과 과잉행동, 충동성의 문제가, 다른 쪽에는 공격성과 반항적 행동, 그리고 좀 더 심각한 품행문제가 포함된다. 전자에 포함되는 행동은 ADHD를 다루는 다음 장에서 자세히 논의될 것이다. 이 장에서는 후자에 속하는 품행문제를 다루고자 한다. 품행문제가 있는 아동 · 청소년은 정신건강 및 다른 사회적 · 법적 서비스에 의뢰되며 일부는 폭력과 범죄 수준으로 인해 광범위한 사회적 우려의 대상이 되기도 한다. 따라서 품행문제는 사회적으로나 학문적으로 관심을 받고 있다.

이러한 아동 · 청소년을 기술하기 위해 다양한 구성개념이 존재한다. 우리는 파괴적 · 반사회적 행동문제에 대해 **품행문제**(conduct problems)라는 용어를 사용하고자 한다. 품행장애(conduct disorder)와 파괴적 행동장애(disruptive behavior disorder)라는 용어는 특정 품행문제를 나타내는 진단적 하위집단을 말한다. **비행**(delinquency)이란 용어는 일차적으로는 법률 용어로 형사 사법제도에서 품행문제와 반사회적 행동을 나타내는 아동 · 청소년을 기술할 때 사용된다. 법률 용어로서의 비행은 중대범죄 혹은 지위비행을 범한 18세 이하의 청소년에게 적용된다. 중대범죄는 청소년뿐만 아니라 성인이 범했을 때도 불법적인 행위(예 : 절도, 가중 폭행, 강간, 살해)를 말한다. 지위비행(status delinquency)은 청소년에게만 불법인 행위(무단결석, 부도덕한 사람들과의 교류, 통금시간 위반, 개선 불가)를 말한다.

분류 및 기술

파괴적 행동은 다양한 발달단계에서 흔히 발견된다. 임상가들은 불순종적 · 공격적 · 반사회적 행동에 대한 호소를 자주 접한다. 부모와 교사들은 종종 지시에 따르지 않고 시키는 대로 하지 않으며, 짜증을 내거나 화를 내는 아동 · 청소년에 대해 묘사하곤 한다. 학령 전기 아동은 종종 다른 아동을 때리거나 발로 차거나 물기도 한다. 아동은 학령기 초기로부터 중학교 시기 전반을 통해 다양한 형태의 공격성과 괴롭힘을 보인다. 일부 청소년들은 위험한 행동을 하며 불법약물을 사용하기도 한다. 이러한 문제들이 빈번하게 일어나며 파괴적이라는 사실은 부모나 아동 · 청소년을 돕는 성인들에게 우려를 자아낸다. 이러한 행동은 부모와 교사들에게 심한 심리적 고통을 주며, 가족들 간의 불화를 일으키고, 또는 학급의 기능을 방해한다. 이러한 행동이 극단적인 형태로 계속될 때는 일반적인 경험의 범위를 넘어 혼란과 파괴를 가져올 수도 있다. 따라서 이 문제는 그러한 행동을 하는 아동 · 청소년의 가족에게만 심각한 문제인 것이 아니라 학교를 포함한 기관들과 나아가 사회 전체적으로

도 심각한 문제라 할 수 있다. 어떤 경우에는 이런 행동이 오랫동안(아마도 아동기 초기에서 성인기까지) 계속되는데 이 역시 이 문제의 중요성을 보여준다. 〈표 9.1〉은 성인들이 꺼리고 문제가 된다고 기술하며 DSM 장애와도 관련 있는 품행문제 행동의 유형들을 보여주고 있다.

DSM 접근 : 개관

이번 장에서 논의할 적대적 반항장애(Oppositional Defiant Disorder, ODD)와 품행장애(Conduct Disorder, CD) 진단은 DSM에서 파괴적, 충동통제 및 품행장애 범주에 속한다. DSM의 파괴적, 충동통제 및 품행장애 진단은 적대적 반항장애와 품행장애 외에도 간헐적 폭발성 장애, 반사회적 성격장애, 방화증, 도벽증 등을 포함하고 있다.

간헐적 폭발성 장애(Intermittent Explosive Disorders)는 자주 반복되는 행동 폭발의 특징을 보인다. 공격적인 폭발은 장황한 열변이나 떼쓰기 등과 같이 언어적일 수도 있고, 또는 다른 사람이나 물건, 동물을 향한 신체적 공격처럼 신체적일 수도 있다. 이러한 폭발은 개인이 충

▌표 9.1   아동기~청소년기에 문제로 간주되는 품행문제 행동의 유형 및 관련 장애

발달시기	문제행동	관련 장애
아동 초기	불순종	
	반항적	적대적 반항장애
	떼쓰기	
아동 중기	외현적 · 내재적	
	반사회적 행동	적대적 반항장애 품행장애
	관계적 공격성	
청소년기	비행	
	물질사용	품행장애
	고위험 성적 행동	

출처 : Dishion & Patterson(2006)에서 수정 인용

동적인 공격행동을 통제하지 못하는 것을 나타낸다. 따라서 폭발은 일반적으로 충동적이거나 분노를 동반하며, 가시적인 목적을 달성하기 위해 계획적으로 일어나는 것이 아니다. 폭발은 빠르게 그리고 짧게 일어나며, 반응은 지각된 도발에 비례하지 않는다. 6세 이하의 아동·청소년이나 또는 공격행동이 다른 장애(예 : 양극성 장애, 파괴적 기분조절 곤란장애, 적응장애)로 더 잘 설명될 수 있는 아동·청소년은 간헐적 폭발성 장애로 진단되지 않는다.

반사회적 성격장애(Antisocial Personality Disorder,

헨리 : 학령 전 아동의 반항적 행동

헨리의 어머니는 3세 6개월 된 아들 헨리가 문제를 일으킨다고 보고했다. 그녀는 헨리가 정상적이고 활동적이며 총명한 아이라고 생각했다. 그러나 주변의 친구나 친척들이 헨리의 파괴적 행동이 늘어나고 있다는 말을 하자 전문가의 상담이 필요하다고 느꼈다.

헨리는 1남 1녀 중 맏이이며 9개월 된 여동생이 있다. 접수 면접지에 따르면 어머니는 헨리가 상당히 파괴적 행동을 하고 있다고 지각하고 있으면서도 그러한 행동을 크게 문제 삼지 않고 있는 것으로 보였다. 지난 한 주간 어머니가 기록한 일지에는 "헨리가 야구방망이로 할아버지의 정강이를 쳤다.", "헨리가 칼로 부엌의 벽을 긁었다." 같은 부적절한 행동에 관한 기술이 들어 있었다.

헨리의 아버지는 일차적으로 아내에게 문제가 있다고 생각하여 첫 면접에는 참석하지 않았다. 어머니는 헨리의 발달 지표가 모두 정상범위에 있었지만 태어날 때부터 '힘든' 아이였다고 말했다. 헨리는 일주일 중 3일의 오전 시간을 유치원에서 보냈는데, 그곳에서는 아무런 문제가 없었다. 그러나 교사들은 처음에는 다소 '단호한' 모습을 보였어야 했다고 보고했다. 헨리가 친구네 집으로 초대를 받아 놀러 갔을 때는 문제가 생기지 않았다. 그러나 친구들을 헨리의 집으로 초대했을 때는 헨리의 행동이 지나치게 활동적이고 금지된 행동을 하며, 총체적 혼란을 일으킨다고 했다. 헨리의 아버지는 종종 헨리를 데리고 야외에서 시간을 보내곤 했는데, 그때는 아무런 문제 없이 즐겁게 시간을 보냈다고 했다. 아버지는 아내가 헨리를 좀 더 단호하게 대할 필요가 있다고 느꼈다. 어머니는 헨리가 보이는 주요 문제를 '잘 듣지 않는 것', '시키는 대로 하지 않는 것', '말대꾸하는 것'으로 기술했다. 이런 문제들은 주로 어머니 앞에서만 일어났으나 점차 다른 가족들 앞에서도 일어나기 시작했다.

아버지에 따르면 보통 때는 헨리가 식사하고 목욕하는 등의 일상적인 일들을 쉽게 할 수 있다. 그러나 무엇이든 시키면 복종하기를 거부했다. 어머니는 헨리와의 대립을 피하려고 일정을 조정하는 데 많은 시간을 보내야 했으며, 이것은 9개월 된 딸이 더 많은 관심을 요구하게 되면서 점점 힘들어졌다.

헨리는 전투복에다 카우보이모자를 쓰고 부츠를 신은 채 2개의 6연발 권총과 장난감 총을 들고 임상관찰실을 방문했다. 그는 임상가를 만나자 "총을 쏘아 선생님의 눈을 빼 버릴 거예요."라고 말했다. 임상가는 "내 사무실에서는 그런 식으로 말하지 않는다."라고 단호하게 응답했다. 헨리는 재빨리 뉘우치는 목소리로 "죄송합니다."라고 말했다. 부모-자녀 상호작용을 관찰한 결과 어머니는 헨리에게 비유관적(noncontingent) 정적 강화를 높은 비율로 제공하는 것으로 보였다. 그리고 헨리에게 많은 요구를 하고 논리적 설명을 통해 순종하게 하려고 노력하는 것으로 나타났다. 헨리도 어머니에게 요구를 많이 하였으며, 어머니의 요청에 거의 순종하지 않았다. 헨리와 어머니는 둘 다 함께하는 놀이를 즐기는 것으로 보였다. 헨리는 장난감을 주워 달라는 어머니의 말을 듣지 않았으나, 장난감을 치우라는 임상가의 요청에는 즉각적으로 순종하였다.

임상가는 아버지와 어머니가 함께 아동발달 및 관리 수업에 참석할 것을 권고하였다. 그리고 긍정적인 부모-자녀 상호작용을 증진하고 적절한 한계를 정하며, 헨리의 순종을 증진하고 일관성 있는 훈육을 선택하기 위한 치료에도 참여하도록 하였다. 이 부모훈련 프로그램은 6주간 시행되었으며, 2번의 추수 약속이 이루어졌다. 치료 후에도 헨리는 여전히 '제멋대로'인 아이로 묘사되었지만, 부모는 그의 행동을 수용할 만하고 대부분 쉽게 관리할 수 있다고 느꼈다.

－ Schroeder & Smith-Boydston
(2017, pp. 385~387)에서 수정 인용

APD)는 이 유형의 장애에 포함되면서 또한 성격장애에도 포함된다. APD 진단은 공격적이고 반사회적인 행동양상을 지속적으로 나타내는 18세 이상의 개인에게 적용된다. APD는 '다른 사람의 권리를 무시하고 침해하는 전반적인 양상'으로 특징된다(American Psychiatric Association, 2000). 이러한 양상은 종종 다수의 불법적 · 공격적 행동을 수반한다. APD 진단은 이러한 양상이 15세 이후부터 있었다는 조건을 요구한다. 이와 더불어 15세 이전에 발병하는 품행장애의 진단기준을 충족시키거나 그럴 가능성이 있었다는 증거도 요구한다. 지금부터 우리는 적대적 반항장애와 품행장애에 대해 집중적으로 살펴볼 것이다.

DSM 접근 : 적대적 반항장애

아동 · 청소년은 종종 고집을 부리며 성인의 요구나 지시에 따르지 않고 다양한 방식으로 반항적 행동을 보인다. 헨리의 사례는 이런 행동이 모두 임상적 문제를 나타내거나 예측하지는 않는다는 것을 보여준다. 실제로 적절하고 능숙하게 자율성을 주장한다면 그것은 바람직하며 발달을 촉진할 수도 있다(Johnston & Ohan, 1999). 현재 혹은 미래에 문제가 될 수 있는 행동은 서툴고 과도한 반항적 행동이다.

적대적 반항장애(ODD)는 DSM에서 세 군집(화나고 짜증 나는 기분, 논쟁적이고 반항적인 행동, 복수심)으로 분류되는 증상들의 양상으로 기술된다. 발달상 극단적인 부정적 · 적대적 · 반항적 행동 양상으로 기술된다. 적대적 반항장애로 진단받기 위해서는 다음에 제시된 증상 중에서 적어도 네 가지 이상을 빈번하게 (아동과 청소년의 연령, 성별 및 문화를 고려할 때 정상범위를 넘어서는) 나타내야 한다.

1. 떼를 씀
2. 쉽게 짜증을 내며 과민함
3. 화를 내고 억울해함
4. 어른이나 권위적인 대상에게 시비를 걸고 따짐
5. 어른의 요청에 순종하기를 거부하거나 무시하며, 규칙을 따르지 않음
6. 의도적으로 다른 사람을 귀찮게 함
7. 자신의 실수나 잘못된 행동에 대해서 다른 사람을 비난함
8. 심술을 부리거나 복수심이 강함

증상은 적어도 6개월 이상 계속되어야 하며, 진단에 필요한 기분 또는 행동증상의 발생빈도는 발달수준에 따라 다르다. 5세 이하 아동의 경우에는 증상이 매일 나타나야 하지만 5세 이상 아동의 경우에는 최소한 일주일에 한 번 정도 일어나야 한다. 심술을 부리거나 복수하는 행동 범주의 경우에는 6개월 동안 최소 2회로 더 낮은 빈도가 적용된다. 그리고 진단 시 ODD 증상의 심각성을 경미한 수준(한 장면에서만 주로 가정에서 증상을 보임), 중간 수준(두 장면에서 일부 증상을 보임), 심각한 수준(세 장면 이상에서 일부 증상을 보임)으로 명시하게 되어 있다(American Psychiatric Association, 2013).

DSM은 증상들을 분류함으로써 ODD 진단 범주에 정서/기분(예 : 화를 냄)과 행동(예 : 논쟁을 함) 지표가 들어 있음을 강조하고 있다. 아동 · 청소년은 종종 부정적 정서문제 없이도 ODD의 행동 특징을 나타내는 것으로 보고된다. 그러나 부정적 정서를 보이는 ODD 아동 · 청소년은 보통 행동증상도 함께 나타낸다. 어떤 연구자는 ODD의 정서 및 행동증상이 함께 나중의 파괴적/외현화 장애를 예측하는 원인이 된다고 주장한다. 그러나 ODD의 정서증상은 이후의 내재화 장애를 예측할 때도 고유하게 영향을 미치는 것으로 보인다(Evans et al., 2020; Stringaris & Goodman, 2009).

ODD 진단을 고려할 때 문제수준의 행동과 정서반응을 그리고 기대수준의 반항과 자기주장을 구분하는 것이 중요하다. 진단 시 이러한 문제수준에 대한 정보가 요구된다. 따라서 행동 또는 정서반응이 또래 아동들이 전형적으로 나타내는 것보다 더 빈번하게 발생하는지를 판단해야 한다. ODD 진단을 내리기 위해서는 또한 적대적 반항행동과 정서반응이 아동 · 청소년 자신이나 다른 사람에게 심리적 불편을 일으켜야 한다. 또는 이러한

행동과 정서반응이 아동의 사회적·학업적 또는 다른 중요한 영역의 기능에 현저한 손상을 초래해야 한다.

반항과 불순종 행동 및 기분은 분명 흔한 문제이며, 특히 학령 전기와 청소년기에 더욱 빈번하게 나타난다(Coie & Dodge, 1998; Loeber et al., 2000). 불순종은 부모와 교사, 임상가에게는 실제적인 문제이다. 어떤 아동·청소년의 경우에는 복종하지 않고 고집부리며 반항하는 행동이 지속적인 반사회적 행동과 다른 어려움의 발달경로로 이어지는 초기 단계를 의미할 수도 있다(Loeber, Burke, & Pardini, 2009b). 따라서 ODD 진단의 적절성은 아동·청소년에게 흔한 문제를 장애라고 '과잉 진단'하는 것과 지속적인 반사회적 행동의 초기 전조증상으로 볼 수 있는 심각한 문제를 무시하는 것 사이에서 얼마나 균형을 잡는가에 달려 있다.

DSM 접근 : 품행장애

품행장애(conduct disorder, CD) 진단은 좀 더 심각한 공격적·반사회적 행동을 의미한다. 실제로 이런 행동이 드러내는 폭력과 기물 파괴의 특성은 개인과 가정, 지역사회에 심각한 영향을 미친다. 공격적이지 않은 품행장애 행동(예 : 무단결석, 도벽) 또한 심각한 상해를 초래할 수 있다.

품행장애의 중요한 특징은 연령에 적합한 사회적 규범을 파괴하는 것뿐만 아니라 다른 사람의 기본권을 파괴하는 행동을 반복적·지속적으로 보인다는 것이다. DSM에서 품행장애를 정의하기 위해 사용하는 15가지 진단기준은 다음의 네 가지 범주로 구분된다.

- 사람과 동물에 대한 공격
- 재산파괴
- 사기 또는 절도
- 중대한 규칙위반

공격 범주에는 괴롭힘, 몸싸움, 무기사용, 사람 또는 동물을 잔인하게 대함, 피해자가 보는 앞에서 물건을 훔침, 강제적 성행위 등이 포함된다. 비공격적인 재산파괴 범주는 방화에 의한 재산파괴와 다른 방식에 의한 재

산파괴로 구분된다. 사기 또는 절도 범주에는 다른 사람의 집이나 건물, 자동차에 침입하는 것, 물품이나 호의를 얻거나 의무를 피하려고 거짓말하는 것, 그리고 피해자를 마주치지 않은 상태에서 물건을 훔치는 것 등이 포함된다. 중대한 규칙위반 범주에는 부모가 금지했음에도 자주 외박을 함(13세 이전에 시작됨), 가출 및 무단결석(13세 이전에 시작됨)이 포함된다. 품행장애로 진단을 받으려면 이러한 행동 중에서 최소한 세 가지 이상을 지난 12개월 동안 보여야 하며, 이 중 한 가지는 지난 6개월 동안 나타나야 한다. 그리고 이 행동이 사회적·학업적 기능에 임상적으로 유의한 손상을 일으켜야 한다(American Psychiatric Association, 2013).

품행장애의 하위 유형은 발병연령에 근거하여 구분된다. 아동기 발병과 청소년기 발병은 한 가지 이상의 행동이 10세 이전에 시작되었는지에 따라 구분된다. 발병연령에 관한 정보가 불충분할 경우에는 '불특정 시기 발병'으로 표시한다. 그리고 진단 시 품행문제의 종류와 다른 사람에게 끼친 상해의 정도에 따라 경미한 수준, 중간 수준 또는 심각한 수준으로 심각성을 명시해야 한다. 또한 품행장애로 진단받은 아동·청소년이 **제한된 친사회적 정서**(예 : 죄책감 결여, 공감 부족, 학업 또는 다른 수행에 대한 관심 부족, 피상적 정서 또는 감정결핍)를 보이는지도 명시해야 한다(American Psychiatric Association, 2013). '냉담-무정서 특질(callous-unemotional traits)'로도 불리는 이러한 특징들에 대해서는 품행문제의 발달과정에 관한 논의에서 더 설명할 것이다.

품행장애의 DSM 진단기준은 다양한 행동을 포함하고 있다. 진단에 요구되는 증상은 세 가지뿐이기 때문에 품행장애 진단은 여러 하위 유형을 가진 이질적 아동·청소년 집단으로 표현된다. 이러한 이질성은 연구자들에게 특별한 관심의 대상이다.

품행장애 진단에 관해서 몇 가지 우려가 제기되고 있는데, 하나는 과잉진단(생각상자 '품행문제가 정신장애인가?' 참조)에 관한 것이고, 또 하나는 커버하는 폭이 좁다는 것이다(Lahey & Waldman, 2017; Moffi tt et al., 2008). 예컨대 품행장애에 관한 대부분의 연구는 학령

생각상자   **품행문제가 정신장애인가?**

품행장애 진단은 정신병리 또는 정신장애란 무엇인가에 대한 논란에 자주 포함된다(Hinshaw & Lee, 2003; Richters & Cicchetti, 1993). Richters와 Cicchetti는 마크 트웨인의 소설 '톰 소여와 허클베리 핀'의 주인공들이 정신장애를 앓았는지 반문하며 이 문제를 언급했다. 이들이 지적했듯이 소설 속의 두 소년은 품행장애 진단을 받을 만한 반사회적 행동(즉 거짓말, 도벽, 공격성, 무단결석, 가출, 동물에 대한 잔인성)을 계속 범하였다. 주민들은 이 소년들을 사회적 · 도덕적 측면에서 평가하였으며, 이들이 착한 소년들인지 아닌지에 대해서 의견이 엇갈렸다.

품행장애를 구성하는 것이 무엇인지는 복잡한 문제이다. 한 가지 쟁점은 일탈행동의 소재를 전적으로 개인 내부에 두고 사회적 맥락을 무시하는 것이 적절한지에 관한 것이다. 예컨대 DSM은 품행장애 진단이 때로는 파괴적 행동을 문제로 보지 않는 환경(예 : 위협적이고, 범죄율이 높은 환경)에 놓여 있는 사람들에게 잘못 적용될 수 있음을 인정한다.

아동 · 청소년의 행동이 특정의 문화적 환경에 대한 반응인지, 또는 개인의 정신병리 증상인지를 결정하는 것은 매우 도전적인 일이다. 임상가와 연구자들은 정상적인 발달과 더불어 빈곤과 스트레스, 폭력적인 지역사회가 반사회적 행동발달에 미치는 영향에 대해 민감하게 인식해야 한다.

기 아동 · 청소년에 초점이 맞추어져 있다. DSM에서는 품행장애의 발병이 보통 아동 중기와 청소년기 사이에 발생한다고 본다. 따라서 그보다 어린 아동에게는 현재의 진단기준을 적용할 수 없다. 그러나 이런 행동문제가 일찍 시작되고 문제가 계속되는 것을 조기개입으로 예방할 수 있다는 연구가 있다. DSM 진단기준을 학령 전기 아동에게도 적용할 수 있도록 수정해야 한다는 주장도 있다(Wakschlag & Danis, 2009). 그러한 노력을 기울일 때 어려움의 하나는 이 연령집단에서 매우 보편적인 문제행동과 좀 더 장기적이며 지속적인 어려움을 예측할 수 있는 심각한 행동을 구분할 수 있는지의 문제이다.

마찬가지로 현재의 진단기준이 남아와 여아에게 모두 적용될 수 있는지에 대한 우려도 제기되어 왔다. 앞으로 살펴보겠지만 품행장애 진단은 남아들이 더 자주 받고 있다(3 : 1 또는 4 : 1의 비율). 이것이 진정한 유병률의 성차를 나타내는지, 또는 진단기준에 내포된 편향 때문인지에 관해 의문을 제기하는 사람도 있다. 실제로 DSM 진단기준은 성별 특이적인 기준을 포함하지 않고 있다. DSM에 포함된 공격성의 형태는 남아들의 특징과 더 잘 맞으며, 여아들은 신체적 공격보다 관계적 공격을 나타내는 경향이 있다(233~236쪽 참조). 준임상적 수준의 품행장애 증상을 보이는 여아들이 임상적으로 유의한 문제를 발달시키게 된다는 연구결과 또한 여아의 품행장애를 포착하는 진단기준의 적절성에 대해 우려하게 한다. 품행장애 연구에 여아들을 포함하는 것은 진단 범주 발달에 관한 결정에 도움을 줄 것이다.

경험적으로 도출된 증후군

DSM 진단은 외현화 문제에 대한 범주적 접근을 대표한다. 다른 문제들과 마찬가지로 외현화 문제를 범주적 방식보다 차원적 방식으로 개념화하는 것이 이롭다는 것을 보여주는 증거가 많다(Lahey & Waldman, 2017; Walton, Ormel, & Krueger, 2011). 파괴적 행동문제에 대하여 대안적인 차원적 접근이 존재한다. 제5장에서 살펴보았듯이 경험적으로 도출된 증후군(공격적, 반항적, 파괴적, 반사회적 행동을 포함하는)이 수많은 연구를 통해 확인되었다. 이 증후군은 흔히 **외현화**(externalizing)로 불린다. 이 증후군은 다양한 장면에서 다양한 측정도구를 통해 다양한 보고자에 의해 확인되어 온 비교적 확실한 증후군이다. 연구자들은 광대역의 외현화/품행장애 증후군을 여러 하위집단으로 구분하기 위해 노력해 왔다.

예를 들어 Achenbach와 Rescorla(2001)는 광대역의 외현화 증후군을 두 가지 하위 증후군으로 구분하였다.

하나는 **공격적 행동 증후군**(예 : 말다툼, 물건 부수기, 불순종, 싸움)이며, 다른 하나는 **규칙위반 행동 증후군**(예 : 규칙위반, 거짓말, 도벽, 무단결석)이다. 두 증후군의 특징적 행동은 〈표 9.2〉에 제시되어 있다. 아동 · 청소년은 한 가지 유형의 문제만 보일 수 있고 또는 두 가지 유형을 모두 보일 수도 있다. 이러한 구분의 타당성은 많은 연구를 통해 입증되었다(Achenbach & Rescorla, 2001; Lahey & Waldman, 2017). 예를 들어 공격성 증후군이 규칙위반 증후군보다 더 높은 유전력을 갖고 있다는 연구결과가 있었다(Burt, 2009; Kendler, Aggen, & Patrick, 2013). 두 증후군은 또한 발달수준에 따라 차이가 있는 것으로 나타났다. Stanger, Achenbach와 Verhulst(1997)는 종단연구를 통해 모집단의 두 증후군 평균점수가 4~10세 사이에 감소하는 것을 발견하였다. 그러나 공격성 점수는 10세 이후에도 계속 감소하는 반면 비행 증후군(현재는 규칙위반 증후군으로 불림) 점수는 오히려 증가하였다. 이러한 결과는 〈그림 9.1〉에 제시되어 있다. 이 연구자들은 또 공격성 증후군의 안정성(두 시점에서 특정 개인의 행동이 유사한 정도)이 비행(규칙위반) 증후군보다 더 높다는 것을 발견하였다. 이런 결과는 다른 연구결과와 함께 외현화/품행장애 문제를 유형에 따라 구분하는 것이 중요함을 시사한다.

품행장애의 분류를 위한 경험적 접근은 큰 범주 안에서 문제행동들을 분류하는 또 다른 방법들을 제안하였다. 이 접근들은 상호 배타적이지 않아서 공격성 증후군과 규칙위반 증후군의 구분과 중복되기도 한다. 어떤 접근은 발병연령에 따라 구분할 것을 제안한다. 즉 발병연령이 늦거나 청소년기에 발병하는 범주는 일차적으로 비공격적인 규칙위반 행동을 포함하며, 발병연령이 빠른 범주는 규칙위반 행동과 공격적 행동 모두를 포함한다. 현저한 증상(salient symptom) 접근은 일차적으로 나타난 행동문제에 근거한다. 공격성이 일차적인 문제인 반사회적 아동과 도벽이 일차적 문제인 반사회적 아동을 구분하는 것이 한 예이다. 이런 방식으로 공격행동을 구분하는 것은 중요하다. 공격성과 기타 품행장애 행동이 서로 구분될 수 있다는 것을 지지하는 증거가 있기

때문이다(Lahey & Waldman, 2017).

현저한 증상 구분법의 확장은 **외현적**(overt) 반사회적 행동(예 : 말다툼, 싸움, 성질부리기)과 **내재적**(covert) 반사회적 행동(예 : 방화, 거짓말, 도벽, 무단결

표 9.2　공격성 증후군과 규칙위반 증후군의 행동

공격적 행동	규칙위반 행동
말다툼	음주
허풍, 자랑	가책 없음
잔인함, 괴롭힘	규칙위반
관심 요구	나쁜 친구
자기 물건 파괴	거짓말, 속이기
남의 물건 파괴	나이 많은 친구와 어울림
집에서 반항	가출
학교에서 반항	방화
싸움	성적 문제
신체적 공격	집에서 도벽
고함	욕
분노발작	성에 집착
쉽게 좌절	지각
고집, 시무룩함	흡연
기분 급변	무단결석
부루퉁함	약물사용
의심	기물파괴
남을 놀림	
성질	
남을 위협	
시끄러움	

여기에 제시된 문항은 측정도구의 실제 문항 내용을 요약한 것이다. 대부분의 문항들은 CBCL, TRF, YSR에 포함되어 있으나 어떤 문항들은 이 세 가지 검사 중 한두 가지에만 포함되어 있다.
출처 : Achenbach & Rescorla(2001)에서 수정 인용

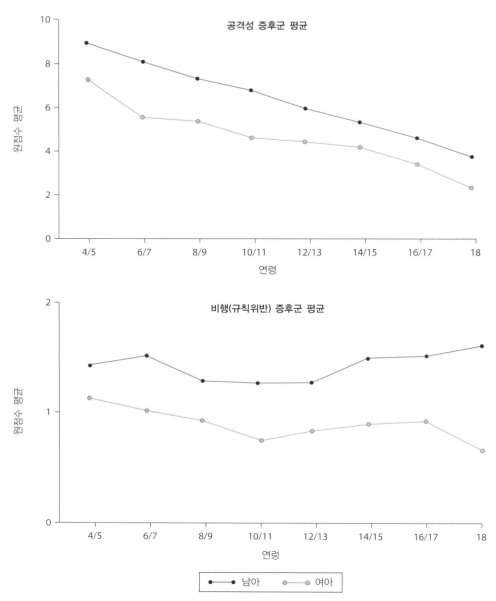

그림 9.1 연령에 따른 남아와 여아의 공격성 및 비행(규칙위반) 증후군 평균점수[Stanger, Achenbach, & Verhulst(1997)에서 수정 인용. Copyright 1997 by Cambridge University Press. 허락하에 사용함]

석) 사이에 큰 차이가 있다는 것을 시사한다(Dishion & Patterson, 2006; Loeber & Schmaling, 1985). 이러한 구분법을 더욱 확장하여 외현적 · 내재적 구분에 덧붙여 파괴적 · 비파괴적 품행문제를 구분하기도 한다(Frick, 1998). 외현적이며 파괴적인 반사회적 행동의 예로는 공

격성, 동물을 잔인하게 대하는 것, 몸싸움, 폭행, 괴롭힘 등을 들 수 있다. 외현적인 반사회적 행동이 파괴적이지 않을 수도 있다. 예컨대 고집을 부리거나 반항적 · 적대적 행동을 보이며, 떼를 쓰거나 논쟁하는 행동은 외현적이지만 파괴적이지는 않다. 내재적이며 파괴적인 반사

회적 행동의 예는 거짓말, 그리고 도벽과 방화, 기물파손처럼 재산에 손상을 가하는 행동이다. 마지막으로 가출이나 무단결석, 약물사용 같은 지위비행은 내재적이며 파괴적이지 않은 반사회적 행동의 예이다. 품행장애 행동유형을 구분하는 다양한 방식은 품행문제를 이해하기 위한 경험적·발달적 접근의 맥락에서 계속 탐구되어야 할 것이다.

성별의 차이 : 관계적 공격성

품행장애의 유병률과 발달과정, 그리고 발달에 영향을 미치는 요인은 성별에 따라 차이가 있다(Crick & Zahn-Waxler, 2003; van Lier et al., 2007b). 성차의 가장 기본적인 측면은 아마도 남아와 여아의 품행장애가 표현되는 방식이 다르다는 점일 것이다.

흔히 남아가 여아보다 더 높은 수준의 공격성을 보인다고 보고된다. 이것은 여아가 덜 공격적이기 때문인가? Crick과 동료들(Crick & Grotpeter, 1995; Crick & Zahn-Waxler, 2003)은 먼저 공격성을 다른 사람을 해치거나 상해하려는 의도로 정의했다. 그들은 아동 초기

및 중기 동안 또래 상호작용이 성별에 따라 차이를 보이는 데 주목했다. 이는 아동의 공격성이 동성 또래집단에서 가장 두드러진 사회적 문제에 초점이 맞춰진다는 것을 시사한다. 외현화 행동에 관한 연구에서 공격성은 일반적으로 남을 해치거나 해하려는 의도를 가진 외현적인 신체적·언어적 행동으로 정의된다(예 : 때리거나 밀기, 다른 사람을 때리겠다고 위협하기). 이것은 아동기 남아들의 전형적 특징인 도구성(instrumentality), 신체적 우세와 일치하는 것으로 보인다. 반면 여아들은 일대일의 친밀한 관계를 발달시키는 데 관심을 보인다. 따라서 여아의 공격성은 관계문제에 초점이 맞추어진다고 가정할 수 있다. 즉 여아의 행동은 다른 사람의 감정이나 친구관계에 손상을 입히려는 의도적 행동으로 볼 수 있다. 이러한 **관계적 공격성**(relational aggression)의 예는 다음과 같다.

- 놀이나 활동을 할 때 특정 아동을 의도적으로 따돌리기
- 특정 아동에게 화를 내고 또래집단에서 배제하기
- 특정 아동에게 시키는 대로 하지 않으면 싫어할 거

관계적 공격성은 다른 사람의 기분 또는 우정에 손상을 가하기 위해 의도된 행동을 포함한다.

방화는 생명손실과 상해, 외상후 증상, 그리고 재산손실 같은 심각한 손상을 초래한다. 방화는 또한 아동·청소년 자신과 가족, 그리고 지역사회에 심각한 어려움을 가져다준다(Kolko, 2005; Peters & Freeman, 2016). 나아가 이른 시기의 방화는 미래의 극단적인 반사회적 행동의 지표가 될 수 있다.

방화를 범하는 아동·청소년들은 이질적 집단이다(MacKay et al., 2009). 이에 따라 이들을 하위 유형으로 구분하려는 시도가 있었다(Dalhuisen, Koenraadt, & Liem, 2017; Kolko, 2002; Lambie & Randell, 2011). 예컨대 방화 아동·청소년은 방화의 동기에서 차이를 보인다. 불에 대한 초기의 비정상적인 관심과 불 사용은 방화를 예측하는 주요 요인인 것으로 보인다. 어떤 아동·청소년의 경우에는 방화의 동기가 관심 끌기(즉 '도와 달라는 외침')에 있다. 또 다른 경우에는 방화가 전반적인 정신병리의 한 부분일 수 있다.

그러나 아동·청소년의 방화는 대부분 더 큰 반사회적 행동에 포함된다. 방화는 내재적인 행동으로 기술된다(Perks et al., 2019). 따라서 방화는 재산파괴, 절도, 거짓말, 무단결석 같은 내재적인 반사회적 행동 군집에 포함된다. 실제로 지역사회에서 발견되거나 임상 클리닉에 의뢰된 아동·청소년의 경우 내재적인 반사회적 행동수준이 이후의 방화를 예측해주었다(Kolko et al., 2001).

품행문제를 보이는 아동·청소년 중에서는 소수만이 방화 행동을 보이지만 이들은 좀 더 심각한 품행문제를 나타내는 경향이 있다(McKay et al., 2006). 실제로 심각한 반사회적 행동을 보이는 아동·청소년 가운데 반사회적 방화행동을 보이는 아동·청소년은 더욱 극단적인 반사회적 행동을 나타낸다. 방화 행동 아동·청소년은 나중에 품행장애로 예측되는 수준을 넘어 폭력범죄로 인해 소년법원에 의뢰되고 체포될 위험에 놓인다(Becker et al., 2004).

방화행동의 발달에 영향을 미치는 요인들은 일반적인 품행장애 발달에 영향을 미치는 요인들과 유사하다. 이런 요인으로는 아동·청소년의 특성(예 : 공격성, 충동성)과 부모의 특성(예 : 자녀교육에 대한 참여 부족, 아동에 대한 감독 결여), 가족의 특성(예 : 갈등, 스트레스 사건) 등이 있다. 방화 아동·청소년은 더 많은, 그리고 더 극단적인 형태의 위험요인들에 노출될 수 있다(McCarty, McMahon, & Conduct Problem Prevention Research Group; 2005; Perks et al., 2019). 예를 들어 방화 아동·청소년은 부부폭력이 있는 가정 출신인 경우가 많으며, 술을 많이 마시고 동물을 학대하는 아버지의 자녀일 가능성이 있다(Becker et al., 2004). 일반적으로 방화 아동·청소년은 삶의 초기에 학대를 포함하여 많은 어려움을 경험했을 가능성이 크다(Perks et al., 2019).

라고 말하기
- 특정 아동에 대해 악의적인 말이나 거짓말을 해서 다른 아동들이 그 아동을 싫어하게 만들기(Crick & Grotpeter, 1996)

관계적 공격성은 내재적인 반사회적 행동영역에 해당하며(Dishion & Patterson, 2006), 학령 전기부터 청소년기까지 나타난다(Crick, Casas, & Ku, 1999; Prinstein, Boergers, & Vernberg, 2001). 관계적 공격성은 또한 또래 거부와 우울, 불안, 외로움, 고립과 관련이 있다(Crick & Grotpeter, 1995; Crick, Casas, & Mosher, 1997; Crick & Nelson, 2002).

따라서 공격성을 광범위하게 정의할 필요가 있다. 한 가지 이유는 신체적 공격성에만 초점을 맞추면 공격적인 여아를 파악할 수 없기 때문이다. Crick과 Grotpeter(1995)는 공격성의 정의를 신체적 공격성으로만 제한할 경우 80% 이상의 공격적 여아들(신체적으로는 공격적이지 않으나 관계적으로 공격적인)을 파악하지 못한다고 하였다. 관계적 공격성의 개념은 여아들이 공격적이지 않다는 관점에 도전하며 성별에 국한된 해석을 하지 말라고 경고한다(Javdani, Sadeh, & Verona, 2011).

괴롭힘

아동기와 청소년기의 괴롭힘은 사람들에게 친숙한 문제이다. 이 주제에 대해 연구자와 전문가의 관심은 Olweus(1978, 1993, 1994)의 연구, 그리고 괴롭힘과 관련된 학교폭력 사건에 대한 언론의 관심이 증가하면서

"어떻게 할래, 타일러! 네 점심값을 내놓을래, 아니면 엄청난 막말을 들을래?"

시작되었다.

괴롭힘(bullying)은 자신을 방어할 수 없는 대상에게 두려움이나 심리적 고통, 상해를 의도적, 반복적으로 일으키는 것을 말하며, 힘의 불균형을 특징으로 한다. 괴롭힘은 신체적 괴롭힘, 언어적 괴롭힘, 관계적 괴롭힘, 사이버 괴롭힘 등 몇 가지 유형으로 나타날 수 있다(Olweus, Limber, & Breivik, 2019).

괴롭힘의 발생 추정치는 사용된 정의와 방법론에 따라 차이를 보인다(Hymel & Swearer, 2015). 괴롭힘은 학령 전기에 나타나기 시작하며 초등학교 아동에게 빈번하게 일어난다(Hay, Payne, & Chadwick, 2004; Schwartz et al., 1997). 여러 국가에서 이루어진 연구 결과에 따르면 약 9~54%의 아동이 괴롭힘을 겪는다(Craig et al., 2009; Nansel et al., 2004). 미국의 12~18세 아동 · 청소년 국가표본에 대한 조사연구(Musu-Gillette et al., 2018)에 따르면 2015학년도 동안 약 21%가 학교에서(학교 건물 안에서, 학교 부지에서, 학교 버스 안에서, 학교를 오고 가는 중에) 괴롭힘을 경험한 것으로 나타났다. 남아들(19%)보다 여아들(23%)이 더 높은 비율로 괴롭힘을 당했다고 보고했다. 〈그림 9.2〉는 이러한 결과와 함께 다양한 괴롭힘의 유형별 결과를 보여준다. 괴롭힘의 빈도는 8~12학년 학생보다 6학년 학생집단에서 더 높았다. 이러한 결과는 다른 연구결과와도 일치한다(Ball et al., 2008). 일반적으로 괴롭힘을 당했다고 보고하는 아동 · 청소년의 비율에서 연령에 따른 감소가 나타난다(Craig et al., 2009; Kumpulainen, Rasanen, & Henttonen, 1999; Wolke et al., 2000). 사이버 괴롭힘에 관한 정보는 이 연구에서 수집되지 않았다. 그러나 가장 최근의 자료에 따르면 약 7%의 학생이 2013학년도 동안 한 번 이상의 사이버 괴롭힘을 경험한 것으로 보고되었다. 일반적으로 사이버 괴롭힘은 소셜 미디어가 아동 · 청소년 적응에 미치는 영향에 대한 우려의 중요한 한 측면이라 할 수 있다(Underwood & Ehrenreich, 2017).

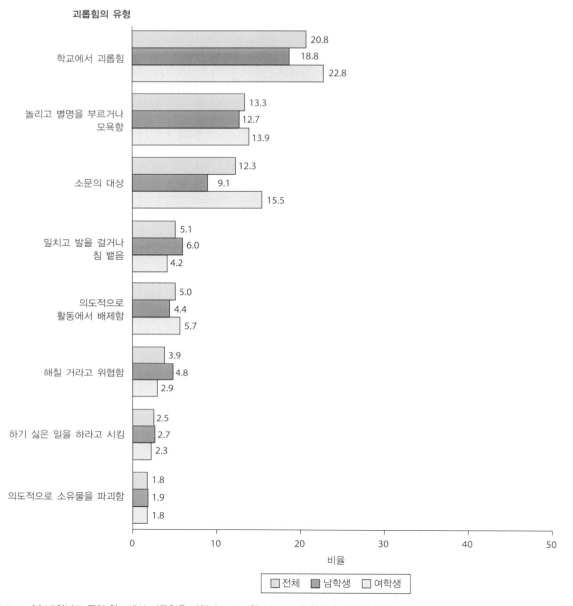

괴롭힘의 유형

그림 9.2   2015학년도 동안 학교에서 괴롭힘을 당했다고 보고한 12∼18세 학생의 괴롭힘 유형 및 성별에 따른 비율

주 : '학교에서'는 학교 건물 안에서, 학교 부지에서, 학교 버스 안에서, 학교를 오고 가는 중에를 포함함. 한 유형 이상의 괴롭힘을 당한 학생들은 학교에서 괴롭힘을 당한 전체 학생 안에 한 번만 포함됨.

출처 : U.S. Department of Justice Bureau of Justice Statistics, School Crime Supplement (SCS) to the National Crime Victimization Survey, 2015.

많은 연구에서 괴롭힘 피해 학생에게 미치는 심리적, 사회심리적 및 신체적 영향을 확인하였다(Hawker & Boulton, 2000; Musu-Gillette et al., 2018; Olweus et al., 2019). 괴롭힘 피해 아동 · 청소년은 종종 우울, 낮은 자존감, 불안과 같은 내재화 문제를 경험한다. 반면 가해 학생은 보통 공격성, 규칙위반 행동, 비행과 같은 외현화 행동문제를 보인다.

　Olweus(1994)에 의하면 전형적인 괴롭힘 가해 아동·청소년은 또래뿐만 아니라 어른에게도 매우 공격적이며 일반적으로 폭력에 대해 더 긍정적인 태도를 지니고 있다. 그리고 충동적이며 다른 사람을 지배하고자 하는 욕구를 강하게 가지고 있다. 그리고 피해자에 대한 공감능력이 부족하고 남아일 경우 다른 학생보다 신체적으로도 더 강한 특징을 갖고 있다. 공격적인 아동·청소년이라고 해서 모두 괴롭힘 가해자가 되는 것은 아니다. 괴롭힘 가해 아동·청소년과 다른 공격적 아동·청소년 간에 어떤 차이가 있는지, 그리고 괴롭힘의 근원적인 과정에 대해서는 앞으로 더 많은 연구가 이루어질 필요가 있다.

　전형적인 피해자는 다른 학생들보다 불안하고 불안정하며, 조심스럽고 민감하며, 조용하고 비공격적이며, 자아존중감도 낮다. 남아일 경우에는 신체적으로도 약할 가능성이 있다. 이와 같은 소위 복종적인, 비주장적인 특징은 종종 피해자로 선택되는 선행조건이 된다(Schwartz, Dodge, & Coie, 1993). 피해 학생은 또한 같은 반에 친한 친구가 없는 경우가 많다. 친구 특히 인기 있는 친구를 갖는 것이 얼마나 중요한 보호 기능을 하는지는 뛰어난 대학 미식축구 선수이며 2001년 하이즈먼 트로피를 수상한 에릭 크로치의 예에 잘 나타나 있다.

　인기 학생인 에릭이 다른 학생들의 놀림을 받는 학생에게 친구가 되어 주었던 것은 그의 어머니에게 큰 자랑거리였다. 에릭은 어머니에게 "나는 그들과 이야기

남아들 사이의 괴롭힘은 종종 신체적 공격성과 위협으로 특징된다.

Henry King/The Image Bank/Getty Images

헨리 : 괴롭힘의 피해자

헨리는 조용하고 감수성이 풍부한 7학년의 13세 소년이다. 그는 몇 년 동안 같은 반의 몇몇 학생들로부터 주기적으로 위협과 공격을 당해왔다. (중략) 지난 몇 달 동안 그들의 공격은 더욱 빈번해지고 심해졌다.

헨리의 일상생활은 불쾌하고 치욕적인 사건들로 채워졌다. 그의 책은 책상에서 밀쳐져 교실 바닥에 뒹굴기 일쑤였으며, 헨리를 괴롭히는 학생들은 그의 연필을 부러뜨리고 그에게 물건을 던지곤 했다. 그리고 헨리가 선생님의 질문에 답변할 때마다 조롱하듯 시끄럽게 웃곤 했다. 심지어 수업시간 중에도 헨리의 별명('벌레')을 부르며 놀렸다.

헨리는 대체로 별 반응을 보이지 않았다. 그냥 무표정하게 자리에 앉아서 수동적으로 다음 공격을 기다릴 뿐이었다. 헨리의 학급 친구 중 몇 명은 헨리를 불쌍하게 여겼지만 아무도 그를 보호하고 방어해 주려고 노력하지 않았다.

한 달 전 헨리는 옷을 입은 채 물이 틀어져 있는 샤워장에 강제로 떠밀려 들어가는 수모를 당했다. 그를 괴롭히는 학생들은 헨리에게 돈을 내놓으라고 윽박지르기도 하였으며, 가게에서 담배를 훔쳐 오라고 협박하였다. 어느 날 오후 학교 화장실에 있는 소변기 배수구에 강제로 드러눕히는 수모를 겪은 후, 헨리는 조용히 집으로 돌아갔다. 욕실에서 수면제가 들어 있는 약통을 발견한 그는 한 줌의 수면제를 삼켰다. 저녁 무렵 헨리의 부모는 의식을 잃고 소파에 누워 있는 헨리를 발견하였다. 그의 책상 위에는 괴롭힘을 더 이상 참을 수 없으며, 자신이 쓸모없으며 이 세상에서 사라지는 것이 나을 것이라는 쪽지가 놓여 있었다.

– Olweus(1993, pp. 49~50)에서 수정 인용

를 나누고, 친구가 되어 주었어요. 그러면 다른 아이들이 그 친구들을 더 이상 놀리지 않았어요."라고 말하곤 했다(Murphy, 2001, p. 64).

친한 친구의 지지는 괴롭힘의 피해를 막아줄 뿐만 아니라 피해로 인한 영향을 완화시켜 주는 역할도 한다(Prinstein et al., 2001). 친한 친구의 지지 외에 또래집단의 다른 측면도 중요하다. 따라서 또래들과 피해학생 간의 긍정적인 상호작용을 격려하고 지지하는 노력, 그리고 만성적인 피해학생의 사회적 시도를 격려하고 지지하는 노력은 괴롭힘 피해학생의 삶에 긍정적인 영향을 미친다(Gregus, Craig, & Cavell, 2020).

괴롭힘 피해가 미치는 영향은 조기개입의 중요성을 시사한다. 반복적인 괴롭힘 피해 경험은 높은 스트레스를 유발하며, 일부 학생에게는 현저하게 부정적인 결과를 초래한다. Sugden(2011)에 의하면 어떤 아동은 괴롭힘을 경험하기 쉬운 성향을 지닌 것으로 보인다. 세로토닌 수송체(5-HTT) 염색체의 특정 변이가 스트레스 유발 사건에 노출된 후의 정서장애 위험 증가와 관련이 있는 것으로 나타났다. 자주 괴롭힘을 당하고 5-HTT 유

전형의 특정 변이를 지닌 아동은 괴롭힘을 자주 당하지만 다른 유전형을 지닌 아동과 비교할 때 12세에 정서장애를 나타낼 가능성이 더 크다. 이러한 결과는 괴롭힘 피해 경험 이전의 정서문제와 다른 위험요인을 통제했을 때도 나타났다. 집단으로부터 괴롭힘을 당하는 피해학생을 학교에서 알아차리지 못하거나 부모도 인식하지 못할 수 있다(Shakoor et al., 2011). 불안과 공포, 불안전하다는 느낌을 지닌 채 학교에 다닌다는 것이 어떠할지 상상해보라. 이런 아동·청소년 중 일부는 높은 수준의 자살위험에 놓여 있다(Winsper et al., 2012). Olweus가 기술한 위의 헨리 사례는 괴롭힘의 피해로 인한 고통을 잘 보여주고 있다.

괴롭힘 문제를 다룰 때는 가해자-피해자의 양 측면에서 다루는 것이 중요하다. 괴롭힘 가해는 보다 전반적인 반사회적 품행장애 발달양상의 일부일 수 있으므로 가해 학생 역시 지속적인 행동문제의 위험에 놓여 있다 할 수 있다. 실제로 Olweus(1994)는 6~9학년에 재학 중인 학생 중 괴롭힘 가해자로 분류된 남아의 60%가 24세가 되기 전에 적어도 한 번 이상 공식적으로 범죄를 저지른

다고 보고하였다. 그리고 이들의 35~40%는 24세까지 세 번 이상 범죄를 저지른 것으로 보고되었는데, 일반 청소년의 경우 10%인 것과 비교하면 매우 높은 비율임을 알 수 있다.

역학

품행문제는 아동·청소년에게 가장 빈번하게 일어나는 문제 중의 하나이다. 여러 가지 방법론 및 정의와 관련된 요인으로 인해 품행장애의 정확한 유병률을 추정하기는 어렵다(Essau, 2003; Loeber et al., 2000). DSM 진단기준을 사용한 연구들은 ODD의 유병률이 1~15%(평균 3.3%), CD 유병률이 2~10%(중앙치 4%)라고 보고하고 있다(American Psychiatric Association, 2013; Canino et al., 2004; Fleitlich-Bilyk & Goodman, 2004; Ford, Goodman, & Meltzer, 2003; Kessler et al., 2009; Lavigne et al., 2009). 이와 유사한 비율이 세계적으로 보고되고 있으며, 나라별로도 큰 차이가 없는 것으로 보인다(Canino et al., 2010).

성별, 연령 및 맥락

품행장애는 여아보다 남아에게 더 자주 진단되는데, 보통 약 3 : 1 또는 4 : 1의 비율로 보고된다. 그러나 성별 비율은 연령 및 품행문제의 유형에 따라 차이가 있다(Lahey & Waldman, 2017). DSM의 품행장애 정의는 '남성적' 공격성의 표현(예 : 신체적 공격)을 강조하고 있다. 따라서 여아의 품행장애가 과소평가될 수 있다. ODD 역시 남아들에게서 더 많이 보고된다. 그러나 ODD의 성별 차이는 아직 명확하지 않으며, DSM 진단기준이 여아들에게 적합한지에 대해서도 의문이 제기되어 왔다(Loeber et al., 2000; Maughan et al., 2004; Waschbusch & King, 2006). 영국의 전국 표본에 근거한 ODD와 CD 유병률의 성별 및 연령별 차이(Maughan et al., 2004)는 〈그림 9.3〉에 제시되어 있다.

CD 유병률의 연령에 따른 증가는 남아와 여아 집단 모두에서 보고되고 있다. 사춘기 무렵에는 여아들이 특히 위험에 놓이기 쉽다. 따라서 성비는 10대 중반에 일시적으로 간격이 좁아진다(Maughan et al., 2004; Moffitt et al., 2001). ODD가 연령에 따라 감소한다고 보고한 연구도 있으나 이 결과는 일관성이 부족하며 진단을 내리는 방식의 영향 때문일 수 있다(Maughan et al., 2004; Weyandt, Verdi, & Swentosky, 2011).

인종 및 사회경제적 수준에 따른 차이도 종종 보고되고 있다. 그러나 Roberts와 동료들(2006)은 11~17세의 아프리카계, 유럽계, 멕시코계 미국인 아동·청소년의 파괴적 행동 혹은 ADHD를 비교해본 결과 이러한 문제 범주의 유병률에서 아무런 차이를 보이지 않았다고 보고하였다. 빈곤과 범죄율이 높은 이웃에서의 거주와 관련된 스트레스 같은 맥락요인은 품행장애 행동의 위험을 증가시키는 것으로 보인다. 농촌보다는 도시에서 더

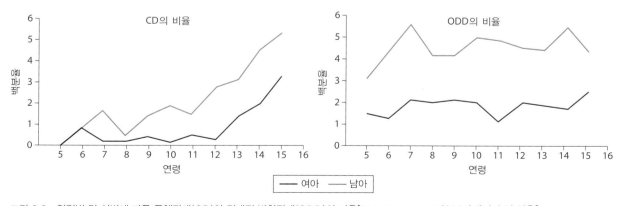

그림 9.3 연령별 및 성별에 따른 품행장애(CD)와 적대적 반항장애(ODD)의 비율[Maughan et al.(2004)에서 수정 인용]

높은 유병률이 보고된다(Canino et al., 2004; Fleitlich-Bilyk & Goodman, 2004). 그리고 공식기록에서는 종종 낮은 사회계층과 소수집단, 그리고 높은 범죄율로 특징되는 이웃을 둔 아동·청소년의 비행이 더 높은 것으로 보고된다. 이러한 차이는 특정 집단이 검찰에 기소된 데 기인하며, 공식기록보다는 비행에 대한 정의를 고려해야 함을 시사한다. 자기 보고와 같은 대안적 방법론에 근거한 추정치도 역시 방법론적 문제를 갖고 있다. 이에 대해서는 더 많은 연구가 필요하지만 품행장애 행동/비행과 사회계층 및 거주하는 이웃 간에는 실제로 관련성이 존재하는 것으로 보인다. 그러나 이러한 관련성은 과거에 알려졌던 것보다 훨씬 약한 보통 수준 정도이다. 이런 변인들이 아동·청소년의 품행장애 행동에 미치는 영향은 이 변인들이 효과적으로 양육할 수 있는 성인의 능력과 같은 요인들에 미치는 영향에 의해 매개되는 것으로 보인다(Capaldi et al., 2002).

동시발생 양상

파괴적 장애로 진단받은 아동·청소년은 다른 문제도 겪고 있으며 다른 진단을 함께 받는 경우가 많다(American Academy of Child and Adolescent Psychiatry, 2007b; Lahey & Waldman, 2017). CD로 진단되는 아동과 청소년의 대다수는 ODD 진단기준도 만족시킨다. 임상에 의뢰된 7~12세 남아의 발달양상에 관한 연구에서 CD를 만족시킨 아동의 96%가 ODD 진단기준도 만족시키고 있었다. ODD의 평균 발병연령이 6세, CD의 평균 발병연령이 9세라는 것은 CD 남아의 경우 ODD 행동이 먼저 나타나며 이런 행동은 나중에 반사회적 행동이 추가로 출현하여도 여전히 '유지'됨을 시사한다. 한편 OD가 항상 CD로 이어지는 것은 아니다. 최초의 평가에서 CD 없이 ODD만 나타낸 남아 중 75%는 2년 후 CD로 진행되지 않았다. 첫해에 ODD로 진단받은 남아의 절반 정도가 3년 후에도 ODD의 기준을 충족하였으나 1/4은 ODD의 기준을 더 이상 충족하지 않았다. 따라서 CD 사례의 대다수는 ODD의 기준을 충족하지만 ODD를 보이는 아동과 청소년은 대부분 CD를 발달시키지 않는다.

ODD와 CD는 ADHD와 공존하는 경우가 많다(Beauchaine, Zisner, & Sauder, 2017; Waschbusch, 2002). ADHD로 진단된 아동 중 상당수가 ODD를 발달시키거나 ODD와 CD를 함께 발달시킨다. 이런 장애들이 동시에 발생할 때 ADHD는 다른 장애보다 먼저 발생하는 경향이 있다. ADHD 아동이 보이는 충동성과 주의집중 곤란, 과잉행동이 부모의 자녀양육을 특히 어렵게 만들 수 있을 것으로 추측된다. 부모의 양육기술이 부족할 때 자녀의 불순종과 부모-자녀의 부정적 상호작용 양상이 나타날 수 있다(Patterson, DeGarmo, & Knutson, 2000). 따라서 ADHD 아동을 양육하는 부모의 어려움은 ODD 행동의 조기 발병에서 중요한 역할을 하며 발달과정에서도 계속해서 ODD/CD 행동을 유지, 악화시킬 수 있다. 부모-자녀관계는 ADHD가 있을 때 ODD/CD의 위험을 증가시키는 한 가지 잠재적 기제일 뿐이다. 그러나 쌍생아연구결과는 ADHD, ODD, CD가 각각 유전적 요인과 환경적 요인의 영향을 받지만 이 세 장애의 동시발생은 공유된 환경요인의 영향을 받는다는 것을 보여준다(Burt et al., 2001). 이러한 결과는 양육이 갖는 잠재적 영향력과 일치한다. 이런 장애들의 동시발생에 영향을 미치는 요인이 무엇이든, ADHD와 관련된 주의집중 곤란과 충동성, 과잉행동은 지속적이고 심각한 품행장애로 연결되는 하나의 경로로 보인다(Beauchaine & Neuhaus, 2008; Lahey, 2008).

파괴적 행동장애를 보이는 아동·청소년은 흔히 약물사용 문제를 포함하여 다른 문제를 함께 나타낸다. 나이가 어린 공격적 아동은 자주 또래거부를 겪기도 한다(Parker et al., 2006). 지속적인 품행문제를 보이는 아동·청소년은 신경인지의 손상과 낮은 학업성취를 나타내는 경우가 많다(Lahey, 2008; Maguin & Loeber, 1996). 특히 언어적 결함과 **집행기능**(executive functions)(정보를 처리하고 문제를 해결하는 상위의 인지적 기능)의 손상이 지역사회 및 임상 표본에서 보고되었다(Gilmour et al., 2004; Moffitt et al., 2001). 이러한 문제와 CD가 어떻게 관련되어 있는지는 복잡한 문제이며 몇 가지 의문을 일으킨다. 인지적 · 언어적 문제가 어떤 방식으로 CD의 발달에 영향을 미치는가? 이런 문제와 CD, 낮은 학업수행 간에는 어떤 관계가 있는가? 이러한 문제가 어느 정도나 ADHD와 관련되는가? 즉 CD를 가진 아동 · 청소년 중에서 ADHD를 지닌 집단만 이런 특징을 보이는가?

파괴적 장애를 보이는 아동 · 청소년 가운데 내재화 장애를 함께 보이는 경우가 생각보다 많다(Loeber & Keenan, 1994; Loeber et al., 2000). 이러한 동시발생 비율은 아동 · 청소년의 품행문제 성격에 따라 다르다 (McMahon & Frick, 2019). 예컨대 동시발생의 양상은 ODD 증상의 군집(화난/짜증난 기분 또는 따지는/반항적인 행동)에 따라 차이가 있다(Burke, 2012; Frick & Nigg, 2012).

품행문제와 불안의 동시발생 비율 추정치는 매우 다양하다. 불안과 품행문제 간의 관계에 관한 연구결과는 명확하지 않으며 때로는 상반되기도 한다(Ford et al, 2003; Hinshaw & Lee, 2003; Lahey, 2008). 중요한 한 가지 질문은 불안이 품행장애 행동의 위험을 증가 또는 감소시키는지에 관한 것이다. 어쨌든 불안과 품행문제의 동시발생은 여러 가지 복합적인 영향에 기인하는 것으로 보인다(Gregory, Eley, & Plomin, 2004).

우울과 품행장애의 동시발생 역시 분명하게 확인된다. Lewinsohn, Rohde와 Seeley(1995b)은 지역사회 청소년 표본에서 주요우울장애와 파괴적 행동장애(CD, ODD, 또는 ADHD)의 동시발생률이 38%라고 보고했다. 임상 표본의 경우에는 아동 · 청소년의 33%가 품행장애와 우울장애를 함께 나타냈다(Dishion, French & Patterson, 1995). 지역사회 표본과 임상 표본에서 남아가 여아보다 더 높은 동시발생률을 보였다(Dishion et al., 1995; Lewinsohn et al., 1995b). 여러 가지 요인이 품행문제와 우울의 빈번한 동시발생에 대한 설명을 도와준다. 한 장애는 다른 장애의 위험을 높일 수 있다. 예컨대 잦은 실패와 갈등 경험은 품행문제 아동 · 청소년의 우울에 영향을 미칠 수 있다. 또는 반항적 행동과 관련된 부정적 정서가 이후의 우울을 예측할 수도 있으며,

어떤 아동 · 청소년의 경우에는 우울이 짜증이나 분노, 반사회적 행동을 통해 표현될 수도 있다. 또 다른 설명은 유전적 및 환경적 영향을 포함한 공유된 환경으로 인해 여러 종류의 장애들이 동시에 발생할 수 있다는 것이다.

발달과정

품행장애의 안정성

품행문제의 중요한 한 가지 특성은 시간 경과에 따른 안정성이다(Lahey, 2008; Loeber, Burke, & Pardini, 2009a). 어린 시절의 품행장애 행동이 이후의 공격적 및 반사회적 행동과 다양한 심리적 및 사회 · 정서적 문제와 관련이 있다는 것을 나타내는 많은 증거가 있다(Burke et al., 2005; Fergusson, Horwood, & Ridder, 2005a; 2008; Hiatt & Dishion, 2008).

그러나 반사회적/품행장애 행동의 안정성과 연속성 문제는 복잡한 문제이다. 공격적이고 반사회적인 행동을 계속해서 나타내는 아동 · 청소년은 일부인 것으로 보인다(Loeber et al., 2009a; NICHD Early Child Care Research Network, 2004). 앞으로 도전해야 할 과제는 반사회적 행동의 연속성과 비연속성을 모두 다 기술하고, 반사회적 행동이 나타내는 변화의 특성을 기술하는 것이다. 그리고 시간 경과에 따라 반사회적 행동과정에 영향을 미치는 변인들을 파악하는 것이다. 품행장애/반사회적 문제의 발달궤적을 살펴보는 다양한 방식이 제안되어 왔다(Loeber et al., 2009a; Weyandt et al., 2011). 지금부터 우리는 발달궤적에 관한 이해를 돕는 두 가지 방식에 대해 살펴볼 것이다.

발병연령과 발달경로

많은 연구에서 조기 발병이 좀 더 심각하고 지속적인 반사회적 행동과 관련이 있는 것으로 나타났다(Babinski, Hartsough, & Lambert, 1999; Fairchild et al., 2013; Fergusson & Woodward, 2000; Silberg, Moore, & Rutter, 2015; Tolan & Thomas, 1995). 연구자들은 반

사회적 행동으로 이어지는 두 가지 발달경로가 있다고 보았는데, 하나는 아동기 발병이고 다른 다른 하나는 청소년기 발병이다(Hinshaw et al., 1993; Moffitt, 1993, 2006).

아동기 발병

아동기 발병 발달양상(childhood-onset developmental pattern)은 품행장애 행동의 안정성 개념과 잘 맞는다. 실제로 Moffitt(1993, 2006)은 이런 형태를 '전 생애에 걸쳐 계속되는 반사회적 행동'이라 하였다. 그러나 반사회적 행동을 일찍부터 나타낸 아동의 상당수는 이 경로를 따르지 않는다는 것을 기억할 필요가 있다. 조기 발병경로는 청소년기 발병경로보다 덜 흔하다(Hinshaw et al., 1993; Moffitt, 1993). 조기 발병 형태를 따르는 아동·청소년은 유치원 시기부터 ADHD, 신경생물학적·신경인지적 결함, 학업문제와 같은 다른 문제들을 보일 가능성이 크다(Raine et al., 2005; van Goozen et al., 2007). 이런 초기의 어려움은 조기 발병과 아동기, 청소년기 동안의 지속적인 파괴적 및 반사회적 행동으로 특징되는 발달경로의 출발점이 될 수 있다. 일부 아동·청소년의 경우 이 경로는 성인기의 반사회적 성격장애 및 다른 부정적인 결과로 이어진다(Fergusson, Horwood, & Ridder, 2005; Maughan & Rutter, 1998; Moffitt et al., 2002).

일찍 발병한 일부 아동·청소년의 문제행동에 안정성이 있기는 하지만 반사회적 행동은 발달과정에서 질적인 변화를 보인다. Hinshaw와 동료들(1993, p. 36)은 반사회적 행동이 갖는 이질적 연속성의 특징을 다음과 같이 기술하였다.

> 성질을 부리고 고집스럽게 어른의 지시를 따르지 않는 유아는 친구들에게 싸움을 걸고 교사에게 거짓말을 하는 아동으로 자라난다. 이 아이는 나중에 학교 기물을 부수고 동물을 괴롭히며, 남의 집에 몰래 들어가 값비싼 물건을 훔치고 술을 마시는 청소년이 된다. 어른이 되면 이성을 강간하고, 부도수표를 날리며, 무질서한 직장생활과 결혼생활을 하게 된다.

냉담-무정서 특질

지속적이며 보다 심각한 어려움의 위험에 놓여 있는 조기 발병 품행문제 아동·청소년을 확인하기 위한 노력으로서 연구자들은 냉담-무정서 특질의 개념을 탐색해 왔다(Ciucci et al., 2014; Kahn et al., 2012). DSM-5도 '제한된 친사회적 정서'를 품행장애 진단에 잠재적 세부진단으로 포함하였다(231쪽 참조).

내담-무정서 특질(callous-unemotional traits, CU)은 무엇을 의미하는가? 문제의 정서적 경험 차원은 성인의 정신병질(psychopathy) 개념에 관한 기술에서 일관되게 언급되어 왔다. 이는 '냉담-무정서 특질(CU)'로 명명되었는데, 죄책감과 공감의 결여, 자신의 목적을 위해 다른 사람을 이용하는 냉담함 같은 특성을 갖는다. 이 개념은 아동·청소년으로 확장되었으며, 이러한 특성을 보이는 아동·청소년을 측정하기 위한 척도도 개발되었다. 연구에 따르면 CU의 정의에는 성인의 정신병질을 예측해주며 발달 면에서 일관성이 있는 '특질'의 개념을 고려할 만큼 충분히 안정적인 행동이 포함된다(Byrd, Loeber, & Pardini, 2012; Frick & White, 2008). 그러나 CU 특질이 비교적 안정적이긴 하지만 초기에 이 특성에서 높은 점수를 받았던 아동·청소년 중 일부는 감소를 나타낸다는 점에 주목할 필요가 있다.

아동·청소년 대상의 연구들은 CU 특질이 품행장애와 공격성, 비행 등과 관련이 있음을 보여준다. 특히 반사회적 아동·청소년 중에서 더 공격적이고, 더 안정적인 문제행동 양상을 보이며, 조기에 비행을 시작할 가능성이 더 크고, 나중의 반사회적 및 비행행동에 대해 고위험 수준에 있는 집단을 구분하는 데 있어서 CU 특질이 중요하다고 보고한 연구결과는 흥미롭다. 그리고 다른 품행문제나 반사회적 행동을 보이는 아동·청소년과 구분되는 위험요인과 발달과정을 시사하는 연구도 있다(McMahon & Frick, 2019; Pardini et al., 2012).

안정적인 CU 특질의 아동·청소년이 다른 반사회적 아동·청소년 집단과 구분된다는 주장은 유전이 CU 특질에 영향을 미친다는 연구결과의 지지를 받는다(Frick et al., 2014). 예컨대 Viding과 동료들(2005, 2008)은 대규모 쌍생아연구 참가자들을 대상으로 7세와 9세의 두 시점에서 나타난 조기 발병 반사회적 행동의 유전력을 살펴보았다. 연구결과 높은 수준의 CU 특질을 보이는 반사회적 아동은 낮은 CU 특질을 보이는 반사회적 아동보다 두 시점 모두에서 조기 발병 반사회적 행동의 유전력이 더 높은 것으로 나타났다.

CU 특질이 품행문제 및 반사회적 행동에 대한 일반적인 측정치와 구분되는 차별적 특성과 관련이 있음을 지지하는 다른 연구도 있다(Clark & Frick, 2018; Frick et al., 2014; McMahon & Frick, 2019). 이러한 차별적 특성에는 부정적 정서가 처리되는 방식, 처벌 단서에 덜 민감하고 공격성을 더 긍정적으로 보는 경향성, 자신의 행동에 대해 다른 사람을 비난하는 특성, 양육방식(예 : 부모의 낮은 온정성) 등과 같은 특징이 포함된다. 따라서 연구결과는 CU 특질을 지닌 반사회적 아동 · 청소년의 하위집단이 존재한다는 것을 시사한다. 특정 기질 양식을 지닌 이러한 아동 · 청소년은 이후에 특징적인 성격 발달과 좀 더 지속적이며 심각한 공격적 · 반사회적 행동을 보일 가능성이 있다.

청소년기 발병

청소년기 발병 발달양상(adolescent-onset developmental pattern)은 더니든 다학제 건강 및 발달연구(McGee et al., 1992)에 잘 나타나 있다. 뉴질랜드의 동시대 출생 아동들을 대상으로 이루어진 종단연구에서 15세가 되었을 때 11세 때보다 비공격적 품행문제의 유병률이 증가한 것으로 나타났다. 반면 공격적 행동은 증가하지 않았다. 이들은 분명히 문제행동을 보였는데, 이들이 비행으로 체포된 비율은 아동기 발병 비행 청소년과 유사했다. 그러나 이들의 범죄는 아동기 발병 비행 청소년들보다 덜 공격적이었다. 여자 청소년의 대다수는 청소년기에 발병하는 것과 달리 남자 청소년들은 대부분 11세에 품행장애를 보인 것으로 나타났다. 이러한 청소년기 발병의 비공격적인 반사회적 행동은 아동기 발병 반사회적 행동과 대조를 이룬다.

청소년기 발병양상은 좀 더 보편적인 발달경로를 보이며, 아동기 발병경로와 몇 가지 면에서 차이가 있다(Fairchild et al., 2013; McMahon & Frick, 2019; Moffitt, 2006). 이 양상을 보이는 청소년은 아동기 동안에는 반항적 또는 반사회적 행동을 거의 보이지 않다가 청소년기에 불법행동을 범하기 시작한다. 대부분 한 번의 반사회적 행동을 보이나 어떤 청소년은 품행장애 진단을 받을 정도로 계속해서 반사회적 행동을 보인다. 그러나 청소년기를 지나면서 반사회적 행동이 계속되지 않는 경향이 있다. 따라서 이것을 청소년기에 한정된 행동이라고 부른다(Moffitt, 1993a, 2006). 아동기 발병 청소년과 비교할 때 청소년기 발병 청소년은 성인기까지 반사회적 행동을 보일 가능성이 작고, 신경심리학적 결함을 보일 가능성도 더 작다. 이들은 또한 충동성, 부족한 정서조절, 주의집중 결핍과 같은 위험요인 면에서도 덜 심각한 수준을 보일 가능성이 있다. 이들 중 어떤 아동 · 청소년은 청소년기 이후에도 계속해서 문제를 보인다. 투옥 또는 학업중단 같은 경험은 좀 더 부정적인 결과에 영향을 미칠 수 있다. 그러나 이런 어려움은 평생 지속하는 사람이 보이는 결과만큼 심각하지는 않다. 성인기가 되면서 어떤 사람이 반사회적 행동을 그만두고, 어떤 사람이 계속하거나 악화를 보이는지를 결정하는 것이 중요하다. 그리고 시간이 지나면서 나타나는 이러한 차이를 설명하는 변인들을 확인하는 것 역시 중요하다.

품행문제의 발달 진행과정

발병연령에 따라 청소년을 구분하는 것과 아울러 품행문제 발달의 진행과정을 개념화하는 데도 많은 관심이 집중되어 왔다(예 : Dodge, 2000; Farrington, 1986; Loeber et al., 1993; Patterson, DeBaryshe, & Ramsey, 1989). Loeber(1988)는 품행장애 발달과정의 특징에 대한 모델을 제안했다. 이 모델은 각 수준에서 덜 심각한 행동이 더 심각한 행동에 선행하며, 일부 사람들만이 다음 단계로 진행한다고 주장한다. 발달경로상에서 반사회적 행동은 다양성 증가라는 특징을 나타내며 진행한다. 아동 · 청소년은 발달이 진행되는 과정에서 새로운 반사회적 행동을 나타내며, 이전의 행동은 여전히 유지된다. 진행의 속도에는 개인차가 있다.

Loeber의 세 경로 모델

Loeber와 동료들(1993, 2009a)은 다양한 경로를 통해 반사회적 행동이 발생한다고 개념화하였다. Loeber는 도시의 아동·청소년에 대한 종단연구에 근거하여, 그리고 앞에서 기술된 품행문제 행동들의 차이에 따라 다음의 세 가지 경로 모형을 제시하였다(그림 9.4 참조).

- 사소한 공격성으로 시작하여 신체적 싸움이 나타나고 그 후 폭력이 발생하는 외현적 경로
- 사소한 내재적 행동으로 시작하여 재산에 손상을 가하고 보통에서 심한 정도의 비행행동이 출현하는 내재적 경로

- 12세 이전에 나타나며 고집스러운 행동, 반항, 권위회피 같은 행동을 보이는 권위와의 갈등 경로

개인은 세 경로 중 하나 혹은 그 이상의 경로를 따라 성장해 간다. 〈그림 9.4〉와 같이 권위와의 갈등 경로는 다른 두 가지 경로보다 더 일찍 시작되며, 각 경로상에서 초기에 해당하는 행동을 보인 아동이 모두 다음 단계로 발전하는 것은 아니다. 후기 단계의 특징적 행동을 보이는 아동의 비율은 초기 단계의 행동을 보이는 아동의 비율보다 낮다.

연구자들은 반사회적, 품행장애 행동의 발달경로를 설명하기 위해 계속 노력하고 있다. 동시에 연구자들은 아동이 이러한 발달경로로 처음 들어가는 데 영향을 주는 요인들, 그리고 반사회적 행동의 지속과 중단을 결정하는 요인들을 확인하고자 한다.

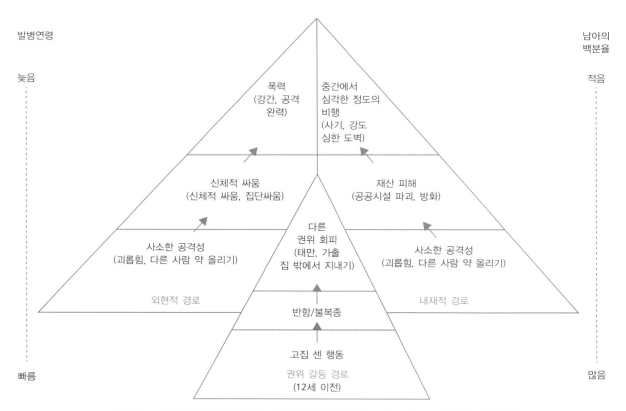

그림 9.4 문제행동과 비행으로 가는 남아들의 세 가지 경로[Loeber & Hay(1994)에서 인용]

병인론

품행문제는 다양한 영향요인들의 복잡한 상호작용을 통해 발달한다(Lahey & Waldman, 2017; Tremblay, 2010). 우리는 이러한 영향요인들을 분리하여 각각 기술할 것이다. 그러나 인과적 설명은 보통 상호작용하는 영향요인들과 아울러 그러한 영향요인들의 관계에 내포된 다양한 차이를 포함한다는 점을 기억해야 한다(Burke, Pardini, & Loeber, 2008; Lahey et al., 2008; Lee, 2011). 우리는 개인과 관계, 생물학적 영향요인들을 강조할 것이지만 이런 영향요인들이 발생하는 더 큰 맥락을 무시해서는 안 된다(Dishion & Patterson, 2006).

사회경제적 맥락

많은 연구결과가 광범위한 사회적 맥락의 중요성을 시사하고 있다. 예를 들어 빈곤은 반항성 문제와 품행문제를 포함하여 다양한 문제에 영향을 미친다(Costello et al., 2003; Slopen et al., 2010; Wadsworth et al., 2018, 생각상자 '빈곤으로부터의 탈출' 참조). 빈곤과 관련된 다른 영향(예 : 이웃 맥락) 또한 관심을 받아 왔다(Burt et al., 2020; Jennings, Perez, & Reingle Gonzalez, 2018). Ingoldsby와 Shaw(2002)는 열악한 지역사회에 사는 것과 관련된 위험을 살펴보았다. 이런 이웃은 경제적 및 기타 자원의 부족, 사회적 무질서, 인종차별 및 긴장 등으로 정의된다. 이 요인들은 이웃의 폭력과 일탈한 또래집단과의 관계에 노출될 위험을 증가시키고 나아가 아동기 · 반사회적 행동의 위험을 초래할 수 있다. 지각된 인종차별도 아프리카계 미국인 아동 · 청소년에게 생태적 위험의 영향을 증폭시킬 수 있다(Brody et al., 2006). 사회경제적 및 다른 열악한 조건은 부정적인 개인, 가족, 학교, 또래 요인들이 함께 아동 · 청소년의 품행문제 발달 가능성을 증가시키는 과정을 반영한다(Chung & Steinberg, 2006; Jennings et al., 2018; Wadsworth et al., 2018).

긍정적인 가족과 또래, 학교 요인은 불리한 환경의 영향을 조절해주고 아동 · 청소년을 보호해주는 역할을 할 수 있다(Bendezu et al., 2018; Brody et al., 2006; Jennings & Perez, 2017). 예를 들어 Deane과 동료들(2018)은 강력범죄 지역의 7학년 흑인 학생들을 대상으로 지역사회 폭력의 영향과 그로 인한 외상후 스트레스, 공격성의 관계를 연구했다. 그 결과 지역사회 폭력에 대한 노출이 클수록 외상후 스트레스증상의 수준도 높은 것으로 나타났다. 아울러 PTSS 수준이 높을수록 나중의 공격성 수준도 더 높았다. 그러나 PTSS와 나중의 공격성

생각상자 — 빈곤으로부터의 탈출

Costello와 동료들(2003)은 빈곤이 품행문제에 미치는 영향에 관한 자연실험(제4장 참조)이라 할 수 있는 한 연구에 대해 보고하고 있다. 그레이트스모키 마운틴 연구에서 미국 노스캐롤라이나주의 아동 · 청소년을 대상으로 정신장애의 발달과 정신건강 서비스의 요구를 조사하였다. 자료는 아동 표본을 대상으로 수년간 수집되었는데, 이 중 25%는 미국계 인디언이었다. 8년간 이루어진 연구의 중간쯤에 모든 미국계 인디언 가정의 수입을 증가시켜준 카지노가 인디언 보호구역에 세워졌다. 이것은 빈곤에서 벗어난 가정, 빈곤 상태를 유지한 가정, 빈곤한 적이 없는 가정의 아동을 비교할 수 있게 해주었다. 빈곤에서 벗어난 가정의 아동은 유의한 증상 감소를 나타냈으나 이와 달리 다른 집단의 아동에게는 아무런 변화가 일어나지 않았다. 과거에 빈곤했던 아동은 빈곤한 적이 없었던 아동과 비슷하게 낮은 비율의 장애를 보였으며, 이것은 현재 가난한 집단보다 낮은 비율이었다. 그 영향은 우울과 불안보다 반항성 및 품행문제에서 더 컸다. 추가 분석결과 가족이 자녀를 적절하게 감독하기 위해 더 많은 시간을 할애하는 것이 문제를 감소시킨 것으로 나타났다. 이 연구의 중요한 한 측면은 빈곤으로부터의 탈출이 가족이나 아동의 특징에 의해 유발된 것이 아니라는 점이다. 따라서 이 연구결과는 분명하게 빈곤 자체로부터의 탈출과 더 관련된다고 할 수 있다.

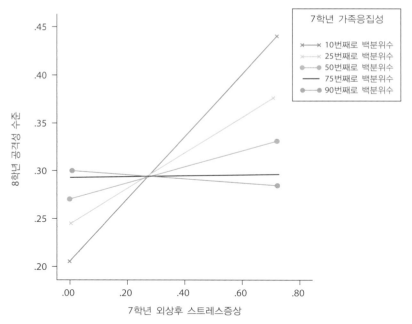

그림 9.5 7학년 외상후 스트레스가 8학년 공격성에 미치는 직접 효과에 대한 가족응집성의 조절효과[Deane, Richards, Mozley, Scott, Rice, & Garbarino(2018)에서 인용]

간의 관계는 가족응집성 수준이 낮거나 매우 낮은 가정에서만 확인되었으며, 가족응집성 수준이 중간이거나 높거나 매우 높은 가정에서는 확인되지 않았다. 이러한 결과는 〈그림 9.5〉에 제시되어 있다.

학습된 행동으로서의 공격성

공격성은 품행장애의 정의에서 중심을 이루고 있으며 의뢰되지 않은 일반 아동에게서 흔히 나타나는 문제이다. 아동은 공격적 행동이 보상받을 때 이 행동을 학습한다(Patterson, 1976). 또한 공격적 행동을 하는 모델을 모방함으로써 학습할 수 있다. 아동은 새롭고 신기한 공격적 반응을 대리적으로 학습한다. 공격적 모델에 노출된 아동은 곧 공격적 반응을 하게 될 가능성이 커지는데, 즉 공격성의 탈억제가 일어날 수 있다. 아동 · 청소년은 또한 구체적인 공격적 행동을 학습할 뿐만 아니라 공격적 · 적대적 대인관계 행동에 대한 일반적인 '각본'을 습득한다.

아동 · 청소년이 공격적 모델을 관찰할 기회는 많다.

배우자에게 신체적 공격을 가하거나 자녀에게 체벌을 가하는 부모는 공격적 행동의 모델 역할을 한다. 실제로 지나친 공격적 또는 반사회적 행동을 나타내는 아동은 품행장애의 역사를 갖고 있거나 공격적 또는 범죄행동의 기록을 지닌 형제와 부모, 그리고 심지어 조부모가 있을 가능성이 있다(Farrington, 1995; Huesmann et al., 1984; Waschbusch, 2002). 그리고 가정에서 높은 비율로 발생하는 공격적 행동을 관찰해 왔을 가능성이 크다(Kashani et al., 1992; Margolin, 1998; Patterson, DeBaryshe, & Ramsey, 1989). 공격성은 또한 TV 프로그램, 게임 및 다른 미디어 등 어디에나 존재한다. 이 문제는 우려를 일으킬 만한 이유로 남아 있지만 이러한 노출의 영향은 아직 분명하지 않다(Anderson et al., 2003; Calvert et al., 2017; Mathur & VanderWeele, 2019; Prescott, Sargent, & Hull, 2018).

가정의 영향

가정환경은 품행장애 행동의 발달에서 중요한 역할을

한다. 앞에서도 언급했듯이 비행 청소년과 품행문제를 가진 아동의 가족들에서 높은 비율의 일탈행동 혹은 범죄행동이 보고된다. 종단연구는 실제로 이런 행동이 여러 세대에 걸쳐 안정되게 나타나고 있음을 시사한다(D'Onofrio et al., 2007; Glueck & Glueck, 1968; Huesmann et al., 1984). 따라서 품행장애 아동을 일탈된 가족체계의 한 부분으로 볼 수 있다. 가정의 사회경제적 지위, 크기, 부부불화, 낮은 양육의 질, 부모의 방치, 부모의 정신병리 같은 다양한 변인이 관련되는 것으로 보인다(Dishion & Patterson, 2006; Patterson, Reid, & Dis-hion, 1992; Waschbusch, 2002). 지금부터 이러한 요인 가운데 몇 가지를 살펴보기로 하겠다.

부모–자녀 상호작용과 불순종

부모–자녀의 상호작용 방식은 품행장애 행동의 발달에 영향을 미친다. 반항적이고 고집스러운 불순종 행동은 아동들에게 가장 자주 나타나는 문제이다. 불순종이 임상 및 정상가정 모두에서 일어날 수 있는 것이라면 일부 가정에서 불순종이 더 많이 일어나게 하는 요인은 무엇일까? 한 가지 가능한 요인은 임상 및 정상가정의 부모가 자녀에게 내리는 명령의 수와 형태의 차이이다. 임상 장면에 의뢰된 아동의 부모는 더 많은 명령과 질문, 비난을 사용하며, 비효율적이고, 화를 내고 모욕적이며 잔소리하는 식으로 명령한다. 불명확하며, 화를 내고 모욕을 주며, 잔소리하는 방식으로 명령과 금지가 제시되면 아동이 복종할 가능성이 작다(Dumas & Lechowicz, 1989; Forehand et al., 1975; Kuczynski & Kochanska, 1995). 부모가 제공하는 결과 또한 아동의 불순종 행동에 영향을 미친다(Brinkmeyer & Eyberg, 2003; Forehand & McMahon, 1981). 불순종 행동에 대한 부정적인 결과(예 : 타임아웃), 적절한 행동에 대한 보상과 관심은 순종 행동의 증진과 관련이 있다.

Patterson과 동료들의 연구

Gerald Patterson과 동료들은 오리건 모델을 제시하였다. 이 모델은 공격적인 반사회적 자녀를 둔 가정을 위한 발달개입 모델로 사회학습 이론에 기반을 두고 있다(Dishion & Patterson, 2016; Patterson et al., 1975; Patterson, Reid, & Dishion, 1992). 이 접근은 아동의 특징이 중요한 역할을 한다고 인정하지만 사회적 맥락을 강조한다.

> 만약 공격적인 아동기 행동을 변화시키고자 한다면 아동이 사는 환경을 변화시켜야 한다. 만약 미래의 공격성을 이해하고 예측하고자 한다면, 먼저 그러한 일탈행동을 가르치고 유지하게 하는 사회적 환경부터 측정해야 할 것이다. 문제는 사회적 환경 안에 있다. 만약 아동을 변화시키고 싶다면 아동이 사는 환경을 체계적으로 바꿔야 한다(Patterson, Reid, & Eddy, 2002, p. 21).

Patterson은 행동문제가 어떻게 발달하는가를 설명하기 위해 강압이론(coercion theory)을 발전시켰다. 의뢰된 아동의 가족을 관찰한 결과 신체적 공격행위가 독립적인 행동이 아니라는 것을 보여주었다. 오히려 이런 행위는 가족구성원을 통제할 때 사용되는 다양한 유해행동과 함께 **강압**(coercion)이라고 부르는 과정 안에서 일어났다. 이러한 강압의 과정은 어떻게, 그리고 왜 발달하는가?

가정을 운영하는 기술이 부족한 부모가 한 요인이 될 수 있다. Patterson(1976; Patterson et al., 1992)에 따르면 아동을 적절하게 다루는 기술이 부족한 부모는 가정 안에서 강압적인 상호작용을 증가시킨다. 이 과정에서 가장 중요한 것은 **부적 강화**(negative reinforcement)와 **강화의 덫**(reinforcement trap)이라는 개념이다. 예를 들면 다음과 같다.

- 슈퍼마켓에서 떼쓰는 아동에게 어머니가 사탕을 사준다.
- 단기적 결과는 아동과 어머니 모두에게 쾌감을 준다.
  - 아동은 혐오적 사건(떼쓰기)을 이용하여 자신이 원하는 목표(사탕)를 달성한다.
  - 어머니의 양보는 혐오적 사건(떼쓰기와 당혹감)을 종료시킨다.
- 부모는 단기적으로 이득을 얻었으나 장기적으로는 대가를 치르게 된다.

- 어머니는 즉각적으로는 편해졌으나 아동이 앞으로 떼쓸 가능성을 증가시켰다.
- 어머니는 앞으로 아동이 또 떼를 쓰면 양보할 가능성이 커지는 부적 강화를 얻었다.

이러한 부적 강화의 덫뿐만 아니라 직접적인 정적 강화도 강압적 행동을 증가시킨다. 공격적 행동은 사회적 승인을 만나게 될 수도 있다.

강화의 개념과 상호성(reciprocity)의 개념을 종합해보면 공격성과 강압이 어떻게 학습되고 유지되는지를 더 잘 이해할 수 있다. 유아원에 다니는 어린 유아들도 침투(intrusion)에 대한 반응으로 다른 사람을 공격하면 그 침투를 중지시킬 수 있다는 것을 재빠르게 배운다. 게다가 공격을 받은 피해자는 경험 학습을 통해 다음부터는 먼저 공격을 주도하게 될 수도 있다. 강압이 서서히 증가할 때 피해자는 마침내 양보함으로써 부적 강화를 제공하게 되고, 그럼으로써 '승리자'로 하여금 미래의 강압을 더 높은 수준에서 시작하게 할 가능성을 높여 준다. 결과적으로 피해자는 더욱더 빨리 양보하게 될 것이

다. 임상 가정에서의 강압적 상호작용은 시간 및 장소에 따라 안정적이다.

강압의 과정과 비효과적 양육방식에 관한 기술은 Patterson의 개입 프로젝트 및 발달 모델의 토대가 되었다(Patterson et al., 1992; Patterson et al., 2002). 오리건 모델은 가정에서 이루어지는 반사회적 행동의 '훈련'에 대한 기술에 덧붙여 남아의 반사회적 행동이 원만하지 않은 또래관계, 낮은 학업수행, 낮은 자아존중감과 관련이 있다고 하였다(Dishion & Patterson, 2006; Snyder, 2002). 비효과적 양육방식은 반사회적 행동의 핵심인 강압과 불순종을 초래하고, 그로 인해 다른 문제들을 발생시킨다. 이런 결과는 나중에 아동이 일탈된 또래집단과 어울리게 되는 전조가 될 수 있다.

이 과정에서 내재적인 반사회적 행동이 이후 발달하게 되며, 이것은 외현적인 공격행동에 추가된다. 내재적인 문제행동은 가혹한 양육방식을 회피하려는 방법으로 발달하며 또래들로부터 강화를 받게 될 수도 있다(Forgatch & Patterson, 2010).

아동은 자신이 원하는 것을 얻기 위해 부정적인 행동을 할 수 있다. 만일 부모가 반복적으로 양보할 경우 가족 간의 강압적 상호작용 양식에 영향을 미칠 수 있다.

Patterson과 동료들의 관점은 가족과정(family process), 그리고 반사회적 행동과 관련된 많은 문제에 영향을 미치는 다양한 변인들(예 : 빈곤, 스트레스, 범죄율이 높은 이웃)을 포함하는 모델로 확장되었다(Dishion & Patterson, 2006; Forgatch & Patterson, 2010). 이 복잡한 이론적 모델의 중심에는 오리건 모델이라 불리는 부모관리 훈련이 있다. 이 모델에서의 부모훈련은 강압적 양육방식을 감소시키고 긍정적 양육방식을 증가시킨다.

이러한 양육방식을 설명하기 위해 먼저 자녀의 반사회적 행동에 영향을 미치면서 또한 자녀의 반사회적 행동으로부터 영향을 받는 부모의 훈육과 모니터링에 대해 생각해보자. **부모의 훈육**(parental discipline)은 상호관련된 일련의 기술로 정의된다. 이 기술이란 문제행동을 정확히 추적하고 분류하며, 사소한 강압을 무시하고, 필요할 때는 요구와 명령을 지지하는 강화를 효과적으로 사용하는 기술을 말한다. 문제아동의 부모는 다른 부모들보다 더 많은 행동을 일탈행동으로 분류하는 경향이 있다. 따라서 이런 부모는 문제행동을 추적하고 분류하는 방식에서 차이를 보인다. 이런 부모는 또한 아동이 보이는 낮은 수준의 강압적 행동에 대해, 혹은 다른 부모들은 평범하게 생각하는 행동에 대해서도 '잔소리'를 한다. 다른 부모들은 자녀가 보이는 이런 행동을 무시할 수 있다. 반사회적 아동의 부모는 아동이 순종하지 않을 때 적절하게 명령하지 못하고, 또한 아동이 순종할 때 적절하게 보상하지 못한다.

아동의 행동에 대한 **부모의 모니터링**(parental monitoring)도 반사회적 행동의 발달과 유지에 영향을 미친다. 아동의 연령이 증가하면 부모의 감독 없이 지내는 시간이 증가한다. 부모의 감독 없이 지내는 시간의 양은 반사회적 행동과 정적 상관을 보였다. Patterson은 문제아동의 가정에서는 아동이 어디에 있는지, 누구와 있는지, 무엇을 하며, 언제 집에 돌아오는지에 잘 알지 못한다고 보고하였다. 이런 상황은 여러 요인에서 비롯되는 것으로 보인다. 여기에는 부모 앞에서 문제가 벌어져도 부모가 아동을 통제하는 데 반복적으로 실패하는 것도 포함되어 있다. 아동에게 물어보는 것도 부모가 피하길

제랄드 패터슨(Gerald R. Patterson)은 오리건 사회학습센터를 창설하였다. 그의 업적은 품행문제와 반사회적 행동의 이해와 치료에 대한 공헌뿐만 아니라 심리학 전체 분야에도 널리 영향을 미친 것으로 알려져 있다.

원하는 대립상황을 가져올 수 있다. 이런 부모는 자신의 관여가 자녀로부터 혹은 학교와 같은 사회기관으로부터 긍정적 반응을 얻을 것이라 기대하지 않는 경향이 있다(Patterson et al., 1992).

이 모델에서 부모와 아동의 행동은 상호적이어서 서로 영향을 주고받는다. 따라서 아동의 행동이 부모의 행동과 양육방식을 형성할 수도 있다(Derella et al., 2020; Hails et al., 2018).

가족 밖의 영향요인과 부모의 정신병리

왜 어떤 가정은 다른 가정보다 더 부적절한 관리방식을 보이는지에 관심이 집중되어 있었다. Patterson과 동료들(1992)은 많은 변인이 시간 경과에 따른 가정관리기술의 변화를 설명해준다고 하였다. 한 세대에서 다음 세대로 계승되는 잘못된 양육방식은 반사회적 가정의 양육 특성을 부분적으로 설명해준다. Patterson과 다른 연구자들의 연구결과는 가족 밖의 스트레스 요인(예 : 일상적 스트레스, 부정적 생활사건, 재정문제, 가족의 건강문제)과 양육행동 간의 관련성을 지지한다(Capaldi et al., 2002; Dishion & Patterson, 2006; Wahler & Dumas, 1989). 사회적 불이익, 높은 수준의 양육기술을 요구하는 동네에 사는 가정도 위험에 놓일 수 있다

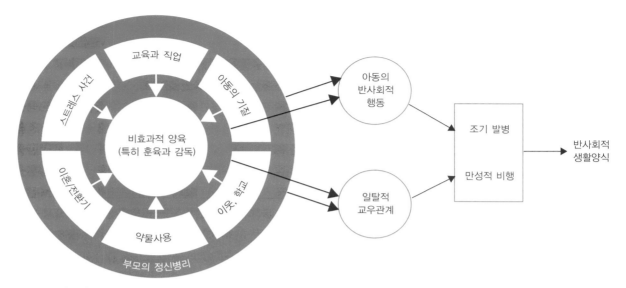

그림 9.6 가족맥락과 반사회적 행동의 관계에 관한 매개 모형[Capaldi et al.(2002)에서 수정 인용]

(Bendezú et al., 2018; Burt et al., 2020). 마지막으로 부모가 지닌 다양한 형태의 정신병리도 부족한 양육 방식과 관련이 있다. 반사회적 문제를 가진 부모는 특히 품행장애 행동의 발달과 관련된 양육행동(예 : 일관성 없는 훈육, 부모의 관여 부족)을 보이는 경향이 있다 (Capaldi et al., 2002). 부모의 과도한 음주 또한 자녀의 행동에 대한 부정적 반응의 역치를 낮출 수 있으며, 부적절한 감독과 자녀에 대한 관여 부족과 관련될 수 있다 (El-Sheikh & Flanagan, 2001; Lahey et al., 1999; West & Prinz, 1987). 〈그림 9.6〉은 다양한 요인들이 어떻게 효율적인 양육에 혼란을 가져오고, 아동의 반사회적 행동을 초래하는지에 관한 모형을 보여주고 있다.

부부불화

부모의 부부갈등과 이혼은 품행문제 아동·청소년의 가정에서 흔히 일어나는 일이다(Cummings, Davies, & Campbell, 2000; O'Leary & Emery, 1985). 이혼을 둘러싼 갈등은 부부불화에서 가장 중요한 영향요인이며, 이혼과정에서 갈등이 적고 협력적일수록 아동의 문제가 적은 것으로 보고되었다(Amato & Keith, 1991; Hetherington, Bridges, & Insabella, 1998). 부부가 서로에게 공격적일 경우에는 부부불화만 있는 경우보다 아동기 장애가 출현할 가능성이 더 크다(Cummings, Goeke-Morey, & Papp, 2004; Jaffee, Poisson, & Cunningham, 2001; Jouriles, Murphy, & O'Leary, 1989). 부부갈등과 품행장애의 관계는 여러 가지 방식으로 설명될 수 있다. 부부갈등이 심하거나 공격성을 나타내는 부모는 자녀에게 모델이 될 수 있다. 부부불화에 따른 스트레스는 양육행동과 아동의 행동을 감독하는 능력을 방해한다. 적대감과 분노는 아동의 정서조절 발달에도 영향을 미치고, 나아가 품행문제에 영향을 미친다. 부부불화와 품행문제의 관계는 또한 반대의 인과적 방향으로 작용할 수 있다. 즉 아동의 파괴적 행동이 부부불화에 영향을 미칠 수도 있다.

품행문제와 부부불화는 또한 부모의 반사회적 장애 같은 '제3의 변인'과 관련될 수 있다. 실제로 품행장애 아동·청소년의 부모 중에서 반사회적 성격장애 (antisocial personality disorder, APD)를 보이는 비율이 높은데, APD는 결혼생활의 불안정성과 관련이 있는 것으로 보고되고 있다(Farrington, Ullrich, & Salekin, 2010).

부부갈등과 아동의 적응 간의 관계는 복잡하며 시간

경과에 따라 변화할 가능성이 있다. 이러한 문제는 광범위한 맥락에서 일어난다는 점을 기억할 필요가 있다(Davies & Cummings, 2006). 높은 수준의 환경적 위험(가족 및 지역사회와 관련된 요인/사회경제적 어려움과 높은 범죄율 같은 이웃 요인)은 아동·청소년에게 직접 영향을 미치며, 이것을 부모가 경험할 때는 부부갈등과 양육의 어려움에 영향을 준다(Farrington et al., 2010; Klahr et al., 2011; Richards et al., 2004; Wahler & Dumas, 1989).

또래관계

또래관계는 품행장애의 발달에 영향을 미치는 요인들 간의 복잡한 상호작용의 일부이다(Dishion, Kim, & Tein, 2016; Hay et al., 2004; Lahey & Waldman, 2017). 부모는 자녀가 '좋지 않은 혹은 위험한' 행동을 하는 또래의 영향을 받을까 봐 걱정한다. 청소년기에는 어떤 형태로든 품행장애 문제를 나타내는 또래들과 어울리는 것이 정상적이라 할 수 있지만 부모들이 염려하는 것은 타당하다. 일탈한 또래와 어울리는 것은 공격적·반사회적 행동을 시작하게 하고 증폭시키며 유지하게 하는 하나의 요인이 될 수 있다. 이런 어울림이 일찍 시작되고 심각한 품행 및 약물사용 문제가 또래들의 집단과 연루되면 특히 더 그렇다(Fergusson & Horwood, 1998; Laird et al., 2001; Price, Drabick, & Ridenour, 2019; Snyder, 2002).

품행장애 및 비행 아동·청소년에게 공격적, 반사회적 행동을 보이는 친구가 있을 수 있다. 이는 아동기에 시작하여 청소년기에 증폭된다. 일탈 또래와 어울리는 것이 반사회적 행동의 시작과 유지, 그리고 촉진에 중요한 역할을 한다는 것을 보여주는 연구가 있다(Dishion & Patterson, 2006). Fergusson과 Horwood(1998)는 출생 직후부터 종단적으로 추적했던 뉴질랜드 아동집단을 대상으로 어린 시절의 품행문제와 18세 때 결과 간의 관련성을 보고하였다. 8세 때의 품행문제는 적절한 교육을 받지 않은 채 학교를 일찍 그만두거나 3개월 이상의 실직 같은 18세 때의 부정적 결과와 관련이 있는 것으로

나타났다. 초기 공격성과 후기 부정적 결과 간의 관계를 매개하는 요인 중에는 아동의 또래관계가 포함되어 있다. 비행을 하거나 약물을 사용하는 친구를 가지고 있다고 보고한 14~16세 청소년은 나중에 부정적 결과를 나타낼 위험이 더 큰 것으로 나타났다.

또래의 영향은 다른 맥락요인들로부터 독립적이지 않다(Dishion & Patterson, 2006). 예를 들어 Fergusson과 Horwood(1999)는 뉴질랜드 아동을 대상으로 한 종단연구에서 부모의 부부갈등, 부모의 물질사용 및 범죄행동, 초기 모자관계 같은 가족 변인이 15세 때 일탈 또래와의 관계를 예측한다는 것을 발견하였다. 문화와 지역사회의 영향 역시 중요한 역할을 한다. Brody와 동료들(2001)은 아프리카계 미국인 아동들을 대상으로 한 연구에서 부모의 양육방식이 가혹하고 일관성이 없는 경우는 부모가 따뜻하며 아동의 발달에 관여하고 있는 경우보다 일탈 또래와의 관계문제가 더 심각한 경향을 보인다고 보고하였다. 일탈 또래와의 관계는 또한 집단적 사회화(즉 어른들이 자신의 아이들과 다른 가족의 아이들을 함께 감독하고 돌보는 것)가 이루어지는 이웃에서는 덜 발생하는 것으로 나타났다. 지역사회의 경제적 어려움도 일탈 또래와의 관계와 관련이 있는 것으로 나타났으며, 따뜻하고 관여하는 양육방식과 집단적 사회화가 갖는 이점은 열악한 환경의 이웃에 사는 아동에게 가장 두드러진 것으로 보인다.

일탈 또래와의 관계가 아동·청소년에게 미치는 영향에 개인차가 있는 것으로 보인다. 예컨대 Lee(2011)는 유전이 일탈 또래들의 영향과 어떠한 관련성이 있는지 연구하였다. 모노아민 산화효소-A(monoamine oxidase-A, MAOA) 유전자는 이 유전자와 관련된 효소가 적절한 신경전달물질을 효율적으로 처리하는 역할을 하므로 반사회적 행동에서 중요한 역할을 하는 것으로 알려져 왔다. MAOA 유전자의 특정 영역에서 나타나는 반복 횟수에 근거하여 대규모 표본의 청소년들을 고효율성 유전형 집단과 저효율성 유전형 집단에 각각 배정하였다. 연구결과 일탈 또래와의 관계는 6년에 걸쳐 외현적·내재적 반사회적 행동 수준과 모두 관련이 있는

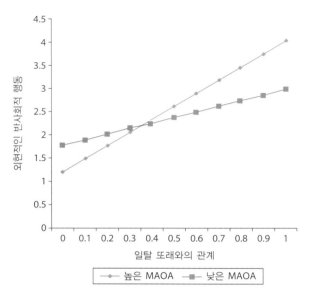

그림 9.7 외현적인 반사회적 행동이 MAOA와 일탈 또래와의 관계 간의 상호작용에 미치는 영향[Lee(2011)에서 수정 인용]

것으로 나타났다. 그러나 유전-환경의 상호작용은 외현적 반사회적 행동의 경우에만 확인되었다. 일탈 또래들의 영향은 높은 MAOA 활동 유전형을 지닌 아동·청소년의 경우에 유의하게 더 큰 것으로 나타났다(그림 9.7 참조). 그러나 내재적 반사회적 행동의 경우에는 MAOA 유전형이 유사한 역할을 하지 않는 것으로 보인다. 이러한 결과는 여러 영향요인의 복잡한 상호작용이 행동발달에 영향을 미친다는 것을 보여준다.

인지적-정서적 영향

> 한 청소년이 거리를 걸어가고 있는데 무리의 또래들이 다가와서 별명을 부르며 웃고 놀린다고 생각해보라. 어떤 청소년은 이 상황에서 화를 내고, 갈등을 증폭시키고, 아마도 폭력적으로 반응할 것이다. 반면 어떤 청소년은 관심을 다른 데로 돌리고 무시하며, 또래들의 놀림을 웃어넘기거나 그만하라고 분명하게 요구한다. 이러한 상황에서 일어나는 인지적·정서적 과정은 공격적 행동에 대한 인접 기제를 구성한다(Dodge, 2000, p. 448).

아동·청소년이 사회적 상황에 대해 어떻게 생각하며 느끼는지를 검토하는 것은 품행문제 발달의 이해에 필

요한 또 다른 부분이다. 예를 들어 어떤 아동은 자신의 적대감이 다른 아동의 행위 때문이라고 생각하고, 다른 사람의 관점에서 생각하지 못하며, 사회적 문제해결기술을 사용하지 못하고, 행동하기 전에 생각하지 못하며, 또는 전반적으로 자신의 감정과 행동을 통제하는 자기조절기술이 부족할 수 있다. 이러한 사회적·인지적·정서적 과정은 공격적, 반사회적 행동의 발달 및 유지에 포함되어 있다(Dodge, 2000; Lochman et al., 2000; Wells et al., 2020). 아울러 앞에서 묘사된 냉담-무정서 특질을 가진 아동·청소년은 공격적 행동의 긍정적인 측면에 초점을 맞추며, 정서적 자극에 대한 반응성이 부족한 사회적 정보처리 양상을 보일 수 있다(McMahon & Frick, 2019; White & Frick, 2010).

Dodge와 동료들의 모형은 개인이 사회적·정서적 인지를 어떻게 다루는지를 잘 보여준다(Crick & Dodge, 1994; Dodge, 2003). 이 모형에 따르면 인지적 정보처리는 부호화(단서를 찾거나 주의를 기울이는 것)로 시작하여 사회적·정서적 단서를 해석하는 단계로 나아간다. 그런 다음 가능한 대안 반응들을 찾아보고, 하나의 반응을 선택하고, 마지막으로 선택한 반응을 실행에 옮기는 과정을 거친다. 연구결과는 품행문제 아동·청소년은 사회적 문제해결기술이 부족하며, 이 과정의 여러 곳에서 인지적 왜곡과 결함을 나타낸다는 것을 보여준다(Fontaine, Burks, & Dodge, 2002). 예를 들어 공격적인 아동·청소년은 이 과정의 초기 단계에서 사회적 단서를 적게 사용하며 또래의 중립적 행위를 적대적 의도가 있는 것으로 귀인한다. 그리고 갈등상황에서 자신이 경험하는 각성을 다른 감정보다 분노로 지각하는 경향이 있다. 내적 각성에 대한 이런 반응은 왜곡된 사고와 한정된 문제해결을 초래한다(Lochman et al., 2000). 따라서 이들은 이 과정의 후기 단계에서 더 적은 수의 반응을 생성하며, 효과적으로 자기주장을 하기보다 공격적으로 문제해결을 하기 쉽다. 이들은 또한 공격적 반응이 긍정적 결과를 가져올 것으로 기대할 수 있다. 사회적·인지적·정서적 과정의 문제는 인생 초기에 시작되며, 조기에 발병하는 품행장애 행동의 안정성과도 관련

된다(Coy et al., 2001).

Dodge와 동료들(Dodge, 1991; Schwartz et al., 1998)은 공격적 행동을 반응적 공격성과 선행적 공격성으로 구분하였다. **반응적 공격성**(reactive aggression)은 지각된 도발이나 좌절에 대해 화를 내는('다혈질의') 보복 반응이다. 반면 **선행적 공격성**(proactive aggression)은 일반적으로 분노와는 관련이 없으며, 고의로 혐오적 행동(예 : 싸움을 시작하거나, 괴롭히거나, 놀리는 행동)을 한다는 특징이 있다. 이런 행동은 특정한 목표를 지향하며, 행동이 가져올 긍정적인 환경적 성과로부터 지지를 받는다. 공격성의 유형에 따른 이러한 차이는 사회적·인지적 결함의 차이와 관련된다(Jambon & Smetana, 2018; Schippell et al., 2003). 반응적 공격성을 보이는 아동·청소년은 사회적·인지적 과정의 초기 단계에서 결함을 보인다. 즉 이들은 사회적 단서를 덜 사용하고 다른 사람이 적대적 의도를 가졌다고 귀인한다. 반면 선행적 공격성을 보이는 아동은 사회적·인지적 과정의 후기 단계에서 결함을 보인다. 즉 이들은 공격적 해결책을 긍정적으로 평가하고 이것이 긍정적 결과를 가져올 것이라고 기대한다. 이 두 유형의 공격성은 서로 다른 결과와 관련이 있는 것으로 보인다.

Brendgen과 동료들(2001)의 연구는 반응적·선행적 구분과 관련된 다른 결과를 보여주었다. 이 연구는 또한 다양한 영향요인들의 상호관련성을 상기시켜 준다. 연구는 캐나다 몬트리올의 사회경제 수준이 낮은 지역에 거주하며 프랑스어를 사용하는 백인 소년 표본을 대상으로 이루어졌다. 연구진은 소년들이 13세일 때 이들을 비공격성, 선행적 공격성, 반응적 공격성, 선행적 공격성의 특성과 반응적 공격성의 특성을 함께 지닌 집단으로 구분하였다. 소년들이 16~17세가 되었을 때, 비행과 관련된 신체적 폭력(예 : 다른 아이를 때리거나 싸울 때 무기를 사용하는 것)과 데이트 중에 상대방에게 가해진 신체적 폭력에 대해 보고하게 하였다. 연구결과는 다음과 같았다. 전반적으로 선행적 공격성은 비행과 관련된 폭력과 더 큰 관련성을 보였고, 반응적 공격성은 데이트 폭력과 더 큰 관련성을 보였다. 그러나 선행적 공격성과 비행 관련 폭력은 부모의 감독 수준에 의해 조절되는 것으로 나타났다. 청소년기 초기에 부모의 감독 수준이 낮은 소년의 경우에는 선행적 공격성과 비행 관련 폭력의 관련성이 강했으나 부모의 감독 수준이 높은 소년의 경우에는 그 관련성이 약하게 나타났다. 마찬가지로 반응적 공격성과 데이트 폭력 간의 관계는 어머니의 온정과 돌봄 수준에 의해 매개되는 것으로 나타났다. 어릴 때 어머니의 온정과 돌봄 수준이 낮았던 소년의 경우에는 공격성과 데이트 폭력 간의 관계가 큰 것으로 나타났다. 그러나 어머니의 온정과 돌봄 수준이 높았던 소년에게서는 반응적 공격성과 데이트 폭력 간의 관계가 약하게 나타났다. 따라서 선행적 공격성과 반응적 공격성의 발달은 사회적·인지적 양식의 영향을 받지만 그러한 행동이 발달하는 과정에 부모의 양육방식이 영향을 미치는 것으로 보인다.

생물학적 영향

생물학적 영향에 관한 최근 논의에서는 다양한 생물학적·비생물학적 영향요인들의 상호교류(transaction)를 강조한다(Beauchaine, Gatzke-Kopp, & Gizer, 2017; Tremblay, 2010; Viding & Larsson, 2010).

유전학

가족의 각 세대 안에서 그리고 세대를 거쳐 전해지는 공격적, 반사회적, 기타 품행 관련 행동은 이 행동의 발달에 대한 환경적 및 유전적 설명과 일치한다. 품행문제와 반사회적 행동을 측정하는 방식과 정보의 원천에 따라 추정치는 다양하지만 유전이 반사회적 행동에 미치는 영향은 중간 수준 정도인 것으로 보인다(Farrington et al., 2001; Weyandt et al., 2011). 그러나 청소년기보다는 아동기에 유전력이 더 큰 것으로 보인다(Young et al., 2009). 그리고 유전이 청소년의 비행에 미치는 영향은 성인의 범죄 행동에 미치는 영향보다 작다는 주장이 있다. 이러한 차이를 어떻게 설명할 수 있을까? 앞에서 논의되었던 아동기 발병 대 청소년기 발병의 구분이 적절할 수 있다. 품행장애와 비행은 청소년기에 매우 흔히 일어나며 대부분은 성인기까지 계속되지 않는다. 따라서 좀 더 공격적이고 아동기에서 성인기까지 계속되는 반사회적 행동의 경우에는 유전적 요소를 가정하는 것이 타당하다 할 수 있다(Eley, Lichtenstein, & Moffitt, 2003; Moffitt, 2006).

유전의 영향이 어느 정도 역할을 하기는 하지만 그 영향은 간접적이며, 병인을 결정하는 환경적 영향(예 : 사회적 조건이나 가정 변인, 특정의 사회적 학습조건)과 복잡한 방식으로 상호작용하는 것으로 보인다(Rhee & Waldman, 2003; Weyandt et al., 2011). 다양한 유전-환경 상관 및 상호작용이 품행장애 행동의 발달에 영향을 미칠 가능성이 있다(Lahey & Waldman, 2017). 예를 들어 반사회적인 부모는 자녀의 반사회적 행동 경향성과 관련된 유전자를 전달하며, 또한 자기 자신의 양육행동에 영향을 미칠 수 있다. 그리고 유전적으로 적대적 반항성과 품행문제의 경향성을 가진 어린 자녀들은 강압적이며 적대적인, 그리고 일관성이 없는 양육을 자극할 가능성이 있다. 나아가 이러한 유전 가능한 특성은 반사회적 행동을 촉진하고 유지하게 하는 비행 청소년들과 어울리게 할 수 있다.

유전-환경의 상호작용도 품행장애 행동의 발달에 영향을 미친다. 앞에서 우리는 외현적인 반사회적 행동에 관한 Lee(2011)의 연구결과를 기술했다. 그 연구에서 MAOA 유전형과 일탈 또래와의 관계가 상호작용하는 것으로 나타났었다. 이와 유사한 유전-환경의 상호작용이 van Lier와 동료들(2007a)의 연구에서도 나타났다. 연구진은 6세의 쌍생아 표본을 대상으로 공격적인 또래와의 관계가 공격성 수준에 미치는 영향을 살펴보았다. 공격적인 또래와의 관계는 공격성의 위험요인이었다. 그러나 공격적인 또래와의 관계가 공격성에 미치는 영향은 이미 공격성의 유전적 위험성이 높은 아동에게서 가장 큰 것으로 나타났다. 비슷한 맥락에서 5세 된 쌍생아와 그들의 가족을 표본으로 학대 경험이 CD에 미치는 영향을 알아본 연구결과는 유전-환경의 상호작용을 시사하고 있다(Jaffee et al., 2005). 학대 경험은 유전적 위험이 낮은 아동이 CD로 진단될 가능성을 2% 높여 주는

데 비해 유전적 위험이 높은 아동이 CD로 진단될 가능성은 24% 높여 주는 것으로 나타났다.

신경생물학적 영향

생리심리학적 변인은 반사회적 행동과 관련이 있는 것으로 가정되어 왔다. 이 가설은 비행이나 품행장애 아동·청소년과 통제집단 아동·청소년이 전기피부반응(피부전도)과 심장박동 같은 생리학적 측정치에서 차이를 보인다는 연구결과의 지지를 받고 있다(Beauchaine, Hong, & Marsh, 2008; Cappadocia et al., 2009; Latvala et al., 2015; Raine, 2015). 따라서 품행문제 행동과 자율신경계의 교감 및 부교감 기능 간에는 관련이 있다는 주장이 있다.

Quay(1993)는 공격적이며 전 생애에 걸쳐 계속되는 품행장애가 생물학적 요인에 근거한다는 가설을 제시하였다. 이 가설은 Gray(1987)의 뇌 체계 이론에 기초한다. 이 이론에서는 서로 구분되는 신경해부학적 및 신경전달체계를 가진 **행동억제체계**(behavioral inhibition system, BIS)와 **행동활성(혹은 접근)체계**[behavioral activation(or approach) system, BAS]를 제안하였다. BIS는 불안정서와 관련되며 새롭거나 두려운 상황, 보상이 없거나 처벌받는 상황에서 행동을 억제한다. BAS는 강화가 있을 때 행동을 활성화하는 경향이 있고, 보상을 추구하며 쾌락 정서와 관련된다. BIS와 BAS 체계의 불균형은 부정적인 환경 상황과 결합하여 행동문제를 일으키는 성향을 만들어내는 것으로 가정된다. Quay(1993)는 부진한 BIS와 과다한 BAS가 결합하여 지속적인 공격적 품행장애의 생성에 관계한다고 제안하였다.

이 두 체계가 어떻게 작용하는지에 관한 대안적 모델이 있다. 이 관점에서는 품행장애 및 공격적 행동이 부진한 BIS 체계와 부진한 BAS 체계에 기인한다고 본다(Beauchaine et al., 2001). 즉 부진한 활동의 BAS에 의해 생성된 만성적 각성 저하에 대한 반응으로 감각을 추구하는 형태의 품행장애와 공격적 행동이 나타난다는 것이다. 품행장애의 특징을 보이는 아동·청소년은 억제 수준이 낮으며(부진한 BIS 체계), 만족스러운 보상과 긍

정적인 각성을 성취하기 위하여 공격적이고 반사회적 행동을 한다.

Gray(1987)가 설명한 세 번째 체계 또한 품행장애와 관련이 있는 것으로 보인다. 즉 **투쟁/도주체계**[fight/flight(F/F) system]도 특유의 뇌 기능과 자율신경계 기능과 관련이 있다는 것이다. 이 체계는 좌절과 처벌, 고통 같은 조건에서 방어적 반응을 매개하는 것으로 제안되었다. 따라서 위협적으로 지각되는 자극은 F/F 체계를 작동시킨다. 품행장애를 보이는 아동·청소년은 F/F 반응에 대한 낮은 역치를 갖고 있을 수 있다. 역치가 높은 아동·청소년은 고통을 당하는 사람에 대한 공감이나 사회적 유능감 같은 특성을 가진 것으로 보인다. 일반적으로 BIS와 BAS 체계는 동기 체계로, 반면 F/F 체계는 정서조절 체계로 생각된다(Beauchaine et al., 2001).

뇌의 구조적·기능적 결함 또한 반사회적이며 파괴적인 행동과 관련이 있는 것으로 가정되어 왔다. 특히 전두엽은 언어기능과 집행기능(예 : 억제 통제, 주의집중 유지, 추상적 추론, 목표 형성, 계획, 정서조절)의 결함을 통해 중요한 역할을 하는 것으로 보인다(Cappadocia et al., 2009; Rubia et al., 2008; Weyandt et al., 2011). 따라서 뇌신경영상 연구들은 반사회적인 공격적 행동 문제를 보이는 아동·청소년의 전두엽 피질기능 손상에 주목해 왔다. 전두엽 피질활동의 양상은 억제와 통제의 결함, 과제 수행의 자기-모니터링 문제 그리고 다른 인지능력과 관련이 있는 것으로 관찰되었다. 그러나 이러한 결과는 모든 연구에서 항상 일관성 있게 발견되지 않고 있다. 그리고 성별에 따른 차이, 품행장애에 대한 연구결과의 특수성에 관한 의문도 여전히 남아 있다. 전두엽 피질 활동성 기능과 집행기능의 결함은 품행장애에 국한하는 것이 아니며, 다양한 장애를 지닌 아동·청소년에게서 발견되어 왔다. 따라서 한 가지 목표는 CD/ODD와 ADHD 같은 공존장애에서 그러한 결함이 독특한 역할을 하는지를 밝히는 것이다(Weyandt et al., 2011). 나아가 품행장애 발달에 대한 이와 같은 신경생물학적 개념화가 모든 품행장애 아동·청소년에게 적용되기보다는 ADHD를 함께 갖고 있거나 냉담-무정서

특질을 지닌 아동·청소년의 특정 하위집단에만 적용될 수도 있다.

품행문제의 평가와 개입에 대한 논의로 넘어가기에 앞서 물질사용의 문제를 살펴보기로 하겠다.

물질사용

청소년의 물질사용(substance use)은 중요한 임상적 및 공중보건 문제이다. 알코올과 다른 약물사용은 청소년과 청소년 전기 아동에게 흔히 일어난다(Johnson et al., 2019b). 물질사용과 품행장애는 흔히 외현화 행동이라는 광범위한 구성개념의 부분으로 생각되며, 이 두 문제는 공통적 (공유된) 측면과 특수한 측면을 함께 가지고 있는 것으로 보인다(Castellanos-Ryan & Conrod, 2011). 따라서 알코올과 다른 약물사용은 품행장애 아동·청소년이 보이는 전체적인 반사회적 및 규칙위반 행동의 일부일 가능성이 있다. 실제로 파괴적 행동장애(CD와 ODD)는 청소년기의 물질사용과 가장 관련성이 큰 장애이다(Fergusson et al., 2007). 어떤 아동·청소년은 물질은 사용하지만 반사회적 행동은 보이지 않는다.

코카인, MDMA(엑스터시, 몰리), 환각제(LSD), 헤로인 같은 **불법적 약물**(illicit drug)에 대한 우려가 널리 퍼져 있다. 마리화나는 가장 흔히 사용되는 불법적 약물이다. 이것은 몇몇 주에서는 합법적이긴 하지만 불법적 약물로 분류된다. **합법적 약물**(licit drug, 성인에게 합법적인 약물 또는 의사에 의해 처방된 약물)의 사용에 관한 우려도 있다. 알코올, 니코틴, 향정신성 약물(예 : 흥분제, 진정제), 약국에서 직접 살 수 있는 의약품(예 : 수면 보조제 및 체중감량 보조제), 스테로이드, 흡입제(예 : 풀, 시너) 등은 쉽게 구할 수 있으며 해로운 결과를 가져올 수 있다. 옥시콘틴(OxyContin)과 바이코딘(Vicodin) 또한 최근 들어 우려의 초점이 되고 있다.

분류와 기술

많은 청소년이 실험적으로 물질을 사용한다. 물질사용 문제에 대한 한 정의에서는 미성년자가 알코올이나 다

른 약물을 사용하면 모두 남용(abuse)으로 본다. 그러한 물질사용이 불법이기 때문이다. 그러나 아동 · 청소년을 돕는 전문가들은 대부분 실험적인 사용 형태(또는 발달적으로 정상적인 낮은 수준의 사용)를 심각한 장 · 단기 결과를 가져올 수 있는 형태와 구분하려고 한다(Chassin et al., 2010).

DSM의 물질 관련 및 중독장애 범주는 10가지 유목의 물질(예 : 알코올, 대마계의 칸나비스, 환각제, 흥분제)의 병리적 사용에 관해 기술하고 있으며, 아울러 도박장애도 포함하고 있다. 이러한 유목의 약물과 도박의 과도한 사용은 공통적으로 뇌의 보상체계를 직접 활성화하는 것으로 가정된다. 물질 관련 장애는 다시 **물질사용장애**(substance use disorders)와 물질 유도성 장애로 구분된다. 물질사용장애는 현저한 물질 관련 문제에도 불구하고 개인이 지속적으로 물질을 사용한다는 것을 보여주는 행동적 · 인지적 및 생리적 증상을 포함한다. 이러한 증상의 양상을 기술하기 위해 사용되는 진단기준은 다음의 네 가지로 구분된다.

- 물질사용에 대한 통제 손상
- 사회적 손상(예 : 대인관계, 학교)
- 위험한 사용
- 약물학적 기준(내성, 금단)

임상가는 또한 충족된 증상들의 수에 근거하여 심각도(경도, 중등도, 중증도)를 나타낸다. **물질 유도성 장애**(substance-induced disorders)는 최근의 특정 물질사용에 기인한 중독, 금단 및 기타의 정신장애(예 : 우울장애, 불안장애, 양극성 장애 및 관련 장애)의 상태를 포함한다[American Psychiatric Association(APA), 2013].

물질 관련 및 중독장애의 진단기준은 청소년과 성인에게 동일하게 적용된다. 그러나 이러한 기준이 청소년에게 발달적으로 적절한지에 대해 문제가 제기되어 왔다(Brown, Tomlinson, & Winwood, 2017; Chassin et al.,2010; Chung & Bachrach, 2019). 예컨대 청소년은 종종 진단적 역치에 미치지 못하는 증상을 나타낸다. 청소년은 또한 '물질사용을 배우기' 때문에 내성이 과

대평가될 수 있다. 금단도 청소년기에 흔한 '진탕 사용(binge)' 양상에 대한 단기의 생리적 반응에 기초하여 과대평가될 수 있다. 이러한 발달적 · 진단적 쟁점은 낮은 수준으로 사용하는 청소년이 왜 성인보다 물질사용장애로 진단되기 쉬운지를 설명해준다. 그러나 청소년기의 전형적인 신경생물학적 발달 특징이 청소년을 물질사용에 더 취약하게 만들 가능성을 무시해서는 안 된다.

역학

8~12학년의 대규모 미국 청소년 표본을 대상으로 매년 설문조사를 하는 미래 모니터링(Monitoring the Future, MTF; Johnson et al., 2019b) 연구에 의하면 아동 · 청소년의 물질사용이 1990년대 후반에 정점을 보이다가 2009년경부터 안정 혹은 감소 추세를 보인다. 그러나 2018년의 정보는 8학년생의 약 19%와 12학년생의 48%가 평생 물질을 사용한 적이 있음을 보여준다. 마리화나는 이 연령대의 청소년 집단에서 가장 널리 사용되는 불법적 약물이다. 마리화나의 일상적 사용은 2007년 이후 모든 연령집단에서 증가한 것으로 보고되었는데, 2011~2013년에 정점을 보이다가 그 후에는 감소하였다. 2018년의 일상적 사용 유병률은 8학년생 1%, 10학년생 3%, 12학년생 6%였다.

합법적 약물사용도 우려할 만하다. 예컨대 흡연의 장기적인 감소는 이 연령집단에서의 니코틴 사용에 극적인 감소를 가져왔다. 그러나 MTF 2018 보고서에 따르면 청소년의 베이핑(vaping) 사용이 극적으로 증가했다. 베이핑이란 전자담배와 같은 기구를 사용하여 니코틴과 같은 기체화된 액상의 물질을 흡입하는 것을 말한다. MTF 연구에 따르면 알코올은 10대 청소년들 사이에서 가장 널리 사용되는 물질이다. 청소년의 알코올사용은 최근 들어 안정적으로 감소 추세를 보이는 것으로 나타났다. 그러나 우려는 여전히 남아 있다. 2018년의 경우 이러한 감소가 12학년 집단에서는 계속되었으나 8학년생 및 10학년생 집단에서는 감소를 멈추었다. 그리고 장기적인 감소라는 좋은 소식에도 불구하고 12학년생의 18%, 10학년생의 8%, 8학년생의 2%는 여전히 지난 한

달 동안 적어도 한 번 이상 술을 마셨다고 보고한 것으로 나타났다(Johnston et al., 2019b). 이 연령집단의 청소년들이 암페타민이나 진정제 같은 처방약물을 남용하는 것에 대한 염려도 있다.

　일부 약물사용은 감소하는 것으로 보고되고 있으나 다른 약물의 인기는 증가하고 있다는 우려가 있다. 특정 약물의 사용이 증가하거나 감소하는 것은 아동·청소년이 각각의 약물을 접할 때 갖게 되는 지각된 이득과 위험이 달라지기 때문이다. 염려스러운 것은 이득에 대한 소문이 해로운 결과에 관한 정보보다 훨씬 빠르게 퍼진다는 점이다.

성별에 따른 차이

연구결과는 대개 남아들이 불법약물을 더 많이 사용한다고 보고한다. 그러나 최근에 약간의 변화가 있다(Johnston et al., 2019b). 예를 들어 마리화나 사용에 있어서 오랜 성차가 좁혀졌거나 거의 비슷해졌다. 남아들은 다양한 약물을 더 많이 사용해 왔다. 암페타민이나 진정제 같은 처방된 약물은 예외인데 여아들이 더 많이 사용하며 특히 학년이 낮을수록 더 그렇다. 그러나 일반적으로 약물사용에서의 성차는 연령이 증가하면서 두드러진다. 즉 유병률은 두 성별에서 모두 증가하지만 남아보다는 여아 집단에서 더 가파르게 증가한다.

인종·민족에 따른 차이

인종에 따른 차이와 관련된 양상은 복잡하다. 세 가지 대표적 인종/민족 집단(백인, 흑인, 히스패닉) 간의 차이에 관한 MTF 연구 보고는 이러한 복잡한 양상을 잘 보여준다(Johnston et al., 2019b). 인종·민족 집단에 따른 비교는 시간 변화에 따라 다르며 어떤 연령집단인지, 그리고 어떤 약물인지에 따라서도 다르다. 예컨대 백인 학생들은 수년간 흑인 학생들보다 더 높은 불법적 약물사용률을 보여왔다. 그러나 최근에 흑인 학생들의 마리화나 사용이 증가하고 백인 학생들의 사용이 감소하면서 이러한 차이는 좁혀졌다. 히스패닉 학생들은 다양한 약물을 사용하는 것으로 보고되었는데, 12학년의 경우 다른 두 집단 사이에(보통 흑인보다는 백인 집단에 더 가깝게) 위치하는 것으로 나타났다. 그러나 8학년의 경우에는 히스패닉 학생들이 모든 종류의 불법약물에 대해 가장 높은 사용률을 보이는 경향이 있었다. 특정 약물사용을 살펴본 결과 흑인 학생들은 환각제와 합성 마리화나 같은 특정 약물의 사용에서 더 낮은 수준을 보였으나 헤로인과 목욕용 소금 같은 다른 약물의 사용에서는 더 높은 수준을 보이는 경향이 있었다. 12학년의 경우 히스패닉 학생들은 합성 마리화나나 코카인 같은 여러 가지 약물을 가장 많이 사용하는 것으로 나타났다. 백인 학생들은 일반적으로 다른 두 집단보다 처방된 약물을 남용하는 비율이 더 높았으며, 특히 높은 학년에서 그런 것으로 확인되었다. 이러한 몇 가지 예들은 인종·민족에 따른 약물사용의 차이에 대한 논의가 복잡하다는 것을 보여준다(Johnston et al., 2019b).

동시발생 양상

물질사용문제를 보이는 청소년은 보통 몇 가지 다른 문제들을 함께 보인다(Armstrong & Costello, 2002; Roberts, Roberts, & Xing, 2007; U.S. Department of Health and Human Services, 2016). 많은 청소년이 한 가지 이상의 약물을 복합적으로 사용한다. 학업문제와 가정문제, 그리고 비행행동이 빈번하게 보고되고 있다. 앞서 언급했듯이 물질사용은 나중에 발생하는 전체 품행문제의 일부로 개념화된다. 따라서 약물을 사용하는 아동·청소년이 종종 외현화/파괴적 행동장애(ODD, CD)의 진단기준을 충족시킨다는 것은 놀랍지 않다. 기분장애와 불안장애도 물질사용문제와 자주 연관된다(Ahrnsbrak et al., 2017; Felton et al., 2020; Groenman, Janssen, & Oosterlaan, 2017).

위험요인과 발달과정

물질사용 시작의 최대 위험은 청소년기 동안 발생하며 물질사용의 조기 시작은 이후 물질사용장애의 강한 위험요인이다(Chung & Bachrach, 2019). 연구자와 임상가는 물질사용 및 물질사용장애의 발달을 이해하기 위

로드니 : 알코올과 니코틴 사용

"시작하기는 매우 어려웠어요. 그러나 끊기가 더 어려울 거라곤 생각하지 못했어요." 이제 17세밖에 안 된 로드니는 지금 병실 침대에 누워 있다. 그는 자신을 병원으로 데려온 사건을 잘 기억하지 못한다. 사고가 났을 때 그는 뼈가 부러지는 상해를 입었지만, 담배를 피우고 싶다고 느낄 만큼 의식은 맑았다.

로드니는 12세가 될 무렵 이미 고등학교 수업을 들을 정도였으며, 주에서 개최한 학업경시대회에 나가 몇 차례 수상한 적도 있다. 그는 인기리에 방송되는 TV 퀴즈 프로그램에도 두 번이나 나갔었다. 14세가 되었을 때 로드니의 집에서 꽤 멀리 떨어진 한 작은 명문 인문계 대학으로부터 전액 장학금을 받게 되었고, 부모는 주저하며 입학을 허락하였다. "물론 그곳에서 나는 가장 어린 학생이었어요. 나는 작은 체구를 보상하기 위해 담배와 술을 시작했어요."

대학에 들어간 지 6개월이 되었을 때 로드니는 담배를 하루에 한 갑 반씩 필 정도가 되었다. 시험공부를 할 때는(반에서 최고점을 받지 않으면, 그는 자신이 낙오된다고 느꼈다) 의지와 관계없이 줄담배를 피워 댔다. 이듬해에 필수로 듣는 건강 수업에서 그는 흡연에 관한 보건부장관의 보고서와 폐암에 관한 비디오를 보게 되었다. 그는 다시는 담배를 피우지 않겠다고 맹세했다. 그러나 담배를 피우지 않으면 자신이 안절부절못하고, 우울해한다는 것을 알게 되었다. 그리고 성질이 너무 까다로워지자 룸메이트가 제발 담배를 다시 피우라고 할 정도였다. 다음 해에 그는 다시 두 번이나 끊으려고 했다.

로드니의 부모는 작은 시골 마을에서 종묘와 사료를 파는 가게를 운영하고 있었다. 두 사람 모두 열심히 일하며 신앙도 독실하여 알코올은 입에도 대지 않았다. 로드니의 부모는 작은 시골 마을에서 함께 자라나면서, 알코올이 자신의 아버지들에게 어떤 결과를 가져다주었었는지 잘 알고 있었다. 지난 몇 달간 너무 취해서 수업에도 들어갈 수 없었을 때, 로드니는 자신이 할아버지의 전철을 밟는 것이 아닌지 의심하였다.

사고를 당한 후 처음 의식을 회복했을 때 로드니는 대퇴골에 핀이 박혀 있었으며 심한 숙취감을 느꼈다. 이틀 후에 맥박이 56이라는 것을 제외하고는 모든 신체기능이 안정을 되찾았다. 로드니는 "혹시 니코틴 껌 몰래 갖고 들어온 거 없나요?"라고 물었다.

— Morrison & Anders(1999, pp. 286~287)에서 인용

해서는 다양한 위험요인과 발달경로를 살펴볼 필요가 있다는 데 동의한다(Cavell, Ennett, & Meehan, 2001; Chassin et al., 2016; Chung & Bachrach, 2019; Gray & Squeglia, 2018; Meyers & Dick, 2010). 이 요인들은 품행문제의 발달에 영향을 미치는 요인들과 대체로 일치한다.

기질과 자기조절, 문제해결에서의 개인차는 물질사용의 시작 및 악화와 관련된다(S. A. Brown et al., 2017). 태도와 기대, 의도, 통제에 관한 신념 같은 인지·정서 요인은 청소년의 물질사용에 대해 개념화할 때 특히 중요하다. 예컨대 음주의 긍정적 또는 부정적 결과에 대한 기대는 알코올사용에 영향을 미치는 중요한 요인이다(Smit et al., 2018). 알코올의 효과에 관한 기대의 중요성은 음주행동의 발달에 관한 연구에 잘 나타나 있다(Smith & Goldman, 1994; Smith et al., 1995). 음주를 처음 시작하는 2년 동안 음주가 사회적 상호작용을 촉진할 것이란 청소년의 기대가 음주의 시작을 예측해주었다. 사회적 촉진을 기대한 청소년은 2년 동안 음주를 더 많이 하였고, 음주의 효과에 관한 미래의 기대도 더 긍정적이었다.

가정은 청소년기 물질사용 양상에 영향을 미치는 중요한 요인이다. 부모의 물질사용은 청소년 물질사용의 시작 및 정도와 관련이 있다(Hussong, Bauer, & Chassin, 2008; Madras et al., 2019). 불안정한 애착과 높은 수준의 가정 내 갈등, 효과적이지 않은 양육기술 같은 부모-자녀 관계의 측면은 청소년의 약물사용

과 관련이 있는 것으로 알려져 왔다(S. A. Brown et al., 2017). 사회학습 이론에서는 약물사용의 시작과 발달에서 모델링이 갖는 역할에 관심을 기울여 왔다. 부모와 손위 형제자매는 그러한 행동의 잠재적 모델이기 때문에 알코올이나 약물을 사용하는 부모의 자녀는 특히 위험에 놓여 있다. Hops와 동료들(2000)의 연구는 부모나 손위 형제들이 담배, 알코올, 마리화나를 사용할 때 청소년도 이러한 약물을 시작하게 되기 쉽다는 것을 보여 주고 있다. 모델링은 특정 행동의 관찰에만 영향을 미치는 것이 아니다. 청소년은 또한 특정 약물과 유사한 기능(예 : 도피, 사회적 상호작용의 촉진에 대한 지각)을 가진 다른 약물도 사용하기 시작한다. 게다가 부모의 태도도 자녀의 행동에 영향을 미친다. 부모가 약물사용을 금지한다고 느끼지 않는 청소년은 알코올이나 다른 약물을 사용하기 쉽다(Chassin et al., 1998).

또래 요인은 청소년의 약물사용에 가장 큰 영향을 미치는 요인으로 간주된다(S. A. Brown et al., 2017; Dishion & Owen, 2002). 또래의 약물사용 및 또래 승인에 대한 지각은 중요한 요인으로 밝혀졌다. 사회학습이론에 따르면 약물을 사용하며 약물사용에 대해 긍정적인 기대를 지닌 또래와 상호작용하는 청소년은 약물을 시작하며 계속 사용하기 쉽다. 그러나 또래의 영향이 직접적이라고 주장하기는 어렵다. 첫째, 약물을 사용하는 청소년은 약물을 사용하는 친구를 선택하는 경향이 있다. 둘째, 연구결과는 또래의 행동에 대한 청소년의 지각에 근거하기 때문에 그러한 지각은 자신의 선택이 보편적인 것이라고 보는 편견에 의해 영향을 받을 수도 있다(Cavell et al., 2001).

학교와 이웃, 지역사회도 청소년의 약물사용에 영향을 미치는 것으로 보인다. 낮은 학업 수행과 학교 활동에 잘 참여하지 않는 것은 약물사용과 관련이 있다. 반면 학생들에게 책임감과 소속감을 느끼게 하는 학교에서는 약물사용의 비율이 낮다. 저소득층 고위험 이웃 환경이 청소년의 약물사용과 관련이 있다는 보고도 있지만 이에 대해서는 논란이 많다. 어떤 연구에서는 부유한 지역에 사는 청소년들이 약물을 시험 삼아 사용하는 경

우가 더 많다고 주장한다. 약물사용 비율의 상대적 차이를 떠나서 약물을 시험 삼아 사용할 위험은 빈곤한 지역에 사는 청소년, 특히 외상 노출의 위험이 클수록 더 높은 것으로 보인다(Carliner et al., 2017). 약물의 가용성, 약물사용에 대한 사회적 규범 같은 광범위한 사회적·문화적 영향요인도 청소년의 물질사용 가능성과 정도에 영향을 미친다. 이러한 영향에 대해 앞으로 더 많은 연구가 필요하다는 것은 분명하다.

위험요인과 보호요인이 물질사용 발달에 어떻게 영향을 미치는지 설명하기 위해 다양한 이론과 개념들이 제안되었다. 이런 이론과 개념이 반드시 서로 배타적인 것은 아니다. 앞에서 살펴보았듯이 사회학습이론에서는 모방, 효능감, 그리고 결과를 포함한 과정을 강조한다. 이제 몇 가지 다른 이론적·개념적 모델을 살펴보기로 하겠다.

어떤 모형에서는 청소년기를 자유와 탐색이 증가하는 시기이며, 성인에게는 적절하나 청소년에게는 그렇지 않은 특정 행동을 시도하려는 특징을 보이는 이행(transition)의 시기로 본다(Bachman et al., 2002; Jessor & Jessor, 1977). 알코올사용이 그러한 행동의 한 예이다. 개인차와 환경 변인은 개인이 성인기로 이행하는 속도와 알코올을 시작하는 연령에 영향을 미치는 것으로 가정된다. 그리고 청소년기 동안 신경회로의 발달적 변화가 물질의 실험적 사용과 물질사용장애에 대한 취약성을 더욱 증가시킬 수도 있다(Chambers, Taylor, & Potenza, 2003).

청소년의 물질사용은 부정적 정서와 스트레스, 대처 경로의 맥락에서 발달한다는 관점이 있다(Colder et al., 2009). 이 관점에서 볼 때 부정적 생활 사건과 지각된 스트레스를 더 많이 겪고 자란 청소년은 알코올이나 다른 약물을 사용하기 쉽다. 청소년들은 물질사용이 대처기능을 갖고 있거나 또는 적어도 그런 효과가 있는 것으로 지각할 수 있다. 스트레스에 대처할 때 적응적이고 적극적인 대처기제(예 : 정보를 구하고, 대안을 고려하며, 직접적 행동을 취하는 것)를 사용하는 청소년도 있으나, 반면 어떤 청소년은 회피적 대처기제(예 : 기분전환, 사

알코올과 다른 약물의 사용을 지지하는 또래집단과 어울리는 것은 물질사용 및 남용의 발달에 영향을 미친다.

회적 위축, 소망적 사고)에 의존하거나 알코올 및 다른 약물을 사용하기도 한다.

신경생물학적 영향과 청소년기 뇌발달 또한 자주 고려된다(Chung & Bachrach, 2019; Rutherford, Mayes, & Potenza, 2010). 연구자들은 한편으로는 동기/보상 민감성과 관련하여 다른 한편으로는 인지적 통제와 관련하여 일어나는 뇌신경계의 중요한 발달적 변화를 강조해 왔다(O'Halloran et al., 2017; Squeglia et al., 2017). 예컨대 뇌의 변연계와 관련 부위에서의 청소년 초기 도파민계 변화는 감각추구의 변화와 보상의 현저성 증가, 그리고 물질사용에 대한 청소년의 긍정적 반응을 유발하는 것으로 생각된다. 반면 전전두엽 부위에서의 변화와 인지적 통제(집행기능) 체계와 관련된 백질의 증가는 더욱 느리게 발달하며 20대 중반까지 발달이 계속된다. 이러한 발달상의 격차는 청소년을 위험행동, 특히 물질사용의 위험 증가에 놓이게 한다(Steinberg, 2007, 2009).

물질사용에 대한 유전의 영향을 지지하는 연구결과가 있다(Verhulst, Neale, & Kendler, 2015). 행동유전학 연구는 부모의 물질사용과 자녀의 물질사용 및 남용의 관련성을 일관되게 보고한다(S. A. Brown et al., 2017). 따라서 알코올 중독의 과거를 가진 부모의 자녀는 높은 충동성, 낮은 반응억제, 그리고 알코올에 대한 생리적 반응 같은 물질사용에 대한 취약성을 보일 가능성이 크다. 분자유전학 연구도 비록 효과의 크기가 작긴 하지만 물질사용 및 남용의 발달에 영향을 미치는 몇몇 유전자를 확인하였다. 중요한 것은 많은 연구에서 물질사용 발달궤적에 미치는 이러한 유전적 영향이 유전자들의 상호작용뿐만 아니라 다양한 환경적 위험요인들과의 상호작용을 통해 일어나는 것으로 밝혀졌다는 점이다(S. A. Brown et al., 2017; Gray & Squeglia, 2018).

어떤 한 요인이나 한 이론만으로는 어떤 아동 · 청소년이 문제가 되는 물질사용을 시작하고 지속하는지를 설명하기 어렵다(S. A. Brown et al., 2017; Gray & Squeglia, 2018; Meyers & Dick, 2010). 이것을 설명하기 위해서는 시간에 따른 발달에 상호보완적으로 영향을 미치는 다양한 변인들(생물학적 · 심리적 · 사회적)을 고려해야 한다. 그러나 품행문제가 이후의 물질사용과 관련이 있다는 것은 분명한 것으로 보인다(Fergusson et al., 2007; Groenman et al., 2017). 지금부터는 다시 넓은 범위의 품행문제 영역으로 돌아가서 살펴보도록 하겠다.

평가

품행문제의 평가는 복잡하고 다면적인 과정이다. 다음에서 우리는 품행문제를 보이는 아동·청소년을 평가하기 위해 임상가들이 사용할 가능성이 큰 주요 절차에 대하여 설명하고자 한다. 평가과정에는 호소문제의 다른 측면, 다른 사람의 문제와 태도, 기술(예 : 부모의 양육방식), 그리고 지속적인 생활 스트레스 등도 포함된다는 것을 인식해야 한다(De Los Reyes et al., 2015; Frick & McMahon, 2018).

면접

부모나 아동·청소년 대상의 일반적 임상면접은 평가에 포함되는 전형적인 과정이다. 나이 어린 아동과의 면접은 쉽지 않으며 믿을 만한 정보의 원천이 되지 않을 수도 있다. 그러나 어린 아동과 상호작용하는 기회는 임상가에게 가설을 세우고 신뢰를 형성하는 데 도움을 준다. 가족 전체와의 면접, 교사 또는 학교 직원과의 면접도 귀중한 정보를 제공한다. 아동용 진단적 면접지(DICA; Reich, 2000) 같은 구조화된 면접은 문제와 문제가 일어나는 맥락에 대한 포괄적인 이해를 도와줄 뿐만 아니라 진단을 결정하는 데도 도움을 줄 수 있다.

행동평정척도

일반적인 평정척도 가운데 품행문제를 평가하는 데 유용한 척도는 아켄바흐척도(Achenbach & Rescorla, 2001)와 아동행동 평가시스템(BASC; Reynolds & Kamphaus, 2004)이다. 이 검사들은 다양한 정보 제공자들의 보고를 통해 문제의 여러 측면을 광범위하게 평가할 수 있다. 또한 품행문제와 파괴적 행동에 구체적으로 초점을 둔 행동평정척도도 유용하게 사용될 수 있

다. Conners(2008)의 부모 및 교사평정척도(Parent and Teacher Rating Scales), 아이버그 아동행동검사(Eyberg Child Behavior Inventory, ECBI)와 서터-아이버그 학생행동검사(Sutter-Eyberg Student Behavior Inventory, SESBI)가 그 예이다(Eyberg & Pincus, 1999).

Elliott, Huizinga와 Ageton(1985)의 자기보고 비행척도(Self-Report Delinquency Scale, SRD)는 아마도 가장 널리 사용되는 청소년용 자기보고식 품행문제 척도일 것이다. 문항들은 미국의 통합범죄통계(UCR)로부터 추출되었고, 범죄(예 : 도벽, 폭행), 다른 비행행동과 약물사용의 지표를 포함하며 11~19세 청소년을 대상으로 사용된다. 어린 아동에게는 자기보고식 측정도구가 잘 사용되지 않는데, 품행문제를 정확히 보고하는 능력이 의심스럽기 때문이다.

행동관찰

클리닉과 가정, 학교에서 사용할 수 있도록 제작된 다양한 행동관찰체계가 있다(Frick & McMahon, 2018). 행동관찰은 평가과정의 바람직한 부분인데, 그 이유는 관찰을 통해 면접과 설문지에 근거한 잠재적 편견을 피하고 다른 접근방법으로는 파악하기 힘든 품행문제의 행동적 측면들을 측정할 수 있기 때문이다(Weyandt et al., 2011).

행동부호화 체계(Behavioral Coding System, Fore-hand & McMahon, 1981)와 부모-자녀 상호작용 부호화 체계(Dyadic Parent-Child Interaction Coding System, Eyberg et al., 2013)는 둘 다 임상 장면에서 부모-아동 상호작용을 평가하는 비슷한 관찰체계이다. 두 체계 모두 자유놀이, 아동 중심 활동에서부터 성인의 지시에 따른 활동에 이르는 다양한 상황에서 아동과 부모의 행동을 관찰하고 채점한다. 많은 관찰체계가 부모의 명령(선행사건)과 그 결과로 나타나는 아동의 순종 혹은 불순종에 초점을 맞추고 있다. Rusby, Estes와 Dishion(1991)의 대인관계 과정 부호화(Interpersonal Process Code)는 Patterson과 동료들의 관찰체계에서 파생된 또 다른 관찰체계이다.

지금까지 기술된 관찰체계는 가정에서도 사용되며, 학교에서 사용되는 관찰체계도 있다(Nock & Kurtz, 2005; Reynolds & Kamphaus, 2015). 임상가들이 실제로 이런 체계를 사용하는 일은 극히 드물다. 관찰체계가 복잡하고 집중적인 훈련 기간과 절차를 요구하기 때문이다. 관찰 자체가 오래 걸리며 관련된 행동이 학교나 가정에서 자연스럽게 일어나는 시점에 맞추는 것은 어려운 일이다. 가정이나 다른 자연스러운 환경에서 훈련된 관찰자를 이용하는 것에 대한 한 가지 대안은 아동의 환경에 이미 속해 있는 성인이 행동을 기록하고 관찰하도록 훈련하는 것이다. 이런 접근의 이점은 낮은 빈도로 일어나는 행동(예 : 도벽, 방화), 그리고 잠깐 방문한 관찰자가 놓칠 수 있는 행동을 관찰하고 기록할 수 있다는 점이다.

개입

품행장애 아동 · 청소년이 나타내는 문제의 어려움과 그 문제가 다른 사람에게 미치는 영향으로 인해 다양한 개입이 시도되어 왔다. 그러나 효과에 관해 엄밀한 경험적 평가를 받은 개입은 극히 소수에 불과하다. 하지만 품행문제에 효과적인 심리사회적 개입에 대해 상당한 증거가 존재한다(McMahon & Frick, 2019; Weisz et al., 2017). 여기에서는 연구를 통해 지지를 받아온 몇 가지 개입에 대해서 살펴보고자 한다.

가정기반 개입

품행문제에 대한 가정기반 개입, 특히 행동주의적 또는 인지행동적 개입은 아동(Kaminski & Claussen, 2017)과 청소년(McCart & Sheidow, 2016) 모두에 대하여 강한 지지를 받고 있다. 사회학습 부모관리 훈련을 활용한 개입은 아동 · 청소년의 공격성, 불순종, 반사회적 행동에 대한 성공적인 접근으로 평가받아 왔다. 이러한 개입은 자녀의 긍정적인 행동을 격려하고 부정적인 행동을 감소시키기 위한 행동관리 전략을 부모에게 가르치는 데 중점을 둔다. Constance Hanf(1969)의 선구적인 업적은

여러 개입 프로그램에 영향을 미쳤다(Kaehler, Jacobs, & Jones, 2016; Reitman & McMahon, 2013). 이런 **부모관리 훈련 프로그램**(parent management training)들은 여러 가지 공통적 특징을 갖고 있다(표 9.3 참조).

어떤 부모훈련 프로그램은 반항적이고 적대적인 행동을 감소시키는 데 초점을 맞춘다. 그러나 순종이 언제나 긍정적인 것은 아니며 특정 요청에 "싫어요."라고 말할 수 있는 것도 아동과 청소년에게 가르치거나 유지하도록 해야 할 능력이다(Dix et al., 2007). 이런 점에서 부모는 완벽한 순종을 기대해서는 안 되며, 그것이 이 사회의 규범도 아니고 바람직한 특성도 아니다. 완벽하게 조용하고 온순한 아이가 치료목표가 되어서는 안 된다.

Forehand와 동료들이 개발한 프로그램은 불순종 행동에 초점을 둔 성공적인 부모훈련 프로그램의 예를 보여준다(Forehand & McMahon, 1981; McMahon & Forehand, 2003). 불순종 행동을 보이는 아동(4~7세)의 부모들을 대상으로 자녀에게 직접적이면서 간결하게 명령하기, 명령을 따르는 데 필요한 충분한 시간 주기, 아동의 순종에 관심을 기울이고 보상해주기, 불순종 행동에 대해 부정적 결과 적용하기 등의 방법을 가르친다. 불순종 행동의 성공적인 치료는 떼쓰기, 공격성, 울기 같은 다른 문제행동도 감소시키는 것으로 보인다(Wells, Forehand, & Griest, 1980). 추수평가에서도 치료집단의 아동은 학업 수행, 부모와의 관계, 적응 같은 다양한 영역에서 의뢰되지 않은 일반 아동과 차이가 없는 것으로 나타났다(Long et al., 1994). 그 밖에 치료를 받지 않은 형제들의 순종 행동을 증가시키는 데도 효과가 있는 것으로 나타났다. 이는 어머니의 향상된 기술이 치료를 받지 않은 자녀에게도 적용된 데 기인하는 것으로 보인다(Humphreys et al., 1978).

부모-자녀 상호작용치료(parent-child interaction therapy, PCIT) 프로그램에서는 자녀의 순종을 증진하고 부적절한 행동을 감소시키기 위해 효과적인 명령을 사용하는 데 관심을 기울인다(Querido & Eyberg, 2005; Zisser & Eyberg, 2010). 이 프로그램은 부모와 자녀 간의 애착을 향상하고 부모의 미흡한 행동관리기술을 개

▌표 9.3 부모훈련 프로그램의 공통적 특징

- 치료는 일차적으로 부모를 대상으로 실시된다.
  - 치료자는 친사회적 행동을 증가시키고 일탈행동을 감소시키기 위해 부모가 아동과의 상호작용을 변화시킬 수 있도록 가르친다.
  - 어린 아동일 경우에는 치료시간에 데리고 오도록 하여 부모와 아동 모두에게 상호작용하는 방법을 훈련시킨다. 더 큰 아동이나 청소년은 행동변화 프로그램의 구성 및 결정에 참여하게 한다.
- 행동문제를 확인하고 정의하며 관찰하는 새로운 방법을 가르친다.
- 사회학습의 원리와 절차를 가르친다(예 : 사회적 강화, 친사회적 행동에 대한 토큰 강화, 강화로부터의 타임아웃, 특권 상실 등).
- 치료회기는 치료기법이 어떻게 시행되고 있는지 살펴보고 치료법의 사용방법을 연습할 수 있는 기회를 제공한다. 가정에서 실시되는 행동변화 프로그램을 검토한다.
- 아동이 학교에서 보이는 기능을 치료에 통합한다.
  - 학교에서의 행동이나 학교관련 행동에 대해 부모가 실시하는 강화 프로그램은 행동변화 프로그램의 한 부분이다.
  - 가능하다면 교사는 행동을 모니터하고 행동에 대한 결과를 제공하는 역할을 한다.

출처 : Kazdin(1997)에서 수정 인용. Copyright 1997 by John Wiley & Sons. 허락하에 사용함

선하고자 한다. 여기에서 우리는 부모에게 효과적인 명령을 사용하도록 가르치는 프로그램의 한 부분을 보여주고자 한다(Querido, Bearss, & Eyberg, 2002). 예시와 더불어 부모들에게 가르치는 효과적 명령 사용의 규칙은 〈표 9.4〉에 제시되어 있다.

앞에서 살펴보았듯이 반사회적 행동의 발달에 대한

▌표 9.4 PCIT 프로그램 : 효과적인 명령을 위한 규칙

규칙	예
간접적으로 하지 않고 직접적으로 명령한다.	원을 그려 보겠니? vs. 원을 그려보아라.
긍정적으로 진술한다.	와서 내 곁에 앉아라. vs. 실내에서는 뛰지 마라!
한 번에 하나씩 명령한다.	신발을 장 속에 넣어라. vs. 방을 치워라.
모호하지 않게 구체적으로 명령한다.	탁자에서 내려와라. vs. 조심해라.
연령에 맞게 명령한다.	사각형을 그려라. vs. 정육면체를 그려라.
친절하게 명령한다.	블록을 나에게 주렴. vs. 블록을 당장 나에게 주란 말이야!
명령하기 전에 또는 순종한 후에 설명을 해준다.	가서 손을 씻으렴. (아동이 명령에 순종한 후에) 고마워. 깨끗한 손은 병균을 멀리하게 해서 병에 걸리지 않게 된단다.
필요하거나 적절할 때만 명령을 사용한다.	(아동이 뛰어다닐 때) 이 의자에 앉아라(적절한 시점). vs. 나에게 티슈를 갖다주렴(적절한 시점이 아니라면 명령이 필요한지 생각해볼 필요가 있다).

출처 : Zisser & Eyberg(2010), Zisser-Nathenson, Herschell, & Eyberg(2017)에서 수정 인용

Patterson의 개념화는 반사회적 아동과 그들의 가족을 치료하려는 맥락에서 시작되었다. 양육기술을 중시하는 Patterson의 개념화는 부모의 기술 향상에 초점을 맞춘 '세대 부모 관리 프로그램-오리건(Generation PMTO)' 이라는 치료 프로그램의 개발로 이끌었다(Patterson et al., 1975; Patterson et al., 1992; Reid et al., 2002). 이 프로그램은 양육방식의 강화에 중점을 두고 있다. 이 프로그램에서는 부모에게 문제를 정확히 지적하고, 행동을 관찰하여 기록하며, 적합하거나 친사회적 행동에 대한 사회적 및 비사회적 강화를 효율적으로 사용하고, 바람직하지 않은 행동에 대해서는 효율적으로 강화를 철회하도록 가르친다. 가족은 각자 치료센터와 가정에서 이루어지는 회기에 참가하며, 특정 표적행동에 대한 개입을 돕고 바람직한 양육기술을 제시하는 치료자와 정기적으로 전화통화를 한다. 학교나 다른 지역사회 장면에서 나타나는 문제행동에 초점이 맞추어지기도 하는데, 이때는 부모와 관련 담당자가 함께 개입에 참여한다.

Webster-Stratton과 동료들(Webster-Stratton & Reid, 2017)은 ODD와 CD 같은 품행문제를 보이는 아동들(2~8세)을 위한 다면적 치료 프로그램인 '멋진 시절 훈련 프로그램(Incredible Years Training Series)'을 개발하였다. 초기의 프로그램은 2~8세 자녀를 둔 부모를 대상으로 개발되었으나 이제는 영아기(4주~9개월), 걸음마기(1~3세), 유아기(2~5세), 학령기(6~12세) 프로그램이 별도로 개발되었다. 이 프로그램의 한 요소는 모범이 될 만한 양육기술을 비디오로 제작한 표준적 패키지이다. 이 비디오는 적합한 방법과 부적합한 방법으로 아동과 상호작용하는 2분짜리 짤막한 여러 개의 일화를 담고 있다. 부모는 집단으로 비디오를 보고 치료자의 주도하에 각 일화 속에서 일어난 상호작용에 관해 이야기를 나눈다. 치료자는 부모에게 집에 가서 자녀에게 양육기술을 실습해 보라는 숙제도 제시한다.

이 치료 프로그램은 수많은 연구에서 다른 통제집단 및 다른 양육 개입 프로그램과의 비교를 통해 평가되었다(Webster-Stratton & Reid, 2017). 프로그램을 마친 부모는 통제집단의 부모보다 자녀가 더 적은 문제를 가진 것으로 평가하고, 양육자로서 자신의 역할에 대해서도 더 나은 태도와 자신감을 보이는 것으로 나타났다. 가정에서 관찰했을 때에도 프로그램 집단의 부모가 더 나은 양육기술을 보였고, 자녀의 문제행동도 감소한 것으로 나타났다. 이런 향상은 1년, 그리고 3년 후의 추수평가에서도 유지되었다. Webster-Stratton(2017)은 또한 부모의 대인관계기술과 사회적 지지를 증진하고(ADVANCE), 자녀의 사회적 문제해결기술을 향상시키고(Dinosaur Curriculum), 교사의 효과적인 학급관리 전략을 훈련하는(Teacher Classroom Management Intervention) 요소들을 추가로 포함하여 원래의 프로그램을 확장하였다.

인지적 문제해결기술 훈련

부모훈련 접근은 품행장애 행동의 가정 측면에 초점을 두고 있다. 다른 치료에서는 더 구체적으로 아동 · 청소년의 기능에 초점을 맞춘다. 이러한 개입은 품행장애 행동과 관련된 대인관계 및 사회적 · 인지적 기술의 결함과 역기능에 중점을 둔다. Lochman과 동료들(Lochman et al., 2010; Powell et al., 2017)의 대처 능력 및 분노 프로그램(Coping Power and Anger Program)은 기술훈련 개입의 한 예이다. 〈표 9.5〉는 분노조절 프로그램의 일부에 포함된 개입을 보여준다.

Webster-Stratton과 동료들이 개발한 '멋진 시절'의 Dinosaur 학교 편에 포함된 인지행동적, 사회기술, 문제해결, 분노관리 훈련 프로그램은 이러한 결함과 기술을 다루는 개입의 한 예이다(Webster-Stratton & Reid, 2017). 4~8세의 조기 발병 품행장애 아동은 임상 장면에서 소집단 형태로 치료를 받는다. 이 프로그램에서는 품행장애를 지닌 어린 아동이 부딪히는 대인관계의 어려움을 다룬다. 아동은 치료자의 안내에 따라 다양한 기법으로 대인관계 상황에 대처하는 방법을 배운다. 그리고 스트레스 상황에 놓여 있는 아동을 주인공으로 하는 일화를 담은 비디오를 본 다음 토의를 통해 수용되는 해결책과 대처기술을 연습한다. 개입은 발달수준에 맞게 만들어져 있으며, 학습을 촉진하기 위해 아동의 몸 크

회기	내용/초점
표 9.5	**분노조절 프로그램 회기**
1	도입 및 집단 규칙
2	목표를 이해하고 써보기
3	분노관리 : 인형 자기조절 과제
4	자기교수법 활용
5	조망 훈련
6	분노 살펴보기
7	분노는 어떻게 느껴지나?
8	선택과 결과
9	문제해결 단계
10	문제해결 활동
11	학생 비디오 제작(분노조절 부족과 공격성을 보여주는 상황) : 그동안 배운 개념과 기술을 사용하여 상황 검토하기

출처 : Lochman et al.(2010)에서 수정 인용. Copyright 2010 by Guilford Press. 허락하에 사용함

기에 맞는 인형, 색칠 공책, 만화, 스티커, 상품 같은 자료들을 사용한다. 다른 상황에 일반화시키기 위한 전략도 회기 중에 사용된다. 그리고 정기적으로 서신을 통해 부모와 교사에게 아동이 목표기술을 가정이나 학교에서 사용할 때 강화를 주고 매주 '좋은 행동 차트'를 작성하도록 요청한다. 사후검사에서 프로그램에 참여한 아동은 통제집단 아동보다 가정과 학교에서 공격·불순종 행동과 다른 외현화 문제를 덜 보인 반면 친사회적 행동을 더 많이 보이고, 긍정적인 갈등관리 전략을 더 많이 사용하는 것으로 나타났다. 치료 직후의 긍정적 변화는 1년 후의 추수검사에서도 유지되고 있었다. 이러한 아동–중심 개입과 부모 및 교사훈련 개입의 병합은 더욱 큰 향상을 가져오는 것으로 나타났다(Webster-Stratton & Reid, 2017).

병합치료

Kazdin과 동료들(Kazdin, 2017)은 아동을 위한 성공적인 부모관리 훈련 개입을 개발하였다. 그러나 연구자들은 품행장애 아동을 치료할 때 아동을 위한 인지적 문제해결 기술훈련과 부모훈련과 함께 실시하면 더욱 효과적임을 보여주었다. 인지적 문제해결 기술훈련(PSST)과 부모관리 프로그램(PMT)을 병합하여 실시한 결과 7~13세 아동에게 한 가지만 실시할 때보다 더욱 효과적인 것으로 나타났다(Kazdin, Siegel, & Bass, 1992). 병합치료는 치료 직후와 1년 후의 추수검사에서 부모의 스트레스를 감소시키고 기능 향상을 가져왔을 뿐만 아니라 가정과 학교, 지역사회에서 아동의 기능이 유의하게 향상한 것으로 나타났다. 그리고 부모의 스트레스 원천을 다루는 치료요소를 첨가할 때 아동의 성과가 향상된 것으로 나타났다(Kazdin & Whitley, 2003). 이러한 결과는 앞에서 기술된 다중요소 프로그램과 마찬가지로 품행장애 아동과 가족에게 영향을 미치는 다양한 요인들을 다루는 개입이 중요하다는 것을 시사한다. 치료요소는 아동·청소년 및 가족이 지닌 문제의 성격과 범위에 따라 병합될 수 있다.

지역사회 기반 프로그램

부모훈련처럼 나이 어린 품행장애 아동에게 효과적인 것으로 기술된 개입은 청소년이나 만성적 비행에는 그만큼 성공적이지 않을 수도 있다. 심각한 품행장애 아동·청소년 또는 비행 청소년을 형사법 체계의 일부인 수용시설에 배치하는 것은 자주 고려되는 대안이다. 그러나 이러한 개입이 얼마나 효과적인지, 그리고 이런 기관에 청소년을 배치하는 것이 오히려 이들을 비행의 하위문화에 노출시키고 비행행동의 학습을 강화할 수 있다는 점은 우려스럽다. 이러한 우려와 지역사회에 기반을 둔 일부 프로그램의 성공은 수용시설 프로그램이 아닌 곳에서도 반사회적 및 비행행동을 다룰 수 있도록 유도하였다(McMahon & Frick, 2019). 주간치료 프로그램과 사례관리/랩어라운드 서비스(아동·청소년과 가족의

요구에 맞도록 서비스를 조정하는 것)은 이러한 개입의 두 가지 접근이다. '가르치는 가정 모델(Teaching Family Model, TFM)'은 세 번째 접근을 대표한다.

TFM은 캔자스대학교에서 원래 'Achievement Place'라는 프로그램으로 개발되었다. 이 프로그램은 자주 인용되는 비행 청소년을 위한 지역사회 기반 프로그램으로 주로 행동주의(조작적)에 근거한 개입의 한 예이다(Fixsen, Wolf, & Phillips, 1973; Phillips, 1968). 이 프로그램에서는 두 명의 훈련된 부모가 법적으로 비행자로 선언되거나 혹은 방치된 청소년들을 가정에서 데리고 살도록 한다. 청소년에게는 낮에는 학교에 출석하여 정해진 일을 해야 할 책임을 준다. 청소년이 보이는 학업문제, 공격성, 기타 규범위반 행동은 과거의 환경이 이들에게 적합한 행동을 가르치지 못한 데서 기인한 것으로 가정된다. 따라서 이러한 결함을 모델링, 연습, 교수, 피드백을 통해 수정하는 것이다. 이 프로그램에서는 **토큰경제**(token economy)를 사용하는데, 적합한 행동을 하면 점수를 받고 부적합한 행동을 하면 점수를 상실하게 된다. 점수는 다양한 특권을 얻는 데 사용될 수 있다. 청소년이 정해진 기준에 도달하면 점수체계를 거부하고 공로체계를 선택할 수 있는 권리를 얻을 수 있다. 이 과정은 칭찬, 지위, 만족과 같은 자연스러운 강화와 피드백으로 점차 이행하도록 하기 위한 것이다. 프로그램의 목표는 청소년이 이런 기관에서만이 아니라 자신의 가정에 돌아가서도 적절한 행동을 할 수 있도록 훈련의 효과를 전이시키는 것이다. 이곳에서 가르치는 부모 역할을 하는 사람은 친부모나 보호자가 'Achievement Place'에서 학습한 것을 유지할 수 있는 프로그램을 구성하도록 돕는 것이다.

이 프로그램의 개발자들과 독립적 연구자들이 TFM의 효과성을 평가하였다(Kirigin, 1996; McMahon & Frick, 2019). 그 결과 TFM 접근은 청소년이 그룹홈 장면에 머무는 동안에는 다른 프로그램과 비교했을 때 더 효과적인 것으로 나타났다. 그러나 청소년이 이 환경을 떠나는 즉시 이러한 차이가 사라졌다.

치료효과가 청소년의 가정으로 전이되기 어렵다는 점과 장기적 효과의 문제는 비행 청소년을 위한 모든 개입이 가지고 있는 공통적인 문제이다. 이런 점을 고려하여 TFM의 개발자들은 '장기적 지원 가정 모형(long-term supportive family model)'을 제안하였는데, 여기에서는 특별히 훈련된 위탁부모가 성인기로 진입하는 한 명의 청소년을 돌보게 한다(Wolf, Braukmann, & Ramp, 1987). 이에 대응하여 '치료 위탁보호(Treatment Foster Care Oregon, TFCO)'라는 개입이 개발되었다(Chamberlain & Smith, 2003). 이 프로그램도 TFM 접근과 마찬가지로 행동적·사회적 학습이론에 근거하고 있으며, 아동·청소년을 가정과 유사한 장면에 배치하고 개입도 자연스러운 장면에서 이루어진다. 그러나 여러 명의 아동·청소년을 집단으로 배치하기보다 한두 명의 아동·청소년을 배치한다. 이런 결정은 비슷한 반사회적 발달력을 가지고 있는 또래와의 교류를 허용하지 않는 것이 바람직하다는 연구결과에 근거한 것이다(Dishion & Dodge, 2005). 위탁부모는 행동관리기술 훈련을 받으며, 프로그램 요원으로부터 지원과 함께 감독을 받는다. 명백한 행동목표가 설정되며, 점수체계를 포함한 체계적 프로그램이 적용된다. 아동·청소년이 다니는 학교도 프로그램에 참여한다. 심리치료사와의 개인상담도 청소년에게 매주 제공된다. TFCO에 머무는 동안 프로그램 요원은 아동·청소년과 부모의 재회를 준비시키기 위해 부모나 이곳을 떠난 후에 아동·청소년을 도와줄 담당자를 만나기도 한다. 심각한 남녀 비행 청소년을 위한 성공적인 TFCO 프로그램이 개발되었으며, 비용 대비 효율적이라는 평가를 받아 왔다. 프로그램의 효과에 관한 연구결과는 TFCO 프로그램에 참여한 청소년이 가정 밖에서 제공되는 다른 프로그램에 참여한 청소년보다 비행행동을 덜 하게 되었으며, 4년 후 범법행위로 체포되는 비율도 더 낮다는 것을 보여주었다(Smith & Chamberlain, 2010). TFCO 프로그램에 참여했던 여자 청소년은 또한 우울증상과 임신 횟수에서 감소를 나타냈다(Buchanan, Chamberlain, & Smith, 2017; McCart & Sheidow, 2016).

다중체계치료

반사회적 아동·청소년에 대한 개입은 다양한 서비스 기관 간의 협력을 요구한다. 하지만 이러한 협력은 어려울 때가 많으며 아동·청소년 그리고 가정의 요구에 맞게 개별화하는 노력은 더욱 어렵다.

다중체계치료(Multisystemic Therapy, MST)는 가족 및 지역사회 기반의 접근이다(Henggeler & Shaeffer, 2017). MST는 반사회적 및 비행행동과 관련된 다양한 위험요인들을 다루기 위해 개발되었다. Bronfenbrenner(1977)의 사회생태학적 모델은 다양한 요인들의 조직화에 도움이 되는 유용한 틀을 제공해주었다. 이 모델에서 아동·청소년은 가족, 또래, 학교, 이웃, 지역사회를 포함하는 수많은 체계 속에 존재하는 것으로 고려된다(62쪽 참조). MST는 청소년과 그들의 가족을 돕기 위해 가족의 강점 향상에 초점을 맞추며 가족체계치료, 부모훈련, 인지행동치료 등 경험적으로 지지를 받은 치료법을 사용한다. 이 접근에서는 가정의 보존을 추구하며 청소년이 가정 안에 머물도록 한다. MST는 가족체계만

이 아니라 청소년이 가진 기술과 또래, 학교, 이웃과 같은 가족 외적 영향도 다룬다. 가정과 지역사회 장면에서 실시되는 가족회기는 각 가족에게 맞추어 융통성 있게 개별화된다. MST의 기본 원리는 〈표 9.6〉에 제시되어 있다.

청소년의 심각한 반사회적 행동치료를 위한 MST의 효과는 상당한 경험적 지지를 받았다(Henggeler & Schaeffer, 2017; McCart & Sheidow, 2016). 심각한 비행 청소년과 가족을 위한 일반적인 서비스와 MST를 비교한 연구에서 이 접근을 자세하게 기술하고 있다(Henggeler, Melton, & Smith, 1992). 연구에 참여한 청소년들은 집이 아닌 곳에 배치될 만큼 심각한 상황에 놓여 있었다. 이들은 이전에 평균 3.5회 체포되었고, 54%가 적어도 한 번 이상 폭력범죄로 체포되었으며, 71%가 적어도 3주간 구금되었다. 이 연구결과는 MST가 다른 서비스와 비교해 훨씬 더 효과적이라는 것을 보여준

매기 : 다중 서비스에 대한 요구

매기는 7학년에 재학 중인 13세 소녀로 무직에다 약물중독자인 어머니와 어머니의 남자친구, 두 명의 여동생(10세, 8세), 그리고 역시 약물중독자인 어머니 친구의 딸과 함께 살고 있다. 매기는 가정에서(예 : 가족을 공격해서 여러 번 체포됨), 학교에서(예 : 막대기로 학급 친구를 때리고 교사를 죽이겠다고 위협함), 그리고 이웃에서(예 : 주택단지의 주민을 공격하여 두 번이나 체포됨) 신체적 폭력을 행사했다는 이유로 의뢰되었다. 매기의 공격적 행동은 대부분 어머니가 밤새 폭음한 후에 나타났다. 매기는 일탈된 또래와 어울렸고, 특수학급에 배치되었으며, 학교에서 제명을 권고받았다. 매기의 가족은 범죄율이 높은 지역에서 살고 있었으며, 유일한 수입은 복지기금이었다.

– Henggeler 등(1998, p. 23)에서 수정 인용

┃표 9.6 다중체계치료의 원리

- 호소문제를 다중 관점(예 : 아동과 청소년, 가족구성원, 교사, 소년 법원 담당자)에서 평가하고 정의한다.

- 다중 영역의 문제를 다루는 개입을 매우 통합적인 방식으로 개발한다.

- 집중적으로 할 수 있도록(예 : 가족 구성원의 매일 또는 매주 시도) 개입을 설계한다.

- 개입은 현재 중심, 행동 지향적이어야 한다.

- 모든 참가자들의 책임감 있는 행동을 증진하도록 개입을 설계한다.

- 처음부터 치료적 이득의 일반화와 유지를 증진할 수 있도록 개입을 설계한다.

- 개입은 다양한 생태적 맥락의 강점을 변화를 위한 지렛대로 활용하며, 낙관주의적 관점을 전달한다.

- 개입효과를 다중 관점에서 지속적으로 평가하여 시스템에 반영하며 필요할 경우 수정을 한다.

출처 : Henggeler & Schaeffer(2017)에서 수정 인용

다. 더불어 MST 개입을 받은 가정은 가족응집력이 증가하였으나 다른 가정에서는 응집력이 감소하였다. 그리고 MST 청소년은 또래에 대한 공격성에서 감소를 나타냈으나 다른 서비스를 받은 청소년은 같은 수준을 유지한 것으로 나타났다. 다른 연구결과도 MST가 폭력적이고 만성적인 청소년 가해자, 성적 가해 청소년, 물질을 사용하거나 의존을 보이는 청소년, 정신과적으로 응급상태에 놓여 있는 청소년 등 다양한 집단에 유용하게 적용될 수 있음을 보여주고 있다. 이러한 결과는 MST의 장기적 효과성과 비용 효율성을 뒷받침해준다(Aos et al., 2006; Curtis, Ronan, & Borduin, 2004; Henggeler & Schaeffer, 2017; Johnides et al., 2017).

약물치료

다양한 유형의 향정신성 약물이 공격성과 ODD와 CD의 치료에 적용되었다. 여기에 포함되는 약물로는 리튬과 같은 기분 안정제와 리스페리돈과 같은 비전형적 향정신병약이 있다. 그러나 파괴적 행동장애의 치료를 위해 이러한 약물의 사용을 지지하는 연구는 제한적이다(Gorman et al., 2015; McKinney & Renk, 2011; McMahon & Frick, 2019). 따라서 앞에서도 언급했듯이 품행문제를 위한 치료에서 첫 번째 선택은 심리사회적 개입이다. 약물치료는 다른 치료방법이 성공적이지 않거나 호소문제가 극단적으로 심각할 때 고려된다. CD와 ODD 치료를 위한 약물치료의 효과를 승인하는 근거의 부족, 심각한 잠재적 부작용과 관련된 쟁점, 아동에게 향정신성 약물을 사용하는 데 대한 불편으로 인해 약물치료를 품행장애 치료에 적용하는 것에 대한 우려가 있다(Gorman et al., 2015; McKinney & Renk, 2011; McMahon & Frick, 2019; Scahill & Rojas, 2019).

품행장애 아동 · 청소년은 또한 ADHD의 증상을 보이거나 진단기준을 충족할 수도 있음에 주목해야 한다. ADHD를 위한 약물치료 개입은 많은 지지를 얻고 있다(AACAP, 2007a). 따라서 ADHD를 공존장애로 보이는 아동 · 청소년은 각성제와 같은 약물사용을 통해 도움을 받을 수 있을 것이다.

예방

심각하며 지속적인 품행장애를 보이는 청소년을 치료하는 어려움, 다양한 요인에 의해 결정되는 반사회적 행동의 성격, 그리고 품행장애 행동의 잠재적 안정성은 이들을 돕기 위한 노력이 일찍 시작되어야 한다는 것을 보여준다. 그리고 개입이 다면적이며 유연하게 이루어져야 하며, 일부 아동 · 청소년에게는 개입이 계속해서 제공되어야 한다는 것을 시사한다. 여기에서 우리는 조기개입을 위한 노력의 몇 가지 예를 제시하고자 한다.

적대적 반항장애 또는 공격성의 조기 징후를 보이는 어린 아동의 가족들을 위한 치료적 개입이나 유사한 프로그램은 예방적 전략으로 볼 수 있다. 성공적인 치료는 품행장애 행동발달의 조기 증상을 감소시킬 수 있다. 그리고 양육기술과 가족들 간의 상호작용을 개선하는 것도 위험요인을 감소시키고 품행문제의 진행과 관련된 보호요인을 제공할 수 있다. 따라서 학령 전 아동 및 초등학교 저학년 아동과 그들의 가족을 위한 개입은 현재 존재하는 품행문제를 치료하는 동시에 나중의 품행장애를 예방하는 것으로 생각될 수 있다.

이러한 개념적인 중복을 넘어서 앞에서 기술된 일부 치료 프로그램은 예방 프로그램으로 사용되어 오고 있다. 예를 들어 Webster-Stratton과 동료들(Webster-Stratton, 1998; Reid, Webster-Stratton, & Beauchaine, 2001; Webster-Stratton, Reid, & Hammond, 2001)은 '멋진 시절' 프로그램을 예방 프로그램으로 평가하였다. 연구진은 무선적으로 선정된 헤드스타트 가정에 정규 헤드스타트 프로그램과 함께 BASIC 부모 프로그램을 제공하였다. 실험집단에 참여한 어머니들은 정규 헤드스타트 프로그램만 받은 통제집단의 가정과 비교했을 때 양육기술의 향상을 보였다. 자녀의 부정적 행동도 유의하게 감소하였으며, 행동 변화를 보이지 않은 통제집단 아동보다 훨씬 긍정적인 정서를 보였다. 교사의 보고에서도 프로그램에 참여한 부모가 학교에 더욱 관여하게 되었으나 통제집단의 부모는 이러한 변화를 보이지 않은 것으로 나타났다. 1년 후 자녀가 유치원에 다니게 되었을 때도 부모의 양육행동과 아동의 행동 및 정서는 향상된 상태를 유지하고 있었다. Webster-Stratton은 프로그램이 다양한 인종 배경의 저소득층 헤드스타트 가정뿐만 아니라 아동 방임 및 학대로 인해 의뢰된 가정에게도 효과적이라고 보고하였다(Webster- Stratton & Reid, 2017). 다른 독립적 연구자들도 이 프로그램을 예방적 개입으로써 성공적으로 적용하였다(Gardner, Burton, & Klimes, 2006; Gross et al., 2003; Hutchings et al., 2007; Posthumus et al., 2012).

품행문제에 초점을 맞추어 장기간 종합적인 개입을 제공하는 선택적 예방 프로그램도 있다. 예를 들어 Fast Track 프로젝트(Conduct Problems Prevention Research Group, 1992, 2002b; McMahon & Frick, 2019)는 여러 지역에서 실시되는 협력 프로젝트이다. 이 프로젝트에서는 심각한 품행장애를 보이는 것으로 확인된 대규모 고위험 표본의 아동들, 그리고 이들과 같은 학교에 다니는 대표 표본의 아동들을 추적한다. 고위험 표본의 절반은 1학년에 시작하여 10학년까지 계속되는 집중적인 장기적 개입에 참여한다. 이것은 조기 발병 품행문제 아동·청소년에게 장기간에 걸쳐 다중 개입을 제공할 필요성과 일치한다. 프로그램은 행동과 기술, 그리고 조기 발병 품행문제의 발달경로와 관련된 다른 위험요인들을 표적으로 한다. 개입의 요소로는 부모훈련, 사회적·인지적 기술훈련, 또래관계에 대한 관심, 학업 튜터링, 가정방문, 교사 중심의 학급 개입 등이 포함된다. 개입의 효과에 대한 평가결과는 개입과정 전체에 걸쳐 그리고 그 이후까지도 고무적이었다. 25세가 되었을 때 Fast Track 개입 참가자는 통제집단의 참가자들보다 외현화 및 내재화 문제, 물질사용문제, 위험한 성행동 등을 더 적게 보였으며, 범죄 기소 건수 면에서 더 적은 것으로 나타났다(Dodge et al., 2015a). 연구결과는 또한 품행문제의 변화를 매개하는 변인에 관한 정보도 제공해주었다(Albert et al., 2015; Conduct Problems Prevention Research Group, 2002a; Erath et al., 2006; Milan et al., 2006; Pasalich et al., 2016; Sorenson, Dodge, & the Conduct Problems Prevention Research Group, 2016).

오리건의 연구진은 그들의 임상적 모델을 수정하여 몇 가지 예방적 노력에 적용하였다. 이 개입에서는 아동·청소년과 가족의 요구에 따라 개입의 '수준'을 다르게 하고 아동·청소년의 문제가 다양한 환경과 관련된다는 점을 고려한 프로그램이 필요하다고 본다(Dishion & Stormshak, 2007). Dishion과 Kavanaugh(2002)의 '청소년 이행 프로그램(ATP)'이 한 예이다. 가족기반 개입 프로그램인 ATP는 학교 장면에서 이루어지며 청소년의 문제행동 감소를 목표로 한다. 이 프로그램은 가족에게 세 가지 수준의 서비스를 제공한다. 학교의 가족지원센터는 부모-학교 협력을 촉진하며 부모에게 정보와 교육을 제공한다. 이것은 보편적 개입이다. 가족 체크업(FCU)은 아동·청소년이 발달적 이행기를 거치는 동안 부모를 지지하기 위해 제공된다. 이행기는 부모의 관리, 자녀의 문제행동, 정서적 스트레스 면에서 혼란을 겪으면서 잠재적으로 취약해질 수 있는 시기이다(Dishion et al., 2016). 따라서 FCU는 고위험 아동·청소년이 있는 것으로 확인된 가정에게 제공되는 선택적 개입으로 볼 수 있다(Dishion et al., 2008). 이 간략한 개입에서는 평가와 함께 현재의 긍정적인 양육을 유지하는 방법과 문제가 되는 양육방식을 변화시키도록 도움을 준다. 현재 품행문제를 보이는 아동·청소년의 가족들에게는 집중적 수준의 개입을 제공한다. 앞에서 소개된 치료 프로그램과 유사한 많은 전문적 개입 프로그램이 이 가족들에게 제공된다. 이런 개입은 품행행동과 다른 문제를 다루는 데 유용한 것으로 밝혀졌다(Dishion & Stormshak, 2007; Dishion et al., 2016). 예컨대 6학년일 때 가족 체크업 프로그램에 참여했던 가족의 청소년 자녀들은 11~17세에 물질사용과 다른 문제행동을 덜 나타냈으며, 18세에는 범법 기록에서도 통제집단보다 더 낮은 수준을 보였다(Connell et al., 2007). 가족 체크업 프로그램은 원래 청소년을 대상으로 개발되어 효과가 입증되었으나 걸음마기 유아에게도 성공적으로 적용될 수 있는 것으로 보고되었다(Dishion et al., 2014; Gill et al., 2008; Shaw et al., 2006).

핵심용어

간헐적 폭발성 장애

강압

강화의 덫

공격적 행동 증후군

관계적 공격성

괴롭힘

규칙위반 행동 증후군

내담-무정서 특질

내재적

물질 유도성 장애

물질사용장애

반사회적 성격장애

반응적 공격성

부모관리 훈련 프로그램

부모의 모니터링

부모의 훈육

부적 강화

불법적 약물

비행

선행적 공격성

아동기 발병 발달양상

외현적

외현화

집행기능

청소년기 발병 발달양상

토큰경제

투쟁/도주체계

품행문제

품행장애

합법적 약물

행동억제체계

행동활성(혹은 접근)체계

CHAPTER 10

주의력결핍/과잉행동장애

학습목표

- ADHD에 대한 개념의 변화
- ADHD의 분류와 진단
- ADHD의 특징과 공존장애
- ADHD의 역학과 발달과정

- ADHD의 신경심리학적 이론
- ADHD의 신경생물학적 이상
- ADHD의 병인과 발달의 개요
- ADHD에 대한 평가와 개입

엘리어트는 어렸을 때 지나치게 활동적이었다. 12개월에는 아기침대에서 나와 옆의 옷장으로 기어 올라가고, 옷장에서 다시 침대로 뛰어내리는 일을 수없이 반복했다. 세 살에 어린이집에 갔는데, 엄마가 엘리어트를 따라다니는 데 너무 지쳤기 때문이었다. 선생님도 엘리어트가 가만히 앉아 있지 못하고 조용히 듣지를 못한다고 지적하였다. '파괴적이고', '바보 같고', '소란스러우며 빠르게 움직이는' 행동을 많이 하였고, 나중에는 사회적 관계에서도 문제를 보였다.(Pennington, McGrath, & Peterson, 2019, pp. 243-247)

조안은 학교 성적이 나빠서 8학년 때 평가를 받기 위해 의뢰되었다. 학업문제는 초등학교 저학년 때부터 시작되었다. 3학년에는 읽는 데 도움을 받아야 했고, 학업문제는 5학년에 더 많아졌다. 현재 8학년인 조안은 주의집중하고, 조직화하고, 숙제를 끝내고, 주어진 일을 제 시간에 마치고, 읽고 쓰는 데 어려움을 보이고 있다.(Pennington, McGrath, & Peterson, 2019, pp. 247-249)

앞에서 제시한 증상들을 포함하여 주의력결핍/과잉행동장애(Attention-Deficit/Hyperactivity Disor-der, ADHD)의 이질적 증상들은 범주적 분류와 차원적 분류 모두에서 인지되고 있다. 청소년 장애 중 ADHD만큼 대중의 많은 관심과 논란을 일으켜 왔던 장애는 별로 없다. ADHD에 대한 논란은 이 장애의 성격과 1960년대 후반부터 널리 소개되기 시작한 약물치료에 집중되어 왔다.

ADHD에 대한 개념의 변화

ADHD는 평생 영향을 미치는 신경발달장애이다. ADHD는 기술과 정의에서 많은 변화가 있었다(Bark-ley, 2015f). 의학 및 과학 문헌에서 ADHD의 역사는 2세기 이상을 거슬러 올라간다(Barkley & Peters, 2012). 이 장애에 대한 초기 설명으로는 영국의 내과의사인 조지 스틸(George Still)이 '도덕적 통제력에 결함이 있는'

273

일군의 소년들에 대해 부주의하고 충동적이며, 과잉행동을 보이고, 법을 지키지 않고, 공격적이라고 기술한 것을 들 수 있다. 미국에서는 1917~1918년에 유행한 뇌염을 앓고 난 뒤 유사한 성향을 보이게 된 사람들에 대한 관심을 계기로 알려지게 되었다. 임상적으로 이와 유사한 증상들이 머리손상, 출산 시의 외상, 감염 혹은 독성물질에 노출되었던 아동들에게서 발견되었다.

1950년대 후반까지는 이런 아동들이 보이는 과잉행동이나 운동 불안정성이 강조되었고, 과잉운동증, 과잉운동증후군, 과잉행동아동증후군 등의 용어가 다양하게 사용되었다. 시간이 지나면서 과잉행동의 중요성이 떨어지고 대신 주의력결핍이 중요하게 대두되었다. 이러한 개념상의 변화는 DSM-III(1980)에 반영되었는데, 여기서는 과잉행동이 수반되는 유형과 수반되지 않는 유형으로 구분하여 주의력결핍장애(ADD)를 다루었다.

개념의 변화는 거기서 그치지 않았다. DSM-III-R(1987)에서는 이 장애의 명칭을 '주의력결핍 과잉행동장애(ADHD)'라고 재명명하였다. 진단은 14가지 행동 특성 가운데 8가지 이상을 나타낼 경우 내려지는데, 이 경우 다양한 조합의 주의력결핍, 과잉행동, 충동성이 나타날 수 있다. 다시 말해 ADHD를 단일 차원의 장애로 간주해서 여러 행동 특성 가운데 어떤 조합으로 증상이 나타나더라도 진단기준을 충족시키는 것으로 보았다. 그럼에도 불구하고 ADHD의 이 세 가지 주요 증상들 간의 관계는 확실하지 않았다. 이들을 단일 차원의 일부분으로 보아야 하는가? 함께 나타나지만 서로 독립적인 것으로 보아야 하는가? 혹은 둘은 유사한데 나머지 하나가 좀 다르다고 보아야 하는가? 시간이 가면서 ADHD의 성격을 좀 더 잘 이해하기 위해 설계된 요인분석 연구에서 이 장애가 (1) 주의력결핍과 (2) 과잉행동-충동성의 두 가지 차원 또는 요인으로 이루어진다는 것을 보여주었을 때, 단일 차원 입장은 사실상 배제되었다. 각 요인에 고유한 유전적 영향력이 작용하지만 두 요인의 관련성은 공유된 유전적 영향 때문인 것 같다(Barkley, 2015c). 현재 비교문화적으로 이러한 2요인의 타당성에 대한 상당히 많은 증거가 있기는 하지만

(Barkley, 2015f), 주의력 문제의 다른 중첩되지만 개별적인 형태가 있을 가능성을 탐색하기 위해 연구가 계속되고 있다(Barkley, 2015a; Nichols et al., 2017).

ADHD의 성질과 치료에 관한 중요한 문제점은 여전히 남아 있고, 지난 10여 년 사이에 이 분야에 상당한 변화가 일어났다. 예를 들어 더 최근에는 부주의(inattention)와 유사한 일련의 행동들인 자기조절문제와 굼뜬 인지적 템포(sluggish cognitive tempo)가 이 장애에 어떻게 기여하는지를 이해하는 데 큰 관심이 주어지고 있다(Evans et al., 2018a; Musser & Nigg, 2019). 게다가 ADHD가 만성적인 조건으로 아동기 이후에 사라지지 않는 사실이 밝혀지면서 청소년과 성인에 대한 관심이 더 증가하고 있다. 또한 ADHD의 유전에 대한 새로운 연구들은 이 장애와 다른 정신과적 증상들, 즉 외현화, 내재화, 신경발달장애들과의 중첩을 시사한다(Andersson et al., 2020; Thepar, 2018). 유전학과 뇌과학이 발전하면서 새로운 도전과 이해를 양산하고 있으며, ADHD의 본질에 대한 견해도 계속해서 진화하고 있다.

DSM 분류와 진단

현재의 DSM-5(American Psychiatry Association, 2013)는 ADHD를 아동기 초기 발병과 지속적 발달과정으로 특징지어지는 신경발달장애로 분류한다. 이 장애는 흔히 언어, 운동, 사회적 발달에서 미묘한 지연을 동반하며 신경발달에서의 영구적 변화와 연합되기 때문에, 이런 특징들을 공유하는 자폐스펙트럼장애와 학습장애 같은 다른 장애들과 함께 묶이게 되었다. DSM-5는 주의력결핍과 과잉행동-충동성의 두 요인을 인정하고 있고 '주의력결핍/과잉행동(Attention-Deficit/Hyperactivity)'이라는 명칭을 사용한다. 주의력결핍의 예는 다음과 같다.

- 학교나 일터에서 부주의한 실수를 한다.
- 다른 사람이 말을 하면 듣지 않는 것 같다.

- 지시나 일과를 순서대로 따라하지 못한다.
- 활동을 조직화하는 데 어려움이 있다.
- 외부의 자극에 의해 방해를 받는다.

과잉행동-충동성의 예는 다음과 같다.

- 손이나 발을 가만히 두지 못하거나 자리에 가만히 앉아 있지 못한다.
- 부적절하게 뛰어 돌아다닌다.
- 지나치게 말을 많이 한다.
- 자기 순서를 기다리지 못한다.
- 다른 사람을 방해하거나 침해한다.

나타나는 증상에 따라 아동은 **주의력결핍 우세양상**(Predominantly Inattentive Presentation, ADHD-PI), **과잉행동-충동성 우세양상**(Predominantly Hyperactive-Impulsive Presentation, ADHD-PHI), 그리고 이 두 요인을 모두 보이는 **복합양상**(Combined Presentation, ADHD-C)의 세 가지 양상 중 하나로 진단된다.

ADHD로 진단되려면 12세 이전에 여러 증상이 나타나야 하고, 적어도 6개월 동안 증상이 표출되어야 한다. 그러나 ADHD의 진단준거에 있는 모든 행동이 정상 아동에게도 어느 정도 나타나며 아동의 발달수준에 따라 나타나는 정도가 다를 수 있기 때문에 증상이 발달적으로 기대할 수 있는 수준을 벗어날 때에만 진단이 내려진다. 증상들이 광범위하게 나타나야만 하는데, 즉 적어도 두 개의 장면(예 : 학교와 집)에서 관찰되어야 한다. 또한 증상들로 인해 사회적·학업적 또는 직업적 기능이 방해를 받거나 질이 떨어진다는 증거가 있어야 한다. 또한 다른 정신장애가 이 증상들을 설명할 수 없어야 한다.

이제부터는 ADHD의 주요 또는 핵심 증상과 이 장애와 이차적으로 연관되어 있는 문제들을 더 기술하겠다. 이 장애로 진단받은 아동·청소년을 가리키기 위해 주의력결핍/과잉행동장애(ADHD)라는 일반적인 이름을 사용할 것이다.

장애의 기술 : 핵심 특성

주의력결핍

ADHD가 있는 아동을 접해 본 성인들은 주의력결핍의 다양한 징후들을 보고한다. 이 아동들은 다른 사람들이 자신에게 하는 말에 주의를 기울이지 않고, 주의가 쉽게 분산되며, 한 과제에 집중하지 못하고 활동을 쉽게 바꾸고, 물건을 잘 잃어버리고, 백일몽에 빠진다. 그들은 또한 계획을 세우는 것에 어려움을 겪고, 조직화되어 있지 않으며, 시간 관리를 못하고, 정신을 바짝 차리는 것이 어렵다(Nigg & Barkley, 2014). 이 장애의 이해하기 어려운 특성 가운데 하나는 이 아동이 어떤 때는 주의를 기울이거나 주의를 집중하기가 매우 어려워 보이다가도 또 어떤 때는 몇 시간이고 꼼짝 않고 앉아서 그림을 그리거나 블록을 쌓기도 한다는 사실이다. 사실 주의력은 상황에 따라 달라진다. 아동이 흥미를 느끼거나 어떤 식으로든 동기유발이 되었을 때는 정상적으로 주의를 기울이는 것 같지만, 어떤 일이 지루하고 반복적이거나 노력을 많이 기울여야 할 때, 또는 과제 수행 시에 옆에 어른이 없을 때에는 문제가 생긴다(Nigg & Barkley, 2014).

성인들의 보고가 ADHD를 전반적으로 훌륭하게 기술해주고 있지만 주의력결핍을 더 잘 설명하고 타당화하기 위해 공식적인 관찰과 통제된 연구가 수행되었다. ADHD 증상이 있는 아동과 청소년들은 학습장애가 있거나 아니면 정상 통제집단에 속하는 아동에 비해 자신의 일에 주의를 덜 기울인다(Roberts, Milich, & Barkely, 2015). 실험결과 ADHD 아동들은 통제집단 아동에 비해 주의를 요구하는 여러 과제들을 잘 수행하지 못하였고, 구체적인 결함들이 발견되었다.

이런 결함 가운데 하나는 선택적 주의(selective attention)이다(Brodeur & Pond, 2001 ; Huang-Pollock, Nigg, & Carr, 2005). 선택적 주의는 적절한 자극에 집중하고 부적절한 자극에 의해 방해받지 않는 능력이다. ADHD가 있는 아동들은 과제가 지루하거나 어려울 때, 혹은 부적절한 자극이 새롭고 두드러질 때 더 쉽게 주의가 산만해진다. 또 다른 결함은 중요한 측면에 즉각적으로 주의를 기울이는 능력인 주의적 각성(attentional alerting)에서 발견된다(Nigg & Nikolas, 2008). 또한 ADHD가 있는 아동들은 일정 기간 하나의 과제나 자극에 계속해서 주의를 기울이는 지속적 주의(sustained attention)에도 어려움이 있다(Martel et al., 2016).

주의는 여러 요소로 구성되며 여러 가지 방식으로 개념화할 수 있다는 점에 주목해야 한다(Hinshaw, 2018). 주의의 다른 요소나 능력들은 발달하는 시기가 다르며 각기 다른 뇌 구조와 연결된다. 최근에 주의가 행동과 정서의 고차수준 조절에서 담당하는 역할에 대해 관심이 증가하고 있다. 뇌의 전전두피질과 전측구조를 포함하는 집행적 주의 신경망(executive attention network)이 다른 뇌 신경망들의 활성화를 조절한다는 가설이 있다(Nigg, 2016). 집행적 주의는 서로 상충되는 자극을 감시하거나 어떤 반응을 억제할 필요가 있는 과제에서 중요한 역할을 하는 것으로 생각된다. 이처럼 집행적 주의는 ADHD에 있어서 결정적인데 행동조절이 이 장애에서 핵심적이기 때문이다.

과잉행동과 충동성

과잉행동

ADHD가 있는 아동들은 언제나 뛰어다니고, 가만히 있지를 못하며, 안절부절못하고 얌전히 앉아 있지 못하는 것으로 묘사된다(Nigg & Barkley, 2014). 이 아동들은 신체를 크게 움직이고 자기 자신이나 다른 사람에게 말을 지나치게 많이 한다. 교실에서 이들은 자리에 앉아 있지 않고, 팔과 다리를 계속 움직이며, 과제와 상관없는 일을 한다.

과잉행동에 관한 많은 정보가 부모와 교사의 보고에서 나오지만 직접 관찰이나 활동 측정계를 사용하면 더 객관적인 측정이 이루어질 수 있다(Wainer & Meltzer, 2018). 활동 측정계란 활동량을 측정하기 위해 아동이 착용하는 작은 장치이다. 객관적인 측정에 의하면

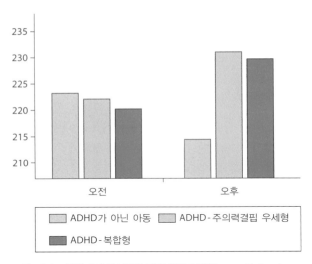

그림 10.1 오전과 오후시간의 평균 활동수준[Dane, Schacher, & Tannock(2000) Copyright 2000 by Elsevier. 허락하에 사용함]

ADHD 아동들이 과도하게 활동을 하지만 아동들 사이의 개인차와 상황에 따른 차이가 있었다. 한 연구에서는 활동 측정계로 측정한 활동량은 오전 시간대에는 ADHD가 있는 아동과 ADHD가 없는 아동 간에 차이가 없었지만, 오후에는 ADHD가 없는 아동의 활동량은 줄어든 반면 ADHD가 있는 아동의 활동량은 더 늘어났다(Dane, Schachar, & Tannock, 2000)(그림 10.1 참조). 일주일 동안의 활동량을 지속적으로 기록한 또 다른 연구에 따르면 학교에서 읽기와 수학시간에는 과잉행동 소년들이 통제집단 소년들에 비해 활동을 더 많이 하였으나 체육시간과 점심 및 휴식시간에는 차이를 보이지 않았다(Porrino et al., 1983). 이러한 과도한 활동수준은 어떤 아동들의 경우에는 수면 상태에서조차 사실인 듯하다. 활동 측정계 방식을 사용한 최근 연구에 따르면 ADHD가 있는 청소년들은 이 장애가 없는 청소년들에 비해 수면이 부족하였다(Barkley et al., 2019a). 일반적으로 과도한 활동과 안절부절못하는 특성은 아무런 보상 없이 조용히 앉아서 자신의 행동을 조절해야 하는 고도로 구조화된 상황에서 일어날 가능성이 크다.

충동성

충동성의 핵심은 행동의 억제, 유보 또는 행동 통제력의 결여로서 '생각하지 않고 행동하는 것'으로 나타난다. 이러한 아동은 다른 사람을 방해하거나 줄 서 있는 사람들 사이로 끼어들거나 생각 없이 위험한 행동을 할 수 있다(Nigg & Barkley, 2014). 참을성을 필요로 하거나 제약이 있는 활동은 제대로 수행하지 못한다. 그래서 사람들은 때로 이 아동이 조심성이 없고, 무책임하며, 미성숙하고 게으르고 불손하다고 생각하게 된다.

충동성은 실험실에서 다양한 방법으로 평가되어 왔는데, 그중 여러 유형의 정지-신호 과제(stop-signal task)가 널리 사용되고 있다(Coghill et al., 2018). 예를 들면 × 또는 ○ 같은 자극이 화면에 제시되고, 아동에게는 어떤 글자가 나타나느냐에 따라 두 개의 자판 중에서 하나를 누르라고 말한다. 그러다가 가끔씩 특별한 신호(예 : '삐' 소리)가 제시되면 자판을 누르지 말아야 한다. 즉 가끔씩은 재빨리 반응을 억제(중지)해야만 한다. 이런 종류의 도구가 사용되는 방식에 제한이 있긴 하지만 여러 연구에서 ADHD가 있는 아동들이 정지-신호 과제를 잘 수행하지 못한다는 것이 드러났다(Molitor & Langberg, 2017). 이 결과는 다른 연구결과들과 더불어 운동반응의 억제 결함이 ADHD의 중요한 특성임을 분명하게 보여준다.

장애의 기술 : 이차 특성

ADHD의 핵심적인 문제 이외에도 이 장애의 청소년들은 여러 기능 영역에서 예상보다 더 큰 어려움을 경험한다. 지금까지의 결과들은 복합양상 ADHD를 나타내는 학령기 아동에게 과도하게 집중되어 있어서 그 결과들을 다른 ADHD 아동들에게 적용할 때에는 신중해야만 한다.

운동기술

운동조절문제는 ADHD가 있는 아동의 절반 정도에게 영향을 미치며 이는 정상 아동의 경우보다 많은 숫자

"선생님이 내가 수업에 충분히 주의를 기울이지 않는다고 하셨어. 내 생각엔 아마도 그게 선생님이 말씀하셨던 것 같아."

Dave Carpenter/Cartoon Collections

이다(Kaiser et al., 2015 ; Weyandt & Gudmundsdottir, 2015). 행동이 서투르고 운동발달 지표가 늦게 나타나며 스포츠도 잘 못하는 등의 어려움을 보인다. 이들은 가벼운 신경학적 징후를 보일 수 있으며 여러 검사에서 미세한 운동조정과 타이밍에 결함이 있음이 드러난다. 특히 쓰기, 그리기, 악기 연주하기 등에서 문제가 나타날 수 있다. ADHD 아동은 복잡한 동작과 순서가 포함된 과제에서 특히 어려움을 겪는데, 이는 ADHD가 행동의 계획과 조절 같은 상위 통제과정에 영향을 주고 있음을 시사한다(Kaiser et al., 2015).

지능과 학업성취

집단 평균으로 비교해보면 ADHD가 있는 아동은 지능검사에서 정상 통제집단 아동들보다 약간 낮은 점수를 보이지만 그 관련성은 보통 정도이다(Weyandt & Gudmundsdottir, 2015). 그러나 일반 전집에서 그러하듯 이들의 지능수준에는 개인차가 있고, ADHD가 있는 아동의 지능은 일반적인 지능의 범위에 속하며 어떤 경우에는 영재 수준에 속하기도 한다(Rommelse et al., 2017). 많은 아동이 읽기, 수학, 기타 학업 영역에서 특

정한 학습장애를 나타내는데 이는 지능이 낮기 때문이 아니다(이 문제는 뒤에서 논의될 것임).

낮은 학업성취도는 ADHD가 있는 아동에게 매우 두드러지는 특징이다(Dupaul & Langberg, 2015). 학습 및 학업성취의 문제는 ADHD가 있는 아동·청소년의 50~80%에서 나타난다(DuPaul & Stoner, 2014). ADHD가 있는 아동·청소년은 낮은 학교 성적과 학업성취도 검사점수, 유급, 특수학급 배정, 고등학교 졸업 실패를 보이는 것으로 나타난다(Fried et al., 2016). 특히 Kent와 동료들(2011)의 연구에 따르면 ADHD 청소년은 ADHD가 없는 청소년과 비교하여 학교를 중간에 그만둘 가능성이 약 8배나 높았다. 교사들은 학교 과제를 마치지 않는 것, 지나친 결석, 자신의 잠재력만큼 공부하지 않는 것에 주목하였다. 그러나 교육문제에 영향을 미치는 요인들에 상당한 차이가 있는데, 예를 들어 어떤 청소년의 경우 산만함과 파괴적 행동 등 ADHD와 연합된 핵심 행동 특성이 학업 과제를 마치는 능력을 간섭한다(DuPaul & Langberg, 2015). 이러한 행동들은 아동과 교사의 관계도 저해할 것이다. 사실 산만하고 파괴적인 학교 행동은 매우 이른 시기부터 나타날 수 있다(Nigg & Barkley, 2014). 유치원 교사와 부모가 특정 영역에서 의견을 달리하기는 했지만 그들 모두가 ADHD가 있는 어린 아동이 전형적인 아동에 비해 문제행동과 집행기능의 어려움이 더 많다고 평정하였다(Schneider, Ryan,& Mahone, 2020). 앞으로 더 자세히 다루겠지만 집행기능의 결함은 아동이 학교에 가면서 특히 두드러지게 되는데, 그러한 결함이 계획을 세우고 학교 물건들을 조직화하거나 시간을 관리하는 능력에 영향을 미치게 되기 때문이다. 이러한 어려움 때문에 ADHD가 있는 많은 아동·청소년은 지속적인 학업적 지원과 개입을 필요로 한다.

집행기능

ADHD가 있는 아동의 모두는 아니지만 대부분이 **집행기능**(executive function)의 문제로 해석되는 여러 가지 실험 및 신경심리 과제에서 장애를 나타낸다(Krieger & Amador-Campos, 2018; Weyandt & Gudmundsdottir, 2015). 집행기능이란 목표 지향적인 행동의 조정에 필요한 여러 복잡한 인지과정을 가리킨다. 집행기능은 활동의 계획과 조직화와 관련이 있으며, 집행기능에는 작업기억, 언어적인 자기조절, 행동억제, 운동통제가 포함된다. 이 능력들에는 전전두엽과 다른 대뇌 영역 사이의 연결이 중요하다(Barkley, 2015d).

최근 연구에 따르면 손상된 처리과정이 무엇인지에서 차이가 있기는 하지만 ADHD가 있는 아동의 거의 90%가 집행기능의 결함을 보인다(Kofler et al., 2019). 정상적으로 성장하는 아동들뿐 아니라 ADHD가 있는아동들의 집행기능은 현재의 기능에 중요할 뿐 아니라 청소년기의 학업적·사회적 기능을 예측한다. 집행기능의 차이는 ADHD가 있는 아동을 그렇지 않은 아동과 구분할 뿐 아니라 이 장애집단 내에서의 상당한 이질성도 설명해준다(Kofler et al., 2017).

정서조절

ADHD가 있는 아동·청소년은 정서적 반응성과 조절 문제를 보이기 쉽다. 예를 들어 그들은 일반적으로 좌절을 참는 능력이 부족하며 성급하고 쉽게 화를 내거나 정서적 반응에 쉽게 흥분하는 경향이 있다(Barkley, 2015b). 정서조절에서의 이러한 어려움은 ADHD에서 관찰되는 사회적 상호작용 문제와 학업적 어려움 같은 다른 영역에서의 손상에도 기여하는 것으로 판단된다(Ryckaert, Kuntsi, & Asherson, 2018). 일반적으로 더 심각한 수준의 정서조절 문제는 ADHD 아동의 더 큰 기능적 손상과 관련된다(Biederman et al., 2012). 정서조절 문제가 과잉행동-충동성 같은 ADHD의 핵심 특성보다 쉽게 관찰되지 않기는 해도 정서조절 문제가 ADHD 기저의 핵심 요소일 수 있다는 인식이 증가하고 있다(Barkely, 2015b; Musser & Nigg, 2019).

적응행동

아동은 청소년, 성인으로 성장해 가면서 전형적으로 자기관리와 의사소통기술 같은 일상적 행동에서 더 큰 독립성을 갖게 된다. 그러나 ADHD가 있는 아동은 그들의 전반적인 지능수준에 비해 일상적인 적응행동의 많은 영역에서 문제를 나타낸다. 그 불일치의 정도는 정상적으로 발달하는 아동이나 몇몇 다른 장애에 비해 더 크다(Weyandt & Gudmundsdottir, 2015). 스스로를 돌보는 능력과 독립성의 결여는 훨씬 더 심한 지능장애가 있을 때 나타날 수 있는 수준이다(Hinshaw, 1998). 많은 아동이 자신의 능력수준보다 더 미성숙하게 행동하며, 일반적으로 예상되는 정도보다 성인의 모니터링을 더 많이 필요로 한다. 일상생활에 필요한 기술을 학습하지 못하기도 하지만 이미 알고 있는 기술을 제대로 수행하지 못하는 것이 더 결정적이다(Barkley et al., 2002). 사실 ADHD는 지속적 주의와 목표 지향적인 행동을 하도록 돕는 집행기능의 장애를 포함하기 때문에 ADHD는 무엇을 해야 할지 모르는 문제라기보다는 수행하는 것의 문제라고 간주된다(Knouse, 2015).

사회적 행동과 사회적 관계

많은 ADHD 사례에서 보고되는 사회적 어려움은 성인들이 전문가의 도움을 구하게 만드는 중요한 이유이다. ADHD가 있는 많은 아동이 사회적 행동, 사회적 정보처리, 그리고 또래관계에서 심각한 어려움을 경험한다(Ros & Graziano, 2018). 사실 ADHD 아동의 50~70%는 또래문제를 경험하며 이러한 어려움은 흔히 청소년기까지 계속된다(Gardner & Gerdes, 2015).

ADHD의 핵심 특성(예: 주의력결핍, 과잉행동, 충동성)이 사회적 기능에 어떻게 어려움을 초래하는지 이해하는 것은 어렵지 않다. 과도한 활동성, 부적절하게 많이 말하는 것, 다른 사람을 방해하는 것에서 드러나는 차분하지 못하고 거슬리는 행동은 또래들에게 바람직하지 않을 수 있다(Willis et al., 2019).

마찬가지로 ADHD에서 나타나는 주의력결핍 또한 사회적 어려움과 관련이 있는 것으로 보인다. 남의 말을 듣지 않고, 쉽게 산만해지고, 느린 행동 스타일을 보이는 것은 아동이 또래에게 주의를 기울이거나 사회적 단서를 적절히 알아차리고 그에 반응하는 능력을 방해할

것이다(Nijmeijer et al., 2008). ADHD가 있는 아동들은 또한 사회적 문제해결과 조망수용능력에서 결함이 있으며, 이러한 결함은 일상 속의 사회적 갈등상황을 이해하고 해결하는 그들의 능력을 방해할 수 있다(Gardner & Gerdes, 2015). 게다가 ADHD가 있는 일부 아동은 공격적이고 부정적인 사회적 상호작용 스타일을 보이는데, 이는 다른 사람에 대한 신체적·언어적 공격성, 규칙 어기기와 적대적이고 남을 마음대로 하려는 행동으로 나타나며, 또래문제의 증가에 기여한다(McQuade & Hoza, 2015). 이러한 부정적 스타일은 빈번하게 ADHD와 함께 나타나는 적대적 반항장애(ODD)나 품행장애(CD)를 반영하는 듯하다.

그러나 모든 ADHD 아동이 사회적 문제를 보이지는 않기 때문에 문제가 된다. 그럼 사회적 어려움의 원인은 무엇일까? 다양한 설명이 제시되었다. 이들이 단지 사회적·정서적 단서를 제대로 처리하지 못하는 것뿐일 수도 있다(Ferretti et al., 2019). 아니면 어떤 것이 적절한 행동인지 알고는 있지만 흥분하거나 자극을 받았을 때는 적절한 행동을 하는 것이 불가능할 수도 있다(Aduen et al., 2018; McQuade & Hoza, 2015). ADHD에서 발견되는 정서조절하기, 계획하기와 조직화하기, 작업기억에서의 결함이 ADHD와 또래관계의 문제를 매개할지 모른다(Kofler et al., 2018; Ryckaert et al., 2018). 예를 들어 한 흥미로운 연구에서 ADHD 증상과 정서조절이 또래들 사이에서의 첫인상에 어떻게 영향을 미치는지 살펴보기 위해 서로 알지 못하는 233명의 초등학생들을 모아 소집단 상호작용을 관찰하였다(Lee et al., 2018). 소집단 활동 동안 4~11명의 동성 아동들이 세 시간에 걸쳐 구조화되거나(예: 퍼즐 풀기) 구조화되지 않은 놀이(예: 자유놀이)를 포함하여 다섯 개의 과제에 참여하였다. 각 집단의 대략 절반은 ADHD로 진단을 받은 아동들이었다. 전반적으로 이 연구는 더 심각한 ADHD가 있는 아동들이 더 높은 수준의 정서조절 문제를 보였고, 이는 결국 더 큰 또래 거부와 연합되었음을 발견하였다. 이러한 결과들은 어떤 초기 선행요인들이 ADHD 아동의 지속적인 사회적 어려움에 기여하는지

거친 놀이가 전형적인 아동기 활동이기는 하지만 ADHD가 있는 아동은 극단적으로 에너지가 넘치고 통제가 되지 않는 행동을 보인다.

를 이해할 수 있게 돕는다.

게다가 ADHD-C 양상을 보이는 일부 아동들은 자신의 사회적 역량, 품행, 학업능력에 대해 상대적으로 안정적인 **긍정적 자기편향**(positive self-bias) 또는 자기지각을 갖고 있다(Hoza et al., 2010; Owens et al., 2007). 그들은 자신들이 다른 사람에게 미치는 부정적 영향을 알지 못하고, 자신들의 관계를 과도하게 긍정적으로 평가하고, 다른 사람들이 그들을 좋아하고 받아들여주는 정도를 과대평가한다. 그러나 ADHD가 있는 모든 아동이 이러한 편향을 가지고 있지는 않다. 예를 들어 최근 연구에 따르면 ADHD가 있는 청소년들이 자신의 장애를 어떻게 바라보는지에 성차가 있는데, 소녀가 긍정적 자기편향을 덜 경험한다(Tu, Owens, & Hinshaw, 2019). 게다가 일부 아동들은 자신의 사회적 문제를 깨닫고 있고, 그에 대해 부정적으로 느끼고 있음을 간과해서는 안 된다. 실제로 ADHD가 있는 일부 아동은 불안, 부끄러움, 위축 경향성을 보일 수 있고 이러한 요인들 역시 사회적 기능에 영향을 미치게 된다.

이 모든 것을 고려할 때 또래들이 ADHD가 있는 아동을 흔히 싫어하고 거부한다는 것은 놀랍지 않다(Gardner & Gerdes, 2015). 앞서 설명했듯이 단 몇 차례의 상호작용만으로 또래들은 ADHD 아동이 파괴적이고 예측불가능한 것으로 파악하고 거부와 철회로 반응할 것이다(de Boo & Prins, 2007). 학령기 ADHD 아동의 50% 정도는 또래에 의해 거부되며, 비교 대상 아동의 경우 이는 10~15%에 해당한다(Mikami, 2010). 충동적이고 과잉행동적인 아동들은 더 강한 부정적 반응을 일으키는 반면, 단지 주의력결핍 문제만 있는 아동은 방치되거나 무시된다(McQuade & Hoza, 2015).

거부되거나 방치되는 것 외에도 ADHD가 있는 아동은 친구를 만들고 유지하는 것을 잘 못하는데, 우정은 정서적으로 연결되고 보살핌을 표현하는 등의 특수한 기술을 필요로 하기 때문이다(Mikami, 2010). 상호적 우정관계가 없다고 보고하는 비율은 전형적으로 발달하고 있는 또래들(10~30%)에 비해 ADHD 아동들(56~76%)에서 훨씬 높다(Gardner & Gerdes, 2015). 특히 친구의 결여는 사회적 역량과 공감능력을 획득하고 괴롭힘으로부터 보호받을 수 있는 기회가 더 적음을 의미한다. 앞에서 이미 살펴보았듯이 또래문제는 심리적 · 학업적 문제를 예측한다(제3장 참조).

가족관계

ADHD는 분명 가족 간의 상호작용에 부담을 준다. 부정적 상호작용은 학령 전기부터 일어날 수 있다. 일반적으로 부모들이 자녀에게 주는 보상은 줄어들고 자녀에 대해 더 부정적이고 지시적이 된다(Johnston & Chronis-Tuscano, 2015). 아버지-자녀 간의 상호작용이 영향을 받기는 하지만 어머니-자녀 간의 관계가 아버지-자녀 간의 관계보다 더 어려워진다. 어머니가 딸보다 아들에게 더 많은 지시와 보상을 주고, 상호작용도 더 감정적이고 적대적이라는 증거가 있다. ADHD와 함께 우울 증상과 공격행동을 보이는 청소년의 가정에서는 보통의 가정보다 말싸움, 갈등, 부정적 상호작용이 더 많이 나타난다(Garcia, Medina, & Sibley, 2019). 부정적인 가족 양상은 특히 아동의 반항적 행동이나 품행문제와 연합된다.

ADHD와 관련된 광범위한 가족의 특성(예 : 부부간 갈등, 부모의 우울, 스트레스)은 아동-부모 관계에 영향을 미친다(Johnston & Chronis-Tuscano, 2015). ADHD가 있는 아동 · 청소년의 부모도 유전적으로 ADHD 증상을 포함한 다양한 문제의 가능성을 가지고 있다. 게다가 ADHD 청소년의 부모는 높은 수준의 양육 스트레스를 보고한다(Biondic, Wiener, & Martinussen, 2019; Brown, 2005; Wiener et al., 2016). 가족 및 부모의 기능과 ADHD 간에는 양방향적인 관계가 있다는 연구결과는 중요하다. 예를 들어 최근의 종단연구에 따르면 어머니의 스트레스와 과민한 양육행동은 아동의 ADHD 증상을 예측하며, 더 심각한 ADHD 증상은 어머니의 스트레스와 우울증상이 더 많고 부모의 따뜻함이 적은 것을 예측하였다(Breaux & Harvey, 2019). 영향의 정도와 성격은 발달과 함께 변하기는 하지만, 가족 기능과 아동 적응 간의 상호적 성격을 알아차리는 것은 ADHD에 대한 우리의 이해를 증가시킨다. 조이의 사례는 이 점을 분명히 한다.

조이 : 부모님의 관점

여덟 살인 내 아이 조이는 나쁜 아이가 아니다. 조이는 보통 재미있고 매력적이다. 그러나 일상적인 일들에서 너무나 손이 많이 간다. 매일 밤, 취침시간은 적어도 한두 시간씩 악몽과 같다. 조이는 결코 피곤해하지 않으며 잠을 자지 않겠다고 말다툼을 한다. 그가 정말로 피곤할 때조차도 그것이 무엇이든 하고 있는 일을 멈추게 하고 잠옷으로 갈아입히고 침대로 가게 하는 것은 어려운 일이다. 아침에 일어나는 것에는 문제가 없지만 내가 옷을 입고 더 어린 아이들의 옷을 입히는 동안에도 조이는 믿을 수 없을 정도로 느리게 옷을 입는다. 내가 아침 일과의 단계마다 무엇을 해야 하는지 말해서 재촉하지 않으면, 그는 결코 학교버스를 타지 못할 것이다. 그의 다섯 살짜리 동생이 훨씬 독립적이다!

　조이는 항상 트랜스포머 장난감을 가지고 노는 데 빠져 있고 그가 무엇을 하기로 되어 있는지는 잊어버린다. 그는 집 밖으로 나가 버스를 타야만 할 때도 속옷에 양말 한 짝만

신고 마루에 앉아 있고는 한다. 결국 내가 너무 늦었다고 외치는 소리를 듣게 될 때는 그는 화가 나서 울면서 모든 사람을 비난하는데, 버스가 이미 떠나버렸기 때문이다. 이는 매일같이 똑같이 반복된다! 우리는 별 차트와 모든 종류의 보상, 처벌을 시도했다. 그는 시간에 대해 주의를 기울이고 우리 모두가 늦지 않도록 자신이 해야 할 일들을 배우지 못하고 있다.

　밤낮으로 매일같이 그와 실랑이를 하는 것은 너무 힘든데, 나처럼 한부모인 경우에는 특히 그러하다. 나는 결코 쉬어 본 적이 없다. 더 큰 문제는 조이 때문에 너무나 여러 차례 늦게 출근해서 경고를 두 번이나 받았다는 것이다. 나는 이 때문에 내가 해고될지도 모른다고 걱정하고 있다. 그런 일이 일어나는 것을 나는 감당할 수가 없다.

— Brown(2005, pp. 94~95)에서 수정 인용

건강, 수면, 사고

알레르기나 천식을 포함하여 ADHD와 관련된 일반적이거나 특수한 건강문제에 대한 보고가 많이 있지만 자료가 비일관적이고 분명한 결론을 내리지 못하고 있다(Barkley, 2015e).

ADHD가 있는 아동들이 수면문제를 보인다는 부모들의 보고가 드물지 않게 있다. 그중에는 잠들지 못하는 문제, 수면 중에 잠에서 깨는 문제, 수면시간 부족, 수면 중의 불수의적인 운동(예 : 이 갈기, 다리 움직임) 등이 포함된다. 그러나 밤 동안의 수면에 대한 객관적인 실험 연구를 보면 수면의 생리적 차이와 관련하여 일관성 있는 결과는 없다(Barkley, 2015e; Wiggs, 2019). 그럼에도 불구하고 수면문제가 없는 ADHD 아동에 비해 수면의 어려움을 동반하는 아동들이 학업적 기능이 더 떨어지고 다른 손상을 더 많이 보이는 경향이 있다(Mulraney, Sciberras, & Lecendeaux, 2018). 관계는 복잡할 수 있으며 수면문제는 불안이나 우울 같은 동시발생 증상으로 인한 것일 수 있다. 흥분제(stimulant medication)를 사용한 치료도 수면을 방해할 수 있다(Chen, Wardlaw, & Stein, 2019).

ADHD가 있는 아동이 그렇지 않은 아동보다 사고로 부상을 더 많이 입는다는 것은 비교적 잘 정리되어 있다(Amiri et al., 2017; Centers for Disease Control and Prevention, 2018c). 종합적 개관에 따르면 ADHD 아동의 57%가 사고를 자주 당하며 15%는 골절이나 두부 열상, 타박상, 치아 손상, 중독 같은 심각한 상해를 적어도 네 번 이상 경험하였다(Barkley, 2015e). 이러한 위험을 어떻게 설명할 것인가? 주의력결핍과 충동성은 의도하지 않은 부상과 관련이 있었다(Rowe, Simonoff, & Silberg, 2007). 부모의 말에 따르면 ADHD 아동은 위험한 상황에서 부주의하며 자기 행동의 결과에 대해 생각하지 못한다. ADHD와 연결된 운동조절장애, 반항적이고 공격적인 행동, 그리고 부모의 부적절한 모니터링도 주목할 만하다. 이러한 요인 가운데 일부는 ADHD가 있는 청소년의 자동차 관련 문제행동들에 포함되어 있다(생각상자 '자동차, 청소년과 ADHD' 참조).

생각상자 | **자동차, 청소년과 ADHD**

대부분의 미국 청소년들은 운전할 수 있게 될 때를 고대하지만 부모들은 복잡한 기분과 걱정으로 기다린다. 부모들의 걱정에는 그럴 만한 이유가 있다(Barkley, 2015e; Centers for Disease Control and Prevention, 2018c). 여러 연구들이 자기보고와 공식적 기록에 근거하여 ADHD 아동이나 청소년들이 다음 사항들을 범할 위험성이 높다는 증거를 제시하였다.

- 반복적인 교통 범칙금, 특히 과속
- 반복적이고 더 심각한 차량충돌
- 운전면허 정지
- 운전면허증을 받기 이전의 불법운전

ADHD가 있는 젊은 운전자는 주의력이 부족하고 산만하며 충동적이고 위험을 추구하는 경향이 강하다는 증거가 있다(Barkley, 2015e). 청소년기에 ADHD 증상에서 높은 점수를 받았던 성인에 대한 연구결과 주의력결핍은 품행문제, 운전경험 부족 등의 다른 요인들을 고려한 후에도 심각한 교통사고와 밀접하게 연관되어 있었다(Woodward, Fergusson, & Horwood, 2000). 실제 운전 습관, 즉 안전운전을 하고 차량을 다루는 행동의 평가에서 차이를 발견한 연구는 많지 않다. 그러나 ADHD를 지닌 사람들은 자신의 운전행동을 다른 보통의 운전자들과 다르지 않다고 보며 자신의 능력을 과대평가한다(Knouse et al., 2005). 게다가 운전 중 휴대전화로 문자를 보내는 것은 일종의 방해 자극으로 ADHD가 있는 사람과 없는 사람 모두의 운전에 부정적 영향을 미친다(Narad et al., 2013). 문자를 하면서 운전을 하는 것은 ADHD 청소년을 더 큰 상해의 위험에 노출시키는데, 이미 그들이 휴대전화라는 방해물이 없을 때조차도 운전자 부주의를 겪고 있기 때문에 특히 그러하다(Barkley, 2015e).

DSM 하위양상

이미 지적한 것처럼 DSM-5에서는 개인의 주된 증상에 기초하여 ADHD의 세 가지 양상(presentation)을 구분한다. 주의력결핍 우세양상(ADHD-PI), 과잉행동-충동성 우세양상(ADHD-PHI) 그리고 이 둘의 복합양상(ADHD-C)이다. ADHD의 서로 다른 양상에 대한 이러한 개념화는 증상의 군집화와 다른 집단과의 차이에 대한 연구에 근거한 것이다. 여러 나라에서 이루어진 연구들을 포함하여 많은 연구가 ADHD 하위 유형의 타당성을 지지하는 증거들을 제시하고 있기는 하지만(Gadow et al., 2000; Graetz et al., 2001), 자료들은 비일관적이고 이러한 유형화에 대한 여러 가지 문제점이 제기되고 있다.

이런 문제점 가운데 하나는 ADHD-PHI의 진단에 관한 것인데 진단을 하기 위해서는 과잉행동-충동성 증상이 여섯 개 이상, 주의력결핍 증상이 여섯 개 미만으로 나타나야 한다. 이 진단을 받는 아동들은 상대적으로 소수이고, ADHD-PHI에 대한 연구도 많지 않기 때문에 이 장에서도 이러한 유형의 양상에 대해서는 최소한으로 논의하겠다. ADHD-PHI는 하나의 고유한 유형이라기보다는 ADHD-C의 초기 발달단계라고 제안되어 왔다(Roberts et al., 2015). 학령 전 아동에게서 ADHD-PHI처럼 보이는 일부 사례는 어떤 경우에는 사라질 수도 있고, 아닐 수도 있는 적대적 반항행동으로 보는 것이 더 나을지 모른다.

임상집단에서는 복합양상이 가장 흔하며 가장 많이 기술되고 연구되어 왔다. 진단을 받기 위해서는 적어도 여섯 가지 과잉행동-충동성과 주의력결핍 증상을 나타내야 한다. 지미의 사례가 7세 정도 된 아동에서 나타나는 ADHD-C를 보여준다. 주의력결핍, 과잉행동, 충동성이 분명하게 드러난다.

지미 : ADHD 복합양상

부모가 보기에 지미는 '나쁜' 아이가 아니었다. 지미는 반항적이거나 공격적이지 않고 고집스럽거나 성질이 못되지도 않았다. 그러나 그는 계속해서 움직이고 돌아다니며 때로는 주변을 살피지 않고 찻길로 뛰어드는 것 같은 위험한 상황을 만들었다. 지미는 부모를 기쁘게 해주고 싶어 하는 것처럼 보였으나 부모의 지시에 따르지 않는 일이 자주 있었다. 지미는 자신에게 더 재미있어 보이는 일들에 이끌리는 것 같았다. 지미의 부모는 적극적인 대처 방법을 강구하였는데 지미를 계속해서 지켜보고, 주의를 환기시키고, 즉각적인 보상과 처벌을 활용하였다.

지미가 유아원에 가게 되었을 때 주의력결핍과 과잉행동, 충동적인 특성 때문에 한 유아원에서는 스스로 나와야 했고, 두 번째 유아원에서는 나가 달라는 요청을 받았다. 지미가 보인 문제행동은 조용히 해야 할 때 떠든다거나 집단활동에 흥미를 보이지 않거나 다른 사람을 방해하고 상상놀이를 너무 많이 하는 것 등이었다. 유치원에 갔을 때에도 비슷한 행동들이 보고되었는데 주의집중에 문제가 있었고 지나치게 활동적이며 어떤 일을 독립적으로 하지 못하였다. 그 당시의 평가에 의하면 지미는 평균보다 높은 지능을 가지고 있었으나 성취수준은 그에 다소 못 미쳤다.

초등학교 1학년이 되자 지미의 충동성이 사회적 관계를 방해하기 시작하였다. 그는 미성숙하고 어리석은 아이로 취급되었다. 또래 친구들은 지미가 자기들을 못살게 굴고 밀거나 잡아당긴다고 불평하였고, 아이들에게 친절하게 대하는데도 불구하고 지미는 친구들과 관계를 유지할 수 없었다. 더 어릴 때는 용납되었던 지미의 행동들이 더 이상 또래 친구들에게 받아들여지지 않았다. 체육 코치는 지미가 틀이 짜인 스포츠 활동에 참여하지 못하며 과제와 무관한 딴 짓을 하고 모자라는 아이 같다고 하였다. 교사들도 불만스러워하였다. 지미는 지시를 따르지 않았고 주어진 시간 안에 학업과제를 끝내지 못하였고 과도한 활동성과 소란스러움 때문에 방해가 되었다. 지미는 학업적으로도 뒤떨어지고 있었다.

— Hathaway, Dooling-Litfin, & Edwards
(2006, pp. 390~391)에서 수정 인용

팀 : ADHD 주의력결핍 우세양상

팀은 조용하고 다소 내성적인 아동으로 늘 많은 아이 속에 묻혀 있었다. 팀의 초기 발달과정에는 특별한 사항이 없었고 행동상의 문제도 없었다.

초등학교에 들어간 뒤에도 팀의 행동과 학업 수행에는 별 문제가 없었다. 그렇지만 발표력이 부족하고 가끔씩 멍하게 있거나 선생님이 그에게 질문했을 때 미처 알아듣지 못하는 경우가 있었다. 읽기능력은 있었지만 한 가지 생각을 이어가는 데 어려움이 있어서 이해력이 떨어졌다. 3학년이 될 무렵 독립적으로 학교과제를 하도록 요구받게 되면서 팀의 문제가 심해지기 시작했다. 과제를 정해진 시간에 끝마치지 못하는 것도 그중 하나였다. 학교 측에서는 팀이 특수교육 서비스를 받을 정도는 아니라고 보았지만 교사들은 팀이 공상에 빠져 있고 마음이 다른 데 가 있으며 주의집중을 못한다고 말하였다. 그의 중학교 성적은 들쑥날쑥해서 B가 있는가 하면 D도 있고, 7학년과 8학년 때에는 성적이 더 떨어졌다. 그의 주의력문제와 나쁜 학습 습관은 고등학교 때 더 악영향을 미쳐서 결국 11학년 때 직업학교로 옮기게 되었다.

학업에 문제가 있기는 해도 팀은 친구들을 사귀고 유지할 수 있었다. 그러나 조직화된 오락활동에 대해서는 흥미도 관심도 전혀 보이지 않았다. 팀은 학업문제 때문에 어머니와 갈등이 끊이지 않았는데, 팀의 어머니는 팀이 종종 짜증을 내고 말대답을 하며 자신의 잘못을 남의 탓으로 돌린다고 말하였다. 그러나 집안일을 거드는 것 같은 다른 측면에서는 협조적이었다. 팀이 18세가 되었을 때의 평가결과를 보면 팀은 보통의 지능에 만성적인 주의력결핍, 주의산만, 낮은 학업성취를 보인다고 쓰여 있다.

— Hathaway, Dooling-Litfin, & Edwards
(2006, pp. 410~411)에서 수정 인용

ADHD-PI는 ADHD-C에 해당하는 아동에 비해 치료기관에 덜 의뢰되기는 하지만 전집에 근거한 아동들의 표집에서 가장 흔한 양상이다(Willcutt, 2012). 주의력결핍 양상에 대한 관심이 오랜 시간 지속되고는 있지만 ADHD-PI라는 진단범주가 하나 이상의 하위집단을 포함할 수도 있다는 우려 역시 존재한다(Diamond, 2005; Milich, Balentine, & Lynam, 2001). 한 집단은 ADHD-C와 유사하지만 임상수준에 못 미치는 증상들을 지닌 아동들을 포함한다. 한때 DSM에서 과잉행동을 동반하지 않는 주의력결핍 장애의 범주를 인정했었다는 사실을 상기하라. ADHD-PI는 과거의 이 유형과 비슷하지만 DSM-5에서는 주의력결핍 증상이 적어도 여섯 개는 나타나야 한다는 조건과 더불어 과잉행동-충동성의 증상을 다섯 개까지 인정하고 있다. 따라서 ADHD-PI의 일부 사례들은 '순수한' 주의력결핍처럼 보이지 않으며, ADHD-C와 많은 '역치 이하'의 과잉행동-충동성 증상들을 공유한다. 또 다른 집단의 아동들은 각성문제와 **굼뜬 인지적 템포**(sluggish cognitive tempo, SCT)라고 불리는 요인과 관련이 있는 주의력결핍 증상을 보인다(Barkley, 2005a). 굼뜬 인지적 템포를 보이는 아동들은 무기력하고, 공상에 잘 빠지며, 혼란스러워하며, 사회적으로 더 위축되어 있다(Barkley, 2018b; Becker & Barkley, 2018). 이런 SCT 행동은 DSM에 ADHD의 증상으로 열거되어 있지 않으며 별개의 집단을 대표하는 것 같다(Becker & Barkley, 2018; Becker et al., 2018). 팀의 사례는 아동기부터 청소년기까지 주의력결핍과 더불어 굼뜬 인지적 템포를 보여준다. 팀의 프로파일은 과잉행동-충동성 행동을 보이는 아동의 가만히 있지 못하고, 끊임없이 움직이고, 파괴적인 행동과는 상당한 차이가 있다(생각상자 '굼뜬 인지적 템포 : 주의력 장애의 두 번째 유형?' 참조).

장애의 여러 양상 유형이 타당하려면 증상뿐 아니라 그 밖의 여러 중요한 특성에서도 차이를 보여야 한다. ADHD-PI인 아동은 ADHD-C인 아동과 많은 점에서 다르다고 생각된다. 발병연령이 더 늦고 여아는 특히 다른 양상들보다 주로 주의력결핍 양상으로 진단받을 가 생각상자 · 굼뜬 인지적 템포 : 주의력 장애의 두 번째 유형?

과거에는 주로 ADHD의 한 속성으로 연구되어 왔지만 졸림, 공상, 무기력, 정신적 혼란, 약한 동기, 느려진 사고와 행동으로 특징지어지는 굼뜬 인지적 템포(SCT) 개념에 대한 연구 관심이 최근 증가하고 있다(Barkley, 2018b; Becker & Barkley, 2018). 이 영역에서의 예전 연구는 ADHD의 하위유형들을 구분하고자 했던 연구로부터 나왔던 반면, 더 최근의 연구는 높은 수준의 SCT 행동을 보이는 아동과 성인집단에 특히 주목하고 있다. SCT를 ADHD와 구분되는 구성개념으로 인정하는 일련의 연구는 빠르게 증가하고 있다.

예를 들어 Becker와 동료들에 의한 메타분석 연구는 19,000명의 아동 및 성인 자료를 합한 요인분석 연구결과를 포함하고 있는데, ADHD 요인이 아니라 SCT 개념에 일관되게 관련이 있는 13개의 핵심행동들에 대한 강한 증거를 발견하였다(Becker et al., 2016). 관련된 연구는 SCT에 대한 구체적 평정척도의 개발에 집중하고 있는데, 그런 핵심증상들에 상응하는 "나는 어떤 일들을 할 때 느리다. 나는 멍해지거나 의식이 흐려진다. 내 마음은 안개 속에 있는 것 같다."와 같은 문항들이 포함된다(Barkley, 2018b).

기능 및 장애와 관련하여 SCT를 살펴본 연구는 드물지만 연구는 ADHD를 통제하고 난 후에도 SCT가 여러 영역에서의 적응문제와 관련이 있음을 보여주고 있다(Becker & Barkley, 2018). 예컨대 여러 연구가 SCT와 내재화 증상들 사이의 관련성을 보여주고 있는데, SCT는 우울이나 다소 약하기는 해도 불안과 관련성이 있다(Becker, Webb, & Dvorsky, 2019b). 흥미롭게도 SCT는 주의력결핍 우세양상과는 다른 손상 패턴을 예측하는 것 같다. 예를 들어 주로 주의력결핍을 보이는 ADHD와 높은 수준의 SCT를 함께 지닌 아동들은 주의력결핍 우세양상을 보이지만 SCT 증상은 많지 않은 아동들과 비교하여, 더 적은 외현화 행동, 더 높은 수준의 내재화 문제와 사회적 손상을 보이는 것으로 평가된다(Carlson & Mann, 2002). 학업적 기능과 관련해서는 연구결과가 덜 일관적이기는 하지만, SCT는 일련의 학업 관련 문제와 연관이 있는 것 같다(Becker & Barkley, 2018). SCT와 연합된 신경심리학적 결함을 탐색한 연구는 비일관적이고 여전히 시작 단계이다. 그러나 일반적으로 이러한 연구들에 따르면 SCT가 선택적 주의 같은 특정한 신경심리학적 기능문제와 관련이 있는 것 같기는 하지만(Huang-Pollock et al., 2005), ADHD에서 흔히 관찰되는 전반적인 신경심리학적 손상과는 관련이 없는 것 같다(Bauermeister et al., 2012).

주목할 점은 SCT에 대한 연구와 논의가 계속해서 이루어짐에 따라 이 개념의 명칭에 대해서도 논란이 되고 있다는 것이다. 어떤 연구자들은 '굼뜬 인지적 템포'라는 명칭이 전혀 바람직하지 않으며 사실 조롱하는 느낌이라고 하면서, 집중력 결함 장애로 이름을 수정하자고 제안한다. 다른 연구자들은 '장애'라고 명명하는 것은 시기상조일 수 있다고 신중론을 펴는데, 아직 SCT가 장애 범주로 인정되지도 않으며 차원적 성격의 SCT 개념에서도 벗어나기 때문이다(Becker & Barkley, 2018). 이에 대한 후속연구가 필요하며 개념에 대한 우리의 이해를 높이게 될 것이다.

능성이 크다(Zalecki & Hinshaw, 2004). ADHD-PI 아동들은 더 수동적이고 수줍음을 많이 타며 싸움이나 공격적 행동을 적게 나타낸다. 이들은 또한 외현화 장애와 관련이 적고 내재화 증상과 더 강하게 연관되어 있다(Lahey & Willcutt, 2010). 부주의한 아동들이 비록 고립되어 있기는 하지만 또래로부터 덜 거부된다는 것은 그렇게 놀랍지 않다. 주의력결핍 하위양상과 복합양상이 교육을 받는 정도, 유전적 특성, 생물학적 뇌기능에서도 차이를 보인다는 증거가 있다(Schmitz, Ludwig, & Rohde, 2010).

이러한 차이들이 ADHD-PI가 ADHD의 타당한 하위양상임을 뒷받침해준다고 볼 수는 있지만 논란이 아주 끝난 것은 아니다. ADHD-PI와 ADHD-C는 주의력결핍 및 충동성에 대한 신경심리검사와 실험실 연구에서 차이를 보이지 않는 경우가 종종 있었다(Hinshaw, 2001; Lahey, 2001; Nigg et al., 2002; Pelham, 2001). 이런 연구결과는 ADHD-PI가 독립된 증상 유형이라기보다는 그저 ADHD-C의 가벼운 형태라는 추정도 가능하게 한다.

게다가 DSM의 하위 유형화에 대한 더 일반적인 논란은 진단의 불안정성과 관련이 있다. 한 시점에서 특정 유형으로 진단받은 아동들은 다른 때에는 또 다른 유형으로 분류되기도 한다(Willcutt et al., 2012). 진정한 변화가 일어났을 수도 있지만 방법론적인 요인도 관여할 수 있다. Valo와 Tannock(2010)은 평가도구나 정보제공자가 부모 또는 교사인지 여부, 진단을 내리기 위해 여러 출처의 정보를 어떻게 통합했는지에 따라 임상집단 아동들의 50%가 서로 다른 유형으로 재분류된다는 것을 발견하였다. 이러한 진단의 불안정성은 임상 및 연구 목적을 위해 양상의 유형별로 구분하는 것이 유용한지 의문을 제기한다.

앞서 언급했듯이 DSM-IV에서 DSM-5로의 전환은 증상이 전집과 시간의 흐름에 따라 달라질 수 있음을 인정하는 더 유연한 '양상(presentation)' 체계에 대한 선호와 '하위유형(subtype)'이라는 용어로부터의 탈피를 가져왔다(Roberts et al., 2015). 주의력결핍과 과잉행동-충동성이라는 두 차원은 지지를 받고 있지만, 이 2차원 구조의 개념화와 이들의 유용성에 대한 상당한 우려와 논란은 남아 있다(Nikolas & Nigg, 2013).

공존장애

ADHD, 특히 ADHD-C에 관한 놀라운 사실은 이 장애가 학습장애, 외현화 및 내재화 장애, 다른 신경발달장애와 함께 공존하는 정도이다(Anderson et al., 2020; Pliszka, 2015). 다른 정신병리와 마찬가지로 함께 발생하는 비율은 표본, 측정도구, 장애의 종류 등에 따라 다르다. 공병(comorbidity)은 지역사회 표본보다 임상 표본에서 더 높으며 임상기관에 의뢰된 청소년이 그렇지 않은 청소년들보다 또 다른 장애가 나타날 가능성이 크고(Reale et al., 2017) 꽤 많은 경우에 두 가지 혹은 그 이상의 장애를 나타낸다. 실제 '순수한' ADHD는 오히려 드물다(Jarrett & Ollendick, 2008). 공병은 일반적으로 더 심한 손상과 발달적 위험과 관계가 있다.

학습장애

ADHD가 있는 청소년의 학습장애(learning disability) 비율은 매우 다양하게 보고되고 있는데, 아마도 학습 문제를 정의하는 다양한 방식 때문일 것이다(Evans, Owens, & Power, 2019). 예를 들어 17개 연구를 검토한 한 연구에 따르면 학습장애는 ADHD 청소년의 8~76%에서 존재하며, 유병률 중앙치는 47%이다(DuPaul, Gormley, & Laracy, 2013). 읽기나 수학에서 손상을 보이고 쓰기 표현에서의 문제는 없는 학습장애를 살펴본 연구들만 고려했을 때 비율은 24~38%로 다소 낮아진다(DuPaul, Gormley, & Laracy, 2013). 이러한 차이에도 불구하고 ADHD가 있는 아동 세 명 중 적어도 한 명이 학습장애의 진단기준을 충족하는 것으로 합리적 추정이 가능하다(DuPaul & Stoner, 2014).

ADHD와 학습문제 간의 관계는 완전히 파악되지 않았고 관계의 방향성도 불명확하다. 즉 학습문제가 ADHD에 기여하는지, ADHD의 핵심증상이 학습에 영향을 미치는지, 아니면 하나의 공통요인이 두 장애의 발달에 기여하는지 명확하지 않다. 그럼에도 불구하고 ADHD와 학습문제의 연합은 과잉행동-충동성보다는 주의력결핍이 더 깊이 관여하는 것으로 간주된다(Greven et al., 2011; Paloyelis et al., 2010). ADHD와 읽기문제의 공존은 각 장애에서 발견되는 인지적 결함, 예를 들어 ADHD의 집행기능 결함과 읽기문제의 음운론적 (말소리) 결함의 조합을 반영하는 듯하다(Gooch, Snowling, & Hulme, 2011). 뇌영상연구는 ADHD와 읽기문제의 공존에 기여하는 것으로 보이는 뇌에서의 공유된 그리고 독특한 변화를 발견했다(Langer et al., 2019). ADHD 증상과 읽기문제의 공존은 아마도 시간에 걸쳐 지속될 수 있는 공유된 유전적 영향 때문인 것 같다(Willcutt et al., 2005). ADHD와 학습장애 청소년들이 ADHD만 있는 청소년들에 비해 더 큰 기능손상을 보인다는 것은 주목할 만하다(DuPaul et al., 2015).

외현화 장애

연구자들은 한때 ADHD와 품행장애(적대적 반항장애 ODD와 품행장애 CD)가 실제로 하나의 장애가 아닌지 하는 의문을 품었었다. 그러나 역학조사와 임상 연구결과 이들 장애는 서로 구분되는 증상군과 다른 독특한 특징들을 가지고 있음이 분명해졌다(Pliszka, 2015). 예를 들어 ADHD는 ODD보다는 신경인지적 이상과 더 밀접하게 연관되어 있었고(Luman et al., 2009), ADHD와 CD는 뇌기능 이상에서 차이가 있음이 보고되었다(Rubia et al., 2009). ODD와 CD는 ADHD보다 불우한 가정요인 및 심리사회적 문제와 더 강하게 연관되어 있다(Waschbusch, 2002).

그러나 ADHD가 ODD가 되었다가 다시 CD로 진행될 수 있으며 ODD와 CD의 증상들은 함께 발생하는 일이 빈번하다(Ahmad & Hinshaw, 2016). 실제로 ADHD가 있는 아동·청소년의 상당수가 ODD를 발달시키는데 이 중 일부는 ODD와 함께 CD도 나타난다(Barkley, 2015b). 임상집단과 비임상집단에서 이 장애들의 증상이 함께 발생하는 현상이 철저하게 연구되고 있다. ADHD만 있는 아동에 비해 공존장애가 있는 아동은 ADHD 증상과 품행문제 양쪽에서 더 심한 장애와 기능손상을 나타낸다(Pliszka, 2015). 이러한 경향은 학령 전 아동에게도 나타난다(Gadow & Nolan, 2002). 더 중요한 것은 여러 장애가 함께 발생하는 아동의 경우 행동상의 문제들이 더 일찍부터 나타나서 계속 유지될 가능성이 크고, 결과는 더 부정적이라는 점이다. 다른 차이들도 눈여겨볼 필요가 있다. 품행문제를 동반하는 ADHD는 대개 강압적인 부모-자녀 상호작용, 부모의 정신과적 증상과 약물남용, 삶의 역경과 더 강한 관련성을 보인다(Barkley 2015b; Danforth, Connor, & Doerfler, 2014; Pliszka, 2015).

내재화 장애

임상 표본이나 지역사회 표본의 경우 평균적으로 ADHD와 불안의 공병 비율은 25~50%로 추정된다(Bishop et al., 2019; Costello, Egger, & Angold, 2004). 전부는 아니지만 일부 자료에서 두 가지 장애를 모두 나타내는 아동은 불안장애는 없고 ADHD만 있는 아동에 비해 과잉행동과 충동성이 덜하고 품행문제를 적게 나타내는 반면 주의력결핍 정도는 더 심하다는 것을 보여주고 있다. ADHD와 함께 나타나는 불안은 인지

과제 수행에서의 차이와 관련이 있는 듯하며(Jarrett et al., 2012), 일부 연구들은 ADHD와 불안장애의 동시발생은 어머니의 불안과 자율성을 꺾는 과보호적인 가정과 관련이 있다고 보고하고 있다(Jarrett & Ollendick, 2008). 병인과는 무관하게 ADHD와 불안의 동시발생은 치료 시 중요하게 고려된다(Pliszka, 2019).

ADHD와 가벼운 우울증상 및 주요우울증의 동시발생은 아동과 청소년, 그리고 임상 표본과 지역사회 표본에서 나타나는 정도가 다르다. 대략 ADHD가 있는 청소년의 12~50%가 우울을 경험한다(Seymour & Miller, 2017). 흥미롭게도 일부 ADHD 아동들에서 나타나는 긍정적 자기 편향이 우울에 대해 단기적인 보호요인으로 작용하지만(Mikami, Calhoun, & Abikoff, 2010), 일부 아동들은 우울증상을 경험한다. ADHD와 우울증이 함께 있으면 둘 중 어느 한 가지 장애만 있을 때에 비해 결과가 더 나쁜데, 특히 소녀들의 경우 사회적 기능손상이 더 크고, 자살위험성이 더 높은 비율로 나타난다(Evans et al., 2019). ADHD와 우울증의 연결은 복잡한 현상인 것 같다. 예를 들어 임상집단 아동·청소년들에 대한 한 연구에 의하면 ADHD가 ODD로 진행되며 그 이후 다양한 경로를 통해 우울로 진행된다고 하였다(Burke at al., 2005)(그림 10.2 참조). 최근 가설은 욕구좌절에 대한 참을성이 낮은 것을 포함하여 정서조절을 잘 하지 못하는 것이 ADHD와 우울 간의 연합에 기여함을 강조한다(Barkley, 2015b; Seymour & Miller, 2017). ADHD와 우울의 동시발생은 가족 구성원들이 두 장애를 모두 가질 확률이 높은 것뿐 아니라 가정의 더 큰 스트레스, 병리와 관련이 있다(Oxley & Stringaris, 2018; Pliszka, 2015).

ADHD와 양극성 장애의 동시발생은 10~20% 정도로 보고되었으나 이는 논란의 여지가 있다(Pliszka, 2015). 이런 논란이 생기는 이유 가운데 일부는 ADHD와 양극성 장애의 조증(mania) 증상이 유사한 데에서 비롯된다. 예를 들어 높은 활동성과 판단력 결함, 과다하게 말을 많이 하는 경향은 ADHD와 조증에서 모두 나타난다. 또한 아동·청소년에서의 양극성 장애

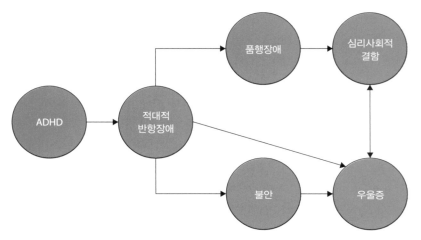

그림 10.2 7~12세에서 18세 남아들에 대한 연구에서 제안된 발달 모델. ADHD와 우울의 관계는 복잡하다.[Burke et al.(2005)에서 수정 인용. Copyright by John Wiley & Sons. 허락하에 사용함]

가 성인에게 그러하듯이 삽화적 형태로 존재하는지의 문제 때문이기도 하다(Pliszka, 2015; Youngstrom & Algorta, 2014). ADHD를 지닌 아동 · 청소년의 상당수는 DSM-5의 새로운 진단인 파괴적 기분조절부전장애(제8장 참조)의 특성인 심각한 정서조절곤란, 만성적 짜증, 행동문제의 혼합을 경험한다(Mulraney et al., 2016; Mulraney, Stringaris, & Taylor, 2018). 이러한 장애뿐 아니라 다른 동시발생 증상에 대해서도 아직 알아야 할 것이 매우 많다.

역학

ADHD의 유병률에 대한 연구는 상당한 관심을 끌어왔다. 연구방법론과 지역에 따라 비율에서 큰 차이가 발견되고 있다. 게다가 ADHD 유병률 추정치는 ADHD 진단이 크게 늘어나면서 수년 간 우상향하고 있다(Danielson et al., 2018). 최근에 추정치들이 완만하게 유지되고는 있지만 증가된 비율이 진정한 변화를 의미하는지 아니면 방법론적 차이나 ADHD의 더 많은 식별과 진단 같은 요인들 때문인지는 명확하지 않다(Collishaw, 2015; Roberts et al., 2015). 그럼에도 불구하고 ADHD는 전 세계의 다양한 배경을 지닌 수백만

명의 아동이 영향을 받는 흔한 조건이자 임상 의뢰의 흔한 이유이기도 하다.

ADHD의 비율이 상당히 다양하지만 미국 학령기 아동의 유병률은 일반적으로 5~9%로 추정된다(Centers for Disease Control and Prevention, 2018b). 체계적인 검토에 따르면 지역사회 유병률은 전 세계적으로 2~7% 정도이며 평균은 약 5%로 추정되며(Merikangas & Hommer, 2019; Polancznk et al., 2015; Sayal et al., 2015), 대부분의 나라에서 유사한 비율이 보고된다(Hinshaw & Scheffler, 2018). 유병률을 생각할 때 임상적으로 진단된 ADHD와 부모나 교사의 평가에 기초한 ADHD를 구분해야 한다. 후자의 보고에서는 일반적으로 비율이 높게 나타나서 20% 이상일 수 있다(Polanczyk, 2018). 사실 이 차이는 예상할 수 있는 것인데 부모나 교사가 평가하는 방법에는 임상 진단에 적용되는 발병연령, 증상이 만연한 정도(pervasiveness), 기능적인 손상 등이 포함되지 않기 때문이다(Mckeown et al., 2015; Roberts et al., 2015).

일반적으로 학령 전기나 청소년기의 유병률에 대해서는 아동기만큼 알려져 있지 않다. 그러나 ADHD로 진단된 아동들에 대한 추적연구에 의하면 청소년기로 가면서 감소하였다. 이런 결과는 ADHD의 진단 항목들이

아동에게는 적절하지만 청소년기에 나타나는 ADHD의 양상을 잘 반영하지 못하기 때문일 수 있다(Barkely, 2010; Nigg et al., 2006). 또는 증상에 대한 청소년의 자기보고가 부모보고와 다를 수 있기 때문에 정보원과 관련된 효과일 수도 있다(Roberts et al., 2015). 따라서 청소년 ADHD가 증가하는 것처럼 보일지라도 아마도 과소진단되어 왔을 가능성이 크다(Hinshaw & Scheffler, 2018).

성별

성별에 따른 유병률의 차이는 연구에 따라 차이가 있지만 남아가 항상 여아보다 더 많다. 일반 모집단에서 남자 대 여자의 비율은 2 : 1~3 : 1이다(American Psychiatric Association, 2013; Sayal et al., 2018). 임상 표본에서 이 비율은 약 4 : 1 정도로 훨씬 더 높다(Greven, Richards, & Buitelaar, 2018f).

임상 표본에서의 성차는 남아의 더 심한 공격성과 반사회적 행동으로 인해 진단 의뢰가 더 많기 때문일 수 있다. 또한 진단기준이 남아에게서 더 많이 나타나는 뛰고, 기어오르고, 교실에서 자리를 뜨는 것과 같은 행동들에 치우쳐 있다는 사실도 영향을 줄 수 있다. 그리고 여아의 경우에는 과잉행동과 충동성보다는 덜 눈에 띄는 주의력결핍과 비조직적 행동이 많이 발견된다. 이런 요인들이 일부 여아가 ADHD 증상을 나타내기는 하지만 DSM 기준을 충족시킬 정도는 아니라는 연구결과를 설명하는 데 도움이 될지 모른다(Greven et al., 2018). 하지만 여아들이 과소진단되기 때문에 예방적이거나 개선을 위한 개입을 받지 못하게 된다는 우려가 제기되고 있다.

ADHD를 지닌 여아들의 문제를 더 잘 이해하기 위해서 Hinshaw와 동료들은 6~12세 지역사회 여아 표본을 ADHD가 없는 여아 집단과 비교하였다(Hinshaw, 2002). ADHD 여아들은 집행기능 결함, 학업문제, 또래들의 부정적 평가, 높은 수준의 불안, 기분장애와 품행문제를 보였다. 더 최근의 종단연구는 아동기부터 성인 진입기까지 ADHD가 있거나 없는 여아들의 표본에서 집행기능 수행의 궤적을 살펴보았다(Gordon & Hinshaw, 2019). 연구결과 ADHD 증상이 초기 성인기쯤 완화되었다 할지라도 ADHD가 있는 여성이 ADHD가 없는 여성에 비해 집행기능 측정치가 일관되게 좋지 않았다. 이런 연구들은 ADHD 여아들의 결함에 대해 연구해볼 필요성을 시사한다.

성별에 따른 차이의 문제는 여아들과 남아들을 직접적으로 비교하는 것으로 연구되어 왔다. 초기 메타분석 연구에 의하면 여아들은 과잉행동을 덜 하고, 외현화 문제도 덜 나타내지만 지능이 더 낮았다(Gaub & Carlson, 1997). 다른 많은 행동뿐 아니라 연관되는 변인에서 성차는 발견되지 않았다. 최근의 대규모 스웨덴 연구는 임상적으로 진단된 ADHD가 있거나 없는 남아와 여아를 대상으로 ADHD 증상의 심각도와 양상, 품행문제, 학습문제에서의 성차를 검토하였다(Mowlem et al., 2019). 연구결과 전집 수준에서 남아는 여아보다 모든 증상 영역에서 더 높은 점수를 받았지만, 임상적으로 진단된 ADHD가 있는 경우 남아와 여아 간에 비슷한 심각성이 보고되었다. 게다가 증상 심각도가 남녀 모두의 진단과 연합되긴 하지만 여아는 그들이 더 심각한 과잉행동/충동성, 품행문제를 보이는 경우에 진단되고 치료를 받을 가능성이 더 커지기 때문에 이는 다시 한 번 여성이 상당한 결함을 보이지 않는다면 진단이 잘못되고 치료도 받지 못하게 될 것이라는 우려를 강조한다. 연구들은 ADHD 유병률에서의 성차가 성별 간 유전적, 인지적 취약성의 차이로 인한 것일 수 있음을 제안해 왔지만(Arnett et al., 2015), 이러한 차이는 연구에 따라 비일관적이다(Owens, Cardoos, & Hinshaw, 2015). 전반적으로 새로운 그림은 남성과 여성이 비슷하다는 것이다.

사회계층, 인종/민족과 문화

ADHD 증상들은 전 세계에서 관찰되는데 임상적 증상은 미국에서 보고된 것과 유사하다. 즉 장애는 여아보다는 남아에게서 더 많이 진단되고, 청소년기에 줄어드는 경향이 있으며, 많은 동일한 관련 특성과 공병을 보인다(Canino & Alegria, 2008). ADHD는 모든 사회계층에서 나타나지만 때로 낮은 사회계층에서 유병률이 더 높게 나타나기도 한다(Russell et al., 2016). 미국에서는 비히스패닉계 아동 · 청소년보다 히스패닉계 아동 · 청소년에서 유병률이 낮아 보이지만 점점 증가하고 있고, 아프리카계 미국인 청소년에 비해 백인 청소년에서 유병률이 더 높다(Collins & Cleary, 2016). 연구들이 인종과 민족적 차이가 아프리카계 미국인과 히스패닉/라틴계 청소년의 과소진단과 과소치료 때문일 수 있음을 언급하는 것은 주목할 만하다(Coker et al., 2016; Cummings et al., 2017).

Miller, Nigg와 Miller(2009)는 3~18세의 아프리카계 미국인 아동 · 청소년과 백인 아동 · 청소년을 비교한 연구로 1990년부터 2007년까지 출간된 연구들을 개관하였다. 차이점에 대한 두 가지 주요 발견이 있었는데, 첫째, 부모와 교사에 의해 평가되었을 때 아프리카계 아동 · 청소년이 백인보다 더 많은 ADHD 증상을 보였지만 진단율은 백인의 2/3 정도에 해당하였다. 다른 연구들도 소수집단 아동이 ADHD 진단과 치료를 더 적게 받는 경향이 있음을 보여준 바 있다. Morgan과 동료들(2013)은 유치원에서 8학년까지의 진단 차이를 살펴보았는데 아프리카계 미국인, 히스패닉, 다른 인종/민족의 아동들을 포함하여 소수집단 아동의 진단율이 백인 아동에 비해 각각 69%, 50%, 46% 더 낮다는 것을 발견하였다. 또한 소수집단 아동들이 백인 아동들보다 장애를 위한 치료 약물을 덜 먹는 경향이 있었다.

이러한 역설적 결과를 어떻게 설명해야 할까? ADHD의 원인과 치료에 대한 정보의 접근에서 인종에 따른 차이가 있을 수 있다. 소수집단 아동과 가족들은 정확한 정보, 관리, 진단을 받을 가능성이 더 작을 수 있다. 또한 경제적 문제나 일부 아동들의 언어문제 같은 문화적 요인처럼 진단과 치료에 대한 다양한 장애물이 소수집단 가족들이 치료받는 것을 더 어렵게 할 수도 있다(Alvarado & Modesto-Lowe, 2016). 이는 관리의 부족과 증가된 증상으로 이끌게 될 것이다. 그러한 집단 차이는 아마도 사회적 불이익이나 교육 정책과 실무가 진단에 미치는 영향 같은 더 넓은 사회적 요인에 의해 초래되었을 수 있다(Danckaerts & Coghill, 2018; Hinshaw & Scheffler, 2018). 진단과 치료에 영향을 미칠 수 있는 요인들에 대한 문화적으로 민감한 이해를 늘리기 위해 추가적 연구가 필요하다.

발달경로

주의력결핍/과잉행동장애를 발달수준별로 연구하는 것은 아주 중요하다. 많은 아동에게서 ADHD가 아주 일찍 나타나기 때문에 발달 초기의 검사는 이 장애의 근원을 이해하는 데 결정적이다. 우리가 한때 믿었던 것처럼 아동들이 자라면서 ADHD가 저절로 사라지는 것은 아니기 때문에 청소년기와 성인기까지 계속되는 증상을 살펴봄으로써 ADHD의 발달과정을 이해할 수 있다.

영아기와 학령 전기

일부 ADHD의 경우는 영아기부터 시작된다고 여겨지고 있는데, ADHD 증상이 어떻게 그렇게 일찍부터 표면화될 수 있을까? ADHD의 행동적 증상이 학령 전기에 흔히 보고되지만 이 연령집단에 대해서는 별로 알려진 바가 없다(Gleason & Humphreys, 2016; M. Miller et al., 2018). Sanson과 동료들(1993)은 8세 때 과잉행동과 공격성을 보이는 아동들은 더 어릴 때부터 까다로운 기질을 지니고 있었고 3~4세 때 일반 아동들보다 더 활동적이고 덜 협동적이었으며 다루기가 어려웠다고 보고하였다.

다루기 어려운 유아에 대한 Campbell(2002)의 연구에 따르면 때로 문제가 줄어들기도 하지만 일부 유아의 증상은 계속되며 아동기에 ADHD의 기준을 충족시킬 수 있을 정도이다. 이후의 ADHD나 품행문제를 예측하는 초기 행동들을 밝히고, 그러한 행동들을 어린 아동의 정상적인 문제행동과 구별하기 위한 연구가 현재에도 진행 중에 있다. 이 영역에서의 최근 연구에 따르면 장애의 첫 신호는 운동이나 언어지연 또는 까다로운 기질적 경향성으로 나타나는 것 같다(Athanasiadou et al., 2019; Frick et al., 2018).

Shaw, Lacourse와 Nagin(2005)은 도시의 저소득층 가정 지역사회 표본 남아들을 1.5세부터 10세까지 추적하면서 연구하여 ADHD 증상의 초기 발달과정을 이해할 수 있게 해주었다. ADHD 핵심증상을 여러 차례 측정하여 ADHD 증상의 네 가지 발달경로를 제안하였다. 20%의 아동은 2세에서 아동기까지 만성적으로 높은 수준의 증상을 보였고, 대략 6%는 일관되게 낮은 수준의 증상을 보였고, 거의 27%는 2세에 중간 수준의 증상을 보였지만 10세경에는 증상이 사라졌으며, 47%는 상당히 안정적인 중간 수준의 증상을 보였다. 아마도 부분적으로는 방법론적인 차이 때문에 발달경로의 양상은 다소 다르겠지만 상당히 많은 수의 연구가 ADHD 증상과 관련하여 서로 다른 발달경로라는 개념을 지지하고

있다. 예를 들어 Willoughby(Willoughby et al., 2012; Willoughby, 2017)는 2세부터 추적해 3~5세 때 ADHD 증상을 평가했던 아동 연구결과를 기술하고 있다. 다시 네 개의 다른 발달경로가 관찰되었지만 여기서는 8%가 만성적으로 높은 수준의 증상을 보였고, 72%가 지속적으로 낮은 증상, 16%가 초기에는 증가된 ADHD 증상을 보이지만 점차 감소하는 양상을 보였으며, 4%의 아동은 초기에는 낮은 ADHD 증상을 보였지만 시간이 지나면서 계속 증가하는 양상을 보였다(Willoughby, 2017; Willoughby et al., 2012)(그림 10.3 참조). 이러한 차이에도 불구하고 이러한 연구들은 일부 아동은 증상에서 '벗어나지만' 학령 전기 아동의 상당수는 아동기까지 지속되는 증상을 갖는다고 설명한다.

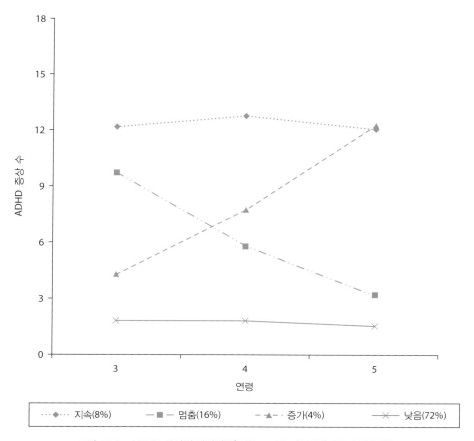

그림 10.3   ADHD 증상의 발달경로[Willoughby(2017)에서 수정 인용]

아동기

대부분의 ADHD 사례들은 6~12세 사이에 의뢰되는데 그 이유는 학교가 아동들에게 주의집중, 규칙 준수, 다른 사람들과 어울리는 능력, 자신의 행동에 대한 조절 등을 요구하기 때문일 것이다(Hinshaw, 2018; Spaniardi, Greenhill, & Hechtman, 2017). 이 시기는 많은 것이 밝혀지고 문서로 정리되어 있으며 이 장에서 가장 많이 다루어지는 시기이다.

아동기는 일반적으로 주의력결핍이 분명하게 드러나는 시기이다. 여기에서도 발달경로의 이질성이 관찰된다(Larsson et al., 2011; Sasser, Kalvin, & Bierman, 2016). 어떤 아동들, 특히 높은 수준의 과잉활동/충동성을 지닌 아동들의 경우 이러한 증상들이 아동기 동안 감소하되 주의력결핍은 증가할 수 있다. 다른 아동들은 아동기 동안 주의력결핍이 계속적으로 증가함을 보이거나 아동기 동안 감소하거나 지속적으로 낮은 ADHD 증상을 보일 수 있다. 아동의 특성과 가족 위험요인 등 다수의 요인들이 ADHD의 궤적을 예측할 것이다(Sasser et al., 2016).

주의력결핍과 과잉행동/충동성 문제 외에도 다른 문제들이 아동기에 나타날 수 있다. 자기조절 및 자기 조직화에 문제가 있으며 사회적 관계도 만족스럽지 않고 학업성취도 떨어진다. 일부 아동에서는 임상적 수준의 반항행동, 품행장애, 내재화 증상 또한 뚜렷이 나타난다.

청소년기와 성인기

청소년기에는 ADHD의 주요 증상, 특히 과잉행동/충동적인 행동이 많은 경우에 상당히 감소하여 ADHD라는 진단을 더 이상 적용하기 어려울 수 있다. 그러나 여전히 상당히 많은 ADHD 청소년에게서 장애는 지속된다(Hinshaw, 2018). 증상 표출의 두 가지 측면에 주목할 필요가 있다. 첫째, 증상의 이형연속성이다. 즉 핵심증상이 다소 다른 형태로 나타날 수 있다. 예컨대 아동기에 지나치게 뛰어다니는 행동은 나중에 긴장을 풀고 안정을 취하지 못하는 증상이 될 수 있다. 둘째, 많은 청소년이 ADHD로 진단받을 정도는 아니지만 ADHD가 없

는 또래들에 비하여 높은 수준의 증상을 보인다(Barkley, 2010).

ADHD에 대한 여러 종단연구에 의하면 이 장애는 아동이 청소년기가 되었을 때 여러 가지 다양한 문제에 처하게 만든다. 여기에는 학업성취 부진, 읽기문제, 내재화 문제, 품행장애, 반사회적 행동, 약물사용 및 남용, 사회적 문제, 사고, 섭식장애 증상 및 10대 임신이 포함된다(Biederman et al., 2011; Oxley & Stringaris, 2018; Pliszka, 2015; Wadsworth et al., 2015; Wilens et al., 2011). 청소년기의 가족관계를 어렵게 하는 문제들(규칙 위반과 시간 규제 및 학교 과제와 관련된 갈등)이 특히 두드러진다(Johnston & Chronis-Tuscano, 2015). 초기 연구들은 남아들에 지나치게 집중했지만 좀 더 최근 연구의 결과에 의하면 ADHD는 여아들도 마찬가지의 위험에 처하게 만든다(Hinshaw, 2018; Leopold et al., 2019). 아동기에 ADHD가 있었던 여자 청소년과 없었던 여자 청소년을 비교한 연구에서 각각 16%와 86%가 여러 영역에서 긍정적으로 적응하였다(Owens et al., 2009).

성인기까지 ADHD를 추적한 연구들에 의하면 대략 60%의 사례가 여전히 일부 핵심증상과 다른 문제들을 보였다(Spaniardi et al., 2017). 이런 문제에는 손상된 사회적 관계, 우울증, 낮은 자아개념, 반사회적 행동과 성격, 약물사용, 교육과 직업에서의 문제들이 포함된다(Asherson, Ramos-Quiroga, & Young 2018; Merrill et al., 2019; Uchida et al., 2015). ADHD가 있는 여아들에 대한 연구에 따르면 성인기에 62%가 일부 ADHD 증상을 보였으며, 통제집단 여아들에 비해 기분, 불안 및 반사회적 장애의 평생 위험률이 훨씬 더 높은 것으로 나타났다. 현재 완전히 성장한 (평균 연령 22세) ADHD가 있는 여아들과 ADHD로 진단받아 추적되었던 동일한 연령의 남자들을 비교했을 때 두 집단이 모두 나중에 문제를 가질 위험이 높았다(Biederman et al., 2010). 그러나 〈그림 10.4〉에 제시한 것처럼 특정 장애들의 프로파일은 서로 달랐다. 최근 연구에 따르면 성인기까지 ADHD가 지속되는 것은 개인이 일련의 기능손상을

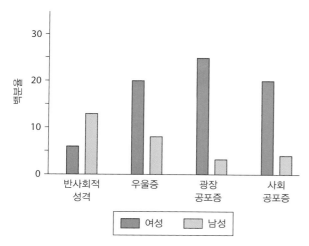

그림 10.4 아동기·청소년기에 ADHD로 확인되고 11년이 지난 후 특정 장애를 나타내 보인 여성과 남성 성인의 비율[Biderman et al.(2010)에서 인용. Copyright 2010 by American Psychiatric Association. 허락하에 사용함]

표 10.1 아동기 ADHD의 청소년과 성인 결말을 예측하는 변인들
발병연령
증상의 심각도
공격성 : 품행문제
일반적 지능
학업능력과 성적
사회적 기능
가족 역경
사회경제적 지위
부모의 ADHD와 정신과적 장애
부모의 아동 양육방식 : 부모-자녀 상호작용
유전적 요인

겪게 될 위험을 더 증가시킨다(Hechtman et al., 2016; Owens et al., 2017).

성인이 되어서 처음으로 ADHD로 확인되었고 아동기에 ADHD 증상이 있었음을 회고적으로 보고하였던 성인들에 대한 관심이 증가하고 있다(Abrams et al., 2018). 회고적 보고의 신뢰도에 대한 문제가 제기될 수 있지만 미국의 성인 ADHD 유병률은 약 4%이며 이 가운데 25% 정도만이 아동기나 청소년기에 ADHD 진단을 받았다. 이런 성인 ADHD 사례들은 ADHD가 많은 사람에게 만성적이면서 평생 지속되는 문제라는 견해를 지지한다. 그러나 성인기 발병 ADHD가 ADHD의 늦은 발현인지, 아니면 별개의 장애인지에 대한 질문이 남는다(Shaw & Polanczyk, 2017).

결말의 다양성과 그에 대한 예측

ADHD의 발달적 경과를 살펴볼 때는 전체적인 그림을 고려하는 것이 중요하다. 첫째, ADHD의 핵심증상, 특히 과잉행동-충동성은 발달과 더불어 감소하는 것처럼 보인다. 둘째, 많은 이차적 문제가 발생하여 이후까지도 지속될 수 있다. 셋째, ADHD의 경로와 결과는 다

양하다. 어떤 아동은 장애를 극복하고, 어떤 아동은 계속해서 다른 종류의 문제를 다양한 정도로 보인다. 이런 사실은 어떤 변인들이 결말을 예측하게 되는지 질문을 제기한다. 청소년과 성인의 문제에 대한 여러 가지 예측요인이 확인되었다(표 10.1). 유전적 요인이 지속성에 상당히 영향을 줄 수 있을지 모르지만 상황은 복잡하다. 예를 들어 기능영역에 따라 위험요인이 달라지기도 한다(Agnew-Blasis et al., 2016; Cheung et al., 2015; Hinshaw, 2018; Ramos-Olazagasti et al., 2018). 좋지 않은 학업성과는 특히 발달 초기의 주의력 문제, 지능, 학업기술뿐만 아니라 내재화 증상과 아동양육방식과 관련이 있다. 대조적으로 지속적인 반사회적 행동은 가족문제, 그리고 아동의 공격성 및 품행문제와 특히 관련이 있다.

ADHD에 대한 신경심리학적 이론

ADHD 아동·청소년이 보이는 신경심리적 기능의 이상은 이 장애를 설명하는 가설을 만드는 데 기여하였다.

비정상적 유전인자에서 ADHD로 가는 경로를 상상한다면 손상된 신경심리적 기능은 그 경로의 어딘가에 놓일 것으로 생각된다. 그러한 기능을 보여주는 ADHD에 대한 여러 설명이 제안되어 왔다. 이 설명들에서는 집행기능, 억제, 주의, 각성, 보상에 대한 반응, 시간지각, 작업기억 및 자기조절을 강조한다(Nigg, 2016; Shaw & Szekely, 2018; Willcutt, 2015). 개념적으로 서로 관련이 있는 이러한 설명들은 그 포괄성의 정도에서 차이가 있지만 뇌기능에 대해 자주 언급하고 있다. 여기에서는 집행기능, 보상에 대한 민감성과 시간처리에 초점을 맞추어 논의하겠다.

집행기능과 억제

이미 살펴보았듯이 ADHD 아동들은 계획하기, 조직화하기, 목표 지향적 행동을 실행하는 데 필요한 고차적 기술인 집행기능에 결함이 있다(Barkley, 2015d; Willcutt, 2015). 집행기능의 한 요소는 반응을 억제하는 능력이다. ADHD에서 잘 알려진 집행기능과 억제의 손상은 이 장애에 대한 다양한 설명에서 핵심적 역할을 하고 있다.

집행기능과 자기조절 : Barkley의 모델

예컨대 Barkley(1998, 2006b)의 다면적 모델을 고려해볼 수 있는데, 그 모델은 집행기능과 자기조절이라는 상호연관된 구성개념들을 중심으로 하며 이들 모두 개인의 자기주도적인 목표지향적 행동을 포함한다(Barkley, 2014; 2015e). Barkley(2015e)에 따르면 행동이나 **반응억제**(response inhibition)가 ADHD의 과잉행동-충동성과 자기조절 문제에서 중요한 역할을 한다. 행동억제는 세 가지 능력으로 구성된 것으로 간주된다. 첫째, 우세한 반응, 즉 강화를 받을 가능성이 있거나 과거에 강화를 받았던 적이 있는 반응을 억제하는 능력이다. 둘째, 이미 실행 중이지만 비효과적으로 평가된 반응을 중단하는 능력이다. 셋째, 집행기능의 실행이 방해를 받지 않도록 보호하기 위해 경쟁적인 자극을 억제하는 능력이다. 이는 간섭으로부터의 자유라고 보면 된다. 우세한

반응을 억제하고, 비효과적 반응을 중지하고, 간섭을 막기 때문에 행동억제는 자기조절을 할 수 있는 상황을 만들어주는데, 여기에는 다른 집행기능도 포함된다. 다음에 간략하게 기술되어 있다.

- 비언어적 작업기억은 이후의 행동을 통제하는 데 사용되는 정보를 마음속에 유지하고 있도록 하는 기억체계의 일부이다. 여기에는 감각-운동적 활동에 대한 기억이 포함된다.
- 언어의 내재화는 언어적 작업기억으로 생각할 수 있다. 사람들이 행동을 안내하기 위해서 내재화된 규칙과 지시에 대해 생각해보도록 해준다.
- 감정, 동기와 각성에 대한 자기조절은 사람들이 정서와 동기를 조정하도록 하는 과정을 포함한다. 예를 들어 동기와 각성에 영향을 줄 수 있는 분노의 억제가 포함될 수 있다.
- 재구성화는 사람들이 분석하고 통합할 수 있게 해준다. 즉 비언어적 및 언어적 단위들을 나누고 재결합하도록 한다. 이로 인해 새롭고 창의적인 행동이나 행동 계열을 구성할 수 있다.

이 네 가지 집행기능은 개인이 자신의 행동을 스스로 조절할 수 있는 방법을 제공한다.

가상적인 예로 자신의 생일날 아침 부엌 식탁 앞에 앉아 케이크를 먹으려는 욕구에 저항하고 있는 아동을 생각해보자. 그는 허락도 없이 생일파티 전에 케이크를 먹는 것이 부모와 갈등을 야기할 것을 알고 있지만, 그의 행동을 억제하는 것은 매우 많은 자기조절 행동과 정신적 노력을 요한다. 〈그림 10.5〉는 이 가상적 예에 포함된 정신적 활동을 보여준다. 그림이 해석의 편의를 위해 상대적으로 선형적인 과정을 나타내고는 있지만, 과제와 관련되고 목표지향적이며 유연한 행동에 관여하는 아동의 능력은 훨씬 더 복잡하며 다수의 서로 관련된 개인적, 생물학적, 맥락적 요소들에 의해 영향을 받게 된다. 억제, 집행기능, 자기조절이 제대로 작동할 때 결과는 흔히 적응적이다. 반대로 이러한 기능들에 문제가 생길 때 행동과 적응은 부정적으로 영향을 받게 된다.

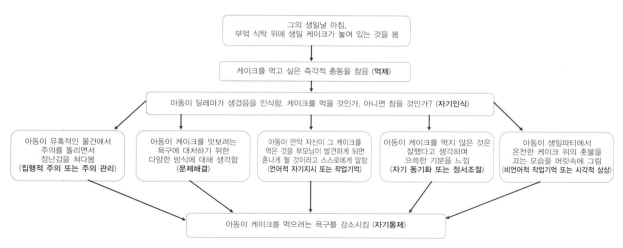

그림 10.5 행동에 대한 집행기능과 자기조절의 역할을 보여주는 가상의 사례[Barkley(2014)에 기초함]

보상에 대한 민감성

ADHD 아동의 경우 유별난 **보상에 대한 민감성**(sensitivity to reward)이 지적되어 왔다(Furukawa et al., 2019; Nigg, 2017). 이는 과도한 보상추구행동과 처벌에 대한 민감성 감소로 나타나는 동기적 문제로 기술되어 왔다. ADHD가 있는 아동은 다른 인센티브가 별로 없는 상황에서 부분강화 계획(partial schedule of reinforcement)을 적용할 때 수행이 저조한 것으로 나타났다(예 : Slusarek et al., 2001). 특히 지연된 보상보다는 작더라도 즉각적인 보상을 비정상적으로 강하게 선호한다(Sonuga-Barke et al., 2008). 한 연구는 ADHD 아동들이 보상과 처벌에 대해 비정상적인 심장 반응을 보인다고 시사하였다(Luman et al., 2007). 또 다른 연구에서는 보상처리를 담당하는 뇌 영역의 기능 차이에 대한 증거를 찾았다(van Hulst et al., 2017). 이러한 결과는 뇌의 보상체계 이상을 의미할 수 있다. 그렇기 때문에 주의를 기울이고, 과제에 집중하고, 규칙을 따르는 것에 포함된 보통의 유관성(contingencies)에 반응하는 어려움이 있게 된다.

시간처리와 지연에 대한 혐오

시간을 처리하는 능력은 사건의 순서를 지각하고 조직화하며, 미래 사건의 발생을 예상하는 것을 포함하는 다차원적이고 기초적인 기술이다(Aguiar et al., 2010). ADHD가 있는 아동은 **시간처리**(temporal processing)에 결함이 있고, 이는 다양한 과제에서 나타난다. 예를 들어 그들은 시간의 흐름을 과소평가한다. 시간처리는 행동을 통제하고 변화시키는 데 중요하고 충동성의 문제, 즉 기다리고 계획하는 어려움과도 연관되는 것으로 생각된다(Walg et al., 2017).

Sonuga-Barke와 동료들은 ADHD로의 한 경로는 시간 지연에 대한 혐오를 포함한다고 제안하였다. 일반적으로 **지연 혐오**(delay aversion)는 지연 상황을 회피하거나 그 상황에서 빠져나가려는 형태로 드러나게 된다(Sonuga-Barke et al., 2004). 따라서 ADHD 아동이 지연된 보상보다 즉각적인 보상을 선호한다는 것은 보상 자체보다도 지연 상황 회피와 더 관련이 있을 수 있다(Sonuga-Barke, 1994). 지연을 피할 수 없는 상황에서 아동은 시간이 빨리 지나가는 것처럼 느끼게 해주는 요소에 주의를 기울일 것이라는 주장이 있다. Antrop과 동료들(2000)은 ADHD 증상이 있는 아동과 없는 아동을 자극이 거의 없는 방에 들어가서 기다리라고 한 후 아동을 관찰함으로써 그러한 주장을 평가해보았다. 일부 측정치에서 ADHD가 있는 아동은 지연의 느낌을 감소시키기 위해 더 많은 활동을 하였다. 또 다른 연구에서

Sonuga-Barke와 동료들(2004)은 지연을 암시하는 환경 단서에 ADHD 아동이 더 민감하다는 예측을 지지해주는 증거를 발견하였는데, 그들에게 지연은 특별한 정서적·동기적 의미를 갖기 때문이다. 최근의 연구는 부정적 정서를 처리하는 데 관여하는 뇌 영역에서의 잠재적인 구조적 차이를 지적하고 있는데, 이는 이러한 차이를 설명해줄 수 있을지 모른다(Van Dessel et al., 2019).

복합결함 모델로의 이동

ADHD에서 여러 가지 결함이 발견되어 왔기 때문에 하나의 신경심리적 또는 인지적 결함이 ADHD를 설명할 수 있을 것이라는 초기 믿음은 다수의 결함이 장애를 더 잘 설명할 수 있다는 가설에 자리를 내주어 왔다(Paul-Pott et al., 2019; Willcutt, 2015). 아동마다 서로 다른 결함이 있을 수 있겠지만 어떤 아동들에게는 단일 결함이 핵심적이며, 신경심리학적 손상에 기초한 서로 다른 양상이 존재할 수도 있다. 그러나 ADHD 증상들은 단일 장애로는 심각한 손상을 일으키기에 충분하지 않지만 함께 장애를 일으키는 다수의 약점들로부터 생겨날 수 있다. ADHD는 서로 다른 결함과 서로 다른 병인적 경로를 보이는 여러 집단의 개인들을 포괄하는 커다란 우산으로 보는 것이 최상일 것이다(Taylor & Sonuga-Barke, 2008).

복합경로 모델

간단히 말해서 ADHD의 독립적 경로 모델들은 어떤 사람들은 하나의 요인 때문에 증상들을 보이고 다른 사람들은 또 다른 요인 때문에 증상들을 경험한다고 제안한다. 최초의 복합경로 모델 중 하나는 Sonuga-Barke와 동료들에 의해 제안되었다. ADHD의 이중경로 모델은 장애의 발달에서 독립적인 경로를 제안하는데, 두 개의 대안적 설명을 포괄한다(Sonuga-Barke, Dalen, & Remington, 2003). 이 모델에 따르면 한 경로는 집행기능의 결함에 의해 매개되고, 다른 경로는 지연 혐오에 의해 매개된다. 이 경로들에 서로 다른 뇌 회로가 관련된다고 생각된다. Sonuga-Barke, Bitsakou,

Thompson(2010)은 시간처리가 세 번째 경로를 구성할 가능성을 탐색하였다. ADHD 아동과 ADHD가 아닌 통제 아동이 억제, 지연 혐오, 또는 시간처리를 평가할 수 있는 과제를 수행하였다. ADHD 아동이 이 세 종류의 과제에서 모두 결함을 보일 가능성은 우연보다 더 크지 않았다. 게다가 단지 한 과제에서 문제를 보이는 경우가 가장 많았다. 이 결과는 삼중경로 모델과 신경심리적 손상의 하위 유형을 지지하였다. 독립적 경로 모델에 대한 증거가 있긴 하지만(Kerner auch Keoener, Gust, & Petermann, 2018), 이러한 경로들이 전적으로 분리되어 있지 않으며 ADHD가 다수 영역에서의 약점들과 연합될 수 있음을 제안하는 연구들도 있다.

복합결함 모델

그 자체로는 ADHD를 일으키기 위해 필요하지도 충분하지도 않지만, ADHD 증상들을 함께 일으키는 다수의 신경심리적 결함 때문에 장애가 생겨난다는 쪽으로 변화가 일어나고 있다(Willcutt, 2015). 이 복합결함 모델은 ADHD 내의 이질성을 설명할 수 있는 것으로 보인다. 예를 들어 집행기능 결함이 ADHD가 있는 많은 사람에게 존재하지만 처리 속도 결함도 함께 지닌 사람들은 주로 상당한 주의력결핍 증상과 학습문제를 보이는 반면, 동기적 과정에 문제가 있는 사람들은 충동적이고 파괴적인 행동문제를 보일 가능성이 더 크다(Willcutt, 2015). ADHD의 병인과 양상은 복잡하다는 인식이 증가하고 있으며, 더 많은 연구가 이러한 모델들을 검증하고 더 잘 이해하기 위해 필요하다.

신경생물학적 이상

한때는 ADHD에서 뇌 손상이 중요하게 고려되었다. 그러나 이 장애를 가진 대부분의 아동에서 뇌 손상이 없음이 분명해지면서 파악하기 힘든 어떤 '미세한 뇌기능이상(minimal brain dysfunction)'이 있을 것으로 가정되었다. 1950년대 후반과 1960년대 초반 경, 더 우수한 경험적 증거에 대한 요구가 증가하였다. 오늘날 ADHD에서 뇌기능 이상을 지지하는 증거는 상당히 많다(Hoogman et al., 2017).

전두엽, 선조체, 두정엽, 측두엽, 시상, 뇌량과 소뇌를 포함하여 수많은 뇌 구조가 ADHD와 관련이 있는 것으로 알려져 있다. 예를 들어 감소된 뇌 부피는 여러 뇌 구조에서 발견되었는데(Hoogman et al., 2017), 전체 뇌 부피가 3~5% 정도 감소되었다(Taylor, 2009). 또한 크기가 작은 뇌와 ADHD 증상의 심각성이 관련이 있는 것으로 보인다(Hoogman et al., 2017). 연구에 의하면 정상발달에서는 일반적으로 우뇌가 좌뇌보다 더 큰 비대칭이 전두엽에서 발견되는데 ADHD에서는 이러한 비대칭이 나타나지 않는다(Paclt et al., 2016).

신경심리학적 발견들은 ADHD의 신경심리모델을 알리는 데 기여해 왔다(Shaw & Szekely, 2018). 〈그림 10.6〉은 ADHD의 현재의 몇몇 신경인지모델과 뇌 수준 결함 간 관계를 보여주며, 아래에 몇몇 관련된 발견을 소개한다. 전전두엽과 뇌 깊숙이 자리 잡고 있는 선조영역이나 소뇌와의 연결에 특히 많은 관심이 집중

되고 있으며, 연구결과는 매우 흥미롭다. 평균보다 작은 크기의 전전두엽, 선조체와 소뇌가 ADHD와 관련이 있다(Barkley, 2015c). 그리고 전두엽, 선조체 및 측두엽의 크기가 억제와 직접적으로 관련이 있음이 밝혀졌다(McAloanan et al., 2009). 전전두엽과 선조영역은 보상과 동기뿐 아니라 억제, 작업기억, 다른 집행기능과 같은 ADHD에서 발견되는 많은 신경심리적 결함뿐 아니라 ADHD의 핵심증상과 관련이 있다(Casey et al., 1997; Semrud-Clikeman et al., 2000; Volkow et al., 2009). 최근의 연구에 따르면 특히 편도체와 해마에 차이가 있는데, 이는 ADHD에서 보이는 정서조절, 동기, 기억의 어려움에 기여할 수 있다. 또한 최근의 연구는 정서조절 문제가 장애의 핵심 특성이라고 보는 신경생물학적 지지를 제공한다(Hoogman et al., 2017). 게다가 여러 가지 뇌 스캔과 전기생리적 측정치에 의하면 ADHD 아동·청소년은 전두 영역뿐 아니라 선조 영역과 소뇌로 연결되는 경로에 혈류가 감소하고 포도당 사용이 감소하고, 뇌파가 느린데, 이는 모두 저활동성의

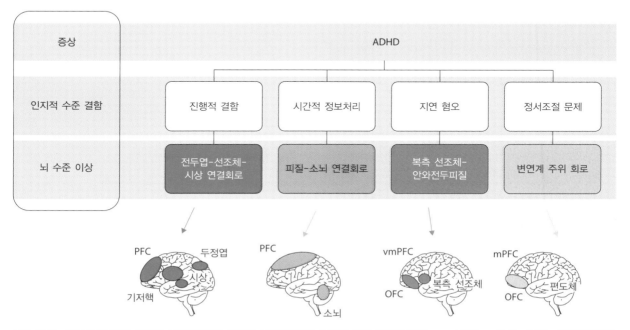

그림 10.6 ADHD에 대한 현재의 신경인지학적 모델과 신경생물학적 이상에 대한 잠재적 관계. m : 내측(medial), OFC : 안와전두피질(orbitofrontal cortex), PFC : 전전두엽(prefrontal cortex), vm : 복내측(ventromedial).[Shaw & Szekely(2018)에서 수정 인용]

징후이다(Dickstein et al., 2006; Mc-Grath & Peterson, 2009a). 소뇌와 전전두엽, 대상회(cingulate), 두정 영역 간 연결성 결함은 시간처리의 결함과 관련이 있는 것 같다(Shaw & Szekely, 2018). 덧붙여서 백질과 전전두엽 회백질에서의 이상을 포함하는 비정상적인 신경생리학과 신경해부학적 요인들이 ADHD에 특징적인 인지적 수행 차이를 설명할 수 있는 것으로 보인다(Shaw & Szekely, 2018).

신경생물학적 연구의 또 다른 관심사는 뇌의 생화학이다. 도파민과 노르에피네프린이 부족하다는 강한 증거가 있다. 이러한 신경전달물질 회로는 ADHD에서 나타나는 집행기능, 보상과 동기와 관련된 영역으로 뻗어 있다(Taylor & Sonuga-Barke, 2008; Volkow et al., 2009). 이런 결과에 일관되게 ADHD의 치료에 사용되는 약들은 시냅스에 도파민과 노르에피네프린의 방출을 촉진하거나 시냅스 전 뉴런(presynaptic neurons)에 의해 재흡수되는 것을 방지함으로써 시냅스 내의 도파민과 노르에피네프린을 증가시킨다(Aguiar et al., 2010). 그럼에도 불구하고 ADHD에는 세로토닌과 아세틸콜린과 같은 여러 신경전달물질의 상호작용이 관련되는 것 같다.

뇌 연구로부터 몇 가지 결론을 도출할 수 있다. 첫째, 전두엽, 선조체, 소뇌 구조와 그들 사이 연결망의 이상이 중요한 역할을 하는 것으로 보인다. 둘째, 뇌의 각성저하 가능성이 있다. 셋째, 도파민과 노르에피네프린이 결핍되었을 수 있다. 넷째, 다른 뇌 영역이 관련될 수 있다. ADHD는 여러 뇌 영역이나 연관된 연결망에 문제가 있는 이질적인 장애가 분명하다. 뇌 기능에 대한 이해에 진전이 있기는 하지만 여전히 모르는 것들이 많다.

ADHD에서 뇌 이상에 관한 핵심적인 문제는 뇌 이상이 정상적인 발달로부터의 이탈인가 또는 성숙의 지연인가 하는 것이다. 뇌 성숙의 지연 가설은 어느 정도 지지를 받고 있다(Konrad, Di Martino, & Aoki, 2018). 정상적인 발달에서 뇌의 피질은 아동기 동안 두꺼워져서(부피가 증가하고) 아동 후기에 절정에 달했다가 청소년기가 되면 얇아진다. 이러한 발달은 고차적인 연합영역

보다 일차적인 감각영역에서 먼저 일어난다. Shaw와 동료들(2007)의 연구에 의하면 ADHD 아동과 청소년에게서 동일한 변화가 상당히 지연되어 나타났다. 정상 비교집단에서는 뇌 피질의 50%가 보통 7.5세경에 가장 두꺼워졌고, ADHD 집단에서는 10.5세였다. 전전두엽에서 성숙이 가장 많이 지연되었다. 더 최근의 대규모 연구에서도 ADHD에서 지연된 뇌 성숙이 다시 확인되었다(Hoogman et al., 2017). ADHD에서 발달적으로 피질이 얇아지는 것과 뇌 구조의 다른 변화들은 ADHD의 또 다른 결정적 문제를 다루어 왔는데, 바로 ADHD를 범주적으로 볼 것인지 또는 차원적으로 볼 것인지의 문제이다(생각상자 'ADHD : 범주 또는 차원?' 참조).

병인

유전적 요인

행동유전학 연구나 분자유전학 연구 모두 ADHD에 상당한 유전적 영향이 있음을 강력하게 지지하고 있다. ADHD가 있는 아동의 가족이 기대보다 정신병리를 가질 가능성이 더 높았고, 직계가족의 10~35%가 ADHD를 보였다(Barkley, 2015c). ADHD 부모를 둔 자녀 역시 이 장애의 위험이 매우 높았다. 가족군집(family aggregation) 연구 또한 ADHD가 다른 장애와 동시에 발생하는데 유전적 요인이 작용함을 시사하였다.

쌍생아연구를 통해 더 뚜렷한 유전의 증거가 제시되었다. 여러 연구에서 유전성(heritability)의 추정치는 .90까지 나타났고 여러 연구에서 .70~.80 사이로 나타났다(Langley, 2018). 유전성은 다양한 측정방법, 정보제공자, 모집단을 사용한 연구에서 입증되었다. 차원적으로 정의된 사람뿐 아니라 ADHD 또는 그 하위유형의 진단으로 범주적으로 정의된 사람도 연구되었다(Goldstein, 2011). 전체적으로 연구는 ADHD 행동에 대한 유전적 영향이 연속선상에서 작용함을 시사하는데, 즉 장애의 진단기준을 충족시킨 사람들뿐 아니라 일반 모집단의 경우에도 마찬가지의 유전성 추정치 변산(variation)이 존재한다(Langley, 2018).

생각상자　　　ADHD : 범주 또는 차원?

논란이 지속되기는 하지만 수년에 걸쳐 ADHD에 대한 개념화는 범주적 개념화에서 ADHD가 이제는 차원적 장애라는 입장으로 이동해 왔다(Mahone, 2016). DSM-5 기준은 여전히 범주적이지만 많은 연구가 ADHD 증상뿐 아니라 증상과 관련된 신경심리적 손상이 사실 연속선상에 존재함을 시사하고 있다(Posner, Polancyzk, & Sonuga-Barke, 2020). 다른 말로 하면 ADHD를 개인이 지니고 있거나 아닌 어떤 것으로 고려하기보다는 증상과 ADHD와 연합된 인지적 손상이 일반 전집에도 존재하되 임상적인 장애는 스펙트럼의 한쪽 극단에 놓여 있는 것으로 고려해야 한다.

ADHD의 신경생물학적 기초를 탐색한 Shaw와 동료들(2011)의 연구는 이러한 변화에 기여해 왔다. 그들은 ADHD로 진단된 8세 또는 그 이상인 아동의 MRI 뇌영상을 정상적으로 성장하는 아동의 뇌영상과 비교했다. 모든 참가자는 과잉행동-충동성 행동에 대해 평가를 받았다. 연구자들은 이런 행동이나 증상이 심각한 정도에 따라 피질 두께의 감소율을 살펴보았다. 이전 연구로부터 기대할 수 있듯이 ADHD 아동·청소년의 피질 두께가 가장 느리게 감소하였다. 모든 참가자에게서 피질 두께의 감소율은 증상의 심각성에 따라 다르게 나타났고, 증상이 심할수록 두께가 더 천천히 감소하였다. 진단받지 않은 정상적으로 발달하는 청소년이 ADHD 증상을 가진 청소년과 비슷한 대뇌 변화를 보였다는 결과는 신경생물학적으로 ADHD에 대한 차원적 관점을 지지한다.

더 최근의 연구들은 신경생물학적 변화를 연구하면서 계속해서 ADHD의 범주적 대 차원적 개념화를 탐색하고 있다. 예를 들면 최근의 한 연구는 ADHD의 범주적 그리고 차원적 정의 모두를 사용해서 ADHD가 있거나 없는 아동들에서 백질의 변화를 연구하였다(Wu et al., 2017). 건강한 아동들과 비교하여 ADHD 아동들은 변화된 백질을 광범위하게 보여주었다. 게다가 그들의 발견은 증상 심각도와 뇌 구조에서의 변화가 관련이 있는 복잡한 그림을 제시하고 있는데, 건강한 사람들부터 심각한 수준의 주의력결핍 및 과잉행동/충동성을 보이는 사람들까지 변화가 점진적으로 더 많아지는 것을 볼 수 있었다. 이러한 연구들이 ADHD의 신경생물학적 측면만을 다루며 논란을 충분히 해소시키지는 못하지만, 중요한 연구결과와 고려할 사항들을 제시하고 있다. 이런 연구와 다른 유사한 연구들에서 보고된 바에 따르면 ADHD로 진단을 받은 아동은 그렇지 않은 아동과 범주적으로 다르지 않을 가능성이 크다. 오히려 뇌에서의 미묘한 차이가 장애를 특징짓는 행동의 빈도, 지속기간, 심각성에서의 차이를 가져오는 듯하다.

분자유전학 연구로 인해 ADHD의 병인에 대해 더 잘 이해하게 되었다. 도파민 전달과 관련이 있는 DRD4 유전자와 DAT1 유전자가 처음으로 ADHD와 연관이 있음이 밝혀졌고, 노르에피네프린과 세로토닌과 관련된 다른 유전자들도 연관이 있음이 시사되었다(Taylor, 2009). 전장 유전체 연관성 연구(genome-wide association study)가 현재 진행 중에 있고, 확인된 유전자 각각은 매우 작은 효과만을 가지고 있음이 보고되었다(Langley, 2018)

전장 유전체 연관성 연구들은 제한된 연구결과이기는 하지만 ADHD 표본과 정상 통제집단의 유전자 복제수 변이(copy number variation, CNV)를 비교하기 시작했다. 한 연구에서 ADHD가 있는 아동, 특히 지능이 낮은 ADHD 아동에게서 DNA의 어떤 부분이 없거나 이중으로 있는 비율이 높다고 밝혀졌다(Williams et al., 2010)(CNV는 인구 비율이 1% 미만이면 희귀하다고 간주된다). 또 다른 연구는 비율의 증가는 발견하지 못했지만 유전된 희귀한 CNV를 발견했고 이것이 중추신경계의 발달, 시냅스 전달, 학습과 행동에 중요한 유전자를 포함하고 있다고 밝히고 있다(Elia et al., 2010). ADHD에 대한 전장 유전체 연관성 분석이 오늘날에도 상대적으로 적지만 구조적 변이와 후보 유전자에 대해서는 연구가 계속될 것이고 중요한 결과들이 나오게 될 것이다. 예를 들어 20,000건 이상의 ADHD 사례와 35,000건의 통제집단에 대한 대규모 국제협력연구는 최근 ADHD에 대한 독립적인 12개 위험요소를 확인하였다(Demontis et al., 2019). 추가적인 연구는 ADHD 병인 기저의 분자유전학에 더 많은 정보를 제공하게 될 것이다.

전체적으로 볼 때 ADHD의 유전학은 아주 복잡하다. 아마도 큰 영향을 미치는 유전자가 없을 가능성도 있다(Goldstein, 2011). 더구나 유전적 이질성이 있을 가능성이 있다. 즉 다른 유전자 또는 한 유전자의 변이가 또는 다른 유전적 기제가 이 장애를 일으킬지 모른다. 유전자는 서로 상호작용하며 다른 요인들과도 상호작용할 것이다. 이런 점에서 유전성 추정치에 유전자-환경 상호작용의 효과가 포함되어 있음을 유념하는 것이 중요하다(Franke & Buitelaar, 2018). 게다가 후성유전학(epigenetics) 또는 경험이 유전자의 표현에 미치는 효과에 대한 최근의 기발한 연구들은 앞으로 ADHD에 대한 새로운 이해를 낳게 될 것이다(Barkely, 2015c). 당연히 이 영역에 대한 더 많은 연구가 필요하다.

태내 영향과 출산합병증

태내 조건과 ADHD 증상이나 진단된 ADHD 사이의 관계에는 일관성이 없다. 불일치하는 결과들은 부분적으로는 연구방법 때문이기도 하고 태내 영향과 ADHD 간의 복잡한 관계 때문일 수도 있다(Sciberras et al., 2017). 그럼에도 불구하고 임신하였을 때 흡연과 음주는 해로운 것으로 보인다(Barkley et al, 2015c; Han et al., 2015; He et al., 2017). 대규모 표집에 대해 핀란드에서 이루어진 한 연구에서는 산모의 흡연이 다른 변인을 통제한 이후에도 과잉행동과 상관이 있음이 밝혀졌다(Kotimaa et al., 2003). 흥미롭게도 ADHD의 유전적 위험도가 높은 어머니는 임신 중에 흡연 같은 특정 행동을 할 위험이 더 높을 수 있으며, 임신 중 산모의 흡연과 ADHD 간의 연합이 자궁 내 니코틴 노출 효과 이상으로 더 복잡할 수 있음을 시사한다(Barkley, 2015c; Gustavson et al., 2017; Leppert et al., 2019). 임신 중 산모의 음주 또한 인지적 결함에 기여하는 것으로 보이며 ADHD에 대한 이후의 위험과 연합된 것으로 보고되고 있다(Eichler et al., 2018). 임신했을 때부터 자녀가 14세가 될 때까지를 추적하여 이루어진 미국의 대규모 연구에서 임신 중의 음주가 아동의 활동성

수준, 주의력결핍, 과제 조직력 결여 등과 관련이 있음이 밝혀졌다(Streissguth et al., 1995). 태내 알코올 및 니코틴 노출의 해로운 효과를 보여주는 동물연구들은 일관되게 ADHD에서 관찰되는 대뇌 연결망 감소를 보여준다(Mick et al., 2002). 인간에서의 뇌영상연구 또한 ADHD 아동에게서 흡연과 알코올에 대한 치명적 노출과 감소된 대뇌 부피 간의 연합을 보여주고 있다(de Zeeuw et al., 2012). 이 분야의 연구는 계속되고 있고 최근 연구는 이러한 복잡한 관계를 더 잘 이해하기 위해, 그리고 ADHD에서 부모의 물질사용의 역할 또한 살펴보기 위해서 확장되고 있다(Bierderman et al., 2017).

어떤 연구들은 출생 시 부상을 입었거나 미숙아로 태어났거나 저체중이었던 아동들에게서 ADHD 위험이 더 높음을 보여주었다(Getahun et al., 2013; Wagner et al., 2009). 1987년에서 2000년 사이에 스웨덴에서 출생한 아동들에 대한 전국적 동시대 집단연구에서 보통 정도와 아주 극단적인 미성숙이 학령기 ADHD의 위험을 증가시킨다는 사실을 발견했다(Lindström, Lindblad, & Hjern, 2011). 이 결과는 유전적 요인, 주산기 요인, 또는 사회경제적 변인으로 설명되지 않았지만, 어머니의 교육수준이 낮을 때 보통 정도의 미성숙이 ADHD 위험성에 미치는 영향이 더 크게 나타났다. 게다가 출생 시의 작은 신체 크기와 머리 둘레도 관련이 있는 것으로 나타났는데, 이 효과는 다른 요인들로는 설명되지 않았다(Lahti et al., 2006). 저체중 또한 주의문제나 ADHD의 위험과 관련이 있었다. 실제로 저체중과 ADHD 간의 연합에 대한 증거는 놀라우며, 연구에 따르면 이는 ADHD의 강한 위험요소일 수 있다(Franz et al., 2018; Nigg & Song, 2018).

섭식과 납 성분

여러 해 동안 섭식의 병인론적 역할이 관심거리였다. 한 가지 논란거리는 인공 색소와 향료, 방부제, 자연적으로 발생하는 살리실산염(예 : 토마토나 오이에 있는 성분)을 함유한 음식이 과잉행동과 관련이 있다는 생각이었다. 연구결과는 대부분 이 주장을 지지해주지 않았다

(Harley & Matthews, 1980; Spring, Chiodo, & Bowen, 1987). 또한 여러 연구에 대한 메타분석결과에서 ADHD 아동의 행동이나 인지기능이 당분 섭취에 영향을 받지 않는다는 것이 확인되었다(Wolraich, Wilson, & White, 1995). 따라서 섭식이 ADHD에 큰 영향을 미치지 않는다고 일반적으로 인정되고 있다. 그럼에도 불구하고 음식이나 첨가물을 선택하는 데 있어서 과도한 민감성이 ADHD가 있는 일부 아동들에게 영향을 미친다는 가설이 새롭게 주목을 받고 있다(Nigg et al., 2012; Pelsser et al., 2011).

납에 대한 노출은 생물학적 기능, 인지와 행동의 결함과 관련이 있기 때문에 납이 ADHD를 일으킬지 모른다는 의심이 터무니없지는 않다. 연구에 따르면 납에 대한 노출이 ADHD 진단과 ADHD 아동에게서 손상된 것으로 알려진 여러 집행기능의 결함과 관련이 있었다(Eubig, Aguiar, & Schantz, 2010; Nigg et al., 2008). ADHD에 미치는 납 노출의 전반적 영향은 아주 작을지 모르지만 여전히 심각하다(Barkley, 2015c; Goodlad, Marcus, & Fulton, 2013; Ji et al., 2018). 납의 독성 효과, 특히 어린 아동의 뇌와 신경계 발달에 미치는 심각하고 영구적인 영향은 누적된다. 다른 말로 하면 노출이 증가하면서 증상과 발달에 미치는 효과의 범위와 심각성도 증가한다(World Health Organization, 2018b). 납 성분이 포함된 페인트와 장난감, 자동차 배기가스, 납이 첨가된 크리스털과 도자기 접시, 낡은 동 파이프의 납땜질 등으로부터 지속적으로 아동을 보호해야 한다.

심리사회적 요인

심리사회적 요인이 ADHD의 주요 원인이라고 믿는 연구자나 임상학자는 별로 없다. 우선 한 가지 이유는 유전적 위험요인이 일반 모집단과 ADHD로 진단된 아동에게서 나타나는 ADHD 증상 차이의 상당한 부분을 설명하는 것 같다(Langley, 2018). 그러나 심리사회적 요인들은 ADHD와 함께 발생하는 문제뿐 아니라 ADHD 증상의 특성, 지속성, 심각성 등에 영향을 미친다.

심리사회적 요인들 가운데서 가족요인이 특히 중요하게 생각된다. 경제적 어려움, 스트레스, 갈등과 별거, 그리고 정신건강과 적응의 문제와 같이 아동의 ADHD와 관련된 수많은 가족요인이 기술되어 왔다(Barkley, 2015c; Johnston & Chronis-Tuscano, 2015). Nigg와 Hinshaw(1998)는 반사회적 행동을 나타내는 아동이건 아니건, ADHD가 있는 남자 아동들은 어머니가 우울이나 불안을 겪은 적이 있거나 아버지가 아동기에 ADHD 증상을 보였던 경우가 더 많았다는 것을 발견하였다. 더 최근의 메타분석에 따르면 ADHD가 있는 아동의 부모들은 ADHD가 없는 아동의 부모들에 비해 정신건강 장애를 갖고 있을 가능성이 2.85배 더 높았다(Cheung & Theule, 2016). 그리고 앞서 언급되었듯이 ADHD 아동의 가족연구는 일관되게 부모-자녀 상호작용의 붕괴를 보고하고 있다(Johnston & Chronis-Tuscano, 2015; Theule et al., 2013). Tully와 동료들(2004)은 저체중으로 태어났던 5세 쌍생아들의 ADHD 증상을 관찰하였는데 어머니의 따스한 보살핌이 증상을 가라앉히는 효과가 있었다. 더 최근의 종단연구들 또한 어머니의 민감성과 같은 양육 특성이 ADHD를 예측할 수 있음을 보여주었다(Choenni et al., 2019).

종합해보면 아동의 ADHD가 부모의 행동에 영향을 미칠 수 있고 부모의 행동이 ADHD 증상의 발달과 특성에 영향을 미칠 수 있다는 증거들이 발견되었다(Johnston & Mash, 2001). 예를 들어 연구에 따르면 부모의 감독 부재나 비일관적인 훈육 등 양육행동이 아동의 기질에 영향을 미치면서 더 많은 ADHD 증상으로 이어질 수 있다(Ullsperger, Nigg, & Nikolas, 2016). 하지만 이러한 영향요인의 관계들이 복잡하다는 것을 주목할 필요가 있다. 비효과적인 양육 스타일은 아동의 기질적 또는 행동적 측면과 상호작용하고 이는 더 부정적인 가족 과정과 결과를 만들어내는 맥락이 되는 것 같다(Johnston & Chronis-Tuscano, 2015). 그럼에도 불구하고 가족요인에 대한 연구결과는 비일관적이기 때문에 조심스럽게 다루어져야 하며, 유전적 및 환경적 요인들의 가능한 상호작용 효과에 대해서도 더 많은 연구가 필요하다. 예를 들어 아동과 부모는 충동적이고, 조직적이지 못한 행동을 하게 만드는 동일한 유전형(genotype)을 가지고 있을지도 모른다. 부모의 행동은 아동의 자기조절 발달에 영향을 미치고, 아동의 행동은 비효과적인 양육행동을 유발할 수 있다(Nigg, 2016). 게다가 부모와 아동의 행동은 부부 갈등, 형제자매 간 상호작용과 관계, 학교/지역사회 요인 등 다른 가족 및 사회적 요인에 의해 영향을 받을 수 있다(Johnston & Chronis-Tuscano, 2015).

아동이 학교에서 보이는 행동이 ADHD의 확인과 진단에 중요하다. 교사가 학생의 행동을 어떻게 관리하는지가 학생의 주의력과 충동성에 중요하게 작용한다(Leflot et al., 2010). 게다가 학급이 어떻게 조직화되고 활동이 어떻게 구조화되는지가 아동의 행동과 학업성취에 영향을 미칠 수 있으며, ADHD 성향이 있는 아동에게는 더욱 그러하다(Pfiffner & DuPaul, 2015). 그렇다고 교사의 행동이 ADHD를 초래한다는 의미는 아니다. 하지만 교사의 행동이 ADHD의 발현과 최종 상태에 영향을 미칠 수는 있다.

ADHD 발달의 도식

전반적으로 ADHD 연구들로 인해 ADHD에 대한 유

전적 영향, 뇌기능과 장애의 증상들과의 관련성, 환경적 요인이 인과적 역할을 일부 하거나 문제행동의 조형 및 유지에 역할을 한다는 사실을 더 잘 이해하게 되었다. 이러한 요인들을 하나의 모델로 보여주는 것은 도움이 될 것이다. 〈그림 10.7〉은 ADHD의 발달에 대한 간략한 도식적 표상을 제시한다. 이 도식은 Taylor와 Sonuga-Barke(2008)의 연구에 기초한 것으로 ADHD의 발달을 이해하는 한 가지 방식이다. 이 도식은 여러 가지 유전적 위험요인이 출생 전과 후의 영향과 상호작용하여 뇌의 이상이 발생하고 신경심리적 손상을 일으킴을 나타낸다. 앞에서 보았듯이 ADHD에서 다양한 신경심리적 손상뿐 아니라 다양한 뇌 이상이 발견되었다. 이처럼 다양한 경로를 통해 ADHD가 발생한다(이 도식은 세 가지 가설적 경로를 보여준다). 출생 후에 경험하는 환경적 영향이 이 경로들에서 중요한 역할을 한다. 어떤 이차적 요인은 뇌 과정에 직접적으로 영향을 미친다(예 : 독소). 어떤 삼차적 요인은 사회적 상호작용을 통해 결과를 매개하거나 조절한다(예 : 부정적 양육). 이와 같이 복잡한 영향이 ADHD뿐 아니라 ADHD와 함께 흔히 발생하는 여러 가지 장애를 일으킬 수 있다.

물론 이 도식에 ADHD 발달의 모든 것이 포함되어 있지는 않다. 예를 들어 유전적 영향과 환경적 영향의

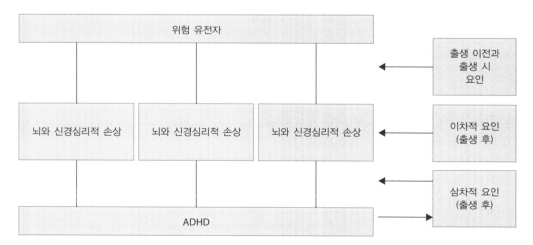

그림 10.7 유전적 요인과 환경적 요인의 복잡한 상호작용의 결과로 인해 ADHD 발달의 여러 경로가 나타난다.[Taylor & Sonuga-Barke(2008). Copyright 2008 by John Wiley & Sons. 허락하에 사용함]

상대적 중요도도 포함되지 않았고, 이 장애에서 특징적으로 나타나는 일부 사회적 · 학업적 및 다른 기능적 문제에 대해서도 알려주지 않는다. 그럼에도 불구하고 〈그림 10.7〉은 ADHD의 발달에 대해 생각하는 기본틀을 제공한다.

평가

평가의 목적이 ADHD 여부를 확인하는 것인지, 치료계획을 세우기 위한 것인지, 혹은 둘 다인지에 관계없이 ADHD의 몇 가지 속성이 유용한 길잡이 역할을 한다(Barkley, 2015g; DuPaul, Anastopoulos, & Kipperman, 2020; Hinshaw & Becker, 2020).

- ADHD는 생물심리사회적 장애이므로 평가 또한 광범위하게 이루어져야 한다.
- ADHD는 발달장애이므로 아동의 발달사가 중요하고 발달수준에 따라 평가도 달라진다.
- ADHD는 증상이 만연하며 상황에 따라 다르게 나타날 수 있기 때문에 상황별 정보가 있어야 한다.
- 다른 심리장애를 동반하는 비율이 매우 높으므로 공존장애와 구분하기 위한 주의 깊은 평가가 필요하다.

다음의 논의는 평가에 대한 여러 적절한 접근들을 보여준다.

면접

ADHD 진단을 위한 최상의 접근은 모든 가용한 출처로부터 종합적인 정보를 수집하는 것에 달려 있다(DuPaul et al, 2020; Rohde et al., 2019). ADHD는 어릴 때 가장 많이 평가되기에 면접과정에서 부모가 매우 중요하다. 아동의 구체적인 문제행동과 장애, 강점, 발달사, 병력, 학업성취, 또래관계 등에 대한 정보가 필요하다(Barkely, 2015g). 가족 간의 관계와 스트레스에 대해 체계적이고 직접적인 질문을 할 필요가 있는데 이들이 아동이 처한 사회적 환경의 핵심이며, 치료에 영향을 미칠 수 있

기 때문이다. 표준적인 구조화된 면접과 결합시킨 반구조화된 면접(예 : The Diagnostic Interview for Children and Adolescents, DICA; The Schedule for Affective Disorders and Schizophrenia for School-age Children, K-SADS)은 풍부한 정보를 수집하기 위한 효과적이고도 신뢰할 만한 방식이다(Danckaerts & Coghill, 2018).

부모-자녀 간의 상호작용을 구체적으로 평가하는 것은 진단뿐 아니라 치료계획을 위해서도 중요하다(Barkley, 2015g; Rhode et al., 2019). 아동의 문제와 관련이 있는 구체적인 상황과 그 문제를 다루는 방식에 대해 주의를 환기시키고 구체적인 질문을 제기하는 것이 효과적이다. 아동이 무엇을 하고 부모가 어떻게 반응하는지, 식사시간이나 아동에게 집안일을 거들라고 요청했을 때와 같은 구체적인 상황에서 얼마나 자주 문제가 발생하는지 등을 질문할 수 있다.

평가를 받는 아동도 면접을 해야 한다. 나이가 어린 아동일 경우에는 면접을 통해 서로 얼굴을 익히고 친밀감을 형성하면서 아동의 겉모습과 사용하는 언어, 대인관계기술 등을 관찰한다(Barkley, 2015g). ADHD 아동은 임상기관을 방문했을 경우 다른 때와는 달리 적절하게 행동하기도 하므로 그런 관찰결과는 신중하게 해석할 필요가 있다(Danckaerts & Coghill, 2018). 더 나이든 아동과 청소년에 대한 면접에서는 그들이 자신의 문제를 어떻게 생각하고 있는지 학업수행, 또래관계, 자신의 가족기능에 대한 견해, 더 나은 인생을 위해 무엇이 필요하다고 생각하는지 등을 물어볼 수 있다. 사회적 기능과 수면 등 다른 기능 영역에 대해서도 정보를 수집할 수 있다(DuPaul et al., 2020). ADHD 아동의 이야기가 자신의 증상에 대한 긍정적 편향을 반영할 수도 있지만 아동과의 개별 면접을 통해 부모 앞에서는 말하고 싶어 하지 않는 문제들을 끄집어낼 수 있다(Pliszka et al., 2007). 면접은 아동의 발달 상태에 맞춰 이루어져야 하며 아동의 관점에서 문제에 접근하는 것이 좋다(표 10.2 참조).

교사에 대한 면접은 부모가 제대로 평가할 수 없는 학교 상황에서의 문제들을 보여줄 수 있다(Mitsis et al.,

▎표 10.2 아동의 입장을 고려하여 인터뷰 질문을 하는 것이 도움이 된다. 다음 예들은 아동의 학교 경험에 대한 것이다.

- "학급에 앉아 있었는데 선생님이 이야기를 하고 있고 너는 선생님이 무슨 말을 하는지 전혀 이해하지 못하고 있음을 갑자기 깨달았던 적이 있는가?"
- "네가 어떤 일을 마치는데 다른 아이들보다 시간이 더 걸리는 것 같은가?"
- "네가 한 일이 다른 아이들이 한 일에 비해 더 형편없다고 생각하는가?"
- "학교에서 주어진 일을 계속하는 것이 어렵다고 느꼈던 적이 있는가?"
- "숙제를 마치는 것이 어려웠던 적이 있는가?"
- "네가 말할 순서가 아닌데 말을 하거나 일을 해야 할 때 노닥거려서 선생님에게 말을 들은 적이 있는가?"

출처 : Barkley & Edwards(2006). Copyright 2006 by Guilford Press. 허락하에 사용함

▎표 10.3 코너스 척도(제3판)의 하위척도

과잉행동-충동성
주의력결핍
학습문제
집행기능
공격성
또래관계
가족관계
적대적 반항장애
품행장애
ADHD 증상
ADHD 지표
전체 지표

출처 : Conners(2008)에서 인용

2000). 교사들은 학습과 학업문제, 또래 상호작용에 대한 중요한 정보를 제공할 수 있다. 게다가 학교가 제공하는 서비스 이외에 부모-학교 간의 상호작용과 협력에 관한 정보도 얻을 수 있다. 교사들은 또한 아동의 학업 기능에 중요한 요소인 계획 및 조직하는 기술, 시간관리에 대해 유용한 정보를 제공해줄 수도 있다(Danckaerts & Coghill, 2018). ADHD가 있는 어떤 아동들은 특수교육 평가와 서비스를 받을 권리가 있다. 실제 이들 중 많은 아동이 학습장애 또는 행동적·정서적 장애라는 범주로 '장애인교육법(Individuals with Disabilities Education Act)'에 따라 특수교육 서비스를 받는다(제11장 참조). 학교기록이나 의료기록 등 서류 정보도 종합적인 평가의 일부로 가능하다면 수집되어야만 한다(DuPaul et al., 2020).

평정척도

ADHD 평가에 많이 사용되는 부모 및 교사용 평정척도와 체크리스트는 비교적 적은 시간과 노력을 들이면

서 많은 정보를 제공해줄 수 있다. 많은 척도가 믿을 만하고, 타당하며 ADHD에 대한 DSM 정의와 부합하고 임상 및 연구에 기여할 수 있도록 개발되어 있다. 아동 행동 평정척도와 체크리스트는 흔히 아동의 행동을 규준적 자료와 비교할 수 있게 해준다(Barkely, 2015g). 이러한 도구들 가운데 어떤 것은 범위가 넓어서 ADHD만 밝혀내는 것이 아니라 불안이나 우울, 또는 행동문제 등 다른 장애와의 공병을 찾아주거나 사회적 기능과 정서조절 등 적응의 다른 측면들도 확인해 준다(DuPaul et al., 2020). 범위가 좀 더 한정된 도구들은 ADHD의 특정 측면을 평가하는 데 유용하다.

널리 사용되는 척도의 예로 '코너스 평정척도(Conners rating scales)'가 있다. 이전 코너스 척도의 요소들에 기초하여 만들어진 코너스 3판에는 긴 형태 또는 짧은 형태로 부모용, 교사용, 자기보고형 척도가 있다(Conners, 2008). 자기보고형에서는 8~18세 아동들, 다른 두 척도에서는 6~18세 아동들의 ADHD 증상뿐 아니라 관련된 다른 장애를 다루고 있다(표 10.3 참조).

ADHD 지표는 ADHD 위험성이 있는 아동을 빨리 발견할 수 있도록 만들어졌으며, 치료효과를 관찰하는 데도 유용하다. 코너스 전체 지표도 치료효과를 민감하게 관찰할 수 있도록 만들어졌으며 일반적인 정신병리를 평가한다.

직접관찰

자연스러운 상황에서 아동을 직접관찰하는 것은 매우 유용한데 ADHD의 행동적 표출이 상황에 따라 다르기 때문이다. 학교와 가정에서의 관찰은 개입을 위해 목표로 삼아야 할 행동들을 찾아낼 수 있으며 이는 성공적인 치료를 위해 필수적이다(Jacob & Pelham, 2000). ADHD 핵심 특성의 징후를 발견하는 것이 물론 가장 중요하지만 불복종, 공격성, 관심 끌기, 기타 사회적 상호작용과 관계에 있어서의 특징을 암시하는 징후들도 중요하다. 그러나 구조화된 학급 또는 가정관찰은 시간이 오래 걸리고 비용도 비쌀 수 있으며 항상 실용적인 것은 아니다(Barkley, 2015g). 심리검사 절차 동안의 임상관찰은 평가과정 동안 수집되는 정보의 질을 높여줄 수 있는 또 다른 방법일 수 있으며, 관찰결과에 대한 표준화된 코딩 방법은 도움이 될 수 있다(Achebach, 2014; McConaughy et al. 2009).

그 밖의 평가방법

때로는 다른 추가적인 평가방법이 필요하기도 하고 또 유용하기도 하다. 지능, 학업성취, 집행기능, 적응행동에 대한 표준화된 검사는 유용할 수 있는데, 특히 학업기능과 관련된 문제를 명료화하는 데 도움이 된다(Danckaerts & Coghill, 2018; DuPaul et al., 2020). 주의력결핍과 충동성을 구체적으로 평가하기 위해 다양한 방법이 개발되었다(Gordon, Barkley, & Lovett, 2006). 예를 들어 코너스 연속수행검사 III(Conners' Continuous Performance Test III, CPT III)는 화면에 X를 제외한 낱자가 나올 때마다 컴퓨터 키를 누르거나 마우스를 누르게 한다. 8세 이상 아동들을 위해 만들어진 CPT III는 ADHD 선별검사에 사용되거나 ADHD 진단을 위한 종합평가의 일부 또는 치료 모니터링을 위해 사용될 수 있다. '코너스 아동 연속수행검사(Conners' Kiddie Continous Performance Test)'는 4~7세 아동에게 사용하도록 수정된 검사이다.

의학적인 요인이 있을 것으로 의심될 경우에는 의학적 평가가 ADHD 치료와 이해에 유용한 정보를 제공할 수 있다. 의학적 평가에는 신경학적 검사가 포함되지만 뇌파검사 혹은 뇌영상 촬영은 안전 관련 문제도 있고 ADHD를 확인하는 타당한 방법은 아니기 때문에 일반적으로 권장되지 않는다(Pliszka et al., 2007).

개입

행동관리 개입, 부모훈련, 교육과 훈련 개입, 인지행동치료 등 많은 ADHD 치료법이 존재한다(DuPaul et al., 2020; Evans et al., 2018b). 그럼에도 불구하고 증거기반의 단기치료법으로 알려진, 지금까지 가장 널리 사용되어 온 개입은 흥분제, 행동 중심의 접근, 그리고 이 둘의 조합이다(American Psychological Association, 2006). 약물치료부터 논의를 시작해보자.

약물치료

Bradley의 1937년 보고는 아동기 행동장애를 **흥분제** (stimulant medications)를 사용하여 치료한 최초의 사례로 흔히 인용된다(Swanson & Volkow, 2009). 그 이후로 많은 약물이 ADHD 치료에 사용되어 왔으나 ADHD를 위해 아동에게 가장 많이 처방된 항정신제 약물은 흥분제이다. 흥분제는 뇌의 신경망에 도파민과 노르에피네프린을 증가시킨다. 가장 많이 사용되는 약물은 메틸페니데이트(methylphenidate)와 암페타민(amphetamine)이다(표 10.4 참조). 효과가 느리게 나타나지만 오래가는 약들은 하루에 한 번 정도 복용해도 된다. 그렇기 때문에 효과가 즉각적으로 나타나지만 약효가 금방 사라져서 하루에 몇 번 복용해야 하는 약보다 더 많이 사용된다.

흥분제 사용과 관련하여 많은 논란이 있지만 흥분제는 ADHD를 위해 가장 잘 연구된 약물이다(Evans et

■ 표 10.4 ADHD를 치료하는 데 많이 사용되는 약물

흥분제

(s) 단기적 효과[short acting],

(l) 지속적 효과[long acting]

메틸페니데이트(Methlyphenidate)

리탈린[Ritalin (s)]

콘세르타[Concerta (l)]

데이투루(패치)[Daytru (patch)]

암페타민(Amphetamines)

덱세드린[Dexedrine (s)]

아데랄[Adderall (s)]

아데랄 XR[Adderall XR (l)]

노르에피네프린 재흡수 억제제

아토목세틴[Atomoxetine (Strattera)]

기타 약물

항우울제

부프로피온(Bupropion)

삼환계 약물[이미프라민(Imipramine),
데시프라민(Desipramine)]

항고혈압제

클로니딘(Clondine)

구안파신[Guanfacine (Intuniv)]

al., 2019). 대부분의 전문가 입장에서 볼 때 이 약물들은 ADHD의 주요 증상을 줄이는 데 도움이 된다. 약물 투여 아동의 약 65%에서 75%가 흥분제로 인해 ADHD 핵심증상에서 향상을 보인다(Pennington, McGrath, & Peterson, 2019). 게다가 흥분제는 ADHD에 수반되는 공격성, 불복종 행동, 반항행동도 감소시킬 수 있고, 어느 정도 사회적 문제도 줄여준다(Chronis et al., 2003). 일부 연구자들은 비록 효과는 작고 더 많은 연구가 필요하지만 학업수행에도 도움이 된다고 밝히고 있다(Kortekaas-Rijlaarsdam et al., 2019).

흥분제에 대한 대부분의 연구가 학령기 아동을 대상으로 수행되었지만 일부는 학령 전기 아동과 청소년도 포함하고 있다. 학령 전기 아동들에게도 흥분제가 ADHD 증상을 감소시키는데 보통 효과적이기는 하지만 학령기 아동에 비해 효과의 정도는 작고 부작용은 더 흔하다(American Academy of Pediatrics Subcommittee on Attention-Deficit/Hyperactivity Disorder, 2011). 약효를 보이는 비율이 아동만큼 높지는 않아도 청소년 역시 흥분제가 도움이 된다(Sibley et al., 2014). 종합해보면 흥분제가 다양한 상황과 측정도구, 연령에 관계없이 효과적이라는 것을 뒷받침하는 증거는 매우 많다. 그러나 흥분제가 모든 아동·청소년과 가족에게 효과가 있는 것은 아니며 이는 쉽게 간과되는 사실이다(생각상자 '약물이 항상 효과적이지는 않다' 참조). 게다가 ADHD에 대한 약물치료에 대해 여러 가지 우려가 제기되고 있다.

우려

흥분제 사용에 대한 우려 중 가장 많이 제기되는 것은 나이가 많은 아동보다 학령 전기 아동에게 더 큰 영향을 끼칠 수 있는 부정적인 생물학적 부작용이다(Evans et al., 2019; Wolraich et al., 2019). 수면장애, 식욕 감퇴, 복통, 두통, 짜증, 불안 등이 보고되었다(Coghill, Chen, & Silva, 2019). 이러한 부작용은 보통 경미한 수준부터 보통 수준으로 나타나며, 스스로 줄어들거나 아니면 복용량 조정이나 약물섭취 시간 변경을 통해 관리할 수 있다(Connor, 2015). 그럼에도 불구하고 부작용으로 인해 치료를 중단하게 될 수도 있다. 또한 키와 몸무게의 약간의 성장 억제도 보고된다(Connor, 2015). 예를 들어 최근의 종단분석에 따르면 ADHD가 있는 아동이 장기적으로 지속적인 흥분제 치료를 받는 것(예 : 아동기부터 성인기까지 16년간의 지속적 사용)은 키 성장의 변화, 성인이 되었을 때 키가 작은 것, 체중과 체질량지수(BMI)의 증가와 연합되었다(Greenhill et al., 2020). 운동성 틱과 발성 틱을 유발하거나 악화시킨다는 보고도 있었지만, 그렇지 않다는 결과가 보고되고 있다(Gadow

생각상자 | 약물이 항상 효과적이지는 않다

여러 가지 이유로 어떤 청소년이나 가족은 약물을 좋아하지 않거나 약물이 효과적인 치료법이 아닐 수 있다.

- 소수의 아동들은 생물학적 부작용을 이겨내지 못한다(Briars & Todd, 2016; Johnson et al., 2020).
- 연구에 의하면 ADHD의 주요 증상은 10~20% 아동들 (Anastopoulos et al., 2006)과 더 많은 학령 전기 아동에서 완화되지 않는다.
- 증상이 완화될 때에도 약 50% 정도에서만 행동이 정상 아동 수준으로 향상된다.

- 약물을 사용하지 않으면 약효가 사라지고 장기적 효과는 별로 보고되지 않고 있다(Posner et al., 2020).
- 아동의 1/3 이상이 치료법을 따르지 않는다(Kamimura-Nichimura, Brinkman, & Froelich, 2019). ADHD 환자의 절반 이상이 효과성과는 무관하게 치료를 중단한다(Pappadopulos et al., 2009). 부모들은 자녀가 약물을 제대로 먹지 않는 것을 항상 아는 것 같지 않다.
- 일부 가족은 특별한 이유 없이 약물사용을 거부한다(Vitello et al., 2001). 자료가 많지는 않지만 아프리카계 미국인 가족은 특히 약물치료를 좋아하지 않는다고 한다(Miller et al., 2009).

---

et al., 2007; Pliszka et al., 2007).

아동기에 복용한 흥분제가 이후 약물사용이나 남용에 대한 위험요인이 될 수 있다는 우려가 계속적으로 제기되고 있다. 여러 연구에서 ADHD 아동이 니코틴, 알코올, 마리화나, 코카인과 다른 약물을 사용하거나 남용하게 될 위험이 상당히 높음이 확인되었다(Charach et al., 2011; Lee et al., 2011). 그러나 메타분석 연구에 따르면 흥분제로 치료를 받은 ADHD 아동과 흥분제 치료를 받지 않았던 ADHD 아동에게서 약물사용/남용은 비슷한 수준이었다(Humphreys, Eng, & Lee, 2013). 기존 연구들은 약물사용의 위험은 장애의 치료와 관련된 것이 아니라 ADHD 그 자체에 달려 있다고 제안한다(Connor, 2015). 다른 많은 요인이 연관될 수 있는데, 예컨대 동일한 유전적 요인이 ADHD 증상과 약물남용 모두와 관련될 수 있고, ADHD와 외현화 장애의 동시발생이 역할을 할 수도 있다(Brook et al., 2010; Wilens, 2011). 그럼에도 불구하고 이와 관련된 또 다른 조심해야 할 문제는 흥분제 자체의 남용이다. 약물남용을 하거나 약물남용이 조금이라도 의심된다면 흥분제를 처방하지 않는 것이 좋다(Zuddas et al., 2018).

약물치료에 대한 이러한 당연한 우려에도 불구하고 흥분제가 적절하게 처방되고 사용된다면 대부분의 아동과 청소년에게 비교적 안전하다. 물론 관리감독이 필요하지 않다는 의미는 아니다. 여러 가지 약물과 복용량에 대한 사람들의 반응은 서로 다르다. 예컨대 심장결함이 있는 사람에게 아데랄(Adderall) XR을 사용하지 않도록 경고하고 있다. 일부 아동에게는 비흥분제를 처방할 수 있지만 이 또한 부작용이 있다(Connors, 2015). 약물치료에는 관리감독이 항상 중요하고 항상 조심할 필요가 있다.

그래도 약물처방이 너무 쉽게 이루어진다는 비판도 있어 왔다. 이러한 비판은 1980년대에서 2000년대 사이 약물처방이 증가했고, 특히 1987년(0.6%)보다 1996년(2.4%)에 아동들에게 4배나 더 많이 처방되었다는 사실로 뒷받침된다(Zuvekas, Vitiello, & Norquist, 2006). 2000년에서 2007년 사이에 0~14세 아동들에 대한 처방은 줄어들었으나 청소년과 젊은 성인들에서는 증가하였다(Swanson & Volkow, 2009). 최근의 분석에 따르면 아동·청소년 사이에 ADHD 약물사용이 전반적으로 증가하고 있다(Girand, Litkowiec, & Sohn, 2020; Hales et al., 2018). 약물치료는 학교와 부모에게는 '문제를 빨리 처리하는 방법'인 것 같다는 비판의 목소리도 있다. 이런 점에서 연구들이 국가에 따라 약물사용의 정도에 차이가 있고 몇몇 유럽 국가에서 ADHD 약물사용이 증가하고는 있기는 하지만 미국이 흥분제를 더 많이 사용한다고 밝힌 점은 흥미롭다(Bachmann et al., 2017). 여러 요인, 즉 행동문제와 약물개입에 대한 문화적 신념, 국가정책, 제약회사들의 홍보 등이 그러한 차이를 설명해 줄 것이다.

약물치료의 문제는 복잡하다. 예컨대 연구들에 의하면 흥분제와 함께 강도가 약한 행동치료를 실시하는 것은 필요한 약물의 양을 줄일 수 있으며 부작용도 더 작다(Fabiano et al., 2007). 더 일반적으로 문제가 되는 것은 부적절한 처방이다. Reich와 동료들(2006)은 ADHD 진단기준을 충족하는 소년의 59%와 소녀의 46%가 흥분제를 처방받았지만, 흥분제 처방을 받은 사람 중 35%는 ADHD 증상을 갖고 있기는 했어도 ADHD 진단기준을 충족시키지 못한다는 것을 발견하였다. 그러나 2세에서 5세 아동들에 대한 항정신병 약물의 사용이 증가한다고 밝힌 다른 연구는 사례의 거의 1/4이 ADHD이며 대부분의 아동은 연구 대상이었던 기간에 평가나 심리치료, 정신과 의사의 진료를 받은 적이 없음을 발견했다(Olfson et al., 2010).

ADHD 약물사용 및 오용에 대한 우려는 한때 뜨거운 논쟁을 불러일으켜 주요 잡지와 텔레비전에서 집중조명을 받기도 하였다. 교육적인 효과를 위한 언론의 주목은 물론 도움이 된다. 하지만 불행하게도 약물치료에 대한 우려가 부모, 전문가, 관련 단체 등에 의해 때로는 감정적으로 과장되기도 하며, 때로는 해로운 방식으로 표현되기도 하였다(Barkley, 1998; Swanson et al., 1995). 동시에 흥분제의 효과를 인정하는 전문가들도 약물의 한계를 지적하면서 흥분제의 오 · 남용에 대해 경고하고 있다. 환자와 전문가를 위해 교육을 증가시키는 것은 흥분제 오용문제를 다루는 데 도움이 될 것이다(Colaneri, Keim, & Adesman, 2018). 또 다른 걱정거리는 특히 처방 의사들을 대상으로 한 약물에 대한 집중적인 마케팅과 홍보뿐 아니라 약물의 효과를 검증하기 위한 임상적 시험에 거대 제약회사들이 참여함으로써 발생하는 이해관계의 충돌이다(Parikh, Fleischman, & Agrawal, 2016).

행동중심치료

ADHD 아동과 청소년에 대한 행동중심치료의 놀라운 효과는 다양한 연구에서 밝혀졌다(Caye et al., 2019; Evans et al., 2018b). ADHD의 일차적 증상을 목표로 하거나 사회적 관계와 같은 기능적 영역의 발달을 돕기 위해 일반적인 행동전략이 사용된다. 대부분의 개입은 집이나 학교에서 이루어지고 부모나 교사가 직접적으로 아동과 작업을 한다. 게다가 부모가 ADHD가 있는 자녀를 적절하게 관리할 수 있도록 부모훈련 프로그램이 제공된다.

부모훈련

일반적으로 아동 · 청소년 장애를 치료하는 데 부모가 개입하는 것은 도움이 된다(Dowell & Ogles, 2010). 부모훈련(parent training)은 ADHD 치료에서 중요한 측면이다. 장애는 부모-자녀 관계에 타격을 입히고, 부모는 지나치게 지시적이 되며, 일부 부모는 스스로 양육기술이 부족하다고 생각하기 시작한다(Anastopoulos, Smith, & Wien, 1998). 이러한 사실이 부모가 자녀 행동에 미치는 명백한 영향력과 결합되면 가정은 자연스럽게 치료의 중심이 된다. 하지만 부모훈련이 항상 적절한 것은 아니다(Barkley, 2013). 비록 부모훈련이 넓은 연령대에서 중요한 치료법으로 고려되기는 하지만 학령 전기부터 학령기 아동에게 가장 적절하며, ADHD가 그 가정의 가장 핵심적인 문제일 때 적합하다(Chacko et al., 2015). 만일 부모가 부부 간의 갈등이나 다른 문제로 인해 스트레스를 심하게 받고 있다면 부모훈련은 적절하지 않을 수 있다.

부모훈련 프로그램은 조금씩 다를 수 있지만 아동을 다루는 기술을 가르쳐 준다는 공통의 목표를 가지고 있다(Chacko et al., 2015). 한 예로 흔히 ADHD를 동반하는 2~12세 아동들의 불복종과 반항행동을 다루는 방식을 강조하는 개입방법을 간략히 살펴보기로 하겠다. 이 치료법의 초점은 ADHD가 행동 억제의 결함과 품행문제의 위험이 있다는 입장과 일치한다. 아동의 행동에 대한 부모의 적절한 관리는 자녀의 행동에 대한 부모의 통제력을 증진시키고 자신의 행동결과에 대한 아동의 인식을 촉진하며 공존장애를 예방하고 부모의 스트레스를 경감시킬 수 있다.

치료 프로그램은 10가지 핵심요소로 구성되며 개별 가족 단위 혹은 여러 가족이 모여서 매주 진행된다. 〈표 10.5〉에 제시된 바와 같이 이 프로그램은 아동의 행동을 다루는 방법뿐만 아니라 ADHD에 대한 이해 증진을 위

▌표 10.5 Barkley가 기술한 부모훈련 개입의 단계

단계 1	아동이 문제행동을 하는 이유
	문제행동의 전형적인 이유를 개관하고 부모가 자기 자녀와 가족 내에서 이러한 원인을 파악하기 위해 무엇을 할 수 있을지 설명하기
단계 2	주의 기울이기!
	아동의 부정적 행동은 차별적으로 무시하면서 긍정적 행동에 주의하고 칭찬하는 방식으로 부모훈련 제공하기
단계 3	명령 준수와 독립적 놀이 증가시키기
	아동이 지시를 따를 수 있게 명령을 내리는 효과적 방법과 독립적이고 비파괴적인 아동행동을 증가시키는 효과적인 주의 및 모니터링 기술을 부모에게 가르치기
단계 4	칭찬으로 충분하지 않을 때 : 포커 칩과 점수
	아동의 명령 준수와 적절한 행동을 강화하기 위한 공식적 체계를 확립하기
단계 5	타임아웃과 그 외 훈육 방식
	아동의 특정 문제행동에 대한 처벌로서 가정 토큰 시스템에서 효과적인 타임아웃 사용법과 벌금 사용법 소개하기
단계 6	다른 문제행동으로 타임아웃 확장하기
	아동의 다른 특정 문제행동으로 타임아웃 확대 적용하기, 그리고 이러한 방식을 사용할 때 부모가 흔히 겪게 되는 문제 해결하기
단계 7	문제 예상하기 : 공공장소에서 아동 관리하기
	식료품점이나 교회 등 공공장소에서 아동의 문제행동을 줄이기 위해 부모 훈련시키기
단계 8	가정에서 학교행동 향상시키기 : 일일 학교행동 보고카드 (선택)
	교실 내 아동행동을 강화하는 기회를 늘리기 위해 일일 학교행동 보고카드를 사용하는 방법 가르치기
단계 9	미래의 행동문제 다루기
	부모에게 미래의 가능한 행동문제를 어떻게 다룰 것인지 생각해보도록 장려하고 적절하다면 치료 종결을 준비시키기
단계 10	추가 회기와 추후 미팅
	학습한 방법들을 개관하고 문제해결 및 적절할 경우 약물치료와 같은 추가적이거나 보조적인 치료를 논의할 기회 제공하기

출처 : Barkley(2013)에서 수정 인용

한 정보, 특수한 문제나 장차 닥칠 문제들에 대한 논의, 아동의 학교 상황에 대한 점검, 그리고 전체적인 검토와 문제해결을 위한 추가 회기(booster session)까지를 포함하고 있다.

아동이 거칠고 반항적 행동을 보이는 가족에서는 부모훈련을 통해 양육기술과 아동의 행동이 모두 향상될 수 있으며, 그 정도는 좀 덜하지만 ADHD 증상도 감소한다(American Psychological Association, 2006). 그러나 적대적 반항장애(ODD)를 함께 지닌 청소년이나 부모-자녀 갈등이 매우 심한 경우에는 적절하지 않을 수 있다(Barkley, 2018a). 그럼에도 불구하고 부모훈련은 ADHD가 있는 어린 아동의 경우에는 가장 타당한 치료법 중 하나이다.

학급관리

교사의 행동관리는 학생의 학교나 학습에 대한 관여와 행동의 중요한 측면이다(Gage et al., 2017; Spilt et al., 2016). ADHD 치료에서 학교에서의 행동개입은 매우 효과적인 것으로 알려져 있다(Evans et al., 2019). 학교 기반의 개입은 ADHD 아동의 주의력결핍, 수업 방해 행동, 학업 수행 문제를 다루는 데 효과적이다. 또한 최근 연구는 학교기반의 개입이 조직적 행동 등 집행기능의 여러 측면에도 긍정적 효과가 있음을 보여주고 있다(Pfiffner et al., 2018). 보편적 전략에는 교사의 칭찬, 차별 강화(differential reinforcement), 효과적인 교수법, 학급 규칙, 일과 및 구조의 시행, 그리고 학급 기대 위반에 대한 적절한 반응이 포함된다(Evans et al., 2019). ADHD의 위험군인 학생들을 대상으로 한 선택적(targeted) 개입은 흔히 정신건강 전문가의 훈련과 자문 하에 교사가 유관성 관리(contingency management) 개입을 실시하는 것을 포함한다(Pfiffner & DuPaul, 2015). 어떤 문제행동을 목표로 해야 하는지 신중히 결정하기 위해 기능적 평가(functional assessment)가 도움이 될 수도 있다. 절차로는 보통 토큰 강화, 타임아웃, 반응대가(response cost)가 사용된다. 유관성 계약(contingency contracting)이 유용할 수 있는데, 이는 아동이 어떻게 행동을 하면 어떤 결과가 따라오게 되는지를 구체적으로 정한 서면 동의서에 아동과 교사가 서명하는 것이다

ADHD 아동의 안녕감은 확실히 교실 활동과 행동을 조직화하고 관리하는 교사의 기술에 의해 영향을 받는다.

(Axelrod, 2017; Perkins & McLaughlin, 2015). 〈그림 10.8〉은 그 예를 보여준다. 매일 부모에게 보내는 일일 보고카드는 매우 중요한데 아동의 대상행동에 대한 기록을 담고 있다. 보고카드는 아동에게 피드백을 제공해 주고 부모에게는 아동의 행동에 진전이 있을 때 보상해 줄 수 있도록 관련 정보를 제공하며, 교사와 부모 간의 의사소통을 돕는다(기능적 결과를 강화하기 위해 이러한 행동적 기법을 사용하는 개입에 대해서는 생각상자 '여름치료 프로그램' 참조).

ADHD 하위양상에 따라 각기 다른 교사의 전략이 도움이 된다는 증거가 있다(Pfiffner & DuPaul, 2015). 예컨대 ADHD-PI인 사람들은 느린 작업방식을 허용하는

치료법이 특히 도움이 된다. 그러나 개인에 맞게 목표행동을 정하는 것이 성공의 열쇠이다. 효과적인 치료 대상 행동 설정에는 다음과 같은 것들이 포함되어야 한다.

- 구체적인 문제행동을 대신할 기술과 행동을 강조해야 한다. 조직화하는 데 문제가 있는 아동에게는 책상과 정리 공간을 활용하는 방법을 가르쳐 주어야 하고, 사회성이 부족한 아동에게는 적절한 상호작용 기술을 가르쳐야 한다.
- 과제 수행(on-task performance)이 중요하기는 해도 광범위한 학업 수행 목표를 염두에 둘 필요가 있다. 완료한 작업의 양은 성취의 중요한 요소이다. 어린 아동에게는 기초적 학업기술(읽기, 쓰기, 셈

맥퀘이드와 로저의 학교 계약

서명 후 이 계약은 4학년 교사인 맥퀘이드와 4학년 학생인 로저 간의 합의를 나타낸다. 이 계약은 10월 1일 월요일부터 10월 5일 금요일까지 시행된다.

계약은 다음과 같다.

로저는
- 그 주의 모든 수학 과제를 제출한다.
- 매일 아침 8시 25분까지 과제를 제출한다.
- 부과된 모든 문제에 답하도록 노력한다.
- 모든 과제를 90%의 정확도를 갖고 완성한다.

맥퀘이드는
- 이 계약서에 90%의 정확도로 정시에 제출된 모든 완성된 과제를 기록한다.
- 아래의 모든 칸이 체크가 될 경우 금요일 두 시에 로저에게 30분의 추가 쉬는 시간을 보상으로 제공한다.
- 추가 쉬는 시간에 로저가 그와 함께할 친구 두 명을 선택할 수 있게 한다.

서명
로저 :   요일 :
맥퀘이드 :   요일 :

완성된 과제 기록

요일	월요일	화요일	수요일	목요일	금요일
과제 완성					

그림 10.8 가상의 아동-교사 유관계약[Axelrod(2017). 허락하에 사용함]

생각상자   여름치료 프로그램

요즘은 많은 전문가가 ADHD를 장기간에 걸쳐 종합적인 치료가 필요한 만성적 장애로 보고 있다. Pelham과 동료들(Fabiano, Schatz, & Pelham, 2014; Pelham et al., 2017)이 개발한 여름치료 프로그램(summer treatment program, STP)은 이러한 생각에 기초한다. 이 프로그램은 ADHD의 핵심 증상보다는 기능적 손상을 치료하는 것을 목표로 하는 집중적인 사회학습적 개입이다. 이렇게 목표를 설정한 이유는 기능적 행동들이 ADHD의 결과와 연관이 있기 때문이다. 5세에서 15세 아동과 청소년이 참여할 수 있고, 주말에 7~8주에 걸쳐 캠프형식으로 진행된다. 목표는 (1) 또래관계(사회적 기술, 문제해결), (2) 성인과의 관계(명령 준수), (3) 학업성취와 (4) 자기효능감의 향상이다.

참가자들은 연령이 비슷한 집단에 배치되고 대학생 인턴이 감독을 한다. 집단이 또래와 성인과의 관계를 향상시키기 위해 집중적인 활동이 이루어지는 자연스러운 상황을 제공한다. 사회적 기술훈련은 매일 짧게 이루어지고 모델링과 역할놀이로 구성되며, 집단 문제해결의 기회도 주어진다. 적절한 사회적 기술을 사용하도록 계속적으로 유도하고 점수강화 시스템을 사용하여 강화한다.

매일 참가자들은 교사와 보조자가 진행하는 3시간 수업을 받는다. ADHD 아동들은 학업문제가 있고 정상적으로 발달하는 아동과 청소년도 여름 동안 학습을 하지 않으면 성적이 떨어진다는 것에 착안한 것이다. 약 2시간 동안 개별화된 학과목 공부, 다른 또래와 같이 읽기, 개별화된 컴퓨터 기술훈련을 한다. 마지막 1시간 동안 개인 및 집단 미술 프로젝트에 참가한다. 이시간은 또래들과 협동적 상호작용의 기회를 제공하고, 덜 구조화된 활동을 통해 ADHD 아동이 어려움을 갖는 정규 학급 상황에 전이되는 기술들을 쌓을 수 있다.

그리고 나머지 시간에는 집단놀이와 스포츠와 같은 여가활동을 한다. ADHD 아동은 운동기술이 부족하고 게임의 규칙을 준수하지 못하는 경우가 많은데 이로 인해 또래들로부터 거부를 당하거나 자존감이 떨어질 수 있다. STP 아동은 집중적인 기술훈련과 코칭을 받는다. 이런 기술 자체도 중요하지만 운동능력이 자아효능감과 행동의 변화를 촉진하므로 중요하다.

STP에서는 행동적 접근을 강조하고, 스태프 구성원들은 아동의 행동을 기록하고 적절하게 반응하기 위해 많은 훈련을 받는다. 부모들은 매일 스태프 구성원들과 연락할 수 있고, 일일 보고카드(daily report card)로 참여할 수 있으며, 프로그램에서 사용하는 행동적 기법을 집에서도 사용할 수 있도록 고안된 훈련 프로그램에 매주 참석한다. 약물의 필요와 사용을 평가하기 위한 기회도 제공된다. 가을에 아동들이 학교로 다시 돌아왔을 때 매달 부모훈련이 제공되고 교사들이 보고카드 시스템을 마련하도록 도움을 제공한다.

ADHD의 성격과 치료에 대한 연구는 STP의 중요한 일부이다. 이 프로그램에 대한 매뉴얼이 제작되어 여러 지역사회와 대학에서 채택하고 있다. 여러 지역에서 이루어진 평가에 따르면 학교 중도탈락률이 감소하고, 부모 만족도가 높고, 참가자들의 행동, 특히 기능적 행동이 많이 향상되었다.

FatCamera/iStock

여름치료 프로그램에서는 아동들의 발달을 돕기 위해 기술훈련과 코칭을 제공한다.

하기)을 강화하여 뒤처지지 않도록 할 필요가 있으며, 나이가 든 아동에게는 그 외 학업 영역에 대한 도움이 필요하다.

- 일상적인 문제 상황에서의 행동들, 예를 들면 휴식시간 또는 서로 다른 수업이나 활동 간의 이동 시에 요구되는 행동들을 치료 대상으로 정할 필요가 있다.

행동 개입은 대개 유관성 원리에 기초한 행동관리에 초점을 맞추지만, ADHD 아동에게는 학습 과제 및 교실 환경의 조직화와 구조도 중요할 수 있다(Pfiffner & DuPaul, 2015). 잘 조직화되고 예측가능한 학급은 ADHD가 있는 아동에게 특히 도움이 된다. ADHD 아동의 책상을 다른 아동들의 책상으로부터 좀 떨어지도록 배치하고 교사 가까이에 앉히면 부적절한 행동에 대한 또래들의 강화를 줄일 수 있고 교사의 모니터링과 피드백을 촉진할 수도 있다. 학습 과제와 관련해서 몇 가지 유용한 전략이 있는데, 색깔, 모양, 녹음 등을 이용하여 과제 안에서 자극을 증가시키고 과제 지속시간이 아동의 주의폭을 벗어나지 않도록 하며, 학습자료와 형식을 다양화하는 것 등이다. 아동이 과제와 관련된 선택을 할 수 있게 해주면 작업 생산성이 촉진된다는 증거가 있다. 또 명확한 규칙, 세분화된 과제, 빠른 피드백이 포함된 컴퓨터 학습이 주의력과 작업 생산성을 향상시킨다는 증거가 있다. 이러한 전략들은 누구에게나 도움이 되겠지만 ADHD 아동에게는 특히 많은 도움을 준다. 하지만 이 분야에 더 많은 연구가 이루어져야 할 것이다.

물론 교실의 학습 환경에 영향을 주고 행동치료 프로그램을 시행하는 데는 교사가 결정적이다. 장애가 있는 아동을 효과적으로 다루고, 학부모, 행정가, 다른 전문가들과 협력하기 위해서 상당량의 교사의 시간과 에너지가 필요하다. 교사들은 대체로 부정적인 유관 규칙보다는 긍정적인 유관 규칙을 선호하며, 약물치료만 하는 것보다는 행동적 접근과 약물치료를 병행하는 것을 선호하고, 시간 소모가 많은 치료법(예 : 반응 대가)보다는 시간이 덜 드는 방법(예 : 일일보고카드)을 선호한다

(Pfiffner & DuPaul, 2015; Pisecco, Huzinec & Curtis, 2001). 일반적으로 교사의 지식, 신념, 태도, 융통성, ADHD에서 흔하게 나타나는 방해행동에 대한 인내심, 상호작용 방식 등이 학교기반 프로그램의 성공 여부에 중요한 요인들이 된다(Merrell & Sayal, 2018).

다중치료

앞에서 보았듯이 약물치료에 대한 비판과 그 한계에 대한 지적으로 인해 ADHD 아동에게 약물을 사용하는 데 대해서 끊임없이 문제 제기가 이루어지고 있다. 동시에 행동적 방법에는 많은 노력, 시간과 경비가 요구된다. 이로 인해 두 접근법을 통합한 다중치료가 실시되고 평가를 받기에 이르렀다(Swanson et al., 2018).

MTA 연구

다중치료평가 연구(Multimodal Treatment Assessment Study, MTA)는 여러 치료법에 대해 장기간에 걸쳐 평가한 가장 큰 규모의 연구이다. 여섯 개의 센터에서 이루어진 이 연구는 미국 국립정신건강연구소에서 시작되었다. 거의 600명가량의 7~9세 ADHD-C형 아동들을 14개월 동안 지속되는 네 가지 치료조건 중 하나에 무작위로 배정하였다(MTA Cooperative Group, 1999a). 치료는 다음과 같이 진행되었다.

- **약물치료** : 아동들은 대부분 메틸페니데이트를 처방받았는데 복용량을 신중하게 결정하고 경과를 지켜보았으며 아동과 부모가 참여하는 월별 모임을 통해 복용량을 조절하였다. 이 모임에서는 교사의 의견도 고려되었다. 약물 처방은 치료를 받는 동안 계속되었다.
- **행동치료** : 부모훈련, 학교에서 이루어지는 개입과 아동 중심의 여름 캠프로 구성된 집중 프로그램이 실시되었다. 훈련의 수준을 점진적으로 약화시켜서 치료가 종료될 때쯤에는 부모들이 한 달에 한 번 오거나 전혀 오지 않게 되었다.
- **병합치료** : 약물과 행동치료를 병행하였다.

• **지역사회치료** : 비교집단에 속한 아동들은 각자가
속한 지역사회에서 통상적인 여러 가지 치료를 받
았다. 이들 가운데 67%는 약물치료를 받은 것으로
밝혀졌는데 복용량은 약물치료 실험집단보다 적었
다. 각 아동은 한두 번씩만 의사의 진료를 받았고
피드백을 위한 교사와의 접촉은 없었다.

MTA 연구의 일차 평가는 프로그램 시작 이전과 중간
그리고 종료 시에 이루어졌다. ADHD의 핵심증상, 관
련된 문제들, 가정 요인에 관한 여러 측정치가 수집되
었다. ADHD 핵심증상은 14개월에 걸친 치료 기간에 모
든 집단에서 감소했으나 감소 정도는 치료방법에 따라
차이가 있었다(MTA Cooperative Group, 1999a ; 1999b).
종합해보면 약물치료 및 병합치료가 행동치료나 지역
사회치료보다 더 효과적이었으며 그 둘 간의 차이는 없
었다. 그러나 그 결과는 다양하고 복잡했다. 예컨대 내
재화와 외현화 증상에 대한 부모의 평정과 읽기 성취
의 측정치를 포함한 여러 측정치에서 병합치료가 가장
효과가 컸다(MTA Cooperative Group, 1999a). 게다가
ADHD와 불안을 같이 보였던 아동에게는 행동치료가
약물치료나 병합치료만큼이나 효과적이었다. 또한 사회
계층이 일부 결과에 영향을 미쳤다(Rieppi et al., 2002).

교육수준이 높은 가정에서는 병합치료가 가장 효과적인
반면 교육수준이 낮은 가정에서는 그렇지 않았다.

치료 후의 추수연구 치료 후에 실시된 여러 번의 추수
평가에서 네 가지 치료법의 지속적인 효과를 엄선된 측
정치로 평가하였다. 개입이 시작되고 24개월 후에 약물
치료나 병합치료를 받았던 아동들은 ADHD 및 적대적
반항장애 증상에서 다른 아동들에 비해 여전히 향상을
나타내고 있었지만 다른 증상에서는 향상을 보이지 않
았다(MTA Cooperative Group, 2004a ; 2004b). 그러나
이러한 치료효과는 치료 직후에 비해 50% 정도 감소한
상태였다.

계속된 추수연구(36개월, 72개월, 96개월)에서는 여
러 가지 ADHD 증상과 기능점수에서 집단 간에 차이가
없었다(Jensen et al., 2007 ; Molina et al., 2009). 〈그림
10.9〉에 연구가 시작되었을 때부터 세 가지 증상 영역에
대한 부모 평정결과가 제시되어 있다. 표에 나타나 있
듯이 모든 MTA 집단이 시간이 가면서 발전을 보였다.
그럼에도 불구하고 96개월에 이루어진 평가에서 30%
가 ADHD로 진단되었고 가장 흔한 경우가 ADHD–
PI에 해당하였다. 그리고 MTA 집단은 여러 측정치에
서 비교집단보다 더 점수가 떨어졌다. 예를 들어 학교에

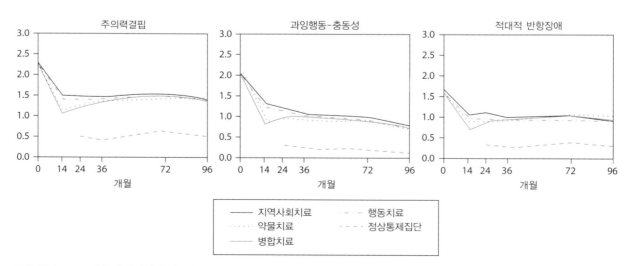

그림 10.9 MTA 연구에서 나타난 시간에 따른 세 증상의 평균점수(부모 평정)[Molina et al.(2009). Copyright 2009 by Elsevier. 허
락하에 사용함]

서 더 못했고, 더 많이 체포되거나 비행을 보였고, DSM의 ODD나 CD의 기준을 더 많이 만족시켰다(Molina et al., 2009). 16년간의 추수연구는 MTA에 참여했던 아동들이 교육적, 직업적, 법적, 정서적 문제와 약물사용 장애, 성행동 등 다양한 영역에서 젊은 성인으로 어떻게 기능하고 있는지 통찰을 제공해주었다(Hechtman et al., 2016). 요약하면 ADHD 증상이 지속될 때 기능손상은 점진적으로 더 악화되며 이는 치료를 일찍 시작하여 오래 지속하는 것이 얼마나 중요한지를 강조한다.

그러나 약물치료와 병합치료 조건에서 초기에 나타난 효과가 더 오랜 기간 유지되지 않는다는 것이 놀라운 일은 아닐 것이다. 아동과 가족들이 비교적 짧은 기간 치료를 받았고, 치료가 끝난 다음에는 자유롭게 각자 치료법을 선택하였다. 약물복용이 중단되면 약물치료의 효과가 유지되지 않으며, 이전의 연구들은 행동치료와 병합치료의 단기적 효과만을 보여주었다. MTA 연구는 ADHD를 위한 개입은 오랜 기간에 걸쳐 지속적으로 이루어져야 한다는 사실을 확인해주었다.

MTA 연구는 아동·청소년의 ADHD 개입의 발달경과와 효과성에 대해 우리의 이해를 크게 증진시켰지만, 효과적인 치료법을 지속적으로 개발하고 평가할 필요가 있다. 개입에의 장벽, 문화적 및 맥락적 요인, 관리 시스템들(예 : 정신건강기관, 학교, 일차의료기관) 간의 협력에 주의를 기울이는 것은 중요하다(DuPaul et al., 2020; Evans et al., 2019). 예를 들어 일차의료기관이 ADHD가 있는 아동·청소년에게 서비스를 제공하는 것은 흔하며 미국 소아과학회는 연령에 따른 치료 지침을 발표하였다(American Academy of Pediatrics Subcommittee on Attention Deficit/Hyperactivity Disorder, 2011). 전반적으로 학령 전기(4~5세) 아동에게는 행동적 개입으로 치료를 시작하라고 제안하며, 학령기(6~11세) 아동에게는 약물치료와 행동개입의 병행 또는 어느 하나만 실시할 것을 제안하고, 청소년(12~18세)에게는 약물치료와 필요하다면 행동치료를 제공할 것을 추천하고 있다. 그러나 지금으로서는 치료사들이 치료와 관련해 다양한 입장을 취하고 있다고 말할 수 있다. 약물이 널리 사용되고는 있지만 모든 전문가와 모든 가족이 가장 선호하는 방식은 아니다(Leslie et al., 2007). 많은 정신건강 전문가는 ADHD와 같이 다면적이고 공존장애 위험이 큰 경우는 약물치료와 행동치료를 병행하는 것이 가장 바람직하다고 믿고 있다. 전체적으로 ADHD 치료에 많은 진전이 이루어졌다. 아동·청소년에게 제공할 수 있는 약물의 수가 늘어났고, 행동적 개입도 발전했고, 연구결과도 치료에 대해 적절한 안내를 하고 있다. 하지만 동시에 약물처방, 치료의 순서, 추수 방문치료, 치료의 중지, 나쁜 결과, 그리고 성인기로의 전환과 관련하여 더 많이 개선할 여지가 있다(Evans et al., 2019).

예방

산전 건강관리, 환경 독성물질의 회피와 적절한 가정생활이 ADHD를 예방하거나 최소화한다고 가정하는 것이 맞는 것 같다. 그럼에도 불구하고 가장 효과적인 노력은 초기에 증상을 치료하고 건강한 발달을 저해하는 이차적 문제를 감소시키는 것이다. 지금까지 살펴보았듯이 ADHD의 핵심증상은 직접적으로 영향을 미칠 뿐 아니라 심지어 핵심증상이 줄어든 이후에도 지속적으로 일련의 기능적 문제가 발생하게 만든다. 이런 기능적 손상을 고려하는 것이 중요하다(Merrill et al., 2019).

예컨대 개인별 학업지도는 많은 ADHD 아동이 경험하는 학교에서의 문제들을 피할 수 있게 해준다. 또한 부모에게 문제행동을 보이는 ADHD 아동을 다루는 방법을 훈련시키면 나중에 적대적 반항장애나 품행장애로 발전할 수도 있는 불복종이나 반항행동의 발생을 예방할 수 있다(Chacko et al., 2015). ADHD에서 흔히 나타나는 부정적인 사회적 행동들은 지속적일 수 있고 다른 영역의 기능에 영향을 줄 수 있기 때문에 적절한 사회적 상호작용을 향상시키려는 노력이 중요하다. 게다가 아동의 약물사용/남용을 모니터링하는 것과 이러한 발달경로를 막기 위한 개입은 중요하다(Charach et al., 2011; Wilens, 2011). 조기 탐지와 개입은 ADHD 및 그와 연관된 문제들의 위험을 감소시키는 데 유용할 것이다(Schoenfelder & Kollins, 2015).

핵심용어

과잉행동–충동성 우세양상
굼뜬 인지적 템포
긍정적 자기편향
다중치료평가 연구
반응억제

보상에 대한 민감성
복합양상
시간처리
여름치료 프로그램
주의력결핍 우세양상

지연 혐오
집행기능
흥분제

CHAPTER 11

의사소통 및 학습장애

학습목표

- 의사소통 및 학습장애 정의의 변천사
- 정상적 언어발달과 의사소통장애
- 읽기장애, 쓰기장애와 수학장애
- 의사소통 및 학습장애와 관련된 사회적 문제와 동기의 문제
- 의사소통 및 학습장애에서 나타나는 뇌 이상
- 의사소통 및 학습장애의 병인
- 의사소통 및 학습장애의 평가와 개입
- 교육 서비스

이 장에서는 언어와 학습이 발달하면서 생겨나는 특정한 문제들을 논의한다. 이러한 장애는 경미한 증상에서 심각한 증상에 이르기까지 다양할 수 있고, 수많은 일상적 필요를 방해할 수 있으며, 아동이 학교에 다니는 동안 실패와 좌절의 그림자를 드리울 수 있다. 성인기의 직업생활에도 좋지 못한 영향을 미칠 수 있다. 사실상 산업 및 기술문명이 발달한 세상에서는 특정한 종류의 기술과 학습에 대한 요구가 증가하기 때문에 의사소통 및 학습장애가 개인의 삶에 미치는 영향은 더 커지고 있다고 할 수 있다.

아동과 청소년이 보이는 언어 및 학습의 문제는 잘 알려진 많은 의학적·유전적·행동적 증후군과 관련이 있다. 그러나 이 장의 초점은 그런 질환들이 아니다. 발달의 다른 측면들과 조화를 이루지 못하는 특정 손상을 보이는 젊은이들에게 기본적으로 관심을 둘 것이다. 이러한 장애는 생애 초기에 비교적 일찍 나타나며, 사회적 요인에 의해 설명하기는 어려운 것으로 가정된다.

교육자, 심리학자, 의사, 언어전문가 등 다양한 분야의 전문가들이 의사소통 및 학습문제에 관심이 있다. 이들은 각기 다른 관점에서 작업을 하는데, 때로 중복되기도 하지만 다양한 용어, 개념정의, 강조점, 인과이론 및 치료법들을 개발하였다. 이와 같이 풍부한 역사가 이 장 전반에 반영되어 있다.

역사 한 토막 : 예기치 못한 장애, 충족되지 못한 욕구

특정 언어 및 학습장애가 알려진 것은 상당히 오래전 일이다. 두 가지 주요 주제가 이 분야에 뚜렷한 족적을 남겼다(Fletcher et al., 2019). 한 가지 주제는 지능이나 그 밖의 능력과는 괴리가 있어 보이는 특정한 결함을 나타내는 사람들을 이해하고자 하는 과학적이고 임상적인 관심이다. 좀 더 응용적인 또 다른 주제는 그러한 결함을 나타내는 젊은이들에게 제공하는 서비스를 향상시킬

토머스 : 많은 능력을 지닌 소년

그는 영리하고 모든 면에서 지적인 소년이었다. 1년 동안 음악을 배웠는데 실력이 많이 향상되었다…. 수업이 구두로 진행되는 모든 부문에서 진도가 상당히 빨랐는데, 이는 그의 청각기억이 뛰어나다는 것을 보여준다…. 간단한 셈은 아주 정확하게 하였고, 수학 과목에서 상당한 진척이 있었다. 쓰기를 배우는 데 전혀 문제가 없다. 시력도 좋다.

— Hinshelwood(1917, pp. 46~47)

필요가 있음을 강조한다.

개인이 지닌 능력 간에 괴리가 있거나 예상치 못한 결함이 나타나는 현상에 대한 호기심은 1800년대 유럽에서 수행되었던 연구로 거슬러 올라간다. 한 예로 토머스라는 10세 소년에 관한 기술을 살펴보기로 하자. 이 소년은 학업적 성공에도 불구하고 읽기를 학습할 수 없는 것으로 보고되었다. 의사들은 이와 유사하게 이해하기 어려운 사례를 많이 제시하였으며, 이 분야는 특정 손상과 뇌 이상을 연결하는 의학적 방향을 발전시켰다(Decker, Bridges, & Vetter, 2018). 예를 들어 1880년대 후반에 브로카(Broca)는 다른 사람이 하는 말을 알아들을 수는 있지만 자기 생각을 말로 표현하지 못하는 성인 환자들에 대한 기록을 남겼다. 곧이어 베르니케(Wernicke)는 언어이해에는 문제가 있지만 그 밖의 언어 및 인지에는 결함이 없는 환자의 뇌 손상을 수록하였다. 이 두 사람은 특정 결함의 원인을 각자 자신의 이름을 딴 뇌 영역에서 찾아내었다. 수년간 특정 언어문제, 학습문제, 부주의 같은 행동 증후군이 성인의 뇌 손상과 관련이 있는 것으로 알려져 왔다(Hammill, 1993). 이와 비슷하게 청소년들이 발달과정에서 보이는 문제들도 탐지하기 어려울 정도로 미세한 뇌 손상이나 역기능에서 비롯된다고 가정되었다.

미국의 행동과학자들은 유럽에서 수행된 연구를 근간으로 하여 학습문제 연구에 심리학적 방향을 설정하는

노력을 하기 시작하였다(Hallahan & Mock, 2003). 흔히 뇌의 기능장애를 가정하기도 했지만, 병인론보다는 학습자의 특성에 대한 이해 및 학습결함의 교육적 치료에 더 치중하였다(Lyon et al., 2003). 1900년대 중반 무렵까지 여러 종류의 개입이 권장되었다. 그런데도 불구하고 일부 아동들이 학교에서 충족시켜주지 못하는 교육적 요구를 가지고 있다는 우려가 점점 더 커져갔다.

1963년 여러 기관의 대표들이 지각장애아동기금(Fund for Perceptually Handicapped Children)이 후원하는 심포지엄에서 회합을 가졌다. 명망 높은 심리학자 사무엘 커크는 참석자들을 대상으로 한 기조연설에서 문제가 되는 아동들이 신경학적 기능장애와 관련이 있는 것으로 추정되는 다양한 결함, 특히 학습곤란, 지각문제, 과잉행동을 보인다고 지적하였다. 커크는 이 아동들을 지칭하는 적합한 용어로 '학습장애'를 제안하고 그 개념을 정의하였다. 커크는 이 용어가 이 아동들이 그토록 필요로 하는 평가와 교육적 개입을 권장하고 이끌어 갈 수 있다고 생각하였다. 그날 저녁에 회의 참석자들은 오늘날 미국 학습장애학회(Learning Disabilities Association of America)로 불리는 학회를 창립하였다(Pullen, 2016).

커크의 연설은 학습장애라는 개념의 출현에 시금석 역할을 하였다(Alfonso & Flanagan, 2018). 그 이후로 부모와 교육자들이 종전에는 의사와 심리학자가 주도하던 영역에서 중요한 역할을 하게 되었다(Lewandowski & Lovett, 2014). 부모는 자녀의 문제가 제한적이고 치료될 수 있다는 희망을 가지게 되었고, 교사는 학생의 실패가 자신의 탓일지도 모른다는 의구심에서 벗어나게 되었다. 관련 전문가들은 아동들이 특수교육 서비스를 받을 수 있게 해주는 명칭을 갖게 되었다. '학습장애'로 명명된 아동과 청소년들이 이질적 집단이라는 점이 인정되었다.

20세기 후반까지 학습장애의 정의에 관한 합의를 도출하고, 특수교육 서비스를 제공하며, 이러한 장애에 관한 연구를 하기 위한 노력이 계속되었다. 최근 수십 년간 상당한 진척이 있었고, 학습장애 범주로 분류되는 아

동과 청소년의 수가 급증하였다. 그럼에도 불구하고 특정 의사소통 및 학습장애의 정의와 개념, 그리고 이와 관련된 쟁점들은 앞으로 해결해 나가야 할 문제로 남아 있다.

정의의 문제

정의의 문제를 이해하기 위해 의사소통 및 학습장애 분야에 엄청난 영향력을 끼쳤던 **1975년 장애아동교육법** (Education for All Handicapped Children Act of 1975, 공법 94-142조)을 살펴보기로 하자. 이 법은 대대적인 교육적 요구에 따라 수년에 걸쳐 여러 차례 개정되었으

며 **장애인교육법**(Individuals with Disabilities Educations Act, IDEA)으로 명칭이 바뀌었다. 학습장애가 있는 아동을 확인하고 그들이 무료로 적절한 공교육을 받게 해주어야 한다는 원래의 의도는 개정 과정에서 존속되었다(Grigorenko et al., 2020; Sotelo-Dynega, Flanagan, & Alfonso, 2018). 〈표 11.1〉은 이 법의 가장 중요한 변화들을 강조하고 있다. 학습장애에 대한 IDEA의 정의는 교육계, 아동과 가족, 임상전문가와 연구자들에게 엄청나게 큰 영향을 미쳤다.

특정 학습장애란 구두언어 또는 문자언어를 이해하거나 사용하는 데 관여하는 기초 심리과정 중 하나 또는

▌표 11.1 1975년에서 2004년까지 미국 특수교육법의 주요 변화

1975	장애아동교육법(EHA; P.L. 94-142)	• 학령기(5~21세) 장애 아동들이 무상의 적절한 공교육(FAPE)을 받을 수 있는 권리를 보장해줌
1986	EHA (P.L. 99-457)	• EHA의 목적을 확장하여 출생에서 5세까지 아동을 포함함 • FAPE를 3~21세 아동에게 실시하도록 규정함 • 미국 각 주들은 출생에서 2세까지의 장애아동을 위한 조기개입 프로그램을 개발하도록 권장됨
1990	EHA가 장애인교육법(IDEA; P.L. 101-476)으로 명칭이 변경됨	• 종전 법률에서 사용되던 'child with a disability'라는 용어를 'handicapped child'로 변경함 • 자폐증과 외상적 뇌 손상이라는 분류를 추가함 • 장애아동을 위한 전이서비스를 16세까지 실시하도록 규정함 • 보조공학 기기를 규정함 • 장애아동이 최대한 일반교육환경에서 교육을 받도록 규정함
1997	IDEA(P.L. 105-17)	• 모든 학생이 일반교육 커리큘럼으로 교육받도록 최소제약환경을 확장함 • 학교들이 모든 학생의 개별교육계획에 보조공학 기기 및 서비스를 포함하도록 요청함 • 교내 이동이나 등하교에 도움이 필요한 아동을 위한 관련서비스 목록에 이동서비스를 추가함
2004	IDEA가 장애인교육증진법(IDEIA; P.L. 108-446)으로 명칭이 변경됨	• 동 법은 '2001년 아동낙오방지법'과 보조를 같이함 • 동 법은 효과적인 교육을 하고 장애아동의 성취와 기대를 증가시키는 데 초점을 둠 • 특정 학습장애를 확인하는 데 사용되던 평가 절차를 변경함

주 : IDEA는 2004년에 IDEIA로 명칭이 변경되었으나, 그 이후로도 IDEA가 가장 널리 사용되고 있으므로 이 책에서도 IDEA를 이 법의 약어로 사용하기로 한다.
출처 : Sotelo-Dynega, Flanagan, & Alfonso(2018)에 기초함

그 이상에 장애가 있는 것을 의미한다. 이 장애는 듣기, 생각하기, 말하기, 읽고 쓰기, 철자법을 따르는 능력이나 수학 계산의 능력 부족으로 나타날 수 있다. 이 용어는 지각결함, 뇌 손상, 미세 뇌기능장애, 난독증, 발달실어증 같은 상태들을 포함한다. 기본적으로 시각, 청각 또는 운동 결함에서 비롯된 학습문제가 있거나 지적장애, 정서장애 또는 환경적 · 문화적 · 경제적 불이익으로 인한 학습문제가 있는 아동들은 포함하지 않는다(U.S. Office of Education, 1977, p. 65083).

이는 기초 심리과정의 장애를 가리키는 일반적인 정의이지만 그러한 기초 심리과정이 무엇인지 확인해주지는 않는다. 다양한 질환을 언급하고 있지만 장애를 확인할 수 있는 구체적 기준은 없다. 아울러 이 정의는 학습문제를 일으킬 것으로 예상할 수 있는 여러 요인으로 인해 장애를 갖게 된 아동들은 배제하고 있다. 이러한 배제 기준에 대해 의문이 제기되었다. 정서장애, 동기결여, 문화적 또는 경제적 불이익으로 인한 학습문제들을 구별하기는 어려울 것이기 때문이다. 학습장애를 정의할 구체적 기준이 없는 상황에서 배제 기준이 존재함으로써 학습장애는 무엇인가가 아니라 무엇이 아닌가에 의해 정의되고 있다는 지적을 받고 있다.

정의에 대한 우려로 인해 중복되기는 하지만 서로 다른 정의들이 생겨났고 장애를 확인하는 여러 방법이 제안되었다(Pullen et al., 2017). 정의의 문제는 유병률의 차이, 연구목적을 위해 선정된 집단들의 비교 불가능성, 또 아동이 특수교육 서비스를 받을지 여부를 결정하는 기준의 다양성이라는 결과를 초래하였다. 이제 학습장애가 확인되어 온 방법을 알아보고 비판과 인정을 모두 받은 새로운 접근을 살펴봄으로써 정의의 문제를 간략히 정리해보기로 한다.

특정 장애의 확인

학습장애의 정의와 관련한 문제와 유사하게 학습장애를 확인하는 합의된 방법과 기준이 없다는 사실이 계속 문제가 되고 있다. 아동의 언어기술이나 학습기술이 기대 이하임을 결정하기 위해 어떤 기준과 방법을 사용해야

하는가? 여러 가지 지침이 제안되었고 몇 가지 방법이 개발되었다.

능력-성취 괴리

한때 장애를 확인하기 위해 흔히 사용되었던 방법은 개인의 지적 능력과 특정 성취 수준 간의 괴리를 알아보는 것이다. IQ-성취 괴리 모델에서는 특정 장애가 존재한다면 특정 손상을 측정하는 성취검사보다는 일반 능력을 측정하는 검사(대개는 IQ 검사)에서 수행이 더 높을 것이라고 가정한다. 대개는 지능검사 점수와 성취검사 점수 간에 두 표준편차 또는 그 이상의 괴리가 있어야 한다고 본다. 이 괴리모델은 한때 널리 사용되었지만 자격기준을 충족하기 위해서는 괴리가 상당히 커야 한다는 점에서 비판을 받았다. 다시 말해 아동이 학습장애 기준을 충족하기 위해서는 수행이 기대수준보다 크게 낮아야 한다. 괴리 모델은 이런 비판과 아래에 상세히 논의한 다른 비판들 때문에 학습장애를 확인할 때 더는 적용되지 않는다(Pullen et al., 2017).

또 다른 접근은 아동과 청소년이 적어도 하나의 학업 영역에서 기대되는 학년수준 또는 연령에 못 미치는 수행을 보이는지를 결정함으로써 장애를 확인한다. 그러나 특정 기준에는 변동성이 있다. 따라서 가령 6학년 학생이 4학년이나 5학년 수준의 성취 수준을 보일 때 학습장애라 할 수 있다. 이러한 확인 방법의 일반적 문제는 괴리가 클 때 나이 든 아동보다는 어린 아동의 경우에 장애 정도가 더 심각하다는 것이다. 즉 2년이 뒤진다는 것은 6학년보다 3학년에게 더 심각한 문제이다.

낮은 성취는 언어, 읽기, 쓰기 및 산수 능력을 측정하는 표준화 검사에서 아동의 수행을 또래 아동의 수행과 비교함으로써 알아낼 수도 있다. 수행이 또래 아동보다 얼마나 낮아야 하는지는 학군과 연구자에 따라 다르다. 대개 기준은 표준화 검사에서 평균보다 두 표준편차 이하의 범위에서 설정된다.

낮은 성취 접근과 특히 IQ-성취 괴리 접근은 여러 면에서 비판을 받았다(Alfonso & Flanagan, 2018). 예를 들어 IQ-성취 괴리 접근은 IQ가 성취를 정확하게 예측하

고 개인의 잠재력을 보여준다는 잘못된 가정에 바탕을 두고 있다고 주장되었다. 더욱이 지능검사는 언어능력에 크게 의존하므로 의사소통이나 학습에 장애가 있는 아동은 전체 지능이 과소평가될 수 있고, 그에 따라 괴리가 나타날 가능성도 작아진다고 주장되었다. 다른 연구자들은 높은 IQ와 괴리가 있다고 확인되는 '장애'는 훨씬 더 낮은 IQ와 괴리가 있는 경우와는 상당히 다를 수 있다고 지적하였다. 이에 덧붙여 괴리 모델은 초기에 (즉 학생이 수년간 학업 실패를 경험하기 이전에) 학습문제를 찾아낼 수 있을 만큼 충분하게 민감하지 못하다는 점에서 비판을 받았다(Pullen et al., 2017).

또 다른 비판은 아동의 결함과 부실한 교육의 결함을 구별할 방법이 없다는 것이다. '느린 학습자'로 간주되는 아동들, 즉 괴리가 발견되지 않는 아동들을 배제하는 데 대해서도 심각한 문제 제기가 있었다(Fletcher et al., 2019). 특정 장애가 괴리 공식에 들어맞지 않는 일반적 학습문제와 여러 면에서 별 차이가 없다는 인식이 증가하고 있다(Hulme & Snowling, 2009; Scruggs & Mastropieri, 2002). 전체적으로 이러한 주장들은 능력-성취 괴리 접근을 약화하였다. 그런데도 불구하고 성취 수준이 낮은 아동이 평균 지능 또는 적어도 지적장애를 규정하는 점수(약 70점)보다는 높은 IQ 점수를 보일 것을 요구함으로써 지능을 고려하는 경우가 많다. 이렇게 되면 성취 수준이 낮고 지능도 비교적 낮은 아동은 학습장애가 있는 것으로 간주되지 않는다.

개입에 대한 반응

개입에 대한 반응(response to intervention, RTI)은 학습장애를 규정하고 알아보기 위한 혁신적 접근으로서, 아동이 장애가 있는 것으로 진단하기 전에 개입을 받게 한다(Grigorenko et al., 2020; Lewandowski & Lovett, 2014). 이 접근의 논리는 타당한 개입에 대한 반응이 또래아동들보다 뒤처지는 아동들은 학습장애가 있는 것으로 확인될 수 있다는 것이다.

RTI 접근은 〈그림 11.1〉에서 볼 수 있듯이 아동에게 강도가 점점 높아지는 일련의 개입을 제공하는 다층적 지원체계이다(Fletcher et al., 2019). 이 접근의 핵심 요소는 학생 전체에 대한 교육/개입, 학생 진도 감찰, 장애 확인이다. RTI 모델에서는 일반교육 학급에서 제공되는 교육(1단계), 학급교육을 받고 진도가 나가지 않는 학생들에게 제공되는 예방개입(2단계), 이전 단계의 지원에 제대로 반응하지 못하는 학생들에게 제공되는 더 집중적인 개입(3단계)을 포함하여 보통 3개 단계에서 지원한다(Gersten et al., 2017b). 예를 들어 아동(가령 유치원 아동)에게 먼저 특정 개입, 예컨대 연구에 근거한 읽기 프로그램을 실시하고 그 이후에 각 아동의 읽기기술을 평가한다. 이어서 결함이 있는 아동들에게 대개는 소집단으로 더 집중적인 특별한 개입을 제공한 후에 평가를 다시 한다. 이 시점에서 또는 더 집중적인 추가 개입을 한 후에 긍정적 반응을 보이지 않는 아동은 장애가 있는 것으로 인정하고 특수교육 서비스를 받을 자격을 부여한다. 프로그램마다 3단계가 가장 다양하다는 데 주목할 필요가 있다.

RTI 접근은 2004년 IDEA의 재승인을 받아 추진력을 얻었으며, 학생이 문제의 징후를 보이는 초기에 장애를 확인하고 개입하는 것으로 지지자들로부터 갈채를 받았다(Gersten, Jayanthi, & Dimino, 2017a). 이 모델은 학교에서 동력을 얻었으며 학습장애를 확인하는 타당한 방법을 제공한다는 증거가 증가하고 있다(Miciak, Fletcher, & Stuebing, 2015). 그런데도 불구하고 전문가들은 이 접근에 대해 각기 다른 관점과 태도를 견지하고 있으며, 아직도 해결되지 않은 쟁점이 많이 있다. 일부 전문가들은 RTI 시행이 예를 들어 "행동보다 말이 더 쉬운" 것이라고 기술하였다(Denckla, 2018). RTI를 시행하기 위해서는 증거기반 개입의 선정, 결함을 결정할 기준, 교실에서 RTI를 실시할 방법에 이르기까지 많은 결정을 해야 한다. 전반적으로 여러 주와 학교들이 RTI를 시행하는 방법에는 상당한 차이가 있으며, RTI의 효율성을 엄격하고 종합적으로 평가하기는 쉽지 않다(Fuchs & Fuchs, 2017; Gerten et al., 2017b). 더 최근에는 학습장애를 확인하는 혼합적 접근이 제안되었는데, 이 접근은 장애를 결정하는 데 다중기준을 사용하고 RTI와

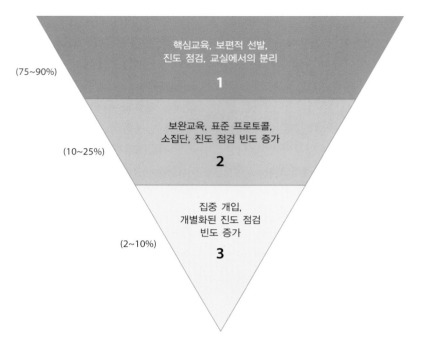

그림 11.1 다단계지원체계(MTSS)인 RTI의 세 수준. 1단계에서 75~90%가량, 2단계에서 10~25%가량, 집중적 개입을 하는 3단계에서는 2~10%가량 되는 학생들의 학습 요구를 다룬다. [Fletcher et al.(2019)에서 수정 인용]

괴리 접근의 특징들을 결합한다(Bradley, Danielson, & Hallahan, 2002; Fletcher et al., 2019). 다시 말해 낮은 성취와 개입에 대한 반응의 문제를 둘 다 중요하게 고려한다.

정의의 혼란이라는 문제와 장애를 확인하는 여러 다른 접근들이 있음에도 불구하고 학습장애에 대한 이해는 상당한 진전을 이루었다. '예상하지 못한 저조한 성취'가 학습장애의 핵심이라는 합의가 이루어졌다. 언어발달의 문제는 학습장애보다 더 일찍 확인되는 경향이 있을 뿐 아니라 학습장애를 포함하여 다른 장애들과 연루되는 경우가 많기 때문에 다음 논의는 언어발달에서 시작하기로 하겠다.

언어발달

정상적 언어발달에 대한 개관은 언어장애를 이해하기 위한 틀의 역할을 한다. 사실 언어발달은 일반적 인지발달의 지표로 간주될 수 있으며, 생후 초기의 언어문제는 이후에 다른 어떤 문제들보다도 의사소통 및 학습장애를 예측해줄 수 있다(P. A. Thompson et al., 2015).

흔히 알고 있듯이 언어는 소리에 기초한 의사소통 체계로서 소리는 단어와 문장으로 조합되어 경험을 표상하고 의미를 전달한다. 더 좁게 본다면 말(speech)은 구두언어의 소리와 단어를 나타내는 방식이다. 언어는 말로 할 수도 있지만 글로 쓰이거나 제스처와 보디랭귀지로 표현될 수도 있다. 〈표 11.2〉는 구두언어와 문자언어를 사용하는 사람이라면 누구나 터득해야 하는 언어의 기본 요소들을 규정하고 있다.

음운론(phonology)은 언어의 기본이 되는 소리와 관련된 것이다. 영어는 42개의 기본적 소리 또는 **음소**(phonemes)를 가지고 있다. 영어는 문자언어로서 26개의 알파벳 글자를 가지고 있으며 이 글자들은 단독으로 또는 조합되어 **문자소**(graphemes)라 불린다. 음소와 문자소는 서로 대응한다. 물론 알파벳 글자는 조합되어 단어를 형성하고, 단어는 의미를 전달한다. **형태론**(morphology)은 단어의 형성과 관련된 것이고, **통사론**

▌표 11.2	**언어의 기본요소**
음운론	언어의 소리 및 이 소리들을 조합하는 규칙
형태론	접두사와 접미사(예 : un, ed, s)를 사용하여 의미를 부여하는 등 단어를 형성
통사론	단어들을 구와 문장으로 조직
의미론	언어의 의미
화용론	언어를 특정한 맥락에서 사용

(syntax)은 단어를 구와 문장으로 조직하는 것을 가리킨다. 형태론과 통사론은 언어를 조직하는 규칙체계인 문법의 일부이다. 따라서 이러한 규칙을 따르는 영어 화자는 'He dances well'이라 말하지 'He well dance'라 말하지 않는다. 언어의 규칙은 의사소통에서 의미를 촉진하며 이를 **의미론**(semantics)이라 부른다. 끝으로 **화용론**(pragmatics)은 언어를 맥락에 맞게 사용하는 것이다. 즉 여러 사회적 상황에서 말을 할 때 상대방과 번갈아 가며 한다든지 언제 대화를 시작할지를 판단하는 것과 같은 측면을 포함한다.

수용과 표현은 언어의 기본 요소와 중첩된다. **수용성 언어**(receptive language)는 다른 사람이 전달하는 메시지를 이해하는 것과 관련이 있고, **표현성 언어**(expressive language)는 언어의 산출, 즉 메시지 전달과 관련이 있다. 외국어를 배우려고 애써 본 사람이라면 누구나 금방 알게 되듯이 수용이 표현보다 발달상 더 일찍 습득된다.

아기들은 언어를 사용할 준비가 된 상태로 세상에 태어난다. 즉 아기의 놀라운 능력은 생후 첫 몇 해 동안 발달이정표를 순차적으로 거치며 빠른 속도로 발달한다(표 11.3 참조). 아기들은 생후 첫해에 모국어에 속하지 않은 소리들을 구별하고 산출할 수 있는데, 이 능력은 점차 모국어의 소리들로 좁혀진다. 따라서 언어의 소리를 처리하는 생득적 능력은 경험을 통해 형성되는 것으로 보인다. 아이들은 대부분 첫돌이 되면 몇 개의 단어를 말할 수 있다. 어떤 말소리는 다른 것들에 비해 발음하기가 더 어려우며, 발음에서 개인차가 분명하게 나타

난다. 아기들은 이 시기 이전부터 이미 다른 사람의 말을 이해하기 시작한다.

아동 대부분은 2세 무렵이면 하나의 단어를 말하다가 두 단어로 된 말을 하게 되고, 나아가 의미 있는 구나 문장을 구성하는 단어들을 연결하여 말을 하게 된다. 어휘가 급격히 늘어나고, 말의 여러 부분이 습득되며, 단어들을 배열하는 능력이 향상된다. 이해도도 높아져서 3세 된 아이의 부모는 아이와 얘기할 때 이제 더는 '아기'가 아님을 느끼게 된다. 사실 유아기(infancy)는 '말을 할 수 없음'을 뜻하는 라틴어에서 유래한 용어인데, 보통 2세에 끝이 난다. 진전이 빠른 속도로 이루어지면서 아이들은 화용론까지 습득하게 된다. 7세가 되면 언어의 기초를 대부분 습득하지만 언어발달은 청소년기와 심지어 성인기까지도 지속된다.

의사소통장애

모든 아동이 앞서 기술한 언어발달의 이정표에 따라 발달하지는 않는다. 지연 또는 차이가 나타날 수 있다. 언어발달의 개관을 간단히 살펴보기만 해도 다양한 손상이 발생할 수 있다는 것이 분명하다. 음운론, 통사론, 의미론 등 어디에나 문제가 발생할 수 있다. 말, 언어 또는 둘 다에 문제가 있을 수 있고, 수용성 언어문제와 표현성 언어문제가 둘 다 나타날 수 있다. 모든 차이가 이후의 문제를 예측하는 것은 아니지만 언어가 발달하지 않는 아동들 또는 말과 언어발달에서 지속적이거나 극심한 지연이나 어려움을 겪는 아동들은 의사소통장애를 보일 수 있다.

DSM 분류와 진단

의사소통장애가 있는 아동들은 언어, 말, 의사소통에서 결함을 보인다. DSM-5에서 의사소통장애라는 넓은 범주는 언어장애 및 말소리장애뿐 아니라 아동기에 발병하는 유창성 장애(말더듬)와 사회적(화용적) 의사소통장애의 진단도 포함하는데, 여기서 이 둘은 다루지 않는다(American Psychiatric Association, 2013). 의사소

표 11.3 생후 초기의 언어발달과 의사소통		
	수용(듣기와 이해)	표현(말하기)
출생~6개월	• 갑작스러운 소리에 반응한다. • 목소리를 듣고 진정한다. • 보호자의 목소리를 알아듣는 것 같다.	• 운다. • 사람들을 보고 웃는다. • 옹알이를 한다.
4~6개월	• 소리가 나는 위치를 파악한다. • 목소리 톤의 변화에 반응한다. • 음악과 소리를 의식하고 주의를 기울인다.	• 옹알이를 하고, 웃는다. • 목소리로 놀이를 하기 시작한다. • 마치 말하는 것처럼 옹알이 소리를 낸다.
7~12개월	• 가리키는 곳을 쳐다본다. • '컵, 트럭, 우유, 아빠' 같이 흔히 쓰이는 단어들을 이해한다. • "안 돼." 또는 "더 줄까?" 같이 간단한 단어나 구에 반응하기 시작한다. • "이리 와." 같은 간단한 지시에 복종한다. • 노래나 이야기를 잠깐 동안 귀 기울여 듣는다.	• 여러 개의 소리로 길게 옹알이하며 모음소리들을 조합한다. • 주의를 끌기 위해 소리와 몸짓을 사용한다. • 물건을 가리켜서 다른 사람에게 보여준다. • 손을 흔들어 인사하고, 안아달라고 팔을 들어 올리며, 머리를 흔들어 반대의사를 밝히는 등 몸짓을 사용한다. • 서로 다른 소리들을 모방한다. • '안녕, 엄마, 아빠' 같은 첫 단어를 말한다.
1~2세	• 몇몇 신체부위가 어디인지 물어보면 그곳을 가리킨다. • "공을 굴려." 같은 일방향 지시를 수행한다. • "저게 누구야?" 또는 "네 신발 어딨어?" 같은 간단한 질문에 대답한다. • 이야기, 노래, 자장가에 귀를 기울인다. • 책에 나오는 그림이나 물건들의 이름을 들으면 그곳을 가리킨다.	• 새로운 단어를 많이 사용한다. • 단어들에 'p, b, m, h, w'를 사용한다. • 책에 있는 그림들을 명명하기 시작한다. • "이게 뭐야?", "야옹이 어딨어?" 같은 질문을 한다. • "사과 더", "침대 없어", "엄마 책" 같이 두 개의 단어를 연결한다.
3~4세	• 많은 단어를 알아듣고 그 단어들을 범주화할 수 있다(예 : 몇 가지 색깔, 모양을 이해하고 형, 할머니, 이모 같이 가족을 가리키는 단어들을 이해한다).	• 간단한 'who, what, where' 질문들에 대답하고 'when'과 'how' 질문들을 한다. • 'hat-cat'처럼 운이 맞는 단어들을 말한다. • 대명사를 사용한다. • 몇 가지 복수형 단어를 사용한다. • 아이가 하는 말을 주변사람 대부분이 이해한다. • 단어 네 개를 연결하며, 문장 네 개 가량을 사용한다. • 그날 있었던 일에 대해 이야기한다.

(계속)

	수용(듣기와 이해)	표현(말하기)
4~5세	• '첫째, 다음, 마지막' 같이 순서를 나타내는 단어들을 이해한다. • '어제, 오늘, 내일' 같이 시간을 나타내는 단어들을 이해한다. • "잠옷 입고, 이 닦고, 책 한권 골라와." 같이 좀 긴 지시를 따른다. • "종이 위의 음식 그림에 원을 그려라." 같이 학급에서의 지시를 따른다. • 가정과 학교에서 사람들이 하는 말에 대한 이해가 증가한다.	• 단어에 사용되는 모든 말소리를 낸다. 'l, s, r, v, z, sh, th' 같이 말하기 어려운 소리를 낼 때 오류를 저지르기도 한다. • "뭐라고 말했어?"에 대답한다. • 소리나 단어를 내내 반복하지 않고 이야기한다. • 글자와 숫자의 이름을 말한다. • 'jump, play, get' 같은 행위단어가 하나 이상 들어간 문장을 사용한다. • 짧은 이야기를 한다. • 대화를 계속 이어간다. • 청자나 장소 등 맥락에 따라 다른 방식으로 말한다.

출처 : American Speech-Language-Hearing Association (ASHA), n.d.

통 손상을 기술하는 데 사용되는 용어는 시간이 흐르면서 변화를 거듭하였고, 분야별로 차이가 있을 수 있다는 데 주목할 필요가 있다(Alfonso & Flanagan, 2018; Bishop, 2017; Leonard, 2017). 예를 들어 발달실어증, 특정 언어손상(specific language impairment, SLI), 발달언어장애(developmental language disorder, DLD), 언어장애(language disorder, LD) 같은 용어들 모두가 비슷한 상태를 설명하는 데 사용되어 왔다. 다음의 논의에서는 DSM-5에 정의된 용어들을 사용하며 이 장애들을 임상 및 연구 문헌에 제시되어 있는 대로 기술한다. 말소리장애와 언어장애는 둘 다 발달 초기에 나타나야 하고, 연령에 따른 기대 수준보다 능력이 낮아야 하며, 능력 부족이 의사소통, 사회적 참여 및 학업 또는 직업 성취를 방해해야 한다.

기술

말소리장애

말소리장애(Speech Sound Disorder, SSD)가 있는 아동은 말소리 산출 또는 발화에 손상을 보인다(Dockrell & Joye, 2018). 아동이 발달적으로 적합하고 지역 말투에 적합한 말소리를 내지 못해서 다른 사람의 말을 이해하거나 의사소통하는 능력이 훼손될 때 이 장애로 진단한다. 이러한 문제들은 신체적, 신경학적, 또는 청각적 문제에 기인하지 않는다(American Psychiatric Association, 2013).

언어 손상이 있는 아동들은 부정확한 말소리를 내거나 어려운 소리를 더 쉬운 소리로 대체하거나 소리를 생략한다(Hayiou-Thomas et al., 2017). 말소리를 산출하는 능력은 전형적인 발달패턴을 따르는 기술이다. 예를 들어 대부분의 아동은 3세경에 이해할 수 있는 소리를 낼 수 있지만 'l, r, s, z, th, ch, dzh, zh' 같이 더 어려운 소리를 습득하는 데에는 시간이 더 많이 걸린다(ASHA, n.d.; First et al., 2017). 안드레의 사례에서 볼 수 있듯이 아동은 'look' 대신에 'yook'이라 하고 'rabbit' 대신에 'wabbit'이라 발음할 수 있다(First et al., 2017). 말을 배우는 어린 아동이 SSD가 있을 때 전형적으로 보이는 오류는 정상발달에서 기대되는 수준을 넘어서 지속될 수 있다(Unicomb et al., 2017). 전형적 발달을 보이는 2세 아동이 하는 말은 50%밖에 이해되지 않지만 4세 아동이 하는 말은 대부분이 이해될 수 있다(American Psychiatric Association, 2013). 아동 대부분이 말하는 데 필요한 언어 및 운동기술을 습득하는 과정에서 잘못된 발음을 하기 때문에 진단을 할 때는 발달규준이 중요하다.

말소리를 산출하려면 입술, 혀, 턱의 움직임을 호흡

안드레 : 말소리장애

안드레는 6세 1학년 아동으로 어머니와 함께 클리닉에 왔다. 어머니는 아들이 콧노래를 부르고 이상한 소리를 내며, 말을 제대로 하지 못하고, 글을 쓸 때 글자들을 뒤집는다고 보고하였다. 안드레의 교사가 보낸 보고서에는 안드레가 읽기 준비도, 발음, 스포츠에서 '아주 뛰어난' 학생이고, 미술은 평균 수준이며, 말에서만 문제가 있는 것 같다고 적혀 있었다.

상냥한 이 소년은 검사를 받을 때 여러 가지 주제에 관해 똑똑하게 대화를 이어갔다. 대화하는 동안 rabbit을 'wabbit'으로, brown을 'bwown'으로, yellow를 'wewwow'로 발음하는 등의 오류를 보였다. 심리검사는 안드레의 지능이 평균 이상이라는 것을 보여주었으며, 그의 학업 수행은 학년 수준을 조금 넘어서고 있었다.

— First et al.(2017)에서 수정 인용

닉 : 언어 표현의 문제

닉은 소리를 분명하게 산출할 수 있지만 언어가 손상된 9세 소년이다. 그는 단어 끝부분을 잘라버리는 짧고 미성숙한 문장으로 말하고("I have two shoe"; "Mommy help me at the store"), 잘못된 형태의 단어들을 사용하며("Me like ice dream"; "He goed home"), 말하고 싶은 단어들을 찾아내기 힘들어한다("나는 점심시간에, 그거 있잖아, 안에 노란 거 들어 있는 뾰족하게 생긴 거 먹었어"). 닉은 다른 아이들과 놀기를 좋아하고 말하기도 좋아하지만, 자기 의도를 표현하고 다듬어낼 수단을 거의 가지고 있지 않다.

— Norbury & Paul(2015, p. 683)에서 수정 인용

및 발성과 조화를 이루도록 통제할 필요가 있다. 그러나 SSD는 언어의 소리구조와 규칙, 즉 음운론에도 문제를 보일 수 있다(Dodd et al., 2018; Preston, Hull, & Edwards, 2013). 따라서 음성학적 어려움이 있는 아동은 한 맥락에서는 말소리를 옳게 산출하지만 다른 맥락에서는 그렇게 하지 못할 수 있다. 예를 들어 이 아동은 'bus'의 /s/는 제대로 발음하지만 'spoon'을 'pun'이라 하고 'sun'을 'ton'이라 할 수 있다(Dodd et al., 2018). 언어의 소리구조와 이를 조합하는 규칙에 대한 이해를 포함하는 음성학적 문제는 특히 읽기기술과 철자기술의 습득에서 중요한 발달적 시사점을 갖는다.

언어장애

DSM은 언어장애의 일차적인 진단 특징으로 어휘, 문장, 담화의 이해 및 산출의 어려움에서 비롯되는 언어습득 또는 언어사용의 문제를 들고 있다(American Psychiatric Association, 2013). 언어장애에서 나타나는 결함은 감각 또는 운동의 문제, 다른 의학적 또는 신경학적 장애로 인한 것이 아니며 지적장애나 전반적 발달지연으로 인한 것도 아니다. 진단할 때는 아동의 병력, 임상적 관찰, 표준화 언어능력 검사의 수행을 복합적으로 고려한다. 언어의 표현 및 수용능력도 모두 고려한다.

표현의 문제는 어휘, 문법 및 언어 출력의 다른 여러 측면과 관련된 언어 산출을 포함한다. 표현성 장애가 있는 아동은 말의 양이 적고, 매우 짧고 간단한 문장으로 말을 한다. 어휘가 부족하고, 문장의 주요 부분을 누락하기도 하며, 단어의 순서를 이상하게 쓰기도 한다. 복수나 동사 시제와 같은 단어 형태들을 구성할 때 과도한 오류를 저지르는 것이 특히 문제이다. 아울러 음성학적 문제가 관찰될 수도 있다. 그러나 표현성 장애가 있는 아동은 말소리와 연령에 적합한 개념을 이해하며, 따라서 다른 사람과의 의사소통에 적절히 반응할 수 있다. 다른 사람들과 관계를 맺고 싶어 하지만 언어장애로 인해 효율적인 의사소통을 하지 못하는 닉에 대한 기술에서 이런 특징들을 찾아볼 수 있다(Norbury & Paul, 2015).

언어 수용의 문제는 다른 사람의 의사소통을 이해하지 못하는 것이다. 단일단어, 구, 문장, 한 단어가 갖는 다중적 의미, 과거시제의 변화가 모두 문제가 될 수 있

다. 아동은 말에 반응하지 못하거나, 귀가 먹은 것처럼 보이거나, 다른 사람의 말에 부적절한 반응을 하거나, TV에 흥미를 보이지 않거나, 지시를 따르지 못할 수 있다.

언어장애를 고려할 때 아동이 경험하는 문제의 종류와 심각성이 아동들 간에 상당한 차이가 있다는 점을 염두에 둘 필요가 있다. 가벼운 발음문제만 있는 아동과 자신이 하는 말을 다른 사람들이 전혀 이해할 수 없는 아동의 차이를 상상해보라. 비교적 간단한 언어 손상이 있는 아동과 다른 사람의 말을 거의 이해하지 못하는 아동은 삶이 다를 수밖에 없다. 말소리장애, 표현 및 수용의 문제는 함께 발생하는 경우가 많다는 점도 알아두는 것이 도움이 된다. 5세 소년 트랭의 사례를 예로 들 수 있다. 이 소년은 영어와 베트남어 둘 다를 능숙하게 구사하는 부모 형제와 함께 살았다. 그는 이 두 언어의 발달이 형제들보다 훨씬 느렸으며, 유치원에서 받은 평가는 수용과 표현 둘 다 손상이 있다는 것을 보여주었다.

역학과 발달과정

역학연구는 의사소통장애의 비율이 3~7% 범위에 있다는 것을 보여준다(Dockrell & Joye, 2018). 유병률은 연령, 장애의 유형과 심각도에 따라 달라진다. 예를 들어 학생 30명 중 2명가량이 학교에 입학할 때 학습을 저해할 정도의 언어장애를 경험하는 것으로 추정된다(Norbury et al., 2016). 소년이 소녀보다 유병률이 더 높다는 결과가 많이 보고되고 있다. 임상 표본의 유병률이 더 높은 것은 의뢰편향 때문일 수 있지만 이것이 성차를 전부 설명해주지는 않는 것으로 보인다(Viding et al., 2004).

높은 유병률은 사회경제적 지위가 낮은 집단의 아동들에게서도 나타난다(Dockrell & Joye, 2018). 이 상관은 어떻게 설명할 수 있는가? 유전요인이 중요한 역할을 한다면 가족의 언어결함이 가족의 교육수준과 직업수준을 낮추는 결과를 초래했을 가능성이 있다. 표준화 평가도구에서 사용하는 표준영어가 아니라 사투리를 사용하는 빈곤가정의 아동들이 장애를 가지고 있는 것으로 과도하게 많이 확인될 가능성도 있다.

언어장애가 있는 아동들은 발달패턴에 차이가 있다는 것이 확인되었다(Snowling et al., 2016). 언어장애는 보통 3~4세경에 나타나지만 경미한 문제는 더 나이가 들기 전에는 확인되지 않을 수도 있다(American Psychiatric Association, 2013). 학교공부가 부담이 되기 시작하고 언어가 더 복잡해지면서 문제가 처음으로 드러나기도 한다. 아동이 무엇을 이해하는지를 알아내는 것은 언어표현의 문제를 관찰하는 것보다 어려울 수 있다.

여러 연령대의 아동과 성인을 다양한 기간 동안 추적한 연구들은 언어능력이 시간이 지나면서 점차 향상될 수 있고 정상 범위에 도달할 수 있다는 것을 보여준다. 그러나 구두언어와 읽기 둘 다에서 문제가 지속될 수 있

트랭 : 언어 수용과 표현의 문제

트랭은 대상, 행위, 관계를 나타내는 단어들을 거의 알지 못한다. 수업시간에 지시를 따르지 못하는 경우가 많은데, 특히 시간(예 : 어제, 이후, 주일)과 공간(예 : 아래, 앞, 근처)을 나타내는 단어가 들어가는 지시의 경우에 그러하다. 다른 아이들이 하는 말을 제대로 이해하지 못하고 자기 생각을 분명하게 표현하지도 못하기 때문에 종종 대화가 끊기곤 한다. 그 결과 아이들은 그와 같이 놀고 싶어 하지 않았으며, 같은 반 아이들은 대부분 그를 무시했다. 아이들과 어울릴 기회가 적다 보니 워낙에 취약한 언어기술을 향상시키고 연습할 기회가 더욱 줄어들었다. 베트남어 통역사의 도움을 받아 실시한 추가 평가결과는 트랭이 베트남어의 경우에도 영어와 비슷하게 수용성 및 표현성 언어결함이 있다는 것을 보여주었다. 그러나 비언어적 기술은 대체로 연령에 적절한 편이었다. 작은 플라스틱 블록으로 정교한 건물과 탈것들을 손쉽게 만들었고, 복잡한 퍼즐도 잘 맞추었으며, 숫자문제, 개념문제 또는 유추문제들도 비언어적으로 제시되는 경우에는 성공적으로 풀었다.

– Johnson & Beitchman
(2000b, p. 2642)에서 수정 인용

으며, 뒤에 논의한 대로 언어문제에 국한되지 않을 수도 있다(Leonard, 2017). 장애 유형에 근거한 위험의 위계가 제안되었다. 구음문제만 있는 아동은 나중에 언어 손상을 보일 위험이 가장 낮고, 표현성 문제가 있는 아동은 위험이 중간 정도이며, 수용성 문제가 있는 아동이 위험이 가장 높다(Baker & Cantwell, 1989; Rutter, Mawhood, & Howlin, 1992; Whitehurst & Fischel, 1994). 그러나 교육경험의 안정성과 다른 다양한 위험 요인들을 포함하는 많은 요인들이 결과에 영향을 미칠 수 있다(Norbury & Paul, 2015; Sylvestre et al., 2018).

말소리문제는 특히 그러한 문제가 경미하거나 다른 언어문제 없이 발생한다면 시간이 지나면서 개선되며, 개입에도 효과를 보이는 경우가 많다(American Psychiatric Association, 2013). 어릴 때 표현성 문제가 있었던 아동 중 상당수는 계속해서 손상을 보인다. '말이 늦은 아이'로 불리곤 하는 일부 아동들은 결국 정상 범위의 언어발달을 이루기는 하지만 여전히 또래 아동 수준에는 조금 못 미친다(Preston et al., 2010; Rescorla, 2009). 수용성 문제를 보이는 많은 아동은 언어가 결코 완벽하게 발달하지 않을 뿐 아니라 시간이 지나면서 문제가 더욱 증폭될 수 있다. 심한 수용–표현성 장애가 있는 소년들을 20대 초반까지 추적한 연구는 이 소년들의 20%가 10세 아동보다 이해 수준이 낮았고 25%가량은 표현기술도 그만큼 낮다는 것을 발견하였다(Mawhood, Howlin, & Rutter, 2000). 이 아동들은 이후 10년 동안에도 전혀 변화를 보이지 않았다(Clegg et al., 2005). 일반적으로 5~6세경까지 문제가 개선되지 않는 아동들은 언어장애가 지속될 위험이 있고 나중에 읽기문제가 발생할 위험도 있다(Hulme & Snowling, 2009). 문제가 개선된다 해도 이후에 읽기문제가 발생할 위험이 있다는 보고도 있다.

동시발생 장애

의사소통장애의 부담 중 하나는 이 장애가 학업 진척의 저조와 관련이 있다는 것이다. 학업성취 손상으로 유급되는 경우가 많고 고등학교에 재학하는 경우가 드물다. 이런 결과는 적어도 부분적으로는 의사소통장애와 학습장애의 관계에서 비롯된다(Hayiou-Thomas et al., 2017; Pennington & Bishop, 2009). 이 관계는 예상을 벗어나는 것이 아니다. 예를 들어 언어가 능숙한 읽기에서 중요한 역할을 한다는 것을 생각해보라. 읽기는 언어를 해석하고 이해하는 능력에 의존한다. 한 종단연구는 아동 초기에 특수학급에 등록한 136명의 언어 손상 아동들을 추적하였는데 이 아동 중 1/4이 유치원을 마칠 때 읽기를 못하는 아동으로 분류될 수 있다는 것을 발견하였다(Murphy et al., 2016). 이 수치는 동시발생률을 50% 이상인 것으로 보고하는 다른 연구들에서보다 훨씬 낮다(예 : McArthur et al., 2000). 언어 손상은 읽기 문제에 상당히 복잡한 방식으로 관여한다. 어떤 아동들은 어릴 때 언어장애가 있는 것으로 확인되고, 읽기발달에 문제를 보이며, 언어장애에 추가해서 특정 학습장애가 있는 것으로 진단될 수 있다(Nelson & Wiig, 2018). 다른 아동들은 생후 초기 언어 이해와 표현에 경미한 문제가 있거나 전혀 문제가 없으나 초등학교 때 읽기학습에 어려움을 보이면서 학습장애로 확인될 수 있다. 또 다른 아동들의 경우에는 언어 이해의 문제가 고학년이 되기 전에는 드러나지 않아서 언어문제와 학습문제가 관계가 있다는 사실이 간과될 수 있다(Nelson & Wiig, 2018). 의사소통장애와 학습장애를 둘 다 가지고 있는 아동들은 다른 장애가 발생할 위험도 평균보다 더 높다(NcKean et al., 2017; Ozcebe, Noyan Erbas, & Karahan Tigrak, 2020).

의사소통장애는 다양한 연령대의 청소년들이 보이는 외현화 및 내재화 장애와 관련이 있다(Charman et al., 2015; Curtis et al., 2018; Lum, Ullman, & Conti-Ramsden, 2016). 예를 들어 5세 아동을 대상으로 한 연구는 40%가 위축행동, 신체증상 및 공격행동을 나타낸다는 것을 보여주었다(van Daal, Verehoeven, & van Balkom, 2007). 7~9세 아동을 대상으로 한 연구는 ADHD가 있는 아동의 40% 이상이 언어 손상이 있다는 것을 확인하였다(Helland et al., 2012). 5세에 언어결함이 있는 것으로 확인된 지역사회 표본을 대상으로 한 종단연구는 행동문제가 연속성을 갖는다는 것을 시사한다(Beitchman et al., 1996; 2001). 19세에 수행된 추적연구는 이들이 통제집단보다 불안장애 비율이 더 높고 남성들은 반사회적 성격장애를 보일 위험이 있다는 것을 보여주었다. 그렇지만 어떤 연구들은 위험이 그다지 크지 않으며 의사소통장애의 유형과 심각성을 고려할 필요가 있다는 점을 지적하였다(Snowling et al., 2006). 예를 들어 구음문제만 있는 아동들은 심리문제를 가장 경미한 수준으로 가장 적게 나타내는 것으로 보인다(van Daal et al., 2007). 의사소통장애가 또래관계와 학업기술 등 아동의 기능과 발달의 여러 영역에 영향을 미침으로써 다른 문제행동을 일으킬 위험을 증폭할 수 있다는 연구결과들을 염두에 둘 필요가 있다.

인지적 결함과 이론

의사소통장애가 있는 아동들은 보통 비언어적 인지적 결함을 나타낸다. 정보처리 속도, 청각적 지각, 기억, 주의 및 다양한 집행기능이 연구되었다(Schwartz, 2017).

정보처리 용량의 제한이 언어장애에 중요한 역할을 한다고 가정되고 있다. 정보처리 모델은 다른 무엇보다도 정보처리의 신속성이 중요하다고 가정한다. 언어장애가 있는 아동의 경우 처리속도 제한이 확실하게 드러난다(Leonard et al., 2007). 다양한 과제에서 더 느리게 반응하는데, 이것은 정보처리의 제한이 여러 영역의 수행에 영향을 미친다는 것을 보여준다. 특별히 신속한 언어정보처리가 필요할 때는 부정적 효과가 나타날 것으로 예측된다. 처리 속도가 언어장애를 설명한다는 이 가설의 문제점은 일반적 학습문제가 있는 청소년도 처리속도가 느린데, 그렇다면 이런 효과가 언어에서만 나타날 이유가 없다는 것이다(Hulme & Snowling, 2009).

두 번째 가설은 언어 손상이 청각정보처리의 다양한 결함과 관련이 있다고 본다(Corriveau, Pasquini, & Goswami, 2007; Leonard, 1998). 언어에서는 짧고 빠른 소리의 지각이 중요한 것으로 여겨지며, 따라서 빠른 속도로 흘러가는 소리 단서를 포착하지 못하는 아동은 언어에 문제가 있을 수밖에 없다. 연구결과는 언어 손상이

있는 아동들이 말에 들어 있는 매우 빠른 소리를 확인하는 데 어려움을 겪는다는 것을 보여주었다(Guiraud et al., 2018). 더욱이 의사소통/학습문제의 가족력이 있는 아동은 청각 자극을 처리하는 데 시간이 더 오래 걸린다는 것이 밝혀졌다. 말을 할 때 음절들의 소리 단서가 제시되는 시간을 연장하면 말을 더 잘 변별하게 된다는 실험연구들의 결과도 이 가설을 뒷받침해준다. 또한 최근 연구는 언어 손상이 있는 아동들이 비정상적인 청각신경활동 패턴을 보인다는 결과를 내놓았다(van Bijnen et al., 2019). 그러나 일반적으로 연구결과들은 일치하지 않는다. Hulme과 Snowling(2009)은 이러한 불일치의 이유가 무엇일지 추측해보았다. 연구에 참여한 아동들이 각기 다른 종류의 언어 손상을 가지고 있었을 수도 있고, 연령이 중요한 작용을 했을 수도 있으며, 청각정보처리의 성숙이 지연되었을 수도 있다. 연구에서 사용한 여러 과제가 청소년에게 요구하는 바가 달랐을 수도 있고, 어떤 위험요인들이 공존하느냐에 따라 청각정보처리가 언어습득에 달리 영향을 미쳤을 수도 있다. 청각정보처리의 결함이 어떤 것인지에 따라 언어와의 관계가 다를 수도 있는데, 그렇다면 한 가지 결함이 특정 언어 손상의 유일한 원인으로 작용할 가능성은 없다(Halliday, Tuomainen, & Rosen, 2017).

의사소통장애에 인지가 연루되어 있다는 세 번째 제안은 언어적 단기기억 및 작업기억에 초점을 둔다(Gillam et al., 2017). 기억의 이런 측면들은 구분될 수 있다. 언어적 단기기억은 언어와 관련된 정보를 일시적으로 저장하는 역할을 하며, 언어의 소리구조 또는 음운론에 관여하는 것으로 생각된다. 언어적 단기기억의 결함은 비(非)단어들(예 : mep, shom)을 듣는 즉시 반복하는 것과 같은 다양한 과제에서 나타난다. 메타분석을 포함한 여러 연구는 언어장애가 있는 아동이 비단어 반복 및 음성기억에 결함이 있다는 것을 보여준다(Bishop, 2002; Conti-Ramsden, 2003; Estes, Evans, & Else-Quest, 2007). 그러나 비단어 반복과제의 수행이 사투리나 하나 이상의 언어에 대한 친숙성에 영향을 받는지 여부에 대해 의문이 제기되었다(Chiat, 2015; McDonald

& Oetting, 2019). 이에 더해 비단어 반복 과제가 음성기억의 지표가 아니라 순수하게 **음운처리**(phonological processing)를 측정하는 것인지에 대해서도 의문이 제기되었다(Hulme & Snowling, 2009). 그럼에도 불구하고 음성기억은 말 산출, 어휘, 이해 및 통사처리의 습득과 관련이 있으며, 특정 언어장애가 있는 많은 아동이 음성학적 손상이 있다는 점에 주목할 필요가 있다(Schwartz, 2017).

언어적 작업기억은 언어정보의 저장과 처리를 둘 다 포함한다. 언어적 작업기억은 언어정보를 예컨대 일련의 지시를 따르기 위해 사용하는 동안 마음속에 계속 담고 있을 것을 요구한다. 언어장애가 있는 아동은 복잡한 언어기억을 잘하지 못한다(Vugs et al., 2016). 이러한 어려움은 언어문제의 기저 원인은 아닐지도 모르지만 언어장애와 관련이 있는 읽기문제와 수학문제에 영향을 미칠 수 있다.

뇌영상 연구는 의사소통장애의 신경적 기초를 연구하였는데, 연구결과들 간에 편차가 있기는 하지만 의사소통장애가 있는 사람과 그렇지 않은 사람 사이에 구조적 차이가 있다는 것을 확인하였다(Lum et al., 2016). 예를 들어 비언어중추만이 아니라 언어를 지원하는 것으로 알려진 뇌 영역들에서 이상이 발견되었다(Liegeois, Mayes, & Morgan, 2014; Mayes, Reilly, & Morgan, 2015). 언어 손상이 있는 아동들이 보이는 인지적 · 신경적 결함에 대한 이해가 증진되고 있기는 하지만 아직 연구해야 할 것이 많다. 문제의 이질성으로 볼 때 여러 가지 결함이 관련되어 있는 것으로 보인다.

특정 학습장애 : 읽기, 쓰기, 수학

특정 학습장애라는 용어는 교실에서의 학습과 일상생활의 기능에 반드시 필요한 읽기, 쓰기, 산수에 나타나는 신경발달상의 문제들을 가리킨다. 역사적으로 이들 장애는 각각 난독증(dyslexia), 난서증(dysgraphia), 난수증(dyscalculia)으로 알려졌다. 이 용어들은 일부에서 여전히 사용되고 있지만 학업기술을 학습하고 사용할 때 나타나는 문제를 통칭하는 용어는 '특정 학습장애(specific learning disorder)'이다. 이들 용어와 learning disorder나 learning disability 등이 때로 호환 가능한 용어로 쓰이기도 하지만, 그 의미가 완벽하게 동일한 것은 아니다. 간단히 말해 'disorder'는 진단에 사용되는 의학적 용어이고 'disability'는 교육 및 법체계에서 주로 사용된다. 그러나 특정 학습장애는 교육제도뿐 아니라 DSM과 ICD에서도 승인되고 있다. 학습장애는 마치 '순수한' 것처럼 묘사되곤 하지만 여러 결함이 혼합되어 나타나는 경우가 많다. 학습장애가 있는 아동들 대부분이 읽기문제를 나타내고 상당수가 추가로 학습장애를 가지고 있다.

DSM 분류와 진단

DSM-5는 학습의 문제들을 특정 학습장애(Specific Learning Disorders, SLD)로 지칭하는데, 이는 학업기술을 학습하고 사용하면서 겪는 어려움이 적절한 개입을 했음에도 최소 6개월 동안 지속되는 것으로 정의된다(American Psychiatric Association, 2013). 기술의 손상은 단어 읽기, 읽은 내용 이해하기, 맞춤법 지키기, 쓰기, 수 이해하기, 수학적 추론 등에서 나타난다. 이는 읽기, 쓰기, 또는 수학이라는 세 영역의 손상으로 세분할 수 있다. 손상된 각 영역의 하위기술들도 DSM에 묘사된 바와 같이 세분화될 수 있다(예 : 수 감각, 정확한 산수계산).

문제가 완전히 드러나게 되는 것은 특정 기술의 요구가 개인의 능력을 벗어날 때이지만 문제가 시작되는 것은 학령기이다. 이 장애로 진단받으려면 적어도 한 영역의 성취가 연령으로 보아 기대되는 수준보다 현저히 낮아야 하며, 장애가 학업이나 직업의 수행 또는 그 기술을 필요로 하는 일상생활 활동들을 저해해야 한다. 그러한 결함은 개인용 표준화 검사들과 임상적 평가에 의해 확인되어야 한다. 아울러 그러한 문제들은 지적장애, 시력과 청력, 다른 정신적 · 신경학적 장애, 심리사회적 문제, 학업에 사용되는 언어의 유창성 부족, 또는 부적절한 교육에 의해 설명될 수 없다.

더 일반적인 쟁점들을 논의하기 전에 특정한 문제영

역 각각에 관련된 주제들을 논의하기로 한다. 읽기장애는 유병률이 높을 뿐 아니라 가장 많이 연구되었기 때문에 이 장애에 특히 강조점을 두었다.

읽기장애가 있는 SLD

기술

읽기는 '문자로 된 텍스트에서 어떤 목적을 위해 의미를 추출하고 구성하는 과정'으로 정의할 수 있다(Vellutino et al., 2004, p. 5). 읽기는 텍스트의 의미를 파악하기 위해 텍스트를 구성하는 단어들을 쉽게 알아보는 능력을 필요로 한다. 이러한 '온라인' 과정에 관여하는 많은 기술 중에는 언어능력, 인지기술, 문자로 된 텍스트의 관습에 대한 이해(예 : 페이지의 왼쪽에서 오른쪽으로 읽기), 세상에 관한 지식이 있다.

읽기는 대단히 복잡한 과정으로 반드시 교육을 받아야 한다. 읽기를 숙달하지 못한 아동들은 문자로 된 개별 단어들을 알아보기 어렵거나 이 단어들을 소리 내어 읽을 때 정확하게 발음하기 어렵다. 지나치게 천천히 읽거나 더듬거리며 읽고, 어휘가 제한되어 있으며, 자신이 읽은 내용이 어떤 것인지 이해하지 못하거나 기억하지 못한다. 이러한 복잡성으로 인해 읽기문제가 읽기기술 또는 기저의 인지적 결함에 기초한 하위유형들로 구분되는지 알아보기 위한 노력이 광범위하게 이루어졌다(Burgess et al., 2018). 연구자들은 읽기장애의 하위유형들을 타당화하기 위해 꾸준히 노력하였고 다양한 읽기 프로파일과 원인들을 고려하였다(Willems et al., 2016). 문제들을 단어수준의 읽기와 문서수준의 읽기, 또는 문서의 이해로 구분하는 중요한 성과가 있었다.

단어수준의 읽기문제(난독증) 단어수준의 읽기문제에는 정확하거나 유창하게 단어를 재인하지 못하는 문제, (하나의 단어를 유창하게 읽기 위해 그 단어를 여러 부분으로 쪼개는) 해독능력 부족, 철자능력 부족 등을 포함한다(Fletcher et al., 2019). 난독증(dyslexia)은 이러한 단어수준의 읽기 또는 기본적 읽기기술 습득에 나타나는 장애를 가리키는 데 흔히 사용되는 대안적 용어이다. 역사

적으로 다양한 과정들이 읽기장애에 관여하는 것으로 간주되었다(American Psychiatric Association, 2013). 시각체계 이상에 관한 이론들은 1970년대와 1980년대까지 20세기 동안 최대의 영향력을 발휘하였다(Vellutino et al., 2004). 예를 들어 읽기에 관한 초기 연구를 주도했던 인물인 사무엘 오턴(Samuel Orton)은 난독증 아동이 글자를 거울에 비친 것처럼 뒤집어서(b를 d로, was를 saw로) 읽고 심지어 그렇게 쓰는 것은 다른 무엇보다도 시지각적 결함 때문이라는 잘못된 주장을 하였다(Vellutino, 1979). 다른 이론가들은 시각자극을 검색하거나 추적하거나 처리하는 능력을 손상시키는 시각체계의 결함이 난독증을 일으킨다고 제안하였다.

최근에는 언어의 소리구조를 사용해서 문자로 된 자료를 처리하는 **음운처리**(phonological processing)가 난독증에 내재하는 단어 읽기, 해독 및 철자법과 관련된 문제를 일으키는 데 중요한 역할을 한다고 보고 있다(Fletcher et al., 2019).

아동이 읽기를 학습할 수 있으려면 먼저 상대방이 말하는 단어가 여러 개의 소리로 분절될 수 있다는 것을 인식해야 하는데, 이 능력을 음운인식이라고 한다. 가령 'sad'라는 단어는 하나의 소리단위로 발음되기는 하지만 세 개의 소리로 이루어져 있다는 것을 인식해야 한다. 읽기를 제대로 하기 위해서는 음운해독(phonological decoding) 능력도 필요하다. 즉 글자(문자소)가 소리(음소)에 대응한다는 것을 이해하고 글자를 소리에 연결시킬 수 있어야 한다.

읽기학습에서 음운처리가 중요하고 음운인식 결함이 난독증에 중요한 역할을 한다는 것을 지지하는 많은 증거가 있다(Kudo, Luisser, & Swanson, 2015). 모국어의 소리를 인식하고 글자, 음절 및 개별 단어들을 해독할 수 있는 어린 아동은 읽기를 더 잘하게 된다. 반면에 음운처리 결함이 있는 아동은 단어를 명명하고 읽고 철자를 제대로 쓰는 데 어려움이 있다. 더욱이 음운처리 결함을 표적으로 하는 개입은 개별단어 확인 및 읽기를 향상시키는 것으로 밝혀졌다(McGill & Ndip, 2019). 비교문화 연구들은 음운처리가 알파벳에 기초한 영어 이외

의 언어들을 읽는 데 중요하다는 것을 보여준다. 그러나 음운처리가 난독증에 중요한 역할을 한다는 데 상당한 합의가 이루어지기는 했지만, 다양한 결함이 작용한다는 증거가 있다(Pennington et al., 2012).

문서수준의 읽기문제(이해의 문제) 단어수준의 읽기문제와 읽기 이해의 문제는 종종 함께 발생하는데, 그 비율이 60%가량인 것으로 보고되고 있다(Willcutt, 2014). 이것은 문서를 이해하기 위해서는 단락을 구성하는 단어 대부분을 읽을 수 있어야 한다는 점을 고려할 때 놀라운 일이 아니다. 그러나 이런 중복에도 불구하고 단어수준의 읽기문제를 보이지 않는 아동들 상당수는 그럼에도 불구하고 자신이 읽은 내용을 이해하는 데 어려움을 갖는다(Landi & Ryherd, 2017). 이 아동들은 개개의 단어들을 해독하고 재인할 수 있다. 사실 이들은 문서의 단락을 소리 내어 정확하게 읽을 수 있지만 그 내용을 이해하지는 못한다. 교사는 이런 아동을 알아채지 못하고 지나치는 경우가 많다(Cartwright et al., 2017).

문서자료를 이해하는 일은 쉽지 않으며 많은 인지적 과정과 요소 기술들을 조합할 필요가 있다(Fletcher et al., 2019). 이런 과정이나 기술에는 텍스트를 맥락에 집어넣는 데 중요한 배경정보에 대한 지식뿐만 아니라 어휘를 포함한 언어기초기술 또는 단어 의미에 대한 지식도 포함된다(Cromley, Snyder-Hogan, & Luciw-Dubas, 2010). 언어의 문법구조에 대한 역량도 필요하다. 앞서 언급했듯이 문법은 단어를 구성하는 형태론과 단어들을 구와 문장으로 조직하고 의미를 부여하는 통사론으로 이루어진다. 문법 역량은 예컨대 "Susan gave Jane an apple and she was happy"라는 문장에서 행복한 것이 누구인지를 이해하는 데 기여한다(Snowling, 2000).

읽기 이해에 문제가 있는 아동들은 종종 언어와 인지의 다른 측면들에서도 결함을 보인다. 이 중 하나가 텍스트가 제공하는 정보로부터 추론하는 능력이다. 집행기능 기술, 특히 작업기억과 정보를 조직하고 이해하는 능력도 읽기 이해에 중요하다(Feifer, 2018). 읽기 이해에 중요한 또 하나의 능력은 상위인지로서 여기에는 텍

스트의 목적을 고려하고, 텍스트에 대한 이해를 평가하며, 필요하다면 텍스트를 다시 읽고 자신의 이해를 수정하는 것이 포함된다. 이해 결함을 초래하는 이러한 과정과 그 밖의 과정들 가능한 발달경로 및 개입에 대해 좀 더 연구할 필요가 있다.

역학과 발달과정

읽기장애가 있는 SLD의 유병률은 상당한 변동성이 있는 것으로 보고되고 있다. 이는 연구마다 표집이 다를 뿐 아니라 장애의 정의에 일관성이 없기 때문일 것이다. 읽기장애의 유병률은 집단을 정의하는 데 사용된 기준이 무엇인가에 따라 5~15% 사이에 위치하는 것으로 추정된다(Fletcher et al., 2019). 읽기장애는 특정 학습장애 진단 중에서 가장 흔한 유형이다. 사실 학습장애가 있는 사람들은 70~80%가 읽기에 일차적 결함이 있는 것으로 추정된다(Ferrer et al., 2010).

소년이 소녀보다 읽기장애로 진단되는 경우가 더 많다. 이 차이가 유전의 영향을 어느 정도 반영하는지가 논란이 되고 있다. 이러한 차이는 대상 선정 및 의뢰편향 때문에 나타난다는 제안이 있다. 소년이 읽기장애와 동시에 발생하는 외현화 장애로 인해 치료에 더 많이 의뢰된다는 것이다(A. B. Arnett et al., 2017). 그 결과 읽기장애가 있는 소녀들은 과소진단이 되기 쉽고 개입에 덜 의뢰되는 경향이 있다(Pennington, McGrath, & Peterson, 2019). 그럼에도 불구하고 읽기장애의 남녀 비율은 임상 표본에서는 3 또는 4 대 1가량이고 일반 아동 표본에서는 그보다 더 낮을 가능성이 높은 것으로 보고되고 있다(Willcutt & Pennington, 2000).

사회경제적 수준이 낮은 가정의 아동들이 읽기장애를 유난히 더 많이 경험한다(Peterson & Pennington, 2015). 그러나 언어에 대한 노출과 학교 교육의 질 같은 환경요인이 문해능력의 발달에 부정적 영향을 미칠 때 이런 차이가 나타난다는 증거가 있다(Romeo et al., 2017). 또한 읽기장애의 유병률은 국가마다 다양하게 보고되고 있다(Grigorenko, 2001). 이러한 차이가 언어구조의 차이, 읽기장애에 대한 각 사회의 태도, 또는 방법론적 요인에

의해 어느 정도 설명될 수 있는지를 밝히기 위해서는 더 많은 연구가 필요할 것이다.

읽기장애는 학령기에서 청소년기와 성인기에 이르기까지 지속되는 경향이 있다(Snowling, Muter, & Carroll, 2007). Ferrer와 동료들(2015)은 코네티컷주에서 공립유치원에 입학한 아동들을 대상으로 한 조사연구인 코네티컷 종단연구의 자료를 사용하여 읽기장애의 이와 같은 지속 경로를 입증하였다. 아동 414명의 읽기 성취 수준을 읽기 이해와 단어수준의 읽기 및 해독 등에 의해 1학년에서 12학년까지 매년 검사하였다. 〈그림 11.2〉에 제시되어 있듯이 난독증이 있는 아동은 보통 아동과 비교해서 1학년 때 읽기점수가 매우 낮았는데 이런 차이는 학령기까지 지속되었다. 사실 전형적으로 발달하는 아동과 난독증이 있는 아동의 성취 차이는 발달 초기부터 나타나며 청소년기까지 지속된다.

읽기장애는 시간이 지나면서 악화될 수도 있다. 이른바 **매튜 효과**(matthew effect)는 시간이 지나면서 읽기능력이 뛰어난 아동과 뒤떨어지는 아동 간의 괴리가 점차 커지는 현상을 가리킨다(McNamara, Scissons,

& Gutknecht, 2011). 매튜 효과가 언제나 나타나는 것은 아니지만 읽기장애와 다른 장애들에 이 효과가 나타난다는 증거가 있다. 사회계층과 행동문제가 가능한 예측요인들이다(Morgan, Farkas, & Wu, 2011). 또 처음에 심한 읽기장애 문제가 있었던 청소년들은 텍스트 읽기를 연습하기가 쉽지 않기에 더욱 불리해지는 것으로 생각된다(Duff, Tomblin, & Catts, 2015; Kempe, Eriksson-Gustavsson, & Samuelsson, 2011). 그러나 읽기장애가 모든 아동에게 지속되거나 악화되지는 않으며, 결과에는 변동성이 있다는 점에 주목할 필요가 있다. 아동 초기에 읽기기술이 부족한 일부 아동들은 청소년기가 되기 전이나 청소년기까지 또래들을 따라잡는다는 결과가 보고되었으며, 개입이 집중적으로 이루어진다면 이후에 향상될 수 있다.

생후 초기의 읽기 습득에서 나타나는 문제들이 관심을 끌어왔지만(단어수준 읽기와 내용의 이해 둘 다에 나타나는) 읽기장애는 읽을 자료가 더 복잡해지는 4~5학년경에 처음으로 나타날 수 있다(Leach, Scarborough, & Rescorla, 2003). 후기 출현 읽기장애(late-emerging reading disabilities, LERD)라 불리는 이 현상을 어떻게 설명할 수 있을까? Lipka와 동료들(2006)은 이 쟁점을 다루는 연구를 수행하였다. 이 연구자들은 읽기장애가 있는 4학년 아동들을 확인하였는데 이 아동들은 유치원 때부터 시작하여 매년 다양한 읽기 검사를 받았던 대표성 있는 대규모 표본에서 추출되었다. 이 자료는 4학년 때 읽기장애가 있는 아동들이 세 가지 경로를 따라 이동해 왔음을 보여주었다. 한 경로에서는 읽기가 일관성 있게 부진하였고, 두 번째 경로에서는 약간의 변동이 있었으며, 세 번째 경로에서는 4학년에서만 장애의 범위에 속하는 점수대로 급격히 떨어지는 극적 하락이 나타났다. 연구자들은 수년간에 걸쳐 수집한 다양한 검사결과를 바탕으로 이러한 후기 출현 경로를 따르는 아동들이 사실은 (1) 초기에 음운처리를 숙달하지 못했으나 많은 단어를 즉석에서 읽는 것을 학습함으로써 결함을 감춰 왔거나, (2) 음운처리를 제대로 숙달하지 못했기에 4학년이 되어 읽기 요구가 증가하자 타격을 받은 것이

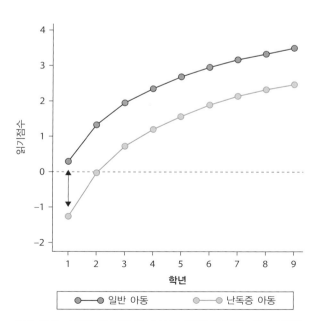

그림 11.2 1학년 때 나타나고 청소년기까지 지속되는 읽기 성취의 차이[Shaywitz & Shaywitz(2020)에서 수정 인용]

학습장애가 있는 아동에게 교실은 불행한 장소일 수 있다.

라고 주장하였다. 이러한 후기 출현 집단이 읽기장애 아동의 36%를 차지하였고, 다른 연구들은 읽기문제가 비교적 늦게 출현하는 것으로 보이는 아동들의 비율이 이보다 더 높다는 것을 발견하였다는 데 주목할 필요가 있다. 또 다른 연구는 이 아동들에게 개입을 한 후 7학년에 평가함으로써 종전의 결과를 확장하였다(Etmanskie, Partanen, & Siegel, 2014). LERD가 있는 아동 중 33%가 읽기 이해문제를 지속적으로 보였고, 대다수(67%)는 7학년에 회복되었다. 종합적으로 볼 때 이들 연구는 읽기장애의 징후였을지도 모르는 미세한 결함을 초기에 확인하는 것이 중요하며, 어떤 아동들에게는 조기개입이 읽기문제를 완화하는 데 도움이 될 수 있다는 것을 보여준다.

동시발생장애

앞에서 읽기장애가 의사소통장애 및 다른 학습장애와 관련이 있다는 것을 살펴보았다. 아울러 읽기장애는 ADHD, 외현화 문제, 자폐스펙트럼장애, 불안장애, 우울장애 등 다양한 다른 문제들과 함께 발생하는 경우가 많다(McGill & Ndip, 2019). 사실 읽기장애와 ADHD

의 동시발생을 보고하는 연구가 많은데, 공존 유병률은 일반적으로 20~40% 사이에 있는 것으로 추정된다(Sciberras et al., 2014; Wadsworth et al., 2015). 이들 장애의 관계는 ADHD의 부주의 유형에서 특히 크게 나타난다(Plourde et al., 2017). 읽기장애와 ADHD의 중복 출현은 공유하는 유전요인 및 신경인지적 위험요인으로 설명할 수 있다(Mascheretti et al., 2017; Moura et al., 2017; Willcutt et al., 2010). 예를 들어 8~9세 아동들의 신경인지 기능을 살펴본 한 연구는 난독증과 ADHD 둘 다를 가지고 있는 아동들이 전형적 발달과정을 따르는 또래들과 비교해 거의 모든 신경인지 능력이 뒤처진다는 결과를 얻었다. 읽기에 필수적인 기술인 명명 속도(상징의 이름을 신속히 인출하는 능력)와 음운인식이 특히 뒤떨어졌다(Moura et al., 2017). 〈그림 11.3〉은 주요 결과를 제시하고 있다.

읽기장애는 외현화 문제와도 관련이 있다. 예를 들어 대규모 종단 코호트를 활용한 연구는 특정 단어읽기장애가 있는 아동들을 확인하였는데, 읽기 성취 수준이 낮을수록 행동문제를 많이 보인다는 것을 발견하였다(Russell et al., 2015). 읽기장애와 외현화 문제의 관계는

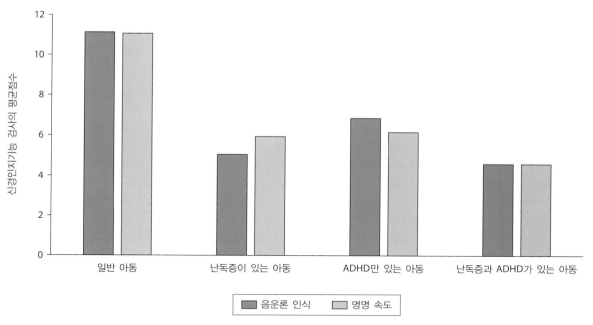

그림 11.3 난독증과 ADHD가 있는 아동들의 신경인지적 결함[Moura et al.(2017)에서 수정 인용]

복잡하다. 몇 가지 인과관계를 생각해볼 수 있는데 종단연구는 읽기장애가 이후의 품행장애로 이어지는 간접 경로를 제안하였다(Hendren et al., 2018). 특히 읽기장애와 외현화 문제를 이어주는 연결고리 한 가지는 이 두 장애와 ADHD의 동시발생이다(Hendren et al., 2018). 앞서 언급한 대로 읽기장애와 ADHD는 함께 발생하는 경우가 많으며 ADHD는 적대적 반항장애나 품행장애 같은 행동장애와 함께 발생하는 경우가 많은데, 동시발생률은 각 경우에 40%와 14%가량이다(Pliszka, 2015). 이러한 관계를 이해하기 위해서는 더 많은 연구가 필요하지만 이들 장애의 높은 동시발생률은 위험요인의 공유 가능성을 다시 한 번 시사한다.

쓰기장애가 있는 SLD

쓰기장애가 있는 아동들은 숙제를 제일 늦게 제출하며, 숙제를 하느라고 몇 시간씩 앉아 있곤 한다. 이 아동들이 쓴 글은 오류투성이에다 알아보기 힘들고, 길이가 짧고 내용도 엉성하기 짝이 없다. 쓰기는 다차원적인 것으로 시각-운동능력 및 여러 인지능력뿐 아니라 다양

한 언어과정과도 관련이 있다(Berninger & Chanquoy, 2012; Fenwick et al., 2016). 글을 쓰는 과정은 굉장히 복잡하지만 필사와 텍스트 생성 즉 작문을 구분해서 살펴보는 것이 유용하다.

필사(transcription)는 생각을 문서의 형태로 바꾸는 기계적 쓰기 행위로서 쓰기발달 초기에 필수적인 것이다(Berninger & Chanquoy, 2012). 부실한 필사는 구두점, 대문자, 단어 배치 등에서 많은 결함을 보이지만 필기와 철자법의 문제가 중요하다. 장애는 이 중 어느 하나 또는 둘 다에서 발생할 수 있다. 전형적 발달에서는 매끄럽고 빠르고 알아보기 쉬운 필체가 점진적으로 발달하지만 노력을 들여야 한다. 필기에 문제가 있는 아동은 종이에 글자와 단어를 쓰기가 힘들고 시간이 걸리며, 간혹 쓰기를 하지 못하는 경우도 있다(그림 11.4 참조). 필기를 잘하려면 운동기술이 필요할 뿐 아니라 글자들을 작업기억과 장기기억에 저장해야 하고 계획을 세워서 기억에서 인출할 필요가 있다. 올바른 철자법을 사용하려면 다른 무엇보다도 소리와 관습적 철자법 간의 관계를 이해하고, 단어를 재인하고, 글자/단어에 대한 지

CJ : 하루 종일 쓰고 또 써요

5학년인 CJ의 문제는 점점 커지고 있다. 성적이 떨어졌고, 숙제를 마치지 못했으며, 부주의할 뿐 아니라 반항적 행동까지 보였다. CJ의 일란성 쌍둥이 형제는 어릴 때부터 언어장애와 읽기장애의 내력이 있었다. CJ는 학급토론에 참여하였고 읽기나 수학계산에는 문제가 없었으나 쓰기에 문제가 있어 유급할 위기에 처했다. CJ는 점차 학교를 싫어하게 되었고 때로 수업에 빠졌으며, 쓰기가 엄청나게 지루하다고 여겼고, 자신의 많은 생각을 쓰기보다는 말하고 싶다는 욕구를 표현하였다. "하루 종일 쓰고 또 써요. 수학과 과학까지도 쓰기만 해요." 그는 담임교사가 자기가 게으르고 자기가 쓴 글이 서투르다고 생각한다고 보고하였다. "선생님은 나더러 숙제를 다시 하라고 과제물을 집어던지고, 방과 후에 붙잡아두고, 내가 설명을 하려고 하면 태도가 돼먹지 않았다고 얘기하세요."

광역 성취도 검사-3을 실시한 결과 읽기와 수학점수는 평균 이상이었으나 철자에 상당한 문제가 있었다. CJ는 또 표준화 쓰기검사와 비공식적인 작문과제에서도 수행이 낮았다. 후자의 과제에서 CJ는 거의 알아볼 수 없는 짧은 문장 세 개를 썼는데, 이 문장들에는 구두점과 대문자가 없고 철자법과 문법의 오류가 여럿 발견되었다. CJ는 표준화 구두언어 검사에서는 평균점수를 받았으나, 비(非)단어검사에서는 소리나 음절을 누락하였다. 비단어검사는 가벼운 언어손상과 문자언어의 손상을 잘 찾아낸다. 평가팀은 CJ가 DSM의 다른 장애는 없고 쓰기장애가 있다는 진단을 내렸다.

— Tannock(2005a, pp. 3126~3127)에서 수정 인용

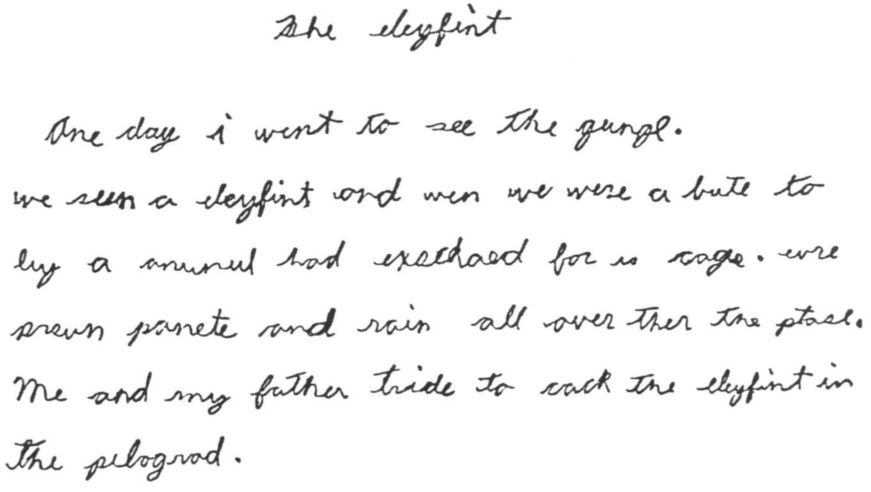

The Elephant
One day I went to see the jungle. We seen a elephant and when we were about to leave an animal escaped from his cage. Every person panicked and ran all over the place. Me and my father tried to catch the elephant in the playground.

그림 11.4 11세 소년이 쓴 글과 이것을 알아볼 수 있게 다시 쓴 글이다. 이 글은 상상력과 풍부한 어휘, 이야기 전개에 대한 기본적 이해를 보여준다. 또한 흔히 쓰이는 단어들과 잘 쓰이지 않는 단어들의 철자 오류, 엉성하게 쓴 글자들과 덧쓴 글자들을 보여주고 있어 이 소년이 쓰기기술에 어려움이 있다는 것을 알 수 있다.[Taylor(1988)에서 수정 인용. Copyright 1988 by Guilford Press. 허락하에 사용함]

식을 갖추고 기억으로부터 이들을 인출할 수 있어야 한다(Berninger & Amtmann, 2003; Lyon et al., 2003). 11세 소년 C.J.의 사례는 필사문제가 어떤 것이며 이 문제가 텍스트 생성에 어떤 의미를 갖는지 보여준다.

　　문서작성(text generation) 또는 작문은 의미를 문서의 형태로 만들어내는 것으로 볼 수 있다. 작문을 하려면 단어, 문자구조 및 관심 주제에 관해 저장되어 있는 정보를 기억으로부터 인출해낼 수 있어야 한다. 작업기억에서 이루어지는 계획, 검토, 수정 등의 고등집행기능과 상위인지 기술, 그리고 주의를 유지하는 능력도 중요하다(Berninger & Chanquoy, 2012; Fletcher eet al., 2019). 쓰기장애가 있는 아동들은 쓰기의 목표를 이해하고, 계획을 수립하고, 요점을 정리하고, 생각을 연결하고, 작업을 검색하고 수정하는 등의 기술이 결여되어 있다. 이 요소들은 상당수가 더 일반적인 언어와 사고에 해당하며, 따라서 필사와 비교해 쓰기장애 고유의 속성은 더 적게 가지고 있다(Fletcher et al., 2019). 또한 필사와 작문이 쓰기의 별개 요소들로 간주되고 있기는 하지만 이 둘은 밀접한 관련이 있으며 한 영역의 문제가 다른 영역의 문제에 영향을 미칠 수 있다(Mather & Wendling, 2018). 〈그림 11.5〉는 비교-대조 에세이를 쓰는 숙제를 하기 위해 한 청소년이 쓴 글을 예로 제시하였다. 이 에세이는 내용을 이해할 수 있기는 하지만 취약한 문장구성, 어색한 구절, 단락의 결여 및 전체 구성의 결함을 보여주고 있다. 이 학생의 글은 인지 및 상위 인지기술의 교육을 목표로 하는 개입프로그램을 통해 크게 향상되었다.

역학과 발달과정

쓰기장애가 있는 SLD에 관한 연구는 많지 않으며, 유병률이 확실하게 밝혀지지 않고 있다. 장애가 정의되는 방식에 따라 학령기 아동의 6~14%가 어떤 형태로든 쓰기장애를 가지고 있는 것으로 추정된다(O'Donnell & Colvin, 2019). 더욱이 쓰기장애가 있는 사람들은 이와 동시에 학습장애나 ADHD 같은 다른 장애들도 가지

Hokey and basketball are two sports they both have comparesions they both sports, they contrast in many ways like in hokey you use a stick and a puck, but in basketball you use one ball and your hands. They also compare in that when you play them the goal is to get the puck or basketball into a goal or net. Another contrast is that hokey is played on ice and basketball is played on courts. When you play hokey or basketball you noticed that the puck and ball both touch the ground that is another way to compare.In hokey the goal.net is placed on the ground and in basketball the net is on a backboard in the air that is another contrast.If you have ever been to a hokey or basketball game there is always quaters or periods in a game so that the players can take a break,in that way they compare. Basketball has four quarters and Hockey has three periods to a game and they are different in that way.But the best comparisions in hokey and basketball is the fans,many people love hockey and basketball that's why they are one of most played and favored sports in the world.

그림 11.5　학습장애 청소년이 쓴 비교-대조 에세이[Wong et al.(1997)에서 수정 인용]

고 있는 경우가 많다(Mather & Wendling, 2018). 쓰기기술을 평가할 수 있는 신뢰도 높은 표준화 검사가 많지 않아서 장애를 평가하기는 쉽지 않다(Pennington et al., 2019). 물론 아동이 쓴 글의 수준을 판단하는 데는 발달규준이 중요하다. 예를 들어 8세 이전에는 운동기술이 잘 발달하지 않아서 간단한 서술 정도를 기대할 수 있을 뿐이다(Lipka & Siegel, 2006). 그런데도 이후의 쓰기장애 징후가 초기의 쓰기발달에서 관찰되었다(Mather & Wendling, 2018). 이를테면 글자를 구성하거나 단어를 음절로 나누거나 글을 쉽게 쓰지 못하는 문제는 장애의 출현을 시사할 수 있다. 쓰기장애는 대개 2학년이면 분명하게 나타나며, 학교 커리큘럼이 쓰기를 많이 요구하는 4학년 무렵에는 쓰기장애로 인한 의뢰가 급격히 증가한다(Berninger & Amtmann, 2003; Tannock, 2005b). 종단연구가 많지는 않지만 일부 청소년들에게는 쓰기문제가 사라지지 않고 지속될 수 있으며, 이는 여러 학업 영역의 성취에 영향을 미치게 된다(O'Donnell & Colvin, 2019).

수학장애가 있는 SLD

수학은 과학, 기술, 공학, 수학을 뜻하는 STEM(science, technology, engineering, math)에서 빠질 수 없는 필수 분야이지만, 돈을 다루고 시간과 거리를 재고 금융 관련 결정을 하는 데 필요한 정보를 이해하는 등의 일상적 활동에도 중요하다(Soares, Evans, & Patel, 2018). 수학 때문에 어려움을 겪는 일은 상당히 흔하지만 학교에 다니는 동안 수학으로 인해 어려움을 겪었던 학생들 대부분이 SLD를 가지고 있지 않다(Mazzocco & Vukovic, 2018). 수학장애가 있는 SLD는 기본적 계산기술이나 수학적 추론이 연령 평균에 한참 뒤지는 문제를 가리키는 진단명으로 수 감각, 간단한 덧셈과 뺄셈, 연산 용어와 상징의 이해, 수학적 사실들의 암기, 정확한 수학적 추리 등 많은 문제를 포함한다(American Psychiatric Association, 2013). 수학장애를 정의하는 특징들이 무엇인지는 아직 분명하게 확립되지 않았지만, 수에 대한 이해 그리고 기억과 집행기능 같은 더 일반적인 인지능력의 결함이 핵심인 것으로 생각된다(Mazzocco & Vukovic, 2018).

수의 이해 : 수 감각

수와 관련된 기본적인 능력은 동물들과 언어를 사용하기 이전의 인간 아기들에게도 존재하는 것으로 보인다(Snowling & Hulme, 2015). 예를 들어 침팬지는 물이 절반 채워진 잔을 3/4만큼 채워진 잔이 아니라 절반이 채워진 또 다른 잔과 짝짓는 것을 배울 수 있다. 나중에 절반이 채워진 잔을 사과 1/2개 또는 3/4개와 짝짓게 했을 때 침팬지는 사과 1/2개를 선택하였다. 이는 침팬지가 수량에 관한 인식을 하고 있음을 보여준다. 생후 6개월 된 인간 아기는 점 8개와 16개, 또는 16개와 32개를 구분할 수 있으나 16개와 24개는 구분하지 못한다. 이러한 결과는 인간의 아기가 언어를 습득하기 이전부터 앞으로 수학능력을 키워나갈 토대가 되어 줄 수량에 대한 표상을 가지고 있음을 보여준다.

수학장애에 대한 연구는 어린 아동이 수 세기에 대한 기본적 이해와 연산능력을 가지고 있다는 점을 강조해 왔다(Geary, 2003, 2004; Torbeyns, Verschaffel, & Ghesquiere, 2004). 아주 어린 아동들이 하는 비교적 단순한 계산도 수와 수 세기를 어느 정도 이해해야만 가능하다. 전형적 발달과정을 거치는 아동들은 5세경이면 수 세기의 기본 원리들(예 : 대상들의 배열에서 하나의 대상은 한 번만 셀 수 있다)을 이해하지만 다른 원리들(예 : 대상들의 배열에서 대상들은 어떤 순서로도 셀 수 있다)은 이해하지 못할 수 있다. 아동들은 간단한 계산을 할 수 있게 되면서 점차 더 고급 절차를 사용할 수 있게 된다. 예를 들어 전부 세기(예 : 2＋3은 1-2-3-4-5를 세어서 더한다)는 덧붙여 세기(예 : 2에서 시작하여 3-4-5로 덧붙여 센다)에 점차 자리를 내어준다. 수 세기 절차는 곧 기억에 표상되고 그런 다음에는 수와 관련한 사실들이 자동으로 인출된다. 2＋3의 덧셈을 할 때 더 이상 수를 셀 필요 없이 5를 힘들이지 않고 신속하게 인출한다.

수학장애가 있는 아동들은 전형적으로 발달하는 아동들과는 발달궤도가 다르다. 수학장애가 있는 아동들은 이러한 초기의 수 세기 및 기본적 연산 절차와 전략들을 더 느리게 습득하며, 덜 빈번히 사용하고, 속도와 정확성도 떨어진다(Mazzocco & Vukovic, 2018). 이에 더해 기억 인출과정에도 결함이나 지연이 있는데, 이는 초등학교에 다니는 동안 그대로 지속된다. 따라서 3학년이나 그보다 고학년인 아동들이 수에 대한 사실들(예 : 7×9＝63)을 신속히 인출해야 할 때 오류를 저지를 수 있다. 더 나이 든 아동들의 수학장애는 어릴 때 숙달하지 못한 기본 절차를 습득하기가 어렵기 때문일 가능성이 있다(Snowling & Hulme, 2015). 더 복잡한 문제들일 경우 덧셈, 뺄셈, 곱셈과 나눗셈을 할 때 어려움이 있고 분수와 소수를 사용할 때에도 마찬가지이다(Tannock, 2005b). 읽기장애가 함께 나타나는 아동들은 복잡한 계산을 하거나 문장으로 된 연산문제를 풀 때 특히 오류를 저지르기 쉽다(Cirino et al., 2007).

인지적 상관요인

수학문제는 수에 대한 이해와 기술의 결함과 관련이 있

지만 이런 결함은 다른 인지능력과 별도로 발생하는 것이 아니다(Mazzocco & Vukovic, 2018). 수학 영역에 고유한 것은 아니지만 시공간 기술, 기억과 주의, 처리속도, 집행기능이 수학장애에 어떤 역할을 하는지가 강조되고 있다. 학생이 눈앞에 있는 문제를 풀려면 교실에서 일어나는 다른 일들을 무시한 채 그 문제에 주의를 기울이고(주의), 문제해결에 필요한 과정을 수행하며(집행기능), 시기적절하게(처리속도) 이전에 학습했던 수학적 사실들을 인출하고 적용해야 한다(작업기억). 이 예가 수학과 관련된 인지과정을 지나치게 단순화하고 있기는 하지만, 이러한 인지 영역의 하나 또는 그 이상에서 생기는 문제가 학습과 수행에 어떤 영향을 미치는지를 확실하게 보여준다.

작업기억은 수학성취에 특히 중요한 역할을 하는 것으로 확인되었는데, 작업기억 역량이 뛰어난 아동들은 수학 수행이 높은 경향이 있다(Geary et al., 2017; Lee & Bull, 2016). 예를 들어 Geary와 동료들(2017)은 작업기억이 수학성취에 미치는 영향이 1학년에서 8학년까지 비교적 안정적이라는 것을 발견하였다. 더욱이 수학장애가 있는 학생들은 보통 아동들에 비해 수학적 사실들을 인출할 때 오류를 더 많이 저지르고 과잉학습된 연산문제를 더 느리게 푸는 경향이 있었다(Mazzocco & Vukovic, 2018). 수학장애와 관련된 기저의 인지결함을 더 잘 이해하기 위해서는 더 많은 연구가 필요하다(Snowling & Hulme, 2015).

역학과 발달과정

수학장애의 유병률에 대한 연구는 비교적 적은 편인데 이 연구들은 장애를 정의하고 측정하는 방법에서 차이가 있다. 이런 점을 감안하면 학령기 아동의 7%가량이 수학장애를 겪고 있으며, 유병률은 대략 3~14%의 범위에 있는 것으로 보인다(Shaley, 2007). 초기(3학년 이전)에 수학기술 습득의 어려움이 이후의 학년에서 수학장애가 있는 학생들과 그렇지 않은 학생들이 보이는 차이를 설명해주는 것으로 보인다(Chu et al., 2019; Geary et al., 2013). 그러나 대부분 학생들은 8학년에 장애가

있는 것으로 확인되는데, 이는 상당히 문제가 있는 많은 아동이 이후 학년이 되어서야 확인된다는 것을 의미한다(Mazzocco & Vulkovic, 2018). 초기에 장애를 확인하고 개입하지 못하면 청소년기와 성인기까지 장애가 지속될 수 있다(Morgan et al., 2016; Shalev, Manor, & Gross-Tsur, 2005). 다행히도 연구에 기초한 아동 개입이 개발되었는데, 기초기술(사실 인출 및 절차 등)과 고급기술(문장제 문제 등)에 초점을 두고 있다(Lyon et al., 2006).

사회적 문제와 동기문제

의사소통 및 학습장애가 있는 많은 아동과 청소년이 사회적으로 문제가 없고, 긍정적 자기개념을 형성하며, 학습에 대한 흥미를 유지하지만 일부 아동과 청소년은 그러지 못한다.

사회적 관계와 유능성

장애가 있는 아동들 가운데 적어도 일부는 사회적 관계가 만족스럽지 못하다. 교사들은 학습장애가 다양한 문제행동과 연관이 있다고 보며(Mishna, 2003), 장애가 있는 아동들은 또래들로부터 사회적 배척을 당하기 쉽다(Nowicki, Brown, & Dare, 2018). 전반적으로 장애가 있는 아동들은 친구가 적고, 우정의 질이 떨어지며, 외로움을 더 많이 느낀다(Wiener & Tardif, 2004).

이러한 사회적 문제가 일어나는 원인은 무엇일까? 이 질문에 대한 확실한 답변은 없다. ADHD와 같이 학습장애와 관련된 행동문제들은 또래관계에 부정적 영향을 미칠 수 있다(DuPaul et al., 2016). 또 학습장애가 있는 아동들은 그렇지 않은 또래아동들보다 사회적 유능성이 떨어지고 사회적 단서를 읽는 능력에 결함이 있는 것으로 보이는데, 이것이 사회적 관계에 영향을 미칠 수 있다(Galway & Metsala, 2011). 이 아동들은 다른 사람의 정서 표현을 알아보거나, 사회적 상황을 이해하거나, 다른 아동들이 특정한 상황에서 어떤 감정을 느끼는지 추측하거나, 사회적 문제를 해결하는 데 어려움이 있다.

사회적 상호작용과 동기 요인들은 의사소통과 학습장애의 발달에 중요한 역할을 한다.

원인이 무엇이든지 간에 사회적 관계 및 사회적 기술의 부족은 학교에서의 소외와 중퇴, 고립, 위축의 위험을 증가시킨다(Deater-Deckard, 2001; Vaughn et al., 1999). 가해자 또는 피해자로서 괴롭힘에 연루될 위험도 증가할 수 있다(Mishna, 2003; Rose, Monda-Amaya, & Espelage, 2011). 예를 들어 한 연구는 읽기장애가 있는 학생들은 1/3 이상이 가해자, 피해자, 또는 둘 다의 형태로 괴롭힘에 연루되었으나 읽기장애가 없는 학생들은 그 비율이 1/4에 못 미친다는 것을 발견하였다(Turunen, Poskiparta, & Salmivalli, 2017).

학업적 자기개념과 동기

전형적으로 발달하는 아동과 청소년을 대상으로 한 연구들은 성취에 대한 믿음이 노력과 수행에 영향을 미칠 수 있다는 것을 보여준다(Dweck & Molden, 2017). 일반적으로 지능이 변화될 수 있으며 노력이 능력을 일깨울 수 있다는 신념을 갖는 것이 적응적이다. 더욱이 실패했을 때 숙달 지향 반응을 하는 것이 무력감 지향 반응을 하는 것보다 더 적응적이다. 숙달 지향적 아동은 실패가 노력 부족이나 과제난이도 때문이라고 보고, 미래의 향상을 기대하며, 문제를 해결하려는 노력과 긍정적 감정을 유지한다. 반면에 무력감 지향적 아동은 실패를 기대하고, 포기하며, 부정적 자기인식과 감정을 드러낸다. 이와 유사하게 자신의 능력과 과제수행 역량에 대한 신념은 그 과제에서 거두는 성과와 관련이 있다(Bandura, 1997).

연구결과는 학습장애가 낮은 가치감과 관련이 있다는 것을 보여준다(Elbaum & Vaughn, 2003; Nowicki, 2003). 장애가 있는 아동들은 자기를 비교적 낮게 평가하고, 자신의 학업능력을 일관성 있게 더 부정적으로 평가한다(Lipka & Siegel, 2006). 학습장애가 있는 학생들은 일반 학생들과 비교할 때 학교성적이 비슷한 수준이라 할지라도 무력감과 낮은 자기효능감을 더 많이 보고한다(Lackaye et al., 2006; Nunez et al., 2005). 청소년기에는 학습관리 능력에 대한 자신감이 떨어지며, 그로 인해 학업에 실패할 확률이 높아진다(Klassen, 2010).

이런 점들로 볼 때 장애가 있는 아동들은 학업 실패와 동기 부족의 악순환에 빠져들 가능성이 있다는 것을 쉽게 알 수 있다(Licht & Kistner, 1986). 이 아동들은 학업에 실패하면 자신의 지적 능력에 의문을 갖게 되고, 성취하고자 하는 노력이 소용없다고 믿게 된다. 이와 같은 학습된 무력감은 아동이 어려움에 처할 때 쉽게 포기하게 만듦으로써 상황을 더욱 악화시킨다. 그 결과 아동은 또 실패를 경험하게 되면서 능력 부족과 통제 결여에 대한 신념이 강화된다(그림 11.6 참조).

학습장애가 있는 많은 아동이 적응유연성 수준이 낮지만(Panicker & Chelliah, 2016), 장애가 있는 모든 아동이 부정적인 지각과 행동을 하는 것은 아니다(Nunez et al., 2005). 학습장애가 있는 중학생들의 자기지각을 다른 연구가 이 점을 밝혀낸 바 있다(Meltzer et al., 2004). 이 연구에서 일부 학생들은 학업관련 자기지각이 긍정적이었고 다른 학생들은 부정적이었다. 전자 집단이 후자 집단보다 학교 공부에 노력을 더 많이 기울일 뿐 아니라 자신이 지닌 손상의 효과를 만회하게 해주는 학습전략을 채택한다고 보고하였다. 교사들도 이 학생들을 그런 식으로 보았으며, 학습장애가 없는 학생들과 비슷한 수준의 학업 수행을 보인다고 판단하였다. 이 연구 및 관련 연구들은 학습장애 아동의 적응유연성 요인들을 더 깊이 이해할 필요가 있음을 시사한다.

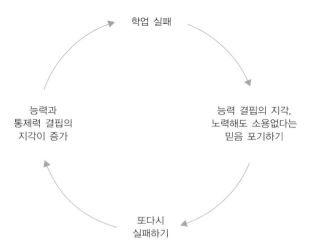

그림 11.6 학습장애 아동은 학업 실패와 동기 부족의 악순환을 경험할 수 있다.

의사소통과 학습장애의 병인

의사소통 및 학습장애의 병인을 결정하기는 쉽지 않다. 언어 및 학습에 나타나는 다양한 문제들을 일으키는 원인이 하나뿐일 가능성은 거의 없고, 이러한 문제들을 일으키는 많은 요인들이 밝혀지지 않고 있다(Norbury & Paul, 2015; Pullen et al., 2017). 그럼에도 최첨단 기술 및 연구의 발달은 의사소통 및 학습장애에 상호작용을 통해 영향을 미치는 다중적이고 복합적인 원인에 대한 이해를 증진하는 데 도움을 주었다. 중요한 이론적 고려사항들과 연구결과들을 논의하기로 한다.

유전의 영향

유전이 의사소통 및 학습장애에 미치는 영향은 온갖 유전적 방법을 동원하여 연구되었으며 상당히 잘 기록되어 있다.

의사소통

의사소통장애는 유전성이 강하며 가족 내에 집합적으로 나타난다(Norbury & Paul, 2015). 언어장애의 가족력이 있는 아동들은 언어결함을 보일 위험이 크다(Pennington et al., 2009). 연구에 따라 자료에 차이가 있지만 장애 발병률의 중앙값은 통제가족이 11%인 데 비해 가족력이 있는 가족은 35%인 것으로 보고되었다(Grigorenko, 2009). 장애의 일치율은 일란성 쌍생아가 75%가량이고 이란성 쌍생아는 45%가량으로서 유전요인이 중요한 역할을 한다는 것을 알 수 있다(Plomin, 2008). 쌍생아들은 구음장애, 표현성 언어장애, 그리고 음운기억의 지표로 간주되는 비단어 반복 과제에서 유전성(heritability)이 높다는 것이 입증되었다(DeThorne et al., 2006; Grigorenko, 2009).

의사소통장애에 관한 유전학 연구는 다른 발달장애의 연구에 비해 뒤처졌지만 언어발달 및 언어장애의 유전적 기초에 대한 이해는 엄청난 진전을 보이고 있다(Fisher, 2017). 특정한 언어 손상을 보이는 가족에게서 FOXP2 유전자를 확인한 것은 중요한 유전적 발견이며,

생각상자 **FOXP2 이야기**

FOXP2 유전자는 의사소통장애에 관여하는 첫 번째 유전자로서 KE 가족으로 알려진 대가족 연구를 통해 발견되었다(Newbury & Monaco, 2010). 이 가족의 많은 구성원이 언어 난독증(verbal dyslexia)이라는 특이한 형태의 말소리장애 증상을 보였다. 언어 난독증의 여러 증상은 구두언어와 문자언어 모두에 영향을 미친다(Grigorenko, 2009). 말소리를 내는 데 문제가 있고, 표현성 및 수용성 어휘, 구문과 통사에도 문제가 있다. 이 장애는 인지에도 영향을 미치는데, KE 가족에서 언어 난독증이 있는 구성원들은 그렇지 않은 구성원들에 비해 비언어성 IQ가 더 낮았다.

7번 염색체에 있는 FOXP2 유전자는 우성 패턴으로 계승되는데, 이 유전자가 이 장애를 초래하는 원인인 것으로 보인다. 장애가 있는 모든 가족 구성원에게 유전자 변이가 발견되었으나, 장애가 없는 구성원에게서는 그런 변이가 발견되지 않았다. 이 유전자는 다른 유전자들의 전사(transcription)를 통제하는 단백질을 해독하므로 광범위한 영향력을 발휘할 수 있다. FOXP2는 초기 태내 발달에서 특히 뇌가 발달하는 시기에 중요한 작용을 하는 것으로 생각된다.

FOXP2의 발견은 크게 관심을 끌었다. 어쩌면 다른 의사소통장애들도 FOXP2나 기타 단일 유전자들에서 비롯될 수 있을 것이다. 연구자들은 FOXP2가 다른 의사소통장애들과 관련이 있는지 찾아보았으나 발견하지 못했으며, 단일유전자 이상이 이러한 장애들에 중요한 역할을 하는 것으로도 보이지 않았다. 그럼에도 불구하고 FOXP2의 발견은 의사소통장애를 포함하여 여러 신경발달장애와 관련이 있는 FOXP1, TBR1, CNTNAP2 같은 다른 유전자들을 찾기 위한 연구에 불을 붙였다는 점에서 획기적이라 할 수 있다(Fisher, 2017).

후속연구의 토대를 마련해주었다(생각상자 'FOXP2 이야기' 참조). 특정 유전자와 전장 유전체에 대한 연관성 및 연합력 연구는 예컨대 3p12-q13, 6p22, 15q21과 같이 말과 언어의 결함에 관여하는 여러 후보 유전자와 염색체를 찾아냈다(Pennington et al., 2019).

읽기

읽기장애는 가족 내에 유전으로 계승되는 경우가 많다. 읽기장애 아동의 부모는 읽기에 문제가 있는 비율이 높고, 반대로 읽기에 문제가 있는 부모의 자녀들은 30~50%가량이 그러한 문제를 겪게 된다(Peterson & McGrath, 2009a). 쌍생아 비교연구는 유전의 영향을 지지하는 증거를 제공하는데, 일치율은 일란성이 90%가량이고 이란성은 40%가량이다(Snowling, 2019). 전반적으로 유전성은 약 60~70%인 것으로 추정된다(Swagerman et al., 2017). 음운처리와 단일단어 읽기 등 읽기의 여러 요소에 유전이 미치는 영향력이 밝혀졌다. 예를 들어 읽기장애와 관련된 몇몇 유전좌위(gene location)는 음성학적 장애와 관련이 있다(Smith et al., 2005). 이 결과는 이런 과정들이 언어 및 읽기장애에서 차지하는 중요성을 생각할 때 특히 흥미롭다. 읽기장애를 초래할 수 있는 특정 염색체와 감수성 유전자를 확인하는 작업이 진전을 보이고 있다. 예를 들어 15번 염색체의 DYX1C1은 뇌발달에서 뉴런의 이동에 관여하며 난독증과 관련이 있을 수도 있다는 증거가 제시되었다(Tammimies et al., 2013).

아동과 가족의 읽기기술이 연속선상에 있는 것으로 보인다는 연구결과는 읽기장애에 다중 유전자가 관여한다는 것을 보여준다(Bishop, 2015). 더구나 일반적 읽기능력과 읽기장애는 둘 다 유전에 의해 계승되며 유전적 관련성이 있다(Swagerman et al., 2017). 몇몇 단일유전자와 염색체 증후군들은 읽기문제와 관련이 있지만 상당히 희귀하고 심각한 형태의 학습장애에도 관여한다(Plomin, 2008). 연구결과는 많은 유전자가 다른 위험요인들과 함께 작용하여 읽기장애에 대한 취약성을 이끌어낸다는 것을 보여준다(Pennington et al., 2019).

쓰기와 수학

유전이 쓰기에 미치는 영향을 다룬 연구는 많지 않지만 유전성 연구와 쌍생아연구는 철자문제가 가족 내에서 계승된다는 것을 밝혔다(Fletcher et al., 2019). 철자장애는 특히 15번 염색체와 관련이 있는 것으로 보인다(Schulte-Körne, 2001). 더 최근의 쌍생아연구는 쓰기 능력을 광범위하게 평가하였고 문장구성과 필기의 유전성을 입증하였다(Olson et al., 2013). 그러나 유전이 쓰기에 미치는 영향에 대해서는 더 많은 연구가 필요하다.

연구는 또 수학장애가 유전성이 있다는 것을 보여준다. Shalev와 동료들(2001)은 수학장애가 있는 계보발단자의 부모와 형제들이 일반모집단에서 기대되는 비율보다 10배 이상으로 장애를 많이 보인다는 결과를 얻었다. 아울러 얼마 되지 않는 쌍생아연구는 일란성 쌍생아가 이란성 쌍생아보다 수학장애의 일치율이 더 높다는 것을 보여준다(Lyon et al., 2003). 수학능력과 장애에 관한 전장 유전체 연합력 연구는 몇 개의 유전자자리를 밝혀냈다(Docherty et al., 2010). 이 연구와 다른 연구들의 결과는 수학능력과 장애가 효과가 작은 다수 유전자의 영향을 받는다는 것을 보여준다.

공유하는 유전요인과 다목적 유전자

이 장의 앞에서 보았듯이 아동에게 의사소통장애와 학습장애는 함께 나타나는 경우가 많다. 더욱이 이들 장애의 동시발생은 가족 내에 유전되는 경향이 있다. 그렇다면 이 장애들은 유전적 소인을 공유하는가? 연구의 결과는 그렇다는 것을 명확하게 하였다. 예를 들어 연구들은 읽기장애와 수학장애 간의 50%가량 되는 상관이 공유하는 유전요인의 결과임을 보여주었다(Davis et al., 2014).

중요한 연구는 한 장애에 영향을 미치는 일련의 유전자들, 이른바 다목적(generalist) 유전자들이 다른 장애에도 영향을 미친다는 것을 보여준다. Plomin, Kovas와 Haworth(2007)가 지적한 대로 이 결과는 직관에 어긋나는 것으로 보인다. 수학장애 없이 읽기장애만 있는 아동도 있고 그 반대도 있기 때문이다. 장애의 이와 같은 분리는 일부 유전자만이 공유되며 비공유된 환경요인도 아동들을 서로 다르게 만드는 데 일조한다는 사실에 의해 설명할 수 있다. 어쨌든 다목적 유전자의 존재로 볼

때 하나의 장애를 일으키는 특정 유전자를 확인하는 것이 다른 장애를 이해하는 데 중요한 역할을 할 수 있다.

이와 동시에 의사소통장애와 학습장애는 단일유전자의 돌연변이에 의해 발생할 가능성은 거의 없다. 오히려 이 장애들은 다중 유전자와 다른 위험요인들이 상호작용하면서 뇌발달에 미치는 영향에서 비롯될 가능성이 크다(Bishop, 2015; Pennington et al., 2019). 지금부터는 의사소통 및 학습장애의 생물학적 기초를 이해하는 데 중요한 몇 가지 주요 고려사항들을 살펴보기로 한다.

신경생물학적 영향

뇌 구조와 기능의 발달을 알아보는 연구가 진전되면서 의사소통 및 학습장애에 대한 이해도 증진되었다. 뇌를 직접적으로 다룬 연구는 의사소통 및 언어장애가 뇌성마비, 간질, 신경계 감염, 두부 손상, 태내 알코올 사용, 조산이나 출생 시 저체중, 신경학적 지연 및 연성 징후와 같은 특정 장애들과 관련이 있다는 것을 보여준다(예 : Aarnoudse-Moens et al., 2009; Snowling, 1991; Taylor, 1989; Vellutino et al., 2004). 뇌의 많은 영역이 어떤 식으로든 관련될 가능성이 크다. 예를 들어 소뇌와 시각 및 청각 경로는 언어장애나 읽기장애에서 지각정보처리를 담당할 수 있다(Heim & Benasich, 2006). 뇌영상 연구는 오래전부터 언어기능에 중요한 것으로 간주되는 좌반구가 읽기장애에 중요한 역할을 한다는 결과를 일관성 있게 보고하고 있다(Hoeft & Wang, 2019).

언어와 읽기 : 뇌 구조

뇌의 구조는 부검이나 뇌영상 자료를 통해 연구되고 있다. 초기 신경학적 연구의 결과는 측두평면(planum temporale)과 그 주변 영역의 차이가 중요하다는 것을 보여준다(Hynd, Marshall & Gonzalez, 1991; Hynd & Semrud-Clikeman, 1989a, 1989b; Peterson, 1995). 이 영역은 베르니케 영역과 거의 일치하고 언어에 관여하는데, 측두엽 상단에서 두정엽 하단까지 걸쳐 있다. 일반 모집단에 속하는 성인들 대부분에게는 이 영역이 우반구보다 좌반구에서 더 크다. 특정 언어 및 읽기장애가

있는 사람들은 이런 비대칭을 보이지 않는 경우가 많다. 오른쪽 부위가 왼쪽 부위와 크기와 같거나 왼쪽 부위보다 오히려 더 크고, 좌반구 측두엽이 보통 사람들보다 크기가 더 작은 것으로 나타났다(Adrian-Ventura et al., 2020; D'Mello & Gabrieli, 2018; Eckert et al., 2016). 더욱이 읽기에 중요한 뇌 영역들 간 연결이 감소한 것이 확인되었다(Tschentscher et al., 2019).

아울러 특정 장애가 있는 사람들에게는 뇌세포이상이 더 흔하게 나타나는 것으로 관찰되고 있다. 그러나 뇌 구조와 관련한 이러한 연구결과들이 유용하고 흥미롭기는 하지만 결론을 내리는 데에는 신중할 필요가 있다. 장애가 있는 성인들 간 뇌 구조의 차이는 아동의 경우와는 다를 수 있고 연구 표본이 얼마 안 되는 경우가 많으며, 연구결과들이 완전히 일치하는 것도 아니다(D'Mello & Gabrieli, 2018).

언어와 읽기 : 뇌기능

아동과 성인이 언어 과제나 읽기 과제를 할 때 다양한 스캔 기법을 사용하여 뇌 활동을 평가하는 연구가 많이 수행되었다. 읽기장애가 있는 사람과 그렇지 않은 사람들은 언어와 읽기에 관여하는 뇌 영역에 차이가 있다는

것이 밝혀졌다(그림 11.7 참조). 뇌의 앞부분(브로카 영역에 해당)은 단어 분석에 도움을 준다. 두 번째 영역인 두정-측두 영역(베르니케 영역에 해당)은 단어 분석과 음운처리에서 중요한 역할을 담당한다. 즉 언어의 시각 측면과 소리 측면을 통합한다. 후두엽과 측두엽의 교차점에 있는 세 번째 영역은 특히 빠른 언어재인에 관여한다. 글을 읽을 때 기본적 음운처리 과정보다는 자동적이고 거의 즉각적인 단어재인에 더 많이 의존하게 될수록 이 영역이 점점 더 중요해진다. 일반적으로 뛰어난 독자는 글을 읽을 때 뇌의 후두부에 더 많이 의존하며 대부분의 정보처리는 좌반구에서 이뤄진다.

읽기장애는 언어와 읽기를 능숙하게 하는 데 필요한 시스템의 배선 결함에서 비롯된다고 제안되고 있다. 여러 연구가 읽기문제가 있거나 또는 그러한 문제가 없는 아동과 성인이 다양한 음운 과제와 읽기 과제를 할 때 뇌 활성화의 패턴이 다르다는 것을 보여준다. 읽기장애가 있는 사람들은 좌반구 뒤쪽이 덜 활성화되어 있고 우반구 뒤쪽은 과도하게 활성화되어 있는 편이다(D'Mello & Gabrieli, 2018). 좌반구 앞쪽은 비교적 많이 활성화되어 있으며, 읽기장애가 있는 아동들이 나이가 들어가면서 뇌의 앞부분을 점점 더 많이 사용하게 된다는 증거

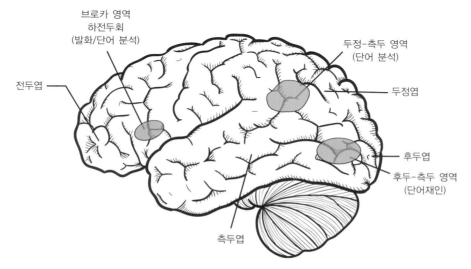

그림 11.7 언어와 읽기에 관여하는 좌반구 영역들의 대략적 위치[Shaywitz & Shaywitz(2020)에서 수정 인용]

도 있다(Shaywitz & Shaywitz, 2003).

이런 연구결과들로 볼 때 뇌는 역동적인 네트워크임을 기억하는 것이 도움이 된다. 즉 한 영역의 이상이 다른 영역에 영향을 미칠 수 있는데 이는 아마도 제대로 작동하지 않는 부분을 보상하기 위한 노력일 것이다. Shaywitz와 동료들은 어떤 사람들에게는 대안 경로를 사용(뇌의 앞부분과 우반구에 더 많이 의존)하는 것이 빠르거나 유창하지는 않지만 정확하게 글을 읽을 수 있게 해준다고 주장하였다(Shaywitz, 2003; Shaywitz et al., 2003).

최근에 Preston과 동료들(2010)은 말을 일찍 하거나, 제때 하거나, 늦게 시작한 초등학교 아동들을 대상으로 흥미로운 연구를 하였다. 이 아동들이 단어를 듣고 읽거나 비(非)단어들을 발음하는 동안 뇌영상을 기록하였다. 말을 늦게 시작한 아동들은 말하기와 읽기에 관여하는 것으로 알려진 여러 피질 및 하위피질 영역이 덜 활성화되는 것으로 나타났다. 이 아동들은 또 언어 및 문학 과제에서도 수행이 낮았다.

언어 및 읽기장애에서 뇌가 어떤 기능을 하는지에 대한 이해가 진척되고 있다. 읽기 및 언어 결함을 치료하는 개입과 관련된 뇌의 변화를 보여주는 연구들로부터 흥미로운 결과가 나오고 있으며, 뇌가 개입에 반응하여 유연하게 변화할 수 있다는 것을 보여준다(생각상자 '개입과 뇌의 변화' 참조).

심리사회적 영향

유전자가 뇌발달의 일반적 경로를 이끌어 가지만 환경도 그 결과와 기능에 중요한 영향을 미친다. 행동유전학 연구는 특정 장애와 관련된 정상발달과 이상발달에 유전요인과 환경요인이 모두 중요한 역할을 한다는 것을 보여준다. 다른 유형의 연구들은 전형적 언어발달에 여러 심리사회적 변인들이 중요하다는 것을 보여주었다(Snow & Douglas, 2017). 아동이 어머니에게서 듣는 단어의 수나 정교화 정도는 초기의 어휘 성장을 예측한다. 언어발달은 예컨대 어머니가 아이의 말을 정교화하고 아이가 주의를 기울이는 내용에 대해 언급한다면 더

신속히 이루어질 수 있다. 아동에게 책을 읽어주는 것이 어휘발달과 관련이 있다는 연구결과도 있다(McQuillan, 2019). 가족 변인이 언어문제의 근본 원인은 아닐지라도 결함을 유지하는 역할은 할 수 있다(Conti-Ramsden & Durkin, 2015).

Stevenson과 Fredman(1990)은 어머니와 자녀 간 상호작용의 성격과 가족의 크기가 읽기장애와 관련이 있다는 것을 발견하였으며, 아동의 학습에 대한 가족의 관여가 초기의 읽기능력 습득에 특히 크게 영향을 미칠 수 있다고 지적하였다. 그러나 가족 요인의 효과가 언제나 발견되는 것은 아니다(Snowling et al., 2007). 교사와 아동 자신의 낮은 기대는 학습을 할 때 보통 사람들보다 노력을 훨씬 더 많이 기울여야 하는 아동들에게는 특히 위험할 수 있다.

일반적으로 과밀학급, 수학불안, 교육의 질과 같은 요인들도 수학기술의 습득에 영향을 미칠 수 있는 것으로 생각된다(Shalev et al., 2001). 사실 교육의 질, 학급 크기 및 상호작용적인 컴퓨터 프로그램은 학업기술에 크게 영향을 미칠 수 있다(Nisbett et al., 2012). 가정, 유치원, 1학년 교실에서 주어지는 인지적 자극은 특히 초기 학습을 촉진할 수 있다(Fowler, 2017).

의사소통 및 학습장애의 평가

아동이 겪고 있는 의사소통 또는 학습문제는 보통 부모나 교사가 처음으로 발견한다. 아동의 문제에 대한 이들의 민감성은 조기개입을 하게 해준다는 점에서 대단히 중요하다(생각상자 '읽기장애를 확인하기 위한 단서' 참조).

학령 전 아동에게 의사소통장애가 있다고 생각될 때 부모는 다양한 분야의 전문가에게 평가를 의뢰한다. 일반적으로 가족과 아동의 병력, 말과 언어의 평가, 언어성 및 비언어성 지능의 평가, 그리고 청력과 신경학적 및 의학적 문제를 검사하는 것이 바람직하다(Mohapatra, 2018). 대개 언어체계에 관한 지식이 풍부한 전문가들이 말과 언어를 상세히 평가하고 개입

생각상자   개입과 뇌의 변화

Simos와 동료들(2002)은 지능은 평균수준이지만 단어재인과 음운기술에 상당한 문제가 있는 7~17세 아동들을 연구하였다. 개입 이전에 뇌 스캔을 한 결과는 음운과제를 할 때의 활성화 패턴이 비정상적임을 보여주었다. 즉 좌반구 후측(두정-측두) 영역은 거의 또는 전혀 활성화되지 않았고 이에 상응하는 우반구 영역은 활성화가 증가하였다. 아동들은 8주에 걸쳐 약 80시간 동안 음운처리 훈련을 받았다. 그 결과 단어 정확성 점수가 평균수준으로 향상되었을 뿐 아니라 뇌 스캔 또한 좌반구 후두엽이 우반구 후두엽에 비해 활성화 정도가 증가한다는 것을 보여주었다. 정상 통제집단은 시간에 따라 활성화 패턴이 변화하지 않았다. 〈그림 11.8〉은 치료받은 아동들 가운데 한 명의 결과를 예시하고 있다. Simos와 동료들(2007)은 후속연구에서 음운처리와 읽기 유창성에 초점을 둔 개입을 받은 7~9세 아동들을 대상으로 이와 유사하게 긍정적인 결과를 보고하였다.

읽기장애가 있는 6~9세 아동들을 더 집중적으로 살펴본 연구는 학교에서 8개월 동안 음운론에 기초한 개입을 하고 그 결과를 검토하였다(Shaywitz et al., 2004). 매일 50분의 회기 동안 글자-소리 연합, 단어들의 음소 분석, 일정 시간 내 단어 읽기, 소리 내어 이야기 읽기, 단어 받아쓰기를 차례대로 훈련하였다. 개입이 끝난 후 치료받은 아동들은 읽기가 현저하게 향상되었으며, 뇌 활성화가 비장애 통제집단과 비슷한 수준을 보였다. 개입 후 1년이 지났을 때 일부 아동을 추적 검사한 결과 자동 단어처리에 관여하는 것으로 알려져 있는 후두-측두 영역에서 향상이 지속되고 있는 것으로 나타났다.

선별된 언어/읽기 기술의 향상과 이와 관련된 신경생물학적 변화를 밝혀낸 연구는 심리사회적 개입이 뇌발달에 영향을 줄 수 있다는 것을 보여준다. 이러한 연구는 읽기장애를 더 잘 이해하게 해줄 것이며 읽기장애가 있는 아동들의 치료에 도움을 줄 것이다(Coyne et al., 2004; Hatcher et al., 2004).

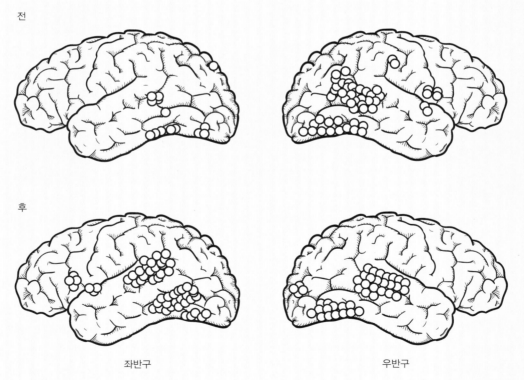

그림 11.8 아동이 개입을 받은 후의 뇌 활성화 패턴의 변화. 좌반구 후측 영역의 활성화 증가가 가장 눈에 띈다.[Simos et al.(2002)에 기초함. J. M. Fletcher. Copyright 2002 by Lippincott Williams, and Wilkins. 허락하에 사용함]

| 생각상자 | 읽기장애를 확인하기 위한 단서 |

읽기장애 연구의 선봉에 있는 신경과학자이자 의사인 샐리 셰이위츠(Sally Shaywitz, 2003)는 부모가 읽기장애를 확인하는 데 중요한 역할을 할 수 있다고 지적한다(Shatwitz & Shaywitz, 2020). 부모가 장애를 확인하기 위해서는 자녀를 세심하게 관찰해야 하고, 무엇을 찾아보아야 하는지를 알아야 하며, 시간을 들여 자녀가 말하고 읽는 내용에 귀를 기울여야 한다. 이러한 점을 염두에 두고 셰이위츠는 아동이 추가로 평가를 받을 필요가 있는지를 알아보기 위한 단서들을 제시하였다.

학령 전기의 단서

- 언어의 지연
- 동요를 배우고 이해하기 어려움
- 단어를 잘못 발음함, 아기 말을 지속함
- 글자의 명칭을 학습하고 기억하기 어려움
- 아동 자신의 이름에 있는 글자들을 알아보지 못함

유치원과 1학년 때의 단서

- 단어들을 분절할 수 있고 소리 내어 말할 수 있다는 것을 알지 못함
- 글자와 소리의 연합을 학습하지 못함
- 글자의 소리와 연결되지 않는 읽기 오류, 예를 들어 'big'을 'goat'로 읽음
- 한 음절로 된 흔한 단어들을 읽지 못하거나 간단한 단어들조차 소리 내어 말하지 못함
- 읽기가 어렵다고 호소하거나 읽기를 회피함
- 부모나 형제의 읽기장애 내력

2학년과 그 이후의 단서

- 말하기 단서의 예 : 길거나 친숙하지 않거나 복잡한 단어들을 잘못 발음함. 말이 유창하지 않음(더듬거리고, 끊기고, '으음'을 사용). 정확한 단어를 찾지 못함. 질문을 받았을 때 신속히 대답하지 못함. 날짜나 목록 같은 언어정보를 기억하기 어려움.

- 읽기 단서의 예 : 읽기 진도가 느림. 친숙하지 않은 단어, 'that'이나 'in' 같은 기능어, 또는 여러 음절로 된 단어들을 읽기 어려워함. 단어 일부를 빠뜨림. 중간에 뚝뚝 끊기거나 애쓰거나 또는 느리게 읽음. 읽기를 회피함. 읽기의 정확성은 향상되지만 유창성은 향상되지 않음. 읽기장애와 철자문제의 가족력.

샐리 셰이위츠는 예일대학교 의대 소아과 교수이자 예일 난독증 및 창의성 센터의 소장이다.

을 한다(Norbury & Paul, 2015). 개입계획은 언어전문가, 유치원 교사, 심리학자, 의사 등을 포함하는 학제간적 팀을 구성하여 수립할 수 있다(Kirk, Gallagher, & Anastasiow, 2000). 뒤늦게 출현하거나 눈에 잘 띄지 않는 미세한 언어문제와 학습결함은 정신건강기관에서 평가할 수도 있지만 장애아동의 평가와 교육에 관한 정부 규정이 권고하는 절차에 따라 교육체계에서 평가하는 경우가 많다.

의사소통장애와 학습장애를 확인하고 아동이 가지고 있는 특정한 결함을 이해하기 위해서는 아동 기능의 여러 영역을 고려하고 다양한 출처에서 나온 정보와 아동의 문제를 전체적으로 알아보는 평가 방법을 사용하는 통합적 접근이 최상의 방안이다(Pennington et al., 2019). 언어, 지적기능 및 학업성취를 평가하는 표준화

검사들이 많이 사용된다(Decker et al., 2018). 어휘, 수학계산, 음운인식, 듣기이해와 같이 이 영역들의 특정 요소들을 평가하는 검사들이 많이 있다(Fletcher et al., 2019; Pennington et al., 2019).

아동의 인지기능과 학업성취의 관계를 알아보는 데에는 일반지능검사도 중요하다. 일반지능검사는 기저의 학습문제를 찾아내고 강점과 약점을 파악하는 데 도움이 될 수 있다(Decker et al., 2018; Flanagan et al., 2018). 평가의 목적이 무엇인가에 따라 집행기능이나 운동기술과 같은 추가적 심리평가가 도움이 될 수도 있다. 평가자는 필요하다면 아동의 공부습관, 동기, 자아존중감과 관심사에 대해서도 논의해야 한다.

의사소통 및 학습장애는 성취에 의해 정의되기 때문에 아동이 살아가는 행동적·사회적·동기적 맥락은 소홀하게 다뤄지는 경향이 있다. 그러나 앞서 언급했듯이 아동의 기능에 영향을 미치는 다중적이고 상호 관련성이 있는 요인들을 이해하는 데는 심리사회적 요인들을 고려하는 종합적 접근이 중요하다.

의사소통 및 학습장애에 대한 개입

예방

발달장애 예방의 일반적 규칙은 조기 확인 및 치료가 중요하다는 것이다. 의사소통장애와 관련해서 중증 사례들을 제외한다면 걸음마 아동에게서는 분명한 언어손상을 확인하기 어려울 수 있다. 말이 늦거나 그 밖의 표현성 문제가 있는 2~3세 아동들은 학령기 초기까지 정상 범위의 언어발달을 이룰 수도 있고, 계속해서 문제를 보일 수도 있다(Rescorla, 2002). 따라서 예방을 위해서는 초기에 의사소통 문제를 찾아내고 손상이 확인될 때 적절히 의뢰할 필요가 있다(Bishop et al., 2016).

최근 들어 학습문제의 예방에 많은 관심이 쏠리고 있다. 필요한 학업기술을 습득하지 못하는 아동·청소년의 수가 상당히 많아서 국가적 수준에서 우려가 표명되고 있다. 이들 아동 가운데 일부는 특정한 장애가 있고, 나머지는 좀 더 일반적인 성취문제를 가지고 있다. 장애

는 치료받지 않으면 지속되는 경우가 많고, 뒤늦은 치료는 조기개입만큼 효과가 나지 않는 것으로 밝혀져 있다. 그러나 읽기문제가 발견되지 못하는 경우가 너무 많고, 학습문제가 수년간 학업 실패를 겪은 후에야 비로소 의뢰되는 경우도 너무 많다. 읽기장애의 초기 위험요인들과 조기 확인에 관한 연구가 계속되고 있다(Snowling, 2013).

이 장의 앞에서 보았듯이 일부 연구자들은 RTI 접근이 읽기장애를 예방하는 방법이라고 본다. RTI에서 다중적 수준의 교육은 위험에 처한 아동의 학습문제와 장애를 예방하거나 완화하기 위한 것이다(Fuchs et al., 2018). 처음에 모든 아동이 세심하게 선정된 개입(커리큘럼)을 받는 것을 일차(보편적) 예방이라고 한다. 이 수준에서 또래보다 뒤떨어지는 학생들은 위험에 처해 있다고 간주하고 더 강력한 교육 또는 이차(선별적) 예방을 제공한다. 이러한 두 번째 수준의 개입에 제대로 반응하지 못하는 학생들은 예상치 못한 실패를 한 것으로 보고, 이 학생들이 특수교육 서비스, 즉 삼차 예방을 받기에 적절한지 결정하기 위해 종합적 평가를 실시한다. 이와 같이 RTI는 예방과 치료를 통합한다. 아동과 청소년이 읽기장애가 있는 것으로 어떻게 확인되느냐와 관계없이 조기개입은 기본적 기술들을 대상으로 하는 경향이 있으며 읽기 프로그램을 주로 사용한다. 따라서 많은 연구가 음운처리와 단어수준의 읽기에 초점을 두고 있다.

의사소통장애에 대한 개입

의사소통장애는 치료의 역사와 문헌에서 학습장애와 차이가 있다. 여기서는 이 영역의 논의를 간략하게만 다루기로 한다. 개입을 주제로 하는 문헌 개관과 메타분석은 개입의 효과가 장애의 유형과 사용된 측정도구에 따라 효과가 다르기는 하지만 언어발달이 향상될 수 있다는 것을 보여주는데, 수용성 언어장애보다는 구음과 표현성 장애를 겨냥한 개입이 더 효과적이라는 것을 강하게 뒷받침한다(Law, Garrett, & Nye, 2005; Leonard, 2017). 임상전문가와 부모 중심의 치료가 둘 다 효과적

일 수 있다는 증거가 있으며 치료 기간이 길수록 더 좋은 결과를 가져온다고 제안되었다.

의사소통장애 특히 표현성 언어장애의 치료는 부모와 그 밖의 성인들이 전형적으로 발달하는 아동들에게 언어를 가르치는 방식과 비슷해 보인다(Leonard, 2017; Pennington et al., 2019). 치료에는 조작적 절차와 모델링이 널리 사용되며, 훈련 절차의 일부로 장난감과 그림을 사용하는 경우가 많다. 예를 들어 훈련자는 여러 형태의 언어(예 : 복수명사)를 제시하고 아동이 훈련자를 모방하도록 권장하며, 그리고/또는 자연스러운 상황에서 아동의 의사소통에 강화를 제공한다. 치료는 일부 아동들이 일부 과제에서 자신과 전형적인 발달을 보이는 또래들과의 간격을 없애게 만들 수 있다(Leonard, 2017). 훈련의 효과는 제한적이기는 하지만 일반화된다는 증거가 있다. 이를테면 이미 습득된 언어 형태가 자발적으로 하는 말의 다른 여러 문장에 사용될 수 있다. 또한 추적연구는 훈련의 효과가 일정 기간 지속될 수 있다는 것을 보여준다.

그러나 이러한 결과에도 불구하고 상황은 그다지 긍정적이지 못하다. 흔히 언어가 향상되기는 하지만 적정 수준에 도달하지 못하기 때문에 많은 아동과 청소년이 사회적으로나 학업적으로 불리한 처지에서 벗어나기 어렵다. 앞서 언급했듯이 수용성 결함의 치료가 성공적이라는 증거는 없다. 더욱이 여러 치료법은 거의 같은 정도의 효과가 있는 것으로 보이고 공통의 요소가 있을 수 있지만 이 요소들이 무엇인지는 확인되지 않았다(Law, Garrett, & Nye, 2004). 따라서 경험적 지지를 받는 개입의 성공만이 아니라 필요성도 분명해 보인다.

지금까지 기술한 치료들은 대부분이 아동이 보이는 특정 언어결함에 초점을 두고 있다. 상당히 주목받고 있는 한 가지 개입은 구두언어의 기초가 되는 것으로 가정되는 청각정보처리의 속도를 향상시키는 데 목표를 두고 있다. Fast ForWord는 컴퓨터/인터넷으로 하는 시청각 게임 프로그램으로서 청각적으로 교정된 언어, 언어치료사가 사용하는 것과 유사한 언어훈련기법, 글을 읽고 쓰는 문해능력의 훈련으로 구성되어 있다(Tallal &

Jenkins, 2018). 언어 시리즈는 초등학교 학생들을 대상으로 하며 문해능력 요소는 중학교와 고등학교 학생들이 쓸 수 있도록 설계되었다. 이 프로그램은 단기간 내에 언어능력을 향상시킬 수 있다는 주장과 함께 상업적으로 제작되었고, 수많은 국가의 학교와 클리닉에서 광범위하게 사용되고 있다. 이 프로그램이 효과가 있다는 주장과 그렇지 않다는 주장이 혼재해 있어 효과성 여부는 앞으로 확인되어야 한다(Dawson et al., 2015).

언어발달에서 예방과 조기개입을 체계적으로 다루는 프로그램들이 출현하면서 많은 관심과 경험적 평가를 받고 있다(Mahoney et al., 2020). 이 프로그램들은 유아기에 시작하여 학령기에 이르기까지 언어와 문해능력 증진에 도움이 되는 활동을 하도록 촉진하는 데 목표를 둔 모집단 수준의 접근이다. 예를 들어 언어장애에 대한 조기개입은 최적 발달과 학습을 위한 토대를 마련해줄 것이다.

학습장애에 대한 개입

역사적으로 학습장애에 대한 개입은 이 분야의 다학제적 특성을 반영해 왔다. 심리학자, 의사, 교육자, 검안사, 의사소통 치료자 모두가 치료에 힘을 보탰다. 1960년대 후반과 1970년대에 서로 다른 많은 접근이 사용되었다(Hammill, 1993; Lyon & Cutting, 1998). 다음에 간략히 논의된 이 모델들은 학습장애에 대한 현대적 개입의 토대라 할 수 있다(그림 11.9 참조).

의학 지향 접근은 학습장애가 생물학적 병리에서 유래한다고 보았다(Hallahan, Pullen, & Ward, 2013). 기저의 신경학적 과정의 결함이 언어, 시각적 및 청각적 지각, 지각-운동 기능 등의 발달을 방해하는 것으로 가정되었다. 예를 들어 구두언어의 문제는 산소결핍으로 인한 뇌 손상의 결과로 볼 수 있으며, 언어와 관련된 뇌 영역들을 운동으로 자극함으로써 치료할 수 있다. 역사적으로 이 접근은 지지하는 증거가 없음에도 불구하고 널리 전파되었다(McGill & Ndip, 2019). 흥미롭게도 뇌 영상 기술의 최근 발전과 더불어 연구자들은 학습장애의 신경생물학적 기초를 확인하는 데 역점을 두고 있으

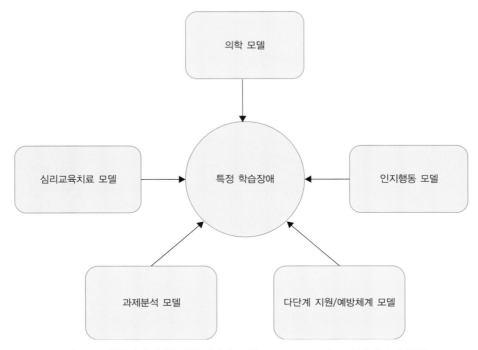

그림 11.9 학습장애 개입을 위한 개념적 토대[McGill & Ndip(2019)에서 수정 인용]

며 평가, 진단 및 개입을 위한 관련된 접근들을 새롭게 강조하고 있다(De Smedt, Peters, & Ghesquiere, 2019; Krishnan, Watkins, & Bishop, 2016).

심리교육–치료 모델도 이 분야의 개입을 주도하고 있다. 이 접근은 장애의 기저에 있는 것으로 가정되는 다양한 지각적·인지적 과정을 표적으로 하였다(McGill & Ndip, 2019). 교육전문가들은 눈과 손의 협응, 공간관계, 또는 언어를 연습하게 하는 훈련 프로그램을 내놓았다. 의학적 접근과 달리 학업기술과 정보처리기술의 교육을 지지하였다. 학생이 지닌 시각, 청각, 언어, 운동 영역의 강점과 약점을 고려하고 이런 점들을 개입을 이끌어 가는 데 활용하였다. 이러한 노력이 인기가 있었음에도 불구하고 성공적인 결과를 내놓지 못해 이 접근의 모델들은 대부분이 대오에서 탈락하였다(Dean & Burns, 2002; Hammill, 1993).

개입의 인지행동 모델은 기저의 병인이나 정보처리 결함을 확인하고 학습과 상호작용하거나 학습에 영향을 미치는 다중변인(환경적 유관성 및 내적 사고와 감정)

을 알아보고자 하는 시도를 넘어선다(McGill & Ndip, 2019). 이 모델에 기초한 개입에서는 기술을 직접 교육할 뿐 아니라 행동수정 기법, 모델링, 그리고 자기조절, 문제해결, 동기 및 상위인지를 표적으로 하는 전략들을 적용한다. 인지행동 접근은 학생의 자기주도 학습을 특히 강조하며 학생들이 학습 활동을 기록하고 진도를 평가하며 자신의 행동을 스스로 강화하고 학습을 관리하도록 가르친다. 인지행동 기법이 예컨대 쓰기기술 결함을 치료하는 개입에서 사용되는 사례를 보면 학생들에게 쓰기 과제를 조직하고, 다른 전략들을 사용하고, 자신의 작업을 평가하는 법을 가르친다(Graham & Harris, 2003). 인지행동 개입은 일반적으로 효과가 있으며 다양한 학업문제를 다루는 데 사용되어 왔다(Graham & Harris, 2017; Montague, Enders, & Dietz, 2011).

이와 유사하게 과제분석 모델들은 학습문제에서 유기체가 지닌 기저의 원인이 중요한 역할을 한다고 생각하지 않는다. 이 모델이 목표로 하는 바는 유관성 관리, 피드백, 모델링 같이 학습원리에 기초한 기법들을 사용하

Jack Ziegler/Cartoon Collections

"난 다섯 살이 됐어. 그게 내가 여기 있는 이유야. 넌 무엇 때문에 여기 있는 거야?"

여 학업기술이나 사회적 기술을 향상시키는 것이다. 이 모델에 따른 개입에서는 학생들에게 복잡한 학업기술들을 일련의 과제나 단계로 쪼개는 법을 가르치는데, 학생들이 숙달할 때까지 순차적 방식으로 가르친다(McGill & Ndip, 2019). 예를 들어 아동이 쓰기장애가 있다면 먼저 문장 쓰기를 연습하게 하고 다음에는 단락 쓰기를 연습하게 한다. 과제분석 모델에서는 다른 무엇보다도 목표를 설정하고 이를 기술하며, 새로운 자료를 분명하고 자세한 설명과 함께 단계적으로 조금씩 제시하고, 학생의 연습과 피드백을 통합하며, 학생의 진전을 감독한다(Gettinger & Koscik, 2001; Lyon & Cutting, 1998). 이 모델은 교육학에서 오랜 역사를 가지고 있으며, 이 모델에서 사용하는 기법들은 긍정적인 효과가 있는 것으로 입증되었다(Stockard et al., 2018).

앞서 기술한 대로 개입에 대한 다단계 지원(MTSS)/예방체계 접근은 학습장애를 일찍 확인하고 치료하는 것을 목표로 한다(McGill & Ndip, 2019). 이 모델은 인지행동 및 과제분석 접근에서 유래하였고 공중보건 개입 모델의 영향을 받는다(Vaughn & Fletcher, 2012). 앞서 RTI 논의에서 언급하였듯이 이 모델의 개입에서는 모든 학생을 감찰하여 학업문제가 있는지 선별하고(1단계) 학업문제를 일으킬 위험이 있는 것으로 확인된 학생들에게는 본인에게 맞는 개입을 다양한 강도로 제공하는데(2단계와 3단계) 이 모든 과정에서 치료의 진전을 체계적으로 감독한다(Fletcher et al., 2019). 이 접근은 학습장애 개입에서 영향력이 증가하고 있다(Schulte, 2016).

위에 언급한 모델들은 서로 간에 크게 차이가 있지만 하나같이 최근에 사용되는 개입들에 영향을 미치거나 그 토대를 이루고 있다. 요즘의 신경생물학적 모델들은 기저의 뇌기능을 강조한다는 점에서 초기 의학적 접근을 떠올리게 한다. 이 모델들은 또 학생이 인지과정에서 보이는 강점과 약점을 교육과 연결함으로써 초기 심리교육적 접근을 통합하고 있다. 인지행동, 과제분석 및 예방 기법들은 습득할 필요가 있는 기술을 찾아내고 교육하는 오늘날의 직접적 교수에 반영되어 있다.

전체적으로 개입을 세심하게 설계하여 실시한다면 학습장애를 상당히 효과적으로 치료할 수 있다는 것이 밝혀졌다. 물론 그렇게 하기가 모든 장애에서 똑같은 정도로 힘든 것도 아니고 똑같은 정도로 진전이 이루어진 것도 아니다. 예를 들어 난독증에 대한 이해는 상당히 진척되었으며, 읽기 과제와 쓰기 과제의 맥락에서 음운인식, 글자 지식과 형태소-음소 대응을 훈련하는 개입이 성공적이라는 증거가 있다(Duff & Clarke, 2011). 이와는 달리 읽기이해 문제는 치료하기가 더 어려우며 상위인지전략, 어휘 및 음성 내러티브를 포함한다. 끝으로 개입이 상당한 효과가 있다 해도 일부 아동에게는 도움이 되지 못한다는 점을 염두에 두는 것이 중요하다. 이처럼 개입에 반응을 보이지 않는 아동들의 요구를 다루기 위한 연구가 더 필요하다.

특수교육 서비스

다양한 종류의 장애가 있는 사람들을 대상으로 하는 미국의 교육서비스는 지난 수십 년간 크게 발전하였다. 이 장의 앞에서 살펴본 대로 서비스에 대한 비판, 법적 판결, 그리고 장애아동이 적절한 교육을 받을 권리가 있다는 사회적 인식의 증대는 1975년 '장애아동교육법(Education for All Handicapped Children Act)'이라는 결실을 이끌어냈다. 뒤이어 제정된 연방정부 법규들은 기회와 권리를 더욱 확대하였다. 공법 99-457조는 장애아동교육법을 수정하여 발달이 지연된 3~5세 아동들에게까지 시행을 확대하였고, 유아를 대상으로 하는 자발적 개입을 창출해냈다. 장애아동교육법은 1990년에 '장애인교육법(IDEA)'이라는 타이틀하에 확장되었으며, IDEA는 1997년과 2004년에 거듭 인가되고 개정되었다.

IDEA는 여러 범주에 속하는 장애아동들에게 서비스를 제공하는데, 여기에는 구어나 언어의 손상, 학습장애, 지적장애, 정서장애, 자폐증, 그리고 시각장애, 청각장애 및 정형외과적 문제와 같은 감각적·의학적 손상이 포함된다. IDEA 하에서 서비스를 받는 사람들의 수는 점차 늘어나고 있다. 2017~2018년도에는 3~21세의

대상자 7백만 명가량이 서비스를 받았다(McFarland et al., 2019). 이들 중 34%가량이 특정 학습장애가 있었고 19%는 구어나 언어에 손상이 있었다.

IDEA의 네 가지 목적은 지난 수년간 기본적으로 변화가 없었다(U.S. Department of Education, 2000).

- 모든 장애학생이 개별적 요구를 충족시켜주는 특수교육과 관련 서비스를 강조하는 적절한 공교육을 무상으로 받을 수 있도록 한다.
- 이 학생들과 부모들이 권리를 보장받도록 한다.
- 각 주와 지역에서 장애아동에게 교육을 제공하도록 보조한다.
- 교육의 효과를 평가하고 그 효과가 지속되도록 한다.

적절한 교육이란 기본적으로 아동 각자의 요구에 맞게 재단된 교육경험을 의미한다. 전문가들로 구성된 팀이 부모의 참여하에 특수교육을 받는 학생 각자에게 맞춰 **개별교육계획**(individualized education plan, IEP)을 수립한다(U.S. Department of Education Office of Special Education and Rehabilitative Services, 2017). 〈표 11.4〉는 IDEA가 명시한 바 다학제적 팀의 구성원들을 제시한다.

IEP는 다른 무엇보다도 아동의 현재 기능, 연간 교육목표, 아동의 진도를 측정할 방법과 시기, 아동에게 제공될 특수교육과 기타 서비스를 고려해야 하며, 더 나이든 학생들을 위해서는 학교에서 그 이후의 삶으로 전이하기 위한 목표와 서비스를 고려해야 한다(Building the Legacy; IDEA, 2004). 이 계획은 위원회와 부모들로부터 체계적인 검토를 받아야 한다.

IDEA하에서 장애학생들은 **최소제약환경**(least restrictive environment)에서 최대한 많이 비장애 또래 아동들과 함께 교육을 받게 되어 있다. 장애학생들이 일반학급에서 통합교육을 받도록 하는 것이 교육 배정의 주요 특징이 되었다. 1980년대 후반에는 '정규교육운동'을 통해 장애학생들이 통합교육을 받는 데서 한 걸음 더 나아가 **합반교육**(inclusion)을 받아야 한다는 요구가 제기되

▌표 11.4 개별교육계획 다학제적 팀의 구성원

장애아동의 부모
아동의 일반교육 교사(아동이 일반교육 환경에 참여하고 있다면)
특수교육 교사
지역 공공교육기관의 책임자
평가결과를 해석할 수 있는 교육전문가(위의 팀 구성원 중 한 명일 수 있음)
그 밖에 해당 아동에 관해 잘 알고 있거나 전문성을 갖춘 인물들
필요하다면 해당 장애아동

출처 : U.S. Department of Education, Office of Special Education and Rehabilitative Services(2017)에 기초함

었다. 합반교육의 기본 전제는 공립학교들이 모든 학생의 요구에 부응하는 지지적인 공동체로 재구조화되어야 하며(Mercer & Mercer, 2001), 일반학급의 교사가 합반교육을 받는 장애학생들을 위한 기본적 책무를 담당해야 한다는 것이다(Beirne-Smith et al., 2006).

특수교육 서비스가 필요한 학생들은 최소제약환경에서 이뤄지는 적절한 교육이라는 개념에 부합하도록 여러 형태의 교육 중에서 선택할 수 있어야 한다. 이러한 선택은 보충서비스가 있거나 없는 일반학급 교실로부터 지역사회 학교의 특수학급, 특수 주간학교와 기숙학교에 이르기까지 다양하다(그림 11.10 참조). 이 교육 장면들은 뒤로 갈수록 더 높은 수준의 지원을 제공하며, 적절한 교육이란 아동이 최소한의 서비스와 지지를 받으며 적절한 교육장면의 커리큘럼에 접근하게 해주는 것을 의미한다(Lindstrom & Drolet, 2017).

2017년까지 6~21세 사이의 장애학생 95%가 일반학교에 다니고 있고, 3%는 장애아동을 위한 별도의 공립학교에 다니고 있으며, 나머지 소수는 다른 교육기관에 재학하고 있다(McFarland et al., 2019). 학습장애나 의사소통장애가 있는 학생들은 대부분이 학급에서 특수교육을 받거나 자료실에서 파트타임 교육을 받는 등 다양

한 정도의 추가 서비스를 받으며 일반학급 교실에서 공부를 하고 있다. 사실 2017년에 학습장애가 있는 아동의 약 71%와 구어나 언어장애가 있는 아동의 87%가 일반학급에서 하루의 대부분을 보냈다(McFarland et al., 2019).

합반교육 : 혜택과 우려

특수교육을 받을 필요가 있는 학생들에게 최상의 서비스를 제공하는 방법이 무엇인지에 대해 많은 논란이 있었다(Kauffman et al., 2018). 이것은 쉽게 해결할 수 없는 문제이다. 종류와 심각성이 다른 다양한 장애를 다루어야 할 뿐만 아니라 많은 대안 프로그램도 검토해보아야 하기 때문이다. 이 쟁점의 복잡성을 감안할 때 상당수의 초기 연구는 특수교육이 한때 기대되었던 학업적 및 사회적 혜택을 가져다주는지에 대해 분명하게 지지를 표명하지 않고 있다(Detterman & Thompson, 1997).

합반교육 정책은 지지와 비판을 둘 다 받았다. 그러나 이 정책과 이 정책 실행의 효율성에 대한 연구는 많지 않다(Kaufman et al., 2017; Van Mieghem et al., 2020). 그럼에도 이 정책의 옹호자들은 합반교육을 받는 학생들이 학업성취와 사회적 성과에서 혜택을 받는다는 것을 보여주는 연구결과를 지적한다(Hobbs & Westling, 1998; Rea, McLaughlin, & Walther-Thomas, 2002; Waldron & McLeskey, 1998). 합반교육을 받는 학생들은 표준화 성취검사 점수가 더 높고 대인관계도 더 우수했으며, 행동문제를 더 많이 보이지도 않았다. 같은 학급에 있는 비장애학생들도 더 좋은 성과를 보이는 것으로 보고되었다(Cole, Waldron, & Majd, 2004; Staub & Peck, 1994/1995). 합반교육의 옹호자들은 합반교육을 제공해야 하느냐 마느냐가 아니라 합반교육을 어떻게 실시해야 최대의 효과를 거둘 것인지에 관심을 기울이는 것이 최선이라고 생각한다.

반면에 합반교육의 비판자들은 합반교육이 어떤 아동에게도 도움이 되지 않고 특히 중증 장애가 있는 학생들에게는 더욱 적절하지 않다고 주장한다(Imray & Colley, 2017). 장애학생들의 학업에 전혀 도움이 되지 않고 자

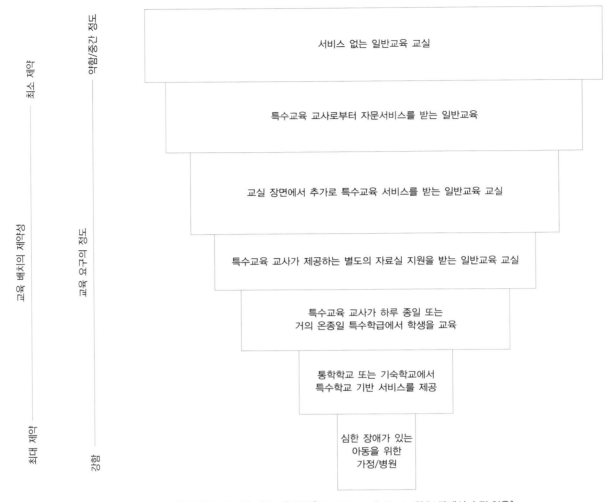

그림 11.10   제한의 정도에 따른 대안교육 장면[Lindstrom & Drolet(2017)에서 수정 인용]

아존중감이 더 낮아지는 등 합반교육을 지지하지 않는 자료를 지적한다(Cole et al., 2004). 또한 합반정책이 장애학생들에 대한 차별과 분리를 줄이는 데 도움이 되기는 하였으나 어떤 학생도 특별한 취급을 받을 필요가 없으며 특수교육 배정은 유해하고 차별적인 접근이라는 잘못된 생각을 부추겼다고 주장한다(Kauffman, McGee, & Brigham, 2004). 더욱이 반대론자들은 합반정책이 아동의 권리에 반하는 것이며 연방정부의 적절한 교육 배정 지침에도 위배되는 것이라고 본다(Kauffman et al., 2018).

합반교육 정책은 혜택을 가져다주기도 하고 우려를 불러일으키기도 하였으며 '좋은' 프로그램과 '나쁜' 프로그램이 모두 시행되고 있을 가능성이 크다(Cole et al., 2004), 또한 교육시스템에 부담이 되기도 하였다. 특히 일반학급 교사에게 엄청난 부담이 될 수 있고, 이들은 전문지식을 갖추지 못했거나 특수교육 커리큘럼을 시행하기에는 자원과 시간이 부족한 경우가 많다(Kauffman et al., 2017). 합반교육을 하려면 커리큘럼, 교수자료, 교육전략, 검사 및 관리를 학생들에게 알맞게 조정할 필요가 있다(Polloway et al., 2010). 합반교육이 성공적으로 시행되기 위해서는 교사들이 증거에 기초한 합반교육 실무를 익히는 것이 권장된다(Van Mielghem et al., 2018). 더욱이 합반교육이 책임성 있고 효율적으로 이루어지려면 장애가 있는 학생 개개인의 교육적 필요에 주의를 기울여야 한다고 주장되고 있다(Kauffman et al., 2016). 교육 장면의 연속성을 담보하는 것이 학생들의 다양하고 개별적인 요구에 가장 잘 부응하고 IDEA의 의도에도 들어맞는 것으로 보인다.

핵심용어

개별교육계획	음운론	표현성 언어
매튜 효과	음운처리	필사
문서작성	의미론	합반교육
문자소	장애인교육법	형태론
수용성 언어	최소제약환경	화용론
음소	통사론	1975년 장애아동교육법

CHAPTER 12

지적장애(지적발달장애)

학습목표

- ID에 대한 AAIDD와 DSM의 개념화와 분류
- 지능과 적응행동의 본질과 측정
- 지적장애 아동들의 장애, 특징 및 공존장애
- 지적장애의 역학과 발달과정
- 기질, 다중유전, 심리사회 및 다중요인 병인

- 다운증후군, 취약 X 증후군, 윌리엄스 증후군과 프래더–윌리 증후군
- 장애아동 가족의 적응과 경험
- 지능과 적응행동의 평가
- 예방과 개입

종전에 정신지체로 알려졌던 지적장애(intellectual disability, ID)가 확인된 것은 오래전 일이지만 1700년대까지만 해도 알려진 바가 거의 없었고 다른 장애들과 차이가 있는 것으로 여겨지지도 않았다(Pennington, McGrath, & Peterson, 2019). 1800년대 초반까지 이 장애는 지적기능이 뒤떨어지고 일상생활 과제를 제대로 해내지 못하는 것으로 이해되었다. 이후로 ID의 개념은 크게 변화하였고 오늘날에도 계속 발전하고 있지만 이 두 가지는 여전히 주요 특징으로 여겨지고 있다.

ID는 다른 많은 장애보다 더 강하게 개인의 특질로 간주되었다. 이 관점은 ID가 '파란 눈과 같이 우리가 지닌 어떤 것'이 아니고, '키가 작거나 몸이 마른 것과 같이 우리가 어떤 사람인가'하는 것도 아니며, 의학적 또는 정신적 장애도 아니라는 관점으로 대체되고 있다(Luckasson et al., 1992). 그보다는 개인 각자의 능력과

개인적·사회적 환경 간 합치의 문제로 가장 잘 기술할 수 있는 기능상태이다. 생물학적 원인이 충분히 인정되기는 하지만 환경이 담당하는 수많은 역할에도 점점 더 많은 주의가 기울여지고 있다.

ID에 붙여진 명칭도 시간이 흐르면서 변화하였다. 그리스어로 '무지한 사람'을 뜻하는 *idiot*, 라틴어로 '허약함'을 뜻하는 *imbecile*, '어리석거나 판단력이 부족함'을 뜻하는 *moron*이라는 용어들은 모두 한때 전문서적에서 사용되었으나 이제는 경멸적인 의미를 띠게 되었다(Potter, 1972; Scheerenberger, 1983). 이 용어들은 임상적 기술에 사용되었으나 부정적 의미를 띠고 있기에 더 긍정적인 명칭을 사용하기 위해 용어 변경이 시도되었다. 영향력 있는 미국정신지체학회는 수십 년간 사용되던 '정신지체'라는 용어를 '지적장애'로 대체하였으며, 학회 명칭도 미국 지적장애 및 발달장애학회(AAIDD)로 개명하였다. 2010년 오바마 대통령은 연방법에서 이

러한 용어 변경을 채택한 로사법(S.2781)에 서명하였다. 이와 유사하게 DSM-5도 정신지체를 지적장애로 대체하였다(American Psychiatric Association, 2013). 새 용어는 부정적 의미를 피하면서 일반적 인지결함이 있는 사람들을 더 정확하게 기술하는 것으로 생각된다. 이 장에서 정신지체라는 용어는 과거의 임상 문헌이나 연구 문헌에서 언급되고 있는 경우에만 사용하기로 한다.

개념 정의와 분류

ID를 기술하기 위해 사용된 용어들은 수년간 변화해 왔지만 ID를 규정하는 지적 제한, 적응기능 결함, 조기 발병의 세 가지 요소에 대한 강조는 지난 반세기 동안 전혀 바뀌지 않았다(Pennington et al., 2019; Schalock, Luckasson, & Tassé, 2019). 더욱이 ID는 다양한 진단 및 분류 기준에 의해 정의되었지만, 최근의 접근들은 ID의 개념 정의에 대해 어느 정도 조정을 거치고 합의를 보았다(Farmer & Floyd, 2018). 그럼에도 불구하고 이 개념의 정의와 적용의 갱신 및 미세한 차이가 평가와 분류에 영향을 미친다. ID를 정의하고 분류하는 두 가지 주요 접근을 다음에 논의하기로 한다.

AAIDD 접근

1876년에 창립된 AAIDD는 지적 손상을 이해하고 완화해보려는 노력을 선도해 왔다. 이 학회는 오랫동안 다른 전문가 집단들이 많이 채택하는 ID의 정의를 제시하였는데, 2010년에 출간된 가장 최근의 편람에서 지적장애를 다음과 같이 정의하였다.

> 지적장애는 지적기능과 개념적 · 사회적 · 실용적 적응기술로 표현되는 적응행동에 현저한 제한이 따르는 장애이다. 이 장애는 18세 이전에 나타난다.(Schalock et al., 2010, p. 5)

앞서 언급했듯이 ID로 진단하기 위해서는 세 가지 기준을 충족해야 한다. 18세 이전이라는 연령 기준은 ID가 발달장애로 여겨진다는 것을 의미한다. 18세는 미국

사회에서 한 개인이 성인의 역할을 하게 되는 나이일 뿐 아니라 중요한 심리사회적 발달과 뇌발달이 일어나는 연령이므로 이 연령이 기준이 된다. 지적기능의 제한은 스탠퍼드-비네 검사나 웩슬러 검사 등의 일반지능검사에서 평균보다 두 표준편차 또는 그 이상으로 낮은 점수로 정의되는 기능을 가리킨다. 대개 70점 또는 그 이하의 점수가 이 기준에 해당된다. 적응기술의 제한은 개념적 · 사회적 또는 실용적 기술을 측정하는 표준화 검사들에서 평균보다 적어도 두 표준편차가 낮은 수행으로 정의된다. 지적기능과 적응행동의 결함이 둘 다 나타나야 한다는 조건은 지능검사 점수로 보면 장애의 범주에 들지만 집이나 학교 또는 직장에서 생활하는 데 문제가 없는 사람들은 ID 기준에 해당하지 않는다는 것을 의미한다. 적응행동에는 결함이 있어도 지능검사 수행이 낮지 않은 사람들도 장애의 기준에 해당하지 않는다. 또한 기능의 제한을 평가하고 판단할 때는 개인이 생활하는 맥락, 즉 지역사회, 문화적 다양성 등을 고려해야 한다.

AAIDD는 ID에 대한 이해를 돕기 위해 인간 기능의 이론적 모델을 제시하였다. 〈그림 12.1〉에 나와 있듯이 이 모델은 다섯 가지 차원, 그리고 지원이 인간 기능에서 어떤 역할을 하는지에 대한 기술이라는 두 가지 주요 요소로 이루어져 있다. ID의 발현은 다섯 가지 차원인 지적 능력, 적응행동, 신체 및 정신건강, 일상생활 및 사회적 상호작용/역할에의 참여, 환경과 개인 각자의 특성과 개인이 받는 지원 간의 관계에 따라 결정된다. ID가 개인의 절대적인 특질이 아니라고 보는 관점은 이러한 다차원적 모델과 부합하며, 일반적으로 적절한 지원을 받으면 기능이 향상된다고 가정한다. 더욱이 정신장애가 있는 아동이나 청소년은 약점뿐 아니라 강점도 가지고 있는 복잡한 개인이라고 간주한다.

ID가 있는 사람들은 능력의 편차가 크기 때문에 개입과 연구를 할 때 지적 손상의 정도에 따른 하위집단을 사용하는 것이 타당해 보인다. 이런 논리에 따라 AAIDD는 한때 경도(mild), 중등도(moderate), 고도(severe), 최고도(profound) 손상이라는 네 가지 수준을 채택하였다. 사람들은 지능검사 점수에 따라 하나의 하

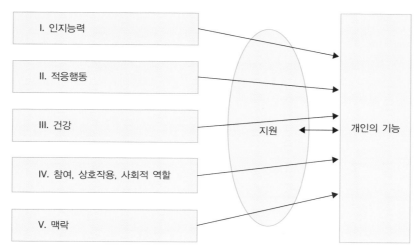

그림 12.1 AAIDD의 다차원적 이론적 모델. 이 모델에서는 개인에게 제공된 지원이 개인의 기능에서 매개역할을 한다.[Schalock et al.(2010)에서 수정 인용]

위집단에 배정되었다. 이 접근은 다른 분류체계들에서 널리 채택되었다. 그러나 AAIDD는 1992년에 이 접근을 폐기하였다. IQ 하위집단은 연구목적에는 적합할지 몰라도 ID를 가지고 있는 개인의 치료와 관련한 결정을 하기에는 적합하지 않다고 본 것이다(Schalock et al., 2010). AAIDD는 각 개인에게 필요한 지원의 수준, 즉 발달과 복지를 증진할 자원과 전략이 무엇인지를 평가해야 한다고 권장하였다. 이 접근은 지원의 필요성이 기능 영역에 따라 다를 수 있고 시간에 따라 바뀔 수 있다는 점을 인정한다. 또한 ID가 개인이 지닌 고정된 특질이라기보다 사회적 환경과 역동적 관계를 맺고 있다고 보는 관점을 강조한다.

DSM과 과거의 접근

진단과 분류에 대한 DSM-5 접근은 현재의 AAIDD 접근과 유사하다(American Psychiatric Association, 2013). DSM-5는 ID를 지적발달장애로도 부르는데, 아동기에 시작되는 신경발달장애로 분류한다. 특정한 발병연령은 없지만 발달이 이루어지는 동안에 발생해야 한다. 지적 결함과 적응결함이 동시에 발생해야 ID로 진단을 내릴 수 있다. DSM에 따르면 지적기능은 보통 적절한 개인용 표준화 지능검사(예 : 웩슬러 검사)로 측정하며, ID

가 있는 사람들은 보통 70±5점을 받는다. 적응행동은 임상적 판단과 적절한 개인용 도구들에 의해 평가하며, 개념적·사회적·실용적 생활 영역 중에서 적어도 한 가지 영역의 기능이 손상되어야 한다.

DSM-5는 적응기능에 근거하여 ID의 심각한 정도를 구분하는데, 경도에서 최고도까지 여러 수준이 있다. 예를 들어 자기보호의 경우 개인이 자기 연령에 적합한 기술을 가지고 있지만 복잡한 과제에서는 어느 정도 지원을 받아야 하거나(경도), 성인기에 독립적으로 자기보호를 할 수 있게 되기까지 어릴 때부터 오랜 기간 교육을 받아야 하거나(중등도), 모든 활동에 대해 지원을 받아야 하거나(고도), 아니면 모든 면에서 다른 사람들에게 의존해야 할 수도 있다(최고도).

DSM은 2013년 이전에는 ID의 심각한 정도를 IQ 점수에 따라 분류하였다. IQ에서 적응기능으로 전환하면서 심각한 정도를 결정할 때 임상적 판단의 역할이 더욱 중요해졌다. 임상가와 연구자들이 사람들을 분류할 때 사용할 의미 있고 신뢰할 만한 방법이 없어진 것이 아니냐는 우려가 있지만(Schalock & Luckasson, 2015), 이러한 변화는 IQ만이 아니라 적응기술까지 고려함으로써 필요한 환경지원의 수준을 더 잘 확인하도록 돕기 위한 것이다(Pennington et al., 2019). 또한 적응기능을 강조함으로써 발달과 개입으로 인해 심각한 정도가 변화할 가능성을 열어둔다(Matson et al., 2019). 하지만 심각성의 분류기준이 끊임없이 변하게 되므로(McNocholas et al., 2018) 많은 연구자와 임상실무자들은 여전히 IQ에 의한 분류에 의존하고 있다.

〈표 12.1〉은 흔히 사용되는 네 가지 장애 수준을 보여준다(Committee to Evaluate the Supplemental Security Income Disability Program for Children with Mental Disorders, 2015). 모든 사례의 85%가량이 가벼운 장애가 있다. 이들은 다른 세 가지 수준으로 분류되는 사람들과는 기능에서 상당한 차이가 있으며 그 밖의 중요한 점들에서도 차이가 있는 것으로 생각된다.

ID 진단기준의 변화는 많은 비판을 촉발하였다. AAIDD가 1992년에 IQ 75점을 진단기준의 상한선으로 할 것을 권고하였을 때 많은 전문가들이 이를 비판하였다. 이 권고는 지능검사 측정에서 5점가량 되는 표준오차를 고려한 것이었다. 그러나 75점 상한선은 진단기준에 해당하는 사람의 수가 2배로 늘어날 수 있다는 것을 의미하며(King, Hodapp, & Dykens, 2005), 사회적으로 불리한 집단에 속한 사람들에게 특히 크게 영향을 미칠 수 있다. 시간을 좀 더 거슬러 올라가면 1959년에 AAIDD가 지능검사의 평균에서 한 표준편차 또는 그 이상으로 떨어지는 사람들을 ID로 진단하는 정의를 채택했을 때 우려가 제기되었다(그림 12.2 참조). 지능검사

에서 69~85점 사이의 점수를 받은 사람들은 경계선 지체로 명명되었다. 이 정의에 의하면 인구의 16%가량이 ID가 있는 것으로 진단될 수 있다. 비판자들은 이 기준이 일상생활에서 문제가 없는 많은 사람을 장애로 진단받게 할 뿐만 아니라 사회적으로 불리한 집단이 이 장애로 불균등하게 많이 명명될 것이라는 점에서 부당하다고 주장하였다(Pennington et al., 2019). 이후 AAIDD는 IQ 기준을 변경하였다. ID 정의의 변화와 이와 관련된 논란은 ID가 얼마만큼이나 사회적으로 구성된 범주이며 IQ 연속선상의 절단점이 얼마나 임의적인 것인지를 보여준다.

지능과 적응행동의 본질

지능검사와 적응행동의 평가는 ID를 정의하는 데 핵심적인 요소이므로 이들의 발달과 그 기저에 있는 개념들을 더 자세히 살펴보는 것이 중요하다.

측정된 지능

지능의 개념은 외관상으로는 단순해 보이지만 지능이 무엇을 의미하는지에 대해 많은 의문이 제기되었다. 이론가들과 마찬가지로 우리도 지능이란 어떤 사람이 가지고 있는 지식, 학습하거나 사고하는 능력, 또는 새로운 상황에 적응하는 능력이라는 데 동의할 것이다. 그러

▌표 12.1   ID 심각도의 분류

심각도 범주	심각도에 따른 사례 분포 비율	DSM-IV 기준 (심각도 수준이 대략적 IQ 범위에 기초함)	DSM-5 기준 (심각도가 적응기술을 기준으로 하여 분류됨)
경도	85%	50~69	최소한의 지원을 받으며 독립적으로 생활할 수 있음
중등도	10%	36~49	중간 수준의 지원을 받으면 독립적 생활을 할 수도 있음
고도	3.5%	20~35	매일 자기돌봄 활동 지원 및 안전감독을 받아야 함
최고도	1.5%	20 이하	24시간 보호를 받아야 함

출처 : Committee to Evaluate the Supplemental Security Income Disability Program for Children with Mental Disorders(2015)에 기초함

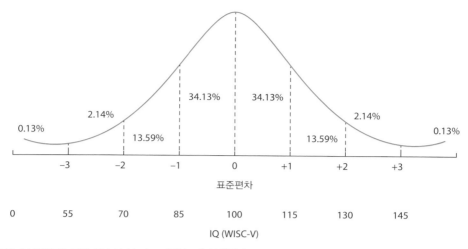

그림 12.2 WISC-V 일반지능검사 점수의 분포는 정상분포에 부합한다. 표준편차 단위는 하나의 점수가 평균 100으로부터 위쪽으로 또는 아래쪽으로 얼마나 멀리 떨어져 있는지를 나타낸다. WISC-V의 표준편차는 15점이다. ID를 평균에서 아래로 한 표준편차 또는 그 이상 떨어지는 것으로 정의할 때 인구의 약 16%가 장애로 분류된다. ID를 평균에서 아래로 두 표준편차 또는 그 이상 떨어지는 것으로 정의할 때에는 인구의 2~3%가 장애에 해당된다.

나 이러한 일반적 정의를 넘어서면 의견의 불일치에 맞닥뜨리게 될 것이다. 이론가들 자신도 때로는 열렬하게 지능이 정확하게 어떤 것인지 주장하며 그에 대해 다양한 관점을 견지한다. 이 주제를 여기서 충분히 상세하게 다룰 수는 없으므로 ID를 이해하는 데 가장 적절한 쟁점들을 다루는 데 목표를 두기로 한다.

현대 지능검사는 20세기 초반 알프레드 비네(Alfred Binet)와 동료들의 연구로 거슬러 올라간다. 이들의 접근은 전통적 심리측정 접근이라 불리는데, 개인차 그리고 분명하게 구분되는 기저의 능력들이 지적기능의 차이를 설명해준다는 생각에 초점을 두었다(Sternberg, 2019). 지능은 흔히 *g*라 불리는 일반능력과 수많은 특수능력(예: 운동능력과 언어능력)으로 구성되어 있다고 간주된다(Tan & Grigorenko, 2019). 지능은 일반능력과 특수능력을 모두 검사하는 과제들을 실시함으로써 측정한다. 이러한 심리측정 접근은 지적 능력에 관여하는 과정보다는 그 결과물을 검사하는 것으로 기술되곤 한다.

최근에는 정보처리 이론이 선두에 나서고 있는데, 이 이론은 사람들이 감각자극을 지각하고, 정보를 저장하고 조작하며, 그 정보에 영향을 미치는 과정에 초점을 맞춘다. 이론가에 따라 이 과정들을 개념화하는 방식은 각각 다르지만, 어떤 경우에든 지능은 한 개인이 정보처리 과제를 얼마나 잘 수행하느냐에 의해 측정된다. 예를 들어 여러 단위의 정보에 주의를 기울이고 동시에 다루는 능력을 측정할 수 있다. 정보처리 접근은 ID의 이해에 크게 기여하고 있으며 점차 지능의 측정 분야로 통합되고 있다. 그러나 20세기 내내 지능에 대한 관점들이 형성되는 데 주된 역할을 한 것은 심리측정 접근이었다.

초기의 검사 제작과 가정

비네와 그의 동료 시몬은 파리의 학교관계자들로부터 특수교육이 필요한 아동들을 확인할 방법을 찾아달라는 요청을 받고, 여러 연령의 학생들을 고전적 학습과 관련이 있는 간단한 과제들로 검사하였다. 1905년에 다양한 연령에서 평균 수준의 학생들이 합격할 수 있는 과제들로 구성된 최초의 지능검사가 제작되었다. 아동들은 이 검사를 받고 나서 **정신연령**(mental age, MA)을 부여받는다. 정신연령이란 이 아동들과 동일한 수준의 수행을 보인 아동들의 생활연령(chronological age, CA)에 해당하는 연령이다. 따라서 평균적인 7세 아동들이 해낼 수 있는 과제를 해낸 7세 아동에게는 7세라는 정신연령이 부여되며, 평균적인 5세 아동이 해낼 수 있는 과제만 해 낸 7세 아동에게는 정신연령 5세가 부여된다.

비네는 지능에 대해 몇 가지 가정을 했다(Siegler, 1992). 그는 지능이 복잡한 많은 과정을 포괄하고 있고, 일정한 한계 내에서 변화할 수 있는 것이며, 사회적 환경의 영향을 받는다고 생각하였다. 비네는 아동들이 부정확한 평가를 받을 가능성을 최소화하기 위해서는 주의 깊게 제작된 표준화검사가 필요하다고 주장하였다. 더욱이 비네와 동료들은 지적기능을 증진할 수 있는 방법들을 개발하였으며, 교육 프로그램들이 아동 각자의 특수한 요구에 맞춰져야 한다고 권고하였다.

지능검사는 헨리 고다드(Henry Goddard)가 미국 뉴저지에 있는 바인랜드 훈련학교 기숙생들에게 비네검사를 번역하여 실시한 것을 계기로 미국에 도입되었다. 그 이후로 비네 사후 5년 만인 1916년에는 스탠퍼드대학교의 루이스 터만(Lewis Terman)이 초기 비네 검사를 스탠퍼드-비네 검사로 개정하였다. 터만은 **지능지수**(intelligence quotient, IQ)라는 개념을 채택했는데, 지능지수는 생활연령에 대한 정신연령의 비율에 소수점을 피하기 위해 100을 곱한 것이다. 이 비율 IQ는 여러 연령의 아동들을 직접적으로 비교할 수 있게 해주었다. 오늘날 주요 지능검사들은 통계적 비교를 하기 때문에 우리가 흔히 IQ라 부르는 것은 이제는 지수가 아니라 점수이지만 여전히 연령 간 비교를 할 수 있다(표 12.2 참조).

고다드와 터만은 지능의 성격에 대해 비네와는 크게 다른 몇 가지 가정을 했다. 이들은 지능검사가 측정하는 것은 유전으로 물려받은 지능으로서 이것은 평생 변하지 않는다고 가정했다(예 : Cravens, 1992). 이들은 또 유전을 통제함으로써 인간이라는 종을 개량하는 우생학(eugenics)이 필요하다고 보았다. 이런 신념들이 내포하고 있는 사회적 함의는 지능검사의 가정과 활용에 대해서만이 아니라 ID가 있는 사람들의 치료에 대해서도 뜨거운 논쟁을 불러일으켰다(생각상자 '측정된 지능 : 폭력적 발상의 역사' 참조).

표 12.2 지능검사와 관련한 측정치

CA	생활연령
MA	정신연령. 피검사자와 수행수준이 동일한 아동들의 생활연령에 해당하는 연령점수. 평균적인 아동의 경우 MA=CA이다.
IQ(비율)	생활연령에 대한 정신연령의 비율에 100을 곱한 수치. IQ=MA/CA×100.
IQ(편차)	통계절차를 거쳐 도출된 표준점수로서 개인의 수행이 연령집단의 평균점수로부터 떨어져 있는 방향과 정도를 나타낸다.

지능검사의 안정성과 타당성

지능에 관한 논의에서 본질적인 쟁점은 측정된 지능이 시간이 지나도 안정적이고 변함이 없는지 여부에 관한 것이다. 안정성은 한 집단의 사람들을 종단적으로 연구하고 그들의 종전 IQ 점수와 이후 IQ 점수의 상관을 구함으로써 알아볼 수 있다. 학령 전기 이후에 그러한 검사-재검사 측정을 했을 때 중앙값 상관이 .77인 것으로 발견되었다(King et al., 2005). 더욱이 ID가 있는 사람들의 IQ 점수는 평균이나 평균보다 점수가 높은 사람들의 IQ 점수보다 더 안정적이며, 점수가 낮을수록 안정성이 더 큰 것으로 나타난다. 그러나 그러한 분석은 집단을 대상으로 한 것이며, 개인의 점수는 가족 상황이나 교육 기회가 변화하면 바뀔 수 있다는 데 주목할 필요가 있다.

지능에 관한 또 하나의 중요한 쟁점은 IQ 점수가 한 개인에 대해 무엇을 말해 주는가 하는 것이다. 이 질문의 핵심은 지능검사의 타당성이다. 즉 지능검사가 설계될 때 알아내고자 한 바를 실제로 알려주는가 하는 것이다. 예를 들어 지능검사는 예측에 사용되는 경우가 많은데 IQ 점수는 교실, 직장, 또는 그 밖의 과제들에서 수행을 예측하는 데 사용될 수 있다(Ackerman, 2018). 일반적으로 지능검사는 학교성적을 상당히 잘 예측해준다

| 생각상자 | 측정된 지능 : 폭력적 발상의 역사 |

지능검사는 도입된 지 얼마 되지 않아서 미국과 유럽의 사회적·정치적 쟁점과 뒤얽히기 시작하였다(Dennis et al., 2009). 미국에서 IQ 검사는 남유럽 출신자들의 미국 이민 할당률을 배정하고 정신박약으로 간주되는 사람들에 대한 불임법 제정에 중요한 구실을 하였다(Strickland, 2000). 사실상 이미 시행되고 있던 '부적합자'의 '불임'은 1900년대 초반에 증가하였다(Wehmeyer, 2003). 미국의 많은 주에서 불임법을 통과시켰고, 버지니아주 대법원은 Buck 대 Bell 사례에서 이 법을 승인하였다. 캘리포니아 법은 주립병원 입원환자들과 주에서 운영하는 가정에 거주하는 '정신박약' 아동들의 불임을 요청하였다. 과학자와 다른 사람들이 이 사안을 공개적으로 비판하고 나서기 전에 5만 명 이상이 강제로 불임시술을 받았다.

공개적으로 이만큼 크게 문제가 되지는 않았지만 지능검사를 학교에서 사용하는 것도 논란을 불러일으켰다. 의무교육법안이 통과된 후 공립학교들은 학생들의 학습능력을 평가하기 위해 지능검사를 활용하였다(MacMillan & Reschly, 1997). 빈곤가정과 소수집단 가정의 아동들은 일반적으로 지능검사 점수가 낮다. 근래에는 이 집단에 아프리카계, 히스패닉계 그리고 원주민 미국 아동이 포함되었다. 하지만 사회계층과 인종/민족 배경이 혼입되는 경우가 많다는 점을 염두에 둘 필요가 있다.

지능검사 결과 소수집단 아동과 가난한 아동들이 불균형하게 높은 비율로 지적 결함이 있는 것으로 확인되고 이 아동들이 특수교육 학급에 배치되는 상황에 대한 우려가 여전히 제기되고 있다(Schalock et al., 2010). 비판자들은 이중언어 사용 학생들에게 표준영어로 제작된 검사가 사용되고, 검사의 내용이 학생들이 성장한 하위문화와는 맞지 않으며, 또 검사의 품질이 높지 않은 것이 문제라고 보았다. 교육시스템에 대한 문제 제기가 줄을 이었으며 일부는 법정으로까지 갔다(MacMillan, Keogh, & Jones, 1986). 법정의 판결은 항상 그런 건 아니지만 많은 경우에 소수집단 원고에 유리한 쪽으로 내려졌다. 원고가 흑인이었던 유명한 래리 피 대 라일즈 사례는 캘리포니아주에서 흑인 아동들을 지능검사를 사용해서 지적 결함으로 확인하고 특수교육 프로그램에 배치하는 데 강력한 제동을 걸었다. 전반적으로 교육시스템은 지능검사의 사용과 시행을 엄격히 감독하도록 요구받았다.

지능검사의 활용과 오용의 이면에는 측정된 지능이 안정적이며 타고난 생물학적 특성이라는 전제가 깔려 있다. 오늘날에는 지능검사란 유전과 환경의 상호작용에서 비롯되고 환경요인에 의해 어느 정도 변화할 수 있는 기능의 여러 중요한 측면을 평가하는 것이라는 견해가 널리 받아들여지고 있다(Fagan & Holland, 2002).

(Nisbett et al., 2012). 측정된 지능은 또 이후의 학업완수, 취업 및 소득과도 관계가 있다(Ferguson, Horwood, & Ridder, 2005b). 반면에 IQ 검사는 다양한 사회적 행동(예 : 사회적 적응)에 대해서는 알려주는 바가 별로 없다. 하지만 평균 범위에 못 미치는 IQ 점수는 평균 범위 내의 IQ 점수보다 학업 및 비학업 수행을 더 잘 예측해준다.

전반적으로 볼 때 지능검사는 중요한 도구이지만 해석에는 각별히 신중할 필요가 있다. IQ 점수는 비교적 안정적이지만 요지부동인 것은 아니다. 지능검사의 문화적 편향성과 여러 가지 제한점에 대해 심각한 의문들이 제기되었다. 예를 들어 IQ 검사는 실제 생활에서의 문제해결력은 잘 나타내지 못할 수 있다(Butler, Pentoney, & Bong, 2017). **플린 효과**(Flynn effect)로 인한 지능검사의 불확실성에 대해서도 생각할 필요가 있다. 플린 효과란 모집단의 IQ 점수가 시간이 지나면서 체계적으로 향상된다는 발견이다(Flynn, 2018). 검사의 주기적 갱신, 즉 새로운 규준의 작성은 평균점수를 재설정하는 결과를 초래하고 검사는 더 어려워지게 된다. 그렇게 해서 일반 아동들과 장애 범주에 속하는 아동들 모두 평균점수가 몇 점씩 떨어진다. 따라서 Kanaya, Scullin과 Ceci(2003)가 지적하듯이 ID의 진단은 검사규준이 얼마나 오래된 것이고 아동이 언제 평가를 받는지에 영향을 받을 수 있다. 어떤 아동의 IQ가 장애의 기준에 해당하는지 알고자 할 때 "IQ 점수가 절단점수 아래에 있는지 아는 것만으로는 충분치 않고"(p. 790) 여러

Corbis/Getty Images

일상적 활동과 과제를 해내는 능력은 지적장애 아동의 행복을 크게 증진한다.

기준을 고려해야 한다.

적응기능

지적장애의 개념에는 지적기능뿐만 아니라 환경에 대한 사회적 적응의 실패가 중요한 자리를 차지하고 있다(Farmer & Floyd, 2018). 수십 년 전 에드가 돌(Edgar Doll)은 바인랜드 훈련학교에서 일하는 동안 ID가 있는 사람들의 일상생활에서 사회적 능력과 개인적 능력의 중요성에 초점을 두었다(King et al., 2017). 돌은 오늘날의 적응행동 개념에 해당하는 바를 측정하는 척도를 개발하였다. AAIDD는 1959년에 처음으로 적응기능의 결함을 ID의 기준에 포함하였다. AAIDD의 최신판과 DSM의 정의들은 적응기능을 강조한다(AAIDD, 2010; American Psychiatric Association, 2013).

적응행동은 일반적으로 '사람들이 일상생활에서 자신을 돌보고 다른 사람들과 관계를 맺기 위해 하는 행동'으로 생각되어 왔다(Grossman, 1983, p. 42). 적응행동을 구성하는 요소들을 밝히기 위한 연구를 바탕으로, 적응행동이 다차원적이며 다음의 영역들을 포함하는 것으로 의견이 모였다(Matson et al., 2019).

- 개념 영역 : 기억, 언어, 읽기와 쓰기, 추리, 문제해결, 시간 및 수 개념.
- 사회 영역 : 다른 사람의 생각과 감정에 대한 인식, 대인관계 기술, 사회적 책임감, 자아존중감, 잘 속아 넘어감, 규칙준수, 괴롭힘 피하기, 사회적 문제해결, 친구관계능력.
- 실용 영역 : 일상생활의 활동들과 자기보호(예: 목욕, 식사준비, 옷 입기), 금전 사용, 안전, 건강관리, 여행, 일과, 전화 사용, 직업기술

적응행동은 지능과 중복되는 것으로 보이지만 동일한 것은 아니다. 특히 개념 영역은 기억, 추리 및 문제해결과 같은 지적기능과 밀접한 관련이 있다. 연구는 적응행동검사와 지능검사의 점수들 간에 .30∼.60 범위의 정적 상관을 보여준다(Kanaya et al., 2003; McGrath & Peterson, 2009b). 따라서 측정된 지능이 낮을수록 일상생활에서 제대로 기능하기가 어려울 가능성이 크며, 이는 지능수준이 낮은 사람일수록 특히 더 그러한 것으로 보인다(Scherr, Kryszak, & Mulick, 2018).

적응기술을 고려할 때는 발달수준을 염두에 두어야만

한다. 생후 초기에는 감각운동, 의사소통, 자조, 그리고 일차적 사회화 기술과 관련된 행동들이 강조되는 반면에 아동 후기와 청년기에는 환경과 사회적 관계에 대한 추리와 판단이 더욱더 중요해지게 된다. 적응에 대한 판단을 할 때에는 지역사회의 기대와 개인이 속한 사회적 맥락도 염두에 두어야 한다. 예를 들어 학교에서는 사회적 기술에 결함이 있는 아동이 이웃의 기대에는 부응할 수도 있다.

　적응행동은 점점 더 중요성을 인정받고 있다(Tasse, Luckasson, & Schalock, 2016a). 모든 전문가가 ID의 정의에서 적응행동이 지능만큼 중요한 것이라고 보지는 않는다. 지능과 적응기능 간에 상관이 있을 뿐 아니라 적응행동의 임상적 판단이 변동성이 있다는 점에서 이런 우려가 표명되었다. 그러나 적응행동의 개념과 이를 측정하는 도구들은 지난 몇 년간 크게 발달하였으며, ID 진단에서 지적기능과 적응행동이 동등한 무게를 갖고 함께 고려되도록 뒷받침하였다. 특히 적응행동은 ID가 있는 사람들의 기능을 지지하는 데 필요한 자원을 결정하는 틀을 제공해줄 수 있다(van Ool et al., 2019).

기술

ID는 잘 알려지지 않은 질환만이 아니라 이미 확인된 많은 증후군들과 관련이 있다. 어떤 사례에서는 결함이 경미하지만 다른 사례에서는 인지, 감각, 운동, 언어, 사회정서 또는 행동체계에 심한 손상이 있다. 기능의 차이는 여러 가지 방식으로 나타낼 수 있다. 기능의 변화가 드러날 수 있는 한 가지 방식은 장애의 심각성에 기초한 기술들을 검토하는 것이다. 분류에 대한 논의에서 상세히 알아보았듯이 〈표 12.3〉은 적응기능의 개념·사회·실용 영역에 대한 기대에 초점을 두고 경도, 중등도, 고도, 최고도 장애에 대한 기술을 제공하고 있다. 이러한 기술은 능력의 편차가 엄청나다는 것을 보여준다. 아날리즈 사례의 기술은 최고도 ID 진단을 받은 아동이 겪은 문제들을 짤막하게 제시하고 있다.

　발달적 관점에서 기능의 변화를 보는 것도 ID를 이

아날리즈 : 최고도 ID

아날리즈는 별다른 특징이 없는 임신을 거쳐 태어났다. 어머니는 생후 첫 몇 주 동안 현저한 섭식문제가 있었던 것으로 기억했고, 아날리즈는 발달이정표가 지연되었다. 예를 들어 거의 네 살 때까지 걷지 못했다. 조기개입 프로그램에 등록해 있는 동안 진척이 들쑥날쑥하였다. 구두언어를 사용해본 적이 한 번도 없었다.

가족은 아날리즈의 병력이 대단히 복잡하다고 보고했다. 아날리즈는 울혈성 심부전증, 갑상선 문제, 당뇨, 우유 알레르기 등을 겪었다. 4~5세가 되었을 때 음식에 집착하게 되어 눈에 띄는 음식은 몽땅 먹어 치웠다. 프래더-윌리 증후군에 대한 유전검사 결과는 음성으로 나왔으나, 나중에 1번 염색체 누락이 발견되었다.

아날리즈는 다른 사람의 생각이나 감정에 민감하게 반응한 적이 한 번도 없었으며, 때로 다른 아이들을 문자 그대로 밟고 넘어갔다. 그녀는 제한된 관심사가 여럿 있었는데, 허락해주기만 한다면 디즈니 비디오에 나오는 작은 그림들을 수없이 보고 또 볼 것이다. 물건들을 분류하고 쌓아 올리는 데 열중했으며, 한 번은 길을 지나가면서 돌과 자갈들을 정리하지 못하게 했더니 짜증을 냈다. 음식에 대한 그녀의 집착으로 인해 가족은 냉장고와 찬장을 자물쇠로 잠가 놓았다. 가족은 약물치료가 아날리즈의 불안과 강박을 줄여줌으로써 아날리즈가 일상적 활동에 제대로 참여할 수 있게 되기를 바랐다.

－ King et al.
(2005, pp. 3084~3085)에서 수정 인용

해하는 데 도움이 될 수 있다. 이 관점은 기능의 생물학적, 심리학적, 사회적, 발달적 차원을 고려한다(Matson & Cervantes, 2019). 생물학적 요인에는 인지와 학습 등의 기능에 영향을 미치는 유전적, 신경학적, 또는 여타 의학적 장애가 있다. 주의, 지각, 작업기억, 정보를 정신적으로 조직하는 효과적 전략의 사용, 추리와 평가, 기타 집행기능 등 다양한 능력의 결함이 모두 확인되었

▌표 12.3   ID의 심각도와 적응기능 영역에 따른 기능의 기술

	개념 영역	사회 영역	실용 영역
경도	• 초기에 뚜렷한 개념 차이가 나타나지 않음 • 학교 핵심과목들을 학습하거나 시간과 돈을 관리하기 어려움 • 집행기능 기술(예 : 계획 세우기, 우선순위 정하기)이 부족함 • 10대 후반에 6학년 수준의 학업기술을 습득할 수 있음 • 대부분이 성인기의 자립에 필요한 직업 및 사회기술을 습득함	• 사회적 기술과 의사소통기술이 발달하지만 연령에 비해 미성숙함 • 사회적 단서를 지각하거나 감정을 조절하기 어려움 • 다른 사람들로부터 조종당하기 쉬움(속아 넘어가기 쉬움)	• 자기관리는 연령에 적절한 수준으로 할 수 있으나 일상생활 과제에서 지도와 보조가 필요함 • 지역사회에서 지원을 받으며 성공적으로 생활할 수 있음
중등도	• 언어 및 학업 전 기술의 지연 • 학업기술이 초등학교 수준을 넘어서기 어려움 • 일상생활 과제들(예 : 돈 관리)에 대해 지원이 필요함	• 의사소통기술이 발달하지만 또래 아동들보다 훨씬 덜 복잡함 • 친구관계와 이성관계를 맺을 수 있지만 의사소통 및 사회적 능력 결함으로 인해 제한적임 • 감독과 지원을 받으면 지역사회 생활에 적응할 수 있음	• 오랜 시간 교육을 받으면 연령에 적합한 개인적 요구를 충족할 수 있음 • 지원을 받으면 성인이 해야 할 집안일에 참여할 수 있음 • 직업훈련과 지원이 미숙련 또는 반숙련 작업을 수행하는 데 도움이 될 수 있음
고도	• 제한된 직업기술 • 문자언어나 수, 양, 시간, 돈과 관련된 개념을 이해하지 못함 • 문제해결을 하게 하려면 많은 지원을 해야 함	• 어휘와 문법이 제한된 구두언어를 사용함, 간단한 말과 몸짓을 이해할 수 있음, 의사소통에 대한 보조가 도움이 될 수 있음 • 의사소통이 현재와 일상적 사건들에 초점을 맞춤 • 가족구성원 및 친한 사람들과의 관계를 통해 즐거움을 느끼고 도움을 받음	• 일상생활의 모든 활동(예 : 식사, 옷 입기, 목욕, 배변)에 대해 지원이 필요함 • 항상 감독과 조력이 필요함 • 대부분이 가족과 함께 또는 그룹홈에서 생활하면서 지역사회에 적응할 수 있음 • 아주 일부에서 자해 같은 부적응행동이 나타날 수 있음
최고도	• 사물과 물리적 세계를 이해하는 정도의 개념기술만 가지고 있음 • 몇 가지 기술(예 : 짝짓기, 분류)을 습득할 수 있음 • 감각 및 신체결함이 공존할 수 있음 • 신경학적 결함이 있을 수 있음	• 말과 몸짓을 거의 이해하지 못하고 의사소통기술을 사용하지 못함 • 주로 비언어적 의사소통을 통해 욕구와 감정을 표현함 • 잘 아는 가족구성원, 보호자, 다른 가족들과 관계하기를 즐거워함	• 일상적 신체관리, 건강, 안전의 모든 측면에서 다른 사람들에게 의존하여 생활함 • 감독을 받으면 간단한 활동은 할 수 있음 • 최적의 발달을 위해서는 끊임없이 감독을 해주어야 함 • 자해 같은 부적응행동이 나타날 수 있음

출처 : American Psychiatric Association(2013), Matson et al.(2019)에 기초함

고 기능에 영향을 미친다(Kirk, Gallagher, & Coleman, 2015). 말소리와 언어도 다양하게, 그리고 상당한 정도로 손상된다. 아울러 ID의 여러 증후군을 살펴본 연구들도 인지적 강점과 약점의 프로파일을 입증하였는데 이 주제는 나중에 다시 살펴볼 것이다(Goldstein & Reynolds, 2011). 최근까지는 인지기능이 ID를 결정할 때 주요 고려사항이었으나 통합적 관점은 개인의 기능을 분명히 하고 개입에 필요한 정보를 제공해준다.

사실 ID가 있는 아동들의 신체 · 의학적 기능을 포함하여 다른 여러 생물학적 기능을 고려함으로써 임상적 증상을 더 자세히 이해할 수 있다. ID가 있는 아동, 특히 가벼운 손상이 있는 아동은 대부분이 별다른 신체적 특징을 보이지 않으며 일반 모집단에 잘 섞여 들어간다. 그러나 상당수는 사소한 이상에서 뚜렷이 눈에 띄는 이상에 이르기까지 비전형적인 외모를 가지고 있다. 발작, 운동장애, 시력손상, 청력장애 등 신체기능의 장애도 발생한다. 신체적 외모와 기능의 이상은 뇌성마비, 간질, 심장문제, 신장질환 같은 질병들이 그러하듯이 더 심한 수준의 ID와 특히 관련이 있다. ID가 있는 사람들의 수명은 평균에 못 미친다. 근래 수십 년간 평균수명이 늘어나기는 했지만 최근의 메타분석 연구는 ID가 있는 사람들의 사망 연령이 일반 모집단의 동년배 집단에 비해 최대 20년까지 낮다는 것을 보여준다(O'Leary, Cooper, & Hughes-McCormack, 2018).

기능의 편차는 심리사회적 · 정서적 기능과 같은 심리적 차원에서도 나타난다. 아래에 더 자세히 논의하고 있듯이 ID와 다른 심리문제가 동시에 발생하는 현상은 상당히 흔하며, ID가 있는 사람들의 행복과 적응은 다양한 행동 및 심리진단에 의해 훼손된다. ID에 더해 정신과 진단을 추가로 받으면('이중진단') 적응기능이 더 떨어지고 개입하기가 더 어려워지지만(Pennington et al., 2019), 동시발생 문제들의 정도에 상당히 큰 편차가 있다는 것이 관찰되고 있다.

장애의 이질성은 사회적 영역에서도 관찰된다. 사회적 기능은 심리기능과도 관련이 있지만 사회적 기술 및 사회적 이해, 즉 ID가 있는 사람들이 주변 사람들과 상호작용하는 방식과 더 직접적인 관련이 있다. 이러한 기술에는 적절한 눈맞춤, 얼굴표정, 사회적 인사와 상호작용, 원하는 것과 필요한 것을 표현하는 등 매우 다양한 행동들이 있다(O'Handley et al., 2016). 연구는 ID와 동시에 발생하는 경우가 많은 또래관계 문제들을 확인하였다. 경도와 중등도의 ID가 있는 아동들은 상당한 사회적 역량을 가지고 있지만 사회적 단서, 사회적 상황 및 다른 사람의 관점을 이해하기 어려워한다.

ID가 있는 아동이 보이는 사회적 문제 중 일부는 ID의 특징인 지적 손상, 언어 결함 및 신체 · 의학적 손상에서 비롯된다고 가정하는 것이 타당하다. 그러나 사회적 경험의 역할을 간과해서는 안 될 것이다. 근래 들어 ID가 있는 아동들이 사회활동과 교육활동에 참여하게 해야 한다는 인식이 고조되었음에도 불구하고 이 아동들은 사회적 고립을 더 많이 겪는 경향이 있다. 또한 사람들은 이 아동들과 사회적 상호작용을 할 때, 아마도 불편하다는 이유로 평소와는 다르게 행동할 가능성도 있다. 따라서 ID가 있는 사람들은 사회적 상호작용을 연습하고 적절한 모델과 사회적 관계를 관찰할 기회를 충분히 누리지 못하기 쉽다. 그러나 사회적 능력은 점차 향상될 수 있으며, 사회적 기술도 촉진될 수 있는 것으로 보인다. 예를 들어 연구결과는 발달장애가 있는 어린 아동들의 정서조절과 어머니의 발판화(scaffolding, 아동이 성공할 수 있게 해주는 어머니의 지원과 보조)가 사회적 기술을 예측하며 사회적 기능의 향상에 중요한 역할을 할 수 있다는 것을 보여준다(Baker er al., 2007). 아울러 학교에 기반을 둔 사회적 기술훈련은 ID가 있는 아동과 청소년의 사회적 기술을 증진하는 데 효과가 있는 것으로 밝혀졌다(O'Handley et al., 2016).

끝으로 발달적 차원은 각 영역의 기능이 발달수준에 따라 다르다는 것을 강조한다. 예를 들어 어떤 아동은 발달의 한 시점에서 전형적으로 발달하는 또래아동들보다 언어, 운동, 학업, 정서, 사회적 능력에서 뒤떨어질 수 있지만, 다른 시점에서라면 그리고 이 아동이 다양한 지원을 받는다면 상황이 달라질 수 있다. 또한 고도 ID가 있는 아동들은 경도 ID가 있는 아동들과 비교해볼 때 다양한 기능 영역에서 전형적으로 발달하는 또래아동들과 더 크게 차이를 보일 수 있다. 다양한 기능 영역에서 기술의 수준은 연령에 적절한 행동에 대한 기대 및 특정 아동의 기능 수준과 함께 고려해야 한다(Matson & Cervantes, 2019).

동시발생 장애

앞서 언급했듯이 ID와 다른 정신과 문제들의 동시발생은 상당히 흔하다. ID가 있는 사람들의 절반가량이 언어적·신체적 공격성, 성질폭발, 자해, 그 밖의 각종 파괴적 행동과 같이 다양한 수준의 문제행동들을 나타내는데, ID 모집단에서 10%가 좀 못 되는 사람들은 더 심각한 수준의 문제행동을 보인다(Matson & Cervantes, 2019). ID 아동과 청소년에게 진단된 또는 현저한 문제가 발생하는 유병률은 30~50%의 범위에 있는데, 이는 일반 모집단에서 발생하는 비율의 2~4배에 해당한다(Committee to Evaluate the Supplemental Security Income disability Program for Children with Mental Disorders, 2015; Matson et al., 2019).

ID 아동들이 보이는 장애의 종류는 일반 모집단에서 나타나는 장애의 종류와 유사한데, 어떤 장애들이 다른 장애들보다 동시발생률이 더 높다. 가장 흔하게 발생하는 장애는 주의력결핍/과잉행동장애(ADHD)와 자폐스펙트럼장애, 불안장애, 적대적/품행장애들이다(Matson et al., 2019). 예를 들어 자폐스펙트럼장애의 동시발생률은 50~70%인 것으로 보고되었다(King et al., 2017). 우울, 공격성, 강박성 행동, 조현병도 모두 보고되었다. 많은 문제들이 발달하는 궤도는 전형적 아동들에게 발견되는 발달궤도와 유사한 것으로 보인다(de Ruiter et al., 2007). 동시발생 문제들은 걸음마기 아동에게 나타나며 성인 초기까지 점차 감소하는 경향이 있지만 여전히 일반 모집단에서보다는 높은 수준을 유지한다(Einfeld & Emerson, 2008).

그러나 장애의 수준에 따라 문제의 종류에는 차이가 있을 수 있다. 경도 ID가 있는 사람들은 정신연령이 동일한 다른 사람들에게서 관찰되는 우울한 느낌, 불안, 반사회적 문제들을 보인다. 중등도 또는 고도 ID가 있는 사람들은 이런 문제들에 더해 자폐증, 정신병, 자해행동과 같이 일반 모집단에서는 흔히 나타나지 않는 문제들을 보일 수 있다. 끝으로 어떤 문제들은 ID의 특정 증후군들과 관계가 있다. 예를 들어 자해는 레쉬-니한 증후군과 관련이 있고 탐식은 프래더-윌리 증후군과 관련이 있다.

ID가 있는 사람들은 전형적 발달을 보이는 또래들보다 심리문제를 경험하기 쉽지만 진단은 덜 받는 경향이 있다. ID가 있는 사람들에게서 동시발생 문제들을 정확하게 확인하거나 진단하기는 어려울 수 있다. 한 가지 이유는 전문가들이 그러한 문제들을 별도의 장애가 아니라 ID의 한 부분으로 보는 경향이 있기 때문에 그런 문제들을 알아보지 못한다는 것이다(Jamieson & Mason, 2019). **뒤덮기**(overshadowing)라 불리는 이 현상은 서로 다른 장면에서 일하는 많은 전문가들에 의해 보고되었다. ID의 인지 및 의사소통장애가 문제들을 확인하기 어렵게 만들 수도 있다. 정서나 내적 상태와 관련된 증상들은 특히 고도 ID가 있는 아동의 경우 평가하기가 더욱 어렵다(Adams & Oliver, 2011). 정서를 묘사하는 과제는 경도 장애가 있는 아동들에게도 쉽지 않을 수 있다. 예를 들어 우울증상은 아동이 슬픔, 절망감 등을 확인하고 명명할 수 있어야 하기 때문에 평가하기가 어려울 것으로 기대된다. 동시발생 장애들의 진단을 방해할 수 있는 또 하나의 요인은 표준적 진단기준이 IQ가 50이나 그 이상일 때에는 잘 들어맞지만 더 심한 경우에는 그렇지 못하다는 것이다(Einfeld & Emerson, 2008).

ID에 문제나 장애가 높은 비율로 나타나는 것은 무엇 때문일까? 어떤 장애들의 경우 신경학적 요인들이 분명히 작용하며, 심한 장애일수록 이 요인들이 더 강력한 역할을 하는 것으로 생각된다. 사실 특정한 유전적 증후군과 특정한 문제 간의 관계는 생물학적 인과관계를 시사한다(Hodapp, Thornton-Wells, & Dykens, 2009). 그러나 사회적·심리적 변인들도 일정한 역할을 담당한다. 예를 들어 발달지연을 보이는 5세 아동들에게 행동

▌표 12.4 ID가 있는 사람들의 심리문제에 영향을 미칠 수 있는 요인

기저의 신경생물학적 과정

기저의 신체질환

약물투여의 부작용

의사소통 결함

부적절한 문제해결 및 대처기술

사회적 기술이 발달할 수 있는 기회의 감소

지지적인 사회적 관계가 발달할 수 있는 기회의 감소

물리적 환경과 관련된 문제들

자기개념을 떨어뜨리는 낙인

가족의 스트레스

중요한 생활사건 또는 트라우마

착취와 학대에 대한 취약성

출처 : King et al.(2017), Summers, Fletcher, & Bradley(2017)에 기초함

문제의 유병률이 높게 나타난다고 보고한 연구는 어머니의 민감하지 못한 교육과 가족스트레스가 외현화 문제의 지속을 예언한다는 것을 보여주었다(Baker et al., 2010). 행동장애를 일으킬 수 있는 요인 중에는 ID라는 낙인, 좋지 못한 생활환경, 발달기회의 결여가 있다(표 12.4 참조). 이 중 일부 요인은 분명히 수정될 수 있다. 예를 들어 사회적 접촉을 확대함으로써 사회적 상호작용에서 주고받기를 학습하도록 촉진할 수 있다. 동시발생 문제들은 삶의 질을 떨어뜨리고 가족기능, 학교 배정 및 지역사회 적응에 영향을 미칠 수 있으므로 그러한 노력은 할 만한 가치가 있다.

역학

지난 수십 년간 ID가 있는 것으로 추정되는 아동의 수는 3%가량이었는데 더 최근의 추정치는 1%가량이다(McKenzie et al., 2016). 물론 유병률은 연구에 따라 그

리고 ID의 심각도에 따라 다르지만 ID의 유병률은 여러 면에서 흥미롭다. 첫째, 위에 언급한 유병률 감소가 과거 수십 년에 비해 장애가 있는 아동의 수가 더 적다는 것을 의미하는 것은 아니다. 오히려 유병률의 변동성은 진단기준의 변화, 감별진단, 또는 지적 손상이 있는 사람들의 적응기능을 지원하는 서비스와 같은 다른 변화들을 반영할 가능성이 크다.

이와 같이 분류가 유병률에 미치는 영향을 알아보기 위해 앞서 논의한 진단기준의 변화를 생각해보라. 유병률은 진단기준이 IQ에 초점을 둘 때 더 높다. 지능검사 점수가 정상분포임을 가정하고 IQ 약 70점을 ID의 기준으로 삼는다면 유병률이 2.3%일 것으로 예상된다(Simonoff, 2015)(그림 12.2 참조). 그러나 현재 ID는 지능과 적응행동에 의해 정의되며 이는 ID를 진단할 때 IQ와 적응기능을 둘 다 고려해야 한다는 것을 의미한다. 적응기능과 IQ를 함께 고려할 경우 낮은 지능으로 인해 일상생활에서 현저한 어려움을 겪는 사람들만이 ID가 있는 것으로 분류된다(Papazoglou et al., 2014).

유병률은 연령과 ID의 심각도를 조사해볼 때 특히 흥미롭다. 유병률은 학령기 이전에는 더 낮고, 이 시기에 확인되는 아동들은 IQ 점수가 중간수준이거나 그보다 더 낮은 경향이 있다. 정도가 심각한 사례일수록 더 즉각적으로 주의를 끄는데, 전문가들은 너무 어린 아동에게 진단을 내리기를 주저하면서 발달이 지연된 것으로 보고 싶어 한다(Handen, 2007). 아동이 학교에 입학하면서 극적인 전환이 일어난다. 더 가벼운 사례가 진단되기 시작하면서 유병률이 증가하는데, 아마도 적어도 부분적으로는 학교에서 새로운 요구가 부과되고 평가가 많아지기 때문일 것이다. 유병률은 청소년기에 감소하고 성인기에는 더욱 감소한다. 이러한 감소는 일부 성인들이 비숙련 직업을 성공적으로 수행하고 적절한 기능을 하는 능력을 갖추게 되었기 때문이거나 어쩌면 상당수가 검사에 응하지 못하게 되었기 때문일 수도 있다. 더 낮은 수준의 ID를 보이는 사람들은 수명이 비교적 짧기 때문에 유병률이 감소할 수 있다.

유병률을 검토할 때 다른 변인들도 고려할 필요가 있

다. ID는 여성보다 남성에게 더 많이 나타난다. 아마도 보고의 편향, 다른 환경요인들, 그리고 생물학적 영향에 대한 남성의 취약성 때문일 것이다(Pennington et al., 2019). 앞으로 더 자세하게 논의하겠지만 사실 남성이 취약 X 증후군 같이 ID와 관련된 유전적 증후군을 보일 위험성이 더 높다. 또한 사회경제적 지위가 낮은 가정의 아동과 청소년은 ID를 보이는 사례의 수가 불균형하게 더 많은데, 가벼운 사례의 경우 특히 그러하다. 이것은 중요한 결과로 이 장의 뒤에서 다시 살펴보기로 하겠다. 흥미롭게도 사회의 변화가 미래의 유병률에 영향을 미칠 수 있다는 것이 지적되었다. 소득수준이 높은 국가에서는 부모 연령의 증가, 심한 저체중으로 태어난 아기의 생존, 인공수정 임신이 ID 발생률을 높일 수 있다. 반면에 ID와 관련된 장애들에 대한 산전 선별검사가 가능해지고 위험군에 속하는 아기들을 더 잘 돌볼 수 있게 되면서 장애 발생률이 낮아질 수도 있다.

발달경로와 고려사항

ID가 있는 아동들은 각자 매우 다른 삶의 궤도들을 따를 것이라고 예측할 수 있다. 진단의 안정성은 불가피한 것이 아니며, 가벼운 장애가 있는 아동들은 적절한 훈련과 기회를 제공받으면 필요한 지적 기술 또는 적응 기술을 습득하기 때문에 장애 기준에 더 이상 해당하지 않게 될 수 있다(American Psychiatric Association, 2013). 그럼에도 대부분 아동에게 ID는 평생 지속된다. 발달의 경로와 결과는 장애의 정도와 원인에 따라 달라질 뿐 아니라 관련된 신체질환, 관련된 정신병리, 가족 변인들, 교육과 지지자원 같은 다양한 위험요인 및 보호요인에 의해서도 달라진다(Carr & O'Reilly, 2016).

이론가와 실무자들은 일반아동과 비교했을 때 ID가 있는 아동들의 인지가 어떤 경로를 거쳐 발달하는지와 관련된 쟁점들에 관심을 기울여 왔다. 초창기 연구는 확인된 원인이 없는 가벼운 지적 손상에 초점을 두는 경향이 있었으나 이후의 연구는 알려진 기질적 병인이 있는 더 심한 손상에도 관심을 두었다.

지적 발달의 속도는 중요한 관심 대상이다. 전형적인 발달은 아동기와 청소년기 동안 몇 차례의 성장박차와 퇴행을 겪으면서 점진적으로 이뤄지는 것으로 생각된다. ID가 있는 아동은 성장 속도가 보통 아동보다 더 느리기는 하지만 대개는 상당히 꾸준한 편이다(King et al., 2017). 그러나 몇몇 특정 증후군의 경우에는 몇 년간 일정하게 성장을 하다가 속도가 늦춰지는 등 상이한 패턴이 관찰되기도 한다.

발달과 관련한 또 다른 고려사항은 지적 성장의 순서와 관련이 있다. 지능은 보통 정해진 경로에 따라 발달한다. 많은 연구자가 ID가 있는 아동들도 유사한 순서를 따르는지 알아보기 위한 연구에 착수하였다. 이 분야의 초기 연구는 ID 아동들이 피아제(Piaget)가 말하는 인지발달의 4단계를 따르는지에 초점을 두었다. 피아제에 따르면 전형적 발달을 보이는 아동들은 점점 더 복잡한 방식으로 사고하게 되면서 모두가 이 단계들을 거친다. 여러 연구는 ID가 있는 아동도 비장애아동과 마찬가지로 피아제의 단계들을 거쳐서 발달하지만 속도가 느리며 궁극적으로 그만큼 높은 수준에 이르지 못한다는 것을 확인하였다(Hodapp & Dykens, 2003; Hodapp & Zigler, 1997).

이러한 결과는 ID가 있는 아동들을 대상으로 일하는 사람들에게 실제적 함의를 갖는다. 예를 들어 가벼운 장애가 있는 아동들의 발달 순서가 전형적인 발달 순서와 비슷한 경우가 많다는 사실은 지적 손상이 있는 아동들을 교육하기 위한 지침을 제공해준다.

병인

ID의 병인은 이질적이지만 일반적으로 뇌의 이상발달 또는 유전적 · 환경적 요인으로 인한 뇌 손상이 그 원인이다(King et al., 2017; Matson & Cervantes, 2019). 이러한 위험요인들은 출생 전에 존재하거나, 출생 때(주산기) 발생하거나, 출생 후에 발생할 수 있다(Bertelli, Salvador-Carulla, & Harris, 2016). 지적장애는 수많은 신체질환 및 유전적 요인과 관련이 있을 뿐 아니라 환

조니 : ID의 알려지지 않은 원인

조니는 경도 지적장애가 있는 10세 소년이다. 부모는 그가 태어날 때부터 좀 '느린' 구석이 있다고 생각했지만, 초등학교 이전에는 진단을 받지 않았다. 조니의 경도 [지적장애]가 어디서 비롯되었는지 아직 [원인]이 명확하게 밝혀지지 않고 있다. 스탠퍼드–비네 Ⅳ로 측정한 바에 의하면, 그의 IQ는 67점이고 언어점수와 지각처리점수 간에 현저한 차이가 없다. 그러나 조니는 충동성이 있고 주의에 문제가 있다. 조니의 [지적장애]가 처음 드러난 것은 초등학교 1학년 말이었다. 당시 학교의 학생연구팀은 조니의 담임교사, 그리고 자료실 교사와 함께 조니가 기초적인 공부기술을 향상시키고 주의의 폭을 넓힐 수 있도록 도움을 주는 작업을 하였다. 조니는 또 부모의 요청에 따라 지역 정신과 의사로부터 주의력결핍 과잉행동장애가 있는지 평가받았는데, 의사는 흥분제 약물을 처방하였고 효과가 있는 것 같았다.

– King, Hodapp, & Dykens
(2000, p. 2599)에서 수정 인용

경요인과도 관련이 있지만 상당수 사례의 경우에는 원인이 무엇인지 분명하게 확인되지 않는다(Simpson, Mizen, & Cooper, 2016). 중등도에서 고도 ID를 가진 사람들의 2/3가량에 대해서는 유전적 또는 환경적 원인

이 알려져 있지만 많은 원인이 여전히 특정되지 않고 있다(Hidapp, Danker, & Dykens, 2016). 조니의 사례에서 볼 수 있듯이 경도 ID가 있는 대부분의 사례에서는 병인을 확인하지 못하고 있다.

역사적으로 지적장애가 있는 사람들은 〈표 12.5〉에 제시된 바와 같이 여러 면에서 차이가 있는 두 범주, 즉 기질적(organic) 집단과 문화–가족적(cultural-familial) 집단에 속하는 것으로 생각되어 왔다(Burack et al., 2016). 이 **두 집단 접근**(two-group approach)은 이론과 연구 모두에서 영향력을 행사해 왔다. 기질적 집단은 생물학적 병인이 분명하게 드러나며, 문화–가족적 집단의 경우 1960년대와 1970년대에 주로 환경적 박탈에서 그 원인을 찾았다. 현재의 지식과 이론은 ID의 원인이 더 복잡하고 상호작용적이라고 보고 두 집단 접근을 넘어서고 있다(Burack et al., 2016). 이 책의 논의에서는 다중원인 모델을 염두에 두고 있지만 병리적 기질, 다중유전자 및 심리사회적 요인으로 병인이나 위험을 구분하는 것도 의미가 있다.

병리적 기질의 영향

ID가 병리적 기질 요인에서 비롯된다고 보는 것은 뇌 기능장애와 지적장애를 설명하는 데 생물학적 원인이 중요하다는 것을 의미한다. 생물학적 위험과 원인을 지지하는 증거가 많이 있다. 이미 지적했듯이 ID가 있는 사람들의 IQ 점수는 아래쪽 끝부분에 있는 '융기'를 제외

┃표 12.5   ID에 대한 두 집단 접근

기질적	문화–가족적
개인은 ID의 기질적 원인을 뚜렷하게 보임	ID의 원인이 분명하지 않음. 때로 다른 가족구성원도 ID를 보임
중등도, 고도, 최고도의 ID에서 유병률이 더 높음	경도 ID에서 유병률이 더 높음
모든 인종과 사회경제적 수준에서 유병률이 동일하거나 거의 동일함	소수집단과 사회경제적 수준이 낮은 집단에서 유병률이 더 높음
다른 신체장애들과 관련이 있는 경우가 많음	신체장애나 의학장애와 관련이 없음

출처 : Hodapp & Dykens(2003)에서 수정 인용

하고는 정상분포를 이룬다(Burack, 1990; Zigler, Balla, & Hodapp, 1984). 이렇듯 낮은 점수의 과다 현상은 심한 생물학적 손상을 입은 사람들에 의해 설명되는 것으로 보인다(Simonoff, 2015). 사실 심한 장애가 있는 많은 사람들은 모든 사회계층에 분포해 있으며, 과도한 유전 이상, 선천성 다중기형, 뇌성마비와 같은 뇌기능장애, 그리고 수명 단축을 보인다는 증거가 있다. 이런 사례들은 유전적 과정, 태내 또는 출생 시의 문제, 뇌 손상이나 질환 같은 출생 이후의 상황, 또는 이 모든 요인의 조합에서 비롯되었을 가능성이 있다.

다중유전자의 영향

ID는 오랫동안 유전과 관련이 있는 것으로 생각되었다. 과거에는 유전적으로 물려받은 생물학적 '결함'과 ID의 관계가 빈약하거나 잘못된 '증거'에 근거를 두고 있는 경우가 많았다. 예를 들어 Goddard(1912)는 그의 유명한 칼리카크(Kallikak) 가문 연구에서 마틴 칼리카크의 매우 독특한 계보를 추적하였다. 한 계통은 칼리카크와 술집 여성의 관계에서 유래했고, 두 번째 계통은 나중에 '좋은 가문'의 여성과 결혼한 데서 유래했다. Goddard는 칼리카크 가의 후손 수백 명에 대한 정보를 토대로 이 두 계통에 큰 차이가 있다는 것을 발견하였다. 즉 첫 번째 계통에 정신박약자, 범죄자, 알코올중독자와 부도덕한 인물들이 더 많았다. 하지만 이 연구는 명백한 약점을 가지고 있는데, 무엇보다도 자료의 정확성에 의문이 제기된다. 그러나 이 연구의 결과는 ID가 가정환경의 영향을 받았을 수도 있지만 유전된 생물학적 특질임을 지지하는 증거로 받아들여졌다.

유전이 일반 모집단의 지능에 미치는 영향에 대한 최근의 이해는 행동유전학 연구에 토대를 두고 있다(Plomin & von Stumm, 2018). 일란성 쌍생아는 이란성 쌍생아보다 지능검사 점수가 더 유사하다. 즉 일란성 쌍생아가 다른 환경에서 성장하면 둘의 유사성이 감소하기는 하지만 여전히 높다. 가족연구와 입양아연구도 쌍생아연구의 결과를 뒷받침해준다. 일반 모집단 지능검사 점수의 변이는 50% 정도가 다중유전자의 유전

적 계승 때문에 일어나는 것으로 추정되는데, 이는 가벼운 ID가 있는 사람들에게도 마찬가지인 것으로 보인다(Wadsworth et al., 2015). 흥미롭게도 종단적 쌍생아연구와 입양연구들에 대한 메타분석은 지능의 유전성이 유아기(20%)에서 아동기(40%)와 성인기(60%)로 갈수록 증가하며, 다중요인이 유전성과 지능에 복잡한 영향을 미친다는 것을 확연히 보여준다(Briley & Tucker-Drob, 2013; Plomin & von Stumm, 2018).

중등도나 고도 ID가 있는 사람들의 경우에는 유전성이 더 낮으며, 이들 집단에는 병리적 기질요인이 더 흔한 것으로 보인다(Pennington et al., 2019). 그렇다고 병리적 기질요인이 경도 ID를 일으키지 않는다는 말은 아니다. 사실 생물학의 발전에 따라 아직 찾아내지 못한 기질적 이상이 가벼운 손상을 가져온다는 것이 밝혀질 것으로 예상된다. 그럼에도 불구하고 가벼운 사례의 병인에는 다중요인이 관여할 가능성이 크고, 여기에는 다중유전자만이 아니라 심리사회적 영향요인도 포함될 것이다(Pennington et al., 2019).

심리사회적 영향

지적장애의 심리사회적 원인에 대한 관심은 역사적으로 문화-가족적 지체의 개념과 결부되어 있다. 각종(garden variety)이나 미분화(undifferentiated)라는 용어도 쓰였는데, 이는 상호 간에 구분하기가 쉽지 않은 사례가 많다는 것을 반영한다(Crnic, 1988). 이런 아동들은 겉보기에 꽤 정상적으로 보이며, 적응기술이 비교적 뛰어난 편이고, 학교에 입학할 때 처음으로 확인되는 경우가 많으며, 성인기에는 상당수가 일반 모집단에 섞여 들어 생활한다. 이들의 가족구성원들도 흔히 이와 비슷하게 서술되었다.

경도 ID는 사회경제적 지위가 낮은 계층과 소수자집단에 불균형하게 많이 발생하며, 심리사회적으로 불리한 조건이 원인으로 작용할 수 있다는 것이 수년에 걸쳐 관찰되었다. 낮은 SES와 관련이 있는 많은 심리사회적 변인들, 예컨대 부모의 낮은 교육수준, 스트레스를 주는 생활사건, 부적절한 환경자극, 독극물에 노출될 위

험의 증가, 질병, 부상 등이 아동을 위험에 처하게 한다 (Maulik et al., 2011; Pennington et al., 2019). 심리사회적 변인들의 부정적 영향은 한 가지 이상의 경로를 통해 작용할 수 있다. 부적절한 지적 자극은 생후 초기의 뇌 발달, 특히 시냅스망의 성장을 저해할 수 있다. 교실이나 그 밖의 학습 환경에서 성공하기에 유리한 행동을 하고 동기를 갖도록 충분한 지원을 받지 못했을 수도 있다.

사회계층, 가정환경 그리고 아동의 지적 발달 간에 연관성이 있다는 것이 입증되었다. 일반적으로 양육은 아동의 인지와 학업수행에 대한 강력한 예측요인이다 (Burchinal et al., 2006; Pungello et al., 2010). 예를 들어 아동이 학령 전기에 보이는 능력은 양육방식과 관련이 있다. 예를 들어 한 연구는 긍정적 감정, 민감성, 관여, 인지적 자극과 같은 부모의 상호작용이 발달지연을 보이는 아동들에게 특히 도움이 된다는 것을 발견하였다(Moody, Baker, & Blacher, 2018).

교육수준과 경제수준이 낮은 부모들은 아동의 언어와 인지 성장을 자극하는 기술이 없거나 또는 그렇게 하지 못하는 것으로 보인다. 한 연구팀은 수년간 생활여건이 불리한 학령 전기 아동들을 대상으로 개입 및 연구 프로그램에 종사했는데, ID의 발달이 여러 세대에 걸쳐 이루어진다는 모델을 제안하였다(Greenwood et al., 1992, 1994). 이 모델에 따르면 어린 아동들은 부모와의 상호작용 결핍으로 인해 지적으로 뒤처지기 시작한다. 이 아동들이 학교에 입학하게 되면 가정환경이 학교교육과 결합하여 동기, 교육노출 및 성취수준을 낮추고, 그 결과 학교 중퇴율을 높이게 된다. 이 아동들은 부모가 되었을 때 자녀의 인지적 성장에 기여하지 못한다.

그러나 생활 여건이 불리한 아동에게 ID를 초래하는 원인을 한 가지만 지목하기는 어려운 일이다. 이 아동들은 중대한 유전적 이상, 태아기와 주산기의 문제, 출생 이후의 영양실조와 질병, 좋지 못한 학교와 이웃 등의 위험에 처해 있기도 하다. 다중유전자의 유전으로 인한 변이가 일어날 가능성 또한 배제할 수 없다. 발달의 복잡성에 관한 연구결과들을 감안할 때 많은 경우에 다중요인에 의한 설명을 적용할 수 있을 것이다.

다중요인의 인과성

ID가 생물학적 요인 또는 심리사회적 요인의 결과라고 보는 역사적 경향으로 돌아가기가 여전히 쉽기는 하지만, 요즘은 더 복잡한 설명이 인정을 받고 있다. AAIDD는 다중요인에 의한 설명이 두 집단 접근과 반드시 불일치하는 것은 아니라는 견해를 내놓았다(Schalock et al., 2010). 어떤 경우에는 생의학적 요인들이 더 우세한 반면에 또 다른 경우들에는 사회적·행동적·교육적 요인들이 더 우세할 수 있다. 그러나 알려진 유전적 증후군이 ID와 강한 관련이 있을 때일지라도 장애수준은 일정한 한계 내에서 다른 생물학적 요인들과 심리사회적 요인들의 조합에 의해 결정될 수 있다. 가령 취약 X 증후군이 있는 아동들이 보이는 지능, 적응행동, 언어발달, 행동문제는 이 아동들의 가정환경과 학교환경으로부터 영향을 받는다(Warren et al., 2010). AAIDD는 인생의 여러 시점에서 작동할 수 있는 생의학적, 사회적, 행동적 및 교육적 요인들을 포괄하는 다중위험 모델의 틀에서 장애의 발달을 바라본다(표 12.6 참조).

유전 증후군과 행동 표현형

분자유전학의 눈부신 발전과 더불어 ID가 있는 사람들이 보이는 유전적 증후군의 연구와 진단에 대한 관심이 증가하였다. ID의 병인에 대해 아직 밝혀야 할 것이 많기는 하지만 ID에 영향을 미치는 새로운 유전질환이 매년 확인되고 있다. ID의 원인에 대한 정보는 예후와 치료에 대한 정보를 제공해주고 가족들에게 유전적 위험에 대해 알려주는 데에도 도움이 된다(King et al., 2017)

여기서는 ID와 관련이 있는 네 가지 증후군(다운증후군, 취약 X 증후군, 윌리엄스 증후군, 프래더-윌리 증후군)을 살펴보기로 한다. 각 증후군의 기저에 있는 유전적 기제를 알아보고 몇 가지 인지적 특성을 기술하기로 한다. 〈표 12.7〉에는 각 증후군과 관련하여 많이 보고되는 신체적 외모와 행동이 간단히 기술되어 있다. 특정 증후군과 행동의 관계는 **행동표현형**(behavioral

▌표 12.6   ID의 위험요인 및 병인에 대한 AAIDD의 네 가지 범주

발생시점	생의학적	사회적	행동적	교육적
태아기	1. 염색체 장애 2. 단일유전자 장애 3. 여러 증후군 4. 대사장애 5. 대뇌발육이상 6. 모의 질병 7. 부모의 연령	1. 빈곤 2. 모의 영양실조 3. 가정폭력 4. 산전 건강관리 결여	1. 부모의 약물사용 2. 부모의 알코올사용 3. 부모의 흡연 4. 부모의 미숙	1. 지원 없는 부모의 인지장애 2. 부모가 될 준비의 결여
주산기	1. 미성숙 2. 출산 상해 3. 신생아 장애	1. 출산 시 보호 결여	1. 부모의 양육거부 2. 부모의 자녀유기	1. 개입 서비스를 위한 진료 의뢰 결여
출생 이후	1. 외상적 뇌손상 2. 영양실조 3. 수막뇌염 4. 발작장애 5. 퇴행성장애	1. 아동-성인 상호작용의 손상 2. 적절한 자극 결여 3. 가족의 빈곤 4. 가족의 만성질환 5. 시설수용	1. 아동학대와 방임 2. 가정폭력 3. 부적절한 안전조치 4. 사회적 박탈 5. 아동의 까다로운 행동	1. 양육의 문제 2. 진단의 지연 3. 부적절한 조기개입 서비스 4. 부적절한 특수교육 서비스 5. 부적절한 가족지원

출처 : Schalock et al.(2010)에서 수정 인용. Copyright 2006 by Sage. 허락하에 사용함

▌표 12.7   ID의 네 가지 증후군과 관련된 신체적·행동적·인지적 특성

	신체적 특징	행동적/인지적 특징
다운 증후군	치켜 올라간 눈꼬리와 눈 양쪽의 주름, 납작한 얼굴, 갈라진 혀, 넓적한 손발, 부실한 근육상태, 작은 키	주로 경도에서 중등도까지 IQ의 변동 폭이 넓음. 다양한 행동문제(예 : 불복종, 고집스러움, 따지기 좋아함, 부주의, 사회적 위축, 청소년기 우울증)를 보임. 사회적 의사소통이 상대적 강점임
취약 X 증후군	긴 얼굴, 큰 귀, 매끄러운 피부, 아치 모양의 입천장, 이중관절 엄지손가락, 소년은 지나치게 큰 고환. 여성에게는 이런 특징이 나타나지 않음	IQ가 중등도에서 고도까지 다양한 수준으로 나타남. 부주의, 과잉행동, 눈맞춤을 잘 못함, 수줍음, 불안, 자폐와 관련된 특징 등 다양한 행동문제를 보임
윌리엄스 증후군	'요정 같은' 얼굴(예 : 낮고 작은 턱, 튀어나온 광대뼈), 성장결함, 청소년 후기와 성인 초기에 나이 들어 보이는 외모	중등도의 ID. 언어 습득이 지연되지만 나중에는 언어가 상대적 강점임. 분별 없고 지나치게 친절한 사회적 상호작용, 사회적 판단력 부족, 불안, 반복적 사고
프래더- 윌리 증후군	아몬드 모양의 눈, 처진 입, 작은 키, 작은 손발, 부실한 근육상태, 미성숙한 생식선, 비만	경도의 ID. 과식과 음식 추구/저장, 과도한 주간 졸림증, 운동지표 지연 및 음성장애, 강박 성향, 고집스러움, 성질부리기, 공격성, 불순종, 불안, 충동성

출처 : Hagerman(2011), Hazlett et al.(2011), King et al.(2017), Pennington et al.(2019), Simonoff(2015)에서 부분 인용

phenotypes)이라는 개념으로 이어졌는데, 이는 특정 장애가 사람들에게 특정한 행동 성향을 부여한다는 것을 의미한다. 어떤 사례들에서는 이것이 분명하게 나타나지만(예 : 프래더-윌리 증후군의 폭식), 행동문제들은 중복되어 나타나기도 하고 하나의 장애에서 개인차가 나타나기도 한다.

다운증후군

다운증후군은 ID의 단일장애로는 가장 흔히 발생하는 장애로서 신생아 1,100명 중에서 1~1.5명꼴로 발생한다(Pennington et al., 2019). 1866년에 영국인 의사 존 랭던 다운(John Langdon Down)이 이 장애를 기술하였는데, 그는 이 장애가 어머니의 결핵에 원인이 있다고 보았다. 인간의 염색체가 완전히 해독된 지 불과 3년 후인 1959년에는 다운증후군 환자에게서 21번 삼염색체가 발견되었다. 〈그림 12.3〉에서 볼 수 있듯이 21번 염색체가 2개가 아니라 3개이다. 전체 사례의 95%가량이 이러한 이상에서 초래되었는데, 이는 정자와 난자가 형성되는 감수분열 과정에서 염색체쌍이 제대로 분리되지 못해서 생겨난다(나머지 사례들은 21번 염색체의 다른 이상을 가지고 있다). 21번 삼염색체는 거의 무작위로 발생하는 것으로 보이며, 유전되지 않고, 대부분 어머니에게 원인이 있다. 어머니의 나이가 많을수록 발생 가능성이 커진다. 즉 어머니가 35세 이하이면 다운증후군 발생 위험이 신생아 1,000명 중 1명꼴이지만 어머니가 45세 이상이면 이 수치가 20명꼴로 증가한다(Loane et al., 2013).

뇌의 여러 부위가 영향을 받는데 뇌 크기의 감소, 뉴런 수와 밀도의 감소, 변칙적 수상돌기 등의 이상이 나타난다. ID가 있는 많은 사람에게서 알츠하이머 환자의 뇌에서 발견되는 비정상적 플라크나 신경섬유농축체와 매우 유사한 병리가 관찰되며, 다운증후군 성인의 80% 이상이 65세가 되기 전에 치매에 걸릴 수 있다(Hithersay et al., 2017). 심장결함, 호흡이상, 위장문제, 시각장애와 같은 다른 건강문제가 나타날 위험도 매우 크다(Jackson, Wendland, & Ekvall, 2017). 그러나 이들의 수명은 60세가량으로 최근 몇십 년 동안 크게 증가하였다.

다운증후군 아동들은 생후 첫 몇 해 동안 상당한 지

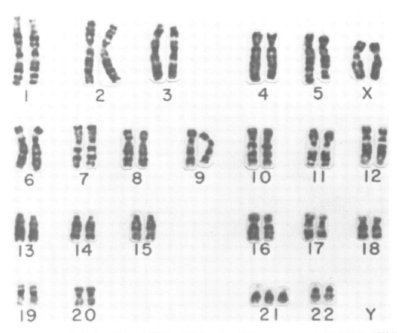

그림 12.3 21번 삼염색체가 있는 여성의 염색체 조성(March of Dimes, copyright 2012. 허락하에 사용함)

적 성장을 보이지만 보통 아동기와 청소년기에 장애가 뚜렷해지면서 발달 속도가 느려진다(Hazlett et al., 2011). 대부분 중등도에서 고도까지의 장애를 나타내지만 청소년기까지 학습을 계속할 수 있다. 단기 언어기억과 청각정보처리에 결함이 있다는 증거가 있다(Pennington et al., 2019). 시 · 공간능력은 비교적 뛰어난 편이다. 대부분 아동은 말을 배우기는 하지만 지연되며, 언어 이해보다는 언어 표현이 더 많이 손상된다. 성인기에 인지기능과 적응기능이 유난히 크게 감퇴한다는 결과가 일부 연구에서 보고되었는데 이는 아마도 치매의 발달과 관련이 있을 것이다(Hithersay et al., 2017).

흥미롭게도 다운증후군 아동은 다양한 사회적 · 정서적 문제를 보이지만 ID가 있는 다른 집단의 아동들보다 정신과 문제는 적게 나타내는 것으로 생각된다(King et al., 2017). 다운증후군이 있는 아동들이 다른 증후군을 보이는 아동들보다 키우기가 더 쉽다는 점을 나타내기 위해 때로 '다운증후군 이점'이라는 관용구를 사용하기도 한다. 그러나 상황은 복잡하다. '다운증후군 이점'은 ID가 있는 아동과 그 가족을 위한 개입에 중요한 의미가 있으므로 이런 현상이 어느 정도로 존재하는지 알아볼 필요가 있다(생각상자 '다운증후군의 이점' 참조).

취약 X 증후군

1969년에 처음으로 기술된 취약 X 증후군(fragile X syndrome)은 다운증후군 다음으로 ID를 초래하는 원인이며 ID의 가장 흔한 유전적 형태이다. 이 증후군은 남성 4,000명 중에 1명, 여성 8,000명 중에 1명꼴로 발생하는 것으로 추정되며(National Institutes of Health, 2019), 여러 국가와 여러 인종/민족에게서 발견되었다(Sherman & Hunter, 2017).

취약 X 증후군은 단일유전자의 비정상적 유전자 발현이 원인이며, 남성이 이 장애를 더 많이 보이는 X 염색체 관련 양상으로 유전된다(Pennington et al., 2019). X 염색체가 손상된 남성은 딸들에게 그 염색체를 물려

생각상자 | 다운증후군의 이점

다운증후군 아동이 다른 발달장애가 있는 아동들보다 키우기 쉽다고 하는 주장이 널리 받아들여지고 있다(Corrice & Glidden, 2009). 이러한 '다운증후군의 이점'과 관련하여 두 가지 주요 의문이 제기되었다. 과연 그런가? 또 만약 그렇다면 그 이유는 무엇인가? 여러 연구가 이 의문들을 다루었다.

만약 다운증후군 아동을 키우기가 정말로 쉽다면 그들의 가족이 상대적으로 적응을 잘하고 만족해하고 낙관적일 것으로 예측하는 것이 타당하다. 모든 연구결과가 이러한 예측을 지지하는 것은 아니지만 이 예측을 지지하는 증거에 무게가 쏠리고 있다(Esbensen & Seltzer, 2011). 다운증후군 아동의 어머니는 스트레스를 더 적게 받고, 사회적 지지를 더 많이 받으며, 자녀에 대해 비관적인 생각을 더 적게 한다. 가족이 더 응집성이 있고 조화를 이룬다. 다운증후군 청소년의 어머니는 심리적 적응을 더 잘하고, 덜 비관적이며, 자녀와 더 친밀한 관계를 맺는다고 보고한다. 더욱이 다운증후군이 있는 성인자녀를 둔 어머니들의 경우에도 비슷한 증거가 제시되었다. 연구자들은 이러한 결과를 설명하기 위해 (1) 다운증후군 아동의 속성들과 (2) 이

증후군과 주변적으로 관련이 있는 요인들을 알아보았다.

다운증후군 자체와 관련하여 기질, 사회적 행동, 기능적 행동이 연구에 대한 관심을 크게 불러일으켰다. 다운증후군이 있는 사람들은 다른 증후군이 있는 사람들에 비해 사회적으로 더 호감을 주는 행동을 하고, 적응행동을 더 많이 하며, 행동문제를 더 적게 보인다고 부모들이 보고한다는 증거가 있다(Corrice & Glidden, 2009). 나아가 이런 행동들은 보호자의 행복과도 관련이 있다(Blacher & McIntyre, 2006; Esbensen & Seltzer, 2011).

그 외의 요인들도 관여하는 것으로 보인다. 그중 하나는 어머니의 연령이다. 다운증후군 아동의 어머니들은 비교집단의 어머니들보다 흔히 나이가 더 많은데, 고령 출산은 부담을 더 적게 느끼고 더 크게 만족하는 등의 행복 측정치들과 상관이 있다. 아마도 어머니가 더 성숙하고 연령에 따른 경제적 안정이 작용했을 것이다. 아울러 다운증후군 어머니들은 취약 X 증후군이나 자폐증 같은 비교집단의 어머니들보다 생물학적으로 기능결함에 덜 취약할 수 있다.

주지만, 아들에게는 물려주지 않는다. 아들은 아버지로부터 Y 염색체만 받기 때문이다. 손상된 염색체를 가지고 있는 여성은 그 염색체를 아들이나 딸에게 물려줄 확률이 50%이다. 그러나 딸들은 두 번째 X 염색체를 가지고 있어서 이 염색체로부터 어느 정도 보호를 받으며, 인지적·정서적 손상의 정도가 덜 심할 수 있다. 남성들은 장애증상을 더 심하게 경험할 가능성이 크다. 단일유전자가 취약 X 증후군의 원인이기는 하지만 유전 양상은 복잡하다(Hagerman, 2011). 이 장애는 후성적인 것으로 간주된다. FMR1 유전자에 있는 3개의 DNA 뉴클레오티드(시토신, 구아닌, 구아닌)가 반복 생성되는 데서 비롯되는 유전자 발현의 변화에 의한 것이기 때문이다(Pennington et al., 2019). 보통 사람들의 경우 반복이 50번 이내로 이루어지지만 이 횟수는 생식세포를 생성할 때 증가하며 자손에게 전달될 수 있다. '전돌연변이' 보인자들의 경우 이런 반복이 55번에서 200번까지 이루어지는데, 전돌연변이는 다음 세대에서 반복이 더 많이 이루어질 위험을 증가시킨다(King et al., 2017). 여성의 경우 전돌연변이는 난자로 발달하는 세포들에서 200번 이상 반복이 일어날 수 있는데 이 경우 FMR1 유전자가 발현되지 않고 완전히 진행된 취약 X 증후군이 나타난다(National Institutes of Health, 2019). 따라서 손상된 X 염색체를 가진 가족들은 다양한 증상을 보이거나 아무런 증상도 보이지 않는다. 새미 사례를 보면 DNA 검사를 통해 취약 X 증후군으로 진단받은 소년에 대해 알아볼 수 있다.

이 장애는 뇌발달 초기에 중요한 시냅스와 다른 과정들의 발달을 조절하는 데 관여하는 단백질을 파괴한다(Pennington et al., 2019). 몇몇 뇌 영역에 구조적 이상이 발견되었으며, 뇌는 태아기와 출생 후에 손상되었을 수 있다(Hoeft et al., 2010). 특히 소뇌와 전두엽 및 두정엽 부위에 여러 가지 뇌 이상이 있는 것으로 보고되었다. 취약 X 증후군이 있는 아동의 머리둘레가 큰 것은 뇌 구조의 팽창을 말해주며, 이는 발달 초기에 세포의 가지치기가 충분하지 못했다는 것을 말해준다.

취약 X 증후군이 있는 남성들은 거의 모두가 중등도

> ### 새미 : 취약 X 증후군의 예
>
> 생후 51개월 된 새미는 신생아 때에는 경미한 문제만 나타냈다. 발달규준이 약간 지연되었는데, 10개월에 일어나 앉았고 15개월에 걸었다. 생후 1년이 되었을 때 손을 흔들어대고 물어뜯기 시작하였다. 물건들을 잘근잘근 씹고, 눈맞춤을 거의 하지 않으며, 성질을 부린다. 쉽게 흥분하며, 활동수준이 높고 충동적이며 주의가 산만하다. 돌출 귀, 높은 아치형 입천장, 이중관절 엄지손가락 등의 신체적 특징을 보인다. 새미는 베일리 발달검사에서 23~25개월 된 아이와 비슷한 수준의 수행을 보인다. 바인랜드 적응검사 점수는 21~22개월 된 아이의 점수와 유사하다.
>
> – Hagerman(2011, pp. 280~281)에서 수정 인용

에서 고도의 ID를 가지고 있으며, 여성은 1/3가량이 가벼운 지적 손상이 있다(National Institutes of Health, 2019). 빠르면 5세부터 인지적 성장이 느려지기 시작하며 아동 후기와 청소년 초기에는 발달이 정체된다(Reiss & Dant, 2003). 시각-공간 인지, 순차적 정보처리, 운동협응, 산수, 집행기능 결함이 뚜렷하게 나타난다. 장기기억과 습득된 정보는 상대적 강점인 것으로 보인다. X 염색체 하나가 손상된 여성에게는 학습장애, 행동문제 및 사회적 손상이 흔히 나타난다. 한때는 취약 X 증후군이 있는 소년의 상당수가 자폐스펙트럼장애를 가지고 있다고 보고되었으나, 더 최근 연구는 그 수치가 5% 정도라고 제안한다. 취약 X 증후군이 있는 많은 소년은 다른 사람들과 기꺼이 상호작용하고자 하는 마음을 가지고 있으나 사회적 불안, 수줍음, 시선 혐오, 사회적 회피 또는 위축을 경험하는데, 이는 자폐의 일부 특질과 유사해 보이지만 불안장애로 더 잘 설명할 수 있다(King et al., 2017; Neri, 2017).

윌리엄스 증후군

이 증후군은 7,500명 중에서 1명꼴로 나타나는 희귀한 장애로서 7번 염색체의 여러 유전자가 조금 결실되는 무

로버트 : 윌리엄스 증후군의 예

로버트의 어머니는 음악교사였고 아버지는 과학교사였다. 임신 중에 별다른 문제없이 태어난 로버트는 신생아일 때 극도로 까다로웠고 나중에는 편식을 하였다. 부모는 로버트가 매우 신경질적이라고 생각했으며, 그는 누이들이 시끄럽게 놀면 울음을 터뜨리거나 움츠러들곤 하였다. 그의 발달이정표는 약간 지연되었으나, 소아과 의사는 남자아이들은 간혹 발달이 지연되기도 하는데다 로버트는 활달하고 사회성이 있는 아이이므로 곧 따라잡을 것이라고 부모를 안심시켰다.

로버트가 세 살이 되었을 때 부모는 평가를 받기로 하였다. 운동, 언어, 인지기능이 조금씩 뒤떨어져 있는 것으로 나타났다. 그는 귀엽고 사랑스러운 얼굴에 친절하고 애교가 넘치는 아이라고 묘사되었다. 로버트는 특수유치원에 다녔고 그 이후로는 특수학급과 일반학급을 오가며 학교에 다녔다.

7세에는 IQ가 66점이고 단기기억과 표현성 언어는 정상에 가깝지만 시공간기술은 분명한 결함이 있다는 평가를 받았다. 쓰기와 산수를 하기 어려워했고, 과학과 음악을 좋아했으며, 다른 사람과 이야기할 기회가 있을 때면 놀라울 정도로 친근하게 굴었다. 사실 부모는 그가 지나치게 친절하고 활동적이라고 느꼈다.

로버트는 청소년 초기에 불안증상이 점차 심해졌다. 폭풍우를 동반한 먹구름과 개에 대한 공포가 생겼고, 엘리베이터를 타려 하지 않았으며, 누이에 대한 걱정에 사로잡혔다. 악몽을 꾸고 가끔씩 걱정에 사로잡혔으며 복통이 있기는 했지만, 학교에 다녔고 장애인 올림픽에서 친구 몇 명을 사귀었으며, 고교 합창단에서 노래를 불렀고, 학교 콘서트의 피아노 연주자로 선정되곤 하였다. 로버트가 17세가 되었을 때 부모는 윌리엄스 증후군에 관한 TV 프로그램을 우연히 보게 되었고, 프로그램에 나오는 사람들과 아들의 유사성에 전율을 느꼈다. 유전 검사는 윌리엄스 증후군 진단을 확인해주었다. 그 결과 로버트는 윌리엄스 증후군이 있는 다른 청소년들을 만나고 함께 활동했으며, 혼자라는 느낌을 덜 받게 되었다. 부모는 자신들의 감정과 우려를 공유할 수 있는 사회적 공동체를 발견하였다.

— King et al.(2005, p. 3082)에서 수정 인용

작위 돌연변이로 인해 발생한다(King et al., 2017). 심장과 신장에 문제가 있는 것으로 보고되고 있다. 이 증후군은 보통 경도에서 중등도까지의 지적장애와 관련이 있으며 IQ는 대부분 50~70 사이에 있다. 여러 뇌 부위의 용적이 축소되거나 확장되어 있으며 반응억제, 시각정보처리, 음악과 소음의 청각정보처리 등의 과제를 수행하는 동안 뇌가 비정상적으로 활성화되는 것으로 보고되고 있다(Kesler et al., 2011).

최근에는 윌리엄스 증후군이 있는 아동과 성인의 놀라운 인지-언어 프로파일에 관심을 기울이고 있다. 이들은 언어와 얼굴정보처리 같은 인지기능의 사회적 측면에 강점을 보이고 시공간 기억과 기술 같은 인지능력의 비사회적 측면에 약점이 있다. 시공간 기억과 기술은 정신연령에 비해 기대할 수 있는 수준에 많이 못 미친다(Campos, Martínez-Castilla, & Sotillo, 2017 ; King et al., 2017). 청소년기에 이르러서도 공간적 방위의 차이를 지각하지 못하며, 단순한 막대 그림을 똑같이 따라 그리지 못한다. 반면에 단기 언어기억은 뛰어나며, 대개 언어성 IQ가 수행성 IQ보다 현저하게 더 높다. 언어의 몇 가지 측면에 약점이 있기는 하지만, 언어만이 아니라 청각정보처리와 음악에도 강점을 보인다(King et al., 2017).

윌리엄스 증후군이 있는 사람들은 어릴 때부터 친숙한 사람들과 낯선 사람들 모두에게 지나치게 사교적이고 친절하다는 점도 주목할 만하다(Pennington et al., 2019). 주요 뇌영상 연구의 결과는 윌리엄스 증후군이 있는 사람들의 사회적 탈억제를 밝혀내는 데 도움을 주었다. 특히 윌리엄스 증후군이 있는 사람들은 화난 얼굴과 두려워하는 얼굴을 보여주면 편도체의 활성화가 감소하고 따라서 사람들을 잘 구별하지 못한다는 것이 밝혀졌다(Pennington et al., 2019). 윌리엄스 증후군이 있는 사람들은 특이한 친근성에도 불구하고 친구를 사귀

거나 관계를 유지하는 데 어려움을 느끼는 경우가 많고 일반화된 불안, 걱정 및 다른 비사회적 형태의 불안을 더 많이 보인다(King et al., 2017). 로버트 사례에 관한 기술은 이 증후군에 특징적으로 나타나는 많은 행동과 능력을 분명하게 보여주고 있다.

프래더-윌리 증후군

이 증후군은 1956년에 처음으로 기술되었으며, 신생아 15,000명에 1명꼴로 발생하는 것으로 추정된다(King et al., 2017). 염색체의 미세결실(microdeletion)이 초래하는 것으로 밝혀진 최초의 증후군이며, 유전자의 발현이 부모 중 누가 그 유전자를 물려주었는지에 따라 결정되는 유전체 각인(genomic imprinting)을 증명해낸 최초의 장애이다. 프래더-윌리 증후군은 15번 염색체의 긴 팔에 있는 유전자와 관련이 있는데 이 유전자들은 보통의 경우 아버지로부터 물려받은 염색체에 의해서만 발현된다(King et al., 2017). 이 증후군을 보이는 사례의 70% 가량에서는 이 유전자들이 삭제되어 있다. 나머지 사례의 대부분은 15번 염색체를 둘 다 어머니로부터 물려받았기 때문에 아버지로부터 물려받은 유전자는 없다.

프래더-윌리 증후군의 유전 양상은 개인의 인지 프로파일에 영향을 미치는데 이 증후군을 보이는 사람들은 대개 경도에서 중등도까지의 ID를 보인다(Dykens et al., 2019). 부계 유전자가 삭제된 사례들은 지능 특히 언어지능이 낮으며, 행동문제를 더 많이 또는 더 심하게 보일 수 있다. 그러나 조각난 그림을 맞추는 능력은 뛰어나다(King et al., 2017). 모계의 15번 염색체 두 개가 관여하는 사례들은 시공간 과제에서 수행이 낮고, 이 증후군에 일치하는 얼굴 특징을 더 적게 보이며, 심한 우울증상을 보이고 사회적 상호작용을 잘 못하는 경향이 있다.

프래더-윌리 증후군은 발달과정에서 특징적인 음식물 섭취 패턴을 보이는 것으로 잘 알려져 있다(Miller, McCune, & Driscoll, 2017). 이 증후군을 보이는 아기들은 근긴장도가 낮고 무기력할 뿐만 아니라 밥 먹이기가 어렵지만 2~6세 사이에 식욕 항진(과식)과 음식물 저장

행동이 나타나며 이는 평생 지속된다. 개입과 식생활 관리를 하지 않으면 이런 행동들이 비만과 사망을 초래한다(King et al., 2017). 프래더-윌리 증후군이 있는 사람들에게는 음식과 관련한 집착과 강박이 흔히 나타나지만 음식과 무관한 강박과 충동도 높은 비율로 나타난다. 후자에는 피부 뜯기와 저장하기, 환경과 일상적 루틴에서 정확성, 질서, 청결, 동일성을 지키지 못할까 하는 우려가 있다. 성질 폭발, 공격성, 완고성과 충동성 같은 파괴적 행동들도 나타날 수 있다. 연구는 프래더-윌리 증후군의 유전 양상이 어떤 것인가에 따라 행동에 차이가 나타날 수 있다는 것을 보여준다(Butler et al., 2019; King et al., 2017). 유전이 이 증후군에 어떤 역할을 하는지 더 연구할 필요가 있으며, 이러한 연구는 다른 증후군에 대한 연구와 마찬가지로 ID에 대한 이해를 증진할 것으로 전망된다.

가족의 적응과 경험

ID가 있는 아동과 그 가족은 극심한 어려움을 겪게 되며 여러 면에서 독특한 위험집단이라 할 수 있다(Crnic et al., 2017). 자녀에게 ID가 있을 때 부모는 자녀에 대해 걱정하며, 기대가 결코 충족되지 않을 것이라고 인식하고, 어떤 경우에는 진단과정에서 스트레스와 좌절을 겪는다(Bailey, Skinner, & Sparkman, 2003). 이 아동들의 지적·심리적 요구를 충족시키고 또 많은 경우에 신체적 요구까지도 충족시키기 위해서는 엄청나게 많은 주의와 노력을 기울여야 한다. 또 부모들은 종종 자신과 자녀 모두를 향한 낙인을 경험하곤 한다(Mitter, Ali, & Scior, 2019). ID가 있는 아동들은 행동문제를 보이는 경우가 많으며 그 결과 부모들은 양육 스트레스를 더 많이 받기 쉽다(Crnic et al., 2017). 이 부모들은 또 주거와 학교 배정, 건강, 평생 보호와 감독을 위한 장래계획과 관련하여 보통의 가족들은 흔히 하지 않는 결정들을 해야 한다. 때로 이러한 결정을 할 때 매우 어려운 실제적·윤리적 쟁점들에 직면한다(생각상자 'ID 아동에게 무엇이 최선인지 결정하기' 참조).

생각상자 **ID 아동에게 무엇이 최선인지 결정하기**

ID가 있는 아동의 보호와 관리에 관한 결정을 내리기는 특히 어렵다. 매우 다른 두 가지 예가 이 점을 잘 보여준다.

1970년대 이후로 이름이 알려지지 않은 몇몇 부모가 다운증후군이 있는 자녀들에게 얼굴 재건 수술을 해주기로 마음먹었다(Goeke et al., 2003). 이 수술은 보통 혀의 크기를 줄이고 코와 턱, 다른 여러 얼굴부위에 보형물을 이식하는 등의 여러 절차를 거친다. 목표는 신체기능(예 : 말, 호흡)과 외모의 향상이다. 다운증후군은 널리 알려진 독특한 얼굴 특징들이 아동에게 낙인을 찍는 작용을 함으로써 오랜 세월 정신장애와 함께 발생하는 가치절하, 편견, 차별을 당했다(Hinshaw, 2005; Major & O'Brien, 2005). 따라서 다운증후군의 재건 수술은 낙인을 완화하려는 시도로 볼 수 있다. 하지만 수술이 초래하는 통증뿐 아니라 심리에 미치는 부정적 영향으로 볼 때 이 목표가 충족되었는지 의문이 제기되었다. 또한 재건 수술이 사실은 다운증후군을 받아들이기 어렵게 하고 중요한 윤리적 문제를 유발했을 수도 있다는 제안도 있다.

이와 매우 다른 예에서는 6세 소녀에게 에스트로겐을 대량 투여하고 자궁과 유두를 제거함으로써 성장 감쇠를 초래한 의학적 개입에 대해 논란이 제기되었다(Gunther & Diekema, 2006). 심한 장애가 있는 이 소녀는 가정에서 소녀를 사랑하는 부모의 보호를 받았는데, 부모는 아이가 자라면 자신들이 더는 돌봐줄 수 없게 될 것을 두려워하였다. 아이의 삶의 질 향상이 주된 고려사항이었고 심사위원회는 이 개입을 승인하였다. 그러나 AAIDD는 처음 논란이 일었을 때 그리고 나중에 다시 반대의견이 제기되었을 때 이 결정을 강하게 비판하였다(AAIDD Position Statement, 2020). 그와 같은 극단적 처치는 아동이 궁극적으로 가정 외 보호를 피할 수 있다는 확실한 보장도 없이 알려지지 않은 의학적 위험을 감당하게 한 것이라는 비판을 받았다. AAIDD는 또 성장 감쇠가 해당 아동의 가치를 깎아내리고 장차 의학적 오용의 여지가 있기에 치료의 선택지가 되어서는 안 된다고 주장하였다. 이 대신에 AAIDD는 특수한 요구가 있는 아동들을 돌보는 책임을 짊어진 부모들에게 지원과 서비스를 제공할 것을 주장한다(AAIDD Position Statement, 2020).

우리는 ID나 그 밖의 발달장애가 있는 아동을 둔 가족에 대해 어떻게 생각해야 할 것인가? 가족의 행복에 관한 연구들은 대부분이 아동의 장애가 가족 구성원들에게 미치는 부정적 영향을 강조하였으며, 가령 ID 아동의 어머니들이 스트레스, 불안, 우울 및 기타 부정적 감정들을 경험한다고 제안하였다(McIntyre, 2016). 그러나 어떤 가족들은 어려움을 겪지 않는 것이 분명하며, 적응유연성이 영향을 미치는 요인들을 알아보는 쪽으로 관점의 전환이 이루어지고 있다(Hastings, 2016). 요즘은 장애아동의 가족을 좀 더 규범적인 관점에서 본다. 즉 스트레스를 겪고 있는 다른 가족들과 마찬가지라고 보는 것이다. 전반적으로 ID 아동의 가족들은 약간 부정적인 결과를 보일 뿐이고, 많은 부모가 ID 아동을 보살피는 것이 가족에게 긍정적인 경험이었고 가족관계를 강화해 왔다고 보고한다(McConnell & Savage, 2015).

수많은 요인, 그중에서도 특히 장애의 정도, 아동의 행동문제, 부모의 대처전략과 낙관주의, 사회적 지지가 부모의 대처와 만족에 영향을 미칠 수 있다(Adams et al., 2018; Halstead, Griffith, & Hastings, 2018; McIntyre, 2016; Peer & Hillman, 2014). 장애아동이 가족에 미치는 영향은 가족의 인종/민족 배경에 따라서도 달라질 수 있다. 건강관리 및 장애인들에게 서비스를 제공하는 시스템이 인종/민족 집단 간에 질적으로 차이가 있다는 것이 확인되었다(Magana, Parish, & Son, 2015). 이러한 차이는 부모의 스트레스와 가족의 기능에 영향을 미칠 수 있는 독특한 스트레스요인이다. 이러한 수많은 요인(아동의 특성, 가족의 특성 및 사회적 변인들)은 상황을 복잡하게 만든다.

가족 구성원들은 각기 다른 방식으로, 또 각기 다른 정도로 영향을 받을 수 있다. 아동의 행동문제는 부모가 보고하는 스트레스, 우울, 불안과 상관이 있으며, 어머니는 아버지보다 영향을 더 많이 받기 쉽다(Hastings et al., 2005). 어머니가 취업했을 경우 예컨대 특별한 요구가 있는 아동을 돌봐줄 서비스를 찾아보면서 일과 관

지적장애나 다른 발달장애가 있는 아동들은 가족으로부터 특별한 돌봄과 양육을 받을 필요가 있으며 그로부터 혜택을 받는다. 이 가족들이 스트레스를 경험하고 높은 요구에 적응하고 또 성취감을 느끼는 정도는 많은 요인에 달려 있다.

련한 스트레스를 훨씬 더 많이 받는다(Parish, 2006). 더욱이 배우자가 서로에게 영향을 미치고, 어머니의 스트레스와 아동의 행동문제도 양방향으로 영향을 미친다(Hastings et al., 2006).

형제자매도 ID가 있는 아동과 이 아동이 가족의 기능에 미치는 영향을 받아들여야 하기에 어려움을 겪을 수밖에 없다(Dykes, Mulroy, & Leonard, 2009). 형제들은 장애아동에게 통상적인 경우보다 보호 관리와 정서적 지원을 더 많이 제공하며, 장애가 있는 형제자매에 관해 다른 사람들에게 어떻게 말해야 할지 몰라 힘들어할 수 있다. 특히 장애인의 수명이 연장됨에 따라 형제자매는 장차 자신이 장애아동을 보살피게 될 것을 예상하도록 사회화되는 경우도 많다(Hodapp et al., 2017). 연구들은 전반적으로 장애아동의 형제들이 다양한 결과를 맞게 된다는 것을 보여준다. 자기개념과 자기효능감에서는 다른 아동들과 차이가 없으나 행동문제, 우울과 고립감의 경우 결과가 혼재되어 있다(Meadan, Stoner, &

Angell, 2010). 부모-자녀 관계가 그러하듯이 형제 관계에도 수많은 변인이 영향을 미칠 수 있다.

보상과 만족

많은 가족이 발달장애가 있는 아동을 보살피는 일이 어려움에도 불구하고 잘 해내고 있으며, 자신들이 하는 경험의 긍정적인 면을 보고한다. Scorgie와 Sobsey(2000)는 장애아동을 키우는 부모들의 삶이 어떻게 탈바꿈하는지 연구하였다. 외상 사건이 현저하게 긍정적인 변화를 초래했을 때 삶이 탈바꿈되었다고 정의하였다. 부모들은 자기 의견을 표현하는 법을 배웠고, 더 강해졌으며, 삶을 새로운 관점에서 바라보게 되었고, 동정심을 더 갖게 되었다고 보고하였다. 이 부모들은 특수한 요구가 있는 자녀를 키우는 일이 직업 제한이나 사회적 참여 감소 등의 부정적인 면을 갖는다는 것을 인식하고 있었으며, 긍정적 측면과 부정적 측면의 균형을 맞추는 것이 중요하다는 점을 강조하였다.

어떤 형제들은 공감, 인내심, 차이의 수용, 다른 사람을 돕는 능력, 건강과 가족에 대해 감사하는 마음이 증가하는 등 자신의 경험이 긍정적인 결과들을 가져왔다고 보고하였다(Eisenberg, Baker, & Blacher, 1998; Flaton, 2006). 한 여성은 ID가 있는 남동생을 대단한 헌신으로 돌보던 때를 되돌아보며 다음과 같이 말하였다.

> 대니가 태어나지 않았더라면 내가 어떤 사람이 되었을지 모르겠어요. 아주 어릴 때부터 대니는 나에게 하나의 방향을 제시해주었답니다. 자신만의 독특한 방식으로 무엇이 중요한지를 내게 가르쳐 주었고 … 동정심과 다양성에 관해 많은 것을 가르쳐 줬어요. … 대니는 자신만의 시간 틀을 가지고 있었기 때문에 나는 인내심을 배웠지요. … 대니가 유일하게 빨리 하는 일은 식사뿐이었지요. … 대니의 누나로 살았기에 공감을 더 잘하게 되었다고 생각해요.(Flaton, 2006, pp. 140~141)

다행히도 가족의 상호작용과 기능을 더 완벽하게 이해하는 것이 중요하다는 인식이 확산되고 있다. 가족체계 관점은 가족의 수많은 요구를 이해하고 가족의 삶의 질을 증진하는 데 초점을 두고 있다(Turnbull, 2004). 미국 연방정부는 아주 어린 아동들에게 서비스를 제공할 때 가족의 자원과 우선순위를 고려하는 조기개입을 하도록 지시하였다(Hodapp et al., 2009). 가족이 지역사회의 자원을 찾아서 활용할 수 있도록 돕는 것이 특히 유익할 수 있다(McIntyre, 2016). 이러한 자원은 다른 무엇보다도 아동과 가족의 치료, 보육, 경제적 지원, 의료 및 치과 진료, 성인교육을 제공해줄 수 있다.

평가

ID의 평가는 여러 가지 목적을 위해 실시될 수 있다. ID의 최초 진단은 부모와 교사에게 지침이 되어 줄 수 있으며, 가족이 학교와 지역사회 서비스를 받도록 해줄 수 있다. 더 나아가 아동의 인지적 약점과 강점에 대한 더 상세한 정보는 교육계획을 수립하는 데 도움이 될 수 있다. 심리적 안녕을 확보하기 위해서는 아동의 행동 경향과 문제만이 아니라 가족의 역동에 대해서도 평가하는 것이 필요할 수 있다. 의학적 평가는 현재의 또는 잠재적인 건강문제에 해결의 빛을 던져줄 수 있고, 특정 증후군의 진단은 건강 관련 쟁점들과 지적·행동적 쟁점들을 이해하는 데 도움을 줄 수 있다. ID의 평가는 병력을 종합적으로 파악하는 데서 시작하며, 지적기능과 적응기능의 표준화 검사를 사용해서 이루어진다(Matson & Cervantes, 2019). 많은 심리도구들이 ID를 평가하는 데 도움이 될 수 있다(더 광범위한 논의를 보려면 Bruce & Wilmhurst, 2016 참조). 여기서는 지능과 적응행동을 평가하는 데 널리 사용되는 몇 가지 검사들을 간략히 기술한다. 이 장의 후반부에서는 치료 접근의 일부로서 기능적 평가를 살펴보기로 한다.

발달검사와 지능검사

개인용 표준화 지능검사는 ID를 진단하는 중요한 도구이다. 유아, 걸음마 아동, 또는 심각한 장애가 있는 아동들의 경우 지능검사 대신에 발달검사를 사용한다.

유아 및 걸음마 아동용 검사

유아와 학령 전기 아동을 평가하는 데 사용되는 몇 가지 개인용 표준화 검사가 있다. 가장 많이 사용되는 것은 베일리 검사이다. 최신판은 생후 1개월부터 42개월까지 사용되는 '베일리 유아 및 걸음마 아동발달검사 3판'(Bayley Scales of Infant and Toddler Development-Third Edition)으로 인지, 언어 및 운동 발달을 측정하는 척도들로 구성된다(Bayley, 2005). 아동에게 관찰 가능한 행동반응을 유발하도록 설계된 상황이나 과제들을 제시하여 이 영역들을 검사한다. 아울러 부모 또는 양육자에게 사회-정서적 검사와 적응행동 검사를 실시한다.

어린 아동을 대상으로 하는 검사들의 점수는 발달지수(developmental quotient, DQ)라 부르는데 이 검사들이 더 나이 든 아동의 IQ와는 조금 다른 능력들을 측정하기 때문이다. 이 검사들은 감각운동 기능을 특히 강조하고 언어와 추상적 개념은 강조하지 않는 편이다. 일반 모집단에서 생후 초기 검사의 점수가 이후의 IQ와 상관이 높지 않은 것은 바로 이러한 특징 때문이다. 그러나 발달검사는 가벼운 손상이 있는 아동들에 비해 심한 손상이 있는 아동들의 지적 발달을 더 잘 예측해줄 수 있다(Matson & Cervantes, 2019).

스탠퍼드 – 비네 지능검사

이 검사는 현재 5판이 나와 있다(Roid & Barram, 2004). 유동성 추리, 지식, 양적 추리, 시각-공간 정보처리, 작업기억의 5개 영역을 평가한다. 이 검사는 어린 아동을 평가하는 데 도움이 되는 장난감과 물건들을 사용하며, 각 인지 영역에서 비언어적 평가도 가능하다. 인지영역별로 점수를 구할 수 있으며 비언어성, 언어성 및 전체 IQ 점수를 구할 수도 있다. 스탠퍼드-비네 검사의 표준화 집단은 2~85세 미국인을 대표하는 표본이다.

웩슬러 검사

스탠퍼드-비네 검사와 마찬가지로 이 검사도 ID를 평가할 때 대단히 많이 쓰이는 검사이다. '유아용 웩슬러 검사 4판(WPPSI-IV)'은 2년 6개월부터 7년 7개월까지의 유아들을 대상으로 설계되었으며 두 개의 연령층으로 구분된다(Wechsler, 2012). 두 연령집단(4세 이전과 이후) 모두에게 종합적인 인지 점수만이 아니라 더 세분화된 언어 이해력, 시공간 능력, 작업기억 능력 점수도 제공해준다. 4세 이상 아동들의 경우 유동성 추리와 처리속도 점수도 제공해준다.

'아동용 웩슬러 검사 5판(WISC-V)'은 가장 널리 사용되는 지능검사이며, 6세에서 16세 11개월 아동들의 인지능력을 5개 인지 영역에서 측정한다(Wechsler, 2014a, 2014b). 언어 이해, 시공간, 유동성 추론, 작업기억, 처리속도의 5개 영역에서 지표점수를 구한다. 소검사에는 어휘, 퍼즐, 무게비교, 숫자, 기호쓰기 등이 있다. IQ 총점은 전체 검사를 구성하는 16개 소검사 중에서 핵심 소검사 6개로부터 도출된다.

카우프만 종합검사

'카우프만 아동용 종합검사 2판(KABC-II)'은 미국의 인구통계 및 교육내용의 변화를 반영하기 위하여 최근에 규준이 갱신(KABC-II NU)되었다(Kaufman & Kaufman, 2018). 3~18세용으로 개발되었으며, 인지 및 정보처리 능력을 측정하는 다섯 개의 척도인 순차처리, 동시처리, 계획수립, 학습, 지식으로 구성되어 있다. 예를 들어 순차처리/단기기억 척도는 내용을 단계적으로 처리하게 하는 데 반해, 동시처리 척도는 여러 개의 시공간 정보를 한꺼번에 통합하게 한다. 소검사들은 언어에 의한 지시와 반응을 최소화하도록 설계되었으므로 언어기술이 부족한 아동들에게도 사용할 수 있다. KABC-II NU는 의뢰 사유나 아동의 배경과 관련이 있는 두 가지 모델에 기초를 둔 특수한 검사들을 사용한다. 한 가지 모델은 주류 언어 및 문화적 배경을 가진 아동에게 적용하기에 더 적합하고, 다른 모델은 그와는 다른 배경을 가진 아동에게 더 적합하다. 두 모델 모두 전체 지능점수를 산출한다.

적응행동의 평가

적응행동은 가족이나 보호자의 면접, 직접관찰, 때로는 자기보고에 의해 평가될 수 있다. ID의 진단기준으로 적응기능이 점차 더 강조되고 있다는 점에서 ID를 평가할 때 적응행동을 표준화 검사로 측정하는 것이 중요하다(Floyd et al., 2015). 몇 가지 표준화 검사가 제작되었으며, 신뢰도와 타당도가 주목을 받았다(Tassé et al., 2016c).

바인랜드 적응행동 검사

이 검사는 바인랜드 훈련학교의 에드가 돌(Edgar Doll)이 처음 제작한 것으로 현재 3판(Vineland-3)이 널리 사용되고 있다(Sparrow, Cicchetti, & Saulnier, 2016). 부모나 보호자를 대상으로 반구조화 면접이나 평정척도를 사용하여 출생에서 90세까지의 사람들로부터 정보를 수집할 수 있다. 3~21세까지의 사람들을 평가하기 위한 교사용 질문지도 있다. 의사소통, 일상생활기술, 사회화 검사들이 있다. 운동기술과 부적응행동도 선택해서 사용할 수 있다(표 12.8 참조). 개별영역의 점수들과 전체

▎표 12.8 바인랜드 적응행동 검사(Vineland-3)에서 평가하는 영역

의사소통	수용성
	표현성
	문자
일상생활기술	개인
	가정
	지역사회
사회화	대인관계
	놀이와 여가
	대처기술
운동기술(선택)	소근육
	대근육
부적응행동(선택)	내재화
	외현화
	필수항목

점수를 정상 표준집단 및 장애가 있는 특수집단의 점수들과 비교할 수 있다.

적응행동 평가체계

'적응행동 평가체계(Adaptive Behavior Assessment System)' 3판은 출생에서 89세까지 평생에 걸쳐 적응기술을 측정한다(Harrison & Oakland, 2015). 대개 부모, 보호자, 또는 교사가 작성하는 행동평가검사를 사용하여 주요 적응영역 3가지와 기술 11가지를 평가한다. 적응영역에는 개념, 사회, 실용 영역이 있는데 이는 ID 분류에서 AAIDD, DSM-5, IDEA의 세부사항과 일치한다. 검사 문항들은 매일 일어나며 연령에 적합한 요구를 충족하는 데 필요한 실제 활동들에 초점을 맞춘다.

AAIDD의 적응기능 평가

AAIDD의 '진단적 적응행동검사(DABS)'는 4~21세에 해당하는 사람들을 위해 제작된 비교적 새로운 검사이다(Tassé et al., 2016b). 적응행동을 종합적으로 평가하며 개념·사회·실용 영역의 적응행동에 현저한 제한이 있는지 결정하여 진단을 내리는 데 도움을 주는 정보에 초점을 맞춘다. 이 기준은 AAIDD가 내린 ID의 정의와 일치할 뿐 아니라 DSM이나 IDEA와도 궤를 같이한다. 진단적 적응행동검사는 어떤 사람이 진단기준을 충족하는 것으로 분류하기 위한 목적으로 임계 '절단 영역'을 확인하는 데 초점을 둔다. 최근 연구는 이 검사가 타당도와 신뢰도가 높으며 '바인랜드 적응행동검사' 같은 다른 검사들과 하나로 수렴된다는 것을 보여준다.

AAIDD의 지원 평가

AAIDD는 아동 각자의 적응행동 촉진과 함께 지원의 필요성을 평가하기 위한 지침을 개발하였다(Schalock et al., 2010). ID가 있는 사람들의 기능적 역량을 증진하는 서비스를 제공하는 것이 목표로서 이는 AAIDD의 철학과 부합한다. 〈그림 12.4〉에 자세히 나와 있듯이 지원은 개인과 환경의 불일치를 해소하기 위한 것이다. 이 과정에서 지원이 필요한 영역, 적절한 지원 활동, 각각의 활동에 필요한 지원의 수준을 알아낸다. 지원은 단순한 감독을 하거나, 필요한 활동을 가르치거나, 신체적 보조를 통해 제공될 수 있다. 예를 들어 어떤 청소년은 지역사회의 구성원들과 상호작용할 때 또는 개인위생 문제에서 도움이 필요할 수 있다. 필요하다고 판단되는 지원의 수준은 최소한에서 상당한 수준에 이르기까지 다양할 수 있다. AAIDD는 지원의 필요를 평가하기 위해 '지원강도검사(Supports Intensity Scale)'를 출간하였는데 현재 성인용(SIS-A)과 아동용(SIS-C)이 나와 있다(J. R. Thompson et al., 2015, 2016; Thompson, Schalock, & Tassé, 2018). SIS-A는 16세 이상인 사람들을 대상으로 규준이 제작되었고, SIS-C는 5~16세 아동의 지원 필요성을 평가하기 위해 개발되었다. SIS-C는 두 부분으로 나뉘어 있는데, 예외적인 의료 및 행동의 필요성(Part I)과 가정생활, 지역사회와 이웃, 학교참여, 학교학습, 건강과 안전, 사회적 활동 및 지지(Part II)에 초점을 둔다.

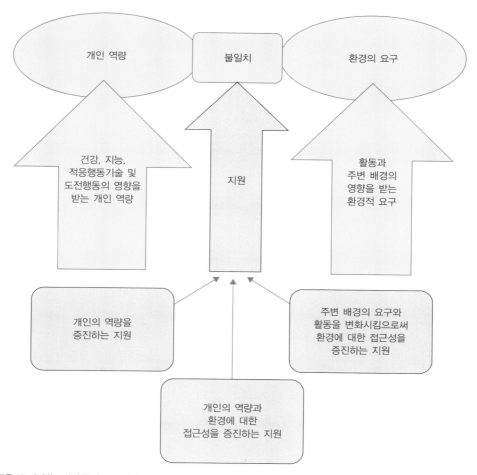

그림 12.4 지원은 ID가 있는 사람들과 그들의 환경 간의 불일치를 해결한다.[Thompson et al.(2018)에서 수정 인용]

개입

지원 요구에 대한 이해의 발달

지적장애에 대한 인식과 태도는 그 시대의 일반적 신념을 나타내며, ID가 있는 사람들이 자신이 살고 있는 사회에서 어떤 대우를 받을 것인지에 영향을 미친다(King et al., 2017). 최근의 태도는 1700년대 후반 '에비론의 야생소년' 또는 빅터라고 알려진 사례로 거슬러 올라갈 수 있다. 이 소년은 처음 발견되었을 때 벌거벗은 채 숲속을 뛰어다니고 있었고, 붙잡혀서 파리에 있는 국립농/맹아연구소의 장 마크 이타르(Jean M. Itard)에게 보내졌다. 빅터는 감각이 잘 발달되어 있지 않았고 기억, 주

의, 추리력이 뒤떨어졌으며, 의사소통능력이 거의 없었다(Itard; Harrison & McDermott, 1972에서 인용). 이타르는 이 소년의 결함이 문명세계 사람들과 접촉이 없었던 데서 비롯되었다고 보았으나 그가 계획한 치료는 성과가 없었고 빅터는 죽을 때까지 보호관리를 받을 수밖에 없었다. 결과는 실망스러웠지만 이타르의 노력은 '정신박약' 또는 '지체'에 대한 관심을 불러일으키는 역할을 했다(Rie, 1971).

1800년대 중반에서 후반에 이르기까지 미국 전역에서 우호적인 분위기가 무르익었다. 기숙학교가 문을 열어 ID 아동들을 교육하고 지역사회로 복귀시켰다(Brown, Radford, & Wehmeyer, 2017). 불행히도 낙관

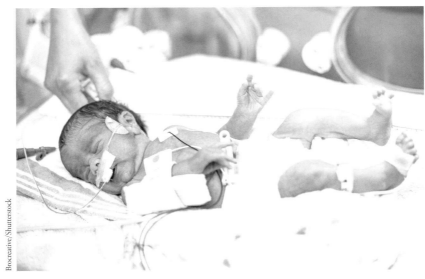

Brocreative/Shutterstock

의학의 진보는 미숙아나 저체중아의 사망률을 낮추었다. 발달을 최적화하고 문제를 예방하기 위한 방법을 찾기 위한 연구가 진행되고 있다.

주의는 수그러들었다. 생물학적 원인에 대한 관심의 증가, 정신분석의 대두, 그리고 IQ 검사의 오용 또는 그에 대한 잘못된 인식으로 인해 ID를 가지고 있는 사람은 도움을 받아서 나아질 수 없으며 사회에 위험하지는 않을지라도 해를 끼친다는 생각이 강화되었다. 시설수용과 보호관리가 광범위하게 이루어졌으며, 20세기 초반에는 시설의 수와 규모가 점차 확대되었다.

지난 수십 년간 더 우호적인 태도와 조건, 개입이 등장하였다. 1960년대는 지식의 증가 및 과학의 진보와 더불어 가난한 사람, 장애가 있는 사람과 소수집단의 권리에 대한 관심이 되살아난 시기였다. 개인 각자가 최대한 정상적이고 제약을 받지 않는 삶을 누릴 권리가 있다고 주장하는 **정상화**(normalization)의 철학이 널리 채택되었다. 정상화는 거주형태, 교육서비스, 직장생활, 치료 등 ID가 있는 사람들의 삶의 많은 측면에 영향을 미쳤다.

거주형태와 관련하여 한때 가족들은 장애아동을 가정 이외의 장소에서 생활하게 하도록 권장되었다. 많은 아동이 미심쩍은 보호를 제공하는 대규모 시설에 거주하였다(Noll, 2018). 개별 상황에 따라 가정 이외의 장소에서 거주해야 할 경우도 있겠지만 시설에 대한 태도는 극적으로 변화하였다. 사실 1967년에 탈시설화

를 지향하는 움직임이 일어났으며, 이후 40년의 기간(1967~2007)에 걸쳐서 시설에 거주하는 지적장애 또는 발달장애 아동의 수는 80% 이상 감소하였다(Scott, Lakin, & Larson, 2008). 그 이후로 많은 대규모 시설이 문을 닫거나 규모를 축소하였다(King et al., 2017). 그 자리에 소규모 지역사회 시설들이 들어섰으며, 거주자들의 삶의 질은 대체로 향상되었다(Felce, 2017). 더욱이 ID가 있는 아동들은 대부분이 가정에서 생활하며, 다양한 정도로 지역사회에 통합되고 있다. ID는 보통 일정 수준에서 지속되기 때문에 이들 아동에 대한 관심은 이들이 성인기에 사회적 · 직업적 기회를 가질 필요성을 강조한다.

정상화의 개념은 개입에도 적용된다. 사실 개입의 일반적 목표는 개인의 기술수준과 환경 요구 간의 불일치를 확인하고 개인이 일상생활에서 최대한 정상적으로 기능할 수 있도록 필요한 지원을 제공하는 것이다(Matson & Cervantes, 2019; Thompson et al., 2018). 이러한 목표는 예방, 교육적 노력 및 치료에 적용된다.

예방

ID의 여러 위험요인과 원인에 발맞추어 예방하고자 하

생각상자　조기개입 프로그램의 예

ID를 겪을 위험이 있는 아동들을 대상으로 하는 조기개입의 한 가지 유형은 저체중 출생 또는 미숙아 출생의 부정적 결과를 예방하거나 감소시키는 데 목표가 있다. 어떤 프로그램들은 병원 신생아실에서 실시되었다. 한 유형의 개입은 아기들에게 신체 마사지를 체계적으로 해주거나 운동을 하게 한다(Field, Diego, & Hernandez-Reif, 2010). 팔다리를 두드리거나 굽혔다 펴기를 매일 하게 한다. 이 처치를 받은 아기들은 (이 아기들에게 중요한 목표인) 체중 증가를 크게 보였고 퇴원이 더 빨랐던 것으로 밝혀졌다. 부모들은 'PremieStart'라는 병원 프로그램에서 몇 주 동안 훈련을 받았는데 이 훈련은 아기가 받는 스트레스의 효과를 완충하고 뇌발달을 증진하는 데 목표가 있었다(Milgrom et al., 2010). 이 프로그램은 신생아의 스트레스 반응을 알아채고, 언어적·시각적 자극을 제공하며, 접촉하고 움직이는 상호작용을 하도록 훈련하는 등 여러 요소로 구성되었다. 훈련은 대뇌백질의 성숙 및 연결과 관련이 있었다.

저체중 아동들을 위한 다른 프로그램들은 병원에서 퇴원한 후에 지원을 제공한다. 그 예로 여러 지역에 소재한 '유아 건강 및 발달 프로그램'을 들 수 있다. 이 프로그램은 3년간 무작위로 수행된 종합적 임상실험으로서 가정방문을 하고, 가족을 교육하고 지원하며, 아동에게 교육적 보육을 제공한다(Chaparro, Sojourner, & Huey, 2019). 이 아동들을 3세 때 평가한 결과 인지발달의 촉진과 같은 몇 가지 긍정적 효과를 보였다. 8세가 되었을 때 출생 시 체중이 비교적 높았던 아동(2.1~2.5kg)들은 인지와 학업에서 혜택을 받은 것으로 나타났으나 체중이 더 낮았던 아동들은 그렇지 않았다(McCarton et al., 1997). 이 집단은 18세가 되었을 때 유급과 특수교육 배정에서는 통제집단과 차이가 없었으나 언어기술과 수학성취는 통제집단보다 뛰어났다(Olds, Sadlar, & Kitzman, 2007).

가장 중요한 조기개입 프로그램 중에는 경제적 불이익이 가져다줄 위험을 줄이기 위해 설계된 학령 전 아동을 위한 다목적 프로그램이 있다. 이 프로그램은 지적 발달과 사회적 발달에 생후 초기 경험이 중요하다고 가정한다. 1965년에 연방정부가 시행한 '헤드 스타트(Head Start)'를 예로 들 수 있다(Mashburn & Yelverton, 2019). 헤드 스타트는 아동교육 요소만이 아니라 아동 건강관리, 부모교육 및 관여, 사회 서비스를 제공한다. 현재 이 프로그램은 장애가 있는 아동들을 포함하여 출생부터 5세까지의 아동들에게 서비스를 제공한다. 30년 동안 헤드 스타트를 포함하여 많은 학령 전 개입 프로그램들의 효과성이 연구되었다(Child Care & Early Education Research Connections, 2014). 이 연구들이 내린 결론은 (1) 이들 프로그램에 참여한 아동들은 인지적·사회적 혜택을 받으며, (2) 아동기까지 교육지원 및 기타 지원을 지속적으로 받는 것이 중요하다는 것이다.

는 노력도 상당히 다양하게 이루어지고 있다. 보편적 예방으로 산전 건강관리와 식습관, 임신 중에 알코올이나 그 밖의 기형유발물질을 피하는 것 등이 있다. 출산 전후의 인지발달에 부정적 영향을 미치는 환경독소들을 찾아내고 줄이려는 노력이 계속되고 있다. 유전학의 진보는 태내 검진 또는 생후 초기 탐지를 통해 예방에 기여하였다. 예를 들어 다운증후군은 출생 이전에 알아낼 수 있고 PKU를 조기에 발견함으로써 즉각적인 식이조절에 의해 ID를 줄일 수 있다.

위험요인을 가지고 있는 유아와 학령 전 아동들을 대상으로 하는 조기개입 프로그램의 공급은 인지 및 다른 결함들에 대한 선별적 예방에 중요한 역할을 한다. 미국 연방정부는 생후 첫 5년 동안 개입을 하도록 권장하고 있다(Matson & Cervantes, 2019). 많은 프로그램이 아동과 가족의 요구를 강조하며, 여러 요소로 구성되어 있고, 교육적 구성을 수반한다(생각상자 '조기개입 프로그램의 예' 참조).

학교에서 서비스와 치료를 할 때 ID가 있는 아동과 청소년의 다양하고 개별적인 요구를 고려하는 것이 중요하다. 개입은 읽기나 산수 교육, 자조 또는 사회기술을 가르치는 프로그램, 의사소통문제에 대한 개입, 물리치료, 부적응행동을 줄이고자 하는 노력, 발작이나 과잉행동을 줄이기 위한 약물 투여, 심리치료 등 다양하게 이루어질 수 있다. 치료 접근은 종합적 평가와 진단과정에서 시작된다. ID의 기저 원인이 무엇인지 밝히는 것이 치료에 도움을 줄 수 있기 때문이다(King et al., 2017).

다음 논의에서 교육 서비스, 행동 개입, 약물치료 및 심리치료를 다양한 비중으로 살펴보기로 하겠다.

교육 지원

ID가 있는 사람들에 대한 가장 보편적인 개입은 교육 지원과 서비스이다(Matson & Cervantes, 2019). 역사적으로 특수교육은 ID가 있는 아동, 특히 경도 장애가 있는 아동들의 요구와 밀접한 관련이 있다(Polloway et al., 2010). 이 아동들은 이 분야의 대다수 초기 연구 및 발달에 중요한 역할을 했을 뿐 아니라 이들을 다른 아동들과 분리하는 교육 실천에 대한 초기의 비판을 이끌어 가는 견인차 역할을 하였다. 1960년대와 1970년대에는 ID가 있는 아동 대부분이 교육 가능한(가벼운) 또는 훈련 가능한(중간 정도 또는 그 이하) 장애아동을 대상으로 하는 독립학급(self-contained classroom)에서 공부를 하였다. 앞서 지적한 대로 장애인교육법(IDEA)의 채택과 이에 뒤따르는 연방정책들은 특수학생들에 대한 교육의 면모를 점진적으로 바꿔 놓았다. ID가 있는 사람들에게 이런 상황은 개별화된 프로그램의 확대, 교육적 결정에 부모와 학생의 참여 활성화, 전문화된 기술(예 : 태블릿, 증강 통신장치)의 사용, 필요하다면 대안교육 기회의 증가를 의미한다(Matson & Cervantes, 2019). 학군과 지역에 따라 차이가 있기는 하지만 더 많은 ID 아동이 지역 소재 학교에 다니고 있고, 일반학급에서 또래들과 어울리고 있다. 전반적으로 ID가 있는 학생들은 지역사회 학교에 통합될 수 있으며, 통합의 성과는 배치 자체보다는 교육 및 기타 변수들의 영향을 더 많이 받는다.

장애가 있는 학생들을 일반교육 학급에 합반해서 교육하는 것이 점차 더 많이 받아들여지고 있고 실제로 적용되고 있다(Heward, 2013). 아직 많지 않지만 지금까지 수행된 연구는 일반적으로 긍정적인 결과를 보여주고 있다. 합반교육이 별도 교육보다 ID가 있는 학생들에게 비슷하거나 더 나은 결과를 가져오는 것으로 보인다는 것이다(Dessemontet, Bless, & Morin, 2012). 지원과 교수를 아동의 장애와 기술 수준에 가장 잘 부합하

도록 수정하고 아동의 강점과 약점을 고려하는 것이 권장된다(Matson & Cervantes, 2019). 의사소통과 학습장애에 관한 장에서 설명했듯이 학생의 교육과 관련한 결정과 후속 절차, 거주지와 교육목표를 IDEA의 규정하에 다학제적 팀의 협업을 통해 결정하고 이 내용을 학생의 개별교육 프로그램에 서술한다(Causton & Tracy-Bronson, 2015; Matson & Cervantes, 2019). 이런 경우 예컨대 가벼운 ID가 있는 아동은 학업기술을 습득하고 숙달하게 해주는 지원을 받으며 일반교육 학급에서 대부분의 교육을 받지만, 중등도의 ID가 있는 학생은 일상생활 지원을 더 많이 받고 기초 학업기술을 습득하도록 돕는 것을 목표로 하는 교육지원서비스를 받도록 권장하는 결과를 가져올 수 있다. 고도 ID가 있는 아동에게는 지원과 교육 서비스를 대안 장면에서 제공하는 것

지역사회 학교에 다니는 지적장애 아동들이 점점 더 많아지고 있으며, 이들은 일반교육 학급에 완전히 또는 부분적으로 통합된다.

이 더 적절할 수도 있다. 또다시 아동 각자의 강점과 약점을 고려하는 것이 중요하다. 짐에 관한 사례는 고도 장애가 있는 아동에게 어떻게 일반교육이 가능하며 심지어 더 나을 수도 있는지를 보여준다.

ID가 있는 학생들을 어떻게 교육하는 것이 가장 바람직한가 하는 문제 외에도, 이들의 고등학교 졸업률이 비교적 낮다는 문제와 졸업 후의 생활로 전이(transition)를 계획해야 한다는 문제가 있다. IDEA는 모든 아동이 전이 서비스를 받아야 하며 개별교육계획에 이 부분이 반영되어야 한다고 명시하고 있다(U.S. Department of Education Office of Special Education and Rehabilitative Services, 2017). 전이 서비스는 중등교육 후 교육, 직업교육, 취업, 독립적 생활 또는 지역사회 참여로 나아가는 것을 촉진하는 활동들이다. '2008년 고등교육기회법'과 관련 전이 프로그램들은 ID가 있는 학생들이 고등교육을 받을 기회를 넓혀 주었다(Smith Lee, 2009).

짐 : 주류에 속하는 삶

짐은 태어나면서 발달상 위험이 있는 것으로 확인되었다. 구개파열, 성장실패, 소두증 및 피질맹 가능성이 있는 것으로 진단받았다. 생후 4개월째부터 가정에서 언어발달과 신체발달에 초점을 맞춘 개입 서비스를 받기 시작했다. 2세경 구개파열이 나아질 때까지 위장에 튜브로 음식을 공급받았다. 3세에서 5세까지 유아원에 다녔는데 일반 유아원에서 일부 시간을 보내고 나머지 시간에는 독립된 특수교육 프로그램에 참여하였다. 3세와 5세에 평가를 실시한 결과 IQ는 40점이었다.

짐의 어머니는 짐을 일반 유치원에 입학시키고자 하였으나 학군에서는 합반교육이 아이에게 도움이 되지 않을 것이며 의사소통 욕구가 충족되지 않을 것이라는 점을 근거로 들어 어머니의 요청을 기각하였다. 짐의 부모는 짐의 개별교육계획(IEP)에 서명하기를 거부하고 적법절차에 따라 고소를 제기하였다. 그동안 학군은 짐을 반나절 동안 일반 유치원에서 지원을 받으며 지내게 했다. 부모의 적법한 주장이 받아들여져서 짐은 2년차에는 다양한 서비스를 받으며 전일제 일반 유치원을 다녔다. 짐은 언어발달에 뚜렷한 진전을 보였고 불안이 감소하였다.

이후 짐은 일반교육을 받으며 학교에 다녔다. 그의 장애명은 '복합장애'에서 '인지장애'로 바뀌었다. 3학년이 시작되면서 짐의 개별교육계획은 학업 내용에 초점을 맞추었다. 과학, 사회연구, 수학, 읽기 교과과정이 수정되었고 짐이 수업에 최대한 많이 참여하는 데 역점을 두었다. 짐은 꾸준히 언어, 직업 및 물리치료를 받았는데 이러한 서비스는 대부분이 일반학급에서 실시되었다.

중학교에서도 이런 양상이 대체로 유지되었다. 짐의 개별교육계획은 키보드 작업과 같은 기능적 학업기술을 갖추고 읽기, 쓰기 및 수학에서 1학년 수준의 기술을 발달시키는 데 초점을 두었다. 짐은 뚜렷한 진전을 보였고 학업이나 행동 면에서 우려할 만한 상황은 보고되지 않았다. 짐은 5학년이 되었을 때 부모의 권유로 특별지원을 받으면서 과외활동에 정기적으로 참여하기 시작하였다. 학교의 범위를 벗어나서는 친한 친구가 없었지만, 짐은 다른 학생들과 좋은 관계를 맺었다.

짐은 고등학교에 다니는 3년 동안 일반학급에서 교과과정, 자료, 수업, 평가방식을 조정하여 공부하였다. 고등학교 2학년 때는 특수학급에서 하루에 1시간 반씩 공부하는 예외적인 조치가 취해졌다. 이 조치는 그의 개별교육계획과는 맞지 않는 것이었지만, 수업을 담당했던 특수교육 교사가 자신은 합반교육을 선호하지 않는다고 천명하였다. 짐은 K-2 등급수준의 학업성취를 보였고 IQ는 46점인 것으로 보고되었다. 그는 행군 악대, 트랙경기, '음주운전에 반대하는 학생' 같은 학생 클럽활동에 지속적으로 참여하였다. 고등학교에 다니는 동안에 장애가 없는 또래학생들과 어울리는 데 초점을 두었다. 짐은 수업 시작종이 울릴 때까지 다른 학생들과 어울렸고, 사물함을 제대로 사용했으며, 다른 학생들과 마찬가지로 학급 활동을 위한 준비를 하고 참여하였다. 또 다른 학생들과 미소, 간단한 인사말, '하이파이브'를 주고받았다. 그는 여러 면에서 학교라는 사회적 맥락에 섞여들었다.

– Ryndak 등(2010, pp. 43~49)에서 수정 인용

고등학교를 졸업하지 않았거나 입학요건을 충족하지 못하는 청소년들은 직업교육에 초점을 두는 중등교육 후 교육에 참여할 수 있다(Matson & Cervantes, 2019). 이 분야에서 더 많은 진전이 이루어질 필요가 있지만 이제 전 생애에 걸친 교육 및 지역사회 통합이 ID를 가지고 있는 아동과 청소년의 교육계획 수립에 중요한 측면이 될 것으로 전망된다.

행동 개입과 지원

1960년대에 행동수정의 주창자들은 훈련이나 교육은 하지 않고 관찰 보호만 하는 기관들에서 일하기 시작하였다(Whitman, Hantula, & Spence, 1990). 행동수정이 점차 주도적인 역할을 하게 되었고 엄청나게 많은 연구의 주제가 되었다. 장애의 모든 수준에서 나타나는 다양한 행동들이 대상이었다. 적응기술을 향상시키고 부적응행동을 감소시키는 데 조작적 절차가 사용되었다.

행동기법은 수년에 걸쳐 발전하였다. 다양한 기법을 적용하기 위한 지침이 수립되었고, 교육의 정확성과 학습된 기술의 일반화에 상당한 진전이 있었다(Handen, 1998). **불연속시행학습**(discrete trial learning)과 **자연학습 또는 우연학습**(naturalistic or incidental learning)이라는 중요한 구분이 이루어졌다. 불연속시행학습에서는 임상전문가가 학습할 과제를 선정하고, 적절한 행동을 분명하게 지시하고 촉구하며 그 결과를 알려준다. 교육은 대개 방해자극이 없는 조용한 방에서 실시된다. 자연학습에서는 교육상황이 비공식적이고 덜 조직되어 있다. 아동이 일상적인 맥락에서 어떤 행동을 먼저 시작하는데, 예를 들어 이 아동이 어떤 장난감을 달라고 하면 이것을 교육의 기회로 삼는 것이다. 불연속시행학습과 자연학습이 모두 효과가 있다는 것이 입증되었으며, 자연학습은 학습의 일반화에 특히 효과가 큰 것으로 생각되고 있다.

가정, 학교, 지역사회 프로그램 또는 거주시설에서 ID 아동과 청소년을 보살피는 보호자들이 훈련을 받도록 노력하였다. 보호자들에게 정보를 보급하기 위한 교육과정과 교육내용이 개발되었다. 부모훈련은 효과가

있는 것으로 밝혀졌으며, 부모들은 전문가와 계속 접촉하면서 도움을 받을 수 있다(Matson et al., 2019). 전반적으로 행동 개입은 ID가 있는 아동과 청소년들을 돕는 데 상당한 성공을 거두었다.

적응행동의 향상

다양한 적응행동을 증진하기 위해 조작적 기법들이 적용되었다. 이에는 자조기술, 모방, 언어, 사회적 행동, 학업기술, 직업행동 등이 있다. 여기서는 이 중 두 가지만 살펴보기로 하겠다.

일상생활 기술의 습득은 개입의 중요한 목표이다(Matson et al., 2019). 장애 정도가 심한 아동과 청소년일수록 이 기술이 중요할 수 있다. 혼자서 옷을 입고 밥을 먹지 못하거나 그 밖의 기초적 요구를 처리하지 못하는 아동과 청소년들은 교육활동이나 사회활동에 참여하는 데 제한을 받는 경우가 많다. 물건을 사거나, 식당에서 음식을 주문하거나, 옷을 세탁하거나 버스를 타지 못하는 아동과 청소년들은 지역사회에서 독립적인 삶을 누릴 수 없다. 따라서 적응기술 훈련은 온갖 종류의 일상생활기술들을 대상으로 한다.

ID가 있는 사람들은 사회적 기술 손상을 공통으로 보인다는 점에서 연구자들은 이들의 사회적 기술 촉진에 많은 관심을 기울여 왔다(Matson et al., 2019). 사회적 기술훈련은 사회적 기능을 증진하는 데 목적이 있으며, 눈맞춤을 하고 사회적 상호작용에 적절한 반응을 시작하는 것과 같은 특정한 기술들을 가르친다. 다양한 장면에서 훈련을 제공하며 단서제공, 강화, 모델링 등의 행동 및 인지행동 기법들을 사용한다(Walton & Ingersoll, 2013). 행동적 기술훈련과 비디오 모델링을 결합하면 대화와 화자전환 같은 사회적 기술이 크게 증진되는 것으로 밝혀졌다(O'Handley et al., 2016). 이런 치료에 더해 일상생활의 활동도 사회적 발달을 증진할 수 있다. 예를 들어 ID가 있는 아동과 성인이 스포츠 및 장애인 올림픽에 참여하면 사회적 기술, 우정, 자기가치감 증가와 같은 심리사회적 혜택을 누릴 수 있다(Tint, Thomson, & Weiss, 2017).

Xinhua/Alamy Stock Photo

장애인 올림픽은 장애아동의 삶을 정상화하고 사회적 기술뿐 아니라 성취감과 자기가치감을 높이기 위해 시도하는 지역사회 프로그램의 한 예이다.

문제행동의 감소

자기자극 행동, 기이한 말, 성질부리기, 공격성, 자해 등의 문제행동은 사회적 관계, 학습, 지역사회 생활을 방해할 뿐 아니라 때로 ID가 있는 아동에게 직접적으로 해를 끼치기도 한다. 이런 문제행동들을 감소시키기 위해 다양한 기법들이 사용되었고, 단일피험자 연구설계가 성공적인 결과를 보고하고 있다.

　이 논의에서는 자해를 중점적으로 다루기로 한다. 이 행동 자체와 이 행동을 치료하기 위한 개입에 특히 문제가 많았기 때문이다. **자해행동**(self-injurious behavior)은 지적기능이 낮을수록 더 흔히 나타나는 것으로 보이며 심한 ID가 있는 사람들의 경우 유병률은 4~5%인 것으로 추정된다(Oliver, Licence, & Richards, 2017). 취약 X 증후군이나 프래더-윌리 증후군과 같은 특정 유전 증후군에서 유난히 많이 발생한다(Huisman et al., 2018). 자해행동은 머리를 세차게 흔들고 물어뜯고 자기 몸을 때리는 등 형태가 다양하며, 가벼운 손상에서 생명을 위협하는 손상에 이르기까지 강도도 다양하다. 자해행동과 몇몇 유전적 증후군의 관계는 장애아동이 자해행동이

제공해줄 수 있는 감각자극을 얻고자 하는 기질적 이상을 가지고 있다는 것을 보여준다. 그렇기는 하지만 자해행동은 분명히 환경요인의 영향을 받는다. 자해행동의 이면에는 생물학적 요인, 환경요인, 또는 이 둘의 조합이 있을 가능성이 크다.

　자해행동 치료의 역사를 보면 이 행동을 바꾸기는 상당히 어렵다는 것을 알 수 있다(Bregman & Gerdtz, 1997). 약물 투여는 약간의 효과가 있을 뿐이며 초기의 행동 개입은 대부분 효과를 보지 못했다. 자해가 아동에게 위협이 되고 개입이 효과가 없을 때에는 간혹 입안에 레몬즙을 짜서 넣거나 조건적 전기 쇼크를 가하는 등의 처벌이 사용되곤 했다. 혐오적 결과는 어느 정도는 효과가 있지만 심각한 윤리적 문제를 제기한다. 전기 쇼크와 같은 혐오적 절차는 엄청난 위험과 해악을 초래할 수 있기에 AAIDD는 이 방법이 부적합하다고 판정하였다(AAIDD, 2019). 효과적이고 더 수용 가능한 절차가 개발되었으며 권장되고 있다.

　긍정적 행동지원(positive behavioral support, PBS)은 기술들을 증진하고 환경 조건들을 변경하는 데 목표를

둔 접근이다. 문제행동을 일으킬 위험이 있는 ID 아동들을 위해 선택할 수 있는 치료체계로 간주되며(Gore, McGill, & Hastings, 2019), AAIDD의 승인을 받았다(AAIDD, 2019). 긍정적 행동지원은 다양한 장면에 적용되었으며 ID, 자폐증, 그 밖의 발달장애 진단을 받은 아동과 청소년에게 사용되었다. 응용행동분석에서 유래하였으며, 행동주의 원리와 연구기반 **기능평가**(functional assessment) 또는 기능분석에 의존한다(Condillac & Baker, 2017; Kincaid et al., 2016; Schmidt et al., 2016).

이 접근은 환경 수정과 행동 결과에 중점을 두고 부적응행동을 대신할 새로운 반응을 가르친다.

기능평가를 하는 이유는 문제행동에 영향을 미치는 변인들을 이해하는 것이 그 행동을 예방하거나 완화하는 데 도움이 될 수 있다고 가정하기 때문이다. 〈그림 12.5〉는 그러한 영향요인들을 개념화하고 자해행동에 적용할 수 있는 도식을 제시한다(Newsom, 1998). 이 도식은 행동이 일어나는 환경 맥락과 행동으로부터 생겨나는 결과를 고려한다. 배경사건은 행동이 일어날 확률

을 변화시킬 수 있는 배경 변인들이다. 예를 들어 피로는 아동이 자해행동이라는 반응을 보일 확률을 높일 수 있다. 선행자극은 자해행동 직전에 일어나며 그러한 행동을 부추긴다. 긍정적 결과는 자해행동을 강화하거나 유지하게 하는 해주는 유관성을 말한다.

많은 연구가 자해행동과 그 밖의 문제행동들이 관심 추구, 실재적 품목 추구, 도피 또는 회피, 비사회적 유관성이라는 네 가지 범주에 속하는 결과에 의해 강화된다는 것을 보여주었다(Schmidt et al., 2016). 〈그림 12.5〉에서 볼 수 있듯이 자해는 보호자가 아동이 자해하지 않도록 저지하면서 보이는 관심 그리고 음식이나 활동과 같은 실재적 품목에 의해 정적 강화를 받을 수 있다. 자해는 부적 강화를 받을 수도 있다. 예를 들어 아동이 자기가 하고 싶지 않은 일을 하도록 요구받고 자해를 하면 보호자는 그러한 요구를 중단하게 되고 결과적으로 아동은 그 요구를 피할 수 있게 된다. 강화는 때로 비사회적인 것일 경우도 있고, 아동이 경험하는 미지의 감각적 결과에서 비롯되는 경우도 흔하다. 〈그림 12.5〉는 또 문제행동이 어떻게 수정될 수 있는지도 보여준다. 배경사

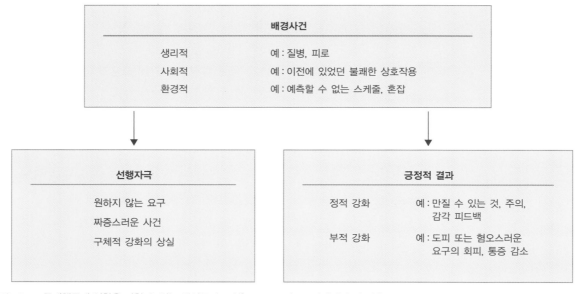

그림 12.5 문제행동에 영향을 미칠 수 있는 변인들의 도식[Newsom(1998)에서 수정 인용. Copyright 1998 by Guilford Press. 허락하에 사용함]

건과 선행자극을 변경, 가령 최소화하면 자해행동이 전혀 발생하지 않도록 예방할 수 있다. 강화의 유관성 변경은 자해를 줄이거나 제거할 수 있다.

기능평가는 아동이 어떤 상황에서 어떻게 행동하며 어떤 결과를 얻고 어떤 변인들이 그 행동을 유지하고 그 행동에 영향을 미치는지를 살펴본다(Matson et al., 2019). 아동과 상호작용하는 성인을 대상으로 심층 면접을 하거나 아동을 자연 상황에서 관찰하여 정보를 얻음으로써 이러한 평가를 할 수 있다. '행동기능 질문(Questions About Behavioral Function)' 검사와 같이 이 평가를 하는 데 도움이 되는 평정척도가 여럿 개발되었다. 평가는 **기능분석**(functional analysis)에 의해 수행할 수도 있다. 변인들을 조작하여 이 변인들이 아동의 행동에 어떤 영향을 미치는지 알아보는 것이다. 기능분석에 근거하여 개별치료계획이 수립되는데, 이 계획에는 환경과 행동결과의 수정뿐 아니라 새로운 반응의 훈련도 포함된다. 개입은 강화, 강화와 소거, 또는 강화가 있거나 없는 기능적 의사소통 훈련을 가장 많이 사용하고 있다(Matson, Shoemaker et al., 2011). 생각상자 '기능적 의사소통 훈련'에서 기능분석의 예를 볼 수 있다.

연구결과는 긍정적 행동지원의 효과성을 지지한다. 긍정적 행동지원은 학교 맥락의 다층적 체계 내에서 적용되었다(Kincaid et al., 2016). 광범위한 기획과 훈련이 중요하기는 하지만 ID가 있거나 없는 아동들을 대상으로 다양한 장면에서 긍정적 행동지원의 유용성을 최대화하고 그 효용성을 확대하려는 노력이 계속되고 있다(Keller-Bell & Short, 2019).

생각상자 기능적 의사소통 훈련

기능적 의사소통 훈련은 아동이 문제행동을 적응행동으로 대체하게 함으로써 그 문제행동을 감소시키는 데 목표가 있다. 아동은 자신이 필요하거나 원하는 바를 상대방에게 알리기 위해 부적응행동을 하는 경우가 많다고 가정한다. 기능적 의사소통 훈련의 첫 단계는 기능분석이고, 두 번째 단계는 더 긍정적인 의사소통방식을 선정해서 훈련하는 것이다.

이 접근의 예는 매트라는 5세 소년의 사례에서 찾아볼 수 있다. 매트는 중등도 ID와 뇌성마비 진단을 받았다(Durand, 1999). 매트는 부모와 함께 살았고 발달장애 아동들이 다니는 학교에 다녔다. 말은 못했지만 손가락으로 가리켜서 원하는 것을 표현할 줄 알았다. 매트는 종종 손을 물어뜯고 비명을 질렀는데, 이 행동들은 종전의 개입에도 불구하고 없어지지 않았다. 매트를 치료하기 위한 전략은 다음과 같은 요소들로 구성되었다.

- 매트의 교사는 교실에서 개입을 실시할 수 있도록 훈련을 받았다.
- 교사는 매트가 자기 몸을 물어뜯고 비명을 질러대는 행동을 가장 많이 하는 상황을 알아냈다. 교사는 평정척도를 실시하고 다음의 네 조건에서 매트의 행동을 체계적으로 관찰함으로써 매트의 행동을 평가하였다. 즉 과제를 하는 동안 교사가 관심

을 주지 않는 조건, 과제를 하는 동안 좋아하는 물건을 가질 수 없는 조건, 더 어려운 과제를 하는 조건, 그리고 통제조건이었다. 이러한 분석은 매트가 어려운 과제를 해야 할 때 부적응행동을 하게 된다는 것을 보여주었다.
- 매트는 어려운 과제를 할 때 도움을 요청하는 훈련을 받았다. "도움이 필요해요."라는 말이 나오게 하는 장치의 패드를 누르면 도움을 받을 수 있었다.
- 훈련 효과는 평가를 받았다.

전체 개입에는 여러 주가 걸렸다. 기능분석의 결과(A)와 매트의 행동에 대한 최종평가(B)가 〈그림 12.6〉에 나와 있다. 이 연구의 긍정적인 결과는 아동들이 적응적인 구두언어를 통해 또는 필요할 때 기계장치를 사용함으로써 자신이 원하는 것을 의사소통하도록 가르치는 기능적 의사소통 훈련이 효과적임을 보여준 유사한 연구들과 일치한다. 이 연구에서 특히 흥미로운 점은 매트가 사탕을 살 때 돈을 세는 데 어려움과 좌절감을 느꼈던 가게에 매트 혼자서 다녀오게 했다는 것이다. 매트는 개입을 받은 후 기계장치를 사용하여 가게주인에게 돈을 세는 것을 도와 달라고 부탁하였다.

(계속)

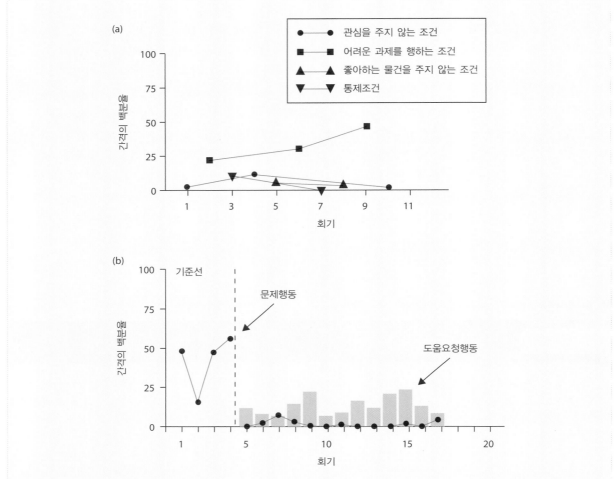

그림 12.6 (A) 기능분석은 매트의 문제행동이 어려운 과제를 하는 동안 주로 발생한다는 것을 보여주었다. (B) 훈련회기들은 매트의 문제행동 감소와 도움요청 횟수를 보여준다.[Durand(1999)에서 인용. Copyright 1999 by *Journal of Applied Behavior Analysis*. 허락하에 사용함]

정신약물학과 심리치료

정신약물치료

약물은 ID 사례의 지적기능을 강화하지는 않지만 의학적 · 심리적 증상을 다스리는 데 목표가 있다. 약물치료를 받는 아동과 청소년이 얼마나 되는지에 관한 자료는 없지만 상당히 많을 것으로 보인다. ID와 관련된 심리적 문제의 유병률과 다양성을 고려해볼 때 모든 주요 범주에 속하는 정신과 약물이 처방되었다. 그러나 약물치

료의 효과성 및 정신과 약물의 부작용과 관련한 증거는 많지 않다.

여기서는 두 종류의 약물에 대해서만 언급하기로 한다. ID 아동의 9~18%가량이 ADHD 증상들을 나타내는데, 이 증상들은 흥분제 약물(stimulant medication)을 투여하면 완화된다(King et al., 2017). 그러나 ID 아동들, 특히 중등도 또는 고도 ID 아동들은 전형적인 ADHD 사례들보다 반응률이 낮을 뿐 아니라 부작용도 더 클 수 있다(Matson et al., 2019). 항정신병 약물은 가

장 널리 처방되는 정신과 약물이며 공격행동이나 자해행동 같은 문제행동 치료에 많이 사용된다(Bowring et al., 2017; Deb, Unwin, & Deb, 2015; Matson et al., 2019). 그러나 항정신병 약물의 효능을 지지하는 증거는 제한적이며 체중증가, 진정작용, 운동장애 등의 부작용이 생겨날 가능성이 있어 신중하게 고려할 필요가 있다. 최근에는 아동들에게 정형 항정신병 약물보다 비정형 항정신병 치료제가 더 많이 사용되고 있는데, 부작용이 더 적다는 이유 때문이지만 신중하게 사용할 필요가 있다(Unwin & Deb, 2011).

전반적으로 ID가 있는 집단도 다른 집단과 유사하게 약물에 반응을 보이지만, 약물로 효과를 보는 경우가 더 적고 부작용이 더 많이 나타나므로 이들 특유의 고려사항과 약물의 복용량에 신경을 써야 한다(King et al., 2017). 더욱이 약물의 효능에 관한 연구는 아동뿐 아니라 성인에게도 적절하지 않다. 사실 약물의 효과와 부작용에 대한 부적절한 평가, 약물 선택과 복용량 처방의 문제 등 부적절한 실천에 대해 우려가 제기되고 있다(Matson et al., 2019). 그러나 ID가 있는 아동의 약물치료는 특별히 신경을 써서 관리할 필요가 있다. 공존 정신병리를 진단하기 어렵다는 점에서 어떤 약물이 처방된다 해도 그 약물의 적절성에 대해 논란이 제기된다. 더군다나 ID가 있는 아동과 청소년은 자신의 경험을 표현하는 능력이 제한되어 있기 때문에 약물의 효과와 부작용을 판단하기가 특히 더 어렵다. 특히 질병이 있는 사례의 경우에는 약물들 간 상호작용이 일어날 가능성에도 주의를 기울여야 한다(King et al., 2017).

심리치료 접근

ID가 있는 사람들에게 심리치료를 적용하고 그 효과성을 알아본 연구는 별로 없다(Matson et al., 2019). 전문가들은 더 전통적인 상담이나 '말하는' 접근보다는 행동주의에 입각한 개입을 권장하고 있는 것 같다. 또한 관련 문헌은 심리치료의 효과와 유용성에 대해 전문가들 간에 의견이 일치하지 않고 있다는 것을 보여준다. 어떤 전문가들은 ID 아동을 치료하는 데 심리치료가 전혀 도움이 되지 않는다고 주장한다(Sturmey, 2005). 다른 전문가들은 지적 결함이 경미하거나 중간 정도일 때에는 심리치료를 배제해서는 안 된다고 주장한다(Hurley, 2005).

심리치료 기법들이 아동이나 청소년의 발달수준에 맞춰져야 한다는 데에는 이견이 없다(King et al., 2017). 이완 기법을 가르치는 것과 같이 적극적인 기술기반 접근이 도움이 될 수 있다. 표현성 및 수용성 결함이 있을 때는 구체적이고 분명한 언어와 비언어적 기법(예: 그림, 몸짓언어, 놀이나 기타 활동)을 사용하는 것과 같은 수정이 필요할 수도 있다(Summers, Fletcher, & Bradley, 2017). 짧은 회기를 여러 차례 가지는 것이 필요한 경우도 있다.

ID를 가진 사람들에 대한 심리치료의 효과성을 다룬 연구는 많지 않으며, 이 특수집단에 심리치료 기법을 어떻게 수정하여 적용해야 할지 알려주는 증거도 거의 찾아볼 수 없다(Unwin et al., 2016). 어떤 심리치료 기법이 어떤 종류의 문제와 어떤 수준의 지적장애에 효과적인지를 밝혀내는 연구가 수행될 필요가 있다.

핵심용어

긍정적 행동지원	불연속시행학습	지능지수
기능분석	자연학습 또는 우연학습	플린 효과
기능평가	자해행동	행동표현형
두 집단 접근	정상화	
뒤덮기	정신연령	

CHAPTER 13

자폐스펙트럼장애와 조현병

학습목표

- 조현병과 자폐스펙트럼장애의 역사적 관련성
- 자폐스펙트럼장애에 대한 DSM 접근
- 자폐증의 기술, 병인론, 평가, 치료 및 기타 측면
- 자폐스펙트럼장애의 평가와 개입

- 조현병의 분류, 진단, 기술 및 기타 측면
- 조현병의 병인론
- 조현병의 평가와 개입

이 장에서 이야기하려고 하는 장애는 사회성, 정서, 인지기능 전반에 문제가 있으며 그 기저에 신경생물학적인 이상이 있다. 정상발달과는 질적으로 다른 발달과정이 진행되기 때문에 많은 주목을 받았으며 많은 연구가 이루어졌다. 요즘은 자폐스펙트럼장애와 조현병을 서로 독립적인 장애로 간주하지만 그동안 역사의 상당 부분을 공유해 왔다.

역사적 고찰

이 장에서 논의하려고 하는 장애가 세상에 알려진 지는 오래되었지만 이들 장애를 둘러싼 많은 혼란과 논쟁이 계속해서 있어 왔다. 역사적으로 보면 이 두 장애는 성인 정신병(psychoses)과 관련이 있었다. 다시 말해 장애가 심각해지면 비정상적인 현실 지각이 나타났다. 정신병은 크레펠린(Kraepelin)의 연구에 기초한 20세기 초반의 정신장애 분류에도 포함되어 있었다. 블

로일러(Bleuler)는 실재하지 않는 것을 보거나 없는 소리를 듣는 등 현실감 결여 증세를 보이는 장애들에 '조현병(schizophrenias)'이라는 명칭을 붙였다. 연구자들은 아동기 때부터 시작되었던 일부 사례에 주목하였다(Marenco & Weinberger, 2000).

정신병과 기타 심각한 장애에 대한 개념은 여러 해에 걸쳐 서서히 발달했다. 연구자들은 어릴 때부터 조현병 증상을 나타낸 아동들에 대해 기술하였으며 다른 사람들도 조현병과 유사하나 똑같지는 않은 증후군을 지적하였다. 이 아동들에게 다양한 진단명이 적용되었는데 그중에는 '붕괴성 정신병(disintegrative psychoses)'이나 '아동기 정신병(childhood psychoses)' 같은 것들이 있었다. 1930년경부터 몇 년 동안은 어려서 나타나는 심각한 여러 장애를 일반적으로 '아동기 조현병(childhood schizophrenia)'이라고 명명하였다(Asarnow & Kernan, 2008).

1943년에 레오 캐너(Leo Kanner)는 '유아 자폐증

폴 : 자폐적으로 혼자 지내는 아이

폴은 말랐으나 균형 잡힌 체격을 갖춘 매력적인 아동으로, 영리하고 활발해 보이는 얼굴을 하고 있었다. 그런데 이 아이는 다른 사람에 대해 어떠한 반응도 하지 않았는데 심지어 자기 이름을 불러도 반응이 없었다. 마음이 어딘가 멀리 가 있어서 어떤 말도 들리지 않는 것 같았다. 폴은 항상 무엇엔가 몰두하고 있었으며 스스로 매우 만족하고 있는 듯이 보였다. 다른 사람과의 정서적인 유대나 연결은 전혀 없어 보였다. 이 아이는 다른 사람들에게 일체 신경을 쓰지 않는 듯했으며 심지어 다른 사람들이 존재하지 않는 것처럼 행동하였다. 다른 사람이 부드러운 목소리로 말하든 거칠게 말하든 차이가 없었다. 폴은 사람들의 얼굴을 쳐다보는 일이 없었다. 혹시나 다른 사람을 상대해야 할 경우 상대방을 마치 물건이나 물건의 일부인 것처럼 대했다.

— Kanner(1943, 1973년 개정판, p. 14~15)에서 인용

(early infantile autism)'이라는 말을 사용하면서 이 병은 발병시기가 늦은 다른 심각한 장애와는 구분된다고 주장하였다. 얼마 지나지 않아서 다른 나라의 한스 아스퍼커(Hans Asperger)도 캐너의 사례들과 유사한 증상을 보이는 일군의 아동들에 대해 이야기하였다. 이 두 사람은 서로 만난 적이 없었고, 서로 다른 종류의 장애에 대해 말하고 있다고 믿었다(Frith, 2004).

1970년대 초기에 몇몇 나라에서 나온 자료에 따르면 심각한 장애는 연령과 관련이 있었다. 비교적 많은 경우에 발병 시기는 3세 이전이며 아동기에는 유병률이 무척 낮아졌다가 청소년기 때 다시 증가하였다(Kolvin, 1971). 이러한 자료는 조기에 발병하는 장애와 후기에 발병하는 장애가 서로 다른 증후일 수 있음을 시사하였다. 점차 증상과 여러 다른 특징에 근거하여 청소년의 조현병과 일군의 비정신적 장애가 구분되었다. 조현병은 소수의 아동에게 발생하고 청소년기에 발생이 늘며 초기 성인기에 발생이 좀 더 증가한다. 다른 유사한

문제와 더불어 캐너와 아스퍼거가 기술한 증상들은 생의 초기에 나타나고, 조현병과 중복되는 증상과 공통점을 가지기는 하지만(Hommer & Swedo, 2015) 병인에서 구분되는 다른 발달과정을 지닌 장애이다(Pennington, McGrath, & Peterson, 2019).

자폐증에 대한 캐너의 초기 기술은 의사소통문제, 좋기는 하지만 전형적이지 않은 인지적 능력, 강박성, 반복적 행동, 상상력이 없는 놀이 등 행동의 문제에 주목하였다. 그러나 그는 생의 초기부터 사람들이나 상황과 관계를 맺지 못하는 것을 근본적 문제로 보았다. 그는 이러한 문제를 지닌 자녀를 '자족적인', '조개껍질 속에 있는 것 같은', '혼자 있을 때 가장 행복한', 그리고 '마치 사람들이 없는 것처럼 행동하는' 아이라고 묘사하는 부모들을 언급하였다(Kanner, 1973, p. 33). 타인들과의 사회정서적 접촉에서 나타나는 극단적 문제를 캐너는 '자폐적'이라고 명명하였다. 폴은 캐너의 고전적 논문에 소개되고 있는 사례 가운데 하나이다. 캐너의 관찰이 모두 정확하지는 않았지만 그가 기술했던 대부분의 특성이 나중에 다른 사람들에 의해서도 관찰되었다. 이러한 장애의 특징을 보이는 아동들은 이제는 자폐스펙트럼장애(Autism Spectrum Disorder, ASD)로 진단받는다. 막대한 양의 연구는 자폐와 관련 장애를 더 잘 이해할 수 있게 해주었고, DSM의 자폐스펙트럼장애에 대한 현재 개념에 반영되었다.

자폐스펙트럼장애(ASD)

자폐증 및 관련 장애에 대한 현재의 접근을 이해하기 위해서는 DSM 분류와 진단의 역사를 살펴보는 것이 도움이 된다. DSM-IV에는 아동기와 청소년기에 처음으로 분명해지는 장애들 가운데 전반적 발달장애(Pervasive Developmental Disorders, PDD)의 범주가 포함되어 있다. 구체적으로 자폐장애, 아스퍼거장애(Asperger's Disorder), 아동기 붕괴성 장애(Childhood Disintegrative Disorder), 달리 명시되지 않는 전반적 발달장애(Pervasive Developmental Disorder Not Otherwise Specified,

PDD-NOS)가 포함되어 있었다(또한 레트장애도 포함되어 있었는데 요즈음에는 범주적으로 다른 것으로 간주되기 때문에 여기에서 논의하지는 않을 것이다). 이들이 유사한 특징을 보이는 정도는 다양하나 이들의 관계에 대해 여러 가지 문제가 제기되었다. 예를 들어 어떤 연구자는 자폐장애와 아스퍼거장애가 하나의 장애가 아니라 서로 다른 장애라는 것에 대해 문제를 제기한다.

DSM-5(American Psychiatric Association, 2013)에서는 위에서 언급한 장애들을 더 이상 서로 다르게 보지 않는다. 오히려 DSM-IV에 포함되었던 증상들을 다수 보이거나 서로 다른 정도로 보이는 개인을 자폐스펙트럼장애(ASD)로 진단한다.

DSM-5에 따르면 ASD는 일차적 증상이 다음 두 영역에 속하는 신경발달적 장애이다.

- 여러 상황에서 사회적 의사소통과 상호작용의 지속적인 결함 : 이들은 사회정서적 상호성, 비언어적 의사소통 행동과 사회적 관계에서 드러난다.
- 제한적이고 반복적인 행동, 관심 또는 활동 패턴 : 이들은 다음 두 가지 또는 그 이상으로 나타나야 한다.
  - 상동적이거나 반복적인 신체운동, 물건 사용, 또는 말하기
  - 동일성에 대한 집착, 고정된 일과나 의식화된 행동에 대한 융통성이 없는 집착
  - 비정상적 강도나 초점의 제한되고 고정된 관심
  - 감각적 자극에 대한 과잉 또는 과소민감성, 또는 환경의 감각적 측면에 대한 특이한 관심

증상은 발달의 초기 단계에서 나타나야 하고 사회적·직업적 기능이나 다른 기능을 심각하게 손상시켜야 한다. 또한 장애가 지적장애나 전반적 발달지연에 의한 것이 아니어야 한다.

DSM-5에서 ASD 범주를 채택했을 때 현장에서 일하고 있는 많은 사람이 이미 이런 범주를 사용하고 있었다는 점은 주목할 만하다. 그러나 일부 전문가들은 이전에 인정되었던 장애들을 더 큰 하나의 범주로 통합하는 것

에 대해 여전히 의문을 제기하고 있으며, 특히 아스퍼거장애와 같은 일부 진단은 여전히 지역사회에서 사용되고 있다(Pennington et al., 2019). 그럼에도 불구하고 현재 DSM의 차원적 진단 시스템은 과학적 지식의 발달로 지지되고 있다(Lord & Bishop, 2015; Pennington et al., 2019).

다음에는 자폐스펙트럼장애의 여러 측면, 넓은 스펙트럼상의 심각성 및 임상적 증상과 잠재적 병인에서의 다양성을 살펴볼 것이다. 우리는 이 복잡한 장애를 명명하기 위해 '자폐스펙트럼장애'와 '자폐증'이란 용어를 교대로 사용하는데, 이는 개별 장애에서 자폐증의 스펙트럼에 대한 강조로의 전환과 그에 따른 용어의 변화를 반영하기 위한 것이다.

기술 : 일차적 특징

자폐의 특징을 살펴볼 때 진단이 넓은 스펙트럼상의 임상적 증상을 포함한다는 것을 다시 강조할 필요가 있다. 즉 이 장애가 있는 아동들이 모든 증상을 다 보이는 것은 아니고 증상의 정도가 동일하지 않다는 사실을 알아야 한다. 위에 언급된 대로 ASD의 핵심증상은 DSM-5에서 두 개 영역, 즉 사회적 의사소통과 상호작용에서의 지속적 결함과 제한되고 반복적인 행동으로 개념화된다. 증상 심각성은 필요한 지원의 수준에 따라 3점 척도상에 평정된다(1수준 : 지원을 필요로 함, 2수준 : 상당한 지원을 필요로 함, 3수준 : 매우 많은 지원을 필요로 함)(American Psychatric Association, 2013).

사회적 의사소통과 상호작용 결함

ASD에서 나타나는 사회적 의사소통과 상호작용에서의 장애는 다양한 사회적 기능 영역에 영향을 미치며 아동의 발달수준과 자폐증상의 심각성에 따라 차이가 난다. ASD 아동들은 보통 생후 6개월에는 별다른 증상을 보이지 않지만 12개월 이전에는 전형적으로 성장하는 영아들과 미묘한 차이를 보인다(Pennington et al., 2019). 나중에 ASD로 진단받은 아동의 부모들은 종종 자녀의 첫 번째 그리고 두 번째 생일 사이에 우려를 가졌던 것

으로 보고하지만, ASD가 있는 형제자매가 있는 유아(즉 ASD 진단의 높은 유전적 위험을 지닌 유아) 연구의 발전은 자폐증의 가장 이른 신호들을 이해할 수 있게 해주었다(Faja & Dawson 2017). 〈표 13.1〉은 자폐증의 몇몇 신호와 증상들에 대한 개관을 제공한다.

아주 어린 자폐 아동들은 사회적 관심이 적고, 이름을 불러도 반응이 거의 없으며, 다른 사람이 자신을 만지는 것을 극히 싫어하거나 감각추구행동을 높은 수준으로 보이는 등 감각적 자극에 대한 이상한 반응을 보일 가능성이 크다(Baranek et al., 2018; Faja & Dawson, 2017; Kadlaskar et al., 2019; M. Miller et al., 2017). 그들은 다른 사람을 눈으로 따라가지 못하고, 눈맞춤을 피하고, '멍한' 시선을 보이고, 다른 사람에게 정서적 표현과 긍정적 정서를 나타내지 못하고, 안아 주어도 좋아하는 기색을 보이지 않는다(Haroon, 2019b).

ASD가 있는 어린 아동은 흔히 지연되거나 비전형적인 초기 언어획득(언어적, 비언어적인 것 모두)을 보인다. 자폐증에서 특히 놀라운 것은 일반적으로 생후 6개월이면 나타나기 시작하는 **공동주의**(joint attention) 상호작용의 결함이다. 이 상호작용에는 경험을 공유하기 위한 가리키기, 아동과 양육자의 주의를 물건이나 상황에 돌리는 눈맞춤 같은 말하기 전의 몸짓을 포함한다(Adamson et al., 2019). 게다가 자폐증이 있는 어린 아동들은 보통의 아이들에 비해 옹알이가 적고, 이상한 소리내기를 하거나 다른 사람의 행동을 흉내 내지도 않는 등 의사소통에서의 다른 지연 또는 저하를 보인다(Faja & Dawson, 2017; Lobban-Shymko, Im-Bolter, & Freeman, 2017). 이들은 사람들 사이의 상호적인 연결이나 그런 연결로 인해 자기 자신과 다른 사람들에 대해 학습할 기회를 놓치는 것 같다.

그러한 행동 특성은 사회적 상호작용을 저해하므로 이들은 부모와의 애착도 결여되었을 수 있다. 최근의 메타분석 결과를 보면 ASD 아동은 안정 애착을 형성할 수 있는데, 자폐 아동의 거의 절반이 낯선 상황 절차에서 안정 애착을 나타냈다(Teague et al., 2017). 그러나 자폐증과 애착 어려움의 증상 일부가 겹치고, ASD 아동은 전형적으로 발달하고 있는 아동이나 다른 임상집단보다 불안정 애착 패턴이 더 높은 수준으로 나타난다(McKenzie & Dallos, 2017). 부모와 ASD 아동 간의 안정 애착은 향상된 결과와 연합이 된다. 이 아동들은 상

표 13.1 ASD의 몇몇 신호와 증상
학령 전기 아동
• 구어의 지연이나 결여
• 얼굴표정을 읽는 어려움
• 이상한 눈맞춤, 사람들을 통과하거나 지나쳐서 응시하는 듯 보임
• 다른 사람들에 대한 관심 결여, 한 명씩 순서 돌아가기를 못함, 놀이를 시작하지 못함
• 가장놀이의 감소 또는 부재
• 몸 흔들기, 돌기 또는 발끝으로 걷기 등 이상한 운동행동
• 정해진 일과의 변화를 다루지 못함
• 이상한 흥미나 놀이행동
• 감각적 흥미나 회피
학령기 아동
• 지연, 반복적 말하기, 반향어, 그리고 다른 어려움을 포함한 말하기 문제
• 제한된, 때로 문자 그대로의 언어 이해
• 눈맞춤, 표현, 몸짓의 제한된 사용 같은 비언어적 의사소통의 장애
• 놀이를 시작하거나 다른 사람들과 놀이를 함께하지 못하는 문제 또는 사회적 규준(예 : 개인적 공간)을 이해하는 어려움
• 일과의 갑작스러운 변화에 적응하지 못함
• 이상한 흥미 또는 지나치게 강렬한 흥미
• 감각적 흥미나 회피

출처 : Haroon(2019b)에서 수정 인용

당히 이질적일 뿐만 아니라 부모가 자폐증상 영아들을 돌보면서 경험할 수 있는 스트레스가 크기 때문에 이 아동들의 애착에 대한 더 많은 이해가 부모들의 양육을 촉진하고 지원하는 데 도움을 줄 수 있을 것이다.

사회적 자극, 특히 얼굴에 대한 비정상적인 처리는 일탈된 사회적 상호작용의 또 다른 요소이다. 얼굴처리는 사회성 발달에서 매우 중요하다(Webb, Neuhaus, & Faja, 2017). 일반적으로 아동은 사람의 얼굴에 애착을 보이며 자기 어머니의 얼굴을 빠르게 인식한다. 그러나 자폐 아동은 종종 얼굴을 인식하거나, 얼굴에 나타난 감정을 짝짓거나, 얼굴을 기억하는 것에서 결함을 나타낸다. 이들은 또한 일반적인 아동들과 다른 방식으로 눈이나 입을 쳐다보는 것처럼 얼굴을 비전형적인 방식으로 처리하며(Chawarska & Shic, 2009), 얼굴표정의 처리에서 특별히 결함을 보이기도 한다(Van der Donck et al., 2020). 대체로 걸음마기-학령 전기 시기에 사회적 자극에 주의하기, 공동주의, 정서, 모방, 얼굴처리 같은 다섯 가지 사회적 행동영역에서 일찍부터 지연을 보이거나 비정상적 행동을 보인다(Faja & Dawson, 2017). 시간이 지나면서 증상이 변하기도 하지만 많은 사회적 장애가 그대로 지속된다.

아동기에는 사회적 단서를 이해하지 못하고 부적절한 사회적 행동을 보이는 것과 같은 다양한 사회적 결함이 뚜렷하게 나타난다. 냉담함, 무관심, 사회적 상호성과 공감의 결여도 나타난다. 다른 사람들을 무시하거나 협동놀이를 하지 못하며 다른 사람들과 대화를 나누지도 않는다(Klinger & Dudley, 2019). 고기능 자폐 청소년과 성인조차도 '이상하게' 보이고, 사회적 상호작용의 미묘한 점에 어려움을 보이며, 살아가는 동안 다른 사람들과 우정을 맺는 데 문제를 보인다.

언어적이거나 비언어적인 의사소통에서의 지속적 어려움도 자폐증에서 많이 관찰된다. 몸짓과 눈길, 정서표현 같은 초기의 비언어적 의사소통이 정상에서 벗어났거나 결함을 보인다. 그뿐 아니라 자폐 아동 가운데 아마도 30%는 거의 말을 하지 않는다(Rose, Termbath, Keen, & Paynter, 2016). 언어를 습득하는 경우에도 발달이 지연되고 비정상적인 경우가 많다. **반향어**(echolalia)와 **대명사 역전**(pronoun reversal)도 흔히 관찰된다. 반향어는 상대방이 말한 것을 그대로 반복하여 따라 말하는 것인데 이러한 행동은 언어장애와 조현병, 맹인 등의 경우에도 나타난다. 대명사 역전은 다른 장애나 정상발달 아동의 경우보다 자폐 아동에게서 더 흔히 나타나며 성인기까지 지속될 수도 있다. 이들은 다른 사람을 '나'라고 표현하고 자기 자신을 '그, 그녀, 그들' 또는 '너'로 표현하기도 한다.

언어의 이해와 사용 모두(즉 수용언어와 표현언어)에서의 결함은 ASD 전집에서 다양하게 나타나며 흔하다(Kwok et al., 2015). 구문(syntax), 이해, 다른 형태의 언어에 대한 문제도 있다. 이러한 특성은 특수 언어장애와 유사할 수도 있지만 동일하지는 않다(Williams, Botting, & Boucher, 2008). 아마도 가장 두드러지는 결함은 화용론, 즉 언어의 의사소통적·사회적 사용에 있을 것이

스티븐 : 초기 사회적 의사소통 결핍

스티븐은 24개월에 대학 소재 자폐증 클리닉에서 ASD로 진단을 받았던 30개월의 남아이다. 그는 두세 개 정도의 단어만 사용하여 짧게 말하며 일관되게 책에 있는 사물이나 그림의 이름을 명명한다. 그러나 스티븐이 항상 다른 사람을 향해 말하는 것은 아니며, 눈길이나 몸짓과도 잘 맞지 않는다. 그는 다양한 장난감에 흥미를 보이지만 아직 가장놀이는 하지 않는다. 어떤 것들에 분명히 흥분함에도 눈맞춤을 하거나 가리키는 행동을 통해 그의 관심을 다른 사람들과 공유하려고 하지 않는다(즉 그는 공동주의를 사용하지 않고 있다). 스티븐은 또래와 노는 것에는 관심이 없으며 블록, 퍼즐, 숫자가 있는 장난감을 갖고 혼자 노는 것을 더 좋아한다. 그는 부모님과 어떤 사회적 게임을 하고 노래 부르는 것을 즐기지만 게임/노래 속의 움직임을 모방하지는 않는다. 스티븐은 학업 전 기술이 좋고 색깔, 모양, 숫자를 명명할 수 있다.

— Klinger & Dudley(2019, p. 398)에서 수정 인용

다(Parsons et al., 2017). 대화는 부적절하게 상세한 설명과 대화 주제의 부적절한 이동, 대화의 쌍방 교환 무시가 특징적으로 나타나거나 아예 대화 자체가 불가능할 수도 있다. 스티븐의 사례는 ASD에서 나타날 수 있는 사회적-의사소통기술의 여러 결함을 보여준다.

그렇지만 일부 아동들은 광범위한 자폐증상의 범위 내에서 높은 수준의 기능을 보이기도 한다. 이들은 적절한 도움이 있을 경우 의사소통을 더 잘할 수 있고, 줄거리가 있는 이야기도 할 수 있고 읽기도 가능하다. 일부 아동은 과잉 언어증(hyperlexia)을 보이기도 하는데 이는 아직 잘 이해되지 않은 증상으로 한 단어를 읽는 능력은 뛰어나지만 읽은 내용을 이해하지는 못하는 것을 가리킨다(Ostrolenk et al., 2017). 뒤에서 설명하겠지만 특정한 사회적 및 의사소통기술 결함을 대상으로 하는 개입은 ASD가 있는 개인의 사회적 의사소통과 상호작용을 향상시키는 데 도움을 줄 수 있다(Klinger & Dudley, 2019).

제한적이고 반복적인 행동, 관심, 또는 활동 패턴

영아기의 발차기나 몸 흔들기, 이후의 동일성에 대한 선호 같은 몇몇 반복적 행동은 학령기가 되면 대부분 줄어드는 전형적인 발달 특성이다(Klinger & Dudley, 2019). 대조적으로 자폐 아동과 청소년은 제한적이고 반복적이며 높은 빈도로 발생하는 이상한 행동, 관심, 활동을 보인다.

보통 이러한 행동들은 널리 인정된 두 개 영역으로 구분되어 왔다(Klinger & Dudley, 2019). 그중 하나가 낮은 수준의 '반복적인 감각운동 행동'으로 손 흔들기, 몸 흔들기, 빙글빙글 돌기, 발끝으로 걷기, 물체를 반복해서 사용하기 그리고 일부 자해적 행동들이 이에 속한다. 이런 이상한 행동은 전형적으로 발달하는 아동들과 다른 장애아동들에서도 나타나지만 자폐증에서 더 많이 더 심각하게 나타난다(Berry, Russell, & Frost, 2018). 이런 증상은 나이가 어린 자폐 아동과 지능이 낮은 자폐 아동들에게서 더 흔하게 나타난다.

제한적이고 반복적인 행동, 관심 또는 활동 패턴(Re-stircted, Repetitive Patterns of Behavior, Interests, or Activitie, RRB)의 두 번째 범주는 높은 수준의 '동일성에 대한 집착'이다(Mirenda et al., 2010; Turner, 1999). 아동은 환경의 어떤 측면에 빠져 있는 것처럼 보인다. 숫자에 집착하고, 물건들을 강박적으로 모으거나 취미에 지나치게 몰두하기도 한다. 그들은 물체를 재배열하는 것과 같은 운동적 의식과 식사를 할 때나 잠자리에 들 때 반드시 지켜야 하는 자기 나름의 의식(rituals)이 있을 수도 있다. 가구 재배치나 일정 변경과 같은 작은 환경의 변화는 아동을 심하게 화나게 할 수 있다. 이런 강박적 행동은 나이가 많은 ASD 아동에게서 더 흔하게 나타난다.

RRB가 왜 나타나며 어떻게 유지되는지는 잘 모른다(Factor et al., 2016). 아마도 과도한 각성이나 불안 때문이거나 이 아동들이 세상과 소통하지 못하기 때문에 RRB를 통해 자기 자극을 제공하는 것일 수도 있다. 이 유가 무엇이든지 2세에서 9세 사이의 ASD 아동들의 RRB를 살펴본 한 연구에 의하면 시간에 따른 변화의 형태는 상당히 달랐다(Richler et al., 2010).

기술 : 이차적 특징

몇몇 추가적 특징은 자폐증에서 흔히 관찰되며 장애의 이해에 도움이 된다.

감각/지각장애

감각기관은 정상이지만 자극에 대한 비정상적인 반응에 비추어 볼 때 감각 및 지각적 처리문제를 의심해볼 수 있다. 과잉 민감성과 과소 민감성은 정상발달에서보다 더 많이 나타나며, 이런 특징들은 DSM-5에서 더 중요하게 다루어지고 있다(American Psychiatric Association, 2013; Bogdashina, 2016). 자극에 과잉으로 반응하는 아동들은 진공청소기 소리, 옷에 있는 솔기나 빛을 싫어한다. 이처럼 감각자극을 싫어하고, 무서워하거나 회피한다. 자폐증이 있는 한 성인은 자신이 옛날에는 소리와 접촉에 대해 '끔찍한 과잉 민감성'을 경험했고 다른 사람이 자신을 만졌을 때 '너무나 압도적이고 이해

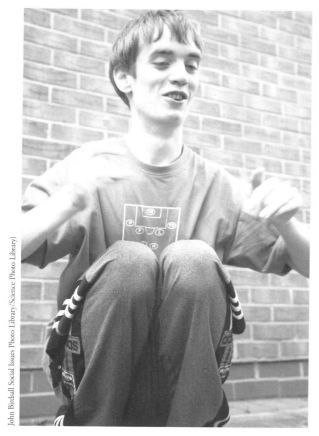

John Birdsall Social Issues Photo Library/Science Photo Library)

상동적인 움직임은 자폐증이 있는 아동에게 흔히 나타난다.

할 수 없는 자극의 물결'처럼 느꼈었다고 이야기했다(Grandin, 1997). 이와는 대조적으로 더 흔하게 나타나는 과소 민감성은 아동들이 목소리나 다른 소리에 반응하지 않거나 걷다가 물체에 부딪치는 데에서 드러난다. 임상적으로 보면 정말 수수께끼 같다. 예를 들어 아동이 큰 소리는 의식하지 못하면서도 시계의 째깍거리는 소리에는 감탄할 수 있다(Volkmar & Klin, 2000). 소리에 반응하지 않기 때문에 부모가 자신의 자녀를 청각장애로 생각하는 경우도 있다. 흥미롭게도 심각한 감각적 결핍이나 시각적 및 청각적 장애를 경험했던 사람들이 보이는 비슷한 행동들을 검토한 연구들에서 감각적 지각적 문제가 ASD의 핵심일 수 있다는 간접적 증거가 보고되고 있다(Bogdashina, 2016).

과잉 선택성(overselectivity)도 자폐에서 흔하게 나타

난다. 아동이 자극의 다른 측면은 무시하면서 특정 측면에만 주의를 기울인다(Duarte & Baer, 2019). 과잉 선택성은 정상적으로 발달하는 아동, 특수한 학습문제나 일반적 학습문제가 있는 아동을 포함한 여러 집단에서 나타난다(Dube et al., 2016). 이 현상은 다양하게 개념화되었고(예 : 감각적 과부하나 주의결함) 정상발달과 기능을 저해한다고 여겨졌다. 학습과제의 특정 측면을 무시하는 것은 당연히 과제수행을 방해한다. 사회적 상호작용도 영향을 받을 수 있고, 사회적으로 문제가 될 수도 있다. 예를 들어 ASD 아동은 다른 아동이 안고 있는 장난감에만 주의를 기울이고 그 아이가 하는 말에는 주의를 기울이지 않기에(예 : "트럭 가지고 같이 놀자." 대 "저리 가, 내 트럭이야.") 사회적 기능이 저해된다.

지적인 수행

ASD에서 지능은 평균 이상인 경우를 포함하여 폭넓은 분포를 나타내지만 지적결함이 있는 경우가 일반적이고 심각한 결함이 있는 경우도 있다. 과거에는 지적장애(intellectual disability, ID)의 유병률은 70% 정도로 추정되었으나 요즈음에는 ASD가 있는 사람의 31%가 ID도 가지고 있으며, 25%는 경계선인 지적기능으로 어려움을 겪으며, 44%는 평균에서 평균 이상의 지능을 갖고 있는 것으로 보고한다(Biao et al., 2018). ID의 더 낮은 추정치는 자폐증상이 지능의 측정에 영향을 미친다는 사실을 고려하였기 때문일 수 있다. 또한 진단기준을 충족시키지 않았을 아동에게 장애진단을 내렸기 때문이거나 조기개입으로 인해 기능이 향상되었기 때문일 수 있다(Klinger & Dudley, 2019).

지능을 중심으로 고기능과 저기능의 구분은 대략 IQ 70을 기준으로 한다. 이러한 구분은 자폐증을 가진 사람들이 서로 차이가 있게 되는 중요한 방식일 수 있다. 높은 지능은 덜 심각한 ASD 증상, 다른 교육적 요구, 이후 삶에서 정상적으로 기능할 더 큰 가능성과 연합되어 있다(Klinger et al., 2018). 게다가 자폐증이 있는 사람의 검사결과는 보통 언어적 IQ보다 비언어적 IQ가 더 높은 고르지 못한 인지발달 양상을 보여준다. 예를 들어

ASD가 있는 사람은 퍼즐, 패턴, 블록 디자인 같은 비언어적인 시각-공간 과제에서 강점을 보일 수 있다. 이러한 발견은 ASD가 있는 사람들이 특수한 인지적 프로파일을 보인다고 믿게 만들었다(Klinger et al., 2018). 그 결과 현재 연구에 따르면 ASD에는 하나의 인지적 프로파일이 있는 것이 아니라 ASD가 있는 사람들 간에 예측불가능하고 이질적인 양상으로 인지적 강점과 약점이 나타난다(Klinger et al., 2018; Mandy, Murin, & Skuse, 2015).

이처럼 일반지능의 편차가 큰 가운데 ASD 증상들이 나타난다는 것은 수수께끼이다. 더 당혹스러운 것은 극소수의 자폐 아동에게서 나타나는 이른바 **조각난 기술**(splinter skills, 그들의 일반지능 수준으로 예상할 수 있는 정도를 훨씬 뛰어넘는 능력)과 정상적으로 발달하고 있는 아동이 보이는 것보다 훨씬 뛰어난 **천재능력**(savant abilities)이다. 천재능력은 자폐증에만 국한되지 않지만 높은 비율로 나타난다(J. E. A. Hughes et al., 2018). 보통 기억, 수학 계산, 시각-공간 능력, 그리기와 음악에서 놀라운 능력을 보인다(Happé, 2018). 흔히 높은 수준의 지능과 연관되기는 하지만 지능이 55 정도로 낮거나 지능이 너무 낮아서 검사를 실시할 수 없는 아동들에서도 천재능력이 보고되고 있다.

적응행동

자폐증이 있으면 일상 활동에 어려움을 겪는다. 특히 적응행동 중 사회적 영역에서의 결함은 ASD의 핵심으로 여겨진다(Cronin & Freeman, 2017). 고기능 수준에서도 ASD 아동은 지능이 비슷한 정상 또래들보다 바인랜드 적응행동척도(VARS)에서 점수가 낮았고, 지능으로 기대할 수 있는 수준보다도 떨어졌다(Mazefsky, Williams, & Minshaw, 2008). 인지적 능력과 실제적 기술 수행 간의 차이를 이해하는 것은 연구에서 중요하게 다루어져 왔다.

연구에 따르면 연령이 높아지면서 적응기능의 손상은 더 커지고 지능과의 불일치는 일반적으로 고기능 자폐에서 더 크게 나타난다(Kanne et al., 2011). 가족요인과 정신과적 조건들은 적응행동에서 나타나는 커다란 차이를 설명하는 데 도움이 될 수 있다. 예를 들어 한 연구에서 가족 우울증과 수줍음의 병력이 바인랜드 적응행동척도 점수와 관련이 있었는데 특히 사회적 영역에서 더 높은 관련성을 보였다(Mazefsky et al., 2008). 게다가 자폐증상의 심각성은 그 자체로는 적응기능을 예측하지 못하는 반면, 연령 및 인지적 기능과 상호작용하여 기능에 영향을 준다(Cronin & Freeman, 2017). 집행기능 결함 역시 적응행동에서 주요한 역할을 한다(Pugliese et al., 2015; Wallace et al., 2016).

ASD의 인지이론

ASD의 기저에 인지적 결함이 있다는 이론이 있는데, 특히 세 가지 유명한 인지이론이 자폐증 연구의 핵심이 되어 왔다. 이 이론들은 단일 결함 관점에서 자폐증을 설명하려 시도해 왔다. 다른 말로 하면 그들 각각은 하나의 인지적 한계가 ASD의 발현에 영향을 미친다고 설명한다. 이 이론들이 이 분야에서 매우 큰 영향력을 발휘해 왔으나 두 개의 증상 영역(사회적 의사소통과 RRB)을 완전히 설명하지는 못하고 있다. 결과적으로 현재 이 복잡한 장애와 연합된 증상 스펙트럼을 완전하게 설명할 수 있는 하나의 인지이론에 대해서는 합의된 바 없다(Happé, Ronald, & Plomin, 2006; Pennington et al., 2019). 그럼에도 불구하고 이 이론들은 ASD 연구에서 매우 영향력이 있으며 그들의 강점과 약점은 다음과 같다.

인지 : 마음이론 특히 한 가지 이론이 이 분야에 오래도록 영향력을 발휘해 왔다. **마음이론**(Theory of Mind, ToM)은 자신과 타인의 정신 상태를 추론하는 능력이다. 마음이론을 갖는다는 것은 정신 상태가 존재하며, 즉 사람들은 바람, 의도, 신념, 느낌 등을 가지고 있고, 이런 정신 상태가 행동과 연결된다는 사실을 이해하는 것을 의미한다. 마음이론은 다른 사람의 마음을 읽는 능력으로 다른 사람과의 상호작용을 주도한다. 아동들은 정상발달에서는 3~4세경이면 일차순위 능력을 가

지게 되어서 사람들의 사적인 정신 상태를 어느 정도 이해한다(Happé, 2015). 이에 대한 좋은 예는 가장놀이(pretend play)이다. 5~6세경이면 이차순위 능력을 획득하는데, 아동들은 제3자의 생각에 대한 다른 사람의 생각을 추론할 수 있다.

ToM의 여러 측면은 많은 과제로 측정된다. 샐리–앤 과제(Sally-Anne test)는 아동이 다른 사람이 틀린 믿음을 가지고 있음을 이해하는지를 측정하는 고전적 검사이다(Baron-Cohen, 1989). 아동에게 샐리가 공깃돌을 바구니에 넣고 방을 나간 뒤 앤이 들어와서 공깃돌을 다른 곳으로 옮겨 놓고 방을 나갔다고 이야기해준다. 샐리가 돌아와서 어디에서 공깃돌을 찾을지 아동에게 물어본다. ToM을 보여주려면 아동은 샐리가 공깃돌이 자신이 넣은 바구니에 있다고 잘못 믿고 있음을 이해해야 한다. 이와 같은 일차순위 과제를 수정하여 이차순위 능력을 평가할 수 있다. 이때는 샐리가 방을 나간 후 앤이 공깃돌을 옮기는 것을 엿본다. 아동에게 "앤은 샐리가 공깃돌을 어디에서 찾을 거라고 생각할까?"라고 질문한

다. 아동은 앤이 샐리의 생각에 대해 생각하고 있는 바를 '읽어야 한다'. 대부분의 자폐 아동은 일차순위 과제에서 실패하고 더 많은 자폐 아동이 이차순위 과제에서 실패한다(Baron-Cohen & Swettenham, 1997). 무엇 때문에 이런 실패가 일어나는지 완전하게 밝혀지지는 않았으며 ASD 아동 모두가 그 과제에서 실패하는 것은 아니라는 사실도 이 이론에 어려움을 야기한다(Rajendran & Mitchell, 2007). 언어능력과 집행기능은 ToM과 상관이 있지만(Miller, 2009), 어린 아동들은 언어능력을 요구하지 않는 과제에서도 틀린 믿음을 이해하지 못했다(Senju et al., 2010).

이 외에도 ToM을 측정하는 여러 가지 방법이 개발되었다. 예를 들어 ToM 이야기책에서는 학령 전기 아동들의 ToM 발달을 종합적으로 이해하기 위해 여러 가지 과제를 제시한다(Blijd-Hoogewys et al., 2008). 여기에서는 정서, 바람과 신념과 같은 ToM의 여러 측면을 평가한다. 〈그림 13.1〉에 이 검사 가운데 아동의 정서적 이해와 인식을 평가하는 검사 하나가 소개되어 있다. 나이

 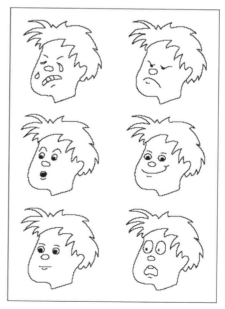

그림 13.1 마음이론 이야기책에 실린 정서재인 과제의 한 예이다. 아동에게 "샘은 구슬을 얻었다. 가장 예쁜 구슬을 얻었다."라고 이야기해준 다음 적당한 얼굴을 선택하게 하고 어떤 기분인지 말하게 한다. 다른 이야기도 들려준다.[Blijd-Hoogewys et al(2008)에서 인용. Copyright 2008 by Springer. 허락하에 사용함]

가 많거나 이차순위 과제를 통과하는 아동들을 위해서 더 어려운 과제가 개발되었다. 실언검사(faux pas test)에서 아동에게 A가 실언하는 이야기를 들려주었는데, 즉 A가 실수로 B에게 부정적인 영향을 줄 수 있는 말을 하였다. 그리고 아동에게 실언을 찾도록 하였다. 이 과제에서 성공하려면 아동은 (1) 이야기 속의 두 주인공이 서로 다른 지식을 가지고 있고, (2) A의 이야기가 B에게 정서적으로 영향을 미친다는 사실을 이해해야 한다. 이검사에서 이차순위 ToM 과제를 통과할 수 있었던 자폐증이나 관련 장애를 가지고 있던 아동들은 정상적으로 발달하고 있는 아동들보다 해결능력이 낮았다(Baron-Cohen et al., 1999). ToM의 다른 검사를 활용한 연구들역시 다른 사람의 정서를 추론하고 그들의 신념을 이해하는 것과 관련된 결함이 ASD를 지닌 사람들에게서 나타남을 보여주었다(Mazza et al., 2017).

ToM이 사회적 세계를 이해하는 데 중요하기 때문에 때로는 '마음맹(mind blindness)'이라고 불리는 그러한 결함은 자폐증의 여러 가지 사회적 문제나 의사소통 문제의 원인일 수 있다. ToM의 한계는 그것이 ASD의 RRB 증상들을 설명하지 못한다는 점이다. 그러나 전체적으로 연구에 따르면 자폐증의 ToM 결함은 다양한 연령에서 나타나며, 고기능 자폐에서도 존재할 수 있다. 게다가 ToM 결함은 ASD 아동의 학습 환경도 변화시킬 수 있다(Happé, 2015). 대부분의 최신 연구에 따르면 ASD가 있는 사람들은 ToM에서의 어려움을 보상할 수 있는데, 이는 ASD가 있는 일부 사람들이 ToM 과제를 통과할 수 있는 이유를 설명하는 데 도움이 된다(Livingston et al., 2019). 그럼에도 불구하고 ToM에서의 핵심적인 인지결함은 여전히 ASD가 있는 아동들을 정상적으로 발달하고 있는 또래들과 다르게 만든다고 가정한다.

인지 : 빈약한 중앙통합능력 정상적인 인지과정에서 사람들은 조각난 정보들을 함께 엮어 전체적인 의미를 이끌어내기 위해서 또는 요점을 파악하기 위해서 맥락을 활용한다. **중앙통합능력**(central coherence)이라고도 부르는 이러한 성향은 일반 사람들에서도 다양하게 차이를 보인다(Happé, Briskman, & Frith, 2001). Frith와 Happé(2006)는 특정한 시각-지각 과제 수행의 결과를 근거로 해서 자폐증을 보이는 사람들은 이 능력이 부족하다고 주장하였다. 즉 이들은 정보를 전체로 통합하기보다 자극의 각 부분에만 초점을 맞추는 경향이 있다는 것이다. 간단히 말해서 이들은 숲보다 나무만 본다.

중앙통합능력의 결여를 가장 잘 보여주는 것이 지각 과제 수행결과이다. 예를 들어 자폐증이 있는 아동은 큰 그림 속에 감추어져 있는 자극 형태를 인식해야 하는 숨은 그림 과제에서 정상 아동보다 더 좋은 수행을 보인다. Shah와 Frith(1993)는 웩슬러 지능검사(Wechsler intelligence test) 가운데 블록 맞추기 과제에서 자폐증이 있는 아동이 놀라울 정도로 뛰어난 수행을 보인다는 것을 발견하였다. 이들은 다른 IQ 검사과제들에 비해 월등히 잘할 뿐만 아니라 정상 아동집단이나 지적장애가 있는 통제집단 아동보다 더 우수한 수행을 보인다. 블록 디자인을 조각으로 나누어 보는 능력이 뛰어나므로 이 과제를 잘 수행하는 것으로 해석된다(그림 13.2 참조).

이러한 결과들은 자폐증이 있는 사람의 정보처리가 정상인에 비해 통합적 처리나 전체적 처리 측면에서 약한 반면, 분석적 측면에서는 강하다는 사실을 보여준다. 그 때문에 일부 과제에서는 아주 뛰어난 수행을 보일 수 있지만 다른 과제에서는 아주 낮은 수행을 보일 수도 있다. 이는 감각적 차이와 일부 RRB에서 볼 수 있는 아주 작은 세부특징에 대한 주의처럼 자폐증의 사회적 그리고 비사회적인 특징 일부를 설명할 수 있게 한다(Happé & Frith, 2020; Rajendran & Mitchell, 2007). 빈약한 중앙통합능력을 이해하기 위한 노력이 계속되어 왔으며 이론은 시간이 흐르면서 변화되었다. 더 최근의 연구에 따르면 ASD에 포함된 인지적 과정은 한때 이론화되었던 것보다 훨씬 복잡하다. '나무를 보는' 편향을 지닌 사람들은 능력의 감소라기보다는 더 느린 전체적 처리과정을 보이는 것일 수 있으며(Booth & Happé, 2018), 노력해서 환경을 더 전체적으로 처리하기 위해 주의를 이동시킬 수 있다(Stevenson et al., 2018). 이러한 발견들

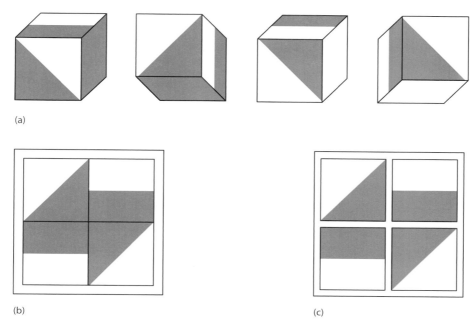

(a)

(b)   (c)

그림 13.2 블록 디자인 검사. 피검자는 무늬가 들어간 네 개의 블록(A)을 사용해서 보기로 주어진 것과 같은 특정한 패턴(B)을 만들어야 한다. 경우에 따라서는 (C)처럼 패턴을 합치기 이전에 조각 형태를 먼저 보여주기도 한다. 통제집단은 (C)를 보았을 때 수행이 향상되었다. 그러나 자폐증이 있는 사람은 (C)를 먼저 보건, 안 보건 간에 수행에 차이가 없었다. 이것은 자폐증이 있는 사람들이 전체 패턴을 구성하는 부분들을 볼 수 있는 능력이 더 뛰어남을 시사한다.[Happé, Briskman, & Frith(2001)에서 인용. Copyright 2000 by John Wiley & Sons. 허락하에 사용함]

은 빈약한 중앙통합능력이 역기능이 아니라 일종의 인지적 스타일을 반영하는 것일 수 있으며 ASD의 인지적 특징 중 한 부분을 나타내는 것일 수 있음을 시사한다.

인지 : 집행기능　집행기능장애(executive dysfunction)는 자폐증상 기저에 있는 것으로 가정되어 왔다. 주의의 시작, 유지 및 전환, 계획하기, 충동통제에 있어서의 어려움은 ASD에서 관찰되는 여러 어려움에 기여하는 것으로 알려져 왔는데, 동일성에 대한 요구, 계속 반복하는 경향성, 인지적 유연성과 운동계획에서의 문제 등이 그것이다. 자폐증이 있는 아동, 청소년, 성인들은 집행기능검사에서 통제집단에 비해 뒤떨어지는 수행을 나타낸다(Corbett et al., 2009; McEvoy, Rogers, & Pennington, 1993; Ozonoff, 1997). 그러나 결과는 비일관적이며 자폐증이 있는 모든 사람이 집행기능문제를 가지고 있지는 않다(Rajendran & Mitchell, 2007). 그

동안 축적된 자료를 보면 집행기능장애는 후기 학령 전 ASD 아동에게는 나타나지 않는다. 평균 연령 2세 9개월의 유아들을 대상으로 한 최근 연구에서는 동일한 연령대의 정상 아동과의 수행 차이가 거의 없었다(Yerys et al., 2007). 게다가 집행기능장애는 ASD에서만 나타나는 것이 아니며 주의력결핍/과잉행동장애(ADHD)와 같은 다른 장애에서도 나타난다. 이는 집행기능장애가 자폐증의 일차적 손상이 아니라 자폐증에서 부차적으로 생겨남을 시사한다. 그럼에도 불구하고 집행기능장애는 ASD가 있는 개인의 기능적 결과에 대한 특히 중요한 예측요인이다(Bertollo & Yerys, 2019).

다중결함 체계　한때는 하나의 결함이 자폐증의 증상들을 모두 설명해줄 수 있다는 생각이 ToM과 중앙통합능력의 손상을 포함하여 자폐증에서 나타나는 여러 가지 인지적 및 지각적 손상에 적용되었다. 그러나 어떤 하나

의 결함이 모든 ASD 증상을 설명하지 못하고, 자폐증이 있는 모든 사람이 모든 결함을 보이지도 않는다. 그리고 그러한 결함이 자폐증에서만 특정적으로 나타나지도 않는 것 같다. 이러한 손상들이 여전히 중요하지만 연구자들은 ASD와 다른 신경발달장애를 이해하고 연구하기 위해 다양한 방법을 고려하기 시작하였다(McGrath, Peterson, & Pennington, 2020). 자폐증에서 심각하게 문제가 되고 있는 정서적, 사회적 발달에 포함된 여러 가능한 요인을 이해하는 것에 관심이 집중되고 있다. 이러한 관심은 어느 정도는 캐너 이후에 지속되어 왔던 관점, 즉 **상호주관성**(intersubjectivity)으로 돌아가는 것이다. 상호주관성이란 사람들이 가지고 있는 다른 사람에 대한 특별한 인식으로서 출생 시부터 사람들이 정서와 다른 사람에 대한 관심을 가지고 의사소통하도록 만든다(Heasman & Gillespie, 2019). 게다가 ASD의 발달궤적에 대한 더 최근의 연구결과들은 ASD에 하나의 발달경로가 있다는 생각에 도전하고 있다(Ozonoff et al., 2010). 최근에는 감각적 반응과 주의에서의 초기 어려

움이 일련의 효과들을 만들어내면서 ASD의 여러 증상으로 이끌게 된다는 ASD의 연속적 발달(cascading development)을 기술하고 있다(Baranek et al., 2018; Klin, Shultz & Jones, 2015). ASD의 다중결함체계는 ASD의 증상, 발병, 심각성에서의 차이를 설명하는 데 도움을 주며, 고위험 유아에 대한 종단연구와 유전 및 신경심리학적인 새로운 발견이 ASD에 대한 우리의 이해를 넓혀주게 될 것이다(Pennington et al., 2019).

신체적 특징과 다른 특징들

자폐증이 있는 아동은 대개 외모가 준수하다고 이야기한다. 그렇지만 ASD는 미세신체기형(minor physical anomalies, MPAs)을 포함하여 신체적 이상을 많이 보인다(Ozgen et al., 2010, 2011)(그림 13.3 참조). 이마의 돌출, 비정상적 머리 크기, 높고 좁은 입천장, 낮게 자리잡은 귀가 미세신체기형의 예이다. 미세신체기형은 의학적으로나 외모상으로 문제가 되지는 않지만 유전이 관련되고 태내발달에 문제가 있었음을 나타낸다. 머리/

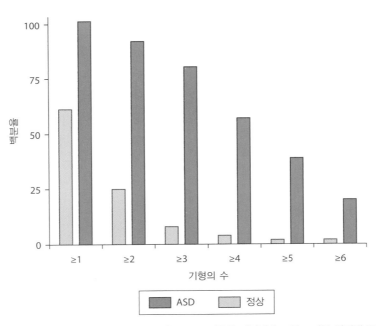

그림 13.3 미세신체기형을 보이는 ASD 아동과 정상 아동의 비율. ASD 아동은 지적장애도 없고 다른 알려진 증후군도 없었다.[Ozgen et al.(2011)에서 인용. Copyright 2011 by Springer. 허락하에 사용함].

얼굴, 사지와 뇌는 임신 초기에 동일한 세포층에서 발달되며 이러한 신체적 영역의 이상은 뇌발달에 영향을 미치는 신경세포의 이동이 비정상적이었음을 나타낼 수 있다(Myers et al., 2017).

자폐증이 있는 어떤 사람들은 동작도 유연하고 날렵해 보이지만 어떤 사람들은 영아기부터 성인기까지 신체 균형감이 떨어지고, 걸음걸이가 부자연스러우며, 소근육, 대근육 운동기술이 떨어지고, 동작이 부자연스럽다. 운동장애는 ASD에서 비정상적 발달의 가장 초기 신호일 수 있으며 사회적 상호작용, 신체적 활동 같은 발달의 다른 측면들도 방해한다(Wilson, Enticott, & Rinehart, 2018). 게다가 특이한 음식에 대한 선호를 보이고, 수면장애도 일반 사람이나 자폐증 없이 지적장애만 있는 사람들보다 더 높은데, 어떤 표본에서는 80% 가까이 나타기도 하며(Valicenti-McDermott et al., 2019; Zickgraf & Mayes, 2019), 더 심각한 행동문제와 연합되기도 한다(Taylor & Siegel, 2019). ASD가 있는 사람들은 행동적으로 공격성, 비협조성, 위축과 자해행동과 같이 다양한 부적응적 행동을 보인다(Oliver & Richards, 2010).

공존장애

이미 자폐스펙트럼장애와 지적장애가 공존하기 때문에 자폐증이 임상적으로 다양한 형태를 보인다는 사실을 살펴보았다. 같이 발생하는 정서적·행동적 문제가 그 이질성을 더 크게 만든다. 게다가 DSM-5가 이전과 달리 대부분의 추가적 진단을 배제하지 않게 되면서 ASD의 공존장애 문제는 큰 주목을 받게 되었다(Deprey & Ozonoff, 2018). 공존장애의 결정은 특히 어려운데, 인지적·언어적 문제로 인해 의사소통이 어렵기 때문이다. 게다가 ASD와 정신장애의 일부 주요 특징들은 구분하기가 어렵다(Pennington et al., 2019). 예를 들어 ASD가 있는 사람들에서 관찰되는 비정상적인 사회적 상호작용은 사회공포증과 구별하기 어렵고, ASD의 반복적 행동은 강박장애와 구별하기 어렵다. 표본과 방법론의 차이뿐 아니라 이러한 어려움 때문에 공존장애 정도

가 높다고 생각이 되기는 하지만 확실하지 않다. 한 전집 연구에서 ASD 아동의 71%가 적어도 하나의 공존 정신장애 기준을 만족시켰으며, 41%는 둘 이상, 24%는 세 개 이상의 진단기준을 충족시켰다(Simonoff et al., 2008). 9세에서 16세에 대한 한 지역사회/임상적 연구에서는 공존장애 발병률이 74%였고 많은 사람이 하나가 아니라 여러 개의 공존장애를 가지고 있었다(Mattila et al., 2010). ASD와 함께 발생하는 증상과 장애들 중 불안, 우울, 과잉행동과 반항적 행동이 있다.

예를 들어 불안과의 공존장애를 짧게 살펴보자면 여기에는 특정공포증, 사회불안장애, 범불안장애가 포함된다. ASD 아동의 경우 불안장애 유병률은 일반 인구의 경우보다 더 높은 것으로 추정되는데, 추정치는 49~79%에 걸쳐 있다(Deprey & Ozonoff, 2018; Kent & Simomnoff, 2017). ASD와 불안의 연결에는 아직 잘 알려지지 않은 여러 요인이 관련되는 것으로 보인다. 절반 정도의 ASD 아동들이 자극에 대해 과잉 민감성을 보이는데 이러한 과잉 민감성이 큰 소리에 대한 공포와 같이 특정 형태의 불안을 일으킬 가능성이 제기되고 있다(Green & Ben-Sasson, 2010). ASD가 있는 나이가 많은 아동과 청소년은 더 높은 인지적 기능을 가진 사람들과 마찬가지로 높은 수준의 불안을 경험한다. 아마도 고기능 수준에 있는 아동·청소년들이 사회적 결함으로 인한 자신의 어려움을 더 잘 인식하기 때문에 불안을 겪게 되고, 이러한 불안은 다시 사회적 상호작용을 어렵게 만들고 사회적 고립을 유도한다. 또한 이로 인해 불안은 더 증가된다. 따라서 ASD와 불안 사이에는 양방향적 영향이 작용할 수 있다.

지적기능의 수준이 다른 증상의 공병과 관련될 수 있다(Totsika et al., 2011). 예를 들어 저기능은 특히 과민한 경향과 과잉행동과 관계가 있고 고기능은 특히 우울과 관계가 있을 수 있다. 더 일반적으로 말하면 ASD가 있는 많은 사람에게 지적 손상이 있기는 하지만 지적장애의 영향이 ASD의 영향과 구분되지 않는 경우가 많다. 이 문제를 해결하기 위해 Totsika와 동료들(2011)은 5~16세 사이의 ASD 아동과 청소년들의 대표적 표본을

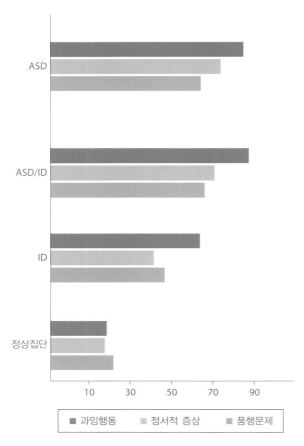

그림 13.4 아동집단에 따른 행동상 및 정서적 문제의 비율 [Totsika et al.(2011)에서 인용]

대상으로 정서와 행동문제를 조사하였다. 그들은 ASD 집단, 지적장애와 ASD가 모두 있는 집단, 지적장애만 있는 집단, 정상집단의 네 집단을 비교하였다. ASD와 지적장애 모두 문제와 관계가 있었으나 지적장애 여부에 관계없이 ASD로 인해 더 많이 문제가 생겨났다(그림 13.4 참조). 다른 연구들과 더불어 이런 결과는 ASD가 있는 사람들의 기능을 손상시키는 공존장애에 대해 생각해보아야 할 필요성을 나타내고 있다.

역학연구

여러 해 동안 자폐스펙트럼장애에 대한 많은 역학연구가 이루어졌다. 미국질병통제예방센터(CDC)의 최신 보고에 따르면 미국에서 ASD 유병률은 최근 몇십 년간 증가해 왔는데, 2002년 8세 아동 150명당 1명에서 2014년 8세 아동 59명당 1명으로 늘어났다(Baio et al., 2018). CDC 추정치는 유병률에서 154% 상승을 나타내는 것으로 놀라운 역학적 발견이다(Klinger & Dudley, 2019). 예상대로 이러한 현상에 대해 상당한 우려가 제기되고 있으며 정말로 ASD 아동 수에서의 진짜 증가를 나타내는지에 대한 논쟁이 존재한다(생각상자 '자폐증의 확산, 아니면 착각?' 참조).

시간에 따라 변하지 않은 측면은 성별에 따른 차이이다. 남아는 여아보다 자폐증을 더 흔히 보이는데, ASD 진단을 받는 비율은 남아가 여아보다 4배 더 많다(Baio et al., 2018). 여아는 또한 처음으로 진단될 당시 더 나이가 많은 경향이 있으며(Bargiela, Steward, & Mandy, 2016), 과소 진단될 가능성이 큰데, 여아는 같은 연령대의 남아와 증상이 유사할 때조차 자폐증으로 덜 진단된다(Carpenter, Happé, & Egerton, 2019; Dworzynsky et al., 2012). 지적장애와 심각한 증상은 여아들에게 더 많이 나타나서 저기능 ASD에서는 성비가 2 : 1 정도 된다. 남아가 자폐증과 관련된 여러 가지 유전적 장애를 나타낼 위험이 더 큰데, 이는 적어도 부분적으로는 성별에 따른 유병률 차이를 설명해줄 수 있다. 몇몇 다른 가설도 제안되었는데, 여아가 남아보다 ASD 행동을 드러내기 위해 더 큰 유전적 부하를 필요로 할 것이라는 '여성 보호적 효과(female protective effect)'가 한 예이다(Happé & Frith, 2020). 또는 여아의 ASD 증상 표현이 남아와 다른데(예 : 더 적은 RRB, 더 적은 외현화 행동, 더 많은 내재화 문제), 이 때문에 현재의 진단기준을 만족시키지 못할 수 있다(Bargiela et al., 2016).

역학연구는 한때 자폐증과 사회계층이 관계가 있다고 믿었던 가설을 지지하지 않았다. 상류계층에서 유병률이 높다는 초기의 보고는 아마도 비대표적 표본 때문이었던 것 같다(Fombonne, 2003). 그러나 인종적/민족적 차이에 대한 증거가 있다. 특히 미국에서는 ASD가 백인 아동들에서 더 많이 진단되고 흑인/아프리카계 그리고 히스패닉계 아동들에서 덜 진단되는 것 같다(Durkin et al., 2017).

생각상자 **자폐증의 확산, 아니면 착각?**

자폐증이나 자폐스펙트럼장애(ASD)가 가파르게 증가하는 이유가 무엇일까? 정말 장애가 증가하는 것일까? 다른 요인이 작용하는 것일까? 많은 연구자가 이 장애의 개념화, 이해와 관리에 있어서 여러 가지 변화를 강조한다(Happé & Frith, 2020; Bennett et al., 2018). 다음을 생각해보자.

- 여러 해 동안 자폐스펙트럼장애의 기준이 넓혀져 왔다. 기능수준이 높은 아동과 낮은 아동 모두 더 많이 진단을 받는 것 같다.
- 아동들이 더 어린 나이에 진단을 받고 있다. 이런 현상은 부분적으로는 신경발달적 장애를 더 잘 이해하게 되었고, 조기 선별검사와 진단도구들이 생겨났기 때문이다.
- 관심이 증가하면서 더 많은 사례가 발견되었다. 부모들은 이 장애의 증상을 더 잘 알게 되었고 의사들도 이 장애에 대해 더 좋은 훈련을 받고 있으며, 자폐증에 대한 미디어 포커스는 대중의 인식을 늘려왔다.

- 서비스가 확대되면서 ASD의 진단이 더 부추겨지고 있다. 발달장애를 위한 병원이 늘어났고, 보험급여와 장애인교육법이 변하면서 진단이 증가하였다.
- 이전에는 지적장애, 학습장애 또는 다른 정신과적 진단을 받았을 것 같은 아동과 청소년이 ASD로 진단을 받는 '진단의 전환'에 대한 증거가 제시되고 있다. 진단의 전환은 서비스 가용성에서의 변화와 관련이 있는 것처럼 보인다.

이런 요인들이 자폐증과 관련 장애의 발생 정도에 영향을 미치는 정도는 잘 알려져 있지 않다. ASD 자체가 실제로 증가할 가능성을 배제할 수 없다. ASD 발생이 실제 증가하고 있다면 병인, 특히 변화하는 환경적 변인들이 아동들을 더 큰 위험에 처하게 하는지가 중요하게 제기되어야 할 문제일 것이다. 그러나 ASD의 발생과 유병률에서의 증가에 기여하는 것으로 보이는 여러 요인으로 인해 현재의 이론과 연구는 '자폐의 유행'이 아마도 착각일 수 있다고 이야기한다.

발달과정

부모들의 회고적 보고와 진단받기 전에 촬영된 영아의 비디오는 ASD의 시작과 초기 발달에 대해 이해할 수 있게 도우며, 전에 설명했듯이 ASD 아동의 위험군 형제자매에 대한 순행적(prospective) 연구와 뇌영상 연구로 인해 ASD에 대한 더 많은 이해가 가능해졌다. 자폐증을 지닌 아동의 부모는 대부분 자녀가 2세쯤 되었을 때 증상에 신경을 쓰게 되지만 진단은 보통 부모, 교사, 다른 양육자가 자폐증의 신호로 언어지체와 사회적 비정상성에 주목하게 되면서 몇 년 후에 이루어진다(Haroon, 2019a).

전통적으로 ASD는 세 가지 형태로 시작된다(Pennington et al., 2019). 대부분의 아동들은 첫 번째 형태를 보이는데 태어난 첫해 또는 그 즈음부터 비정상성이 두드러지게 나타난다. 두 번째 형태는 퇴행을 포함하는데, 정상 또는 거의 정상에 가까운 발달이 일어나다가 기술 획득이 정체되고 이전에 습득한 언어기술, 사회적 기술과 운동기술이 상실된다. 세 번째 형태는 '발달적

고원(developmental plateau)'으로 알려졌는데, 2세경까지 경미한 지체가 있다가 그 후에 점진적으로 또는 갑작스럽게 발달이 정지되거나 정체된다.

퇴행은 한때 생각되었던 것보다 ASD에서 훨씬 흔한 것으로 보인다(Pennington et al., 2019). 이전 연구들이 퇴행 형태의 발병이 ASD 아동의 약 20%에서 발생한다고 했지만(Fombonne, 2001), 더 최근의 종단연구들은 훨씬 높은 비율을 보고한다. 실제로 한 연구는 3세경 ASD로 발전했던 영아의 86%가 사회적-의사소통기술에서 갑작스러운 저하를 경험했음을 발견하였다(Ozonoff et a,, 2010). 부모가 관찰한 바에 기초한 회고적 연구들은 이 발달양상에서 미묘하고 점진적인 기술의 퇴행을 경시했을 수 있다. 반면 고위험 영아에 대한 순행적 연구들은 여러 행동 가운데에서도 아동이 의미 있는 단어를 사용하거나 자신의 이름에 관심을 보이거나 자발적으로 다른 사람을 모방하는 행동이 줄어드는 것처럼 퇴행 양상을 탐지하는 더 강력한 설계를 제공한다. 초기에는 발달이 상당히 잘 이루어졌음에도 불구하

고 퇴행하는 아동은 다른 형태의 발병을 보이는 아동들보다 더 심한 자폐증상을 보이고 결말도 더 나쁘다(Kalb et al., 2010).

영상 연구 또한 발병에 대한 우리의 이해를 확장시켜 왔다. 최근의 순행적 뇌영상 연구에 따르면 행동증상이 아동기 후반까지 나타나지 않아도 ASD는 발달 초기부터 존재한다(Klinger & Dudley, 2019). 예를 들어 최근의 한 연구에 따르면 6개월에서 12개월 연령 사이에 관찰된 뇌피질 표면의 확대는 2세경의 대뇌 부피 성장 및 자폐증과 일치하는 사회적-의사소통 결함을 예측하였다(Hazlett et al., 2017). 정리하면 행동증상이 언제 나타나는지에 대해서는 상당한 차이가 있는 것으로 보이며, 뇌영상 연구를 포함하여 순행적 연구들은 우리가 ASD의 발병으로 이끄는 발달적 변화를 이해할 수 있게 돕는다.

연구에 의하면 진단 후의 발달경로도 다양하다. 진단에서부터 14세까지 아동들을 살펴보았던 대규모의 지역사회 모집단 연구에서 여섯 가지 경로가 많이 관찰되었다(Fountain, Winer, & Bearman, 2012). 대부분의 아동에게서 사회적-의사소통 행동은 시간에 따라 향상되었다. 어떤 경로에서는 변화가 더 느렸으며 향상이 일어나지 않았다. 진단 시 증상이 가장 가벼웠던 아동들이 가장 빨리 향상되는 경향이 있었다. 그러나 흥미롭게도 '블루머(bloomer)'라고 지칭된 한 집단은 시작할 때는 기능이 낮았지만 아주 빠르게 향상되어서 청소년기에는 기능수준이 항상 높았던 집단과 유사할 정도로 발전하였다. 일반적으로 백인이고 어머니가 교육을 많이 받았을 때 아동은 더 높은 수준의 기능을 보였는데, 아마도 여러 자원과 개입에 대한 접근성이 좋기 때문일 것이다.

다른 연구들은 아동기를 시작으로 하여 사회적 기술, 의사소통기술과 자조기술이 완만하게 향상됨을 보여주었다(Piven et al., 1996; Sigman, 1998; Taylor & Seltxer, 2010). 이러한 결과들은 초기 아동기부터 성인기 사이에 나타나는 변화를 종단적으로 살펴본 연구에서 밝혀졌다(Shattuck et al., 2007). 많은 사람에게서 ASD와 관련된 부적응적 행동뿐 아니라 ASD의 주요 증상들이 감소하였다. 그러나 사람들 사이의 차이는 상당히 컸다. 전체적으로 지적장애가 있는 사람들이 발전을 덜 보였고, 이런 경향은 가정의 열악한 경제 상태와도 관련이 있었는데, 이는 이들이 양질의 서비스를 받지 못했음을 시사한다. 그러나 또 다른 연구에 의하면 흥미롭게도 특히 지적장애가 없는 청소년과 청년들의 경우에는 고등학교를 졸업하면서 발전이 부진해졌다(Taylor & Seltzer, 2010). 이것은 아마도 고기능 자폐인 사람들에게 자극적인 직업적 · 교육적 활동이 부족했기 때문인 것 같다.

시간에 따른 완만한 향상에도 불구하고 ASD가 있는 대부분의 사람은 성인기까지 증상이 지속되는 것이 일반적이었다. 대략 20% 정도가 독립해서 성공적으로 직업을 가졌고, 약간의 사회적 활동도 하였다(Haroon, 2019c) 연구들은 특히 어렸을 때 일반지능과 의사소통을 위한 언어에 문제가 있었을 때에는(Howlin et al., 2004; Shattuck et al., 2007; Volkmar & Klin, 2000) 아동기 지능이 70 또는 그 이상이었던 아동은 눈에 띄게 잘하였는데, 이 수준의 지능이 성인이 되어서 독립적으로 생활할 수 있을지 여부를 예측하는 요인임을 보여준다(Seltzer et al., 2003). 이런 사람은 계속해서 약간의 문제가 있기는 하였지만 인생에서 정상적 성취를 보이고 보상도 누린다. 탬플 그랜딘은 자폐증 진단을 받은 사람으로서 자신의 경험에 대해 무수히 글을 써왔고, 자신의 개인적 · 직업적 성취가 TV 프로그램으로 제작되어 작품상을 받기도 했는데, 그녀는 인생의 동기와 균형에 대해 다음과 같이 기술하였다.

> 자폐증이 있는 많은 사람은 자신이 사회적으로 잘 맞지 않고 여자친구나 남자친구가 없기 때문에 환멸을 느끼고 속이 상하게 된다. 나는 그런 관계가 내 인생의 일부가 아니라는 사실을 담담하게 받아들였다. … 나는 내가 한 일로 평가를 받고 싶었다. 나는 엔지니어링 프로젝트를 설계하거나 사회에 공헌할 수 있는 무엇을 만드는 것과 같이 재미있는 일을 할 때 가장 행복하다.(Grandin, 1997, p. 1039)

이 장에서 나중에 보겠지만 낙관적으로 본다면 조기

개입으로 인한 진전은 ASD의 영향력을 감소시킬 수 있는데, 특히 고기능 자폐 아동의 경우 그러하다.

신경생물학적 이상

이전 논의와 마찬가지로 ASD에는 여러 신경생물학적 이상이 확인되고 있다(Pennington et al., 2019). 연구에서 기술적, 방법론적 발전은 구조적 및 기능적 뇌 이상을 잘 이해할 수 있게 도우며, 사후 부검, 뇌영상 촬영 또는 다른 형태의 연구를 통해 뇌의 여러 구조와 부위에 대한 조사가 이루어졌다. 그럼에도 불구하고 너무나 다양한 발견이 존재하며 결과의 반복검증은 어렵다(Pua, Bowden, & Seal, 2017).

이러한 차이에도 불구하고 신경생물학적 연구에서 일관된 결과는 변화된 뇌 성장이다. 전반적으로 ASD를 지닌 사람들 중 약 16%가 머리 크기가 훨씬 더 크며(즉 대두증) 약 9%는 뇌의 지나친 성장을 보인다(Sacco, Gabriele, & Persico, 2015). 출생 시 뇌 크기는 작거나 정상이지만 곧 대략 6개월 정도면 이례적인 성장 급등이 일어났다가 곧 가라앉는다(Faja & Dawson, 2017). 앞서 다루었듯이 피질 표면의 과다성장은 ASD 고위험 영아에게서 확인되어 왔으며, 2세경의 진단을 예측한다(Hazlett et al., 2017). ASD 청소년이나 성인에 대한 여러 연구도 뇌 크기가 비정상적임을 발견했다. 소뇌에서 회백질과 백질이 과도하게 발견되고, 소뇌와 측두엽에서 백질이 과도하게 발견되었다.

연구는 또한 ASD가 있는 개인의 뇌 구조에서 영역-특수적인 차이를 식별하고자 노력해 왔는데, 특히 변연계와 전두-선조체 회로(frontal-striatal circuitry)에 주목해 왔다. 이 영역은 ASD의 사회적-의사소통 결함과 RRB와 연합되어 있다(Ecker, 2017). 측두엽-변연계, 전두엽과 소뇌에 대한 미시 연구들은 세포구조와 조직의 문제를 발견했다(Filipek, 1999; Tanguay, 2000; van Engeland & Buitelaar, 2008). 신경세포의 개수와 크기가 감소하고, 세포 밀도가 증가하고, 수상돌기 가지가 적고, 세포 이동이 비정상적이다. 일부 미세세포 연구들은 태내에서부터 뇌가 이런 비정상성을 보인다는 사실을 발견했다.

뇌기능과 관련해서는 뇌의 여러 영역에서 활동이 감소하였다. 전두엽과 변연계, 특히 편도체의 활동이 심하게 감소하였다(Newsom & Hovanitz, 2006). 시각적 또는 청각적 과제를 수행하는 동안 뇌기능을 살펴본 여러 연구에 의하면 얼굴처리에 중요한 특정 뇌 영역, 즉 방추상회(fusiform gyrus)의 과소활성화와 과다활성화 모두가 나타났다(Dichter, 2012). 예를 들어 메타분석은 비정상적인 구조적 발견과 연결 반응뿐 아니라 얼굴처리 동안 뇌의 전기적 활동이 느려짐을 일관되게 보여주었다(Nickl-Jockschat et al., 2015). 또한 집행기능 과제에 중요한 전두 영역(예 : 전전두피질)과 전두-선조체 영역에서 기능적 차이가 있음이 보고되어 왔다(Pennington et al., 2019).

ASD에서 나타나는 비정상적인 뇌 연결 양상에도 더 많은 주의가 주어지고 있다(Mohammad-Rezazadeh et al., 2016). 뇌의 여러 영역을 서로 연결하고 두 반구를 연결하는 많은 백질 신경로에서 이상이 발견되었다(Pardo & Eberhart, 2007; Shukla, Keehn, & Muller, 2011). 청각 및 언어처리에 중요한 영역들의 비효율성도 확인되어 왔다(Pruett, Botteron, & McKinstry, 2017). 연구에 따라 결과가 크게 다르기는 하지만 최근 연구는 기능적 뇌 연결망의 과소 및 과다활성화, 그리고 특정 영역의 구조적 연결 취약성이라는 복잡한 패턴을 시사하고 있다.

생화학 시스템에 대한 관심도 나타나고 있지만 일관성 있는 결과가 발견되지 않고 있다. 가장 신뢰할 만한 연구결과는 23~28%의 사례에서 혈소판 세로토닌 수준이 높다는 것인데 이것이 의미하는 바는 분명하지 않다(Gabriele, Sacco, & Persico, 2014). 아주 초기 발달과정에서 세로토닌은 신경세포의 발달에 중요한 역할을 하고, 뇌에 있는 세로토닌과 그 합성물이 자폐증상과 관련되어 있다(Daly, Tricklebank, & Wichers, 2019). 다른 신경전달물질 가운데 도파민, (활성화에 중요한) 글루타메이트, (억제에 중요한) GABA도 연구되고 있다. 이 외에도 여러 생화학 물질에 대한 연구가 이루어지고 있다. 사회적 행동과 관련이 있다고 알려진 옥시토신과 바소프레신에 대한 결과는 아직 분명하지 않고, 세크레틴(secretin)과 멜라토닌에 대한 연구들은 관련이 없음을 밝히고 있다. 때로는 이런 물질의 중요성이 대중매체의 관심을 끌긴 하지만 이러한 관심은 연구결과를 넘어선 듯하다(Azar, 2011).

자폐에 대한 신경생물학적 이해가 진보하고 있지만 아직도 확실하게 아는 것은 없다. 이런 노력 가운데에서도 뇌의 구조 및 기능과 ASD의 임상적 특징을 연결하려는 시도는 중요하다. 예를 들어 어렸을 때 편도체가 크면 학령 전기 발달과정에 문제가 심하게 나타나고(Faja & Dawson, 2017), 방금 지적했듯이 얼굴처리와 같은 과제를 수행하는 동안에 비정상적인 뇌활동이 일어날 수 있다. 연구결과와 장애증상의 복잡성으로 볼 때 여러 뇌 영역과 연결망에 문제가 있는 것 같다. 전체적으로 볼 때 ASD는 초기에 일어나는 뇌의 과도한 성장과 신경세포의 이상으로 인해 뇌 영역들 사이에 비정상적 연결이 생기거나 감소하는 등의 생물학적 이상이 연이어 일어나기 때문에 발생하는 것 같다(Pruett et al., 2017).

병인

자폐증의 원인과 관련한 초기의 강력한 가설 가운데 양육이 결정적인 영향을 미친다는 주장이 있었다. 캐너는 자폐증이 있는 아동의 부모에 대해 매우 지적이고 전문적인 업적을 이룬 사람들로서 과학과 문학, 예술적 관심에 몰두하며 자녀에게 냉정한 사람들이라고 기술하였다(Kanner, 1943; Kanner & Eisenberg, 1956). 캐너는 생득적인 사회성 발달결함 가설도 제기하였지만 그보다는 부적절한 '냉장고'처럼 차가운 양육방식이 자폐증을 발생시킬 수 있다는 인식이 더 많이 퍼졌다. 특별히 영향력 있는 심리사회적인 설명은 Bettelheim(1967a, 1967b)의 정신분석 이론이었다(Mesibov & Van Bourgondien, 1992). 그는 부모의 거부나 병리적 요소 때문에 아동이 스스로를 자폐적인 '빈 요새'에 가두게 된 것이라고 보았다. 이 설명은 결국 증거 부족으로 사라지게 되었으며, 이 설명은 요즈음에는 잘못된 것으로 인정되고 있

다. 오늘날의 부모들은 아동의 권리옹호와 치료에 중요한 역할을 담당하고 있다. 병인과 관련한 최근 관심은 ASD 증상 발현의 연속성을 강조하고, 신경생물학적 이상과 ASD 증상들의 출현 및 심각성을 설명할 수 있는 여러 변인의 다양하고 상호교류적인 성격을 강조한다.

유전적 요인

쌍생아와 가계연구　자폐증과 관련한 주요 쌍생아연구들은 이란성보다 일란성 쌍생아의 발병 일치율이 훨씬 높다는 것을 보여준다(Bailey et al., 1995; Steffenburg et al., 1989). 연구마다 유전 및 공유된 환경요인이 ASD에 대한 취약성에 미치는 효과가 다르기는 하지만 최근 쌍생아연구들은 계속해서 ASD의 유전적 병인이 강함을 증명하고 있다. 예를 들어 메타분석적 유전성 계수(heritability estimates)는 64~91%에 달하며, 공유된 환경 효과는 7~35% 정도이다(Tick et al., 2016).

자폐증의 가계연구도 유전적 영향이 있음을 보여준다. 자폐증이 있는 아동의 형제자매 중에서 자폐증 발병률은 일반적으로 10~15%의 범위를 보이고 있지만, 이 수치는 한 아이가 ASD 진단을 받은 후에는 더 이상 아이를 갖지 않으려 하는 가족 경향성(번식중단으로 알려진 현상) 때문에 과소추정된 것일 수 있다. 재발 비율은 19%에 가깝다(Ozonoff et al., 2011; Pennington et al., 2019; Wood et al., 2015). 다른 흥미로운 결과도 발견되고 있다. 자폐증이 있는 사람의 가족에게서 자폐증과 유사한 다른 발달장애 발생률이 일반적인 발생률보다 더 높게 나타나며 ASD가 있는 사람의 일차 친척들은 자폐증과 유사한 사회적 기능과 의사소통 문제, 반복행동, 인지과정 결함을 더 많이 보이지만 진단을 받을 만큼 심각하지는 않다(Billeci et al., 2016; Lee et al., 2020). 또한 진단받을 만한 ASD 증상은 아니지만 가족 구성원들이 자폐증이 있는 사람에게서 관찰되는 특성들, 이를테면 머리가 크거나 세로토닌 수준이 높거나 신경해부학적 이상을 보였다(Mosconi et al., 2010). 게다가 ASD가 있는 사람의 형제들은 아주 일찍부터 예를 들어 생후 1년경 말하기 이전에 나타나는 발성이 비정상적이었

다(Paul et al., 2010). 초기에 문제를 보인(예 : 낮은 수준의 공동주의) 일부 형제는 나중에 ASD로 진단되었다(Rozga et al., 2011). 또한 장애들을 비교하는 최근의 유전적 방식은 ASD 아동의 가족 구성원들이 ADHD와 조현병 등 다른 정신장애로 진단받을 가능성이 더 크다는 것을 시사하였다(Demontis et al., 2019).

혼합연구는 유전적 취약성이 자폐증, 자폐와 유사한 장애, 그리고 때로 경미하게 관련된 다른 문제로 이끈다는 입장을 지지한다. 가족 내에서 전달되는 것은 ASD 진단 범주에 해당하는 특정 증상들보다 더 광범위하기 때문에 자폐증은 심각성의 연속선상에서 일어나는 것으로 개념화하는 것이 가장 적절할 것이다(Woodbury-Smith & Scherer, 2018). 분류에 대한 차원적 접근은 사회적 상호성과 언어기술 같은 자폐적 특성이 일반 모집단에서도 연속적으로 분포하고 있음을 보여주는 연구들에 의해 지지된다(Robinson et al., 2016a).

염색체와 유전자 우리가 유전적 영향에 대해 좀 더 확실하게 알고 있는 것은 무엇일까? 그 내용은 복잡하며 병인의 이질성을 시사한다. 유전연구는 ASD에 수백 개의 서로 다른 유전적 변이가 있음을 보여주었다(Vorstman et al., 2017). 2020년 1월 현재 자폐증 연구의 유전적 발견을 정리한 Autism Database(AutDB)에 포함된 유전자는 1,100개 이상이다(Basu, kollu, & Banerjee-Basu, 2020). 여기에는 모집단 내 흔한 변이와 드문 변인 모두가 포함되며, 유전되거나 부모의 게놈에는 존재하지 않지만 ASD가 있는 사람에게서 처음으로 탐지된 것(de novo), 단일 돌연변이부터 복제, 또는 수백만 개 염기쌍의 결손까지 다양한 것들을 포함한다(Pennington et al., 2019). 유전이 되거나 새롭게 처음으로 나타난 드문 유전적 변이는 사례의 약 10~30%에서 원인이 되는 것으로 추정되며, 지적장애가 이러한 경우에 흔히 발생한다(Ivanov et al., 2015 ; Vorstman et al., 2017). 자폐증과 특별히 연관이 있는 두 가지 유전적 질환이 있는데 취약 X 증후군과 결절성 경화증이다. 결절성 경화증은 유전이나 새로운 유전자 돌연변이에 의해 생겨나는데 뇌 혹

은 다른 기관에 종양이 생기게 한다. 대략 15~50%의 사례는 다중유전자 변이로부터 생겨나거나 여러 유전자가 혼합된 결과로 발생한다고 알려져 있다(Vorstman et al., 2017).

ASD와 관련된 유전적 발견을 전부 개관하는 것은 이 책의 범위를 넘어서지만 몇 가지 주목할 만한 발견은 여기 짧게 소개한다. 예를 들어 염색체 15의 특정 부위에서 일어나는 유전자 복제도 1~3%의 자폐증 사례에서 관찰된다. 특히 이 염색체 영역은 GABRA5와 GABRA3(GABA 수용기를 위한 유전자들)처럼 뇌에서 근본적 기능을 담당하는 많은 유전자를 품고 있다(Wiśniowiecka-Kowalnik & Nowakowska, 2019). 이 염색체 영역은 또한 다른 발달장애와도 연합되는데 흔한 병인적 요소임을 알 수 있다.

게다가 전장 유전체 연관성 연구들은 ASD와 연합된 유전자 복제수 변이(copy number variations, CNV), 즉 복제되거나 삭제되는 DNA의 큰 부분이 있음을 발견했다. 흥미로운 CNV 발견은 7q11.23과 관련이 있다. 염색체 7q11.23 삭제는 윌리엄스 증후군과 관련이 있는 것으로 알려져 왔는데, 이 증후군은 다른 인지적 결함과 지나친 사회적 탈억제가 특징이지만 상대적으로 정상적인 언어기술을 보인다. 반면 동일한 7q11.23 영역의 반복은 더 최근에 자폐증, 그리고 언어장애를 포함하는 다른 장애들과 연합이 되어 있는 것으로 밝혀지고 있다(Klein-Tasman & Mervis, 2018). 삭제는 지나치게 사회적인 행동과 연합되고, 반복은 ASD 증상과 연합되는 이러한 양상은 게놈에 대한 효과가 용량에 민감하다는 것을 시사하지만, 어떻게 이러한 변이가 기능하는지에 대해서는 더 연구가 필요하다(Pennington et al., 2019).

몇몇 취약성 유전자와 뇌기능에 대한 그들의 효과를 확인하는 것은 발전을 거듭하고 있다. 예를 들어 FOXP1, GRIN2B, SCN2A, KATNAL2, 그리고 CHD8 유전자는 초기 뇌발달에 중요한 역할을 하며 ASD와 연합되어 있다(Wiśniowiecka-Kowalnik & Nowakowska, 2019). 게다가 각각의 유전자 변이는 ASD의 다양한 임상적 특징과 연합이 되어 있다. 가령 태아의 중추신경계

발달에 포함되어 있는 CHD8의 손상에 대한 동물연구는 대두증과의 연합을 시사하며 이는 ASD에 대한 발견과 일치한다(Bernier et al., 2014).

일부 연구자들은 대부분의 ASD 사례는 여러 유전자들의 상호작용으로 가장 잘 설명된다는 입장을 지지한다. 이 가능성은 ASD 증상이 연속선상에서 나타나고, 다양한 임상적 양상을 보인다는 점과 연구결과들에서 시사되고 있다. 일란성 쌍생아에게 자폐가 동시에 나타날 확률이 100%가 안 된다는 사실도 자폐증의 발달에 유전자-환경 상호작용과 후성유전학적 과정들(epigenetic processes)이 역할을 하고 있음을 시사하며 두 과정에 대한 증거가 있다(Kubota, 2017).

태아기와 임신기의 위험요소

ASD와 연합된 대부분의 환경적 위험요소는 매우 이른 발달 단계, 즉 태아기나 출산전후 시기의 발달에 영향을 미친다. 많은 임신 및 출산 변인은 자폐증, 그리고 관련 장애들과 비일관적으로 연합되어 있다. ASD에 대한 환경적 요인들을 종합적으로 개관한 것에 따르면 자폐증에 대한 몇몇 핵심 환경적 위험요인이 있다. 아버지와 어머니의 노령, 어머니의 약물사용, 독성물질에 대한 어머니의 노출, 어머니의 비만/임신당뇨병, 어머니의 대사성 요인, 임신 동안 어머니의 면역반응(예 : 어머니의 감염/열)이 이에 해당된다(Mady & Lai, 2016). 출산과정에서의 합병증, 이를테면 태아가사(fetal distress, 태아가 호흡을 하지 못하지만 심장박동은 있는 상태), 분만손상이나 외상, 둘 이상의 아기 출산, 낮은 출산 시 체중, 어머니의 하혈과 기타 합병증도 또한 ASD와 연합되어 있는데, 이런 요인들이 원인은 아닌 것으로 보이며 대신 비정상적인 태아발달 및 ASD 위험과 관련이 있는 것으로 보인다(Gardener, Spiegelman, & Buka, 2011).

의학적인 문제

이미 이야기한 유전적 증후군에 더하여 자폐증과 관련이 있는 의학적인 문제는 뇌성마비, 뇌막염과 같은 감염, 청각장애, 뇌전증(간질) 등과 같이 여러 가지이다.

ASD가 있는 사람들의 약 6% 정도가 뇌전증이 있는데, 간질장애의 유형에 따라 대략 4~47%의 유병률을 보인다(Strasser et al., 2018). 복부 통증, 더부룩함, 설사, 메스꺼움, 음식 알레르기나 과민증 같은 위장장애도 흔한데 전반적으로 ASD 아동의 약 50%에서 발생한다(Bresnahan et al., 2015; McElhanon et al., 2014). ASD 아동은 또한 흔하게 수면장애, 특히 불면증을 보이는데 수면문제의 유형에 따라 40~80% 정도에서 나타난다(Devnani & Hedge, 2015). 게다가 ASD에서의 수면문제는 장애의 핵심증상인 사회적 결함과 RRB, 즉 제한적이고 반복적인 행동, 관심, 또는 활동 패턴의 증가와 관련이 있으며 인지적 기능, 성마름과 과잉행동 같은 다른 동시발생 문제와도 관련이 있다(Sannar et al., 2018; Veatch et al., 2017). 〈그림 13.5〉는 ASD의 핵심적 임상 특징들이 의학적 문제와 이 장의 앞부분에서 논의했던 광범위한 동시발병 장애의 범주들, 즉 발달적, 행동적, 정신과적 진단과 중첩되는 방식을 모델링한 것이다. ASD와는 관련이 없는 다른 질병을 예방하기 위한 예방주사가 ASD와 관련이 있는지에 대한 논쟁 역시 의학적 문제와 관련이 있다. 이 이슈는 백신과 ASD 사이에 관계가 없다는 강한 과학적 증거에도 불구하고 여전히 논쟁을 일으키고 있다(생각상자 '백신이 자폐증을 일으키나? 과학적 합의는 NO' 참조).

환경과 사회적 상호작용

병인에 대한 탐색은 초기에 나타나는 뇌의 이상에 집중되어 있었고 이에 비해 나중에 일어나는 환경적·심리사회적 영향을 간과하고 있었다. ASD는 이제 연속선상의 증상 표현을 보이며 유전적, 환경적 위험요인들의 서로 다른 조합이 병인이 되는 것으로 인식되고 있기에 Faja와 Dawson(2017)은 좀 더 종합적인 관점을 고려하는 자폐증에 대한 발달적 모델이 장애의 이해에 중요하다고 주장한다. 〈그림 13.6〉은 3요인 공식을 보여주는데, 취약성, 발달의 변화된 양상, 결과가 그것이다. 모델에 따르면 유전적 요인과 초기 환경적 민감성 요인으로 인해 뇌가 비정상적으로 발달하고 그로 인해 아동과

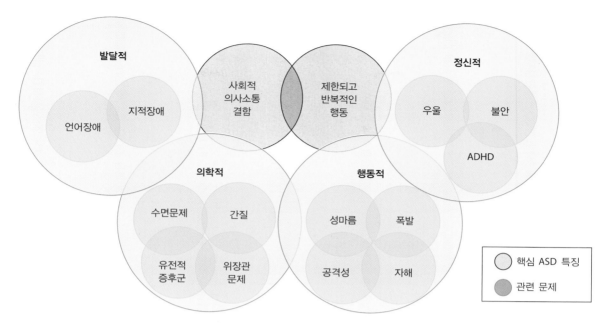

그림 13.5　ASD에서 동시발생하는 진단과 문제들의 중첩[Klinger & Dudley(2019)에서 수정 인용]

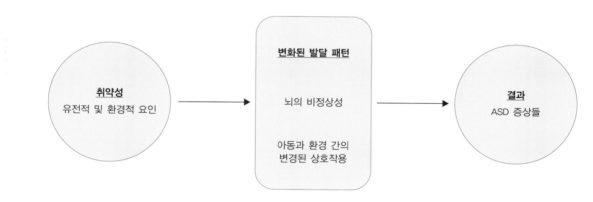

그림 13.6　자폐증의 발달적 모델[Faja & Dawson(2017)에서 수정 인용]

환경의 상호작용이 영향을 받는다. 이렇게 변화된 상호 작용으로 인해 역으로 뇌가 더 발달하는 데 필요한 자극을 받지 못하게 되고, 이는 뇌를 더 비정상적으로 발달하게 할 뿐 아니라 자폐증으로 이어진다. 변화된 사회적 상호작용의 개별 경로는 초기 위험요인들과 이후의 결과 간 연결을 매개한다고 가정된다. 아동의 환경을 포함하는 이러한 발달경로는 다양하며 어느 정도는 변경이 가능하지만 아동이 부적응적 발달경로에서 오래 있었을

수록 정상발달로 돌아올 가능성은 더 작아진다. Faja와 Dawson 모델은 아동–환경 상호작용과 조기개입의 타당성에 초점을 맞춤으로써 ASD에 대한 우리의 생각에 기여하였다.

ASD에 대한 평가

ASD에는 여러 기능 영역이 관련되고 신경생물학적 결함도 의심되기 때문에 사회적 · 정서적 기능, 의사소통,

생각상자   백신이 자폐증을 일으키나? 과학적 합의는 'NO'

백신이 ASD를 일으키는지에 대한 질문은 영국의 부모들이 자녀가 맞았던 홍역, 유행성 이하선염, 풍진 백신(measles, mumps, & rubella vaccine, MMR)과 신경발달장애의 발병을 관련지었을 때 생겨났다. 부모들은 자녀가 장 문제를 발달시킨 후 위장병 전문가로부터 조언을 구했다. 매우 소수의, 대표성이 없는 아동 샘플을 대상으로 한 이 자문을 기반으로 Wakefield와 동료들(1998)은 백신의 홍역 바이러스가 면역반응을 포함한 복잡한 경로를 통해 장내 질환과 발달장애 모두를 일으킨다는 가설을 세웠다. 그러나 여러 나라에서 행해진 수많은 연구는 MMR과 자폐증 간의 연결을 발견하지 못하였으며(Madsen et al., 2002; Taylor, Swerfeger, & Eslick, 2014), Wakefield 연구의 문제점을 확인하였다(Davidson, 2017). Wakefield와 동료들에 의한 원래 논문은 그 논문이 출간되었던 저널에서 철회되었으며 영국 전문가 자격증을 잃게 되었던 Wakefield는 뉴욕 타임스 잡지에 실린 대로 논란의 인물이 되었다(Dominus, 2011). 그럼에도 불구하고 그 논문은 MMR 백신의 잠재적인 유해성에 대해 광범위한 불안을 일으켰다(Hotez, 2019; Mandy & Lai, 2016). 연구는 계속되었고 자폐증과 MMR 백신 간에 어떤 연결도 없다는 상당히 타당하고 일관된 증거를 제공하게 되었다. 예를 들어 657,461명의 아동을 추적한 덴마크의 최신 국가 코호트 연구는 MMR 백신이 취약한 아동에게서조차 자폐증의 위험을 높이지 않는다는 강한 증거를 제공하고 있다(Hviid et al., 2019).

수은을 포함한 방부제인 티메로살(thimerosal)이 들어 있는 백신이 아동들을 신경발달장애의 위험에 처하게 한다는 우려도 있었다. 수은의 잠재적 부정적 효과는 잘 알려져 있으며, 여러 논란 가운데 (1) 일부 아동은 특히 취약하며, (2) 장려되는 백신이 많아지면서 아동에게 주입되는 티메로살의 양이 증가하고 있다는 것이 있다. MMR 연구에서처럼 수많은 연구가 ASD와 티메로살 함유 백신 간의 관계를 지지하지 않고 있다(Costello, Foley, & Angold, 2006; Newsom & Hovanitz, 2006). 어찌 되었든 백신의 수은은 많은 나라에서 제거되거나 감소되어 왔다(Kirby, 2005).

미국과 해외의 주요 정부기관, 전문가 집단에 의한 수많은 대규모 역학연구와 조사가 백신이 ASD의 원인이 아니라고 밝혀왔음에도, 백신과 자폐증에 대한 논란은 Wakefield와 동료들의 원래 논문이 출간된 지 20여 년이 넘었음에도 계속되고 있다. 연구에 따르면 부모들은 백신에 대한 잘못된 정보를 불식시키기 위한 노력에도 여전히 그 정보를 믿고 있으며(Pluviano et al., 2019), 그러한 정서는 인터넷과 다른 미디어, 정치적 매체를 통해 확대되고 있는 듯하다(Hotez, 2019). 부모는 법원에서 피해를 입은 자녀의 처지를 호소하고, 옹호집단은 더 많은 연구를 요구하며, 일부 부모는 위험한 질병들로부터 자녀를 보호하기 위해 백신을 거부한다. 백신반대운동은 백신접종 감소와 홍역 발병 사례의 증가에 기여하고 있으며, 이는 공중보건에 상당한 우려를 일으키고 있다.

인지능력, 적응행동 등 다양한 행동과 기능 영역을 포함하여 평가가 광범위하게 이루어져야 한다(Wilkerson, 2018). 임상가는 아동 기능의 독특한 양상을 알아내고 가능한 치료의 토대를 쌓기 위해 다양한 출처로부터 정보를 얻고 부모나 양육자를 참여시켜야만 한다. 과거의 치료 경험은 물론이고 태아기, 출산 시, 발달과정상의 특이점과 가족 및 의학적인 여러 요인에 대한 정보가 필요하다. 의학적인 검사는 ASD를 발견하고 그 원인을 찾아내고 간질처럼 부수적으로 수반되는 질병에 대처하는 데 도움이 된다.

심리적 · 행동적 평가에는 일반적으로 면접, 직접관찰, 심리검사 등이 포함된다. 개인별로 다르긴 하지만 지능검사, 적응행동검사, 언어검사 등이 유용하다. 몇몇 도구들은 아동에 대한 관찰이나 현재 혹은 과거 행동에 대한 보고에 기초하고 있다. 다음에 기술한 도구들은 서로 다른 목적을 지니거나 다소 다른 접근을 사용하며, ASD의 종합평가의 일부로서 선택해서 사용할 수 있는 경험적으로 타당한 도구의 예이다.

ASD의 평가

앞서 언급했듯이 후에 ASD로 진단받는 아동의 부모들은 보통 자녀의 발달이 이상함을 2세 이전에 처음으로 알아차리며 미국에서 ASD 진단 연령의 중앙치는 대략 4~5세이다(Christensen et al., 2016). ASD의 조기개입이 중요하기 때문에 조기 발견은 결정적이다. 조기 선별 검사의 목적은 장애의 두드러지는 특징을 보일 수 있는 매우 어린 아동을 식별하는 것이다. 소아과 의사들은 아주 어린 아동을 만날 수 있는 전문가이기 때문에 소아과 학회는 9, 18, 24개월에 실시하는 광범위한 발달적 스크리닝과 함께, 18개월과 24개월에 아동의 ASD 위험을 선별하기 위한 가이드라인을 출간해 왔다(American Academy of Pediatrics, 2010; Johnson & Myers, 2007). 일부 아동은 더 후에까지(예 : 36개월) ASD 신호를 보이지 않을 수 있기 때문에 선별검사를 반복하도록 권고된다(Ozonoff et al., 2015). 부모와의 상담, 아동에 대한 직접관찰, 스크리닝 도구의 사용을 권장하고 있다. 조기 스크리닝 도구의 예에는 M-CHAT(Modified Checklist for Autism in Toddlers)이 있는데, 초기 스크리닝에서 높은 점수를 받은 아동을 평가하기 위해 추가 조사 항목을 더하여 개정(M-CHAT-R/F)되었다(Robins et al., 2014). 아동이 다른 아동에게 관심이 있는지, 소리에 대해 과도하게 반응하는지, 자신의 이름을 부르면 반응하는지와 같은 아동의 행동에 대해 부모나 양육자에게 짧게 여러 가지 질문을 한다. 발달지체나 위험이 의심되는 아동은 즉시 좀 더 전문적인 검사를 받게 하거나 조기개입 프로그램에 참여할 것을 권장한다. '좀 더 지켜보자'는 태도는 안 된다.

아동기 자폐평정척도(Childhood Autism Rating Scale, CARS-2)는 아동과 더 나이 든 사람을 대상으로 널리 사용된다(Schopler et al., 2010). 이 척도에는 두 가지 유형이 있는데 (1) 6세 이하 아동이나 의사소통장애, 지능이 평균 이하인 사람들에게 사용되는 표준형과 (2) 지능이 80 이상이면서 언어가 유창한 6세 이상의 사람들에게 사용되는 좀 더 최신판이 있다. 부모나 양육자들로부터 정보를 얻기 위한 질문지도 있다. 두 유형은 모두 15문항으로 구성되는데 전문가가 아동을 관찰하고 난 다음 평정한다. 평정 항목은 정서 반응, 모방능력, 사회적 관계, 의사소통, 지각 등 여러 영역의 기능을 포함한다. CARS-2는 자폐증과 다른 심각한 인지적 문제를 구분할 뿐 아니라 자폐증의 심각한 정도를 나타내준다.

자폐 진단용 면접-개정판(Autism Diagnostic Interview-Revised, ADI-R)도 많이 사용되는데 93문항으로 구성된 반구조화된 면접으로 부모나 양육자들에게 실시한다(Rutter, LeCouteur, & Lord, 2006). 이 도구는 자폐증이나 ASD가 의심되는 사람에 대한 종합적인 평가를 제공하는데, 정신연령이 2세보다 높은 아동·청소년, 성인을 대상으로 의사소통, 사회적 상호작용, 제한적이고 반복적인 행동과 관심을 평가한다. ADI-R은 진단, 치료/교육계획에 유용하고 자폐증을 다른 발달장애와 구분할 수 있다. 그래서 ASD를 평가하기 위한 표준으로 생각되고 있다.

자폐 진단용 관찰척도(Autism Diagnostic Observation Schedule, 2nd Edition, ADOS-2)도 표준도구인데, 임상가가 아동과 직접적인 상호작용을 통해 평가할 수 있도록 개발되었다(Lord et al., 2012). 여러 개의 표준화된 활동 모듈로 구성되어 있는데, 표준화된 놀이 활동이나 구성 과제를 수행하면서 자폐증과 관련된 행동을 보일 수 있는 기회를 제공한다. 평가 대상자의 연령과 언어능력에 적합한 모듈을 선택해서 평가하는데, 12개월에서 성인기까지 평가할 수 있도록 제작되어 있다. 모듈이 진행되는 동안 평가 대상자를 관찰하여 기록하고 나중에 코딩하여 진단을 한다. 또한 연령과 표현언어가 비슷한 대규모 표본에서 나타나는 심각성과 비교하여 증상의 심각성을 파악할 수 있다.

ASD의 예방

유전적·신경생물학적 원인으로 조기 발병하는 다른 발달장애와 마찬가지로 보편적 예방(universal prevention)에는 태아기 관리와 환경의 질 개선이 포함된다. 그러나 조기 발견과 개입이 예방의 핵심으로 치료와 통합된다.

어린 아동에 대한 조기개입 프로그램은 집, 공립학교, 대학교 부속 유아교육기관, 사립교육기관의 교실에서 실시된다(Charman, 2011; Newson & Hovanitz, 2006). 행동치료 접근이 가장 빈번하게 사용된다. 치료 프로그램은 공동주의와 사회적 교제 같은 사회적 기술, 모방, 언어 등에 집중되어 있다. 이러한 프로그램들은 언어 획득과 사회적 의사소통, 행동조절, 인지적 발달을 향상시키고 일부 아동의 경우 자폐증상도 감소시킨다(Landa, 2018). 그러나 왜 일부 아동만이 도움을 받는지를 포함하여 여러 가지 의문점이 있다.

기간과 강도가 다양한 조기개입 프로그램의 결과에 대한 연구들이 많이 발전했고, 프로그램 자체뿐 아니라 프로그램의 효과성을 개선하기 위한 노력이 계속되고 있다. 경험적으로 타당성이 입증된 조기개입 프로그램으로는 걸음마기 아동 및 학령 전기 아동 대상의 조기 스타트 덴버 모델(Early Start Denver Model, ESDM)이 있다(생각상자 '조기 스타트 덴버 모델' 참조).

ASD에 대한 개입

ASD 치료의 중심은 행동적, 심리사회적, 교육적 접근으로 흔히 집중적이며 발달 초기에 시작된다. 약물을 사용하는 개입은 보조적 역할을 한다.

약물치료

약물은 대개 공격성, 자해, 불안, 상동행동 같은 문제행동을 대상으로 사용되지만 장애의 핵심 특성을 다루는 것은 아니다. 도파민 길항제인 항정신병 약물이 아동·청소년의 문제행동을 감소시킬 수 있으나 일부 사례에서는 시간이 지나면서 부작용이 나타나기도 한다(American Psychological Association, 2006). 특히 신경을 써야 할 부작용은 떨림과 지연성 운동장애(입이나 턱, 혀 등이 자신의 의지와 상관없이 반복적으로 움직이는 장애) 같은 운동기능의 문제이다. 그 때문에 도파민 길항제 성격의 약물들은 대체로 2세대 또는 비정형 항정신병 약물(atypical, antipsychotic medications)로 대체되었다. 비정형 항정신병 약물은 도파민과 세로토닌 길항제이다. 그중 하나가 리스페리돈(risperidone)으로 짜증, 공격성, 자해와 분노 발작(temper tantrum)에 효과적이다(Maneeton et al., 2018).

흥분제(stimulant medication)는 주의문제와 ASD를 지닌 아동·청소년에게서 산만한 행동을 감소시키는 것으로 밝혀졌다(Bratt, Masanyero-Bennie, & Kelley, 2017). 그러나 메틸페니데이트(methylphenidate)는 많은 아동에게 불안초조, 짜증, 불면증, 사회적 위축 같은 부작용을 일으키는 것으로 보인다. 한 연구에서는 이 약물을 투여받던 아동의 18%가 참을 수 없는 부작용으로 치료를 중단해야 했다고 보고하고 있다(Jahromi et al., 2009).

여러 종류의 약물이 사용되며 ASD 아동의 약 절반 정도는 적어도 하나의 약물을 먹고 있다(Madden et al., 2017). 그러나 효과성에 대한 증거는 약하거나 아직 확립되지 않았다. 부작용도 상대적으로 많을 수 있다. 자폐스펙트럼장애 아동의 상당수가 약물치료를 받고 있지만 장기 효과를 비롯하여 약효에 대해서는 아직도 많은 것이 밝혀지지 않은 상태이다.

행동치료

행동치료는 ASD의 경우 경험적으로 가장 많이 지지되는 개입이다(Klinger & Dudley, 2019). 행동적 개입은 학습의 원리에 기초하며, 부적응행동을 줄이고 적응적 행동을 늘리기 위해서 행동에 영향을 주는 사건들을 변화시킴으로써 행동을 변화시킬 수 있다는 개념에 기초한다. 이 이론에서 나온 응용적 접근은 응용행동분석(applied behavior analysis, ABA)으로 명명된다. ASD 개입 중 가장 효과적인 것으로 알려진 많은 개입이 ABA 원리에 기초하고 있다.

ASD의 행동적 개입은 또한 두 가지 범주로 나누어 볼 수 있다(Grigorenko et al., 2018). 한 가지는 구체적인 행동에 집중하는 것인데, 여기에는 언어 또는 사회적 기술의 장애가 포함될 수 있고, 상동행동이나 자해 같은 특정한 부적응행동이 포함될 수도 있다. 두 번째 접근은 자폐증의 다양한 주요 증상과 이차적인 문제들을 향상시키고자 비교적 장기간에 걸쳐 집중적이고 포괄적인 치료를 하는 것이다.

초기의 행동치료는 단순히 자폐 아동의 행동변화를 보여주는 것으로 이루어졌다(Koegel, Koegel, & McNerney, 2001; Schreibman, 2000). 뒤이어 다양한 적응행동을 가르치고 부적절한 행동을 감소시키기 위한 노력들

조기 스타트 덴버 모델(ESDM)

ESDM(Early Start Denver Model)은 응용행동분석의 원칙과 결합된 폭넓은 발달적 접근에 기초하고 있다(Devlantis, Dawson, & Rogers, 2017). 조기개입은 ASD로 진단받거나 장애 위험이 있는 12~60개월 아동에게 사용되도록 고안되었고, 아동이 타인과 긍정적 상호작용을 하게 해서 사회성 및 의사소통기술을 학습하고 발달시킬 수 있는 자연스러운 기회를 만든다. 치료목표는 개별화되고 수용 및 표현언어, 모방, 공동주의 등의 발달적 영역에 기초하는데, 이는 여러 교수 단계로 나누어진다. 아동은 기술의 숙달과 일반화가 될 때까지 그 기술을 배우게 된다. 주목할 점은 ESDM은 유연하게 고안되어 여러 장면(예 : 유치원/어린이집, 가정, 클리닉, 지역사회)에서 훈련받은 치료사나 부모에 의해 실시될 수 있고, 매일의 양육이나 놀이 활동처럼 자연스러운 상호작용 내에서 사용될 수 있다.

수많은 연구가 ESDM의 효과를 검증해 왔다. 전반적으로 개입은 아동의 사회적 의사소통, 언어, 인지, 적응행동, ASD 증상에 긍정적 효과를 보여왔을 뿐 아니라 자녀와의 향상된 상호작용 기술, 더 낮은 수준의 스트레스, 자녀의 치료사와의 더 좋은 협력관계처럼 부모에게도 도움이 되었다. ESDM의 효과는 무선화된 통제시행에서 평가되었다(Dawson et al., 2010). 참가자들은 ASD로 진단받은 평균 22개월의 아동 48명이었다. 72%가 유럽계였고 나머지는 아시아계, 라틴계와 복합민족이었다. 남아와 여아의 비율은 3.5 : 1이었다.

아동들을 ESDM이나 비교집단에 할당하였는데 비교집단에서는 지역사회에서 흔하게 제공하는 개입을 받았다. ESDM 개입은 가정에서 상세한 매뉴얼에 따라서 실시되었다. 훈련받은 치료사가 각 아동들과 2년간 매주 20시간씩 함께 있었다. 긍정적 정서, 실생활 활동과 아동이 보내는 단서에 대한 민감성과 같이 발달적으로 적합한 전략을 사용하면서 언어적 및 비언어적 의사소통을 강조하였다. 교수기법으로는 조작적 조건형성, 조형하기 등을 사용하였다. 각 아동들은 개별화된 교수계획에 따라 지도되었다. 또한 부모들에게 ESDM의 원칙과 기법을 가르쳤고 아동들에게 사용하도록 요청하였다.

프로그램을 평가하기 위해 프로그램이 시작되기 전에 얻은 측정치와 1년, 2년 이후의 결과를 비교하였다. 주요한 측정치는

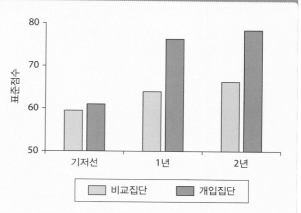

그림 13.7 기저선, 프로그램 실시 1년과 2년 후 ESDM 집단과 비교집단 아동들의 취학전 통합능력 평가도구[Dawson et al.(2010)에서 수정 인용]

바인랜드 적응행동척도, 그리고 출생부터 68개월까지 운동, 시지각과 언어능력을 평가하기 위해 고안된 발달검사인 취학전 통합능력 평가도구(Mullen Scales of Early Learning, MSEL)였다. ESDM에 참여한 아동들은 1년과 2년 후에 MSEL로 측정한 인지능력에서 향상을 보였다(그림 13.7 참조). 2년 후에는 비교집단에서 7점이 향상되었던 것에 반해 ESDM 집단에서는 17.6점이 향상되었고 대부분 언어능력의 향상에 기인한 것이었다. 적응행동 점수는 2년 후에만 차이를 보였고 비교집단에서는 감소하였는 데 반해 ESDM 집단은 완만한 수준의 발달을 보였다. 개입이 시작되고 2년이 지난 후에 ESDM 아동들은 비교집단에 비해 ASD 증상의 심각성이 더 크게 감소하였다. ASD 증상에 대한 두 가지 부수적 평가에서는 집단 간에 의미 있는 차이가 나타나지 않았다. 무선화되고 통제된 평가를 통해 MSEL 점수, 언어, 적응행동 및 진단에서 나타난 의미 있는 향상은 ASD로 가는 부적응적이고 해로운 경로를 수정하고 예방하기 위한 조기 노력의 가능성을 보여주었다. 게다가 ESDM을 받았던 아동들은 추후 조사에서 더 적은 서비스를 사용했는데, 개입이 임상적 이득뿐 아니라 비용상의 혜택도 있음을 보여준다(Cidav et al., 2017).

이 이루어졌다. 이러한 초기 치료방법의 뛰어난 사례는 UCLA의 Lovaas와 그의 동료들이 사용한 접근으로 이들은 자폐증이 있는 아동에게 언어적인 의사소통을 처음으로 가르치기 위해 최초로 ABA를 사용한 사람들에 해당한다(Lovaas, Young, & Newsom, 1978; Newsom, 1998). 그들은 고도로 구조화된 학습회기를 통해 유관성 강화, 행동단서 제공, 조형, 모델링 및 학습의 일반화를 촉진하기 위한 기법 같은 조작적 행동치료법을 사용하였다.

초기의 행동치료법은 성공을 거두었지만 이 역시 실패하는 경우가 생겨났다. 예를 들면 언어 훈련을 받은 후에도 먼저 대화를 시작하지 못하고 일상생활에서 말을 잘 하지 못했다(Koegel, 2000). 훈련 효과가 있는 아동의 경우에도 그 효과가 다른 상황에 일반화되지 못하였다. 어떤 부적응행동들은 처벌을 사용해야만 수정될 수 있었으며 수정이 전혀 되지 않는 행동도 있었다(Schreibman, 1997).

행동치료 절차가 발전하면서 성공 사례도 증가하였다. 사회적 기술, 공동주의와 정서조절 같은 행동을 증진시키려는 노력도 크게 증가하였으며 그러한 행동개입의 효과성이 연구로 증명되었다(Pennington et al., 2019). 지적장애를 수반한 경우를 포함하여 자폐증이 있는 아동을 대상으로 부적응행동에 대한 기능분석 및 기능적 의사소통 훈련이 성공적으로 사용되어 왔다. 이들 아동은 불연속시행 훈련(discrete trial training, DTT)과 다른 상황에 일반화될 가능성이 더 큰 자연 상황에서의 학습을 통해 적응행동을 습득할 수 있다. 그뿐만 아니라 어떤 기술 습득은 다른 긍정적 행동을 촉진할 수도 있다. 예컨대 아동에게 사회적 상황이나 학업과 관련하여 상호작용을 주도하도록 훈련시키면 언어 및 사회적 기술에 대한 학습에도 도움이 된다. 이처럼 다양한 행동적 접근이 ASD의 종합적 행동개입에 통합되었다.

불연속시행 훈련　ABA의 가장 흔한 접근 중 하나인 불연속시행 훈련(DTT, 불연속개별시도 훈련)은 ASD 아동에게 복잡한 행동을 더 작은 '개별적' 요소나 기술로 나누어 가르치기 위한 구조화된 개입이다(Klinger & Dudley, 2019). 이러한 하위기술들은 여러 번의 반복된 시도를 통해 가르치며, 각 시도 동안 DTT 치료자는 아동이 학습하는 것을 돕기 위해서 목표행동을 수행하라는 요구와 같은 촉진을 사용한다. 만약 아동이 그 행동을 하지 않으면 그 행동이 모델링되고 아동에게 과제를 학습하기 위한 다수의 시도를 제공한다. 아동이 그 행동을 보이게 되면, 그들은 칭찬이나 다른 어떤 방식(즉 그들이 원하는 어떤 것에 접근할 수 있게 함)으로 강화를 받는다. 각각의 개별 기술은 다음 기술과 연결되어 아동은 더 복잡한 과제를 수행하는 것을 학습하게 된다.

UCLA 아동자폐프로젝트(UCLA Young Autism Project)는 획기적인 DTT 개입법으로 1970년에 Lovaas와 동료들에 의해 개발되었다(Lovaas, 1987; Lovaas & Smith, 1988). 핵심 가정은 자폐증이 있는 아동의 삶에 큰 향상을 가져오기 위해서는 아동의 일상 환경에서 시행되는 집중적인 종합적 프로그램이 필요하다는 것이다(Smith, Eikeseth, & Larsson, 2018).

아동자폐프로젝트는 전 과정에서 불연속시행 훈련을 사용하며 처음 몇 달 이후에는 우연학습(incidental learning)을 사용하고, 마지막 연도에는 유치원에서 소집단 교수법을 사용한다(표 13.2 참조). 처음에는 분노 발작과 같은 학습을 방해하는 부적응행동을 감소시키고, 모방과 언어적 지시를 듣고 순종하는 것을 가르치고, 옷입기와 장난감 가지고 놀기와 같은 기초 행동을 훈련시킨다. 그러고 나서 또래 상호작용과 상호작용 놀이뿐 아니라 언어와 의사소통기술 학습에 상당한 노력을 기울인다. 마지막 해에는 고급 단계의 의사소통과 학교 적응에 중점을 둔다. 부모는 전체 개입의 중요한 부분이다. 부모는 자녀와 관련된 모든 회의에 참석하고 불연속시행 학습이 시행되는 처음 3개월에서 4개월 동안 치료사와 같이 작업을 하고, 그다음에는 매일 일상생활에서 아동이 적합한 행동을 하도록 돕기 위해서 우연학습을 시행한다.

아동자폐프로젝트의 효과성을 검증하는 첫 연구에는 의학적 문제가 없는 4세 이하 아동들이 참여하였다

▌표 13.2   **아동자폐프로젝트의 치료단계**

단계	길이	치료방법	목표(예)
1. 교육을 위한 관계형성	~2-4주	주로 불연속시행 훈련 (DTT)	'앉아' 또는 '이리 와' 같은 지시에 따르고 떼쓰는 것과 같은 방해되는 행동 감소시키기
2. 기초기술 지도	~1-4개월	주로 불연속시행 훈련 (DTT)	대근육 활동을 모방하고 물체 확인하기, 옷입기, 장난감으로 놀이 시작하기
3. 의사소통의 시작	~6개월 이상	DTT, 우연교수	말소리 모방하기, 사물에 이름 붙이기, 활동과 그림 확인하기, 자조 및 놀이기술 확장하기
4. 의사소통의 확장	~12개월	의사소통의 확장, 또래 상호작용 시작	색깔과 모양에 이름 붙이기, '크고/작은/예/아니요' 같은 언어적 개념 시작하기, '나는 ~ 알아'와 같은 문장 시작하기, 가장놀이와 또래 상호작용 시작하기
5. 발전된 의사소통	~12개월	발전된 의사소통, 학교에 적응하기	다른 사람들과 이야기하기, 사물과 사건 기술하기, 이야기 듣고 이해하기, 다른 사람의 관점 이해하기, 독립적으로 일하기, 허드렛일 돕기

출처 : Lovaas & Smith(2003)에서 수정 인용. Copyright 2003 by Guilford Press. 허락하에 사용함

(Lovaas & Smith, 2003). 대부분의 아동들이 숙련된 행동치료사와 일주일에 40시간 정도 일대일 치료를 받았고 프로그램의 막바지에 가서는 회기가 줄어들었다. 처음 평가에서는 세 집단을 비교하였다. 집단 1은 매주 40시간 이상의 행동치료를 받았고, 집단 2는 거의 동일한 치료를 매주 10시간 이하로 받았고, 집단 3은 프로젝트에서 어떤 치료도 받지 않았다. 세 집단은 특징이 비슷하였고 개입은 2년 이상 지속되었다. 치료가 끝날 때 평균 7세였던 집단 1의 아동들은 지능이 30점 정도 향상되었고 다른 두 집단보다 더 높은 수준의 학급에 배치되었다. 그러나 다른 두 집단은 서로 차이가 없었다. 두 번째 평가는 집단 1의 아동들이 평균 13세였을 때 이루어졌는데 집단 2와 비교했을 때 변화가 그대로 유지되고 있었다(McEachin, Smith, & Lovaas, 1993). 첫 평가에서 잘했던 집단 1에 속한 9명 중 8명은 정규 학급에 소속되어 있었고 정상기능에 가까웠다.

이 영향력 있는 연구는 ABA 전략, 특히 DTT의 사용에서 극적인 증가를 가져왔다(Klinger & Dudley, 2019).

이 연구는 그 당시의 다른 치료연구보다는 더 과학적인 설계를 사용하였지만(Rogers, 1998) 비판을 받기도 했다(Mundy, 1993; Rogers, 1998; Schopler, Short, & Mesibov, 1989). 그 이후로 Lovaas 프로그램과 유사한 행동치료 프로그램들에 대한 평가에서도 여러 가지 이득이 보고되었으며(Newsom & Hovanitz, 2006; Reichow & Wolery, 2009; Rogers & Vismara, 2008; Virués-Ortega, 2010), 여러 메타분석에 대한 검토결과, UCLA 아동자폐프로젝트가 가장 강력한 지지를 받았다(Reichow, 2012). 전반적으로 연구에 따르면 일부 아동은 정상 범위의 지능을 획득하였고 자신의 연령수준에 맞는 학급에 배치되었다는 점에서 '회복되었다'. 언어기술, 사회적 행동과 적응적 기능의 향상도 발견되었다. 그러나 치료를 받고 모든 아동이 좋아진 것은 아니어서 이 접근법이 모든 아동에게 맞는 것은 아님을 시사하였다(Smith, 2010). 그럼에도 불구하고 이 접근법은 전문적인 개입과 연구를 장려하여 오늘날까지 지속되고 있으며, 자폐 아동에게 서비스를 제공하는 학교와 다른 기

관들에 영향을 미치고 있다(Smith et al., 2018).

핵심반응치료 응용행동분석(ABA)에 기초하여 만들어진 핵심반응치료(Pivotal Response Treatment, PRT)는 핵심 또는 기초적 행동을 강화하면 다른 행동도 향상될 것으로 가정한다(Klinger & Dudley, 2019; Koegel et al., 2017). 전체 목표는 아동의 독립성을 촉진하는 영역들에 대한 종합적 치료를 제공하는 것이다. 개입은 부모, 교사와 다른 서비스 제공자들이 자연스러운 상황에서 실시한다. 자폐증의 손상이 광범위하고 각각의 행동을 목표로 하는 것은 너무 많은 시간과 노력이 들기 때문에 핵심반응훈련은 시간을 절약하고 비용 효율화를 기대할 수 있는 치료법이다.

〈표 13.3〉에 PRT에서 사용하는 일부 전략을 소개하였다. 동기는 핵심 요소인데 동기가 거의 모든 기능 영역에서 중요하기 때문이다(Gengoux, 2018). ASD 아동은 양육자로부터 비유관적 조력과 강화를 받아왔을 뿐 아니라 반복적으로 실패를 경험했기 때문에 동기가 특히 문제일 수 있다. 이러한 안타까운 과거 경험을 완화하기 위해 특수한 전략들이 사용되는데 아동이 활동을 선택하게 하고, 자유롭고 유관적인 강화가 제공되고, 획득된 반응을 연습해볼 수 있는 기회를 제공한다. 향상시키려는 기능에는 표현언어, 사회적 상호작용, 스스로 무엇을 시작하려는 동기가 포함된다(예 : 정보를 찾고, 공동주의를 먼저 시작하는 것). 향상된 동기와 행동은 다른 영역에도 영향을 미쳐서 독립성과 학습을 강화할 것으로 가정된다.

PRT는 매뉴얼화된 절차가 있는 다양한 연구 상황에서 서로 다른 연구설계를 사용하여 평가되었다(Koegel et al., 2017). 이런 연구들에 의하면 목표가 되었던 행동과 목표가 되지 않았지만 영향을 받은 행동들 모두에서 치료효과가 나타났다. 예비적 증거에 의하면 부모에 대한 PRT 집단 훈련의 효과가 있었고(Minjarez et al., 2011) 지역사회 장면에서 PRT의 지속 가능성이 있었다(Smith et al., 2010).

행동적 접근을 지지하는 증거에도 불구하고 응용행동

표 13.3 환경적 자극을 유발하고 반응하려는 아동의 동기와 다른 핵심 영역을 강화시키고자 하는 핵심반응훈련에서 사용되는 절차

핵심 영역
동기
• 아동이 주의를 기울이고 있을 때 가르치며 명확한 촉진 자극을 제공한다.
• 과제를 다양하게 한다.
• 아동의 반응하려는 시도를 충분하게 강화해준다.
• 자연적 강화요소를 사용한다.
• 새로운 반응을 학습하기 위해 이전에 학습했던 반응을 사용할 수 있는 기회를 제공한다.
다수의 단서에 반응하기
• 아동이 질문의 여러 측면이나 여러 자료를 동시에 이해하고 반응하도록 가르친다.
자기주도
• 아동이 질문을 하거나 독립적으로 어떤 말을 하게 해서 상호작용을 시작하도록 가르친다.
자기조절
• 독립적으로 목표를 세우고 달성하는 아동의 능력을 증가시키기 위해 아동이 자신의 행동을 추적할 수 있게 가르친다.

출처 : Gengoux(2018)에 기초함

개입의 단점과 평가는 다양하게 보고되고 있다. 몇몇 연구자는 행동 프로그램과 다른 특정 개입('절충적' 프로그램이 아니라)을 비교하는 더 잘 통제된 연구가 필요하다고 지적한다. 그럼에도 불구하고 전체적 결과는 행동적 접근이 가장 선도적인 치료 옵션임을 보여주었다. 행동치료 접근과 다음에 다루어질 TEACCH 같은 심리교육치료의 평가에 기초하여 Schreibman(2000)은 다음과 같이 잘 입증된 사실들을 요약하였다.

• 집중치료, 즉 매일 여러 시간 동안 아동의 일상 환

경 가운데 여러 장면에서 치료가 이루어지면 효과가 아주 크다.

- 아동이 아주 어릴 때 치료를 받으면 효과가 클 수 있다.
- 효과적인 치료는 치밀하게 통제된 학습 환경과 관련이 있다.
- 효과적인 개입은 학습한 것을 유지하고 일반화하도록 촉진하는 기법을 사용해야 한다(예 : 자연스러운 교수).
- 부모가 주요 치료 제공자로 훈련을 받을 경우 학습한 것을 유지하고 일반화할 가능성이 더 커진다.
- 최종 결과는 큰 편차를 보이며 아동에 따라 효과적인 치료법이 다를 수 있다.

심리사회적 개입

ASD를 위한 심리사회적 치료는 ASD 아동·청소년의 사회적 기술과 정서적 기능을 향상시키는 것에 초점을 둔다. 사회적 기술훈련은 ASD의 핵심인 상호 간의 사회적 상호작용을 시작하고 지속하는 어려움을 다루는 것

을 목표로 한다. 종합적인 사회적 기술훈련에 대한 연구가 제한적이기는 하지만 사회적 기술훈련은 다른 접근과 통합되어 왔으며, 비디오 모델링 및 비디오 자기-모델링, 또래중재 교수 및 개입, 대본 만들기(scripting), 사회적 내러티브(social narratives), 사회적 기술훈련 집단 등 몇몇 특정 방법은 기술결함을 다루는 데 효과적인 것으로 알려져 있다(Wong et al., 2015). 예를 들어 비디오 모델링은 아동에게 다른 사람들이 그 기술을 성공적으로 수행하는 것을 관찰하게 하여 새로운 기술을 학습할 수 있게 하며, ASD 아동 및 청소년의 사회적 의사소통을 향상시키는 것으로 보고되고 있다(Bellini & Akullian, 2007; Watkins et al., 2017). 정상적으로 발달 중인 또래를 역할극에 포함시키고 적절한 행동을 모델링해주는 또래개입 또한 사회적 의사소통, 사회적 상호작용을 시작하는 것, 사회적 반응, 또래와의 관여 등 사회적 기능의 몇몇 측면을 향상시키는 것으로 나타나고 있다(Chang & Locke, 2016; Sterrett, Shire, & Kasari, 2017). 사회적 기술을 직접적으로 분명하게 가르치는 것 또한 ASD 아동·청소년의 사회적 기능을 향상시킨다(Klinger

---

사라 : ASD를 위한 심리사회적 개입

사라는 ASD 진단을 받은 8세 여아로 불안도 함께 경험하고 있어서 ASD 아동의 불안을 치료하는 인지행동치료(CBT) 프로그램에 의뢰되었다. 지능검사에 따르면 사라의 지적 능력은 평균이다. 그녀는 일반 학급에서 3학년에 재학 중이며 개별교육계획(IEP)을 받고 있다. 사라의 심리사회적 기능에 대한 평가에 따르면 사라는 범불안장애의 진단준거 또한 충족시키며 실수를 하는 것에 대한 특정 공포증도 가지고 있다. 특히 사라는 실수하는 것을 두려워하며, 수업 중에 자주 답이 완벽할 수 있도록 수차례 자신의 답을 지우고 다시 쓰거나 답이 틀릴지도 모른다는 공포에 답 쓰기를 거부한다. 이 때문에 그녀는 종종 과제를 마칠 수가 없고 책상에 앉아 울고는 한다. 사라의 성적은 떨어지고 있으며, 그녀는 선생님이 자신의 학업수행에 화를 내고 있다고 믿고 있다.

사라와 어머니는 14주 동안 80분 길이의 집단 CBT 프로그램에 참여하였다. 회기는 부모와 아동이 함께 참여하는 전체 집단 시간, 부모 단독 및 아동 단독(흔히 분리된 방에서 동시에 진행됨), 그리고 부모-자녀 협력 시간을 포함한다. 치료기법은 ASD 아동의 특수한 학습 및 사회적 요구를 지원하는 것을 포함하며, 시각적 스케줄, 예측 가능한 일과(예 : 각 회기의 시작과 종료 루틴), 명확한 언어적 스크립트(예 : "나는 이 두려움에 맞설 수 있어."), 치료사에 의한 적절한 사회적 기술의 모델링, 불안감소 기술의 학습을 강화시키는 비디오 자기 모델링의 사용 등이 이에 해당된다. 모든 집단회기는 상호작용을 포함하며 새로운 기술을 가르치고 강화하기 위해 과제와 집단활동을 조화롭게 사용한다.

– Klinger & Dudley(2019, pp. 399~402)에서 수정 인용

& Dudley, 2019; Watkins et al., 2017). 대본 만들기는 특정 상황에서 언어적, 비언어적으로 반응하는 방식을 ASD가 있는 사람에게 가르치는 것을 포함하는 반면(예 : 다른 아이와의 놀이를 시작하는 방법), 사회적 내러티브는 적절한 행동(예 : 새로운 사람을 만났을 때 악수하기)을 가르치는 사회적 이야기를 제공한다. 이러한 기술들이 ASD 아동·청소년의 사회적 기능에 갖는 효과를 평가하기 위해 더 많은 연구가 필요하다.

심리사회적 개입은 또한 ASD에서 동시발생하는 불안과 우울을 다루는 것을 목표로 한다. 인지행동치료는 이제 ASD가 있는 사람들에게 사용하는 증거기반의 개입법으로 간주되고 있는데(White et al., 2018), ASD가 있는 사람의 필요와 증상에 따라 조정될 필요가 있기는 하다(Klinger & Dudley, 2019). 예를 들어 인지적 손상이 있는 사람들은 인지에 초점을 두는 CBT의 요소들(예 : 생각을 알아차리고 모니터링하며 수정하는 능력을 필요로 하는 것)에서 어려움을 겪을 수 있다. 시각적 자료를 더 많이 사용하거나 부모 참여를 증가시키는 것 등의 수정은 ASD가 있는 사람들이 치료 받는 것을 도울 수 있다. 그럼에도 불구하고 CBT에 대한 반응은 정서적 증상과 핵심적인 ASD 증상 모두에서의 향상을 보여주고 있다(Weston, Hodgekins, & Langdon, 2016). 사라의 사례는 ASD 아동에게 심리사회적 개입을 사용한 예시를 제공한다.

심리교육적 치료와 서비스

구조화된 교육적 접근은 학령기 아동에게 작은 효과부터 중간 정도의 효과를 보이는 것으로 나타난다(Pennington et al., 2019). 자폐 및 관련 의사소통장애 아동을 위한 치료와 교육(Treatment and Education of Autistic and related Communication handicapped Children)을 나타내는 TEACCH는 대학교를 중심으로 자폐증과 다른 관련 장애를 위한 서비스, 연구, 훈련을 제공하기 위해 노스캐롤라이나주에서 법에 의해 규정된 프로그램이다(Schopler, 1997). 이 접근은 1960년대에 사용되었던 정신분석적 접근에 대한 대안으로서 노스캐롤라이나 대

학교에서 수십 년 동안 발전되어 왔다. TEACCH 개발 시 가족은 처음부터 핵심적 역할을 하였고, 집에서의 적응, 교육과 지역사회 적응이라는 세 가지 영역에 중점을 두었다. 여러 해에 걸쳐서 확실한 철학과 분명한 가치관이 확립되었는데 개별화된 치료를 위한 평가, 인지적·행동적 이론을 통한 새로운 기술의 지도, 부모-전문가 협조와 전체 상황을 다루기 위한 전체적 관점을 포함하고 있다. TEACCH 자폐 프로그램에서는 지역센터를 운영하면서 여기에서 개인에 대한 평가, 자녀를 위한 공동 치료자인 부모에 대한 교육, 가족 지지, 자폐증이 있는 성인들의 고용지원, 자문, 교사와 치료자를 위한 전문적 훈련, 다른 관련 기관과의 협조를 제공하고 있다.

TEACCH는 ASD와 연합된 학습의 차이 및 독특한 인지적 어려움이 일상생활에서 행동에 대한 기대를 이해하지 못하게 하고 불확실성을 다루지 못하게 하며, 이는 다시 ASD에서 관찰되는 행동적 어려움에 기여하게 만든다는 개념에 기초한다(Klinger et al., 2018). 이 접근은 다루기 어려운 행동을 줄이고 학습을 증진시키기 위해 구조화된 교수법을 사용하고, 시각적 자료(예 : 일일 시간표), 환경적 구조(예 : 경계를 명확히 정의하기 위해 아동의 물리적 환경을 조직화하기) 및 예측가능한 일정을 사용한다.

TEACCH의 효과성에 대한 증거는 대규모 치료연구가 상대적으로 드물기 때문에 제한되며, 실시된 연구들이 매우 다양한 설계를 사용하여 서로 비교하는 것을 어렵게 한다(Klinger et al., 2018). 효과에 대한 연구에서 통제집단의 부재와 같은 약점이 밝혀지기는 하였지만(Smith, 1999), 증거에 따르면 시각적 자료 전략은 유용하다(Boyd et al., 2014). 종합적인 심리교육적 접근으로서 미국과 유럽에서 TEACCH의 우수성이 인정받았고 흔히 교육 장면에서 사용된다(McLay, Hansen, & Carnett, 2019).

교육 기회

ASD는 장애인교육법(IDEA)의 적용을 받는 장애 가운데 하나이다. 그러므로 교육청은 ASD 아동을 찾아내서

자폐 아동을 성공적으로 교육하기 위해서는 특별한 전략과 집중적인 상호작용이 요구된다.

태어날 때부터 서비스를 제공하고 가족들을 평가 및 치료개입 과정에 포함시키고 적절한 교육 프로그램을 제공할 의무가 있다. 최소한으로 제한된 환경에 배정하고 일반학교에 통합하여 교육을 하는 것은 자폐증이 있는 아동의 시설 수용을 감소시켜 왔고, 교육 기회를 증가시켰다.

ASD 아동들을 일반학급에 완전히 통합시키는 것은 엄청난 관심을 받았던 이슈이다(de Boer & Pijl, 2016). ASD가 있는 사람들의 능력에 개인차가 크기 때문에 특수한 서비스가 제공되는 특수학급을 포함하여 대안적 교육방식이 요구된다는 입장도 있다. 또 다른 걱정은 ASD 아동을 일반학급에 통합시키게 되면 또래들로부터 거부당하고 사회적 · 정서적 발달에 문제가 생길 위험이 크다는 것이다(Jones & Fredrickson, 2010). 통합교육을 받았던 많은 고기능 ASD 아동이 상호적인 친구가 더 적고, 친구관계의 질도 더 낮다고 밝혀지고 있다(Kasari et al., 2011). 반면 정상적으로 발달하고 있는 또래들이 적극적으로 개입에 참여하여 사회적으로 적절한 행동의 모델을 제시할 수 있다는 반론도 제기되고 있다. 일부 ASD 아동은 또래관계와 사회적 결과를 대상으로 하는

개입에서 도움을 받을 수도 있으며(Sterrett et al., 2017) 장애가 있는 사람과 없는 사람들 사이에 또래관계를 촉진시키는 세팅의 이득은 양방향적일 수 있다(Athamanah et al., 2019). 그러나 어떤 요인들이 주류학급으로의 성공적 통합에 영향을 미치는지, 어떤 아동이 대안적 학교 장면에서 더 많은 도움을 받는지, 만약 그렇다면 어떤 아동에게 어떤 교육방식이 가장 적합할지 등의 핵심적 질문에 답하기 위해서는 아직도 연구가 더 많이 이루어져야 한다.

더 넓게 보면 ASD가 있는 사람과 그 가족들에게 어려울 수 있는 학교생활의 많은 측면이 있다. 예를 들면 아침 일과, 학교와 집 간의 이동, 또래 상호작용, 개별 및 집단 활동, 다른 조건/상태로의 이행, 과외 활동 등이 그것이다(Haroon, 2019d). 자녀를 위한 최상의 교육 서비스를 구하기 위해 고생하고 있고, 장애 자녀를 양육하고 있는 가족에게 지원을 제공하는 것은 아주 중요하다(Schieve et al., 2007). 또한 ASD가 있는 청소년의 독립적 기능과 삶의 질을 향상시키기 위해 학교를 졸업한 후에도 서비스를 제공하는 것이 중요하다. 개인의 이행 목표와 교육 계획을 담고 있고, 기술을 가르칠 기회를 제

공하며, 진전을 평가하는 이행 계획(transition planning)은 ASD가 있는 학생들이 취업, 평생교육, 독립적 생활 같은 고등학교 졸업 후의 환경에서 더 큰 성공을 경험할 수 있게 도울 수 있다(Szidon, Ruppar, & Smith, 2015).

ASD 아동의 다양한 욕구 때문에 다양한 건강 분야(예 : 의학적 관리, 심리학, 응용행동분석, 언어병리학, 작업치료, 학교기반 지원)를 포함하는 팀기반 접근이 권장된다(LaFrance et al., 2019). 그러나 자폐증과 관련된 건강 서비스의 가용성은 제한적일 수 있으며, ASD 아동이 사용할 수 있는 서비스를 증진시키는 데 더 큰 투자가 이루어져야 한다(McBain et al., 2020). 마찬가지로 엄격한 연구, 가족과 전문가 모두의 헌신과 권리옹호 덕분에 ASD 아동·청소년의 삶은 크게 향상되어 왔지만 지속적 노력이 필수적이다.

조현병

이 장 서두에서 말했듯이 심각한 장애가 있는 다양한 집단의 아동에게 아동기 조현병(childhood schizophrenia)이라는 용어가 오랫동안 사용되었다. 진단의 혼란이 줄어든 이후에도 (예컨대 자폐증은 별개의 장애라고 밝혀진 후에도) 근본적인 의문이 남아 있었다. 아동에게 나타나는 조현병은 성인의 조현병과 다른 것인가, 아니면 생애의 다른 시기에 다른 방식으로 나타날 뿐 근본적으로 같은 장애인가? 1980년에 이르러 조현병의 핵심 특성은 나이와 관계없이 유지되며 따라서 환자의 연령에 관계없이 한 가지 기본적인 진단기준이 적용될 수 있다는 쪽으로 의견이 모아졌다.

이 장에서 우리의 주된 관심은 아동의 조현병이지만 주제와 관련이 될 때는 성인기에 발병한 조현병에 대해서도 언급할 것이다. 임상 및 연구 자료에 따라 때로는 보통 13세 이전에 발병하는 아동기-발병 조현병(childhood-onset schizophrenia, COS)과 성인기에 발병한 조현병에 더 비슷하다고 여겨지는 청소년들의 조현병을 구분하여 논하겠다.

DSM 분류와 진단

DSM-5에서는 조현병을 조현병 스펙트럼과 기타 정신과적 장애(Schizophrenia Spectrum and Other Psychotic Disorders)라는 큰 범주에 포함시키고 있다(American Psychological Association, 2013). 조현병의 주요 증상은 환각, 망상, 언어와해, 행동와해나 긴장형 행동, 음성 증상이다.

진단을 받기 위해서는 이 가운데에서 적어도 두 개 증상이 한 달 동안 상당히 지속적으로 나타나고 처음 세 증상 가운데 적어도 하나는 나타나야 한다. 또한 적어도 6개월 동안 장애의 징후가 계속적으로 나타나야 한다. 아동기나 청소년기에 발병했을 때에는 대인관계, 학업 및 직업적 성취가 기대되는 수준에 미치지 못해야 한다.

처음 네 가지 증상을 **양성 증상**(positive symptoms)이라 부르는데 정상보다 더 과하거나 왜곡된 기능이 나타나는 것을 일컫는다. **환각**(hallucinations) 또는 왜곡된 지각, **망상**(delusions) 또는 왜곡된 믿음이 조현병의 대표적인 증상으로 간주되고 있다. 사고장애를 반영하는 **언어와해**(disorganized speech)는 또 다른 핵심 특성이다. **행동와해**(disorganized behavior)는 여러 가지 방식으로 표출되는데 상황에 맞지 않게 어리석은 행동을 하거나, 예상하지 못했던 초조감이나 공격적인 태도를 보이거나, 자기 자신을 돌보지 않는 것 등이 그 예이다. **긴장형 행동**(catatonic behavior)은 운동기능의 문제인데 운동 반응이 과도해지거나 감소하며 매우 특이하게 굳은 신체 자세를 나타낸다.

조현병 환자들은 **음성 증상**(negative symptoms)도 나타낸다. 이는 정상이라면 있어야 할 행동들이 없거나 감소한 것을 뜻한다. 이들은 정서를 거의 나타내지 않고, 이들의 말을 들어보면 정보가 거의 들어 있지 않은 아주 짧은 대답만 하며(운동실어증), 목표 지향적인 행동을 시도하거나 유지하는 일이 거의 없다(무의지증).

청소년 조현병의 진단은 신뢰할 만하다고 말할 수 있는데, 정신과 입원 상황에서 특히 그러하다(Vernal et al., 2018). 다만 환각이나 망상 같은 양성 증상에 크게 의존하는 진단은 어린 아동의 경우 문제가 될 수 있다. 어린 아동의 경우에는 발달수준 때문에 양성 증상을 잘 드러내지 못할 가능성이 있으며 아동이 그러한 증상을 보고하거나 신뢰할 만한 측정이 가능할 것이라고 기대하기도 어렵다. 게다가 조현병 증상들은 아동의 발달수준 맥락에서 전형적인 발달과 구별되어야만 한다(Knorr, 2017). 이런 이유로 13세 이전에는 잘 진단되지 않는다(Driver, Gogtay, & Rapoport, 2013).

임상적 기술 : 일차 및 이차적 특성

환각

환각은 확인된 실제 자극이 없는 상황에서 잘못된 지각이 일어나는 것이다. 환각을 경험하는 사람들은 다른 사람들이 보거나 듣거나 냄새 맡지 못하는 것을 보고 듣고 냄새 맡는다. 이러한 지각적 이상은 그 내용이나 복잡성이 다양하게 나타난다. 예컨대 단순한 환각은 뚜렷하지 않은 형태나 소리인 반면, 복잡한 환각은 뚜렷한 형태나 목소리처럼 좀 더 조직화되어 있고 다양한 감각을 포함한다(Garralda, 2017).

정신병리를 나타내는 환각을 상상의 친구를 갖는 것과 같은 정상적인 아동 경험과 구분하는 것은 중요하다(Haut et al., 2016). 아동은 흔히 밤에 소음이나 벽 위의 그림자처럼 자신을 놀라게 하는 어떤 것을 듣거나 보며, 상상놀이를 하는데, 이러한 경험들은 전형적인 발달과정의 일부이다(America1 Academy of Child & Adolescent Psychiary, 2017). 환각 경험은 과거에는 정신병적 장애의 핵심으로 간주되었으나 이제는 한쪽 끝에는 건강한 아동·청소년이 있고 다른 쪽 끝에는 임상적 성격을 띤 환각을 경험하고 있는 아동·청소년이 있는 연속선상에서 일어나는 것으로 더 많이 간주되고 있다(Maijer et al., 2019). 다음은 조현병 진단준거를 충족시켰던 9세 아동에 대한 한 연구에서 가져온 환각의 다양한 예이다(Russell, Bott, & Sammons, 1989).

청각 : 부엌 형광등이 일을 하라고 말하고는 "닥쳐!" 하였다.

시각 : 화상을 입어서 빨갛고 흉터가 난 얼굴의 귀신이 이곳저곳에서 여러 번 나타났다.

명령 : 어떤 남자 목소리가 "네 양아버지를 죽여라."고 말하고 "밖에 나가 놀아라."고 하였다.

피해 : 도깨비가 아이들은 어리석다고 말하면서 자신이 아이들을 해칠 것이라고 하였다.

청각적 환각은 성인과 아동 모두에서 가장 흔하게 보고되는 환각의 유형이다. 시각적 환각은 성인기 발병 조현병 사례와 달리 아동기 발병 조현병(COS)에서 더 빈번하게 보고된다(David et al., 2011). 〈그림 13.8〉은 대규모의 미국국립정신보건원(NIMH) 아동기 발병 조현병 코호트(cohort)의 일부로서 평가받았던 117명의 아동기 발병 조현병 환자들이 보고한 환각의 유형들을 감각기관별(즉 청각, 시각, 신체/촉각, 후각)로 정리한 것이다. 청각적 환각이 가장 흔하게 보고되었고 보통 이 때문에 정신과 병원에 의뢰되었으며, 청각적이 아닌 환각은 성인들에게서 보통 보고되는 것보다 더 높은 비율로 보고되었다. 게다가 청각, 시각, 다른 유형의 환각 사이에는 상당한 중첩이 있었는데, 대부분의 아동은 한 개 이상의 유형을 경험하였다.

망상

망상은 실제 현실이 그 반대임에도 불구하고 잘못된 믿음을 계속 유지하는 것이다. 그 내용은 다양하다. 예를 들면 피해망상(delusions of persecution)은 누군가가 자신을 해치려 한다는 믿음이고, 관계망상(delusions of reference)은 어떤 사건이나 물건들이 특별한 의미를 지니고 있다는 믿음이다. 망상은 단순할 수도 있고 복잡할 수도 있으며 조각조각일 수도 있고 체계화되어 있을 수도 있다. 또한 망상은 조현병 진단을 받은 대부분의 아동에게서 꽤 일관성 있게 발견된다. 망상은 아동의 발달적 맥락 내에서 고려되어야 하는데 미신, 공상, 마술적 사고는 정상적으로 발달하고 있는 아동들에게서 흔할 수 있기 때문이다. 다음은 조현병 진단기준을 충족시켰던 아동들이 경험한 망상의 예이다(Russell et al., 1989).

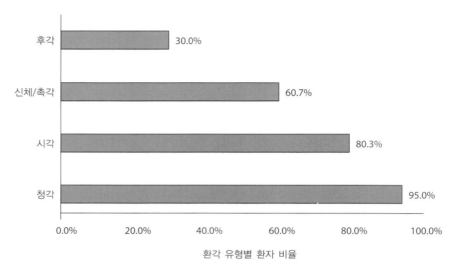

그림 13.8 미국국립정신보건원(NIMH) 아동기 발병 조현병(COS) 코호트에서의 환각 유형[David et al.(2011)에서 수정 인용]

피해 : 어떤 아동은 자신의 아버지가 감옥을 탈출하여 자기를 죽이러 오고 있다고 믿었다.

신체 : 어떤 아동은 남자아이와 여자아이의 영혼이 자기 머릿속에 살고 있다고 믿었다.

특이 : 한 남자아이는 자기가 강아지이고 그래서 털이 자라고 있다고 믿었다. 한번은 주사를 맞기 전에는 수의사의 진료실에서 나가지 않겠다고 고집하였다.

과대 : 한 남자아이는 자신이 남과 다르며 사람들을 죽일 수 있는 능력이 있다고 믿었다. 이 아이는 하느님이 자신에게 빛을 쏘여주어서 자기가 아주 강해졌다고 믿고 있었다.

와해된 증상

망상은 사고의 내용이 잘못된 경우이지만 조현병에서는 사고의 형식이 왜곡되는 경우도 있다. 사고장애는 생각과 행동을 조직화하기가 어렵고 이러한 어려움이 횡설수설 말하거나 이상한 행동, 주의문제로 나타난다(Sharma & McClellan, 2019). 와해된 증상에 대한 몇 가지 지표가 있는데, 이들은 무관련 연상(loose association), 즉 실제로는 아무 관계도 없는 주제들을 이 주제에서 저 주제로 오락가락한다. 말이 비논리적이고 조리가 없으며 다른 사람이 이해하기 어렵다. 또 내용이 모호하거나 너무 추상적이거나 혹은 지나치게 구체적이거나 반복적이어서 의미 있는 정보를 전달할 수 없다. 다른 사람은 이해할 수 없는 단어를 새로 만들어 사용하는 신조어증(neologism)을 보이기도 한다. 다시 강조하지만 이러한 증상들을 보통의 아동행동 또는 ADHD나 ASD 같은 다른 흔한 장애의 증상들과 구분하는 것은 중요하다(Knorr, 2017). 7세 소년과의 면접 내용을 적은 아래 글을 보면 사고장애가 어떤 것인지 알 수 있을 것이다.

> 나는 멕시코 꿈을 꾸곤 한다. 거실에서 TV를 보고 있었다. 나는 이 세상 밖으로 사라졌다가 그다음에는 벽장 안에 있다. 텅 빈 진공 꿈처럼 들린다. 이게 멕시코 꿈이다. 내가 그 꿈 지구에 가까이 가면 나는 거꾸로 뒤집어진다. 나는 거꾸로 뒤집히는 것이 싫다. 어떤 때 나는 멕시코 꿈과 텅 빈 진공 꿈을 꾼다. 꿈속에서는 소리 지르기가 정말 힘들다.(Russell et al., 1989, p. 404)

사고와 행동에서의 몇몇 와해는 장애의 급성기에 두드러지며 사회적, 적응적 기능을 심각하게 손상시킬 수 있다(Sharma & McClellan, 2019).

이차적 특성

아동기 발병 조현병(COS)과 관련된 이차적 특성에는

사회적 결함, 뒤늦게 나타나는 발달 이정표와 서투른 협응같은 운동기능 이상, 언어지연이 있다(Filatova et al., 2017; Petruzzelli et al., 2015). 항상 그런 것은 아니지만 아동기 발병 조현병 아동의 약 67%는 장애 발병 전에 사회, 운동, 언어 영역에서 문제를 보일 뿐 아니라 학습문제가 있고 기분이나 불안증상을 동반한다(Driver et al., 2013). 게다가 얼굴, 머리, 손과 발이 정상적이지 않은 신체미세기형(minor physical abnormalities, MPAs)이 조현병에서 많이 나타난다(Weinberg et al., 2007).

사회적 의사소통문제도 흔하다(St Pourcain et al., 2018). 예를 들면 조현병 아동에게 질문을 할 경우 답변을 들을 가능성이 작고, 답을 하더라도 간단한 대답만 할 뿐 그것을 보충할 정보를 말하지 않을 가능성이 크다(Abu-Akel et al., 2000). 이들은 다른 정상적으로 발달 중인 아동들과 비교하여 말을 적게 하고 대화기술도 좋지 않다(Asarnow & Forsyth, 2017). 반향어와 신조어증 같은 비정형적 특성들도 나타난다. 아동기 발병 조현병 아동의 일부는 정신병 증상 발병 전에 ASD 진단준거를 만족시킨다(Driver et al., 2013).

인지적 손상도 조현병에서 흔하다(Harvey & Isner, 2020; Remberk, Hintze, & Rybakowski, 2015). 일반적인 인지적 결함은 지능검사 점수에서 나타난다. 많은 아동 조현병 환자가 인지적 결함을 보이는데, 대략 10~20%의 사례가 경미한 정도부터 심각한 정도까지 지적 손상을 보인다(Kodish & McClellan, 2016). 정신병(psychoses)이 발병할 즈음에 지능이 감퇴하기 시작하고 그 이후에 안정된다. 한 연구에 의하면 검사 점수는 정신병 증상이 처음 나타났을 때 심각한 인지적 손상을 나타냈으며 이러한 손상은 진단 후 첫 2년간 유지되었다(Bombin et al., 2013). 일반적인 인지적 손상과 더불어 신경심리 평가와 그 밖의 평가를 이용한 결과는 조현병 아동과 청소년에게 주의력, 기억, 집행기능 같은 특정한 능력에 결함이 있음을 시사해준다(Remberk et al., 2015). 이러한 결함은 성인 조현병 환자와 대체로 유사하지만(Reichenberg & Harvey, 2007), 정도가 더 심한 것으로 알려져 있다(Frazier et al., 2007).

정서적·사회적 손상도 아동기 발병 조현병에 두드러지며 기능에 영향을 준다. 정서반응이 없고 사회적 관심이 부족한 것(음성 증상)은 성인기 발병 조현병보다 일찍 발병한 조현병에서 더 흔하게 나타나며, 더 좋지 않은 결과와 연합된다(Remberk et al., 2015). 사회적 인지도 손상이 되며 수줍음, 위축, 고립, 사회적 관계성 등의 사회적 문제도 두드러질 수 있다(Kodish & McClellan2016). 불안, 우울 같은 정서적 문제도 보고되고 있다(Riglin et al., 2018). 이러한 이차적 특성과 손상은 기능적 결과에 매우 강한 영향을 미친다(Harvey & Isner, 2020).

역학

아동들에게서 조현병은 드문 것으로 간주되나 정확한 유병률은 알려져 있지 않다. 조현병은 일반 모집단의 약 1% 이하로 나타난다(Simeone et al., 2015). 유병률은 13세 이전 아동의 0.003~0.02%, 청소년기에 0.01~0.2%로 발생한다고 추정된다(Woodberry, Kline, & Giuliano, 2019). 발병은 청소년기에서 초기 성인기로 진입할 때 극적으로 증가하며 일반적으로 15~30세 사이에 발병률이 가장 높다. 발병 연령의 중앙치는 남아와 여아 모두에게서 16세이다. 아동기 조현병은 남아에게 더 많이 나타나며, 청소년기에 접어들면 성비가 비슷해진다(Asarnow & Kernan, 2008).

아동기 발병 조현병은 사회경제적 지위가 더 낮은 가족에게서 더 높은 빈도로 나타나지만, 자료가 일관적이지 않고 인과적 관계라기보다는 어떤 공유된 기제를 반영할 가능성이 크다(Gallagher & Jones, 2017; Kodish & McClellan, 2016). 마찬가지로 도시 거주, 소수민족/인종, 문화적 이주, 그리고 사회적 지지 부족이 관련된 위험요소이다(Kodish & McClellan, 2016). 조현병은 전 세계의 모든 문화권에서 관찰되며 증상도 거의 유사하다.

발달과정

아동기 조현병은 **잠행성 발병**(insidious onset)이거나 점진적이며, 약 5% 사례만이 급성이다(Asarnow & Forsyth, 2017). 질병의 과정은 사람마다 다르지만 아동·청소년과 성인은 보통 장애의 네 단계, 즉 전구기(prodromal phase), 급성기(acute phase), 회복기(recuperative/recovery phase), 잔류기(residual phase)를 통해 진행된다(Sharma & McClellan, 2019). 정신병적 증상과 진단에 앞서 비정신병 증상이 먼저 나타난다. 초기 전조적 특성에는 사회적 위축, 또래관계의 어려움, 학교문제와 기분문제, '특이한' 집착과 행동뿐만 아니라 언어, 운동, 감각, 인지기능의 지체와 손상이 포함된다(Asarnow & Forsyth, 2017; Sharma & McClellan, 2019). 토미의 사례는 장애의 급성기에 기능이 급격히 저하되고 정신병적 증상이 출현한 것에 앞서 존재했던 학습문제, 사회적·행동적 어려움 등 몇몇 심각한 전구 증상들을 보여

준다.

증상 보고는 아동·청소년의 연령, 문화, 발달적, 그리고 인지적 수준의 맥락에서 고려되어야만 한다(Sharma & McClellan, 2019). 발달적 수준 또한 아동의 증상에 영향을 미친다(Volkmar, 2001). 장애의 음성 증상은 어린 아동에게서는 흔하지 않다. 초기의 환각에는 동물, 장난감, 괴물 등이 등장하며 단순한 형태를 지닌다. 환각은 망상에 의해 동반될 수 있다(Garralda, 2017). 망상도 처음에는 단순한 형태로 나타났다가(예 : 괴물이 나를 죽이려고 한다) 점차 더 정교해지고 복잡해지며 추상적·체계적으로 변화한다(예 : 아동들이 자신이 독살되거나 미행당하고 있다고 말할 것이다). 이러한 변화는 인지적, 사회정서적 발달과 함께 나타난다(Volkmar, 2001).

조현병의 청소년기 발병은 아동기의 발병만큼 서서히 은밀하게 나타나지는 않는 것으로 보인다. 조현병 진단을 받은 많은 청소년은 주의력이나 운동-지각, 기타 신경발달상의 문제를 나타낸 적이 있고 걱정, 수줍음, 기분의 변화, 공격성 등을 나타낸 전력도 있다. 이러한 점들은 성인기 발병 조현병과 비슷한데, 성인기 발병 조현병에서는 발병 시기나 심각한 정도, 초기 특성의 성질 등에서 커다란 편차가 있다(Asarnow & Forsyth, 2017). 청소년이 보이는 정신병적 증상은 성인이 보이는 증상과 더 유사하다. 예를 들면 피해망상이나 과대망상이 아동보다 더 흔하게 나타나고, 망상 내용이 더 복잡해지며 체계화된다(Volkmar, 2001).

일반적으로 조현병의 발달과정에 차이가 보고되고 있다. 어떤 사람은 만성적인 상태를 나타내고, 어떤 사람은 증상이 나타났다 사라졌다 반복하는 과정을 경험하며, 또 다른 사람은 부분적으로 혹은 완전하게 회복이 되기도 한다. 일반적으로 조기 발병은 더 심각하고 만성적인 증상, 인지적·기능적 손상 등 더 안 좋은 결과와 연합된다(McClellan, 2018). 발병연령에 더하여 발병 전의 부적응, 은밀하게 서서히 발병하는 경우 음성 증상, 오랜 시간이 경과한 후의 치료 등이 좋지 않은 결과로 이어진다(Díaz-Caneja et al., 2015). 〈표 13.4〉는 조기

토미 : 일찍 나타난 조현병

토미는 15세 남자 청소년으로 새벽 2시 30분에 길을 걷는 것이 발견되어 경찰에 의해 응급실에 오게 되었다. 토미는 경찰에게 일루미나티를 찾고 있는 중이라고 말하였다. 그는 그들이 속삭이는 것을 들었는데, 그들이 그를 잡으러 올 거라고 말했다고 한다. 토미의 부모에 따르면 그는 2주 전에 등교하는 것을 멈췄고 대부분의 시간을 자기 방에서 보낸다. 그들은 토미가 소리를 지르고 혼잣말을 하는 것을 들었고, 카메라를 제거하려고 자기 컴퓨터를 분해하는 것 같은 이상한 행동 변화를 보고하였다. 그는 항상 수줍은 아이였고, 초등학교와 중학교 동안 아주 적은 수의 친구만 있었으며, 3학년 때 읽기장애로 진단을 받았다. 평가 수개월 전부터 그는 점점 더 위축되고 고립되었다. 그의 부모는 그가 우울하거나 약물을 사용하는 것은 아닌지 걱정한다. 그들은 토미를 의사에게 데려가려고 했지만 그는 이를 거부했다. 그들은 지역의 응급번호에 전화를 걸었지만, 토미가 자신이나 타인들에게 위험하지 않은 이상 그들이 할 수 있는 일은 없다는 말을 들었다.

— McClellan(2018, p. 308)에서 수정 인용

표 13.4   조현병의 나쁜 결과와 연합된 몇몇 요인

전조적 적응문제

더 큰 증상 심각성, 특히 음성 증상

더 낮은 발병연령

잠행성 발병

더 낮은 IQ

주의문제

학습과 기억문제

더 큰 발달지연 (예 : 운동장애)

치료 전 더 오랜 시간 경과

치료를 잘 따르지 않음

출처 : Díaz-Caneja et al.(2015)에서 수정 인용

발병 조현병의 좋지 못한 결과와 연합된 요소들을 정리한 것으로 이는 이 장애에 대한 75개 연구를 체계적으로 살펴본 논문을 통해 확인된 내용이다(Hollis, 2015).

아동·청소년 조현병은 안타깝게도 성인기에 발병한 경우에 비해 일찍 사망할 위험성이 더 크다(Hollis, 2015 ; Sharma & McClellan, 2019). 그 이유는 여러 가지로 보이는데 미처 발견되지 않은 의학적인 문제가 있었거나 자살, 기타 폭력적인 사건 등이 있었을 것으로 여겨진다. 메리의 사례는 비극으로 끝난 아동기 발병 조현병을 보여준다.

신경생물학적 이상

신경해부학적 이상이 조현병에서 발견되었으며 이는 여러 뇌 영역과 연결되어 있다. 많은 연구결과가 성인기 발병 사례와 청소년기나 성인기 때 진단을 받았던 고위험 아동 사례에 기초한 것이다. 장애를 진단받았던 아동들에 대해서도 중요한 연구가 행해졌다. 연구결과는 여러 연령집단을 막론하고 매우 유사하다. 신경생물학적 기능이상은 운동발달지체, 협응 곤란, 신체미세기형과 같은 조현병 아동의 일반적인 특성을 보아도 짐작할 수 있다. 더 직접적인 증거는 뇌영상 연구와 사후 부검 연구에서 나왔는데, 이러한 연구는 두 가지 핵심적 신경생물학적 가설을 지지하는 막대한 증거를 제공하였다(Berman et al., 2015). 먼저 뒷부분에서 자세히 설명하

메리 : 아동기 조현병의 비극적인 발달과정

메리는 언제나 매우 수줍은 아이였다. 때로는 말을 하지 않고 친구 사귀는 것을 매우 어려워했으며 반항적인 모습을 자주 보이고 유뇨증도 있었다. 10세가량이 되었을 때 메리는 계속되는 사회적인 고립뿐 아니라 학업문제도 나타냈다. 우울해졌고 악마가 자신에게 나쁜 일들을 하게 만드는 것 같은 느낌을 받았고 선생님이 자신을 해치려 한다고 믿었으며 세균에 대한 공포에 사로잡혀 있었다. 그녀의 행동은 점점 더 심하게 와해되었다. 자살에 대해 말하고, 흐트러진 모습으로 달리는 차에 뛰어드는 명백한 자살시도까지 하였다.

이 일로 메리는 입원하여 정신과 검사를 받게 되었는데 그러는 동안에도 계속해서 기이한 행동을 보였다. 입원해 있는 동안 메리의 기능이 향상되어 집으로 돌아가기는 하였으나 아동기와 청소년기 내내 그녀는 공포와 환각, 누군가가 자신을 잡으려 한다는 믿음에 시달렸으며 때때로 우울증 발작을 일으키고 자살시도도 몇 번 일으켰다. 메리는 계속해서 사회적으로 고립되고 위축되어 있었으며 학교에서의 학업성취도 좋지 않았다. 짧게 여러 번 입원한 후 17세가 되었을 때 메리는 주립병원으로 보내져서 19세까지 그곳에서 지냈다. 이 기간에 그녀의 감정은 점점 더 밋밋해졌고 정신병 증상이 계속되었다. 퇴원한 지 일주일 후에 메리는 자기 방에 들어가서 방문을 걸어 잠갔으며, 그다음 날 약물 과다복용에 의한 주검으로 발견되었다.

– Asarnow & Asarnow(2003, p. 455)에서 수정 인용

겠지만 조현병은 점점 더 신경발달적 장애로 간주되기 시작하고 있는데, 즉 뇌발달에서의 변화가 장애의 특징적 증상에 앞서 나타난다(Weinberger, 2017). 두 번째 가설은 장애의 결정적 특성으로 뇌의 연결성 또는 비정상적인 시냅스 과정과 뇌 영역 간 연결을 강조한다(Friston et al., 2016).

뇌의 구조적 이상과 관련하여 때로 신경세포들이 비정상적이며, 적절하지 않은 위치에 있기도 하며, 빽빽하게 밀집되어 있기도 한다. 조현병을 지닌 사람들은 뇌 부피에서 다양한 변화를 보인다(Haut et al., 2016). 가장 흔한 이상은 뇌척수액이 들어 있는 측뇌실(lateral ventricles)의 확장으로 아동을 포함하여 여러 연령대에서 발견된다(Brennan & Walker, 2010). 대조적으로 많은 연구가 조현병에서 뇌세포의 작은 부피와 회백질 부족을 보고하고 있는데, 여러 영역 중에서도 특히 전전두(prefrontal) 영역과 측두(temporal) 영역, 해마, 편도체, 시상에서 더욱 명확하게 나타난다(Ganzola, Maziade, & Duchesne, 2014; Kodish & McClellan, 2016; Rapoport, Giedd, & Gogtay, 2012). 뇌 부피의 감소와 뇌실의 확장은 음성 증상, 진단 전 부적응, 신경심리적 결함과 관련이 있으며(Buchanan & Carpenter, 2000; Davis et al., 2003; Gur et al., 1998), 감소된 뇌 부피와 확장된 뇌실은 무수히 많은 연구를 통해 일관되게 증명되고 있다(Haijima et al., 2012; van Erp et al., 2016).

뇌 이상은 장애 발달과정의 초기에 존재하는 것으로 보이며, 더 이른 발병연령은 더 큰 신경해부학적 이상과 관련이 있는 듯하다(Rapoport et al., 2012). 종단연구들 또한 장애발달 동안 신경해부학적 상태가 변화함을 보여준다. 우리의 논의와 관련하여 특별하게 관심을 두어야 할 것은 미국국립정신보건원(NIMH)에서 수행하고 있는 아동기 발병 조현병에 대한 대규모 연구에 참여하고 있는 아동과 청소년에 대한 뇌영상 연구이다. 일찍부터 두정엽에서 회백질이 감소되었고 이후의 청소년기에는 전두엽과 측두엽에서 회백질이 감소되었다(Gogtay, 2007). 흥미로운 점은 회백질 감소가 건강한 아동 · 청소년에게서 뇌발달이 뒤쪽에서 앞쪽으로 진행되는 것과 같은 방식이라는 것이다.

백질 감소 역시 조현병에서 확인이 되었는데, 이는 다양한 뇌 영역의 결함을 시사한다(Rapoport et al., 2012). 백질에 대한 한 연구에서 아동기에 발병한 14세의 조현병 환자들과 건강한 통제집단을 비교하였다. 4년 반 동안 해마다 MRI 영상을 찍었다(Gogtay et al., 2008). 아동기 발병 조현병 아동들의 전두엽, 두정엽과 후두엽의 발달이 해마다 점점 더 느려졌는데 우반구에서 더 심했다. 이러한 변화는 정상적으로 성장하는 아동 · 청소년의 백질이 앞에서 뒤로 발달해 나가는 형태와 동일하였다. 이러한 성숙의 장애는 신경섬유의 수초화와 뇌 영역들 사이의 연결에 문제를 일으킨다. 이 연구와 다른 연구에서 중요한 점은 뇌 성장과 임상적 기능의 측정 사이에 상관이 있다는 점이다(그림 13.9 참조).

뇌의 이상은 다른 방법으로도 발견되었다. 뇌의 활동은 여러 종류의 스캔으로 조사되어 왔으며, 아동기 발병 조현병의 경우 뇌 활성화와 연결성에서 폭넓은 변화가 발견되고 있다(Asarnow & Forsyth, 2017). 연구결과들은 여러 과제와 뇌의 여러 영역에서 과소 활동과 과대 활동의 복잡한 양상을 시사한다(Haut et al., 2016; Kronbichler et al., 2017).

수년 동안 이루어진 연구들은 도파민 조절장애가 조현병에서 중요하다고 밝히고 있다(Howes et al., 2017). 도파민은 전두영역 및 측두-변연계 영역을 포함한 여러 대뇌 신경회로에서 중요하다. 이 신경전달물질은 정신병을 완화시켜주는 약물에 의해 차단될 수 있으며, 도파민을 증가시키는 물질은 조현병의 증상을 악화시킨다. 그럼에도 불구하고 다른 신경전달물질도 관련이 있다고 여겨지고 있다. 2세대 항정신병 약물은 세로토닌을 강하게 차단한다. 조현병과 도파민 수용체 모두와 관련된 유전자, 그리고 대뇌의 기능에 중요한 글루타민과 GABA 경로에 포함된 유전자가 연구되고 있다. 여러 가지 복잡한 신경전달물질의 역기능이 존재하는 것으로 보인다.

뇌에 대한 여러 연구결과에서 어떤 결론을 내릴 수 있을까? 종합적으로 보면 여러 증거가 복잡한 방식으로 기능하는 몇몇 뇌 영역과 신경전달물질들이 조현병과

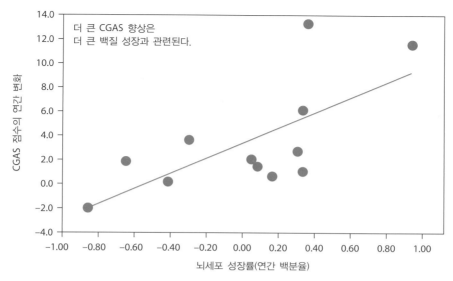

그림 13.9 임상적 기능(CGAS)의 측정치와 뇌세포의 성장 사이의 관계[Gogtay et al.(2008)에서 인용. Copyright 2020 National Academy of Sciences, U.S.A. 허락하에 사용함]

관련이 있음을 시사한다. 구조적, 기능적, 생화학적 연구들은 조현병에는 분산된 뇌 신경망, 주로 전두 회로와 측두–변연계 회로들 사이의 연결에 이상이 있을 시사한다(Kodish & McClellan, 2016).

병인

뇌 이상의 증거들이 있기 때문에 병인에 대한 가설과 연구들은 뇌 이상의 기원과 뇌 이상이 어떻게 조현병을 설명할 수 있는지를 찾아왔다. 그렇지만 성인기 발병 조현병에 대한 연구들이 훨씬 더 많았고, 점차 청소년기 조현병에 대한 연구도 증가하고 있다. 전반적으로 조현병은 유전적 선천성과 환경적 영향의 조합으로 생겨난다고 간주되어 왔으며, 조기 발병 사례에서 유전적 요인의 영향력은 훨씬 큰 것으로 알려져 왔다(Anvari et al., 2018).

유전요인

성인기에 발병한 조현병에 대해 여러 나라에서 광범위하게 수행된 연구에 따르면 조현병의 유전성은 81% 정도로 높다(Charney & Sklar, 2018). 쌍생아 자료에 따르면 이란성보다 일란성 쌍생아의 발병 일치율이 더 높게 나타났는데, 평균적으로 56% 대 14%이다(Asarnow & Forsyth, 2017). 장애에 대한 위험은 성인 발단자와 유전적 관련성이 높을수록 증가한다(Gottesman, 1993; Mortensen et al., 1999). 예를 들면 부모가 조현병인 아동의 위험도는 12%지만 사촌의 경우는 2%에 불과하다. 가족 내 유전적 취약성은 조현병과 비슷하지만 덜 심각한 장애로 표출되기도 하고, 조현병과 관계가 있는 인지처리결함으로 표출되기도 한다(Asarnow et al., 2001; Lui et al., 2018). 이러한 결과들은 장애 범주가 아니라 더 일반적인 취약성과 양적 특성이 유전되는 것임을 시사한다(Hollis, 2015). 마지막으로 성인기 발병 조현병 환자의 부모보다 아동기 발병 조현병 환자의 부모에게서 조현병과 유사한 장애가 더 많이 나타난다(Nicholson & Rapoport, 2000). 이런 결과는 아동기 발병 조현병이 유전적 취약성이 더 클 가능성을 시사한다.

결정적인 영향을 미치는 하나의 유전자가 발견되지는 않았지만 작은 영향력을 발휘하는 여러 유전자가 개입되어 있을 것으로 여겨진다(Christensen & Børglum, 2019). 22q11.2와 같은 유전적 소실과 복제가 조현병에 대해 알려진 바와 일치하는 뇌 구조 및 기능과 연합되어 있지만, 적은 수의 사례에서만 그러할 수 있다(Knorr, 2017). 아동기 발병 조현병에 대한 연구에서 성인기 발병 조현병에서 발견되었던 몇몇 감수성 유전자(susceptibility genes)의 존재가 확인되었으며 아동기 발병 조현병에 더 큰 유전적 취약성을 일으키는 흔한 변이들도 확인되었다(Ahn et al., 2016). 예를 들어 COMT 유전자(염색체 22)는 도파민 조절에 관여하고, DISC 유전자(염색체 1)는 뇌 물질의 감소와 관계가 있고, NRDI 유전자(염색체 8)는 신경세포의 이동과 연결에 관여하지만 조현병에 대한 그들의 관여는 여전히 논쟁을 일으키고 있다(Henriksen, Nordgaard, & Jansson, 2017).

게다가 전장 유전체 연관성 연구들은 조현병과 다른 정신과적 장애, 즉 기분장애, ASD, ADHD와 같은 장애들 간에 공유된 유전적 위험요소를 발견해 왔는데(Purcell et al., 2009; Rees, O'Donovan, & Owen, 2015), 이런 공통의 변이는 조현병 유전성의 일부분만을 설명하는 듯 보인다(Henriksen et al., 2017). 희귀한 새롭지만 유전되지 않는(de novo) 유전자 복제수 변이(copy number variations), 그리고 유전되는 유전자 복제수 변이(유전자 서열의 소실과 복제)가 비교집단보다 훨씬 더 높게 나타났다(Chang et al., 2016; International Schizophrenia Consortium, 2008). 마지막으로 후성 유전학적 과정에 대한 증거도 있다(Braff & Tamminga, 2016). Roth와 Sweatt(2011)는 후성유전학적 변화, 즉 변화된 메틸화를 보이는 약 100개 정도의 유전자 위치를 보고하였다. 그들이 추측하기로는 태아기나 출생 후에 일찍부터 시작되는 후성유전학적 변화가 조현병 발달의 기초가 될 수 있다.

여러 개의 유전자와 여러 과정이 관련되므로 병인들의 양상이 복잡하지만 유전적 영향이 모든 것을 결정하는 것은 아니다. 조현병이 있는 일란성 쌍생아 성인의 다른 쌍생아 형제 가운데 조현병을 보이지 않는 사람이 많다는 사실은 유전과 무관한 영향들이 일부 역할을 할 가능성을 시사한다. 쌍생아연구들은 작지만 의미 있는 공유된 환경적 영향이 있음을 시사하는데, 여기에는 독성에 일찍 노출되는 것, 감염, 태내 스트레스와 다른 영향들이 포함된다(Cattane, Richetto, & Cattaneo, 2018). 어떤 환경적 영향은 유전적 영향과는 독립적으로 작용하는 듯하다. 예를 들어 일부 태내 요인들이 뇌에 직접적으로 영향을 미친다. 후성유전학적 효과와 유전자-환경 상호작용에서처럼 다른 환경적 영향도 유전자와 같이 활동하는 것으로 보인다.

태아기 요인과 임신 합병증

태아기 동안의 역경들이 아동 및 성인 조현병과 연결되어 왔다. 여기에는 태내 영양실조, 어머니의 스트레스, 임신 동안의 감염이 포함된다(Cattane et al., 2018). 태내 영양실조와 조현병 사이의 연합은 기근일 때를 조사한 생태학적 연구에 의해 확인되어 왔다. 네덜란드와 중국에서 심한 기근이 있었을 때 임신되었거나 초기 임신기에 있었던 사람들이 조현병에 걸릴 위험성이 높았다(Boks et al., 2018; Want & Zhang, 2017). 역학연구들도 태아발달 동안 박테리아, 바이러스, 또는 기생충에 감염되는 것이 ASD와 같은 다른 신경발달적 장애뿐 아니라 조현병의 위험 또한 높다는 것을 보여주었다(Brown, 2012; Brown & Derkits, 2010; Fuglewicz, Piotrowski, & Stodolak, 2017). 임신했을 때 유행병이 돌아서 독감 바이러스에 노출되었던 핀란드 여성들에 대한 연구에서 태내 감염에 대해 흥미로운 결과가 발견되었다(Mednick et al., 1988). 어머니가 임신 중반기(4~6개월)에 독감 바이러스에 노출되었던 사람들은 나중에 조현병을 일으킬 위험성이 더 높았다. 일부 다른 연구에서도 독감의 위험성이 확인되었지만 다른 연구에서는 충분한 증거를 발견하지 못하였다(Selton & Termorshuizen, 2017).

임신 중의 하혈과 응급 제왕절개 출산과 같이 임신이나 출산을 둘러싼 다양한 합병증이 조현병과 연결되어 있다(Asarnow & Kernan, 2008; Brown et al., 2005). 실제로 출산 합병증, 특히 태아의 산소 결핍은 다른 환경요인들에 비해 조현병과 더 강한 관련성을 나타냈다(Cannon & Rosso, 2002). 게다가 태아의 산소결핍은 조현병에서 나타나는 감소된 회백질 및 뇌 측실 확장 같은 뇌의 구조적 이상과 연합되어 있다(Jenkins, 2013). 그럼에도 불구하고 이런 결과들로부터 확실한 결론을 내리기는 어렵다. 출산합병증이 조현병을 일으킬 수 있지만 유전적 요인이나 태내 요인 때문에 이미 비정상인 태아로 인해 합병증이 생겼을 수도 있다. 유전적 요인과 출산 관련 요인의 상호작용 또한 중요하다. 실제로 심각한 태내 역경과 출산 관련 합병증이 후성유전학적 기제를 통해 신경생물학적 발달과 특정 유전자와 상호작용하여 조현병에 걸릴 위험성에 영향을 미친다는 증거가 있다(Cattane et al., 2018).

심리사회적 요인

심리사회적인 스트레스가 아동·청소년의 조현병을 유발한다고 믿을 만한 이유가 있다. 성인기 발병 조현병의 경우 아동기나 성인기 동안 발생한 외상과 다른 힘든 생활 사건들(스트레스)이 조현병과 연합되어 있었다(Beards et al., 2013; Belbasis et al., 2018; Stilo & Murray, 2019; Varese et al., 2012). 조현병이 있는 일부 사람들, 특히 사회경제적 지위가 낮은 사람들의 경우 증상 발병 이전에 스트레스가 있었던 것으로 밝혀진 바 있으며(Gallagher, Jones, & Pardes, 2016) 심리사회적 스트레스는 증상 악화와도 관련되어 있었다(Docherty et al., 2008). 증가된 스트레스 호르몬, 특히 코르티솔은 조현병 연구에서 흥미를 끌어왔으며 정신병적 증상(Labad, 2019), 정서적 증상(Corcoran et al., 2012), 조현병과 연합된 인지적 손상(Aas et al., 2019; Cherian, Schatzberg, & Keller, 2019)과 관련이 있었다. 게다가 위험집단 청소년에 대한 연구에 의하면 나중에 조현병이 발병하였던 청소년들은 그렇지 않았던 비교집단에 비해 코르티솔이 아주 많이 증가하였다(Walker et al., 2010). 다른 연구들은 코르티솔과 조현병 간의 연결에 대해 비일관적인 결과를 보여주었다(Bolhuis et al., 2019).

가족 특성이 조현병의 원인으로 지목된 지는 오래되었다. 병리적인 양육이 조현병의 근본 원인이라는 의견을 표현하기 위해 실제로 '조현병 유발형 양육(schizophrenogenic mothering)'이라는 말을 사용한 적도 있었

다. 현재는 이 가설이 받아들여지지 않지만 가족 상호작용의 역할에 대한 관심은 여전하다. 입양아에 대한 일부 연구는 가족관계의 영향을 시사한다. 핀란드 입양아 연구의 일환으로 수집된 자료에서 가족 분위기의 잠재적 영향력을 볼 수 있다. 이 연구에서는 조현병 또는 관련 장애가 있는 어머니의 자녀 중에서 입양된 아동들을 추적 조사하여 어머니가 조현병이 아닌 입양아 집단과 비교하였다(Tienari et al., 1990; Tienari, Wynne, & Wahlberg, 2006). 입양가정의 기능에 대한 평가를 통해 양육환경을 분석할 수 있었다. 연구결과는 이들 가운데 유전적인 위험요인을 가지고 있었던 입양아로서 나중에 조현병 및 관련 장애를 나타낸 사람들은 가족관계에 문제가 있는 가정에서 자란 것으로 밝혀졌다. 반면에 유전적인 위험요인이 낮은 것은 부정적인 가족 분위기에 대한 보호요인으로 작용하였고, 이는 유전자-환경 상호작용이 작용함을 시사하였다.

신경발달 모형

조현병에 대한 오늘날의 지식에 기초해볼 때 그 원인에는 여러 요인이 포함되어 있다고 볼 수 있다. 취약성-스트레스 모형(vulnerability-stress model)이 일반적인 설명틀로서 자주 언급된다. 이 모형에서는 유전적일 수도 있지만 태아기의 손상 때문일 수도 있는 기질적 취약성이 어떤 환경적 스트레스와 상호작용하여 상이한 발달 경로와 결과를 만들어낸다고 가정한다. 어떤 사람들은 조현병 진단을 내릴 정도의 증상 또는 그와 유사하지만 심각성은 좀 덜한 증상을 나타내는 반면, 어떤 사람들은 그런 증상을 나타내지 않는다.

지난 몇십 년 동안 조현병의 신경발달 모형에 대한 관심과 지지가 증가하고 있다(Haut et al., 2016; Rapoport et al., 2012; Weinberger, 2017). 실제로 우리가 살펴본 많은 연구가 이러한 관점을 지지한다. 이 모형에 따르면 조현병은 장애 발병 훨씬 전에 시작된 비정상적인 신경발달적 과정의 결과이다(그림 13.10 참조). 사실상 초기의 뇌발달에 문제가 생기면서 중요한 뇌발달과 회로가 영향을 받은 것으로 본다. 후에 조현병으로 진단

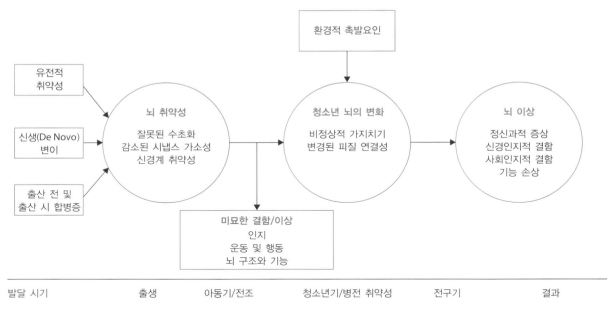

그림 13.10 조현병의 신경발달 모형[Haut et al.(2016)에서 수정 인용]

된 사람들의 경우 발병하기 전부터 있었던 운동 및 언어문제가 초기 발달에 영향을 미치고, 인지, 사회 및 심리적 기능과 관련한 문제들을 증가시킨다. 대부분 조현병의 경우에 장애의 주요 증상은 청소년기나 성인 초기에 접어들어 뇌가 더 성숙했을 때 드러난다. 연구자들은 청소년기에 일어나는 호르몬 및 뇌 시스템의 여러 가지 변화를 이 장애를 드러나게 하는 요인으로 지적하였다(Haut et al., 2016; Woodberry et al., 2019). 특히 주목할 만한 것은 청소년 후기가 전두엽과 연합피질에서 선택적 시냅스 가지치기를 하는 데 매우 중요한 시기라는 사실이다. 이 시기에 일어나는 과도한 가지치기가 증상의 출현과 관련이 있다는 가설이 있다. 그러나 신경발달적 과정은 뇌발달의 초기에 방해받았을 가능성이 크다(Birnbaum & Weinberger, 2017). 뇌의 변화는 생물학적이지만 사회적·환경적 요인이 생물학적 변화와 상호작용할 수도 있다.

조현병의 신경발달적 양상은 매우 복잡하다. '정상' 경로의 발달은 조현병의 유전적 위험요소들이 환경적 위험요인, 그리고 다양한 범위의 증상과 관련 특성들을

생성하는 후성학적(epigenetic) 과정들에 의해 영향을 받아 미묘하게 변화될 수 있다(Birnbaum & Weinberger, 2017). 신경발달 모형이 정확히 어떻게, 또 얼마나 아동기 조현병에 적용될 수 있는지는 불분명하다. 이미 살펴보았듯이 일찍 발병하는 조현병과 나중에 발병하는 조현병 사이에 여러 가지 유사점이 있다는 것은 이들이 서로 다른 장애가 아님을 시사한다. 그러나 아동기 발병 조현병은 증상이 더 심각하고, 결과가 더 좋지 않으며, 가족적 취약성도 더 크다는 증거가 있다. 이는 더 큰 유전적 취약성 또는 더 큰 생물학적 취약성이 더 불리한 환경과 결합되면서 생애 초기에 장애를 만들어냈을 수 있음을 시사한다.

평가

다음에 제시한 범주들은 아동 또는 청소년 조현병이 의심될 때 종합적인 평가지침이 될 수 있을 것이다(Driver et al., 2020; Hollis, 2015; Knorr, 2017; Woodberry et al., 2019).

- 임신합병증, 초기의 발달상태, 발병연령, 증상의

경과, 의료 기록 및 가족력 등의 역사적 정보
- 조현병의 양성 증상과 음성 증상 및 관련 특성에 대한 평가
- 지능, 의사소통, 적응기술검사를 포함한 심리평가
- 필요에 따라 신체 검사, EEG 검사, 뇌영상 검사 및 실험실 검사
- 필요할 경우 학교와 사회복지기관과의 협의

장애의 조기 발견이 적절한 치료를 촉진할 수 있기는 하지만, 이는 정확한 진단을 어렵게 할 수 있다. 조기에 발생하는 조현병의 비정신병적 행동 부적응 증상들은 다른 장애에서도 관찰된다. 그뿐만 아니라 양극성 장애 및 주요우울증, 외상후 반응, 수면문제 같은 다양한 장애와 문제를 갖고 있는 아동들도 비교적 자주 환각을 보고한다(Jardri et al., 2014; Sharma & McClellan, 2019). 실제로 처음에는 조현병 아동들이 기분장애, 불안장애, PTSD, 그리고 ASD와 ADHD 같은 다른 신경발달장애로 진단을 받기도 한다(Sharma & McClellan, 2019).

앞서 말했듯이 평가는 더 어려워질 수 있는데, 아동에게서 조현병 양성 증상을 확인하고 구분하는 것은 쉽지 않기 때문이다. 표준화 평정척도와 반구조화된 면접이 도움이 된다. 그럼에도 불구하고 임상집단이 아닌 아동들도 귀신이나 기이한 형상이 보이고 목소리가 들린다고 말하며, 그러한 환각이 나타나도 정신병이 아닌 경우가 흔하다(Garralda, 2017). 그런 경험들은 너무 지친 상태, 열, 또는 약물의 일시적 결과일 수 있다. 이와 마찬가지로 아동들이 보고하는 기이한 생각이나 강박적인 생각이나 몰두가 정신병적인 망상인지 아닌지를 구분하는 것이 어려울 수 있다. 이는 아직 논리적 사고를 하는 능력이 부족하고 현실과 상상을 구분하지 못하는 5~6세 이전 아동의 경우에 특히 그러하다(Volkmar, 2001). 그뿐만 아니라 사고장애의 평가는 특히 어렵다. 사고 과정을 평가하는 데는 언어기술이 아주 중요하므로 아동의 언어발달수준에 의해 평가가 영향을 받을 수 있다(Hollis, 2015). 또한 비정상적 사고의 기준도 발달수준에 따라 달라질 수 있다.

청소년, 특히 나이가 든 청소년에 대한 평가는 아동보다 덜 어렵다. 이들의 정신병적 증상은 성인기에 발병한 조현병과 더 유사해 보인다. 하지만 청소년의 증상이 항상 완전히 발달된 조현병 형태를 보이는 것은 아니며, 청소년기에 발병한 주요우울증과 조증에서도 정신병적 증상이 높은 비율로 나타나 변별 진단을 복잡하게 만든다(Hollis, 2015). 이 시기의 정신병적 증상은 약물남용, 간질, 내분비이상 같은 몇몇 다른 장애와도 관련이 있다(Woodberry et al., 2019). 그러므로 정신병 증상이 나타나면 폭넓은 임상적 범위 안에서 해석해야 한다.

예방

조현병의 예방에 대한 관심은 지대하지만 조현병의 병인을 아직 잘 모르기 때문에 어려움이 있다. 조현병이 태내 및 출산 시 합병증과 관계가 있다는 것은 특히 고위험군 가족의 경우 임신 동안 특별한 관리가 필요함을 시사한다(Seidman & Nordentoft, 2015). 이와 마찬가지로 초기의 발달 및 인지결함, 사회/정서적 기능문제, 청소년기에 접근하면서 나타나는 행동문제에 대해 민감성을 늘리는 것은 조기에 조현병을 발견하는 데 도움이 될 수 있다(Laurens & Cullen, 2016).

조기에 발견하여 치료하면 조현병으로 인한 영향이 개선될 수 있다. 또한 많은 아동·청소년에게서 조현병이 은밀하게 점진적으로 발병하는데, 이는 예방적 노력을 시도해볼 수 있는 창구가 될 수 있다. 현재에는 위험이 매우 높고, 약화된 증상을 보이는 개인들이 나타내는 '위험 증후군(risk syndrome)'을 확인하는 데 대한 관심이 높다(Yung et al., 2019). 그렇게 확인된 사람들은 일반 모집단에 비해 정신병을 훨씬 더 많이 나타내 보인다. 그럼에도 불구하고 정신병으로 진행될 위험이 큰 어린 사람들, 특히 아주 어린 아동을 찾아내는 것은 비판을 받아왔다. 나중에 조현병으로 진단이 되는 사람이 초기에 보이는 많은 문제는 다른 사람들에게도 나타난다. 게다가 조현병의 위험이 아주 높은 증상을 보였던 청소년과 성인 가운데 차도를 보이거나 완전한 조현병으로 진행되지 않는 경우도 많다(McGorry, Killackey,

& Yung, 2008; Ziermans et al., 2011). 이런 딜레마가 있고 조현병으로 잘못 진단해서 오명을 씌우고 약물을 사용하게 되는 위험에도 불구하고 일부 연구에서는 조기개입이 실시되었다. McGorry와 동료들의 말을 빌리면 "심각하고 되돌릴 수 없는 증상 및 기능적 손상이 나타날 때까지 치료를 보류하는 것은 관리의 실패이다."(McGorry et al., 2008, p.148). 조기개입의 목적은 조현병을 지연시키거나 약화시키거나 예방하는 것이다.

개입

일찍 발병한 조현병의 다른 측면과 마찬가지로 치료에 대해서도 성인의 치료에서 알려진 사실로부터 일반화해야 한다. 치료는 심각성 정도, 급성 또는 만성 여부, 가능한 치료개입의 기회, 지역사회와 가족의 지원 등에 따라 크게 달라질 수 있다. 조현병이 있는 많은 아동과 청소년이 집에서 생활하고 지역 학교에 다니며, 심한 장애가 있는 사람들 중 일부는 가정에 머물며 특수학교에 다니거나 아니면 일정 기간 병원과 다른 거주치료센터에 수용되기도 한다. 따라서 여러 세팅을 아우르는 조율된 관리가 중요하다(Woodberry et al., 2019). 가장 좋은 치료전략은 조현병이 있는 사람과 그 가족들이 빈번하게 경험하는 여러 문제를 완화시키기 위해 약물치료와 심리사회적 개입을 결합하여 여러 가지 방법을 동시에 사용하는 것이다(Sharma & McClellan, 2019).

약물치료

전통적인 항정신병 약물이나 2세대 항정신병 약물이 대표적인 조현병 치료약이다(McClellan & Stock, 2013). 성인과 청소년의 경우에 이 약물은 환각, 망상, 사고장애, 기타 증상을 완화시킬 수 있지만 모든 사람이 이 약물에 반응하지는 않는다(Pagsberg et al., 2017; Sharma & McClellan, 2019). 2세대 비정형적 항정신병 약물(예 : 리스페리돈, 클로자핀, 올란자핀)은 부작용이 적기 때문에 많이 사용된다. 그러나 이 약물들도 일부 부작용이 있고 성인들보다는 청소년에게 부작용이 더 크다(Correll et al., 2009). 부작용 가운데에는 체중 증가, 진정 효과, 변비, 콜레스테롤과 트리글리세리드 수준의 증가가 있다. 아동과 청소년에게 특히 효과적인 클로자핀은 발작, 면역기능에 중요한 백혈구 세포 감소 등 심각한 부작용 가능성이 있어서 사용에 주의를 요한다(Gee & Taylor, 2018; Sharma & McClellan, 2019). 어떤 약물들은 그 자체로 위험하다는 것에 더하여 심각한 부작용은 사람들로 하여금 치료를 중단하게 만들며(Stafford et al., 2015) 이는 더 나쁜 결과와 관련이 있다. 또한 신경발달과 신체건강에 대한 약물개입의 장기적 영향은 불분명하다. 따라서 약물개입에 대한 결정은 정신과적 증상을 치료하지 않거나 덜 치료한 경우의 위험뿐 아니라 잠재적인 장 · 단기적 위험과 이득을 모두 고려해야만 한다(Woodberry et al., 2019).

심리사회적 치료

약물치료는 대개 정신병 증상을 감소시키기 위한 것이고 심리사회적 치료는 더 광범위한 목표를 가지고 있다. 기술훈련, 인지행동치료(CBT)와 가족치료는 이 가운데에서도 효과가 있거나 가장 유망한 접근들이다(McClellan & Stock, 2013; Woodberry et al., 2019).

기술훈련의 목표는 교수, 모델링, 긍정적 강화와 다른 행동적 기법을 사용하여 사회적 기술과 일상생활기술을 발전시키는 것이다. 인지행동치료의 목표는 조현병 증상, 특히 환각과 망상이 사회적 기능을 저해하기 때문에 이러한 증상을 약화시키거나 이 증상들을 잘 극복하게 하는 것이다. 가족치료는 청소년에게 특히 영향력이 있는 성인을 대상으로 할 때 인정받는 전략이다. 요즘의 가족치료는 한때 가족을 비난했던 것과는 달리 협력주의 철학에 근간을 둔다. 가족 심리교육은 계속되는 인지, 행동, 지지적 치료 및 재활개입에 조현병이 있는 사람의 가족 구성원과 다른 양육자들이 관여하도록 하며, 재발률을 감소시키고 기능 및 가족의 안녕감 향상에 효과적인 것으로 나타났다(McFarlane, 2016; Sustance Abuse and Mental Health Services Administration, 2009). 〈표 13.5〉는 가족 심리교육의 주요 요소 중 일부를 정리한 것이다.

▌표 13.5 조현병에 대한 가족치료의 주요 요소

조현병에 대한 교육(예 : 증상, 인과적 가설, 과정, 치료)

스트레스를 관리하고 조현병에 더 잘 대처할 수 있게 하는 안내와 기술훈련

치료과정에서의 파트너십을 강조하는 가족 의사소통 훈련

현재의 문제를 더 잘 관리하고 다루기 위한 구조화된 문제해결 훈련

경험을 정당화해주고 문제해결을 촉진하기 위한 사회정서적 지원

스트레스가 심할 때 위기 개입 및 계획 그리고/또는 재발 징후

출처 : Substance Abuse and Mental Health Services Administration(2009), Woodberry, Kline, & Giuliano(2019)에 기초함

지난 20여 년 동안 조현병에서 흔히 나타나는 기억, 주의, 집행기능, 사회 인지, 추론 그리고 문제해결 결함과 같은 인지장애를 치료하기 위한 접근들이 증가해 왔다(Revell et al., 2015). 인지를 발전시키기 위해 컴퓨터에 기초한 프로그램들을 많이 사용하는데 그 결과는 고무적이다. 사회적 세계에 대한 지각과 이해(예 : 정서와 마음이론)를 발전시키고자 하는 사회인지 훈련 또한 컴퓨터 지원 인지재활을 보완하는 접근으로 유망하다

(Fisher et al, 2017; Lidenmayer et al., 2018).

조현병을 치료하기 위해서는 종합적인 접근과 지지적 환경을 권장한다(McClellan & Stock, 2013; Sharma & McClellan, 2019). 젊은 사람들의 경우는 정상적인 발달이 방해를 받는다는 점 때문에 어려움이 있다(Woodberry et al., 2019). 그러므로 치료에서 구체적인 증상의 감소뿐 아니라 심리적 · 사회적 · 교육적 · 직업적 발달의 촉진을 고려해야 하는 것은 당연하다. 조현병이 있는 청소년은 학교를 포함한 지역사회 및 가정의 집중 서비스를 필요로 하므로 조기 선별, 개입, 그리고 집중적 지원과 사례관리를 동반한 협응된 전문적 관리가 도움이 될 것이다(McFarlane et al., 2014).

일찍 발병하는 조현병의 다른 측면들과 마찬가지로 개입효과에 대한 지식을 발전시키는 연구의 중요성은 아무리 강조해도 지나치지 않다. 다행스럽게도 조현병의 위험이 있는 젊은이들의 조기 선별과 치료를 확대하고 장애의 초기 단계에서 개입을 하는 것이 더 많이 강조되고 있다. 조현병은 이제 다른 만성적 조건들과 더 유사한 것으로 간주되며, 증거기반 개입과 다중 치료(multimodal treatment)가 활성화되고 있다(Woodberry et al, 2019). 장기적인 장애로 보는 이전의 비관적 초점은 회복에 대한 더 희망적인 관점으로 이동하고 있다.

핵심용어

공동주의	반향어	조각난 기술
과잉 선택성	상호주관성	중앙통합능력
긴장형 행동	양성 증상	천재능력
대명사 역전	언어와해	행동와해
마음이론	음성 증상	환각
망상	잠행성 발병	

기초 신체기능의 장애

이 장과 다음 장에서는 신체기능 및 건강 관련 문제를 다루려고 한다. 신체기능의 문제는 심리학과 소아과학 간의 접점을 여러 측면에서 보여주고 있기 때문에 이 분야의 연구와 실무에 '소아심리학(pediatric psychology)'이라는 용어가 종종 적용된다. 여기에서 논의되는 많은 문제(예 : 배변훈련, 수면문제) 가운데 상당수는 부모가 소아과 의사에게 먼저 도움을 청하는 것들이다. 어떤 문제는 심리학자와 의사의 협력이 필요하다. 신경성 거식증(anorexia nervosa) 청소년이 목숨이 위태로울 정도로 굶는 것이나 유분증(encopresis)[1]이 있는 아동의 결장이 늘어나는 문제가 두 가지 예이다.

아동이 올바른 식사 및 배설, 수면 습관을 형성할 때

어려움을 겪는 것은 흔히 있는 일이다. 이러한 과제들을 성공적으로 소화해내는 아동의 능력과 아동을 훈련시키는 부모의 능력 모두가 부모와 아동 양측의 안녕감을 위해 중요하다. 부모는 그들이 아동 양육 초기의 이러한 과제들을 어떻게 다루는지에 근거하여 자기 자신과 다른 주변 사람들로부터 평가받게 될 것이다. 이러한 과제들이 다루어지는 방식은 이후 상호작용의 기초가 될 수 있다. 대부분의 부모는 이러한 초기 문제를 스스로 해결해 가지만 전문가의 도움을 청하는 경우도 적지 않다. 이 장에서는 정상적인 발달과정에서 흔히 마주치게 되는 어려움에 대해 살펴볼 것이다. 그러나 그 정도가 심각하여 임상적으로 우려할 만한 문제들에 주로 초점을 맞추고자 한다.

---

1. 역주 : 대변을 통제하지 못하고 아무 곳에나 배변하는 것

배설문제

전형적인 배설훈련

배변훈련(toilet training)은 어린 자녀를 둔 부모에게 중요한 관심사이다. 부모는 대소변을 통제하는 것을 아동발달의 한 이정표로 생각할 것이다. 게다가 보육기관이나 그 밖의 유아 프로그램에 등록하려면 배변훈련이 되어 있어야 한다. 아동의 입장에서는 부모를 기쁘게 하고, 성취감을 느끼며 더 이상 '아기'가 아니라는 느낌을 갖게 되는 이유 때문에 배설에 대한 통제력을 갖추는 것이 중요해진다.

배설 통제능력의 획득은 일반적으로 야간의 대변 통제, 주간의 대변 통제, 주간의 소변 통제, 그리고 마지막으로 야간의 소변 통제 순서로 이루어진다. 아동들이 배설을 통제할 수 있게 되는 시기에는 상당한 차이가 있지만, 대변 및 주간의 소변 통제 훈련은 보통 18~36개월 사이에 완료된다.

부모들이 주간 배설훈련을 시작해야겠다고 느끼는 시기도 서로 다르다. 그 시기를 정하는 것은 문화적 가치와 태도, 그 밖에 부모가 느끼는 실생활의 필요(예 : 다른 자녀가 있다거나 아이를 맡길 곳이 필요하다거나 등)와 관련이 있다. 매일매일의 일들이 이 결정에 어떻게 영향을 미치는가를 보여주는 예를 일회용 기저귀에서 찾아볼 수 있는데, 일회용 기저귀를 사용할 수 있게 됨으로써 많은 부모가 훈련을 일찍 시작할 필요성을 덜 느끼게 되었다.

성공적인 훈련에 기여하는 요인은 여러 가지가 있을 것이다. 자녀의 발달상태로 볼 때 훈련할 준비가 되었다고 판단할 수 있는 것이 가장 중요한 요인이다. 또 다른 요인에는 아동의 협조성과 부모와의 의사소통능력이 있다. 이는 준비성의 중요한 측면이다. 적절한 준비, 다른 자극이 없는 환경(예 : 화장실), 자녀에게 알맞은 크기의 변기를 마련하는 것 등이 도움이 된다. 끝으로 배변 통제를 제대로 했을 때 스티커나 건포도 같은 정적인 강화자극을 제공해주고 칭찬을 하며, 이러한 것들이 매우 편안한 분위기에서 이루어지도록 하면 효과적이라는 보고가 있다(Schroeder & Smith-Boydston, 2017).

유뇨증

기술과 분류

유뇨증(enuresis)의 그리스어 어원은 '물을 만든다(I make water)'이다. 유뇨증은 당뇨라든가 요도감염과 같은 다른 신체적 문제가 없는데도 밤이나 낮에 잠자리나 옷에 소변을 보는 것을 가리킨다. 소변을 통제 못하는 빈도가 어느 정도에 이르러야만 유뇨증으로 진단되는데 그 기준 빈도는 아동의 나이에 따라 다르다. DSM 기준에 따르면 적어도 연속해서 3개월 동안 일주일에 적어도 두 번 잠자리에 오줌을 싸야 한다. 오줌 싸는 것이 임상적으로 의미 있는 스트레스나 주요 기능 영역의 장애와 관련이 있을 때에는 오줌 싸는 것이 덜할 때에도 진단되기도 한다. 소변 통제의 문제는 5세 또는 유사한 발달수준 이전에는 보통 유뇨증으로 진단되지 않는다. 5세나 그에 상응하는 발달수준에서는 소변을 가려야 하므로 5세와 상응하는 발달수준이 선택되었다(American Psychiatric Association, APA; 2013).

때로는 더 흔한 야뇨증(nighttime bedwetting), 즉 밤에 소변을 못 가리는 것과 주간 유뇨증(daytime wetting)을 구분하기도 한다. 또한 아동이 처음부터 소변을 가리지 못하였으면 **일차 유뇨증**(primary enuresis)으로 간주하고, 한동안 소변을 가리다가 다시 못 가리게 되면 **이차 유뇨증**(secondary enuresis)으로 간주한다. 유뇨증의 85%는 야뇨증 단독/일차 유뇨증에 해당된다(Mellon & Houts, 2017).

역학

유병률 추정치에 의하면 학령기 아동들 가운데 약 10%가 유뇨증을 보인다. 유병률은 6세 때 15%이고 연령에 따라 계속 감소하고 18세가 되면 남자 1%, 여자 1% 이하로 감소한다. 유병률은 여아에 비해 남아에서 2배 정도이다(Mellon & Houts, 2017; Shepard & Cox, 2017).

제이 : 유뇨증과 그 결과

7세 아동 제이는 아직도 밤에는 배변 통제를 못하지만 낮에는 벌써 여러 해 전부터 대소변을 제대로 가릴 수 있었다. 제이는 일주일에 나흘을 잠자리에 오줌을 쌌다. 학업에 약간의 문제가 있는 것을 제외하면 특별한 행동발달상의 문제가 없으며 제이의 발달과정을 살펴보아도 출생 시의 경미한 산소 결핍과 말하는 것이 좀 늦었다는 것 외에는 주목할 만한 것이 없다. 제이의 친아버지 역시 9세 때까지 밤에 잠자리에 오줌을 쌌다고 한다.

제이의 어머니와 양아버지는 제이의 야뇨증에 대해 서로 의견이 달랐다. 어머니는 제이가 커가면서 문제가 사라질 것이라고 보았다. 제이의 양아버지는 잠자리에서 오줌을 싸는 것은 게으르기 때문이라고 생각했고 밤에 오줌을 쌀 때마다 좋아하는 것을 한 가지씩 못하게 하고 있었다. 제이의 부모는 제이가 오줌을 싸면 침대 시트를 갈아주고 잠자리에 들기 전에 물 종류를 마시지 못하게 하려고 애쓴다. 제이의 부모는 제이의 야뇨증으로 인해 가족이 스트레스를 받는다고 느끼며 이 문제를 해결하는 방식을 두고 부모의 의견이 서로 다르기 때문에 문제가 악화된다고 생각한다.

– Ondersma & Walker
(1998, pp. 364~365)에서 수정 인용

병인

유뇨증의 원인으로 여러 가지 요인이 거론되었다. 한때는 유뇨증이 정서적 혼란 때문이라는 견해가 널리 퍼지기도 하였다(Gerard, 1939). 그러나 유뇨증이 정신병리적 장애라는 견해를 지지하는 증거는 없다. 유뇨증 아동이 정서적인 문제도 함께 나타내는 경우 이는 대개 유뇨증으로 인해 생긴 것이지 유뇨증의 원인이 아니다(Shepard & Cox, 2017). 야뇨증과 주간 유뇨증을 함께 나타내는 아동의 부모는 아동의 심리적인 문제를 보고하는 경향이 특히 크다(Van Hoecke et al., 2006). 유뇨증 아동은 특히 나이가 들면서 또래나 다른 가족과의 관계에서 어려움을 겪을 가능성이 크다. 유뇨증과 정서적 문제가 동일 아동에게 나타난다면 유사한 요인(예 : 혼란스러운 가정환경)이 두 가지 장애에 모두 영향을 미치기 때문일 수 있다. 자는 동안에 방광이 가득 찼다고 의식하는 능력의 성숙이 지연되는 것이 유뇨증에 대한 가장 일반적인 설명이고, 다른 설명들도 제안되었다(Shepard & Cox, 2017).

수면이상이 유뇨증 발생과 관련이 있다는 견해가 자주 제기되었다. 예컨대 많은 성인이 잠을 지나치게 깊이 자는 아이가 야뇨증을 보인다고 생각한다. 유뇨증 아동의 부모는 실제로 밤에 잠이 든 아이를 깨우기가 어렵다는 보고를 하기도 한다. 그러나 수면과 각성의 역할에 관한 연구결과는 일관성이 없다. 야뇨는 깊은 수면 단계뿐 아니라 어떤 수면 단계에서도 일어날 수 있다. 이런 증거와 그 밖에도 여러 증거가 모든 혹은 대부분의 유뇨증을 수면 중의 각성장애로 보는 견해에 대해 의문을 제기한다. 하지만 일부 아동의 유뇨증은 적어도 부분적으로 수면각성 패턴 때문에 발생하기도 한다.

또 다른 생물학적 관련 요인으로 감소된 방광 용량 및 야간에는 소변 억제 호르몬(antidiuretic hormone, ADH)이 증가하는 것이 정상이나 이것이 결여되어 소변이 많이 만들어지는 경우가 있다. 일부 유뇨증 아동에게 호르몬과 유사한 소변 억제 약물(desmopressin acetate)을 투여했을 때 효과가 있었다는 사실은 이러한 가설을 지지하는 증거가 될 수 있다. 그러나 연구결과에 일관성이 없으며, ADH 부족이 한 가지 요인일 수는 있어도 유뇨증의 유일한 혹은 주된 원인이라는 것을 입증하지는 못하고 있다.

유뇨증의 가족력을 살펴보면 친척 가운데 상당수가 같은 문제를 나타낸다는 것을 자주 발견하게 된다. 일란성 쌍생아는 이란성 쌍생아에 비해 둘이 함께 유뇨증을 보이는 발병 일치율이 더 높다는 사실이 보고되었고, 다세대 연구는 유전요인이 이 장애에 상당한 영향을 미친다는 견해를 뒷받침하였다.

전반적으로 이 같은 생물학적 요인의 영향에 관한 정보들은 유뇨증 아동 가운데 적어도 일부는 기질적인 유노증 성향을 갖고 있을 가능성을 강력하게 시사한다 (Sethi, Bhargava, & Phil, 2005). 이러한 성향은 부모의 훈련 방식이나 태도 같은 다양한 경험적 요인과 상호작용하여 실제로 유뇨증을 초래하기도 하고 초래하지 않기도 한다.

유뇨증에 관한 행동적 이론의 중심 명제는 반사적인 배설에 대한 통제를 제대로 학습하지 못해서 유뇨증이 나타난다는 것이다. 이러한 학습 실패는 잘못된 배변훈련, 혹은 학습을 방해하는 기타 환경요인(예 : 혼란스럽고 스트레스가 심한 가정환경)에서 비롯될 수 있다. 많은 행동이론이 방광의 용량이나 각성 곤란과 같은 발달지연/신체문제를 설명에 포함하고 있다.

치료

치료를 시작하기 전에 아동이 소변 보는 것을 어렵게 만드는 의학적인 문제가 없는지를 먼저 확인해야 한다. 부모가 아주 어린 아동을 치료하려고 할 경우에는 표준 발달과정에 대해 논의하는 것이 도움이 된다. 유뇨증 치료가 시작될 경우에는 철저한 준비와 부모의 협력이 필요하다.

여러 종류의 약물이 유뇨증 치료에 사용되었다. 데스모프레신 아세테이트(desmopressin acetate, DDAVP)가 다른 약물보다 부작용의 위험이 적기 때문에 유뇨증의 주된 치료약이 되었다. 데스모프레신은 수면 중에 지나치게 많은 소변이 만들어지는 것을 통제하는 효과를 통해 치료하는 것으로 알려져 있다. 치료가 어려운 사례에서도 DDAVP가 야뇨를 감소시킬 수 있다는 연구결과가 있다. 그러나 약물복용을 중지할 경우 증세가 재발한다 (Schroeder & Smith-Boydston, 2017; Shepard & Cox, 2017).

연구자들은 야뇨증에 대한 행동치료에 많은 관심을 보였다(Shepard, Poler, & Grabman, 2017). 가장 잘 알려진 것이 소변 경보기(urine-alarm system)이다. 이 방법은 1904년에 독일의 소아과 의사인 Pflaunder에 의해 처음으로 소개되었으며 Mowrer와 Mowrer(1938)에 의해 체계적으로 활용되었다. 그 이후로 이 장치와 방법은

여러 연구자에 의해 개선되었다. 기본적인 장치는 두 겹의 은박 패드 사이에 흡수력이 있는 천을 넣는 것이다. 소변이 천을 적시면 전기회로가 연결되면서 경보기가 작동하며 이 경보기는 손으로 끌 때까지 계속 작동한다(그림 14.1 참조). 경보기가 울리면 부모는 아동을 깨우고 아동이 경보기를 끄고 화장실로 가서 소변을 마저 보도록 가르친다. 젖은 이불을 새로 갈고, 아동은 다시 잠을 잔다. 잠자리에 오줌을 싼 날과 싸지 않은 날을 기록하다가 14일 밤을 연속해서 오줌 싸는 일 없이 지나가면 경보기를 제거한다.

소변 경보기에 대한 연구결과는 이 방법이 많은 아동에게 분명한 효과가 나타난다는 것을 보여준다. 분명히 소변 경보기는 성공적인 유뇨증 치료의 핵심 요소이다(Shepard et al., 2017). 그러나 치료된 사례 가운데

그림 14.1 유뇨증 치료를 위한 소변 경보기. 아동은 소변 감지기가 부착된 속옷을 입으며, 이 속옷은 경보기와 연결되어 있다. 이 경보기는 잠옷에 부착하거나 손목에 착용한다.

40%가 재발하는 것으로 보고되었다(Mellon & Houts, 2017).

이에 수정된 표준 경보기법이 재발을 감소시키고자 도입되었다. 초기 치료의 성공에 힘입어 전 과정을 포함하는 가정용 훈련 프로그램(Full Spectrum Home Training)이 고안되었는데 이 훈련법은 가족이 치료를 중도에 포기하는 비율을 줄이고 재발을 감소시키도록 만들어졌다(Mellon & Houts, 2017). 비용 면에서 매우 효율적인 이 기법은 설명서를 보고 따라 할 수 있도록 만들어진 패키지로 소변 경보기가 포함되어 있다. 뒷처리 훈련(아동이 스스로 젖은 침대 시트나 잠옷을 치우고 갈아입도록 하는 것), 방광의 용량을 늘리는 훈련(소변을 보고 싶을 때 참는 훈련), 그리고 반복학습으로 구성되어 있는 이 프로그램에서는 일반적으로 필요하다고 생각되는 것보다 더 여러 날 동안 야뇨가 일어나지 않을 때까지 훈련을 실시하도록 되어 있다. 가족은 따라 할 수 있는 치료 매뉴얼과 준비물을 제공받는다. 훈련자의 안내에 따라, 부모와 아동들은 정기적인 관리 직원의 지원을 받으며 집에서 그 훈련을 끝까지 수행하겠다는 계약을 맺는다. 보통 16~20주면 치료가 완료되며 이 후에 반복학습이 이루어진다. 이 반복학습 단계 동안 아동은 잠자러 가기 전 많은 양의 물을 마시며 치료는 추가적으로 14일 동안 밤에 소변 실수를 하지 않을 때까지 계속된다.

Houts, Peterson과 Whelan(1986)이 수행한 연구가 이 프로그램의 성공을 잘 보여주며 재발을 줄여주는 요인이 무엇인가를 말해준다. 연구에 참여한 가정에 다음 세 가지 중 한 가지 치료 패키지가 제공되었다. 집단 1에게는 소변 경보기와 뒷처리 훈련이 부과되었고(BP), 집단 2에게는 집단 1이 받은 훈련에 더하여 소변 참기 훈련이 부과되었다(BP-RCT). 집단 3에게는 집단 2가 받은 세 가지 훈련에 더하여 반복학습이 부과됨으로써(BP-RCT-OL) 전체 패키지가 제공되었다. 먼저 통제집단의 아동들을 8주 이상에 걸쳐 추적하였다. 이 기간에 통제집단의 야뇨증이 저절로 좋아지지는 않는다는 것을 확인하고 이들 아동을 위의 세 치료집단 중 하나에 무선으로 배정하였다. 연구결과 세 가지 훈련이 비슷하게 효과적인 것으로 나타났다. 그러나 3개월 후의 추적조사에서는 BP-RCT-OL 집단에서 다른 두 집단에 비해 재발이 훨씬 적은 것으로 밝혀졌다. 이 연구결과는 재발을 막기 위해 반복학습이 얼마나 중요한가를 잘 보여준다. 반복학습으로 재발률은 10%에 불과하였다(Mellon & Houts, 2017).

유뇨증에 대한 다요인 행동치료가 매우 성공적이기는 하지만 몇몇 문제는 남아 있다(Mellon & Houts, 2017; Shepard et al., 2017). 편부모 가정, 높은 비율의 부부 갈등, 다른 문제가 함께 있는 아동 등 추가적인 문제가 있는 가족과 일하기 위해 개선이 필요하다. 또한 이 치료접근이 더 잘 보급되고 일차의료기관에서 더 많이 사용되게 하는 것이 지속적인 목표로 남아 있다.

유분증

기술과 분류

기능성 **유분증**(encopresis)은 아무런 신체적 장애가 없음에도 불구하고 입고 있는 옷이나 부적절한 장소에 대변을 그냥 흘리는 것을 말한다. 4세나 그에 상응하는 발달 수준의 아동이 적어도 한 달에 한 번씩 최소 3개월 동안 이러한 일을 일으키면 유분증으로 진단한다(American Psychiatric Association, 2013). 유분증은 변비 유무에 따라 두 가지 하위 유형으로 구분한다. 대부분의 유분증 아동은 만성 변비이며, 대변을 참다가 가끔씩 흘리는 변비 증세로 분류된다.

역학

유분증 유병률은 아동의 1.5~7.5% 사이일 것으로 추정된다. 나이가 들면서 그 비율이 감소하는데 청소년기에는 아주 드물게 나타나며, 남성에게서 더 빈번하게 발생한다(Mellon & Houts, 2017; Shepard & Cox, 2017).

다양한 아동을 폭넓게 진찰하는 소아과 의사들은 유분증 아동의 대다수가 정신병리를 나타내지 않는다고 주장하는데 다른 사람들도 그러한 입장을 지지하고 있다. 그러나 유분증이 밤보다 낮에 더 자주 발생하므로

수잔 : 유분증과 그 결과

6세 여아 수잔은 태어난 이후 줄곧 적어도 하루에 한 번은 그냥 대변을 보았다. 아무리 화장실에 가서 대변을 보도록 가르쳐도 옷을 입은 채 대변을 보는 횟수가 줄어들지 않았다. 상세한 의학적 검사를 마친 뒤 담당의사는 수잔에게 아무런 의학적인 문제가 없다고 결론을 내렸다. 그러나 검사결과 수잔의 대장 내부에 대변이 아주 많이 들어 있음을 발견하였다. 수잔과 어머니 모두 매우 힘들어하고 있었다. 수잔이 배변에 대해 불안을 느끼고 괴로워하고 있다는 사실도 밝혀졌다. 수잔은 대변을 참는 법을 학습한 것 같았으며, 어릴 때 커다란 대변이 배설되면서 통증을 느낀 이후로 대변 보는 것을 무서워하는 듯하였다. 배변 곤란은 결국 수잔의 사회적 기능과 자아존중감에도 영향을 미치기 시작하였다.

— Ondersma & Walker
(1998, pp. 371~372)에서 인용

유뇨증보다 더 눈에 띄고 사회적으로 낙인 찍히기가 더 쉽다. 결과적으로 유분증은 부모와 아동 모두에게 큰 스트레스가 되며, 그렇기 때문에 더 많은 행동문제를 나타낼 수 있다(Shepard & Cox, 2017). 예를 들면 소아 위장병 클리닉을 찾아온 유분증 아동은 배변에 문제가 없는 아동에 비해 문제행동을 더 많이 보이고, 사회적 유능감 점수도 더 낮았다(Young et al., 1996). 그러나 치료를 받은 후 아동의 문제행동이 감소하였으며, 사회적 기술도 향상되었다. 관련된 심리적 문제들은 유분증의 원인이라기보다는 결과로 보이며 만일 그렇지 않다면 심리적 문제와 유분증이 그 아동에게 주어진 공통적 환경요인(예 : 스트레스가 심한 가정환경)에 뿌리를 두고 있을 수 있다.

병인

대부분의 이론은 유분증이 다양한 인과적 기제에서 기인하였을 것으로 보고 있다(Butler, 2008; Mellon & Houts, 2017; Reiner, 2008; Shepard & Cox, 2017). 최초의 변비와 대변 지림은 먹는 음식이나 수분 섭취, 약물복용, 환경적 스트레스 또는 잘못된 배변훈련에 의해 영향을 받을 수 있다. 변비는 고통스러운 배변과 대변 참기로 이어질 수 있다. 직장과 대장은 딱딱해진 대변에 의해 늘어날 수 있고, 이 경우 장은 정상 대변 양에 정상적인 배변 반사를 보일 수 없게 된다.

이 문제에 대한 의학적 관점은 신경발달적 접근을 강조하는 경향을 보인다(Butler, 2008; Reiner, 2008). 대장 통제에 필요한 생리학적 · 해부학적 기제의 구조와 기능이 제대로 발달하지 못해서 유분증이 나타날 가능성이 크다고 보는 것이다. 이러한 기질적 이상은 일시적인 것으로 여겨진다.

유분증에 대한 행동적 관점에서는 잘못된 배변훈련을 강조한다. 잘못된 음식 섭취와 적절한 배변훈련 방법을 일관성 있게 적용하지 못한 문제가 겹칠 수 있다. 어떤 경우는 회피 조건화 원리로 설명되기도 한다. 대변을 참는 것은 고통이나 두려움을 피하는 것에 의해 강화된다. 긍정적인 결과 역시 대변을 아무 곳에나 보는 행동을 지속시키고, 제대로 된 배설행동에 대해 오히려 부적절한 강화가 제공될 수도 있다. 이러한 다양한 학습이론적 설명이 생리학적 설명과 상치되는 것은 아니다. 예컨대 잘못된 배변훈련은 미흡한 생리적 · 신경학적 기제와 복합적으로 작용할 수도 있다.

치료

유분증에 대한 대부분의 치료법은 약물치료와 행동치료를 병행하는 것이다(Mellon & Houts, 2017; Shepard & Cox, 2017). 아동과 부모에게 유분증에 대해 설명을 해준 뒤 보통 첫 번째 단계에서는 관장약이나 고섬유질 식품 섭취를 통해 장 내의 대변 찌꺼기를 배설시킨다. 그 다음에는 부모로 하여금 규칙적인 배변 시간을 정하도록 하고 만일 배변이 잘 안 되면 좌약을 사용하라고 지시한다. 수분 섭취나 먹는 음식을 바꾸거나, 변비약이나 변을 부드럽게 만드는 약 등을 써서 원활한 배변을 꾀할 수도 있다. 옷을 더럽히지 않고 스스로 (또는 좌약을 쓰지 않고) 변기에 대변을 보면 자녀가 선택한 스티커를 주거나 활동을 함께 해줌으로써 정적인 강화를 제공한다. 만일 변을 흘리게 되면 아동 스스로 그것을 치우고 옷도 깨끗이 빨게 한다. 훈련 말미에는 변비약과 좌약 사용을 중지한다. 유뇨증처럼 치료법이 잘 개발되어 있지는 않지만 이러한 치료법이 효과적이고 재발률이 낮다는 연구보고가 있다(Mellon & Houts, 2017; Shepard & Cox, 2017). 이러한 프로그램 중 하나인 Enhanced Toilet Training (ETT)의 인터넷 버전이 접근성을 높이고 비용을 줄이기 위해 개발되었다. ETT의 인터넷 버전은 효과적인 것으로 보고되고 있다(Ritterband et al., 2013).

수면문제

수면은 인간의 발달과 기능에 필수적이다. 18세쯤이면 청소년은 그들 삶의 약 40%를 잠자는 데 사용하게 된다(Mindell & Owens, 2015). 정상적으로 발달하고 있는 많은 아동이 수면문제를 경험한다. 부모들은 흔히 어린 자녀를 잠재우고 또 밤새 깨지 않고 자도록 하기가 어렵다는 불평을 한다. 자녀가 악몽을 꾸는 것도 부모들의 걱정거리다. 불충분한 수면은 발달과정상에 흔하며 특히 청소년기에 그러하다(Owens & Adolescent Sleep Working Group, 2014). 이보다 더 심각한 수면장애는

물론이고 아동기의 일상적인 수면 관련 문제를 이해하기 위해서는 아동에게서 나타나는 정상적인 수면의 다양성에 대해 먼저 이해해야 한다.

수면발달

연령과 관계없이 정상적인 수면 패턴에는 커다란 개인차가 존재한다. 그뿐만 아니라 수면 패턴은 발달하면서 변화한다(Alfano, Palmer, & Bower, 2018; Honaker, Meltzer, & Mindell, 2017). 예컨대 보통의 신생아라면(0~3개월) 하루에 12시간에서 17시간 동안 잠을 자며, 발달과정상에서 아동의 수면시간은 감소한다. 미국수면의학협회(American Academy of Sleep Medicine)는 아동과 청소년의 적정 건강을 촉진하기 위해 필요한 권장 수면시간을 개발했다(Paruthi et al., 2016). 이러한 권장사항은 〈표 14.1〉에 제시되어 있다.

발달과 더불어 수면시간뿐 아니라 다른 것도 변화한다. 예를 들면 신생아는 밤과 낮에 비슷한 시간 동안 잠을 잔다. 부모를 위해서는 다행스럽게도 생후 3개월 정도면 아기는 성인과 같은 낮밤의 패턴을 보이기 시작하고, 18개월이 되면 대개 수면 패턴이 상당히 안정된다.

수면 단계는 크게 둘로 구분하는데 하나는 **빠른 안구운동**(rapid eye movement, REM) **수면**이고, 다른 하나는 **빠른 안구운동이 없는**(nonrapid eye movement, NREM) **수면**이다. NREM 수면은 다시 3단계로 구분되는데

▌표 14.1 하루에 권장되는 수면시간

연령집단	권장되는 수면시간
유아(4~12개월*)	12~16시간 (낮잠 포함)
걸음마기 아동(1~2세)	11~14시간 (낮잠 포함)
학령 전기 아동(3~5세)	10~13시간 (낮잠 포함)
학령기 아동(6~12세)	9~12시간
청소년(13~18세)	8~10시간

* 4개월 미만의 유아에 대한 권장 수면시간은 정해지지 않았는데 이 신생아 기간에는 수면에 상당한 정도의 정상적 변이가 있기 때문이다.
출처 : Raruthi et al.(2016)에서 수정 인용

(N1-N3) 그중 단계 3은 가장 깊은 수면으로서 매우 느린 EEG로 특징지을 수 있다. 뇌는 밤새도록 이들 수면 단계를 반복한다. 각 수면 단계의 지속시간 역시 사람마다 다르며 발달에 따라서도 달라진다. 예를 들어 생후 1년 동안 활동적인 REM 수면이 8시간에서 그 절반으로 줄어드는데, 그에 따라 다른 단계의 수면 대비 REM 수면시간의 비율도 감소한다. 따라서 느린 뇌파 수면인 N3가 학령기 아동 수면의 약 25~30%를 차지한다. 여러 수면 단계가 반복되는 순서 또는 패턴도 변화한다. 영아의 경우는 수면 단계가 불규칙한 패턴으로 뒤섞여 나타난다. 그러나 아동이 성장하면서 얕은 NREM 수면, 깊은 NREM 수면, 그리고 REM 수면으로 이어지는 규칙적인 패턴이 점차 자리를 잡아 간다.

일반적인 수면문제

생후 첫 1년 동안 부모들의 가장 큰 불만은 아기가 밤에 자다가 자꾸 깨는 것이다. 두 살 때는 밤에 쉽게 잠들지 않는 것과 악몽을 꾸는 것이 주로 문제가 되고, 세 살부터 다섯 살까지는 쉽게 잠들지 못하는 것과 밤에 자꾸 잠에서 깨는 것, 악몽을 꾸는 것 등을 포함하는 다양한 문제가 나타난다. 수면문제는 전형적으로 성장하고 있는 아동의 25~40%가 어떤 식으로든 경험할 만큼 흔하다(Mindell & Owens, 2015). 부모 기대와 참을성의 차이가 '수면문제'가 있는지를 부분적으로 결정한다(Coulombe & Reid, 2012).

학령기 아동들도 다양한 수면문제를 경험하는데, 잠자리에 들려 하지 않거나 잠들기가 어렵거나 잠을 자다가 걸어 돌아다니는 수면 중 보행장애 등이 있다(Blader et al., 1997; Sadeh, Raviv, & Gruber, 2000). 나이 든 아동은 더 어린 아동에 비해 자신의 문제를 부모에게 잘 알리지 않으므로 이들의 수면문제가 과소평가되기 쉽다(Gregory, Rijsdijk, & Eley, 2006; Meltzer, 2017; Owens et al., 2000). 수면과 관련된 불만은 심지어 청소년기에도 흔히 있는데, 특히 수면 부족과 잠들기 어려운 문제를 호소한다(Alfano et al., 2018; Dahl & Harvey, 2008). 이 연령에는 청소년들은 수면시간이 줄어드는 것을 흔히 경험한다. 이는 이 발달시기와 연관된 생물학적 변화의 결과일 뿐 아니라 저녁에 늦게 자고 아침에 일찍 학교에 가야 하는 것과 같은 문화적 영향 때문일 수 있다. 수면시간의 가장 큰 감소는 청소년기로의 전환기에 일어나기 쉬우며, 실제로 고등학교를 졸업하게 되는 전환기에 수면시간은 증가한다. 수면 부족과 매일 밤 수면 스케줄이 바뀌는 것은 저조한 학업수행, 불안, 우울, 건강문제 등을 일으킬 수 있다(McMakin et al., 2019; Meltzer, 2017; Rigney et al., 2019).

어릴 때의 수면문제가 계속되거나 더 심각한 수면장애로 발전하는지의 여부는 아마도 개인적 요인과 환경적 요인의 복잡한 상호작용에 의해 결정될 것이다(Dauvilliers, Maret, & Tafti, 2005; El-Sheikh et al., 2006; Warren et al., 2006). 사실 일반적인 수면문제와 일부 수면장애를 확실하게 구분하는 것은 쉽지 않다. 그러나 수면문제가 빈번히 발생하고 지속적이며 아동의 다른 문제와도 관련이 있다면 수면장애로 간주한다. 하지만 아동에게 특별한 스트레스를 주거나 아동의 주요 기능 영역에 장애를 초래하지 않는다면 수면장애로 진단하지 않는다.

수면장애

영아나 아동, 청소년 문제를 다루는 임상전문가들이 관심을 갖는 수면장애에는 여러 종류가 있다(Alfano et al., 2018; Honaker et al., 2017). DSM-5는 여러 수면장애를 포함하고 있다. 수면장애 국제분류(AASM, 2014)는 수면 연구자와 전문가가 더 흔하게 사용하는 분류체계이다. 주요 관심 대상이 되고 있는 수면장애는 대략 두 종류로 나뉘는데 하나는 잠들기가 어렵거나 계속 잠에서 깨는 것 또는 지나치게 잠이 오는 것과 각성, 부분 각성, 혹은 수면 단계 이행장애, 즉 **수면수반증**(parasomnias)이다.

잠이 들거나 계속 잠자기 어려움

잠들기가 어렵고 자꾸 잠에서 깨는 일은 흔히 있다. 문제가 심각하고 만성적으로 일어나면 **불면장애**(insomnia

Wavebreak Media Ltd/Alamy Stock Photo

수면 부족이 학업성적 부진과 다른 문제에 영향을 미칠 수 있다.

disorders) 범주에 포함될 수 있다(AASM, 2014). 이와 같은 수면과 깨는 것의 문제는 아동의 신경생리적 발달을 반영하는 것으로 보이므로 결국은 사라질 것으로 예상된다. 그러나 많은 경우에 아동, 부모, 환경요인이 큰 영향을 미친다. 예컨대 어린 자녀가 밤에 쉽게 잠들 수 있도록 달래주고 흔들어주면 그 아동은 혼자 잠드는 법이나 밤에 자다가 깼을 때 스스로 다시 잠드는 법을 학습하지 못한다. 생후 12~36개월 사이의 잠을 잘 자는 유아와 잠을 잘 못 자는 유아를 비교했을 때 몇 가지 놀라운 사실이 발견되었다(Minde et al., 1993). 엄마가 작성한 자녀의 수면 일기를 보면 잠을 잘 못 자는 유아들이 밤에 더 많이 깨는 것으로 나타나 있다. 그러나 실제로 유아들이 잠자는 모습을 녹화한 기록에 따르면 잠을 잘 자는 유아나 잘 못 자는 유아나 밤에 잠에서 깨는 횟수에 차이가 없었다. 다만 잠을 잘 못 자는 유아는 다시 잠드는 데 어려움이 있거나 다시 잠들고 싶어 하지 않아서 결국 부모를 깨우게 되는 차이가 있을 뿐이었다. 반면에 잠을 잘 자는 유아들은 잠에서 깨었더라도 주변을 둘러본 다음 혼자 다시 잠이 들거나, 옆에 놓인 곰 인형을 끌어안는다거나 손가락을 빨면서 조용히 누워 있었

다. 부모가 잠자리 의식[2]을 제공하지 못하고 한계를 정하지 못하면 아동들은 잠드는 데 어려움이 있게 된다. 그 이유가 무엇이건 간에 이러한 문제들은 여러 해에 걸쳐 지속되면서 아동 자신과 주변 가족들에게 상당한 스트레스가 될 수 있다(Alfano et al., 2018; Chardon et al., 2018).

이런 종류의 수면문제는 그냥 지나치는 경우도 있다. 아동이 잠이 안 온다거나 잠에서 자꾸 깬다고 호소할 때 이를 부모의 관심을 끌기 위한 행동으로 잘못 간주할 수도 있고, 아동의 인지발달수준이 자신의 수면문제를 인식하기에 역부족일 수도 있다. 또는 아동이 겪는 수면문제는 다양할 수 있으며 수면 상태를 객관적으로 기록할 때 아동이나 부모가 미처 알아차리지 못했던 수면문제들이 드러나기도 한다(Sadeh et al., 2000). 수면문제는 심리적, 사회적, 교육적 또는 그 외의 기능에 손상을 가져올 수도 있다. 그러나 가족들은 수면문제가 이런 다른 문제들에 기여하고 부모의 어려움까지 가져온다는 것을

---

2. 역주 : 매일 밤 아동이 쉽게 잠이 들게 하기 위해 부모와 같이하는 일련의 행동

미처 모를 수 있다.

수면문제는 여러 가지 방식으로 다른 문제들과 연결된다. 한 가지 가능한 기제는 정서적 어려움이 수면문제 발달에 기여하는 것이다. 예를 들어 아동의 두려움이나 걱정 때문에 쉽게 잠이 들지 않거나 잠에서 자꾸 깰 수 있다. 좀 더 나이 든 아동의 경우에는 수면문제가 다른 걱정거리들, 예컨대 학교문제나 또래와의 문제, 지난 일에 대한 생각, 앞으로 닥칠 일에 대한 걱정, 두려움 등과 관련이 있을 수 있다. 또한 수면문제는 ADHD, 자폐증, 우울증과 불안 같은 다른 장애에서도 나타난다(Alfano et al., 2018; Hnaker et al., 2017). 이런 다양한 장애에 처방된 약물들이 수면문제에 기여했을 수도 있다. 수면문제와 다른 문제들이 같이 발생하는 또 다른 이유는 까다로운 기질, 가정불화나 부모의 양육방식과 같은 공통적인 원인들에서 비롯되었기 때문일 수도 있다. 분명하게 수면과 정신병리발달 간의 관계는 복잡하기 때문에 지속적인 연구의 초점이 되고 있다(Barrios et al., 2018; Marver & McGlinchey, 2020; Meltzer, 2017).

수면 각성장애

부모들이 걱정하는 아동기 수면장애 가운데 일부는 수면각성이나 수면수반증(parasomnias)에 속한다. 여기에는 몽유병(sleepwalking)과 수면 중 경악장애(sleep terrors)가 포함되며, 약 3%의 아동에게서 발생한다(Mindell & Owens, 2015).

몽유병   몽유병(sleepwalking 또는 somnambulism)은 잠자던 아동이 침대에서 벌떡 일어나 앉으면서 시작된다. 아동은 눈은 뜬 상태지만 아무것도 보이지 않는 것처럼 보인다. 보통은 아동이 침대에서 나와 주변을 걸어 돌아다니지만 보통 걸어 돌아다니는 단계에 다다르기 전에 끝날 수도 있다. 이 상태 동안 아동은 반응을 보이지 않는다. 예를 들어 이름을 불러도 대답하지 않거나 반응하지 않는다. 이 상태는 몇 초 만에 끝나기도 하고 30분 혹은 그 이상 계속되기도 한다. 아동은 대개 그 일을 기억하지 못한다. 수면 중 보행을 기억하지 못하여 혼란을

겪거나 스트레스를 느끼게 된다. 이를테면 아동은 자기 방으로 자러 간 후에 다른 방에서 깨어날 수 있다. 그렇기 때문에 몽유병이 있는 아동들은 자신의 수면문제에 대해 스트레스를 느끼고 걱정할 수 있다. 그러나 학교에서도 잘 적응하고 가족과 또래들과도 잘 지내며 다른 면에서는 잘 적응한다. 한때는 이들 아동이 수면 중에 걸어 돌아다니면서도 기가 막히게 균형을 잘 유지해서 안전에 전혀 문제가 없다고 믿었다. 그러나 이 생각은 잘못된 것임이 밝혀졌으며 신체적 부상 위험이 존재한다.

약 15% 또는 그 이상의 아동이 수면 중에 걸어 돌아다니는 경험을 한 적이 있다고 한다(Alfano et al., 2018; Mindell & Owens, 2015). 수면 중에 걸어 돌아다니는 일이 계속되면 이를 수면 중 보행장애(sleepwalking disorder)라고 하는데, 이 장애는 전체 인구 가운데 1~6%에서 발생하는 것으로 추정된다. 이 문제는 보통 여러 해 동안 계속되지만 연령이 증가하면서 빈도가 줄어든다(American Psychiatric Association, 2013).

몽유병 에피소드의 대부분은 잠이 든 후 1~3시간 이내에 발생한다. 몽유병이 깊은 수면 단계인 NREM 단계의 말미에 발생한다는 사실은 그것이 꿈에서 일어나는 일을 그대로 따라 하는 것이라는 해석의 타당성을 약화시킨다. 꿈은 REM 수면 단계 때 일어나는 현상이기 때문이다. 그런데 몽유병 증상이 나타나기 전에 발생하는 특징적인 뇌파(EEG)가 있다는 사실이 보고되었다. 이 뇌파 형태는 생후 1년 이내의 아기들 가운데 85%에게서 발견되지만 7~9세 아동에게서는 3%만이 나타난다. 따라서 중추신경계의 미성숙이 수면 중 보행장애의 원인이라는 주장이 있었으며, 이 증세가 나이가 들면 사라진다는 사실은 그러한 주장과 일치한다. 그렇다고 해서 심리적 혹은 환경적 요인이 배제되는 것은 아니다. 몽유병의 발생 빈도는 수면 부족, 잠들기 위한 일상적 행동의 변화, 구체적인 상황, 스트레스와 신체적 질병에 의해 영향을 받을 수 있다(Dahl & Harvey, 2008). 많은 환자가 수면수반증을 겪은 적이 있는 일차 친척을 보고하는 것으로 볼 때 몽유병에 유전적 요인이 강하게 작용하는 것으로 보인다(Honaker et al., 2017).

수면 중 경악장애   **야경증**(night terrors)이라고도 하는 **수면 중 경악장애**(sleep terrors)는 아동의 약 3%가 경험한다. 야경증은 4~12세 사이에 주로 발생하며 대개는 청소년기에 접어들면서 저절로 사라진다(Mindell & Owens, 2015). 야경증은 깊은 서파(slow-wave) 수면 중에 나타나며 거의 일정한 시간에, 보통 잠든 지 두 시간 정도 후에 발생한다. 조용히 잠자던 아이가 갑자기 벌떡 일어나 앉으며 소리를 질러 사람들을 놀라게 한다. 얼굴 표정에 긴장이 나타나고 숨을 가쁘게 쉰다거나 동공이 확장되는 등 자율신경계의 각성을 의미하는 증후들이 보인다. 반복적인 신체 움직임이 나타날 수 있으며 아동이 방향 감각을 잃고 혼란에 빠져 보이기도 한다. 아동을 진정시키려는 시도는 대개 실패한다. 보통 잠에서 완전히 깨기 전에 다시 잠이 들게 되고 다음 날 아침에는 아무것도 기억하지 못한다. 이러한 증세가 나타나는 원인은 몽유병과 유사한데 실제로 이 둘은 수면주기의 같은 부분에서 나타난다.

악몽   야경증과 **악몽**(nightmares)은 수면 중에 발생하는 공포 반응이다. 서로 혼동이 되기도 하지만 여러 가지 면에서 차이가 있다. 악몽(REM)과 야경증(NREM)이 발생하는 수면 단계에서 차이가 있다. 야경증이 강렬한 생리적 각성과 연합되는 반면, 악몽은 단지 중간 정도의 생리적 각성만 동반한다. 또한 악몽은 흔히 기억이 되지만 야경증, 즉 수면 중 경악장애의 기억은 거의 없다.

가끔의 악몽은 아동의 60~75%에서 발생할 정도로 흔하다. 그러나 잦은 반복적 악몽은 아동의 약 1~5%에서 발생한다(Honaker et al., 2017). 분리불안장애와 범불안장애와 같은 불안장애와 PTSD의 진단기준을 만족시키는 아동들이 보통 잦은 악몽을 보고한다(Alfano et al., 2018). 부모들은 악몽으로 인한 자녀의 공포를 과소평가하기 쉽다. 〈그림 14.2〉는 특히 나이 든 아동의 경우에 부모가 이를 간과하기 쉽다는 것을 보여준다(Muris et al., 2001). 많은 경우 꿈은 아동이 겪고 있는 불안의 직접적인 표출로 간주된다. 아동들은 낮 시간 동안 자신에게 두려움을 주는 자극을 조금씩 점진적으로 경험함으로써 그 두려움을 극복해 나가도록 장려된다(Kellerman, 1980). 그러나 부모의 보호나 아동의 공포

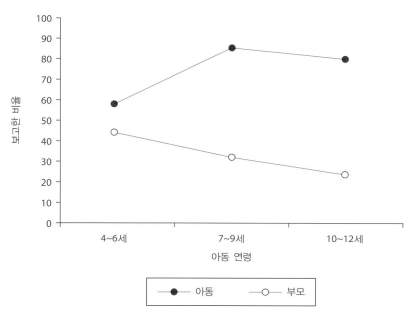

그림 14.2   밤에 공포를 경험한다고 보고한 아동의 비율과 자신의 자녀가 그렇다고 보고한 부모의 비율[Muris et al.(2001)에서 인용]

매튜 : 반복되는 악몽

계속해서 악몽을 꾸는 매튜(11세) 때문에 부모는 전문가의 도움을 요청하게 되었다. 매튜는 학교생활을 잘하고 있었고 여러 가지 활동에 참여하며 친구도 있었다. 그의 부모는 매튜가 예민하고 진지하지만 행복한 아이라고 말하였다. 수면 일기를 보면 14일 가운데 11일 동안 밤에 악몽을 꾸었다. 매튜는 원래 자신의 침대에서 잠을 잤지만 악몽에 시달리면서부터 부모나 형의 침대에서 잠을 잤다. 부모나 형은 개의치 않았지만 매튜는 자신의 그런 행동이 미성숙하다고 생각했다. 최근에 와서 매튜는 잠드는 데 오랜 시간이 걸렸다. 낮에는 피곤하였으며 또다시 악몽을 꾸었다고 짜증을 냈다.

부모는 매튜가 4~6세 사이에 가끔 야경증을 경험했다고 보고했다. 야경증은 외할아버지가 돌아가신 무렵부터 시작되었고 독감과 고열에 시달린 다음에 나타났다. 유아원 시절에는 적어도 일주일에 한 번은 악몽을 꾸었지만 그 후로는 지난달까지 가끔씩 악몽을 꾸었다. 친할아버지가 두 달 전에 심장마비를 겪었다는 것 이외에는 매튜의 가정에는 건강을 비롯한 어떤 문제도 없었으며 할아버지도 지금은 회복되어 집에 계셨다.

매튜는 자신의 삶이 즐겁고 재미있다고 했지만 자신을 매우 슬프고 화나게 하는 상황이 있다고 말했다. 통학버스에서 몇몇 못된 친구들이 매튜의 동생을 포함한 어린 아이들을 놀리고 밀치며 괴롭혔다. 그는 어떤 스카우트 배지를 따기가

힘들다고 했고, 특히 형이 모든 가족을 짜증나게 한다고 말했다.

부모는 매튜가 많은 장점을 가진 아이이고 불의나 다른 사람의 고통에 민감하다고 말하였다. 매튜의 악몽은 학교와 집에서의 이러한 스트레스와 관련이 있을 것으로 여겨졌고, 간단한 치료가 권장되었다. 매튜로 하여금 꿈꾼 내용을 일기에 적고 부모와 꿈의 내용에 대해 이야기하도록 하였다. 긴장이완방법도 매튜에게 가르쳤다. 임상전문가와 매튜가 꿈의 내용을 함께 살펴보고 역할극을 통해 매튜가 두려워하는 일들을 극복할 수 있게 연습하였다. 스트레스를 일으키는 사건에 집중하여 매튜와 임상전문가는 통학버스 안의 못된 아이들에 대해 문제해결을 위한 접근을 취하는 한편 매튜의 부모가 교장에게 괴롭힘 사건을 조사해서 개입해줄 것을 요청했다. 가족들은 형제들 간의 말다툼에 대해 대화를 나누고 큰형이 자기 친구들과 더 많은 시간을 보내도록 했다.

매튜의 악몽은 다음 한 달 동안 감소하였다. 이런 변화는 매튜가 자신의 일상에 대해 더 큰 통제력을 갖게 되고 괴롭힘 문제를 해결하면서 일어났다. 매튜는 자신이 가끔 악몽을 꾸기도 하지만 그 일이 반복되면 자기 주변의 스트레스 원인을 찾아내서 해결하면 된다는 것을 깨달았다.

— Schoreder & Smith-Boydston
(2017, pp. 210~212)에서 수정 인용

감에 대한 인식 부족 같은 요인들은 불안을 일으키는 자극에 낮 동안 노출되는 경험이나 이에 대처하는 아동의 능력을 제한할 수 있다. 이러한 노출과 대처 없이는 불안과 그에 따른 악몽이 계속되거나 더 심해질 수 있다.

하나의 이론적 틀로는 악몽이 왜 생기는지를 설명하기가 어렵고 여러 가지 원인(예 : 발달적, 생리적, 환경적 요인들)을 들어 설명하는 것이 가장 효과적으로 보인다.

수면문제의 치료

수면의 개시와 유지

잠을 자려고 하지 않거나 잠이 오지 않는다고 호소하거나 수면 중 보행 증세를 보이는 등의 문제에 여러 가

지 행동적 및 환경적 개입방법이 효과적이라고 밝혀져 왔다(de Bruin et al., 2018; Rigney et al., 2019). 이러한 개입은 보통 수면에 대한 교육, 바람직한 수면 위생(sleep hygiene), 즉 숙면을 취하기 위한 좋은 행동과 원칙을 가르치는 것, 점진적인 소거 절차 등을 포함한다. 그러한 개입은 수면문제를 줄일 뿐 아니라 관련된 심리적 어려움에도 긍정적 효과를 발휘할 수 있다.

바람직한 수면 위생의 일부로서 부모에게 아동이 항상 정해진 시간에 침대에 가도록 하고, 잠자리에 들 때가 되었다는 것을 의미하는 규칙적인 활동을 정해두도록 교육한다. 정해진 시간에 실시하는 일관성 있는 의식은 대개 아동이 좋아하는 차분한 활동으로 정한다. 이

Daniel Israel

아동이 예상할 수 있도록 잠자리 의식이 정해져 있으면 아동의 수면문제를 줄일 수 있다.

의식이 끝나고 아동이 잠자리에 들면 다음날 아침 정해 진 시간까지 부모에게 아이를 무시하도록 한다. 소거(무시하기) 절차는 부모가 아이가 밤에 소란을 떠는 데 주의를 기울이면 아동의 수면문제가 지속된다는 가정에 근거한다. 몇몇 부모들에게는 아이가 잠자리에서 오랫동안 우는 것을 무시하는 것이 매우 고통스럽기 때문에 이 경우 그들은 소거 절차의 변형, 즉 점진적 소거를 사용할 수도 있다. 이는 효과적인 것으로 보고되는데, 처음에는 부모들이 불편하게 느끼지 않을 정도의 시간 동안 아이가 잠자리에서 우는 것을 무시하고, 이후 며칠 밤 동안에는 부모들이 아이를 체크하러 갈 때까지의 시간을 점점 늘려간다.

이러한 수면문제의 발달과 악화를 예방하기 위한 부모교육의 중요성을 뒷받침하는 연구가 있다. 부모에게 수면 관련 정보, 규칙적인 생활의 중요성, 아동이 반쯤 깨어 있을 때 잠자리에 들게 하는 것의 중요성을 알려줌으로써 옆에 어른이 없어도 잠자리에 드는 것을 아동이 학습할 수 있게 한다. 더 나이 든 아동 및 청소년 또한

수면 각성을 줄이는 추가적인 이완훈련과 다른 절차로부터 도움을 받을 수 있다.

약물은 가장 널리 사용되는 치료법 가운데 하나이다. 그러나 아동기 불면증 치료를 위한 FDA 승인을 받은 약물은 없으며, 약물의 효과와 안전성에 대한 증거도 별로 없다. 약물의 부작용과 치료를 중단했을 때의 재발을 염려하는 사람들도 많다. 그러한 염려를 덜기 위해 약물치료에 앞서 행동치료를 권하는 것이 일반적이다(Alfano et al., 2018; Honaker et al., 2017; Rigney et al., 2019).

수면수반증

야경증과 몽유병의 많은 경우 저절로 사라지기 때문에 집중적인 치료가 필요 없다. 아동의 안전을 보장하는 절차와 함께 교육과 지원을 제공하는 것으로 충분하다. 그러나 여러 가지 치료법이 제안되었다. 그중에는 수면시간 늘리기, 교수적 절차, 불안 감소기법이 있다(Dahl & Harvey, 2008; Meltzer & Mindell, 2009).

생각상자   수면 무호흡증

젊은 사람들은 여러 가지 이유로 인해 수면이 부적절하거나 방해를 받는다. 하나는 **폐쇄성 수면 무호흡증**(obstructive sleep apnea, OSA)이다. 이는 호흡기 수면장애로서 상기도가 짧게 반복적으로 막히는 것이 특징이며 그로 인해 잠에서 일시적으로 여러 번 깨어나게 된다. 폐쇄성 수면 무호흡증은 많은 어려움과 연합된다(Marcus et al., 2012; Mindell & Owens, 2015). OSA로 인해 수면이 끊어지고 부족하게 되며 낮에는 피곤해진다. 이러한 수면 방해 사건들은 인지적, 신경학적 결함, 과잉행동과 주의력결핍, 많은 다른 행동문제와 연합될 수 있다.

밤에 나타나는 수면 무호흡증의 일반적인 증상은 큰 소리로 코를 골고, 호흡이 끊기고 어려우며, 잠을 설치고, 자는 동안 땀을 흘리는 것이다. 낮에 나타나는 증상은 피로하고 입으로 숨을 쉬고, 만성적으로 코가 막히거나 감염이 일어나고, 아침에 머리가 아픈 것이다.

부모들은 수면 중에 일어나는 증상을 알아채지 못하거나 소아과 의사에게 보고하지 못할 수 있다. 대신 부모들은 처음에는 과도한 졸음, 행동문제, 우울한 기분, 과잉행동, 주의력결핍과 학업문제에 대해 불평을 한다. OSA 증상은 자녀들의 수면에 대해 직접적인 질문을 받고 난 후에야 분명해질 수도 있다. 면담과 신체검사에 의한 정보가 중요하지만 실험실에서 하룻밤 수면을 취하는 수면연구(nocturnal polysomnography; PSG)를 통해서만 OSA를 믿을 만하게 진단할 수 있다. EEG와 다른 생리적 측정방법이 사용되며 아동의 수면을 관찰한다. PSG가 OSA를 진단하는 최고의 방법이기는 하지만 가족에게 검사가 어려울 수 있는 여러 문제가 있다. 여기에는 비용과 수면연구소가 주변에 있는지 여부가 포함된다. 가정에서의 수면 무호흡증 검사가 가능한 대안으로 연구되고 있다(Kirt et al., 2017).

OSA는 아동의 1~5%에서 나타나는 흔한 수면장애이다. 어린 아동에게서는 편도선과 인두편도의 확장이 가장 흔한 위험요인이다. 또한 OSA는 아동기 비만과 연합되며, 아동기 비만율이 증가하는 것은 아동기 비만을 흔한 위험요인으로 만든다.

편도선과 인두편도를 제거하는 것이 아동에게 가장 많이 사용되는 치료법이며, 대개 증상이 완화된다. 그러나 누구나 수술을 받을 수 있는 것은 아니다. 지속기도양압(continuous positive airway pressure, CPAP) 장치가 무호흡증 증상을 완화시켜주지만 문제를 치료하지는 못한다. 잘 때 코나 얼굴 마스크를 착용하고 이 장치를 통해 압력을 공급하여 기도가 열리게 할 수 있다. 그러나 일부 아동과 가족은 이 장치를 착용하는 것을 싫어하고, 장치를 얼굴에 부착시키는 것이 쉽지 않다. 비만인 사람들에게는 체중감량이 권장된다.

악몽

불안이 악몽의 원인이라는 견해에 따라 악몽치료는 대부분 인지행동적인 불안 감소기법 및 대처/유능성 구축 기법을 포함하고 있다(Gordon et al., 2007; Schroeder & Smith-Boydston, 2017). 이러한 치료법들은 효과가 있지만 다양한 치료법에 작용하는 요소들은 아직 밝혀지지 않고 있다.

섭식과 영양 관련 문제

식습관 및 음식선호 습관을 형성하는 것은 초기 사회화의 주요 문제 가운데 하나이다. 식사시간은 종종 가족 상호작용과 가족 의례의 장이 되며 다른 사회적 상호작용도 흔히 음식과 식사를 통해 일어난다. 이런 여러 가지 사실로 미루어볼 때 음식과 섭식 관련 행동들은 매우 중요하다.

일반적인 섭식문제

먹기(eating)와 먹이기(feeding)와 관련된 광범위한 문제들은 정상적으로 발달하고 있는 어린 아동에게 흔하게 보고되지만 만성적인 의학적 조건이나 발달장애를 지닌 아동들에게는 더욱 흔하다(Silverman & Tarbell, 2017). 이 가운데는 소식, 편식, 과식 그리고 씹거나 삼키는 것과 관련된 문제들, 기이한 식습관, 좋지 않은 식사행동, 스스로 먹을 수 있을 때가 지났는데도 그렇게 못하는 경우 등이 포함된다. 이러한 문제들로 인해 부모가 걱정을 하거나 가정생활이 방해를 받을 수 있다. 예를 들면 Crist와 Napier-Phillips(2001)는 부모의 50% 이상이 하

어린 아동들에게 음식을 먹이기 어려울 때가 종종 있다. 이러한 어려움이 문제로 발전하여 부모들에게 큰 고통을 주기도 한다.

나의 섭식 관련 문제행동을 보고하였고 20%는 여러 개의 문제를 보고하였다고 밝혔다. O'Brien(1996)의 조사에서는 유아와 걸음마기 아동의 부모 가운데 30%가 자녀에게 음식을 주었을 때 먹지 않으려 한다고 응답하였다. 적절한 영양 섭취와 성장 자체도 분명 부모의 관심거리지만 섭식문제는 때로 떼쓰기, 음식 내뱉기, 구역질하기와 같은 다른 행동상의 문제를 수반한다. 음식 거부의 정도가 심해지면 더욱 어려운 사회적 · 심리적 문제로 연결될 가능성이 있고 의학적인 문제와 영양실조로 이어질 수 있다. 실제로 성장 부진(생명이 위협받을 정도로 체중이 감소하거나 체중이 증가하지 않음) 아기들 가운데 일부는 섭식문제의 특수 사례에 해당한다(Benoit, 2009; Kelly & Heffer, 1990, Kerwin & Berkowitz, 1996). 이처럼 섭식문제는 실제로 아동의 건강을 위협할 수도 있다. 다음에서 논의되는 문제들은 DSM의 급식 및 섭식장애(Feeding and Eating Disorders) 장에 제시되는 장애이거나 연구자와 임상전문가들의 관심을 끌어왔던 문제들이다.

발달 초기의 급식 및 섭식장애

반추장애

반추장애(rumination disorder)의 특징은 아무런 기질적 문제가 없는데도 음식이나 액체를 고의로 계속 토하는 것이다. 아기들이 반추 증세를 보일 때에는 고의로 토하려는 것처럼 보인다. 머리를 뒤로 젖히고 음식물이 거꾸로 올라올 때까지 씹거나 삼키는 동작을 한다. 많은 경우 아동은 물체를 씹거나 손가락을 목구멍으로 집어넣어 구역질을 시작한다. 그러면서도 전혀 괴로워하지 않으며 오히려 쾌감을 느끼는 것 같다. 구토가 계속되면 의학적으로 심각한 문제가 발생할 수 있으며, 심한 경우 사망에 이를 수도 있다(American Psychiatric Association, 2013).

반추는 영아와 지적장애가 있는 두 집단에서 가장 많이 관찰된다. 발달상 문제가 없는 정상 아동의 경우 주로 생후 첫 1년 동안 반추가 발생하는데 이는 대개 자기 자극의 한 형태로 여겨진다. 감각적 · 정서적 박탈이 모두 반추와 관련이 있다. 지적장애가 있는 경우는 더 늦게 증세가 시작되며, 지적장애 정도가 심할수록 장애 발생 사례가 증가하는 것 같다. 반추는 두 집단 모두 남자에게서 더 많이 발생한다(Kerwin & Berkowitz, 1996; Mayes, 1992; Silverman & Tarbell, 2017).

이 문제를 다루기 위해서는 아마도 다양한 분야의 전문가가 필요할 것이다. 적절한 행동을 했을 때만 사회적 관심을 제공하는 행동치료가 효과적이었으며, 반추 증세를 보이는 영아의 경우 어머니가 아기에게 잘 반응하고 돌보아주는 것이 효과가 있다는 보고가 있다(Mayes, 1992; Nicholls, 2004). 이러한 방법들은 가정에서 부모가 실행하기가 쉬우며 부모가 받아들이기도 쉽다는 장점이 있다. 그러나 치료법에 대한 잘 통제된 평가가 이루어질 필요가 있다.

이식증

이식증(pica)의 라틴어 어원은 '까치'인데, 까치는 온갖 것을 가리지 않고 먹는 것으로 유명하다. 이 장애의 특징은 보통 사람은 먹을 수 없는 페인트나 먼지, 종이, 헝겊, 머리카락, 벌레 등을 습관적으로 먹는 것이다.

생후 첫 1년 동안 대부분의 아기는 여러 가지 물건을 가리지 않고 입에 넣는데, 이것은 환경을 탐색하는 한 가지 방법이다. 만 1세가 지나면 아기들은 대개 주변을 탐색하는 다른 방법을 학습하게 되고, 먹을 수 있는 것과 먹을 수 없는 것을 구별하게 된다. 이식증 진단은 이 나이가 지나도록 보통은 먹을 수 없는 것들을 계속 먹을 때 내려지며 2~3세 사이에 가장 많다.

이식증의 유병률에 대한 정보는 매우 제한되어 있지만 지적장애를 지닌 사람들 가운데서 특히 많은 것으로 알려져 있다(American Psychiatric Association, 2013; McAlpine & Singh, 1986; Nicholls, 2004). 이식증은 기생충 감염, 머리카락과 같은 이물질의 축적으로 인한 장 폐색 등의 다양한 손상을 초래할 수 있다. 이식증은 또한 우발적인 납중독과도 관련되는 것으로 보인다(American Psychiatric Association, 2013; Halmi, 1985).

Tom Toro/Cartoon Collections

"너한테 경고하는데, 콩과 당근은 반드시 거쳐야만 하는 야채야."

이식증의 원인으로 부모의 관심 부족, 감독 부족, 적절한 자극의 결여 등 여러 가지가 제기되었다. 특정 물질을 먹는 미신과 같은 문화적인 영향력도 고려되어야 한다(Millican & Lourie, 1970; Paniagua, 2000). 이식증은 먹는 행동이 문화적으로 용인되지 않거나 정상적으로 간주되지 않을 때만 진단된다(American Psychiatric Association, 2013).

부모들에게 이식증의 위험성을 알려주고 그러한 행동을 막도록 권고하는 교육은 어느 정도 성공할 수 있다. 그러나 몇몇 사례에서는 그러한 교육 프로그램에 좀 더 심화된 치료적 접근을 추가할 필요가 있다. 비유관적 강화(noncontingent reinforcement)와 환경적 풍부화(environmental enrichment) 등의 행동개입은 이식증을 줄이는 데 효과적인 것으로 알려져 있다(Feldman, Runfola, & Lock, 2019). 비유관적 강화는 계획된 시간 간격에 따라 선호되는 결과(예: 주의, 칭찬)에 접근할 수 있게 하지만 아동의 행동이 무엇이냐에 따라 결정되는 것이 아니다. 환경적 풍부화는 아동의 환경에 장난감이나 음식 같이 아동이 선호하는 물건들을 더하는 것을 포함한다. 이러한 비제한적인 절차들은 일차적으로 추천되는 개입이다. 그러나 과잉교정(overcorrection) 같이 더 제한적인 개입을 지지하는 증거도 있다. 과잉교정은 이식증 행동에 대해 음식이 아닌 것을 뱉어 내거나 이를 닦는 것 같은 교정적 과제를 하도록 만드는 것이다.

회피적/제한적 음식섭취장애

이 장애의 가장 핵심적 특징은 지속적으로 제대로 먹지 않는 것이다. 이로 인해 여러 가지 심각한 결과가 발생한다. 아동의 체중이 증가하지 않고(또는 심각하게 체중이 감소한다), 영양실조가 일어나며, 심리사회적 기능에 상당히 장애를 받고, 위나 장에 직접적으로 영양을 공급하거나(예: 관영양 공급) 영양보충제 먹는 방법을 사용하게 되기도 한다. DSM-5에서는 영유아기/아동기 초기급식장애(Feeding Disorder of Infancy or Early Childhood)라는 이전 용어를 **회피적/제한적 음식섭취장애**(Avoidant/Restrictive Food Intake Disorder, ARFID)로

대체하였다(American Psychiatric Association, 2013). 그러나 진단적 경계와 ARFID의 정의는 여전히 명확하지 않다. 연구자와 임상가들은 아마도 혼합된 장애를 연구에 따라 다르게 정의하고 있으며, ARFID와 이의 치료에 대한 명확한 이해는 여전히 어려운 상태이다(Eddy & Thomas, 2019; Strand von Hausswolff-Juhlin, & Welch, 2019).

회피적/제한적 음식섭취장애는 남녀 아동에게 비슷하게 나타나며 출생 시 체중이 덜 나가고 발달장애나 의학적 질병을 가진 영아와 아동에게서 더 많이 나타난다(Benoit, 2009). 의학적 주의가 필요한 심각한 섭식문제는 아동의 3~20%에게 영향을 주는 것으로 추정된다. 병원 입원의 약 1~5%는 이러한 심각한 섭식문제의 결과이다(Silverman & Tarbell, 2017).

영아나 유아가 잘 먹지 않는 것은 당혹스럽고 분명한 문젯거리이다. 이러한 문제와 관련된 영양 부족은 영유아기에 특히 중요한 신체, 인지, 사회-정서 등 여러 영역의 발달을 저해한다. 어린 아동은 짜증을 잘 내고 달래기가 어려우며 매사에 무관심하고 위축되는 등의 특성을 나타내는데, 이는 섭식의 어려움을 가중시킨다.

섭식장애를 일으키는 원인은 신체질병, 생리적·행동적 및 환경적 요인을 포함하여 복합적일 가능성이 크다(Benoit, 2009; Silverman & Tarbell, 2017). 특정 요인을 지정하기가 어려운데 그 원인의 일부는 문제가 생기기 이전의 아동과 가족을 관찰하기가 어렵다는 데 있다. 먹이기(feeding)는 아동과 부모 간 효과적인 상호작용을 필요로 한다. 성공적 급식은 부모의 역량, 즉 아동의 발달과정에 대한 민감성과 섭식과정에 아동을 참여시키고 의사소통하는 능력에 의존한다(Dotar & Robinson, 2000; Silverman & Tarbell, 2017). 부모의 역량은 다양한 요인에 의해 영향을 받는 것으로 보인다.

부모의 개인적 양육 자원은 중요한 역할을 하는 것 같다. 이는 부모의 역할에 대한 파악, 효과적인 양육기술에 대한 지식, 자녀와의 관계 및 애착 등을 포함한다. 이런 영역들에서의 문제는 부분적으로는 부모 자신이 아동기에 받았던 외상적인 경험 때문에 양육기술이 제대

로 발달하지 않은 데서 비롯되었을 수 있다. 부모의 정신병리도 부모의 자질을 떨어뜨리는 요인이다. 예를 들어 어머니가 섭식장애여서 아이를 먹이는 것에 대해 불안과 우울을 경험하게 되고 그로 인해 자녀들이 음식섭취의 문제를 겪을 위험이 증가할 수 있다(Micali et al., 2011).

둘째 요인은 아동의 특성으로 자질이 부족한 부모의 자녀양육을 더 어렵게 만든다. 출생 시 저체중, 급성 신체질환, 여러 가지 기능장애, 기질 특성 같은 요인들이 섭식문제 발생에 영향을 줄 수 있다.

끝으로 가족의 사회적 맥락이 부모의 개인적 자원, 아동의 특성과 상호작용하여 양육능력에 영향을 미칠 수 있다. 빈곤 또는 경제적 스트레스, 부모 혹은 가족 간의 심각한 갈등, 가족의 사회적 관계망과 자원, 지역사회 자원의 활용 가능성 등이 부모의 역량에 영향을 주는 맥락적 요인에 해당된다.

개입의 핵심은 신체적 · 영양적 증상을 치료하여 성장을 촉진하는 것이다. 행동적, 의학적, 영양 관련, 교육적, 심리적 요인을 총망라한 다학제적 치료가 일반적이다. 문제가 되는 급식 및 섭식행동치료의 핵심적 측면으로서 행동치료의 사용을 지지하는 증거들은 상당히 많다(Linscheid, 2006; Lukens & Silverman, 2014; Sharp et al., 2010). 개입에는 보통 여러 가지 행동적 절차가 포함되는데, 여기에는 먹는 환경의 수정(예 : 일관되고 방해되는 자극이 적은 식사 환경), 먹는 스케줄의 변화(예 : 아동이 언제 배가 고픈지 시간을 체크함), 행동관리 전략의 사용(예 : 새로운 음식 먹는 것을 강화하기, 부정적 행동은 무시하기), 그리고 부모훈련이 포함된다(Silverman & Tarbell, 2017).

비만

아동들의 비만은 급식이나 섭식장애는 아니지만 심리학이 많은 도움을 제공하는 문제이다. **비만**(obesity)은 **체질량 지수**(body mass index, BMI, 킬로그램 단위의 체중을 미터 단위 신장의 제곱으로 나눈 지수)로 정의한다. 연령 및 성별 분포에서 85퍼센타일 이상의 BMI를 나타

내면 과체중(overweight)으로 보고 95퍼센타일 이상이면 비만으로 본다. 95퍼센타일의 120% 이상은 심각한 비만으로 본다. 과체중과 비만을 구분하는 것은 연구목적을 위해서는 중요하지만 흔히 과체중과 비만은 같은 의미로 사용된다.

비만은 건강과 관련된 중요한 문제로서 아동과 청소년에게 가장 흔한 영양장애에 해당한다. 2~19세 아동의 대략 18.5%가 비만이다. 이는 심각한 비만인 5.6%를 포함하는 수치이다. 또 다른 16.6%는 과체중이다(Fryar, Carroll, & Ogden, 2018). 국립건강 및 영양조사연구(NHANES)의 자료는 2015~2016년 미국 내 비만 유병률(BMI ≥ 95퍼센타일) 추정치를 보여준다(Hales et al., 2017). 2~5세 학령 전기 아동의 13.9%, 6~11세 학령기 아동의 18.4%, 12~19세 청소년의 20.6%가 비만인 것으로 추정된다. 일부 민족/인종집단은 특히 위험군인데, 예를 들어 히스패닉 남성과 여성, 히스패닉이 아닌 흑인 여성이 비만일 가능성이 더 크다(Hales et al., 2017). 게다가 수십 년에 걸친 보고서에 따르면 아동 · 청소년 비만율은 계속 증가하고 있다(Fryar et al., 2018). NHANES의 자료는 이러한 증가 양상을 보여준다(그림 14.3 참조).

아동기 비만은 여러 가지 신체적 · 심리적 · 사회적 및 교육적 문제와 연결된다(Kohut, Robbins, & Panganiban, 2019; McCullough et al., 2017; Schroeder & Smith-Boydston, 2017). 비만과 관련된 신체적 건강문제는 2형 당뇨, 심장병, 천식과 수면 무호흡증이다. 그뿐만 아니라 교육적 · 사회적 및 심리적 문제와도 연결된다. 예컨대 도심지역의 4~6학년 표본집단을 대상으로 한 Geier와 동료들(2007)의 연구에서 비만 아동은 연령, 성별, 인종을 모두 통제했을 때도 정상체중 아동에 비해 더 높은 결석률을 보였다. 또한 일부 연구에 따르면 비만 아동 · 청소년, 특히 청소년들은 더 높은 비율의 정신병리를 보인다(McCuuloght et al., 2017). Israel과 Shapiro(1985)의 연구에서는 체중감량 프로그램에 등록한 아동의 문제행동 점수가 일반 아동보다 유의하게 높지만 심리상담을 받기 위해 임상센터에 의뢰된 아동

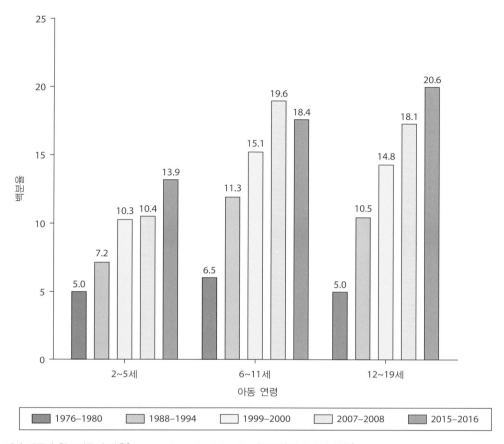

그림 14.3 비만 아동과 청소년들의 비율[Fryar, Carroll, & Ogden(2018)에서 수정 인용]

의 점수보다는 낮게 나타났다. 이 결과에 따르면 과체중 아동·청소년이 심각한 심리문제가 생길 위험성이 반드시 높지는 않지만 서비스를 찾는 일부 아동·청소년들은 증가된 위험성을 지닌다. 어떤 아동과 청소년이 위험한지를 예측할 수 있는 요인들을 밝히는 것은 중요하다(Russel-Mayhew et al., 2012).

비만 아동은 흔히 또래와 가족으로부터 그리고 의료기관에서 이들을 낙인화하는 행동 및 태도에 노출된다(Puhl, Peterson, & Luedicke, 2013). 아동의 사회적 상호작용은 이러한 부정적인 평가로 인해 나쁜 영향을 받을 수 있다(Ciupitu-Plath, Wiegand, & Babitsch, 2018; McCullough et al., 2017). 아동들은 비만에 대해 부정적인 견해를 가지고 있으므로 과체중으로 보이는 아동은 인기가 없다(Latner & Stunkard, 2003; Skinner et al.,

2017). 과체중인 또래에 대한 부정적인 태도는 3세 아동에게서도 발견되었다. 과체중 청소년은 사회적 고립, 놀림, 거부, 괴롭힘을 당할 수 있다(Griffiths et al., 2006; Jensen & Steele, 2012). 이와는 대조적으로 친한 친구가 있으면 이런 사회적 어려움으로부터 보호받을 수 있다(Reiter-Purtill et al., 2010). 이러한 비만의 영향은 발달하는 동안 내내 계속되는 것으로 보인다. 비만인 여학생은 성적이 비슷하지만 비만이 아닌 여학생에 비해 대학입학 허가비율이 더 낮으며, 이들에 대한 차별과 낮은 기대는 대학에 가서도 계속된다(Puhl & Latner, 2007). 이 같은 경험들은 비만 청소년의 자존감에 부정적인 영향을 미칠 수 있다(Nelson, Jensen, & Steele, 2011; Stern et al., 2007). 예를 들어 과체중이고 이로 인해 자존감이 낮은 것은 중학생들이 흡연을 시작하게 하는 것과 관련

이 있다(Murphy et al., 2019). 또한 비만인 여자 청소년은 자신의 신체에 대해 불만이 더 많고 정상체중의 또래들보다 자신의 신체에 대해 더 부정적 생각을 많이 한다(Thompson et al., 2007). 그러나 많은 비만 청소년은 적응문제를 보이지 않으며 자신의 신체 모습에 대한 다른 사람들의 반응에 상관없이 자아존중감을 유지하기도 한다(Israel & Ivanova, 2002).

병인

비만의 원인은 분명히 다양하고 또 복잡하다. 비만에 대한 모든 설명에는 반드시 생물학적 · 심리적 · 사회문화적 요인이 포함되어야 한다(Cawley, 2006; Kohut et al., 2019; McCullough et al., 2017; Sallis & Glanz, 2006).

생물학적 영향 가운데는 음식조절 및 운동으로 인한 신진대사 효과와 유전요인이 포함된다. 쌍생아와 입양 연구는 신체의 크기와 구성 및 음식 섭취에 유전적 요인이 작용한다고 밝히고 있다. 게다가 현재 이루어지고 있는 연구들은 비만과 연관되는 특정 유전자를 확인할 가능성을 시사하고 있다. 여러 유전자가 관련되며 유전적 영향은 간단하지 않고 복잡할 가능성이 크다. 물론 생물학적 영향은 환경적 영향과 독립적이지는 않다. 오히려 이들은 서로 상호작용한다(McCllough et al., 2017; Kral & Faith, 2009).

비만의 발달에 있어서 심리적 요인도 중요하다. 논리적으로 보나 연구를 고려해 보나 비만 아동의 음식 섭취와 운동수준에 변화가 필요하다(Anderson & Butcher, 2006). 음식 섭취의 문제와 운동 부족은 가족이나 또래 및 다른 환경적 요인의 영향을 받고 다른 행동과 유사한 방식으로 학습된다(Laessle, Uhl, & Lindel, 2001; McCllough et al., 2017; Olvera & Power, 2010; Salvy et al., 2012; Storch et al., 2007). 예를 들어 부모는 체중과 관련된 문제에 영향을 미치고 지지를 제공한다(Moens, Braet, & Soetens, 2007; Sato et al., 2011; van den Berg et al., 2010). 아동은 또한 부모나 주변 사람들의 섭식행동을 관찰하고 모방하며, 그러한 섭식 스타일을 따름으로써 강화를 받는다(Klesges & Hanson, 1988). 섭식과 운동 부족이 물리적 · 사회적 자극과 강하게 연결되어서 어떤 상황에서는 거의 자동적이 된다. 더구나 사람들은 스트레스나 지루함과 불안과 같은 부정적 기분 상태를 이기기 위해 음식을 먹는다. 사회학습이론의 관점에서

손 : 비만과 가정환경

10세 남아 손은 자기 연령과 키에 비해 50% 정도 체중이 더 나가서 비만아동과 그 가족을 위한 프로그램에 등록하였다. 손의 담당의사는 손의 체중이 그동안 계속 표준체중보다 더 나갔는데 특히 최근 3년 사이에 급증하였다고 말하였다. 손의 아버지는 정상체중이지만 어머니는 40% 정도 과체중이며 여러 차례 체중감량에 도전하였으나 실패하였다. 손의 형이나 동생은 과체중이 아니다. 손은 간식으로 고칼로리 식품을 자주 다량으로 섭취하며, 그 칼로리의 대부분은 부모가 직장에 있는 방과 후 시간에 섭취된다. 손의 어머니는 아들의 옷 주머니나 방에서 사탕이나 초콜릿 껍질을 종종 발견한다. 손의 부모에 따르면 손의 체중이 증가하면서 신체활동은 감소하고 대부분의 여가시간을 TV를 보며 지내게 되었다.

손의 부모는 아들이 자주 숨가빠하는 것 때문에 걱정을 하였다. 손에게는 친한 친구가 없었고 혼자 지냈다. 학교 친구들이나 형제로부터 체중 때문에 놀림을 받기도 하였다. 부모는 손의 체중을 줄이려고 신경을 썼다고는 하였으나 가족이 이를 방해한 증거가 있었다. 많은 가족 활동이 음식을 중심으로 이루어졌고 보상을 줄 때도 음식물을 사용하였다. 손의 아버지는 자신을 뛰어난 요리사라고 말하였으며, 가족과 함께하는 단란한 시간이면 아버지가 만든 고칼로리, 고지방 음식을 먹었다. 손은 할머니 댁에서 많은 시간을 보냈는데 할머니 역시 손에게 음식을 만들어 먹이고 간식을 주는 것을 좋아했다.

— Israel & Solotar(1988)에서 수정 인용

개발된 비만치료는 이렇게 학습된 패턴을 깨뜨리고 더 적응적 패턴을 만드는 것을 목적으로 한다.

더 커다란 사회적 영향력도 관련이 있다. TV는 우리 사회가 어떻게 체중문제에 영향을 미치는가에 대한 놀라운 사례를 제공해준다. 미국의 아동과 청소년들은 고칼로리 음식에 쉽게 접근할 수 있고 TV를 포함하여 매우 많은 시간동안 영상을 시청하며, 몸을 별로 움직이지 않는 생활을 한다. TV 시청으로 인해 활동성도 감소하고 음식섭취도 영향을 받는다. 아동과 청소년이 시청하는 음식 광고의 대부분이 당류와 지방 함량이 높은 것들이다(Powell et al., 2007). 전자매체를 통해 아동이 건강에 좋지 않은 음식들을 선택하도록 광고하는 것에 대해서도 비슷한 우려가 제기되고 있다(White House Task Force on Childhood Obesity, 2011).

개입

행동치료와 교육을 강조하고 아동과 가족 구성원 모두를 대상으로 하는 다면적 프로그램이 아동 비만치료에 가장 효과적인 치료법이다(Altman & Wilfley, 2015; Hayes et al., 2019). Israel과 동료들의 연구(Israel et al., 1994; Israel & Solotar, 1988)를 통해 일반적인 접근방법을 살펴볼 수 있다. 부모와 자녀가 정기적인 모임에 함께 참여하는데, 그 모임에서는 다음과 같은 네 가지 문제가 다루어진다. 즉 (1) 섭식 : 영양에 대한 정보, 칼로리 제한 그리고 실제로 식사할 때나 음식을 준비할 때의 변화, (2) 활동성 : 구체적인 운동 프로그램과 일상적인 활동(예컨대 친구 집을 방문할 때 차를 타지 않고 걸어가는 것)을 통한 에너지 소모 증가, (3) 과도하게 음식을 먹는 것 혹은 비활동성과 연결되어 있는 내적 · 외적 자극을 알려주는 단서, (4) 아동과 부모에게 어떤 진전이 이루어질 때 이에 대해 긍정적인 결과를 제공해주는 보상이다. 가족이 그들의 환경을 변화시키고 보다 적절한 행동을 연습하도록 장려하기 위해 숙제를 내주기도 한다.

부모의 참여는 중요한 요소로 강조되어 왔다(Hayes et al., 2019; Janicke et al., 2014; Kitzman-Ulrich et al.,

2010). 예를 들어서 Israel, Stolmaker와 Andrian(1985)은 부모들에게 아동을 다루는 일반적인 원리들을 가르쳐주는 단기 과정을 실시하였다. 그런 다음 부모는 아동과 함께 체중 감량을 위한 행동치료 프로그램에 참여하였는데, 이 프로그램에서는 체중 감량을 위한 일반적인 양육기술의 적용을 강조하였다. 다른 집단의 부모와 아동은 행동치료적인 체중 감량 프로그램에만 참여하였다. 치료가 끝났을 때 두 집단 모두 치료를 받지 않은 통제집단에 비해 상당히 체중이 감량되었다. 치료가 끝나고 1년 뒤에는 아동을 다루는 기술을 별도로 훈련받았던 부모의 자녀가 그런 훈련을 받지 않은 부모의 자녀에 비해 체중 감량 상태를 더 잘 유지하고 있었다.

이러한 결과들은 가족의 생활양식을 변화시키는 것과 치료 프로그램이 종료된 이후에도 적절한 행동을 유지시키기 위한 기술을 부모에게 가르치는 것이 얼마나 중요한가를 잘 보여준다(Hayes et al., 2019; Israel, 1988; Kitzman-Ulrich et al., 2010). 감량되었던 체중이 다시 늘어나는 예가 많다는 점을 고려할 때 이는 특히 중요한 문제이다. 부모의 개입 이외에도 활동성 증가(특히 활동성이 가족 생활양식의 일부가 되었을 경우)와 기타 가족 요인이 치료효과와 관련되는 것으로 나타났다(Epstein et al., 1995; Israel, Silverman, & Solotar, 1986).

부모 참여를 증진시킬 필요성과 더불어 아동의 자기조절기술을 향상시키는 중요성도 제안되었다(Israel et al., 1994). 앞서 기술한 네 영역 프로그램에 비견되는 다면적 치료 프로그램을 받고 있는 아동들을 그와 유사한 프로그램에 더하여 광범위한 자기관리기술 훈련까지 받는 아동들과 비교해보았다. 이 연구결과가 〈그림 14.4〉에 제시되어 있다. 치료받기 3년 전에 이 두 조건의 아동들은 체중 증가율이 서로 비슷하였다. 치료 기간에 두 집단의 아동들이 나타낸 체중 감량 정도 역시 비슷하였다. 그러나 표준적인 다면치료집단의 아동들은 치료 후 3년이 지나자 치료 이전 수준으로 체중이 다시 늘어난 반면, 자기조절 훈련까지 받은 집단의 아동들은 체중 증가를 나타내지 않았다.

연구결과가 아동의 체중 감량에 다면적/행동치료 접

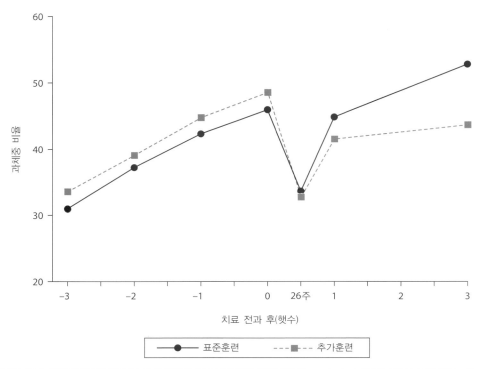

그림 14.4 치료를 받기 이전 3년부터 받고 난 이후 3년 사이의 과체중의 평균 비율[Israel et al.(1994)에서 수정 인용. Copyright 1994 by the Oxford University Press. 허락하에 사용함]

근이 효과적임을 지지하고는 있지만 더 크고 일관성 있는 효과를 보장해주고 체중 감량이 더 오래 지속되게 해주는 더 좋은 치료법이 필요하다. 그리고 적절한 치료목표를 설정하는 문제 및 특정 집단에 적합한 맞춤치료에 대한 관심도 필요하다(Altman & Wilfley, 2015; Hayes

비만치료는 음식 섭취문제와 운동 부족문제를 모두 다룬다.

et al., 2019; Israel, 1999; Jelalian et al., 2007).

아동 비만의 유병률이 증가하면서 더 많은 아동과 청소년에게 영향을 미칠 수 있는 개입에 대한 요구가 높아졌다. 따라서 사회적으로 더 폭넓은 개입과 예방 노력이 필요하다(Andrews, Silk, & Eneli, 2010; Cradock et al., 2017; Stice, Shaw, & Marti, 2006). 국가적으로나 주 단위로 실행될 수 있는 전체 인구를 목표로 한 프로그램이 한 가지 접근이다. 학군수준에서는 식사의 영양 성분을 목표로 하고 신체활동을 증가시키는 것도 가능하다. 학교기반 개입에는 건강에 좋은 음식의 선택지는 늘리고 (그림 14.5 참조) 건강하지 않은 음식의 선택지는 제한하면서 쉬는 시간과 방과 이전이나 이후에 신체활동과 체육시간을 늘려야 한다(Brown & Summerbell, 2009; De Bourdeauhuij et al., 2011; Hoffman et al., 2010). 이들 프로그램은 대중매체와 학교를 통해 아동과 그들의 가족을 교육시키고 해로운 식습관과 행동습관을 적극적

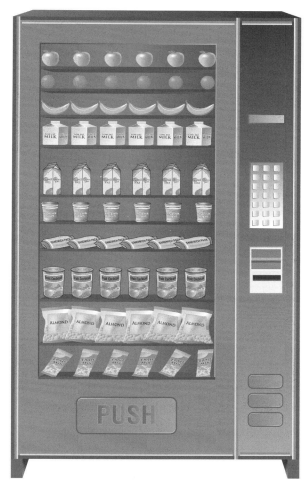

그림 14.5 학교 현장에서 건강한 음식을 제공하는 것이 아동기 비만을 예방하는 데 도움이 된다.

으로 변화시키고자 노력해야 한다.

섭식장애

신경성 거식증(anorexia nervosa), 신경성 폭식증(bulimia nervosa), 폭식장애(binge eating disorder)는 비정상적으로 체중조절을 시도하거나 섭식행동에 심각한 문제가 있거나 신체 및 체중에 대해 잘못된 태도를 가지고 있는 섭식장애(eating disorders)이다. 이런 장애들은 보통 청소년기에 시작된다. 그러나 이 장애들에서 특징적으로 나타나는 신체와 체중에 대한 태도나 체중조절 행동은 더 어린 아동들에서도 발견된다.

정의와 분류 : 전체적인 개관

섭식장애에 대해 가장 올바른 정의는 무엇이고 섭식장애의 유형에 대한 가장 올바른 구분은 어떤 것일까? (Walsh & Sysko, 2009; Wonderlich et al., 2007) 섭식장애의 유형을 구분하거나 어떤 한 가지 장애를 하위 유형으로 나누는 데에는 여러 측면이 고려된다. 그중 하나가 체중이다. 섭식장애가 있는 사람은 저체중일 수도 있고 정상체중, 혹은 과체중일 수도 있다.

두 번째 고려 사항은 **폭식**(binge eating) 여부이다. DSM의 정의에 따르면 폭식이란 (1) 일정 시간 동안 (예 : 두 시간 동안) 보통 사람이 그 시간에 먹을 수 있는 양보다 훨씬 더 많은 음식을 먹는다거나, (2) 폭식

알마 : 걸어 다니는 해골 같은 아이

알마가 진료를 받으러 왔을 때 마치 걸어 다니는 해골 같았다. 삐져나온 다리는 걸레자루처럼 보였으며 갈비뼈가 드러나 보였고 어깨뼈는 작은 날개처럼 솟아 있었다. 알마는 반바지와 등과 어깨가 드러나는 티셔츠를 겨우 걸치고 있었다. 그녀의 어머니는 "딸아이 어깨에 팔을 두르면 뼈밖에 느껴지는 것이 없고, 놀란 작은 새 같아요."라고 말하였다. 알마의

팔과 다리에는 솜털이 나 있었고 피부는 노란 편이었으며 건조한 머리카락은 아래로 늘어져 있었다. 가장 충격적인 것은 그녀의 얼굴이었는데, 질병으로 오그라든 늙은 여인처럼 여위어 있었다. 눈은 움푹 들어가고, 뾰족한 코 위로 뼈와 연골의 연결 부분이 드러나 보였다.

– Bruch(1979, p. 2)

을 하는 동안 자신의 섭식행동을 자제하거나 조절할 수 없다고 느끼는 것을 말한다. 그러나 반드시 많은 양의 음식을 먹어야만 폭식으로 간주할지에 대해서는 의문의 여지가 남아 있다. 어떤 사람들은 많은 양의 음식을 먹는 것보다는 통제력 상실의 느낌이 폭식의 핵심이라고 보며, 특히 아동 · 청소년의 경우에 그러하다(Lock & Osipov, 2019; Marcus & Kalarchian, 2003; Wolfe et al., 2009). 폭식은 흔히 비밀스럽게 일어나며 가족으로부터 그 행동을 숨기기 위해 엄청나게 노력할 것이다.

세 번째 고려 사항은 체중조절을 위해 사용하는 방법이다. 보통 먹는 것을 조절하는 **제한**(restricting) 전략과 **배출**(purging) 전략을 구분하게 되는데, 전자는 음식섭취를 지나치게 제한하거나 극심하게 운동을 많이 하는 것이고, 후자는 토하거나 변비약, 이뇨제, 관장약 등을 사용하여 원하지 않는 칼로리를 배출시켜 버리는 것이다. 폭식과 마찬가지로 이러한 보상적 행동을 가족에게 감추기 위한 노력이 동반된다.

체중상태, 폭식 유무, 체중조절 방법 등이 섭식장애에서 주요 고려 사항이다. 이제 이러한 측면이 섭식장애에 대한 설명에 어떻게 연결되는가를 살펴보기로 하겠다.

분류와 기술 : DSM 접근

DSM은 세 가지 주요 섭식장애에 대해 설명하고 있다. 신경성 거식증과 신경성 폭식증, 그리고 폭식장애이다. DSM에는 기타 급식 및 섭식장애(Other Feeding or Eating Disorder) 범주도 포함되어 있다. 이 진단은 특정한 어느 하나의 섭식장애 기준을 충족시키지 못하는 섭식장애에 적용될 수 있다.

신경성 거식증

표준 또는 기대되는 체중에 훨씬 미달되는 섭식장애 환자는 **신경성 거식증**(anorexia nervosa, AN)이라는 진단을 받을 가능성이 크다. 신경성 거식증의 진단에는 세 가지가 중요하다. 첫째, 음식 섭취를 계속적으로 제한하여 체중이 기대되는 수준 이하이어야 한다. 둘째, 체중 증가를 두려워하거나 지속적으로 체중 증가를 피하는 행동을 보여야 한다. 셋째, 자신의 체중이나 신체에 대한 지각에 문제가 있어야 한다. 이런 사람들은 체중 미달에도 뚱뚱하다고 여기고, 체중에 따라 자아존중감이 지나치게 영향을 받거나 현재 저체중이 의학적으로 얼마나

체중과 체형에 대한 지나친 관심은 소녀들과 젊은 여성들 사이에서 일반화되다시피 하였다.

심각한 문제가 되는지를 이해하지 못한다. DSM에서는 폭식이 있는지 여부에 따라 제한형(restricting type)과 폭식/하제 사용형(binge-eating/purging type)의 두 가지 하위 유형으로 구분한다.

신경성 거식증과 관련된 지나친 체중 감소의 심각성은 자신의 환자 중 한 사람인 알마에 대한 Bruch(1979)의 보고서에도 잘 묘사되어 있다.

신경성 폭식증

신경성 거식증(AN)과는 대조적으로 섭식장애가 있으면서 체중이 표준보다 적지 않은 경우 **신경성 폭식증**(bulimia nervosa, BN)으로 진단받게 된다. 일반적으로 BN으로 진단받기 위해서는 세 가지 특징이 나타나야 한다. 첫째, 폭식이 반복적으로 나타나야 한다. **폭식**(binge eating)은 일정 시간 동안 보통의 사람이 그 시간에 먹을 수 있는 양보다 훨씬 더 많은 음식을 먹는 것으로 정의되며, 폭식을 하는 동안 자신의 섭식행동을 자제하거나 조절할 수 없다고 느낀다. 둘째, 체중 증가를 방지하기 위해 폭식한 다음 부적절한 방법을 사용하여 보상책을 강구한다. 가장 흔한 방법은 스스로 토하는 것이다. 그러나 어떤 사람들은 '배출' 전략(토하기와 변비약이나 관장약 사용하기)과 '제한' 전략(과도한 운동이나 금식)을 포함하여 여러 가지 방법을 사용한다. 셋째, 신체형과 체중이 지나치게 자신에 대한 평가에 영향을 준다는 것이다.

신경성 폭식증 진단을 받기 위해서는 폭식과 부적절한 보상행동 모두 3개월 동안 적어도 일주일에 한 번은 일어나야 한다. 또한 이 증상들이 신경성 거식증을 겪는 동안에는 나타나지 않아야 한다. 즉 신경성 거식증의 일환으로 증상을 보이는 사람들은 어떤 쪽으로도 진단을 내리지 않는다.

폭식장애

폭식장애(binge eating disorder, BED)의 핵심 특성은 반복적인 폭식이다. 다시 말하면 폭식은 일정 시간 동안 기대되는 양보다 훨씬 더 많이 먹으며 이때 섭식을 통제할 수 없다고 느끼는 것으로 정의된다. 진단을 받으려면 폭식이 평균적으로 3개월간 적어도 일주일에 한 번 일어나야만 한다. 또한 폭식 에피소드는 '빠르게 먹기, 속이 불편할 정도로 꽉 찰 때까지 먹기, 신체적으로 배가 고프지 않은데도 많은 양의 음식 먹기, 창피함 때문에 혼자 먹기, 과식 후에 혐오감, 죄책감 또는 우울함 느끼기'의 특성 중 3개 이상을 동반해야 한다. 또한 폭식에 대한 상당한 고통을 보여야만 하며, 토하기와 같은 규칙적인 보상행동이 없어야만 한다. 마지막으로 폭식증상이 AN이나 BN 에피소드 동안에만 나타나는 경우라면 이들 진단이 주어진다.

유병률

섭식장애는 젊은 여성에게서 주로 많이 나타난다. 미국 여자 청소년의 경우 AN의 평생 유병률은 약 0.3~0.7%이다. 남성의 유병률은 명확하지 않다. BN이 훨씬 더 흔한데 미국 여자 청소년의 평생 유병률은 약 1~2%, 미국 남자 청소년의 경우 0.5%이다. BED의 평생 유병률은 미국 여자 청소년에서 약 2.3%, 미국 남자 청소년에서 0.8% 정도이다(Feldman et al., 2019; Swanson et al., 2011).

이런 장애를 가지고 있는 사람들은 유병률 조사에 비협조적인 경우가 많기 때문에 섭식장애 유병률이 실제보다 낮게 추정될 가능성이 있다(Wilson, Becker, & Heffernan, 2003). 아마도 더 중요한 것은 앞에서 말한 유병률이 AN이나 BN, 또는 BED의 진단기준을 모두 충족시킨 사례에 기초한 것이라는 사실일 것이다. 그러나 AN이나 BN, BED 진단을 받지 않았더라도 섭식장애의 다양한 측면과 잘못된 신체상을 보이는 젊은이들이 많이 있다(Ackard, Fulkerson, & Neumark-Sztainer, 2007). 그 가운데 상당수가 '기타 급식 또는 섭식장애(Other Feeding or Eating Disorder, 이전에는 Eating Disorder Not Otherwise Specified)'에 해당될 수 있다. 어떤 젊은 사람들은 진단기준을 만족시키지는 않지만 여전히 우울, 불안, 행동문제 증상과 연합된 섭식장애적인 행동과 태도를 보이기도 한다(Lock & Osipov, 2019).

이러한 사례들을 종종 '준임상적(subclinical)' 또는 '준역치적(subthreshold)'이라고 일컫는다.

특별히 주목해야 할 것은 체중과 체형에 대한 '준임상적' 관심 및 비정상적인 섭식행동이 나이 어린 청소년과 심지어 사춘기 이전의 여아들 사이에서 꽤 흔하다는 점이다. 그러므로 진단기준을 모두 충족시키는 섭식장애 발생이 주로 청소년 후기에 일어난다 하더라도 다이어트와 비정상적인 섭식행동 및 태도는 그보다 더 일찍 나타날 수 있다(Rodgers et al., 2020; Stinton & Birch, 2005; Thompson & Smolak, 2001). 이러한 문제들은 더 심각한 섭식장애의 전조일 수도 있다(Brewerton et al., 2014; Tanofsky-Kraff et al., 2011).

4~5학년 무렵부터 많은 여아가 체중이 많이 나가는 것을 걱정하면서 날씬해지고 싶어 한다. 중학생들도 체중에 대한 걱정이 여전히 많고, 더 극단적인 체중조절 행동을 하는 것으로 보인다(Childress et al., 1993). 어린 소녀들의 체중에 대한 지나친 걱정은 나중에 발생할 섭식장애 증상과 우울증, 낮은 자존감, 부적절감, 스스로에 대한 무가치감 등을 예측해주는 지표가 된다는 증거가 있다(Killen et al., 1994a, 1994b; Lewinsohn et al., 1993; Stice & Bearman, 2001). 그러한 느낌은 신체적 매력에 이미 커다란 가치를 부여하고 있는 소녀들이 체중과 체형에 대해 더 걱정하게 만들기도 한다(Cohen-Tovee, 1993). 이처럼 어린 나이에도 체중과 체형에 대한 고민은 소년들보다 소녀들에게 더 많은 것으로 보고되었다(Shapiro, Newcomb, & Loeb, 1997; Thelen et al., 1992).

인종적·문화적 차이

섭식장애에 대한 초기의 고정관념은 섭식장애가 대개 중산층 내지 상류층 배경을 갖고 있는 젊은 백인 여성에게서 주로 나타난다는 것이었다. 그러나 여러 연구에서 섭식장애의 유병률이나 섭식장애에 대한 위험요인들은 인종에 따라 차이가 없다고 밝히고 있다. 그러나 한 가지 일관된 발견은 신체 불만족이 젊은 백인 여성들에 비해 젊은 아프리카계 미국인 여성들에게서 더 적다는 사실이다(Cheung et al., 2019; Kronenfeld et al., 2010; Stice & Linville, 2017).

섭식장애, 특히 신경성 폭식증(BN)은 문화적 관련성이 있는 현상이다(Keel & Klump, 2003; Stice et al., 2017). 이는 다른 문화권의 젊은 여성들이 더 많이 '서구화'될수록 그들에게 섭식장애가 발생할 가능성이 더 크다는 것을 시사한다. 서구 문화권 안에서는 특정 집단이 특히 위험성이 높을 수 있다. 그중에는 체조, 레슬링, 발레, 치어리더 같은 활동을 하는 사람들이 포함되는데 이들은 외모와 수행 향상을 위해 체중조절 행동과 비정상적인 섭식을 한다(Eddy et al., 2010; Jacobi et al., 2004; Smolak, Murnen, & Ruble, 2000; Thomas, Keel, & Heatherton, 2006).

공존장애

섭식장애는 흔히 여러 가지 다른 장애와 함께 발생한다(O'Brien & Vincent, 2003; Stice & Linville, 2017). Lewinsohn, Striegel-Moore와 Seeley(2000)가 지역사회 여학생을 표집하여 조사한 결과 종합적인 섭식장애 증후를 보인 여학생의 90%가 하나 혹은 그 이상의 공존장애를 경험하였다고 보고하였다. 우울증, 불안장애, 약물사용장애가 섭식 및 체중 관련 문제, 그리고 신경성 거식증이나 신경성 폭식증과 함께 발생하는 것으로 보인다. BED와 함께 일어나는 장애에 대해서는 정보가 적지만 청소년들 가운데 불안과 우울이 BED와 함께 연합되는 것으로 보인다(Fischer & Le Grange, 2007; Lock & Osipov, 2019; Rawanda et al., 2010; Rancourt & Boepple, 2017).

발달경로와 예후

신경성 거식증

신경성 거식증(AN)의 전형적인 발병시기는 청소년기로 17~19세 사이이다(Eddy et al., 2010; Stice, Marti, & Rohde, 2013). 조기 발병 사례는 드물지만 없지는 않다(Gowers & Bryant-Waugh, 2004). AN의 과정은 다양할 수 있다. 어떤 사람들은 완전히 회복할 수 있지만 다른 사람들은 정상체중 회복기와 재발 사이를 오갈 수도 있다. 또 어떤 사람들에게는 AN은 만성적 과정이다. 어떤 사람들은 체중이 회복되고 더 이상 AN 진단기준을 충족시키지는 않지만 섭식장애 행동을 계속하고 BN이나 다른 섭식장애 기준에 해당하는 사람들도 있다(American Psychiatric Association, 2013; Stice & Linville, 2017).

신경성 거식증은 심각한 장애이며 이 장애를 겪는 젊은이들의 상당수는 결과가 좋지 않다(Katzman, 2005; Lock & Osipov, 2015; Steinhausen, 2002). 극심한 체중 감소는 심각한 의학적 문제를 일으킬 수 있으며(예 : 빈혈, 호르몬 변화, 심혈관 문제, 치과적인 문제, 골밀도 감소), 목숨을 위협할 수도 있다. AN 여성은 비슷한 연령의 다른 여성들에 비해 사망할 가능성이 11~12% 더 높고, 많은 경우 자살로 인한 사망인 것으로 보고되었다(Birmingham et al., 2005; Stice & Linville, 2017).

신경성 폭식증

신경성 폭식증(BN)의 발병은 청소년기부터 성인 초기까지 이어지며 여성의 경우 16~20세 사이에 최고조에 이른다(Stice et al., 2013). 폭식은 몸매와 체중에 대한 극심한 불만으로 인한 심한 다이어트 도중이나 이후에 종종 시작된다. DSM에서는 이 장애가 만성적이거나 아니면 폭식이 사라지는 기간과 재발이 교대로 일어나는 간헐적인 모습을 보인다고 기술하고 있다. 그러나

라일리 : 섭식장애를 유발하는 여러 요인

"자살하고 싶다."고 말하기 시작한 17세의 라일리는 섭식장애 클리닉에서 치료를 받기 시작했다. 라일리 어머니는 라일리가 항상 건강했고 학교생활도 잘했고 여러 가지 과외활동에서도 잘했다고 말했다. 실제로 라일리는 지난여름 영재 학생들을 위한 8주 강화 프로그램에 선발되어 참가하였다. 라일리는 10세 이후부터 여름캠프에 참가하였으나 이것이 집, 가족과 친구들로부터 가장 오랫동안 떨어져 있었던 기간이었다. 라일리는 이런 변화를 힘들어했고, 여름캠프에서 처음에는 사람들을 만나고 친구를 만드는 것을 어려워했다. 남자아이들과 상호작용하는 것을 특히 힘들어했는데, 자신의 룸메이트를 포함하여 모두가 짝이 있다고 생각했다. 이런 어색함을 피하려고 라일리는 자유시간에 집중 운동 프로그램에 등록하였고 학교의 여름 축구 시즌에 대비하려고 했다. 라일리는 처음에는 집중 운동 프로그램을 좋아했는데 하루는 남자 아이들이 자신의 신체를 비하하는 이야기를 엿듣게 되었다. 라일리는 로커룸으로 가서 거울에 비친 자신의 모습을 보고 자신의 허벅지가 코티지치즈처럼 창백하고 뭉실뭉실하다고 생각했고, 그 순간 자신이 '너무 뚱뚱하다'는 사실을 깨달았다고 말했다. 라일리는 자신의 식사를 적은 양의 '건강한 음식'으로 제한하기 시작했다. 그녀는 어머니가 보는 잡지에서 '일주일에 10파운드 빼기'라는 기사를 읽고 그 기사에 맞추어 먹는 것을 조절하였다. 12세 때(사춘기경) 어머니

와 같이 다이어트를 한 적이 있었고 그 이전에도 친구들과 같이 짧은 기간 다이어트를 해본 적이 있었다고 말했다. 그 여름은 그녀가 처음으로 엄격하게 다이어트와 운동을 했던 때였다. 그녀는 '기분이 좋았고'. '강하다고 느꼈고', '잘 관리하고 있다'고 느꼈으며, 주변 친구들로부터 "괜찮다"는 칭찬을 자주 들었다.

여름캠프에서 집으로 돌아왔을 때 어머니는 딸이 살이 너무 많이 빠진 것을 걱정하였다. 라일리는 가족들과 같이 어떤 것도 먹지 않았지만 어머니는 밤에 음식이 사라지는 것을 알았다. 라일리는 여름캠프에서 4개월 동안 엄격하게 식사 조절을 한 후에 자제력을 잃었고 한 봉지의 쿠키를 모두 먹었다고 보고했다. 폭식하고 난 다음에는 놀라서 아무것도 먹지 않았고, 운동을 두 배로 하였다. 이것이 폭식의 시작이었고 그 이후에 스트레스를 받으면 점점 더 자주, 더 많이 폭식을 하게 되었다. 정신없이 금식하고 운동하였음에도 불구하고 이전 체중으로 돌아갔다. 늦은 가을이 되자 완전히 자제력을 잃었고 점점 더 불안해지고 우울해졌다. 어머니는 라일리의 기분과 라일리의 섭식장애가 가족에게 미치는 영향에 대해 걱정하게 되었다. 라일리의 10살 된 여동생도 "살이 쪘다고 느낀다.", "체중을 줄여야 한다."고 말하기 시작했다.

— Eddy et al.(2010, pp. 440~441)에서 수정 인용

장기적으로 보면 많은 사람에게 BN 증상은 감소한다 (American Psychiatric Association, 2013). 사람에 따라서 는 더 이상 BN의 진단기준에 해당하지 않는데도 문제가 계속되기도 한다. 예를 들어 그들은 폭식을 계속하지만 더 이상 부적절한 보상행동을 하지는 않는다. 이 가운데 일부는 폭식장애(BED)나 기타 급식 또는 섭식장애 진 단기준을 충족시키기도 하며, 많은 사람이 주요우울장 애 같은 다른 장애의 기준을 충족시킨다(Steinhausen & Weber, 2009; Stice & Linville, 2017).

폭식행동을 하는 사람들은 심혈관계 문제와 호르몬 변화 등 신체적 합병증의 위험이 상당하다. BN과 연관 이 있는 반복적인 구토는 치아 상아질 손실과 잇몸질환 같은 치과문제를 야기할 수 있다. 식도염증, 결장이상, 체액이나 전해질장애 같은 다른 의학적인 문제들도 발 생할 수 있는데 특히 하제를 사용하는 경우에 그러하다 (Lock & Osipov, 2019; Mahler, 2011).

폭식장애

BED 발병의 절정기는 18~20세 사이이다. BED나 준 역치 BED를 지닌 대부분의 사람들은 회복한다. 그러나 BED의 준역치(subthreshold) 수준에 해당하는 일부 사 람들은 이후 BED 진단기준을 만족시키게 되고 어떤 사 람들은 진단적 또는 준역치 수준의 BN 기준을 충족시키 게 된다(Stice et al., 2013). 다른 결과들에 대한 정보가 부족하기는 하지만 폭식이 비만의 위험요인이라는 증거 가 있다(Fairburn et al., 2000). BED와 이와 연합된 비 만이 있는 사람들은 2형 당뇨병과 고혈압 같은 신체적 어려움을 겪을 위험이 증가한다(Lock & Osipov, 2019). 또한 그들은 비만으로 인한 사회적 어려움을 겪을 수 있 는데, 낙인화, 차별, 괴롭힘, 관련된 부정적 심리적 결과 등이 그 예이다.

병인

섭식장애의 발달을 설명하는 여러 가지 위험요인과 인 과적 기제들이 제안되었다. 실제로 섭식장애는 여러 요 인에 의해 결정되고 그 요인들이 다양한 방식으로 작동

한 결과일 수 있다(Rancourt & Boepple, 2017; Stice et al., 2017; Striegel-Moore & Bulik, 2007). 섭식장애의 위험요소를 파악하는 것은 쉽지 않다. 위험요인들을 장 애가 존재할 때 관찰되는 다른 요인들과 구분하는 연구 가 필요하다. 그러한 다른 요인들은 장애의 결과일 수 있다. 또는 다른 요인들은 섭식장애 행동과 이러한 다른 요인들 모두의 발달에 기여하는 영향요인들을 통해서 장애와 연합된 것일 수 있다.

여성인 것은 가장 신뢰할 수 있는 위험요인이다. 그러 나 섭식장애에 성차가 발생하는 기제를 설명해줄 다른 요인들이 필요하다. 또한 약간의 중첩은 있겠지만 AN 에 영향을 주는 요인들과 BN 및 BED에 영향을 주는 요 인들을 구분할 필요도 있다.

생물학적 요인

섭식과 그 이면의 생물학적 기제가 매우 복잡하므로 여 러 가지 생물학적 기제에 대한 연구가 이루어졌다(최근 의 흥미로운 연구에 대해서 생각상자 '감염, 약물치료, 섭식장애' 참조).

섭식장애에 대한 유전적 기여는 상당한 것으로 보 고되고 있지만 추정치는 연구마다 다르다(Trace et al., 2013). 섭식장애가 있는 사람의 가족 구성원들 중에는 기대되는 것보다 더 높은 비율로 섭식장애가 나타난다. 쌍생아연구도 섭식장애에 유전적 요인이 있음을 시사 한다. 섭식장애의 발달에 여러 가지 유전적 요인이 작 용하고, 복잡한 방식으로 다른 요인들과 상호작용할 가 능성이 크다(Bulik, Blake, & Austin, 2019). 예를 들어 Klump와 동료들(2010)은 10~41세까지 대규모의 여성 쌍생아 집단을 대상으로 비정상적 섭식에 대한 유전적 요인을 연구하였다. 그 결과 사춘기 이전에 유전적 영 향은 그렇게 크지 않지만 청소년 초기부터 성인 중기까 지는 영향력이 상당하였다. 남녀 쌍생아에 대한 후속연 구에서 이 연령 관련 패턴은 소녀에게는 사실이지만 소 년의 경우에는 해당되지 않았다. 소녀들의 경우 유전성 은 사춘기 전에는 0%이지만 사춘기 동안과 그 이후에는 51%였다. 반대로 소년의 유전성은 사춘기 전, 사춘기,

| 생각상자 | 감염, 약물치료, 섭식장애 |

최근의 보고에 따르면 아동기 동안 심각하거나 다수의 감염을 경험한 소녀들은 섭식장애를 발달시킬 위험이 증가한다(Brethaupt et al., 2019). 이전 연구들은 감염과 정신병리, 특히 섭식장애 간의 연합을 지적하였다. 그러나 적은 수의 연구, 그리고 연구가 지닌 방법론적 문제는 연구자들로 하여금 대규모의 전집연구를 통해 이러한 관계를 추가 탐색하도록 이끌었다.

연구자들은 국가 종단 인명부의 자료를 활용하여, 1989년과 2006년 사이에 덴마크에서 태어난 모든 소녀를 추적했다. 개인 식별번호로 부호화된 익명의 정보가 모든 외래방문, 입원, 약국 방문에 대해 제공되었다. 이러한 국가 인명부로부터 연구자들은 이 코호트에 대해 모든 항생제 및 다른 감염방지 약물 처방, 감염으로 인한 입원, 섭식장애에 대한 모든 진단기록을 받을 수 있었다.

525,643명의 여자 청소년 중 섭식장애 진단을 받은 적이 있는 청소년은 4,240명이었다. 이들 중 2,131명은 신경성 거식증(연령 중앙치 15.2세), 711명은 신경성 폭식증(연령 중앙치 17.9세), 그리고 1,398명은 달리 세분되지 않는 섭식장애(Eating Disorder Not Otherwise Specified; EDNOS) 진단(연령 중앙치 15.6세)을 받았다.

감염으로 입원한 적이 없는 소녀들과 비교했을 때 감염으로 입원했던 적이 있는 소녀들은 AN의 위험이 22%, BN의 위험이

35%, EDNOS 위험이 39% 더 증가하였다. 세 개 이상의 항감염약 처방을 받은 경험은 AN의 추가 진단 위험을 23% 더 증가시켰고, BN 진단은 63%, EDNOS 진단의 위험은 45% 더 증가시켰다.

감염과 섭식장애 간의 시간적 그리고 '용량-반응(dose-response)' 관계 또한 관찰되었다. 섭식장애 발병의 위험은 입원 후 첫 3개월과 마지막 항감염제 처방을 받은 후 첫 3개월에 가장 컸다. 게다가 소녀가 더 많은 감염과 입원을 경험했을수록 섭식장애 진단을 받을 가능성은 더 커졌다.

연구자들이 시인했듯이 연구설계상 감염과 섭식장애 간의 인과적 관계에 대해 결론을 내리는 것은 어렵다. 그러나 연구자들은 자신들의 발견이 섭식장애 발달에 면역체계가 관여함을 보여준 다른 증거들과 일치한다고 보았다. 그들의 결과가 감염과 섭식장애 진단 간의 시간적 패턴에 대해 제시하고는 있지만 직접적인 감염-섭식장애 연결 이외의 기제도 가능할 수 있다. 즉 섭식장애를 발달시킬 가능성이 큰 사람들이 이 연구에서 측정하지 않은 이유들로 인해 감염에 더 큰 취약성을 가지고 있었을 수도 있다. 스트레스, 불안, 또는 특정한 유전적 요인 같은 소위 '제3요인들'이 감염과 섭식장애 모두의 위험을 증가시켰을 수도 있다. 관계가 인과적인지를 명확히 하고 감염과 섭식장애 간의 연합 기제를 명확히 하기 위해 추가적 연구가 필요하다.

그리고 성인기 동안 51%였다(Klump et al., 2012).

특정 유전자의 확인과 유전자가 섭식장애에 영향을 미치는 방식에 대한 분자유전학 연구들이 진행 중에 있다. 예를 들어 식욕, 체중조절, 기분과 관련이 있는 세로토닌 전달 유전자(5-HTTLPR)가 연구 관심을 받고 있는 유전자들 중 하나이다. 이 연구에 따르면 5-HTTLPR 유전자가 우울증과 같은 다른 장애뿐 아니라 섭식장애에도 관여하는 것으로 보이며, 그 영향력은 섭식장애에만 국한된 것이 아닐 수 있다. 실제로 이 유전자는 부분적으로는 이 장애들의 동시발생에 기여할 수 있을 것이다(Calati et al., 2011; Mata & Gotlib, 2011). 5-HTTLPR에 대한 연구결과들은 신경전달물질(예: 세로토닌, 노르에피네프린) 활동에서의 차이가

섭식장애와 연합됨을 시사한 연구와 일치한다(Trace et al., 2013). 예컨대 세로토닌은 먹는 행동을 억제하는 데 큰 역할을 하며 신경성 거식증과 폭식증 환자에게서 증상이 있을 때와 회복 이후 모두 세로토닌 활성화 수준의 감소가 관찰되었다.

신경내분비계와 신경호르몬의 영향에 대해서도 주목되어 왔다. 예를 들어 태내 호르몬 노출과 사춘기 동안의 호르몬 변화는 섭식장애적인 행동에 대한 유전적 영향을 조절할 수 있다(Klump et al., 2012). 태내에서 성호르몬에 노출되는 것(낮은 수준의 테스토스테론과 높은 수준의 에스트로겐)이 섭식장애와 관련이 있다는 제안이 있다. 남성의 증가된 태내 테스토스테론 노출이 폭식으로부터 보호 역할을 하며 사춘기의 테스토스테론

노출로 추가적인 보호를 받게 된다는 가설이 있다. 반대로 여성의 경우 태내 테스토스테론 노출이 없는 것과 사춘기 동안 난소 호르몬인 에스트로겐과 프로게스테론이 활성화되는 것이 여성의 증가된 위험에 기여한다고 가정된다(Klump, Culbert, & Sisk, 2017).

섭식행동은 신경생물학 및 신경내분비 체계의 변화에 의해 영향을 받을 수도 있고 그러한 변화를 일으킬 수도 있기 때문에 인과관계를 밝히는 일이 쉽지 않다. 섭식장애가 있는 젊은 여성에게서 발견되는 특정한 생물학적 차이가 애초에 그러한 장애를 가져온 위험요인인지 아니면 섭식장애로 인해 변화한 생물학적 체계의 결과물인지를 결정하는 것은 어렵다.

행동적/환경적/문화적 요인

섭식장애의 발달과 관련하여 다양한 행동적, 환경적, 문화적 위험요인들이 위에 설명된 생물학적 위험과 상호작용한다고 가정된다. 아동기 초기의 급식(feeding) 문제는 이후의 섭식문제와 장애의 위험요인 중 하나라고 제안되어 왔다. 임상 보고서에서는 섭식장애를 나타낸 사람들이 어릴 때부터 잘 먹지 않았다는 점을 언급하고 있으며 이를 뒷받침하는 자료도 있다. 예를 들면 Kotler와 동료들(2001)에 따르면 어머니가 보고한 아동 초기의 섭식 관련 갈등, 음식 투정, 불유쾌한 식사 등이 청소년기나 성인 초기의 거식증을 예측하였다. 배고픔의 내적 단서를 다른 정서적 반응들과 구별하는 것, 음식 수용 패턴, 외부요인에 의한 섭식과 스스로의 통제에 의한 섭식 간의 균형과 같이 아동 초기에 시작된 경험들이 나중에 섭식문제를 일으키는 중요한 요인이 되는 것으로 보인다(Eddy et al., 2010).

체중 이력 또한 섭식장애 발달의 위험요인으로 자주 거론된다. AN의 특징인 절식(self-starvation)은 '통통해졌다'는 말은 들은 여아가 순수하게 체중조절을 위한 시도로 시작한다고 생각되어 왔다. 그러한 생각과 반대로 순행적 연구결과에 따르면 소녀의 낮은 BMI가 몇 년 후 AN의 역치 또는 준역치 도달을 예측한다. 이러한 발견은 앞서 설명된 초기의 급식 어려움과 함께 AN 발달이

'순수하게 과체중을 조절하기 위한 시도'라는 이론과는 대비되는 설명을 제공한다. 아마도 음식에 대한 갈등이나 양가감정이 있고 그래서 BMI가 낮고 식사조절에 대한 필요성이 적은 청소년이 AN 발달의 위험이 있는 것 같다(Stice & Linville, 2017). 연구결과 신경성 폭식증과 폭식장애의 발달과 체중 이력의 관계에 대해서는 BMI가 각 장애의 역치나 준역치 발달의 위험요소라는 것은 발견하지 못하였다(Stice et al., 2017; Stice & Linville, 2017).

기질과 성격 특성 또한 섭식장애 발달의 위험요인으로 제안되어 왔다. 부정적 정서성이라는 기질 특성과 섭식장애적인 행동 및 태도 간의 연합이 보고되어 왔다. 예를 들어 부정적 정서성이 준역치 수준 및 임상 수준의 신경성 폭식증과 폭식장애의 위험요인이라는 증거도 있다. AN의 경우에는 부정적 정서성은 위험요인으로 작용하지 않았다(Stice et al., 2017; Stice & Linville, 2017). 부정적 정서성이 섭식장애와 자주 같이 발생하는 불안, 우울과 같은 다른 장애와도 연관이 있다는 것은 주목할 만하다. 따라서 이러한 기질적 특성은 섭식장애에 대한 비특정적 위험요인일 수 있다(Eddy et al., 2010).

특정 성격 특성과 섭식장애 간의 관계 또한 많은 주목을 받아왔다. 예를 들면 완벽주의(비합리적으로 높은 기준에 도달하려 하며 자신의 가치를 그 성취에 기초하여 규정함)가 섭식장애와 관련이 있다는 보고가 있었다(Bardone-Cone et al., 2007; Dahlenburg, Gleaves, & Hutchinson, 2019). 그러나 연구결과는 집착, 충동, 억제, 동조 같은 성격 특성과 완벽주의를 BN과 BED의 위험요인으로 간주하는 것을 지지하지 않으며, AN의 경우에만 약간의 관계가 성립한다고 설명한다(Stice & Linville, 2017). 성격 특성과 섭식장애의 관계는 알 수 없다는 수준이 고작이다. 그렇지만 성격 특성이 섭식장애가 발생하는 과정에 영향을 미치는 요인일 수 있거나 섭식장애의 결과일 수 있다(Walsh & Commission on Adolescent Eating Disorders, 2005; Wonderlich et al., 2005).

손상된 사회적 기능이 섭식장애 발달의 위험요인인

것으로 보인다. 손상된 사회적 기능은 AN, BN, BED 의 위험요인으로서 지지를 받고 있다(Stice et al., 2017; Stice & Linville, 2017). 가족, 친구, 또래와 잘 어울리지 못하는 청소년은 섭식장애 행동을 발달시킬 위험이 증가한다.

섭식장애 발달에 대한 많은 모델에 공통적으로 자신의 신체 지각과 관련된 요인들이 포함되어 있다. 실제로 신체 불만족, 날씬해져야 한다는 지각된 압력, 날씬한 신체를 이상적으로 보는 가치의 내재화, 다이어트와 굶는 것이 많은 연구에서 신경성 폭식증과 폭식장애의 위험요인으로 나타났다(Stice et al., 2017; Stive & Linville, 2017). 그러한 요인들의 역할을 깊이 이해하기 위해 Stice와 Van Ryzin(2019)은 500명의 여자 청소년을 8년간 추적 연구하여 그러한 위험요인들이 BN과 BED의 역치 또는 준역치 발달에 기여하는 기제를 연구하였다. 그들 분석에서 관련 요인들이 어떤 순서로 영향을 미치게 되는지가 나타났다. 이런 섭식장애가 시작된 소녀들은 먼저 날씬해야 한다는 높은 수준의 압력, 그리고/또는 날씬함을 이상적으로 간주하는 가치의 내재화를 보이고, 그다음에 높은 수준의 신체 불만족을 보이며, 그다음에 높은 수준의 다이어트 그리고/또는 부정적 정서를 보이고, 결국 섭식장애를 보이게 되었다.

날씬해야 한다는 지각된 압력과 날씬함을 아름다움으로 보는 가치의 내재화, 신체 불만족, 다이어트/굶기는 섭식장애 행동과 태도의 발달에 핵심적 위험요인으로 규칙적으로 등장하고 있다. 따라서 섭식장애의 발생에 대해 논하려면 문화적인 영향과 여성의 성 역할에 대해 말하지 않을 수 없다.

특히 여성들의 젊고 날씬한 몸매에 큰 가치를 부여하고 강조하는 것은 날씬함을 가치 있게 여기는 것, 신체 불만족, 그리고 궁극적으로 섭식장애의 발달에 대한 사회적 영향력의 기여를 보여준다(Anderson-Fye, 2018; Mirkin, 1990; Striegel-Moore & Bulik, 2007). 예컨대 Dittmar, Halliwell와 Ive(2006)는 "여자아이들이 날씬해지고 싶어 하는 데 바비 인형이 영향을 미치는가?"라는 질문을 하였다. 많은 소녀가 바비 인형을 적어도 한 개

씩은 가지고 있다. 바비는 극도로 말랐으며 신체 비율은 현실적으로 불가능하고 또 건강하지도 않다. 그 연구에서는 5~8세 여아들에게 바비 인형, 엠마 인형(옷 치수 16에 해당하는 체형) 또는 신체에 대해 아무 묘사도 없는 중립적인 자극을 보여주었다. 바비 인형을 본 여아는 다른 실험 조건의 여아에 비해 신체적인 자아존중감이 더 낮았고 마른 몸매를 더 원했다. 어린 여아들이 특히 더 심했다. 엠마 인형을 본 여아들은 중립적인 자극을 본 집단과 차이를 보이지 않았다. 이 연구는 아주 어린 여자아이들이 매우 날씬한 이상형을 내재화할 가능성에 대한 우려를 제기하였다.

대중매체, 또래, 가족들은 날씬함에 대한 이러한 문화적 메시지를 전달한다(Dohnt & Tiggeman, 2006; Wertheim, Paxton, & Blaney, 2004). 예컨대 Clark와 Tiggeman(2007)은 4~7학년 여아들 중에서 외모를 강조하는 TV 쇼와 잡지에 더 많이 노출되고 또래와 외모에 관한 대화를 하는 경우 자기 신체에 대한 불만족이 더 크다는 것을 발견하였다. 신체에 대한 불만족은 외모를 중시하는 것에 기여하였고, 이는 이어서 신체 불만족에 기여하였다. 또 다른 연구도 대중매체의 영향력을 지적하면서 젊은 여성들은 자신을 대중매체에 등장하는 사람들과 비교하며 비하할 것이라고 하였다(Levine & Harrison, 2004; Wiseman, Sunday, & Becker, 2005). 젊은 남자들에 대해서도 유사한 우려가 증가하고 있다(생각상자 '젊은 남성들의 체중과 몸매에 대한 관심' 참조). 신체에 대한 불만족은 직접적인 영향 외에도 낮은 자존감과 우울한 기분을 초래하여(Paxton et al., 2006) 다시 섭식장애의 발달과 유지로 이어지기도 한다(Measelle, Stice, & Hogansen 2006).

이처럼 섭식장애 발생의 한 가지 관점은 신체적 외모를 지나치게 중시하고 개인적·사회적·경제적 기회가 외모와 날씬한 몸매에서 비롯된다는 메시지를 전달하는 사회적 영향력을 강조한다(Anderson-Fye & Becker, 2004; Eddy et al., 2010; Smith et al., 2007). 그러한 영향력이 섭식장애 행동을 일으키지 못하도록 막기 위해서는 이러한 메시지 노출과 그것을 내재화하게 만드는

젊은 남자들의 체중과 몸매에 대한 관심

대부분의 문헌은 젊은 여성들의 섭식장애 행동, 체중과 신체상에 대한 걱정에 집중되어 있다. 이런 현상은 부분적으로는 여성들에게 이런 문제가 많기 때문이다. 남성들의 섭식행동, 체중과 신체상에 대한 걱정은 과소평가되어 왔으며, 최근에는 관심이 젊은 남성들로 향하고 있다(Limbers, Cohen, & Gray, 2018). 여기에서는 장애를 정의하는 데 있어서 성별에 따른 편향이 있을 수 있다는 사실에 주의를 기울이고자 한다. 예를 들면 문헌에서는 젊은 여성들의 작고 날씬한 신체에 대한 욕망과 체중감량에 관심을 두고 있다. 과체중인 일부 남성에게는 체중감량이 관심거리일 수 있지만 대부분의 남성은 작고 날씬한 신체를 원하지 않는다. 많은 젊은 남성은 크거나 적어도 좀 더 근육질 몸매를 원한다. 신체에 대한 불만족과 체중에 대한 걱정의 정의를 다르게 한다면 젊은 남성의 신체상에 대한 걱정과 섭식장애에 대해 조금은 다른 그림이 그려질 것이다. 연구에 따르면 이상화된 신체에 성차가 있으며 시간에 따라 이러한 이상형의 변화가 문화적으로 영향을 받는 것에 대해 주의를 기울여야 한다(Watson, Murnen, & College, 2019).

남성의 섭식이상 행동과 태도는 과소추정되어 왔고, 남성들의 체중과 체형에 대한 관심에 더 큰 주의를 기울여야만 한다(Murray et al., 2017). McCabe와 Ricciardelli(2004)는 이런 추세가 나타나는 이유를 밝혔다. 대중잡지에서 그려지고 있는 남성의 신체들이 좀 더 근육질이 되었다. 인기 있는 체육선수나 영화배우, 다른 많은 남성 아이콘이 점점 더 근육질이 되고 있다.

'지. 아이. 조'와 같은 액션 주인공과 핼러윈 의상도 이런 경향을 잘 보여주는데, 이들은 전문적 보디빌더들과 같거나 또는 그들보다도 더 나은 체격을 지니고 있다. 또한 근력훈련을 받는 젊은 남성들이 점점 더 많아져서 이제는 보편적으로 여겨진다. 이처럼 젊은 여성들이 경험한 것과 유사하게 젊은 남성들에게도 문화적 압박이 점점 더 커지고 있다.

이런 추세의 결과는 무엇일까? 오랫동안 용모와 체중은 젊은 여성들의 자아존중감에 지나친 영향을 미친다고 여겨져 왔다. 비슷한 걱정이 남성의 자기가치감과 기분, 전반적 적응에 중요하다고 생각되기 시작했다(Allen et al., 2013; Paxton et al., 2006). 문제가 있는 섭식방식이 증가하고 있다. 그뿐만 아니라 젊은 남성들이 점점 더 운동을 과도하게 하고 원하는 결과를 얻기 위해 스테로이드를 사용하는 것과 같은 지나친 근육 강화 방법을 점점 더 많이 사용하고 있다.

문헌들은 젊은 남성들의 섭식이상과 신체 불만족에 대해 종합적으로 다루지 못하고 있다. 그럼에도 불구하고 젊은 남성들에게 섭식이상 행동이 나타나고 있음을 시사해주는 정보가 있다. 또한 남자 청소년들의 섭식이상과 근육질에 대한 추구가 유사한 요인들의 영향을 받는 것으로 보인다(Dryer et al., 2016). 젊은 여성의 섭식이상과 관련성을 보였던 여러 요인들(예 : 외모의 중요성, BMI, 부정적 정서, 전반적 적응, 자아존중감, 완벽주의)이 역시 젊은 남성들의 문제가 있는 섭식행동과 관련된다(Allen et al., 2013; Ricciardelli & McCabe, 2004).

사회적 압력이 왜 그리고 어떻게 특정 청소년에게만 영향을 미치게 되는지는 이해하는 것이 중요하다.

어떤 연구자는 비정상적인 섭식행태가 최근에 생겨난 것이 아니며 이에 대한 역사적 설명이 섭식장애에 대한 우리의 개념화를 점검하는 데 도움을 줄 수 있음을 일깨워주기도 한다(Attie & Brooks-Gunn, 1995). 예를 들면 13~16세기에 이르는 중세시대의 여성 가운데 섭식을 극도로 제한하고 섭식과 음식에 관해 기이한 행동과 생각을 지닌 사람들이 있었다(Bell, 1985; Brumberg, 1986). 이 여성들의 행동을 기술해놓은 것을 보면 요즘의 섭식장애와 놀라울 정도로 유사하다. 이 일화에서 가장 흥미로운 부분은 이들 여성이 나중에 성인으로 추앙

받았다는 점이다. Bell(1985)은 '성스러운 무식욕'이라는 용어를 사용하여 이 여성들의 상태를 기술하면서 진단에서의 문화적 측면에 대해 주의를 환기시키고자 하였다.

개입

앞에서 보았듯이 섭식장애의 발달과 지속에는 다양한 요인이 작용하고, 섭식장애를 겪는 사람들도 상당히 이질적이다. 따라서 다양한 요인을 다루는 개입이 필요하다. 여기에서는 몇 가지 접근법을 간략히 살펴보기로 하겠다.

신경성 거식증

약물치료, 입원, 개인 심리치료 등 신경성 거식증(AN)을 치료하기 위한 다양한 개입이 사용되어 왔다. 그러나 AN이 있는 청소년을 치료할 때 행동적 관점을 활용하는 가족 개입의 효과성이 가장 크다(Hamadi & Holiday, 2020; Le Grange & Robin, 2017; Lock & Osipov, 2019).

　AN에 대한 가족치료는 섭식장애 행동이 유지되는 데 가족이 밀접하게 관련되어 있다는 임상전문가들의 관찰에서 비롯되었다. 역사적으로 많은 설명이 섭식장애 발달에 대한 가족 변인의 기여를 강조해 왔다. 아이다 사례에서 Bruch(1979)의 묘사는 가족 영향력에 대한 고전적인 예라고 할 수 있다. 이 소녀는 가족의 관심과 통제의 대상이자 다른 사람들을 기쁘게 하려는 욕구에 갇힌 것으로 기술된다. Bruch에 따르면 AN은 개인적 정체성을 표현하려는 아동의 절실한 시도이다.

　가장 강력한 증거를 지닌 AN 치료법은 원래 런던 모즐리 병원에서 개발된 개입에 뿌리를 두고 있다(Eisler et al., 2000). 이 접근은 가족을 병리적으로 보지 않으며 거식증 발생에 대해 가족과 그 청소년을 비난하지 않는다. 섭식장애의 원인은 심리사회적이고 생물학적인 요인들의 복잡한 조합일 가능성이 크며, 해당 청소년이 회복하는 데 가장 중요한 자원이 가족이라는 입장을 취한다. 따라서 목표는 가족들이 전문가들과 같이 일하도록 가족이 지닌 자원을 다시 움직이는 것이다. AN을 위한 가족치료의 두 가지 버전은 모즐리 프로그램의 변형이며 잘 통제된 연구로 뒷받침된다(Le Grange & Robin, 2017). 이 두 가지 접근은 행동적 가족체계치료(behavioral family system therapy, BFST; Robin et al., 1999)와 가족기반치료(family-based therapy, FBT-AN, Lock & Le Grange, 2005)이다. 이 두 접근은 서로 유사하다. 이 치료접근에 대한 이 책의 설명은 FBT-AN 프로그램에 기초한다(Lock & Le Grange, 2005).

　치료는 처음에는 가족의 지지 비중이 아주 크다가 점차 줄어들게 되는데, 크게 세 단계로 구분된다. 첫 번째 단계는 가족 식사시간을 포함하며, 청소년의 체중을 회복시키는 데 집중한다. 또한 부모가 변화의 주체로서 자신의 역할을 회복시킬 수 있게 돕는다. 가족들은 치료자의 도움을 받아서 스스로 영양 섭취와 자녀의 체중을 회복시키기 위한 가장 좋은 방법을 찾아내도록 독려된다. 청소년의 체중이 증가하기 시작하고 밥을 먹이기가 조금 수월해지면 두 번째 단계가 시작된다. 이번에는 섭식장애 증상이 핵심 주제이지만 목표는 가족을 지지적이지만 덜 지시적인 방식으로 지원하고, 가족이 청소년에게 통제력을 되돌려줄 방법을 찾도록 하는 것이다. 이 과정이 진행되는 동안 청소년 발달의 일반적인 주제들과 그것이 신경성 거식증으로 인해 영향을 받는 방식이 다루어질 준비가 된다. 목표는 청소년이 정상적인 발달 궤도로 돌아가고, 가족들이 전형적인 발달문제들을 다루는 준비가 되도록 하는 것이다. 재발 방지 전략도 함께 논의된다.

　FBT-AN 프로그램에 대한 연구의 한 예로 FBT-AN의 가족개입 두 가지 유형이 비교되었다. 하나는 온 가족이 한꺼번에 만나는 합동가족치료(conjoint family therapy, CFT)이고 다른 하나는 치료사가 아동을 개별적으로 만난 다음 부모를 따로 만나는 분리가족치료(separated family therapy, SFT)이다. 전체적으로 CFT와

아이다 : 황금 새장 안의 참새 한 마리

아이다는 아주 어릴 때부터 가족들이 생각하는 것만큼 자신이 똑똑하지 못하기 때문에 온 가족이 자기에게 부여해준 특권과 혜택이 과분하다고 생각하였다. 그녀는 호화로운 자기 집에 비하면 자신이 너무 단순하고 평범하지만, 자신이 진정으로 하고 싶은 일들을 할 수 있는 자유를 박탈당한 채 황금 새장에 갇혀 있는 참새와 같다고 여겼다. 그때까지 그녀는 자기 배경의 좋은 점만을 이야기했지만 이제는 부유한 가정에서 자라는 것의 고통, 규제와 의무에 대해 이야기하기 시작했다.

– Bruch(1979, pp. 23~24)

SFT 모두 치료가 끝났을 때와 5년 후의 추수평가에서 상당한 정도의 체중 증가와 월경기능 향상, 심리적 기능 향상을 가져왔다(Eisler et al., 2000, 2007). 어머니가 특히 비판적이었던 일부 가정에서는 SFT 방법으로 치료받은 청소년이 CFT 방법으로 치료받은 청소년보다 5년 후의 추수평가에서 더 많은 체중 증가를 나타냈다. 가족의 개입은 가족상황에 맞게 고안되어야 하며, 치료과정 중에 조정될 수 있어야만 한다.

연구는 신경성 거식증에 대한 치료로서 일관되게 FBT-AN을 지지해 왔고 일반적으로 치료에 가족을 포함시키는 것이 청소년의 체중을 회복시키고 입원을 막는 데 효과적임을 보여왔다. 그러나 AN이 있는 일부 청소년은 FBT-AN에 반응을 보이지 않으며, 따라서 조정이나 새로운 치료법이 탐색될 필요가 있다(Le Grange & Robin, 2017; Lock & Osipov, 2019).

신경성 폭식증과 폭식장애

신경성 폭식증(BN)이나 폭식장애(BED)를 지닌 청소년에 대한 치료는 잘 확립되지 않았다(Lock, 2015; Lock & Osipov, 2019). 잘 통제된 연구가 드문 것은 효과적인 개입방법을 파악하는 능력을 제한한다. 그러나 연구결과 BN이나 BED 청소년에게 효과적일 수 있는 치료접근에 대해 어느 정도의 제안은 가능하다. 이러한 연구 대부분은 가족이나 인지행동적 접근에 초점을 맞춘다.

BN이 있는 청소년을 위해 행동적 초점을 갖춘 가족 기반치료(FBT-BN)가 개발되었다. 이 치료 프로그램은 앞서 설명된 FBT-AN의 변형이며, FBT-AN의 일반적 접근 또한 FBT-BN을 위해 사용된다(Le Grange & Locke, 2009; Locke & Osipov, 2019). 1단계에서 부모는 자녀와 함께 작업하며 폭식과 배출행동을 막고 건강한 섭식 패턴을 재확립할 수 있는 전략을 파악하도록 도움을 받는다. 2단계로의 이동은 여러 회기 동안 체중이 안정화되고, 폭식과 배출행동이 크게 감소하고, 청소년이 큰 다툼 없이 건강한 방식으로 먹는 능력을 보이게 될 때 가능하다. 2단계의 초점은 점진적으로 부모의 감독을 줄여나가고 더 큰 통제와 책임감을 청소년에게로 양도하는 것이다. 힘든 상황에 대한 문제해결과 청소년이 더 전형적인 청소년의 삶으로 돌아가도록 돕는 것이 2단계의 핵심 측면이다. 별 문제가 없다면 3단계로 진행하여 청소년의 전형적인 어려움을 논의하게 된다. 재발 방지 전략이 논의되고 청소년과 가족의 성장 및 성취가 강조된다. 초기 발견들이 유망하기는 하지만(Le Grange et al., 2007) 여전히 FBT-BN의 효과성에 대한 연구는 소수에 불과하다.

BN과 BED를 치료하는 데 청소년 버전의 인지행동치료(CBT)를 사용하는 것을 지지하는 제한된 연구 증거가 있다(Lock, 2015; Lock & Osipov, 2019). 그러나 CBT 사용에 대한 대부분의 지지는 성인연구에서 나온다. 성인에서 BN과 BED의 인지행동치료는 상당한 지지를 받고 있으며 많은 사람이 이 장애에 대한 치료법으로 추천하고 있다(Brownley et al., 2017; Keel, 2018; Slade et al., 2018; Wilson et al., 2007). 이 치료 증거는 대체로 일부 나이가 많은 청소년들을 포함한 성인 표본에 기초하고 있다.

신경성 폭식증의 치료는 두 장애 모두에 CBT 접근을 제안한다. 치료는 몸매, 체중과 이들에 대한 통제를 지나치게 중요하게 보는 역기능적 자기평가 도식 때문에 섭식장애가 지속된다는 논리에 바탕을 둔 다면적인 프로그램을 포함한다(Cooper & Fairburn, 2010; Fairborn, 1997). 이 관점에 의하면 몸매나 체중에 대한 인식이 이 장애의 주요 특성이며, 다이어트나 먹고 나서 일부러 토하기와 같은 이 장애의 다른 특성들은 이러한 주요 문제의 부차적인 표현에 해당한다. 신경성 폭식증이 있는 사람들이 보이는 행동방식의 일부인 '식사량에서의 실수'나 폭식은 부정적 기분이나 고통스러운 사건들에 대한 반응으로 가장 많이 일어난다.

치료의 초기 단계에서 환자는 BN에 대해 교육을 받으며 장애의 인지적 측면을 명확히 한다. 이 초기 단계 동안 폭식이나 먹고 토하기와 같은 상쇄행동을 감소시키고 식사 패턴에 대한 통제를 위한 행동기법들이 활용된다. 이 기법들은 인지적 재구조화 기법에 의해 보완되는데, 치료가 진행됨에 따라 체중 증가에 대한 지나친 걱정, 그리고 폭식을 줄이기 위한 자기통제 훈련에 더 초점을 둔다. 그다음에는 인지적 접근을 취하는 다른 치료법들을 통해 음식과 섭식, 체중, 신체상에 대한 잘못된 신념문제를 다룬다. 마지막으로 호전된 상태를 유지하고 재발을 방지하기 위한 유지전략을 다루게 된다.

앞에서 언급하였듯이 대부분의 청소년들은 특정 섭식장애의 진단기준에 맞지 않는다. 그러므로 치료를 요하는 청소년들은 광범위한 섭식장애 문제들을 나타낼 수 있다. Fairburn과 동료들(Cooper & Fairburn, 2010; Fairburn, Cooper, & Shafran, 2003)은 섭식장애의 '초진단' 모형에 기초하여 개별화된 인지행동치료 프로그램을 개발하였다. 이 프로그램은 신경성 폭식증을 위한 CBT의 '향상된' 버전(CBT-E)이다. 이 프로그램에서는 진단에 기초한 치료법이 아니라 청소년이 갖고 있는 특정한 섭식장애 특성에 맞춘 치료법을 제공한다. Fairburn과 동료들(2009)은 BN에 대한 진단기준을 충족시키는 성인들과 진단기준을 완전하게 충족시키지 못하는 성인들을 대상으로 CBT-E를 평가하였다. 치료법은 두 집단 모두에게 비슷하게 효과적이었으며 치료를 받은 사람들의 반 정도가 섭식장애 측정치에서 지역사회 표본의 평균에 근접하는 수준을 나타내 보였다. 진단기준을 완전하게 충족시키지 못했던 사람들에게 CBT-E가 효과가 있었다는 사실은 인지행동치료가 청소년들에게 적절할 수 있음을 의미한다.

대인관계 심리치료(interpersonal psychotherapy, IPT)는 섭식장애의 발생과 유지과정에 관여된 대인관계 문제에 초점을 맞춘다. 연구에 따르면 IPT는 신경성 폭식증과 폭식장애를 보이는 성인들의 치료에 효과적이지만(Keel, 2018; Karam et al., 2019), 청소년을 대상으로 한 연구는 드물다(Lock, 2015; Lock & Osipov, 2019). 이 치료법은 섭식장애의 증상을 직접 다루는 것이 아니라 대인관계 기능과 의사소통기술을 향상시키는 방식을 취한다. 이 치료법은 대인관계 요인들(예: 또래·친구·가족들의 행동, 타인과의 비교)이 신체상과 자존감의 발달에 미치는 영향에 관한 연구에 부분적으로 근거하고 있다(Tanofsky-Kraff & Wilfley, 2010). 개인의 대인관계

이력을 평가하고 네 가지 대인관계 문제 영역 가운데 (대인관계 결함, 대인관계 역할 갈등, 역할 전환, 애도) 하나 또는 그 이상이 치료의 초점이 된다.

약물치료

소수의 연구가 선택적 세로토닌 재흡수 억제제(SSRI)와 비정형적 항정신병 약물과 같은 약물치료가 청소년의 신경성 거식증을 치료하는 데 사용될 수 있음을 제안하기는 하지만 약물사용에 대한 강한 증거는 없는 상황이다(Lock & La Via, 2015; Lock & Osipov, 2019). 아동·청소년의 신경성 폭식증 및 폭식장애를 치료하는 것과 관련된 약물의 효과도 여전히 불분명하며 연구도 드물다(Broft et al., 2010; Lock & Osipov, 2019). 게다가 심리적·생리적으로 이미 위기 상태에 있는 사람들은 부작용에 대해서도 유의해야 한다.

예방

섭식장애 행동을 보이는 청소년들 중에는 신경성 거식증이나 폭식증, 폭식장애 진단기준에 맞지 않거나 '준임상적'으로 간주되는 경우가 매우 많다. 더구나 어린 아동 중에는 섭식장애 행동의 징후나 태도를 보이는 경우가 빈번하다. 그러므로 예방의 관점에서 생각해야 할 이유가 충분하다(Wifley et al., 2011).

예방 프로그램들은 섭식장애의 위험요인 중 변화시킬 수 있는 것들을 다루고 섭식장애 발달을 막는 보호요인들을 촉진시키고자 한다. **보편적**(universal), **선택적**(selective), **지시적**(indicated) 예방전략을 사용하는 다양한 프로그램은 섭식장애 위험요인 또는 증상을 줄이는 데 중간 정도의 효과가 있음을 입증했다(Chua, Tam, & Shorey, 2020; Le et al., 2017; Watson et al., 2016).

전체 집단/일반 인구를 대상으로 하는 보편적 예방(universal prevention) 프로그램은 흔히 집단에 기반하며 학급별로 진행된다. 또한 미디어의 정보를 주체적으로 해석하고 평가할 수 있게 돕는 프로그램들(media literay program)은 섭식장애에 대한 보편적 예방에 해당하며 어느 정도의 효과성이 있는 것으로 알려져 있다. 이상

적 신체상과 다른 부적응적 태도에 대한 미디어 정보의 잠재적인 부정적 효과는 이 접근의 기초이다. 미디어 리터러시(media literacy) 접근은 참가자들이 이상적인 날씬함을 내재화하는 것과 다른 건강하지 못한 메시지들에 대해 미디어의 내용을 비판적으로 평가하고 도전할 수 있게 강화시키며, 이러한 고정관념적인 대중매체 메시지에 대한 대안을 만들 수 있게 돕는다(Wade et al., 2017).

섭식장애 예방을 위한 선택적 접근은 가장 강력한 효과를 지닌 것으로 보고되고 있다(Watson et al., 2016). 선택적 예방(selective prevention) 개입은 섭식장애의 위험을 평균 이상으로 가지고 있는 사람들을 대상으로 한다. 이 프로그램들 역시 학급에서 집단 형식으로 진행되며 대면 또는 온라인 형태로 가능하다. 인지행동 프로그램들은 섭식장애 행동과 위험요인들을 줄이는 데 효과가 있는 것으로 입증된 선택적 예방 프로그램에 속한다. 이 프로그램들은 앞서 언급된 섭식장애의 인지행동치료 프로그램들과 유사하게 다요인적 개입방법이다. 이상적 날씬함을 덜 수용하도록 고안된 인지부조화 개입, 그

리고 미디어 리터러시 프로그램들 또한 효과성이 어느 정도 입증된 선택적 예방 접근에 해당한다(Stice et al., 2011).

지시적 예방(indicated prevention) 프로그램들은 섭식장애의 경미한 증상이나 섭식장애의 시작을 알리는 다른 지표들을 보이는 고위험 개인을 대상으로 한다. 다른 예방 프로그램들과 비교하여 지시적 예방 프로그램의 효과성에 대해서는 증거가 별로 없다. 인지행동개입은 효과성의 증거가 있는 지시적 예방 접근이다.

섭식장애의 예방 프로그램들에 대한 추가연구가 필요한데, 예를 들어 일부 제한된 연구에 따르면 예방 노력에 부모를 포함시키는 것의 잠재적 가치가 제안되기도 한다(Hart et al., 2015). 후속연구는 비용 효율이 높은 프로그램의 효과성을 향상시키고 그러한 프로그램의 유포/접근성을 고려하는 향상된 방법론을 사용할 필요가 있으며, 이는 임상가와 건강 관련 서비스 제공자들에게 귀중한 정보를 제공해줄 수 있을 것이다(Le et al., 2017; Watson et al., 2016).

핵심용어

몽유병	수면 중 경악장애(야경증)	일차 유뇨증
반추장애	신경성 거식증	제한
불면장애	신경성 폭식증	체질량 지수(BMI)
배출	악몽	폐쇄성 수면 무호흡증
비만	유뇨증	폭식
빠른 안구운동이 없는(NREM) 수면	유분증	폭식장애
빠른 안구운동(REM) 수면	이식증	회피적/제한적 음식섭취장애
수면수반증	이차 유뇨증	

CHAPTER 15

의학적 상태에 영향을 미치는 심리적 요인

학습목표

- 심리학과 의학의 접점이 개념화되는 방식
- 천식과 같은 의학적 문제에 대한 심리적 영향과 가족의 영향
- 만성질환에 대한 심리적 적응
- 아동·청소년과 가족들이 암과 같은 만성질환에 적응하는 과정에서 겪는 어려움
- 의학적 치료를 촉진하는 심리적 요인의 기여
- 죽음을 앞둔 아동과 가족을 돕는 과정에서 겪는 어려움

이 장에서는 만성적인 의학적 문제가 있는 아동과 청소년들을 이해하는 데 심리적 요인들이 어떻게 기여하는지를 살펴볼 것이다. 또한 효과적인 의학치료를 실시하는 데 심리적 영향들이 어떻게 작용하는지도 살펴볼 것이다. 이 문제들을 가족의 역할, 만성질환에 대한 아동과 청소년의 적응, 건강관리전문가가 권장하는 수칙의 준수와 같은 문제를 중심으로 살펴보겠다. 심리학과 의학의 접점의 예를 보여주기 위해서 천식, 암, 당뇨병, HIV/AIDS와 같은 다양한 의학적 문제에 심리학을 어떻게 적용할 수 있는지도 살펴볼 것이다. 현재의 생각과 실천들이 어떻게 발전되어 왔는지를 이해하기 위해서 역사를 살펴보는 것이 도움이 될 것이다.

역사적 맥락

이 장에서 다루는 문제들은 과거에는 **정신신체장애**(psy-chosomatic disorders)라는 이름으로 불렸다. 천식, 두통, 궤양과 같이 심리적 요인의 영향을 받는다고 생각되었던 질병들이 주된 관심의 대상이었다. 전문용어는 지난 수십 년 동안 여러 번 바뀌었다. 정신신체장애라는 용어는 DSM 이전 판들에는 심리생리적 장애(Psychophysio-logical Disorders), 신체적 조건에 영향을 미치는 심리적 요인(Psychological Factors Affecting Physical Condition), 의학적 조건에 영향을 미치는 심리적 요인(Psychological Factors Affecting Medical Condition)으로 바뀌어 왔다. DSM-5의 새로운 챕터인 신체적 증상과 관련 장애들(Somatic Symptoms and Related Disorders)에는 기타 의학적 상태에 영향을 미치는 심리적 요인(Psychological Factors Affecting Other Medical Conditions)이라는 범주로 포함되어 있다.

이처럼 전문용어가 계속 변해 왔다는 사실은 정신과 신체 관계의 본질에 대해 오랫동안 논쟁이 있었음을 보

여준다. 20세기 동안 신체에 대한 심리적 과정들의 영향에 대한 관심으로 **정신신체의학**(psychosomatic medicine)이라는 분야가 만들어졌다. 초기 연구자들은 심리적 요인들이 특정 신체적 질병에 대해 어떤 인과적 역할을 하는지에 대해 증거를 수집하고 이론을 개발하기 시작했다(Alexander, 1950; Grace & Graham, 1952; Seyle, 1956). 이 분야가 발달하면서 여러 가지 경향이 나타났다. 점점 더 많은 신체적 질병을 심리적 요인과 관련되는 것으로 보게 되었다. 심지어 흔한 감기조차도 정서적 요인의 결과라고 여겼다. 따라서 특정 유형의 정신신체장애를 찾아내는 것이 과연 유익한지 또는 심리적 요인이 모든 신체질병과 관련이 있는지에 대한 의문이 제기되었다. 그뿐만 아니라 관심의 초점이 심리적 원인을 강조하는 정신발생학(psychogenesis)으로부터 생물학적, 사회적 및 심리적 요인이 모두 건강뿐 아니라 질병에도 영향을 미친다는 복합적 인과성(multicausality)의 개념으로 이동하기 시작하였다. 후자의 견해는 전체적인데, 원인이 되는 요인들 사이에서 지속적으로 상호작용이 일어난다고 가정한다.

이러한 생각의 변화와 더불어 이 분야가 크게 확장되기 시작했다. 질병의 발달, 결과와 치료뿐 아니라 예방과 건강유지에서의 사회적 · 심리적 요인들의 역할에 대한 관심이 증가하기 시작했다. 이러한 관심이 아동과 청소년을 향한 것일 때 이 분야를 **소아심리학**(pediatric psychology)이라고 부른다. 이 분야의 재정의와 확장은 소아심리학에 초점을 맞춘 전문가 집단과 전문학술지의 형성, 소아심리학에서의 훈련 프로그램 개발, 그리고 통합적 보건 시스템의 성장에서 나타난다(Aylward & Lee, 2017; Karazsia, Kazak, & Palermo, 2019).

현재 소아심리학은 아동 · 청소년과 그들 가족의 신체적 및 심리적인 건강과 발달과 관련한 문제들을 다루는 다면적이고 통합적인 연구 분야와 임상 실무를 포함한다. 전문화된 연구, 평가, 개입은 청소년의 인지적, 사회적, 정서적 기능과 신체적 건강의 관계에 초점을 맞추며, 여기에는 심리사회적, 발달적, 그리고 맥락적 요인이 소아질병의 원인, 과정, 결과와 관련될 수 있는 방

법들이 포함된다(American Psychological Association, 2019). 이 장에서는 소아심리학자들이 관심을 기울여왔던 특정한 질병들을 살펴보고 그 밖에 흥미로운 다른 주제들도 살펴볼 것이다. 이렇게 함으로써 과거에 일어났던 변화, 이 분야의 현재 위상과 다양성을 볼 수 있을 것이다.

질병에 대한 심리적 영향과 가족의 영향

질병이 있는 아동의 경험은 다양하고 복잡한 요인에 의해 영향을 받는다. 대부분의 아동에게 질병과 의학적 개입(감염을 예방해주는 백신, 감염을 치료할 수 있는 항생제, 놀다가 넘어져 다친 곳을 검사하는 엑스레이)은 그들의 경험에서 적은 부분을 차지한다. 그러나 만성적이거나 재발하는 건강 상태에 있는 아동들은 불편한 의료절차와 개입, 생리적 경험의 변화, 그리고 그들의 발달, 적응 및 행동에 영향을 미치는 사회적 상호작용과 경험에서의 변동을 정기적으로 경험한다(Slifer, 2014). 청소년들은 이러한 독특한 스트레스 요인에 대처해야 할 뿐만 아니라 동시에 그들의 건강한 또래들과 동일한 발달 과제와 도전을 다루어야만 한다(Brown & Kupst, 2016). 질병과 그에 대한 치료방법은 매우 다양하지만 발달과정은 의학적 질병과 개입이 정상발달의 다른 영향들과 상호작용하면서 영향을 받게 되고, 이는 건강관리뿐 아니라 아동과 양육자들에게 고유한 어려움을 야기하게 된다(Kazak, Alderfer, & Reader, 2017a).

가족은 종종 건강 상태 관리에 있어 중요한 역할을 한다. 부모나 양육자가 아동의 질병에 반응하는 방식은 그들이 돌보는 아동의 행동적, 정서적 반응에 영향을 미치고 건강상의 결과를 촉진하거나 방해할 수 있다. 청소년의 적응은 가족에 의해서 영향을 받기도 하고 가족에게 영향을 주기도 하며, 그들의 스트레스, 대처, 그리고 심리적 적응과 상호적 관련성을 보인다.

천식

여기에서는 천식에 대한 정보를 통해 심리적 · 가족적

변인들이 어떻게 소아질병의 증상과 질병의 관리에 영향을 미치는지를 살펴볼 것이다. 이를 통해 신체적 질병에서의 심리적 변인들의 역할에 대한 생각이 어떻게 변화되고 확장되어 왔는지를 볼 수 있을 것이다.

기술과 유병률

천식은 다양한 증상을 가진 동질적이지 않은 질병이기 때문에 이를 정의하고 기술하는 것은 상당히 복잡하다(Global Initiative for Asthma, 2019; McQuaid & Fedele, 2017). 천식은 일반적으로 호흡계의 만성적인 질환으로 기도가 잠재적인 광범위한 자극에 대해 과민하게 반응하는 특징을 갖는 것으로 정의된다. 과잉반응성으로 인해 만성적으로 감염이 생기고, 기도가 좁아져서 공기의 흐름이 특히 숨을 내쉴 때 방해를 받는다. 간헐적으로 숨을 쌕쌕거리는 천명(wheezing)과 호흡 곤란(shortness of breath), 흉부 압박 그리고/또는 기침이 발생한다. 증상의 과정과 강도, 그리고 공기 흐름의 제약 정도는 다양하다. 천식 발작으로 알려진 생명을 위협하는 심각한 발작 또는 천식 악화가 일어나서 응급치료를 받아야 할 수도 있다. 숨을 쉬지 못할 수 있다는 공포와 심각한 발작의 위험은 본인과 가족들에게 커다란 불안을 일으킬 수 있다.

천식은 젊은 사람들에게 흔하게 나타나는 만성질병으로 유병률이 수년간 증가하였다(Akinbami, Simon, & Rossen, 2016). 최근 9% 정도의 아동·청소년들이 천식에 의해 영향을 받는 것으로 측정되며, 도시에 거주하고, 소수집단에 속하며, 가난한 아동들에게서 지나치게 많이 나타난다(Akinbami et al., 2016; McQuaid & Fedele, 2017). 천식은 잠재적으로 회복이 가능한 장애이지만 아동과 청소년에게 상당한 영향을 미친다. 여기에는 입원하거나 응급실에 가거나 오랫동안 학교 결석을 하는 것이 포함된다(Nunes, Pereira, & Morais-Almeida, 2017; Zahran et al., 2018).

가장 심각한 위협은 생명을 잃는 것이다. 천명을 예방하기 위해 매일 약을 먹고, 잠재적 자극물질을 막기 위해 환경을 통제하고, 알레르기 항원에 대한 탈감각 치료를 받고, 감염을 피하고, 천명을 중지시키기 위해 응급처치를 받는 것과 같이 천식의 신체적 증상을 치료하기 위해 취하는 모든 조치는 사망을 막기 위한 것이다. 치료를 개선시키기 위한 많은 노력이 이루어지고 있지만 높은 유병률과 의료비용, 입원, 사망률의 증가는 지속적인 우려의 대상이며, 도시에 사는 가난한 아동·청소년들이 특히 더 큰 위험에 처해 있다(Ferrante & La Grutta, 2018; McQuaid & Fedele, 2017).

병인

천식의 원인은 복잡하고, 병인에 대해서도 상당한 논란이 있었다. 그러나 유전적 요인 또는 기타 요인들이 아

로렌 : 천식 관리하기

로렌은 중간에서 심각한 정도의 천식이 있는 12세 남아이다. 로렌은 천식으로 1년 동안 네 번째로 병원에 입원했다. 회진시간에 로렌의 주치의는 로렌이 운동으로 인한 발작을 포함하여 천식의 촉발요인을 피하고 약물요법에 잘 따른다면 천식이 잘 조절될 것이라고 하였다. 또한 로렌이 흡입기를 제대로 사용하지 않았다는 점이 지적되었다. 부적절한 흡입기 사용으로 인해 대부분의 약이 호흡 곤란을 완화시키지 못하고 낭비되었다. 증상 완화가 빠르게 이루어지지 않는 것은

로렌에게 좌절감을 안겨주었다. 그 결과 그는 화를 더 잘 내게 되었고, 이러한 행동은 그의 천식증상을 더 악화시켰다. 로렌에게 (1) 천식의 촉발요인을 파악하여 그것을 피할 수 있도록 가르치고, (2) 처방된 약물을 검토하여 가능하다면 이를 조정하며, (3) 의학적 치료계획을 더 잘 준수하도록 만들고, (4) 흡입기를 올바르게 사용하는 법을 가르치며, (5) 좌절감을 조절할 수 있는 기술들을 가르치도록 결정이 되었다.

－ Creer(1998, p. 411)에서 수정 인용

동과 청소년이 천식을 일으키도록 한다는 데에는 일반적으로 동의가 이루어지고 있다. 천식의 발병과 지속은 생물학적 요인과 환경적 요인의 상호작용의 결과로 간주된다(Clawson et al., 2019; Global Initiative for Asthma, 2019). 이러한 원인들에 대한 이해가 완전히 이루어지지 않았지만 이들은 기도의 과잉민감성을 유발하는 것으로 생각되며, 일단 과잉민감성이 유발되면 아동과 청소년들은 그렇지 않은 사람들에 비해 여러 가지 자극을 주는 물질에 더 쉽게 반응하게 된다.

호흡기가 아주 민감하고 불안정한 사람들은 천식발작이나 악화에 영향을 미치는 여러 요인에 노출될 수 있다. 이런 영향들은 천식의 직접적 원인이라기보다는 촉발기제나 자극물이다. 아동과 청소년들에 따라 작용하는 촉발기제가 각각 다르고 동일한 사람에게도 시간에 따라 촉발인자가 다를 수 있다(Janssens & Harver, 2015; McQuaid & Fedele, 2017).

신체질환, 특히 반복적인 호흡기 감염이 천식을 일으킬 수 있고 몇몇 호흡기 바이러스 감염은 발작을 일으키거나 악화시킬 수 있다(Centers for Disease Control and Prevention, 2020; Papadopoulos et al., 2020). 알레르기 또한 천식 악화와 관련이 있다. 아동과 청소년들은 흡입된 물질(예 : 먼지, 애완동물의 비듬 또는 꽃가루)과 먹는 음식(예 : 우유, 밀이나 초콜릿)에 알레르기가 있을 수 있다. 낮은 온도, 담배 연기, 자극적인 냄새, 운동과 가쁜 호흡 같은 신체적 요인도 천명에 영향을 미칠 수 있다. 의학적 관리가 잘 안 되고 처치에 따르지 않는 것은 질병과정을 악화시킬 수 있다. 더구나 심리적 자극이나 정서적 흥분도 종종 천식 악화의 중요한 촉발인자로 간주된다(Bray et al., 2017; Clawson et al., 2019; McQuaid & Fedele, 2017).

심리적·가족적 영향

이제는 천식의 원인을 다르게 보게 되었지만 과거 대부분의 문헌에서는 천식이 주로 심리적 원인으로 발생한다고 보았으며 한때는 '신경성 천식(asthma nervosa)'으로 부르기도 했었다(Alexander, 1950). 천식치료에 대한 이전의 연구들도 증상 개선을 위해 심리적인 원인에 주목했다. 예를 들어 덴버의 아동천식연구센터와 병원(CARIH)에서 일하고 있었던 Purcell과 동료들(1969)은 어떤 아동은 치료를 받기 위해 부모를 떠나면 곧 증상이 사라진다는 사실을 발견했다. 이런 종류의 관찰들로 인해 연구자들은 심리적 분위기의 변화가 천식증상의 완화를 위한 기본이 된다고 보게 되었다. 실제 1950년대에 일부 아동들에게는 부모자녀 분리치료법(parentectomy)이 권장되기도 하였다(Peshkin, 1959). 부모로부터 분리되어 있는 동안 일부 아동들의 증상이 실제로 완화되었지만 해결되지 않은 질문들이 남아 있었다. 부모로부터 분리된 후 나타나는 효과는 정서적 환경의 변화 때문일까, 아니면 물리적 환경의 변화 때문일까? 변화에 대한 이유가 다른 요인들, 예를 들어 특별 관리를 받는 동안 처방된 치료를 더 잘 따르게 되었기 때문은 아닐까?

시간이 지나면서 이런 질문들에 답하기 위한 연구가 시작되면서 심리적 또는 가족적 요인이 천식에 특징적으로 나타나는 호흡기 능력을 약화시키는 원인이라는 증거가 별로 없음이 분명해지고 있다. 그렇다고 해서 심리적 요인과 가족적 기능이 천식에 어떤 역할도 하지 않는 것은 아니다. 실제로는 이러한 요인들이 위험에 처한 아동 및 청소년의 천식증상을 촉발시키는 데 중요한 역할을 하며, 병의 경과에 영향을 미친다는 증거가 존재한다(Clawson et al., 2019; Global Inititative for Asthma, 2019; McQuaid & Fedele, 2017). 가정환경(예 : 먼지, 동물의 비듬), 가족 구성원들의 활동(예 : 흡연, 야외활동), 가족 스트레스(예 : 가족 불화, 심리사회적 문제), 개인의 정서 상태(예 : 불안, 수치심, 웃음)가 천식증상을 일으키거나 악화시키는 데 영향을 미치는 요인일 수 있다. 다시 말해서 생리적인 요인들은 아동 · 청소년을 천식에 취약하게 만들 수 있는 반면, 가족적 기능과 심리적 요인들 또한 중요한 역할을 한다.

천식에 기여하는 심리적 요인들에 대한 깊이 있는 연구는 정신신경면역학(psychoneuroimmunology, PNI) 분야에서 이루어져 왔는데, 이 분야에서는 중추신경계, 신경내분비, 면역 시스템이 심리적 변인들 및 신체적 건강과 상호작용하는 방식인 '심신의 연결(mind-body connection)'을 연구한다(Bray et al., 2017). 이론상 천식에서 정서적 스트레스가 자율신경계에 영향을 미치는 것으로 알려져 있다. 자율신경계는 폐기능을 포함한 생체기능을 조절하며, 천식이 있는 아동·청소년이 부정적 정서를 경험할 때 호흡기 증상이 발생하거나 악화되는데 기여한다. 스트레스 및 정서가 일부 개인의 천식증상 발생이나 악화에 기여할 수 있는 반면에, 개인의 적응에도 영향을 미칠 수 있다. 예를 들어 천식은 스포츠 참여, 야외놀이의 기회, 다른 신체활동 같은 아동·청소년의 활동을 박탈하거나 제한하며 결과적으로 그들의 적응에 영향을 미친다(Bhagat et al., 2019). 더 나아가 이미 언급하였듯이 호흡기 증상 그 자체와 장애의 부정적 영향이 아동과 가족의 정서적 어려움을 야기할 수 있다.

대체적으로 천식이 있는 아동과 청소년들은 심리사회적 어려움을 겪으며, 특히 불안과 우울과 같은 내재화 증상들을 건강한 또래에 비해 더 높은 비율로 경험한다(Dudeney et al., 2017; Lu et al., 2012; Shankar et al., 2019). 천식이 있는 아동·청소년은 행동적 어려움을 겪을 가능성 또한 높고(McQuaid, Kopel, & Nassau, 2001) 수면문제와 같은 기능적 장애를 경험할 가능성이 크다(Koinis-Mitchell et al., 2017). 또한 연구에 따르면 더 심각한 천식증상의 아동에게 정서적·행동적 어려움이 더 많이 나타나며, 불안 및 우울처럼 동시에 나타나는 정신과적 문제가 있는 경우 더 심각한 수준의 천식증상을 보고할 가능성이 있다(Booster, Oland, & Bender, 2016; McQuaid & Fedele, 2017). 게다가 심리적 어려움은 천식 통제가 잘 안 되고 결과도 좋지 못한 것과 연합된다(Baiardini et al., 2015). 심리적 어려움과 천식의 관계는 복잡하고 양방향적일 가능성이 있다. 천식과 같은 만성적인 건강 상태는 스트레스와 기능손상을 늘리면서 적응문제의 발달에 기여할 수 있으며, 또는 심리적 어려움이 천식의 영향력을 악화시키고 증상의 관리를 혼란스럽게 하여 더 큰 스트레스나 어려움을 불러올 수 있다(Clawson et al., 2019; Goodwin et al., 2012).

또한 아동과 청소년의 천식은 여러 가지 방식으로 가족에게 영향을 미칠 수 있다. 부모가 더 불안해지고, 자녀의 질병 때문에 일하지 못하는 날이 늘어나고, 지불해야 할 의료비도 증가한다(Easter, Sharpe, & Hunt, 2015; Nunes et al., 2017; Sullivan et al., 2018). 형제들은 부모의 관심을 덜 받게 되고 가족활동에서의 선택에 제한을 받는다. 예를 들어 Annett와 동료들(2010)은 아동의 천식 정도, 아동과 가족의 심리적 기능, 아동과 부모의 삶의 질의 관계를 연구하였다. 연구결과는 가족의 기능이 아동의 기능에 영향을 미치고, 아동의 기능과 천식에 대한 통제가 아동과 가족 모두의 삶의 질에 영향을 미친다는 것이다(그림 15.1 참조).

심리적 그리고 가족적 요인들은 치료를 잘 따르는 것에 대한 효과를 통해 천식의 결과에 영향을 미칠 수 있다. 소아천식의 치료목적은 약물학적 및 비약물학적 개입을 통해 증상을 잘 관리하는 것이다(Clawson et al., 2019; Global Initiative for Asthma, 2019). 천식기능을 개선하기 위한 최근의 치료들은 관리 및 치료 이행을 향상시키는 것에 초점을 맞춘다. 가족 구성원들은 질병관리를 도와야 하고 특히 아동이 어릴 때는 더욱 그러하다. 따라서 개입에는 기본적인 의학적 관리, 약물관리와 심리적 측면이 모두 포함되어야 하고 가족들에게 천식발작의 촉발요인과 결과에 대해 교육하고, 아동과 가족이 질병을 관리하도록 돕는 데 집중해야 한다(Global Initiative for Asthma, 2019). 더 나아가 심리학적 기반의 심신 개입, 예를 들어 이완과 유도된 심상, 글쓰기를 통한 정서 표출, 요가, 마음챙김 치료는 폐의 기능 향상과 천식이 있는 아동·청소년의 전반적인 삶의 질 향상에 효과가 있는 것으로 나타났다(Bray et al., 2017).

이처럼 심리적·가족적 요인에 대한 초점은 천식과 같은 만성질환의 원인으로부터 신체적 요인과 심리적 요인의 관계, 아동, 부모, 가족과 건강관리전문가가 증상의 빈도와 심각성, 그리고 장애관리에 영향을 줄 수 있는 방식에 대한 관심으로 이동해 왔다(Clawson et al., 2019; McQuaid & Fedele, 2017).

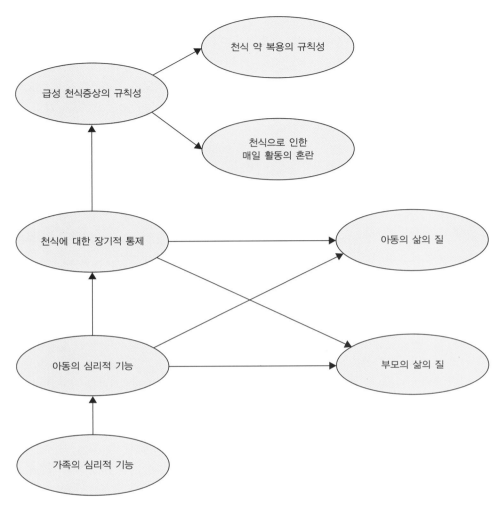

그림 15.1 천식, 아동과 부모의 기능, 삶의 질의 관계[Annett et al.(2010)에서 수정 인용. Copyright 1994 by the Oxford University Press. 허락하에 사용함]

만성질환의 결과

아동·청소년들에게서 천식, 당뇨병, 암과 같은 만성질환을 조기 탐지, 진단, 치료에서 많은 발전이 이루어진 것은 전에는 생명을 위협했던 질병들로부터의 생존율 증가로 이어졌다(Compas et al., 2012). 정의는 다양할 수 있지만 만성질환은 장기간(일반적으로 3개월 이상) 지속되면서 학교에 다니거나 정기적인 활동참여가 어렵게 되는 등의 **기능장애**(functional impairment)를 야기하며, 아동의 나이에서 기대되는 것보다 더 큰 의료

적 치료를 필요로 하는 어떤 조건이라고 정의될 수 있다(Brown & Kupst, 2016). 만성질환의 몇 가지 예시는 천식, 암, 간질, 겸상적혈구증(SCD), 당뇨병, 만성통증이 있다. 소아 만성질환의 추정 유병률은 데이터 수집방법, 만성질환의 정의, 만성질환의 유형을 포함한 여러 요인에 따라 상당히 달라진다. 그러나 전반적으로 아동·청소년의 약 10~35%가 만성질환에 의해 영향을 받는 것으로 추정된다(Riccio et al., 2018). 특히 아동들의 경우 만성질환의 유병률은 시간이 지남에 따라 증가하고 있는데, 이는 의학 발전이 심각한 질병의 아동 생존율을

부모들이 질병 징후가 갑자기 나타날 것을 걱정하기 때문에 천식과 같은 만성질병이 있는 아동들은 또래로부터 고립되어 지내는 시간이 많다.

증가시킨 것과 같은 많은 요인의 결과이다(Brownn & Kupst, 2016).

만성질환은 아동·청소년 및 가족들에게 어떤 영향을 미칠까? 천식에 대한 우리의 논의에서 소개된 바와 같이 아동·청소년, 그리고 가족의 신체적, 심리적 발달에 영향을 미치는 건강과 질병의 상호작용에 대한 관심이 심리학과 의학 간 접점의 일부가 되었다. 만성질환은 특히 생명을 위협할 정도일 때에는 폭넓게 영향을 미친다. 아동·청소년은 심각한 스트레스와 불안을 경험할 가능성이 커지고, 질병으로 인해 정상발달이 어려워진다. 예를 들어 또래와의 경험이 제한되거나 학교 출석이 불가능해진다.

물론 가족도 질병과 치료, 그리고 오랫동안의 질병의 영향을 이겨내야 한다. 그런 장기적 요구를 감당해내는 것은 정말 힘들고, 치료를 위한 처방이나 의학적 지시를 준수하는 것 자체도 스트레스이다. 따라서 가족 전체가 상당한 불안을 경험하게 되고, 일상생활에도 상당히 스트레스가 가중된다.

적응과 만성질환

만성질환에 대한 연구는 소아심리학자들에게 우선 사항이 되었다(Brown & Kupst, 2016; Roberts & Steele, 2017). 많이 하는 질문 가운데 하나는 만성질환이 부적응을 유발하는가이다. 반드시 그렇지는 않지만 질병과 이와 관련된 다른 경험들 때문에 아동과 청소년이 적응문제를 보일 가능성이 크다(Bennett et al., 2015; Drotar, 2006; Ferro & Boyle, 2015; Lemanek, Hahn & McNaull, 2017; McGavock, Dart, Wicklow, 2014; Quittner, Saez-Flores, & Barton, 2016; Reed-Knight, Mackner, & Crandall, 2017). 연구결과들은 만성질환이 있는 아동·청소년의 적응에는 상당한 개인차가 있음을 시사하고 있다. 만성질환이 있어도 대부분의 아동과 청소년은 심각한 적응문제를 경험하지 않지만 적응력이 약한 아동과 청소년도 있다(Mullins & Chaney, 2019; Rapoff, Lindsley, & Karlson, 2017; Vannatta & Salley, 2017).

그러나 적응을 한 시점에서 보아서는 전체적 그림을 볼 수 없다. 아동과 청소년 그리고 가족의 적응은 진단의 순간부터 시작되어 치료과정을 거쳐 치료의 종료와 재발에 이르기까지 계속 진행되는 장기적 과정이다(Kazak et al., 2017a). 이로 인해 일부 전문가들은 외상적 스트레스 관점에서 진단과 치료에 대한 초기 반응과 시간에 따른 적응을 이해하려고 한다(Kazak, Price, & Kassam-Adams, 2017b; Price et al., 2015).

만성질환에 대한 적응에는 여러 요인이 복잡하게 상호작용하며 영향을 미친다고 보는 것이 가장 정확하다(Kazak et al., 2017a; Mullins et al., 2015). 아동과 청소년 그리고 가족의 특징이 이들의 적응에 영향을 미칠

것이다. 예를 들어 적응과정에서 아동과 청소년의 능력과 이들이 가지고 있는 대처기술의 유형과 다양성이 중요한 것 같다. 두 번째 범주는 질병과 관련되는 요인으로 질병의 정도, 손상 정도와 아동 · 청소년의 기능적 독립성이다. 또한 환경(예 : 가족, 학교, 건강관리)도 적응의 차이를 일으키는 데 중요한 요인이다. 만성질환 아동의 위험과 대처과정을 이해하는 데 도움을 주는 몇몇 유용한 모델이 등장하기는 했으나(Brown & Kupst, 2016), 이 문제의 복잡성은 Wallander, Varni와 동료들의 모델로 잘 이해될 수 있다(Wallander & Varni, 1998)(그림 15.2 참조).

다음에는 만성질환에 대한 적응에 영향을 미치는 두

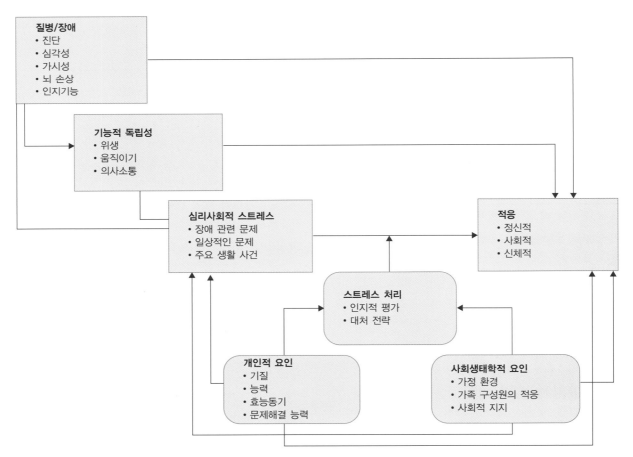

그림 15.2 만성질병이나 장애에 대한 아동들의 적응을 보여주는 개념적 모델. 직사각형은 위험요인을 나타내고 둥근 사각형은 저항(보호)요인을 나타낸다.[Wallander & Varni(1998)에서 인용. Copyright 1998 by John Wiley & Sons. 허락하에 사용함]

범주인 질병의 특징과 가족기능에 대해 살펴보겠다.

질병의 특징과 적응

만성질환이 있는 아동과 청소년의 적응을 이해하려면 질병의 특징이 적응에서의 차이를 가져오는지를 고려해 보아야 한다. 질병의 정도, 질병의 예측 가능성, 상태의 가시성, 질병과 관련된 스트레스, 질병에 대한 지각, 질병으로 인한 기능 손상 정도와 같은 변인들이 검토되었다. 물론 이런 특징 각각을 분리해서 검토하는 것이 항상 가능하지는 않다. 예를 들어 질병이 심할수록 정상기능에 더 큰 제한이 생겨날 것이다. 그러나 이 변인들 각각이 모두 중요할 수 있다.

어떤 특징은 다른 특징보다 더 심각하지만 같은 특징을 지닌 아동들 간에도 질병이 심각한 정도는 차이가 있을 수 있다. 그렇다면 질병의 정도는 어떤 영향을 미칠까? 연구결과는 일관성이 없다(Kazak et al., 2017a; Rapoff et al., 2017). 그러나 어떤 연구는 질병의 정도와 적응 간에 관계가 있다는 것을 보여준다(Booster et al., 2016; Lamanek, Hahn, & McNaull, 2017; Shaw & DeMaso, 2020). 예를 들어 최근 한 체계적 개관연구는 겸상적혈구증(SCD)으로 진단된 청소년 집단에서 우울증 유병률을 조사한 13개 연구의 결과를 요약했다. SCD는 흔한 혈액장애로 다양한 질병 심각성을 보이는데, SCD가 있는 청소년은 혈관폐쇄 위기(혈관이 막힘)와 빈혈(헤모글로빈 수치가 낮음)을 포함한 수많은 합병증을 경험할 수 있으며, 이로 인해 잦은 통증이 발생한다. SCD가 있는 아동·청소년의 우울증을 평가한 연구들에서 우울증 유병률은 4~46%로 보고되었으며, 통증은 우울증상의 더 높은 발생을 예측하는 것으로 확인되었다(Moody, Mercer, & Glass, 2019). 그러나 질병이 더 심해도 적응결과는 항상 더 나쁘지는 않았고, 관계는 복잡하며 질병의 정도에 대한 아동·청소년과 가족들의 지각에 달려 있는 것으로 보인다(Chaney et al., 2016; Roberts et al., 2019).

질병에 대한 아동·청소년의 태도와 스트레스 정도도 적응에 영향을 미친다. 예를 들어 LeBovidge, Lavigne와 Miller(2005)는 만성관절염을 앓고 있는 8~18세 아동과 청소년의 적응을 연구하였다. 질병으로 인한 스트레스와 질병과 관련이 없는 스트레스 모두 높은 수준의 불안과 우울증상, 부모가 보고한 적응문제와 관련이 있었다. 대조적으로 질병에 대한 태도가 긍정적일수록 불안수준과 우울증상이 더 낮았다. 〈그림 15.3〉에 관절염과 관련된 스트레스, 질병에 대한 태도와 우울증상의 관계를 제시하였다.

또한 적응은 만성질환으로 인한 기능적 제한(아동·청소년이 어느 정도 제한을 받는가)의 정도와 관계가 있는 것 같다(Law et al., 2017; McQuaid & Fedele, 2017). 기능적 제한은 학교 결석일수, 친구관계 및 다른 기능에 영향을 미칠 수 있다(Riccio et al., 2018; Rohrig & Puliafico, 2018). 예를 들어 염증성 장질환(inflammatry bowel disease, IBD)은 위장의 만성적 염증이 특징으로 아동은 설사를 자주하고, 배가 자주 아프고, 체중이 감소되고, 성장이 지체되고 사춘기도 늦어지고 피곤하며 이 밖에 다른 증상들도 보인다. IBD는 예측할 수 없고 상당히 난처한 질병이다. 아동은 자신의 증상과 화장실

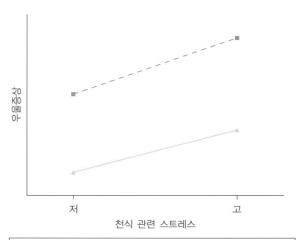

그림 15.3 관절염으로 인한 스트레스, 질병 태도와 우울 증후군[LeBovidge, Lavigne, & Miller(2005)에서 수정 인용. Copyright 2005 by Oxford University Press. 허락하에 사용함]

에 자주 가는 것에 대해 수치감을 느낄 수 있고, 이로 인해 사회적 활동이 제한될 수 있다. 또한 증상이 갑자기 나타나서 사회적 활동을 중단하게 될 수도 있다. IBD가 있는 아동은 많은 영역에서 기능손상을 보고한다(Schurman et al., 2017).

질병의 여러 측면이 미치는 영향을 해석하기는 상당히 어렵다. 연구를 진행할 시 윤리적으로 정서적 조건이나 질병의 정도를 조작할 수 없고, 아동들을 질병 조건에 무선으로 할당할 수도 없다. 그 결과 질병을 일으키는 인과적인 위험요인과 단순히 관련된 요인들을 서로 구별하는 것은 어려울 수 있다. 게다가 질병의 특징이 적응을 예측하는 데 도움이 되기는 하지만 예측력은 높지 않다. 질병 관련 요인들을 더 규준적인 접근에 통합시키는 것, 즉 만성질환이 없는 아동·청소년의 스트레스, 위험요인 및 적응 유연성 요인들을 내포한 병인론적 모델에 질병의 특징을 결합하는 접근이 유용하며, 제안된 여러 모델이 연구로 지지되어 왔다(Mullins et al., 2015). 그런 접근을 사용하면 만성질환이 없는 아동과 가족에 공통적으로 작용하는 요인들뿐 아니라 만성질환에만 국한되어 작용하는 요인들을 발견할 수 있을 것이다. 가족기능은 그러한 규준적 접근에서 핵심적인 변인들 가운데 하나이다.

가족기능과 적응

가족기능이 전형적인 아동발달에서 중요한 역할을 하듯이 가족은 아동의 만성질환 적응에 있어 중요한 고려사항이다. 대부분의 연구들은 만성질환이 있는 아동과 없는 아동, 혹은 통제집단의 가족기능에 차이가 없다고 밝히고 있다. 그러나 가족기능이 만성질환이 있는 아동과 청소년의 심리적 적응과 관계가 있다는 사실은 놀라운 일이 아니다(Kazak et al., 2017a; Van Schoors et al., 2016). 만성질환과 관련된 특정 위험과 스트레스 요인을 인정하면서도 일반 아동·청소년의 적응과 관련이 있는 특정한 부모 행동, 부모 우울, 가족생활의 붕괴 및 부부 간의 갈등 같은 일부 가족요인이 만성질환이 있는 아동·청소년의 적응에 관계된다고 가정하는 것이 타당하

고 실제로도 그렇다(Kazak et al., 2017a; Mullins et al., 2016).

일반 아동·청소년의 적응과 관련된다고 알려져 있는 다양한 가족요인이 만성질환이 있는 아동·청소년 집단에서도 연구되어 왔다(Brown & Kupst, 2016; Cousino & Hazen, 2013; Pinquart, 2013; Van Gampelaere et al., 2018). 전반적으로 연구들은 건강한 아동의 적응문제에 보호요인과 위험요인으로 작용하는 가족요인들이 만성질환이 있는 아동의 심리적 안녕감과 위험에 동일하게 영향을 미친다는 것을 보여준다(Brown & Kupst, 2016; Watson et al., 2014). 예를 들면 일반적으로 아동의 긍정적 적응과 관련이 깊은 높은 수준의 온정과 지지를 보이는 양육방식은 만성 신체질환이 있는 아동의 우울증상 및 외현화 행동문제 감소 등 더 나은 적응과 관련이 있다(Crandell et al., 2018).

한편 만성질환 아동의 부모들은 전형적인 발달양상으로 성장하는 아동·청소년의 부모들보다 더 많은 양육상 문제에 직면하며, 가족기능과 아동 질병의 상호작용을 고려하는 것이 중요하다. Crandell과 동료들(2018)에 의해 기술된 바와 같이 만성질환이 있는 아동을 양육하는 것은 놀이터에서 아동을 감독하거나 학교 활동을 관리하는 것과 같은 일상적인 양육행동에 더불어 당뇨병이 있는 아동의 혈당 수치를 모니터링하는 것이나 집중적인 암치료를 받는 아동의 여러 진료 예약과 아동이 느끼는 고통을 다루는 등의 아동의 조건에 맞는 예외적인 양육행동 모두를 포함하는 일이다. 질병이 있는 자녀의 부모들이 대개 잘 적응하긴 하지만 일부에게 우울증, 불안 및 외상후 스트레스증상을 포함하는 심리적 고통의 위험이 증가할 수 있다(Shaw & DeMaso, 2020; Woolf al., 2016). 연구는 또한 부모의 고통과 아동기 질병이 본질적으로 양방향적인 관계일 가능성을 보여준다. 즉 아동기 질병은 발달 중인 아동과 가족에 영향을 미치고, 이어서 가족은 아동의 질병 적응에 영향을 미친다(Kazak al., 2017a; Palermo, Valrie, & Karlson, 2014). 더군다나 질병과 관련된 특징과 가족요인은 서로 독립적으로 작용하지 않으며, 적응에 있어서의 각각의 관계를 조절하

에린 : 만성질환과 등교거부

14세 여아 에린은 광범위한 병력을 갖고 있다. 14개월경 그녀는 신부전 진단을 받아 방광재건술을 받았다. 그 후 요로 기능을 보완하기 위해 카테터와 외부 저장장치를 활용하였다. 이로 인해 건강이 나빠졌고, 그 결과 성장하면서 많은 의학적 합병증(예 : 심한 탈수, 감염)과 여러 번의 입원을 경험했다. 이는 수년 동안 그녀의 학교 출석에 영향을 미쳤고 잦은 결석을 초래했다. 그녀는 심각한 감염으로 3주 동안이나 입원해야 했고, 의학적 사유로 정당화된 결석은 이후 7학년 봄이 되었을 때 등교거부로 바뀌게 되었다. 7학년 봄에 학교로 돌아오자마자 에린은 아침에 몸이 좋지 않음을 보고했고 학교에서 증상이 발생할까 봐 두려움을 가지게 되었다. 학교에 출석한 날에는 친구들과 함께 교실에 있는 것을 피하기 위해 에린은 수시로 양호실과 화장실에 갔다. 학교에서 조금의 신체적 불편감(예 : 복통)이라도 느끼게 될 때에는 어머니에게 자신을 데려가라고 요청했다. 부분적인 학교 출석은 순식간에 결석으로 확대되었다. 7학년 말 에린은 학교에 완전하게 출석한 날이 겨우 28일밖에 되지 않았다.

등교거부를 해결하기 위한 인지행동치료의 초기상담 시 에린은 자신의 의학적 문제에 대한 불안을 강하게 드러냈다. 특히 그녀는 또래들 앞에서 아프게 될 것(즉 구토)이 무서워 학교에 가는 것이 두렵다고 보고했고, 실제로 이 일이 7학년 시기 한 번 발생했던 적이 있었다고 말했다. 에린은 또한 다른 사람들이 그녀의 카테터와 외부 소변 저장장치에 대해 알게 되면 그녀를 조롱할 것이라는 불안감을 언급했다. 그 결과 에린은 학교에서 카테터를 비우는 것을 소홀히 하는 경우가 많았고, 이는 감염과 입원의 원인이 되었다. 마지막으로 부모 인터뷰와 에린의 평가로부터 식욕 감퇴, 이전에 즐겼던 일(예 : 친구와 커피숍에 가기)에 대한 관심 상실, 긴 수면시간(특히 학교가 아닌 집에 머물 때), 고립감, 자기비난 및 세밀히 뜯어보는 생각 같은 우울증상들이 관찰되었다. 에린은 수동적 자살사고를 경험했지만(즉 "더 이상 이 문제를 다루고 싶지 않아."), 현재의 자살계획이나 의도는 부인하였다.

– Rohrig & Puliafico(2018, p. 3~4)에서 수정 인용

거나 매개하는 변수로 작용한다.

예를 들어 아동기에 가장 흔한 류머티스성 질환인 소아 특발성 관절염(juvenile idiopathic arthritis, JIA)은 만성통증과 기능제한이 특징인데, 이를 앓고 있는 아동과 가족의 적응문제가 연구되어 왔다. 많은 요인 중에서도 연구들은 부모의 고통이 삶의 질 저하 및 높은 수준의 기능장애를 포함하는 아동의 부적응과 관련이 있음을 시사한다(Hynes et al., 2019; Seid et al., 2014; Timko et al., 1993). 게다가 JIA와 다른 소아 류머티스성 관절염을 앓고 있는 아동을 둔 부모들에게 가해지는 상당한 부담, 예를 들어 치료계획 관리, 잦은 의료 예약, 재정적 어려움 등은 부모의 고통 및 아동의 우울증상과 관련이 있다(Chaney et al., 2016).

부모–자녀 관계의 질 또한 부모의 기능과 아동의 적응 사이 관계를 이해하는 데 중요할 수 있다. 예를 들어 소아암 생존자의 적응에 대한 최근 연구는 부모의 심리적 기능과 아동의 적응 결과 간의 관계에서 부모–자녀 관계의 역할을 조사했다(Schpers et al., 2018). 8~21세 사이 206명의 소아암 생존자들과 그들의 주양육자가 연구에 참여하였다. 아동들은 부모–자녀 관계의 질과 그들의 적응에 대해 부모들은 다른 요인 중에서도 스스로가 느끼고 있는 고통의 정도, 부모–자녀 관계의 질, 그리고 자녀의 적응에 대해 보고했다. 연구결과는 부모의 고통이 아동이 보고한 더 많은 내재화 문제와 관련이 있다는 것을 보여주었다. 이와 유사하게 더 많은 고통을 느끼고 있는 부모들은 덜 괴로워하는 부모들에 비해 자녀의 내재화 문제를 더 많이 보고했으며, 이 관계는 자녀와의 관계에 대한 부모의 지각에 의해 매개되었다. 부모의 고통이 클수록 자녀에게 애착을 덜 느끼며 자녀와의 관계에서 더욱 좌절감을 경험하였다. 그러나 일부 부모와 아동·청소년이 더 높은 수준의 고통과 적응상 어려움을 보고했음에도 전반적으로 소아암 생존자들과 그

들의 부모는 상당한 적응 유연성을 지니고 있는 것으로 밝혀졌는데, 이들은 건강한 대조군과 비교하여 동등하거나 더 낮은 수준의 심리적 고통을 보였다. 이러한 결과들은 소아암을 겪은 가족이 보이는 높은 수준의 적응 유연성을 보고한 연구결과들과 일치한다(Van Schoors et al., 2015; Vannatta & Salley, 2017).

부모-자녀 관계가 아동의 적응에 미치는 영향은 다른 만성질환에 대한 연구에서도 입증되어 왔다. 예를 들어 Berg와 동료들(2011)은 당뇨병이 있는 어린 청소년에 대한 부모 관여의 역할을 살펴보았다. 어머니, 아버지 모두 자녀와의 관계 질이 좋을수록(수용, 독립성과 격려 및 의사소통) 당뇨병 예후가 더 좋았다(대사조절과 의학적 치료계획의 준수). 더구나 부모가 청소년의 일상활동과 당뇨병 관리행동을 더 잘 감독할수록 결과가 더 좋았다. 부모의 관여와 당뇨병 예후 사이의 많은 관계는 자기효능감에 대한 청소년의 지각에 의해 매개되었다. 즉 부모가 더 잘 관여하는 것이 당뇨병을 관리하는 자신의 능력에 대한 청소년들의 더 큰 자신감과 관련되고, 이는 당뇨병의 더 좋은 예후와 연합되었다.

청소년이 당뇨병의 치료계획을 지키고 혈당을 조절하는 데 대한 가족기능의 역할을 조사한 또 다른 연구는 당뇨병의 예후에서 부모의 관여와 가족 갈등의 연관성을 입증했다(Mackey et al., 2014). 연구결과에 따르면 어머니의 우울증상이 부모로 하여금 감독을 덜 하게 하고 더 많은 갈등을 초래할 수 있고, 이어서 이는 치료계획을 지키지 않고 혈당조절에 실패하는 것과 연관된다. 게다가 청소년이 치료계획을 잘 지키지 않는 것은 부모-자녀 갈등과 관련이 있었으며, 이는 다시 어머니의 우울증상과 연관되었다. 당뇨병이 있는 아동을 둔 가족들은 질병관리를 위해 하루 일과를 조직해야 하는 것에서 오는 상당한 부담을 경험한다. 생각건대 이러한 부담은 부모의 심리적 기능에 영향을 미칠 수 있고, 또는 기존의 부모 우울로 인한 피로감, 즐거움을 느끼지 못하는 것, 다른 증상들 때문에 감독을 더 어렵게 할 수 있다. 게다가 치료계획을 잘 따르지 않으며 혈당조절이 잘 안되는 것은 더 큰 가족 스트레스 및 갈등과 관련이 있을

수 있다. 이러한 고려사항은 질병 변수, 가족기능, 및 적응 사이의 강력한 상호작용을 시사한다.

또 중요한 것은 적응을 오랜 기간에 걸쳐 일어나는 과정으로 간주하는 것이다. 학교가 바뀌고 청소년 초기로 진입하는 것 같은 중요한 발달적 변화와 성인기 진입과 함께 생겨나는 질병관리에 대한 더 큰 책임에도 주의를 기울일 필요가 있다. 환자들의 상태도 변하고 질병이 가족들에게 미치는 영향도 변한다. 더구나 환자와 질병이 변하면 가족들의 개입 양상도 변해야 할지 모른다. 만성질환자들의 생존 가능성이 이전보다 높아졌기 때문에 이런 결과는 치료 이후의 시간, 현재 발달수준, 진단 시 나이와 다른 변인들이 어떻게 가족환경과 아동·청소년의 심리적 적응의 관계에 영향을 미치는지를 지속적으로 연구해야 할 필요성을 의미한다(Kazak et al., 2017a; Palermo et al., 2014).

점점 더 많은 아동·청소년이 만성질환을 이겨내고 있기 때문에 장기간의 적응을 연구하는 것이 점점 더 복잡해질 것이다. 질병에 대한 더 바람직한 적응에 대해 묻기보다는 만성질환 경험이 개인의 발달에 어떻게 영향을 주는지를 묻는 것이 더 합리적일 것이다.

암 : 만성질환에 적응하기

소아암은 생명을 위협하는 심각한 질병으로 아동과 그 가족에게 상당한 고통을 준다. 오랫동안 치명적인 질병으로 여겨져 왔던 암은 여전히 아동의 주요 사망 원인이다(Kazak & Noll, 2015). 그러나 암치료법의 발전은 극적인 치료효과와 생존율의 향상으로 이어졌다. 예를 들어 1960년대에는 아동들에게 가장 많이 나타났던 암인 급성림프성백혈병은 진단 5년 후 생존율이 1%였다. 1970년대 중반에는 약 49%로 증가하였고 21세기 초반에는 88%로 증가하였다. 치료가 발달하면서 아동기 암의 5년 생존율이 약 80%로 증가하였다(Vannatta & Salley, 2017).

생존율이 높아지면서 이제는 '암으로 죽는' 쪽에서 '암과 더불어 사는' 쪽으로 관심이 바뀌었다(Eiser, 1998). 많은 젊은 사람에게는 암이 죽음에 이르는 질병

이 아니라 만성적인 질병이라고 보는 것이 더 적절하다. 그러나 생존율의 향상은 종종 길고, 극히 침습적(invasive)이며, 스트레스가 심하고, 상당한 고통이 수반되는 더 공격적인 치료의 결과이다. 아동기 암치료는 그 기간과 강도가 다르지만 일반적으로 진단 후 최소 1년, 혹은 그 이상의 긴 시간 동안 건강과 심리에 미치는 영향력이 상당할 수 있다(Kazak & Noll, 2015). 따라서 이런 환자들과 일하는 데에는 복합적이고 복잡한 어려움이 따른다.

암 진단 및 그 치료과정에서의 개별적 단계는 아동과 가족이 마주하는 상이한 스트레스 요인과 관련된다(Vannatta & Salley, 2017). 예를 들어 일반적으로 진단 전후의 초기 몇 시간, 며칠, 몇 주는 일상생활의 긴박함과 격변으로 가득 차 있다. 진단 및 치료 결정을 위한 시간은 짧게 압축되며 여러 검사와 평가가 수반된다. 이 기간에 청소년과 보호자는 진단에 대한 광범위한 정보를 수집하고 치료방법을 선택해야만 한다(Kazak & Noll, 2015). 청소년과 가족이 질병을 이해하고 받아들이도록 돕는 초기 작업 외에도 장기간의 스트레스적인 치료절차, 그리고 질병과 치료로 인한 다른 부가적인 스트레스 요인들을 이겨내도록 보조하는 것 역시 중요하다. 치료를 받는 동안 아동은 절차상 통증, 메스꺼움 및 치료상 나타나는 기타 증상들을 포함한 다양한 신체적 부작용을 겪을 뿐만 아니라 입원과 학교 및 또래 활동과 같은 정상적 활동을 못하게 하는 장벽을 경험할 수 있다(Vannatta & Salley, 2017). 부모 역시 상당한 고통과 부담을 경험한다. 적극적 치료로부터 회복으로의 궁극적인 전환은 긍정적 정서뿐 아니라 질병의 재발 또는 기타 합병증에 대한 불확실성이 야기하는 걱정 또한 일으킬 수 있다.

질병과 그 치료의 장기적인 심리사회적 영향에 대한 우려도 상당하다(Vannatta & Salley, 2017). 잠재적인 영향은 발달시기와도 관련이 있다. 질병으로 인해 청소년이 가족과 의료진에게 더 의존하게 되어 자율성 발달이 저해되고, 그로 인해 사회생활과 친밀한 대인관계의 발달이 방해를 받을 수 있다. 청소년기는 또한 고위험 행동(약물남용)이 약간은 보편적으로 일어나는 발달단계이다. 그런 행동에 짧게 개입이 되더라도 암이 있는 청소년에게 미치는 영향은 심각하다. 그러나 반드시 그 결과가 나쁘지는 않다. 이 기간에 가족에게 지속적으로 심

가족들이 암에 걸린 자녀를 돌보는 것을 돕기 위해 지속적인 지원이 필요하다.

리사회적 서비스를 제공하면 암의 영향을 완화할 수 있고, 다른 또래들처럼 발달하고 기능할 수 있다. 그런 지원이나 서비스를 통해 어려움을 겪는 형제와 다른 가족 구성원도 도울 수 있다(Alderfer et al., 2010; Dolgin et al., 2007; Kazak, 2005; Lobato & Kao, 2005).

더 오래 생존할 수 있게 해주는 치료가 또한 다른 장기적 어려움의 원인이 될 수 있다는 사실을 이해해야 한다. 화학치료와 방사선치료 같은 과학의 발전으로 인해 기대수명이 증가하였다. 그러나 이런 치료를 받은 환자들은 성장과 생식의 문제, 심장, 폐, 신장, 뼈, 감각운동, 신경의 손상과 이차성 암과 같은 여러 가지 신체적 건강문제를 보인다. 외모손상과 기능의 제한(예 : 체력 저하) 또한 자주 나타난다. 이 가운데 일부 증상은 치료를 마치고 나서 바로 나타나지 않지만, 생존자들에게 추후 나타날 수 있고 그 영향이 시간이 가면서 변할 수 있다(Armstrong et al., 2016; Landier, Armenian, & Bhatia, 2015; Vannatta & Salley, 2017). 건강한 행동을 증가시키고 고위험 행동을 감소시키기 위해 설계된 추후관리와 개입이 부정적인 신체적 결과를 예방하고 통제하는 데 도움이 된다(Landier et al., 2015; Tyc & Klosky, 2015).

심리적 · 인지적 영역의 문제들도 의학적 치료와 관련이 있을 수 있다. 예를 들어 중추신경계에 백혈병이 생기는 것을 예방하기 위해 실시되는 뇌척수 조사(craniospinal irradiation)와 화학요법 같은 치료가 중추신경계에 미치는 즉각적인 영향과 장기적인 영향에 대해 우려가 제기되고 있다. 신경인지적 후 효과(neurocognitive late effect, 인지 및 학업기능의 손상)가 질병의 완치 및 그 이후에도 나타나는 것으로 보이며, 따라서 뇌척수 조사는 재발했거나 중추신경계에 문제가 있을 위험이 높은 아동의 경우에는 보류될 수 있다. 그럼에도 불구하고 장기적 신경인지적 영향에 대한 우려와 관심이 여전히 남아 있고 모니터링과 개입이 요구된다(Askins, Ann-Yi, & Moore, 2015; Vannatta & Salley, 2017).

암에 대처하여 적응하는 쪽으로의 변화는 생존율이 매우 낮았던 과거보다는 확실하게 더 긍정적인 접근이

다. 그러나 이 과정을 이해하고 환자와 가족들을 돕기 위해 계속적으로 노력해야 하는 한편, 치료의 장기적 결과와 부작용에 관심을 가지고 살펴야 한다. 게다가 재발 가능성이 있고, 이런 사람들은 이차적 암에 걸릴 위험이 더 높다. 어려운 일이기는 하지만 과도하게 불안해하지 않되 경계를 늦춰서는 안 되고, 동시에 낙관적이고 적응적 태도를 견지해야 한다.

겸상적혈구증(SCD)과 HIV/AIDS와 같은 다른 만성질환에 대한 적응에도 유사한 입장을 적용할 수 있다(생각상자 '아동 · 청소년에 대한 HIV/AIDS의 영향' 참조). 대다수의 아동 · 청소년 및 그 가족들은 아동기 암과 연관된 상당한 스트레스 요인에 잘 대처하고 적응하지만 만성적 질병에 대한 시간에 따른 적응을 이해하기 위해서는 집중적이고, 고통스럽고, 장기적인 치료의 영향뿐 아니라 질병 그 자체의 영향도 동시에 고려해야 한다(Kupst & Patenaude, 2016; Vannatta & Salley, 2017).

의학적 치료의 활성화

환자의 의학적 상태를 호전시키기 위해 심리치료를 제공하려는 시도는 오래전부터 심리학/정신의학과 의학의 접점 영역이었다. 대부분의 초기 시도들은 환자들의 신체증상이나 질병을 치료하기 위하여 심리치료를 제공하는 것이었다. 심리치료를 통한 질병에 대한 이러한 직접적 접근은 대체로 효과가 없었다(Werry, 1986). 소아심리학에서 비약적인 진전이 이루어졌고, 좀 더 최근에는 많은 우수한 연구와 임상적 전문성을 함께 고려하여, 의학적 문제에 대한 임상적으로 관련이 있고 경험적 증거를 지닌 치료법에 심리학적 관점을 통합시키고 있다(Nelson & Hankey, 2017). 소아심리학자들은 의료 전문가와 협력하여 만성질환이 있는 아동과 그 가족의 치료와 예후를 개선하는 데 영향력을 행사해 왔다(Kazak & Noll, 2015; Roberts, Johnson, & Amaro, 2020). 이 장에서는 이런 노력과 전략에 대해 종합적으로 개관할 수는 없지만 몇 가지 중요한 예를 제시하겠다.

생각상자	아동 · 청소년에 대한 HIV/AIDS의 영향

HIV 테스트의 발전, 더 효율적인 치료, 그리고 효과적인 예방 조치와 함께 전 세계적인 HIV 유행은 새로운 감염이 줄어들고 더 나은 건강상의 지표와 함께 전반적인 안정과 반전을 경험했다(Gillespie, 2016). 그러나 HIV와 AIDS에 걸린 상당수의 사람들은 가임기의 여성이다. 이런 여성들에게서 태어난 HIV 양성 아동들은 AIDS에 대한 이야기 가운데 가장 슬픈 이야기이다. 이런 아기들은 대개 심하게 아프고 입양되거나 어머니에게서 떨어지는 경우가 많다. 이들 중 많은 아동이 기꺼이 이런 아동을 돌보는 어려움을 감수하려는 위탁부모들에 의해 거두어진다. 다행히도 의학의 발전으로 미국의 HIV 양성 여성에게서 태어난 HIV 아기들의 수는 시간이 가면서 급격하게 감소하였다(Centers for Disease Control and Prevention, 2019b). 그렇지만 이 문제는 여전히 심각한 세계적 걱정거리이다(Joint United Nations Programme on HIV/AIDS [UNAIDS], 2019).

대다수의 아동(대략 90%)이 어머니로부터 직접 감염되지만 혈우병이 있는 일부 아동들은 수혈을 통해 감염된다. 나이가 많은 아동과 청소년은 약물사용이나 성적 접촉에 의해 감염될 수도 있다(Gillespie, 2016). 의학의 발전으로 생존율이 더 높아지면서 사람들의 관심은 감염된 아동을 위한 임종간호로부터 상태의 관리, 약물사용법의 준수, 삶의 질 향상으로 이동하였다(Deeks, Lewin, & Havlir, 2013; Dinaj-Koci et al., 2019; Raymond et al., 2017).

오랫동안 HIV에 감염된 채 태어난 영아는 발달 및 신경인지적 문제를 보이는 것으로 알려져 왔다(Nichols, 2016; Phillips et al., 2016). 그러나 발전된 항레트로 바이러스 치료법(antiretroviral therapy)의 사용으로 중추신경계 질환의 진행을 늦추어서 상태를 호전시킬 수 있게 되었다(Nichols, 2016). 그렇지만 학령기까지 이런 신경학적 문제가 계속되면 심각한 학습, 언어 및 주의문제가 발생할 수 있고, 정서적 · 사회적 문제 또한 나타날 수 있다. 그 영향은 면역체계가 더 크게 손상된 아동 · 청소년에게 더 심하게 나타난다(Eckard et al., 2017). 따라서 HIV/AIDS 아동 · 청소년들은 계속해서 특이한 상황에 적응해야 하고 이는 부모들에게 예외적인 어려움을 준다.

HIV 감염 아동 · 청소년이 모두 임상적으로 심각한 인지적 · 정서적 · 행동적 문제를 보이는 것은 아니다. 그렇지만 이런 문제를 보이는 경우에는 복합적인 원인들이 같이 작용하는 것 같다. 일부 문제는 질병의 직접적인 결과임에 틀림없다. 의학적 치료, 장기적으로 의학적 치료계획을 따르는 것으로 인한 스트레스와 만성질환의 스트레스 및 기타 맥락적 요인들이 원인이 될 수 있다(Benki-Nugent & Boivin, 2019; Hermetet-Lindsay et al., 2017).

가족들은 또한 아동과 다른 사람에게 질병을 공개하는 어려운 결정을 내려야 한다. 게다가 이런 많은 아동은 태내관리를 적절하게 하지 못하거나 임신 중에 약물을 남용했거나 심각한 정신병리가 있었던 어머니에게서 태어난다. 약물사용이나 성적 접촉으로 질병에 걸린 사람들은 다른 위험요인에도 노출되었을 가능성이 크다(Outlaw et al., 2010). 출생 후에 경험하게 되는 가족과 환경적 위험요인뿐 아니라 이런 모든 강력한 원인들이 현재 나타나고 있는 놀라운 결과들을 이해할 수 있게 해준다. 이런 아동 · 청소년과 가족은 적응하는 데 상당한 어려움이 있기 때문에 이들을 돕기 위한 통합적이고 집중적인 프로그램이 요구된다(Gillespie, 2016; Martinez, Chakraborty, & Committee on Pediatric AIDS, 2014).

의학적 치료계획 지키기

지키기(adherence)와 **준수**(compliance)라는 용어는 환자나 가족들이 약 복용하기, 식사법 따르거나 생활방식 바꾸기와 같이 권장된 의료지침을 잘 지키는 정도를 말한다. 연구에 따르면 개인, 가족, 질병 및 치료계획, 지역사회 및 의료 시스템 등의 수많은 요인들이 지키기에 영향을 미치는 것으로 나타났다(McQuaid & Landier, 2018; Psihogios et al., 2018; Schwartz, Axelrad, & Hilliard, 2015; Shaw & DeMaso, 2020; Tanenbaum et al., 2017). 의학적 치료계획을 지키지 않는 행위는 더 좋지 않은 예후, 치료 내성, 삶의 질 저하, 의료 서비스 이용률 및 비용의 증가, 질병 및 사망 발생률 증가와 같은 상당한 영향력을 행사할 수 있다(Hommel et al., 2017). 당뇨병은 아동기 만성질환을 관리하는 가족들이 당면하는 복잡한 문제들을 이해하기 위해 심리학자들이 어떻게 노력할 수 있는지를 보여주는 좋은 예이다(La Greca

& Spetter, 2018; Wysocki, Buckloh, & Pierce, 2017).

당뇨병 : 질병관리의 예

당뇨병은 1,000명당 약 2.8명의 아동·청소년이 걸리는 가장 흔한 만성질환 가운데 하나이다(Li et al., 2016). 인슐린 의존성 당뇨병으로 알려진 1형 당뇨병(T1D)은 췌장이 인슐린을 충분하게 분비하지 못할 때 나타나는 평생 가는 장애이다. 매일 주사로 인슐린을 대체해야 한다. T1D는 보통 아동기에 발병하므로 아동기 또는 소아 당뇨병이라고 부른다. 2형 당뇨병(T2D)에서는 인슐린이 부족한 것이 아니라 인슐린 저항이 일어나서 세포가 인슐린을 흡수하지 못하게 된다. 이전에는 2형 당뇨병을 성인기에 발병되는 장애로 보았다. 그러나 아동기 비만이 증가하면서 2형 당뇨병이 증가하는 추세이며 아동·청소년에게 새롭게 발생하는 당뇨병 사례의 약 20%는 여기에 속한다. 2형 당뇨병은 아프리카계 미국인, 미국 인디언과 라틴계/히스패닉계 미국인에서 발생률이 아주 높다. 2형 당뇨병은 체중 감량, 운동, 신중한 식사로 관리될 수 있다. 그러나 2형 당뇨병이 있는 많은 아동·청소년은 인슐린 주사를 맞아야 한다(Centers for Disease Control and Prevention, 2018a; Wysocki et al., 2017).

1형 당뇨병은 사춘기경에 가장 많이 발병하지만 영아기부터 성인 초기 사이에 언제라도 나타날 수 있다. T1D의 발병에는 유전적 요인들이 작용하는 것으로 보인다. 두 가지 당뇨병은 모두 심장, 신장, 눈과 신경계가 손상되는 장기적 위험을 증가시킨다. 당뇨병을 잘 관리하지 못하면 케톤증(ketosis) 또는 케톤산증(ketoacidosis)이 나타나는데, 이는 신경인지적 손상 및 혼수와 죽음에 이를 수도 있는 심각한 상태이다.

당뇨병 환자와 가족들은 식사제한, 매일 인슐린 주사, 혈당수준 검사, 그리고 신체활동으로 인슐린 양을 조절하는 방법을 학습하는 것 등의 치료지침을 받게 된다(표 15.1 참조). 매일 검사한 혈당수준뿐 아니라 식사시간, 섭식, 운동과 신체건강 정도와 정서적 상태와 같은 요인들에 따라 매일 주사할 인슐린 양을 조절해야 한다. 최상의 상태에서도 '인슐린 반응'은 흔히 일어난다.

표 15.1 당뇨가 있는 아동·청소년과 가족들에게 요구되는 활동

규칙적으로 혈당 검사하기
규칙적으로 인슐린 주사하기 또는 지속적인 피하 인슐린 주입(피부 밑에 심은 장치) 사용하기
탄수화물 섭취 모니터하기
건강한 식사 유지하기
규칙적으로 식사하기
체중 관리하기
운동에 맞추어 식사 조절하기
잠자기 전에 간식 먹기
상처 잘 관리하기
당뇨 용품을 항상 가지고 다니기
매일 신체 활동과 운동하기
합병증(예 : 저혈당증, 케톤증) 증상 모니터하기
지시된 대로 인슐린 주사하기
주사 부위 바꾸기
질병과 식사가 혈당수준에 미치는 영향 관리하기
적절한 위생 유지하기
처방된 대로 약물 복용하기
혈당 패턴을 살펴서 적절하게 조정하기
스트레스 관리하기

출처 : American Diabetes Association, 2019; Chiang et al.(2018); Wood & Peters(2018)에서 수정 인용

따라서 환자들은 과혈당(지나치게 높은 혈당수준)과 저혈당(지나치게 낮은 혈당수준)의 징후와 증상을 잘 알아야 한다. 부작용으로는 화를 잘 내는 것, 두통, 몸의 떨림, 힘이 없을 수 있고 조기에 감지되지 않을 시 발작과 의식불명 상태에 이를 수도 있다. 사람에 따라 증상이 다르며 주관적으로 경험되기 때문에 증상을 확인하기는 어렵다. 따라서 부모와 환자들은 어렵고 예측할 수

없으며, 감정적으로 부담스러운 치료 프로그램에 맞닥 뜨리게 되는데, 이 프로그램은 일상생활이나 학교와 다른 상황에서 일어나는 환자의 활동 속에 잘 통합되어서 실행되어야 한다(American Diabetes Association, 2019; Chiang et al., 2018; Wood & Peters, 2018; Wysocki et al., 2017).

치료에서 첫 과제는 전문가 팀이 당뇨병 상태에 대해 통제권을 확보하고 유지하는 것이다. 이렇게 되면 필요한 인슐린의 양이 감소하고, 환자와 가족이 처음에 느꼈던 공포와 걱정도 감소된다. 이 기간을 '허니문 기간'이라고 부른다(Senior et al., 2018). 약간씩 차도를 보이는 이 기간은 점진적으로 종료되는데 보통 진단을 받고 1년에서 2년 사이에 끝난다. 어쨌든 진단을 받고 처음 몇 달 동안 가족들과 같이 당뇨병 자기관리 프로그램을 시작하면 대사기능이 더 나빠지는 것을 막을 수 있고, 어린 아동과 가족에게 개입을 일찍 시작하면 의학적 치료계획을 지키는 어려움과 나중에 일어날 당뇨병 통제의 문제를 감소시키는 데 도움이 된다(Davis et al., 2001; Delamater et al., 1990). 자기관리 교육 및 지원, 임상영양치료법 및 심리사회적 지원은 필수 사항으로 간주된다(American Diabetes Association, 2019). 전문가들이 가지고 있던 당뇨병 관리의 통제권을 가족과 아동·청소년에게 넘겨주고, 오랜 기간 그러한 통제권을 유지하도록 하는 것이 만성질환을 치료하는 과정에서 겪게 되는 어려움 가운데 하나이다(Chiang et al., 2018).

당뇨병 치료계획 지키기

치료계획을 지킨다는 개념은 다양한 측면을 가지고 있다(Hommel et al., 2017). 이러한 복잡성을 이해해야 문자 메시지 알림이나 당뇨병 시 해야 할 일들과 모니터링을 위한 휴대전화 앱과 같은 신기술과 전자건강(eHealth) 서비스뿐 아니라 교육, 자기관리기술 훈련, 가족의 참여와 의사소통을 활성화하는 전략들을 결합한 증거기반의 개입 프로그램을 개발할 수 있다(Hilliard, Powell, & Anderson, 2016). 그러한 프로그램들은 유망해 보인다(Wysocki et al., 2017). 의학적 발전, 즉 피부

아래 심어 계속해서 자동적으로 혈당을 모니터하고 인슐린을 투입하도록 프로그램이 된 장치들 또한 치료계획을 더 잘 지키고 혈당조절을 더 잘할 수 있게 해주는 잠재성을 가지고 있기는 하지만 여전히 아동·청소년이나 양육자에 의한 잦은 모니터링과 조절은 필요하다(Chiang et al., 2018; Lal & Maahs, 2017).

치료계획과는 상관없이 대부분의 개입 프로그램에서 첫 번째 단계는 당뇨병에 대해 환자와 가족을 교육하는 것이다. 그런 교육이 정기적으로 이루어진다고 해서 가족들의 지식이 발전한다고 장담할 수는 없다. 따라서 가족들의 지식을 정기적으로 평가하는 것이 좋다. 환자가 소변검사와 혈당검사를 하는 방법을 알고 있는지를 점검하기 위해 행동관찰이 사용되어 왔다. 당뇨병에 대한 지식과 그 지식을 다양한 상황에서 적용할 수 있는 정도(예 : 인슐린의 역할과 혈당수준에 맞추어 식사를 조절하는 것)는 질문지를 통해 많이 평가해왔다. 그러나 치료계획을 지키는 것은 단순히 정확한 정보와 지식을 가지는 문제가 아니다. 처방된 과제들이 정확하고 일관되게 시행되느냐의 문제이다.

치료계획을 지키는 것에 관련된 여러 가지 중요한 변인을 살펴보겠다. 발달수준은 중요한 변인 가운데 하나이다(Chiang et al., 2018 ; Shaw & DeMaso, 2020; Wysocki et al.,2017). 일반적으로 지식과 기술은 나이에 따라 향상된다. 예를 들어 부모와 학교 관리자들은 어린 아동들의 혈당수준과 저혈당증, 과혈당증의 증상을 모니터하고 적절한 관리전략과 치료로 개입하는 것에 책임이 있다. 아동들이 나이가 듦에 따라 저혈당증과 과혈당증의 증상들을 알아차릴 수 있고, 어른의 계획과 감독 하에 자신의 당뇨병을 관리하는 데 있어 더 많은 자율성을 갖기 시작한다(Chiang et al., 2018). 9세 이하 아동들은 인슐린을 정확하게 측정하고 주사하기 어렵지만, 특히 일차 주양육자가 없을 때도 청소년들은 혈당수준을 모니터할 수 있고 더 큰 자율성을 경험하게 된다.

하지만 청소년기와 성인 진입기는 당뇨병 관리가 망가지기 쉬운 시기이다(Clements et al., 2016). 사실 평균적으로 16세에서 25세 사이의 젊은 사람들은 가장 높은

아미라 : 10개의 감자튀김, 평생의 질병관리

"첫 번째 의사 선생님이 틀렸어요. 나는 몇 주 동안 지속되는 질병인 단핵증에 걸린 게 아니라 평생 지속되는 1형 당뇨병에 걸렸다고요. 의사 선생님은 내가 1형 당뇨병에 걸렸기 때문에 앞으로 어떻게 될지를 설명해주려고 했어요. 그녀는 36kg인 15세 소년에게 '모든 것은 거의 비슷할 거야. 감자 튀김도 여전히 먹을 수 있어. 다만 너는 얼마나 많이 먹는지 세야 하고 10개 이상은 먹을 수 없어. 그리고 그걸 먹기 전에 주사기를 통해 약을 주입해야만 해.' 나는 생각했다. '아니에요, 전혀 같지 않아요!'"

– Wood & Peter(2019, p.6)에서 수정 인용

혈당량을 나타낸다(Wood & Peters, 2018). 청소년들이 혈당 통제와 치료계획을 잘 지키는 데 미숙한 이유는 여러 가지가 있다. 당뇨병과 당뇨병의 관리에 대한 청소년들의 지식은 과대평가될 수 있다. 예를 들어 청소년들은 특히 혈당수준의 변화가 심할 때 자신의 혈당수준 추정에서 실수를 한다(Gurnani et al., 2018). 인지능력이 발달하면서 질병과 복잡한 절차를 더 잘 이해하게 되지만 다른 인지적 측면들이 질병관리에 영향을 미친다. 예를 들어 Berg와 동료들(2011)은 청소년들이 지각한 당뇨병 자기효율성, 즉 어려운 당뇨병 상태를 관리하는 자신의 능력에 대한 확신이 증가할수록 치료계획을 더 잘 지키고 대사조절 수준도 더 높다는 사실을 발견했다.

청소년기에는 통제가 점진적으로 청소년에게 넘어가고 부모의 참여가 중단되지만 성인의 참여를 완전히 중단하는 것은 바람직하지 않다(Chiang et al., 2018; Wood & Peters, 2018). 가령 부모가 발달적으로 적절한 방식과 지지적인 방식으로 계속해서 청소년의 당뇨병 관리행동을 감시하는 것이 중요할 수 있다(Goethals et al., 2017). 또한 어린 환자의 발달적 준비도 심리적 기능 및 아동–부모 참여의 균형 정도를 개별적으로 판단해야 한다(Wood & Peters, 2018).

예를 들어 아동·청소년들이 자신의 당뇨병 관리에 대해 책임을 지기 시작할 때 당뇨병을 독립적으로 관리하기에 필요한 조절능력과 기술을 갖추는 것은 중요하다. 최근 한 종단연구는 청소년기로 들어갈 때의 인지적, 심리사회적 성숙과 당뇨병 관리 간의 관계를 조사했다. 이 연구는 1형 당뇨병 진단을 받은 지 적어도 1년 정도 된 8~16세 사이 청소년들과 그들 부모를 대상으로 했다. 부모와 청소년이 당뇨병 치료계획(예 : 혈당 검사, 인슐린 투여와 조절, 규칙적으로 간식 먹기 등)을 지키는 것과 당뇨병 관리의 여러 측면에 대해 누가 책임이 있다고 지각하는지에 대해 보고하였다. 청소년들은 또한 언어적 인지능력 과제와 충동조절 능력에 대한 자기보고 설문을 완성했다. 치료계획과 혈당조절은 의료 차트를 통해 평가하였다. 이 연구결과에 따르면 치료계획을 지키는 것은 8세에서 18세로 커가며 감소했다. 하지만 언어능력이 더 우수한 아동·청소년들에서는 그 감소가 더 천천히 진행되었다. 더군다나 청소년들이 더 많은 책임감을 경험하고 더 나은 충동 통제력을 가지고 있을 때 치료계획을 지키는 것과 혈당조절은 그 나이 때 기대되는 수준보다 더 높았다. 자신의 감정과 행동을 더 잘 관리할 수 있는 청소년들은 독립적으로 당뇨병을 더 잘 관리할 수 있는 것 같다.

또래수용과 활동에 더 많이 참여하는 것 같은 사회정서적인 부분도 치료계획을 지키지 않는 것과 관련이 있었다(Wiebe, Helgeson, & Berg, 2016; Wysockiet al., 2017). 당뇨병이 있는 아동·청소년은 다르게 보이고 싶어 하지 않을 수 있다. 그들의 상태를 조절하는 데 필요한 일반적이지 않은 행동(예 : 주사, 혈당검사), 자주 먹어야 하는 것(다른 사람이 먹지 않을 때), 고지방 식품과 단것을 피해야 하는 것들(다른 사람들은 정크 푸드를 즐길 때)로 인해 다른 청소년들처럼 행동하기가 어렵다. 게다가 당뇨병을 관리하는 것은 문제해결을 요구하는데, 이는 당뇨병 치료계획을 지키는 데 영향을 미치는 요인들에 대한 분석, 문제들을 다룰 수 있는 해결책들의 생성, 그리고 행동의 위험과 이득, 관리전략들의 결과에 대한 평가를 포함한다(Wysocki et al., 2008). 이런 어

려움 가운데 일부가 〈표 15.2〉에 제시되어 있다. 게다가 독립성의 문제로 인해 부모와 갈등도 나타난다. 이런 사회적 및 대인관계적인 문제들은 사춘기로 인한 신체 변화와 결합하여 청소년이 관리를 잘 못하고 치료계획을 따르기 어렵게 만들 가능성이 크다. 개입에는 부모가 참여해야 하고 부모-청소년 및 또래갈등을 최소화하고 의사소통과 문제해결기술을 증진시켜야 한다(La Greca & Spetter, 2018 ; Wysocki et al., 2017).

치료계획을 지키는 것과 관련된 다른 많은 문제에도 계속 관심을 기울여야 한다. 예컨대 치료계획을 지키는 것을 어렵게 만드는 환경적 장애물도 미리 파악하는 것이 중요하다. 청소년이 자신의 당뇨병과 관련된 문제들을 또래와 잘 다루도록 도와주고 또래의 지원을 촉진하는 개입을 개발함으로써 청소년들이 치료계획을 잘 지키도록 촉진할 수 있다(Wiebe et al., 2016). 당뇨병 관리의 즉각적 결과는 부정적인 경우가 많고, 따라서 청소년이 치료계획을 지키지 않을 수도 있다는 사실을 인식하

면 어려움을 예측하는 데 도움이 될 수 있다. 예를 들어 주사를 거를 경우 부정적 영향은 금방 나타나지 않지만 주사를 맞는 불편함은 즉각적이다. 따라서 치료계획을 따름으로써 경험하게 되는 즉각적인 부정적 영향을 감소시키는 개입도 도움이 될 것이다.

양육자도 질병과 질병관리 과정에 의해 영향을 받을 수 있다(Robinson et al., 2016b ; Van Gampelaere et al., 2018). 양육자의 요구와 필요에 대한 관심도 치료계획을 잘 지키는 데 도움이 될 수 있다. 건강관리 시스템과 주요 의료인(소아과의사, 간호사)의 역할에 대한 관심 또한 중요한 측면이다(Wysocki et al., 2017). 의료인에 의해 제공되는 정보는 반드시 충분해야 하며, 복잡한 절차를 가족이 따를 수 있게 돕는 방식으로 제공되어야 한다(Beverly et al., 2016). 의료인도 환자의 인지수준을 충분히 알고 있어서 환자의 질병과 치료계획에 대한 이해 정도를 과대 또는 과소평가하지 말아야 한다. 의료인은 또한 환자와 가족을 도와서 그들의 발달수준에 맞는 선

▎**표 15.2** 당뇨 청소년들의 문제해결을 평가하기 위한 이야기와 질문

저혈당의 교정
• 팀은 학교 점심시간 전에 농구를 했다. 후에 점심식사를 위해 줄을 서서 기다리고 있는 중이었다. 그는 어지럽고 열이 났고 몸이 떨리기 시작했다.
• 콜린은 학교에 있는데, 수학시간 도중에 몸이 떨리고 힘이 없어지기 시작한다.

고혈당의 교정
• 엠마는 이모할머니 집에서 식사 중이었다. 식사 전에 그녀는 탄수화물 75g을 먹게 될 거라고 추측했고 그 추측에 기초해서 식사 전 인슐린을 투여했다. 집에 오는 길에 그녀는 이에 대해 부모님께 질문을 했고 그들 생각으로 엠마는 탄수화물을 100g 이상 먹었다.
• 마리앤은 친구들과 수영장에 갔다. 그녀는 자신이 수영을 하게 될 거라서 점심식사 전에 평소보다 더 적은 양의 인슐린을 투여했다. 그러나 수영장에 도착했을 때 수영장은 영업을 하지 않았다.

문제해결 전에 평가해야 하는 질문	
1. 여기서 문제가 되는 당뇨문제는 무엇인가?	5. 당신은 어떻게 이 문제를 해결할 것인가?
2. 왜 이것이 문제가 되는가?	6. 그 해결책은 어떻게 작용하나?
3. 이 문제가 해결될 수 있는 모든 방법은 무엇인가?	7. 정말로 그 문제를 해결했다는 것을 어떻게 알 수 있는가?
4. 아무것도 하지 않는다면 어떤 일이 발생하게 되는가?	

출처 : Wysocki et al.(2008)에서 수정 인용

에서 당뇨병 관리의 책임을 지도록 해야 한다(American Diabetes Association, 2019). 이런 문제들은 의료인들을 개별 가족과 환자의 필요에 민감하도록, 그리고 전문가-환자 의사소통을 향상시키도록 교육하는 것이 중요함을 시사한다(Caccavale et al., 2019; Patel, Datye, & Jaser, 2018). 당뇨병 관리와 치료계획을 지키는 것과 관련된 복잡성을 고려해볼 때 소아심리학자들은 당뇨병이 있는 아동 · 청소년과 그들의 가족이 치료계획을 더 잘 이행할 수 있도록 돕는 데 매우 적합하다(Hilliard et al., 2016).

만성통증의 영향

고통은 아동기와 청소년기의 일반적이고 흔한 경험이다. 일반적으로 고통은 몸이 신체적 고통을 경험할 때 시작되고, 더 이상의 부상이나 고통을 예방하기 위해 몸에 보내는 경고 사인으로서 작용한다. 예를 들어 긁힌 무릎의 고통은 아동들로 하여금 부모의 도움을 찾게 하는 신호일 수 있는데, 부모는 아동의 즉각적인 고통을 줄여주기 위해 상처를 돌보고 추후 감염을 예방할 수 있게끔 조치를 취하게 된다(Slifer, 2014). 보통 세 달 또는 그 이상으로 고통이 지속되거나 재발하면 이는 더 이상 보호적인 것으로 볼 수 없으며 '만성통증'으로 불린다(Law et el., 2017). 아동과 청소년에게 있어 만성통증은 부상(예 : 화상이나 정형외과적 트라우마)과 연관되어 있거나 만성질환(예 : 암이나 겸상적혈구증)과 관련이 있거나 특발성(idiopathic)일 수 있는데, 이는 원인을 모르거나 통증 그 자체가 문제(예 : 두통이나 반복적 복통)임을 의미한다(Palermo et al., 2014 ; World Health Organization, 2012). 만성통증은 만성질환의 의학적 치료 준수를 더디게 할 수 있고 삶의 질에 영향을 주며 신체적, 감정적 그리고 학업적 기능에 있어 장애를 일으킬 수 있다(Blackwell & Quittner, 2015; Shaw & DeMaso, 2020).

유병률 추정치는 상당히 다양하지만 전반적인 역학 연구들에 따르면 11~38%의 아동 · 청소년이 만성적 또는 재발하는 통증을 경험한다고 한다(King et al.,

2011). 유병률의 차이는 고통의 유형과 연령(Baldridge, Wallace, & Kadakia, 2018)과 같은 다수의 요인에 따라 생겨나며 유병률은 연령과 함께 증가한다(Chan, Connelly, & Wallce, 2017; Palermo et al., 2014).

통증에서의 개인차는 다양한 생리학적, 심리학적 요인의 상호작용 결과일 가능성이 크다(Gatchel et al., 2018; Turk & Monarch, 2018). 이것들은 정서적 기능과 대처와 같은 개인적 요인들과 사춘기 발달과 수면의 질과 같은 생리학적 또는 생물학적 요인들, 그리고 가족기능과 아동의 통증 경험에 대한 부모의 반응과 같은 더 포괄적인 사회적 영향을 포함한다(Law et al., 2017; Palermo et al., 2014). 이러한 요인들과 만성통증 간의 관계는 복잡하고 양방향적일 수 있다. 예를 들어 심리사회적 기능의 결함은 만성통증을 유발할 수도 있고 만성통증 때문일 수도 있다는 것이다. 사실 아동 · 청소년의 만성통증은 아동과 가족이 경험하는 상당한 신체적, 심리적, 심리사회적 어려움과 관련된다(Coakley & Wihak, 2017). 만성통증을 경험하는 아동 · 청소년은 또래관계 어려움이나 사회적 기능문제, 불안과 우울의 증가, 수면문제, 식욕 변화, 그리고 가족 불화 등을 포함한 지속적인 문제들을 보고한다(Chan et al., 2017; Clinch & Eccleston, 2009). 잦은 학교 결석과 또래들과의 사회적 활동 감소와 같은 기능적 장애는 만성통증을 않는 아동 · 청소년들에게 흔하고, 그들은 정신과적 문제와 장애의 위험도 가지고 있다(Bettini & Steinhorn, 2018; Law et al., 2017). 예를 들어 6~17세의 미국 아동들을 대상으로 한 최근 연구에 따르면 통증은 높은 수준의 만성 결석(15일 이상 빠지는 것)과 관련이 있었고 통증을 겪지 않는 아동들에 비해 만성 결석을 5배나 높게 보였다(Groenewald, Giles, & Palermo, 2019). 마찬가지로 청소년기에 만성통증을 경험한 개인들은 그렇지 않은 개인들에 비해 살면서 불안(21.1% vs 12.4%)과 우울장애(24.5% vs 14.1%)을 경험할 확률이 더 높았다(Law et al., 2017). 〈그림 15.4〉는 만성질환이 아동 · 청소년의 심리사회적 적응에 미치는 광범위한 영향력을 보여준다.

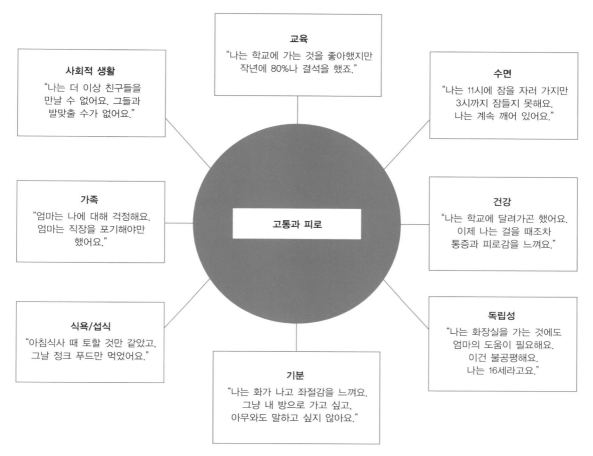

사회적 생활
"나는 더 이상 친구들을 만날 수 없어요. 그들과 발맞출 수가 없어요."

교육
"나는 학교에 가는 것을 좋아했지만 작년에 80%나 결석을 했죠."

수면
"나는 11시에 잠을 자러 가지만 3시까지 잠들지 못해요. 나는 계속 깨어 있어요."

가족
"엄마는 나에 대해 걱정해요. 엄마는 직장을 포기해야만 했어요."

고통과 피로

건강
"나는 학교에 달려가곤 했어요. 이제 나는 걸을 때조차 통증과 피로감을 느껴요."

식욕/섭식
"아침식사 때 토할 것만 같았고, 그날 정크 푸드만 먹었어요."

독립성
"나는 화장실을 가는 것에도 엄마의 도움이 필요해요. 이건 불공평해요. 나는 16세라고요."

기분
"나는 화가 나고 좌절감을 느껴요. 그냥 내 방으로 가고 싶고, 아무와도 말하고 싶지 않아요."

그림 15.4　만성통증이 아동·청소년의 기능에 미치는 광범위한 영향의 예[Clinch & Eccleston(2009)에서 수정 인용]

만성통증의 심리학적 수정

몸-마음의 관계를 이해하는 데 있어서의 변화된 초점은 어떻게 심리학이 고통과 같은 신체적 증상을 다루기 위해 사용될 수 있을지에 대한 훨씬 더 체계적이고 과학적인 연구를 이끌어냈다. 아동·청소년의 만성통증치료는 통증과 장애에 대한 이들의 경험을 줄여주는 잠재력을 가지고 있다. 보통 아동기 만성통증의 치료는 침술요법이나 요가, 마사지 등 의학에 대한 대안적이고 보충적인 접근뿐 아니라 심리적 개입, 약물치료, 그리고 물리치료와 작업치료와 같은 특화된 치료법 등 다학제적 접근을 포함하고 있다(Law et al., 2017). 아동·청소년의 두통치료에 이완법과 바이오피드백을 사용하는 것은 심리적 개입을 통해 직접적으로 신체기능을 변화시키려는 시도

의 한 예이다.

　두통은 보통 긴장성 두통, 편두통 또는 둘의 혼합으로 구분된다. 극심한 두통에 따른 통증과 고통, 그리고 약물치료의 잠재적 부작용을 피하고 싶은 마음은 비(非)약물적 접근의 탐색으로 이끌었다(Bougea, Spantideas, & Chrousos, 2017; Faedda et al., 2016). **바이오피드백**(biofeedback)은 특정한 생물학적 기능에 대해 어떤 장치가 즉각적인 피드백을 주도록 고안된 절차인데 아동의 두통치료에 사용되어 왔다(Kacynski, 2019). 피드백은 보통 불빛, 소리 또는 그래픽 표시를 통해 제공되고 이는 개인들이 생리적 기능을 조절하고 고통을 줄이기 위해 특정 근육을 이완시키거나 호흡 속도나 패턴을 바꾸는 등 본인의 몸에 미묘한 변화들을 만들 수 있게 해준

신디 : 만성두통

신디는 14세로 까다로운 사립학교에 재학 중이다. 그녀는 18개월 동안 매일 두통을 앓았다고 한다. 두통은 정도가 달라지면서 계속되었고 두통에서 완전하게 자유로웠던 적은 없었다. 신경을 써서 약도 먹었고 신경과 전문의의 지시도 잘 따랐지만 단지 조금 나아졌을 따름이었다. 신디는 사회적 활동에 참여하지 못할 정도로 상태가 좋지 않아서 친구들로부터 고립되었다. 두통이 심해질 때는 집중할 수가 없었고 성적이 떨어지기 시작했다. 신디는 두통이 악화되는 것을 피하기 위해 운동도 그만두었다. 피로하고 좌절을 느꼈고 두통이 절대 사라지지 않을 것이라고 생각했다. 신디는 유도된 심상, 호흡훈련, 점진적 근육이완이 포함되어 있는 바이오피드백 기반의 이완훈련을 받았다. 바이오피드백이 목표로 하였던 생리적 지표에서 놀라운 변화를 보였고, 인지행동치료에 참가하는 동안에 통증과 불안이 감소되었다. 신디에게 학교에서도 이 기술을 사용하도록 권장하였다. 6회기 후에 두통의 강도가 크게 감소되었고 신디는 통증을 이겨내는 데 자신감을 얻게 되었다. 그녀의 두통은 감지할 수 없는 정도로까지 감소하지는 않았지만 이전 활동들을 재개할 수 있을 정도로 떨어졌고 성적도 향상되었다.

— Powers, Jones, & Jones(2005, p. 72)에서 수정 인용

다. 그런 피드백, 이완훈련 또는 둘의 조합이 아동의 두통을 임상적으로 의미 있는 수준으로 완화시키는 데 효과적이다(Dowell, Martin, & Waters, 2017; Esparham et al., 2018; Stubberud et al., 2016).

이완(relaxation) 절차는 두통, 그리고 관절염, 겸상적혈구증, 반복적 복통 등의 다른 상태들과 관련된 만성통증 치료를 위해 사용되는 인지행동적 프로그램의 한 부분이다. 이러한 인지행동치료에는 흔히 통증을 완화하거나 통제하기 위한 심상훈련, 그리고 아동·청소년에게 만성통증에 영향을 미칠 수 있는 잘못된 생각과 행동 패턴들을 변화시키는 것을 가르치는데, 부정적이고 파국적인 생각을 격려가 되는 긍정적인 자기진술로 대체하는 것이 한 예이다(Coakley & Wihak, 2017; Dowell et al., 2017).

치료에 대한 접근성을 증가시키기 위한 혁신적인 방법들도 연구되고 있다. 예를 들어 소아 통증에 대해 인터넷을 기반으로 한 개입들이 등장하고 있고 적어도 일부 개인들이나 상황들에서 고통과 기능장애를 줄이는 데 효과를 보이고 있다(Coakley & Wihak, 2017; Dowell et al., 2017; Fisher et al., 2019; Voerman et al., 2015). Voerman과 동료들(2015)은 만성통증을 겪고 있는 네덜란드 청소년들을 대상으로 'Move It Now'라는 7주간의 인터넷을 기반으로 한 대화형 CBT 개입의 효과를 검증했다. 이 개입은 주의분산이나 휴식과 같은 자기조절 전략에 대한 교육을 제공함으로써 청소년들이 고통에 대한 대처전략을 향상시킬 수 있게 돕기 위한 것이다. 개입은 치료자로부터 매주 제공되는 이메일/전화 지원과 함께 청소년과 부모가 개별적으로 완성하는 온라인 모듈을 통해서 최소한의 치료자 접촉만으로 이루어졌다. 전반적으로 개입에 참여한 청소년들은 치료 이후에 삶의 질 향상뿐 아니라 그들이 느끼는 고통의 강도에 있어서도 유의미한 감소를 보였다. 반면에 대기명단 통제 조건에 있었던 청소년들은 대기명단에 있던 시기 동안에는 고통에 있어 유의미한 변화를 보여주지 않았다. 청소년의 고통을 부모가 강화하는 일이 감소하는 등 부모의 행동 또한 개입으로 변화되었다. 하지만 개입법이 너무 시간이 많이 든다고 생각했거나 다른 이유들로 만족스럽지 않다고 생각했던 청소년 일부는 중도 탈락했다. 인터넷을 기반으로 한 개입 시행을 향상시키고 개입이 더 효과적일 수 있는 조건들을 찾아내기 위해서 더 많은 연구가 필요하다.

치료절차와 관련된 통증과 고통 감소시키기

의학적 치료의 효과를 높이기 위한 심리학 기반의 절차 개발은 또 다른 유망한 관심 영역이다. 의학적 절차에 따른 통증과 고통을 처리하는 절차는 이 영역이 기여할 수 있는 잠재적 중요성을 시사한다.

통증과 고통

겉으로는 단순하게 보이지만 통증은 측정하기 어려운 복잡한 현상이고 그렇기에 아동 · 청소년에게 과소평가되거나 잘 다뤄지지 않는다(Beltramini, Milojevic, & Pateron, 2017). 아동의 나이와 발달수준을 포함한 수많은 요인은 고통의 측정에 영향을 주는 것 같다. 게다가 사람들이 경험하는 통증이나 고통과 고통스러운 의학적 절차가 진행되는 동안 사람들이 경험하는 불안을 구분하는 것은 쉬운 일이 아니다. 이런 어려움 때문에 어떤 사람들은 통증, 불안 및 다른 부정적 정서를 나타내기 위해 고통(distress)이라는 용어를 사용하고 있다(L. L. Cohen et al., 2017). 어떤 용어를 쓰든지 고통의 인지-정서적 · 행동적 · 생리적 측면을 평가하기 위해서 다수의 평가방법이 사용되며, 자기보고, 관찰자보고, 생리지표와 관찰 측정을 포함한다(Beltramini et al., 2017; L.

L. Cohen et al., 2017; Cowen et al., 2015).

통증의 인지-정서적 요소에 대한 자기보고는 가장 많이 사용되는 측정방법이다. 통증은 주관적 경험이므로 아동 · 청소년의 통증에 대한 경험을 측정하는 것이 중요하다. 게다가 이 요소는 접근이 더 용이하고 측정하기가 비교적 쉽다. 그렇다고 측정에 어려움이 없는 것은 아니다. 예를 들어 어린 아동의 발달수준은 자기보고식 측정을 선택하는 데 중요한 역할을 한다. 나이가 많은 아동들은 통증을 의미 있는 용어로 기술할 수 있기 때문에 인터뷰와 질문지를 사용할 수 있다. 시각적 방법 또한 유용할 수 있다(그림 15.5 참조). 시각적 아날로그 척도(visual analog scales VAS)는 아동이 자신의 고통 수준을 표시할 수 있는 시각적 측정기를 제공하는데, 보통 100밀리미터 수직선에 '고통 없음'부터 '심한 고통'까지 구분되어 있다(L. L. Cohen et al., 2017). 나이가 있는 아동 · 청소년을 위한 대표적 방식이자 가장 타당한 자기평가 도구로 간주되지만 VAS는 어린 아동들이 이해하기에는 힘들 수 있다(Beltramini et al., 2017; L. L. Cohen et al., 2017). 전문가들은 아주 어린 아동들에게는 중성적 표정, 웃는 표정, 심하게 찡그린 표정의 얼굴처럼 더 구체적인 방법을 사용한다. 사진을 사용할 때는

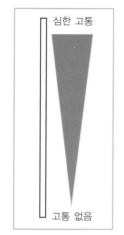

그림 15.5 아동의 통증을 평가하기 위해 시각적 방법들이 사용되고 있다. 왼쪽은 시각적 아날로그 척도(VAS)로 더 나이 든 아동 · 청소년에게서 보통 사용된다. 오른쪽은 일련의 선택지 중 중립(왼쪽)부터 아주 고통스러운(오른쪽) 두 극단을 나타내는 그림의 예로 어린 아동들에게 사용된다.[Beltramini, Milojevic, & Pateron(2017)에서 일부 수정 인용]

인종에 적합한 이미지를 사용하는 것이 중요할 수 있다 (Beyer & Knott, 1998; Hicks et al., 2001).

많은 경우에 아동 고통의 행동적 요소(예 : 울기, 소리 지르기, 고통이나 공포를 말로 표현하기, 고통스러운 표정, 또는 물리적 제지의 필요성)는 효과적인 의학적 치료를 방해할 수 있다(L. L. Cohen et al., 2017). 아동의 고통행동을 평가하기 위해 관찰방법이 많이 사용된다. 체계화된 행동 정의와 훈련받은 관찰자를 사용하는 구조화된 행동관찰은 다양한 맥락에서 사용되어 왔다. 그러나 비용과 시간이 많이 들기 때문에 대안적인 방법으로 부모나 간호사가 아동의 고통행동을 전반적으로 관찰하고 평정하는데, 예를 들면 표정(Face), 다리(Legs), 활동(Activity), 울기(Cry), 달래지는 정도(Consolability)를 보는 FLACC 척도나 부모가 평정하는 수술 후 통증 척도(Postoperative Pain Measure for Parents)를 사용한다 (Beltramini et al., 2017; Gordon, 2015).

통증의 생리적 측면에 대한 평가는 흔하지 않으며 신뢰도에 대한 우려가 존재한다(L. L. Cohen et al., 2017). 수술을 받기 전과 후에 손바닥의 발한 정도를 측정하는 Melamed와 Siegel(1975)의 절차와 골수흡인(bone marrow aspiration)이 실시되기 전에 맥박을 측정하는 Jay와 동료들(1987)의 절차는 생리적 측정을 사용한 예이다. 그러나 심장박동률, 혈압, 피부전도성과 같은 측정치들을 신뢰성 있게 측정하기가 어렵고 장비도 필요하므로 별로 사용되지 않는다.

아동이 대처하도록 도와주기

아동·청소년이 질병이나 장애 또는 그들이 받는 치료와 관련된 통증에 잘 대처하도록 돕는 절차들이 개발되어왔다(L. L. Cohen et al., 2017; Slifer, 2014). 만성장애 아동을 평가하고 치료하기 위해 사용되는 많은 의학적 절차는 혐오적이다. 아동의 고통을 덜고 그들이 대처할 수 있게 돕기 위한 첫 번째 단계는 아동이 이해하고 기억할 수 있는 적절한 정보를 적절한 시기에 준비해주는 것이다. 이렇게 준비해 두어야 하는 이유는 예상하지 못했던 고통이 예상했던 고통보다 더 힘들기 때문이다.

마찬가지로 주의 돌리기, 최면, 호흡조절, 인지행동적 개입과 같은 다양한 개입이 의료절차에 대한 반응으로 나타나는 아동의 통증과 고통을 줄이는 데 효과적인 것으로 확인되었다(Birnie et al., 2018; Flowers & Birnie, 2015). 하지만 준비와 지원이 좋다는 단순한 말 다음에는 다양한 상황과 다양한 아동에게 이 준비와 지원이 어떻게 하면 가장 잘 이루어질 수 있는지에 대한 복잡한 질문이 따라 나온다. 연구들은 어느 정도의 지침을 제공하며 특정한 절차를 제시하고 있다(L. L. Cohen et al., 2017; Gulur et al., 2019).

의학적 절차에 대한 아동의 반응에는 수많은 요인이 영향을 미친다. 의학적 절차가 진행되는 동안 아동의 고통과 통증에 영향을 미치는 중요한 요인은 부모의 행동이다(L. L. Cohen et al., 2017). 부모가 아동의 주의를 딴 데로 돌리거나 아동이 대처기술을 사용하도록 지시할 때에는 아동은 고통을 덜 보인다. 부모가 증상에 집중하고 불안을 보이면 아동의 고통은 증가하고 주의분산 기술의 효과가 감소한다(Campbell et al., 2017; L. L. Cohen et al., 2017; Hoehn et al., 2016; Racine et al., 2015). 부모들이 안심시키려는 말(예 : "괜찮을 거야.", "곧 끝날 거야.")이나 사과의 말로 아동을 위로하려고 할 때 고통은 더 커질 수 있다(Blount, 2019; L. L. Cohen et al., 2017).

의료진의 행동도 아동·청소년에게 영향을 줄 수 있다. 의료 제공자의 행동개입에 대한 훈련이 많은 관심을 받고 있는데, 이는 의료진이 아동의 대처를 촉진시키고 고통을 증가시킬 수 있는 행동은 감소시키는 식의 상호작용을 더 많이 할 수 있게 하는 것을 목표로 한다. 예를 들어 연구에 따르면 의료진이 의료 경험과 장비를 위협적이지 않은 것으로 재해석해주면 특정 상황에서 아동의 대처가 증가할 가능성이 있다(Gulur et al., 2019; Martin et al., 2011). 게다가 적절한 때에 국소 마취제 사용과 같이 아동의 신체적 통증 경험을 완화시키기 위한 절차를 사용하는 것은 의료 서비스 제공자에게 중요한 고려사항이다(L. L. Cohen et al., 2017; Slifer, 2014).

아동·청소년 스스로도 대처전략에 대한 몇 가지 조

어린 아동들은 의학적 치료를 받는 동안 대개 고통을 느낀다. 고통을 감소시키거나 통제하도록 돕는 절차가 도움이 된다.

언을 하였다(Ross, 1988). 이 가운데 많은 제안은 통제할 수 있다는 지각에 관련되었고(Carpenter, 1992), 혐오적인 치료절차가 진행되는 동안 아동이 환경을 통제하는 것을 포함한다. 응급실에서 화상치료 중인 10세 남아의 다음과 같은 이야기는 이 현상을 잘 보여준다.

> 내가 "아픈 것 잠시 쉬어도 될까요?"라고 하자 그(인턴)가 "뭐라고? 농담하는 건 아니지?"라고 했다. 내가 "물론이지요. 아줌마들이 아기를 낳을 때조차 아프다가도 중간중간 안 아플 때가 있잖아요." 그러자 그들(소아응급실 의료진)이 모두 웃었다. 그는 "좋아, 네가 필요할 때마다 60초 휴식을 주지."라고 했다. 그러자 믿지 않을지 모르겠지만 상황이 훨씬, 훨씬 더 나아졌다.(Ross, 1988, p. 5)

아동·청소년이 통증과 고통에 대처하기 위해 자기 나름의 전략을 만들어낼 수 있겠지만 효과적인 스트레스 관리/대처기술을 가르치는 것도 필요하다. 대부분의 개입은 행동적 그리고 인지행동적 접근에서 나온 여러 가지 대처전략으로 이루어져 있고 효과가 있다(Birnie et al., 2018; L. L. Cohen et al., 2017).

주의분산 기법은 의학적 절차와 관련된 스트레스적이거나 고통스러운 자극(예 : 주삿바늘, 의료 기구)으로부터 아동의 주의를 돌리고 아동이 더 흥미롭거나 편안한 자극에 주의를 기울이도록 만들기 위해 자주 사용된다. (L. L. Cohen et al., 2017; Reinfjell & Diseth, 2018). 주의분산은 여러 형태를 취할 수 있다. 내적이거나(예 : 심상) 외적일 수 있고, 청각(예 : 음악), 시각(예 : 책, 비눗방울), 시청각(예 : 영화, 아이패드), 또는 상호활동(예 : 대화, 비디오게임, 가상현실) 등 다양한 양식을 포함할 수 있으며 부모, 의료전문가, 심리학자에 의해 소개되고 도움을 받을 수 있다(Birnie, Chambers, & Spellman, 2017; Reinfjell & Diseth, 2018; Slifer, 2014). 아동의 통증과 고통을 줄이는 주의분산의 효과에 대한 강력한 증거가 존재하지만 변동성 또한 지적되었다(Birnie et al., 2014). 주의분산을 가장 효과적으로 하기 위해서는 아동의 발달수준과 흥미에 맞춰져야 한다(Reinfjell & Diseth, 2018). 최면과 호흡조절을 포함하는 이완기술 또한 의학적 절차가 진행되는 동안 아동이 경험하는 통증과 고통을 줄이는 데 효과적인 것으로 나타났다(Birnie et al., 2018).

인지행동적 개입 또한 의학적 절차를 경험하는 아동,

특히 이전에 치료 경험이 있는 나이 든 아동과 청소년의 통증과 고통을 최소화하기 위해 사용된다(Birnie et al., 2018; Reinfjell & Diseth, 2018). 이러한 방법들에는 절차에 대한 준비와 교육, 호흡훈련을 포함한 대처기술 훈련, 대처 문장의 사용(예: "난 할 수 있어.", "난 호흡으로 내 불안을 조절할 수 있어."), 주의분산 기법, 시각적 심상(예: 해변에서의 하루를 상상하기), 근육이완이 포함되고, 이 외에도 대처전략을 사용하거나 의학적 절차에 협력하는 데 대한 행동 강화도 포함된다(Reinfjell & Diseth, 2018; Slifer, 2014). 노출치료(exposure therapy), 즉 아동을 불안을 발생시키는 자극(예: 주사침)에 점진적으로 노출시켜 대처방법을 연습하게 하는 개입 또한 절차와 관련된 불안이나 고통의 이력이 있는 아동들에게 고통을 줄이고 의학적 절차에 협력할 수 있게 하는 효과를 지닌 것으로 보인다(Rachamim et al., 2015; Slifer et al., 2011).

암에 걸린 아동·청소년은 골수흡인(bone marrow aspirations, BMA), 요추 천자, 생체검사와 같은 반복적인 고통스러운 절차를 견뎌야 하는데, 이들에 대한 연구는 심리적 개입이 의학적 절차를 받는 아동의 통증과 고통을 어떻게 경감시키는지에 대한 좋은 예를 제공한다. 골수흡인은 백혈병 아동과 청소년에게 암세포가 있는지를 알아보기 위해 골수를 검사하는 절차로 규칙적인 간격으로 행해진다. 커다란 주사를 엉덩이뼈에 집어넣어 골수를 채취하기 때문에 아주 고통스럽다. 이와 같은 매우 침습적인 절차는 진정제 또는 전신마취제를 투여하고 진행되는 경우가 많지만 아동은 수술 후 상당한 고통을 견뎌야 할 뿐만 아니라 BMA 시행 전에 정맥주사나 국소마취 주사 같은 덜 침습적이지만 여전히 고통스러운 절차를 경험해야 한다(Zarnegar-Lumley et al., 2019).

Jay와 동료들이 개발한 개입(Jay et al., 1987, 1991, 1995)은 고통스러운 의학적 절차를 경험하는 아동을 위한 심리사회적 개입에 대한 문헌에 종종 인용된다. 이 연구팀이 개발한 인지행동적 개입은 영상을 통한 모델링, 호흡훈련, 정서적 심상화/주의분산, 긍정적 강화, 행동적 시연, 이렇게 다섯 가지 주요 요소로 구성된다. 이 프로그램은 BMA가 예정된 날 짧은 개입 형태로 실시되게끔 설계되었다. 이 개입은 아동의 행동적 고통, 통증 평가, 그리고 맥박 수(고통의 생리적 지표)를 유의미하게 낮추는 것으로 밝혀졌다(Jay et al., 1987).

더욱 최근의 연구들은 침습적 의학적 절차를 경험하는 암에 걸린 아동의 고통과 불안을 감소시키는 데 심리적인 개입의 효과를 입증했다. 예를 들어 대만의 한 연구는 BMA와 요추 천자(lumbar puncture, LP)를 받는 3∼13세 아동에게 절차적 준비와 인지행동적 개입이 미치는 영향을 조사했다(Hsiao et al., 2019). 3∼6세 아동의 경우 공인 아동생활전문가(certified child life specialist, CCLS)가 첫 번째 예정된 BMA 또는 LP 이틀 전에 아동과 가족에게 한 시간 길이의 회기를 제공하여 라포를 형성하고 과거의 의료 경험, 아동의 행동 패턴, 절차에 대한 아동과 부모의 이해도를 평가하였다. 예정된 BMA 또는 LP 하루 전에 또 다른 한 시간짜리 회기를 열어 아동이 절차를 준비하게 했다. 이 준비회기 동안 아동은 의학적 놀이를 했는데, 이는 아동이 절차를 이해하고 친숙해질 수 있게 돕고 진정제 투여 전에 활용할 수 있는 대처전략을 배울 수 있도록 돕기 위한 것이었다. 의학적 놀이는 테이프, 거즈, 주사기와 같은 재료들을 포함했다. 부모들은 개입회기 동안 자녀와 함께했고, 의학적 절차 동안 자녀들에게 대처전략을 코칭하도록 격려받았다. 예정된 BMA 또는 LP가 있는 날 아동생활전문가는 아동과 치료실로 함께 가서 진정제 투여 전에 발생하는 의학적 절차로부터 아동의 주의를 돌리기 위해 수 세기, 비눗방울 불기, 이야기 읽기 등의 주의분산 전략을 사용했다. 시술 다음 날 아동생활전문가는 아동과 가족을 방문해 의학적 절차 동안 아동이 느낀 감정을 검토하고 아동과 가족에게 정서적 지원을 제공했다.

7∼13세의 더 나이 든 아동의 경우 개입은 첫 번째 예정된 BMA 또는 LP 사흘 전에 두 번의 한 시간짜리 회기로 제공됐다. 어린 아동을 위한 개입과 비슷하게 첫 번째 회기의 초점은 아동 및 가족과 라포를 형성하는 것이었다. 두 번째 회기는 준비와 아동이 지닌 걱정을 평가하는 것뿐 아니라 호흡훈련, 대화, 유도된 심상과 같

생각상자   아동기 상해의 예방

해마다 수없이 많은 아동이 상해를 입는다. 실제로 상해는 미국에서 1세 이상 아동(Centers for Disease Control and Prevention, 2019a)과 전 세계 5세 이상 아동(World Health Organization, 2018a)의 사망과 병원 진료의 주요 원인이다. Schwebel(2019)에 따르면 Global Burden of Disease 프로젝트는 2017년에 0세에서 19세 사이 아동 200만 명이 부상으로 사망했으며, 아동 사망은 매일 15초마다 일어난다고 추정하고 있다. 생명과 기능의 상실은 비극이고, 의료비용과 심리적 영향도 상당할 수 있다(Schwebel, 2019).

상해는 다양한 사건과 아동과 보호자의 개인적 특성(예 : 위험을 감수하는 행동, 보호자의 감독), 환경적 영향(예 : 놀이터의 위험요소들), 그리고 안전 규정(예 : 자동차 안전장치 규정, 자전거 헬멧법) 같은 더 넓은 사회문화적 요인들의 결과이다(Morrongiello & Schwebel, 2017; Schwebel, 2019). 연구에 따르면 아동 부상의 91%는 부상으로 이어지는 상황이 달랐더라면 예방할 수 있었을 것이다(Rimsa et al., 2002). 아동기 상해를 이해하고 예방하기 위한 계획은 공중보건(McClure et al., 2015)과 소아심리학(Schwebel, 2019)의 중요한 측면이다.

상해를 예방하기 위해서는 해결해야 할 문제가 많으며 상해 예방을 위한 전략을 개발할 때 여러 요소를 고려해야 한다(Morrongiello & Schwebel, 2017). 한 가지 장애물은 심각한 상해가 자주 일어나지 않고, 우연한 사건이며, 따라서 피할 수 없는 것이라는 잘못된 가정을 하는 것이다. 그렇게 가정하게 되면 예방을 위한 노력을 적극적으로 하지 않게 된다. 따라서 전문가들은 많이 사용되는 사고(accident)라는 용어를 버리고, 사건이 고의적은 아니지만 피할 수 있음을 인정하는 **비의도적 상해**(unintentional injury)라는 용어를 사용하자고 권장하고 있다.

상해를 예방하는 데 있어서 또 다른 문제는 상해의 원인이 되는 요인과 상해의 유형 그리고 이에 따른 개입 가능성이 다양하다는 것이다(Schwebel, 2019). Tremblay와 Peterson(1999)이 기술한 대로 "수영장에 접근하는 것을 막는 문의 조작법을 알게 된 걸음마기 아동, 헬멧을 쓰지 않고 자전거를 타는 7세 아동, 제한속도로 운전을 하면 비웃는 친구들을 태우고 운전하는 16세 청소년이 다양한 잠재적 개입의 후보자들이다." 아동기 상해에는 여러 가지 기여요인이 있지만 개입할 수 있는 여러 가지 경로 또한 있다. 아동들의 상해를 예방하기 위한 노력은 Lizette Peterson의 연구로부터 시작되었다(DiLillo & Tremblay, 2005).

심리학의 기초적인 공헌은 상해 예방에는 중요한 행동적 선행조건이 있다고 보는 관점을 제공한 것이다. 아동의 행동(예 : 충동성, 위험 감수), 부모(예 : 감독, 보호) 및 또래(예 : 설득, 모델링)와 환경적 변인(예 : 혼란, 위험)이 모두 아동 상해를 일으킬 수 있고 또 서로 상호작용할 수 있다(Morrongiello & Schwebel, 2017; Schwebel, 2019). 예를 들어 아동이 환경을 탐색할 정도로 자라기는 했지만 아직 충동적으로 물질을 삼킬 정도로 어릴 때, 그리고 독극물에 쉽게 접근 가능하고 지속적인 감독은 이루어지지 않는 상황이 되면 집안에 있는 독극물을 삼킬 위험이 증가한다.

예방 노력은 다양한 수준에서 시행될 수 있고, 전체 모집단(예 : 입법조치, 소비자 제품 안전, 매체를 통한 캠페인), 모집단의 특정 하위집단(예 : 어린 아동이 있는 가족들을 위한 자전거 안전 프로그램) 또는 특정 시점(예 : 매년 소아과 의사 방문할 때의 상담)을 목표로 한 전략들을 포함한다. 한 수준에서만 예방을 위해 노력하는 것(예 : 수영장 문의 잠금장치, 의약품 어린이 보호 포장)은 충분하지 않고, 예방 이행을 보장하기 위해 개별적 조치(예 : 성인이 올바르게 문을 잠그고, 약품의 뚜껑을 제대로 닫는 것)가 여전히 필요하다(Morrongiello & Schwebel, 2017). 부모들이 잘못된 안전감을 가지도록 해서는 안 된다. 예를 들어 수영 강습을 받는 아동들의 부모는 자녀가 익사하지 않게 스스로를 안전하게 지킬 수 있는 능력이 점점 더 커지며, 결과적으로 적극적인 부모의 감독은 덜 필요하게 된다고 생각한다(Morrongiello, Sandomierski, & Spence, 2014). 안전행동에 대한 정보를 제공할 뿐 아니라 아동기 상해의 취약성과 심각성, 정도에 대해 교육을 실시하는 것도 예방 노력의 일부에 해당한다(American Academy of Pediatrics, 2019). 예를 들어 아동 수영교육과 함께 부모에게 물 주위에서 자녀들의 안전을 유지하는 것과 관련된 지식, 신념 및 행동을 목표로 하는 증거기반의 행동개입은 어른이 물 주위에서 아동을 가까이 지켜보도록 촉진하며 상해를 예방하게 한다(Sandomierski, Morrongiello, & Colwell, 2019).

모델링, 적절한 상해 예방행동에 대한 보상과 유인책 제공을 포함하며, 위험한 행동을 수정하는 것을 목적으로 하는 다요인 예방 프로그램은 정보를 보충하기 위해 필요하다(Schwebel, 2019).

은 대처전략을 개발하기 위한 개입을 포함하였다. 아동생활전문가는 BMA 또는 LP를 받는 날 치료실에 동행해서 아동이 그들의 대처전략을 적용하도록 도왔다. 다시 아동생활전문가는 BMA 또는 LP를 받은 다음 날 아동과 가족을 방문했다. 전반적으로 개입을 받지 않은 아동들과 비교했을 때 개입에 참여한 아동들은 절차를 예상하면서 고통을 덜 보였다.

이 연구는 아동과 가족이 특정 의료절차의 고통에 대처하도록 도울 수 있는 개입의 한 예이다. 이 연구는 이후의 의학적 절차 동안 아동의 불안과 고통에 대한 개입의 장기적 영향을 평가하지는 않았지만, 첫 번째 절차를 가능한 한 편안하게 만든 것은 아동의 학습된 반응과 미래의 대처에 긍정적인 영향을 미칠 수 있는 잠재력을 보여준다. 부모나 다른 가족 구성원들을 프로그램에 참여시키는 것은 아동의 대처능력을 더 잘 유지되게 하고, 부모와 가족의 고통을 줄이며, 개입이 없었다면 전문가가 들였을 엄청난 시간의 측면에서 비용 효율성을 향상시킬 수 있다. 이런 개입은 효과적인 의학적 치료를 아동들에게 제공할 수 있는 가능성을 더 높여준다(L. L. Cohen et al., 2017).

입원을 위한 준비

만성질환이 있는 아동은 기능을 안정시키기 위해 주기적으로 입원해야 하는 경우가 많다. 그렇지 않은 아동도 예정된 수술이나 다른 절차를 위해 또는 응급상황에서 병원에 입원해야 하는 경우가 있다. 실제 아동들의 약 1/3은 적어도 한 번은 입원을 한다. 의학적 치료를 위한 입원의 역사와 위상에 대해 글을 쓴 Siegel과 Conte(2001)에 의하면 1950년대 중반부터 입원과 수술에 대한 어린 아동의 심리적 반응의 중요성이 인정되기 시작했다. 타비스톡 상담센터에 재직했던 제임스 로버트슨(James Robertson)이 제작한 두 편의 영상이 사람들의 태도와 실무를 바꾸는 데 큰 역할을 하였다. 한 영상에는 작은 수술을 받기 위해 일주일 정도 부모와 헤어져야 했던 어린 아동의 심한 고통을 담고 있다. 다른 영상에는 수술을 위해 입원한 아동이 어머니와 함께 있었을

때 긍정적으로 적응하는 모습을 담고 있었다. 또한 많은 연구문헌에서 입원 스트레스를 언급하였다(Siegel & Conte, 2001). 대부분의 연구들이 수행되었던 1950년대와 1960년대 이후에 많은 변화가 일어났다. 예를 들어 1954년에 대부분의 뉴욕 병원들은 부모가 매주 2번 면회시간에 아동을 만날 수 있도록 하였다. 미국과 다른 나라 대부분의 일반 소아과 병원은 현재 24시간 부모 면회를 허용하고 있지만 여전히 가족 구성원들이 같이 있는 것에 제한이 있는데, 중환자실이나 응급상황 시 더 제한적인 정책을 사용하는 것이 실례이다(Foster et al., 2018; Institute for Patient-and Family-Centered Care, 2019). 가족 및 친숙한 가정환경으로부터의 분리 외에도, 입원한 아동은 의료절차와 관련된 통증이나 불편함, 제한된 활동, 수면 장애, 무섭거나 특이한 광경, 소리 또는 느낌에 노출되는 등 많은 혼란과 스트레스 요인들을 경험할 수 있다(Linder & Seitz, 2016). 입원한 아동의 가족들 또한 다양한 어려움과 스트레스에 직면한다(Nabors et al., 2018; Rennick et al., 2018).

그럼에도 불구하고 소아과 치료는 입원한 아동의 경험과 결과를 개선하는 데 상당한 진전을 이루었다. 병원 관리의 다양한 변화가 관찰되고 있는데, 예를 들어 부모의 참여가 증가하였고, 부모의 수면 공간을 포함하도록 많은 소아과 치료병동이 다시 설계되었고, 입원한 아동이 즐거운 활동을 하고 참여할 수 있는 기회를 주기 위해 노력했으며, 소아과 입원 환경에 심리 및 정신과적 서비스를 통합시켰다(Dokken, Parent, & Ahmann, 2015; Institute for Patient-and Family-Centered Care, 2017; Ollendick & Schroeder, 2003; Shaw & DeMaso, 2020). 입원한 아동의 고통을 줄이기 위한 시도로 현재는 조용하고 차분한 의료 환경을 조성하는 것이 강조되고 있다(L. L. Cohen et al., 2017).

입원이 계획되어 있을 때 아동과 부모 모두를 위한 입원 전 준비는 이제 일반적이다(Aranha, Sams, & Saldanha, 2017; Bray, Appleton, & Sharpe, 2019). 준비 프로그램에는 병원 또는 수술실 견학, 인형으로 하는 시연, 모델링, 의학적 놀이, 대처 및 이완기술 교육, 서면

또는 구두 프레젠테이션, 쌍방향 컴퓨터 프로그램, 교육 비디오가 포함될 수 있다(Aranha et al., 2017; L. L. Cohen et al., 2017). 많이 지지받고 있는 방법 가운데 하나는 걱정은 하지만 병원생활에 잘 적응하고 있는 모델을 보여주기 위해 시청각 장비를 사용하는 것이다. 수술을 받는 아동의 불안을 줄이고 대처기술을 향상시키기 위해 이러한 방법을 사용하는 것은 7세 남자 아동의 수술을 받기 전, 수술을 받는 동안 수술을 받은 후의 모습을 담고 있었던 Melamed와 Siegel(1975)의 영화 '이던이 수술을 받았어요'로 거슬러 올라간다. 이던은 이야기를 들려주었고, 수술에 대한 현실적이지만 적응적인 반응을 보여주었다. 이 영화는 입원과 수술을 준비하는 데 효과적이었다(Melamed & Siegel, 1980; Peterson et al., 1984). 그리고 더 최근의 연구들은 부모뿐 아니라 (Chow et al., 2018) 아동(Chow et al., 2015)의 수술 전 불안을 줄이기 위해 시청각적 개입을 사용하는 것이 효과적임을 계속해서 입증하고 있다. 개입은 여러 방법을 흔히 조합해서 실시하는데 교육, 대처기술을 분명하게 훈련시키며 모델링하는 것, 수술을 위한 준비 프로그램, 다른 불안감소 절차들을 포함할 수 있다(L. L. Cohen et al., 2017). 현재에는 시기가 적절하고, 개별 아동과 부모, 가족의 특성에 맞고, 비용 효율성이 높은 준비 절차에 관심을 기울이고 있다. 컴퓨터를 이용한 가상의 지지집단 같은 새로운 기술적 개입은 아직 더 많은 연구가 필요하지만 입원한 일부 아동의 고통을 줄이고 대처능력을 향상시키는 데 있어 가능성을 보여준다(Aldiss et al., 2015; Canter et al., 2019).

병원과 관련된 불안과 고통에 더 관심을 기울일 필요가 있으며 더 효과적으로 예측하고, 예방하고, 식별하고, 치료할 필요가 있다(Schlegelmilch et al., 2019). 이런 문제들이 개선되면 의학적 치료의 효과가 높아지고 조기퇴원이 가능하기 때문이다(Bujoreanu et al., 2015; L. L. Cohen et al., 2017). 개입은 또한 아동의 기분 상태와 적응도 향상시키므로 만성질환이 있고 자주 입원을 해야 하는 아동에게는 특히 중요하다.

죽음을 앞두고 있는 아동

심하게 아픈 아동·청소년을 치료하는 과정에서 겪게 되는 가장 고통스러운 일 중 하나는 그들의 죽음이다. 생존율 증가에 많은 진전이 있었지만 그 숫자는 여전히 100%에 크게 못 미친다(UNICEF, 2019). 생존율이 증가하고 있기 때문에 아동의 사망을 견디어내는 것이 더 어려울 수 있다(Parshuram & Dryden-Palmer, 2018). 죽음을 앞두고 있는 아동에 대해 여러 가지 중요하고도 힘든 질문이 제기되었다.

- 아동은 죽음에 대해 무엇을 알고 있는가?
- 어떻게 아동과 가족들이 죽음을 가장 잘 준비하도록 할 것인가?
- 어떻게 하면 의사소통과 의사결정에 아동을 가장 잘 포함시킬 수 있는가?
- 치료를 계속 받으려는 동기를 잃지 않으면서 어떻게 죽음을 준비하도록 할 것인가?
- 가족들이 아동에게서 미리 정을 떼지 않게 하면서 아동의 임박한 죽음을 받아들이게 도울 수 있을까?
- 아동이 죽고 난 다음에 무엇을 할 수 있을까?
- 죽음을 앞둔 아동과 같이 일하는 사람들은 어떤 영향을 받을까?

죽음에 대한 아동의 생각은 발달과정에서 변하고, 경험이나 가족의 태도, 문화적 요인의 영향을 받는다. 인지발달이 죽음을 이해하는 방식의 발달에 중요하다(Bates & Kearney, 2015; Gerhardt et al., 2017). 어린 아동은 죽음을 덜 살아 있는 상태로 생각할 수 있고 되돌릴 수 있다고 생각할 수 있다. 5세경이 되면 죽음은 변경할 수 없다는 생각이 나타나기도 하지만 여전히 피할 수 있다고 여긴다. 죽음이 마지막이고 되돌릴 수 없다는 이해와 사람은 언젠가는 죽는다는 사실에 대한 이해는 9~10세경이 되어야 나타난다. 죽음에 대해 완전하게 이해하지 못함에도 불구하고 아동은 죽음에 대해 느끼고 자신들의 치명적 질병에 대해 걱정할 수 있다. 청소년의 죽음에 대한 이해는 성인과 비슷할 수 있지만 이 발달단계의 특정한 측면에 관심이 필요하다(Leming & Dickinson, 2020).

가족 구성원에게도 아동의 질병 심각성을 이해시킬 필요가 있다(Brackett & Baxter, 2015; Gerhardt et al., 2017; Kaye et al., 2018). 그러나 죽음의 수용과 삶에 대한 희망 사이의 적절한 균형이 필요하다. 부모가 자녀를 정서적으로 돕고 치료계획에 따르도록 도우면서 자녀의 죽음에 준비하도록 만드는 것은 정말 어려운 일이다. 이렇게 하기 위해서는 아는 것이 많고 세심한 정신건강 직원이 필요하며 소아심리학자들은 아동, 의료팀 및 가족과의 의사소통을 촉진하는 데 중요한 역할을 할 수 있다(L. L. Cohen et al., 2017). 생명을 오래 연장하는 능력이 향상될수록(아마도 미래의 어떤 치료법에 대한 희망이 증가할수록) 문제는 더 어려워질 것이다. 필요한 도움을 주기 위해서는 전체 치료 프로그램 안에 지원 서비스를 통합해야 하고, 이 프로그램의 즉각적인 가용성과 접근성이 모두 중요하다. 일단 아동의 사망 시점에 오게 되면 개입의 초점을 바꾸어야 한다. 정보와 지지가 여전히 필요하겠지만 아동과 가족이 가장 편안하고, 남아 있는 시간을 가장 잘 보낼 수 있는 쪽으로 도와야 한다. 더구나 아동이 사망하고 난 다음에도 가족을 떠나서는 안 된다. 지속적인 도움이 필요하며 이런 지지가 전체 치료의 일부가 되어야 한다(Gerhardt et al., 2017; Lövgren & Sveen, 2018).

간병인도 아동이나 청소년이 죽어가는 것을 보면서 영향을 받는다. 간병인을 교육하고 도움 제공의 높은 대가, 즉 피할 수 없는 스트레스, 무기력감과 소진의 가능성을 줄여주기 위해 노력해야 한다(Roberts et al., 2020; Whitford, Nadel, & Fish, 2018). 이 모두가 쉬운 일이 아니다. 간병인의 적응, 그들의 효율성과 행동이 가족과 아동에게 미치는 영향이 모두 중요하다(Barnes, Jordan, & Broom, 2018). Vernick와 Karon은 '혈우병동에서 누가 죽음을 두려워할까?'(1965)에서 이런 효과를 보여주는 가슴 아픈 일화를 소개하였다. 한 일화에서는 증세가 악화되다가 치료를 받고 나아지기 시작한 9세 환자에 대한 간병인의 영향을 그리고 있다.

하루는 내가 그 아동이 아침식사를 하는 동안 아동이 예전 식욕을 회복한 것 같다고 말해주었다. 그 아동은 웃으면서 동의했다. 내가 어려움의 고비를 넘어선 것처럼 보인다고 말해주자 그 아동은 동의하며 고개를 끄덕였다. 너무 아파서 걱정하는 것밖에 할 수 없는 것, 즉 죽는 것에 대해 걱정하는 것밖에 할 수 없는 것은 너무 괴로울 것이라고 말해주었다. 그 아동은 고개를 심하게 끄덕였다. 나는 전체 과정이 너무 무서웠을 것이라는 것을 알았고 기분이 나아지면 마음의 짐도 덜어질 것이라는 사실을 알았다. 그 아동은 크게 "휴" 하고 큰 소리를 냈고, 나를 제외하고는 누구도 자기와 이야기해주지 않았다고 말했다. "그 사람들은 마치 내가 죽는 것을 준비하는 것 같았어요."(Vernick & Karon, 1965, p. 395)

아마도 가장 어려운 결정은 죽음을 앞둔 아동에게 무엇을 말할 것인가이다. 아동을 보호하는 접근이나 '선의의 거짓말'이 한때는 권장되었다. 아동에게 짐을 지우지 말아야 하고 정상적이고 모든 것이 괜찮을 거라는 믿음을 가지도록 해야 한다고 생각되었다. 요즈음은 대부분의 전문가들은 이런 접근이 도움이 되지 않으며 실패할 것으로 보고 있다. 이렇게 계속 속이기 위해서는 가족이 받는 스트레스가 크고, 아동이 그 거짓말을 믿을지도 확실하지 않고, 두려움과 고통이 더 커질 수 있다. 정서적으로 지지적이고 유연한 방법으로 명확하고 공감적이며 개인에게 맞는 정보를 제공하도록 권장된다(Kaye et al., 2018). 어떻게 어려운 소식을 가장 잘 전달할지에 대한 결정에서, 그리고 아동 및 가족과 함께 일하는 다른 과정에서 아동의 발달수준, 과거 경험, 타이밍, 가족문화와 신념체계에 대한 이해를 고려하여 균형을 유지해야 한다(Gerhardt et al., 2017; Kaye et al., 2018) 그러한 균형의 예는 다음 발췌문에 예시되어 있다.

생명을 위협하는 질병을 앓고 있는 아동에게는 병명을 알려주고, 질병의 성질에 대해 정확하게 설명해주어야 하며(아동의 이해할 수 있는 정도까지), 사람들이 때로는 죽을 수 있는 심각한 질병이라는 이야기도 해주어야 한다. 그러나 동시에 아동과 가족에게 다양한 치료 대안을 알려줄 수 있고 서로 협력하여 질병과 싸울 수 있다고도 말해줄 수 있다. 아무리 무섭고 믿기지 않더라도 걱정하는 모든 사람에게 질문할 수 있는 기회를 주고, 상상을 말하게 하고, 걱정을 드러낼 수 있는 분위기를 만들어 주어야 한다. 환자가 아프고, 기운이 없고, 죽어가고 있다고 느낄 때 예후에 대해 이야기할 필요는 없다. 가족과 환자가 어렵다는 것을 알면서도 희망을 놓지 않는다면 누구도 그 희망을 빼앗을 권리는 없다. 사실이 중요하지만 환자와 환자의 요구가 채워지는 방식도 존중해야 한다. '있는 그대로의 사실'을 말하거나 이야기하는 사람의 편의를 위해 '선의의 거짓말'을 하는 것은 결국 아무에게도 도움이 되지 못한다.(Koocher & Sallan, 1978, p. 300)

핵심용어

기능장애	소아심리학	준수
바이오피드백	정신신체의학	지키기
비의도적 상해	정신신체장애	

가설(hypothesis) 과학에서 과학적 방법으로 평가하고자 하는 명제나 '훈련된 추측'

가속적 종단연구 설계(accelerated longitudinal research designs) 종단적 연구 전략과 횡단적 연구 전략의 강점을 최대화하기 위해 두 전략을 병합한 설계

강박적 사고(obsessions) 개인이 전혀 통제할 수 없다고 느끼는 반복적이며 비합리적인 생각

강박행동(compulsions) 합리적 근거가 없는데도 반복해야만 한다고 느껴지는 행동

강압(coercion) 한 사람의 유해한 혹은 혐오스러운 행동(예 : 아동의 공격성)이 다른 사람(예 : 부모)에 의해 보상을 받는 과정으로, 품행장애 행동의 발달에 자주 적용된다.

강화(reinforcement) 특정 행동에 대해 조건적으로 자극을 제시함으로써 특정 행동의 발생가능성을 증가시키는 과정('정적 강화'와 '부적 강화' 참조)

개별교육계획(individual educatin plan, IEP) 장애인교육법에 따라 특수교육을 받고 있는 개인을 위해 작성되는 세부 교육계획

검사-재검사 신뢰도(test-retest reliability) 어떤 검사나 진단체계를 같은 사람에게 각각 다른 시간에 적용할 때 동일한 결과를 가져오는 정도

경험적(empirical) 관찰 혹은 실험을 통해(주관적 인상이나 이론에 의존하는 것과는 대조적으로) 정보나 자료를 수집함으로써 확인하고 검증하는 과정

경험적으로 지지된 평가와 치료(empirically supported assessments and treatments) 효과에 대해 경험적으로 지지된 평가와 개입, 즉 과학적 검증을 통해 가치가 있는 것으로 간주된 절차

고위험 또는 선택적 예방전략[high-risk(selective) prevention strat-egies] 특정 장애에 대해 평균보다 높은 위험에 놓여 있는 개인들을 표적으로 하는 예방 전략

고전적 조건형성(classical conditioning) 학습의 한 가지 형태로 '파블로프(Pavlov)의 조건형성'이라 불리기도 한다. 고전적 조건형성에서 개인은 이전에는 반응을 유발하지 않았던 자극(조건자극 또는 CS)에 대하여 반응을 하게 된다. 고전적 조건형성은 조건자극과 기대되는 반응(무조건 반응, 또는 UCR)을 유발하는 다른 자극(무조건 자극, 또는 UCS)이 연합될 때 일어난다. 이와 같은 반응이 조건자극만으로도 유발될 때 이를 조건반응(CR)이라 한다.

공동주의 상호작용(joint attention interactions) 손가락으로 가리키기와 눈맞춤처럼 두 사람 이상의 주의를 동시에 동일한 대상이나 상황에 집중시킴으로써 경험을 공유하도록 한다.

공유된 환경의 영향(shared environment influences) 유전 연구로부터 파생된 용어로, 두 사람 이상의 가족구성원이 경험하는 어떤 속성에 환경이 어느 정도 영향을 미치는지를 의미한다('비공유된 환경의 영향' 참조).

공존장애(comorbidity) 개인이 한 가지 이상의 장애기준을 만족시킬 때 사용되는 용어(예 : 주의력결핍장애와 적대적 반항장애)('동시발생' 참조).

공포(phobia) 어떤 대상이나 상황에 대해 불안해하며 회피하는 것으로, 그 정도가 매우 심하고 지속적이며 부적절하다고 판단되는 불안을 말한다.

공황발작(panic attack) 급작스럽게 발생하여 신속하게 극도에 달하는 극심한 걱정과 공포, 두려움을 경험하는 기간

과잉 학습(overlearning) 아동이 진술된 기준을 이미 달성했는데도 학습을 계속적으로 시도하는 절차로, 새로운 행동이 유지될 가능성을 높이기 위해 사용된다.

과학적 방법(scientific method) 현상의 이해에 대한 경험적 접근 방법을 말한다. 과학적 접근방법에는 체계적 관찰, 관계에 대한 측정 및 검사 그리고 현상에 대한 설명 등이 포함된다.

관찰학습(observational learning) 다른 사람의 행동을 관찰함으로써 이루어지는 학습. 본보기가 되는 행동은 실제로 혹은 상징적인 형태로 제시될 수 있다.

광장공포증(agoraphobia) 도피하기 어렵거나 난처한 상황에 대한 극심한 불안

교감신경계(sympathetic nervous system) 자율신경계의 일부로, 심장박동을 증가시키고 혈액 내 포도당을 증가시키며, 내장기관의 활동을 억제하고, 일반적으로 스트레스나 활동을 위해 유기체를 준비시키는 역할을 하는 것으로 보인다.

권위적 양육(authoritative parenting) 부모가 규율을 세우고 자녀에게 적합한 기대를 하며, 결과에 대해 책임을 지도록 지도하면서 동시에 따뜻하고 수용적이며 자녀의 욕구를 배려하는 양육방식. 이런 양육방식은 아동기의 긍정적 발달과 관련이 있는 것으로 간주된다.

귀인, 귀인양식(attribution, attributional style) 개인이 행위나 결과에 관해 생각하고 설명하는 방식으로, 예컨대 아동이 자신의 학업 실패를 타고난 지능 부족 때문이라고 생각하는 것을 말한다.

규준적 발달 영향(normative developmental influences) 어느 정도 예측 가능한 방식으로 대부분의 사람들에게(예컨대 같은 연령의 혹은 같은 세대에 속한 사람들에게) 일어나는 사건들이 발달에 미치는 영향('비규준적 발달 영향' 참조)

근거기반 평가 및 개입(evidence-based assessment and interventions) 효과에 대한 경험적 지지가 존재하는 평가와 개입으로, 과학적 평가를 통해 가치 있는 것으로 생각되는 절차를 말한다.

급성 발병(acute onset) 장애가 급작스럽게 (점진적이지 않게) 발병하는 것

기능적 분석(functional analysis) 특정 행동의 발생과 유지에 영향을 미치는 변인들을 평가하는 행동분석을 말한다. 행동과 관련된 선행변인들과 결과를 결정하는 것이 행동수정에서 중요하다.

기능적 자기공명 영상(functional magnetic resonance imaging, fMRI) 뇌의 여러 부위에 있는 산소의 변화를 추적함으로써 뇌 활동의 영역을 나타내는 영상을 생성하는 비침습적 자기전파 기법

기저선(baseline) 개입이 도입되기 전에 측정된 행동 발생률을 말한다. 측정된 행동의 기저선 비율은 개입 도중의 발생률 그리고 개입 이후의 발생률과 비교될 수 있다.

기질(temperament) 비교적 안정된 개인의 속성으로 생각되는 여러 가지 사회정서적 행동을 의미하며, 예를 들면 활동 수준 및 사회적 반응성 등이 있다.

기형유발물질(teratogens) 발달적 이상, 기형, 혹은 태아의 사망을 유발하는 조건 혹은 물질

까다로운 기질(difficult temperament) 부정적 정서, 자극에 대한 강한 반응, 민감성 등을 나타내는 개인의 경향성으로, 까다로운 기질은 행동문제의 위험요인이다.

낙인찍기(stigmatization) 사회적으로 낮은 평가를 받는 집단에 소속되는 것과 관련된 전형화, 편견, 차별, 자기비하를 의미한다.

난독증(dyslexia) 일반지능의 결함에 기인하지 않는 읽기장애를 의미하는 일반적 용어

내재적 행동(covert behaviors) 손쉽게 관찰될 수 없는 행동이다. 반사회적 행동을 기술할 때 사용되는 용어로, 거짓말, 도벽 그리고 무단결석 등과 같이 숨길 수 있는 행동을 의미한다('외현적 행동' 참조).

내재화 장애(internalizing disorders) 과거에는 대부분 신경증으로 불리던 장애들을 분류하는 큰 범주로, 문제가 다른 사람을 향하기보다는 자기 자신을 향한다(예 : 불안, 우울, 위축).

내적 타당도(internal validity) 연구결과가 특정 요인의 영향을 받았는지를 나타내는 정도로, 주로 실험결과가 외생변인이 아니라 실험처치에 기인하는 정도를 나타낸다.

뇌영상(brain imaging) 두뇌 구조 혹은 기능을 표현하는 두뇌 연구방법으로 양전자 방사 단층촬영(PET), 자기공명영상(MRI), 기능적 자기공명영상(fMRI) 등이 있다.

뇌파기록장치(electroencephalograph, EEG) 두뇌의 전기 활동을 기록하는 장치

다중 기저선 연구설계(multiple baseline research design) 실험처치를 실시하고 난 후에 여러 가지 행동이나 피험자들을 측정하는 단일 피험자 실험설계

다중결과론(multifinality) 한 가지 요인이 다양한 결과를 가져올 수 있다는 개념을 말한다. 예를 들어 아동학대는 여러 가지 형태의 행동문제를 야기할 수 있다.

다중유전적 영향(multigenic influence) 여러 유전인자가 어떤 속성이나 행동에 어떤 식으로든 함께 미치는 영향을 말한다.

동의유전자(multiple-gene)   또는 다인자성 영향(polygenic influence)이라고도 불린다.

단일 사례연구(single-subject experiments)   단일 사례를 대상으로 실험처치를 한 후 일정 기간에 걸쳐 측정하는 실험연구설계 ('ABA 역전 설계', '다중 기저선 연구설계' 참조)

대기자 통제집단[wail-list(waiting-list) control group]   연구에서 처치를 받지 않은 참가자 집단을 말한다. 대기자 통제집단은 처치를 받은 집단의 변화와 처치를 받지 않은 집단의 변화를 비교해 볼 수 있게 한다. 대기자란 용어는 비교가 끝난 후에 통제집단에 속한 사람들에게 처치를 제공한다는 데서 파생되었다.

대명사 역전(pronoun reversal)   화자가 자신을 '너'나 '그' 혹은 '그녀'라고 부르고, 다른 사람들을 '나'로 부르는 비정상적인 언어 양상을 말한다. 자폐증에서 종종 발견된다.

독립변인(independent variable)   실험적 연구방법에서 연구자에 의해 조작되는 변인

돌연변이(mutation)   다음 세대로 전달될 유전자에서 일어나는 자발적 변화를 말하며, 종과 개체에서 나타나는 다양한 변이를 설명해주는 유전적 기제 중의 하나이다.

동시발생(co-occurrence)   개인이 한 가지 이상의 장애와 관련된 문제들(증상들)을 경험할 때 사용되는 용어(예 : 불안과 우울증) ('공존장애' 참조)

동일결과론(equifinality)   다양한 요인이나 경로가 동일한 혹은 유사한 발달적 결과를 초래한다는 개념이다. 예컨대 서로 다른 경로들이 품행장애로 이끌 수 있다(예 : 약간 다른 경로들이 품행장애 행동으로 이끌 수 있다).

동시대 출생집단(cohort, 코호트)   특정 연령의 개인들로 구성된 집단으로, 다른 시대에 태어나서 자란 연령 집단과는 구분되는 생활 경험과 가치관을 갖는다.

디옥시리보핵산(DNA)   염색체 내에서 발견되며, 유전암호를 전달하는 화학물질이다. 설탕과 인산, 그리고 핵산으로 구성되어 있으며, 핵산은 유전정보를 전달한다.

마음이론(theory of mind)   자신 혹은 타인의 정신적 상태(예 : 신념, 지식)를 추론하는 능력

망상(delusion)   현실과 상반되며 문화권 내에서 널리 받아들여지지 않는 생각이나 믿음(예 : 과대망상 혹은 피해망상)

매개 영향(mediating influence)   특정 변인이 어떤 결과를 유발하는 효과이다. 예를 들어 변인 A가 변인 M에 영향을 미치고 변인 M이 다시 변인 B에 영향을 미칠 때, M이 A가 B에 미치는 영향을 매개한다고 말한다.

메타기억(metamemory)   자신의 기억이 어떻게 작용하는지 혹은 기억을 촉진하기 위해 어떤 전략을 사용해야 하는지를 이해하는 것

메타인지(metacognition)   자신의 정보처리 체계를 이해하는 것

무산소증(anoxia)   산소의 결핍

무선 배정(random assignment)   연구에서 개인들을 서로 다른 집단에 배정하는 것으로, 이때 개인은 어떤 집단에 대해서도 동일한 확률로 배정될 수 있다. 이와 같은 우연배치는 연구결과에 영향을 미칠 수 있는 요인들에 대해 모든 집단을 비교할 수 있도록 하는 데 도움이 된다.

무조건 자극(unconditioned stimulus, UCS)   조건형성이 실시되기 전에 특정 반응을 유발하는 자극을 말한다. 유아를 깜짝 놀라게 만드는 큰 소음이 무조건 자극의 한 예이다.

문자소(grapheme)   언어의 소리(음소)를 나타내는 문자의 최소 단위(한 글자 또는 글자들의 조합)

문화적 가족지체(cultural familial retardation)   현재는 잘 사용되지 않는 용어로, 가족 내에서 유전되며 생물학적 원인에 의해 밝혀지지 않은 대다수의 경증 정신지체 사례들을 의미한다.

미세한 뇌기능 이상(minimal brain dysfunction, MBD)   중추신경계 혹은 대뇌가 명확히 탐지되지 않을 정도의 역기능을 나타내고 있다는 가정이다.

바이오피드백(biofeedback)   개인에게 생리적 기능(예 : 근육긴장, 피부온도)에 대한 정보(피드백)를 즉각적으로 제공하는 절차를 말한다. 개인은 피드백을 통하여 신체기능을 통제할 수 있게 된다고 가정된다.

반사회적 행동(antisocial behavior)   사회규범을 위반하고 다른 사람에게 해를 가져오는 행동 유형(예 : 도벽, 거짓말)

반응예방(response prevention)   개인이 강박적인 상투행동이나 회피행동을 하지 못하도록 하기 위한 행동주의 치료절차

반향어(echolalia)   다른 사람의 말을 즉각적으로 혹은 시간이 지난 후에 반복하는 것으로, 자폐증이나 정신병에서 흔히 발견되는 병리적 언어 양상

발단자(proband)   어떤 속성이 다른 가족구성원에게서도 발견되는지를 결정하기 위해 선정된 개인

발달(development)   살아 있는 유기체 안에서 시간경과에 따라 일어나는 구조와 기능의 변화이다. 발달은 보통 단순한 것에서

복잡한 것으로의 변화를 말하며, 몇 가지 변인들 간에 일어나는 상호작용의 결과이다.

발달수준(developmental level)   신체적 · 지적 · 사회정서적 특성과 관련하여 개인이 기능하고 있는 수준

발달의 단계이론(stage theories of development)   발달에 대한 설명으로, 발달이론에서는 질적으로 서로 다른 비연속적 단계들의 순서에 따라 성장이 일어난다고 가정한다. 예로는 Piaget의 인지이론과 Freud의 심리성적 이론이 있다.

발달의 상호작용 모형(interactional model of development)   발달을 유기체 변인과 환경 변인 간 상호작용의 결과라고 보는 관점('상호교류 발달모형' 참조)

발달정신병리학(developmental psychopathology)   발달적 영향의 맥락 안에서 행동장애를 연구하는 것

발달지수(developmental quotient, DQ)   유아 발달검사에 대한 수행의 측정치로, 아동의 경우 지능검사를 통해서 얻은 지능 지수(IQ)에 해당된다.

발생률(incidence)   일정 기간 특정 모집단 내에서 처음 장애로 진단받은 사람들의 비율 또는 사례 수

방어기제(defense mechanisms)   정신분석 이론의 용어로, 불안을 통제하기 위한 목적으로 현실을 왜곡하거나 부인하는 심리적 과정을 말한다. 예로 억압, 투사, 반동형성 등이 있다.

범주적 접근(categorical approach)   행동을 질적으로 구분되는 집단으로 개념화하는 것을 말한다. 행동장애에 적용할 때 개인을 그 행동을 나타내는지 혹은 그렇지 않은지, 즉 불안을 갖고 있는지 혹은 그렇지 않은지로 본다('차원적 접근' 참조).

병인(etiology)   질병이나 행동장애의 원인 혹은 기원

병적 소인(diathesis)   특정 질병이나 장애에 대한 취약성

전조적 적응(premorbid adjustment)   어떤 장애의 증상이 시작되거나 진단이 내려지기 전의 심리적 · 사회적 혹은 학업적 · 직업적 적응상태

보편적 예방전략(universal prevention strategies)   평균 이상의 위험이 확인되지 않은 전체 집단을 표적으로 하는 예방 전략

부분상관 통계절차(partial correlation statistical procedure)   한 가지 혹은 그 이상의 특수한 변인들을 제거함으로써 상관관계의 해석을 용이하게 하는 통계적 절차

부적 강화(negative reinforcement)   반응 후에 따라오는 혐오자극을 제거함으로써 반응의 확률을 증가시키는 과정

부적 상관(negative correlation)   두 개 이상의 변수들이 부적 상관관계를 가질 경우, 한 변수가 높은 점수일 때 다른 변수는 낮은 점수를 나타내는 방식으로 함께 변한다.

분리불안(separation anxiety)   어머니 혹은 다른 주요 애착 대상으로부터의 분리와 관련된 아동기 불안

불연속 시행학습(discrete trial learning)   특정 과제나 자료를 작은 단계로 나누어 제시하며, 분명한 지시 또는 신호를 제시하고, 행동에 따르는 결과를 제공하는 행동수정의 한 방법이다. 학습이 일어나는 장면이 구조화된다('우연학습' 참조).

불일치형(discordant)   유전 연구에서 사용되는 용어로, 특정 속성에 있어서 유사하지 않은 사람들을 의미할 때 사용한다. 예컨대 연구 대상들이 활동수준이나 임상적 진단에서 불일치할 수 있다.

비공유된 환경의 영향(nonshared environmental influence)   어떤 가족구성원은 경험하지만 다른 구성원들은 경험하지 않는 환경적 영향

비규준적 발달 영향(nonnormative development influences)   비정상적이지는 않지만 예측할 수 없는 시기에 일부 사람들에게서만 일어나는 사건들이 발달에 미치는 영향을 말한다. 아동기의 심각한 상해와 부모의 조기 상실 등이 예이다. 이와 같은 영향은 특히 스트레스가 될 수 있다('규준적 발달 영향' 참조).

비율 IQ(intelligence quotient, ratio)   지능검사에 대한 수행에서 얻어진 정신연령을 생활연령으로 나누어 100을 곱하여 구한 비율(IQ＝정신연령/생활연령×100)

비행(delinquency)   18세 이하인 사람이 범하는 불법 행위를 의미하는 법률 용어이다. 도벽 같은 행동은 성인에게도 불법이지만, 무단결석 같은 행위는 미성년이 범할 때에만 불법이다.

사례연구(case study)   개별 사례를 기술하는 연구방법이다. 사례연구는 유익하지만 다른 사람이나 상황에 확신을 가지고 일반화할 수 없다.

사회경제적 지위(socioeconomic status, SES)   사람들을 사회계층에 따라 분류하는 것을 말한다. SES를 나타내는 지표에는 재산, 학력 및 직업 등이 포함된다. SES와 관련되는 요인들은 다양한데, 예를 들면 의료보호와 자녀 양육방식 등이 있다.

상관계수(correlation coefficient)   통계적 분석을 통해 얻어지며, 상관의 존재 여부, 강도 그리고 방향(정적 또는 부적)을 나타내는 수치이다. Pearson 'r'이 가장 흔하게 사용되는 상관계수이다('정적 상관', '부적 상관' 참조).

상관연구(correlational research)   두 가지 이상의 변수들이 함께 변하는지, 혹은 그 변수들 간에 관련성이 있는지를 알아보기 위해 수행되는 연구 전략('정적 상관', '부적 상관' 참조)이다. 상관관계가 성립될 경우, 한 변인을 가지고 다른 변인을 예측할 수 있으나 인과적 관계를 설명하지는 못한다.

상동증(stereotypy)   손뼉을 치거나 끊임없이 물건을 일렬로 배열하는 것과 같은 반복적인 행위 혹은 움직임

상습성(recidivism)   원래의 바람직하지 않은 양상으로 복귀하는 것을 말한다. 비행청소년이 치료 프로그램을 마치고 난 후에 다시 범행을 저지르는 경우를 말한다.

상호교류 발달모형(transactional model of development)   발달을 유기체 변인들과 환경 변인들 간의 연속적인 상호작용의 결과라고 보는 관점이다. 이 모형은 개념상 발달의 상호작용 모형과 유사하나, 이 모형에서는 요인들의 지속적이며 상호적인 영향을 강조한다.

성숙(maturation)   기본적 조건이 충족된다는 조건하에 환경과 독립적으로 개인에게 일어나는 변화이다. 예컨대 인간은 신체적 능력, 영양, 움직일 수 있는 기회가 정상적으로 주어질 경우 대부분 걸을 수 있게 된다.

소강상태(remission)   장애나 질병에 적용될 때 증상이 사라지거나 감소되는 것을 말한다.

소거(extinction)   학습된 반응이 약화되는 것으로, 반응 후에 강화가 더 이상 따라오지 않을 때 일어난다.

순행적 연구설계(prospective research designs)   피험자를 발견하여 오랫동안 추적하는 연구설계

스트레스(stress)   개인에게 부담이 되는 상황 혹은 사건으로, 행동과 신체건강에 위험요소로 작용하는 것으로 간주된다.

신경심리학적 평가(neuropsychological assessment)   심리학적 검사와 행동 측정치를 사용하여 신경체계의 기능을 간접적으로 평가하는 것이다. 이와 같은 측정도구들에 대한 수행에는 뇌의 기능이 갖고 있는 특수한 측면들이 반영되어 있다고 가정된다.

신경전달물질(neurotransmitter)   시냅스에서 일어나는 신경의 충격을 한 신경세포로부터 다른 신경세포로 전달하는 화학물질을 말한다. 세로토닌, 도파민, 노르에피네프린 등이 그 예이다.

신뢰도(reliability)   관찰이 얼마나 일관성이 있는지 그 정도를 나타내는 것이다. 이 용어는 검사나 측정도구, 혹은 분류체계에 적용될 수 있다('검사–재검사 신뢰도'와 '평정자 간 신뢰도' 참조).

실어증(aphasia)   뇌의 이상으로 인해 야기된 언어의 상실 또는 손상

실제 조건(in vivo)   행동이 일어나는 자연적 맥락을 의미하는 용어이다. 예컨대 실제 조건의 치료는 행동문제가 일어나는 장면(클리닉보다 가정)에서 이루어진다.

실험 연구(experimental research)   변인들 간의 인과관계를 수립하기 위한 연구 전략이다. 독립변인이 종속변인에 미치는 가능한 영향을 결정하기 위하여 피험자들에게 처치를 가한다. 비교집단이 포함되며, 외생적 영향을 배제하기 위해 모든 절차를 신중하게 통제한다.

쌍생아 연구(twin study)   유전변인과 환경변인의 영향을 살펴보기 위해 자주 사용되는 연구 유형이다. 유전적으로 동일한 일란성 쌍생아와 평균적으로 유전자의 절반을 공유하는 이란성 쌍생아들을 조사하여 일란성 쌍생아들이 이란성 쌍생아들 보다 더 비슷한지를 결정한다.

아동 생활지도 운동(child guidance movement)   아동기 정신장애를 치료하고 예방하기 위해 미국에서 1920년대 초 · 중반에 일어난 운동으로, 가정과 더 넓은 사회체계가 아동에게 미치는 영향을 중시한다.

애착(attachment)   개인들 간의 강한 사회정서적 유대를 의미한다. 대개 아동–부모 혹은 아동–양육자의 관계를 논할 때 사용되는 개념이며, 일반적으로 아동의 발달에 큰 영향을 미치는 것으로 간주된다.

양적 연구(quantitative research)   실험과 같이 매우 통제된 상황에서 객관적이고 양적인 측정치를 중시하는 연구방법

양전자 방사 단층촬영(positron emission tomography, PET scan)   뇌 활동을 일으키는 산소와 포도당을 평가함으로써 두뇌의 여러 부위에서 일어나는 활동을 직접적으로 평가하는 절차

역학(epidemiology)   특정 모집단 내에서 일어나는 장애의 발생 및 분포에 관한 연구로, 장애의 발달과 병인을 이해하고자 한다.

역행적 연구설계(retrospective research designs)   과거의 사건에 대한 정보를 활용하는 설계('순행적 연구설계' 참조)를 말한다.

염색체(chromosome)   세포핵 내에 존재하는 실과 같은 구조로 유전 암호를 포함하고 있다. 난자와 정자를 제외한 인간의 모든 세포는 23쌍의 염색체를 가지고 있다. 난자와 정자는 23개의 단일염색체를 가지고 있다.

염색체 이상(chromosome abonormalities)   염색체의 수 또는 구조의 이상으로 영아사망이나 이상발달을 가져올 수 있다.

예측 타당도(predictive validity)   진단명이나 검사상의 수행점수를 앎으로써 미래 행동에 대한 예측이 이루어지는 정도

예후(prognosis)   특정 장애의 개연성 있는 과정 또는 결과에 대한 예측

외상(trauma)   누구에게나 고통스러운 특수한, 뜻밖의 사건

외상후 스트레스 장애(PTSD)   한 가지 이상의 외상 사건을 경험한 후에 일어나는 특징적인 증상들. PTSD 진단을 받기 위해서는 '재경험, 회피, 인지와 기부의 부정적 변화, 각성과 반응성'이라는 네 가지 군집에 속하는 증상을 나타내야 한다.

외적 타당도(external validity)   연구결과가 다른 모집단이나 상황에 일반화될 수 있는 정도

외현적 행동(overt behaviors)   손쉽게 관찰할 수 있는 행동이다. 반사회적 행동을 설명할 때 이 용어는 신체적 공격, 떼쓰기, 반항 등의 도전적 행동을 의미한다('내재적 행동' 참조).

외현화 장애(externalizing disorders)   나타난 문제가 다른 사람에게로 향하는 행동장애(예 : 공격성, 거짓말)

요인분석(factor analysis)   각 문항과 다른 문항들 간의 상관관계를 알아본 후 서로 상관되는 문항들을 요인으로 묶어 주는 통계적 절차

우생학(eugenics)   생식과 유전을 체계적으로 통제함으로써 인간의 특성을 향상시키고자 하는 노력

우연학습(incidental learning)   일상적이고 자연스런 장면에서 행동을 가르치거나 수정하는 방법이다. 이 방법은 일상생활의 맥락을 이용하는데, 예컨대 아동이 현재 하고 있는 행동과 관련된 과제를 가르치는 것이다. 유관성 관리와 학습원리가 주로 적용된다.

위약(placebo)   개인이 변화가 일어날 것으로 기대하기 때문에 행동을 변화시키는 치료이다. 위약은 연구 중인 어떤 치료가 개인의 믿음 때문이 아니라 실제로 효과적인지를 평가하기 위해 치료를 통제하기 위한 방법으로 사용된다.

위험(risk)   행동문제가 일어날 가능성에 변인들(위험요인)이 작용하는 정도

유관성 관리(contingency management)   자극과 반응 사건(예 : 행동에 대한 특정 결과) 간의 인과관계를 변화시킴으로써 행동을 수정하는 절차

유병률(prevalence)   주어진 시기에 모집단 내에서 발생하는 장애 사례 수 혹은 백분율을 말한다. 평생 유병률은 일생 중 일어나는 장애의 사례 수 혹은 백분율을 말한다.

유전성(heritability)   특정 모집단 내의 개인들이 갖고 있는 어떤 속성의 변화가 유전의 영향에 의해 설명되는 정도

유전자(gene)   유전 정보를 전달하고 염색체의 최소 단위

유전형(genotype)   개인이 물려받는 유전자의 전체, 즉 유전적 소인을 말한다.

유전체(genome)   생명을 만들고 유지하는데 필요한 모든 생물학적 정보이다. 인간의 경우 이 용어는 유전자와 세포핵 안에 있는 DNA의 비암호화 염기순서를 의미한다. 이것은 또한 자손에게 전달되며 여성의 세포질에 있는 DNA처럼 세포핵 안에 들어있지 않은 정보를 포함할 수도 있다.

유전자–환경 상관관계(gene-environment correlation)   환경에 대한 노출에서 유전적 차이가 존재하는지를 나타내는 상관관계이다. 즉 개인의 경험을 결정할 때 유전의 영향이 중요한 역할을 한다. 예컨대 유전적으로 수줍은 소인을 가진 아동은 사회적 활동을 회피하는 선택을 하거나 혹은 다른 사람들에 의해 특정 방식으로 취급될 수 있다.

유전자–환경 상호작용(gene-environment interaction)   유전형의 차이에 기인하는 경험에의 차별적 민감성으로, 예컨대 PKU에 대한 열성 유전자를 가진 아동이 특정 음식을 섭취할 때 지적 장애를 발달시키는 것을 말한다.

음성학(phonology)   언어의 소리 또는 음성을 연구하는 것을 의미한다.

음성학적 인식(phonological awareness)   말이 소리로 구분될 수 있고(예 : 'cat'는 세 가지 소리를 갖고 있다), 소리는 글자나 글자들의 조합에 의해 표현될 수 있다는 것을 이해하는 것을 말한다.

음성학적 처리(phonological processing)   글로 쓰인 자료를 처리하기 위해 언어의 소리 구조를 이용하는 것을 말한다.

음성학적 해독(phonological decoding)   알파벳 기반의 언어에서 글자를 소리에 따라 배치하는 것을 말한다.

이란성 쌍생아[dizygotic(fraternal) twins]   두 개의 독립적인 난자와 정자가 거의 동시에 만남으로써 이루어진 쌍생아이다. 이란성 쌍생아는 쌍생아가 아닌 형제들보다 유전적으로 더 유사하지 않다.

이론(theory)   현상을 설명하고 연구를 이끄는 가설들의 통합된 집합

이형 연속성(heterotypic continuity)   시간경과에 따른 장애의 연속성으로, 문제행동의 형태가 시간이 지나면서 발달과 함께 변

화한다. 형태가 변화하지 않는 동형 연속성과 대조된다.

인지왜곡(Cognitive distortion)   역기능적이며 부정확한 사고 과정(예 : 우울한 사람이 다른 사람들은 그렇게 생각하지 않는데 자신이 무능하다고 믿는 것)을 말한다.

인지전략(cognitive strategies)   정보처리, 기억 등과 관련된 전략(예 : 정보의 암송과 분류, 경험 또는 사건에 대한 해석)을 말한다.

인지행동치료(cognitive-behavioral therapy)   행동적 사건, 인지과정 그리고 이 둘의 상호작용을 고려하는 이론적 관점에 근거한 치료 접근을 말한다.

일란성 쌍생아[monozygotic(identical) twins]   하나의 난자와 정자의 결합으로 인해 생겨난 쌍생아이다. 처음에 한 개의 수정란이 두 개로 분할되는데, 새로운 수정란은 동일한 유전자를 갖는다(따라서 성별도 동일하다).

일치형(concordant)   유전연구에서 유사한 속성을 가진 개인들을 가리키는 용어로, 예컨대 활동수준이 유사하거나 특정 장애의 진단기준을 만족시키는 사람들을 말한다.

임상적 유의성(clinical significance)   연구결과를 실제 생활에 적용할 때 얼마나 의미가 있는지의 정도

임상적 효용성(clinical utility)   분류체계, 진단, 혹은 평가도구의 적절성을 의미하며, 관찰된 현상이 얼마나 충실하게 기술되는가와 기술된 내용이 얼마나 유용한가에 근거하여 판단된다.

입양아 연구(adoption studies)   유전연구에서 유전과 환경이 개인의 특성에 미치는 영향을 결정하기 위해 입양아들을 그들의 친가족 및 입양가족과 비교하는 것

자가면역 장애(autoimmune disorder)   신체의 면역체계가 건강한 세포를 공격하는 장애

자기공명 단층촬영(magnetic resonance imaging, MRI)   뇌 주위에 자기장을 만드는 비침습적(noninvasive) 절차를 말한다. 뇌세포는 전자파에 반응하고, 뇌구조의 3차원 영상이 만들어진다('기능적 자기공명 영상' 참조).

자기모니터링(self-monitoring)   개인이 자신의 행동이나 사고 그리고 그러한 행동과 사고가 일어나는 상황을 관찰하고 기록하는 절차

자기자극 행동(self-stimulatory behavior)   자신을 자극하기 위한 감각-운동 행동으로, 종종 자폐아동이 반복적으로 손뼉을 치는 것과 같은 병리적 행동을 의미한다.

자발적인 참가동의(informed consent, 고지에 의한 동의)   연구나 치료 시 잠재적 참가자들에게 그들이 받게 될 연구나 치료에 대하여 적절하게 알려 줌으로써 자발적으로 참여하도록 하는 윤리적·법적인 지침

자율신경계(autonomic nervous system)   연근육과 내분비선의 작용 같은 불수의적 기능을 조절하는 신경계의 일부로, 정서와 관련된 생리적 변화를 통제한다.

자해행동(self-injurious behavior)   머리를 부딪치거나 자신의 몸에 상처를 내거나 머리카락을 뽑는 것과 같이 자신에게 신체적으로 해가 되는 행동을 반복하는 것을 말한다. 주로 자폐증과 정신지체에서 발견되나 정상발달을 보이는 어린 아동에게서도 낮은 비율로 발생한다.

작업기억(working memory)   감각체계로부터 전달받은 정보 또는 장기기억에서 불러낸 정보를 단기간 보유하며 조작하며 관여하는 기억체계의 일부. 때로는 단기기억으로 불리기도 한다.

잠행성 발병(insidious onset)   장애가 갑작스럽기보다 점진적으로 발병하는 것

장애의 스펙트럼(spectrum of disorder)   이 용어는 특정의 심리적·행동적·생물학적 특성을 공유하는 것으로 보이는 장애에 적용된다. 장애들은 각각 독립적인 것이 아니라 더 넓은 스펙트럼의 일부로 생각된다(예 : 자폐증, 아스퍼거 증후군, 아동기 붕괴성 장애, 달리 분류되지 않는 전반적 발달장애에 적용되는 자폐스펙트럼장애).

장애인교육법(Individuals with Disabilities Education Act, IDEA)   장애인이 출생부터 21세까지 적절한 공교육을 받을 수 있는 권리를 보장하는 현재의 미국연방정부법이다. 이 법은 (1) 최소 제약환경에서 교육과 서비스를 받을 것, (2) 자녀의 교육에 부모를 참여시킬 것, (3) 이 법을 실행하는 주정부를 보조할 것을 명시하고 있다('1975년 장애아동교육법' 참조).

재발(relapse)   어떤 문제가 성공적으로 치료된 후에 다시 발생하는 것

적응행동척도(adaptive behavior scales)   일상생활 환경에서 개인이 수행할 수 있는 능력(예 : 머리를 감거나, 다른 사람들과 어울리거나, 의사소통하는 능력 등)을 측정하는 심리검사 도구

적응 유연성(resilience)   부정적인 상황에도 불구하고 위험요인들을 극복하고 적응적으로 기능하는 능력

적합도(goodness-of-fit)   개인의 속성이나 행동이 개인이 속한 환경의 속성이나 요구에 부합되는 정도

전장 유전체 연합력 연구(genome-wide association studies)   장애 또는 특질과 관련된 유전자를 확인하는 데 도움이 되는 유망한

연구방법이다. 장애를 갖지 않은 사람보다는 가진 사람에게서 더 자주 발생하는 DNA 내의 작은 변이(단일 염기 다형성)들을 유전체 안에서 찾는다. 많은 수의 유전체를 확인해야 하는 이 방법은 특히 복합적인 장애에 적절하다.

전장 유전체 연관성 연구(genome-wide linkage studies) 가족 내에서 발견되는 장애 또는 특질과 관련된 유전자를 확인하는 데 도움이 되는 방법이다. 가족구성원들의 유전체 안에서 DNA 변이를 찾아서 장애를 나타내는 사람과 그렇지 않은 사람을 비교한다.

접합자(zygote) 난자와 정자의 결합에 의해 형성된 세포 덩어리, 수정된 난자

정보처리(information processing) 유기체가 정보에 주의를 기울이고 지각하고 해석하며 저장하는 복잡한 정신과정('주의력', '작업기억', '집행기능', '인지전략' 참조)이다.

정상분포곡선(normal distribution curve) 종모양의 이론적 분포 혹은 확률곡선으로, 여러 가지 속성(예 : 키, 지능 등)이 모집단에서 어떻게 발생하며 분포하는지를 나타낸다. 속성의 극단값은 중간값보다 낮은 빈도로 발생한다.

정상화(normalization) 행동장애의 치료 목표는 가능한 정상적인 행동이어야 하며, 이 목표는 가능한 문화적으로 정상적인 방법을 통해 달성되어야 한다는 가정('최소 제약환경' 참조)이다.

정서(affect) 감정 또는 기분을 의미하며, 정서장애는 우울증이나 조증 같은 기분장애이다.

정신건강운동(mental hygiene movement) 정신질환자에게 효과적이며 인간적인 치료를 제공하고 정신장애를 예방하기 위한 목적으로 20세기 초 미국에서 일어났던 운동으로, 아동생활 지도운동(child guidance move-ment)과 밀접한 관련이 있다.

정신약물치료(psychopharmachological Treatment) 행동과 사고, 정서에 영향을 미치는 향정신성 약물 사용을 통한 치료 접근(예 : ADHD에 흥분제 사용, 우울증에 선택적 세로토닌 차단제 사용)

정신연령(mental age, MA) 지능검사에서 아동의 생활연령(chronological age, CA)에 상응하는 점수로, 평균적 아동의 MA는 CA와 같다.

정신병(psychosis) 사고와 정서 및 다른 심리체계에 영향을 미치는 심각한 정신장애를 일컫는 일반적 용어로 정신병의 현저한 특징은 현실과의 접촉이 손상되는 것이다.

정적 강화(positive reinforcement) 반응 후에 긍정적 자극을 제공함으로써 반응의 확률을 증가시키는 과정

정적(직접적) 상관[positive(direct) correlation] 두 가지 이상의 변인들이 정적 상관관계를 가질 때, 한 변인의 높은 점수는 다른 변인의 높은 점수와 한 변인의 낮은 점수는 다른 변인의 낮은 점수와 관련을 가지며 함께 변한다.

정지-신호과제(stop-signal task) 행동억제를 평가하기 위한 방법이다. 이 과제에서 개인은 목표 자극이 화면에 나타날 때만 단추를 누르고, 특별한 신호가 나타날 때는 반응을 억제해야 한다.

조건자극(conditioned stimulus, CS) 특정 반응을 유발하는 자극(무조건 자극)과 반복적으로 연합됨으로써 그와 유사한 반응(조건반응)을 유발하는 중성적 자극

조작적 조건형성(operant conditioning) 결과(예 : 강화, 처벌)와 기타의 학습과정으로 인해 반응이 획득되고 유지되며 소멸되는 학습과정을 말한다.

조작적 준거 또는 정의(operational criteria 또는 definition) 관찰 가능한 조작의 집합으로 측정할 수 있으며 개념을 정의하도록 해준다. 예컨대 모성결핍은 아동이 어머니로부터 분리되는 시간의 양을 측정함으로써 정의될 수 있다.

조절 영향(moderating influence) 특정 변인이 어떤 결과를 감소시키거나 강화시키는 효과를 말한다. 예를 들어 변인 A와 B의 관계가 변인 M의 수준에 달려 있을 때, M은 A와 B의 관계에 대한 조절변인이라 할 수 있다.

종단연구(longitudinal research) 동일한 대상의 행동을 정기적으로 측정하면서 비교적 긴 기간 관찰하는 연구 전략이다. 발달변화를 추적할 때 특히 유용한 연구방법이다.

종속변인(dependent variable) 실험연구 방법에서 실험처치(독립변인)의 영향을 받는 행동 측정치

주산기(perinatal) 출산할 무렵의 시기

주의력(attention) 정신적 에너지를 하나의 대상이나 사건에 초점을 맞추거나 집중하는 것을 말한다. 주의력은 뇌의 다양한 영역과 관련된 요소들을 갖고 있다. 주의력 결핍은 주의산만이나 노력을 지속하지 못하는 문제에서 나타난다.

중개연구(translational research) 일반적으로 연구결과를 임상 실제나 지역사회 프로그램 같은 '실제 세계'에 적용하는 노력을 의미한다.

중앙통합능력(central coherence) 정보의 조각들을 엮어서 전반적 의미를 생성하는 경향성으로, 자극 전체보다 부분에 초점을

맞추는 분석적 경향성과 대조된다.

중추신경계(central nervous system) 인간의 두뇌 및 척수('자율신경계' 참조)

증거기반 평가와 치료(evidence-based assessments and treatments) '경험적으로 지지된 평가와 치료' 참조.

증후군(syndrome) 함께 발생할 가능성이 높은 행동 혹은 증상의 집단

지시적 예방전략(indicated prevention strategy) 약한 증상과 장애의 초기 증상을 보이는 고위험 개인들, 혹은 장애의 진단 기준을 만족시키지는 않지만 생물학적 지표를 갖고 있는 개인들을 표적으로 하는 예방 전략

질적 연구(qualitative research) 사건을 이해하기 위해서는 개인의 참조틀을 가지고 맥락 속에서 관찰하는 것이 최선이라고 가정하는 연구방법을 말한다. 질적 연구에서 사용되는 방법들로는 심층면접, 기억, 참여관찰(관찰자가 상황이나 사건에 참여한다) 등이 있다. 이 연구방법은 실험과 같은 객관적이고 통제된 연구방법에 더 큰 가치를 부여하는 양적 연구방법과 대조를 이룬다.

집행기능(executive functions) 목표지향적 행동과 관련된 고차원적 정신능력을 의미한다. 집행기능의 예로 행동 계획 및 조직, 단기 또는 작업기억의 사용, 반응 억제, 전략의 평가 및 전환 등이 있다.

차원적 접근(dimensional approach) 행동이 양적 연속선상에서 달라진다고 개념화하는 것(예 : 불안이 매우 낮은 수준에서부터 중간 수준, 매우 높은 수준으로 나타남). 행동장애에 적용할 때 개인이 불안을 나타내거나 나타내지 않는 것으로 보지 않고 연속선상에서 평가한다('범주적 접근' 참조).

처벌(punishment) 특정 반응 후에 불쾌한 자극을 제시하거나 유쾌한 자극을 제거함으로써 그 반응의 빈도를 감소시키는 과정

천성 대 양육 논쟁(nature vs. nurture controversy) 선천적 요인과 경험적 요인이 개인의 형성에 미치는 상대적 영향에 관해 지속되고 있는 논쟁을 말한다. 성장 대 학습, 유전 대 환경 논쟁으로도 알려져 있다.

천재능력(savant abilities) 지적 결함을 지닌 개인들에게서 관찰되는 특수하며 현저한 능력(예 : 기억, 산수능력 등)

체계적 둔감화(systematic desensitization) 불안에 대한 행동주의적 치료방법을 말한다. 내담자에게 불안을 유발하는 장면들을 강도에 따라 위계적으로 시각화하도록 한다. 이와 같은 시각화에 이완반응을 짝짓는데, 시각화가 더 이상 불안을 일으키지 않을 때까지 계속한다.

체계적 직접 관찰(systematic direct observation) 구체적 관찰부호 혹은 도구를 사용하여 특정 장면에서 개인 혹은 집단이 나타내는 특정 행동을 관찰하는 것

최소 제약환경(least restrictive environment) 장애인이 가능한 정상인들과 함께 교육받고 생활할 권리를 갖고 있다는 개념을 나타내기 위한 용어('장애인 교육법' 참조)

충동성(impulsivity) 생각하지 않고 즉각적으로 행동하며, 행동을 억제하는 데 실패하는 것을 의미한다. 주의력결핍 과잉행동장애 아동은 충동성을 나타낼 수 있다.

치료적 위탁보호(treatment foster care) 위탁보호를 받고 있는 아동들의 행동문제를 제거하고 치료하기 위한 방법으로, 위탁 부모를 상담한다든지 아동을 지역사회 정신보건기관으로 연결시킨다.

코르티솔(cortisol) 부신(adrenal gland)에서 생산되는 스트레스 호르몬

컴퓨터 단층촬영법(computerized tomography, CT scan) 두뇌의 밀도를 평가하여 사진영상을 만들어내는 절차이다. CT는 연구자들이 두뇌구조의 비정상성을 직접 평가할 수 있게 해준다. 때로는 컴퓨터 X선 체층 단층촬영(computerized axial tomography)으로 불린다.

타당도(validity) 몇 가지 다른 방식으로 사용되는 개념인데 모두 정확성, 유의미성, 적절성의 문제를 의미한다('내적 타당도', '외적 타당도', '예측 타당도' 참조).

타임아웃(time-out) 바람직하지 않은 행동을 보이는 개인을 즉각적 환경으로부터 고립된 방에 배치하는 행동수정 기법이다. 개념상 타임아웃은 긍정적 강화의 제거 혹은 처벌로 생각될 수 있다.

타행동 차별강화(differential reinforcement of other behaviors, DRO) 행동수정을 할 때 바람직하지 않은 특정 행동과 양립할 수 없는 바람직한 행동에 상대적으로 더 많은 강화를 제공하는 것

탈시설화 운동(deinstitutionalization) 장애인들을 기관보다 가정이나 다양한 지역사회 장면에 배치하여 치료하고자 하는 운동

태아기(prenatal) 임신 중에 발달이 이루어지는 기간

토큰경제(token economy) 조작적 조건형성의 원리로부터 발달된 행동주의적 치료절차이다. 포커칩 등의 형태로 주어지는 보

상점수를 얻거나 잃게 되는 행동들을 설정한다. 이와 같은 토큰은 상이나 활동 혹은 좋아하는 것으로 교환될 수 있다.

통계적 유의도(statistical significance) 연구결과가 단지 우연에 의해 발생할 가능성이 낮음을 의미한다. 전통적으로, 연구결과가 우연에 의해 일어날 가능성이 5% 이하일 때(p ≤ .05) 통계적으로 유의미하다고 한다.

통사론(syntax) 단어들이 합쳐져서 구나 절, 문장을 형성하는 방법을 다루는 문법의 한 측면

통제집단(control group) 실험연구에서 실험처치를 받은 피험자들과 다른 처치를 받으며, 나중에 실험집단과 비교된다. 통제집단의 목적은 실험결과가 다른 변인이 아니라 처치에 기인하는지를 확인하기 위한 것이다.

통합(inclusion) 장애아동은 일반학급에서 교육을 받는 것이 최선이기 때문에 일반학급에 포함되어야 한다는 개념('일반교육주도안' 참조)을 말한다.

투사적 검사(projective tests) 개인에게 모호한 자극을 제시하는 심리검사를 말한다. 피험자의 반응에는 자아가 수용할 수 없기 때문에 직접적으로 표현할 수 없는 무의식적 생각이나 감정이 반영되어 있다고 가정된다.

패러다임(paradigm) 과학자 집단에 의해 공유되는 가정과 개념의 집합으로, 관심을 갖고 있는 현상에 대한 자료를 수집하고 해석할 때 사용된다.

편차 IQ(intelligence quotient, deviation) 통계적 절차를 통해 얻어지는 표준점수로, 지능검사에서 개인이 나타내는 수행이 그 개인의 연령과 같은 집단의 평균점수에서 이탈된 정도와 방향을 반영한다.

평생유병률(lifetime prevalence) 생의 어떤 시점에서 특정장애로 진단받는 사람의 수 또는 비율

평정자 간 신뢰도(interrater reliability) 서로 다른 평정자들이 특정 진단이나 측정에 대해 동의하는 정도

폭식(binge eating) 개인이 통제할 수 없다고 느끼는 과도한 음식섭취가 일어나는 비교적 짧은 사건

표현형(phenotype) 유전과 발달과정 그리고 이 두 가지의 상호작용에 의해 초래된 개인의 관찰 가능한 속성

플린 효과(flynn effect) 지능검사가 오래될수록 검사점수가 높아지는 경향에 관한 연구결과를 의미한다.

학습된 무력감(learned helplessness) 자신의 환경을 통제할 수 없다고 느끼는 감정과 수동적인 태도로, 자신의 행동이 사건을 통제하는 데 효과가 없었던 경험들을 통해 학습된다.

학습의 일반화(generalization of learning) 학습 시에 제시된 자극과 유사하지만 이와는 다른, 새로운 자극에 대해서도 반응이 만들어지는 과정

핵가족(nuclear family) 아버지와 어머니, 자녀로 구성된 가족 단위

행동억제 기질(behaviorally inhibited temperament) 친숙하지 않은 자극에 과도하게 반응하며 스트레스를 경험하는 개인의 기질적 경향성

행동치료/행동수정(behavior therapy/behavior modification) 일차적으로 학습원리에 근거하고 있는 행동장애의 치료 접근

향정신성 약물(psychoactive drugs) 신경계의 기능에 영향을 미침으로써 심리적 과정(예 : 행동, 사고, 정서)에 영향을 미치는 화학물질로 흥분제와 안정제가 그 예이다.

형태론(morphology) 언어학에서 단어의 형태를 의미하거나 또는 어휘 형성 과정을 연구하는 것을 말한다.

화용론(pragmatics) 의사소통을 위해 그리고 사회적 맥락을 고려하여 음성과 제스처를 사용하는 것을 말한다. 화용론적 기술에는 적절한 제스처와 언어 스타일을 사용하는 것이 포함된다.

환각(hallucination) 실제로 환경 내에 자극이 없는데도 일어나는 지각의 오류(예 : 소리를 듣거나 사물을 보는 것)

횡단연구(cross-sectional research) 한 시점에서 여러 집단의 피험자들을 관찰하고 비교하기 위한 연구 전략을 말한다. 횡단연구는 특정 유형의 정보를 수집할 때 매우 실용적인 방법이다.

후성학적(epigenetic) 유전자의 부호를 변화시키지 않고 유전자의 기능조절을 돕는 유전체의 변이를 말한다. 이러한 변이는 환경에 대한 반응으로 일어나며, 이는 유전자 표현에 환경이 영향을 미칠 수 있음을 시사한다. '후성유전학'이란 용어는 후성학적 과정에 대한 연구를 일컬을 때 사용된다.

1975년 장애아동교육법(Education for All Handicapped Children Act of 1975) 장애아동이 적절한 공교육을 받을 권리가 있다는 연방정부의 영향력 있는 지침의 토대가 되는 공법 94-142. 재인준을 받고 확장되어 이제는 장애인교육법(individuals with disabilities education act, IDEA)으로 불린다.

ABA 역전설계[ABA(reversal) research design]　단일 사례 실험 설계로, 연구 대상인 행동이 기저선 기간(A), 처치기간(B), 그리고 처치가 제거되는 기간(A) 동안 관찰된다. 치료가 목표일 때는 처치(B)가 다시 추가된다.

CT 스캔(computerized tomography scan)　뇌세포의 밀도를 평가하는 절차로 뇌의 사진 이미지를 생성한다. 연구자들은 스캔을 통해 뇌구조의 이상을 직접적으로 평가한다. 컴퓨터 단층촬영(computerized axial tomography, CAT)으로 불리기도 한다.

AAIDD. (2010). *Intellectual disability: Definition, classification, and systems of support* (11th ed.). Washington, DC: Author.

AAIDD. (2019). Electric shock: Position statement of AAIDD. Retrieved from www.aaidd.org/news-policy/policy/position-statements/electric-shock

AAIDD Position Statement. (2020). Unjustifiable non-therapy: There is not objective evidence in support of growth attenuation therapy for young people with disabilities, as first descrbied by Gunther & Diekma (2006). A statement from the Board of Directors of the American Association on Intellectual and Developmental Disabilities. Retrieved from www.aamr.org/Policies/growth.shtml

Aarnoudse-Moens, C. S. H., Weisglas-Kuperus, N., van Goudoever, J. B., & Oosterlaan, J. (2009). Meta-analysis of neurobiological outcomes in very preterm and/or very low birth weight children. *Pediatrics, 124,* 717–728.

Aas, M., Pizzagalli, D. A., Laskemoen, J. F., Reponen, E. J., Ueland, T., Melle, I., et al. (2019). Elevated hair cortisol is associated with childhood maltreatment and cognitive impairment in schizophrenia and in bipolar disorders. *Schizophrenia Research, 213,* 65–71.

Abela, J. R. Z., & Hankin, B. L. (2008). Cognitive vulnerability to depression in children and adolescents: A developmental perspective. In J. R. Z. Abela & B. L. Hankin (Eds.), *Handbook of depression in children and adolescents.* New York: The Guilford Press.

Abela, J. R. Z., Hankin, B. L., Sheshko, D. M., Fishman, M. B., & Stolow, D. (2012). Multi-wave prospective examination of the stress-reactivity extension of response styles theory of depression in high-risk children and early adolescents. *Journal of Abnormal Child Psychology, 40,* 277–287.

Abidin, R. R. (2012). *Parenting Stress Index, Fourth Edition (PSI-4).* Lutz, FL: Psychological Assessment Resources, Inc.

Abramovitch, A., Mittelman, A., Henin, A., & Geller, D. (2012). Neuroimaging and neuropsychological findings in pediatric obsessive-compulsive disorder: A review and developmental considerations. *Neuropsychiatry, 2,* 313–329.

literature review of concordance between clinician and self-report ADHD symptoms. *The Journal of Nervous and Mental Disease, 206,* 739–743.

Abramson, L. Y., Metalsky, G. I., & Alloy, L. B. (1989). Hopelessness depression: A theory-based subtype of depression. *Psychological Bulletin, 96,* 358–372.

Abu-Akel, A., Caplan, R., Guthrie, D., & Komo, S. (2000). Childhood schizophrenia: Responsiveness to questions during conversation. *Journal of the American Academy of Child and Adolescent Psychiatry, 39,* 779–786.

Achenbach, T. M. (1982). *Developmental psychopathology.* New York: Wiley.

Achenbach, T. M. (1990). Conceptualizations of developmental psychopathology. In M. Lewis & S. M. Miller (Eds.), *Handbook of developmental psychopathology.* New York: Plenum.

Achenbach, T. M. (2000). Assessment of psychopathology. In A. J. Sameroff, M. Lewis, & S. M. Miller (Eds.), *Handbook of developmental psychopathology* (2nd ed.). New York: Kluwer Academic/Plenum Publishers.

Achenbach, T. M. (2013). *Child Behavior Checklist-Direct Observation Form (CBCL-DOF).* Burlington, VT: Achenbach System of Empirically Based Assessment.

Achenbach, T. M. (2014). *The Achenbach system of empirically based assessment (ASEBA).* Burlington, VT: Author.

Achenbach, T. M. (2017). Future directions for clinical research, services, and training: Evidence-based assessment across informants, cultures, and dimensional hierarchies. *Journal of Clinical Child and Adolescent Psychology, 46,* 159–169.

Achenbach, T. M., & Rescorla, L. A. (2000). *Manual for the ASEBA preschool forms & profiles.* Burlington, VT: University of Vermont Research Center for Children, Youth, and Families.

Achenbach, T. M., & Rescorla, L. A. (2001). *Manual for the ASEBA school-age forms & profiles.* Burlington, VT: University of Vermont, Research Center for Children, Youth, & Families.

Achenbach, T. M., & Rescorla, L. A. (2007). *Multicultural supplement to the manual for the ASEBA school-age forms & profiles.* Burlington, VT: University of Vermont, Research

＊ 이 책의 참고문헌은 지면상 모두 싣지 못하였습니다. 전체 목록은 출판사 홈페이지(http://www.sigmapress.co.kr)의 일반자료실에서 내려받을 수 있습니다.

찾아보기

저자 소개

Allen C. Israel
미국 뉴욕주립대학교(올버니) 심리학과 명예교수

Jennifer Weil Malatras
미국 뉴욕주립대학교(올버니) 심리학과 조교수

Rita Wicks-Nelson
미국 웨스트버지니아공과대학교 명예교수

역자 소개

정명숙
현 가톨릭꽃동네대학교 상담심리학과 교수
이화여자대학교 영어영문학과 졸업
이화여자대학교 대학원 심리학 석사
호주 모나쉬대학교 심리학 박사

정현희
현 계명대학교 교육학과 교수
이화여자대학교 교육심리학과 졸업
이화여자대학교 대학원 심리학 석사
미국 럿거스대학교 심리학 박사

이승연
현 이화여자대학교 심리학과 교수
현 이화여자대학교 아동발달센터 소장
이화여자대학교 대학원 심리학 석사
미국 아이오와대학교 심리학 박사